秭归县志

（1979—2005）

秭归县地方志编纂委员会 编

方志出版社
Publishing House of Local Records

秭归县第二轮地方志编纂委员会

2002年4月—2003年5月

主　任：罗平焜

副主任：吴爱军　郑之德　韩永彪　魏启扬　王铃安　吴志国　胡兴潮　傅瑞成

委　员：罗朝政　周晓方　王　融　周宗源　周　明　任　荣　郑之彪　权元安　杜海琦
郑家奎　谭家政　马尚朝　周立斌　尤庆虎　王祖保　田　兵　郭汉元　郑家池
程品运　邓　斌　向祚林　税元忠　王永传　郝光芹　胡开寸　郑之秀

2003年5月—2006年5月

主　任：罗平焜

副主任：周功彪　郑之德　魏启扬　邓应和　胡兴潮

委　员：傅瑞成　罗朝政　王功权　房洪楠　周祖钦　周　明　郭汉元　郑家池　权元安
宋发永　韩裕玖　马尚朝　田　兵　秦考学　郑家奎　李必红　向培焕　宋建平
王　义　谭家政　蔡克章　尤庆虎　周立斌　杜海琦　陈祖全　吴述银　向祚林
谭晓华　宋正荣　邓　斌　王永传　王祖保　任　荣　李　瑜　石真勇　杨　军
杨家斌　胡开寸　熊德红　郑之秀

2006年5月—2009年4月

主　任：刘晓华

副主任：李家法　熊相军　郑之彪　韩永彪　胡兴潮

委　员：谭家政　罗朝政　周晓方　王　融　方津凤　周　平　王　罡　周祖钦　周　明
王恩凤　宋发早　龚发会　马晓红　宋正荣　马尚朝　谭家军　秦考学　吴述银
杨劲峰　宋发永　梅昌元　张兴东　向　钢　蔡克章　尤庆虎　周立斌　谭　科

王功权　付瑞成　王功斌　袁中扬　董劲峰　姜　焱　向　阳　余志训　谭晓华
郑家奎　鲁邦寿　邓　斌　刘清林　罗　峰　向春云　胡开寸　熊德红　郑之秀

2009年4月—2010年12月

主　　任：罗联峰
副 主 任：肖高沛　熊相军　郑之彪　韩永彪　谭家政
委　　员：尤庆虎　罗朝政　李　俊　张　斌　周晓方　王　融　方津凤　周祖钦　李竞赛
龚瑞麟　谭永黄　向宜兵　韩裕玖　韩裕林　韩　林　王恩梅　潘线平　周凌云
韩　军　邓　斌　袁中扬　田　璟　谭昌宁　王功斌　谭家军　余志训　郑家奎
余小琴　董劲峰　宋正荣　向　阳　吴述银　向　钢　谭　科　马尚朝　秦考学
傅瑞成　鲁邦寿　王功高　刘　方　刘兴远　王功权　杜春三　宋发早　王　进
张周平　谭晓华　汪元林　姜　焱　向方千　汪建成　杨劲峰　宋发永　胡永峰
张兴东　尚　春　朱建华　王恩凤　钟　建　贺　芹　熊德红　谭之林　向方平
胡开寸　李　莉

《秭归县志（1979—2005）》编纂人员

主　　编：王　进
再版主编：李竞赛
执行主编：熊德红
编　　辑：周祖钦　熊德红　谭之林　胡开寸　郑光富　高秉国　李志孝　马学照　程春明
陈义树　房永佳
参与编写：余先志　郑承志　谭必培
资料收集：周祖钦　熊德红　胡开寸　郝光芹　郑之秀　宋静灵
摄　　影：魏启扬　郑　坤　何怀强　王　敏　郑家裕　尤庆孝　王永龙　王洪柳
（单位提供照片未署名）

序　一

读史使人明智，鉴古可以知今。编史修志，乃中华民族之光荣传统。秭归修志，源自宋代，现存最早明代《归州全志》已近500年历史。清代修志尤盛，共有《归州志》7部，仅明清两代就有古志13部。20世纪80年代开始新修《秭归县志》，举全县之力，耗十载心血，于1991年出版，用马克思主义新观念记述秭归近百年历史演变。2003年5月，启动编修第二轮《秭归县志（1979—2005）》，时任县长的我，主持召开了第一个县志编纂办公会，时至今日，已六载有余，《秭归县志（1979—2005）》即将付梓问世，备感欣慰。这是全县人民文化生活中的一件大事，也是精神文明建设的一项重要成果，可喜可贺！

盛世修志是我国的文化传统，彰显盛世是修志工作的重要任务。《秭归县志（1979—2005）》是一部与时俱进的改革开放志，是一部全县人民艰苦奋斗的创业史，是改革开放的中国在秭归这方沃土的缩影。1979—2005年，秭归人民在沐浴改革开放春风的同时，迎来三峡工程动工的千载难逢良机，这是历史对秭归人民的特殊眷顾。县委、县政府抢抓机遇，以“服务大三峡，建设新秭归”为己任，绘制“建设特色农业大县、新型工业强县、三峡物流新县、全国旅游名县”的宏伟蓝图，走出一条求索、奋进、创新发展之路，取得了可歌可泣的辉煌业绩和巨大成就。这一时期，全县农业狠抓结构性调整，逐步形成产、供、销一体化的产业化发展格局；工业以引进联合为突破口，抢抓对口支援契机，树立“大工业、大产业、大集团”发展思路，使全县工业脱胎换骨，由“小打小闹”到“做大做强”，2005年工业总产值比1978年增长近70倍；旅游产业以屈原文化为背景的人文景观为依托，致力以开发三峡工程大坝库首为重点的自然景观，短短10多年的发展便跃居为全省重点旅游县；三峡工程移民是这20多年秭归工作的亮点，不仅创造出具有秭归特色的“开发性移民”之路，而且将移民与秭归振兴有机结合，10多年的开发，使秭归这个国家级的贫困县山川巨变。崭新的新县城与7座新集镇沿长江一线穿珠，形成坝上库首的亮丽风景；飞架南北的座座桥梁、穿越崇山峻岭的条条隧道、沟通城乡的条条柏油公路，使“天堑变通途”；电力、通信、广播、电视等基础设施建设迅速发展，以前只有大都市才有的现代文明正在悄然走近人们的生活，秭归人民的生活水平和质量正在发生质的变化。

历史是现状形成的原因，现状是历史发展的结果。秭归的今天，是几千年历史发展的必然，凝聚着无数代人的心血。

修志的目的不仅在于记录历史，更主要的是昭示后人。古人云：以铜为镜，可以正衣冠；以史为鉴，可以知兴替。无论是领导干部还是工作人员，都要善于学习历史，总结历史，用于指导现实工作。这次续修的《秭归县志》，全面系统、真实客观地记述了27年来秭归各项事业的发展轨迹，重点反映了1979年以来秭归人民改革开放所取得的巨大成就，具有鲜明的时代特征和地方特色，是一部了解秭归改革开放以来历史的百科全书，我衷心希望广大领导干部和工作人员常阅此书，深受裨益。

历史的脚步从无休止，勤劳善良的秭归人民将会在今后的历史长河中不断创造新的辉煌，谱写更加灿烂的历史！

2009年10月

序　二

秭归历史悠久，人杰地灵，文化灿烂。秭归独特而神奇，博大精深的巴楚文化源于斯，伟大的爱国诗人屈原生于斯，举世瞩目的三峡大坝立于斯。秭归是中国脐橙之乡，是三峡工程移民大县，是第一批获得中国人居环境范例奖的县级城市。秭归随“名人”“名峡”“名坝”而驰名中外。

秭归县从1981年开始编纂第一轮社会主义新方志，1991年第一部《秭归县志》印刷出版。按照国务院“每20年左右续修一次”志书的要求，秭归县于2003年启动第二轮县志编纂工作，历经7年时间，《秭归县志（1979—2005）》正式出版，这是全县人民政治、经济、文化生活中的一件大事，备感欣慰。

三十年来，全县人民坚持改革开放，抢抓三峡工程兴建机遇，励精图治，奋力拼搏，苦干实干，各项事业蓬勃发展，城乡面貌日新月异，开创了秭归发展的新纪元。《秭归县志（1979—2005）》正是以翔实丰富的史料，全面真实地记述了这一时期全县人民在建设秭归、发展秭归伟大实践中的丰功伟绩和时代风貌。全志结构严谨、体例完备、资料翔实、文笔简洁，横陈百科，纵述历程，是一部具有一定学术价值的地情资料书，无疑将起到“存史、资政、教化”的作用，并将为推动全县科学发展、建设小康社会提供历史借鉴和精神动力。

《秭归县志（1979—2005）》是在县委领导下，由县政府主修的一部社会主义新志书。在编修过程中，得到全县各部门的通力配合，以及省、市方志部门领导和专家的关心和帮助。县志编纂人员更是不辞辛劳，勤奋笔耕，数易其稿，精益求精，默默奉献，方成就180多万字的巨著。在此，我谨向志书编纂人员、各级审稿专家和学者，以及所有参与、支持、关心县志编纂工作的单位和个人致以衷心的感谢！

历史是缔造现在和未来的大师。秭归是一方充满希望的热土，已经步入加快发展的重要阶段，这颗三峡工程坝上库首的明珠，正沿着历史的长河一步一步走向璀璨，将不断创造更加辉煌的业绩，描绘更加壮丽的历史画卷。

罗联峰

2009年10月

前　言

编纂第二轮《秭归县志》，时逢盛世，如何记述好改革开放以来这段辉煌的历史，意义深远，责任重大，是历史赋予我们史志工作者的神圣使命。

本轮《秭归县志（1979—2005）》编纂，上限按照全省统一规定断限为1979年。为较完整地记述三峡工程对秭归的影响，经宜昌市地方志办公室批准，将下限由全省统一规定的2000年下延至2005年，记述改革开放27年来全县经济、社会等各方面的发展过程。我们以《地方志工作条例》确立的指导思想为指针，坚持实事求是、质量第一的工作原则，力求全面、系统、真实、准确地反映改革开放以来全县经济和社会发展全貌。自2003年5月，县政府主持召开第一个专题办公会开始，至2010年印刷出版，历经7载。2018年年初，县政府批准再版，经方志出版社三审，对部分内容进行修改，于当年7月第二次印刷。全书共设24篇，下设117章、396节、851目，成书185万字。审视全书内容，有以下三个重要特点：

一、贯穿改革开放的红线。本轮县志以中共十一届三中全会召开后的1979年为上限，改革开放是最大的时代特征。我们始终把突出这一时代特征放在首要位置，贯穿一条红线，围绕这条红线收集资料，编纂志书，不偏离时代主题。《秭归县志（1979—2005）》最先将改革开放作为专篇，由于改革开放已渗透到各条战线和各个领域，专篇无法全方位反映，最后调整分设到各个篇章之中，将改革开放融入整个志书之中，全书围绕时代主旋律展开记述。

二、突出重点，彰显特色。地方志是一地之全史，突出地方特色才能真正体现地情资料书的特点。我们主要从两方面突出地方特色：一是在记述内容上突出特色。举世瞩目的三峡工程兴建，对秭归经济和社会发展的影响以及秭归人民所作出的牺牲和奉献是前无古人的，是本轮县志记述的重中之重。秭归，“在移民中发展，在发展中移民”。我们设立了《三峡工程移民》专篇，对新县城建设、库区交通复建、对口支援等均作升格处理，用较大篇幅记述相关内容。秭归被命名为“全国脐橙大县”，以脐橙为主的柑橘产业是秭归特色，我们将《柑橘》由目升为章，作重点记述。再如屈原文化研究、弘扬传统文化、特色旅游等内容也作相应的升格处理。二是在图片编排上突出特色。图片过多会增加志书篇幅和成本，在有限的图片中突出地方特色显得十分重要。我们最初征集的图片几千幅，在选择时没有面面俱到，而是重点突出三个方面：其一是突出移民和与移民相关的城乡建设等；其二是突出县委提出的“四县”（建设特色农业大县、新型工业强县、三峡物流新县、全国旅游名县）目标；其三是突出屈原文化。

三、坚持以科学发展观为统领。科学发展观对修志工作具有十分重要的指导意义，我们在修志过程中将科学发展理论充分应用。一是坚持以人为本的理念。首先在征集资料上广泛发动群众，依靠群众，发动近100个单位上报专业志或简志、资料长编，收集资料约2000万字；其次是初稿编纂后返回到资料征集单位进行修改，由单位负责人签名、单位盖章后再上报，发挥群众的参与作用；再次是加大入志人物的分量，坚持以事系人的观念，扩大人物专篇的涵盖面，本志共收集立传人物42人、人物录22人、人物表836人，人物篇涉及人物总数达到900人，对比首轮志书大幅度增加。二是在记述的内容上按照科学发展观的要求，不仅记述发展的成绩，而且记述不科学发展造成的失误等。

1979—2005年，是改革大突破、经济大繁荣、社会大发展、人民生活水平大提高的27年，这段历史是秭归历史上灿烂的华章。《秭归县志（1979—2005）》历经7年磨砺，终于面世，希望能起到资政育人、传承历史、裨益后代的作用。

编　者

作于2010年第一次印刷

修于2018年第二次印刷

凡　例

一、本志以马克思列宁主义、毛泽东思想、邓小平理论和“三个代表”重要思想、科学发展观、习近平新时代中国特色社会主义思想为指导，坚持实事求是的思想路线，运用现代科学理念和方法，全面真实地记述秭归县1979—2005年自然、经济、政治、文化、社会等方面的发展情况，力求思想性、科学性和资料性相统一。

二、本志上限为1979年，下限为2005年，是对第一部《秭归县志（1901—1985）》的续修。为完整反映秭归县改革开放的历史进程，本志上限较上部志书下限上溯7年。为记述资料的系统和完整，对上部志书未记事物，本志作适当上溯。

三、本志采用述、记、志、传、图、表、录等体裁，以志为主。“大事记”以编年体为主，兼用纪事本末体。

四、书中篇目设置坚持科学分类和社会分工相结合，横排门类，纵写历史。志首设“大事记”“概述”，志末设置“人物”“专记”“附录”“索引”“编后记”；主体部分采用章节体，全书共设篇、章、节、目、子目5个层次。为承接前志，篇、章下均设无题序，力求较完整地把握事物的发展脉络和全貌。

五、本志采用现代语体文记述。行文力求准确、朴实、简洁、流畅、规范。本志使用规范的简化汉字，执行1992年颁布的《出版物汉字使用管理规定》；标点符号和数字分别执行新修定的2012年版《标点符号用法》和《出版物上数字用法的规定》；计量单位执行1984年公布的《中华人民共和国法定计量单位》，单位面积产量沿用习惯“亩产”。万以上的单位除“人口篇”外均以“万”计。

六、本志所用数据，以统计部门提供的资料为准。未进入全县统计口径的数据，采用主管部门的统计资料。

七、书中人物称谓，一般直书其名，必要时冠以职务，不加褒贬；地名、机构、职务按当时通用称谓，必要时加注；习惯简称，第一次出现时用全称，并加注简称，以后用简称；凡以湖北省、宜昌市、秭归县开头的单位名一律简称“省××、市××、县××”。全书统一将中共湖北省委员会、湖北省人民政府，中共宜昌市委员会、宜昌市人民政府，中共秭归县委员会、秭归县人民政府简称为省委、省政府，市委、市政府，县委、县政府。

八、人物篇坚持“生不立传”的原则，采用传、录、表3种体裁，将在本县历史上有较大或一定影响的人物分别收录其中。

九、本志所用资料为各有关部门提供，部分由编者查阅档案、书籍，各种资料均已考证、审核，均不注明出处。

秭归县行政区划图

巴东县
信陵镇
官渡口镇
东瀼口镇
茶店子镇
绿葱坡镇
溪丘湾乡
建始县
龙坪乡
屈原镇
归州镇
水田坝乡
两河口镇
沙镇溪镇
泄滩乡
梅家河乡
磨坪乡
郭家坝镇
杨林桥镇
茅坪镇
老观顶
1721
太和山
1737
炮台山
1099
银金山
1912
田家坪水库
升坪水库
长江
巫峡
G209
G318
沪渝公路
秭归县在湖北省位置图
南阳市
驻马店市
阜阳市
安康市
十堰市
襄樊市
信阳市
随州市
荆门市
孝感市
秭归
宜昌市
恩施州
荆州市
武汉市
鄂州市
黄冈市
黄石市
咸宁市
九江市
岳阳市
张家界市
常德市

湖北省地图院　秭归县民政局　合编　地图审图号：鄂S(2009)007号　二〇〇九年十二月

秭归县城街道图

N
1:1000
水果批发市场
郑家花园居民点
刘家湾居民点
船舶公司
航运公司
市场
织布厂
神农机修厂
印刷厂
交警大队
收费站
一水厂
财保
职教中心
党校
县一中
教委
教研室
移民局
水陆联运中心
气象局
韩家老屋居民点
公路段
县二中
体育中心
广播局
国税
县政府
计生委
医疗中心
阳土管局
种子公司
实验小学
交通局
文化局
公安局
建委
地税
书店
人行
人武部
茅坪镇政府
实验中学
茅坪小学
茅坪商场
建平二路
秭归宾馆
茅坪中学
邮政
国贸
建行
烟草
财政
工行
图书馆
自来水
信用社
农行
电信
盐业
长宁大道
屈原大道

镇经委
宜西供电局
陈家冲小学
庙嘴居民点
灰砂砖厂
移民培训中心
恒康家具厂
三峡物贸
邮电支局
金源大楼
九里工行
农行九里办
九里客运站
面粉厂
去宜昌
思源公司
加气砼厂
维维饮品
九里庙小学
油厂
天龙家具
森达皮鞋
机械厂

三峡工程坝上库首第一城——秭归新县城（2005年2月摄）

西陵峡（2004年6月摄）

新县城茅坪全景（2003年8月摄）

新县城茅坪夜景
（2004年元宵节摄）

20世纪70年代老县城归州（1974年3月摄）

老县城归州解放街（1997年摄）

老县城归州迎和门（1998年摄）

剪刀峪因此石得名（1993年4月摄）

新县城茅坪原貌——茅坪镇剪刀峪（1992年3月摄）

1998年9月28日秭归县城东迁茅坪庆典仪式

新县城茅坪屈原路（左）与平湖大道（右）（2004年8月摄）

新县城茅坪橘苑广场夜景（2004年5月摄）

新县城茅坪平湖大道（2004年8月摄）

新县城茅坪归州一街（2004年11月摄）

新县城茅坪夔龙山公园大门（2005年6月摄）

新县城茅坪归州二街（2005年8月摄）

新县城茅坪橘园小区（2004年7月摄）

位于新县城茅坪丹阳路的县第一中学校园（2005年8月摄）

位于新县城茅坪长宁大道的县广电大楼（2004年10月摄）

位于新县城平湖大道的县建行大楼（2004年8月摄）

位于新县城茅坪的县二水厂（2005年5月摄）

位于新县城茅坪陈家冲的县污水处理厂（2003年6月摄）

位于归州镇陶家坡的归州新集镇（1992年3月摄）

位于沙镇溪镇大岭村三星店的沙镇溪新集镇（2003年4月摄）

移民新村——茅坪镇银杏沱村（2002年摄）

秭归县通乡油路通车仪式（2004年10月摄）

位于屈原镇九岭头的盘山公路（1995年3月摄）

两河口镇对马场村修路背石头（2001年5月摄）

建设中的风茅公路隧道（1998年8月摄）

风（吹垭）茅（坪）公路九畹溪大桥（2004年9月摄）

卜（庄河）文（化）公路龙潭河大桥（2005年10月摄）

宜（昌）巴（东）公路青干河大桥（2005年6月摄）

位于归州镇火炉子沟20世纪60年代建造的石拱桥（下）、80年代建大桥（中）、90年代因三峡工程重建的桥（上）（2000年1月摄）

归州镇吒溪河悬索桥（2004年3月摄）

秭归港夜景（2004年9月摄）

茅坪港翻坝转运一角（2003年2月摄）

秭归县三峡库区首批外迁移民欢送大会（1995年5月摄）

秭归移民外迁车队（1998年9月摄）

新滩古民居拆迁现场（1999年4月摄）

故土难离的外迁移民（1996年5月摄）

记者在秭归县茅坪镇采访百万移民第一户谭德训（1997年4月摄）

2002年3月24日老县城归州拆迁爆破现场

移民搬迁脐橙树（1997年7月摄）

移民外迁带走一坛家乡的土（1996年6月摄）

县城大搬迁车队（1998年9月摄）

库区清理漂浮物（2005年8月摄）

位于新县城茅坪的“秭归·中国脐橙之乡”宣传牌（2005年2月摄）

县委书记罗平烺（左二）2005年在水田坝乡检查柑橘品种改良情况

2005年5月，国际柑橘学会理事长阿尔布里哥（左三）等中外专家在县长刘晓华（左二）陪同下考察秭归柑橘生产

县委副书记罗联峰（左三）在水田坝乡主持脐橙开园仪式

归州镇彭家坡脐橙基地（2005年摄）

茅坪镇曲溪茶叶基地（2005年4月摄）

两河口镇烤烟基地（2001年8月摄）

周坪乡周坪村利用水稻田种油菜（2001年8月摄）

茅坪镇九里大棚蔬菜（1999年3月摄）

梅家河乡大石包板栗基地（2002年摄）

脐橙丰收橘农忙（2004年12月摄）

县办省级标准化生猪规模养殖小区（2005年摄）

人工养殖野猪（2003年摄）

库区网箱养鱼（2005年5月摄）

1998年杨林桥镇王二荒村林业整地

长红脐橙

板栗

布郎李

茅坪镇杉木溪封山育林（2003年8月摄）

沙镇溪镇千将坪滑坡全景（2003年7月摄）

九畹溪镇桂垭水土保持工程（2005年8月摄）

茅坪镇长岭村水厂（2005年12月摄）

沙镇溪镇马家山人饮灌溉工程（2005年摄）

沙镇溪镇千将坪农田整治一角（2005年摄）

江苏森达三峡鞋业有限公司（2004年摄）

江苏AB三峡针织有限公司（2004年摄）

建设中的九里工业园区（1995年5月摄）

湖北匡通电子公司车间（2005年5月摄）

宁波洛兹三峡服饰公司（2005年5月摄）

江苏维维集团三峡公司车间（2005年4月摄）

湖北华扬太阳能有限公司（2005年2月摄）

帝元食品罐头公司车间（2005年摄）

泽丰纸业公司车间（2005年

花蕾魔芋公司（2005年摄）

茅坪九里变电站（2004年摄）

升坪电站大坝（2005年8月摄）

复建于新县城凤凰山的
屈原故里牌坊（2005年摄）

凤凰山上观大坝（2004年9月摄）

西陆峡之牛肝马肺峡（2003年9月摄）

位于老县城归州的九龙奔江（三峡大坝蓄水后淹没）（1997年7月摄）

四溪三叠水（2005年8月摄）

四溪竹海浴场（2002年6月摄）

九畹溪风景区入口（2003年3月摄）

九畹溪探险漂流（2003年8月摄）

链子崖风景区入口（2003年7月摄）

链子崖（2003年10月摄）

2004年7月1日“中国诗歌万里行”启动仪式在秭归新县城归州街举行

始建于唐元和十五年（公元820年）的屈原祠，位于归州城东屈原沱，1976年因葛洲坝工程兴建搬迁到向家坪（1974年6月摄）

1976年迁建于归州向家坪的屈原祠（1993年6月摄）

乐平里牌坊（2001年11月摄）

在老县城屈原祠举行的端午诗会（1994年5月摄）

在新县城凤凰山古民居内举行的端午诗会（2005年6月摄）

龙舟赛前举行祭龙仪式（1994年5月摄）

端午节龙舟竞渡（2005年5月摄）

屈乡包粽子（2003年5月摄）

2004年9月，由峡江号子王胡振浩（前排左一）创作并主演的《峡江船工号子》获全国群星奖（2004年5月摄）

秭归花鼓舞参加宜昌旅游节开幕式表演（2002年9月摄）

杨林堂鼓表演（2003年摄）

乔家坝文物发掘（1998年6月摄）

国家一级文物越王州勾剑（出土于香溪镇）

国家一级文物战国虎形铜带钩（出土于杨林桥镇三渡河）

1999年1月，在东门头遗址出土的国家一级文物“太阳人”石刻

国家二级文物战国铜敦（出土于沙镇溪镇树坪村）

李正伦奇石——峡江三人：美人王昭君（左）、诗人屈原（中）、神龙架野人（右）

李正伦奇石——昭君怀乡

李正伦奇石——中华五千年

李彰庆根雕——屈原

邓中贵奇石——屈子问天

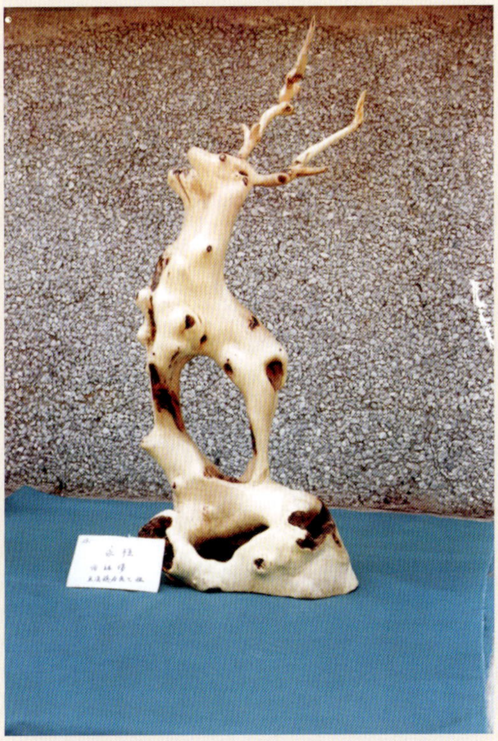

王建群根雕——永恒

殷正华绘画——峡江秋色

周志春书法

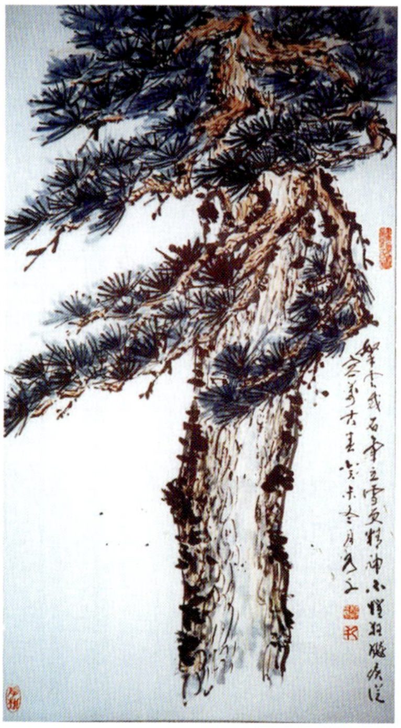

郑乃千绘画——松

周志春书法

向永龙书法

● 周志春篆刻

金石永寿

● 向永龙篆刻

阿弥陀佛

尺庐后学

《秭归县志（1979—2005）》编纂工作培训班人员合影

《秭归县志（1979—2005）》编纂人员暨初审人员合影

《秭归县志（1979—2005）》二审人员合影

《秭归县志（1979—2005）》终审人员合影

目 录

第四篇　城建·环保

第五篇　交通·邮电

第六篇 农 业

第七篇 工 业

第八篇　贸 易

第九篇　旅 游

第十篇　三峡工程移民

第十一篇 财税·金融

第十二篇 经济综合管理

第十三篇　政党·社团

第十四篇　政权·政协

第十五篇 劳动·人事

第十六篇 法治·军事

第十七篇 教育·科技

第十八篇 卫生·体育

第十九篇 文化·广播电视

第二十篇 史志·档案

第二十一篇 民政·扶贫

第二十二篇 文明创建

第二十三篇 社会生活

第二十四篇　乡镇概况

人　物

专　记

附　录

大事记

1979年

1月6日　全县科学技术工作会议在县城归州召开。会议通过《秭归县1978—1985年科技发展规划》，表彰奖励20项优秀科技成果。

3月12日　县革命委员会召开5 000人大会动员植树，全县4.3万人上山植树873.33公顷。

5月13日　县委副书记、县脐橙基地建设指挥部指挥长田太炳，赴美国和西班牙考察柑橘栽培、管理、加工技术。

5月14日　县航运公司“206轮”与长江“2023船队”在航行中碰撞，“206轮”沉没，死亡5人，损失12万元。

5月22日6时46分58秒　泄滩公社龙会观发生里氏5.1级地震，造成6人受伤，1 004间房屋损坏。

7月15日18—20时　全县17个公社和茅坪良种场遭大风暴雨袭击。

9月2日　县委召开县、社、大队三级党员干部会议，贯彻中共十一届三中全会和五届全国人大二次会议精神，贯彻“调整、改革、整顿、提高”方针。

10月8日　中国粮油食品进出口总公司在秭归召开全国脐橙、夏橙基地建设工作会议。

12月　县内第一座社办水电站——郭家坝公社桐树湾水电站竣工。

是年冬　桑坪公社有22个大队首次将200公顷冬歇田借给农民栽种马铃薯，次年春季获得大丰收。

年底　茅坪金矿年产黄金1 284.6两（合64.23千克），秭归县成为“黄金生产超千两”县。

是年　全县给3 310名“地、富、反、坏”分子摘掉帽子，对错划的74人进行改正。1982年，对所剩的120人全部摘掉帽子。

1980年

1月10日　香溪大麦沱至卜庄河汽车轮渡建成通航，长江两岸航渡问题自此缓解。

2月　县屈原纪念馆建立，为全县文物、博物及名胜古迹管理机构。

3月　县财政实行“划分收支，分级包干，一定五年”新体制。

4月1日　中国民航第15飞行大队飞机2架第一次在秭归白娃姥、云台荒两个作业区飞播造林。

9月23日　中日合拍电视片《长江》制作团一行17人（中方6人、日方11人）抵秭归，拍摄屈原祠、屈原纪念馆、七里峡、乐平里、香溪及西陵峡入口处等风景名胜。

10月9日　新华通讯社与美国国家地理学会《在中国旅游》编写组一行5人（中方3人、美方2人）到秭归沿江集镇采访。

1981年

1月3日　政治协商会议（简称政协，下同）秭归县第一届一次全体会议在县城归州开幕。出席会议的政协委员85人。会议选举产生县政协第一届委员会主席1人、副主席5人、常务委员15人。

1月4日　葛洲坝大江截流，水位升高，县境内峡江航道上各绞滩站淹没。

是日　秭归县第九届人民代表大会第一次会议开幕。8日闭幕，出席会议代表212人。会议决定设立县人民代表大会常务委员会。选举产生17人组成第九届人民代表大会常务委员会，选举人大常委会主任1人、副主任5人、委员11人，选举县长1人、副县长5人，选举法院院长1人、检察院检察长1人。

1月5日 兴（山）香（溪）莲（沱）输变电工程在兵书宝剑峡之巅的杆塔竣工，110千伏输电线路从此处跨越长江（县境内）。

2月 杨林公社有241个生产队在全县率先实行联产到劳责任制，秋季粮食获丰收。

3月 秭归被确定为湖北省卫生建设重点县，省卫生厅对县人民医院及香溪等4所中心卫生院拨款180万元。

4月10日 财政部发行的国库券首次在县内发行。

7月18日 长江洪水猛涨，洪峰于晚12时经过秭归，归州镇最高水位91.55米，为清同治九年（1870）以来最大洪峰。

8月11日 夏秋大旱，夏粮受旱面积8 000公顷，大秋作物受旱面积1.66万公顷。

8月27日 县航运公司“506轮”拖运煤炭1 200吨首航上海。

10月5日 县人工防雹降雨办公室引进“三七”高炮2门，分置于磨坪公社小磨坪和归州镇卡子湾。

12月31日 屈原祠被列为湖北省第二批重点文物保护单位。

是年冬 全县3 295个生产队实行家庭联产承包经营责任制。

1982 年

3月5日 中国人民解放军副总参谋长李达、省军区司令员张秀龙至秭归视察。

3月29日 欧洲经济共同体援助秭归菜油20万公斤，分发给受灾群众。

5月5日 屈原故里第一个农民诗社——县三闾骚坛诗社在屈原诞生地乐平里恢复成立。

6月8日16时30分—17时30分 全县大部分地区发生大风、暴雨和冰雹灾害，121个生产大队严重受灾。

6月24日 省社会科学院、社会科学联合会、文学艺术界联合会和省文化局在县城归州镇联合举办全国性的屈原学术讨论会。

7月1日 全县开展全国第三次人口普查登记工作，11月12日普查工作全部结束。

7月20日 吒溪河暴发特大洪水，秭（归）桑（坪）公路渡水头大桥被洪水冲垮。

8月上旬 茅坪公社开展“五定”（定产、定购、定销、定生产资料供应、定农业贷款发放）农商合同制试点工作。

10月20日 美国古生物博物院专家格兰特至秭归考察西陵峡地质地貌。

10月22日 国家黄金总局局长兼中国人民解放军黄金生产部队军长石豁等，至秭归茅坪金矿考察黄金生产及矿点情况。

10月26日 中共秭归县第五次代表大会在县城归州开幕。31日闭幕，出席会议代表334人。会议选举产生县委委员28人、候补委员4人，中共秭归县纪律检查委员会（简称县纪委，下同）委员15人，选举出席湖北省党代会代表2人。

11月1日 最高人民法院副院长宋光至秭归检查法院工作。

11月8日 全省柑橘技术培训班在归州镇举办，国际柑橘学会执行委员、中国园艺学会副理事长章文才在培训班作学术报告。

11月10日 中共中央政治局候补委员、中央书记处书记、国务院副总理姚依林在代省长黄知真等陪同下，至秭归考察三峡大坝坝址、库区建设和移民工作。

11月24日 县文工团演出的歌舞剧《神鱼》，在湖北省专业文艺团体创作剧目评奖暨调演大会上分别获创作、演出二等奖。

12月7日 磨坪公社龙坪大队农民黄本凤、张周金、张周玉、张周双等人生擒一只云豹，交市动物园。

12月22日 对外经济贸易部授予县对外经济贸易局科研小组“脐橙良种选育”一等奖。

1983 年

1月6日 省内8单位倡导的“屈原杯”桥牌理事会在县工人俱乐部成立。

1月 县业余剧团在宜昌地区业余剧团调演大会演出建东花鼓戏《糊涂县官》，获创作一等奖、演出二等奖。

2月28日 县大湾煤矿发生瓦斯爆炸，死亡7人。

4月23日 两河口陶瓷厂采用锰釉技术试烧陶器成功。

4月25日17时5—12分 全县遭受罕见的“飑线”天气袭击。当年，县气象局获湖北省气象局“飑线天气预报”一等奖。

5月19日 文化部在华工作外国专家旅游团至秭归参观访问。

5月27日 纺织工业部部长吴文英等至秭归视察，到县棉织厂调查生产情况。

5月30日 省教育厅向在秭归执教25年以上的120名小学教师颁发“园丁荣誉纪念章”。

6月下旬 县内第一座长跨度铁索软桥（长138米、宽4米）在游家河架成。

7月18日 牛口至茅坪总长93.8公里的沿江人行道工程开工。

8月14日 全县严厉打击刑事犯罪活动开始。

10月18日 第五届全国人大常务委员会委员、中国音乐协会主席吕骥等至秭归考察楚文化。

11月9日 中国科学院武汉植物研究所工程师金一新、陈作宽在磨坪公社娃娃寨发现珍贵树种——银杉。

12月4日 省委书记关广富至秭归考察，先后去龙江公社、归州镇等地及机关、学校检查指导工作。

12月27日 香溪镇至巴东县信陵镇11万伏输变电线路工程竣工。

年底 国有、供销合作商业普遍实行责、权、利相结合的经营承包责任制。

是年 国有企业实行“利改税”改革。

1984 年

1月18日 县境内普降15～35毫米大雪，归州镇地面积雪最厚处达30厘米。

2月11日 县九届人大常委会第22次会议审议通过县政府关于政、社分开，建立乡人民政府和县政府机构改革方案。全县实施机构改革，撤销人民公社，建立区公所；撤销管理区，建立区辖乡镇人民政府。县下设2个镇、11个区，区下设55个乡、5个乡级镇。结束人民公社管理体制。

2月24日 省冶金工业总公司、黄金公司授予秭归县 “黄金生产超千两县”、茅坪金矿“黄金生产超千两矿山”锦旗。

3月31日 共青团中央为杨林区芦池湾小学和31名师生颁发“全国红领巾读书、读报奖”。

5月1日 归州镇环城水泥公路建成通车。

是日 县内最大一座多孔石拱公路桥——幺棚大桥（长133米）建成通车。

5月8日 对外经济贸易部为秭归脐橙颁发“优秀农产品”荣誉证书。

5月18日 国家黄金研究所所长、总工程师罗湘生等至茅坪金矿实地勘察日处理10吨选矿工艺流程。

5月24日 长江三峡库区城镇迁建规划工作秭归县新城选址方案论证会在县城归州召开，初步选定茅坪镇银杏沱为秭归新城城址。

6月3日 “县骚坛诗社”社长、农民诗人谭光沛参加全省第二次屈原学术讨论会，被省屈原研究会接纳为会员。

6月6日 县政府召开经济体制改革会议，制定《全县经济体制改革方案》。

6月13日 全县普降大到暴雨，有1.54万户5.6万余人受灾，倒塌房屋104间，死7人。

6月21日 全县第一个农村专业户协会——归州镇农村专业户协会成立。

8月1日 在古夔城遗址（香溪集镇）出土的“越王州勾剑”，奉调进京参加全国重大考古新发现珍品展览。

是日 革命烈士纪念碑揭幕暨刘新华、宋士玉两烈士骨灰安葬仪式在归州镇李家堡举行。

8月3日 县人民医院外科医师万仁游等做首例胸腔纵隔肿瘤摘除手术成功，肿瘤重1114克。

9月6日 县龙舟队代表湖北省参加在广东省佛山市举行的全国首届“屈原杯”龙舟赛。

9月10日 农村信用合作社体制改革，实行浮动利率、独立经营、独立核算、自负盈亏。

9月上旬 全县农村延长土地承包期工作基本结束。

9月21日 县橙汁厂“高峡”牌鲜橙原汁在湖北省轻工产品第七次质量评比中获优质产品奖。

10月8日 归州镇将军堡电视微波站、调频广播台建成。

10月10日 茅坪金矿炼出成品黄金16两（合0.8千克）。

10月15日 屈原庙在屈原诞生地乐平里落成。

10月25日 公安部顾问于桑至秭归检查工作，为屈原纪念馆题写“民族之魂”条幅。

11月19日 省冶金矿山选矿学会1984年度年会及情报交流会在归州镇举行。

11月20日 全县举行县、乡镇人民代表直接选举。

11月28日 交通部、全国海员工会授予秭归“屈原1号”客轮“文明客轮”称号。

12月4日 全县村镇规划完成，绘制村镇现状、规划图624份，说明书317份，共128万字。

12月8日 政协秭归县第二届委员会第一次会议在县城归州开幕。出席会议政协委员155人。会议选举产生政协第二届委员会主席1人、副主席6人、常务委员16人。

12月9日 秭归县第十届人民代表大会第一次会议在县城归州开幕，13日闭幕。出席会议代表242人。会议选举13人组成第十届人民代表大会常务委员会，选举主任1人、副主任4人；选举县长1人、副县长5人；选举法院院长1人、检察院检察长1人。

1985年

1月11日 周坪区怀抱石村出土巴氏甬钟3件。

1月12日 国务院技术经济研究中心、国家科学技术委员会专家考察组至秭归进行“秭归库区现状及开发设想”考察。

1月18日 副省长王汉章等至秭归茅坪镇（区）考察茅坪河拦河坝及茅坪河改道工程。

2月15日 县橙汁厂生产的“鲜橘汁”被评为湖北省地方产品十佳消费品之一。

2月21日 水电部农水司司长屈健至秭归三闾区考察回龙溪小流域综合治理情况。

3月1日 全县生猪购销价格放开，国家不再向农民下达生猪派购任务。

3月28日 秭归屈原大学在北京市朝阳区（租用红庙电建公司招待所礼堂）开学，设土木工程和现代科学管理两个专业，学制二年。

4月1日 全县改粮、油统购制度为合同定购制度，农民完成合同定购任务后，所余粮食和食用油料可自行处理。

是日21时 县邮电局首次受理国际长途电话。

4月10日 县政府公布县内第一批重点文物保护单位20处。

4月22日 国家黄金总局全国黄金生产“七五”规划小组一行4人考察茅坪金矿，对拐子沟日处理50吨选矿厂进行可行性研究。

4月25日 全县首家农民独资经营的个体粮行——杨传家粮行在杨林区新民村开业。

5月9日 省西陵峡岩崩调查工作处向省政府上送《新滩北岸江家坡至广家岩地段近期变形加剧报告》。

5月17日 朝鲜民主主义人民共和国电力工业部部长李智灿率领朝鲜政府电力代表团，在水电部副部长张凤祥陪同下访问秭归，游览屈原祠。

5月29日 全县第一届幼儿体育运动会在县城归州中心广场开幕。

6月1日 省委书记关广富根据《新滩北岸江家坡至广家岩地段近期变形加剧报告》，签发“下死命令，迅速组织安全转移，保证人民生命财产安全”的批示。同日，县新滩滑坡抢险救灾指挥部成立。

6月12日 凌晨3时45分，新滩江家坡至广家岩1 300万立方米滑体整体高速向下滑移，新滩古镇全毁。长江断航，无人员伤亡。

6月13日 中国民航总局“323”“327”直升机飞抵新滩上空摄影，拍摄新滩滑坡现场黑白、彩色照片各一套。

6月18日 龙江区上孝乡西陵村一组个体户郑伏新，驾驶载重1.02吨的小木船，装载750公斤豌豆和14人，由上孝乡下驶，至聚鱼坊江面时，被泡漩将船打翻，14人全部落水，死亡4人，10人获救。

6月22日 全国政协常委、民革中央副主席孙越琦率领全国政协长江流域情况调查组至秭归考察西陵峡地质、地貌情况。

6月23日 经国务院批准，长江新滩滑坡险区航段白天恢复通航（10月21日恢复夜航）。

6月24日 县直局级以上单位开始“整党”（整顿党的纪律和作风）活动。

7月27日 为表彰在新滩滑坡抢险救灾中有功人员，中国人民武装警察部队给武警湖北总队秭归县中队记集体一等功，给县中队战士沈勇记一等功，给程延生等5人分别记二、三等功。

8月12日 宜昌地区第八届中、小学生运动会排球赛在秭归举行。秭归小学女队夺得冠军，荣获“三连冠”称号；秭归中学女队也荣获冠军并获“文明队”称号。

8月17日 凌晨，云台荒药材场气温突变，室外温度由白天的35℃急剧下降至0℃以下，地面结冰2厘米，为罕见的伏天冰冻天气。

8月22日 省委书记关广富等至秭归察看新滩滑坡现场，慰问灾民，看望西陵峡岩崩调查工作处科技人员。

8月31日 武汉军区向在秭归工作、劳动的原国民党军队起义投诚人员217人颁发“起义投诚人员证明书”。

9月10日 县委、县政府举行大会庆祝第一个教师节。

9月11日 省公安厅在县大礼堂宣布公安部给县公安局新滩滑坡抢险救灾工作队记集体一等功，给向新建等8人分别记一、二、三等功的决定。

9月12日 省委、省政府在宜昌召开新滩滑坡勘测预报、抢险救灾表彰大会。授予县新滩滑坡抢险救灾指挥部为模范指挥部；龙江区区委、区公所，龙江区长江村，武警县中队，县船舶运输公司为新滩滑坡勘测预报、抢险救灾先进单位；县委副书记周宗龙等14人为先进个人。当天，省委副书记钱运录、副省长王汉章至新滩慰问灾民。

9月20日 宜昌地区林业科学研究所油桐调查组在杨林桥区（镇）尚水坪村发现一株树龄2年的“对年桐”。

10月5日 日本福冈县地方政府职员工会访华团在本部书记长秋吉丰率领下，乘“水文”专轮抵秭归参观屈原祠。

是日 宜昌地区普及初等教育检查验收团检查验收秭归初等教育普及工作，确认秭归县的入学率、巩固率、毕业率、普及率4项指标均符合部颁标准。

10月14日 湖南省文联主席康濯、上海市作家协会主席孙峻青率领参加“三峡笔会”的50多名作家、艺术家至秭归访问，参观屈原祠。

10月30日 县卫生局、工商行政管理局、公安局依照《中华人民共和国药品管理法》将查出的伪劣淘汰药品1 030种（折款6.18万元）公开销毁。

10月 全县实行“镇区并存，两块牌子（镇政府、区公所），一套班子”行政体制改革，设1个镇、8个镇（区）、2个场。

11月2日 全国政协副主席、中央顾问委员会常委刘澜涛至秭归视察，参观屈原祠。

11月3日 中共中央宣传部副部长贺敬之、中国文学艺术研究院副院长黎辛参观秭归屈原祠。

11月15日 归州镇连续第4次被评为宜昌地区卫生城镇。

11月28日 秭归脐橙在农牧渔业部举办的全国优质农产品展评会上被评为“国优”产品，获金杯奖。同时，获对外经济贸易部出口优质产品荣誉证书。

12月8日 出席国家科学技术委员会在宜昌地区召开的新滩滑坡学术讨论会的全国地质界专家、学者60多人，到新滩滑坡现场考察。

12月18日 中国人民解放军广州军区发布给县人民武装部记集体三等功、杨万举等4人记三等功的命令，表彰其在新滩滑坡抢险救灾中的功绩。

12月19日 全县国家机关、事业单位工资改革第一步工作告一段落，有1.11万人增加工资，月人均增资16.19元。同时，秭归县由四类工资区改为五类工资区。

是年 全县学校基本实现“一无两有”（校校无危房，班班有教室，学生人人有课桌凳）。

1986 年

1月4日 中共秭归县第六次代表大会在县城归州开幕。7日闭幕，出席代表336人。会议选举产生第六届县委委员29人、候补委员4人，选举县纪委委员13人。

1月23日 撤销县政府移民办公室，成立县移民局。各镇（区）移民办公室改为镇（区）移民站，为县移民局下属机构。

2月25日 全国人大常委会副委员长王任重在省人大常委会主任韩宁夫陪同下视察新滩滑坡现场。

3月19日 屈原纪念馆文物展厅一号橱文物被盗，被盗文物有明代银碗12件、银发簪4件、鎏铜带饰4件。

3月23日 水电部部长钱正英在副省长王汉章、中共宜昌地委书记马杰和有关专家陪同下到茅坪镇（区）九里、陈家两乡考察。

4月16日 中央顾问委员会常委、中央整党指导委员会副主任黄镇，兵器工业部副部长杨殿奎，中国人民解放军15军原军长靳钟及省顾问委员会委员王文波一行20人视察秭归。

4月20日 秭归脐橙获对外经济贸易部部优奖杯。

4月22日 中共中央政治局常委、国务院总理赵紫阳，全国人大常委会副委员长王任重视察秭归。王任重应邀为《秭归县志》题名，为屈原纪念馆题写“中华诗魂”匾额，为县文化馆主办的文艺刊物《子规》题写刊名。

5月1日 全国总工会授予县纪委书记甘德华优秀政治工作者荣誉称号，获五一劳动奖章。

6月8日 县人民武装部改归地方建制。

7月9日 省政协副主席、华中农业大学教授、全国著名柑橘专家章文才至秭归考察柑橘生产。

7月14日凌晨2时—16日14时 全县普降大到暴雨，引发山洪。全县4人遇难，2人受伤，农田、房屋、电站损失严重。

7月16日7时30分 沙镇溪区土地岭村岩坎至马家坝村下马岩发生滑体2 882.4万立方米的大规模滑坡，财产损失巨大，无人员伤亡。

8月11日 茅坪镇（区）至宜昌县三斗坪公路竣工通车。

9月5日 县橙汁厂建成全省第一条中华猕猴桃原汁生产线。

9月6日 全县第一个农村联合经营组织——水田坝区龙口柑橘场成立。

9月10日 秭归朝天嘴古文化遗址第二期发掘工作开始。

9月10—11日 全国政协副主席、国务院三峡工程筹备领导小组副组长程子华至秭归，考察三峡工程建设及库区移民等工作。

9月17日 县委、县政府建立县委常委及正、副县长“信访接待日”制度。

9月19日 秭归“柑橘塑料大棚容器育苗及矮化密植栽培”纳入国家“星火计划”。

10月25日17时40分 中国长江科学考察探险队13名队员，分乘“西南电国力3号”“中华勇士号”“渝科号”3艘橡皮艇，由四川漂抵湖北第一个泊靠点——秭归，当晚宿秭归。

11月1日 中国洛阳长江漂流探险队一行17人由四川漂入湖北境内，21时抵秭归码头。

11月5日 县政府分别在泄滩区牛口乡、水田坝区马营乡召开追认烈士大会。向24名烈士家属颁发“革命烈士”证明书。

11月7日 香溪、窑湾溪、郭家坝、周坪、杨林桥、茅坪6个邮电支局间的农话直拨开通。

11月11日 中央顾问委员会委员、中央纪律检查委员会原书记王从吾考察秭归。

11月13日 美国佛罗里达州柑橘部专家、美籍华人陈金树博士至秭归考察柑橘生产。

11月22日 加拿大扬子江咨询公司社会经济研究专家多·埃格里、经济学家斯·费格森、土地利用专家阿·罗特曼、农业专家马·斯莱特4人，至秭归茅坪镇（区）考察论证三峡工程可行性方案。

11月23日17时30分 一艘满载柑橘的“秭副53号”个体机动船行至长江秭归段吒滩水域，因错走航线被巨浪打翻，4人溺水身亡。

12月17日 全县第一座地面卫星电视接收站在归州镇建成，转播发射两套电视节目。

1987 年

2月23日 全县第一个“红白”理事会在郭家坝镇（区）童庄河乡牛岭村成立。

2月24日 水电部部长钱正英率三峡工程移民考察团抵达归州镇，考察秭归移民工作。

3月1日 全县第一个区文化中心——水田坝区文化中心成立。

3月25日 县长江电子仪器厂生产的降低无功电流的“功率因数自动补偿电脑控制器”，填补全省电子工业生产的一项空白。经鉴定，该控制器可将功率因数提高到95%以上，使无功电流降低到5%以下，节电效果显著，获宜昌地区优秀新产品奖。

4月18日 11—22时30分，香溪镇（区）胡家坪村、新滩镇（区）关家湾村、上孝乡洋坪村相继发生森林火灾，共烧毁林地面积103公顷。

是日 沙镇溪区陕西营至巴东县公路建成通车，全线长27.85公里。

4月26日 茅坪纸厂陈家坝分厂晾纸车间起火，烧毁厂房9间、土纸22.34吨，直接经济损失26.88万元。

5月27日 全国人大常委会委员、教科文卫委员会副主任胡克实，科教组副组长庞伟华至秭归考察。胡克实在参观屈原祠、屈原纪念馆时，题词“神州有先贤，振兴看新人”。

6月17日 秭归县被纳入全国改灶降氟重点县。

6月30日 县织布厂生产的帆布进入香港市场。

7月6日18时 沙镇溪区大岭村4组发生坍山滑坡。约350万立方米的滑坡体使40米宽的锣鼓洞河的大岭河床缩小20米，威胁6户24人、18间房屋安全，造成直接、间接经济损失17万元。

7月20日 水田坝区上坝村二组发生总方量约300万立方米的滑坡，因及时撤迁，无人员伤亡。

7月25日 两河口镇（区）及磨坪、周坪、水田坝3个区遭受风雹灾；泄滩区和西陵、香溪、杨林桥3个镇（区）遭受暴雨灾害；西陵区在暴风雨中有3人遭雷击丧生，倒塌房屋6间。

8月28日 水田坝区三溪河乡姜家坡村出现滑坡，约45万立方米的滑坡体将3组和6组的33户居民房屋家产和畜禽全部淹埋，无人员伤亡。

10月4日 全县实行撤区并乡机构改革工作结束，设8镇8乡。

11月2日 全县劳务输出开始走出湖北省，10名秭归籍姑娘赴广州军区珠江宾馆工作。

是日 秭归至汉口第一条长途电话直达线路开通。

11月20日 全县企业离休、退休、退职职工首次实行社会养老统筹。

11月28日 县广播电视台在茅坪镇税家包建成第一个广播调频台。

是日 两河口镇太坪复合硼肥厂生产新型高效微量元素肥料（复合硼肥）成功。

1988 年

1月24日 政协秭归县第三届委员会第一次会议在县城归州开幕。出席会议委员152人。会议选举产生政协第三届委员会主席1人、副主席6人、常务委员15人。

1月25日 秭归县第十一届人民代表大会第一次会议在县城归州开幕。29日闭幕，出席代表201人。会议选举产生13人组成第十一届人民代表大会常务委员会，选举主任1人、副主任4人，选举县长1人、副县长4人，选举法院院长1人、检察院检察长1人，选举出席省第七届人民代表大会代表4人。

4月6日 香溪河水污染严重，致使86个单位、7 000人饮水困难，香溪镇中小学500人停课。

6月5日 县屈原纪念馆陈列的国家二级文物被盗9件。其中，编钟3件、铜敦2件、铜鼎1件和铜壶3件。当年12月9日，县公安部门将盗窃犯倪金飞、李建新抓获归案。

7月4日 省政协主席沈因洛到县酒厂、橙汁厂、柑橘研究所、香溪镇、水田坝乡考察。

7月13日 县教育委员会在归州镇中学推行“民主选举校长，校长组阁班子，班子聘用教师”的改革试点。

8月5日 省第二届青少年运动会棋类比赛在县城归州举行。

8月6日 个体司机刘顺柱驾驶东风140汽车装运木材行至杨林桥镇西洋坪村5组发生翻车事故，4人遇难、重伤2人、轻伤7人。

9月9日 县红十字会理事会成立。

10月23日 国务院批准将秭归县列为对外经济开放地区。

11月7日 中央顾问委员会委员、省人大常委会原主任韩宁夫一行9人考察秭归。

11月19日 省长郭振乾至秭归检查指导工作。

11月26日 中共中央政治局常委、中央纪律检查委员会书记乔石视察秭归。

12月15日 中国共产党秭归县第七次代表大会在县城归州开幕。18日闭幕，出席代表309人。会议选举产生第七届县委委员29人、候补委员4人，选举县纪委委员13人。

12月18日 茅坪金矿首次冶炼出合质金。

1989年

1月1日 县电视台试播成功。

是日 郭家坝镇楚王井村农民王继元等人驾驶3马力（1马力＝735.5瓦特，下同）挂机船，行至老虎石触礁翻船，船上4人全部落水，3人遇难。

1月23日 全县第一个农村合作基金会——茅坪镇木坪合作基金会成立。

1月26日 县政府驻武汉办事处成立。

2月28日 沙镇溪镇金属硅厂在千将坪建成投产。

3月22日 秭归被纳入“长江中上游水土保持防护林体系工程”试点县。

4月21日 全国政协主席李先念偕夫人林佳楣视察秭归，并游览屈原祠。

5月10日 县航运公司船舶修造厂建造的9只竞赛龙舟运往武汉。

5月25日 县个体劳动者协会向北京亚运会建设工程捐款1万元。

5月28日 农牧渔业部部长何康视察秭归“长江柑橘带”建设。

6月4日 “昭君出塞”塑像在香溪河口东岸落成。

6月7—13日 全县连降暴雨，6天累计降雨205.1毫米，灾害损失严重。

6月12日 归州镇建设街居委会400名居民致电中央电视台，转达屈原故里人民对首都戒严部队官兵的慰问，并汇款400元慰问戒严部队负伤官兵。

7月8日 水田坝乡在全县率先试行村干部退休保险制度。

7月9日 沙镇溪镇长春村村办煤矿发生瓦斯爆炸，5人遇难，2人重伤。

是日 湖北省董必武教育奖励基金会秭归支会成立。

7月12日 屈原乡北峰村8组李东风修建房屋挖基脚时，发掘出一有孔石铲，经专家鉴定属新石器时代器物。

7月27日 日本静冈县香菇生产技术交流访华团考察秭归香菇生产。

9月5日 沙镇溪镇杨家沱村二组村民王云驾驶“秭付7号”渡船，行至泄滩乡柳树湾，尾部撞入“秭归驳37号”铁驳，船上21人全部落水，9人遇难。

12月20日 国家成立长江三峡链子崖、黄蜡石地质灾害防治领导小组，并在宜昌设立现场指挥部，首次拨款1 100万元，由过去的单纯监测转入实质性整治阶段。

1990 年

1月1日 全县建立村级主职干部个人养老保险制度。

2月20日 归州镇彭家坡村的罗伯逊脐橙35号、纽荷尔脐橙和新滩镇龙马溪村的桃叶橙，被评为全国名优水果。

2月24日 文化乡金溪村笋桩岩发生大面积塌方，3人遇难。

2月28日 归州镇小学1 900名学生捡废纸2 500公斤、废铁皮170公斤、柑橘皮110公斤，瓶子500个，共卖废变钱1 300元，全部捐献给北京亚运会。

5月3日 位于新滩镇境内的长江三峡链子崖危岩体地表整体排洪工程竣工。

5月30日 县橙汁厂生产的“高峡”牌利乐包包装橙汁，被指定为第十一届亚运会饮料。

6月18日 中国人民武装警察部队司令员周玉书、政委徐寿增考察秭归武警工作。

6月28日 县委、县政府对县内第一、二次国内革命战争时期和抗日战争时期的革命遗址立碑、挂牌，共建立纪念标志19处。

7月1日 全县开展全国第四次人口普查登记工作。至7月10日登记结束，11月6日经省验收合格，普查工作全部结束。

7月20日—10月15日 秭归发生历史上罕见的特大旱灾，伏旱连秋旱87天。

7月25日 县航运公司造船厂为第十一届亚运会制造的“秭归龙舟”运往北京，为亚运会陈列展品。

8月4日 新滩镇西陵峡村一组10岁少年陈雄，因抢救落水同学熊传茂英勇牺牲。

8月13日 第十一届亚运圣火火炬传递交接仪式在归州镇广场举行。

8月20日 郭家坝页岩砖厂挖掘出一座古墓，出土六朝时期的铜钱、铜镜、陶钵共3件。

10月23日 全国政协副主席、澳门特别行政区基本法起草委员会副主任、澳门工商联主席马万祺游览屈原祠，题下“爱国孤忠烈，丹心浩气存，至今逢端午，竞渡吊屈原”的诗句，并捐赠1万元港币。

11月6日 省长郭树言、副省长李大强考察秭归。

11月7日 全县第一个乡镇计划生育服务站在水田坝乡建成开业。

11月12日 中共中央政治局常委、书记处书记李瑞环视察秭归。

是月 县委将县直11个战线党委合并为8个战线党委。

1991 年

1月24日 政协秭归县第四届委员会第一次会议在县城归州开幕，出席会议委员167人。选举产生第五届委员会主席1人、副主席6人、常务委员19人。

1月25日 秭归县第十二届人民代表大会第一次会议在县城归州开幕。29日闭幕，出席会议代表225人。选举产生17人组成十二届人民代表大会常务委员会，选举主任1人、副主任6人，选举县长1人、副县长6人，选举法院院长1人、检察院检察长1人。

3月4日 中国科学院院长周光召、国家环保总局局长曲格平一行37人，考察秭归生态与环境保护工作。

3月29日 中国科学院古生物学和地层学副研究员陈孟义、萧宗正等人在县境内牛肝马肺峡崖面发现一批震旦纪（距今约6亿年）珍稀生物化石群。

4月1日 县第一中学生物教师黄达茂在归州镇吒溪河口鸭子潭捕获一只特大桃花鱼，自然铺开面直径5厘米。此前国内发现的最大桃花鱼直径为2.2厘米。

4月22日 国务委员、国务院贫困地区开发领导小组组长陈俊生带领国务院三峡工程库区考察团一行20人考察秭归。

4月25日 全县16个乡镇均被国家纳入三峡库区水土保持重点防治区。

5月22日 全国政协副主席钱伟长视察秭归。

5月27日 中央顾问委员会委员、中央组织部原部长陈野萍考察秭归基层组织建设和山区经济建设工作。

5月31日 加拿大多伦多大学教授陆兆雄至秭归考察水土保持工作。

6月2日 国务院副总理邹家华率国务院三峡工程审查委员会考察团一行80人视察秭归。

6月5日 经国务院批准，秭归县被纳入“八五”时期湖北省重点贫困县。

6月13日 在郭家坝镇卜庄河地区的一批战国至东汉时期的古墓中发掘土坑墓2座、岩坑墓2座、石室墓1座。

6月15日 因三峡工程建设需要，民政部批准秭归县政府驻地由归州镇迁至茅坪镇剪刀峪。

6月16日 县屈原诗社在屈原纪念馆成立。

6月27日 中共秭归县第八次代表大会在县城归州镇开幕，30日闭幕。出席代表303人。会议选举产生第八届县委委员27人、候补委员4人；选举产生县纪委委员13人。

6月29日 郭家坝镇鸡米寺村发生滑坡，房屋、农田损毁严重，无人员伤亡。

7月10日 周坪乡贺坪、罗圈荒、金凤、小冲、关门山等5个村，400公顷农作物遭受罕见虫灾。

8月1日 美国太平洋旅游有限公司、澳大利亚海伦王旅游公司、德国国际航空旅游有限公司、法国可尼旅游公司、加拿大天鹅国际旅游有限公司、马来西亚金豪华旅行社等80家中外旅游集团的总裁、董事长、总经理考察秭归旅游景点。

8月8日19时30分 新滩镇桂坪村二组村民向启敏驾驶一艘小木船，行至兵书宝剑峡大王滩处翻沉，11人全部落水，死亡6人。

8月21日 县第一中学14岁考生谭雪松，被华中理工大学破格录取为该校少年班光学系学生，成为全宜昌地区第一名少年大学生。

9月29日 首部《秭归县志（1901—1985）》首发式在县城大礼堂举行。

10月1日 新滩镇链子崖危岩区安装太阳能观测仪。

10月27日 全国政协副主席王光英率政协全国委员会三峡工程视察团一行85人视察秭归库区移民工作。

11月18—19日 全国人大常委会副委员长陈慕华率全国人大常委会三峡工程考察团一行83人，考察秭归库区开发性移民工作。

11月19日 全县秋冬连旱。8月8日—11月19日共104天，仅降雨143.7毫米，比历年同期少降199.9毫米。农田50厘米深的耕作层干裂。

12月15日 省长郭树言、省政府秘书长周坚卫至秭归检查指导工作。

12月16日 全国省、市长三峡工程考察团共140人至秭归，考察三峡工程移民开发试点。

12月25日 全县普降大雪，气温急剧下降。普遍积雪近20厘米，高山地区厚达60厘米左右。极端最低气温-7℃，县城归州极端最低气温-4℃。

是年 全县14个乡镇、57个村恢复合作医疗制度，参加合作医疗人数3.42万人。

1992 年

1月15日 县酒厂生产的“中华橙酒”获省优秀新产品金鹤奖和优质产品奖，填补省内一项空白。

1月16日凌晨 县服装厂发生火灾，烧毁服装1 600多件，机器设备23台，损坏车间和仓库105平方米，直接经济损失20多万元。

1月20日 国务委员、财政部部长王丙乾率三峡工程考察团一行60人视察秭归。

2月13日 中共中央政治局委员、国务委员兼国家教育委员会主任李铁映率全国教育、科学、文化、卫生、体育系统三峡工程考察团一行140人，至秭归考察水田坝乡李家坡村移民试点。当晚，李铁映一行与出席秭归县三级干部会议和劳模会议代表在县大礼堂举行联欢晚会，共庆猴年新春。

2月17日 茅坪建东花鼓戏入选《中国戏曲·曲艺词典》和《中国民间艺术大辞典》。

2月19日 县实验小学1 885名学生为三峡工程捐款3 721.32元。

2月22日 中央顾问委员会委员周林率全国教育系统三峡工程考察团一行150人考察秭归移民开发试点工作。

3月7日 中共中央政治局委员、国务院副总理田纪云视察秭归，为秭归题词“抓住机遇，振兴秭归”。

3月17日 省委书记关广富、省人大常委会副主任王汉章考察秭归新县城城址。

是月 县委、县政府从县直机关选派优秀青年干部16名到各乡镇担任首届计划生育副乡镇长。随后又于1994年、1997年选派第二、第三届计划生育副乡镇长，三届共选派46人。

4月9日 县政府决定废除生猪外销收取发展基金、控制外地散装白酒销售、桐油购销实行归口统一经营3个地方保护性政策文件。

是日 中共中央政治局委员、北京市委书记李锡铭在省委书记关广富陪同下考察秭归李家坡移民试点。

4月11日 国务委员、中国人民银行行长李贵鲜率全国金融系统三峡工程考察团至秭归考察。

4月17日 秭归县第十二届人大常委会第九次会议通过决定：每年农历五月十五日为“屈原文化节”。当年于6月15日在县内举办首届“屈原文化节”。

5月11日 磨坪乡天井坪村5组杜家湾发生巨型牵引式土层滑坡，约250万立方米滑体整体下滑，险区内农田、房屋被毁，无人员伤亡。

5月15日 县航运公司船厂为“中国长江三峡国际龙舟拉力赛”制造龙舟18只。

7月15日 卫生部妇幼司原司长林佳楣考察秭归县妇幼保健所。

7月30日 县城区市内电话进入国际长途直拨网。

8月4日 《秭归县新县城总体规划》通过专家评审。

8月31日 全县农村储蓄存款达1.04亿元，首次突破亿元大关。

8月 县第一中学高级教师黄达茂人工繁殖新一代桃花鱼获得成功。

9月13日 经市政府批准，秭归县在茅坪镇青龙嘴2平方公里内建立秭归县茅坪经济技术开发区，为市管开发区。

10月1日 县有线电视台正式开播。

10月22日 全国人大常务委员会副委员长阿沛·阿旺晋美出席在县城归州城沱举行的中国长江三峡国际龙舟拉力赛首发仪式。

11月15日 国务院总理李鹏率国务院秘书长罗干、交通部部长黄镇东、公安部部长陶驷驹、能源部副部长史大桢、国务院三峡地区经济开发办公室主任李伯宁，至秭归考察三峡工程移民工作。回京后，李鹏寄来“服务大三峡，建设新秭归”亲笔题词。

11月25日 62个国家驻华使节一行97人至秭归参观访问。

11月30日 县直13个事业单位3 604名国家干部下放到乡镇管理，5个行政职能局转为经济实体，8个职能交叉和业务相近的职能部门合署办公。

12月20日 茅坪镇杨贵店村村民谭德训全家搬迁，成为三峡工程库区百万移民搬迁第一户。

12月26日 县委、县政府在茅坪镇剪刀峪举行新县城建设开工典礼。

1993 年

1月14日 县委服务三峡工程工作委员会成立。

1月 由蔡正清编导、傅承旭作曲的《大山里的金秋》在中央电视台“百花园”节目中播出。

2月6日 《秭归县新县城总体规划》经省政府批复。

4月3日 全国首届桃花水母保护学术研讨会在秭归县召开。

4月29日 县委、县政府制定引进人才和技术十项优惠政策。

是月 取消粮油统销政策，放开粮食销售价格，自此取消凭粮油票或“粮油供应证”供应粮油制度。

5月1日 三峡工程前期准备工程——茅坪溪改道工程竣工。

5月13日 水利部部长钮茂生、国务院三峡工程建设委员会副主任李伯宁至秭归县考察移民开发工作。

5月28日 县城无线寻呼开通，覆盖半径20公里。

6月1日 省政府批准秭归县建设脐橙大县。

6月3日 智利国家最高法院院长马科斯一行7人，在中国最高人民法院副院长华联奎陪同下参观秭归屈原祠。

6月6日 中央电视台《综艺大观》外景摄制组一行16人至秭归县制作屈乡风情场景节目。

6月7日 香港新世界大财团董事长郑裕彤至秭归考察。

7月8日16时30分—19时25分 秭归县芝兰、周坪、文化、两河口、杨林桥、郭家坝等6个乡镇62个村遭受严重狂风冰雹袭击。风力达7～8级，降雨量80～100毫米。

7月12日 新县城500吨水厂引水工程竣工。

7月31日 72岁的胡振浩等8名退休职工表演的《船工号子》在中央电视台现场直播。

8月5日 省委副书记回良玉至秭归检查指导工作。

8月13日 县保险公司对全县4 666.67公顷烟叶全部建立保险。

8月18日 秭归籍著名铁路专家杜镇远之女杜崇玲向县政府捐献人民币10万元，以发展家乡文化教育事业。2002年3月3日，杜崇玲再次向县政府捐献人民币130万元。

是日 73岁高龄台胞谢铁樵，只身纵游长江归州镇至中堡岛40公里河段成功，成为世界纵游长江西陵峡第一人。

8月25日 日本东京农业大学柑橘专家池田尚弘至秭归考察柑橘生产情况。

9月20日 县公安局和磨坪乡政府联合在磨坪乡召开大会，公开取缔“旷野窄门”非法组织。

9月22日 梅家河乡私人煤矿发生安全事故，4人遭一氧化碳中毒身亡。

10月2日 全国政协副主席钱伟长率全国政协三峡文物考察团一行37人考察秭归。

10月12日 省委书记、省人大常委会主任关广富，省政协主席回良玉考察秭归。

10月13日 原中共中央政治局常委、国家主席杨尚昆视察秭归。

10月20日 县聋儿语言训练康复站开办。第一期参训聋儿20人。

11月7日 中国对外文化交流协会会长朱穆之一行3人至秭归县考察，参观屈原纪念馆并留言：“吟难止，思无限。”

11月15日 归州镇彭家坡村农民彭洪国被中国柑橘协会吸收为会员。

12月22日 杜镇远图书馆和杜镇远铜像在县第一中学开馆揭幕，全国政协副主席钱伟长题写馆名。

1994 年

1月7日 三峡文物考察队在香溪镇八字门村玉虚洞内发掘出石核、石片、大型砍砸器、刮削器、尖状器等石器。

1月9日 县橙汁厂生产的“贝蒂富铁保健饮料”通过省级专家评审，达到国内领先水平，填补省内一项空白。

1月21日 中共秭归县第九次代表大会在县城归州开幕，24日闭幕。出席代表303人。选举产生第九届县委委员29人、候补委员4人；选举县纪委委员14人。

1月27日 政协秭归县第五届委员会第一次会议在县城归州开幕。出席会议委员157人。选举产生政协第五届委员会主席1人、副主席6人、常务委员19人。

1月29日 秭归县第十三届人民代表大会第一次会议在县城归州开幕，2月1日闭幕。出席会议代表228人。选举产生17人组成县十三届人民代表大会常务委员会，选举主任1人、副主任5人；选举县长1人、副县长8人；选举法院院长1人、检察院检察长1人。

2月4日 县公安局破获一起县内最大的盗窃案（一次盗窃现金18.5万元）。案犯涂忠太（男，22岁，四川省云阳县人）被抓获归案。

2月18日 秭归县被评为全国移民试点先进县。

3月3日 三峡坝区黄家坟茔发现两座宋代砖石墓和一座明代地下茔城。

3月8日 省长贾志杰考察秭归新县城。

3月13日 省军区副司令员陈佐财少将、宜昌军分区政委常立柱大校至秭归检查民兵预备役工作。

3月29日 县鞭炮厂破产，成为县内第一家破产企业。

4月15日 县文联主席宁发新所著长篇小说《屈原》获全市首届屈原文化创作奖。

4月17日 全国人大民族委员会副主任委员李学智带领全国人大考察组，考察秭归县移民工作。

4月18日 屈原乡屈原村希望小学奠基，葛洲坝电厂为其捐资15万元。

4月26日 最高人民法院院长任建新考察秭归。

5月2日 全国人大常委会副委员长廖汉生偕夫人视察秭归。

5月21日 中共中央政治局委员、国务院副总理兼外交部部长钱其琛偕夫人周寒琼视察秭归。

6月3日 中国科学院三峡文物考察队在两河口镇二甲村的孙家洞、黑洞、道洞内发现大量哺乳动物化石和古人类使用的打制石器、骨器等工具。据初步判断，洞穴遗址距今约5万～10万年。

6月7日 香溪镇官庄坪村7组柏树林一带发生滑坡，滑坡体约7.5万立方米，造成6间房屋倒塌。

6月9日 建设部部长侯捷率三峡移民考察团考察秭归。

6月15日 郭家坝镇邓家坡村4组农民何光槐发明“柑橘内膛枝组腹接”新技术获国家专利。5月16日，何光槐被收入《中国当代发明家全集》和《当代发明家辞典》，并输入《中国当代发明家信息库》。1996年4月5日，何光槐被吸收为中国发明家协会和省发明家协会会员。

6月25日 “中国古代文学家屈原”邮票在秭归县首发。

7月11日19时30分—20时10分 梅家河乡遭受特大暴风雨袭击，局部最大风力达10级，30分钟降雨量1 67毫米。

8月9日 省长贾志杰，副省长李大强、王生铁、韩南鹏、孟庆平、陈水文、苏晓云率省直单位及大型企业负责人考察秭归新县城建设。

8月18日 华中航运公司汉江船厂为秭归建造600客位的“屈原4号”客轮下水营运。

8月25日 国务院将秭归县列入长江三峡经济开发区。

9月7日 国务院副总理邹家华在副省长陈水文陪同下视察秭归新县城建设。

是日 全国政协副主席吴学谦在国家旅游局局长刘毅等陪同下，一行50人视察秭归移民工作。

10月14日 被列入新县城电源建设规划的茅坪110千伏变电站调试运行。

10月16日 中共中央总书记、中央军委主席、国家主席江泽民视察秭归。

11月1日 国务院副总理朱镕基偕夫人劳安至水田坝乡李家坡村视察三峡库区开发性移民。

是日 秭归县被国务院正式列入全国“八七”扶贫攻坚重点县。

12月1日 县城归州城区内开始禁止燃放鞭炮。

12月29日 江苏省人民政府捐赠秭归县汽车13辆，总价值112.3万元。

1995年

2月21日 国务院三峡工程建设委员会副主任郭树言至秭归县考察移民工作，参观郭家坝镇桐树湾村移民后靠试点。

3月20日 三峡工程库区复建公路风（吹垭）茅（坪）公路开工建设。1999年11月18日，县委、县政府举行通车典礼。

3月28日 香溪镇向家店村村民李自淑全家迁往宜昌市伍家岗区伍家乡灵宝村落户，成为全县三峡库区外迁移民第一户。

4月6日 国务院农村政策研究发展中心等5家联合命名秭归县为“中国脐橙之乡”。全国人大常委会副委员长王光英在“中国脐橙之乡”证书上题字。

4月8日 省长蒋祝平、副省长张洪祥至秭归县新县城建设工地考察，看望新县城搬迁第一户韩永振和工地建设者。

5月1日 国务院授予县屈原轮船总公司职工刘厚明“全国劳动模范”称号。

5月8日 杨林桥镇打鱼池村5组郑世全等5家农户发生重大火灾，烧毁房屋18间、粮食2 000公斤，生产工具和生活用品全部烧毁，经济损失4万余元。

5月15日 全国长江上游水土保持第七次工作会议在秭归县召开，长江上游78个县、市的228名代表出席会议。

6月9日 中央教育科学研究所及教育管理研究所、沈阳市和平区教育委员会和四川、天津、南京、延安等省、市的教育专家，至县实验中学检查指导工作。

6月23日 新县城橘苑小区被建设部列入全国第四批城市住宅小区建设试点区。

7月13日 大连市农业银行退休干部李范懿夫妇为秭归县希望工程捐赠人民币10万元，用于建设磨坪乡白家坪村小学。1996年8月18日，县委作出向李范懿夫妇学习的决定。

7月30日 卫生部部长殷大奎一行6人，至归州镇和新县城建设工地考察卫生工作。

7月31日 上海炼油厂捐赠25万元援建水田坝乡马营小学。

8月16日 县第一中学应届高中毕业生杨勇以627分的高考成绩被清华大学录取，成为秭归第一名就读清华大学的学生。

9月5日 省委书记贾志杰、省长蒋祝平考察秭归县郭家坝镇移民工作。

10月12日 乡镇行政区划调整结束，撤销归州镇、新滩镇、屈原乡，新设屈原镇，原8镇8乡减至7镇7乡。

10月12—13日 全国政协副主席丁光训率长江三峡地区考察团，考察秭归屈原祠，题词“屈原永恒”。

11月1日 中共中央书记处书记、国务院副总理姜春云一行12人视察秭归。

11月4日 沙（镇溪）磨（坪）公路卡子路段发生特大交通事故，4人遇难，1人重伤。

11月9日 中国特产经济发展大会在秭归县召开。

11月19日 茅坪万家坝纸厂发生火灾，直接经济损失46万元。

11月25日 全国第八届人大代表、江苏省铜山县县委书记高之钧与江苏省维维豆奶集团公司总经理崔国庆至秭归考察。

11月30日 中共中央委员、中国人民解放军广州军区政治委员史玉孝至秭归县检查民兵预备役工作。

是日 全县2 759名国家公职人员分3批参加国家公务员过渡考试。

12月2日 中国第一部反映长江三峡移民题材的电影《大江东去》在秭归开机拍摄。

12月28日 省开发区管理办公室行文批准秭归茅坪经济技术开发区升为省管开发区。

1996年

1月27日 外交部新闻司邀请40余名常驻中国的外国记者，至茅坪镇青龙嘴村移民点进行现场采访。

1月30日 “909”地质大队对新滩南岸链子崖危岩体顶部实施锚固成功。9月1日，危岩体锚固工程竣工。

3月21日 县人民武装部由地方建制收归军队建制，当日举行交接仪式。

3月30—31日 全国政协副主席杨汝岱视察秭归移民后靠试点村郭家坝镇桐树湾村。

5月9日 英国前首相杰弗里·豪偕夫人在中国驻旧金山大使馆前大使衔总领事郑万珍的陪同下，至秭归县观光游览。

5月14日 省委书记贾志杰考察秭归县水田坝乡王家桥示范小流域水土治理工程。

5月15日 中共中央政治局常委、全国政协主席李瑞环在省委书记贾志杰等领导陪同下视察秭归新县城建设。

5月20日 全省对口支援秭归现场会在茅坪镇召开。

5月28日 茅坪镇千亩蔬菜基地动工兴建。

5月30日 香溪镇万古寺村一组乔家河煤矿发生瓦斯爆炸事故，7人丧生。

6月6日 国家体育委员会主任伍绍祖考察秭归。

6月10日 江苏省人民政府副省长俞兴德率对口支援考察团考察秭归。

6月15日 郭家坝镇楚王井村发掘出春秋时期的两座墓葬和新石器时代遗存。

6月30日 秭归县被列为“九五”时期全省特困县。

7月1日 全县为机关事业单位工作人员建立养老保险制度。

7月3日 全县连续阴雨后又遭暴雨袭击，财产及水、电、路等基础设施损失严重，全县9人遇难，2人下落不明，重伤19人。

7月12日 郭家坝镇楚王井村庙坪遗址发掘出龙山文化早期和商周时代的灰坑以及两座汉墓和一个柱洞。

7月16日 省委副书记、省长蒋祝平，省政府副秘书长刘克毅带领省财政厅、省民政厅等部门负责人检查香溪镇万塘村灾情。

7月23日 市红十字会向秭归县捐赠棉被300床、衣裤300套、药品6件，价值5万元。

7月26日 中国长江三峡开发总公司直属机关、葛洲坝电厂3 600多名职工向秭归灾区捐助15万元人民币和两车衣物。

8月7日 杨林桥镇王二荒村速生用材林基地被共青团中央、全国绿化工作委员会和林业部命名为“全国青少年绿化祖国优秀绿化工程”。

9月 秭归县被国家教育委员会授予中华扫盲奖。

10月18日 国务院副总理邹家华率领出席在宜昌召开的三峡工程暨对口支援工作会议的代表视察秭归。

10月20日 中共中央政治局常委、国务院总理李鹏视察秭归新县城。

11月1日 全国政协副主席钱正英在省政协副主席沈克昌、长江三峡工程开发总公司总经理陆佑楣等领导陪同下视察秭归新县城。

是日 省政府追认因公殉职的茅坪镇原宣传委员徐耀德为革命烈士。1997年1月23日，徐耀德被评为宜昌市1996年10位新闻人物之一。同年6月22日，省委、省政府作出向徐耀德学习的决定。11月1日，省政府授予徐耀德革命烈士称号。1997年6月16日，中共中央宣传部将徐耀德列为重大典型向全国广泛宣传。同年11月9日，国务院三峡工程委员会追认徐耀德为“三峡库区优秀移民工作者”。

11月14日 由中央党校省（部）级领导研讨班组成的三峡工程考察团参观秭归新县城。

1997 年

3月8日 全县三峡工程移民一次性农转非471人。

3月24日 县航运公司退休工人何怀宝在归州镇望江村一组龙潭嘴荆棘丛中挖出一对人形何首乌，分别重0.91千克、0.9千克。

4月4日 三峡坝、库区年满50周岁的农村移民由移民部门按每人6 000元一次趸交社会养老保险金，当天茅坪镇422名移民一次性缴纳养老保险金总额253.2万元。

4月7日 沙镇溪镇陕西营村1组农家子弟宋文吕考取留美博士生。

4月17日 对外经济贸易合作部部长吴仪带领中央党校省部级干部研讨班三峡考察团80人，至秭归参观考察屈原祠和新县城。

4月19日 联合国儿童基金会对贫困地区社会发展项目（SPPA）在秭归县启动。

4月30日 世界柑橘协会主席、美国柑橘专家阿尔布里哥及华中农业大学博士生导师邓秀新应邀至秭归县讲授柑橘栽培技术。

6月18日 茅坪港过渡性浮式码头在茅坪镇杨四庙处建成运行。

6月25日 磨坪乡信诚实业公司煤矿6号井发生重大安全事故，4人遇难。

6月28日 全县开通“110”报警服务台。

6月29日 全县连续干旱，半年时间仅降雨220毫米，比历年同期平均降雨量336.5毫米少53%。全县大部分地区受旱。

是月 中国航天工业部为县第一中学捐资160万元修建教学实验楼。

7月1日 全县各乡镇6站（农业技术推广站、特产技术推广站、林业工作站、农业机械管理站、农村合作经济经营管理站、畜牧兽医站）实行以主管局管理为主和乡镇协管的双重管理体制。

7月20日 新县城茅坪有线电视正式开通。

7月22日 新加坡国家科技局TDF公司投资部经理林友成、新加坡达明集团总裁王再保率团考察秭归。

8月1日 县人寿保险公司为县公安局231名民警和县武警中队27名官兵每年免费承保1万元。

8月24日 县委、县政府发出《关于在全县开展向陈育同志学习活动的决定》。陈育系中国财产保险公司秭归支公司经理，于1997年6月19日因公殉职，年仅33岁。

9月18日 县第二中学与县太坪高中合并迁至新县城，仍名为县第二中学。

10月8日 县职业中专、成人中专、教师进修学校、广播电视大学分校4所学校合并，组建县职业教育中心。

10月24日 省委书记贾志杰至秭归考察县三峡果品中心批发市场建设。

10月26日 广播电视部部长孙家正考察秭归新县城。

10月30日 公安部副部长田期玉至秭归检查大江截流安全保卫工作。

10月31日 中共中央政治局常委、书记处书记胡锦涛，视察秭归香溪镇彭家坡村移民安置工作。

11月2日 国务院总理李鹏、副总理邹家华在省委书记贾志杰、省长蒋祝平等陪同下，视察建设中的秭归新县城、茅坪镇滨珠路移民小区、三峡果品中心批发市场和县橙汁厂与江苏维维集团合作项目。

11月7日 全国人大常委会副委员长王丙乾、全国政协副主席钱正英及中国科学院院士一行30人视察秭归新县城。

12月9日 全国政协副主席杨汝岱一行80人视察秭归新县城。

1998 年

1月8日 个体司机吴某驾驶19座中巴车由归州镇开往梅家河乡肖家坪，行至县境内红（土岭）肖（家坪）路狮子岭路段与一辆东风大货车相撞翻跌，造成10名乘客丧生、24人受伤的特大交通事故。

1月12日 全县最大的一起“假一赔十”索赔案结案。阳光国贸因出售3瓶假五粮液酒而一次赔偿给消费者8 550元。

1月14日 香港驻军援建的秭归希望小学奠基暨捐款仪式在新县城茅坪橘苑小区举行。同年8月17日，该校落成。

1月25日 市委书记田震亚、市长孙志刚、市委副书记应代明、市委秘书长李德炳、副市长张为民至茅坪镇银杏沱村移民安置示范小区与移民欢庆新年。

2月3日 县委、县政府授予茅坪镇茅坪村、二圣寺村、徐家冲村、陈家冲村、三溪村“电话村”称号。

3月22日 香港驻军救助秭归县贫困学生250人。

4月13日 国家粮食储备局批准县粮食局直属粮库为国家粮食储备库。

4月30日16时40分 茅坪镇银杏沱村二组个体船主马洪国驾驶一艘8马力机动船，自长江北岸河口航行至南岸茅坪镇偷矶石水域时遇浪倾覆，船上18人全部溺水，获救10人，4人遇难，4人失踪。

5月12日 省委书记贾志杰、市委书记田震亚考察茅坪镇陈家坝村高效农业示范区项目建设，并把陈家坝村作为贾志杰、田震亚的联系点。

5月18日 县治奢办公室对全县公费电话开始进行清理，31日清理结束。

6月2日 全县开通县、乡镇两级有线传真通信网。

6月11日 国务院三峡工程建设委员会副主任郭树言、移民开发局局长漆林、副省长周坚卫、市委书记田震亚、副书记应代明等领导考察茅坪镇高效生态农业示范基地。

7月1日 县公安局抓获一重大贩毒分子，当场缴获海洛因70克。

7月6日 县政府制定招商引资十条优惠政策。

7月23日 秭归县被国务院确定为全国山区综合开发示范县，规划建设期5年，总投资2.4亿元。

7月25日 县委、县政府选派4名“经济联络员”和“治安联络员”进驻注册资金500万元以上的外来企业。

7月30日19时55分 县屈原轮船总公司“屈原7号”客轮，在长江巫山县境内触礁沉没，船上43名旅客和24名船员全部获救，无人员伤亡。

8月15日 68岁的外迁移民老中医李道新父子向遭受洪涝灾害的秭归灾区人民捐献价值12.95万元的中成药。

是日 县委、县政府在新县城长宁广场举行向县内灾区人民献爱心捐款大会，募集善款40万元。

8月16日 杨林桥镇金竹园村2组庙子河发生滑坡，倒塌房屋26间，12个农户财产全部损失，无人员伤亡。

是月 全县洪涝灾害严重，共发生垮山滑坡68处5万立方米，因灾造成2 352间房屋倒塌。

9月28日 县城由归州迁往新县城茅坪结束。县委、县政府在新县城长宁广场举行大型庆典活动。市委书记田震亚、市长孙志刚出席庆典活动。

10月1日 新县城茅坪镇城区（除公墓区范围以外）即日起全面禁止燃放鞭炮。

10月8日 中共中央政治局常委、全国人大常务委员会委员长李鹏，全国人大常务委员会副委员长布赫视察秭归。

10月14日 教育部门打破师范院校毕业生“包分配”传统用人体制，首次实行公开招考、择优录用教师制度。

11月9日 中共中央政治局委员、国务院副总理吴邦国，视察茅坪镇银杏沱村移民安置小区和茅坪经济技术开发区，并出席江苏省对口支援秭归的重点工业项目——森达集团三峡鞋业有限公司奠基仪式。

11月17日　秭归县被列为全国第一批生态环境建设重点县。

12月23日3时　屈原镇新滩水域一个体户运柑机驳船翻沉，船主获救，4人失踪。

12月25日　县政府组织在新县城茅坪城区开展万人环城长跑活动。

12月30日　中共中央政治局常委、国务院总理朱镕基率国务院有关部、委领导视察秭归移民工作。

1999 年

1月7日　中共秭归县第十次代表大会在新县城茅坪开幕，9日闭幕。出席会议代表317人。选举产生第十届县委委员29人、候补委员5人；选举县纪委委员15人。

1月10日　政协秭归县第六届委员会第一次会议在新县城茅坪开幕。出席会议委员159人。选举产生政协第六届委员会主席1人、副主席3人、常务委员19人。

1月11日　秭归县第十四届人民代表大会第一次会议在新县城茅坪开幕，14日闭幕。出席会议代表214人。选举产生19人组成第十四届人民代表大会常务委员会，选举主任1人、副主任4人；选举县长1人、副县长6人；选举法院院长1人、检察院检察长1人。

1月23日　一块赭红砂岩石碑——“太阳人”石刻在郭家坝镇东门头遗址发掘出土。该石刻长约105厘米，宽20厘米，厚2厘米。据专家考证，是国内首次发现的人类祖先顶礼膜拜太阳的图腾，是新石器时代早期人类遗迹。

2月22日　茅坪镇四溪生态旅游景区建成，开放接待游客。

2月28日　秭归县被林业部纳入长江三峡库区天然林保护工程建设重点县。

3月9日　县公安局、烟草局、工商行政管理局、质量技术监督局在新县城茅坪公开销毁92个品牌、2.88万条假冒卷烟，价值61万元。

3月19日　江苏省扬州市华扬太阳能热水器有限公司在秭归落户。

3月29日　全国政协副主席钱正英视察秭归，察看茅坪镇陈家坝村蔬菜基地等地。

4月1日　全县实施城市居民最低生活保障制度（简称低保，下同），首次享受低保对象65户168人。

4月16日　中共中央办公厅、国务院办公厅信访局局长周占顺至秭归调查移民搬迁、移民安置和信访工作。

4月19日　国家广播电影电视总局局长田聪明、副省长王少阶、省广播电视局党组书记李文钊考察杨林桥镇广播电视及全县广播电视覆盖工程。

4月　县扶贫开发办公室从襄阳县购回1 000公斤“巴西陆稻种”，在全县14个乡镇推广。

5月9日　磨坪乡乡办煤矿6号矿井发生瓦斯爆炸事故，5人遇难，1人重伤。

5月22日　屈原镇刘家山村黄岩根煤矿发生塌方，5名矿工被阻窒息丧生。

6月6日　中央电视台、新华社等16家新闻单位联合采访秭归库区移民工作。

6月11日　郭家坝镇卜庄河发掘出距今1 600年前的古墓，其墓主人为文中兵夫妇。出土青瓷罐滑石猪、铜牌饰等文物。

6月12日　县政府与省电力公司签订县电力公司代管移交协议书。

6月25日　中共中央政治局委员、中国社会科学院院长李铁映带领国家文物局等部门负责人视察秭归，考察屈原祠搬迁等文物保护工作。

6月29日　省民政厅批准秭归茅坪南山陵园为经营性公墓。

8月7日 全县公开招考国家公务员，124人报名，录用30人。

8月19日 7月17日—8月19日连续干旱33天，10个乡镇严重受灾。

8月27日 省爱国卫生运动委员会命名秭归县新县城为“湖北省卫生城”。

9月15日 秭归县在首届中国特产文化节中被评为全国特产乡建设先进单位。

9月20日 香港中国健康工程开发基金会主席梁沛锦教授考察县医疗中心，并代表林炯伟先生捐款50万元。

9月23日 在’99中国国际农业博览会上，秭归“欲品思”茶获全国名牌产品称号。

9月27日 中国空间技术研究院在县第一中学设立“CAST”奖学、奖教金。

10月20日 中共中央政治局原常委宋平在国务院三峡工程建设委员会副主任郭树言、中国三峡总公司总经理陆佑楣等陪同下，视察秭归新县城。

11月2日 广西壮族自治区人大常委会主任（省委原副书记）赵富林考察秭归移民迁建工作。

11月10日 中国人民武装警察部队司令员杨国屏上将在湖北省武警总队司令员司久义少将、政委张万华少将陪同下视察武警秭归中队。

11月14日 全县普及九年义务教育（简称“普九”，下同）工作，经省政府评估验收团验收，确定为“普九”工作合格县。

11月23—24日 全国政协副主席周铁农率移民工作考察团一行40人视察秭归移民工作。

是日 香港红十字会为秭归捐赠500件仿制军大衣、300床棉被。

12月11日 县内个体客轮“楚杰”号在长江秭归段郭家坝镇八垭笏水域与“鄂沙市货中华5号”轮相撞沉没，船上9人全部落水遇难。

12月15日 秭归县正式进入全省光缆联网通信系统。

12月22日 江苏省常务副省长陈必亭率团考察秭归，并为县医疗中心捐款1 5 0万元。

是年 茅坪镇在全县率先实施农村大病医疗保障制度。

2000 年

1月19日 省政府授予秭归县“‘普九’和扫除青壮年文盲合格县”称号。

3月22日 水田坝乡王家桥示范小流域被水利部、财政部命名为“全国水土保持生态环境建设示范小流域”。

3月30日 秭归县被列入全国退耕还林科技支撑示范县。

是日 全县开通夷陵通（PHS）通信业务。

4月6日 电脑体育彩票在新县城茅坪开始销售。

4月30日 县委书记汪元良被国务院授予“全国先进工作者”荣誉称号，获全国五一劳动奖章。

是日 文化乡庙垭村党支部书记余西龙被国务院授予“全国劳动模范”称号，获全国五一劳动奖章。

5月5日 公安部常务副部长田期玉考察秭归。

5月14日 全国政协副主席陈锦华视察银杏沱村和茅坪经济技术开发区。

5月22日 日本柑橘病虫防治专家古桥嘉一至秭归指导柑橘病虫害防治技术。

5月23日 美国佛罗里达大学戴斯分校果树专业园艺学博士、国际柑橘学会理事长、佛罗里达柑橘教育和研究中心园艺负责人阿尔布里哥教授考察秭归柑橘生产。

6月2日 全国人大常委会副委员长布赫率全国人大土地执法检查团视察秭归。

6月18日 国务院法制办副主任曹康泰到秭归调研，征求《移民条例》修改意见。

6月28日 郭家坝镇因三峡工程建设由老集镇移民搬迁至新集镇崔家湾。

6月 中共茅坪镇委员会被评为全省“六好”乡镇党委。

7月3日 神农架林区一辆吉普车行至郭（家坝）文（化）公路9公里处翻至坎河中，造成4死1伤的重大交通事故。

7月9日 中国人民武装警察部队副政委刘源少将、副参谋长冯守正少将在县武警中队检查指导工作。

7月17日 杨林桥镇五家岩煤矿发生瓦斯爆炸，4人遇难。

7月28日 全县水利设施产权制度改革试点在水田坝乡启动。

8月1日 全国政协常委王珉视察秭归。

8月15日 中共江苏省委书记回良玉，省委常委、组织部部长徐建国，副省长陈必亭考察秭归，并参加县广播电视大楼奠基典礼。

9月14日 中共中央政治局原常委、全国人大常委会委员长乔石视察茅坪镇银杏沱移民小区。

9月24日 白俄罗斯妇联主席、国民议会共和国（上院）议员叶尔马科娃·娜·安率妇女代表团考察秭归。

10月4日 “中国湖北长江三峡国际旅游节”龙舟竞渡在秭归新县城徐家冲港湾举行。

10月21日 全国人大常委会副委员长邹家华视察秭归新县城和银杏沱移民小区、森达三峡鞋业公司、维维豆奶三峡公司等地。

10月26日 全国政协常委王光美视察茅坪镇银杏沱移民小区，参观中华三峡奇石馆并签名留念。

11月1日 全县开展全国第五次人口普查登记工作，11月10日普查登记结束。2001年6月20日普查工作全部结束。

11月2日 杨林桥镇三台寺村发生岩崩，2人受伤，塌毁房屋14间，压死牲畜25头（只）。

12月20日 县长江中上游水果开发公司的柑橘鲜果注册“橘颂牌”商标。当日，“橘颂牌”秭归脐橙获“全省十大名果”称号，“裕兴牌”桃叶橙获“全省四大特色果品”称号，另有10个品种获“全省优质果品”称号。

12月25—27日 公安部副部长白景富、牟新生、赵永吉，上海市公安局局长吴志明在三峡坝区参加全国公安厅（局）长会议后考察秭归。

是年 秭归新县城被授予“全国城市环境综合整治优秀县城”称号。

2001 年

1月3日 三峡工程库区复建公路卜（庄河）文（化）公路通车。

1月20日 全县邮政储蓄余额达到10 081万元，首次突破亿元大关。

1月21日 乡镇行政区划调整结束，将芝兰乡、文化乡行政区域分别划归周坪乡、郭家坝镇管辖。香溪镇更名为归州镇。全县由7镇7乡减为7镇5乡。同时，撤销乡镇41个办事处。

2月8日 “弘扬科学精神，反对迷信邪教”万人签名活动在县城进行。

2月20日 县内企业宜昌匡通电子有限公司被认定为宜昌市高新技术企业。

2月21日 归州镇盐关村白马滩地段出现大面积地陷，42户140人被迫紧急搬迁，无人员伤亡。

3月12日 两河口集镇牛首岩出现重大滑坡险情，69户280人紧急搬迁避让。

3月14日 中央电视台《夕阳红》栏目组采访秭归老干部活动情况，并在中央电视台播出。

3月 水田坝乡人民政府驻地因三峡工程建设由老集镇移民搬迁至土地岭新集镇。

4月11日 世界银行办公室官员朱尔庚·伏格乐参观茅坪宝塔河治理工程。

4月20日 县委、县政府主持在新县城长宁广场召开万人公处、公判大会。

4月 秭归县被国务院残疾人工作协调委员会表彰为全国残疾人工作先进县。

5月 县电影公司加入由广播电视部、国家计划委员会、文化部发起的“2131”工程项目建设。年底，省文化厅、财政厅将县电影公司列为全省首批“2131”工程受援县之一。

6月5日 全国政协常委、民建中央副主席张榜明考察秭归农业。

6月15日 国家体育总局局长袁伟民出席秭归体育馆奠基仪式。

6月27日 日本专家中岛一成、齐藤雄佛、高田义等人考察郭家坝镇后湾村油菜春繁基地。

7月24日 县委、县政府作出向因公殉职的杨林桥镇响水洞村党支部书记谭本成学习的决定。

8月8日 宜（昌）巴（东）单跨特大桥——青干河大桥建成通车。

8月17日 郭家坝镇原鸡米寺村发生210万立方米岩崩，因灾搬迁47户151人。

8月 全县连续95天干旱，22.3万人受灾，414公顷农作物无收。

10月26日 香港特别行政区的全国人大代表视察秭归。

10月28日 甘肃省的全国政协委员视察秭归。

10月30日 县三金硅业有限公司获ISO 9002质量体系认证。

12月5日 沙镇溪集镇荣获湖北省第二届城市规划建设管理楚天杯奖。

12月13日 归州镇境内发生里氏4.1级地震。波及屈原镇乐平里、三星、九岭头、归州镇盐关、贾家店、白果园等村，41户房屋受损。

12月28日 美国、日本、韩国、加拿大等8国驻华记者采访茅坪镇银杏沱移民小区。

12月 秭归脐橙被中国果品流通协会认定为“中华名果”。

是年 全县进行村级体制改革。原457个村合并为202个村，18个居民委员会合并为7个居民委员会。2004年4月，沙镇溪镇进行第二次行政村合并，由31个村合并为15个村，全县行政村减至186个。

是年 秭归新县城获湖北省第二届城市规划建设管理楚天杯奖。

2002 年

2月5日 中共中央政治局委员、省委书记俞正声至秭归考察库区移民和对口支援工作。

2月7日 屈原镇境内发生重大交通事故，3人遇难，2人重伤。

2月25日 茅坪镇四溪风景区、九岭头林场纳入省级自然保护林小区。

3月24日 县政府组织对老县城医疗中心等建筑物实施整体定向爆破成功。

4月1日 中国武警总队司令员吴双战中将、副政委刘源中将到县武警中队检查指导工作。

4月4日 全国政协委员、新疆建设兵团原政委郭刚、新疆建设兵团原司令员金云辉访问秭归新县城。

4月20日 越共中央政治学院河内分院副院长黎氏芳草考察县委党校。

4月30日 国家环保总局局长解振华考察秭归。

5月2日 中国宜昌长江三峡国际龙舟拉力赛在秭归举行，国家体育总局副局长张发强，国际奥委会执委何振梁、副省长周坚卫、市委书记孙志刚出席开幕式。

5月18日 香港国际投资商会会长、香港联力集团董事长许智明考察秭归。

6月9日 郭家坝镇普降暴雨，1小时强降水54.5毫米，造成部分地区受洪灾。

是日 郭家坝镇郭家坝村戴家湾发生滑坡，11户34人受灾，16间房屋严重受损，倒塌房屋7间。

6月4日 中国戏剧家协会组织的“三峡行采风团”到秭归采风。

6月15日 归州镇人民政府驻地因三峡工程建设由老集镇移民搬迁至新集镇陶家坡。

是日 柑橘专家章文才铜像在归州新集镇广场揭幕。

6月18日 秭归县《无公害食品·秭归脐橙》(CDB420572/01-2002)和《无公害食品·秭归脐橙生产技术规程》(CDB420527/T02-2002)两个地方标准发布实施。

6月24日 中共中央委员、原广州军区司令员陶伯钧上将至秭归考察移民工作。

7月7日 中国残联主席邓朴方考察秭归。

7月11日 越南民族委员会代表团参观新县城并访问移民。

8月13日 秭归县被确定为全省绿色食品（柑橘）示范县。

8月 全县自6月以来夏秋连旱，2.65万公顷大秋作物受旱灾。

9月5日 县鹏程实业有限公司生产的“七星”牌水泥被认定为省级著名商标。

10月2—7日 秭归县举办屈原文化旅游节。先后开展“金秋橘展”、第一届秭归地方菜大赛、九畹溪漂流健身游、归州古城新貌观光游、屈原文化展示和屈原文化电影周等活动。

10月15日 民间艺人胡振浩创作并主演的《三峡船工号子》在浙江省仙居县举办的中国首届南北民歌对擂赛上获最佳薪传奖。

10月 新县城凤凰山古建筑群被列入湖北省第四批重点文物保护单位。

是月 秭归县获全国创建文明村镇先进单位。

11月26日 县公安局刑警赴缅甸成功解救2名被拐骗妇女。

12月22日 两河口镇政府机关驻地由老集镇搬迁至太坪新集镇。

12月28日 县政府举办迎新年“环保杯”元旦长跑活动。

是年 秭归新县城获“湖北省文明城”称号。

梅家河乡郑家岭村“甜妹”牌西瓜在国家工商行政管理局登记注册。

全县农村税费改革试点在周坪乡举行。

2003 年

1月3日 秭归县荣获农业部2001—2002年全国“无公害农产品（种植业）生产示范基地县先进单位”称号。

1月10日 公安部部长助理朱恩涛至县公安局检查工作，向因公牺牲的民警武坤的遗孀谭琼转交中央政治局委员、书记处书记、公安部部长周永康的慰问信。

1月18日 坐落在新滩北岸的蒲兰田君纪念碑复建工程竣工。

1月28日 省政府省长罗清泉察看秭归县城库岸治理工程。

2月6日 县工商行政管理局在县内查获假冒“葛洲坝”牌过磷酸钙化肥70余吨。

3月3日 归州镇被确定为湖北省重点中心镇。

3月31日 磨坪乡、水田坝乡青蒿峪村遭遇罕见冰雹袭击，持续半小时，最大冰雹直径30毫米。

4月9日　全县第一家劳务中介组织——县力兴劳务有限责任公司成立。

4月10日　县屈原艺术团在全省专业剧团中率先推行“养事不养人”的人事制度改革，省委宣传部在全省推广其经验。

5月14日　县公安局破获全市首例人体贩毒案，抓获犯罪嫌疑人屈某，缴获海洛因0.27千克。

5月31日　三峡大坝自然蓄水，水位升至西陵峡兵书宝剑峡距“兵书”洞穴10米时，县屈原纪念馆对其进行保护性发掘，发现所谓的“兵书”乃千年岩棺。6月2日发掘清理岩棺结束。6月4日，兵书宝剑峡的“兵书”——千年岩棺移至新县城凤凰山。

5月　新县城日处理2万吨污水处理厂投入运行。

6月1日9时　三峡大坝正式下闸蓄水。

6月9日　县文化旅游局将牛肝马肺峡的“马肺”切割移迁至新县城凤凰山。

6月14日　秭归举行“四溪杯”高峡平湖龙舟赛，副省长韩忠学出席开幕式。

6月　有1 700多年历史的茅坪老集镇随着三峡工程蓄水而淹没。

7月2日　新县城茅坪垃圾处理场投入使用。

7月8日　秭归举办“体育彩票”杯九畹溪搏击漂流比赛。

7月10日　鄂渝两地“三峡库区环保行”活动在秭归举行启动仪式。

7月11日　秭归农产品“杨林甜椒”“鄂马铃薯3号”获省无公害食品证书。

7月13日零点20分　沙镇溪镇千将坪村发生特大型深层顺层岩质滑坡，总体积约2 400万立方米山体下滑200米，16人在滑坡中遇难，8人失踪，31人受伤。当日15时，中共中央政治局委员、省委书记俞正声，省委副书记、省长罗清泉赶赴灾区现场指挥抢险，慰问灾民。7月17日，国务院副总理曾培炎视察灾区，慰问灾民。

7月17日1—6时　郭家坝境内普降暴雨，引发山洪，造成78间房屋倒塌。

7月27日　香港何帼瑜女士、五祖寺见忍法师为千将坪灾区捐赠价值25万元的衣被、大米等物资。

8月18日　秭归电力公司通过ISO 9001国际质量管理体系认证。

8月20日　农业部、司法部联合举办“送法下乡”活动主会场在秭归开幕。

9月3日　县国土资源局将新县城茅坪一商住楼用地0.17公顷挂牌出让，属全县首例国有土地挂牌出让。

9月6日　四溪风景区突发山洪，5名游客遇难，其中美籍华人1人。

9月11日　“橘颂牌”纽荷尔脐橙获中国绿色食品发展中心颁发的A级绿色食品证书。

10月2日　全国人大常委会原委员长李鹏视察秭归。

10月2—7日　全县举办首届民间文艺调演暨文化周活动。县政府首次命名表彰13名优秀民间艺人。

10月14日　国家林业局党组成员、中国林科院院长江泽慧考察秭归。

10月25日　中共中央政治局常委、国务院总理温家宝视察茅坪镇银杏沱村移民小区及森达三峡鞋业公司。

11月　建设部为秭归县小城镇建设颁发2002年度中国人居环境范例奖。

12月17日　中共秭归县第十一次代表大会在新县城茅坪开幕，20日闭幕。出席会议代表323人。选举产生第十一届县委委员29人，候补委员5人；选举县纪委委员15人。

12月25日　秭归县“奥林达”夏橙、“屈乡”牌欲品思茶获A级绿色食品证书。

是年　秭归县被列入全省、全国艾滋病防治示范区项目县。

全县开放药品经营市场。

全县教育人事由乡镇管理收归县管理。

秭归县被国家体育总局确定为全国“全民健身20大著名景观”中唯一的龙舟训练基地。

2004 年

1月3日 湖北省“四溪杯”汽车场地越野技巧赛在茅坪四溪风景区举行。

1月5日 政协秭归县第七届一次全体会议在新县城茅坪开幕。出席会议委员155人。选举产生政协第七届委员会主席1人、副主席4人、常务委员24人。

1月6日 秭归县第十五届人民代表大会第一次全体会议在新县城茅坪镇开幕，9日闭幕。出席会议代表215人。选举产生21人组成第十五届人民代表大会常务委员会，选举主任1人、副主任5人；选举县长1人、副县长5人；选举法院院长1人、检察院检察长1人。

2月9日 沙镇溪镇树坪村发生总体积3.16亿立方米的滑坡险情，813户3 427人安全受到威胁。

4月 杨林桥镇被武汉音乐学院确定为民间音乐创作实习基地。

6月1日—7月2日 秭归县首届端午文化节在新县城茅坪举行。6月1日在县城长宁广场举行启动仪式；6月22日在屈原祠举行包粽子比赛；6月30日上午在县城长宁广场举行船工舞比赛；7月1日上午，“中国诗歌万里行”首发式在新县城茅坪归州街举行；中国作家协会党组书记王巨才、中国诗歌学会秘书长张同吾等出席仪式，百名小学生朗诵《楚辞》；当日下午在政府9楼会议室举行秭归端午诗会。7月2日在新县城徐家冲港湾举行第十二届“红金龙·屈原杯”全国龙舟锦标赛。

8月18日 中共中央政治局委员、省委书记俞正声察看卡子湾滑坡灾情。

8月23日 县龙舟队参加全国在甘肃省永靖县举办的竞赛，获黄河首届龙舟拉力赛第二名。

9月25日 民间艺人胡振浩创作并主演的《三峡船工号子》获全国群星奖。

是日 香港知名人士邵逸夫带教育考察团考察归州镇。

9月17日 由市组织的长江沿岸城市老年门球赛在新县城茅坪举行。

9月 秭归县选送的《三峡船工号子》获文化部全国第十三届群星奖、音乐·老年组群星奖。

11月10日 出席世界水土保持方法与技术协作组织第九次国际研讨会暨指导工作会议的17个国家代表，考察秭归县四溪小流域治理工程。

11月10—12日 湖北省民族民间文化理论及文化工作研讨会在秭归召开。

12月14日 湖北省三峡文物保护中心建设在新县城凤凰山奠基。

是日 国家柑橘良种苗木标准示范园和三峡库区产业化示范区项目在周坪乡启动。

2005 年

1月25日 中国管理科学研究院名牌与市场战略专家委员会确认秭归脐橙为中国知名品牌。

3月6日 两河口镇两河村发生森林火灾，成灾面积10公顷。

3月21日 保护母亲河工程“解放军青年林”启动仪式在新县城凤凰山举行，团中央书记处书记金肯江·吐培洪、解放军总政治部某部副部长刘健少将为“解放军青年林”纪念碑揭幕。

3月23日 梅家河乡鲁家湾村发生建筑安全事故，3人遇难。

4月28日 县第二人民医院院长郑家宝被国务院授予“全国先进工作者”称号。

5月18日 郭家坝镇王家湾发生滑坡险情，滑坡体223万立方米，22户62人撤离险区。

5月19日 “三峡大坝杯”首届全国自然水域九畹溪漂流大赛在九畹溪风景区举行。

6月2日 全省贫困地区劳动力转移培训现场会在秭归召开。

6月5日 第四届长江三峡国际龙舟拉力赛暨宜昌市首届龙舟锦标赛在新县城徐家冲港湾举行。

6月11日 全县在屈原镇兵书宝剑峡举行龙舟竞渡活动。

6月 链子崖风景区开放。

7月2日 国家审计署审计长李金华到秭归调研。

7月15日 全县启动乡镇配套改革。

是日凌晨1时 杨林桥镇和尚岩发生岩崩险情，87户280人撤离险区。

7月21日 全县开展“政法系统涉法涉诉群众信访问题四方联合大接访”活动。县公安局局长、检察院检察长、法院院长、司法局局长共同接待群众来信来访。

7月31日 全省少儿羽毛球比赛在县体育馆举行。

10月1日 《秭归脐橙》（DB42／324-2005）省级地方标准从当日起实施。

10月12日 国家体育总局授予秭归县“全国群众体育先进单位”称号。

10月 归州镇垃圾处理场、污水处理厂投入使用。

11月10日 全省“三峡壮杯”巴山舞比赛在县体育馆举行。

12月19日 湖北省稻花香集团秭归屈原酒业有限公司酒厂在新县城金缸城工业区建成投产。

12月27日 秭归新县城被国家爱国卫生委员会命名为“国家卫生县城”。

12月 沙镇溪镇污水处理厂投入使用。

是月 教育部认定秭归县为全国第十二批基本普及九年义务教育、基本扫除青壮年文盲县。

是年 县三金硅业有限公司生产的“三金”牌金属硅荣获省名牌产品称号。

文化部授予县图书馆为国家一级图书馆。

秭归新县城获湖北省第三届城市规划建设管理楚天杯奖。

概 述

一

秭归县位于湖北省西部、长江西陵峡畔、举世瞩目的三峡工程大坝库首，是世界文化名人屈原故里、中国脐橙之乡、三峡库区移民大县、长江三峡经济开放区之一。地理坐标为北纬30° 38′～31° 11′，东经110° 18′～111° 0′。东邻夷陵区，南接长阳土家族自治县，西毗巴东县，北连兴山县。县境东西最大横距离66.1公里，南北最大纵距离60.6公里，版图面积2 427平方公里。2005年，全县设7镇5乡，186个行政村，6个居民委员会。全县13.33万户39万人。

西汉元始二年（2）置秭归县。县名来源是由古归国、夔子国演变而来。中华人民共和国成立后，秭归县隶属宜昌地区行政公署，1992年宜昌地市合并后隶属宜昌市。1978年辖2个镇、16个人民公社；1984年辖2镇、11区；1985年调整为1个镇、8个镇（区）、3个区；1987年调整为8镇8乡；1995年调整为7镇7乡；2001年后调整为7镇5乡。

秭归自然资源和人文资源较丰富。2005年土地利用更新调查，全县实有国土面积22.74万公顷。其中，耕地2.62万公顷，园地2.34万公顷，林地15.02万公顷，水面9 300公顷。县内水资源除长江外，有常流溪河135条，流域总面积20.32万公顷。县内矿藏资源以黄金、煤炭、金属硅等为盛，曾被誉为“千两黄金县”和“重要产煤县”。境内四季分明，雨量充沛，日照充足，气候温和，盛产柑橘、烤烟、茶叶、板栗等特色农产品。旅游资源得天独厚。峭壁千仞的西陵峡、千古流芳的屈原祠、举世无双的三峡大坝、获得“中国人居环境范例奖”的新县城、神秘险峻的链子崖、誉为“天然氧吧”的四溪大峡谷、惊险刺激的九畹溪探险漂流等，宛如一线串珠，构成三峡大坝库首旅游新亮点。秭归已跨入湖北省优秀旅游县之列。

秭归“上控巴蜀，下引荆襄”，属沟通渝东鄂西的咽喉要地，也是钟灵毓秀、人杰地灵之地。世界文化名人屈原、“砍头不要紧，只要主义真”的革命烈士夏明翰均诞生于此。在解放战争时期，有为人民解放事业同敌人英勇搏斗而壮烈牺牲的曹秋选等众多革命先烈；在社会主义建设时期，涌现出舍己为人的杜远富、李青春、徐耀德等烈士和在各行各业作出突出贡献的刘厚明、汪元良、佘西龙、郑家宝等先进人物。这些历史和现代名人、烈士、英模，都为推动秭归历史向前发展谱下光辉灿烂的篇章。

二

1978年年底，中共十一届三中全会召开后，改革开放以及兴建三峡工程为秭归带来新的发展机遇。勤劳智慧的秭归人民，以“服务大三峡，建设新秭归”为己任，以改革为动力，攻坚克难，快速发展，一个日新月异的新秭归展现在世人面前。至2005年，27年风雨兼程，县域经济迅猛发展，经济发展速度年均达到113.02%，比1949—1978年快8.62个百分点。1990—2005年，全县GDP

保持15.78%的平均增长速度。2005年，全县国内生产总值22.71亿元，比1978年增长26.21倍；人均GDP由1978年的219元增加到5 811元，增长25.53倍；财政地方一般预算收入7 709万元，比1978年增长17.36倍；农民人均纯收入1 999元，比1978年增长29.75倍。1978年全县三次产业比重为67.9：8.6：23.5。随着改革的深入，工业、建筑业、交通运输业、批发零售业、餐饮业等快速发展，经济结构发生变化，传统产业逐步缩小，工业在国民经济中主导地位逐步提升。信息咨询、旅游、科技、房地产等新型行业迅速崛起，全县基本形成多种经济成分、多种经营方式并存，多门类的产业格局。至2005年，全县三次产业结构比重为23.33：21.54：55.13。工业占国民经济的比重由1978年的6.46%提高到18.38%，基本实现一、三产业调头。

农业以落实农业生产责任制等改革为突破口，从“大包干”到延长土地承包期，让农民吃上“定心丸”。农村税费改革、村级体制改革等农村配套改革的整体推进和各种惠农政策的落实，极大调动农民生产积极性，全县农业突破性发展。从1979年破除以粮为纲的传统观念开始，农业内部结构逐步不断调整优化。至1992年，全县基本确立柑橘、烟叶、茶叶、板栗为支柱产业的“特色农业大县”发展战略，并制定建设100个柑橘专业村、100个烟叶专业村、50个茶叶专业村和50个板栗专业村（简称 “1155”工程，下同）的发展规划，走“一村一品”发展道路。至2001年行政村合并前，已建成达标专业村266个。其中，柑橘专业村116个，烟叶专业村64个，板栗专业村51个，茶叶专业村26个，其他专业村9个。传统的自给自足小农经济模式被打破，“订单农业”、专业化协作组织、产业化龙头企业等应运而生，传统农业逐步向专业化、规模化、市场化的现代农业转变。柑橘、烤烟、茶叶三个产业基本形成“公司＋基地＋农户”的产业化模式。全县规模以上农产品加工企业发展到15家，加工产值占规模工业总产值达到47%。1995年4月，国务院农村政策研究发展中心等5家联合命名秭归县为“中国脐橙之乡”；2001年，秭归脐橙获“中华名果”称号；2005年又获得“中国知名品牌”称号。2005年，全县柑橘面积达到1.02万公顷，产量12.2万吨，分别比1978年增4.5倍和92.92倍。1992年，省烟草公司确认秭归为湖北烤烟基地县。2005年烤烟面积达到1 620公顷，产量3 733吨。在1999年国际农业博览会上，秭归“欲品思”茶获“全国名牌产品”称号。2005年全县茶园面积2 158公顷，产量1 069吨。板栗产量1 804吨。同时，蔬菜产业也逐步形成规模，2005年全县蔬菜面积达到8 854公顷，产量15.29万吨。全县烟叶、柑橘、茶叶、蔬菜产值共计3.38亿元，占种植业产值的60%。全县粮食种植面积由1978年的4.87万公顷，下降到2005年的2.93万公顷，下降31.11个百分点；粮食作物占农作物播种面积的比例由90.24%下降到59.8%。2005年农、林、牧、渔业增加值5.3亿元，占生产总值的23.34%。畜牧业总产值2.79亿元，占农、林、牧、渔业总产值的32.1%。种植业、畜牧业增加值占农、林、牧、渔业增加值的比重由1978年的71.5：23.6调整为2005年的64.8：32.09。

工业在改革中发展。1979—2005年，推行承包经营责任制、改革企业用工制度和分配制度、实行厂长（经理）负责制、产权制度改革等系列改革，全县基本建立产权明晰、责权分明、结构合理、管理科学的现代企业制度。至2005年，全县工业企业国有经济占1.86%，集体经济只占0.47%，民营经济达到97.67%。国有工业企业由1978年的34家减少到3家，集体工业企业由108家减少到3家，民营等其他性质的由零发展到2 326家。1992年三峡工程兴建后，县委、县政府牢牢把握移民补偿和对口支援契机，确立“工业立县”“精品工业强县”战略，明确“大工业、大产业、大集团”发展思路，进行嫁接联合、兼并重组、国有民营、公有私营、出售破产等产权制度改革，全县工业由小打小闹开始向大规模、集群化转变，企业规模不断壮大，抗风险和适应市场经济能力不断增强。1998年县城东迁茅坪后，引进外来企业在秭归投资办厂，招商引资成为加速工业发展的“助推器”。先后有森达鞋业、AB内衣、华扬热水器、维维乳业、洛兹服饰、帝元罐头、花蕾魔芋、稻花香屈原酒业等15家规模以上外地驰名企业落户秭归，占全县规模以上工业总数的一半。2005年，全县工业总产值达到21.94亿元，比1978年的3 117.05万元增长69.39倍。规模工业由1995年（自1995年开始统计）的21家增加到2005年的30家，规模工业增加值由1995年的3 081万元增加到2005年的3.15亿元。30家规模以上工业企业总产值10.78亿元，企业利润总额1 057万元，税金总额2 317万元，高新技术产业增加值9 641万元。出现“森达”“维维”两家产值过亿元的企业。不仅在规模上扩大，产品质量也逐步向品牌化迈进，高新技术实现零的突破。华扬太阳能热水器、木林森电子两家企业获省级高新技术认证，华扬太阳能真空管工艺获得国家专利；工业产品“三金”硅、“七星”水泥、“木林森”电子产品等获湖北省名牌产品称号；“神光”焊接材料公司生产的产品通过ISO 9000质量体系认证；帝元食品罐头有限责任公司被农业部授予全国农产品加工业出口示范企业。全县工业基本形成以轻工服饰、光电子、造纸、食品、冶金为主体的产业集群。

商贸企业从承包经营开始，到全面开展产权制度改革，彻底打破“大锅饭”管理体制，个体私营商业基本取代国有、集体商业，流通领域呈现多成分、多渠道、市场化经营格局。1980年，集体性质的商品零售网点473个，从业人员1 063人，分别占全县商业零售网点的75.44%和从业人员的42.13%。至2005年，全县国有、集体商业不复存在，个体、私营商业达到4 435家，从业人员5 124人。全县共有商业、餐饮住宿、社会服务等商贸服务行业的个体工商户、私营企业5 500家，实现商品销售总额2.1亿元。

1985年成立县旅游总公司，全县旅游业开始起步。先后建成归州大慈寺旅游专用码头，新建茅坪旅游港等旅游设施。县城搬迁前，全县旅游以“归州八景”为依托，以屈原文化为内涵，推出系列集文化、体育、娱乐于一体的旅游项目。1998年县城东迁后，县委、县政府提出“实施文化开发战略，全力建设全国旅游名县，争创中国旅游强县”目标，以名人（屈原）、名坝（三峡大坝）、名峡（西陵峡）、名湖（高峡平湖）、名果（脐橙）等自然和人文景观为依托，融巴、楚文化和屈原文化、峡江文化、移民文化于一体，推出系列旅游项目。先后投资4 000多万元，建设四溪生态观光游、九畹溪探险漂流、新县城观大坝、归州楚风一条街等独具特色的旅游项目。1999年，全县接待中外游客36.8万人次，旅游收入达到1 037万元，首次突破千万元大关。2005年，接待游客121万人次，旅游收入达4.88亿元。旅游业已成为方兴未艾的朝阳产业。

秭归地处山区、灾害频发，山大人稀，交通不便，长期处于贫困状态。《归州志》曾有“行数十里不能籴斗粮，竟有以人而食者”的记述。中华人民共和国成立后，秭归被定为丙等县。部分人温饱问题长期不能解决。1990年，国务院贫困地区开发领导小组将秭归县列入国家重点扶贫县；1994年又列入“八七”扶贫攻坚重点贫困县；2002年再次被列入新阶段扶贫开发重点县。至2000年，10年扶贫，共投入资金1.1亿元，各项基础设施得到明显改善，人民生活水平显著提高，贫困人口由1989年的27万人减少到6 800人，农民年人均纯收入由1994年的627元上升到2000年的1 625元，人均粮食达到434公斤，温饱问题得到解决。2002年后，经过开发性扶贫，大量的资金注入，项目的全面开发，全县人民基本摆脱贫困，开始走向富裕之路。

三

秭归既是葛洲坝工程库区，又是三峡工程库区和坝区。1971年开始葛洲坝工程移民，13年共搬迁城镇居民和农民1 057户4 276人，其中外迁1 463人；搬迁机关和企事业单位202个3 890人。1992年，秭归被确定为三峡工程移民规划试点县，规划移民迁建经费为24.5亿元。当年12月2日，茅坪镇陈家冲村74岁的老党员谭德训率先拆除7间房，带领一家16口搬出坝区，成为三峡工程“百万移民”中搬迁第一户。面对繁重和艰巨的移民任务，县委、县政府高瞻远瞩，不走简单机械性移民老路，确立“在移民过程中谋求发展，在发展中搞好移民”思路。坚持“搬得出，稳得住，逐步能致富”方针。实施以农业为基础，农工商相结合，立足本地安置，鼓励投亲靠友，积极稳妥外迁，多渠道、多产业、多形式、多方式安置移民等政策，实现“开发性移民”创举。在管理上实行“农村移民以乡镇为主，城镇迁建以所在地政府为主、专业项目复建以行业主管部门为主、工矿企业迁建以企业为主、单位搬迁以单位为主”和“统一领导，统一规划，统一政策，统一标准，统一调控”的“五为主”“五统一”原则与办法，建立“移民任务、资金包干”的“双包干”责任制，走出库区移民管理工作特色之路，有很多成功的经验和模式得以在整个三峡库区推广和运用。至2005年，全县共搬迁安置移民9.18万人，约占全县总人口的1/4。各类形式的生产安置库区农村移民3.8万人，其中外迁2.09万人，占55%。

国家移民搬迁资金投入使秭归旧貌换新颜。1978—2005年，全县固定资产投资总额达到89.89亿元，其中1992—2005年86.35亿元，占96.06%。首先展现在世人面前的是雄居三峡大坝之首的新县城，融山、水、坝、城为一体，集移民城、港口城、生态城、旅游城为一身。新县城1992年12月26日破土动工，1998年9月28日举行搬迁庆典，人们告别“状似葫芦”的老县城，走出大山，实现“重心东移”。至2005年，新县城先后竣工558个建设项目，完成总投资26.45亿元，兴建各类房屋1 602栋，建筑面积230.7万平方米。共建成城区道路52条，总长度54.55公里。在三峡工程淹没区内的茅坪、屈原、归州、水田坝、沙镇溪、郭家坝、泄滩等7个乡镇集镇先后实施搬迁重建。移民工程的拉动效应，使各项基础设施建设快速发展，档次提升。公路建设以三峡工程复建、对口支援为契机，国家、集体、个人一齐上，掀起大交通复建高潮，基本实现“村村通公路、乡镇通油路、打通沿江路、出境快速路”目标。至2005年，公路通车里程达到2 165公里，比1978年增加1 579公里，其中高级、次高级公路由原来的50公里增加到750公里。全县公路基本形成以香（溪）堡（镇）、茅（坪）巴（东）省道为一纵一横主干道，以沙（镇溪）磨（坪）等县道为干道，以乡村道路为支线，沟通国道、省道、县道的区域公路网络。港口建设作为实施“三峡物流新县”战略的重要措施，先后建成8大港区、26个码头，年通过能力货运由90万吨提高到1 475万吨，客运由135万人次提高到415万人次。秭归已成为新三峡的始发港、中转港、枢纽港，同时也成为渝东鄂西的交通枢纽和物资集散地。通信事业快速发展。全县电信光缆总长度由1978年的3.02皮长公里增加到2005年的1 443.76皮长公里，全部实现光缆传输；电话交换机总容量由1 165门增加到3.62万门，住宅电话由零发展到2.77万部，夷陵通用户1.87万户。移动通信从无到有，建成数字移动基站111个，移动电话用户8.8万户。其中，移动通信7.3万户，联通通信1.5万户。

秭归移民任务之重、淹没损失之大、城镇搬迁之多牵动着中央最高领导人和全国人民的心。20多年来，先后有江泽民、李鹏、朱镕基、胡锦涛、吴邦国、温家宝等40多位党和国家领导人视察秭归。先后有水利部等14个部级单位、江苏省及天津、北京、福建等省市的57个县（市）级单位以及湖北省的46个省属单位、宜昌市的48个市属单位对口支援秭归。至2005年，共有924个（次）单位为秭归援助资金6.04亿元，援助物资折款826.3万元，援建项目288个、项目资金13.12亿元。同时接受32人（次）的个人援助资金及物资折款共计298.73万元，单位及个人援助资金、物资、项目总计达19.27亿元。无私的奉献，巨大的援助，为秭归移民、脱贫及振兴起到巨大推动作用。

四

实施“科教兴县”战略，教育、科技、卫生等各项事业全面发展。教育先后实行“分级办学，分级管理”“以县为主”等办学体制；推行“四制”（校长负责制、教职工聘任制、岗位责任制、结构工资制）教育人事管理制度改革；打破应试教育传统，全面推行素质教育。1985年，全县实现“一无两有”目标。1997年，基本完成普及六年义务教育（简称“普六”，下同）任务。1999年，“普九”达标。1979—2005年，全县累计投入教育设施建设经费9.81亿元，中小学校舍总面积达到46.82万平方米，其中砖预结构占98.73%。教育教学质量大幅提高，小学升初中比例由1986年的44.4%上升到2005年的99.5%；高考上省线人数由1982年的1人上升到2005年的1625人。2002—2005年，被全国重点大学录取人数突破500人，其中3人被清华、北大录取。科技工作围绕建设“脐橙大县”和扶贫攻坚、脱贫致富、城乡建设等任务攻坚克难。先后实施“星火计划”“丰收计划”“温饱工程”“燎原工程”等科技项目400多项。1979—2005年，获县级以上奖励的科技成果128项。其中，获国家级以上19项，省级16项，市级17项。科技对农业经济贡献率达55%，对工业经济贡献率达50%以上。以县医疗中心和防保中心为依托、以乡镇卫生院为枢纽、以村卫生室为基础的医疗、预防、保健网络体系全面建立，医疗卫生设施、设备借搬迁重建之机得到全面更新，医疗条件最大限度改善，医疗技术水平全面提升。计划免疫、疾病控制、医药市场管理全面加强。地方病防治取得成效。1990年4月，经国务院考核验收，获“全国改灶降氟先进县”称号。农村初级卫生保健达标，1997年10月，获“湖北省初级卫生保健工作达标县”称号。

秭归是屈原的故乡，研究屈原文化和弘扬传统文化成为全县文化事业的发展基础。1982年成立三闾骚坛诗社，至2005年发展会员64人；1996年成立由110名会员组成的屈原文化研究会，每年以端午文化节为主要形式组织系列文化活动。至2005年，研究会成员编纂并公开出版有关屈原的书籍8部，发表论文20篇，散文、杂文27篇。具有地方特色的“秭归花鼓舞”“峡江船工号子”等传统文化节目走出山乡，登上国家舞台。“杨林堂鼓”“薅草锣鼓”“花鼓舞”“采莲船”等地方传统文艺节目活跃乡村，充实农村居民文化生活。三峡工程淹没区地下文物得到抢救性发掘，地面文物得到搬迁保护。文化市场健康发展，管理规范有序。广播电视事业发展迅速，建成有线与无线相结合的“五级（中央、省、市、县、乡）混合覆盖”的广播电视网络，综合覆盖率达90%以上。建成集广播电视采集、编辑、制作、接收、播出、传输于一体的广电中心大楼。县乡实现光纤联网，传输40套模拟电视节目和2套广播节目。在全省同等山区县中率先实现广播音频工作站制作播出，电视同时实现硬盘自动播出系统。

体育事业快速发展，体育设施不断改善，投资近千万元的县体育馆建成投入使用。至2005年，全县有各类体育场地146处，各地配置群众健身器材26套。全民健身活动广泛开展，全县约16万人参加经常性体育锻炼，占总人口40%以上。竞技体育有一定突破，2005年在全省体育赛事中奖牌总数达到20块，其中金牌9块。具有秭归特色的龙舟竞渡走出峡江，在全国大赛中尽展风采，屡创佳绩。

五

改革开放使全县人民生活逐步由贫穷走向富裕，农民人均纯收入由1978年的65元增加到2005年的1 999元，增长29.75倍。农村居民消费由1980年的年人均130.14元增加到2005年的2 586.03元，增长18.87倍。1997年城镇居民人均可支配收入4 532元，2005年达到7 173元，增长58.27%。1997年城镇居民人均消费支出3 255元，2005年增加到6 123元，增长88.12%。农村居民住房使用面积由1985年的人均26.79平方米增加到2005年的38.56平方米；城镇居民住房使用面积由1997年的人均15.6平方米，增加到2005年的25.54平方米。1978年全县人均储蓄余额只有2.22元，2005年达到3 020.9元，增长1 360倍。随着物质生活水平的提高，精神文明建设的步伐不断加快。通过开展创建文明单位、文明小区、文明社区、文明窗口、文明集市、文明家庭等活动和农村创“十星级”农户活动，文明风气盛行，城乡居民素质普遍提高。县城东迁茅坪后，广泛开展创文明城镇、卫生城镇等城镇系列创建活动，成效显著。新县城先后于1999年获“湖北省卫生县城”、2000年获“全国城市环境综合整治优秀县城”、2002年获“湖北省文明城市”等称号，2001年获湖北省第二届城市规划建设管理楚天杯奖、2002年获建设部中国人居环境范例奖、2005年再次获湖北省第三届城市规划建设管理楚天杯奖等奖励。

党的建设以领导班子、干部队伍、党员队伍三大建设为重点，全面加强党的思想、组织、作风建设和反腐倡廉建设。1983年开展“整党”活动，2000年开展“三讲”（讲学习、讲政治、讲正气）和“三教”（“三个代表”思想学习教育）活动，2005年开展保持共产党员先进性教育活动。通过一系列活动，使党的建设不断加强，党员、干部政治和思想素质不断提高，队伍建设、班子建设全面加强。反腐倡廉建设坚持教育与惩处并重原则，加大案件查处力度。1979—2005年，全县共查处党员干部违法违纪案件1 398件1 293人，给予党纪处分1 057人，其中开除党籍243人。1994—2005年，县纪委、监察局办理万元以上大案95件95人，为国家挽回直接经济损失637.2万元。

纵观20余年的秭归，变化巨大；横向比较，差距显然。由于基础薄弱，自然条件差，经济实力弱，在全省、市排名落后。2005年，秭归综合经济指数（经济发展水平指数+可持续发展指数）在全省76个县（市、区）中排名第63位，在全省25个国家级贫困县（市、区）中排名第17位，在宜昌市9个县（市、区）中排名第8位。特别是农业产业化水平不高，抗御自然灾害能力弱，制约经济和社会发展的各种因素依然存在。面对弱势和不足，全县上下有着清醒的认识。进入新的历史时期，秭归人民将继续认准“依托三峡、工业主导、文化开发、城乡统筹”的发展道路，始终围绕建设“特色农业大县、新型工业强县、三峡物流新县、全国旅游名县”目标奋进。

第一篇　建置·区划

秭归历史悠久，人文荟萃，为世界历史文化名人屈原诞生地。有文字记载的历史达 3 200 多年，自西汉置县至今有 2 000 多年建制史。西陵峡自古有“上控巴蜀，下引荆襄，水陆之要冲”之称，三峡水利枢纽工程兴建后，地处大坝库首，更是备受世人瞩目。

全县行政区划经过多次调整，至 2005 年，全县设 7 镇 5 乡，186 个行政村。

第一章　建置·境域

秭归自西汉置县至 2005 年，已有 2 000 多年历史。先后数次更名，改换隶属关系。1949 年后，始终名为秭归县不变。2005 年隶属宜昌市。秭归地处渝东鄂西咽喉要地，地理位置十分重要。全县版图面积 2 427 平方公里，2005 年调查实有国土面积 2 274 平方公里。

第一节　建　置

秭归，殷商时代为归国所在地。

西周前期为楚子熊绎之始国。西周后期至春秋前期为夔子国。春秋中期属楚。战国后期称归乡。

秦统一中国后，设郡县，归乡为南郡所辖。西汉元始二年（2）置秭归县。县名来源是由古归国、夔子国演变而来。

北周建德六年（577）置秭归郡，避郡县同名而改秭归为长宁县。隋开皇三年（583）罢天下诸郡，改长宁为秭归。

唐武德二年（619）置归州。天宝元年（742）改置巴东郡，治秭归。乾元元年（758）复置归州。宋时仍名归州。

元至元十四年（1277）升为归州路，十六年（1279）降为州。

明洪武九年（1376）废归州置秭归县，隶夷陵州。十年（1377）再改秭归为长宁县。十三年（1380）裁长宁县复置归州。

清雍正七年（1729）置归州为直隶州，隶属湖北省。雍正十三年（1735）升夷陵州为宜昌府，归州直隶州降为县级州，属宜昌府，不再辖县。

民国元年（1912）改为秭归县，隶属荆南道。民国 11 年（1922），隶属荆宜道。民国 21 年（1932），隶属第九行政督察区。民国 25 年（1936），隶属第六行政督察区。

中华人民共和国成立后仍名秭归县。1949—1991 年，先后隶属宜昌行政区专员公署、宜都工业区行政公署、宜昌专员公署、宜昌地区行署革命委员会、宜昌地区行政公署。

1992 年，宜昌地区行政公署和宜昌市人民政府合并，成立宜昌市人民政府，秭归县隶属宜昌市。

第二节　境　域

秭归县位于湖北省西部，长江西陵峡两岸，三峡工程大坝库首。地理坐标为北纬 30° 38' ~ 31° 11'，东经 110° 18' ~ 111° 0'。东与夷陵区（原宜昌县）的三斗坪、太平溪、邓村交界，南同长阳土家族自治县的榔坪、贺家坪接壤，西临巴东县的信陵、平阳坝、茶店子，北接兴山县的峡口、高桥。县境东起茅坪新县城凤凰山，西止磨坪乡凉风台，南起杨林桥镇向王山，北止水田坝乡懒板凳垭。东西相距 66.1 公里，南北相距 60.6 公里。

第二章　行政区划

1979—2005 年，全县行政区划经过 5 次大的调整，即 1984 年 2 月设区建乡，设 2 个镇 11 个区，下辖 60 个小乡镇；1985 年 10 月实行镇区并存，全县设 1 个镇、8 个镇（区）、3 个区、2 个场；1987 年 10 月撤区建乡镇，全县设 8 镇 8 乡；1995 年设 7 镇 7 乡；2001 年设 7 镇 5 乡。1999 年前行政村只有小的调整，2000—2001 年行政村体制改革，大规模合并行政村，全县 457 个村合并为 202 个。2004 年沙镇溪镇再度进行并村，至 2005 年全县有 186 个行政村、6 个居民委员会（简称居委会，下同）。

第一节　县城驻地

一、老县城——归州镇

归州为西汉秭归县旧治，最早的城池筑于三国蜀汉章武元年（221）。北魏郦道元《水经注·江水》记述秭归："县城东北依山即坂，周回二里，高一丈五尺，南临大江。故老相传，谓之刘备城，盖备征吴所筑也。"晋、隋及唐之归州均在此设治。

南宋端平三年（1236），州治迁往江南屈沱（今郭家坝镇境内），后又迁新滩（今屈原镇内）、白沙南浦（今茅坪镇旧址）。明洪武初（1368）迁丹阳（今郭家坝镇之东门头）。洪武四年（1371）迁长宁，在江南楚台山下，与长宁千户所同城。嘉靖四十年（1561）久雨，知州郑乔在江北刘备城故墟上重建新城，当年州治复迁回江北归州。

1979 年 1 月—1998 年 9 月，县政府驻地设归州镇。归州镇位于县境中部，长江北岸卧牛山麓，吒溪河与长江汇合处。城东南经长江水路距省会武汉市 722 公里，距宜昌市 85 公里。至 1998 年老县城搬迁前，城区总面积 0.7 平方公里，常住人口 1.74 万人。老县城共有 4 条主街道：建设街、解放街、民主路、胜利路。

二、新县城——茅坪镇

长江三峡水利枢纽工程兴建，老县城归州镇属淹没区。县治东迁至茅坪镇剪刀峪。新县城位于长江西陵峡南岸宽谷地带，东距三峡大坝水路1公里，与副坝相连，距宜昌城区48公里。西距老县城归州镇水路37公里，陆路79.1公里。1998年9月，县城搬迁至新址。新县城共分茅坪小区、中心区、文教区、工业区、旅游风景区5大区建设。至2005年，新县城城区共有道路52条。其中，主干道11条，分别是长宁大道、平湖大道、橘颂路、丹阳路、屈原路、滨湖路、西楚路、天问路、迎宾路、建东大道、三溪路；次干道16条；支道25条。

第二节　乡　镇

1979年，全县设龙江、三闾、桑坪、水田坝、泄滩、西陵、金沙、两河、团结、磨坪、文化、郭家坝、周坪、芝兰、杨林、茅坪16个人民公社和茅坪良种场、九岭头林场2个农林场。同年9月，全县重建62个社辖管理区，辖460个生产大队，3 135个生产队。1981年6月，两河公社更名为两河口公社；团结公社更名为梅家河公社。

1984年2月，行政体制改革，撤销人民公社，建立区公所；撤销管理区，建立区辖乡镇人民政府；将生产大队、生产队分别改为村民委员会、村民小组。全县设两个镇：归州镇（原城关镇）、香溪镇（九岭头林场并入）；11个区：龙江、三闾、水田坝、泄滩、西陵、两河口、磨坪、郭家坝、周坪、杨林、茅坪（茅坪良种场并入）。区下设55个乡、5个乡级镇。

1985年10月，将原两个镇、11个区调整为1个镇、8个镇（区）、3个区、2个场，实行“镇区并存，两块牌子（镇政府、区公所），一套班子”新体制。1个镇即归州镇；8个镇（区）：香溪镇（区）、新滩镇（区）、沙镇溪镇（区）、两河口镇（区）、郭家坝镇（区）、周坪镇（区）、杨林桥镇（区）、茅坪镇（区）。3个区：水田坝区、泄滩区、磨坪区；2个场：九岭头林场、云台荒药材场。镇、区下设50个乡、3个乡级镇。县管镇、区，镇管村，区管乡和乡级镇。

1987年10月，全县行政区划调整，设8镇8乡，即归州镇、香溪镇、屈原乡、新滩镇、水田坝乡、泄滩乡、沙镇溪镇、两河口镇、梅家河乡、磨坪乡、文化乡、郭家坝镇、周坪乡、芝兰乡、杨林桥镇、茅坪镇。

1995年10月，全县调整行政区划，将8镇8乡撤并为7镇7乡。撤销归州镇、新滩镇和屈原乡，新设立屈原镇，组建新的香溪镇。将原新滩镇和屈原乡所辖的屈原、三星、大周坪、北峰、五指山、板仓、鲁家河、仙女坪、袁家岭、九龙、高峰、双龙12个村民委员会划归屈原镇管辖，镇人民政府驻前山坡。将原归州镇和屈原乡的白果园、高姑坪、贾家店、云雾垭、庄屋岭、羊来洞、肖家垭7个村民委员会划归香溪镇管辖，镇人民政府驻陶家坡。全县7镇7乡分别为：香溪镇、屈原镇、水田坝乡、泄滩乡、沙镇溪镇、两河口镇、梅家河乡、磨坪乡、文化乡、郭家坝镇、周坪乡、芝兰乡、杨林桥镇、茅坪镇。

2001年1月，全县调整行政区划，将7镇7乡撤并为7镇5乡。撤销芝兰乡，将原芝兰乡的行政区域划归周坪乡管辖，乡人民政府驻周坪。撤销文化乡，将原文化乡的行政区域划归郭家坝镇管辖，镇人民政府驻崔家湾。香溪镇更名为归州镇。全县7镇5乡分别为：茅坪镇、屈原镇、归州镇、水田坝乡、泄滩乡、沙镇溪镇、两河口镇、梅家河乡、磨坪乡、郭家坝镇、周坪乡、杨林桥镇。

2005年，全县行政区划7镇5乡不变。

第三节　村（居）委会

一、村委会

1986年前，全县共有465个村民委员会。1987年，沙镇溪镇土地岭村分出大湾村，全县有466个村民委员会。1998年，茅坪镇茅坪村、徐家冲村、三溪村因三峡工程移民撤销。新设立香溪镇时，将所辖的北门沟、庙坡、万古寺、黄土坡、胡家坡、卡子湾村撤并。1999年，全县共457个村民委员会。2000—2001年，全县进行行政村体制改革，村级组织大规模合并，由1999年的457个行政村合并为202个。茅坪镇由43个村合并为18个村；屈原镇由31个村合并为12个村；香溪（归州）镇由31个村合并为11个村；水田坝乡由49个村合并为25个村；泄滩乡由23个村合并为13个村；沙镇溪镇由52个村合并为31个村；两河口镇由42个村合并为19个村；梅家河乡由27个村合并为13个村；磨坪乡由23个村合并为12个村；郭家坝镇由60个村合并为20个村；周坪乡由40个村合并为14个村；杨林桥镇由36个村合并为14个村。2004年，沙镇溪镇再次进行行政村合并，由31个村合并为15个村。2005年，全县共186个行政村。（见表1–2–1）

2005年秭归县行政村一览

表1-2-1

乡　镇	村　名
茅　坪	陈家冲、九里、杨贵店、陈家坝、建东、溪口坪、四溪、乔家坪、罗家、花果园、月亮包、金缸城、银杏沱、长岭、松树坳、中坝子、兰陵溪、庙河，共18个
屈　原	西陵峡、链子岩、龙马溪、长江、北峰、屈原、仙女坪、天龙、铺坪、漆树坪、凤凰、九岭头，共12个
归　州	向家湾、周家湾、官庄坪、盐关、万古寺、贾家店、彭家坡、屈原庙、向家店、香溪、白果园，共11个
水田坝	王家桥、上坝、下坝、董家冲、龙口、辛家坪、姜家坡、望砫、青蒿峪、大水田、陈家岭、草池坪、椆木树、朝东观、赦仓坪、马营、龙潭湾、联营、牛田、郝家湾、良斗河、石垭、野桑坪、严坪、李家坡，共25个
泄　滩	陈家湾、万家、棋盘岭、坊家山、徐家山、柴家湾、白家河、九条岭、核桃坪、桂花坪、陈家坡、牛口、黄家山，共13个
沙镇溪	千将坪、双院、马家坝、高潮、范家坪、乐丰、大浴池、树坪、台子湾、长春、梅坪、倒座铺、屯里荒、马家山、三星店，共15个
两河口	牌楼、宋家、两河、两面山、王家垭、云盘、太坪、土珠庙、月明山、薛家、中心观、二甲、堰塘坪、香龙、铺庄、高桥河、谭家河、白庙岭、天池垭，共19个
梅家河	龙王山、鲁家湾、尤家湾、京丈坪、下里坪、龟坪河、谭家岭、三掌坪、郑家岭、王家坡、陈家垴、肖家坪、水田垭，共13个
磨　坪	磨坪、一篮、龙潭坪、白家坪、银坪、升坪、三墩岩、杨林、天井坪、六家包、送甲山、雁落坪，共12个
郭家坝	邓家坡、郭家坝、烟灯堡、牛岭、王家岭、头道河、熊家岭、柏杨坪、桐树湾、楚王井、擂鼓台、荒口坪、白云山、百日场、夫子头、西坡、文家岩、文化、庙垭、罗家坪，共20个
周　坪	仙女、周坪、九畹溪、桂垭、界垭、峡口、金凤、罗圈荒、九畹塘、砚窝台、中阳坪、槐树坪、石柱、穿心店，共14个
杨林桥	马回营、杨林桥、天鹅、响水洞、三渡河、凤凰岭、西阳坪、云峰、眉毛山、白鹤洞、鼓锣坪、赵家山、三台寺、白岩，共14个

二、居委会

1986—1990年，全县有民主路、解放街、建设街、胜利街、香溪、窑湾溪、新滩、南坪、泄滩、牛口、沙镇溪、旧州河、茅坪13个居委会。1991年增设大慈寺居委会，全县14个居委会。1998年，茅坪镇撤销茅坪居委会，设立滨湖、长宁、橘颂、橘苑、平湖、西楚、建平、九里8个居委会，全县21个居委会。1999年，撤销胜利街、民主路、大慈寺、香溪居委会。2000年，茅坪镇城区居委会撤并，将平湖、橘苑居委会划归橘颂居委会，将建平居委会划归西楚居委会，长宁居委会划归滨湖居委会，撤销九里居委会，全县共有13个居委会。2001年，新滩居委会与南平居委会合并，解放街、建设街、香溪居委会合并为归州居委会，旧州河、窑湾溪居委会合并为卜庄河居委会，撤销泄滩、牛口居委会。全县设3个社区居委会：茅坪镇西楚社区居委会、橘颂社区居委会、滨湖社区居委会；4个居委会：屈原镇新滩居委会、归州镇归州居委会、沙镇溪镇居委会、郭家坝镇卜庄河居委会。2004年5月，沙镇溪镇居委会合并至三星店村。2005年，全县只有6个居委会。

第二篇　自然环境

长江自西向东于县境中部横贯而过，境内流长 64 公里，将县境分为南北两半。秭归位于长江中、上游咽喉，其区位优势独特。境内崇山林立，溪流纵横，构成独特的长江三峡山地地貌。秭归地处中纬度，属亚热带大陆季风气候。境内气候温暖湿润，光照充足，雨量丰沛，四季分明，春温多变，初夏多雨，伏秋多旱，冬暖少雨雪。海拔 1 500 米以上高山地区基本无炎夏气候，海拔 1 800 米以上地区冬季寒冷天气长达 226 天，占全年天数的 62%。曾有“八山半水一分半田”之称的秭归，自 2003 年三峡工程水库蓄水之后发生变化，水面增加，土地减少，变为“八山一水一分田”。境内矿藏资源种类较多，已探明矿种 20 多种，盛产煤、金、硅、大理石等，尤以煤炭、黄金闻名，年产煤 50 万吨以上，产黄金 100 千克以上，是全国黄金、煤炭生产重点县。举世瞩目的三峡工程建设又使秭归成为集屈原文化、巴楚风情、峡江风光、大坝雄姿、花园县城为一体的旅游胜地。2002 年，秭归新县城荣获建设部中国人居环境范例奖。

第一章　自然资源

境内土地资源类型多样，呈零星分布，全境版图面积2 427平方公里。2005年土地利用更新调查测得实际总面积2 274.15平方公里，比原版图面积减少152.85平方公里。全县已利用土地面积21.66万公顷，占总面积的95.25%。

境内共发现矿种20多种，已探明有一定储量的矿种达10余种，矿床（点）50个。其中，金属矿有金、银、铜、铅、铁、锰、锌等；非金属矿有硅石、石灰石、重晶石、大理石、石英石等；能源矿有煤、石煤等。

境内水资源丰富。2003年，三峡工程大坝蓄水至135米后，长江秭归段形成河道型水库，青干河、童庄河、九畹溪、龙马溪、香溪河、吒溪河、泄滩河下游至长江口段形成水平汉河，历史上俗称的“八山半水一分半田”，由此改变为“八山一水一分田”。

境内生物资源极其丰富，属国家二级野生保护动物16种，省级野生保护动物42种。野生植物中树木、花卉、药材、野菜种类繁多，其中有500年以上国家一级保护古树44株，有三峡库区特有的濒危植物——疏花水柏枝。

第一节　土地资源

一、概 貌

1992年12月，首次土地资源详查，核定全县总面积为2 274.32平方公里，即22.74万公顷。1996年土地资源变更调查，核定全县总面积为2 273.8平方公里，即22.74万公顷。此后，全县每年进行一次土地资源变更调查。2005年土地利用更新调查，全县总面积为2 274.15平方公里，仍为22.74万公顷。

二、结 构

2005年调查，全县农用地面积20.87万公顷，占全县总面积的91.78%。建设用地和其他未利用地1.87万公顷。在农用地面积中，耕地2.62万公顷，园地2.34万公顷，有林地15.02万公顷，其他农用地8 900公顷。

1980年，全县实有耕地面积2.99万公顷。其中，水田5 000公顷，旱田2.49万公顷。到1990年，全县实有耕地面积2.84万公顷，比1980年减少1 500公顷。其中，水田4 900公顷，旱田2.35万公顷。2005年调查，全县实有耕地面积2.62万公顷，比1990年减少2 200公顷，比1980年减少3 700公顷。

1992年，全县园地面积9 900公顷，其中果园面积7 600公顷。2005年调查，园地面积2.34万公顷，比1992年增加1.35万公顷。

1992年，全县有林地面积12.07万公顷。2005年调查，有林地面积15.02万公顷，比1992年增加2.95万公顷。

1992年，全县有其他农用地2.63万公顷。2005年调查，有其他农用地面积8 900公顷，比1992年减少1.74万公顷。

三、类型及分布

县内土壤按成土条件、成土过程及其属性，划分为7个土类，14个亚类，46个土属，194个土种（有的土种又可分为2～3个变种）。

黄壤 为地带性土壤，广泛分布在海拔800米以下低山丘陵及河谷地带，面积占全县土地总面积的9.72%。黄壤土宜种玉米、油菜、薯类、水稻等农作物，也是松、杉、竹等用材林和茶叶、油桐、漆树等经济林生长的适宜土壤。

黄棕壤 分布于县境内海拔800～1 800米地区，面积占全县总面积的19.13%。

棕壤 县境内仅山地棕壤一个亚类，主要分布在云台荒等海拔1 800米以上地区，面积占全县土地总面积0.19%。

石灰土 是在石灰岩母质上发育的一种土壤。面积占全县总面积24.35%。

紫色土 主要分布于海拔100米以下的低山地区。面积占全县总面积12.14%。

潮土 分布在长江两岸和各主要溪河之滨，全县只有灰潮土一个亚类，占总面积0.16%。

水稻土 主要分布于海拔1 000米以下的低山、半高山，面积占全县总面积2.18%。

第二节 矿藏资源

一、能源矿

能源矿主要是煤矿，有少量石煤。县境内煤层的主要特征为层位多，分布广，煤层薄，变化大，呈鸡窝状、扁豆状、藕节状等形态产出，煤质较差。受区域性变质作用的影响，以盆地向斜轴为对称式，东半部为烟煤，西半部为无烟煤。据地质矿产勘探部门提供的资料和小煤窑调查、踏勘资料，全县共有21个产煤块段，面积为112.5平方公里。

1987年，区域地质矿产研究所编制《1：50 000秭归县地质矿产图》及其说明书标明，$B+C_1+C_2+D$表内储量为3 452.5万吨，表外储量1 215.6万吨，资源量50.7万吨。

1989年8月，探明县境煤炭地质储量为1.09亿吨。全县主要煤炭产区有梅家坡、殷家坡、石槽溪、野狼坪、泄滩、黄阳畔、白云山、郭家坝、白沙、岩关、皮老荒、新滩、周坪、杨林桥等煤矿区。主要矿床有白沙煤矿矿床，位于沙镇溪镇西南部。该矿床属于侏罗纪香溪煤系，含煤层总厚415米，自下而上分9个煤组，含煤14层。1994年，秭归县被确定为全国100个重点产煤县之一，原煤产量1996年达97.74万吨，成为重要的支柱产业。1979—2005年，全县原煤开采总产量累计1 065.27万吨。

二、金属矿

金与金银矿　县境内有金与金银矿产地4处，分别是雍家店金矿床（拐子沟金矿床）、茅坪金矿床、过河口金矿床、纪家嘴金矿点。其中，中型矿床1处，小型矿床2处，矿点1处，均为石英脉型，具一定规模，含金品位较高，埋藏浅，有较大开采价值。探明黄金纯金储量3 000～5 000千克，从1976年开始开采，1979年年产量1 284.6两（折合64.23千克）。从1980年起，连续6年受到省黄金公司奖励，被誉为“年产千两黄金县”。至2005年，全县有金矿5家，从业人员293人。1979—2005年，全县黄金开采产量累计1 028千克。

赤铁矿　县境内铁矿主要为赤铁矿，称宁乡式铁矿。含矿地层主要分布在两河口镇、磨坪乡、杨林桥镇、郭家坝镇、周坪乡、屈原镇等地，有赤铁矿床（点）10处。其中，中型矿床2处，小型矿床3处，矿点5处。各矿床（点）矿层1～4层不等，层位较稳定，具有一定规模。矿石平均含铁38.65%、二氧化硅 30.16%、硫0.025%、磷0.79%。由于矿石品位较低，含高硫高磷和非自熔性，大都难以利用。

锰矿　县境内发现锰矿点多处。羊角岭锰矿点呈透镜状及不规则形状，可见长30～50米，厚0.27米。主要矿物为软锰矿，角砾状结构，块状构造。矿石品位：锰12.29%、钛0.003%、镍0.0033%。此外，在屈原镇、两河口镇二甲村等地，于同一层位中也新发现不少锰矿点，大多为一层，呈透镜状，长几米至数十米不等，厚0.2～0.5米，优质但规模较小，均未进行地质调查。

铜矿　县境内已探明铜矿点2处，分别是茅坪庙河沈家堡铜矿点和兰陵溪铜矿点。有沉积和中低温热型两种类型，规模极小，不具工业价值。

锌与铅锌矿　县境内有锌矿点1处，即杉木溪锌矿点；铅锌矿2处，即五指山铅锌矿点和关口铅锌矿点。均系矿点，规模极小，不具工业价值。

三、非金属矿

重晶石　县境内仅有郭家坝镇怀抱石重晶石矿床一处，属沉积型。矿层一层，呈透镜状，长约700米，厚0.01～5.27米，一般2米。普查探明：重晶石矿石量C级175万吨，为大型矿床。

磷矿　县境内仅有野猫面磷块岩矿床一处。出露地层有上震旦统灯影组和下寒武统岩家河组，磷块岩3层，呈似层状，稳定长2 600米，上磷块岩层厚0.05～0.1米，中磷块岩层厚0.01～1米，下磷块岩层厚0.6～0.11米，含铀。矿石类型有芝麻状磷块岩、含磷硅质岩、含铀磷块岩、含磷页岩、含磷硅质结核等5种。矿石含磷、铀、镍、钼、硫等多种成分。普查探明，磷矿石C_2级57.74万吨，D级32.67万吨，均为小型矿床。

硅石　县境内硅石矿主要出露在沙镇溪镇的唐家河、台子湾、砚窝槽、殷家坡和泄滩乡的石门、老坟园等地，一般含二氧化硅97.5%以上，储量大，埋藏浅。1982年11月，县境内开始开采硅石矿。至2005年，有大型硅石采掘企业1家，从业人员30人。1996—2005年，全县开采硅石累计22.1万吨。

石灰石　县境内石灰石资源丰富，分布广泛。初步查明小型矿床4处，即卡马石石灰石矿床、马槽背石灰石矿床、顺阳溪石灰石矿区、长石碚石灰石矿区。1975年，县境内开始开采石灰石，随着县水泥厂、龙江水泥厂、郭家坝水泥厂、茅坪水泥厂和西峡化工厂的建立，石灰石开采较快发展。

石膏　县境内石膏矿属沉积性石膏矿，分布于郭家坝镇的杨家湾、岱家湾、福禄溪和沙镇溪镇的余家湾、长垭等地。已开采矿点2处，即杨家湾石膏矿点和岱家湾石膏矿点。至2005年，县内尚有郭家坝石膏矿井1处，年产矿石1.4万吨。

第三节　水资源

一、地表水

县境内河流水系发育，地表水资源较丰富。据1985年《水资源合理利用与供需平衡分析》：秭归县实测多年均径流深为758毫米，径流量18.37亿立方米；天然多年均径流深为748.8毫米，径流量18.15亿立方米。

长江秭归段　长江由重庆入湖北省，在巴东县破石峡流入秭归县，横贯县境中部，于三峡大坝出境。境内流长64公里，流域面积724.4平方公里。三峡大坝蓄水前，江面一般宽150～300米，流速1.5～2米/秒，正常流量0.3～0.5万立方米/秒，多年均流量为1.4万立方米/秒。长江在境内又分为3小段：香溪宽谷段，起于巴东县破石峡之黄岩，流经县境内的牛口、上石门、台子湾、泄滩、沙镇溪、归州、屈原庙、下石门、东门头、窑湾溪、卜庄河至香溪河口，流程35公里；西陵峡上段（又称归峡），自香溪河口入西陵峡，流经米仓口、兵书宝剑峡、小新滩、黄岩、新滩、牛肝马肺峡、聚鱼坊、九曲垴至庙河，流程14.6公里；庙南宽谷段，起自庙河，流经崆岭峡、兰陵溪、银杏沱至茅坪河口，流程14.4公里。1981年，葛洲坝工程蓄水后，新滩、泄滩、崆岭峡号称“川江三大险滩”全部被江水淹没，险滩变通途。2003年6月10日，三峡大坝蓄水至135米水位后，江面平均宽度增加到1 000米，最宽处（吒溪河口）达2 400米，最窄处（聚鱼坊）500米，最深处（兵书宝剑峡）达150米左右，流速降至0.38米/秒，入库流量1.65万立方米/秒，出库流量8 510立方米/秒，水位上涨46米，长江秭归段形成河道型水库，“高峡出平湖”成为现实。

青干河　位于秭归西南部，发源于巴东县绿葱坡，在梅家河乡季家村进入县境，纳龟坪河水，再由西南转向东北，流经梅家河乡谭家岭、尤家湾和沙镇溪镇的马家山、李家河、郭家河、梅坪至沙镇溪注入长江。沿途汇纳3条支流：龟坪河，源于磨坪乡天生桥，由南向北于两汊河汇入青干河；梅家河，源于两河口镇香龙村三岔沟向北于观音堂汇入青干河；锣鼓洞河，又名太平河，源于两河口镇香炉山东麓下茶园村汇老龙洞水，向北于沙镇溪注入青干河。流域总面积772平方公里，总流长79.9公里。县境内流域面积612平方公里，流长53.9公里，河道落差800米，平均坡降10.5‰，河床平均宽50米，平均水深1米，年均流量19.06立方米/秒。1975年8月9日最大流量2 350立方米/秒，实测洪水位高程93.89米，为百年未遇的最大洪峰。枯水期最小流量1.8立方米/秒，年均径流量6.01亿立方米。三峡大坝蓄水135米后，青干河下游至长江入口段形成7公里水平汉河。平均水深30～40米，河道平均宽增加到200～300米，可供小型客、货轮船航行。

童庄河　位于秭归南部，发源于云台荒东麓罗家坪村桃树垴，依次为观沟、仓坪河、平睦河、大岔河、童庄河，沿途纳小河子溪、金溪、玄武洞溪、袁家冲溪、夹石冲溪等中小支流，由南向北流经祝家坪、唐家堡、福禄溪、文家店、八角庙、桐树湾、郭家坝、观音阁、头道河至窑湾溪注入长江。流域总面积248平方公里，全长36.6公里。河床平均宽50米，平均水深0.6米，河道落差1 278米，平均坡降22‰，年均流量6.36立方米/秒，洪水期最大流量1 000立方米/秒，枯水期最小流量2立方米/秒，年均径流量2.08亿立方米。三峡大坝蓄水135米后，童庄河下游至长江入口段形成长6公里，宽300～

400米，水深30～40米的平水汊河，小型客、货轮船可航行至郭家坝村。

九畹溪　位于县境东南部，发源于云台荒南麓、朱棋荒西北部，依次为三渡河、小溪河、杨林河、纸坊河、九畹溪，统称九畹溪。沿途纳梯子沟、深岩沟、林家河、西沟、老林河、干溪沟、车溪沟、周坪河、东沟河等中、小支流，由南向北流经杨林桥镇的窑坪、凤凰岭、三渡河、杨林桥等村及周坪乡的砚窝台、珠堡、槐树坪、镇宝观、界垭、青龙等地至聚鱼坊注入长江。流域总面积590平方公里，全长44.3公里。境内流域面积514.5平方公里，流长42.3公里，河床宽40～110米，平均水深0.8米，河道落差859米，平均坡降30.6‰，年均流量17.5立方米/秒，洪水期最大流量1 000立方米/秒，枯水期最小流量2.5立方米/秒。年均径流量5.41亿立方米。三峡大坝蓄水135米后，河段下游至长江入口段形成长7公里，宽100～200米，水深40～50米的水平汊河，可供小型客货船及游艇航行。

茅坪河　位于秭归东南部，发源于长阳土家族自治县牛角山上端的大青溪，在大溪村斜墩流入县境。沿途纳大溪、四溪、芭蕉溪、顺阳溪、庙沟、三坝溪等小支流，由西南向东北流经茅坪镇的日月坪、建东、陈家坝、过河口、万家坝、九里庙、杨贵店、青龙嘴等地，经茅坪溪改道工程及隧道，过夷陵区三斗坪镇中堡村地下河道注入长江。流域总面积124.3平方公里，总流长25.3公里，境内流域面积110平方公里，三峡工程修建后流长由23.9公里减少到21.4公里，河床平均宽40米，平均水深0.2米，河道落差890米，平均坡降42‰，年均流量2.47立方米/秒，年均径流量0.78亿立方米。

龙马溪河　位于秭归东北部，发源于新滩镇曾家冲，沿途纳柏树坡溪、破石溪等小溪沟水，由北向南流经干溪、台子树沟、巴东方、上马坪、龙江至原新滩镇东射洪碛注入长江。龙马溪流域总面积50.9平方公里，全长10公里。河床平均宽2.5米，河道落差833米，平均坡降98‰，平均水深0.2米，年均流量1.11立方米/秒，年均径流量0.35亿立方米。三峡大坝蓄水135米后，龙马溪下段形成长1.5公里，宽200～300米，水深30～40米的平水汊河。

香溪河　位于秭归东北部，有东西两源：东源于神农架林区骡马店，名东河；西源于大神农架的红河，名西河。东西两河分别自东北、西北流至响滩汇为主流。又南流经兴山县高阳镇、峡口镇至游家河入秭归县境，纳屈坪河、回龙溪向南流经贾家店、白马滩、盐关、官庄坪、黄阳畔、向家店、八字门至原香溪镇东注入长江。香溪河流域总面积3 027平方公里，总流长101公里。县境内流域面积212平方公里，流长11.1公里。河床平均宽80米，平均水深1.5米，河道落差2 108米，平均坡降29.1‰。洪水期最大流量3 000立方米/秒，枯水期最小流量14立方米/秒，年均流量47.4立方米/秒，年均径流量14.9亿立方米。三峡大坝蓄水135米后，香溪河下段至长江口形成长15公里，宽300～500米，水深30～40米的平水汊河，秭归至兴山和神农架林区水上运输环境得以改善，大中型客、货轮船可直抵兴山县峡口镇码头。

吒溪河　位于秭归北部，发源于兴山县关门山西麓，在车家河进入县境后依次为凉台河、许家河、袁水河。沿途纳三岔河、田家河、王家桥沟等小溪流。由北向南流经水田坝乡的张家湾、桑坪、王家湾、上坝、水田坝、渡水头、龙王庙、卡子湾等地至归州镇西注入长江。流长101.4公里，流域总面积426平方公里。境内流域面积193.7平方公里，流长52.4公里。河床平均宽40米，平均水深0.5米，河道落差1 097米，平均坡降13.5‰。年均流量8.34立方米/秒，年均径流量2.63亿立方米。三峡大坝蓄水135米后，下游河段形成长8公里，宽200～300米，水深30～40米的平水汊河，中小客、货轮船可直抵水田坝乡中坝村，结束该乡无水上运输的历史。

泄滩河　位于秭归西北部，发源于大尖山，沿途纳张家河、白家河、龙头溪等小支流，由西北向东南流经白家坪、八字坟、黄家山、作坊湾、棋盘岭、陈家湾至泄滩集镇西注入长江。全长17.6公里，流域总面积88平方公里。河床平均宽20米，平均水深0.2米，年均流量1.93立方米/秒，年均径流量0.61

亿立方米。河道落差1 000米，平均坡降63.6‰。三峡大坝蓄水135米后，下段河道形成长2公里，宽100～150米，水深25～30米的平水汊河，可供小船运输。

二、地下水

青干河流域　为碳酸盐岩类组成的侵蚀构成的中、低山地貌。中生界、古生界灰岩较发育，溶蚀现象严重，岩溶、暗河、溶洞发育。在此流域上段，漏斗、落水洞分布较广，比较稳定的暗河13处，流量在0.1～1立方米/秒之间，其中较大的暗流出口是位于磨坪乡的天生桥、两河口镇的老龙洞，最大流量1.1立方米/秒，最小流量0.1立方米/秒。

九畹溪流域　为碳酸盐岩、灰岩类组成的漏斗、落水洞、盲谷、暗河及水平溶洞分布广。在海拔700～1 700米，面积近400平方公里的山区内，仅漏斗、落水洞有90余个。漏斗最大底面约100平方米，小者也在20平方米左右，一般深80余米；落水洞洞口直径一般为3～7米不等，洞内宽广，发育甚深，大部分有地下水流动；水平溶洞大小不一，洞口直径一般为2～4米，最小1米，其中最大者为黑洞和鱼泉洞。黑洞位于杨林桥镇白岩头，宽30米，高10米，与向王山一带的漏斗、落水洞直接相通，为这一地区暗河出口的最大洞穴；鱼泉洞位于周坪乡与杨林桥镇交界的九畹溪右岸水边，3个大小不等的洞口呈倒“品”字形排列。实测枯水流量为0.38～0.69立方米/秒，洪水期平均流量为3.82立方米/秒。枯水期和平水期，水自下洞口泄入九畹溪，遇持续大雨或暴雨时，上洞口水呈瀑布下泄，与下洞口出水一并泄入九畹溪，为最大的暗河出口。暗河有主支两条：主干暗河，水自杨林桥镇三台寺村栏河入消水洞成暗流。洞口受层面控制，宽13米，高9米，断面呈梯形，顺岩层走向，经杨林桥镇三台寺村出陈家沟，由原金竹园村附近往东过板桥河断层，在林家河谷地深处穿过走马岭以北，于熊家山西坡深处汇白嘴垭支流自鱼泉洞泄出，全长12.3公里。水力坡度，自消水洞至板桥河90‰，板桥河至鱼泉洞30‰；支流暗河，源头无明显进口洞穴，自高程1 113.4米的金鸡岭南侧往东北到大岩口一带，在二岩口穿过走马岭断层继往北西，过大、小垴地表落水洞，以呈串珠状延展，到熊家山西坡与主干暗河汇合，全长7公里。水力坡度，自金鸡岭南侧至二岩口75‰；二岩口至大、小垴90‰；大、小垴至熊家山西坡120‰。

全县有水洞穴39个，面积达154.38平方米。最大的属两河口镇老龙洞，面积为70平方米，流量为1.1立方米/秒，跌水落差5米。

第四节　生物资源

一、野生动物

兽纲　县内野兽有猕猴、黄腹鼬、猪獾、狗獾、花面狸、豹猫、鬣羚、斑羚、野猪、豪猪、小麂、林麝、草兔、红白鼯鼠、拟家鼠、普通田鼠、赤腹松鼠等17种约5万只（头）。

鸟纲　县内飞禽有中白鹭、池鹭、赤麻鸭、鸳鸯、雀鹰、苍鹰、红隼、灰背隼、普通竹鸡、红腹角雉、红腹锦鸡、勺鸡、珠颈斑鸠、山斑鸠、小杜鹃、啄木鸟、燕子、八哥、喜鹊、乌鸦、麻雀等95种约357万只。

爬行纲　县内爬行动物有鳖、草绿龙蜥、多疣壁虎、黄链蛇、黑眉锦蛇、翠青蛇、乌梢蛇、黑脊蛇、尖吻蛇、竹叶青等10种约733万只（条）。

鱼纲　县境内长江干流新滩以下至茅坪江段主要鱼类有青、草、鲤、鲫、鳊、鳍、鳜、鲍、大口鲶、长吻鮠、长颌、鲚、鳡、鲖鱼等品种。新滩以上至牛口江段主要有鲴、鲇、鲖、鲌，青波、白甲、鲥鱼、黄颡、鲈鱼、长吻鮠、中华倒刺耙、中华鲟、白鲟等稀有鱼类，具有较高经济价值。中华鲟、白鲟两个品种为国家一级保护鱼类，稀有鱼类共100多个品种。

两栖纲　县内两栖动物有中华大蟾蜍、虎纹蛙、中国林蛙、湖北金线蛙等4种约1 180万只。

水螅虫纲　主要有桃花水母，属腔肠动物门，为秭归特有。原产于归州城西九龙奔江处的天音潭。每岁新春长江两岸桃花盛开时，潭里便出现形似降落伞，如纽扣大小的水生动物，俗称桃花鱼。2003年6月，三峡大坝蓄水135米水位，天音潭被江水淹没。县政府投资，归州镇人民政府将桃花鱼迁移至归州镇新址，兴建桃花鱼水池继续繁养，供有关专家研究和游客观赏。2004年3月，在离三峡大坝500米之遥的徐家冲港湾惊现桃花鱼，据专家考证，与归州桃花水母属同一种类。（图2-1-1）

图 2-1-1：秭归桃花水母

二、野生植物

树木　县内常见树种及珍稀树种约1 000余种，灌木约500种，藤木约100种。有稀有珍贵的红豆杉，有国家保护的一级树种珙桐、水杉、银杏。主要树种有马尾松、油松、杉木、柑橘、板栗等。马尾松是县内的优势树种，占全县有林地面积、活立木总蓄积量的48.8%、64.2%。1985年，全县有珍稀古树、大树22种共173株。2003年，全县古树有28科、41属、49种、402株，分布在12个乡镇。其中，500年以上国家一级保护古树44株；300 ~ 499年的国家二级保护古树90株；100 ~ 299年的国家三级保护古树268株。

花卉　县境内主要有栀子花、桂花、茉莉、兰花、杜鹃、美人蕉、白梅、紫荆、蜀葵、海棠、菊花、芙蓉、石榴花、鸡冠花、牵牛、迎春柳、刺球、玫瑰、月季、萱草、石竹、山丹、水仙、蔷薇等花卉品种。野生蜡梅、杜鹃、継木、扁兰等品种繁多，几乎遍及全县各地。蚊母（俗称中华小叶蚊母）为三峡地区特有。据不完全调查统计，到2005年，全县培育花卉盆景资源636个品种、66.52万株（盆、钵、缸）以上（不含山上资源）。

药材　县境内有常用植物药材129科、602种。其中，珍稀名贵药材有黄连、杜仲、天麻、厚朴、白山芪等；地道药材有前胡、桔梗、天冬、独活、党参、黄檗、木瓜、荆芥、丹皮等；大宗药材有荆芥、枳实、续断、鱼腥草、陈皮等；引种药材有生地、泽泻、杭菊花、白术、枣皮、连翘、栀子等；野生转栽培的有金银花、桔梗、天麻等；新发现品种有紫花地丁、仙鹤草、川乌等3种。

野菜　县境内野菜类主要有薇菜、野韭菜、山竹笋、蕨苔、马齿苋等；野生食用菌类主要有木耳、香菇、松菌、栎菌、羊肚菌、鸡蛋菌、刷竹菌、鹰翅膀等。主要特色产品：薇菜、香菇、木耳等。

珍稀植物　疏花水柏枝是三峡库区特有的濒危植物，分布在长江边消涨带较平坦的沙滩上或石头缝中，江南多于江北。三峡工程蓄水后淹没，秭归县配合中国科学院武汉植物研究所将其移植到夷陵区、武汉植物研究所；伞花木既是三峡库区特有植物，也是珍稀濒危保护植物，分布在县境内的茅坪镇四溪风景区。

第二章　气候·物候

秭归属亚热带大陆季风气候。境内山峦起伏，气候垂直变化明显。初春气温回升快，冷空气活动频繁，常有倒春寒现象；初夏气候温和，雨水适中，盛夏日均气温一般在27℃以上，常有特大暴雨、洪涝出现，夏末湿度减小，炎热少雨，常有伏秋连旱出现；秋季冷暖气团活动频繁，常出现阴雨连绵天气；冬季气候比较暖和，少雷雨。县内气候分低山河谷温热区、半高山温暖区、江南南部温湿区、江北东部温凉区，分别占全县总面积的20.9%、56.1%、16.4%、6.6%。

第一节　气　候

一、特　征

秭归地处中纬度，属亚热带大陆性季风气候。由于北部大巴山、巫山的天然屏障作用，大大削弱南侵冷空气的势力，冬温较高，成为湖北省有名的冬暖中心。但在复杂地形地貌影响下，气候类型复杂多样，且垂直变化大。海拔600米以下地区，温热冬暖；600～1 200米地带，温和湿润，冬冷夏凉；1 200米以上地区，冬寒无夏具有典型的山区气候特征。由于受地形和海拔高差影响，形成热量资源低山多高山少；水分资源南多北少，高山多低山少；光能资源阳坡多阴坡少的特征。

二、要　素

气温　各地气温差别明显，年均气温在6～18.3℃之间。其中，泄滩、水田坝、归州、郭家坝、屈原、沙镇溪、茅坪等乡镇为17.4～18.3℃；梅家河、两河口、周坪、杨林桥等乡镇为15～17℃；磨坪乡为12～13℃。全县平均气温的分布呈中间（即沿江河谷）高，南北低。

全县各地气温的年变化，以1月最低，7月最高。各月平均气温的变化呈单峰型。气温随海拔高度的增高而递减，据计算，海拔每升高100米，气温下降0.55～0.65℃，海拔愈高气温愈低。古语有“高者气寒、低者气热”之说。老县城归州年均气温18℃，与地处江汉平原的武汉市比较高1.8℃，相当于水平距离南移300多公里（因县城搬迁茅坪时间较短，至2005年还未测得新县城平均气温）。而地处海拔1 100米的马壕山为11.9℃，几乎接近于北京的年均气温（11.6℃），相当于纬度北移90度左右。

历年极端最高气温的出现，主要是副热带高压控制所致，沿江河谷地区为全县最高。归州镇极端最高气温出现在1999年8月8日，为42.1℃。南部较低，云台荒药材场为30.3℃，东北部九岭头林场为

29.9℃为全县最低。日最高气温≥37℃的日数，归州镇平均为19.6天。全县各地极端最低气温都是由于北方强寒潮入侵所造成的。80%的年份出现在1月，20%的年份出现在2月，低山区为-8.6～-12.9℃，半高山区为-12.9～-15.4℃，高山地区在-15.4℃以上。归州镇历年极端最低气温出现在1977年1月30日，为-8.9℃。

降水　各地降水变率都较小，年变率为10.8%～13.7%，是全省降水变率较小的地区之一。从四季降水变率的分配看，全年以春季降水变率为最小，夏季最大。全县年降水量在950～1 590毫米之间，年均降水量为1 439.2毫米。长江河谷地带为1 000毫米左右，江南多于江北。由北向南，由低到高，降水量随海拔高度增加。海拔每升高100米，降水量就增加35～55毫米。日降水量达50毫米以上的暴雨，4—10月均有出现，但主要集中在6—9月，占全年降水量的40%～60%。暴雨最多地区出现在县境内的西南部，其次在南部，中部沿江河谷地区为最少地区。由于受地形地势影响，各地降水强度差异大，地域性强。就同一天气系统影响而言各地降水量悬殊也很大。

湿度和蒸发　全县平均相对湿度分布为高山大于低山，夏季大于冬季，迎风坡大于背风坡，中部沿长江河谷偏小一些。老县城归州相对湿度平均为71%，日最小相对湿度为12%。各地年均蒸发量多于降水量。蒸发量与日照、温度、风速等有直接关系，因山脉走向、地势、地形等不同，蒸发量亦不同。老县城归州年蒸发量约1 400毫米左右。

云量和日照　按日平均总云量小于2成（即占天空的2/10）计算为一个晴天日数，总云量大于8成（即占天空的8/10）计算为一个阴天日数，历年均晴天日数只占全年总天数的10.7%，而阴天日数历年均占全年总天数的54.4%。全县全年总日照时数平均在1 200—1 650小时之间，其中低山最多，高山次之，半高山最少；在一年中，夏多冬少，春秋次之。年日照时数1 500小时以上年份占88%。县内太阳辐射历年均为87～100千卡/平方厘米。一年中太阳辐射日总量7月份最大，12月份最小。全年分季辐射按比例为：春季27.4%，夏季36.4%，秋季21.5%，冬季14.7%。

气压、风、地温　气压随海拔高度的增高而递减。全县各地气压差别明显，老县城归州年均气压998百帕。全年冬高夏低，最高月份在12月，最低月份在7月。气压极值与天气条件有关，归州镇极端最高气压出现在2000年1月30日，为1 025.4百帕。极端最低气压出现在1994年7月12日，为975.6百帕。

由于地处大巴山，巫山余脉和八面山坳会合地带，最多风向与河流走向基本一致，故盛行偏南风，其次为偏北风，东风和西风频次较少。因受山地地貌影响，风速一般较小，但遇恶劣天气时，也出现较大风速，一般是雷雨大风和寒潮大风。

全年地温系夏高冬低，最高在7月，最低在1月，月际变化与气温相同，呈单峰型，但各个深层年均地温比气温高1℃以上。无霜期年均为260天左右，特点是低山区长，高山区短。县境内地面温度极端最高值为75.4℃，出现在1966年7月30日；最低为-16.1℃，出现在1977年1月30日。

第二节　物　候

一、植物候

农作物与节气　早稻在春分至清明节间播种，谷雨前插秧，大暑节前收割。常规中稻、杂交稻一般在清明至谷雨节播种，小满插秧，白露前后收割。晚稻在芒种至夏至节间播种，大暑前插秧，寒露节后收割。其播种和插秧季节有“春来不下种，苗从何处生”“二月清明不用忙，三月清明早下秧”“四月芒种如打仗，误了芒种要上当”“芒种忙忙种，夏至谷怀胎”“芒种打火夜插秧”“芒种插秧，稻谷满仓”和“谷到处暑黄”等说。玉米播种一般在清明至谷雨前后，栎树发芽，油桐开花，都反映玉米播种期已到。有谚语：“管它时间几时几，栎叶翻白种玉米”“穷人莫听富人哄，桐子开花正式种”。大豆、小豆、绿豆及豇豆等豆类作物，春、夏均可播种。一般在农历四月上旬种豆类。而蚕豆、豌豆系越冬作物，以仲秋播种为宜。故农民有“头伏芝麻二伏豆，三伏天里种绿豆”“清明前后，种瓜种豆”“八月豌，弯上弯；九月弯，光杆杆”等说。马铃薯（俗称洋芋）无明显成熟期，冬播时，在适期范围内，播种越早，产量越高，翌年夏初收获。躲过炎热夏季后，还可秋播冬收。农民总结冬播期为“洋芋不过冬至节，先长果子后长叶”。小麦通常在霜降前播种，次年夏至收割。有“霜降种麦，不消（或‘需’）问得”“寒露早，立冬迟，霜降种麦正当时”“寒露霜降麦归土”等说。油菜一般秋分前播种，霜降开始育苗，最迟不过立冬，迟种不如不种。也有说一般在寒露前播种，翌年立夏后收割。有“十月种油，不够擦头”“冬至种油，只够妻子擦头；寒露种油，可供全家吃够”和“立夏三日连枷响，立夏十日一片黄”等谚语。

林木与节气　气候反映最早的为杨柳树，或称垂柳，在大寒节气后“五九”天便生出芽苞，“六九”天即绽开雀口生芽。秭归有《九九歌》：“一九二九，缩脚缩手；三九四九，冻死猪狗；五九六九，沿河看柳；七九六十三，行人把衣宽；九九八十一，柳下歇荫地。”次为樱桃，立春至雨水开花，清明樱桃上市。春三月时寒时暖，杏、李、桃依次开花。杏树在雨水节气发芽，惊蛰后开花，春分时展叶，芒种果实成熟。梨树惊蛰发芽，春分前展叶，大暑节果实成熟。桃树春分前发芽，春分季节开花，夏至前果实成熟。柑橘，清明开花。油桐，清明至谷雨开花。栽树种竹一般在立春前成活率高。有“栽树育林，不过清明”“要栽松杉柏，莫让春晓得”“种竹怕春知，种杉怕雨湿”之说。

二、动物候

候鸟类　2 月春风送暖，大雁北去，小燕南来。8 月秋高气爽，小燕南回，大雁则从北方结队而来。雁、燕交换，周而复始。故民谚有“二月十五雁门开，大雁去了小燕来；八月十五燕门关，小燕去了大雁还”“七九河冻开，八九燕子来”“燕子来，齐插秧；燕子去，稻花香”等。布谷鸟 3 月中旬始见，芒种绝迹。有“布谷叫，清明到”之说。麦枯鸟 4 月上旬叫，有“麦枯叫一声，麦子死条根”之说。“豌豆八哥”4 月中旬叫，其叫声似：“豌豆白角，割麦插禾”。麻雀常年都有，“寒冬麻雀吱喳叫，不久将有雪花飘”。

爬行、两栖类　蛇惊蛰至春分即有所见，霜降前始冬眠。民间有“三月三，蛇出洞；九月九，蛇进洞”之说。蛙在春分前后始叫，民间有“青蛙叫，把谷泡；青蛙夸，种南瓜”之说。与天气有关的谚语有“蛙鸣惊蛰前，旱田改水田；蛙鸣惊蛰后，水田走大路”等。

昆虫类　桃花盛开蜜蜂采，以油菜花开为甚。蝉立秋始见，白露前绝迹。蟋蟀中秋前始鸣，重阳节尤甚。

第三章　自然灾害

秭归地处三峡暴雨区，各种自然灾害相互交织，年均有一种或几种灾害发生。天晴怕旱，下雨怕垮，有“三个太阳禾苗死，一场大雨土下河”之说。干旱、洪涝、冰雹暴风灾害频繁，崩垮、滑坡等地质灾害几乎年年发生，给人民的生产生活和生命财产造成一定危害。1979—2005年，先后发生水灾50次、旱灾16次、风雹灾41次，垮山滑坡、泥石流等地质灾害1 968处次。

第一节　水旱灾害

一、水　灾

1979—2005年，县境内先后发生大小水灾50次。

1979年7月15日，全县17个公社遭暴雨袭击。

1980年5月5日—9月10日，雨天达68天，其中大雨6次，暴雨5次。8月21日最大雨量为132.5毫米，总降雨量897.1毫米，全县大部分地区受灾。

1981年7月上旬，县境长江沿岸遭特大洪灾。7月18日晚12时，归州镇锯齿梁最高水位91.55米，比1954年高0.75米。

1982年7月20日，县境吒溪河暴发特大洪水，溪河两岸受灾。

1984年6月13日，全县普降大到暴雨，1.54万户5.6万人受灾。

1986年7月14—16日，县境内连降大到暴雨，有50个乡（区辖乡）、312个村、2 029个村民小组，6.94万户25.08万人受灾。

1987年5月25日—8月28日，县境内发生洪涝灾害5次，有10个镇（区）、38个乡、162个村，0.8万户3.07万人受灾。

1988年6月10—11日，杨林桥镇连降大雨30个小时，降雨量114毫米，全镇36个村、304个组受灾。

1989年7月8—13日，县境内普降大到暴雨，6天降雨量达205.1毫米。有16个乡镇、424个村，7.19万户27.3万人受灾。长江洪水上涨，归州镇锯齿梁水位89.2米，低于1981年2.35米，为中华人民共和国成立后第三次大的洪峰。

1990年7月15—16日，县境内11个乡镇、163个村遭暴雨袭击，有2.37万户8.79万人及1 600公顷农田受灾。

1991年6月30日14时30分—22时，全县普降大到暴雨，降雨量达143.44毫米。有16个乡镇、371个村，7.95万户26.4万人受灾。当年8月5日20时—6日20时，县境内降雨64～150毫米。两河口镇马壕山6小时降雨110.8毫米。共171个村，1.34万户4.95万人受灾。

1995年7月15—16日，茅坪、芝兰两乡镇普降暴雨，茅坪新县城城区部分基础设施被毁。芝兰乡共7个村、2 500人受灾。

1996年7月3日8时—4日20时，县境内普降大到暴雨，其中归州镇降雨251.6毫米。全县14个乡镇、466个村，7.8万户28.6万人受灾。

1997年7月18日，全县8个乡镇暴雨成灾，161个村、1 800户5万人受灾。

1998年6—8月，县境内先后遭受7次大到暴雨袭击，总降雨量达801毫米，超历史同期平均值2.5倍。尤以8月1—16日3次强降雨，降雨量343毫米，为历史同期4倍以上。降雨日达49天，创历史纪录。全县14个乡镇、451个村，6.9万户22.57万人受灾。长江出现8次大的洪峰，导致老县城归州至茅坪8次停航。

2002年2月15日—5月6日，县境内总降雨量437.9毫米（茅坪521.7毫米），比历史平均降雨量多240.3毫米，比历史最高的1977年还多95.9毫米，创42年之最。12个乡镇、140个村、7.36万户23.56万人受灾。

2003年8—9月，县境内先后8次遭暴雨袭击，12个乡镇、20.5万人受灾。

2005年6—7月，县境内先后发生3次强降雨，12个乡镇、14.4万人受灾。水田坝、两河口、杨林桥等乡镇受灾严重。

二、旱 灾

1979—2005年，县境内16个年份发生大小旱灾16次。

1979年1—4月，雨不透墒，堰塘干涸，溪河断流，全县90%以上地区受旱。

1981年4月下旬—8月中旬，雨日仅32天，降雨量246.9毫米，比历年均值减少49.1%，全县大部分地区受旱。

1987年11月2日—1988年12月1日的340天中，干旱达337天，总降雨量296.3毫米，比历史平均年降雨量1 439.2毫米减79.4%，其中1987年11月2日—1988年5月5日的185天中，日平均降雨量不足1毫米，造成冬春连旱。437个村受灾，受灾人口33万人。

1990年7月20日—10月15日，87天降雨只有16.9毫米，同比减少95%，最高气温达41.7℃。16个乡镇、466个村、3 280个组、9.75万户34.5万人普遍受灾。

1991年8月8日—11月19日，104天只降雨143.7毫米，同比减少199.9毫米。297个村、5.21万户18.35万人受灾。

1994年6月10日—8月23日，74天降雨只120毫米，日均1.62毫米，最高气温41.7℃。16个乡镇、405个村、10万户34.3万人受灾。

1995年2月22日—4月10日，48天降雨28.4毫米，比正常值72.4毫米减少44毫米。7月26日—9月7日，44天降雨26.9毫米，比正常值170.5毫米减少143.6毫米。8个乡镇、220个村、4.1万户12.5万人受灾。

1995年11月1日—1996年3月10日，全县总降雨量只有40.4毫米。310个村、6.2万户29万人受灾。

1996年11月18日—1997年9月30日，317天降雨只有490.7毫米，比历史同期平均值885.4毫米减45%，最高气温38.2℃，37℃以上高温天气20天，蒸发量1 449.2毫米，比历史平均值多14%。14个乡镇、400个村、10万户35万人受灾。

1997年1—6月，全县持续干旱，半年时间仅降雨220毫米，比历年同期平均降雨336.5毫米少53%，全县大部分地区受旱。

1999年7月17日—9月13日，气温高达35℃以上的有30多天，最高气温42.1℃，降雨仅为同期的30%。14个乡镇、308个村、6.1万户20.49万人受灾。

2000年1月25日—5月15日，全县降雨只有76.9毫米，同比减少68%。14个乡镇、402个村、9.4万户30.1万人受灾。

2001年5—9月，全县干旱147天，总降雨量只有301.3毫米，同比减少54%。5月5日—8月6日的94天中，总降雨量只有206.3毫米，同比减少54.1%。37℃以上高温天气达30天，最高气温42℃。12个乡镇、191个村、6.92万户22.3万人受灾。

2002年6—8月，全县高温干旱少雨。36℃以上高温持续6天，归州镇最高气温40.7℃（茅坪镇39.3℃），12个乡镇、189个村、8.16万户26.5万人受灾。

2003年7月27日—8月5日，全县干旱少雨，日最高气温超过40℃，极端气温达41.4℃，12个乡镇、14.5万人受灾。

2004年1—3月，全县降雨偏少，气温偏高。12个乡镇、140个村、24.8万人受灾，其中归州、水田坝、沙镇溪、郭家坝、梅家河、屈原、周坪7个乡镇较严重。

2005年6—7月，县境内近30天干旱无雨，12个乡镇，202个村、20.2万人受灾。

第二节　风雹灾害

一、风　灾

1979—1999年（1999年后统计在雹灾中），县境内发生大小风灾14次。

1979年7月15日下午6—8时，全县17个公社遭大风袭击，茅坪公社2小时降雨114毫米。

1983年4月25日下午5时5—12分，全县遭罕见的飑线天气袭击。归州镇风力8级，风速17米/秒，最大风速20米/秒。江面、河谷、山口地段风力达到10～11级，持续5～7分钟。全县1个镇、17个公社、18.1万人普遍受灾，死亡6人，伤140人。

1986年8月7日，全县13个镇（区）、82个村、443个组遭大风暴雨袭击，部分地区达7～8级大风。

1987年5月16日，部分地区遭大风袭击，有51个村、255个组受灾。7月25日，两河口镇（区）及磨坪、周坪、水田坝4个区遭受风灾。8月5日，香溪镇、新滩镇（区）、杨林桥镇（区）、周坪区遭大风袭击。

1990年7月26日，杨林桥、两河口、磨坪、梅家河、芝兰5个乡镇遭风灾。

1992年7月10日，杨林桥、芝兰、周坪、郭家坝、文化、两河口、梅家河、茅坪、水田坝10个乡镇遭受风灾。8月5日，九岭头林场遭龙卷风袭击。

1993年7月8日，芝兰、周坪、文化、两河口、杨林桥、郭家坝等6个乡镇，62个村遭受风灾，风力达7～8级。

1994年7月11日下午7时30分，梅家河乡遭特大暴风袭击，局部最大风力达10级。

1995年6月9日，两河口、梅家河、磨坪、香溪、归州、水田坝、沙镇溪、文化、屈原9个乡镇和九岭头林场遭特大风灾。

1999年7月13日，杨林桥镇遭大风灾害，风力达7～8级，持续30分钟。28日凌晨，周坪乡遭大风灾害，风力达7～8级，持续40分钟。

二、雹　灾

1979—2005年，县境内发生大小冰雹灾害27次。

1982年6月8日下午4时30分—5时30分，冰雹、大风、暴雨袭击县境内9个公社。

1985年7月8—19日，江南7个区遭冰雹袭击。有28个乡、153个村先后5次受灾，涉及1.58万户6.2万人。

1986年3月10日，香溪镇、沙镇溪镇遭冰雹灾害，有7个村、29个组、1 224户4 403人受灾。

1989年8月12日，文化、周坪、梅家河、磨坪4个乡镇遭受冰雹袭击。有22个村、187个组、3 266户1.2万人受灾。11月3日，两河口镇遭冰雹灾，蚕豆大小冰雹持续5分钟，有21个村、103个组、3 798户1.4万人受灾。

1991年6月22日，周坪、芝兰、杨林桥、磨坪等4个乡镇遭冰雹灾害，冰雹单个最大直径3厘米，平地堆厚4厘米。有50个村、260个组、6 400户2.25万人受灾。

1992年8月5日，磨坪乡遭冰雹灾。

1997年7月，冰雹灾害袭击县境14个乡镇，有449个村、7.9万户26.7万人受灾。

2001年5—9月，县境内先后7次遭受冰雹袭击，有11个乡镇、106个村、3.1万户10.1万人受灾。最严重的是7月2日，冰雹直径达5厘米以上，持续30分钟。茅坪、周坪、郭家坝、两河口、归州等乡镇灾害严重。6月4日，郭家坝镇荒口坪村所降冰雹有核桃大，持续15分钟，是继1976年以后又一次重大雹灾。

2003年3月31日，磨坪乡送甲山、雁落坪、银坪、三墩岩及水田坝乡青蒿峪等村遭冰雹袭击，损失惨重。冰雹直径达3厘米。有369户1 352人受灾。

2004年5月中旬—7月中旬，全县出现7次冰雹灾害。

第三节　地质灾害

一、坍山滑坡

1979—2005年，县境内共发生坍山滑坡、泥石流等地质灾害1 968处次。

1980—1982年，县境内发生小型坍山滑坡1 312处。

1983年，县境内发生小型坍山滑坡436处，滑坡面积607.73公顷。

1985年6月12日凌晨3时45分，新滩镇（区）发生山体滑坡。新滩江家坡以上1 300万立方米滑坡体整体高速向下滑动，约有600万立方米滑体在海拔高程800米处从整体中抛出，200万立方米滑入长江，江水腾起涌浪高80米，回浪高20米，上游香溪涌浪高8米，归州高1米；下游三斗坪涌浪高1.3米。新滩古镇全部被毁，险区内无人员伤亡，涌浪造成10人死亡，2人失踪，8人受伤。滑坡造成1 569间房屋、52公顷农田、3.45万株柑橘不同程度损毁，1艘机动船、3只木船完全被毁，直接经济损失723.92万元。有457户1 371人无家可归。

1986年，县境内发生坍山滑坡62处。其中，小型滑坡43处，大型滑坡19处，涉及53个村、77个组、909户3 895人。7月16日7时30分，沙镇溪区土地岭至马家坝发生大型滑坡，滑体2 882.4万立方米，从海拔高程860米倾泻而下。6个村、15个组、361户1 503人受灾，直接经济损失499.2万元。

1987年，全县发生大型坍山滑坡16处。7月6日，沙镇溪区大岭村4组发生滑坡，滑体南北长500米，东西宽350米，总滑体350万立方米垂直下滑，将锣鼓洞河流大岭段河床推移20米。7月20日，水田坝乡上坝村2组出现滑坡体，长100米，宽300米，平均厚度10米，共350万立方米。8月28日，水田坝乡姜家坡村发生滑坡，滑体长300米，宽150米，约45万立方米。

1989年，发生坍山滑坡82处，1 200万立方米，有6座水电站受灾。

1990年3月24日，文化乡金溪村笋桩岩发生50万立方米泥石流。

1991年，郭家坝镇鸡米寺村、沙镇溪镇白水河村、香溪镇官庄坪村、泄滩乡蒿子坪村、两河口镇白鹰观村等地相继发生坍山滑坡28处，总方量123万立方米。6月29日凌晨，郭家坝镇鸡米寺村大型滑坡体约60万立方米整体下滑。8月6日，沙镇溪镇白水河村石树包处发生滑坡，滑体长500米，宽150米，平均厚5米，约37.5万立方米。滑体下滑20米，34户118人受威胁。8月6日上午，香溪镇官庄坪村7组发生滑坡，滑体1.8万立方米。

1992年5月11日，磨坪乡天井坪村杜家湾发生滑坡，滑体长2 000米，宽125米，厚10米，约250万立方米。

1993年，县境内发生滑坡、岩崩、泥石流42处，共3 459万立方米。

1996年，发生大型整体滑坡3处。7月4日凌晨，万塘村5组、6组发生滑坡，63户207人受灾。同日，杨林桥镇板桥村发生滑坡。7月8日凌晨，文化乡百日场村发生滑坡，滑体长600米，宽180米，约162万立方米，下滑200米。

1997年，香溪镇八字门村一组庙湾发生山体滑坡，倒塌房屋3间，8个农户、2家企业共44人受灾。

1998年，县境内发生5万立方米以上坍山滑坡68处，有13个乡镇、54个村、70个村民小组、721户242人受灾。8月16日晚，杨林桥镇金竹园村庙子河发生滑坡，19户受灾。

1999年，县境内发生500万立方米以上坍山滑坡36处。

2000年，县境内发生坍山滑坡90处，总方量3 013万立方米，528户1 163人受灾。2月28日上午8时，两河口镇石仓村秦家坪发生坍山滑坡，20万立方米山石下滑1 500米。受重灾38户125人。10月28日，香溪镇高姑坪村发生滑坡，滑体内危及4个村民小组、207户670人、461间房屋。

2001年，两河口镇牛首岩，周坪乡陈家湾、芦池湾村，归州镇高姑坪、周家湾、盐关村，磨坪乡天井坪村，梅家河乡陈家埫村，郭家坝镇鸡米寺村等地12处发生重大坍山滑坡。12月1日，郭家坝镇狮子包处滑坡，30万立方米山石从310米高程整体滑落。

2002年，县境内发生坍山滑坡地质灾害及险情90处，总方量3 013万立方米，有12个乡镇、87个村、942户3 109人受灾。5月21日，水田坝乡董家祠堂发生滑坡，滑体约560万立方米，造成114户356人无家可归。

2003年，县境内发生地质灾害及险情80处，10个乡镇、49个村、1 581户6 579人受灾。7月13日零时20分，沙镇溪镇千将坪村发生特大滑坡。滑体长约1 200米，宽1 000米，平均厚20米，总方量2 400万立方米。滑坡造成16人死亡，8人失踪，31人受伤。174户1 328人无家可归。

2004年1—9月，县境内共发生地质灾害（含险情）33处，12个乡镇、42个村受灾，其中沙镇溪镇树坪村滑坡、屈原镇砚包崩塌险情、归州镇卡子湾滑坡、沙镇溪镇白水河滑坡险情较为严重，总规模达3.16亿立方米，813户3 427人安全受到威胁。

2005年1—9月，县境内有地质灾害（含险情）10处，涉及屈原、水田坝、两河口、郭家坝、周坪、杨林桥等6个乡镇、10个村，危及330户1 362人、851间房屋安全，险情较为严重的是郭家坝镇王家湾、莲花沱滑坡险情和杨林桥镇和尚岩岩崩险情，总规模达600万立方米，危及134户402人的安全。

二、地震地陷

县境内历史上属少震区，但1979年以后曾发生过3次破坏性地震，而且有仙女山活动性断裂通过，地震活动频繁，微震不断。葛洲坝库区蓄水后应力重新调整，有诱发破坏性地震的可能。2003年6月，三峡工程蓄水至135米后，秭归定为湖北省重点地震监测区。

1979年5月22日6时46分，泄滩公社龙会观西北发生里氏5.1级地震。震中烈度7度，震源深度16公里，等震线长轴走向北东45° 左右。7度区东起桑坪公社郑家湾，西邻巴东县东瀼公社母猪河，南至泄滩公社柳池子，北接兴山县高桥公社潭坑。长轴15公里，短轴6公里，面积约80平方公里。

2001年10月11日16时04分，梅家河乡发生里氏3.6级地震。震中位于北纬30° 57′ ，东经110° 26.5′ ，震中烈度为5度，个别点有6度，有感范围长轴47公里，短轴26公里，由于震中距集镇较近，且震源较浅，震感虽强烈但无灾害损失。10月12日凌晨1时45分在该乡再次发生里氏2.3级有感地震。12月13日下午1时43分，县境内发生里氏4.1级地震，震中位于北纬31° 04′ ，东经110° 47′ ，涉及屈原镇乐平里、三星、九岭头，归州镇盐关、贾家店、白果园等地，震中长轴15公里，短轴7.5公里，震中烈度6～7度，41户民房受损。

2001年2月21日，归州镇盐关村白马滩地段发生地陷，险区南北横跨100米，东西纵距50米，危及盐关村9、10、11等3个村民小组，有42户140人、85间房屋受威胁。

第四节　病、虫、鼠害

一、病　害

玉米丝黑穗病　俗称“灰包”。1981—1983年在县境内海拔1 000米左右的高山地区暴发流行。杨林区为重灾区，发病率年均在30%左右，个别地方发病率达90.1%。部分成灾的有两河口、郭家坝、龙江、周坪等公社。

稻瘟病　2003年，周坪乡石柱村20公顷水稻制种田发生严重稻瘟病（穗颈稻瘟），损失50%以上，其中0.53公顷稻田颗粒无收。其面积之大，发病率之高，损失之重，是历史所罕见。

玉米疯顶病　70年代零星发生。1999年、2004年两次大面积发生，全县共发生面积1 347公顷。其症状为：玉米顶心扭曲成鞭状，雄穗不能抽出，农民俗称“牛尾巴”。

油菜菌核病　20世纪80年代至90年代中期，油菜菌核病发病率常年达30%以上。90年代后期呈下降趋势。至2004年，发病率只有6%左右。

森林病害　马尾松病害以“落针病”“栎锈病”为主，主要分布在九岭头林场等地。华山松病害以“溃疡病”“疱锈病”为主，分布于全县各地；杉树病害以“叶枯病”“炭疽病”“煤污病”为主，成片分布在茅坪镇、杨林桥镇、周坪乡等地；柏树病害以“锈病”为主，主要发病于土壤瘠薄、密度大且潮湿的树林；竹子病害以“竹竿锈病”为主，主要分布在茅坪镇、归州镇等地。

二、虫 害

稻褐飞虱　俗称“蚊蠓子”或“火毛虫”。1979—1981年连续3年大暴发。1980年，周坪乡测报点一晚最大降落量达7万余只。当年茅坪公社二季晚稻，除良种场外，全区成灾，造成当年缺粮。

油菜蚜虫　1988年，全县发生严重冬旱，导致油菜蚜虫暴发，油菜苗期便发生罕见蚜虫害。至12月，茅坪镇约1/4的油菜全部枯死，能结实的油菜减产三成以上。

马尾松毛虫　1996年，茅坪镇和归州镇的部分村发生历史上罕见的马尾松毛虫害，危害松树面积1 467公顷。1997年、2000年、2001年在茅坪镇、郭家坝镇、归州镇再次发生马尾松毛虫危害。

板栗虫害　1988—2004年，全县发生板栗“双象”（板栗栗实象、板栗剪枝栗实象）、栗瘿蜂、桃蛀螟、栗大蚜等虫害。20世纪80年代中期，板栗“双象”的危害造成全县板栗大量减产，仅1988年茅坪镇兰陵办事处，板栗“双象”虫害危害面积就达120公顷。

三、鼠 害

县境内害鼠主要种类有褐家鼠、小家鼠、黄胸鼠、黑线姬鼠、大足鼠5种。据调查统计：1986—1989年，年均农田鼠害面积1 400公顷，占农田总面积5%，年均损失粮油1 400吨；1990—1994年，年均农田鼠害面积2 400公顷，占农田总面积8.75%，年均损失粮油2 880吨；1995—1999年，年均农田鼠害面积2 700公顷，占农田总面积9.6%，年均损失粮油3 460吨；2000年后，开展大面积灭鼠工作，农田鼠害面积有所减少，危害程度下降，年均鼠害面积2 200公顷，占农田总面积7.86%，年均损失粮油2 800吨。

第三篇　人　口

1979 年，全县总人口 39.02 万人。1985 年，总人口突破 40 万人大关，达 40.01 万人。1990 年达 42.3 万人，为历史最高峰。1986—1989 年，这一时期年均人口出生率 24.1‰，自然增长率 15.74‰。随着计划生育工作深入开展，人口过快增长的势头得到控制，人口出生率逐年下降。至 2005 年，人口出生率下降到 6.04‰，人口自然增长率为-0.65‰。总人口下降到 39 万人。人口机械变动对秭归人口产生一定影响，自 1994 年 1 月—2003 年 6 月，全县因三峡工程共外迁移民近 1.8 万人，是这一时期总人口下降的另一重要因素。人口分布与密度也是随着经济发展和人口发展而不断变化的。至 2005 年，人口密度为 164 人／平方公里，83.7％的人口仍然分布在农村。随着户籍制度改革，人口逐步向城镇化趋势发展，进城务工经商等流动人口逐步增多，城镇人口呈逐年上升趋势。至 2005 年，全县农业人口为 32.64 万人，非农业人口为 6.36 万人。

1979 年改革开放后，全县第二、第三产业发展较快，农业结构不断调整，外出务工人口逐年增加，人口行业和职业构成发生较大变化。至 2005 年，全县在业人口从事第一产业的 13.2 万人，第二产业 2.51 万人，第三产业 3.91 万人，一、二、三产业之比为 67.3：12.8：19.9。1990 年人口年龄构成为成年型，到 2000 年进入老年型。2000 年人口普查时，人口期望寿命达到 69.7 岁，比 1990 年增加 2.89 岁。

随着人口与计划生育政策的贯彻实施，人口过快增长势头得到控制。从 1996 年开始至 2005 年连续 10 年人口自然增长出现负增长，人口再生产由“高出生、低死亡、高增长”的传统型向“低出生、低死亡、低增长”的现代型转变。从 1990 年开始，全县计划生育综合节育率始终稳定在 90％左右。逐步建立“依法管理、村（居）民自治、优质服务、政策推动、综合治理”的人口与计划生育工作新机制，向稳定低生育水平，提高人口素质的目标迈进。

第一章　人口状况

1979年，全县总人口390 234人。1985年，总人口突破40万大关，达到400 125人。1990年，全县人口规模达到顶峰，为423 032人，比1979年增加32 798人，发展速度为108.4%。此后，受计划生育及三峡工程外迁移民因素影响，人口规模自1991年开始逐年下降，至2005年，全县总人口下降到389 977人，比1979年减少257人，比1990年减少33 055人。

第一节　人口数量

一、人口总量

1979年，全县总人口390 234人。1984年，国家对农村育龄夫妇适当放宽生育二孩政策，人口出生率迅速升高。1988年，全县总人口达417 721人，1986—1988年3年增加12 276人，每年均增加6 138

人，年递增率1.49%。1987年人口出生率27.31‰，死亡率8.08‰，自然增长率19.08‰，出现中华人民共和国成立后全县第三次人口生育高峰。

1987年开始实施《湖北省计划生育条例》，1989年开始，人口过快增长势头得到控制，且呈逐年下降趋势。2005年，全县总人口下降到389 977人，比1979年减少257人，比历史最高年1990年减少33 055人。人口出生率为6.04‰，自然增长率为–0.65‰。（见表3-1-1）

1979—2005年秭归县总人口统计表

表3-1-1　　单位：人

年　份	总人口	比上年+–		发展速度%
		人	%	
1979	390 234	3 987	1.03	100
1980	391 809	1 575	0.4	100.4
1981	393 937	2 128	0.54	100.95
1982	397 427	3 490	0.89	101.84
1983	398 778	1 351	0.34	102.19
1984	399 958	1 180	0.3	102.49
1985	400 125	167	0.04	102.53
1986	405 445	5 320	1.33	103.9
1987	412 135	6 690	1.65	105.61
1988	417 721	5 586	1.36	107.04
1989	421 704	3 983	0.95	108.06
1990	423 032	1 328	0.31	108.4
1991	422 803	-229	-0.05	108.35
1992	421 905	-898	-0.21	108.12
1993	420 678	-1 227	-0.29	107.8
1994	419 708	-970	-0.23	107.55
1995	417 716	-1 992	-0.47	107.04
1996	410 520	-7 196	-1.72	105.2
1997	405 876	-4 644	-1.13	104.01
1998	403 838	-2 038	-0.5	103.49
1999	400 315	-3 523	-0.87	102.58
2000	398 111	-2 204	-0.55	102.02
2001	395 099	-3 012	-0.76	101.25
2002	394 265	-834	-0.21	101.03
2003	393 195	-1 070	-0.27	100.76
2004	391 574	-1 621	-0.41	100.34
2005	389 977	-1 597	-0.41	99.93

二、非农业人口

1979年，全县非农业人口24 785人。受下乡知识青年返城、“农转非”指标逐年增加等政策影响，非农业人口数量逐年上升。至1993年达到38 508人，比1979年增加13 723人，增长55.37%。1994—2005年，因三峡工程部分移民实行“农转非”，使非农业人口大幅度增加。至2005年年底，非农业人口上

升到63 572人，占总人口的16.3%。（见表3-1-2）

1979—2005年秭归县非农业人口统计表

表3-1-2　　单位：人

年　份	人　口	比上年±%	年　份	人　口	比上年±%
1979	24 785	5.07	1993	38 508	5.19
1980	25 908	4.53	1994	43 079	11.87
1981	26 620	2.75	1995	44 578	3.48
1982	27 553	3.5	1996	48 001	7.68
1983	27 717	0.6	1997	53 961	12.42
1984	28 697	3.54	1998	55 674	3.17
1985	31 647	10.28	1999	57 814	3.84
1986	32 378	2.31	2000	59 117	2.25
1987	33 146	2.37	2001	60 550	2.42
1988	33 582	1.32	2002	61 550	1.65
1989	35 054	4.38	2003	62 220	1.09
1990	35 457	1.15	2004	62 947	1.21
1991	35 546	0.25	2005	63 572	0.95
1992	36 608	2.99			

三、农业人口

2005年，全县共有农业人口326 405人，占总人口的83.7%，比1979年365 449人减少39 044人。农业人口的变化随着总人口的增减而增减。（见表3-1-3）

1979—2005年秭归县农业人口统计表

表3-1-3　　单位：人

年　份	人　口	比上年±%	年　份	人　口	比上年±%
1979	365 449	0.77	1993	382 170	-0.81
1980	365 901	0.12	1994	376 629	-1.45
1981	367 317	0.39	1995	373 138	-0.93
1982	369 874	0.69	1996	362 519	-2.85
1983	371 061	0.32	1997	351 915	-2.93
1984	371 261	0.05	1998	348 164	-1.07
1985	368 478	-0.75	1999	342 501	-1.63
1986	373 067	1.25	2000	338 994	-1.02
1987	378 989	1.59	2001	334 549	-1.31
1988	384 139	1.36	2002	332 715	-0.55
1989	386 650	0.65	2003	330 975	-0.52
1990	387 575	0.24	2004	328 600	-0.72
1991	387 257	-0.08	2005	326 405	-0.67
1992	385 297	-0.51			

第二节 人口分布

一、地域分布

1979年，全县人口密度为161人/平方公里。香溪宽谷地带的城关镇每平方公里420人，县境东部的茅坪公社每平方公里232人，县境西北的泄滩公社每平方公里119人，县境西南的磨坪公社每平方公里105人。

1990年第四次人口普查时，全县人口密度为每平方公里173人。香溪宽谷地带（归州镇、郭家坝镇、沙镇溪镇）和县境东部地区人口比较稠密。归州镇每平方公里686人，香溪镇每平方公里246人、茅坪镇每平方公里242人。边远山区人口稀少，磨坪乡每平方公里101人，周坪乡每平方公里113人，芝兰乡每平方公里112人。

随着社会经济的发展，人口向发达地区流动加快。2000年第五次人口普查时，全县人口密度为每平方公里164人，比第四次人口普查每平方公里减少9人。从分布情况看，自然条件相对好的地区人口密度仍然较大，如茅坪、归州、郭家坝、沙镇溪等乡镇最高达到每平方公里378人，最低174人。而泄滩、屈原、磨坪、周坪等自然条件较差的乡镇每平方公里均在100人左右。1998年，县城东迁茅坪，原人口密度居全县首位的归州镇每平方公里下降到278人，比1990年每平方公里减少408人；而茅坪镇人口密度每平方公里增加到378人，比1990年每平方公里增加136人。

2003年江北的归州、屈原、水田坝、泄滩4个乡镇总人口103 602人，国土面积为712平方公里，人口密度为145人/平方公里；江南的茅坪、周坪、杨林桥、郭家坝、磨坪、两河口、梅家河、沙镇溪8个乡镇总人口299 592人，国土面积1 715平方公里，人口密度174人/平方公里，江南人口密度比江北人口密度每平方公里多29人。（见表3-1-4）

1979—2005 年秭归县分乡镇人口分布情况表

表3-1-4　　单位：人

乡镇／年份	合计	茅坪	归州（香溪）	屈原	水田坝	泄滩	沙镇溪	两河口
1979	390 234	46 436	43 830	25 220	37 796	16 454	41 035	32 354
1980	391 809	46 756	46 082	25 291	37 321	16 536	40 824	32 356
1981	393 937	47 232	46 727	25 403	37 437	16 620	40 895	32 435
1982	397 427	47 651	47 647	25 575	37 695	16 857	41 355	32 568
1983	398 778	47 619	48 271	25 591	37 769	16 992	41 387	32 538
1984	399 958	48 060	46 667	24 841	37 781	17 151	41 189	32 672
1985	400 125	48 045	47 229	24 504	37 584	17 231	41 353	32 690
1986	405 445	48 396	48 392	24 967	37 783	17 521	41 939	33 244
1987	412 135	49 247	49 546	25 426	38 345	17 792	42 633	34 128
1988	417 721	50 304	50 516	25 556	38 795	17 963	43 127	34 765
1989	421 704	50 649	35 912	24 009	39 291	18 082	42 279	34 861
1990	423 032	50 941	52 421	25 700	39 528	18 156	43 312	35 117
1991	422 803	51 106	52 273	26 541	39 692	18 053	42 889	35 010

续表一

年份 \ 乡镇	合计	茅坪	归州（香溪）	屈原	水田坝	泄滩	沙镇溪	两河口
1992	421 905	51 298	54 410	24 557	39 710	17 850	42 655	34 880
1993	420 678	51 437	55 273	24 320	39 503	17 731	42 484	34 601
1994	419 708	51 730	55 307	24 139	39 219	17 575	41 944	34 316
1995	417 716	51 904	54 681	25 678	39 141	17 406	41 677	33 780
1996	410 520	52 243	52 779	24 399	38 738	16 925	41 088	33 460
1997	405 876	54 473	50 152	23 458	38 445	16 609	40 495	33 223
1998	403 838	72 078	33 312	23 139	38 078	16 341	40 260	32 987
1999	400 315	72 892	31 999	22 732	37 627	16 173	39 884	32 786
2000	398 111	73 332	31 256	22 267	37 374	16 143	39 626	32 626
2001	395 099	75 698	30 554	21 762	37 068	16 109	39 397	32 424
2002	394 265	77 597	29 990	21 463	36 902	15 940	38 965	32 164
2003	393 195	78 779	29 819	21 309	36 550	15 925	38 266	32 097
2004	391 574	79 511	29 386	21 137	36 284	15 880	38 271	31 795
2005	389 977	80 511	28 946	20 902	35 977	15 622	37 777	31 399

续表二

年份 \ 乡镇	梅家河	磨坪	郭家坝	文化	周坪	芝兰	杨林桥	其他
1979	19 329	13 385	36 212	19 565	14 737	13 364	30 517	—
1980	19 473	13 439	35 500	19 589	14 760	13 362	30 520	—
1981	19 586	13 465	35 742	19 631	14 860	13 395	30 509	—
1982	19 766	13 520	36 182	19 655	14 878	13 488	30 590	—
1983	19 907	13 502	36 406	19 630	14 870	13 532	30 520	244
1984	19 790	13 497	38 980	19 238	14 822	13 218	30 688	1 364
1985	19 854	13 534	38 986	19 091	14 822	13 203	30 591	1 408
1986	20 187	13 785	39 609	19 246	14 903	13 503	30 528	1 442
1987	20 601	13 988	39 990	19 736	15 042	13 617	30 584	1 460
1988	20 950	14 092	40 387	20 046	15 169	13 782	30 789	1 480
1989	21 052	14 075	40 660	20 034	15 269	13 893	30 838	1 498
1990	21 231	14 169	41 004	20 057	15 269	13 884	30 783	1 480
1991	21 230	14 121	41 094	19 890	15 149	13 628	30 644	1 483
1992	21 146	14 051	41 029	19 768	15 067	13 570	30 365	1 522
1993	20 947	14 002	40 848	19 583	14 929	13 367	30 098	1 555
1994	20 822	13 920	40 759	19 479	14 808	13 237	29 847	1 606
1995	20 654	13 834	40 662	19 328	14 598	13 054	29 669	1 650
1996	20 498	13 719	38 854	19 223	14 516	12 940	29 447	1 691

续表三

年份＼乡镇	梅家河	磨坪	郭家坝	文化	周坪	芝兰	杨林桥	其他
1997	20 417	13 511	37 649	19 105	14 362	12 798	29 171	1 898
1998	20 396	13 505	36 889	18 913	14 220	12 676	28 910	2 134
1999	20 251	13 333	36 210	18 763	14 135	12 557	28 743	2 230
2000	20 158	13 220	36 072	18 638	14 071	12 506	28 633	2 189
2001	20 042	13 104	53 983		26 458		28 500	3 63
2002	19 750	12 976	53 716		26 205		28 329	268
2003	19 625	12 766	53 701		26 083		28 275	—
2004	19 589	12 608	53 166		25 903		28 044	—
2005	19 630	12 556	53 116		25 688		27 853	—

二、城镇人口分布

1979—2005年，非农业人口逐年增加，城镇人口规模逐步扩大。至2005年，全县非农业人口达63 572人，占全县总人口16.3%。1997年以前主要分布在县城邻近的归州镇。1979年，城关镇有非农业人口11 091人，占全县非农业人口的44.75%，至1997年达20 866人，占全县的38.67%。1998年县城东迁茅坪后，非农业人口分地区变化较大，归州镇非农业人口下降到4 606人，比1979年的11 091人减少6 485人，下降58.47%。而茅坪镇上升到31 531人，占全县的56.64%，比1996年的7 568人增长3倍多，比1979年的1 524人增长19倍多。至2005年，非农业人口分乡镇分布情况分别为：茅坪镇42 741人，占67.23%；归州镇3 492人，占5.49%；屈原镇1 973人，占3.1%；水田坝乡1 504人，占2.37%；泄滩乡1 131人，占1.78%；沙镇溪镇3 216人，占5.06%；两河口镇1 551人，占2.44%；梅家河乡790人，占1.24%；磨坪乡671人，占1.06%；郭家坝镇3 834人，占6.03%；周坪乡1 370人，占2.16%；杨林桥镇1 299人，占2.04%。

第三节 人口变动

一、机械变动

迁入　人口迁入以婚姻迁入、工作分配和工作调动迁入为主体。1979年全县迁入人口3 778人，迁入率0.97%。1984年，全县年均人口399 368人，迁入人口8 367人，迁入率2.1%，年机械增长数-1 358人，机械增长率-0.35%。1990年，全县年均人口422 368人，迁入人口4 097人，与1984年比较，迁入人口减少4 270人，下降51.03%，人口迁入率0.97%，机械增长数-1 440人，机械增长率-0.37%。1998年，全县年均人口403 838人，迁入人口增至20 897人，比1990年增长16 800人，上升4.1倍，迁入率5.16%，机械增长人数-2 053人，机械增长率为-0.53%。其主要原因：三峡工程兴建，县城东迁茅坪，城镇建设引来大量外地建筑工程队，该年度约有100多个建筑工程队在秭归登记注册，大量建筑工人登记为常住人口，致使1998年迁入人口猛增。但同时因三峡工程移民外迁的人口也大幅增加，致使全年机械增长率成为负数。2000年，全县年均人口398 111人，迁入人口3 962人，迁入率0.99%，机械增长人数-1 424人，机械增长率-0.36%。2005年，全县年均人口390 776人，迁入人口1 295人，迁入率0.33%，年机械增长人数-1 455人，机械增长率-0.37%。这一时期，移民外迁人数大量增加，使机械增长率成为负数。（见表3-1-5）

1979—2005 年秭归县迁入人口统计表

表3-1-5　　　　单位：人、%

年　份	迁入人数	迁入率	年　份	迁入人数	迁入率
1979	3 778	0.97	1993	3 126	0.74
1980	4 639	1.19	1994	3 491	0.83
1981	4 528	1.15	1995	3 043	0.73
1982	6 073	1.53	1996	3 850	0.93
1983	4 828	1.21	1997	6 248	1.53
1984	8 367	2.1	1998	20 897	5.16
1985	4 592	1.15	1999	3 515	0.87
1986	3 767	0.94	2000	3 962	0.99
1987	4 079	1	2001	4 630	1.17
1988	4 106	0.99	2002	4 780	1.21
1989	3 450	0.82	2003	2 834	0.72
1990	4 097	0.97	2004	1 988	0.51
1991	3 494	0.83	2005	1 295	0.33
1992	2 689	0.64			

迁出　1979年，全县迁出人口5 131人，迁出率1.32%。1984年迁出人口9 725人。1996—1998年，连续3年迁出均在1万人以上，共迁出44 677人，年均迁出14 892.5人，其中1998年达22 950人，成为历史上迁出人口最多年份，主要原因是三峡工程移民整体搬迁所致。1998年全县省内迁移21 888人，迁往省外1 062人。至2005年，全县迁出人口2 750人，迁出率为0.7%。其中，省内迁移2 096人，迁往省外654人。（见表3-1-6）

1979—2005 年秭归县迁出人口统计表

表3-1-6　　　　单位：人、%

年　份	迁出人数	迁出率	年　份	迁出人数	迁出率
1979	5 131	1.32	1993	5 099	1.21
1980	5 481	1.40	1994	5 018	1.19
1981	5 267	1.34	1995	5 172	1.24
1982	6 485	1.64	1996	10 815	2.61
1983	6 211	1.56	1997	10 912	2.67
1984	9 725	2.44	1998	22 950	5.67
1985	7 394	1.85	1999	6 420	1.6
1986	4 618	1.15	2000	5 386	1.35
1987	5 196	1.27	2001	7 103	1.79
1988	5 197	1.25	2002	5 326	1.35
1989	4 703	1.12	2003	3 006	0.76
1990	5 537	1.31	2004	3 721	0.95
1991	4 968	1.17	2005	2 750	0.7
1992	4 638	1.1			

二、自然变动

出生 1979年，全县年出生人口8 456人，出生率21.78‰。1980—1985年，人口出生向低出生率转变，人口自然增长速度明显减缓，6年间共出生36 792人，平均每年出生6 132人，年均出生率降到15‰左右。1986—1988年因生育政策的调整，人口出生有所回升。1986年人口出生9 279人，出生率高达23.04‰，净增人口达6 127人。1987年出生人口突破万人关，年出生11 165人，出生率27.31‰，净增人口7 862人，净增率19.08‰。1988年后出生人口逐年下降，到1998年下降到年出生人口3 000人，比1987年减少8 165人。1996—2005年，全县出生人口2 359人，出生率6.04‰，比最高峰年1987年减少21.27个千分点。（见表3-1-7）

1979—2005年秭归县出生人口统计表

表3-1-7　　单位：人、‰

年　份	出生数	出生率	年　份	出生数	出生率
1979	8 456	21.78	1993	4 245	10.08
1980	5 567	14.24	1994	3 960	9.42
1981	6 202	15.79	1995	3 861	9.22
1982	6 884	17.4	1996	3 296	7.96
1983	6 082	15.28	1997	3 116	7.63
1984	5 884	14.73	1998	3 000	7.14
1985	6 173	15.43	1999	2 640	6.57
1986	9 279	23.04	2000	2 694	6.75
1987	11 165	27.31	2001	2 454	6.19
1988	10 429	25.13	2002	2 486	6.3
1989	8 784	20.93	2003	2 448	6.22
1990	6 310	14.94	2004	2 695	6.87
1991	4 744	11.22	2005	2 359	6.04
1992	4 552	10.78			

死亡 1979年以后，随着国民经济的迅速发展，人民生活水平逐步提高，医疗条件逐渐改善，人们健康水平也随之提高，人口死亡率相对降低，死亡率保持在8‰左右。至2005年，全县死亡人口2 613人，死亡率降至6.69‰。（见表3-1-8）

1979—2005年秭归县死亡人口统计表

表3-1-8　　单位：人、‰

年份	死亡数	死亡率	年份	死亡数	死亡率
1979	3 129	8.06	1987	3 303	8.08
1980	3 221	8.24	1988	3 680	8.87
1981	3 333	8.48	1989	3 461	8.25
1982	3 066	7.75	1990	3 564	8.44
1983	3 277	8.23	1991	3 326	7.86
1984	3 295	8.25	1992	3 497	8.28
1985	3 326	8.31	1993	3 450	8.19
1986	3 152	7.83	1994	3 397	8.08

续表3-1-8

年份	死亡数	死亡率	年份	死亡数	死亡率
1995	3 638	8.69	2001	2 928	7.38
1996	3 567	8.61	2002	2 824	7.16
1997	3 322	8.14	2003	3 350	8.51
1998	3 498	8.64	2004	2 697	6.87
1999	3 290	8.18	2005	2 613	6.69
2000	3 683	9.23			

自然增长率　1979年，自然增长人数5 327人，自然增长率13.65‰。至1987年，自然增长人数为7 862人，自然增长率19.08‰，是1979年后最高年份。从1990年开始，人口自然增长数和自然增长率逐年下降。至1996年后，人口自然增长数和自然增长率每年均为负数。2005年，人口自然增长数为-254人，自然增长率为-0.65‰。（见表3-1-9）

1979—2005年秭归县人口自然增长率变化表

表3-1-9　　单位：人、‰

年　份	增长人数	自然增长率	年　份	增长人数	自然增长率
1979	5 327	13.65	1993	795	1.89
1980	2 346	5.99	1994	563	1.34
1981	2 869	7.28	1995	223	0.53
1982	3 818	9.61	1996	-271	-0.66
1983	2 805	7.03	1997	-206	-0.51
1984	2 589	6.47	1998	-498	-1.23
1985	2 847	7.12	1999	-650	-1.62
1986	6 127	15.11	2000	-989	-2.48
1987	7 862	19.08	2001	-474	-1.2
1988	6 749	16.16	2002	-338	-0.86
1989	5 323	12.62	2003	-902	-2.29
1990	2 746	6.49	2004	-2	-0.01
1991	1 418	3.35	2005	-254	-0.65
1992	1 055	2.5			

三、流动人口

1979年后，随着改革开放逐步深入，城乡流动人口数量逐步增多。1985年，县公安局对香溪镇暂住人口进行清理登记试点，共登记暂住人口684人。1986年2月，全面开展暂住人口清理登记，全县共有暂住人口1 235人。1991年，全县暂住人口2 918人。1993年，新县城动工兴建，流动人口增多，年末登记暂住人口4 580人。1995年，随着新县城和沿江新集镇建设速度加快，工程施工人员纷至沓来，年末全县登记暂住人口11 279人。1997年，登记暂住人口12 265人。据秭归县流动人口计划生育管理站统计，2001年全县流动人口22 038人。其中，流入人口12 814人，流出人口9 224人；2003年全县流动人口31 477人。其中，流入人口8 753人，流出人口22 724人。至2005年，全县流动人口54 559人。其中，流入人口11 940人，流出人口42 619人。

第二章　人口构成

1979年后，人口的男女性别比都在104～109的较平衡范围。全县人口年龄构成自1990年转化为成年型，到2000年进入老年型。人口健康水平和身体素质逐步提高。至2000年，人口平均期望寿命提高到69.7岁。1979年后，县内乡镇企业发展较快，农业产业结构不断调整，外出务工人员逐年增多，人口的行业和职业构成发生较大变化。至2005年，全县在业人口从事第一产业的达13.2万人，第二产业2.51万人，第三产业3.91万人，劳动就业率逐年上升，全县在业人口增加到19.62万人。

第一节　性别构成

一、总人口

1979年，全县总人口中男性人口199 178人，女性人口191 056人，性别比为104。1987年后，总人口性别比略有上升，最高年份是2001年、2002年均为109。（见表3-2-1）

1979—2005 年秭归县总人口性别比

表3-2-1　　单位：人、女=100

年份	总人数	性别构成		性别比	年份	总人数	性别构成		性别比
		男	女				男	女	
1979	390 234	199 178	191 056	104	1993	420 678	216 607	204 071	106
1980	391 809	200 127	191 682	104	1994	419 708	216 806	202 902	107
1981	393 937	201 521	192 416	105	1995	417 716	215 591	202 125	107
1982	397 427	203 427	194 000	105	1996	410 520	212 161	198 359	107
1983	398 778	204 844	193 934	106	1997	405 876	210 070	195 806	107
1984	399 958	205 129	194 829	105	1998	403 838	209 355	194 483	108
1985	400 125	205 222	194 903	105	1999	400 315	207 606	192 709	108
1986	405 445	209 088	196 357	106	2000	398 111	206 580	191 531	108
1987	412 135	212 888	199 247	107	2001	395 099	205 716	189 383	109
1988	417 721	215 597	202 124	107	2002	394 265	205 253	189 012	109
1989	421 704	218 024	203 680	107	2003	393 195	204 271	188 924	108
1990	423 032	218 132	204 900	106	2004	391 574	203 703	187 871	108
1991	422 803	218 289	204 514	107	2005	389 977	202 381	187 596	108
1992	421 905	217 891	204 014	107					

二、出生与死亡人口

当年出生人口性别比因出生的孩次不同有一定差异。人口与计划生育管理部门自1990年开始对出生人口分孩次统计。1990—2005年，当年出生一孩性别比基本保持较平衡范围，二孩性别比多数年份在较平衡范围内。当年出生的多孩性别比虽然没有什么规律，但总体来看性别比偏高。据统计，1990—2005年16年间，当年出生一孩性别比平均104，二孩性别比平均为110，多孩性别比平均达146。其中，1990年出生一孩性别比101，二孩性别比为107，多孩性别比121；2005年出生一孩性别比104，二孩性别比103，多孩性别比53。1990—2005年间出生的多孩性别比在200以上的有3个年份。（见表3-2-2）

1990—2005年秭归县出生人口分孩次性别比

表3-2-2　　单位：人、女=100

年份	当年出生总人数	其中女孩人数	性别比	分孩次性别比								
				一孩			二孩			多孩		
				总数	其中女孩	性别比	总数	其中女孩	性别比	总数	其中女孩	性别比
1990	6 310	3 108	103	4 295	2 137	101	1 953	943	107	62	28	121
1991	4 744	2 285	108	3 739	1 806	107	992	477	108	13	2	550
1992	4 552	2 242	103	3 552	1 741	104	992	496	100	8	5	60
1993	4 245	2 091	103	3 284	1 634	101	951	453	110	10	4	150
1994	3 960	1 895	109	3 108	1 466	112	845	422	100	7	7	—
1995	3 861	1 940	99	2 874	1 459	97	973	468	108	14	13	8
1996	3 296	1 577	109	2 456	1 181	108	834	393	112	6	3	100
1997	3 116	1 470	112	2 321	1 100	111	786	368	114	9	2	350
1998	3 000	1 538	95	2 228	1 154	93	762	375	103	10	9	11
1999	2 640	1 251	111	2 025	946	114	608	302	101	7	3	133
2000	2 694	1 289	109	2 129	1 033	106	554	251	121	11	5	120
2001	2 454	1 158	112	1 934	930	108	515	223	131	5	5	—
2002	2 486	1 249	99	1 969	1 005	96	505	242	109	12	2	500
2003	2 448	1 206	103	1 881	936	101	546	256	113	21	14	50
2004	2 695	1 283	110	2 064	997	107	601	273	120	30	13	131
2005	2 359	1 162	103	1 897	930	104	436	215	103	26	17	53

当年出生与当年死亡人口中，性别比差异较大。1983年前无死亡人口性别记载。1983—2005年23年间，人口出生性别比除1997年、2001年较高以外，其他年份基本保持平衡状态，全县平均为106。

死亡人口性别比平均127，死亡人口男性明显高于女性。除1986年和1990年2个年份死亡人口性别比在110以下外，其他年份均在110以上，120以上的年份有15年，最高年份达139。2005年，出生人口性别比为103，死亡人口性别比为127，死亡人口性别比高于出生人口性别比24。

三、分年龄人口

1982年人口普查登记时，分年龄人口性别比偏高的年龄段在45～55岁之间。从65岁开始性别比在100以下。90岁以上的人口性别比为37，比1964年上升8个百分点。

1990年人口普查登记，全县总人口性别比为107。从11岁到44岁，性别比偏高，其中37、39、40、41岁年龄人口性别比分别高达115.1、115.3、113.3、113.7，性别比偏高的年龄跨度大。45～50岁之间人口性别比趋于平衡；51～58岁又偏高，在110左右。67岁以上年龄人口性别比保持在100以上。

2000年人口普查登记，在20岁以下年龄人口中，性别比处于较平衡范围。25～29岁性别比最高，为120；95～99岁最低，只有25。

四、分地区人口

人口性别比地域差别较大。1982年人口普查登记，全县总人口性别比为105，分社镇总人口性别比超过110的有两个社镇，即城关镇和芝兰公社，分别为112和111。

1990年人口普查登记，全县人口性别比为108，有8个乡镇高于全县平均水平，有7个乡镇在全县平均水平以下。以两河口、杨林桥、磨坪、周坪、文化5个乡镇人口性别比为最高，均在110以上。其中，周坪乡、杨林桥镇高达113，为全县之最。最低的属香溪镇，只有103。

2000年人口普查登记，全县总人口性别比为109。其中，屈原、两河口、郭家坝、杨林桥、泄滩、梅家河、磨坪、周坪8个乡镇人口性别比超过110，最低的乡镇属茅坪镇为104。

性别比一般是经济发达地区人口性别比较低或趋于平衡，经济贫穷落后地区偏高；低山地区较低，高山地区较高。其主要原因是因经济落后造成未婚大龄男性偏多，女性外出、外嫁者较多。其次与“重男轻女”的传统生育观念也有关系。

第二节 年龄构成

一、总人口

1982年人口普查统计，全县各年龄组人口在总人口中所占比重，以15～19岁组最高，占13.47%。其次是10～14岁，占12.93%；0～4岁组、5～9岁组、20～24岁组、25～29岁组、30～34岁组、35～39岁组、45～49岁组等7个年龄组在总人口中所占比重在5%～10%之间。70岁及以上各年龄组所占比重相对较低，其中90岁及以上年龄组只占0.02%。

1990年人口普查统计，全县各年龄组人口在总人口中所占比重以0～4岁组最高，占11.12%；其次是20～24岁组，占10.84%；5～9岁组、10～14岁组、15～19岁组、25～29岁组、30～34岁组、35～39岁组、40～44岁组等7个年龄组在总人口中所占比重在5%～10%之间。80岁及以上各年龄组所占比重相对较低，其中90岁及以上年龄组只占0.02%。

2000年人口普查统计，全县各年龄组人口在总人口中所占比重以10～14岁组最高，占11.06%。其次是30～34岁组、35～39岁组，分别为10.59%、10.2%；5～9岁组、15～19岁组、20～24岁组、25～29岁组、40～44岁组、45～49岁组、50～54岁组等7个年龄组在总人口所占比重在5%～9%之间。80

岁及以上各年龄组所占比重相对较低，其中90岁及以上年龄组占0.04%。

二、分地区人口

1990年人口普查登记，0～14岁和65岁及以上人口占总人口比重分乡镇为：茅坪镇27.6%、6.78%；屈原乡27.44%、6.71%；新滩镇29.32%、6.38%；香溪镇29.15%、5.94%；归州镇24.55%、5.22%；水田坝乡25.71%、6.46%；泄滩乡29.26%、6.11%；沙镇溪镇27.64%、6.17%；两河口镇26.16%、6.13%；梅家河乡27.48%、5.74%；磨坪乡24.67%、6.55%；文化乡24.69%、5.86%；郭家坝镇28.09%、6.03%；周坪乡23.89%、6.11%；芝兰乡23.41%、6.39%；杨林桥镇22.57%、6.68%。

2000年人口普查登记，0～14岁和65岁及以上人口占总人口比重：茅坪镇为19.1%、8.15%；屈原镇19.41%、10.41%；归州镇20.63%、8.86%；水田坝乡20.8%、9.44%；泄滩乡20.35%、8.75%；沙镇溪镇21.82%、9.07%；两河口镇21.62%、9.44%；梅家河乡20.99%、8.68%；磨坪乡19.69%、9.6%；郭家坝镇20.65%、8.81%；周坪乡18.28%、10.48%；杨林桥镇17.91%、9.96%。

三、特殊年龄组

0～14岁少年人口　1982年、1990年、2000年人口普查登记分别为121 420人、111 481人、80 025人，占总人口比重分别为30.68%、26.35%、20.1%，呈逐年下降趋势。

15～25岁青年人口　1982年、1990年、2000年人口普查分别登记为92 360人，92 436人、58 080人，占总人口的比重分别是23.34%、21.97%、14.59%，呈逐年下降趋势。

15～49岁育龄妇女人口　1982年、1990年、2000年人口普查分别登记为100 536人、110 347人、107 622人，占总人口的比重分别是25.4%、26.22%、27.04%，呈逐年上升趋势。

劳动适龄人口　1982年、1990年、2000年人口普查登记分别为224 906人、252 052人、253 603人，呈逐年上升趋势。

65岁及以上老年人口　1982年、1990年、2000年人口普查登记分别为21 090人、26 190人、36 265人，占总人口的比重分别为5.33%、6.19%、9.11%，呈逐年上升趋势。

四、构成类型

1982年人口普查，全县人口年龄构成为成年型。年龄中位数为22.95岁，比1964年增加3.77岁；少年儿童系数为30.68%，比1964年下降11.04个百分点；老年系数、老年化指数分别为5.33%、17.37%，分别比1964年上升1.73和8.73个百分点，

1990年人口普查，人口年龄构成仍属成年型。年龄中位数为25.64岁，比1982年增加2.69岁；少年儿童系数为26.5%，比1982年下降4.18个百分点；老年系数、老年化指数分别为6.23%、23.49%，分别比1982年上升0.9和6.12个百分点。

2000年人口普查，人口年龄构成步入老年型。年龄中位数为31.97岁，比1990年增加6.33岁；少年儿童系数为20.1%，比1990年下降6.4个百分点；老年系数、老年化指数分别为9.11%、45.32%，分别比1990年上升2.88和21.83个百分点。

根据人口普查资料显示：1982年，全县人口再生产类型为静止型，14岁以下人口比1964年下降11.04%，50岁以上人口比1964年上升3.36%，15～49岁具有生育能力或潜力的人口比1964年上升7.38%；1990年，全县0～14岁人口占总人口的比重比1982年下降4.33个百分点，15～49岁人口的比重下降8.11个百分点，50岁以上人口的比重上升12.29个百分点，全县人口介于稳定型与增加型之间；2000年，

全县0～4岁人口占总人口的比重比1990年下降6.4个百分点，15～49岁人口的比重上升2.53个百分点，50岁以上人口比重上升3.93个百分点，全县人口年龄结构属于稳定型和减少型。

第三节　行业与职业构成

一、行　业

县内在业人口的行业由农业、工业、采矿业、交通运输业、商业、公务事业、自由职业、其他职业及无业人员构成。1982年人口普查统计表明，县内在业人口为22.76万人，占全县人口39.74万人的57.27%，比全国的51.94%高5.58个百分点，比湖北省的53.86%高3.66个百分点。在业人口中男性为12.38万人，占在业人口的54.4%；女性为10.38万人，占在业人口的45.6%。

1990年人口普查统计，全县在业人口共26.37万人。社会经济以农业为主，从事农、林、牧、渔、水利业人数为23.46万人，占在业人口的88.94%；从事工业人数为1万人，占3.8%；公用事业、居民服务业、卫生、体育和社会福利事业以及科学研究和综合技术服务事业比重较低，各行业总人数1.91万人，占7.26%，低于全国和全省水平。1990年，全县从事工业、农业、建筑业、交通运输业、商业等行业的在业人口为25.25万人，占在业人口的95.76%，非物质生产部门在业人口仅为1.12万人，占4.24%。与1982年相比，非物质生产部门在业人口增加1 829人，增长19.69%，比重上升0.14个百分点。

2000年人口普查统计，全县各行业中，农、林、牧、渔业的在业人口占全部在业人口的83.12%，劳动力资源主要集中在农村。随着经济的发展和各项改革的不断深入，传统行业在业人口逐渐向新兴行业转移，与1990年相比，全县农、林、牧、渔业就业人口比重下降5.82个百分点，批发零售贸易、餐饮业和社会服务业就业人口比重分别比1990年上升1.84和0.9个百分点，工业和建筑业分别上升0.68和0.55个百分点，交通运输、邮电业和金融业就业比重分别上升0.33和0.16个百分点，其他几个行业相对比较稳定。

二、产　业

在业人口主要分布在第一产业，其他产业在业人口比重较低。1980年，从事农业的人口为14.07万人，占从业人员的87.55%。1988年第二、三产业从业人员达2.32万人，比1980年增长近2倍，其中从事工业的农村劳动力1.18万人，比1980年翻一番。1990年，全县的社会经济仍以第一产业为主，人数达23.46万人，占在业人口的88.94%；第二产业人数1万人，占3.8%；第三产业人数1.91万人，占7.26%。与1982年相比，在业人口产业结构发生较大变化。第一产业在业人口比重比1982年降低1.31个百分点；第二产业在业人口比重比1982年上升0.67个百分点；第三产业在业人口比重比1982年上升0.64个百分点。据2000年全县10%抽样调查统计，在业人口为2.45万人。第一产业在业人口比重为83.12%，第二产业在业人口比重为5.03%，第三产业在业人口比重为11.85%，其结构仍然是以农业为主的产业格局。就业结构与产业结构的协调程度：第一产业就业结构偏离系数由1990年的-0.34偏离到2000年的-0.71，第二产业由1990年的3.54偏离到2000年的6.24，第三产业由1990年的2.33偏离到2000年的2.35，第一产业与第二产业的偏离程度严重，产业结构严重失衡。2005年，全县在业人口共计19.62万人。其中，第一产业13.2万人，占67.3%；第二产业2.51万人，占12.8%；第三产业3.91万人，占19.9%。

三、职　业

1982年人口普查统计，全县在业人口22.76万人。农、林、牧、渔劳动者人员最多，全县19.9万人，占各种职业人口的87.45%。其次是生产工人、运输工人1.39万人，占6.12%。各类专业技术人员7 729人，占3.4%。

1990年人口普查，全县在业人口26.37万人中由8个职业大类构成，农、林、牧、渔劳动者占在业人口之首，为88.14%。其次是生产工人、运输工人和其他行业人员，占4.39%。各类专业技术人员8 773人，占3.33%，与其他各职业人口的比例是1∶29。与1982年普查比较，全县在业人口的职业构成发生较大变化。各类专业技术人员和生产工人、运输工人与有关人员比重分别下降0.07个百分点和1.73个百分点，国家机关、党群组织、企事业单位负责人比重上升0.12个百分点，办事人员和有关人员比重上升0.33个百分点，商业工作人员比重上升0.48个百分点，服务性工作人员比重上升0.18个百分点，农、林、牧、渔劳动者比重上升0.7个百分点。职业构成中专业技术人员比重低，在1982年的基础上下降0.07个百分点，农、林、牧、渔劳动者比重比1982年上升。

2000年人口普查时对10%的户抽样调查显示：全县在业人口各种职业中，农、林、牧、渔业劳动者比重最高，为83.19%。生产工人、运输人员等比重位居第二，为6.21%。依次排列为：商业、服务业人员比重5.1%，专业技术人员比重3.83%，办事人员等比重0.94%，机关、事业、企业单位的负责人比重0.68%。与1990年相比，农、林、牧、渔业劳动者比重下降4.95个百分点，生产工人、运输人员等比重上升1.82个百分点，商业、服务人员比重上升2.89个百分点，专业技术人员比重持平，办事人员和有关人员比重上升0.14个百分点，机关、事业、企业单位负责人比重下降0.44个百分点。

第四节　民族构成

一、少数民族人口

全县人口占99%以上是汉族，只有因婚迁等因素形成极少数的少数民族人口杂居其间。少数民族人口随着人口流动不断加大而增加。1979年后，少数民族人口数量增加速度不断加快，第五次人口普查时比第四次人口普查时少数民族人口增长87%，比第三次人口普查增长52倍。1982年第三次人口普查登记全县少数民族人口37人，族类分别为回族、藏族、苗族、壮族、布依族、土家族6类。1990年第四次人口普查登记时，比1982年增加维吾尔族、彝族、黎族、畲族4类，全县共有少数民族人口1 050人。2000年第五次人口普查登记，共有少数民族人口1 968人，比1990年增加蒙古族、朝鲜族、满族、侗族、达斡尔族、门巴族6类。分别为：藏族9人、苗族18人、回族17人、土家族1 821人、壮族3人、布依族10人、维吾尔族7人、彝族9人、黎族1人、畲族4人、蒙古族34人、朝鲜族10人、满族16人、侗族7人、达斡尔族1人、门巴族1人。

二、少数民族人口分布

1982年人口普查登记，全县少数民族人口为37人，分布在9个社镇。即归州镇回族3人，壮族1人，土家族1人；龙江公社苗族1人；桑坪公社土家族1人；泄滩公社土家族9人；西陵公社土家族13人；梅家河公社藏族3人；杨林公社布依族2人；芝兰公社土家族1人；茅坪公社藏族1人、壮族1人。1990年第四次人口普查登记，全县少数民族人口增加到1 050人，主要分布在16个乡镇。即归州镇回族12人，维吾尔族1人，壮族1人，土家族26人，畲族71人；香溪镇苗族2人，土家族7人，畲族24人；新滩镇苗族2人，土家族5人；沙镇溪镇土家族28人；两河口镇藏族1人，土家族77人；郭家坝镇回族1人，土家族17人，黎族2人；杨林桥镇布依族4人，土家族261人；茅坪镇壮族1人，土家族70人；屈原乡土家族

5人；水田坝乡土家族19人；泄滩乡土家族31人；梅家河乡藏族2人，土家族20人；磨坪乡彝族1人，土家族87人；文化乡土家族7人；周坪乡土家族2人；芝兰乡土家族263人。2000年人口普查登记，全县少数民族人口达到1 968人，12个乡镇均有分布。（见表3-2-3）

2000 年人口普查秭归县分乡镇少数民族人口统计表

表3-2-3　　单位：人

乡　镇	合计	蒙古族	回族	藏族	维吾尔族	苗族	彝族	壮族	布依族	朝鲜族	满族	侗族	土家族	黎族	畲族	达斡尔族	门巴族
合　计	1 968	34	17	9	7	18	9	3	10	10	16	7	1 821	1	4	1	1
茅　坪	305	2	6	3	1	11	3	1	—	2	6	1	269	—	—	—	—
屈　原	30	1	—	1	—	1	—	1	—	—	—	—	26	—	—	—	—
归　州	27	3	3	1	—	—	2	—	1	1	—	—	12	—	4	—	—
水田坝	19	5	2		1	—	—	—	1	—	1	—	9	—	—	—	—
泄　滩	29	1	1	1	—	—	—	—	—	—	1	—	25	—	—	—	—
沙镇溪	203	1	—	—	—	—	1	—	—	2	1	3	195	—	—	—	—
两河口	169	4	1	—	—	1	—	—	1	—	2	—	160	—	—	—	—
梅家河	96	2	1	2	—	4	1	—	1	1	3	2	78	—	—	—	1
磨　坪	338	1	1	1	—	—	—	—	—	—	1	—	333	—	—	1	—
郭家坝	84	6	—	—	1	1	1	—	—	1	1	1	71	1	—	—	—
周　坪	215	5	—	—	1	—	1	1	4	3	—	—	200	—	—	—	—
杨林桥	453	3	2	—	3	—	—	—	2	—	—	—	443	—	—	—	—

第五节　姓氏构成

一、全县姓氏

1985年，编入第一部《秭归县志（1901—1985）》中的全县人口姓氏有222个，其中单姓219个，复姓3个。2005年不完全统计，全县人口有217姓。1985—2005年间，新增加车、代、甯3姓，减少丘、齐、茅、图、谌、隗、霍、上官8姓。1985年有萧、蓝2姓，为书写方便，至2005年分别演变成肖、兰2姓。全县王姓人口占据首位。万人以上的大姓分别为：王40 894、向27 492、周22 897、谭21 393、李18 187、郑17 547、宋15 178、张11 171。

按姓氏笔画为序排列（姓氏后面数据为人口数）：丁170、万2 616、习23、马6 441、亓11、王40 894、井8、韦20、尤1 707、车7、戈10、毛245、牛105、凤104、文1429、方298、邓5 868、孔97、尹213、艾529、甘254、石99、左7、龙552、帅80、叶1 427、卢1 300、占2、田3 187、申8、史2 678、冉35、代236、白537、包13、兰1 490、冯1 089、宁36、皮126、边7、巩15、权547、成511、毕37、匡91、吕222、先408、乔4 072、朱2 473、伍307、全483、任475、向27 492、邬2、危16、刘8 545、庄193、江811、汤106、许1293、安246、关206、米2、阮62、牟19、孙2 182、杜9 470、杨6 359、芦19、苏235、

李18 187、严262、连43、肖469、别388、吴6 315、何3 850、佟6、邱47、佘192、余5 504、狄11、邹1 725、闵30、况4、冷55、汪3 027、沈124、宋151 78、张11 171、陆280、陈6 999、邵23、武455、林3 466、苗145、苟174、范204、欧67、明96、易364、罗912、岳143、金369、郇1、周22 897、庞10、郑17 547、官1、房1 640、屈5 143、孟137、项34、柯53、柏132、柳1 118、胡7 876、郝2 341、赵3 168、钟289、侯32、段20、俞3、饶122、施39、洪917、姜4 572、娄226、祝190、胥5、姚205、贺352、骆80、敖4、秦6 180、桓825、耿3、袁5 524、莫2、聂662、贾444、顾14、夏96、原20、柴7、晏10、钱27、倪23、徐3 298、殷467、郭2 583、高2 520、唐1 172、凌1、涂115、谈3、陶255、桑3、梅7 742、黄4 527、曹740、龚2 624、崔3 499、商705、章136、望1 540、康55、阎7、寇1 134、梁83、韩9 605、朝74、彭3 995、董2 923、蒋217、覃1 860、喻595、程169、税696、傅2 538、舒366、鲁4 746、童34、游312、温198、曾875、甯5、谢1 753、瑞37、甄11、鄢51、赖15、雷339、路721、靳8、简141、鲍8、詹10、窦1、蔡1 092、裴15、管29、廖289、谭21 393、熊7 003、樊188、黎707、颜2 321、潘2 007、薛197、燕40、冀735、戴54、魏325、瞿19、欧阳29、鲜于9。

二、熊、屈二姓分布

秭归熊、屈二姓与楚国起源有密切关系。首部《秭归县志（1901—1985）》收集整理1982年资料，熊、屈二姓主要分布在长江北岸的香溪河两岸和江南的童庄河两岸。至2005年，经历23年变迁，熊、屈二姓人口不但没有减少，而且在不断增加，仍以上述两地居住为多。熊姓人口由4 800人增加到7 003人，主要分布在归州镇香溪河两岸的6个村和郭家坝镇童庄河两岸的3个村。归州镇熊姓人口1 644人，郭家坝镇熊姓人口1 754人，两地占全县熊姓人口的48.52%。两镇屈姓人口共有2 799人，占全县屈姓人口5 143人的54.42%，主要分布两地的8个村。（见表3-2-4）

秭归县熊、屈二姓人口分布情况

表 3-2-4　　单位：人

乡　镇	分　　布
茅坪镇（熊 1 369，屈 841）	全镇 18 个村、3 个居委会熊、屈二姓均有分布。其中，100 人以上的有 3 个居委会：滨湖居委会熊姓 196 人，屈姓 141 人；橘颂居委会熊姓 309 人，屈姓 192 人；西楚居委会熊姓 230 人，屈姓 111 人
屈原镇（熊 500，屈 61）	熊姓分布于 11 个村和 1 个居委会，100 人以上的村 1 个：西陵峡村 237 人；屈姓分布于 11 个村和 1 个居委会，没有 100 人以上的村
归州镇（熊 1 644，屈 1 772）	熊、屈二姓均分布于 12 个村。其中，熊姓 100 人以上的村 6 个：万古寺村 126 人，贾家店村 301 人，彭家坡村 193 人，官庄坪村 345 人，盐关村 217，向家店村 136 人；屈姓 100 人以上的村 5 个：万古寺村 617 人，贾家店村 264 人，彭家坡村 121 人，盐关村 347 人，向家店村 158 人
水田坝乡（熊 43，屈 448）	熊姓分布于 14 个村，没有 100 人以上的村；屈姓分布于 19 个村，100 人以上的村一个：桐木树村 190 人
沙镇溪镇（熊 275，屈 74）	熊姓分布于 12 个村。其中，100 人以上的村 1 个：屯里荒村 114 人；屈姓分布于 11 个村，没有 100 人以上的村
两河口镇（熊 183，屈 606）	熊姓分布于 16 个村，没有 100 人以上的村；屈姓分布于 19 个村，100 人以上的村 1 个：两面山村 145 人

续表 3-2-4

乡　镇	分　布
泄滩乡（熊 38，屈 8）	熊姓分布于 4 个村，屈姓分布于 7 个村，均没有 100 人以上的村
磨坪乡（熊 114，屈 55）	熊姓分布于 10 个村，屈姓分布于 6 个村，均没有 100 人以上的村
梅家河乡（熊 42，屈 11）	熊姓分布于 10 个村，屈姓分布于 6 个村，均没有 100 人以上的村
郭家坝镇（熊 1 754，屈 1 027）	熊姓分布于 18 个村和 1 个居委会， 100 人以上的村 3 个：柏杨坪村 220 人，熊家岭村 839 人，擂鼓台村 119 人；屈姓分布于 19 个村和 1 个居委会，100 人以上的村 3 个：文化村 328 人，庙垭村 176 人，罗家坪村 148 人
周坪乡（熊 792，屈 183）	熊姓分布于 14 个村，100 人以上的村 3 个：九畹堂村 123 人，砚窝台村 159 人，界垭村 147 人；屈姓分布于 13 个村，没有 100 人以上的村
杨林桥镇（熊 249，屈 57）	熊姓分布于 13 个村，屈姓分布于 12 个村，均没有 100 人以上的村

第六节　素质构成

一、身体素质

儿童健康水平　随着经济的快速发展，生存环境逐步得到改善，育龄妇女健康水平普遍提高，人口出生缺陷大大降低。新法接生全面推行，1979年全县新法接生率达91.7%。1980年全县基本普及新法接生。至1983年，新生儿破伤风发病率下降到0.17‰。从1980年开始对0～7岁儿童实行计划免疫，大大降低新生儿和儿童死亡率，儿童健康水平普遍提高。至2005年，全县基本消灭脊髓灰质炎、百喉、百日咳等疾病。

平均期望寿命　1982年人口普查显示，全县人口平均期望寿命62.61岁。其中，男性61.02岁，女性63.34岁；1990年人口普查时，全县人口平均期望寿命66.81岁，比1982年增长4.2岁。其中，男性65.25岁，女性68.63岁，分别比1982年增长4.23岁和5.29岁；2000年人口普查时，全县人口平均期望寿命为69.7岁，比1990年增长2.89岁。其中，男性67.55岁，女性72.68岁，分别比1990年增长2.3岁和4.05岁。

二、科学文化素质

受教育程度　1979年始，全县继续开展成人文化技术教育，普及9年义务教育，人口受教育程度逐年提高。到2000年人口普查时，每万人拥有各种文化程度人数占总人口比重85.8%。其中，全县每万人拥有大专以上文化程度144人，比1990年增长3.24倍；高中和中专864人，初中3 109人，小学4 463人，分别比1990年增长57.95%、70.54%和1.8%；文盲率降低13.39个百分点。1982年人口普查时，6岁及以上人口355 373人，拥有各类文化程度人口248 400人，占学龄以上人口69.9%。其中，大学毕业、肄业477人，高中21 226人，初中66 267人，小学160 430人，分别占6岁及以上人口0.31%、5.97%、18.65%、45.14%。1990年人口普查登记，6岁及以上人口367 913人，拥有各种文化程度的人口288 550人，占学龄以上人口78.43%，比1982年人口普查时上升8.53个百分点。其中，大专以上文化程度1 451人，中专及高中22 991人，初中76 683人，小学187 425人，分别占6岁及以上人口0.39%、

6.25%、20.84%、50.94%。2000年人口普查登记，6岁及以上人口379 256人，拥有各类文化程度人口341 516人，占学龄以上人口90.05%，比1990年人口普查时增加11.62个百分点。其中，大专以上文化程度5 741人，高中及中专34 410人，初中123 734人，小学177 631人，分别占6岁及以上人口的1.51%、9.07%、32.63%、46.84%。

文盲、半文盲人口　1982年人口普查时，15岁以上人口274 324人，其中文盲、半文盲人口92 949人，占15岁及以上人口33.88%。1990年人口普查时，15岁及以上人口309 232人，其中文盲、半文盲人口73 722人，占15岁及以上人口23.84%。2000年人口普查时，全县15岁及以上人口318 018人，其中文盲、半文盲人口33 239人，占15岁及以上人口10.45%。

专业技术人员　1978年，全县各类专业技术人员1 637人。其中，农牧技术人员200人，工程技术人员28人，医疗技术人员432人，教师933人，其他专业技术人员44人。1985年全县各类专业技术人员达2 286人。2003年全县取得各种技术职称的5 721人。其中，高级技术职称224人，中级职称3 374人，初级职称2 123人。在各类专业技术人员中，社会科学176人，工程技术512人，农业技术187人，经济管理79人， 教育3 522人，卫生1 025人，文化、艺术42人，新闻、广播14人，档案、图书资料46人，会计、统计118人。1994年全县有269名农民取得农民技术员职称。至2003年，全县780名农民取得农民技术员职称。2000年，县委、县政府授予首届农村乡土拔尖人才30人。2004年授予第二届农村乡土拔尖人才30人。1987年，县委、县政府开始评聘专业技术拔尖人才，首批评定18人。1991年、1995年、1998年、2000年、2004年分别评定第二、三、四、五、六届专业技术拔尖人才，分别评定22人、27人、30人、27人、28人。1994年，县第二人民医院院长郑家宝被评为国家级专家，享受国务院专家津贴。1993年，县对外经济贸易局副局长段广泽、1999年县农技推广中心主任何怀富分别被评为省政府管理专家。

第三章　人口控制

20世纪70年代初，计划生育工作以推行避孕节育和晚婚晚育、少生优生为主。1980年以后，重点以控制人口出生总量为主。1987年《湖北省计划生育条例》颁布实施后，计划生育工作逐步走向法制化管理轨道。县委、县政府加强计划生育工作领导，坚持“一把手”负责制，实施目标管理，执行“一票否决”制度，人口与计划生育工作取得明显成效。全县人口出生率由1979年的21.78‰下降到2005年的6.04‰，人口自然增长率由1979年的13.65‰下降到2005年的-0.65‰，符合政策生育率由1979年的73.86%上升到2005年的98.37%。从1996年开始连续10年人口自然增长率出现负增长，从1995年开始符合政策生育率保持在98%以上，一孩积存率由1989年的27.28%上升到2005年的80.42%，育龄妇女总和生育率由1979年的2.7下降到2005年的0.86。已基本形成“低出生率、低死亡率、低自然增长率”的人口再生产类型。2001年后，积极推进人口与计划生育综合改革，使人口控制工作逐步向“依法管理、村（居）民自治、优质服务、政策推动、综合治理”的管理新机制转变。

第一节 宣传教育

一、宣 传

计划生育管理部门充分利用广播、电视、电影、橱窗以及宣传标语、新闻报道、资料入户等方式开展计划生育法规、知识的经常性宣传，以更新人们生育观念。1980年，全县掀起以宣传贯彻《中共中央关于控制我国人口增长问题致全体共产党员、共青团员的公开信》（简称《公开信》，下同）为中心内容的高潮。1988年1月，全县开展大规模以宣传贯彻《湖北省计划生育条例》为重点的宣传活动，共组织宣传骨干1 300多人、宣讲员4 200多人、国家干部800多人深入村组，召开各类会议宣讲，参会人数达19.7万余人；翻印《湖北省计划生育条例》5 800册、布告570多张。全县办宣传墙报、黑板报、橱窗130多处，城乡电影队利用放映前放计划生育宣传幻灯片150场次。1992年，县广播电台、电视台举办计划生育专题节目，宣传中共中央、国务院《关于加强计划生育工作 严格控制人口增长的决定》。同时采取编排宣传人口形势和计划生育政策的文艺节目在乡镇巡回演出、巡回放映计划生育专题录像和电影等形式广泛宣传。当年全县写固定式宣传标语6 093条，印制计划生育宣传手册7.45万份，办黑板报、墙报388期，组织宣传车行程2 000余公里巡回103个行政村宣传。1997年，全县组织宣传车40余台次，印发入户资料2万余份，加强计划生育政策宣传。统一规范户外宣传专栏内容，新刷固定标语1 200余条。组织参加宜昌市“独生子女擂台赛”和国家、省、市举办的“恩威杯”“华联杯”知识竞赛。2001年，全县组织4次大型活动，宣传《中共中央国务院关于加强人口与计划生育工作 稳定低生育水平的决定》。2002年3月和8月，举行两次大规模宣传活动，重点宣传《中华人民共和国人口与计划生育法》《计划生育技术服务管理条例》《社会抚养费征收管理办法》《流动人口计划生育管理办法》。全县组织宣传车13台次，到10个乡镇100个行政村进行宣传，办宣传栏108个，在县电视台举办为期1周的计划生育法制专题讲座，在《宜昌日报》《三峡商报》开辟计划生育专栏，登载计划生育新闻作品100余篇。2003年，在县电视台举办人口与计划生育专题宣传节目，设立观众答题竞赛热线电话。同年12月4日，在城区长宁广场开展法律咨询活动，现场发放宣传资料2 000余份，接受群众咨询300余人次。2004年，全县12个乡镇、193个村（居）委会对计划生育户外宣传栏进行式样、内容、格式统一。（图3-3-1）

图 3-3-1：生育文明宣传

1999—2005年，全县开展“晚婚晚育”“少生优生”“生男生女都一样、女儿也是传后人”“男女平等”和“计划生育丈夫有责”等新型婚育观念进万家活动。

2002年5月，在茅坪镇银杏沱村举办新一轮婚育新风进万家活动现场会，参会人员达1 600多人，有6对青年男女举行集体婚礼，现场表演婚育新风文艺节目，技术服务人员为育龄妇女进行“查病、查孕、查环”（简称“三查”，下同）技术服务和免费发放避孕药具等。现场会后全县各地均组织开展类似活动。

1979年后，全县利用“9·25纪念日”“世界50亿人口日”“中国11亿人口日”“中国12亿人口日”等纪念日宣传人口形势、政策法规、计划生育知识等。全县还根据不同时期计划生育工作情况，组织集中宣传月活动，推动计划生育工作的落实。

1991—2005年，全县先后在县电台、电视台及国家、省、市级电台、电视台、报纸、杂志等有关宣传媒体发表新闻、信息、论文、图片等稿件2 092篇（幅）。其中，市级289篇（幅），省级121篇（幅），国家级41篇（幅）。

二、教　育

1991年，县人口学校在县委党校挂牌成立，先后对乡、村级计划生育管理干部、技术服务队伍进行人口与计划生育基础知识、政策法规、避孕节育知识、计划生育统计、药具管理、流动人口计划生育管理、计划生育协会建设、宣传教育等内容培训，每次培训结束都进行考试，合格率达95%以上。从2000年开始，在县委党校、行政学校举办的各类培训班中开设人口理论课，培训马克思主义人口理论、人口国情、计划生育法制建设等内容。

1991年，全县以乡镇党校、成人文化技术学校为阵地建立人口与计划生育学校，学校达到“十有”（有领导班子、公章、学员花名册、学习制度、教材、教员、学习情况记载、考试成绩记载、学习场所、校牌）标准，乡镇建校率达100%。部分村也建立人口学校。至年底，全县共建立人口学校67所，聘请兼职教师94人，培训学员20期。至1993年，全县466个村按“八有”（有组织领导、学习阵地、教材、教员、学员名册、教学计划、教学管理制度、学员试卷）先后建立人口学校，村级建校率达100%。经过几年建设，至1995年，乡镇、村人口学校基本达标，并纳入年度目标管理责任制考核。

以人口学校为阵地，注重教育内容的实用性、教育方式的灵活性、检验效果的针对性开展育龄人口教育。1991年，全县389个村开展人口与计划生育知识教育，育龄群众入学率达80%以上。1993—2005年，全县每年对8万余名育龄妇女分青春期、新婚期、孕产期、育儿期不同人群，采取集中授课、发放学习资料、组织观看录像片、接待群众咨询等不同方式，开展人口理论、计划生育政策法规、避孕节育、优生优育、生殖保健等基础知识教育，受教育面达85%以上。

第二节　计划生育管理

一、生育管理

1980年，中共中央发出《公开信》，提倡一对夫妇只生育一个孩子。当年4月，县委在茅坪良种场召开计划生育工作被动的6个公社党委书记和全县分管计划生育工作的党委副书记紧急会议，认真反思和分析全县计划生育工作现状，号召全县共产党员、共青团员和干部带头响应中央号召。当年全县一孩夫妇1.04万对，有7 540对领取“独生子女证”。人口出生率由1979年的21.78‰下降到14.24‰，独生子女比例上升，多孩率下降，计划生育率达83.98%。当年全县评出10个先进集体和8个先进个人出席宜昌地区计划生育先进代表会。

1983年，当年出生人口6 082人，出生率15.28‰。有10个公社和2个场的一胎率高于全县平均水平，九岭头林场达100%，周坪、杨林公社达90%以上。

1984年，根据中共中央和省委文件精神，进行“开好小口”的调查研究，根据各地经济和自然条件等不同情况把13个镇（区）划分为一、二、三类地区，实行分类指导。

1987年12月，《湖北省计划生育条例》颁布实施，计划生育工作开始步入法治轨道。但仍有近1/3的乡镇处于落后或比较被动状态，生育控制水平在全省、全地区仍处于落后地位。

1990年后，秭归县被宜昌地区列入后进单位的8个乡镇，已有6个摘掉后进帽子。全县首次实现多胎率控制在1%以内。1992年开始，连续三届在县直机关选派计划生育专职副乡镇长，充实基层计划生育工作领导力量。1995年4月，县委、县政府制定《关于进一步加强计划生育工作的若干规定》。到1996年，全县人口出生率为7.96‰，计划生育率达到99%，自然增长率为-0.66‰，首次出现负增长。1997年，全县共出生人口3 116人，有12个乡镇（场）人口自然增长率为负数。计划生育率为99.31%，香溪、泄滩、芝兰3个乡镇和九岭头林场全年无计划外生育，全县无计划外生育的村446个，占总村数的95.71%。至此，计划生育工作进入规范有序轨道。

2002年后，广泛宣传《中华人民共和国人口与计划生育法》和2003年1月1日修改施行的《湖北省人口与计划生育条例》，计划生育工作走上依法管理轨道。至2005年，全县人口出生率6.04‰。计划生育率98.73%；人口自然增长率-0.65‰。（见表3-3-1）

1979—2005年秭归县计划生育工作主要指标统计

表3-3-1　　单位：人、%、‰

年份	出生人数	出生率	计划生育率	自然增长率	一孩积存率	总和生育率
1979	8 456	21.78	73.86	13.65	—	2.7
1980	5 567	14.24	83.98	5.99	—	1.62
1981	6 202	15.79	77.26	7.28	—	1.79
1982	6 884	17.4	78.19	9.61	—	2.39
1983	6 082	15.28	77.64	7.03	—	2.05
1984	5 884	14.73	74.63	6.47	—	1.89
1985	6 173	15.43	83.78	7.12	—	1.67
1986	9 279	23.04	78.77	15.11	—	2.38
1987	11 165	27.31	80.98	19.08	—	2.45
1988	10 429	25.13	83.81	16.16	—	2.46
1989	8 784	20.93	83.95	12.62	27.28	1.93
1990	6 310	14.94	91.09	6.49	30.18	1.58
1991	4 744	11.22	97.21	3.35	33.51	1.27
1992	4 552	10.78	98.93	2.5	35.29	1.24
1993	4 245	10.08	98.36	1.89	38.44	1.14

续表 3-3-1

年份	出生人数	出生率	计划生育率	自然增长率	一孩积存率	总和生育率
1994	3 960	9.42	98.76	1.34	40.13	1.07
1995	3 861	9.22	99.23	0.53	41.66	1.1
1996	3 296	7.96	99	- 0.66	43.65	0.96
1997	3 116	7.63	99.31	- 0.51	44.87	1.06
1998	3 000	7.41	99.36	- 1.23	46.19	0.97
1999	2 640	6.57	99.49	- 1.62	47.71	0.95
2000	2 694	6.75	99.54	- 2.48	49.31	0.91
2001	2 454	6.19	99.63	- 1.2	51.17	0.93
2002	2 486	6.3	99.14	- 0.86	52.43	0.94
2003	2 448	6.22	99.37	- 2.29	54.27	0.96
2004	2 695	6.87	99.04	- 0.01	59.16	0.92
2005	2 359	6.04	98.73	- 0.65	80.42	0.86

二、流动人口管理

1995年后，流动人口计划生育基础管理工作得到加强。2000年，进一步规范基础统计台账建设和报表工作，村（居）委会和部分重点企业按全县统一要求建立流动人口登记册和信息卡，做到登记准确，变更及时，坚持月报表制度。2002年，全面启用流动人口计划生育信息报告单，建立流入流出两地协作管理机制，对重点对象的婚姻生育节育情况实行跟踪管理，信息一季度一反馈。2004年，全县统一更新一套规范的村（居）级流动人口计划生育管理台账。同时投资1.5万元购置信息网络化硬件设备，启动宜昌市统一开发的（县级版）流动人口计划生育信息系统，办理“婚育证明”等证件均实行电脑操作。

1999年，全县计划生育开展流动人口全面清理整顿工作。全县利用广播宣传68次，领导发表电视讲话2次，动用宣传车14辆宣传28次，书写标语480幅，印刷宣传资料5 400份。清理流出人口7 139人，持证人数485人，持证率为22.19%，验证人数457人。以后每年以市场清理为突破口，定期对县城和各集镇流入人口开展1～2次全面清理登记。2003年后，进一步建立健全全县流动人口经常性清理登记制度，将流动人口与常住人口同宣传、同管理、同服务，村（居）委会对流动人口实行月查登记制。

2001年，全面推行流动人口计划生育综合服务。组织县乡计划生育技术服务人员入工地、进市场，为流动人口进行免费“三查”服务。2004年，针对流出人员办理“婚育证明”，制定“五项便民措施”，即当事人尚未达到法定结婚年龄的或已经实施绝育手术的，可以持身份证或户口簿在发证机关直接接受办证服务；当事人已持证在有效期内并在现居住地按要求进行审验的，可以凭审验的证件在发证机关直接换证；劳动就业部门、学校等单位组织的外输和县内流动及流出县外市内的育龄人员，继续开展“代办证”服务；开展“流动人口热线”和“便民信箱”服务，让远在异乡流动人员通过“电话＋信函”方式为其代办“婚育证明”；实行全天候服务。当年，全县2 870人享受“五项便民服务”。

三、规划统计

1979年，规划全县总人口39.66万人，自然增长率8.3‰。至1985年，规划全县总人口41.42万人，自然增长率6.5‰。1994年，规划“九五”时期的人口发展至“九五”期末的2000年，全县总人口42.87万人，出生率10.06‰。1999年，根据人口发展趋势，制定“十五”时期的人口发展规划。规划2001年全县总人口41.72万人，出生率8.94‰，自然增长率1.56‰；规划2005年，全县总人口41.32万人，出生率8.71‰，自然增长率1.32‰。

1989年前，统计报表实行季报、半年报和年报。1989年后，实行月报表制度。计划生育统计报表由全省统一制定格式，按规定时间上报。1991年开始固定报表时间，规定每月5日前村在乡镇报表，10日前乡镇在县人口与计划生育管理部门报表。1989年，全县建立计划生育统计工作责任制，对各乡镇统计工作实行百分考核，明确考核项目和指标，使全县统计工作开始走向规范化、制度化。1990年后，把计划生育统计工作纳入目标管理重要内容，实行主管领导负责制。对当年出生人口，坚持“五证”（夫妻双方身份证、户口簿、结婚证、小孩出生证明、节育措施证明）见面复印归档制度。严格执行信息收集和反馈制度。信息登记以有效证件为依据，并要求被调查对象签字认可，信息登记、变更做到人、卡、机三相符。

1989年，全县开始加强计划生育基层统计台账建设，乡镇、村均建立计划生育信息台账。1991年，全县建立“九账一册”（人口出生登记账、人口死亡登记账、新婚夫妇登记账、现有孕妇登记账、节育措施登记账、补救措施登记账、避孕药具发放登记账、计划外生育费征收账、独生子女办证登记账和育龄妇女登记册）。1994年，全县实行统计规范化管理。4月，在沙镇溪镇召开全县计划生育统计工作现场会，对“九账一册”统一进行规范填报培训。1997年使用全省统一制定的“十一账一卡”统计台账（人口出生、死亡人口、新婚夫妇、生育对象指标发放、现有孕妇、节育手术、合同公证、历年独生子女办证及奖励、历年计划外生育费征收、迁入迁出人员、流动人口等11账和育龄妇女卡）。2003年，乡镇、村级统一应用《湖北省计划生育工作手册》，对辖区内户籍人口和流入人口的婚姻、孕情、生育、办理生育证件等情况都进行详细记录，主要体现为“一卡、二单、一表”（常住育龄妇女信息卡、村级计划生育信息月报单、乡镇计划生育信息变更单和计划生育工作任务反馈表）。

2003年5月，全县计划生育广域资源网网络平台建立，县、乡镇成功联网运行。2004年，实现计划生育信息网络化，省、市、县、乡镇之间均能开展公文流转、网上办公、信息交流、远程查询等。

第三节　技术服务

一、优生优育

技术推广　20世纪80年代，通过宣传使育龄群众了解近亲结婚的危害，杜绝近亲结婚现象。90年代，计划生育技术服务机构和医疗保健机构大力开展优生优育知识咨询、指导和宣传，通过“三查”活动，对有生育意愿的育龄妇女进行优生优育知识教育。2000年，全县在有生育意愿的已婚育龄妇女和已怀孕的已婚育龄妇女中推行使用增补叶酸预防胎儿神经管畸形的发生。2003年，县计划生育服务机构利用优生检测技术开始实验弓形体、风疹病毒、巨细胞病毒、单纯疱疹病毒4项检测，对宫内感染者进行筛查。当年检查23例，无1例阳性感染者。同时，对孕妇进行B超监测，了解胎儿发育情况，查出可疑者，进一步进行检查，若确诊胎儿异常，建议及时终止妊娠。2003年，县计划生育服务机构对78例孕妇进行B超监测，发现1例胎儿颅内有占位性病变，1例胎儿心脏瓣膜有占位性病变，合法采取终止妊娠措施。通过加强孕妇孕期保健和定期做产前检查教育，所有孕妇基本上做到早孕建卡，6个月前每月1次检查，孕28周后每2周1次检查，孕36周后每周1次检查。同时加强孕期注意合理搭配营养、提倡母乳喂养、新生儿护理、婴儿保健等宣传教育，强制性推行新法接生、住院分娩等措施，有效控制病残儿发生率。

出生缺陷干预　1993年起，全县推行婚前医学健康检查。通过检查，对不宜结婚的异常情况和疾病早发现、早治疗，同时了解双方有无遗传病家族史，搞好咨询服务。对婚前咨询侧重性生活指导和选择正确的避孕方法，对孕前咨询侧重指导最佳怀孕时间及孕后应注意事项；对孕期咨询侧重孕期保健指导，对患有不孕不育症的实行检查与治疗相结合方法关心育龄群众。广泛开展孕期优生监护，合法开展产前诊断等工作。2000年，在全县推广使用“福施福”孕妇营养软胶囊。2001年起，计划生育技术服务机构和医疗保健机构把妇女孕前增补叶酸预防胎儿神经管畸形纳入出生缺陷干预工程内容之一进行推广实施，推广应用的主要是“斯利安片”和“福施福”营养素软胶囊。全县普遍建立三级预防措施。一级预防主要是利用电视媒体、科普光碟、宣传展牌、入户资料等形式对公众开展健康教育，营造全社会关注提高出生人口素质的氛围。二级预防主要是开展孕妇血压、胎儿生长发育情况监测等，对胎儿体表畸形、羊水过多（少）等异常情况利用B超诊断，把缺陷遏制在生前。自开展出生缺陷干预工程以后，全县无一例神经管畸形儿发生，先天愚型、体表畸形等患儿发生率大大降低。三级预防主要是开展病残儿医学鉴定和再次怀孕的咨询指导工作。1987年开始病残医学鉴定工作，至2005年，全县共鉴定独生子女符合病残儿医学鉴定诊断标准及其父母再生育指导原则的648人。（图3-3-2）

图 3-3-2：县计生服务中心大楼

二、避孕措施

20世纪70年代起，全县推广使用探亲避孕药，主要是53号抗孕片、18甲探亲避孕片等，同时推广使用复方18甲长效口服避孕片。90年代后期，推广使用副作用更小的复方左旋18甲长效口服避孕片和紧急避孕药。1993年，全县开始推广使用皮下埋植剂、外用避孕套和阴道隔膜（子宫帽）以及宫内节育器。最早使用的是不同类型的宫内节育器，如宫型含铜宫内节育器、惰性宫内节育器、单圈式高支持力宫内节育器等。90年代后，全县推行宫铜、T铜、活性R型、活性环形及母体乐等系列宫内节育器。2000年后，推行爱母环、吉妮环、固定式环等高质量宫内节育器。2004年，全县推广运用的敏定偶口服避孕药等更受广大育龄妇女欢迎。

第四篇　城建·环保

三峡工程兴建，给秭归城乡建设事业带来发展良机。1979—2005 年，全县城乡建设速度之快、规模之大、质量之高都是前所未有。1992 年 12 月 26 日，秭归新县城破土动工；1998 年 9 月 28 日，举行县城搬迁庆典。至 2005 年，新县城先后竣工建设项目 558 个，完成总投资 26.45 亿元，竣工各类房屋 1 602 栋。全县 12 个乡镇集镇有 8 个集镇实行整体搬迁。至 2005 年，8 个新建集镇除茅坪镇纳入新县城规划建设外，其余 7 个新建集镇建成区面积 309 公顷，房屋建筑面积 90.26 万平方米。场镇村庄建设随着三峡工程移民的进程而加速，先后建成兰陵溪等 6 个规模较大的场镇和银杏沱等具有城镇功能的村庄。2002 年，秭归新县城获建设部颁发的中国人居环境范例奖。2001 年和 2005 年，秭归新县城连续荣获湖北省第二、第三届城市规划建设管理楚天杯奖；同时，沙镇溪新集镇获湖北省第二届、归州新集镇获湖北省第三届城市规划建设管理楚天杯奖；2004 年，归州集镇获湖北省授予的“文明集镇”称号。

第一章　城镇规划

三峡工程兴建后，重点对新县城和新集镇建设进行规划设计。老县城归州只在 1988 年进行过一次改造规划。1992 年 3 月，湖北省城市规划设计研究院承担秭归新县城总体规划，10 月完成总体规划文本。当年 11 月，省沙市规划设计研究院、武汉市建设学院和宜昌城市规划设计研究院共同承担新县城各分区的详细规划设计。2000 年 10 月，由县丹阳规划设计事务所编制完成全县城镇体系规划，对乡镇集镇进行规划布局。1984 年，县城乡建设环境保护局完成 340 个中心村和 2 863 个居民点的总体规划设计。各乡镇集镇、场镇、村庄，均各自进行详细规划设计。在规划管理上，坚持规划审批一支笔，严格规划执法，确保规划的严肃性，为建设规范化城镇打好基础。

第一节　县城规划

一、老县城规划

老县城归州自中华人民共和国成立后至 1998 年搬迁前，只进行过一次规划设计，即《秭归县归州镇近期建设规划》。1988 年，县政府委托省城市规划设计研究院对老县城归州 1988—1995 年近期建设进行规划设计。省城市规划设计研究院组成规划工作组，于 1988 年 6 月 25 日开始资料收集，提出初步规划方案。7 月 14 日向县政府、宜昌地区建设局作出汇报。7 月 21 日向省建设厅城乡建设处和省城市规划设计研究院汇报。根据修改意见修改后，于 10 月上旬完成规划正式文件。规划期限为 1988—1995 年。规划至 1995 年县城人口规模为 1.5 万人；用地规模为 66.11 公顷；建设规划本着“以改造老县城为主、以完善生活配套设施为主、以安排近期建设项目为主”（简称“三为主”，下同）原则，重点对教育、基础设施和园林绿化用地进行规划。规划在江边增设小学 1 所；在海拔 180 米高程以上开发新区，设中学 1 所、中等专科学校 1 所。将看守所搬迁后建设农贸市场；将原客运站改为市内停车场；在油库下面过境公路旁新建三级客运站一处，占地 0.4 公顷；在屈原庙以下建旅游客运码头 1 座。规划园林绿化以开发旅游资源为主，将老城墙作为重要景点加以修缮；在城区东部开辟供城镇居民日常休闲娱乐场所，依山就势辅以建筑小品供游人休闲玩赏。对道路、给水、排水、广播、电视等均进行详细规划。

二、新县城规划

1986 年 11 月，宜昌地区规划设计室规划茅坪新县城城区南北两个初期建设起步点：南部三坝溪一带和北部郑家花园一带。规划南北两个中心：南部以剪刀峪为中心，北部以郑家花园为副中心。规划将工业用地集中城西，城东南角规划乡镇企业用地面积 86.4 公顷；仓库用地集中布置于城北、城东南和西南片，用地 35.8 公顷；规划南北两个生活区，每个居住区 2.5 万人左右，用地 347.48 公顷。1992 年 3 月 25 日，水利部长江水利委员会委托省城市规划设计研究院编制新县城总体规划方案。8 月 2—4 日，召开新县城总体规划评审会。1994 年 12 月，长江水利委员会规划近期新县城（1992—2000 年）人口规模为 3.5 万人，远期（2001—2010 年）为 5 万人，2020 年为 9 万人；规划近期用地规模 323.4 公顷，远期用地规模 461.3 公顷。1994 年 10 月，中国城市规划设计研究院对新县城总体规划进行局部调整，将新县城西部工业小区、茅坪镇实验小区、县开发区合成一个区。将原有污染的部分工业调整到新规划的“三茅”（茅坪三溪）工业区，适当增加居住用地。2001 年 12 月，省城市规划设计研究院对新县城城区总体规划进行修编。规划城区同时向南、北发展，重点发展九里片区，适当发展金缸城片区，形成“一主两翼”的组团式格局。“一主”即中心城区，布局行政办公、商贸、文教、医疗卫生等，居住人口 4.1 万人，用地面积 3.6 平方公里；南翼即九里片区，以加工工业为主，配以居住、服务设施的综合区，居住人口 3 万人，用地 3.2 平方公里；北翼即金缸城片区，以居住、旅游为主，配以一类的工业组团，居住人口 1.9 万人，用地面积 1.6 平方公里。

1992 年 11 月，沙市规划设计研究院、武汉市城市建设学院和宜昌市城市规划设计研究院共同承担新县城中心区、工业区、文教区和城区道路的详细规划编制工作。12 月，由省城市规划设计研究院承担的《秭归县新县城总体规划局部调整》即茅坪小区详细规划编制结束。1993 年 2 月 23 日，新县城小区详细规划通过专家评审。1994 年 11 月 25 日，中国城市规划设计研究院规划设计所编制完成《秭归新县城总体规划局部调整》《秭归县工业小区控制性详细规划》《秭归县“三茅”工业区控制性详细规划》《秭归县新县城文教小区修建性详细规划》。1995 年 12 月，新城区迁建性详细规划编制结束。1998 年 9 月 18 日，《三峡库区秭归县新县城风景旅游区规划》通过专家评审。对新县城中心区、工业区、文教区、茅坪小区、橘苑小区、风景旅游区等分别编制详细规划设计文本。

第二节　乡村规划

一、集镇规划

1984 年下半年，县城乡建设环境保护局制定城乡建设总体规划，沿长江两岸的香溪、归州镇和新滩、泄滩、沙镇溪、两河口、磨坪、郭家坝、周坪、杨林、茅坪等区构成城镇体系。规划以旅游、建材工业为主体，发展轻纺、农产品、食品加工及第三产业；以水陆交通为纽带，组成一个新型的旅游、工业和第三产业城市及集镇建设体系。共规划区镇13个（含县辖2个），人口规模平均为1 500～6 000人。

2000年10月，县城乡建设环境保护局委托县丹阳规划设计事务所编制完成《2000—2020年湖北省秭归县城镇体系规划设计文本》。规划布局的总体思路是“突出一个中心，开发一条轴线，建设三大集镇，带动南北递推伸展，水陆网连成一片，城乡点面结合的发展格局。”“一个中心”即县政府所在地茅坪镇，规划期内，继续发展工业、商业贸易及旅游业，开发扶持商品生产基地，稳定粮油生产，全面发展社会各项事业，建成以食品加工为主的园林旅游城市。“一条轴线”即长江沿岸经济线，开发的方向以长江沿线和南北沿江公路为发展纽带，主攻支柱工业、柑橘、物资流通及旅游业，建设成为区域经济的树干。“建设三大集镇”即香溪、郭家坝、沙镇溪集镇，使之成为县城腹地及西南部的经济、技术和商品集散中心，并起到沿溪河、公路向南北伸展，带动其他各乡镇发展的作用。由于秭归县中心城市处于县域东部，偏离县域几何中心，规划确定城镇布局模式以“中心城市＋多个副中心城镇”布局，形成中心城市县城城区＋副中心城镇（归州、郭家坝、沙镇溪）＋一般性集镇的三级县域城镇构成体系。

屈原、归州、水田坝、泄滩、沙镇溪、郭家坝6个三峡工程移民迁建的新集镇以及因滑坡实施搬迁的两河口集镇，分别由武汉市城市建设学院、市规划设计研究院、县规划设计室等规划设计单位进行详细规划设计。未搬迁的集镇均编制集镇建设总体规划和集镇改造详细规划设计。

二、村庄规划

1983年6月，全县召开村镇规划建设工作会议。7—10月，县建设委员会组成村镇规划组，在桑坪人民公社进行村镇规划试点。11月，召开全县农房建设会议，推广芝兰人民公社村镇建设经验。同时在三间人民公社培训村镇规划工作人员37人，时间20天，并实地调查屈原大队369户住房现状，为村镇规划提供第一手资料。为确保规划的可操作性，在规划期间，县城乡建设环境保护局于1984年在新滩区龙马溪村前山坡进行村镇建设试点，兴建5层以上楼房12栋，建筑面积0.5万平方米，总投资50万元。1984年，完成村镇规划和居民点规划布局。形成《秭归县城镇居民点规划布局（初稿）》。同年12月4日，除三峡工程库区淹没区外，共完成4个区、27个乡镇、340个中心村和2 863个居民点的总体规划。绘制现状图、规划蓝图624份，撰写规划说明书317份、128万字，投入规划费用5.31万元。参加规划工作人员达3 832人，用工1.03万个。26日，经宜昌地区村镇规划验收工作团检查验收，评定合格，准予实施。之后，场镇、村庄规划围绕行政区划变更、库区移民迁建、地质灾害重建等不断调整、修编或进行单独的规划设计，再没有进行全县的总体规划。至2005年，县建筑规划设计院已完成场镇单独规划设计的有兰陵溪、大岭坡、大浴池、肖家坪、聚鱼坊等；完成村庄单独规划设计的有贾家店、郑家岭、银杏沱、香炉山、董家祠堂等。

第三节　规划管理

一、规划审批

1989年，《中华人民共和国城市规划法》颁布实施，全县城乡建设规划管理逐步走向依法管理轨道。特别是县城和集镇搬迁建设开始后，更加注重规划管理。1993年2月6日，省政府批准《秭归新县城总体规划》后，县政府及相关部门相继出台《秭归新县城规划建设管理规定》《秭归新县城规划管理审批程序暂行规定》《新城区临时建房管理规定》等规范性文件。1994 年 7 月 4 日，县政府印发《秭归县新县城规划建设管理规定》，其核心内容是“八统一”（统一规划、统一征地、统一划分功能区、统一控制竖向标高，统一审查设计、统一基础设施建设、统一风景园林绿化管理、统一市容街景管理），得到建设部、省政府的充分肯定。新县城建设的规划设计实行一支笔审批制度。其审批程序为：建设单位提出申请，依次由县城乡建设行政管理单位核发“建设项目选址意见书”“建设用地规划定点通知单”“建设用地规划许可证”“建设工程单体规划设计通知书”“建设工程规划许可证审批单”，最后签发“建设工程规划许可证”，待工程竣工后，由规划部门签发“建设工程规划验收合格单”。1999 年 4 月，成立以副县长郑之德为组长、县城乡建设环境保护局局长王功平任副组长的县城镇规划审批领导小组。2001 年 6 月 26 日，成立由县长罗平焜任主任，副县长郑之德任副主任的城市规划审批委员会，实行工程项目规划领导签字制度，规定凡在城区范围内的建设项目，除办理其他有关手续外，一般项目由分管领导签字，重大项目须经县政府集体审定同意。1995 年 1 月 3 日，县政府印发《秭归县集镇规划建设管理规定》。5 月 18 日，县政府又印发《秭归县建制镇和村庄规划管理审批程序》等规划管理规定。规定县建设行政主管部门为集镇规划主管单位，乡镇人民政府具体负责本行政区域内的集镇规划管理工作。规定集镇规划审批程序为：建设单位提出申请，县建设行政主管部门核发“建设项目选址意见书”，依次核发“建设用地规划定点通知单”“建设用地规划许可证”和“建设工程单体设计通知单”“建设工程规划许可证审批单”“建设规划许可证”，工程竣工验收合格后签发“建设工程规划验收合格证”。县建设行政主管部门负责村庄建设管理工作，乡镇人民政府负责辖区内村庄规划管理，乡镇城乡建设管理所负责村庄规划的具体工作。1994—2005 年，全县共办理建设项目规划许可证 646 个。

二、规划执法

城乡建设规划执法主要由县城建管理监察大队负责，重点对新县城建设开展规划执法。1994 年 8 月，首次在新县城城区进场路段对韩某擅自在城区规划范围内建房问题进行依法查处，对韩某所建 70 平方米房屋依法强制拆除。9 月 20 日，县城建管理监察大队现场处理华城公司建综合楼超红线面积 158.1 平方米的问题。至 12 月 27 日止，先后在城区现场执法处理 94 起。1995 年，查处违规建筑 205 起，其中依法强制拆除 8 起。1996 年，查处违规建筑 156 起，其中依法强制拆除 28 起。1997 年，查处违规建筑 141 起，其中强制拆除 33 起。1998 年，查处违规建筑 117 起，其中强制拆除 21 起。1999 年，查处违规建筑 29 起，其中强制拆除 10 起。2000 年 4 月，《中华人民共和国城市规划法》颁布 10 周年期间，县城乡建设局组织规划执法大检查，查处违规建筑 38 起。其中，强制拆除 2 起，65 平方米；罚款处理 19 起，罚没收入 1.66 万元。2001 年，从县工商行政管理局、茅坪公安派出所各抽 1 名执法人员充实县城建管理监察大队力量。全年共查处违规建筑 46 起，其中强制拆除 13 起。2002 年，查处规划违法案件 143 起，其中申请县人民法院强制执行 15 起。2003 年，查处违规案件 429 起，结案 393 起，结案率 91%。2004 年，县建设局加大巡查力度，对县城规划区内的逾期临时建筑物、乱搭乱建等违章建筑物进行全面清查，下发拆除通知书，共拆除违章建筑物 84 处，建筑面积 890 平方米。2004 年共查处违章建筑案件 206 起，结案 197 起。2005 年共查处违章建筑案件 114 起，结案 83 起。

第二章　县城建设

1979—1998 年，老县城归州镇进行适度规模建设，改造街道，加强市政设施建设和房屋建设，县城规模扩大，功能增强。三峡工程批准兴建，老县城面临淹没，国务院长江三峡论证移民专家组于 1988 年 1 月规划秭归老县城易地迁建。民政部于 1991 年 6 月 15 日批准县政府驻地由归州镇迁至茅坪镇剪刀峪。2003 年，三峡大坝蓄水至 139 米，归州老城大部分被淹没。

1979 年 8 月，开始新县城踏勘选址工作，经过长达 8 年的反复论证，最终确定新县城城址。1992 年 10 月，新县城总体规划编制结束。1992 年 12 月 26 日，新城建设在茅坪镇剪刀峪奠基并开工建设。1998 年 9 月 28 日，县城整体搬迁至茅坪。从 1979 年选址开始至 2005 年年底，历经 26 个春秋，先后竣工建设项目 558 个，完成建设总投资 26.45 亿元。其中，场地平整 293.75 公顷，投资 2.22 亿元；城区道路、给水排水、污水处理、供电设施、邮电通信、广播电视、港口码头、管道燃气、服务设施、防护工程等基础设施建设共完成总投资 6.74 亿元；兴建居住用房、办公综合用房、商贸用房以及文教、卫生、体育、工业、旅游用房等各类房屋 1 602 栋，建筑面积 230.7 万平方米，完成总投资 17.49 亿元。

第一节　老县城建设

一、街道

老县城归州依山就势而建，总面积约 0.7 平方公里，其街道狭窄，共有 4 条街道。1979 年后，因县城面临搬迁，老县城按照“三为主”原则进行一些小型建设。1979 年，投资 1.2 万元，将建设街铺成水泥路面。1984 年，对民主路北门至归州实验中学、客运站至县工商行政管理局全长 3 200 米的街道铺成水泥路面。1988 年，投资 7.35 万元，将县供电所至县柑橘研究所长 300 米的路面铺成水泥路面。

图 4-2-1：归州老县城南门

1990 年 11 月，投资 21.1 万元，再次改造建设街，铺成长 321.4 米，平均宽 7.2 米的水泥路面；县企业局至柑橘研究所长 460 米、宽

4.5 米铺成水泥路面。1994 年，投资 30 万元，翻修解放街路面，形成宽 4 ~ 5 米，长 434 米的平坦街道。同时维修环城公路 300 米，改建部分下水道，维修公厕和垃圾坑等卫生设施。至 1995 年，归州城道路长度 13.55 公里，其中高级、次高级道路长 10.97 公里。道路面积 8.81 万平方米，其中高级、次高级道路面积 7.22 万平方米。4 条街道分别为：解放街长 434 米，宽 4 ~ 5 米；建设街长 400 米，宽 8 米；民主路长 1 061 米，宽 2 ~ 4 米；胜利街长 1 500 米，宽 4 米。1979 年开始，街道路灯设施逐步由木杆改换成水泥杆，由小灯泡换成 125 瓦的高汞灯。至 1981 年年底，城区街道安置路灯 130 杆（盏），环城公路、码头都安上路灯。1985 年，路灯增加到 140 杆（盏），线路长 6 000 米。至 1994 年，路灯达到 210 杆（盏），城区内无死角，全部实现街道亮化目标。（图 4-2-1）

二、供电・供水

1979 年前，县城由长江南岸的青干河水电站供电，丰水季节能满足县城用电问题，但枯水季节仍不能满足。1982 年 10 月，归州供电所成立，县城用电通过香溪变电站连接国家电网，县城供电质量提高，自此，基本满足县城用电需求。

1978 年，设立城关镇水厂，有职工 8 人。抽水设备改用单级离心泵，使用电动机作动力抽水，日产水 3 000 吨。1981 年 4 月，胜利街卡子湾抽水站工程动工，1983 年 11 月 1 日建成通水，总投资 36 万元，安装水管 1 665 米，县城居民“饮水难”问题基本得到解决。1985 年，县城内有供水主管道 4 733 米，7—8 月份枯水季节日供水量达到 3 600 立方米。1987 年 6 月，投资 47.5 万元，对县自来水公司水厂进行大规模改造。1989 年 6 月 13 日竣工，使县自来水公司的供水量扩大到日产 5 000 立方米，供水管道长达 1.5 万米，其中主管道 7 000 米。当年供水 72.27 万立方米，彻底解决城区供水问题。1990 年，县自来水公司在县城东区投资 138 万元，铺设铸铁管 2 082 米，供水管道增至 2.09 万米。1992 年上半年，县自来水公司对清水池及沉淀池进行抢修，新修 300 立方米清水池 1 座。1995 年供水 124 万立方米。其中，生产用水 18.6 万立方米，生活用水 105.4 万立方米。

三、排水・环卫

1981 年前，归州老县城内没有排水暗沟。1982 年，建排水暗沟 2 000 米。至 1985 年，排水暗沟总长达 3 500 米，雨水及生活污水通过暗沟排至北门沟和水井沟流入长江。大礼堂、南门一带污水、雨水通过皂角树暗沟直接排入长江。1989 年 7 月 7 日，北门沟发生滑坡，堵塞下水道暗沟，县政府立即组织抢修。1989 年下半年，县客运站至恋爱桥一条全长 420 米，截面积为 30 × 40 厘米的下水道工程竣工，使该段下水道得以疏通。1990 年 4 月，投资 10.5 万元，对北门沟滑坡进一步治理，6 月 10 日工程竣工。共清除沟涵内垃圾、土、石 2 070 立方米，沟口段砌筑 40 × 3.5 × 1.5 米的防护墙两道。当年还投资 5 000 元维修城区内下水道 3 条共 170 米，清除污泥 1 000 多立方米，疏通解决 31 处污水乱流问题。1992 年城区内排水管道长度达 7 500 米。1994 年，改建城区部分下水道 760 米。1995 年，投资 9 万元，对部分排水沟进行维修。

1979 年，老县城环境卫生由归州镇环境卫生管理所（简称环卫所，下同）负责。至 1981 年，环卫所有职工 19 人，当年购胶轮板车 3 部。1984 年，县财政局为环卫所拨款 7 000 元，添置 12 匹马力（约 8.82 千瓦）拖拉机 1 台，彻底结束人工背挑垃圾的历史。1991 年，环卫所职工增加到 22 人，负责清扫面积为 1.15 万平方米，日清运垃圾 30 吨。城区设有固定垃圾坑 73 个，活动垃圾箱 20 个。1994 年，环卫所职工增加到 24 人，环卫车增至 2 台，清扫面积扩大到 2.7 万平方米，管理公厕 18 个，日清运垃圾 40 多吨。1995 年，将县电影院改建成农贸市场，改变菜农及小商贩沿街摆摊叫卖造成环境污染的状况。从 1982 年起，老县城归州镇多次被宜昌地区行署评为卫生城镇。

四、房屋建设

1993 年调查统计，老县城归州镇共有机关、团体、企事业单位 143 个，有公房 420 栋，建筑面积 21.93 万平方米。其中，胜利街有单位 35 个，房屋 73 栋，建筑面积 3.79 万平方米；建设街有单位 42 个，房屋 115 栋，建筑面积 6.05 万平方米；解放街有单位 27 个，房屋 106 栋，建筑面积 4.07 万平方米；民主路有单位 38 个，房屋 111 栋，建筑面积 7.32 万平方米；直管单位 1 个，房屋 15 栋，建筑面积 0.7 万平方米。建设规模较大的公共建筑有：县大礼堂、电影院、政府办公楼、城乡建设环境保护局综合楼、农业银行大楼、百货公司大楼、人民医院住院部和门诊大楼、邮电大楼、工人俱乐部、屈原商场、汽车客运站、县第一中学教学楼和秭归宾馆等。

1992 年年底，老县城归州实有住宅建筑面积 29.7 万平方米，实有住宅居住面积 16.02 万平方米，人均居住面积 10.01 平方米。1992 年后，老县城的住宅建设全面停止。1993 年，县住房制度改革时调查，县城 143 个单位，共有单位自管住宅面积 16.08 万平方米，建筑总投资 4 989.55 万元，居住 5 212 户 1.46 万人。（见表 4-2-1）

1978—1992 年部分年份秭归县老县城归州住宅建设情况

表 4-2-1　　单位：人、平方米

年　份	人　口	新　建　房		年末实有住宅居住面积			人均居住面积
		总面积	其中住宅	合计	其中：直管房	其中：私房	
1978	7 100	10 500	10 500	52 600	1 100	7 000	6.74
1980	8 500	37 800	35 500	12 450	500	15 500	9
1985	9 806	22 200	15 500	123 078	22 112	7 000	9.06
1986	11 081	21 271	21 271	144 349	—	26 228	13.03
1990	13 400	3 969	3 969	131 100	—	14 200	9.78
1991	15 000	52 300	26 200	146 800	—	—	9.78
1992	16 000	—	—	160 200	40 200	—	10.01

第二节　新县城建设

一、选　址

1979 年 8 月，县委副书记余从哲与县革命委员会三三〇移民办公室主任吴书贤牵头，县建设委员会、县委办公室抽调人员组成新县城选址踏勘小组，拉开新县城城址踏勘工作序幕。随后，省城市规划设计研究院、长江流域规划办公室、省综合勘察院技术踏勘小组、宜昌地区规划设计室等分别组成踏勘小组对新县城城址进行多次踏勘，先后提出楚王城（位于郭家坝公社）及茅坪镇银杏沱、金缸城、剪刀峪、九里坪、凤凰山、高家冲等新城址备选方案。1984—1987 年，先后提请西安地质学院、宜昌地质矿产研究所等地质勘测部门对备选地址进行地质勘查，提出勘查结果。

1984 年 5 月 24 日，省城乡建设厅副厅长李伟在秭归主持召开首次新城址论证会议。随后，多次召开专家论证会议。1987年7月17日，经过8年的反复现场踏勘、专家论证，县政府终于形成向宜昌地区行署、省政府的请示报告，正式提出县城新址选定茅坪镇九里坪地区的凤凰山，剪刀峪、金家坳、郑家花园一带。随后向国务院提出请示。1991年6月15日，民政部正式批复："经国务院批准，同意秭归县人民政府驻地由归州迁至茅坪镇剪刀峪。搬迁经费由省自行联系落实，不增加机构、编制。"

二、场地平整

1992年12月26日，新县城建设在茅坪镇剪刀峪奠基。至1997年12月，场地平整工程基本结束。累计完成动态投资2.22亿元，平整场地293.75公顷，挖填土石方1 891.34万立方米，爆破78.17万立方米，浆砌石方80.35万立方米，兴修场地排水沟5 125.43米。（图4-2-2）

图4-2-2：新县城建设开工典礼

茅坪小区场地平整工程由县华城工程公司承建，于1993年8月8日动工，1994年4月18日竣工。完成场地平整25公顷，工程造价1 184.75万元。完成道路路基11条，排水暗沟543米，挖填土石方204.7万立方米，浆砌石方0.84万立方米，干砌石方0.06万立方米。

中心区占地97公顷，共划分成A、B、C、D、E、F等组团。B、D、C1组团由铁道部第十一局四处承建。1993年8月10日动工，1996年1月15日竣工，工程造价4 199.95万元，完成大小台地69个，道路11条，挖填土石方490.38万立方米。E组团由县市政工程公司承建。1994年2月20日动工，1995年6月2日竣工，工程造价570.57万元，完成挖填土石方72.98万立方米。C2组团由县城镇综合开发公司承建，1994年3月1日开工，1995年10月15日竣工，工程造价889.71万元，完成挖填土石方58.69万立方米。A、A1、F组团由铁道部十一局第四处承建，1994年4月30日开工，1995年11月26日竣工，工程投资2 420万元，完成挖填土石方374.96万立方米，碎石路面2.4万平方米，排水沟2 412.43米。C1组团由甘肃省金川公司三峡分公司承建，1995年12月5日开工，1996年7月10日竣工，工程投资852.31万元。平湖大道路基工程由县城镇综合开发公司承建。1993年2月25日开工，当年10月20日竣工。完成长1 483米、宽37米的路基平整工程，工程造价681.13万元。共完成挖填土石方111.7万立方米，排水管涵3道、400米。

工业区占地67公顷，县城镇综合开发公司承建，1994年4月1日开工，当年6月20日竣工，工程投资128.43万元，完成挖填土石方31.4万立方米，浆砌石0.13万立方米。

文教区占地76公顷，包括教学区、体育中心区和Ra、Rb组团。Ra组团由荆沙市交通工程公司承建，1995年11月28日动工，1996年8月10日竣工，工程投资615.94万元。完成挖填土石方48.82万立方米，涵洞浆砌4 700立方米。Rb组团由铁道部十一局承建，1995年10月10日动工，1996年12月25日竣工，工程投资2 205.95万元，完成挖填土石方173.54万立方米。

屈原公园B组团由县市政工程公司承建，1994年11月1日动工，1995年4月30日竣工，工程投资 86.99 万元。完成挖填土石方 59.77 万立方米。

三、基础设施

城区道路　城区道路由县新城建设开发管理委员会组织实施，采用枝状和环网相结合的形式布局，红线宽度分别为干道 18～45 米，次干道 12～15 米，支路 7～10 米。至 2005 年，建成平湖大道、长宁大道、屈原路等干道 11 条，长 32.9 公里，面积 56.11 公顷；平湖一路、平湖二路、平湖三路、平湖四路、平湖五路和屈原东路等次干道 16 条，长 10.71 公里，面积 13.88 公顷；兰蕙一路等支路 25 条，长 10.95 公里，面积 8.62 公顷。共建成城区道路 52 条，总长度 54.56 公里，面积 78.61 公顷，完成动态投资 6 901.16 万元。1996 年 9 月 10 日—1997 年 3 月 12 日，由葛洲坝总公司铺筑平湖大道东段路面，完成混凝土路面 2.59 公顷。武汉洪山水电公司先后于 1997 年 3 月 3 日—7 月 26 日，铺筑平湖大道混凝土路面 2.12 公顷；1997 年 8 月 3 日—10 月 16 日，铺筑长宁大道东段混凝土路面 0.14 公顷；1998 年 6 月 15 日—9 月 11 日，铺筑长宁大道西段混凝土路面 1.03 公顷。1999 年 4 月，县新城建设开发管理委员会设计并施工城区道路路面续建工程，先后铺筑橘苑小区支路、平湖一路、平湖二路、平湖南路、橘颂北路混凝土路面共 1.16 公顷。2002 年完成凤凰路路基 1.86 公里，2003 年铺筑混凝土路面 1.29 公顷。（见表 4-2-2）。

2005 年秭归新县城茅坪主次干道一览表

表 4-2-2　　　　单位：米

道路名称	等级	长	宽	走向	起止点
长宁大道	主干道	1 960	25	东西向	滨湖路至西楚路
平湖大道	主干道	1 873	45	东西向	滨湖路至西楚路
橘颂路	主干道	1 692	18	东西向弧形线	平湖大道东段至西段
丹阳路	主干道	2 365	15～25	南北向折东西向	平湖大道至西楚路
屈原路	主干道	765	45	南北向	橘颂路至长宁大道
滨湖路	主干道	12 849	22～25	南北向	平湖大道至鸳珠岭
西楚路	主干道	1 800	18	南北向	平湖大道至城区北边缘
天问路	主干道	2 395	25	南北向	长宁大道至城区北边缘
迎宾路	主干道	1 400	18	南北向	建河路至三溪路
建东大道	主干道	4 351	18～36	南北向	建河路至橘颂路
三溪路	主干道	1 450	18	东西向	迎宾路至建东大道
屈原东路	次干道	834	12	东西向	滨湖路至屈原路
屈原西路	次干道	426	12	东西向	屈原路至平湖三路
建平路	次干道	610	12	东西向折南北向	平湖四路至平湖大道
平湖一路	次干道	862	12	南北向	橘颂路至长宁大道
平湖二路	次干道	470	12	南北向	橘颂路至屈原东路
平湖三路	次干道	900	12	南北向	橘颂路经橘苑小区至长宁大道
平湖四路	次干道	670	12	南北向	平湖大道至长宁大道
平湖五路	次干道	462	15	南北向	平湖大道至长宁大道
凤凰路	次干道	1 875	15	东西向折南北向	平湖大道至滨湖路

续表 4-2-2

道路名称	等级	长	宽	走向	起止点
迎和路	次干道	860	12	东西向	丹阳路至长宁大道
长宁一路	次干道	167	12	南北向	长宁大道至迎和路南侧
长宁二路	次干道	337	12	南北向	长宁大道至迎和路
二圣路	次干道	1 100	15	南北弧形	迎宾路北段至南段
平湖南路	次干道	875	12	东西向	平湖一路至橘颂路
橘颂北路	次干道	120	12	东西向	平湖二路至屈原路
迎宾一路	次干道	140	12	东西向	迎宾路至建东大道

给排水　新县城供水系统规划兴建一、二、三水厂。1993 年 2 月 1 日，一水厂工程动工，由沙市城市规划设计院设计，县自来水公司自行建设。1994 年 12 月全部竣工，完成土石方 8.9 万立方米，砌体工程 9 100 万立方米。引水管道 1 900 万米，临时供水管道 1.1 万米。建混凝土反应沉淀池、滤池、清水池各 2 口。建办公楼、化验楼、加药间、泵房车间、仓库各 1 栋，建筑面积 946 平方米。加压水泵 3 台套、165 千瓦。工程总投资 508.7 万元。1996 年 3 月 3 日，二水厂工程动工，由武汉市市政工程设计院和市市政工程设计科研所联合设计，当年 10 月 20 日竣工。完成挖填土石方 5.7 万立方米。建沉砂池、反应池、滤池、清水池各 1 口。建办公楼、化验楼 1 418 平方米。1997 年 11 月 28 日，三水厂建设动工，由市市政工程设计科研所设计，1998 年 7 月 31 日正式向城区供水，工程投资 645 万元。城区供水管网铺设由县自来水公司承担。截至 2005 年 12 月，铺设永久性供水管网总长 5 万米，日供水规模 2.38 万立方米。新县城供用水普及率为 100%。给水工程累计完成动态投资 3 634.55 万元。新县城排水工程于 1993 年 9 月 5 日动工建设，1998 年 6 月基本结束。先后发包投资 10 万元以上的排水工程 27 个，有县市政公司、金城公司及四川蜀东建筑总公司等 6 支施工队伍中标投入工程建设。共组织施工班组 90 余个，投资 2 200 万元，铺设各类管径的钢筋混凝土管道 3 万多米，砌筑各种规模的检查井、跌水井和雨水井 1 700 口。2002 年 6 月动工修建县污水处理厂，由中国市政工程中南设计院设计，中铁四局给水处理工程有限公司承建。次年 6 月竣工，总投资 815 万元，日处理污水能力 2 万吨，主排污管渠 3 960 米。2003 年投资 92 万元修建污水处理厂庙嘴隧道和屈原路隧道 560.16 米。2004 年投资 49 万元，修建污水厂 1～3 号排放口 800 米；投资 119 万元，建成 200 平方米污水处理厂滨湖路泵站。截至 2005 年 12 月，新县城共铺设排水管、渠 9.42 万米；修防洪堤、沟 4 070 米；建检查井、跌水井和雨水井 1 800 口。排水工程、污水处理工程累计完成动态投资 5 030.26 万元。

供电　1993 年 4 月 1 日，茅坪镇周家湾变电站工程动工建设，1994 年 10 月 14 日竣工。完成土石方 13.9 万立方米，浆砌石 1.1 万立方米，混凝土 1 000 立方米，房屋建筑面积 4 046.1 平方米，实际投资 943.15 万元。1997 年 9 月，城区主变压装机容量达 2 万千伏安/2 台，供电线路长 7.5 千米。1998 年 12 月，城区高压线路架设 71 千米，低压线路架设 110 千米，安装变压器 80 台。供电工程累计完成动态投资 537.74 万元。1999—2005 年，城区新增高压线路 80 千米，低压线路 16 千米，变压器 16 台。其中，更新改造高压线路 20 千米，低压线路 25 千米，变压器 36 台。城区供电工程累计完成动态投资 773.74 万元。

其他工程　1994 年 5 月 20 日，新县城橘颂挡土墙工程建设动工。至 1998 年 6 月，投资 10 万元以上挡土墙工程项目 52 个，先后进场施工队伍 40 多家，完成投资 2 681.14 万元，浆砌挡土墙 28.25 万立方米。2003 年 6 月—2005 年 12 月，投资 4 831 万元，完成客运站至旅游码头的库岸防护工程，至此，新县城防护工程累计完成投资 7 512.14 万元。

1997 年 5 月 20 日，新县城管道液化气工程正式动工，截至 1998 年 9 月 28 日，先后建成中心区 E 组团和县城乡建设环境保护委员会组团两个气化间，供气规模达 900 立方米/日，供气用户为 4 000 户 1.3 万人。1998 年对燃气市场进行整顿，对不符合要求的管道液化气站进行关闭。至 2005 年，县城只有一家液化气站——“宏发气站”，年储气能力为 20 万立方米，供气总量 300 万立方米（吨），家庭用户 1.02 万户 4.3 万人，家庭用气量 265 万立方米（吨）。

1997 年 8 月，交通客运服务设施动工建设，至年底，完成平湖大道、长宁大道主干道候车亭 6 个，投资 42 万元。完成蘑菇岗亭 1 座、值勤岗亭 3 座，交通红绿灯 1 套，人行横道灯 4 套，指挥岗台 2 座，投资 28.74 万元。1998 年年底，建成水冲式公厕 10 个。当年，在城区主次干道架设路灯线 18 千米，安装 1 095 杆（盏）路灯和 5 杆高架灯，临街单位均安装霓虹灯、射灯、玫瑰灯，长宁广场安装园林灯、远程激光射灯、礼花灯等。1999—2005 年，新架设城区路灯线路 15 千米，增设路灯 380 杆（盏）。至 2005 年年底，新县城配套服务设施累计投资达到 9 714.84 万元。

四、房屋建设

办公用房　1995 年 2 月 10 日，县政府作出规定，新县城办公楼与住宅楼分开建设，办公楼以公建为主，住宅楼以统建为主。1995 年 2 月，茅坪镇政府办公楼在茅坪小区率先建设，随后，茅坪镇镇属机关，事、企业单位纷纷在茅坪小区建设办公楼房。1995 年 10 月，县城乡建设委员会办公大楼率先在新县城平湖大道动工，县直单位随之纷纷开工建设办公楼。1997 年 4 月 28 日，县政府机关综合办公楼奠基，属县直 56 个行政机关联合建设，6 月 6 日正式动工，1998 年 7 月 18 日竣工。占地面积 1 500 平方米，建筑面积 1.28 万平方米，总投资 3 310 万元。至 1998 年 11 月，新县城办公综合用房开工面积达 15.09 万平方米。至 2005 年 12 月，办公综合用房竣工 127 栋，建筑面积 21.4 万平方米，累计投资 3.47 亿元。（见表 4-2-3）

2005 年止秭归新县城部分办公用房建设情况表

表 4-2-3　　单位：层、平方米、万元

房屋名称	座落位置	层数	建筑面积	工程质量	投资	建设时间
茅坪镇政府办公楼	平湖四路	6	1 950	合格	118	1995-02—1996-08
县城环委办公楼	平湖大道南端	8	5 400	合格	511	1995-10—1996-10
信用合作联社综合楼	平湖大道	8	4 200	合格	350	1995-10—1997-10
县烟草公司综合楼	平湖大道	10	3 485	合格	155	1996-03—1996-12
县电信大楼	平湖大道屈原路	11	10 000	合格	970	1996-08—1998-10
县邮电局办公楼	屈原路以西	11	21 686	合格	2 370	1996-12—1998-05
县公路段综合楼	西楚路	6	14 753	合格	1 618	1996-12—1998-08
县气象局综合楼	丹阳路	6	3 300	合格	250	1997-05—1998-10
县公安局办公楼	长宁大道	9	10 410	合格	660	1997-06—1998-06
县政府机关综合办公楼	长宁大道	9	12 756	优良	3 310	1997-06—1998-07
县国家税务局综合楼	中心区	12	5 737	合格	580	1997-08—1999-01
县移民局综合楼	丹阳路	6	3 800	合格	321	1997-08—1998-08
农行秭归支行综合楼	平湖大道	8	4 200	合格	500	1998-03—1999-06

续表 4-2-3

房屋名称	座落位置	层数	建筑面积	工程质量	投资	建设时间
县农业发展银行综合楼	平湖大道	8	5 162	合格	600	1998-05—1999-08
县土地管理局办公楼	长宁大道	10	5 774	合格	550	1998-06—1999-09
县地方税务局办公楼	屈原东路	12	6 190	合格	280	1998-06—1999-10
县邮政大楼	屈原路	5	3 560	合格	388	1999-02—2000-05
县财政局办公楼	平湖大道	11	5 906	优良	800	1999-09—2000-12
建行办公大楼	平湖大道	6	5 271	优良	840	2000-03—2001-03
人行秭归支行综合楼	屈原路	9	3 717	合格	416	2000-03—2001-11
工商银行办公楼	平湖大道	11	6 543	合格	290	2000-05—2003-08
县交通局办公楼	屈原东路	7	3 030	合格	272	2000-09—2001-12
县广电中心综合楼	长宁大道	7	5 390	合格	700	2000-12—2002-08
县法院审判综合楼	长宁大道	7	7 200	合格	510	2001-03—2002-06
县人民武装部综合楼	长宁大道	6	3 570	合格	164	2001-06—2002-08
县劳动保障局综合楼	长宁大道	6	3 729	合格	262	2002-02—2003-04
县信息中心大楼	长宁大道	9	3 964	优良	291	2002-04—2003-05
县工商行政管理局综合楼	长宁大道	9	6 280	合格	802	2002-12—2004-09
县供销社综合楼	长宁大道	5	2 500	合格	166	2004-02—2005-10

文卫体用房 1996 年 3 月，县职业教育中心教学楼动工，至 2005 年 12 月，该校先后建成学生宿舍楼、教师办公楼、综合楼等累计建筑面积 2.6 万平方米，总投资 1 640 万元。1997 年年初，县第一中学教学楼开工，至 2005 年 12 月，共建学生宿舍楼、教学综合楼、图书综合楼、实验楼、礼堂餐厅 2.34 万平方米，累计投资 1 242 万元。县第二中学于 1997 年 4 月开工建设，至 2005 年 12 月，建成教学楼、学生公寓、图书馆等房屋面积 2.37 万平方米，总投资 1 361 万元。至 2005 年 12 月，县实验中学共有建筑面积 1.18 万平方米，投资 1 207 万元。县实验小学校舍建筑面积 1.48 万平方米，总投资 1 008 万元。县直机关幼儿园建筑面积 5 547 平方米，投资 381 万元。香港驻军希望小学校舍建筑面积 3 657 平方米，投资 220 万元。茅坪镇初中建筑面积 6 424 平方米，投资 275 万元。茅坪镇小学建筑面积 2 726 平方米，投资 150 万元。

1995 年 6 月，县第二人民医院住院部在茅坪小区动工，次年 2 月竣工，建筑面积 4 958 平方米，投资 183 万元。1997 年 10 月，县防保中心综合楼动工，建筑面积 5 469 平方米，投资 903 万元。县医疗中心于 1997 年 12 月 5 日开始门诊大楼建设，至 2002 年年底，全院建设总占地面积 3.33 公顷，总投资 5 600 万元，共建门诊大楼、住院大楼、职工住宅楼 13 栋，建筑面积共计 1.23 万平方米。

2001 年 6 月 15 日，县体育馆奠基，2004 年 10 月竣工。建筑面积 4 925 平方米，总投资 850 万元。

至 2005 年 12 月，文、卫、体用房共建 79 栋，建筑面积 12.41 万平方米，投资 1.18 亿元。

商贸用房 1994 年修建秭归江南宾馆，占地面积 3 425 平方米，房屋建筑面积 5 700 平方米。1995 年 8—10 月，县城镇综合开发公司在中心区建设步行商业街及和平饭店，建筑面积 3.12 万平方米，其中和平饭店建筑面积 1.21 万平方米。1997 年 10 月 18 日，秭归国贸大厦由中建三局宜昌分公司开工建设，1998 年 9 月 20 日一期工程竣工，投资 1 000 万元。1998 年 3 月 11 日，县影剧院开工建设，由县建筑工程总公司第六工程处承建，1999 年 1 月 10 日竣工，总建筑面积 5 500 平方米。截至 2005 年 12 月，城区商贸用房竣工 208 栋，建筑面积 22.56 万平方米，投资 1.92 亿元。

工业用房　至 2005 年 12 月，江苏森达集团三峡鞋业有限责任公司、AB 三峡针织有限公司、徐州维维乳业有限公司秭归分厂、帝元食品罐头有限责任公司、湖北华扬太阳能有限责任公司、无锡市鸿程包装印刷厂茅坪分厂、宁波洛兹集团三峡服饰有限责任公司、华法美植化有限责任公司、平湖水泥有限责任公司、金山实业有限责任公司、惠农食品有限责任公司、宜昌正富丰食品有限责任公司、湖北楚城生物化工有限责任公司等 28 家规模以上的工业企业先后在新县城（含开发区）范围内动工兴建综合楼 22 栋，建筑面积 5.13 万平方米，投资 2 635 万元；建厂房、车间 23 栋，建筑面积 9.4 万平方米，投资 2 632 万元；兴建宿舍楼 23 栋，建筑面积 8 万平方米，投资 3 794 万元。累计建房 68 栋，建筑面积 22.53 万平方米，完成总投资 9 061 万元。

居住用房　1995 年 3 月，县康通公司住宅楼率先在茅坪九里开发区开工建设。当年有县第二人民医院、城镇综合开发公司、新城管委会、茅坪镇移民站、茅坪镇地税分局等 16 个单位的住宅楼相继动工建设，建筑面积 10.12 万平方米，工程总投资 5 981 万元。至 1998 年 9 月县城整体搬迁时，新县城开工住宅楼建设项目 158 个，总建筑面积 72.67 万平方米，完成住宅楼建设项目 109 个，竣工面积 50.42 万平方米，总投资 3.46 亿元。2000 年，“闽宏大厦”的开工建设，拉开新县城商住楼建设序幕。至 2003 年，由开发商投资建成的商住楼有“闽宏大厦”“世纪家园”“福广公寓”“橘苑家园”“平湖家园”“福广酒店公寓”“渝泉花园”“福广商住楼”“凤凰家园”“归州街一期商住楼”“归州街二期商住楼”“金城家园”“橘颂商住楼”等 12 处，房屋建筑面积 9.23 万平方米，投资 4 182 万元。至 2005 年 12 月，新县城城区共建住宅楼 1 045 栋，总建筑面积 123.51 万平方米，投资 5.73 亿元。

其他用房　以凤凰山为主的古建筑群落，将传统建筑技法与现代建筑技艺结合，复建新滩古民居，寺庙、祠堂等文物，建成观光旅游区，从而提升新县城房屋建筑文化品位。至 2005 年，新县城复原文物、建设旅游设施等其他用房 75 栋，建设面积 28.29 万平方米，投资 4.28 亿元。

第三章　乡村建设

县内先后有茅坪、屈原、水田坝、归州、沙镇溪、郭家坝、泄滩等 7 个乡镇集镇随着三峡工程的兴建而整体搬迁。两河口镇集镇因滑坡也进行整体搬迁。至 2005 年，全县 12 个乡镇集镇有 8 个新建集镇，除茅坪镇纳入新县城建设外，其余 7 个新集镇建成区总面积 309 公顷，房屋建筑总面积 90.26 万平方米。磨坪、梅家河、周坪、杨林桥 4 个老集镇也相继进行大规模改造，12 个乡镇集镇建成区总面积达到 454.25 公顷，均形成一定规模，以崭新的面貌呈现在世人面前。

场镇、村庄建设与移民迁建的有机结合，促使建设速度加快，档次提升。至 2002 年，场镇、村庄用地面积 1 084 公顷，住户 10.37 万户 32.77 万人，住房建筑面积 877.28 万平方米，公共建筑面积 73.69 万平方米，生产性建筑面积 90.14 万平方米。至 2005 年，全县建成兰陵溪等 6 个规模较大的场镇和银杏沱等具有城镇特征的现代村庄。

第一节　集　镇

一、搬迁新集镇建设

茅坪镇　该镇集镇纳入新县城总体规划建设，位于新县城西南侧茅坪小区，紧靠城区中心，与工业区相邻，占地 37.25 公顷。

屈原镇　该镇新集镇位于龙马溪左岸前山坡。1994 年 12 月 20 日开工建设，至 2002 年 12 月，基础设施建设累计完成动态投资 3 217.05 万元，单位建房面积 4.22 万平方米，集镇居民建房面积 2.54 万平方米。至 2005 年 12 月，集镇年末实有房屋建筑面积 9.57 万平方米，其中公共建筑面积 4.02 万平方米。住房使用面积 8.69 万平方米，居住面积 6.63 万平方米。集镇建成区面积 36 公顷。

归州镇　该镇新集镇位于老县城归州东 3 公里的陶家坡，地处长江西陵峡北岸。1996 年 3 月开始筹建，至 2002 年 6 月，新集镇基本建成。年底，基础设施建设累计完成动态投资 6 435.67 万元，单位建房累计完成投资 4 511.52 万元，居民建房累计完成投资 2 955.23 万元。至 2005 年 12 月，年末实有房屋建筑面积 21.07 万平方米，其中公共建筑面积 12.63 万平方米。住房使用面积 18.49 万平方米，住房居住面积 12.64 万平方米。集镇建成区面积 85 公顷。2004 年，归州新集镇获“湖北省文明乡镇”称号。2005 年获湖北省小城镇规划建设管理楚天杯奖。

水田坝乡　该乡新集镇位于袁水河边土地岭。1995 年 5 月 25 日开工建设。至 2002 年 12 月，房屋竣工面积 3.98 万平方米，完成投资 923.97 万元。至 2005 年，新集镇房屋实有建筑面积 14.24 万平方米，其中公共建筑面积 6.36 万平方米。住房使用面积 12.1 万平方米，居住面积 8.54 万平方米。单位及居民房屋建筑累计完成总投资 4 584 万元。集镇建成区面积 26 公顷。

泄滩乡　该乡新集镇位于杨家坪，1996 年 10 月 25 日开工建设，至 2002 年 12 月 31 日，单位在新集镇建房竣工面积 1.89 万平方米，完成动态投资 1 675.51 万元。居民建房竣工面积 2.5 万平方米，完成动态投资 803.92 万元。至 2005 年 12 月，新集镇年末房屋建筑面积 5.85 万平方米，其中公共房屋建筑面积 2.29 万平方米。住房使用面积 4.97 万平方米，居住面积 3.51 万平方米。集镇建成区面积 15 公顷。

沙镇溪镇　该镇新集镇位于大岭村三星店。1994 年 12 月 14 日动工建设，至 2002 年 12 月，完成总投资 1.4 亿元。其中，基础设施建设 3 322.15 万元，单位及居民房屋建设 5 858.59 万元。至 2005 年年底，年末实有房屋建筑面积 19.07 万平方米，其中公共建筑面积 7.61 万平方米。住房使用面积 16.21 万平方米，居住面积 11.44 万平方米。集镇建成区面积 61 公顷。2001 年，新集镇建设获湖北省小城镇规划建设管理楚天杯奖。2002 年 3 月，荣获“湖北省文明乡镇”称号。

两河口镇　该镇新集镇位于离原集镇 2 公里的太坪庵。属非移民集镇，因老集镇滑坡搬迁。2000 年 6 月动工建设，至 2005 年年底，新集镇实有房屋建筑面积 11.46 万平方米，人均住房使用面积 21.64 平方米，居住面积 15.29 平方米。集镇建成区面积 34 公顷。

郭家坝镇　该镇新集镇位于郭家坝村崔家湾。1995 年 7 月 10 日开工建设，至 2002 年 12 月，新集镇基础设施建设动态投资 3 770.43 万元。单位在新集镇建房竣工建筑面积 6.99 万平方米，建房总投资 5 763.77 万元；集镇居民建房面积 15.43 万平方米，完成投资 841 万元。截至 2005 年，集镇建设总投资 1.5 亿元，其中基础设施建设投资 5 000 万元；房屋建筑面积 9 万平方米，累计投资 4 350 万元。集镇建成区面积 52 公顷。

二、老集镇改造

杨林桥镇　该镇1985年春开始集镇街道扩建，街宽由原来的4米扩展为8米，长由500米延伸至1 000米。1996年，集镇主干道铺设水泥路面800米，扩展排水沟500米。2003年2月以后对集镇街道改造，先后投资10万元，新修下水道3处、600米；增铺排水管涵4处、500米；改造集镇公厕2处；组织民间资金350万元，修建停车场1个。修建农贸市场1个。至2005年，集镇累计房屋建筑面积14.05万平方米。住房使用面积11.94万平方米，居住面积8.45万平方米，公共建筑面积6.02万平方米。集镇建成区面积55公顷。

梅家河乡　该乡1993年投资11万元扩建集镇街道，由原来的3米宽扩展为5.5～6米。硬化主干道330米。1994年修建集镇排污沟2条、90米；2004年，投资4.5万元，修建文教区排污防洪沟352米。至2005年，集镇房屋建筑面积累计3.87万平方米。其中，住房使用面积3.66万平方米，居住面积2.32万平方米。集镇建成区面积16公顷。

磨坪乡　该乡1995年投资35万元，铺筑集镇主干道水泥路面840米；投资40万元兴建集镇水厂。2000年投资3万元安装路灯30盏。至2005年，集镇实有房屋建筑面积4.88万平方米，其中公共建筑7 300平方米。住房使用面积4.15万平方米，居住面积2. 93万平方米。集镇建成区面积17公顷。

周坪乡　该乡1995年沿风（吹垭）茅（坪）公路两侧建成集镇新街，长370米，宽10米。1996年投资6万元，安装路灯25盏，铺筑混凝土路面370米，建排污沟450米；2004年投资2万元，改造公厕1座。至2005年，集镇实有房屋建筑总面积9.99万平方米，其中公共建筑面积1.5万平方米。住房使用面积8.49万平方米，居住面积5.99万平方米。集镇建成区面积20公顷。

第二节　场镇村庄

一、场　镇

2005年，全县已建成具有一定规模的场镇有兰陵溪、楚王井、大岭坡、大浴池、肖家坪、聚鱼坊等6个场镇。

兰陵溪场镇位于长江南岸茅坪镇兰陵溪村，1996年4月开工建设，当年12月竣工，建设总投资377.95万元。建成区面积1.51公顷。房屋建筑面积3 700平方米。场镇内有搬迁单位8家，搬迁人口50人。

楚王井场镇位于长江南岸郭家坝镇楚王井村，1996年开工建设，2000年竣工。房屋建筑总面积1.2万平方米。2002年投资90万元在场镇内建成占地4 000平方米教学综合楼一栋。

大岭坡场镇位于长江西陵峡北岸原香溪镇盐关村3组，1997年8月开工建设，2002年完成基础设施建设。至2005年，场镇内建房总户数达到41户，建筑总面积1.14万平方米。

聚鱼坊场镇位于周坪乡聚鱼坊村3组，2002年4月动工建设，2004年12月完成场地平整和基础设施建设。至2005年年底，共有45户190人在场镇内建房，建筑面积1.01万平方米。场镇建成区面积1.32公顷，完成场镇建设总投资504万元。

除以上4个移民搬迁新建场镇外，还有位于沙镇溪新集镇西北部14公里处的大浴池和位于梅家河乡的肖家坪两个老场镇。大浴池场镇于2001年年初开始改造，完善基础设施建设。先后新建村委会办公楼、文化活动室、住宅楼、商业门店等。至2005年，新增房屋建筑面积3 660平方米。肖家坪场镇内，先后投资80万元，建成青坪小学教学楼、综合楼，建筑面积1 883平方米。投资12万元，兴修防洪沟 1 200 米。

二、村　庄

1990 年统计，全县共有自然村庄 4 298 个，其中村委会 468 个。当年建住房的 4 579 户，房屋竣工面积 54.95 万平方米，其中楼房 54.95 万平方米。年末实有房屋建筑面积 503.44 万平方米，年末实有居住面积 251.94 万平方米，人均居住面积 6.68 平方米。至 2005 年，全县共有村庄 2691 个，当年建房户数 1 610 户，当年竣工房屋建筑面积 35.05 万平方米，其中楼房 35.05 万平方米；年末实有房屋建筑面积 1 095.9 万平方米，其中楼房 943.14 万平方米；年末实有住房居住面积 456.35 万平方米，人均居住面积 13.93 平方米，比 1990 年增加 7.25 平方米，增长 1.09 倍。村庄建设与三峡工程移民迁建紧密结合，高起点设计，高标准建设，建成部分设计科学、建设规范、基础设施完善配套的新型村庄。至 2005 年，全县已建成标准化村庄有：茅坪镇银杏沱、归州镇贾家店、水田坝乡董家祠堂、沙镇溪镇香炉山、梅家河乡郑家岭、郭家坝镇杨家龙等村庄。位于长江南岸的茅坪镇银杏沱村庄，有“大坝库首第一村”之称。村庄迁建实施统一规划设计，统一配套建设，统一组织管理，成为三峡水利枢纽工程库区村庄迁建典范和对外宣传窗口，先后数次接待党和国家领导人及中外游客 8 000 人次。该村庄 1996 年开工建设，1997 年进入全面施工阶段，完成场地平整 10 公顷，建成房屋总面积 13.1 万平方米。至 2005 年，村庄内共 674 户建房，房屋建筑面积 12.13 万平方米，村庄建设总投资 538.6 万元。

第四章　城镇绿化

老县城归州由于街面窄，城区内空地少，绿化主要以庭院花台为主，没有大面积草坪和行道树等大规模的园林绿化，人均公共绿地仅 1.41 平方米，总绿化面积仅 1.8 公顷。新县城建设按照规划高起点、建设高标准、资金高投入的要求进行园林绿化，将新县城建设成为花园式园林城。1996 年，县政府印发《秭归县城镇绿化实施细则》。2000 年，县委、县政府确立 2001 年创建省级园林城市、2003 年创建国家级园林城市的目标。至 2005 年，秭归新县城公共绿地面积达 166.7 公顷，人均公共绿地 13.18 平方米，绿地率 36.08%，绿化覆盖率 37.68%。乡镇集镇园林绿化纳入集镇建设的重要内容，特别是新搬迁的集镇，坚持科学规划，重点投入，建成一个个生态型、花园式集镇。至 2005 年，全县 12 个乡镇集镇绿化覆盖面积达 180.75 公顷。

第一节　县城绿化

一、街道绿化

1996 年冬，在新县城建东大道庙嘴等地进行栽植行道树基础工作，按 1.2×1.2 米规格完成挖穴任务。翌年春天，建平路、平湖四路、平湖五路的行道树进行定植，栽植品种及规格为胸径 6 厘米的樟树。平湖大道、屈原路主干道两边为 2.5 米绿化带，均种植四季常青草坪马蹄筋，树木以红繼木、瓜子黄杨球为主，用 1.5 米左右的棕榈突出绿化层次，四边以常青小叶女贞作绿篱，并适当配置月季、一串红等花卉。两边人行道全部栽植四季常青、耐污染、具芳香的樟树作行道树，人行道两边各开辟 4 米绿地，种植草坪及常青雪松。至 1998 年 10 月，道路绿化覆盖率达 33.3%。平湖大道和屈原路两条主干道共栽植树木 10 个品种、2 854 株；栽绿篱 2 万米、9.6 万株；栽花卉 4 个品种、3.04 万株；植草坪 3 个品种、2.14 万平方米；安装抗旱水管 3 200 米，绿化总投资 110 万元，总投工 1.5 万个。建东大道、丹阳路、橘颂路等 11 条次干道的绿化主要以栽植行道树为主，辅之以少量的草坪和绿篱。至 1998 年 10 月，累计栽植行道树 3 310 株，草坪 1 100 平方米，绿篱 948 株，投资 65 万元，投工 21.4 万个。

1999 年春，投资 100 万元，从浙江省义乌市园林场购进胸径 14 厘米大规格樟树 3 000 株，将原定植在平湖大道、长宁大道、丹阳路、西楚路、天问路两旁胸径 6 厘米小樟树全部置换。

2001 年春，历时 50 天，总投资 75 万元，完成屈原路绿化改造工程。共栽植胸径 10 ~ 12 厘米桂花行道树 250 株，各类灌木苗木 16 万株，建花岗岩贴面花坛 89 个，植雪松 90 株，紫薇 180 株，回填客土 2 500 立方米。

2002 年 10 月 28 日，长宁大道绿化改造工程动工，总投资 77 万元。花坛全部改用花岗岩贴面，花坛总面积增加到 5 100 平方米，比改造前增加 3 000 平方米。花坛以流线型的“十大功劳”带将片植的金叶女贞、红继木分隔开来，形成黄、绿、红的鲜明三色对比。通过修剪定型，形成高（金叶女贞）、中（十大功劳）、低（红继木）三层立面。绿化带中央以雪松、柑橘球、红继木球等间隔种植，形成主骨架。整个花坛形成带状，高低错落有致、色彩鲜明。当年 12 月 15 日，县园林绿化管理所在长宁大道花坛内移植古桩盆景 42 株。其中，嫁接紫薇 34 株，金弹子 7 株，大叶女贞 1 株。当年 11 月，历时 30 天，投资 8 万多元，完成平湖大道绿化改造工程。主要对原有植物进行合理调整，栽植黄檗球 128 株，柏树球 131 株，紫薇 161 株，金叶女贞 2 303 株，红叶小波 2 302 株，雪松 39 株，麦冬草 2.96 公顷，抽槽换土 2 569 立方米。

二、公共绿地

至 2005 年，新县城建设各类公共绿地 15 万平方米（不含夔龙山森林公园），累计投资 366 万元。

位于县直机关综合办公大楼前的长宁广场，是市民休闲娱乐的中心广场，占地面积 0.9 公顷。广场至县直机关办公大楼台阶左右两侧对称布置马尼拉草草坪，台阶中间由两条绿化带成等距离将台阶纵向分割成 3 部分，绿化带对称栽植金叶女贞等花卉草木。广场周围绿化以草坪为主，树木为辅，花卉点缀，坡面种植观赏草坪 0.26 公顷，为美国高羊茅草籽撒播育成，左右两侧草坪绿地 0.22 公顷，栽植铁树、雪松、桂花等树木 415 株，绿篱 650 株。

图 4-4-1：橘苑广场绿化

位于橘苑小区的橘园广场，2001 年建设，2004 年 3 月进行大规模改造。该广场充分体现屈原文化和楚文化特色，集休闲、健身、文化交流为一体。它由一座廊桥将两片绿地连为一个整体，廊桥、廊亭、廊架等园林建筑采用仿新滩古民居风格。绿化突出植物造景，以两株胸径 40～45 厘米的高大桂花树为主景，精选 4 个园林石作点缀，植物配置以乔木为主，选用本地特色树种桂花、石榴、冬青、紫薇、对节白腊等，并从库区 175 米以下水位区域移栽红豆、银杏、黄果树等名贵树木于广场内，采取乔、灌、草合理搭配，充分发挥园林生态造景功能。（图 4-4-1）

一些公用小型空闲地的绿化以园林小品为主，成为县城绿化中的点睛之笔。位于迎和路与丹阳路交汇处的园林小品以休闲为主，树种为金竹、柑柚、紫薇等，配以假山、弯曲卵石小路，面积 360 平方米；县防保中心门前 200 平方米的园林小品以观赏美化为主，麦冬草坪作底衬，两边布置两株铁树、中间配置一个银薇古桩，并在其中布置一个雕刻有“橘颂”字样的天然江底石和一个经过人工打磨而成的球形江底石，相映成趣；位于橘颂路庙嘴三岔路口的园林小品，面积 970 平方米。以一株大桂花树为主景，树下置天然江底石，铺装高羊茅草坪，片植金叶女贞、红继木等，沿挡土墙种植火棘形成绿篱墙，绿地以本地木瓜作篱圈成一个整体，形成较强的视觉效果。

三、单位绿化

1998 年，新县城组团绿化实行统一规划，统一施工，统一管理，投资由组团内单位筹集或分摊。秭城开发有限责任公司开发的 E 组团投资 30 万元，换土 0.22 公顷，种植草坪 0.43 公顷、树木 100 株、绿篱 3 320 株。县城乡建设环境保护委员会组团由各单位出资 24 万元，换土 0.3 公顷，植草坪 0.42 公顷，植树 1 245 株，植绿篱 0.26 公顷，建成“者者居”小游园。各单位办公、住宅楼房前屋后空闲地绿化由各单位投资，自行负责，按绿化率不低于 30%完成绿化任务。至 1998 年 6 月，有县新城建设管理委员会、城乡建设环境保护委员会、审计局、土地管理局、农牧局等 35 家机关和企事业单位对附属地进行绿化，共栽植草坪 1.55 公顷，植树 3 840 株，植绿篱 0.24 公顷，绿化率 32.4%，超过规划标准。2000 年，全城掀起大规模春季义务植树和“大树进城”活动，共植树 8 824 株，其中植大树 75 株，树种以桂花、紫薇为主。2001 年，单位累计植大树 202 株，建园林小品 40 个，植空闲地带绿化草皮 1.2 公顷。2001 年 8 月，县政府通报表彰县委办公室、县政府办公室及县地方税务局、城乡建设局、林业局、卫生局、土地管理局、实验中学等 23 个单位为园林绿化优秀单位，评选出县新城建设管理委员会雕塑、县职业教育中心假山、茅坪镇城乡建设环境保护所假山喷泉、县地方税务局聚贤亭、县第一中学中心广场等 5 个园林景观精品项目。

第二节　集镇绿化

1991 年，除老县城归州镇外，全县 7 个建制镇共有园林绿地面积 4.52 公顷，人均公共绿地面积 2.01 平方米。8 个乡集镇共有园林绿地面积 1.03 公顷，人均公共绿地面积 1.18 平方米。1999 年，库区搬迁集镇完成公共绿化面积 0.56 公顷，植行道树 910 株。库区外集镇新增绿化面积 0.58 公顷，植行道树 557 株。至 2005 年，全县集镇绿化覆盖面积 180.75 公顷。其中，园林绿地面积 93.01 公顷，公共绿地面积 48.54 公顷。建制镇人均公共绿地面积 9.67 平方米，乡集镇 2.54 平方米。乡镇集镇绿化规格最高的属沙镇溪镇，按照“集镇园林化，街道园艺化，单位庭园化，家庭盆景化”的总要求，统一规划，分户实施。2000 年开展大规模绿化广场建设，植大桂花树 13 株，行道树 250 株。集镇中的“长岭长廊”建有六角亭 1 个、四角亭 2 个，建城墙 600 米，栽广玉兰、油桃、塔柏 40 株，绿化面积 0.79 公顷。桥头长廊建有四角重檐亭 1 个，仿古围墙 300 米，栽海桐球 50 株，柑橘树 250 株。

街头建绿地 12 处，面积 0.89 公顷，栽樟树 600 株，植盆景 300 盆，植草皮 0.2 公顷，并植有铁树、黄杨球、含笑等 50 个品种的树木。沿大岭路两侧栽植樟树 750 株，建花坛 150 个，植盆景 400 盆，植草皮 0.3 公顷，定植月季、迎春、兰草、玫瑰、牡丹、满天星、海棠等 150 个品种的花草 1.5 万株。沙镇溪镇中心区建有三星广场，占地面积 0.34 公顷，是居民娱乐休闲场所。广场内设置 60 米长的弧形休息长廊，上设廊架，青藤缠绕，霓虹灯网覆盖，下设青石条凳。场内四角建有造型各异的花坛，用灰白色花岗岩镶嵌，坛内栽植樟树、雪松，树周点缀名贵花草 5 000 株。大岭路三面绕过广场，公路与广场形成环形绿化带。至 2005 年，沙镇溪镇集镇绿化面积达 8.8 公顷。

第五章　城市管理

老县城归州主要是在市容市貌上加强管理。1995 年，在老县城开展大规模的市容整顿，拆除乱摆摊点 36 处，将县电影院改建成农贸市场，改变菜农及小商贩沿街摆摊叫卖的状况。新县城建成搬迁后，由县城建管理监察大队负责市容市貌管理，开展综合治理，按照“坐商归店、零摊归位、集贸归场、划行归市、堵疏结合”的方针，经常性开展执法检查。坚持教育与处罚并重，使城市管理走向规范化管理轨道。1999 年，新县城茅坪被评为第三次全国城市环境综合整治优秀县城，同时被省爱国卫生委员会命名为“湖北省卫生城”。2001 年年底，成立县城市管理局，专门履行城管监察、园林绿化、综合执法、环境管理等职责，使城市管理进一步走向规范化、科学化、专业化。

第一节　市容管理

一、综合治理

1990 年 12 月，成立县城建管理监察队。1999 年 10 月，更名为县城建管理监察大队，由其负责市容市貌等城市管理工作。1998 年 8 月 20 日，县政府发出《关于茅坪城区全面禁止燃放烟花爆竹的通告》，自 1998 年 10 月 1 日上午 8 时起，除县殡仪馆外，茅坪城区范围内全面禁止燃放烟花爆竹。1998 年 9 月，县城搬迁结束后，市容管理力度加大。1999 年，清除茅坪九里电杆上乱设的广告 53 处，拆除政府组团、橘苑小区乱搭遮阳篷

图 4-5-1：清除“牛皮癣”

6 起，拆除平湖大道、屈原路、屈原东路、屈原西路等违章标语牌、横幅、条幅 20 多处，清除乱堆乱放 10 多处，处理乱摆摊点 30 起，拆除各居住小区乱搭瓦棚 16 起，面积 320 平方米。2000 年，先后组织两次规模较大的城市环境综合整治行动。当年，新县城被建设部评为第二次全国城市环境综合整治先进县城。2002 年 10 月，按照县政府“坐商归店、零摊归位、集贸归场、划行归市、堵疏结合”的方针，规划橘颂、茅坪小区两个夜市场以及橘颂铝材加工市场、建东大道洗、修车市场和茅坪小区的两个小百货市场；增设屈原西路、平湖北路、信合宾馆、医疗中心、二医院附近 5 处水果摊位经营点；设置茅坪小区大型车辆临时停靠点，规范出租车辆及货运车辆停靠场所。2003 年 8 月，成立市容市貌集中整治领导小组，并组成工作专班，从 9 月 1 日开始，9 月 23 日整治结束。共分宣传教育、强制整改、回访复查 3 个阶段进行。（图 4-5-1）

二、行政执法

1994 年，先后在城区进行执法监察 94 起。1995—1999 年，共查处单位和个人违章乱搭乱建建筑物 648 起，建筑面积 8.67 万平方米，其中依法强制拆除 94 起，面积 6 767 平方米。2001 年，查处乱搭乱建房屋 46 起，建筑面积 2 726.5 平方米。2002 年上半年，县建设局组织人员对九里至新县城所有城市规划区域内的“半拉子”工程进行清理，共清查“半拉子”工程 56 起，总建筑面积 1.43 万平方米。7 月，对“半拉子”工程下发拆除及督促整改（含续建）通知书。当年，强制拆除 11 起，拆除面积 200 平方米，下达行政处罚决定书 30 份。2003—2005 年，共查处乱搭乱建建筑物 749 起，结案 673 起，结案率 89.85%。

第二节 城市环卫

一、环卫管理

1998 年前，老县城环卫由归州镇环卫管理所负责。1998 年 9 月，县城整体搬迁后，新县城环卫由茅坪镇环卫管理所负责。2002 年 1 月，茅坪镇环卫管理所更名为县环卫管理所，划归县城市管理局管理。

1998 年 8 月，县政府办公室印发《秭归县城“门前三包”责任制管理暂行办法》，即对各单位和个体户门前实行包环境卫生、包绿化、包治安秩序。每年由环卫管理部门与各单位和个体户签订“门前三包”责任书，并进行检查评比，定期通报。2001 年，由茅坪镇与城区各单位签订“门前三包”责任书 600 多份，工商行政管理部门与城区临街个体工商户签订责任状 520 份，并一季度一检查评比。2004 年以后，新县城物业管理市场化，各单位绿化管理、环境卫生等均由物业公司承包管理。

1998 年 9 月，县城搬迁结束后，茅坪镇环卫管理所负责新县城街道清扫。环卫工人实行划段清扫、分片管理、责任到人、流动检查管理制度。1999 年，新县城城区清扫面积 36 公顷。至 2005 年，清扫面积增加到 65 公顷，环卫工人增加到 135 人，人均清扫面积 0.48 公顷。

1998 年，新县城由摆放在城区各点的垃圾集装箱储存垃圾，再由环卫所用垃圾集装车将垃圾运至滨湖路填埋。至 2005 年，县城的垃圾收集清运方式有 6 种：垃圾桶收集，由垃圾压缩车每天收集清运 1 次，可自动装载；垃圾箱收集，由垃圾集装车每天清运；果皮箱收集，由垃圾集装车清运；垃圾集并房收集，由垃圾收集车每天清运 1 次；垃圾池收集，由垃圾摇臂车每天清运 1 次；沿街道门店定时收集，每天上午 6 点半、8 点，下午 2 点、7 点，由垃圾收集车定时 4 次沿街收集清运。1999—

2001 年共收集清运垃圾 5.64 万吨。2002—2005 年，每年收集清运垃圾 3 万吨。

1998 年，县城共建水冲式公厕 10 座。当年 10 月，县城乡建设环境保护委员会、茅坪镇政府联合印发《秭归县城公共厕所管理暂行办法》。县电力公司每年对每座公厕免费提供 30 千瓦时用电，县自来水公司对每座公厕免费供应 30 立方米水，茅坪镇环卫管理所指定专人进行管理。至 2001 年，城区公厕增加到 14 座，其中水冲式 10 座。2003 年 6 月—2005 年年底，县环卫管理所对城区公厕实行承包管理，由承包人负责管理并收取费用。但由于多种原因，部分公厕没有开放，多数难于收取费用。

二、环卫设施

1994 年，老县城归州镇环卫管理所有环卫车 2 台。1998 年，茅坪镇环卫管理所拥有专用摇臂车 2 辆，“神牛 25”拖拉机 1 台。当年在城区街道旁设置果皮箱 255 个，新增垃圾箱 30 个，兴建垃圾集并房 2 个。1999 年 4 月，县新城建设管理委员会投资 47 万元、茅坪镇政府投资 15 万元，兴建环卫综合楼 1 栋，11 月竣工验收投入使用，建筑面积 1 000 平方米。当年修建垃圾集并房 10 个，环卫所共有专用摇臂车 2 辆，洒水车 1 辆，拖拉机 1 台。2000 年，新购置环卫专用摇臂车 1 辆。县城修建 565 吨/日的临时垃圾填埋场，更换主街道不锈钢果皮箱 50 个，普通垃圾箱 185 个。2001 年，城区内新安装果皮箱 36 个。2002 年，投资 30 万元进行环卫设施改造，建垃圾中转房 3 间两处，建落差式中转房 1 个，购密封式垃圾车 1 辆，清洁车 1 辆。2003 年，新购置后装式压缩垃圾车 1 辆。2004 年，县环卫管理所增加三轮车 1 辆，面包车 1 辆。2005 年实有环卫机械车 12 辆。城区内共设置垃圾集装箱 5 个，垃圾箱 84 个，垃圾桶 220 个，果皮箱 380 个，垃圾集并房 17 间，垃圾池 67 个，落差式中转房 1 间。

2002 年 5 月，新县城垃圾处理场动工兴建。该场位于城郊九里村铜包观，距县城中心区 6 公里，占地 7.33 公顷，总库容 60 万立方米，设计处理规模为 70 吨/日，服务年限为 16 年，采用国内通行的卫生填埋工艺。工程主要建设内容有重力式黏土压实垃圾坝防渗工程、渗漏液收集工程、填埋库区导气排气工程、附属建筑物及配套工程。主要设备有挖掘机、推土机、环保压实机、自卸汽车、洒药车、垃圾收集车等设备。该场一期工程于 2002 年 12 月底竣工，2003 年 6 月，通过国家组织的综合验收，并被评为市优工程，完成投资 2 190 万元。县城垃圾处理场于 2003 年 6 月投入运行并划转给县城市管理局管理。

第三节　绿化管理

一、日常管理

新县城内绿化管理由县园林绿化管理所负责，主要进行病虫防治、整形修剪等管理。病虫防治经历 3 个时期：2000 年前，由于各种绿地多为新建，且苗木矮小，病虫危害较轻，仅用两台机动背负式喷雾器即可防治；2000 年后，随着树木长大，病虫危害加剧，将 2 辆洒水车分别改装成 6 匹马力（约 4.4 千瓦）柴油机喷雾器进行病虫害防治，但仍有局部地区病虫暴发严重难以控制；2004 年后，县园林绿化管理所成立城区园林植物病虫综合防治课题小组，对城区主要病虫进行全面监测，提供病虫防治适宜期预报资料，为城区内园林植物病虫防治提供科学依据，使病虫防治工作走上科学、合理、安全、高效之路。

绿化树木花卉整形修剪以平湖大道、屈原路、长宁大道道路绿化带为重点。每年年初春植物生长开始后，开始修剪，每月至少一次，尤其在五一、十一等节庆时，街上绿篱、色块均保持整齐美观的外貌。平湖大道绿篱修剪一贯保持平滑整齐风格；屈原路女贞球成品字形，海桐球保持圆球形，片植的十大功劳、红继木则修剪成平面；长宁大道根据设计要求，将金叶女贞、十大功劳、红继木修剪成高、中、低三层立体平面，呈现色差效果；长宁大道 42 株古桩盆景则按照盆景的技术要领保护苍古、遒劲、嶙峋奇特之势。行道树的修剪主要按定干、疏枝、控高 3 部分进行，2002—2004 年，县园林绿化管理所对城区 1 万株行道树进行一次全面修剪，以保持行道树树冠高大美观，疏除内膛病弱枝条，使之通风透光。（图 4–5–2）

图 4-5-2：为行道树喷洒药水灭虫

二、绿地保护

1996 年，县政府制定《秭归县城镇绿化实施细则》。2001 年 8 月 22 日，县第十四届人民代表大会常务委员会第 19 次会议审议并通过县政府提出的《关于保护城区绿地的议案》，确立全县第一批永久性保护绿地长宁广场、夔龙山庄游园等共 35 宗 130.13 公顷。其中，已建成的 20 宗 82.86 公顷，即将建设的 15 宗 47.27 公顷。对列入永久性保护目录的公共绿地，任何单位和个人不得擅自占用或改作他用，如确需在永久性保护公共绿地中建设绿化设施外的建（构）筑物，应经县政府审查后，提请县人民代表大会常务委员会审议通过。

三、城市森林保护

新县城建设开始后，便将新县城范围内的夔龙山、凤凰山等森林纳入保护范围。1993 年 7 月，县林业局抽派人员到县新城建设指挥部，与风景园林组合署办公，负责城区森林防护，严禁乱砍滥伐，防止森林火灾和病虫害发生。连续 3 年，县新城建设指挥部、新城建设管理委员会共拨专款 15 万元用于森林保护，每年聘请专职护林员 4 人。1995 年 7 月，县园林所接受森林保护任务，制定护林公约，设立护林标牌 12 块，护林员减至 2 人。1995 年 10 月 9 日，夔龙山电视转播塔右侧 100 米处发生森林火灾，过火面积 1 000 平方米，损失幼树 50 株，县新城建设管理委员会组织人员及时扑灭。当年 12 月，补种橡树种子 75 公斤，恢复烧毁植被。1997 年夏季，夔龙山、凤凰山发生大面积马尾松松毛虫危害，致死树木 340 株，县新城建设管理委员会与县林业部门联系，采取飞机播撒药物防治，保护成片森林。2001 年春，夔龙山森林公园再次发生松毛虫灾害，由县林业局牵头进行飞播灭虫，但效果不理想。6 月，县园林绿化管理所投资 1.5 万元，在夔龙山森林架设电线，在显眼开阔地段安装灯光诱蛾设施灭虫，效果良好。2005 年，新县城城区内列入保护的森林资源 43.33 公顷。其中，夔龙山 23.33 公顷，凤凰山 6.67 公顷，金缸城西楚工业区 13.33 公顷。

第六章　建筑业

建筑工程设计以县规划建筑设计院为主，1986—2005年，该院共完成1 100多个建筑工程项目设计。同时，新县城和新集镇建设吸引众多外来高资质的设计单位和施工单位，为新县城建设和新集镇建设作出一定贡献。县建设行政主管部门加强建筑施工管理，严格执行施工许可、招标投标、工程监理等制度；严格工程质量监督管理和安全生产管理。县内建筑施工企业经历从国营到民营的改革历程。至2005年，县内只有4家有资质的民营建筑施工企业。在新县城和新集镇建设中，县内外建筑施工企业建设出一大批规模宏大、设计新颖、外观漂亮、质量优良的建筑工程，创造出秭归城乡建设历史的辉煌。

第一节　建筑设计

一、设计单位

1979年，县基本建设委员会成立后，内设设计室。1985年6月，更名为县建筑勘察设计室。1989年，经省计划委员会、建设厅审查，县建筑勘察设计室获国家丁级建筑工程设计证书。1993年5月，县建筑勘察设计室与县城镇规划勘测设计室合并为县规划建筑设计院。1995年，省建设厅批准县规划建筑设计院扩大营业范围，资质为建筑工程丙级，可设计15层以下、24米跨的工业和民用建筑。2002年12月31日，改制为民营科技型企业，更名为天宇建筑设计有限公司。

1987年成立县城镇规划设计室，1991年11月更名为县城镇规划勘测设计室。1993年5月与县建筑勘察设计室合并。1995年4月，建筑设计与规划勘测分离，重新组建县城镇规划勘测设计室，被审定为丙级规划设计单位，主要服务于村镇建设。2001年改制更名为县丹阳规划设计事务所。成为专业从事城市规划设计、市政设计、地形地籍测绘的民营企业。资质为规划丙级、测绘丙级。

此外，县内还有县粮食建筑设计室和县旅游建筑设计室，曾获丁级建筑设计资质，从事3层以下建筑工程设计。皆因技术力量薄弱，先后于1995年、1998年吊销资质。

二、设计成果

新县城动工修建前，县内建筑工程绝大多数是由县建筑勘察设计室（县规划建筑设计院）设计。如老县城归州的织布厂、吴家沟酒厂、皮鞋厂、布鞋厂、棉织厂、印刷厂、工商银行、农业银行、工人俱乐部、法院审判庭以及县水泥厂、龙江水泥厂、纸厂、三峡化工厂等，其中层数最高为8层，工业厂房跨度为12～18米。其间，走出县外，设计兴山县农行综合楼、木器厂、农具厂、粮站、医院以及神农架百货公司、镇政府等几十个项目。新县城建设开工后，县规划建筑设计院承担乡镇集镇80%、新县城60%的设计任务。如层高10层的县土地管理局办公楼、建筑面积达2.17万平方米的县邮电局办公楼等。1986—2005年，县规划建筑设计院（天宇建筑设计有限公司）共完成建筑工程项目设计1 162个。

1995年后，县内两家重点设计单位先后完成部分集镇、场镇、村庄和库区移民安置居民点的详细规划；完成郭家坝镇庙垭村、周坪乡峡口村等5个村的农业综合规划；完成郭家坝、沙镇溪等乡镇及新县城部分路段的道路施工图设计和排水工程设计。2002年，县建设局在完成县城总体规划修编和县域城镇体系规划编制的基础上，重点进行县城至郭家坝集镇沿江路经济社会协调发展综合规划、金缸城片区控制性详细规划、县城近期建设规划等三大规划的编制工作。2003年，完成港口岸线、三峡物流中心控制性详细规划和归州、沙镇溪、郭家坝、梅家河、磨坪、杨林桥6个乡镇集镇的总体规划修编，全县规划覆盖率进一步提高。2004年3月，《沿江路社会协调发展综合规划》《金缸城片区控制性详细规划》《秭归县县城近期建设规划》经专家组评审通过，形成正式成果。

除县内规划设计单位设计外，1995年后，中南勘测设计院、中南市政设计院、中南建筑设计院等30多家县外高资质规划设计单位进入县内建筑设计市场，为新县城建设和乡镇集镇建设承担部分设计任务。1995年，由省规划设计院设计的新县城总体规划获全省村镇规划一等奖；沙市规划设计院设计的新县城橘苑小区建设试点规划和新县城风景园林区规划分别获得全省村镇规划二、三等奖。省城市规划设计研究院设计的郭家坝镇修建性详细规划获2001年全省村镇建设优秀设计项目规划设计二等奖。

第二节 施工管理

一、施工许可

1991年，在全县推行“施工许可证”制度。1993年对茅坪青龙大厦等6处无“施工许可证”工程进行查处。1994年4月，对芝兰乡九渡溪小学等7处无证施工工程进行查处。1995年，先后对武汉市广源建筑装饰工程公司承建的三峡商贸综合楼B栋工程、郭家坝楚王建筑工程公司承建的平睦河小学教学楼及住宅楼等工程、湖南韶山市二建公司承建的屈原镇经济委员会总公司大楼、周坪乡建筑公司承建的周坪乡界垭小学、中铁十一局中南工程公司承建的香溪磷酸厂前期工程等未办理“施工许可证”擅自施工的工程，分别进行处罚。1996年，对中建七局五公司等4家施工企业承建的5个未办理“施工许可证”的工程进行补办手续处理。1998年10月，对石首市第一建筑公司承建的屈原镇新城公司综合楼、县大发实业公司承建的屈原镇农贸市场无证施工问题进行处罚。2003年9月，县建设局对全县范围内在建工程进行检查，17项在建工程全部依法办理“施工许可证”。1995—2005年，全县共办理“施工许可证”770个，其中2005年办理“施工许可证”项目28个，总投资3 248万元，建筑面积5.9万平方米，办证率100%。

二、招标投标

1988年12月，县政府行文规定：建筑面积在700平方米以上或投资额在10万元以上的工程项目，均应公开招标。当年12月，县城乡建设环境保护局首次组织对投资400万元的秭宜铁合金厂进行公开招标，参加投标的有3家施工企业，县建筑安装公司中标。1995年，县城乡建设环境保护委员会成立招标投标管理工作领导小组。在建设管理股设立办公室，负责招标投标具体工作。1996年，实行招标投标建筑工程26个，建筑工程招标率100%。县政府机关综合办公楼从设计到施工招标，被市建设委员会评价为全市第一个最规范的招标工程。工程设计有10家单位投标，后由中南建筑设计院中标。建筑施工有25家施工单位报名，5家单位投标，后由江苏正泰建设集团宜昌二处中标。1999年8月，成立县建设工程交易管理中心。2000年，成立县建设工程交易管理中心招标管理领导小组，并建立建设工程招标投标评委库，共有评委21人，2004年增加到30人。2004年，县建设工程交易中心从县建设局迁至县行政服务中心办公，对投标单位采取随机抽签确定，评标方法实行量化打分，评委的产生在开标前1小时从评委库中随机抽签确定。实行招标投标全过程监督，确保公开、公平、公正，杜绝暗箱操作。1999—2005年，实行公开招标建设工程项目300个，其中2005年14个，招标率100%。

三、工程监理

1993年8月，县新城建设指挥部组织制定《秭归县新县城建设基础设施工程质量监理实施暂行办法》。新县城城区规划范围内的道路、桥涵、场地平整、给排水等施工项目，均实行工程质量监理制度。1996年5月20日，香溪镇人民政府委托水利部长江水利委员会水利水电开发公司移民工程监理部为香溪集镇基础工程建设实行工程监理，自此，移民迁建乡镇均实行工程监理。全县建设工程监理面达100%。1998年9月，成立县长宁建设监理有限责任公司，是县内唯一一家监理企业，承担县内大部分建设工程监理任务。同时，先后有水利部长江水利委员会水利水电开发公司移民工程监理部、江苏省建筑科学院中南监理部、荆州同诚鑫监理部、市方正监理部等县外监理企业与建设方签订合同，实行工程监理。县建设行政管理部门加强对监理部门的管理，随时检查，发现问题，及时查处。2004年，县建设局对县内15家监理企业进行检查，发现少数监理人员职责不清、签证不全、安全措施不到位、现场监理人员不到位等问题，针对查出的问题，分别对荆州同诚鑫监理部给予通报批评并罚款1 000元，对市方正监理部给予通报批评并罚款2 000元以及两年内不得在秭归承接监理业务等处理。

四、定额管理

1992年前，建设工程预决算管理工作是全县建筑市场管理的薄弱环节。工程造价偏高现象较为严重，造成建筑市场秩序混乱，损害施工企业和建设单位利益。1992年11月，成立县建设工程定额管理站，全县建设工程造价管理工作逐步加强。至2005年，县建设工程定额管理站共转发各类定额管理文件35个，印发材料价格信息25期，调解处理40起建设方与施工方在定额管理方面引起的争议。经过服务、指导、管理，有效遏制建设市场出现的分解定额、一项多套、高套定额、不套定额、提高造价、高估冒算等不正当行为，维护建筑市场秩序。同时，县建设工程定额管理站还为县政府机关综合办公楼、养路费征稽所办公楼、医疗中心2号和3号住宅楼、实验中学综合楼、广播电视局综合楼、沙镇溪镇金属硅厂宿舍楼等780个建筑工程直接编制预（结）算。

第三节　质量管理

一、监测能力

1985年，县建筑工程质量监督站成立。1986年8月，县建筑工程质量检测站成立。1993年5月，二站合并为县建筑工程质量监督检测站（简称县质监站，下同），承担建筑工程质量监督和检测工作。2005年有员工12人。其中，高级工程师3人，国家注册监理工程师1人，工程师3人，助理工程师3人。能承担18个产品、41个参数及常用建筑材料及其制品、建筑结构构件以及地基土、水、电、配合比等项目设计，承担建筑施工现场所用材料的委托检测、抽样检测及仲裁检测等。开展的检测项目已拓展到交通道桥、电力长途输变电、水利工程、地质灾害治理和水污染环保治理等领域。

二、质量监督

县建筑工程质量监督站成立后，每年进行建筑工程质量检查两次以上，发现问题及时处理。工程竣工后，均要接受质量检测验收，认定合格后方可交付使用。1993 年组建县质监站后，加大质量检查和问题查处力度。1997 年是新县城建设高峰期，当年接受质量监督检测的新开工工程 248 个，受监覆盖面 100%。县质监站共开展各项建筑材料、半成品检测 1.79 万次，查处不合格材料 630 次，送检材料检测合格率 96.7%，全年查处不同程度、类型的质量问题 332 起。1999—2005 年，县质监站共进行质量监督检测工程 339 个，建筑面积 68.69 万平方米，共查处质量问题 5 168 起，下发整改和处罚通知书 238 份，罚款 1.36 万元。1993—2005 年，全县共接受监督工程 967 个，经验收合格工程 726 个，合格率 75%。1998—2005 年，先后有武汉新洲十建宜昌分公司承建的秭城公司商住 5 号楼、武汉铁路顺达实业公司一处承建的橘苑小区红橙园 7 号住宅楼、江苏正泰建设集团宜昌二处承建的县政府机关综合办公楼、重庆永泰建筑公司宜昌分公司承建的县工商行政管理局办公楼等 4 项工程分别获湖北省优质工程；另有 35 项工程获宜昌市优质工程。

第四节　建筑队伍

一、县内企业

县内建筑施工企业经过改制均变为民营企业，至 2005 年，县内取得资质的建筑施工企业有县腾达建筑有限责任公司、县辉宇市政有限责任公司、县开明建筑有限责任公司、沙镇溪建筑有限责任公司 4 家企业。

县腾达建筑有限责任公司　1992 年 7 月，成立县建筑工程总公司，为工民建二级资质等级，主营工业与民用建筑，注册资金 1 260 万元。下设 10 个分公司，2 个工程处，8 个项目部。共有从业人员 1 328 人，总公司在册管理人员 10 人。截至 2001 年 1 月，总公司成立 8 年，累计完成施工产值 3.2 亿元，施工总建筑面积 87 万平方米，上缴利税 1 500 万元，创县级优良工程项目 25 个，市级优良工程项目 4 个。2001 年 3 月后改制，2002 年 3 月结束，原公司破产后重组为民营企业——县腾达建筑有限责任公司。新公司注册资本 618 万元，具有三级施工企业资质。2005 年公司有员工 200 人，工程技术、管理人员 45 人。其中，项目经理 22 人，高级技术职称 3 人，中级技术职称 35 人。该公司 2003 年被县建设局评为先进单位；2004 年被县政府和省工商行政管理局分别评为重合同守信用企业，被省政府列为企业景气监督点。

县辉宇市政有限责任公司　1979 年前建立县建筑工程公司，1985 年获建筑四级企业资质，有职工 135 人，固定资产 30.5 万元。公司拥有各类建筑机械设备 28 台（套），179 马力（约 131.6 千瓦）。1986 年，全年完成产值 93 万元。1988 实行承包经营责任制，当年完成产值 229.64 万元。1994 年年初更名为县市政工程公司，公司全力投入新县城市政设施建设，当年完成产值 760 万元，利税 30 万元，完成产值是 1993 年 65 万元的 11 倍多，职工年均收入从上年的几百元上升到 3 000 多元。1996 年产值达 1 100 万元。1997 年改为股份制企业，更名为县市政有限责任公司。1999 年 3 月，公司改制重组。2001 年 4 月，公司改制结束，原公司职工吴传菊以 170 万元购买清算后的剩余资产，组建民营企业——县辉宇市政有限责任公司。

县开明建筑有限责任公司　1980 年 5 月，由煤炭矿山富余人员组建县燃化建筑队。1983 年 5 月，更名为县建筑安装公司。该公司逐年壮大，1981 年完成总产值 42 万元，1985 年总产值 110 万元，职工 96 人。拥有机械设备 36 台（套），450 马力（约 330.9 千瓦）。当年被省建设厅批准为建筑四级企业资质。1986 年产值达 127 万元，实现利润 10.36 万元。当年升为三级建筑企业。1988 年 1 月 1 日起实行承包经营责任制，当年完成总产值205.39万元。1992年更名为县建筑工程总公司一公司。1994年参与新县城建设，当年完成产值1 250万元，比上年的300万元增长3.16倍。当年公司投资78万元，添置设备15台（套）。1998年改制为股份合作制企业，更名为县建筑工程总公司第一有限责任公司。改制后，新县城建设接近尾声，加之企业债务沉重，效益逐年下降。2001年3月公司申请破产。2003年1月破产重组结束。原公司部分职工联合购买原公司残值，组建民营企业——县开明建筑有限责任公司。新组建公司注册资本625万元，为建筑三级企业。拥有各种建筑机械设备111台（套），1 740千瓦；有职工180人，管理人员38人，技术人员46人，其中，中级以上技术职称15人；项目经理14人，有三级以上项目经理10人。年产值2 400万元以上。

县沙镇溪建筑有限责任公司　1976年，西陵区建立西陵建筑队。1989年，西陵区公所更名为沙镇溪镇人民政府，镇内4家建筑企业合并组建沙镇溪建筑队。1997年更名为沙镇溪建筑有限责任公司。2002年资质为建筑施工三级企业。至2005年，公司职工209人。其中，高级职称7人，中级职称46人，初级职称61人，项目经理15人，大专以上学历15人。拥有资产总额871万元，其中固定资产419万元。有塔吊、装载机等大中型机械设备388台（套）。年完成产值1 500万元以上，利税100万元以上。该公司承建的泄滩乡政府办公楼、香溪公路段综合楼、沙镇溪中学教工宿舍楼被市建设局授予“夷陵杯”奖，并被评为安全文明达标工地。

二、外来企业

1992—1998年，先后有19家外来建筑施工企业承建秭归新县城基础设施建设工程42项，有55家外来施工企业承建新县城房屋建设工程154个，建筑总面积74.35万平方米。外来建筑施工企业中规模较大、承建工程较多的企业有重庆市欣宏建筑有限责任公司秭归分公司、重庆市华升建筑工程（集团）有限公司秭归分公司等。

重庆市欣宏建筑有限责任公司秭归分公司　该公司是一家二级建筑施工企业，公司总部设重庆市开县，1992年在秭归县注册成立分公司。分公司共有员工230人。其中，持证上岗项目经理26人，高中级职称36人，中级以上技术工人145人。拥有各种工程机械270多台（套）。该公司先后在县内承建各类建设工程20多个。其中，房屋建筑总面积15万平方米，浆砌毛石挡土墙5万立方米，排水工程1 500米，路面铺筑50公里，总投资2亿元。所有竣工验收项目工程质量优良率达90%以上，其中归州镇政府办公楼、县人民法院审判大楼、教育局办公楼、自来水公司办公楼、郭家坝集镇道路建设等工程，荣获宜昌市“夷陵杯”奖，同时获得宜昌市评为安全文明达标工地。

重庆市华升建筑工程（集团）有限公司秭归分公司　该公司于1996年在秭归县注册，并进入县内建筑市场。公司先后承建房屋建筑工程10多个。该公司先后创县优工程7个、市优工程2个、省优工程1个。获宜昌市“安全文明施工现场”称号4个。2003年被县建设局评为先进建筑企业。

第五节　特色建筑选介

一、房　屋

县政府机关综合办公楼　坐落于长宁大道中段及长宁广场以北，1997年6月6日开工，1998年7月18日竣工。由中南建筑设计院设计，江苏正泰建筑集团公司宜昌二处承建。设计为独立柱锚杆基础，9层全框架，全现浇混凝土结构。占地面积1 500平方米，建筑面积1.28万平方米，长82.2米，宽 16.8 米，高 40.8 米，58 根独立柱锚固在花岗岩石基础上。总投资 3 310 万元。办公楼内设 2 部电梯通道、中央空调和办公自动化、火灾自动报警、消防、微波通信以及门卫监控系统。楼内装饰为铝合金轻钢龙骨石膏板吊顶，内墙涂抹乳胶漆、镶嵌陶瓷地砖、铝合金窗、水曲柳板包门，楼梯花岗岩板材饰面。外墙陶瓷面砖，蘑菇云墙基。2 层下以花岗岩石材贴面，点缀镀膜隐形玻璃幕墙，1 楼大厅地面为艺术花岗岩石材装铺，高雅庄重。9 楼观台配以正面楼形灯饰，造型美观。办公大楼配有轮廓灯、投光灯，节假日与长宁广场浑然一体，形成美丽的夜景景观。

财政局综合大楼 位于平湖大道与平湖二路交汇处的东北侧，为欧式风格设计。1999 年 9 月 12 日开工，2000 年 12 月 28 日竣工。市建筑设计研究院设计，宜昌金信公司承建。占地 1 510 平方米，建筑面积 5 906 平方米，工程总投资 800 万元。该楼为钢筋混凝土框架结构，基础为独立柱基，主体工程为 11 层框架结构。外墙为白灰相间的真石漆饰面，顶层为一半椭圆形轻钢壳体屋盖，呈尖锥形。大楼内装饰为铝合金轻钢龙骨石膏吊顶，墙面涂抹乳胶漆。大厅、梯道和各层通道以花岗岩石材饰面，楼层房间铺设陶瓷地砖、铝合金窗、欧式压花内门。

体育馆 位于文教区。市三峡建筑设计研究院设计，公安县利达建设工程集团公司、泰安市天幕装饰中心承担主体和装饰工程建设。2002 年 8 月开工建设，2004 年 10 月竣工。建筑面积 4 925 平方米，总投资 850 万元。体育馆长 93 米，宽 68.6 米，檐高 6.3 ~ 14.8 米。主体结构为框排架 2 层，四周为圆柱；屋面为正方四角锥下弦支承钢网架；屋面采用 EPS75 厘米乳白色轮质夹心面板和灰白色弧形房盖；四周饰以深色全隐玻璃幕墙、大玻璃窗、钢化白色玻璃地弹门；设置 4 个出入口和 4 个疏散、休息平台。主体建筑 1 层为附属用房，2 层布置比赛厅和观众厅，饰以玻璃棉毯吸声墙面和光带灯光。比赛厅为现浇整体塑料地板，大厅和卫生间铺装地板砖地面。

二、小 区

橘苑小区 位于县城中心区，是仿“新滩民居”设计建造的仿古建筑群落，属全国第四批城市住宅小区建设试点。由县建筑规划设计院与宜昌三峡建筑设计院联合设计。布置成四大组团：金橘园、红橙园、黄果园、橘香园。规划用地 16.5 公顷，建筑面积 16.26 万平方米。其中，小区公共建筑用地 8 800 平方米，住宅建筑 15.38 万平方米，建住房 2 190 套。房屋设计为白墙、黑瓦、坡屋顶、马头墙。采用吊脚楼形式，解决停车、储藏、室内防潮等问题。通过台地错落、丰富小区空间景观。1996 年 3 月，县秭城公司率先进行“红橙园”安居楼建设，铺开“红橙园”12 号、13 号和“黄果园”1 号、2 号楼等 4 栋住宅楼建设工地。随后相继开工项目 24 个，建筑面积 11.69 万平方米，总投资 4 824 万元。（图 4-6-1）

图 4-6-1：橘苑小区

归州商贸文化步行街 分一、二期工程。一期工程位于新县城中心丹阳路。荆沙市规划设计院规划设计。建筑风格体现楚文化风格和老县城归州宅院风情的造型特征，分户建房，商居两用。1999 年 11 月 28 日开工，2001 年 10 月工程竣工。街长 370 米，占地 2.08 公顷，总建筑面积 2.28 万平方米。街道依山就势，由低而高，参差错落，起伏有致。街内建设采用仿古园林设计，楚汉风格造型。建筑房屋 64 栋，门店 155 个。房屋统一设计为四坡顶黑筒瓦屋面，白粉墙，兰漆彩绘，朱红漆门，鼓式立柱。街西入口为仿古归州城门——“瞻夔门”，街面青石铺地，出口为仿古归州城门——“迎和门”。二期工程位于滨湖路，客运公司以西，为开发商建设的商住楼。由三峡坤达实业有限公司规划设计，兴山县实业建筑有限公司秭归分公司承建。2003 年 3 月 28 日开工，2004 年 12 月 28 日竣工。占地 2.65 公顷，建筑面积 2.27 万平方米，工程总投资 730 万元。建房 55 栋，层高 3～5 层。临滨湖路街面入口仿建古归州城门——“景贤门”。其房屋建筑风格均与一期工程一样。

三、仿古建筑

三峡大坝兴建后，库区内被淹没的古祠堂、寺庙、民居、桥梁等有价值的古建筑集体迁建于茅坪新县城凤凰山，形成仿古建筑群落。凤凰山古建筑群占地 25.2 公顷，建筑面积 1.09 万平方米。由河南省古建筑保护研究所设计，省大冶殷祖园林古建公司、湖北太岳园林古建公司等承建。2001 年下半年，第一个古建筑试点项目——江渎庙开工，至 2005 年，已先后在新县城凤凰山完成文物古建筑复建 1～4 期工程，复建项目 21 个，投资 920 万元，建筑面积 5 805 平方米。先后建成江渎庙、杜氏宗祠、王氏宗祠、郑万瞻老屋、彭树元老屋、郑万琅老屋、郑韶年老屋、郑书祥老屋、刘正林老屋、三老爷老屋、郑启光老屋、游县长老屋等老屋，紫光阁、屈原故里牌坊等坊阁，惠济桥、江渎桥、屈子桥、千善桥等古桥。

第七章　房地产业

1978 年 8 月，正式成立县房地产公司，成为专门的房地产管理机构。房地产管理重点以加强房屋权属管理、公房管理、物业管理等为主。1986 年全县开展房屋普查，摸清全县城镇范围的房屋基本情况。1987—1990 年全面开展房屋产权登记发证工作，逐步建立完善房屋产权登记管理制度，提高人们对房屋产权登记的法律意识。先后于 1994 年和 1997 年两次进行住房制度改革，1995 年年底共参与住房制度改革 4 673 户，出售公房金额 2 540 万元。县城搬迁后，住房制度改革进一步深入，县政府制定完善配套政策，促进住房由福利化分配向货币化分配过渡。至 2002 年，全县彻底终止住房福利性分配政策，全面实现住房商品化、市场化。同时加强对住房资金的管理，成立住房资金管理中心，归集住房公积金，开展住房公积金个人贷款业务。加强房地产开发，服务人民群众，取得一定经济效益和社会效益。

第一节　住房制度改革

一、改革历程

1994 年 4 月，县政府行文成立住房制度改革领导小组。同时组建工商银行、农业银行和建设银行 3 个银行的房地产信贷部。1994 年 4 月 9 日，县政府主持召开县直机关住房改革动员大会，拉开住房制度改革序幕。县直及归州镇从4月1日开始，确定县机关事务局、归州镇为试点单位。从6月1日始进行库区乡镇住房制度改革工作。9月1日后，两河口镇等6个非库区乡镇开展住房制度改革工作，两河口镇、杨林桥镇列为试点单位。至1994年12月，全县应开展住房制度改革的有16个乡镇，89个县直一级单位，398个产权单位。实际开展16个乡镇，89个县直一级单位，356个产权单位，占89%。部分亏损或处于破产边缘企业未开展住房制度改革。全县购买公有住房4 673户，建筑面积26.09万平方米。办理租房手续1 215户，租用面积5.1万平方米，月收租金1.63万元。应发产权证356个产权单位，4 680户，实审核发证351个产权单位，4 580户。

1997年5月20日，县政府召开住房制度改革工作办公会议，研究全县第二轮住房制度改革工作。当年完成县直120个单位房屋测量和房价评估工作。1999年完成县直30个单位和沙镇溪、郭家坝、水田坝、泄滩、归州、屈原6个库区乡镇80多个单位、1 200多户房屋测绘评估工作，共审核多种表格6.13万份。同年，公房出售全面启动，至2002年年底，全县共有205家县直单位及库区6个搬迁乡镇的8 750户干部职工购买住房，共购房8 750套，面积70万平方米，金额2.13亿元。全部实现公房出售由标准价向成本价过渡，1994年购房70%产权向100%产权过渡，并全部发放产权证。住房制度改革自2002年底结束。随后，房屋买卖全部进入市场，彻底取消福利分房制度。

二、住房资金

至1994年6月16日止，全县购房户2 859户，租房户836户，48个单位签订购房协议书，售房款第一次到账852万元。至1994年12月20日，全县共归集出售公房资金2 540.43万元。1997年第二轮住房改革开始后，出售公房力度加大，当年归集售房款2 221万元。至2002年年底，全县共归集售房款2.13亿元。县直单位及14个乡镇住房制度改革资金全部足额归集到指定银行，再划转到县住房资金管理中心。按政策规定，第一轮住房制度改革售房款全部返还，共返还1 037万元给房屋产权单位，用于在新县城建房。

1994年4月，开始推行住房公积金制度，起步时公积金缴交率为职工基本工资的3%。从1995年7月1日起，住房公积金的缴交率提高到职工基本工资的5%。到1994年12月20日，全县已有5 717人办理住房公积金手续，月交公积金4.6万元，全年归集公积金14.52万元，当年缴存到账50%。至1996年年底，建立公积金制度的单位达364个，应实行公积金的个人为1.67万人，落实1.35万人，占81%。参加职工人数达1.12万人，全年归集公积金324.62万元。至2002年，全县有282个单位，1.07万名职工交纳住房公积金累计3 517.66万元，其中当年630万元。1994—2005年，归集公积金累计6 499.81万元，其中当年1 352.06万元。2002年3月，首次开展住房公积金抵押贷款业务。至2005年12月，县住房资金管理中心累计向1 753户干部职工发放贷款6 564.5万元。贷款方式采用房产抵押或公积金质押方式。

第二节 房产管理

一、登记发证

1985年7月，县房地产公司对县城归州进行房屋普查登记，于1985年12月底完成。共完成23万个数据和303万字的文字说明，完成16.1万个项目的普查登记。普查结果为：归州镇有房屋1 387栋，总建筑面积38.71万平方米，人均居住面积15.4平方米；普查县直135个单位，居住总面积8.63

万平方米，人均 9.06 平方米。1986 年上半年，经宜昌地区房屋普查办公室检查验收合格，颁发房屋普查合格证书。

1987—1990 年，县房地产公司完成归州镇房屋登记发证工作。同时对全县各乡镇、村庄的住户住宅等情况进行深入调查。调查结果为：1990 年村庄建房 4 579 户，当年竣工房屋建筑面积 54.95 万平方米；当年减少房屋建筑面积 5 200 万平方米；1990 年年末实有房屋建筑面积 503.88 万平方米，年末住房居住面积 251.94 万平方米，人均居住面积 6.68 平方米。1991—1992 年，完成香溪、郭家坝、茅坪、沙镇溪、新滩、两河口、杨林桥等乡镇集镇部分房产清理、登记、发证工作。1993 年，完成泄滩、屈原等乡机关、团体、企事业单位所有房屋产权登记、发证工作，共登记、发证 136 户，房屋面积 14 万平方米。1994—2005 年，全县共登记发证 1.18 万户（个），房屋面积 268.65 万平方米。（见表 4-7-1）

1994—2005 年秭归县房屋产权登记发证情况表

表 4-7-1　　　　　　单位：户、万平方米

年份	登记单位或户数	房屋面积	年份	登记单位或户数	房屋面积
1994	73	8.67	2001	2 316	39.93
1995	134	15.91	2002	1 500	30.2
1996	94	12	2003	715	15.09
1997	120	7.52	2004	359	6.68
1998	268	9.18	2005	843	14.8
1999	2 130	34.16	合计	11 798	268.65
2000	3 246	74.51			

二、公房管理

1978 年 8 月，县房地产公司成立时全县共有直管公房 1.62 万平方米。至 2002 年年底，县房地产管理局共管理房屋 12 栋，建筑面积 1.53 万平方米。其中，住宅楼 8 栋，建筑面积 1.25 万平方米；非住宅楼 4 栋 2 805 平方米。1980—1981 年，先后有县土产日杂公司等 9 家单位进行翻修扩建，增加建筑面积。直管公房租费的收取，主要采取房管员按月上门收取，房租费拖欠严重。至 1978 年，归州镇有欠租户 125 户，金额达 8 000 多元。县房地产公司成立后，加大房租收缴力度，将任务分解落实到人，实行目标奖惩，房租收费率保证在 99%以上。搬迁新县城后改为与租户签订合同，由租户定时到房管部门交付租金，房租收缴率达 100%。

单位自管公房由各单位自行收取房租，1994 年前每平方米只有 0.02～0.08 元。1994 年 4 月 1 日后，每平方米提高到 0.32 元。至 1994 年 12 月，全县自管公房共办理租房手续 1 215 户，面积 5.1 万平方米，月收租金 1.63 万元，年收租金 19.56 万元。自管公房的小型维修经费由单位自筹解决，财政供养单位大型维修由财政划拨专款维修，企业从留利中解决。

三、物业管理

1995 年 3 月 15 日，全县成立第一家物业管理机构——秭城建设开发公司物业管理处，属秭城公司内设机构。2001 年 8 月 30 日，物业管理处一分为二，成立县景宏物业管理公司和县中天物业管理公司。2002 年 10 月 28 日，县隆发物业有限责任公司成立。2003 年年底，县中天物业管理公司归并

到县隆发物业有限责任公司。

1997 年 7 月，县宏宇物业有限责任公司成立。管理范围：建设小区、县交通局宿舍楼、水土保持局宿舍楼、房地产管理局宿舍楼等 29 个单位。共有 32 栋房屋，建筑面积 16.76 万平方米，绿化面积 2.43 万平方米，居民 1 539 户。

1998 年 11 月，县政府机关事务中心物业部成立。1999 年 5 月更名为县直机关物业管理中心。管理范围：县政府等单位的 26 栋房屋，共 800 户 2 400 人。总建筑面积 7 万平方米，绿化面积 3 200 平方米，附属设施建筑面积 3 万平方米。

1999 年 3 月，县环宇物业服务部成立。2002 年 6 月，更名为县环宇物业有限责任公司。管理范围：县政法系统等 45 家单位，共 102 栋房屋 2 100 户 6 300 人。房屋建筑面积 40.8 万平方米，绿化面积 15 万平方米。

第三节　房产交易

一、交易鉴证

1990 年 7 月 17 日，设立县房地产交易所，当年办理房地产买卖鉴证 4 件，面积 739.3 平方米；1991 年又办理买卖鉴证 6 400 平方米，房地产交易鉴证工作开始起步。1992 年，房地产市场管理范围扩大到归州、茅坪、香溪、沙镇溪、新滩、郭家坝 6 个镇，全年共完成房屋交易鉴证面积 4 200 平方米，买卖鉴证 38 件，成交额达 165.4 万元。1993 年，县房地产交易所与工商行政管理部门、公安部门联合对房地产市场交易活动进行清理，进一步完善归州、香溪、沙镇溪、茅坪等城镇房地产市场管理工作，全年开展房地产买卖鉴证 14 件，面积 3 361.1 平方米。1999 年在加强交易市场管理的同时，积极开拓和培育住房二级市场，规范交易当事人行为，杜绝私下交易活动。全年共办理房屋买卖登记鉴证 45 件，面积 1.88 万平方米，成交额 1 117 万元。2000 年成立房地产交易中心。全年共办理房地产买卖鉴证 334 件，成交面积 3.78 万平方米，成交额 2 454.04 万元，并完成住房市场交易鉴证 120 件。2001 年共完成房地产交易 330 件，面积 2.92 万平方米，成交额 1 693.6 万元。2002 年，对房地产市场进行为期 6 个月的整顿。对严重损害消费者利益、严重违法违规经营企业进行查处，对信誉好的企业给予政策支持，协助企业完善资质手续。至年底，共完成房地产转让登记 470 件，转让房地产面积 6.29 万平方米，成交额 2 394.85 万元，并保证国家税收足额入库。2003 年完成房地产转让登记 576 户 7.21 万平方米，成交额 3 865.41 万元。2004 年完成转让登记 832 户，面积 9.51 万平方米，成交额 5 756.55 万元。2005 年完成转让登记 493 户，面积 7.3 万平方米，成交额 5 149.24 万元。

二、房屋租赁

1990 年 12 月 4 日起，县房地产交易所开始办理房屋租赁登记手续。当年完成房屋租赁登记 74 户，面积 3 587.39 平方米。1991 年办理房屋租赁登记 107 户，面积 5 200 平方米。1992—1994 年共办理房屋租赁登记 730 户，面积达 2.75 万平方米。1995 年 5 月 9 日，建设部颁布《城市房屋租赁管理办法》，当年办理房屋租赁登记手续 197 户，面积 5 858.2 平方米。1996—1997 年，完成归州、香溪、水田坝、茅坪、沙镇溪 5 个乡镇的房屋租赁登记，共 449 户，累计建筑面积 4.7 万平方米。1998 年，县城由归州迁至茅坪后，县房地产交易所暂时停止城镇房屋租赁登记工作。

第四节　房地产开发

新县城建设开始至 2005 年，县内从事房地产开发建设的企业共有城镇综合开发公司等 5 家公司，开发商品房累计 27.4 万平方米，已销售 24 万平方米。开发类型有住宅、商业门店、商场、办公楼、宾馆、农贸市场等。

城镇综合开发公司　该公司主要在新县城开工后从事房屋开发经营，共开发建设 3 个项目：和平饭店、县城乡建设环境保护委员会组团的 5 栋点式结构商品房、步行商业街，累计完成建筑面积 4.37 万平方米，已全部售出和投入使用。由于债务沉重，1999 年破产。

秭城建设开发有限责任公司　1993 年 11 月 8 日成立。至 2002 年 4 月，先后开发建设秭城园小区、橘苑小区，与合资企业联合开发秭城民营经济园区和秭归商业城等项目，完成建房 27 栋 871 套，建筑面积 7.05 万平方米，实现产值 6 073 万元，销售总额 3 364 万元。1999 年后，公司经营连续亏损，于 2002 年 6 月宣告破产。

珍城房地产开发有限公司　该公司先后投资 2 029 万元，开发商品房 5.67 万平方米，其中 2001 年投资 343 万元，建成平湖家园商住楼，有住房 45 套，门店 25 个，总建筑面积 6 858 平方米，全部售完，销售收入 700 多万元，上缴税金 40 多万元。2002 年投资 430 万元，开发建成凤凰家园商居楼，有住房 72 套，门店 31 个，总建筑面积 1.17 万平方米，至 2005 年已售出住房 60 多套，销售收入 900 万元，上缴税金 60 万元。2003 年投资 1 256 万元，建设房屋面积 3.82 万平方米。另外，该公司还在新县城私营经济园区开发土地 5.3 公顷，建成 5 个大平台，水、电、路等基础设施配套，供外来户或县城居民建房用地，至 2004 年土地已全部售完。2004 年开发橘颂商住楼，建筑面积 8 200 平方米。2005 年开发建设阳光商住楼，面积 7 600 平方米。

金城实业有限责任公司　先后投资 800 多万元，累计开发商品房面积 1.68 万平方米。其中，茅坪镇农贸市场商居楼投资 400 万元，建筑面积 7 200 平方米；金城商住楼投资 90 万元，建筑面积 1 080 平方米；茅坪宾馆投资 309 万元，建筑面积 2 500 平方米；茅坪小区农贸市场共开发面积 6 000 平方米。

腾达房地产开发有限责任公司　先后投资 300 万元，开发建设陈安公寓商住楼两栋，建筑面积 6 200 平方米。有住房 36 套，门店 10 个，车库 8 个，至 2005 年已售出住宅 33 套，收入 200 万元，上缴税金 40 万元。

第八章　环境保护

县内自然环境优美，境内崇山林立，空气清新，有“天然地质博物馆”之称。但随着人口逐年增多，资源开发节奏加快，工业、交通运输业、城镇建设快速发展，随之带来一系列环境问题，环保工作逐步得到各级领导高度重视，成立环保机构，制定环保政策，管理力度逐步加强。

全县地方工业以轻工、煤炭、建材等门类为主，“三废”（废水、废气、废渣）污染较为严重。1984

年后，对“三废”污染陆续进行治理。新县城迁建以后，全县加大环保工作力度，随时加强环境监测，开展污染治理。1997 年，关闭 15 种污染严重企业 38 家，“三废”污染逐年减少。1998 年 11 月，秭归县被列为全国第一批生态环境建设重点县。2000 年 1 月，秭归县新县城被建设部评为第三次全国城市环境保护整治优秀县城。2003 年，全县已实现工业污染源主要污染物达标排放，县城茅坪环境空气质量优于国家二级标准，饮用水源保护区、风景旅游区水环境质量达到国家一级标准。

第一节 环境状况

一、大 气

1988 年，经监测，老县城归州空气中二氧化硫浓度年均值为 0.023 毫克／立方米，总悬浮微粒为 0.44 毫克／立方米。1996 年测得二氧化硫浓度年均值为 0.045 毫克／立方米，氮氧化物浓度为 0.006 毫克／立方米，总悬浮微粒为 0.098 毫克／立方米。1997 年开始在新县城茅坪进行大气环境监测，当年测得二氧化硫浓度年均值为 0.046 毫克／立方米，氮氧化物浓度为 0.039 毫克／立方米，总悬浮微粒为 0.178 毫克／立方米。当年第三季度，新县城空气二氧化硫日平均值为 0.005 毫克/立方米，氮氧化物日平均值为 0.01 毫克/立方米，环境空气质量达到一级标准。第四季度监测结果为二级。2001 年第四季度城区环境空气二氧化硫日平均值 0.073 毫克/立方米，氮氧化物日平均值为 0.034 毫克/立方米，总悬浮微粒日平均值 0.151 毫克/立方米，都达到国家二级标准。县城中心区、九里工业区的二氧化硫、氮氧化物、总悬浮微粒平均值都达到国家二级标准。2005 年，新县城空气中二氧化硫浓度年均值为 0.076 毫克／立方米，氮氧化物浓度为 0.026 毫克／立方米，总悬浮微粒为 0.190 毫克／立方米。二氧化硫呈逐年上升趋势，超过国家《环境空气质量标准》（GB3095-1996）之二级标准 0.27 倍，其他二项指标有所下降，达到国家二级标准。

二、地表水

1986—1987 年，在长江秭归段茅坪银杏沱采样监测。1987 年，测得长江水质 pH 值为 8.2，溶解氧 7.13 毫克/升，化学需氧量 3.05 毫克/升，五日生化需氧量 0.59 毫克/升，氨氮 0.18 毫克/升，亚硝酸盐氮 0.035 毫克/升，硝酸盐氮 1.95 毫克/升，挥发酚 0.001 毫克/升，氰化物 0.002 毫克/升，砷化物 0.004 毫克/升，六价铬 0.002 毫克/升，铅 0.003 毫克/升，汞 0.00002 毫克/升，镉 0.0001 毫克/升，石油类 0.1 毫克/升。2005 年，测得 pH 值 7.82，溶解氧 9.32 毫克/升，化学需氧量 3.17 毫克/升，五日生化需氧量 1.32 毫克/升，氨氮 0.231 毫克/升，挥发酚 0.001 毫克/升，氰化物 0.002 毫克/升，砷 0.007 毫克/升，六价铬 0.004 毫克/升，悬浮物 12.4 毫克/升，高锰酸盐指数 1.87 毫克/升，总磷 0.047 毫克/升，电导率 348.1 微西/厘米。

1990 年，测得香溪河水质 pH 值 8.51，溶解氧 7.84 毫克/升，化学需氧量 2.03 毫克/升，五日生化需氧量 0.63 毫克/升，挥发酚 0.003 毫克/升，氰化物 0.003 毫克/升。2000 年，测得 pH 值 8.55，溶解氧 8.59 毫克/升，化学需氧量 1.91 毫克/升，五日生化需氧量 0.75 毫克/升，挥发酚 0.001 毫克/升，氰化物 0.002 毫克/升，砷化物 0.009 毫克/升，六价铬 0.009 毫克/升。2003 年 6 月，三峡工程蓄水至 135 米时，香溪河水位上涨，经省环境保护局批准，取消香溪河水质监测。

1998 年县城东迁茅坪镇后，对茅坪河万家坝断面水质进行监测，1998 年测得 pH 值 8.35，溶解氧 8.62 毫克/升，挥发酚 0.001 毫克/升，氰化物 0.002 毫克/升，悬浮物 35.4 毫克/升，高锰酸盐指数 1.46

毫克/升，总磷 0.02 毫克/升。2005 年，测得 pH 值 8.03，溶解氧 9.57 毫克/升，挥发酚 0.001 毫克/升，氰化物 0.002 毫克/升，砷化物 0.011 毫克/升，六价铬 0.002 毫克/升，悬浮物 3.7 毫克/升，高锰酸盐指数 1.68 毫克/升，生化需氧量 1.20 毫克/升，总磷 0.071 毫克/升，氨氮 0.68 毫克/升，电导率 389.0 微西/厘米。根据监测结果，其地表水达到国家《地表水环境质量标准》（GB3838-2002）之三类水质标准。

三、噪　声

1985 年，对老县城归州镇监测显示：噪声相当严重，民主路织布厂门口噪声达 85 分贝。1998 年，县城搬迁至茅坪镇后测得昼间噪声 25 个测点平均值 55.98 分贝，达到国家城市区域环境标准昼间二类标准。按“GB3096-93”中的类别标准评价分析：新县城城区环境噪声超标率白天为 53.6%，夜间 92.7%，各功能区夜间噪声超标率大于 80%，声环境受到严重污染，夜间比白天污染严重，污染源主要来自建筑施工场地。城区道路交通噪声平均值为 67.87 分贝，达到城市区域环境噪声标准昼间四类标准。橘颂路、金缸城环卫测点及九里百乐城测点噪声超过四类标准。2005 年，区域环境噪声昼间平均值 53 分贝，达到国家《城市区域环境噪声标准》（GB3096-93）之二类标准；道路交通噪声昼间平均值为 66.8 分贝，达到国家四类标准。

第二节　环境监测

一、监测能力

1984 年成立县环境监测站。1987 年该站投入大量资金添置各类监测仪器，以后逐年添置或更新，已拥有“721”分光度计、电导率仪、7H-1500C 大气采样器、气象综合观测仪、等速烟尘采样器、化学耗氧量测定仪、噪声统计分析仪、微电脑中流量标准器、便携式多功能流量采样仪、离子色谱仪等仪器。至 2005 年，共拥有各类仪器 39 台（套），价值 34 万元。

2005 年，县环境监测站共有专业技术人员 4 人，平均年龄 36.5 岁。其中，大专文化程度 3 人，中专文化程度 1 人，均取得工程师技术职称。环境监测站人员坚持经过资格考试后持证上岗，并定期进行考核。自 1984 年环境监测站成立后，监测人员先后取得环境空气监测数据 1.66 万个，地表水监测数据 1.33 万个，污染源监测数据 6 106 个，其他环境质量管理监测数据 1.7 万个。

二、常规监测

水环境监测　1988 年，兴山县化工厂、兴山县峡口镇纸厂等企业将废水排放至香溪河，造成香溪河水污染。县环境监测站进行监测，向有关部门提供准确数据并提出治理建议。1993 年，对茅坪河水质进行调查和监测。1998 年，县城整体搬迁结束后，县环境监测站将茅坪河万家坝断面纳入常规监测范围，对 pH 值、溶解氧、挥发酚、氰化物、悬浮物、高锰酸钾指数、总磷等指标进行监测。2001 年，县环境监测站对地表水进行 13 个项目的常规监测，监测断面

图 4-8-1：长江水质检测

为茅坪河万家坝断面和香溪河车站坪断面，每年进行 6 次监测。2003 年开始，对三峡工程蓄水后各主要河汊进行预警监测，监测断面有青干河陕西营断面、吒溪河彭家坡断面、童庄河装卸码头断面、九畹溪漂流终点断面以及新县城木鱼岛断面等 6 个监测断面，每年监测 10 次。从 2004 年起，三峡库区水体富营养化监测由中国环境监测总站负责组织实施，县环境监测站承担境内 4 条支流和坝前木鱼岛共 9 个断面、20 个项目的监测任务。每年 3—10 月的每月上旬采样监测，监测结果直接上报中国环境监测总站和省环境监测中心。（图 4-8-1）

大气环境监测　1984 年冬，对县橙汁厂、造纸厂、水泥厂、酒厂、副食品厂、归州砖厂等 6 家企业废气排放进行监测。1991 年 4 月 1 日，县环境监测站正式对全县机动车辆进行尾气监测。1997 年，对新县城环境空气质量实行常规监测，每季度 1 次，每次设 3 个采样点。1 号点为清洁对照点，设西楚路以西的岭上。2 号点为控制点，设在新县城中心区县城乡建设环境保护委员会办公大楼楼顶。3 号点为控制点，设九里坪工业区县天然食品饮料厂。采用 5 日间断采样法，每日采样 4 次。2005 年，县环境监测站对新县城环境空气质量实行 24 小时不间断监测，监测点设县建设局办公大楼楼顶，监测项目为二氧化硫、二氧化氮、总悬浮颗粒物 3 项指标。（图 4-8-2）

图 4-8-2：新县城茅坪大气监测

噪声监测　1985 年 8 月，县环境监测站在归州城区设立 5 个噪声监测点，逐日测定记载。1998 年 2 月 12—17 日，县环境监测站在新县城采用网格布点法，设 25 个区环境噪声测点，在主要交通干道两侧设 13 个交通噪声测点，进行昼间监测。同时对湖北屈原酒厂、县矸石电厂等工业企业进行噪声监测。2005 年，县环境监测站对新县城城区环境噪声和道路交通噪声进行监测，区域环境噪声按 500 × 500 米设置 24 个监测点；道路交通噪声对平湖大道、屈原路、建东大道、长宁大道等主干道设置 13 个监测点进行常年监测。

第三节　污染治理

一、污　水

工业污水　1990 年 12 月，县政府印发《秭归县关于实行环境保护考核责任书的通知》，提出防止水污染的具体内容和实施方案。1991 年 1 月 7 日，常务副县长兼县环境保护委员会主任陈振华代表县政府与 14 个县直单位签订 1991 年度环境保护目标责任书，重点在城区抓清洁无害工厂和饮用水源保护区。

1992 年 5 月，县城乡建设环境保护委员会公布全县环境保护重点治理企业，有茅坪金矿、造纸厂、橙汁厂、屈原酒厂、精油厂等。当年侧重治理 4 家，投资 123.8 万元。治理后废水处理率 32.9%，废水排放达标率 36.3%。

1993 年 1 月 8 日，水利部在呈送中央的第 6 期《水利简报》中反映湖北省秭归县茅坪河污染严重，引起市委、市政府高度重视，责成市环境保护局于 3 月 1 日组织有关专家赴茅坪镇及有关企业调查，现场踏勘茅坪河流域，之后向市委、市政府写出《关于秭归县茅坪河污染情况的调查报告》。1995 年 9 月，县政府组织 8 家有关单位对茅坪河水污染严重问题进行专题研究，确定关、停、并、转、治、禁的治理措施，年末关停小纸厂 6 家。茅坪镇大理石厂所排废水悬浮物严重超标，县城乡建设环境保护局与该厂技术员结合厂区位置实际，采取排水渠引生产废水沉淀及循环清除沉淀办法，降低废水中悬浮物含量。1996 年 1 月，提出《茅坪河水污染综合治理工程项目建议书》，采取措施逐步治理。

1997 年年初，县政府加大取缔、关闭和停产 15 种污染严重企业力度，责令该关停的企业应在 3 月 5 日前必须关停。成立以县城乡建设环境保护局、监察局、公安局等部门参加的监督检查组，对关停单位拆除设备、吊销执照、清除原料，先后取缔、关闭、停产 28 家造纸企业。县造纸总厂是县属重点骨干企业，县政府 5 次召开办公会议专题研究转产项目，投资 510 万元，转产废纸脱墨制浆生产线及白板纸生产线，彻底解决污染问题。经过关停、整治，当年减少工业废水 198 吨，水污染物排放总量削减率 41.05%，工业废水排放达标率 50.97%。

2000 年 3 月，县城乡建设环境保护局针对县四宝纸业有限公司等 12 家重点企业超标污染源问题提请县政府下达 2000 年达标限期治理项目计划。至 12 月，治理达标 6 家，停产转产 5 家，继续治理 1 家。当年 7 月，县政府印发《秭归县城镇环境污染防治管理办法》，在全县开展排污申报登记工作，对 15 种污染严重企业进行调查，全县应取缔关停的 15 种企业共有 38 家，当年取缔关停 16 家，其中茅坪河沿岸小纸厂全部关闭，只保留四宝纸业 1 家纸厂，实现达标排放。茅坪河原酱黑色的河水开始变得清澈，水质达到地面水二类水质标准。

2001 年，全县被列入《三峡库区及其上游水污染防治规划》的工业治污项目 11 个，其中工业废水治理项目和水污染防治搬迁技改项目 6 个。总投资 9 732 万元。其中，国债投资 4 397 万元，银行贷款 200 万元，企业及地方自筹 5 135 万元。6 个项目实施后，处理工业废水 1.86 万吨/日，年减排化学耗氧量 3 029 吨、氰化物 4.74 吨。2005 年，县三金硅业有限公司经省环境保护局验收达标。另有 4 家企业向省环境保护局申请验收。

生活污水　1998 年前，全县生活污水处理设施缺乏，生活污水大多处于自然排放状态，通过下水道，直接排放到沟、河中。1998 年县城东迁茅坪后，开始治理生活污水。全县纳入三峡库区及其上游水污染防治规划的城镇污水、垃圾处理项目共 12 个，其中污水处理项目 7 个。屈原镇污水处理厂占地 0.72 公顷，日处理污水 1 000 吨，采用氧化沟工艺，总投资 1 358 万元；归州镇污水处理厂占地 0.89 公顷，日处理污水 3 000 吨，采用氧化沟工艺，总投资 1 210 万元；水田坝乡污水处理厂占地 0.13 公顷，日处理污水 2 100 吨，采用 BL 水循环处理工艺，总投资 941 万元；泄滩乡污水处理厂占地 0.13 公顷，日处理污水 1 000 吨，总投资 718 万元，采用 BL 水循环处理工艺；沙镇溪镇污水处理厂占地 0.5 公顷，日处理污水 2 000 吨，采用氧化沟工艺，总投资 1 280 万元；郭家坝镇污水处理厂占地 0.58 公顷，日处理污水 2 000 吨，总投资 1 181 万元。2002 年 5 月，新县城污水处理厂正式开工建设，厂址位于县城南青龙嘴与陈家冲之间，占地 3.8 公顷，设计规模近期日处理 2 万吨，远期日处理 4 万吨。整体工程由 11.3 公里的污水收集管道、净化污水处理系统和给排水、供电、维修、化验及配套工程组成。污染物年削减量为五日生化需氧量 949 吨，化学耗氧量 1 387 吨，悬浮物 2 万吨，总氮 109.5 吨，总磷 25.5 吨。实现雨污分流排水制，2003 年建成投入使用。2005 年，屈原、归州、沙镇溪、郭家坝 4 个污水处理厂均建成投入运行。

二、大气污染

废气　1992 年，县政府与全县 16 个乡镇及县直有关单位签订废气污染治理目标责任书，经过综合治理，归州镇大气环境质量明显改善，悬浮微粒每日平均值为 0.256 毫克/立方米，在国家大气环境质量二级标准以内。1993 年，全县工业企业水泥、砖瓦、小冶金等行业年排放废气总量 6.23 亿标立方米，工业废气排放达标量 1.91 亿标立方米，达标率 30.6%。经对归州镇、茅坪镇大气常规监测，茅坪地区大气环境较好，归州镇总悬浮微粒浓度超过国家二级标准。

县城东迁茅坪后，县政府规定新建项目必须执行环境影响评价审批制度，执行防治污染及其公害的设施与主体工程同时设计、同时施工、同时投产使用的“三同时”制度。在新县城西侧和九里坪集中设立工业区，非工业区内不建工业项目。在工业区内新建科技含量高的建设项目，淘汰污染严重的项目，由环保部门参与项目论证考察，进行环境综合评价，推广无害化处理措施，废气达标排放。1995—1998 年，县城乡建设环境保护委员会拒批大气污染重、难治理的建设项目 8 个，办理建设项目环境影响评价审批手续 40 个，环境影响评价审批制度执行率 100%，新投产项目废气均能达标排放。

1997 年，全县库区乡镇工业废气排放总量 2.9 亿标立方米，生产废气排放量 1.25 亿标立方米，净化处理废气量 3 400 万标立方米，废气处理率 20.7%。当年，根据市环境保护局规定的大气环境网点监测，新县城茅坪达国家环境空气质量一级标准。1998 年，新县城环境空气质量监测达国家二级标准。2000 年，环境空气污染以煤烟型为主，经监测空气质量达国家二级标准。2001 年，全县已实现工业废气达标排放，工业废气净化处理率 99.2%。2005 年，新县城茅坪空气质量仍达到国家二级标准。

烟尘　1984 年前，县酒厂最初有一台两吨卧式快装锅炉，因无排污防尘设施，产酒 1 吨，耗煤 3.8 吨，黑烟滚滚，空气污染严重。1984 年 2 月，在县环保部门监督下，停止使用。1984 年 5 月，该酒厂筹资 6 万元，环保部门对厂返回排污费 3 200 元，购置两吨排列式新锅炉 1 台，新锅炉具有除尘设施，使煤炭充分燃烧，黑烟变白烟。1984—1987 年，县政府机关食堂、县造纸厂、酒厂、饮食服务公司等先后更换锅炉 4 台，减少废气排放量。1988 年，归州镇推广使用民用型煤，减少居民生活排放的燃煤烟气。1990 年 4 月，县城开展创建烟尘控制区。县城乡建设环境保护局、劳动局、燃化局联合调查归州城区烟囱情况，城区有锅炉 6 台，茶水炉 11 台，大灶 32 口，烟囱排烟合格率 63%。对排烟超标的单位采取依法征收排污费，大力推广民用型煤，改换燃料种类，采取工程治理措施，烟囱超标排污的单位由 13 个降到 4 个。县第一中学、人民医院、饮食服务公司、卫生学校烟囱排烟合格率上升到 92%。1992 年，县人民医院投资 20 万元更换一台配有除尘器的锅炉，经检测，烟尘控制区内烟气黑度达标率 85%，其他指标均未超过林格曼二级。归州镇大气环境总悬浮微粒年日均值 0.256 毫克/立方米，达到国家大气环境质量二级标准。1994 年，县水泥厂投资 33 万元将原生产线的 9 个扬尘点安装封闭式收尘器，新建的 10 万吨水泥生产线，环保设备同时设计、同时安装、同时投产，投资 80 万元安装 8 台收尘器；全年回收粉尘 494.6 吨，收尘率 95%，粉尘收入 3.96 万元。1996 年 5 月，县政府作出规定：城区内锅炉、窑炉、茶水炉、营业灶和食堂大炉排放烟尘黑度必须控制在林格曼一级以下，禁止在人口集中区、居民区焚烧沥青、油毡、橡胶、皮革及其他产生有害烟尘和恶臭气味物质。归州城区烟尘控制覆盖率达 100%，各类炉灶烟气林格曼黑度 85%，环境质量明显改善。1998 年 3 月，新县城茅坪区域内禁止原煤散烧，排放烟气黑度、烟尘浓度必须达到规定标准。县城中心区、文教区、茅坪小区、风景园林区、商业区等区域烟尘浓度不超过 100 毫克/立方米，单台（眼）排烟设施正常运行时林格曼黑度不超过一级，工业集中区烟尘浓度不超过 250 毫克/立方米。全县当年烟尘排放量 2 468.7 吨，粉尘排放量 3 253.72 吨。经过治理，至 2005 年，粉尘年排放量下降到 2 460.24 吨，排放量逐年降低。

三、固体废弃物

1986 年，县橙汁厂采取变废为宝，利用废弃果皮制造芳香油，综合利用固体废物 300 吨，废物综合利用率 60%。1988 年，县城乡建设环境保护局帮助县橙汁厂对废弃果皮进行烘干处理，一天可处理鲜果皮 8.6 吨，年获利 4.2 万元，既增加企业收入，又改善厂区周围环境。县油厂年产油脚 1 200 吨，由于酶、微生物发酵而产生恶臭，既浪费资源，又污染环境。该厂 1991 年设计一套浮上沉淀分离池，年处理油脚 1.03 万吨，增收 23 万元。1994 年，县金矿尾矿堆积，该矿筹资 124 万元建成年产 600 万块砖的灰砂砖厂，将大量尾矿废渣消化利用，年创产值 120 万元。2000 年，县矸石发电厂、金山实业公司、七星水泥厂、茅坪大理石厂环保设施经宜昌市验收合格，煤渣、煤矸石等综合利用创产值 5 148 万元。年初，县城乡建设环境保护委员会下达 8 种主要污染物排放总量控制指标，年工业固体废物控制为 3 500 吨。县政府责令县橙汁厂、屈原水泥有限责任公司、油脂集团公司、腾飞磷化有限责任公司、茅坪硅酸盐建材厂等 5 家固体废物污染严重、治理无望企业依法停产转产，固体废物污染大幅减少。1998 年 7 月，在茅坪镇九里青龙嘴设临时垃圾填埋场 1 处，对城区垃圾进行集中处理，结束生活垃圾乱倒的历史。2002 年 5 月，选址茅坪镇九里村铜包观的垃圾处理场动工，2003 年 6 月投入使用，日处理生活垃圾 70 吨。2003 年 6 月，对三峡工程二期蓄水进行固体废物清理，共清理生活垃圾 95 处 12.2 万吨；工业固体废物 2 处 0.25 万吨；污泥 2 处 0.16 万吨。经省初验、国家终验合格，确保三峡库区水质安全。经统计，1979—2005 年，全县工业企业产生固体废物 231.48 万吨，采取各类措施处置 82.81 万吨，处置率为 35.77%。（见表 4-8-1）

1979—2005 年全县工业固体废物处置情况表

表 4-8-1　　单位：万吨

年　份	产生量	处置量	年　份	产生量	处置量
1979	2.75	1.8	1993	8.2	4
1980	3.2	2.2	1994	6.5	3
1981	3.3	2.3	1995	7	5
1982	5	2.2	1996	6.2	2.3
1983	5.5	2.5	1997	6.68	3.53
1984	6	3	1998	13.55	1.03
1985	6.5	3.2	1999	16.47	2.09
1986	6.8	3.3	2000	15.47	13.85
1987	7.3	3.5	2001	11.29	—
1988	7.8	3.8	2002	12.07	—
1989	8.3	4.1	2003	14.18	—
1990	8.8	4.3	2004	10.28	—
1991	9.8	4.8	2005	12.34	1.81
1992	10.2	5.2	合　计	231.48	82.81

第五篇　交通·邮电

1979 年后，全县交通事业快速发展，尤其是三峡工程兴建使全县交通事业进入黄金发展时期。自 1991 年开始，全县以库区公路复建为重点，制定“依托一条长江、构筑两大干道、沟通三级道路、建成四大港口”目标，多方筹集资金，举全县之力，经 10 多年艰苦奋战，使全县公路等级、质量、通达率全面提升。至 2005 年，全县公路形成以“一纵（香溪至堡镇省道）一横（江南沿江干线）”为主骨架，以沙（镇溪）磨（坪）等县道为干道，以乡村公路为支线，沟通国道、省道、县道三级公路网络。公路通车总里程达到 2 165 公里，路网密度 89 公里/百平方公里，其中等级公路 734 公里，干线好路率 85%。1991—2005 年，全县共兴（复）建公路 1 092.64 公里，其中库区复建公路 235.54 公里。水陆交通建设累计投资 9.6 亿元。12 个乡镇全部实现通油路，186 个村全部通公路，基本实现既定目标。县内有长江黄金水道在境内流程 64 公里。2003 年三峡大坝蓄水后，全县增加 5 条通航长江支流，通航总里程 87.7 公里。

1979—1998 年，邮政、电信合二为一。1998 年 10 月，邮政、电信分营。1999 年 11 月，成立中国移动通信集团湖北公司秭归分公司。2000 年 6 月，成立中国联通有限公司秭归经营部，2001 年 6 月改为分公司。1979 年，县内有干线邮路 12 条，单程长度 253 公里。至 2005 年，县内干线邮路 6 条，单程长度 480 公里。县邮政部门拓展市场，开办邮政储蓄、特快专递等新业务，邮政业务收入由 1979 年的 7.54 万元增长到 2005 年的 663.71 万元，增长 87 倍。电信事业快速发展，2005 年全部实现光缆传输，光缆总长度从 1979 年 3.02 皮长公里增加到 1 443.76 皮长公里；电话交换机总容量由 1979 年 1165 门增长到 2005 年的 3.62 万门；住宅电话从零开始发展到 2.77 万部。移动电话从无到有。2005 年，全县有夷陵通基站 265 个，用户 1.87 万户；数字移动基站 111 个，移动电话用户 8.4 万户。

第一章　交通线路

1979 年，全县公路通车里程 513 公里。其中，干线公路 81 公里，县社公路 432 公里。1990 年，境内陆路有省道 1 条，长 25.9 公里，县道、乡道及专用公路 211 条、1 606.81 公里。长江干流秭归段航道 64 公里，支流航道 5 条，总长 87.7 公里。共有水上航道 151.7 公里。

至 2005 年，全县公路通车里程 2 165 公里。其中，省道 216.44 公里，县道 150.08 公里，乡道 688.15 公里，村级公路 1 110.33 公里。有公路桥梁 189 座、7 062.44 延米。其中，复建特大桥、大桥、中桥、小桥 127 座、6 973.29 延米。隧道 10 座、7 360 米，涵洞 2 546 道。公路形成以国道为依托，通乡公路为干道，村组公路为支线的省、县、乡、村四级道路干支连通网络；水路建成以长江为主轴，以秭归港为龙头，以各乡镇港口为节点，以吒溪河、香溪河等支流航道为纽带的四通八达水路网络。

第一节　陆　路

一、省　道

1990年年底，县境内有省管三级干线公路宜（昌）秭（归）公路归州至游家河路段全程26.42公里。1999年12月，境内有省级公路2条，全长85.9公里。其中，等级公路75.9公里，等外公路10公里。宜（昌）秭（归）公路，自归州原县委党校至兴山县游家河，全程28.42公里。香（溪）堡（镇）公路，自香溪渡口至长阳土家族自治县滴水岩，全程57.48公里。2005年，境内省道全程计216.44公里。共有峡（口）堡（镇）路（S255）和宜（昌）巴（东）路（S334）两条线路。峡堡路，即兴山县峡口至长阳土家族自治县堡镇公路，境内全长77.41公里；宜巴路，即宜昌至巴东县公路，境内全长139.03公里。

二、县　道

1977年，城关镇至三溪河公路通车。1986年8月，茅坪至宜昌三斗坪公路通车。1990年县道通车里程达152.96公里。1999年有县级公路7条，全长202.03公里。陕巴公路，即陕西营至巴东县，全长32.94公里，为四级路；归三公路，即归州镇至水田坝乡三溪河，全长18.33公里，为四级公路；观太公路，即郭家坝镇观音阁至两河口镇太坪，全长35.14公里。其中，三级路13公里，四级路22.14公里；沙磨公路，即沙镇溪镇至磨坪乡，全长50.35公里。其中，三级路8.5公里，四级路41.85公里；风茅公路，即郭家坝镇风吹垭至茅坪镇，全长44.95公里。其中，二级公路11.81公里，三级路33.14公里；陡茅公路，即茅坪至夷陵区三斗坪镇陡山沱，全长12公里，为二级路；聚桂公路，即周坪乡聚鱼坊至屈原镇桂林村，全长8.32公里，为三级路。三峡大坝工程兴建，原县道部分被淹没，部分沿江公路与省道相连成线，与峡（口）堡（镇）线、宜（昌）巴（东）线省道连通。

2005年，共有县道5条，全长150.08公里。其中，二级路1.05公里，三级路7.42公里，四级路141.61公里。5条县道分别为：聚周路，即聚鱼坊至周坪乡公路，全长16.25公里；归水路，即归州镇至水田坝乡公路，全长32.22公里；太磨路，即两河口镇太坪至磨坪乡公路，全长28.7公里；上泄路，即水田坝乡上坝至泄滩乡公路，全长27.22公里；屈峡路，即屈原镇至兴山县峡口公路，全长45.69公里。

三、乡　道

1979年，建成部分乡道。1988年，全县有乡道22条，计243.37公里。1990年全县有乡道34条，计547.55公里。1999年全县共有乡道39条，共计里程667.22公里。其中，四级路378.46公里，等外级288.76公里。2005年，全县乡道43条，计688.15公里。其中，二级路1.41公里，三级路16.75公里，四级路437.84公里，等外级232.15公里。

四、村　道

1979年，全县村级交通落后，只有部分专用公路由拖拉机道扩建而成。1990年末，全县村级专用公路172条，计906.3公里。1999年全县有村道99条，计960.71公里。其中，四级路138.61公里，等外级路822.1公里。三峡工程兴建后，促使县内乡村公路建设速度加快。至2005年，全县186个村全部实现通公路，共有村级公路206条，1 110.33公里。

第二节　水　路

一、长江干流

长江由巴东县破石峡流入秭归县，穿县境中部，横贯全境，流程 64 公里。1998 年 8 月 18 日，三峡工程第一期大江截流后茅坪河口水位抬高到 77.4 米。2005 年，长江秭归库区内年最高水位 139 米，最低水位 135.03 米；年均水头 70.1 米；最大入库流量 6.05 万立方米/秒，最小入库流量 3 800 立方米/秒。三峡库区蓄水 135 米，淹没库岸 300 公里，江面宽度增至 400～1 500 米，百里峡江变平湖，往来舟楫入履平地，昔日“滩如竹节稠”“新滩泄滩不算滩，崆岭才算鬼门关”的状况永远成为历史。

二、长江支流

2003 年 6 月，三峡大坝下闸蓄水至 135 米后，库区水位升高 100～110 米，新增水面 124.6 平方公里，长江秭归段有回水长度 1 公里以上的支流泄滩河、青干河、锣鼓洞河、旧州河、吒溪河、童庄河、香溪河、九畹溪、曲溪、兰陵溪、杉木溪、龙马溪共 12 条，可通航回水航道里程 120.52 公里。至 2005 年，已有 5 条长江支流通航，新增通航里程 87.7 公里。分别为：青干河航道 19.5 公里，为三级航道；吒溪河 10.5 公里，其中四级航道 7 公里；童庄河航道 10.7 公里；香溪河航道 37 公里，其中三、四级航道 22 公里；九畹溪航道 10 公里，为四级航道。

第二章　交通基础设施建设

1985 年年底，全县公路总投资达 534.3 万元，共修建公路 67 条，通车里程 813.27 公里。至 2000 年，全县建设二级公路 93.52 公里，三级公路 26.42 公里，四级公路 308.766 公里；新铺油路 86 公里；建设大桥 16 座、2 668.92 延米。

1991—2005 年，全县交通设施建设投入加大，共投资 9.6 亿元，新建公路 800 公里，兴建桥梁 127 座、隧道 10 座，全县公路通车总里程达到 2 165 公里。乡镇全部通油路，所有的村通公路。水运基础设施先后建成茅坪等 8 大港区、26 个码头、37 个泊位，年货物通过能力 1 475 万吨，旅客年通过能力 415 万人次。港口装卸机械化程度大为提高。

第一节　路桥建设

一、公路复建

三峡工程兴建后，库区公路淹没，部分陆路中断，公路复建任务繁重。1995年2月，县政府成立县三峡库区交通复建总指挥部（简称县总指挥部，下同），负责库区交通复建工程建设管理工作。1999年6月，撤销县总指挥部，县交通局成立工程建设指挥部，继续负责全县交通基础设施建设管理工作。

2002年年底，全县累计完成复建公路9条，路基全长235.54公里，完成土石方总量1 240.66万立方米，砌筑挡护工程71.74万立方米，浇筑混凝土3.36万立方米，完成总投资6.28亿元。

深前路　起于屈原镇龙江水泥厂的深沟，至新集镇前山坡，县交通规划设计院设计，县交通局招标建设。新滩镇龙马溪村建筑工程队承建，1993 年 4 月 28 日动工，1995 年 4 月 28 日竣工，建成路基宽 7 米，长 2.32 公里的碎石路面公路。完成土石方 12.82 万立方米，总投资 157.36 万元。

风茅路　起于新县城茅坪，止于郭家坝镇风吹垭。交通部第二公路勘察设计院规划、勘测设计。路基工程由属地乡镇分段建设。1995年3月20日开工建设。1998年9月，全线主体工程竣工通车，县公路段实施路面沥青铺设工程。1999年11月18日，县委、县政府举行通车典礼。全线路基工程44.28公里，其中沥青路面40.49公里。道路中有桥梁17座、1 070.84延米，隧道3座、1 280米，涵洞165道。完成土石方总量255.3万立方米，总投资1.39亿元。

归峡路　起于归州镇（原县委党校），止于游家河与兴山县峡口交界处。省交通规划设计院设计。路基工程由属地乡镇负责建设，大中型桥梁由县总指挥部招标建设。1995年4月1日，归州段正式动工；6月1日香溪段动工；7月1日贾家店段动工。1999年2月，归峡路全线竣工。完成路基工程28.42公里，修建桥梁16座、320延米，涵洞65道、745延米，完成土石方341.1万立方米。2002年，由县总指挥部组织建设的全线防护工程和大中桥梁工程全部完成，工程全部竣工，总投资9 028.06万元。

茅三路　起于新县城茅坪，至宜昌县三斗坪镇堰湾。中南市政勘察规划设计院设计，新县城建设管理委员会负责建设，市公路工程总公司承建路基工程。1995年6月动工，1997年10月竣工通车。建成路基长5.54公里，完成土石方36万立方米，全部铺设为沥青路面，总投资2 758.1万元。

卜文路　起于郭家坝镇卜庄河观音阁加油站，至郭家坝镇上和坪村。县交通规划设计院设计。郭家坝镇政府承建路基工程。1996年9月动工，1998年11月竣工，完成路基全长12.97公里，兴建桥梁14座、891.12延米，完成土石方103.42万立方米，总投资4 131.53万元。

归泄路　起于归州镇卡子湾大桥桥址，至泄滩乡团包。1995年11月，按复建公路等级包干给归州镇、泄滩乡政府建设。县交通设计院设计，2001年4月全部竣工，建成路基全长21.73公里，完成土石方111万立方米，路中桥梁16座、458.64延米，总投资945.49万元。

归水路　归州镇至水田坝乡公路。1994年，县交通规划设计院按西、东双线设计。西线路段起点为原县委党校，跨卡子湾大桥，经归州镇胡家坡至水田坝乡新集镇。东线从卡子湾大桥左岸桥头至水田坝乡新集镇。由归州镇和水田坝乡按属地分段施工，2003年6月工程全部竣工，完成路基工程28.97公里，土石方110.85万立方米，兴建桥梁13座、919.92延米，总投资4 127.06万元。

金大路　沙镇溪镇金江至大岭公路。县交通规划设计院设计，沙镇溪镇政府负责建设。2001年10月动工，2002年12月竣工，建成路基7.83公里，完成土石方32.58万立方米，总投资714.77万元。

沿江路　沿长江南岸设计的复建公路。由铁道部第四勘察设计研究院和县交通规划设计院设计，分聚卜段、卡泄段（建设时与归泄公路合并建设）、沙黄段、卜沙改造段建设。聚卜段起于聚鱼坊抬上坪接风（吹垭）茅（坪）公路，止于郭家坝新集镇（卜庄河）。1996年2月8日开工，2002年5月全线竣工，完成路基工程14.49公里。路段中有中桥4座、186.89延米，隧道5座、5 184米。完成土石方76.25万立方米。总投资1.28亿元。沙黄段即沙镇溪新集镇至黄岩路段。县交通规划设计院设计，由沙镇溪镇政府组织分村建设。1999年10月动工兴建，2001年2月竣工通车，完成路基工程16.02公里。路段中有桥梁4座、134.22延米，涵洞63个，完成土石方63.62万立方米，总投资383万元。卜沙路段系改造工程。起于郭家坝镇上和坪村卜（庄河）文（化）公路复建段，止于沙镇溪新集镇。县交通规划设计院设计，县公路段施工建设，2002年3月动工，9月竣工。完成路基工程52.95公里，土石方97.72万立方米，总投资1 440.41万元。至此，沿江路除卡泄段（卡子湾大桥至泄滩乡）外，共完成通车里程83.46公里，完成土石方237.59万立方米，总投资1.46亿元。

二、公路新（扩）建

1979年，全县提出“社社通公路，消灭断头路，发展机耕路，逐步形成全县公路交通网”的目标，全县加快公路建设步伐。至1985年年底，全县县内公路通车里程达813.27公里，比1976年增加494.17公里。1985—1987年，抓住国家加大扶贫公路建设投资机遇，加速公路建设进程。3年新修扩修扶贫公路22条，243.36公里。1988年起，公路建设以养护和管理为主，提高公路等级和质量。至1990年，全县公路通车里程达1 632.71公里。1991年后，在库区交通复建带动下，围绕“乡乡通油路、村村通公路”的目标，加速已有公路等级提升，打通断头路，提高县内公路质量和通车里程。至2005年，全县12个乡镇，全部实现“通油路”目标。1991—2005年，共新修扩建县级公路9条、219.38公里，其中新修57.1公里。建设总投资1.14亿元。

1979—1990年，村级公路受资金等条件制约，建设速度缓慢，至1990年年底全县村级公路只有专用线路906.3公里。1991年后，随着经济的发展和三峡库区交通复建的带动，使村级公路建设高速发展。1990—2005年，共新修村级公路800公里，维修改造600公里。

2005年，全县186个村全部通公路，实现“村村通公路”目标。同时，村级公路等级逐步提高，全县村级公路铺成水泥路的有41条、168.61公里。（见表5-2-1）

1991—2005年秭归县新（扩）建县级公路情况表

表5-2-1　　单位：公里、万元

道路名称	起　止	里程	建成时间	建设形式	总投资
屈峡路	起于屈原镇新集镇，止于兴山县峡口镇交界处	54	2003—2005年	新建、铺沥青	1 955
峡（口）堡（镇）路观滴段	起于郭家坝镇观音阁加油站，止于长阳土家族自治县交界的滴水岩	46.48	1993—2002年	扩建、铺沥青	1 760
宜（昌）巴（东）路上两段	起于郭家坝镇上和坪村，止于两河口镇	21	2003年	扩建、铺沥青	632
宜（昌）巴（东）路两沙段	起于两河口镇，止于沙镇溪镇	13	2003年	扩建、铺沥青	698
杨云路	起于杨林桥集镇，止于原云台办事处	28	2003—2004年	扩建、铺沥青	600
芝九路	起于原芝兰乡集镇，止于九畹溪风景旅游区	10	2003年	扩建、铺沥青	408
陡茅路	起于夷陵区三斗坪镇的陡山沱，止于茅坪镇杨贵店村	12	2002—2004年	新建、铺沥青	3 500
红梅路	起于两河口镇红土岭，止于梅家河乡集镇	16	2003年	扩建、铺沥青	698
杉磨路	起于两河口镇杉树口，止于磨坪乡集镇	27.8	2003—2005年	扩建、铺沥青	1 108

三、隧道建设

图 5-2-1：建设中的风茅路隧道

库区复建公路共有10座隧道，全长7 360米。其中，长隧道3座、4 782米；中隧道2座、1 646米；短隧道5座、932米。分布于风（吹垭）茅（坪）公路3座：横墩岩、茶园坡、棕岩头。共长1 280米，开挖土石方22.87万立方米，砌筑工程3.16万立方米，混凝土2.24万立方米，投资1 894万元。沿江公路聚（鱼坊）卜（庄河）段分布5座：抬上坪、鲤鱼潭、吕家坪、马铃包、米仓口隧道。共5 184米，完成土石方40.76万立方米，砌筑工程3.67万立方米，混凝土3.65万立方米，投资9 092.32万元。陡（山沱）茅（坪）公路1座，即长岭隧道746米，投资3 200万元。林家溪至铲子岩公路建设吊岩隧道1座，全长150米，投资162万元。沿江公路聚卜路段的吕家坪隧道是10座隧道中最长的1座，由铁道部第四勘测设计院设计，隧道宽7米，全长1 824米，占10座隧道总长度的24.78%。中铁隧道局、中铁十二局一处承建，采用新奥法设计施工。2000年10月开工建设，2002年6月15日竣工。完成土石方11.65万立方米，砌筑工程1.47万立方米，混凝土0.11万立方米。（图5-2-1）

四、桥梁建设

1994 年 12 月，水利部长江水利委员会规划全县在公路复建中修建总长 100 米以上大型桥梁 9 座。1995 年 9 月、1998 年 6 月，国务院三峡工程建设委员会调整、增加秭归县复建项目总投资，总长 100 米以上桥梁复建项目增加到 17 座。县总指挥部组织桥梁隧道工程建设，委托省公路工程咨询监理中心进行监理。10 月，风（吹垭）茅（坪）公路甲类工程九畹溪大桥、陈家沟大桥、杉木溪大桥实行招标，由铁道部十一局中标承建九畹溪大桥、陈家沟大桥，湖南华湘路桥公司中标承建杉木溪大桥。至 2005 年 12 月，全县库区复建各类公路桥梁 127 座、6 973.29 延米（含自筹资金建设的升坪河桥、凉台河桥）。其中，特大桥 3 座、790.5 延米；大桥 21 座、2 692.51 延米；中桥 44 座、2 099.74 延米；小桥 59 座、1 390.54 延米。总投资 2.02 亿元，其中特大桥、大桥投资 1.57 亿元。

桥梁结构除传统的石拱桥外，建设钢筋混凝土简支T型梁、钢筋混凝土空心板、简支板、钢筋混凝土弯箱梁、钢架拱等多种结构。采用钢支架现浇、现场组装全焊、有平衡重转体施工、预制吊装等新的施工方法。桥梁中有3座特大桥，分别是九畹溪、龙潭河、青干河大桥。九畹溪大桥是风（吹垭）茅（坪）公路中的单跨特大桥。交通部第二公路勘察设计院和县交通规划设计院共同勘测设计，为双哑铃钢管混凝土拱桥。净跨160米，全长222.5延米，桥面宽9米。中铁十一局一处承建。1995年10月开工，采用缆索吊装法施工，1998年12月竣工验收。总投资1 756.56万元。龙潭河大桥是卜（庄河）文（化）公路中的单跨特大桥。净跨208米，全长256米。铁道部专业设计院设计，为四管双肋变截面中承式钢管混凝土拱结构，桥面宽9米。省路桥公司承建。1996年11月开工，采用17段吊装焊接法施工，2000年12月竣工验收。投资2 050.24万元。青干河大桥是宜（昌）巴（东）公路陕（西营）巴（东）段单跨特大桥。净跨256米，全长312米。铁道部专业设计院设计，属四管双肋变截面中承式钢管混凝土拱结构，桥面宽9米。中铁大桥局三处承建，1996年11月开工，采用29段吊装焊接法施工，2001年8月竣工验收。完成投资3 265.31万元。（见表5-2-2）

1991—2005 年秭归县新建大桥、特大桥一览表

表 5-2-2　　　　单位：米、延米、万元

桥　名	桥　型	规　模	净跨	全长	造　价	施工方法
九畹溪	双哑铃钢管混凝土拱	特大桥	160	222.5	1 756.56	缆索吊装
龙潭河	四管双肋变截面中承式钢管混凝土拱	特大桥	208	256	2 050.24	17 段吊焊装
青干河	四管双肋变截面中承式钢管混凝土拱	特大桥	256	312	3 265.31	29 段吊装焊接
陈家沟	密排箱拱	大　桥	90	130	488.76	钢架拱缆索吊
杉木溪	双箱肋拱	大　桥	100	158	590.32	有平衡重转体
火炉子沟	双箱肋拱	大　桥	100	147	445.68	有平衡重转体
周家湾	空腹石拱	大　桥	40	58	41.98	土胎安砌
吴家沟	钢架拱	大　桥	60	88	203.27	钢支架现浇
三岔沟	双箱肋拱	大　桥	177	193.7	508	有平衡重转体
仓库沟	空腹石拱	大　桥	40	68	120.82	土胎安砌
向家坝	钢管桁架钢构	大　桥	159	168	596.82	现场组装全焊
五　一	钢架拱	大　桥	60	88.2	203.72	钢支架现浇
林场沟	空腹石拱	大　桥	80	100.8	112.97	木支架安砌
乔家坝	石拱	大　桥	40	50	45	土胎安砌
柳树沟	无张预应力简支槽形梁	大　桥	120	133.12	180.23	预制组拼
玄武洞	单箱室变截面连续箱梁	大　桥	142	165	223.44	钢梁现浇
袁水河	Y 形墩连续钢构	大　桥	90	117.38	228.46	钢支架现浇
卡子湾	斜拉桁架连续钢构	大　桥	300	334.22	2 876	预制吊装
桐树湾	T 梁	大　桥	140	154	319	预制组拼
升坪河	石拱	大　桥	50	67	149.8	军用梁安砌
锣鼓洞	等截面密排箱拱	大　桥	130	176.75	496.57	预制吊装
凉台河	空腹石拱	大　桥	50	68	62.7	钢镕支架安砌
龙马溪	密排箱拱	大　桥	85	119	294.2	钢支架现浇
七里峡	上承式混凝土拱	大　桥	83	108.34	475	预制吊装

第二节　港航建设

一、港口码头

1991 年前，秭归港有茅坪、卜庄河、沙镇溪、屈原、香溪、归州等 6 个港区，93 个泊位。1994 年 12 月，水利部长江水利委员会规划全县港口迁建、复建 9 个。其中，建设茅坪过渡性码头 1 个，复建茅坪、香溪、沙镇溪、新滩、卜庄河、泄滩港口，复建固定停靠点 7 处。（图 5-2-2）

图 5-2-2：县城茅坪港首批游客

港口复建通过招商引资方式，大量吸引外来投资和社会资金。2003 年 3 月 15 日，全县所有港口更名为秭归港。6 月，三峡工程蓄水，全县水运复建基础设施正常投入使用，原有码头泊位全部淹没。2005 年 12 月，库区秭归港建设成 8 个港区、26 个码头、37 个泊位，总投资 4.21 亿元。（见表 5-2-3）

1991—2005 年秭归县港口复建码头一览表

表 5-2-3

港　区	码头名称	性质	泊位数(个)	占用岸线长度(米)	靠泊能力(吨)	所在位置	年通过能力	
							货运(万吨/年)	客运(万人次/年)
合　计	—	—	37	8 198	—	—	1 475	415
茅坪	福广港埠货运码头	件杂	1	150	1 000	茅坪	40	—
	金城实业滚装货运码头	滚装	3	635	1 000	茅坪	1 140	—
	宜昌茅坪港埠码头	件杂	2	477	1 000	茅坪	80	—
	信德客运旅游码头	客运	3	360	1 000	茅坪	—	90
	信德客运旅游码头	客运	3	690	3 000	茅坪	—	120
	茅坪石油码头	石油	4	540	1 000	茅坪银杏沱	80	——
	长江三峡水文资源勘测局码头	水文码头	1	242	—	茅坪银杏沱新田湾	—	—
	长江宜昌航道局码头	工作码头	1	138	—	茅坪大沙坝	—	—
	长江三峡通航管理局码头	工作码头	1	200	—	木鱼岛	—	—
	秭归郑鑫船务码头	船台	—	228	—	茅坪曲溪	—	—
	阳辉实业码头	船台	—	734	—	茅坪曲溪	—	—
	西峡船舶修造码头	船台	—	295	—	茅坪曲溪口	—	—
郭家坝	郭家坝镇头道河货运码头	件杂	2	232	500	郭家坝头道河	20	—
	郭家坝镇狮子包客运码头	客运	1	172	500	郭家坝狮子包	—	40
	郭家坝镇狮子包散货码头	散货	1	85	500	郭家坝狮子包	20	—
	郭家坝镇狮子包件杂码头	件杂	1	100	500	郭家坝狮子包	10	—
屈原	九畹溪旅游码头	客运	1	100	500	九畹溪	—	30
	屈原镇信城货运码头	散货	1	135	500	龙马溪大桥	20	—
	聚鱼坊货运码头	散货	1	100	1 000	周坪聚鱼坊	10	—
归州	宜昌港务局归州客运中心码头	客运	1	250	500	归州屈原沱	—	40
	秭归天地人旅游码头	客运	2	472	1 000	归州大慈寺	—	60
	汇通港埠货运码头	货运	3	573	1 000	归州贾家店	40	—
沙镇溪	沙镇溪客运中心码头	客运	1	320	500	沙镇溪锣鼓湾	—	15
	煤炭专用码头	货运	1	100	500	金缸嘴	5	—
泄　滩	综合码头	客货	1	320	500	—	5	10
水田坝	综合码头	客货	1	550	500	—	5	10

二、港口岸线

县境内 175 米水位时自然岸线总资源包括长江干流及主要支流的自然岸线长度，总计 278.1 公里。其中，长江干流左岸自然岸线长度为 45.2 公里（牛口—柳林碛）；右岸自然岸线长度 64.9 公里（破石峡—三峡大坝）。支流香溪河（兴山县峡口以下）、泄滩河、吒溪河、龙马溪、青干河、童庄河、九畹溪、兰陵溪、曲溪等左岸自然岸线长 83.9 公里，右岸自然岸线长 84.1 公里。境内长江干流及支流搬迁避让崩滑体岸线长度共计 2 600 米（长江干流 1 630 米；青干河 500 米；吒溪河 200 米；泄滩河 270 米）。岸线利用时，避开不稳定滑坡体和陆域地形坡度较陡地区，可利用岸线资源 1.91 万米。至 2005 年，已利用岸线资源 9 455 米，其中港区码头泊位占用岸线长 8 198 米，港区工业岸线长 1 257 米。

第三节　站点建设

一、乡镇客运站

1991 年开始建设乡镇客运站。至 1996 年建成乡镇客运站 3 座。茅坪九里客运站，位于茅坪镇九里村，1993 年 5 月开工建设，投资 499.71 万元，占地面积 1.27 万平方米，总建筑面积 6 535.4 平方米，1994 年 12 月投入使用；周坪客运站，位于周坪乡集镇，1995 年 10 月开工建设，投资 32.6 万元，占地面积 1 600 平方米，总建筑面积 650 平方米，1996 年 1 月投入使用；两河口客运站，位于两河口镇集镇，1994 年 8 月开工建设，投资 58.22 万元，占地面积 1 200 平方米，总建筑面积 788.24 平方米，12 月建成并投入使用。

二、县城客运站（中心）

1991 年前，县城有归州客运站 1 个，位于老县城归州镇，三峡工程蓄水后淹没。1998 年，新县城公路汽车客运站开工建设，位于新县城龙舟路与滨湖路交汇处南侧。至 2005 年，建成新县城客运站 2 个，水陆客运中心 1 个。1991 年 11 月 2 日，省交通厅批准改建归州客运站，建筑总面积 1 080 平方米，新增停车场 1 600 平方米，总投资 55 万元。1992 年完工投入使用。新县城公路汽车客运站，1993 年省交通厅批准建设，1998 年 12 月 18 日开工。征地面积 1.35 公顷。建筑占地 1 483 平方米，绿化用地 450 平方米，通道 587 平方米，停车场 4 300 平方米；主站楼建筑面积 1 995 平方米。其中，售票厅 168.5 平方米，生产服务和办公用房 1 366.5 平方米。发车位 6 个，站前广场 680 平方米，通道发车位 586 平方米。项目由武汉东艺建筑设计有限责任公司设计，浙江绍兴第一建筑公司中标建设，2000 年 1 月 10 日竣工验收，完成建设投资 529.47 万元。2003 年 6 月，三峡工程二期蓄水后正式启用。县水陆客运中心，位于新县城茅坪滨湖路离县城中心 1 公里的秭归港。2002 年 5 月动工，2003 年 5 月建成投入使用。由宜昌茅坪港埠公司建设。站前广场 2 万平方米，主站楼建筑面积 5 000 平方米。与港口设施一起，构成年通过能力 400 万人次的客运中心。

第三章　客货运输

1985年，县内公路总长780公里，有货运汽车226辆，货运量31.58万吨；客车16辆，客运量65.5万人次。1981年，秭归开通上至重庆、下达上海货运航线，水路营运里程延伸到2 380公里。

1992年，全县放开运输市场，取消计划管理和运力额度管理，交通运输逐步走向市场化。县客运公司实行全员合同制，县航运公司推行船队承包制。当年交通系统9家运输企业有7家盈利，完成客运量352.3万人次，货运量47.4万吨，实现营运收入2 048万元。2000年后，交通系统运输企业全部改制，交通运输完全实行民营化经营。至2005年，全县水陆交通完成客运量489万人次、货运量366万吨。翻坝应急转运18天，转运客船678艘次，滚装船7 165艘次、4 729车次，旅客14.72万人次，滚装车28.09万辆。

第一节 陆 运

一、客 运

线路 1983年3月，县汽车客运站成立。1985年，全县有客运线路8条，全长318公里，日开13个班次。1991年10月，县汽车客运公司开通归州至水田坝正存客运线路，日发2班次。12月开通茅坪镇至宜昌线路，日发1班次，当天往返。年末，全县15个乡镇通客班车，通车里程276公里。共开通汽车客运线路49条，日发班次53个。1992年2月，县客运公司开通磨坪乡至归州镇客运线路，日发班次1个。5月，开通沙镇溪镇至巴东县客运线路。7月开通茅坪镇至汉口客运线路。宏大客运公司开通归州镇至镇内贾家店客运线路，日发4个班次。8月，县客运公司开通水田坝乡至贾家店客运线路，日发2个班次。文化乡至归州镇线路，日发1个班次。县一车队开通秭归县至沙市客班车。1993年6月28日，县汽车客运公司、县第一汽车队、县第二汽车队合并，成立县安达运输总公司，全县有客运线路43条。其中，跨市线路8条，跨县8条，县内27条，共有83.5个班次。

1998年9月，县城由归州镇东迁茅坪，县安达运输总公司将汽车客运线路的中心起点移至茅坪，年末恢复长途客运班次10个，开通新县城至沙镇溪镇、磨坪乡、两河口镇、杨林桥镇、郭家坝镇、香溪镇、芝兰乡、周坪乡、文化乡和周坪乡聚鱼坊、茅坪镇兰陵溪等9个乡镇的11条线路。

2004年，全县12个乡镇，开通客运班线11个乡镇，共有班线客车167辆、4 587座，出租车421辆、2 272座。线路36条。其中，县内11条，跨县16条，跨市9条。

2005年8月30日，凤凰汽车客运公司开通梅家河乡至宜昌市长途客运班线。当月31日，金龙客运公司开通梅家河乡郑家岭村至宜昌汽车班线、梅家河乡肖家坪村至宜昌班线。

运输 1979年，全县有大小客车4辆、145座，年客运量16.76万人次，客运周转量371.98万人公里。1985年，拥有客车16辆、700座，年客运量达65.5万人次，客运周转量为1 971.34万人公里，年营运收入49.99万元。1991年，县内无社会客运汽车，县客运公司拥有客车31辆、1 369客位。年客运量162.4万人次，旅客周转量4 784.4万人公里。新开辟客运线路2条，向乡间延伸36公里，夜宿农村班车11辆。当年实现营业总收入259.96万元，利润19.25万元。驾驶员杨道年、聂厚茂、秦士范、向立福、何宝平5人获得“楚运杯”优秀驾驶员称号。1992年，全县公路旅客运输产业结构由独家经营发展为9家，交通直属企业新增客车30辆，拥有14辆中级客车、15辆中巴车、39辆普通客车及卧铺车。增加夜宿农村客车25辆，班次52个，年完成客运量191.3万人次、客运周转量5 704万人公里。1993年，县交通局制定实施《秭归县旅客运输业管理办法》，支持交通直属企业率先进入客运市场，当年客运量259.2万人次，客运周转量8 320万人公里。1995年，全县客运市场开放，安达运输总公司全面推行“客车租赁经营，产权有偿转让”，全县年完成客运量315万人次，客运周转量1.15万万人公里。1996年，县公路运输管理所开始对运力实行“先审批、后购置”。县安达运输总公司开展资产经营、二级模拟法人、产权转让、租赁经营等改革，推行“个人投资、私挂公牌、线路租赁、管理服务”的经营机制，全系统完成客运量358.5万人次，客运周转量1.4万万人公里。1999年，建立统一、开放、竞争、有序的运输市场，新购中高级客车32辆，出租车250辆。全年客运量382万人次，客运周转量2.26万万人公里。

2000年全县拥有客车470辆，其中交通系统专业企业43辆。全年全社会客运量404万人次，比1995年增长28.25%；客运周转量2.32万万人公里，增长101.5%。2003年，全县道路运输实施经营主体民营化、运输经济市场化、站点建设社会化、行业管理法制化改革。建立起“凤凰”“金龙”“民升”3家民营客运公司和恒业客运站、信德客运站，开通乡村客运线路11条，拥有71辆中级客车、1 600个座位，年客运量264万人次，客运周转量9 480万人公里。2004年，组建“吉利”“金归”出租车公司两家，参营车186辆。全年客运量294万人次，客运周转量1.09万万人公里。2005年，全县客运车辆464辆，完成客运量433万人次，客运周转量1.3万万人公里。

二、货　运

1979年，全县拥有货运汽车57辆。1981年，县汽车队更名为县第一汽车队，原煤炭车队改为县第二汽车队。两个专业车队承担全县一半以上的陆路货物运输任务，拥有各种载重汽车58辆，年货运量8.16万吨，占全县汽车货运总量的52.6%。当年有社会车辆226辆。1979—1981年，出现“专业车辆吃不饱，社会车辆常断炊”现象。1982年，县政府封存70辆货车，供销、商业、粮食等单位相继撤销汽车队，将汽车下放给各公司管理。1983年开始，汽车运输个体户、联户、承包户逐步增多。到1985年年底，全县共有货运汽车226辆，载重920.5吨，年货运量79.4万吨，货运周转量2 239万吨公里，其中交通部门专业车队2个，拥有各种货运汽车41辆，载重205吨，年货运量14.96万吨，货运周转量为621.34万吨公里，营运收入126.86万元，利润8.04万元。

1991年，全县汽车运输经营户292家，货车497辆，其中县专业汽车运输队62辆、281吨位。汽车运输市场放开后，民营车辆增多，货物运输量严重不足，县第一汽车队到保康县开辟货运业务，当年盈利4.5万元。全县开展大宗物资合同运输，掌握大宗货物78万吨，签订运输合同165.6万吨，年完成货运量18.2万吨，货物周转量377万吨公里。1992年，交通直属汽车运输单位实行“企业自主经营、自负盈亏、自我发展、自我约束”管理体制，寻求和拓展市场，年完成货运量18.7万吨，货物周转量334万吨公里。2000年，县内交通企业主要从事旅客运输，无载货汽车，货运全部为社会车辆承担。全县共有普通载货汽车991辆，2 392.75吨位。其中，汽油车755辆、1 822.93吨位；柴油车236辆、569.82吨位。完成货运总量126.1万吨，货物周转量1.16万万吨公里。2005年，全县有货运汽车1 525辆、3 234.53吨位，完成货运量289万吨，货运周转量1.13万万吨公里。（见表5-3-1）

1979—2005年全县陆运客货运输量统计

表5-3-1

年份	客车(辆)	货车(辆)	客运(万人次)	客运周转量(万人公里)	货运量(万吨)	货物周转量(万吨公里)
1979	4	57	16.76	371.98	11.56	432.63
1980	5	58	20.08	439.14	13.19	594.72
1981	6	58	17.01	341.82	8.16	498.42
1982	6	44	18	342.86	11.12	421.98
1983	11	45	52.8	1 174.02	37.8	8 625
1984	12	48	61.6	1 446.48	62.6	1 796
1985	16	41	65.5	1 971.34	79.4	2 239
1986	19	56	79.2	2 217	75.4	2 016
1987	22	56	97.8	2 738	90.4	2 361

续表5-3-1

年份	客车(辆)	货车(辆)	客运(万人次)	客运周转量(万人公里)	货运量(万吨)	货物周转量(万吨公里)
1988	23	56	178	4 974	101.1	3 473
1989	5	61	178	5 112	121.2	4 310
1990	27	60	151.47	4 556.1	147.8	3 858
1991	31	62	162.4	4 784	108.4	3 506
1992	56	44	191.3	5 704	139.9	4 736
1993	58	43	259.2	8 320	144.6	5 473
1994	66	41	347	10 954	151.8	6 132
1995	59	31	315	11 500	141.5	4 725
1996	46	7	358.5	14 000	178	6 600
1997	59	4	432	18 125	196.7	8 814
1998	43	2	516	24 296	198.5	28 840
1999	48	1	382	22 564	120	11 326
2000	470	991	404	23 172	126.1	11 554.8
2001	513	1 420	510.1	29 258	112.1	10 272
2002	529	1 495	463.5	29 494	251.8	9 544.8
2003	589	1 784	264	9 480	228	11 040
2004	475	1 235	294	10 894	275.4	11 321
2005	464	1 525	433	12 997.73	289	11 291

说明：2000年前客运车数量只统计交通部门车辆，2000年后统计全社会车辆

第二节　水　运

一、客　运

航线　长江水上干线航运线路西通重庆港，东达上海港。西线从新县城茅坪港起航，逆水西上，沿途停靠9个县（市）港口，最后到达重庆港，航线全长604公里；东线顺水东下依次停靠23个港口，最后到达上海港，航线全长1 795公里。

1980年，县内短途客运线路有城关—泄滩、城关—新滩两条。1985年，新开茅坪—巴东短途客运航线。2000年县境内短途普通客运班次航线上水有：茅坪—沙镇溪、茅坪—巴东、茅坪—归州、茅坪—泄滩、归州—泄滩、归州—牛口6条航线；下水有：沙镇溪—宜昌、归州—宜昌、沙镇溪—茅坪、归州—茅坪，泄滩—茅坪、泄滩—归州、牛口—归州6条航线。航运客轮有屈原1号、屈原3号、屈原4号、兴隆号、迎和2号、青龙号、银杏号、香溪号、凤凰号、凤凰2号、云龙号、迎和3号、工农9号、幸会号等，上下往返运送旅客。快艇班次航线有：归州—茅坪、沙镇溪—茅坪、茅坪—归州3条航线，上水、下水往返共18个航班，快艇有阳光1号、阳光2号、奥林、汇丰原1号、汇丰源2号、屈原快1、屈原快2、屈原快3、屈原快4共9艘，往返营运。2002年，全县长江干流普通客运航线14条，上下往返共30个航班。

2003年6月，三峡大坝下闸蓄水至135米时，秭归新开通大岭—茅坪航线，客轮沿途停靠沙镇溪、老坟园、归州、擂鼓台、卜庄河、香溪、新滩；水田坝—茅坪航线，沿途停靠归州、擂鼓台、卜庄河、香溪、新滩；峡口—茅坪航钱，沿途停靠香溪、卜庄河、新滩。年末境内共10条水上航线，日发上水、下水66个班次。

运输 1979年，县内全民、集体水运企业完成客运量51.26万人次，客运周转量685.85万人公里。1980年，全县水上客运总量52.08万人次，旅客周转量858万人公里。1985年，完成客运量102.28万人次，客运周转量2 040.76万人公里。1991年，水上运输生产不景气，企业效益严重滑坡，当年全系统共有客船4艘，完成水上旅客运输135.3万人次、客运周转量4 227万人公里。1992年，为适应市场经济要求，交通系统投资4 230万元，增加运力，转换营运机制。县航运公司推行船队承包，将人事、用工、分配权下放给船队。县屈原轮船总公司开展“岗位学雷锋，奉献在岗位”活动，“屈原3号”轮获全国水路客运先进集体。年末全县水运系统完成旅客运输161万人次，客运周转量5 127万人公里，比上年分别增长18.99%、21.29%。1995年，交通系统开展“学习包起帆，岗位比贡献”和学习“峡江活雷锋刘厚明”活动，创建“文明班组”“文明窗口”，全县水路完成客运量186.2万人次，为历史高峰年，客运周转量1.2万万人公里。1998年，县城搬迁，水路旅客运输繁忙，年完成旅客运输量180万人次，客运周转量6 414万人公里。2000年，是“九五”计划最后一年，全县水路完成客运量156.7万人次，客运周转量1.93万万人公里。2002年交通运输行业强化宏观调控，水路审批新增运力5艘，淘汰老、旧船舶28艘。三峡工程蓄水后大坝（碍）断航期，翻坝运输转运正式启动，全年水路运输旅客129万人次，客运周转量2.91万万人公里。2004年后，全县陆路交通复建四通八达，条件改善，水路运输量逐年下降，至2005年，水路客运完成旅客运输量只有56万人次，比最高峰1995年减少130万人次，下降69.92%。客运周转量1 296万人公里，比最高的2003年6.01万万人公里下降97.84%。

二、货 运

1979年，交通系统有货船、拖船、驳船101艘，年完成货运量19.5万吨，货运周转量2 358万吨公里。1990年，交通系统有各类货物运输船只143艘，船舶货运量65.9万吨，货物周转量3.09万万吨公里。1991年运输市场全面开放，社会船舶骤然增多，货源严重缺乏，大量船只停港待货。年末，交通系统货物运输有货船4艘、158吨位、88千瓦，拖船16艘、3 239千瓦，驳船60艘，年完成货运量52.3万吨，货物周转量2.17万万吨公里。1992年，航运公司推行船队承包，实行“小队型大包干，大队型除本分成”的办法盘活企业。全系统完成货运量58万吨，货物周转量2.68万万吨公里。县航运公司有4个分公司和1个船厂，在岗职工714人，拥有机动船26艘、2 764.4千瓦，运输驳船44艘、1.11万吨位，货运航线重庆至上海。1993年公司大胆调整生产结构，实现营运总收入1 111.04万元，比上年同期上升34.8%，实现年利润8.35万元，摘掉亏损帽。1995年全县水路运输部门实行全员劳动合同制，职工与企业签订劳动合同，克服“以包代管”问题，公司实行船务经理负责制。年有货船7艘、916吨位、280千瓦，拖船15艘、2 797千瓦，驳船57艘、1.37万吨位，完成货运量78万吨，货物周转量3.55万万吨公里。2000年，开始统计全社会水运能力，全县有货船69艘、拖船4艘、驳船18艘，年完成货运量48.5万吨，比“八五”计划末的1995年增长62.75%；货物周转量5 490万吨公里，增长23.11%。2001年，县航运公司、屈原轮船总公司等航运企业全部破产，水上货物运输完全市场化，全县年末水运系统货运量64.3万吨，货物周转量7 278万吨公里。2003年，全县8个乡镇港口全面建成并投入使用，茅坪港集加油、船舶修造为一体，真正成为“三峡库区第一港”，年水运能力大幅上升，全年货运量达到125万吨，比2002年的73万吨增71.23%，成为历史最高年。货物周转量2.04万万吨公里，比上年增56.27%。

2004年，大量的货物弃水走陆，水上货物运输量减少，全年有货轮42艘、净载重量1.99万吨位，功率5 336.4千瓦；拖船3艘、82千瓦；驳船7艘、净载重量1 985吨位。年完成货物运输量68万吨，比2003年下降45.6%。货物周转量2.54万万吨公里。2005年水路货运量73.49万吨，货运周转量4.53万万吨公里。（见表5-3-2）

1979—2005年水运客货运输量统计表

表5-3-2

年份	客船（艘）	货船（艘）	拖船（艘）	驳船（艘）	客运量（万人次）	客运周转量（万人公里）	货运量（万吨）	货运周转量（万吨公里）
1979	4	—	21	76	51.26	685.85	19.5	2 358
1980	4	—	18	77	52.08	858	20.5	3 302
1981	4	—	18	80	56.3	868	32.8	3 836
1982	4	—	24	84	81.9	1 452	25.9	7 228
1983	4	—	25	85	91.4	1 507	32.4	10 701
1984	4	—	30	82	100.9	1 944	42.2	22 266
1985	4	—	37	83	102.28	2 040.76	50	31 975
1986	4	—	37	79	105.7	2 111	52.6	32 201
1987	4	—	36	76	140.7	3 104	67.6	38 382
1988	4	—	28	67	173	3 936	90.9	50 912
1989	4	—	26	66	163.4	4 774	94.3	68 928
1990	5	—	46	97	132.1	3 970	65.9	30 938
1991	4	4	16	60	135.3	4 227	52.3	21 739
1992	5	4	15	159	161	5 127	58	26 781
1993	5	5	15	56	173.4	5 582	62.7	33 139
1994	7	6	15	55	179.3	6 205	65.7	33 709
1995	9	7	15	57	186.2	11 994	78	35 532
1996	12	7	15	53	175.	13 500	85	38 000
1997	13	5	13	51	166.2	13 271	75.4	32 997
1998	13	5	12	45	180	6 414	58.8	4 893
1999	11	5	9	38	146	18 471	44	5 381
2000	22	69	4	18	156.7	19 280	48.5	5 490
2001	26	66	6	26	153.38	18 872	64.3	7 278
2002	24	37	1	21	129	29 056	73	13 054.2
2003	23	69	4	19	158	60 057	125	20 400
2004	20	42	3	7	85	33 820	68	25 365
2005	15	36	3	7	56	1 296	73.49	45 257

说明：2000年前只统计交通部门船只，2000年后统计全社会船只

第三节 翻坝转运

一、应急转运

1998年7月2日，长江洪峰流量达5.1万立方米/秒，三峡坝址第一次断航，大量客船阻隔茅坪港求援。县交通局迅速组织航务、港监、运管等职能部门奔赴茅坪港现场，两小时内调集车辆150台，紧张有序地疏运旅客。县运管所与公安局交警部门，对应急转运实施统一指挥，统一配载、统一票价、统一发证，坚持24小时值班，及时处理突发事件。3日，县政府向全县人民发出《举全县之力切实做好应急转运工作的紧急通知》。至17日，翻坝转运13天，累计转运4 582车次，进出港船舶706艘次，转运旅客11.79万人次，其中外宾1.07万人次。18日上午8时，长江第三次洪峰流经三峡坝区，最大流量5.7万立方米/秒，导流明渠、临时船闸第4次禁航。茅坪镇政府及县医疗卫生部门，先后组织185人的农民装卸服务队为旅客搬运零担货物，设置港口医务室、服务接待室，全天候为旅客服务。7月2日—9月3日，翻坝运输52天，累计转运1.94万车次，进出港船舶3 494艘次，转运旅客46.41万人次。其中，上行旅客18.63万人次，下行旅客27.78万人次。外宾2.37万人次。累计转运零担货物6 113吨。1999年6月28日，县政府下发《关于认真做好1999年汛期茅坪港应急转运工作的通知》。30日，翻坝应急转运正式开始，至7月23日结束，历经24天，累计转运旅客5 208车次，进出港船舶903艘次，转运旅客12.97万人次。2002年8月15日，开始翻坝应急转运，至21日结束，共转运7天，累计转运客船341艘，出动转运客车2 662车次，转运旅客7.87万人次，转运零担货物385吨。11月10日再次开始翻坝转运，交通系统抽调50人驻守茅坪港，投入客车55辆。至12月31日共转运61天，转运旅客31.31万人次，转运客船2 886艘次，客车转运1.07万车次。2003年2月9日，进入翻坝转运高峰期。截至6月23日，为配合三峡工程二期蓄水而进行的秭归港至宜昌港之间水陆换乘翻坝转运工作结束，历时166天，共转运客船5 729艘次，客车转运2.86万车次，转运旅客89万人次。8月15—21日，进行汛期翻坝转运，历时7天，投入转运客车1 859车次，转运旅客5.59万人次，转运零担货物385吨。2004年应急转运，秭归港完善“水—陆

图 5-3-1：茅坪码头翻坝转运

—水”转运方案，转运21天，转运客船432艘次，旅客12.38万人次；转运滚装船715艘次，滚装车2.5万车次，转运货物6 450吨。2005年应急转运18天，转运客船678艘次，4 729车次，旅客14.72万人次。（图5-3-1）

二、滚装运输

图 5-3-2：滚装码头夜景

2000年，川江货物滚装船舶运输车辆实行“水—陆—水”翻坝转运。滚装船舶往返三峡工程坝上坝下长江水域，滚装车辆经过坝区陡（山沱）茅（坪）路和出口公路，上下秭归港和三斗坪滚装专用码头前往目的地。当年货车滚装运输131航次，渡运车辆1 168辆次。2001年3次洪峰期间，开展翻坝转运19天，通过茅坪港滚装船194艘次，滚装货车3 863辆次。2002年8月13—27日汛期应急转运，转运汽车滚装船舶203艘次，转运滚装车辆4 339辆次。11月1日，三峡工程坝区（碍）断航期翻坝转运正式启动，历时61天，疏运汽车滚装船1 448艘次，转运滚装车3.38万辆次、商品车1 705辆次、集装箱2 352标箱。2003年翻坝应急疏运汽车滚装船 4 280艘次，转运滚装车11.14万辆次、商品车5 115辆次、集装箱7 058标箱。2004年6月滚装船实行“水—陆—水”转运，转运滚装船3 586艘次、滚装车12.95万辆次。2005年转运滚装船7 165艘次，滚装车28.09万辆次。（图5-3-2）

第四节　渡口运输

一、旅客渡运

1980年，县航运公司长江渡口年渡运旅客71.02万人次。1981—1984年共渡运旅客294.48万人次。1985年，长江秭归段11个渡口有渡船11只；溪河渡口19处，渡船19只，共渡运旅客76万人次。1986—1990年，共渡运旅客342.84万人次。1991年县内水路有渡口28处，其中长江秭归干流渡口11处，由县航运公司经营5处，个体户经营6处，载客量395人。年末县航运公司渡口客运量47.75万人次。支流溪河渡口17处，设渡船17只，载客量303人。1992年，全县开展乡镇渡口达标创建，创建莲花、方滩两个标准化渡口。2002年春节客运，水路投入客渡船33艘，完成客运量16.16万人次。

2003年，长江三峡库区蓄水135米水位，县内水域面积扩大，香溪河、童庄河、吒溪河、青干河、泄滩河共设渡口13处，投入客渡船29艘，运送旅客13.8万人次。2004年调整渡口17处，渡船13艘，实行规费减免，解决群众过河难问题。年末春运期投入客渡船46艘，其中渡船22艘、596客位，共运送旅客26.09万人次。

为解决境内沿江两岸乡镇中、小学学生能乘坐客渡船及短途区间客船上学，设立“学生专运渡口”10处。学生渡运实行定领导、定渡口、定专船的“三定”责任制。学校放假及学生返校时段安排乡镇安全员专门疏导。泄滩乡至牛口由“屈原3号”“凤凰号”“秭渡25号”渡运；郭家坝镇至旧州河由“屈原3号”、头道河渡船、桐树湾渡船渡运；屈原镇至刘家坊由“秭渡10号”船渡运。

2005年，境内长江干、支流水域共设置渡口29处，年末开通运行21处。共有机渡船21艘，全年渡运旅客133万人次。长江干流航道共设渡口12处，渡船12只，船员46人，年运量56.5万人次；长江支流航道共设渡口10处，渡船10只，船员33人，年渡运旅客76.5万人次。

二、汽车轮渡

1978年，香溪镇大麦沱汽车轮渡渡口建成。1980年1月10日，举行试航典礼并投入渡运，年渡运量276个台班，3 616航次，1.14万车次。1984年，香溪汽车轮渡管理所有三等拖轮两艘，各佩带驳船1只，单驳一次容车8辆，载重量64吨。年渡运量932个台班，9 077航次，4.29万车次。1990年年末，渡运量749个台班，1.12万航次，5.26万车次。香溪汽车轮渡管理所坚持安全第一，10年无事故，连续8年被省公路局、宜昌地区公路总段授予先进单位称号。1991年，香溪汽车轮渡管理所有职工36人，设船舶2套，拖轮620匹马力（约455.9千瓦），8车渡驳2艘，年完成渡运688个台班，1.22万航次，5.13万车次。1993年，实施香溪轮渡码头改扩建工程，扩至长35米，宽9米，平均抬高6.96米，实施挡土墙工程2 055立方米，水泥路面495立方米。年渡运782台班，1.25万航次，7.92万车次。1997年，年渡运1.2万航次，9.03万车次。2001年，渡运1.55万航次，10.88万车次，实现收入420万元。2003年，完成渡运1.11万航次，8.84万车次。2004年，香溪汽车轮渡无停渡和安全责任事故，年渡运1.27万航次，10.4万车次。2005年，完成渡运1.28万航次，14.58万车次。

第四章　交通管理

县交通局下设道路运输管理所、公路管理段、公路规费征收稽查所等单位，具体负责全县公路运输市场管理、道路养护及公路规费征收管理。1992 年后，运输市场全面放开，管理难度增大。管理部门健全管理制度，加大客货营运管理力度，取缔非法营运“黑车”，查处超范围经营，开展执法检查，维护运输市场秩序。公路养护以迅速快捷、确保畅通为目标，注重灾后恢复。2005 年，全县县级列入养护（简称列养，下同）公路 320.31 公里，非列养公路 649.61 公里，按照养护标准均分段落实养护人员，进行日常养护，确保公路通畅。同时开展以公路执法为主题的路政管理，清理路障，拆除违章建筑，查处违法占道，依法维护公路畅通无阻。公路规费征收稽查所加强公路规费征收管理，开展偷漏规费稽查，确保足额入库。2005 年，全县收取各项公路规费 1 247.1 万元，比 1991 年增长 4.1 倍。

县港航监督管理局负责水上营运、安全管理及水运规费征收，对机动船舶和船舶修造厂进行检查，查处违规行为，取缔“三无”（无船舶证、无船名船号、无船籍港）船舶，加强水运市场监管，强化水运规费征收。

第一节 公路管理

一、营运管理

1979 年 12 月，县运输市场管理办公室对运输市场实行“三统”（统一运输计划、运力调度、运价票证）管理。不报运力计划者不予配载；不报物资托运计划者不予安排运力；自备运力单位不报运力和运量计划者不予优先安排；无“三证一单”（驾驶证、行车证、养路费缴讫证，货物运单）或手续不齐全者不予放行。1984 年 12 月，全县公路运输市场实行多家经营，鼓励竞争，打破部门、行业、地区界限，鼓励国营、集体、个体及各种运输工具从事客货运输。在管理上运用核发营业执照、执行法定运价、使用统一票证等手段，进行宏观控制。县陆路运输管理所专事全县陆路运输票证、运价、收费工作。

1991 年，开展道路货物旅客运输经营行为整顿，实行新增车辆额度计划管理，建立签证管理制度。1992 年，取消计划管理，货物运输承托双方自由成交、管理方式自定。客运公司实行干部聘任制，用工全员劳动合同制，分配实行全员浮动工资，按不同工种定工资基数与任务挂钩。1995 年，强化客运市场整顿，建立中巴站点，划定经营范围。2000 年，全县规范运输市场，控制无序发展，打击非法营运。2005 年，道路运输管理坚持“以人为本、安全有序、通畅快捷”原则，开展规范整顿客运市场秩序，取缔黑车、查处超区域、超范围经营，城区、乡镇全方位整治。全年交管部门上路稽查整顿 20 次，处罚违章车辆 350 台次，收缴罚款 10 万元。

二、路政管理

1982 年 8 月，成立县公路路政管理领导小组，行使公路路政管理职能。1983 年 12 月，县公路段设立路政安全股。1984 年，全县 170.61 公里列养公路实行田路分家，毁田归路面积 16.3 公顷，并填写“公路产权证书”，归入档案，在公路沿线两侧立路界碑。

1995 年，县政府制定三峡库区复建公路两侧修建建筑物有关规定。规定复建公路两侧修建建筑物边缘与公路边沟外缘最小间距为：省道不小于 6 米，县道不小于 4 米，乡道不小于 3 米。公路弯道内侧修建建筑物，与公路边沟外缘距离：省道不小于 7 米，县道不小于 6 米，乡道不小于 5 米。1999 年，县政府印发《秭归县乡村公路管理实施细则》，将乡村公路纳入全县公路管理范围。2003 年，成立县公路路政大队，与县公路管理段路政科合署办公。11 月，成立县公路路政归州中队。

1987 年 5 月，路政管理部门清除路障 467 处。其中，清除固定路障 32 处，处理开山炸石 2 处、挖沟引水 2 处、损坏公路设施 9 处。1990 年，共清理临时路障 348 处，违章建房 5 处，处理乱砍行道树 132 株，发处罚通知书 8 份，收罚（赔）款 1.1 万元。1991 年，全县开展以干线公路、集镇道路为重点的道路产权维护，清理路障 586 处，其中固定路障 34 处。清除违章建设 5 处，136 平方米。处理路政案件 8 起，收取赔偿费 1.1 万元。1992 年，控制三峡大坝非淹没区公路两侧建筑红线。处理违章建筑 8 处，清理路障 136 处。1993 年，维护干线公路、油路工程正常施工秩序，清理临时路障 379 起，处理违章建筑 19 处。1994 年，维护二级路改建工程施工秩序，处理违章建筑 11 处，处罚占用公路堆物 138 起。1997 年，路政执法以干线为主，清除路障 321 处、7 510 平方米，拆除临时违章建筑 65 处、4 300 平方米，永久性建筑 5 处、103 平方米。1998—2000 年，拆除违章建筑 22 处、758 平方米，拆除临时建筑 133 处、1 847 平方米，处理乱占道路堆积物 3.09 万平方米，收取损失赔偿费

11.1 万元。2002 年，办理路产、路政案件 228 起。全年审批路边建房手续 126 件，特殊公路审批 11 件。清理占道 200 处。收取损坏占用公路及公路用地赔偿 10 万多元。拆除违法建筑 4 处，处理纠正不按审批规定建房 5 处。

三、公路养护

1987 年 7 月 15 日，暴雨导致倒塌公路挡土墙 5.68 万立方米，塌方 32 万立方米，路基下陷 5 处，总长 855 米，堵塞涵洞 397 个，冲毁小桥 8 座，共损失折款 168 万元。经半个月抢修，公路相继通车。1999 年，秭（归）兴（山）路、风（吹垭）茅（坪）路、卜（庄河）文（化）路等干线公路路基工程相继建成，新建路基遇夏季暴雨，出现路基沉陷、边坡垮塌。秭（归）兴（山）路交付使用后，不到半年便交通中断。2000 年开始，县总指挥部组织进行 3 次大规模修复，耗资 300 万元，清除土石方 6.5 万立方米，补做挡土墙 0.35 万立方米，修复涵洞 12 个，整治小桥 2 座。风（吹垭）茅（坪）路补做挡土墙耗资 400 万元，路基趋于稳定。沙（镇溪）黄（岩）路、金（江）大（岭）路、周（坪）聚（鱼坊）路等复建公路，交付使用后的两年内，都不同程度发生边坡垮塌、路基下沉等现象。公路养护部门随时组织抢修。2003 年 7 月，沙镇溪镇千将坪村发生特大滑坡，导致宜（昌）巴（东）路 2 公里路基全部毁坏。省、市拨专项资金对公路进行修复，耗资 300 万元，新修公路 2 公里，扩建 13 公里。2004 年，宜（昌）巴（东）路夫子头处发生滑坡，总体积 20 万立方米，市交通局拨出专款治理，发包给中国一冶路桥公司施工，耗资 20 万元。

县公路管理段负责全县列养公路的日常养护和管理。1978 年，列养公路 172.44 公里。1985 年列养 174.35 公里。1991 年，全县设立 13 个道班，养护职工 158 人，养护公路 202.4 公里。2005 年，全县成立“通畅”“通联”“通途”3 个养护公司，养护职工 125 人，有技术人员 17 人，列养公路 323.21 公里。其中，省道 2 条、218.44 公里；县道 3 条、77.17 公里；乡道 1 条、27.6 公里。有各种养护机械设备 34 台（套）。公路综合好路率 81.56%。全县有 1 110.33 公里公路为乡村道路，属非列养公路。1991 年，有 26 条非列养公路 281.49 公里。各乡镇采取多种形式养护和管理。泄滩乡按照“责任山、责任田、责任人”三统一方式，由沿线村民分段养护，乡镇、村适当补助。2005 年末，全县有非列养公路 41 条，649.61 公里。1991 年，全县可绿化公路 280.8 公里，已绿化 216.72 公里，绿化率 76.11%。1995 年，公路绿化 261.55 公里，绿化率 91.44%。2000 年，列养公路绿化由县公路段路政绿化安全科负责，后划归养护科负责，年绿化公路 330.55 公里，绿化率 86.41%。杨林桥镇苗圃道班建有育苗基地，专供公路绿化苗木。常年育苗面积 1.36 公顷。2005 年年底，全县可绿化公路 904.68 公里，实完成绿化 343.43 公里，绿化率 37.96%。

四、公路规费

1979 年，公路养路费征收标准为营运车辆按营运收入总额 10%计征，非营运车按每月每吨 70 元计征。1984 年，分别调高到 12.5%和 80 元。1990 年 3 月 1 日起，新的养路费征收标准为：载客汽车每吨月 150 元，载货汽车每吨月 130 元，拖拉机每吨月 130 元。1990 年，由县养路费稽查征收所征收汽车养路费 206 万元，由各乡镇交通管理站征收拖拉机养路费 21.75 万元，共计 227.75 万元。1979 年按 3%征收旅客运输管理费。1980 年按营运收入 1%征收货运汽车管理费，当年征收 1.28 万元。1990 年，收取公路运输管理费 21.46 万元。1985 年 5 月，按车辆价格 10%开征车辆购置附加费。1986 年 6 月，开始征收客运附加费。至 1990 年，征收公路客运附加费 13.21 万元；征收车辆购置附加费 1.01 万元。

1993年1月1日起，全县开征公路民车建勤费。11月取消该项费用。1993年，县公路规费稽查所采用电脑管理。1994年，县公路规费稽查所试行合同化收费。1994年设立县茅坪公路规费稽查站，对茅坪辖区内省内及外省籍进驻茅坪镇区域达3个月以上的机动车辆进行稽查。1995年4月1日起，公路运输管理所、交通管理站征管的公路客运附加费、公路货运附加费和换挂汽车牌证的农用运输车养路费移交由公路养路费征收稽查所征收，征收标准不变。农用运输车养路费费率执行汽车养路费标准，采用包干计征，比例不低于70%。1997年，机动车实行公安号牌、规费号牌，按规费号牌征费。1998年1月1日起，公路运输管理费征收标准，从最高不超过（营运）收入1%，降低到最高不超过（营运）收入的0.8%。2001年，实行公路规费欠缴滞纳金制度。2005年共收取各项公路规费1 247.1万元。其中，养路费933.6万元，运输管理费106.8万元，客运附加费206.7万元。2005年比1991年公路规费242.78万元增加4.1倍，其中养路费增加3.7倍。（见表5-4-1）

1991—2005年秭归县公路规费征收情况表

表5-4-1　　单位：万元

年份	合计	养路费	客运附加费	货运附加费	运输管理费	检测费	车辆购置费
1991	242.78	199	20.58	—	23.17	—	0.03
1992	338.38	258.9	42.06	11.86	24.29	—	1.27
1993	470.52	338.8	68.52	30.5	29.94	—	2.76
1994	538.63	300	87	34	30.37	—	87.26
1995	660.58	379	90.18	41.39	44.2	15.2	90.61
1996	851.49	385.15	87.5	40.33	56.21	19.5	262.8
1997	813.79	422	51.79	17.81	64.99	21.6	235.6
1998	609.07	390	81.79	13.75	68.29	28.7	26.54
1999	739.1	420.98	32.56	—	114.07	29.5	141.99
2000	720.93	400	91.93	—	97.14	35.5	96.36
2001	1 013.41	496.5	87.91	—	110.81	40.8	277.39
2002	1 454.16	640.65	129.64	—	115.39	45.7	522.78
2003	1 537.72	872.16	181	—	109.76	17.5	357.3
2004	1 300.22	930.8	249	—	106.12	14.3	—
2005	1 247.1	933.6	206.7	—	106.8	—	—

第二节　港航监管

一、市场管理

水路运输市场管理由县航务管理站、港航监督站及乡镇交通管理站负责。1986年6月—1989年4月，县交通局对全县水路客运线路班次、票证进行清理并治理“脏、乱、差”。1989年4月，全面开展治理整顿运输市场。对水路经营者的经营资格进行审查并整顿其经营行为，保护合法经营，查处非法经营活动。1991 年，各交通管理站实行计划运输。大宗货物推行合同运输。1993 年，实行企业自主组织货源、调度运力。水运企业自行结算运费，企业自主确定发展规模、发展速度。1995 年，建立沙镇溪货运交易市场。1996 年，6 个沿江交通管理站建立水路货运交易市场。1997 年，水路货运船只统一在交易市场登记，按顺序发货，公平交易。1994 年，航务港监所、交管站对港内发出的客班船实行签证，由客船随船携带。2002 年，全县规范水陆客运市场秩序，打击低成本、无序竞争和垄断经营，淘汰老、旧船舶 28 艘。2005 年，开展客、渡船达标，治理低质量船舶，检验大小船只 189 艘。

二、安全监管

1979 年 4 月，县港航监督站组织专班对机动船舶进行普查换证工作，全县有机动船 31 艘，2 499 千瓦。1985 年 9 月，全县有机动船 130 艘，6 920.76 千瓦。1987 年审检机动船 87 艘，运输船实行“两证”“一牌”“一线”（船舶证、船只证、船名牌、勘划载重线），渡船实行“五定”（定渡口、定渡船、定渡工、定额、定制度）管理。普查整顿乡镇船舶 324 只、2 221.2 千瓦、6 564.13 吨、444 客位。1990 年，全县持证机动船共计 131 艘，5 352.2 总吨位，3 069.9 净吨位，功率 7 226.5 千瓦，1 698.5 载重吨，2 390 客位。持证非机动船计 127 只，1.38 万总吨位，292 客位。机动及非机动营运船舶受检 224 艘只。1991 年，各乡镇管理明确 1 名负责人分管水上交通安全工作，设 1 名船舶管理员，负责组织实施水上交通法规宣传和进行安全检查。渡船管理实行定位置、定领导、定渡工、定渡船、定制度。1994 年，县交通局制定下发《关于加强水上运输安全管理的意见》《关于维护水上交通秩序 严禁不具备载客条件的船只非法载客的通告》。1995 年 4 月，取缔“三无”船舶 111 艘，移交乡镇管理 90 艘，查处证照不全船舶修造厂 7 家。1998 年，县政府制定《秭归县乡镇船舶安全管理实施细则》，明确乡镇船舶由乡镇人民政府管理，配备专职船舶管理员，推行辖区负责制，签订年度工作责任状。2001 年，全面实行安全目标管理责任制和安全工作责任追究制。编印《水路交通法律法规选》《交通安全管理文件汇编》等资料发至管理人员和经营者，规范管理和规范经营行为。2002 年，开展客、渡船质量检查和船厂的审验换证工作，对 5 家船厂厂长和质检员进行《船舶检验法规》《船舶建造规范》知识培训。全年检验各类船舶 89 艘。2004 年，制定《水上交通事故应急预案》《水上危险化学品运输（经营）应急预案》《防灾避险应急预案》《防汛抗旱救灾工作预案》。建立安全应急处理网络和“三峡港航信息网”。2005 年，全县经审验有各类船舶 136 艘。其中，客船 24 艘，渡船 15 艘，趸船 27 艘，拖轮 2 艘，油船 3 艘，轮渡 8 艘，货船 57 艘。

三、水运规费

1982 年，县港航管理站征收航道养护费 7.37 万元。1990 年，县航务管理站征收航道养护费 117.81 万元。1983 年开始征收船舶检验费。至 1990 年，县航务管理站征收港务费 25.66 万元；收取船舶代理费 7.24 万元；征收船舶检验费 1.1 万元。1993 年，县航务管理所将行政管理费、航道养护费、航政费、港务费收取目标与各航务站经费和个人收入挂钩，实行定额包干，同奖同罚，按入库数兑现。1997 年，水运规费征收推行目标管理，不得擅自减免和漏征，实行风险抵押征收责任制。1998 年对费率进行调整，取消客、货附加费。1999 年推行费收管理责任合同。实行票款同步，交旧领新。2000 年，推行规费合同征收，全年签订征费合同 38 份。2002 年签订规费征收合同 49 份，同时委托交通管理站代缴，办证时一并征收。2003 年，实行规费征收与工资挂钩，全年签订征收合同 33 份。1991—2005 年共收取水运规费 6 328.35 万元，年均 421.89 万元。其中，运输管理费 686.58 元，年均

45.77 万元；航道养护费 1 286.48 万元，年均 85.77 万元；港务费 902.38 万元，年均 60.16 万元；车辆过渡费 3 409.64 万元，年均 227.31 万元；航政费 43.27 万元（只部分年份收取）。

第五章　邮　政

1979 年，全县有省内二级干线邮路 1 条。1998 年改为宜昌直达县城茅坪，县内干线邮路由 1979 年的 12 条调整为 2005 年的 6 条；市内投递路线由 1 段 4.5 公里发展为 6 段 46 公里；农村投递路线由 41 条、2 484 公里调整为 43 条、1 467 公里。

1979 年，县邮政部门经营函件、包件、邮政汇兑、报刊发行、机要通信等业务。1986 年 1 月开办集邮业务，1987 年恢复邮政储蓄业务，1988 年 5 月开办邮政快件业务，1997 年 7 月开办特快专递业务，2002 年取消传统邮政汇兑业务，开办电子汇兑业务。县邮政部门贯彻“迅速、准确、安全、方便”服务方针，提高服务质量，经济效益和社会效益同步增长。2005 年，县邮政局完成出口函件 17.98 万件、包裹 6 544 件，办理电子汇兑 682.44 万元，发行报纸杂志 303.1 万份，邮政储蓄余额达 2.66 亿元。邮政系统业务收入达 663.71 万元，比 1979 年 7.54 万元增长 87 倍。

第一节　邮　路

一、省内二级干线

1979 年，出入秭归邮件由宜昌至巴东县水上客轮运输，在香溪码头上下船。全县有省内二级干线邮路香溪—城关 1 条，单程长 10 公里。1989 年 9 月 1 日，撤销香溪—城关（归州）、香溪—兴山省内干线邮路，新开宜昌—兴山、兴山—秭归省内二级干线邮路，单程 45 公里。省邮电管理局分配给秭归 1 辆北京“130”厢式邮运汽车，用于省内二级干线邮路运输。自此，结束邮件进出口间日班次、看隔日报的历史。

1998 年县城东迁茅坪，省内二级干线邮路撤销，开设隶属市邮政局的宜昌—秭归直达省内二级干线邮路。2002 年 11 月，宜昌—秭归邮车到达时间由下午改为上午 10 点 30 分，以便进口邮件当日能够投递。

二、县内干线

1979 年，全县 18 个人民公社驻地共开通县内干线邮路 12 条，均系逐日班，邮路单程总长 253 公里。其中，委办汽车邮路 4 条，单程 144 公里；委办船邮路 3 条，单程 21 公里；自行车邮路 3 条，单程 67 公里；步班邮路 2 条，单程 21 公里。

1987 年，县内干线邮路调整为 9 条，邮路单程总长仍为 253 公里。其中，委办汽车邮路 5 条，176 公里。分别为：归州—杨林桥，途经窑湾溪、周坪、芝兰；窑湾溪—文化，途经郭家坝；陕西营—磨坪；陕西营—团结；香溪—三间。委办船邮路 2 条，42 公里。分别为：归州—泄滩，途经沙镇溪；香溪—茅坪，途经龙江；自行车邮路 1 条，归州—水田坝，9 公里；步班邮路 1 条，沙镇溪—大峪池，26 公里。

1988 年，香溪—茅坪委办船邮路改为归州—茅坪，途经窑湾溪、香溪、龙江。县内干线邮路单程总长 264 公里。

1990 年，县内干线邮路调整为 8 条，单程总长 295 公里。原陕西营—磨坪、陕西营—团结改为归州—磨坪、归州—梅家河，途经窑湾溪、郭家坝、文化、两河口；撤销窑湾溪—文化委办汽车邮路。

1996 年，撤销沙镇溪—大峪池步班邮路，新开办沙镇溪—陕西营自行车邮路。县内干线邮路仍为 8 条，单程总长 272 公里。

2000 年，县内干线邮路调整为 5 条，单程总长 321 公里。分别为：茅坪—沙镇溪自办汽车邮路 1 条，187 公里，途经周坪、芝兰、杨林桥、郭家坝、文化、两河口邮政局（所）；委办汽车邮路 3 条，两河口—磨坪，35 公里；两河口—梅家河，25 公里；归州—水田坝，12 公里；委办船邮路 1 条，茅坪—泄滩，62 公里，途经屈原、归州。

2005 年，县内干线邮路调整为 6 条，单程 480 公里。其中，自办汽车邮路 2 条，单程 355 公里；委办汽车邮路 4 条，单程 125 公里。

三、县城邮路

1979—1983 年，县城市内投递路线划分为市投 1 段、市投 2 段，单程总长 4.5 公里。1984 年市投路段单程长度上升到 6.5 公里。1993 年，市投路线划分为 3 段，单程总长延伸到 56.7 公里。

1998 年，县城东迁茅坪镇后，市投路线划分为 3 段，单程总长 68 公里。2000 年，市投路线划分为 5 段。2003—2005 年，市投路线划为 6 段，单程长 46 公里。

四、农村邮路

1979 年，全县 18 个人民公社除通县内干线邮路外，还有农村投递路线 41 条，单程总长 2 484 公里。其中，1 日班 1 条，2 日班 19 条，3 日班 21 条。全县农村村级通邮面达到 95%。1987 年，农村投递路线调整为 43 条，单程总长 2 203 公里。1994 年，单程总长延伸至 2 886 公里。2001 年，投递路线合并为 36 条，单程总长度 2 743.51 公里。2005 年，投递路线调整为 43 条，单程长 1 467 公里。投递点共计 785 个，其中邮政局自投 485 个，签协议投递点 300 个。

第二节　邮政业务

一、函（包）件

1979 年，全县函件收寄出口量为 56.31 万件。1991 年 12 月，开办中国邮政贺年（有奖）明信片业务。1999 年 6 月 18 日，经国家邮政局批准，县邮政局制作发行《归州文化邮资明信片》一套 12 枚。2000 年制作校园封、邮资广告明信片 4.5 万枚。2001 年启动纳税申报实行邮政局寄递业务。2002 年为九畹溪探险漂流旅游公司开发制作 5 万枚旅游明信片，为县人口与计划生育局制作邮资信封 5 000 枚。2003 年为县气象局、防保中心、天地人旅游公司各制作邮资信封 5 000 枚。1996 年，全县函件出口量突破百万件，达到 114.78 万件。2001 年函件出口量达 186.31 万件。2005 年函件出口量下降到 17.98 万件。

1979 年，包裹出口量 4 700 件，2000 年达 1.79 万件，2005 年为 6 544 件。国际包裹出口量小，

1993年收寄台湾包裹1件，1999年收寄国际包裹8件。至2005年，共收寄国际包裹48件。

二、汇 兑

1979年，全县20个邮政机构办理邮政汇兑业务，其中县邮政局、陕西营邮电所办理普通汇款和电报汇款，其余邮政机构只办理普通汇款。1987年，香溪、窑湾溪、龙江、郭家坝、两河口、水田坝、杨林桥、茅坪、陕西营9个邮电支局开办电报汇款业务。1999年，取消县内邮政电汇业务。2002年1月，取消传统汇兑业务，开办邮政电子汇兑业务，每笔汇款最高限额5万元。1979—2005年，累计办理汇出汇票62.97万张，其中2005年汇出汇票0.88万张，金额682.44万元。

三、报刊发行

1979年，全县报纸期发数1.63万份，杂志期发数1.58万份，全年订阅报纸杂志总数为384.8万份，全县平均每百户订阅报纸杂志33.99份，每百人8.23份。随着新闻媒体多样化，特别是信息网络快速发展，报纸杂志订阅呈逐年下降趋势。1985年，每百人订阅报纸杂志15.52份，成为历史最高年。至2001年下降到6.42份。至2005年，全县报纸期发数1.05万份，杂志期发数0.88万份，全年订阅报纸杂志292.4万份，比1979年减少92.4万份。平均每百户订阅报纸杂志14.5份，比1979年减少42%，每百人只有0.5份。（见表5-5-1、图5-5-1）

图5-5-1：路边报刊亭

1979—2005年秭归县报纸杂志发行情况表

表5-5-1　　单位：万份

年 份	合 计	报 纸	杂 志
1979—1985	2 586.99	2 401.54	185.45
1986—1990	2 010.14	1 776.65	233.49
1991—1995	2 231.16	1 997.23	233.93
1996—2000	3 076.66	2 890.92	185.74
2001—2005	1 584	1 493.25	90.75

四、快件及特快专递

1988年5月，县邮电局开办邮政快件业务。1989年3月，香溪、三闾邮电支局开办邮政快件业务。1999 年国内邮政快件业务取消。1986—1998 年，全县共收寄邮政快件 70.71 万件。1997 年 7 月，县邮电局开办特快专递业务，当年收寄特快专递邮件 1 688 件。1997—2005 年共收寄特快专递邮件 10.62 万件。

五、储　蓄

1987 年 7 月，恢复办理邮政储蓄业务，县邮电局设邮政储蓄营业部，首次发行邮政有奖定期储蓄 1 万张（面值 10 元）。年底储蓄余额 20.8 万元。至 1996 年，全县设陕西营、茅坪、杨林桥邮政支局等储蓄点。年底，全县邮政储蓄余额达 4 320 万元。1998 年 12 月，县邮政局储汇分局成立，当年开办水田坝、郭家坝、两河口、屈原邮政支局储蓄点。2000 年，县邮政部门接收农业银行杨林桥分理处和中国银行归州大慈寺储蓄网点余额共 1 764.27 万元，当年邮政储蓄余额突破 1 亿元大关，达 1.03 亿元。2001 年，县邮政储蓄实现联网，开办异地存取款业务。至 2005 年，全县有 10 个邮政支局、3 个邮政营业部实现联网。年底，全县邮政储蓄余额达 2.66 亿元。

六、其他业务

1979 年以后，县邮电（政）局负责县内机要文件的收寄、投递、押运等工作。机要通信业务量小，但质量要求高。1979—2005 年，县邮电（政）局共收寄机要通信出口 1.99 万件，进口 2.2 万件，年平出口量 738 件，进口量 814 件，未发生任何差错。

1986 年 1 月，县邮电局集邮门市部成立，正式开办集邮业务。1991 年 1 月，县成立集邮协会。1986—2005 年，共销售集邮票品 1 197.97 万枚，总收入 1 030.46 万元。

第六章　电　信

1979 年，全县有电话传输线路 978.42 杆公里，除县城城关镇有 3.02 皮长公里电缆线外，其余均为架空明线。2005 年，全县电话线路全部使用光缆，光缆总长达 1 443.76 皮长公里，电话交换机由磁石交换机、纵横制自动交换机全部更换为数字程控电话交换机，总容量由 1 165 门增加为 3.62 万门。公用电话设施从无到有，县城及乡镇街道安装上 IC 卡电话。1996 年，县邮电局开办数据通信业务，1998 年，开办互联网业务。2000 年，开通夷陵通。1984 年前，县内住宅电话为零。2005 年，住宅电话达到 2.77 万部。

第一节　固定电话

一、电话设施

线路　1979 年，县城至各公社电话传输共计杆路 19 条，436.4 杆公里，全是架空明线；各公社至各生产大队电话线路共计 536 杆公里；县城市话线路 3 杆公里、电缆 3.02 皮长公里。1994 年 10 月，县内第一条（窑湾溪—茅坪）4 芯光缆电话线路建成，总投资 196 万元，全程长 46 公里，电路 480 路。1996 年 11 月，郭家坝米仓口—香溪胡家坪过江 10 芯光缆电话线建成，横跨长江南北 870 米。至 1997 年，县至乡镇、乡镇间农话电路全部实现光缆传输。至 2005 年，拥有县通乡镇的主干光缆 743.53 皮长公里。1998 年开始村级光缆建设，至 2005 年，全县拥有乡镇—村、村—村间的光缆 700.23 皮长公里。

1979 年，全县共有长途电话线路 10 条。1984 年 6 月，归州—宜昌长途安装 D09 型高 12 路载波。10 月，D09 型改装为 D04 型，12 路载波全部开通。1987 年 11 月 14 日，开通归州—汉口长途直拨电话线 1 条。1987 年 11 月 20 日，汉渝干线宜昌至巴东明线迁改工程秭归段 ZM305 型 12 路载波终端机安装投入使用。1994 年 12 月，总投资 873 万元建成宜昌—兴山—秭归 140MB/S 架空光缆传输电路。1996 年 5 月，三斗坪—茅坪电信分局 34MB/S4 芯、全程长 11.2 公里二级架空光缆干线建成开通，从此结束长途电话传输使用明线、载波电路的历史，实现数字化传输。当年全县长途电话电路达 150 路。同年还建成开通可视电话会议系统。

城市电话输电线路建设纳入新县城建设总体规划，与城市建设同步进行。至 2005 年年底，共建市内电话地下管道 246.17 管孔公里，主干电缆总长 204.48 公里。配线电缆总对数 4.95 万对。实现市话线路无明线目标。

交换机 1979 年，全县市话有 HT903/2 型纵横自动交换机 1 部，容量 200 门；农村电话有磁石交换总机 21 部，总容量 885 门；县邮电局设长途电话交换机 1 部，容量 80 门。1993 年 7 月，茅坪在全县首家开通 512 门数字程控电话交换机。1994 年 8 月，归州县城开通 3 000 门数字程控电话交换机。此后，各乡镇先后开通数字程控电话交换机。至 2005 年年底，全县各乡镇使用数字程控交换机总容量 3.62 万门，光纤接入点 27 个、容量 1.05 万门。

公用电话 1993 年以前，除单位和个人代办电话点外，全县的公用电话设施几乎为零。1994 年，在县城归州邮电局营业厅、码头邮电营业室各安装开通磁卡电话机 2 部。后又在县政府招待所、县人民武装部招待所、县第一中学、香溪邮电支局、茅坪九里邮电所等地安装 10 部磁卡电话。1999 年磁卡电话被淘汰。2000 年，投资 6 万元购进 IC 卡电话 8 部，安装于新县城县医疗中心、第二人民医院、第一中学、第二中学、电信营业大厅等处投入使用。2001—2005 年，在新县城、乡镇街道以及各交通要道、港口码头、学校等地大量安装 IC 卡电话。2005 年年底，全县共有 IC 卡电话 151 部。从 2001 年开始安装“201 卡”电话，至 2005 年，已在县职业教育中心、第二中学以及两河口、归州、梅家河中学等地安装 860 部。

二、电话业务

市内电话 1979 年，全县市内电话（简称市话，下同）容量 200 门，实装 182 门，市内住宅电话为零。1988 年市话用户达 426 户。1992 年 1 月 11 日，市话 1 000 门工程割接开通，年末装机用户达 713 户。3 月 29 日，县城归州市话进入国内长途直拨网，7 月 30 日，进入国际长途直拨网，县城市话用户从此结束长途电话人工接转历史。11 月 27 日，县城市话 TSM 纵横制自动交换机实现复式计费电脑处理。1993 年 6 月，市话用户达 831 户。1994 年 8 月 23 日，县城市话扩容改制开通华为 C&C08 型 3 000 门数字程控电话，电话号码由 5 位升至 6 位，年末市话用户达 1 265 户。1996 年 7 月 13 日，全市电话网建成，县内电话号码由 6 位升至 7 位，全市统一区号为 0717。至 2005 年，市内固定电话总容量为 3. 65 万门，实装 2. 67 万门，其中住宅电话 2.77 万部。2000 年 3 月 13 日，县城茅坪首次建夷陵通基站（PHS）开通 27 户，开始无线市话业务。1979 年全县市话业务收入 1.14 万元，至 2004

年，增至 1 873.38 万元。2005 年纳入全市统一核算管理，秭归无单独收入统计。

长途电话　1979 年，全县 19 个邮电支局（所）及县邮电局营业厅办理长途电话业务，当年国内长途电话出口量 4.62 万张，业务收入 3.9 万元。1992 年，县电信局开通国内、国际长途直拨网，县城归州实现长途电话用户自拨，结束靠话务员按种类、顺序、多个交换机接转的历史。1993—1997 年，全县各乡镇先后开通程控电话，进入国际、国内长途直拨网。1985 年 4 月 3 日，首次受理到秭归采访的美国《地理》杂志记者黄孝文挂往美国洛杉矶、华盛顿国际长途电话。1993 年后，国际长途电话业务发展较快，当年国际长途电话出口为 63 次。2004 年达 2 731 次。2005 年，国内长途电话出口业务量达 761.06 万分钟。

农村电话　1979 年，全县有 21 部磁石交换机，装机 402 门，年农村电话（简称农话，下同）通话量 36.91 万张。1994 年 2 月 18 日，县政府召开全县农村通信建设会议，对乡镇程控电话和村级通信建设提出“一年打基础，两年大发展，三年见成效”目标。当年开通水田坝、屈原、郭家坝、杨林桥、茅坪等乡镇程控电话。随后，各乡镇相继开通程控电话。2005 年年底，全县农村电话装机 1.49 万门。

1998 年 12 月 10 日，县内第一批村级光纤接入网点在茅坪镇银杏沱村、兰陵溪村开通，首次容量分别为 256 门和 128 门。至 2005 年年底，全县共开通光纤接入点 27 个，总容量 7 997 门，实装 7 710 门。

对光纤接入网无法解决的边远山村，采取无线集群接入网方式，临时解决部分村通信困难。至 2004 年年底，无线接入基站退网，由“村村通”工程所取代。2004 年 12 月，全县首批“村村通”450M 接入网设备在茅坪镇罗家等 7 个村开通。至 2005 年年底，全县共有 13 个村建成开通 450M 接入网设备，各一个载频，容量分别为 100 门，用户达 1.23 万户。

1979 年，农话业务收入 16.57 万元。1993 年突破百万元大关，达 103.49 万元。至 2000 年，达 747.96 万元。2001 年以后，纳入全市统一核算管理。

第二节　电　报

一、设　施

1979 年，全县共有电传打字机两部，15WB55 型电台 2 部，单路真迹传真机 3 部，半导体人工机 1 部，整流器 2 台，电报封口机 1 台，投递电报专用自行车 1 辆。1983 年 10 月，更新八一型半导体 15W 电台 1 部。1985 年 8 月，增加 B2TOTA 型 4 路插报机 1 部。1986 年 10 月，购置 BFS-4201 型程控发报机 2 部。1989 年 5 月，购置 BDO55 型电传打字机 1 台、DACT220 型译码机 1 部。1990 年 10 月和 1991 年 5 月共购置 CETT 型中英文全电子电传机 2 套。

1979 年，全县有电报出口电路 2 条，即秭归—宜昌人工、明线载波电传电路各 1 条，县邮电局—各邮电支局（所）利用农话中继线话传电报，构成全县电报通信网。1986 年，秭归—宜昌明线载波电传电路改为秭归—武汉明线载波电传电路。1989 年，增设归州—香溪实线话传电路 1 条。1995 年，增设归州—茅坪光缆电报电路 1 条。

二、业　务

1979 年，县邮电局及 19 个支局（所）均办理电报收、发报（话传）和电报投递业务，并受理国际电报业务。业务内容包括天气、水情、公益、政务、新闻、汇款、公电以及普通电报等 8 种电报。

分 3 种特别业务：特急、加急、邮送。1989 年 10 月 1 日起，县邮电局开办礼仪电报业务。

1979 年，国内电报出口量为 2.37 万份，1996 年达 89 万份。由于数字程控电话、传真及其他通信手段的发展和普及，电报业务量从 1997 年后直线下降，至 2001 年，国内电报出口量下降到 3 万份。2005 年停办电报业务。电报业务收入 1979 年只有 1.61 万元，1993 年达 14.3 万元，为历史最高年。1994 年开始下降，至 2004 年，仅有 0.35 万元。

第三节　数据通信・互联网

一、数据通信

1996 年 4 月，县邮电局开始办理数字数据网（DDN）、分组交换、帧中继业务。7 月 8 日，县建设银行数据通信设备接入中国公用分组交换数据通信网，并与全国建设银行清算系统联网，成为县内第一个使用数据通信业务用户。随后，中国银行、工商银行、农业银行等单位先后成为数据通信用户。2005 年年底，全县有数据通信业务用户 32 户。

二、互联网

1998 年 7 月，县邮电局开办窄带拨号上网业务，2005 年有用户 582 户。2000 年 6 月，中国联通秭归分公司开通互联网业务。2003 年 4 月，向县广播电视局提供互联网专线业务。2002 年 10 月，县电信局开办 ADSL 宽带网，有端口 8 688 个，新县城茅坪及归州、沙镇溪、郭家坝镇开通 ADSL 宽带网。2003 年 ADSL 宽带网扩容 512 个端口，新增屈原、周坪、杨林桥、文化、水田坝、两河口、梅家河、磨坪等乡镇 8 个 ADSL 节点。2004 年县城新建 C5000 核心交换机 1 台，出口带宽扩容至 2G 两个 100M 出口。当年开通芝兰乡、泄滩乡、郭家坝镇虹桥“5100”设备各 32 个端口，县城文卫区、九里各扩容 64 个端口，归州、郭家坝、两河口、磨坪、屈原、沙镇溪、水田坝 7 个乡镇各扩 32 线，网络进一步优化。同年在郭家坝、归州镇各建“3904”网络交换机 1 台。同时开始宽带小区建设，建成县医疗中心宿舍、邮政 8 号楼小区宽带网，端口容量为 200 户。当年 6 月，在县城开办驻地网业务。2005 年，对光接入设备换型 2 台，光接入用户扩容 256 线，宽带扩容 1 088 端口，新建成 7 个宽带小区，容量 800 线。当年 8 月重新启动党政信息网的组网工作，入网单位达 100 多户。2003 年全县互联网用户为 1 260 户；2004 年 2 450 户；2005 年 3 429 户。

第七章　移动通信

1993 年 5 月，县邮电局在县城归州开通无线寻呼台。1995 年 5 月，县邮电局在归州卧牛垭建设开通全县第一个摩托罗拉模拟蜂窝移动基站，移动电话首次在县内开通。1999 年 11 月，电信、移动通信分离，中国移动通信集团湖北公司秭归分公司成立。2000 年 6 月，中国联通有限公司秭归经营部成立；2001 年 6 月改为中国联通有限公司秭归分公司。两个分公司成立后，全县移动通信得到迅速发展。至 2005 年，全县共有数字移动基站 111 个，移动电话用户 8.8 万户。

第一节　网络建设

一、移动网络

1999 年 11 月，中国移动通信集团湖北公司秭归分公司正式成立，有职工 12 人。2002 年，随着中国移动通信集团在香港、纽约注册上市，中国移动通信集团湖北公司秭归分公司成为外商投资企业驻秭归的分支机构。2005 年年底，分公司有在编职工 37 人，内设综合财务部、网络维护部、市场经营部、营业厅、大客户服务部、渠道室，下辖归州、屈原等 11 个乡镇合作营业厅。1995 年 5 月，县邮电局在归州卧牛垭建设开通全县第一个摩托罗拉蜂窝移动基站。1997 年 5 月，在茅坪镇求雨包建成开通数字模拟双制式移动基站。1999 年，在新县城茅坪和杨林桥、水田坝等乡镇建成开通 10 个数字移动基站。2000 年，全县建成开通 12 个数字移动基站，中国移动网络在全县的国土覆盖率达到 60%。2001 年，关闭模拟移动通信网，当年新建并开通 13 个数字移动基站，中国移动网络在全县的覆盖率达 80%。至 2005 年年底，县内移动通信共有在网基站 76 个。其中，“宏蜂窝”基站 45 个，“1800”基站 1 个，“边际网”基站 21 个，各种类型直放站 9 个。全县已建成直达所有乡镇、覆盖率达 90%的中国移动通信网络，基本实现全县沿江、沿公路、沿隧道无缝隙覆盖。

二、联通网络

2000 年 6 月，中国联通有限公司秭归县经营部成立，有职工 3 人。2001 年 6 月更名为中国联通有限公司秭归分公司。2005 年年底，公司在编职工 21 人，下设综合部、市场部。

2001 年，中国联通有限公司秭归分公司在县城茅坪夔龙山建 GSM 基站 1 个，联通移动电话网络正式开通；2002 年，在新县城、屈原镇、郭家坝镇邓家坡村共建 GSM 基站 5 个、CDMA 基站 4 个；2003 年，在周坪乡、杨林桥镇、郭家坝镇桐树湾村、文化乡、归州镇香溪村共建 GSM 基站 5 个、CDMA 基站 5 个；2004 年，在沙镇溪镇、梅家河乡、两河口镇、磨坪乡共建 GSM 基站 3 个、CDMA 基站 4 个；2005 年，在周坪乡槐树坪、界垭村及茅坪镇杉木溪、沙镇溪镇乐丰等村共建 GSM 基站 4 个、CDMA 基站 4 个。5 年中，县境内共建联通基站 35 个，投资达 2 600 万元。（图 5-7-1）

图 5-7-1：新县城夔龙山联通基站

第二节 业务经营

一、移动业务

1995 年 5 月，县内移动电话开通后，只在县邮电（电信）营业大厅办理上网、缴费等经营服务工作。2000 年，中国移动通信集团湖北公司秭归分公司开办代办代销业务，当年新县城茅坪福广通信、剑锋通信等合作营业厅开业，县城内中国移动通信服务网点达到 4 个。2002 年，代办代销店向乡镇集镇延伸，当年在归州、郭家坝、水田坝、杨林桥等乡镇集镇开办 8 家合作营业厅。至 2004 年，全县所有乡镇集镇都有中国移动通信代办代销合作营业厅，总数达 17 个。2005 年，代办代销店向村级发展，启动“一村一店”代理制。当年在郭家坝镇头道河、杨林桥镇三渡河等村开办中国移动代办店。至 2005 年年底，中国移动电话服务网点已遍及全县，共有 28 个合作营业厅；12 个专营店；36 个村级代办店。

1995 年，全县有移动电话用户 300 户。2000 年，中国移动电话用户发展到 1 万户。2001 年，对原模拟移动通信网内的用户进行退网和转网（转成数字移动通信网），当年用户达 2.1 万户。2005 年年底，移动通信网号有“134”“135”“136”“137”“138”“139”。全县有中国移动电话用户 7.3 万户，其中通话用户 6.1 万户，年业务收入 4 000 万元。（见表 5-7-1）

1995—2005 年秭归县中国移动电话用户情况表

表 5-7-1　　　　单位：户、万元

年份	用户总数	通话用户	业务收入
1995	300	300	12
1996	500	500	13
1997	1 100	1 100	34
1998	1 300	1 300	40
1999	2 500	2 500	300
2000	10 000	10 000	650
2001	21 000	21 000	1 200
2002	35 000	35 000	2 300
2003	46 000	46 000	2 900
2004	60 000	60 000	3 500
2005	73 000	61 000	4 000

二、联通业务

2003 年 9 月前，只有中国联通有限公司秭归分公司营业厅一家经营。2003 年年底，在县城和郭家坝、文化等集镇发展联通合作营业厅 4 家。2005 年年底，全县有合作营业厅 14 家，从业人员 38 人。2001 年，全县有联通电话用户 360 户；2002 年 905 户；2003 年 2 425 户；2004 年发展到 7 322 户；2005 年达到 1.51 万户。GSM 网用户号段有“130”“131”“132”“156”，CDMA 网号段有“133”

“153”。

三、无线寻呼

1993 年 5 月，县邮电局开通县城归州无线寻呼台（人工 126），安装 60 瓦利津发射台 1 台及电脑等附属设备，当年有用户 55 户。1995 年 12 月，开通无线寻呼自动台（129），并与全省联网。2000 年，无线寻呼业务划归中国联通有限公司秭归经营部。1999 年，无线寻呼用户最高达到 5 000 多户。此后用户不断减少。至 2003 年，县境内已无无线寻呼用户，无线寻呼业务停办。

第六篇　农　业

1979 年后，全县改革农村集体经营体制，实行以家庭联产承包为主的农业生产责任制，农民生产积极性提高，农业大幅增产增收。1980 年后，贯彻落实中央关于“决不放松粮食生产，大力发展多种经营”方针，对全县农业结构进行初步调整。1990 年后，大力调整农村产业结构。县委、县政府提出“稳定粮食生产，突破性发展多种经济，突破性发展乡镇企业，突破性发展二、三产业”指导方针，调整农业内部结构。调减粮食面积，扩大油料和多种经济面积，发展柑橘、烟叶、茶叶、板栗、蔬菜等特色产业，增加农业商品率。推行科学种田和科技栽培新模式，提高农业科技贡献率。1995 年，全县粮食总产 15.11 万吨，比 1979 年的 12.13 万吨增长 24.57%，粮食自给有余。2005 年，粮食产值与多种经济产值占种植业产值之比为 32.39 : 67.61，比 1979 年的 75.76 : 24.24，分别减少 43.37 和提高 43.37，实现多种经济产值调头。全年粮食总产 11.6 万吨，亩产 264 公斤，比 1979 年的 159 公斤增长 66.04%；农业总产值 8.69 亿元，比 1979 年的 1.89 亿元增长 3.6 倍；农民人均纯收入 1 999 元，比 1979 年增长 26.4 倍；柑橘、烟叶、茶叶、蔬菜四大支柱产业产值达 3.38 亿元，占种植业产值 5.63 亿元的 60%。

第一章　农村经济体制改革

1979年，全县开始农村经济体制改革。当年，桑坪公社冲破“左”的思想束缚，将冬歇田试探性“借”给农民栽种马铃薯，喜获丰收。1980年9月，县委组织工作队在全县举办各种类型的生产责任制试点，总结试点经验，指导生产责任制落实。1981年有98%以上的生产队落实各种形式的生产责任制。1982年12月，全县3 297个生产队全部完成初期（一年期）生产责任制承包工作。1984—2005年，进入农业生产责任制稳定完善时期，先后完成承包期15年和30年土地延期承包工作。至2005年，全县已完成186个村、1 152个组、2.44万公顷土地延期承包工作。

2000年3月，中共中央、国务院发出《关于进行农村税费改革试点工作的通知》。同年8月，全县开展农村税费改革试点。取消农业税和农业特产税，取消乡镇统筹费和农村教育集资费，农民负担大幅减轻。2005年，农业税附加随农业税免征而取消，农民种田自此不仅不交任何税费，而且还享受多种政策补贴。

第一节　土地经营制度改革

一、初期承包

1979年，桑坪公社22个大队将200公顷冬歇田“借”给农民栽种一季马铃薯，喜获丰收。1980年9月，中共中央要求进一步加强和完善农业生产责任制。县委在贯彻落实中央文件的基础上，组织工作队，先后在两河公社红土岭大队、郭家坝公社星星农科所、龙江公社桂坪大队、香溪公社爱民大队、桑坪公社柏杨大队进行不同类型的生产责任制试点，在试点的基础上在全县推行。1981年2月，杨林公社241个生产队在全县率先实行联产到劳责任制，占全社296个生产队的81.4%。8月，县委制定关于加强和完善农业生产责任制实施办法，提出专业承包、联产计酬；统一经营、联产到劳；小段包工、定额管理；包产到户；联产计酬等5种形式农业生产责任制。10月，县委召开公社书记、管理区书记会议，传达贯彻中央精神。会后，各地以公社、管理区、大队为单位召开生产队以上干部会议，传达贯彻。在此基础上，全县办农业生产责任制试点69个。其中，县委举办2个，公社党委举办24个，管理区43个，参加干部213人。年底，县委认真总结推广两河公社红土岭大队、云盘大队、郭家坝公社星星农科所、香溪公社高潮大队等一批不同类型的专业承包典型。当年，全县有3 146个生产队落实各种形式生产责任制，占生产队总数3 196个的98.44%。其中，专业承包、联产计酬2 425个；小段包工、定额管理721个。有98%以上的生产队与农户签订一年期合同，农业承包初期合同正式出现。同年12月，在县委、县政府召开的1981年度先进代表表彰会议上，将杨林公社实行农业生产责任制后的效果作为典型材料印发全体代表，在全县引起轰动。

二、稳定完善

1981年，全县基本落实农业生产责任制后，县委、县政府多次组织调查研究，发现问题，及时解决。县委对少数地方仍实行平均主义、一户多块田、仍然坚持“拖大班”等问题提出批评，并对加快和完善农业生产责任制工作提出明确指导意见。1982年9月，全县组织县、社（镇）、区、大队四级干部1 926人，组成92个工作组，分赴274个大队完善农业生产责任制。共武装骨干1.57万人次，召开群众大会13.89万人次，3 293个生产队完善各种责任制，占99.88%。其中，实行大包干3 007个，占91.2%；包产到户249个，占7.55%；包产到劳36个，占1.09%；专业到组1个。至年底，全县3 297个生产队，包干到户3 233个，占98.1%；包产到户58个，占1.76%；联产到劳6个，占0.14%。1984年1月，中共中央在《关于1984年农村工作的通知》中，提出延长土地承包期（简称延包，下同）一般在15年以上。7—9月，由各区（镇）组织20个工作组到20个大队办试点，总结经验。县、区、乡组织655名国家干部，分赴355个大队、1 692个生产队帮助工作。共武装骨干1.39万人，顺利对2.65万户（占全县总农户28.5%）原来承包土地和多种经济林进行调整，在9月30日前全部将“土地使用证”“承包合同书”填发到户。12月，全县9.3万个农户与生产队签订为期15年的农业承包合同，实行大稳定、小调整。发放“土地使用证”7万份，有2.99万农户承包土地有小变动，占总数31.8%，调整土地2 467.13公顷。1985年修订合同1.3万份，194个村发放“土地承包使用证”2.17万份。1990年，进一步查漏补缺，完善和签订承包合同。全县466个村共签订农业承包合同11.71万份。1991年统一规范合同管理，使农业生产责任制在全县范围内稳定下来，让农民吃上“定心丸”。1995年3月，国务院批转农业部《关于稳定和完善土地承包关系意见》，提出“土地承包期再延长30年”。全县11个乡镇、190个

图 6-1-1：全国农业法律下乡现场会在秭归召开

村与4.2万户签订土地承包延期合同，鉴证合同3.02万份。1998年，全县466个村签订延包合同9.23万份，颁发“土地承包经营权证”9.06万份，鉴证6.5万份。1999年，全县完成437个村、2 988个组延包工作，延包率89%。2002年8月，《中华人民共和国农村土地承包法》（简称《土地承包法》，下同）颁布实施，全县加大土地承包力度。共组织专班843人，对剩余的79个村、360个组的1.1万户签订延包合同，使全县延包率达到99.3%，发证率95.3%。虽然基本落实延包工作，但按《土地承包法》规定还有很多不完善的地方。2005年3月，县委办公室、县政府办公室印发《秭归县依法完善土地二轮承包有关政策说明》和《土地承包法》资料1 030份，在县直单位抽调33人组成12个指导组到各乡镇依法完善土地承包工作。重新签订延长30年不变的土地承包合同，换发“农村土地经营权证”。各乡镇成立专班189个、577人。全县举办政策、业务培训180场次，培训2 091人次，召开宣传发动会议2 489场次，参加会议13.2万人次，印发资料2.13万份，举办广播电视讲座590场次，办宣传专栏79期，张贴标语2 815条，横幅32条。经半年工作，全县186个村、1 152个组、8.93万户重新签订合同，完成延包土地2.44万公顷，发放“农村土地经营权证”8.92万个，发证率98.5%。（图6-1-1）

第二节　农村税费改革

一、农业税

2000年3月，中共中央、国务院发出《关于进行农村税费改革试点工作的通知》。全县于2002年8月开展农村税费改革试点。主要内容：取消屠宰税，包括生产和收购环节征收的屠宰税。调整农业税政策，税金基数为第二轮承包（30年不变）土地面积，以1994—1998年间平均产量为准，农业税税率为7%，2004年下调为4%，2005年免征。调整农业特产税政策，除烟叶在收购环节征税外，取消在生产环节征收农业特产税，统一归并到农业税中计征。

农业税和农业特产税征收的逐步改革，使农民负担大幅减轻。2002年，全县实际征收农业税1 345.3万元，比2001年农民承担的农业税、农业特产税和农业税附加1 354.3万元减少9万元，减0.66%。2003年农民承担农业税1 309.8万元，比2002年减少35.5万元，下降2.64%。2004年，全县农业税税率下调到4%，征税702.3万元，比2003年减少607.5万元，下降46.38%。2005年起全县免征农业税。

二、农村费用

2002年，全县取消乡统筹费、农村教育集资等专门向农民征收的行政事业性收费和政策性基金、集资，除村级道路建设资金按“一事一议”办法筹资外，其他原使用统筹费的项目均列入财政预算。逐步取消统一规定的农村义务工和劳动积累工。制定《秭归县村级范围内筹资筹劳实施细则》，规定村内用工范围，上限控制和报批程序。改革村提留使用办法。将村提留变更为农业税附加统一收取。其标准为农业税正税的20%，主要用于村干部报酬、办公经费。改革前的2001年，全县村提留859.63万元，乡镇统筹628.22万元，农村教育集资24.95万元，合计1 512.8万元。改革后的2002年，取消乡镇统筹和农村教育集资，只保留村提留（农业税附加）270.57万元，农村费用比2001年减少1 242.23万元，下降82.11%。2004年村提留（农业税附加）下降到140.41万元，比2002年减少130.16万元，下降48.11%。2005年按国务院规定，农村各项费用随农业税免征而取消。2003—2005年，全县两次接受省政府组织的农村税费改革考核评估。评估结论：全县农村税费改革非常成功，配套改革全部到位，农民负担大幅减轻。

第二章　种植业

全县粮食作物种植以水稻、小麦、玉米、马铃薯、红薯为主，经济作物以油菜、花生、芝麻、烤烟、蔬菜为主。1979年后，实行家庭联产承包责任制，种植业得到快速发展。不断改革耕作制度，改良土壤，实行配方施肥，推广杂交水稻、杂交玉米和地膜覆盖新技术，大力实施“温饱工程”，粮食单产逐步提高，20世纪80年代初实现粮食自给。烟叶生产实现“三化”（良种化、区域化、规范化）种植，基地稳定，烤烟质量不断提高，烟农收入逐年增加，成为高山农民致富主导产品。通过调整农业结构，加大油料、烟叶、蔬菜等多种经济发展力度，农民收入增加。2005年全县粮食、油料、烟叶、蔬菜4项产值达4.3亿元，占农业总产值8.69亿元的49.46%。

第一节　耕作制度

一、水田耕作

三熟制　1984年前有小麦—稻—稻、马铃薯—稻—稻、油菜—水稻—马铃薯3种种植模式。因季节、农活、排灌条件矛盾突出，1984年停种。1984—1985年有油菜—稻—稻模式，全县种植13.33公顷，1995年降至10公顷，1996年停止。1993年，梅家河乡农技站在郑家岭村一组试验示范油菜—瓜—稻、小麦—瓜—稻模式1.33公顷，每亩产油菜籽75公斤，小麦110公斤，西瓜2 500公斤，亩创产值3 000元，以后面积逐步扩大。1991年，郭家坝镇农技站在牛岭村3组试验油菜—玉米—稻模式1 641平方米，每亩产油菜籽105.5公斤，玉米459.5公斤，稻谷519.6公斤，此后，在低山广泛推广。

二熟制　油菜—稻、玉米—稻、小麦—稻、豆—稻、马铃薯—稻、蔬菜或绿肥—稻，属传统种植模式，1985年后种植面积上升。

一熟制　冬泡或冬闲田—稻模式，数量极少，2001年下降至150公顷，占水田面积4.1%。

2005年，县内水田三熟制133.33公顷。其中，油菜—瓜—稻40公顷，小麦—瓜—稻53.33公顷，油菜—玉米—稻40公顷。水田二熟制面积2 666.67公顷。其中，油菜—稻1 666.67公顷，玉米—稻66.67公顷，马铃薯—稻133.33公顷，豆—稻66.67公顷，蔬菜或绿肥—稻733.33公顷。水田一熟制面积200公顷。其中，冬泡田—稻66.67公顷，冬闲田—稻133.33公顷。

二、旱地耕作

三熟制　马铃薯—玉米—豆、小麦—玉米—红薯、小麦—玉米—豆、油菜—玉米—红薯、油菜—玉米—豆等，为传统模式。

二熟制　油菜—烤烟、小麦—烤烟，此模式始于1985年，主要在半高山一带推广。但随着地膜、微膜覆盖技术推广，使全县海拔1 000米以上地区旱地实现“两熟制”，首先在梅家河、两河口、磨坪、杨林桥等乡镇半高山以上地区示范种植。此后，扩展到产烟区6个乡镇，使半高山以上变一熟为二熟制。

一熟制　玉米—冬闲田、烤烟—冬闲田，主要分布在海拔1 200米以上高寒地区，面积5%～10%。

2005年，旱地三熟制4 666.66公顷。其中，马铃薯—玉米—豆1 333.33公顷，油菜—玉米—豆666.67公顷，小麦—玉米—红薯1 333.33公顷，油菜—玉米—红薯666.67公顷，蔬菜—魔芋—玉米333.33公顷，马铃薯—地膜玉米—蔬菜333.33公顷。旱地二熟制1.03万公顷。其中，马铃薯—玉米2 333.33公顷，油菜—玉米2 333.33公顷，小麦—玉米2 333.33公顷，小麦—红薯666.67公顷，小麦—花生666.67公顷，黄豆—玉米666.67公顷，小麦—烤烟666.67公顷，油菜—烤烟666.67公顷。

三、复种指数

1979年，全县农作物播种总面积5.6万公顷，年末实有耕地3.05万公顷，复种指数184.06%。1995年，全县农作物播种总面积5.61万公顷，年末实有耕地2.65万公顷，复种指数211.56%，比1979年提高27.5个百分点。2005年全县农作物播种总面积4.9万公顷，年末实有耕地面积2.62万公顷，复种指数187.02%。

第二节　土壤与肥料

一、土壤改良

据《秭归县土壤志》1982年数据，县内土壤普遍缺氮，严重缺磷，部分缺钾。缺氮面积2.29万公顷，占耕地面积的76.94%；缺磷面积2.63万公顷，占耕地面积的88.33%；缺钾面积2.31万公顷，占耕地面积的77.68%。1982年，县内土壤划分为7个等级，一级为农用优等田，全县5 900公顷，占耕面积的19.9%；二级为上等田，8 500公顷，占28.6%；三级为中等田，1.05万公顷，占35.3%；四级为下等田，4 800公顷，占16.2%；五级为林用上等田，6.2万公顷，占49.8%；六级为林用中等田，3.38万公顷，占27.2%；七级为林用下等田，2.86万公顷，占23%。改良土壤办法主要应用坡改梯，1982年前，全县累计坡改梯8 506.67公顷，平整土地1 080公顷，共改土地9 586.67公顷。1983—1998年，全县坡改梯面积1.68万公顷。2005年末实有耕地2.62万公顷，其中坡改梯1.61万公顷，占耕地面积的61.45%。农业人口人均基本良田0.05公顷。2005年，运用栽培措施，采取深开沟，实行水、旱轮作，推广垄作栽培，改造冷浸田、烂泥田等386.67公顷；深翻改土，增加活土层1 400公顷；改造冬泡田200公顷。

二、肥　料

1984年开始，农业部门提出改氮肥单施为氮、磷、钾配方施肥。当年配方施肥1.94万公顷，占耕地面积2.91万公顷的66.91%，占粮食作物4.63万公顷的42.08%。其中，氮、磷配施1.03万公顷，占53.1%；氮、磷、钾配施9 133.33公顷，占46.87%。1985年全县化肥氮肥使用量1.81万吨，磷肥1 270吨，复合肥1 640吨。按全年粮食面积4.42万公顷，柑橘、茶叶面积4 852公顷计算，每公顷施氮肥368.2公斤，磷肥25.88公斤，复合肥33.42公斤。同年，根据土壤和作物需要，补施微量元素肥料3 278.87公顷。其中，油菜施硼肥953.67公顷，小麦施硼肥282.4公顷，柑橘施硼肥666.67公顷，玉米施锌肥166.87公顷，水稻施锌肥255公顷，黄豆拌钼肥588.53公顷，花生拌钼肥365.33公顷，水稻施硅肥0.2公顷，小麦施锰肥0.2公顷。

1990年冬播，县农技部门提出施足农家肥，每亩施农家肥4 000～5 000公斤，实行氮、磷、钾配方施肥，推行禾秆还田，增加有机肥。当年全县禾秆还田1.4万公顷。其中，稻谷草4 666.66公顷，玉米秆8 000公顷，烟秆1 333.33公顷。配方施肥2.8万公顷。其中，玉米配施氮、磷、钾1万公顷，红薯、马铃薯配施磷、钾肥6 666.66公顷，油菜配施氮、磷、钾、硼肥6 666.66公顷。1991年，全县粮食种植面积4.35万公顷，比1990年减少913.33公顷，而粮食产量却增加2.49万吨，亩产增加42公斤。县内农作物有机肥与化肥氮、磷、钾配方施肥均达100%。（见表6-2-1）

1978—2005年部分年份配方施肥情况表

表6-2-1　　单位：吨、%

年份	施用总量	氮		磷		钾		复合肥	
		施用量	比例	施用量	比例	施用量	比例	施用量	比例
1978	12 699	8 551	67.34	4 148	32.66	—	—	—	—
1985	20 980	18 070	86.13	1 270	6.05	—	—	1 640	7.82
1990	29 246	24 302	83.1	4 700	16.07	20	0.07	224	0.77
1995	15 508	9 638	62.15	2 213	14.27	357	2.3	3 300	21.28
2000	19 698	12 106	61.46	2 868	14.56	803	4.08	3 921	19.91
2005	19 250	11 800	61.3	2 800	14.55	750	3.9	3 900	20.26

第三节　种　子

一、良种推广

粮食作物　1976年，县内首次引进推广南优2号、6号、8号3个杂交稻品种，随后逐步推广汕优、威优、四优、矮优等10多个品种。1982年，全县主要种植品种有汕优2号、6号、8号、63号、64号共5个杂交稻种。1984年从湖南、四川省引进水稻品种5个。1985年全县杂交稻种植面积1 352.4公顷，占中、晚稻面积的28%。主要品种有威优64、汕优6号、8号等。1990年，全县供应杂交稻种103.9吨，推广面积4 123.4公顷，普及率93%。1994年引进D优63、金优63、金优64等品种。1995年引进汕优多系1、汕优晚3、威优晚3、汕优22、汕优26等品种。1996—2003年，先后引进推广冈优多系1、金优63、金优桂99、汕优58、Ⅱ优58、金优晚3、金优207、金优77、金优明86、金优多系1、D优527、冈优527、威优77、Ⅱ优77、Ⅱ优527、金优12、金优725、金优288、国丰1号等。2005年，全县推广种植杂交稻品种有：金优77、金优桂99、金优725、金优63、金优晚3、Ⅱ优58、Ⅱ优725、D优527、D优725、汕优晚3、汕优63等。

1979年前，全县引进阿勃、宜麦1号、宜系4号等小麦品种在境内种植。1980年后，引进推广鄂恩1号、绵阳76—315、绵阳76—319、鄂恩4号等小麦品种。2003年引进绵阳392、郑麦9023、76—12等24个小麦品种。

1979年前，全县玉米种植品种有罗马尼亚双交种HD311、HD405、北京双跃3号、新单1号等16个品种。1980年引进大莫、长莫、双莫。1981年引进恩单、郧单。1982—2003年，先后引进推广鲁39、牛三、豫农704、七三、雅玉、华玉4号、农大108、农大3138、鄂玉10、蠡玉6号、湘玉10号、临奥1号、961×168、丹科2123、郁青1号、海禾1号、东单60、农源132、鄂玉17、鄂三⑴等。2005年，县内玉米种植主要品种有：农大108、农大3138、临奥1号、东单60、华玉4号、丹科2123等优良品种，良种普及率达100%。

经济作物　1980年引进推广农林43油菜品种在全县种植。1986年引进中油821油菜品种。1990年引进低芥酸、低硫甙“双低”油菜品种中双2号。此后引进华杂2号、华杂3号、华杂4号等“双低”油菜良种。2005年，全县油菜种植主要品种有：中双2号、华杂系列等品种，良种普及率100%。花生品种自1980年开始，先后引进鄂花1号、鄂花2号、新城早等；全县主要推广白沙5号、白沙6号、红花1号、中花518、天府1号、天府4号等品种。2005年主要种植白沙6号、天府1号、天府4号等3个品种。芝麻品种自1979年后引进中芝5号，中芝7号等。2005年主要种植白芝麻、黑芝麻、中芝2号、中芝7号等4个品种。

二、良种繁育

1981年，在水田坝公社龙口、大水田、朝东观、石寨垭、椆木树、赦仓坪、严坪、辛家坪等大队及三间公社白果园大队，两河公社太坪大队，梅家河公社宋家坡大队，文化公社建国、文化大队繁育水稻良种。1998年在水田坝乡大水田、严坪、辛家坪等村繁育水稻良种面积98.92公顷。1999年繁育水稻良种78.84公顷，产量362.9吨，亩产307公斤，创历史最高纪录。2001年，水稻良种繁育除满足县内供种外，外销水稻良种390吨。

1980年后，县种子公司先后将两河口公社（镇）红土岭、宋家、双龙坪等村，水田坝乡郝家岭、下坝等村纳入小麦制种基地进行良种繁育。1995年前，每年小麦良种繁育20公顷，制种收购入库最高达40吨。1998年后，因县内产业结构调整，全县小麦种植面积逐年下降，良种繁育面积减少。

玉米良种繁育在县内外均建有制种基地。县内先后在两河口镇红土岭、大坪、宋家、双龙等村和杨林桥镇下马台、水井盆、三台寺村以及水田坝乡大水田、下坝村进行玉米良种繁育。县外先后在辽宁省西丰市和铁岭市、山西省陵川市、重庆市忠县、河北省张家口市、吉林省吉东市等地建立玉米制种基地。1984年两河口大坪村3组1农户繁殖郧单1号0.67公顷，生产种子2 250公斤，创户产最高水平。1989年，两河口镇宋家村1农户繁殖宜单2号0.17公顷，生产种子846公斤，为单产最高。1994年，在辽宁省西丰市繁育玉米良种宜单2号233.33公顷，调回种子540吨，为历史最高年。2001年，繁育的玉米良种县内种植有余，外销100吨。

2000年前，油菜良种繁育以县种子公司制种为主。尔后，以县农技推广中心为主。主要繁育基地在杨林桥、周坪、郭家坝、两河口、茅坪等5个乡镇。2005年主要繁育华杂系列油菜种子，满足全县用种外，剩余部分销往外地。

三、种子经营

1980年1月，成立秭归县种子公司，隶属县农业局。负责全县良种、原种、杂交亲本经营及原种、良种引进和地县之间调剂；新品种试验示范，建立良种繁育基地；负责全县种子检验和检疫，实行种子生产、调运、销售、库存等各项业务工作。1981年12月，全县设立乡镇种子供应站16个。2005年，按乡镇行政区域保留乡镇种子供应站12个。

县种子公司经营水稻、小麦、玉米、油菜、花生、芝麻及蔬菜等品种种子。1980—2005年，共销售杂交水稻、杂交玉米等各类种子10.72万吨，其中县内销售两杂种子7 604吨。分别销售杂交水稻1 565吨，杂交玉米6 039吨，销售小麦良种2 460吨，油菜良种145吨，蔬菜良种260吨。累计向国家缴纳税金205万元。

1981年，各公社农业技术推广站确定为县种子公司独家经营、管理的供种网络，规范种子市场管理，提高良种种植比例，实行制种基地专人负责。从确定基地到种子收购入库均实行签字制度，至次年农民粮食入库后，再收集群众反映，由领导签字确定为合格。省外制种基地的专管人员，7个月吃住基地，收获种子后，全程安全调运回县为合格。随着市场经济体制改革的深入，种子经营逐步放开，由县种子公司独家经营逐步变为公司、个体户相互竞争的经营体制。

第四节 粮食作物

一、粮食产量

粮食作物主要有水稻、玉米、小麦、大豆、马铃薯、红薯、杂粮等。1979年，全县粮食播种面积5.1万公顷，总产量12.13万吨，亩产159公斤。2005年，粮食播种面积2.93万公顷，总产量11.6万吨，亩产264公斤，播种面积比1979年减少42.52%，但亩产却增加105公斤，总产几乎相等。（见表6-2-2）

1979—2005年部分年份粮食产量情况表

表6-2-2　　单位：公顷、公斤、吨

年份	播种面积	亩产	粮食总产量	其中								
				水稻			小麦			玉米		
				面积	亩产	产量	面积	亩产	产量	面积	亩产	产量
1979	50 953	159	121 315	5 160	352	27 270	8 373	95	11 950	12 093	179	32 380
1982	46 560	194	135 735	4 973	359	26 810	9 007	162	21 950	12 507	211	39 495
1985	44 220	223	147 888	4 893	450	32 995	8 480	153	19 520	11 740	265	46 605
1989	44 173	211	139 648	4 827	442	31 983	8 480	140	17 771	12 313	230	42 471
1990	44 367	177	118 039	4 853	325	23 675	8 633	161	20 912	12 620	201	38 138
1994	42 553	214	136 510	4 553	311	21 248	9 200	166	22 854	12 020	271	48 935
1995	42 487	237	151 121	4 447	418	27 869	9 153	175	24 071	12 187	291	53 271
1998	42 120	233	146 926	4 060	385	23 471	8 833	167	22 176	12 353	283	52 413
2000	39 346	242	142 961	3 710	390	21 726	6 640	153	15 248	11 640	327	57 124
2005	29 289	264	115 973	2 870	416	17 919	2 730	166	6 785	8 860	345	45 883

二、主要粮食作物种植

水稻 1979年，全县水稻面积5 160公顷，产量2.73万吨，亩产352公斤。1990年，全县供应杂交稻种103.9吨，杂交稻种植面积4 123.4公顷，占水稻总面积4 853.33公顷的84.97%。1992年，全县首次在梅家河乡宋家坡村试验水稻旱育稀植新技术1.02公顷，亩产519公斤。1993年，全县14个乡镇示范栽培旱育稀植70公顷，亩产510公斤，比温室两段育秧单产增长8.49%。1995年，旱育稀植1 443.33公顷，占全县水稻面积的32.46%，经县、乡、村三级验收，亩产516公斤，比温室育秧亩产93公斤增长4.5倍。1996年，全县旱育稀植面积3 316.73公顷，占水稻种植面积75.15%，比1995年面积增长2.06倍。同年，县农技推广中心从江苏、浙江引进水稻软盘育秧抛栽新技术。1997年，县农技推广中心会同郭家坝镇农技站在桐树湾村试验水稻软盘育秧抛栽0.32公顷，亩产672公斤。1998年，全县14个乡镇推广水稻软盘育秧抛栽666.7公顷。1999年，软盘抛栽面积1 448.67公顷，亩产587公斤，比两段育秧单产7 582.5公斤增长16.04%。比旱育稀植单产增长15.11%。1998年全县停止早稻、晚稻种植，全部改为中稻。2001年，软盘育秧抛栽面积达到3 200公顷，占水稻面积86.25%。2005年，全县水稻种植面积2 870公顷，亩产416公斤，比1979年水稻面积5 160公顷减少2 290公顷，减少44.38%，但亩产却比1979年增加64公斤，增长18.18%。

小麦　1979年，全县小麦种植面积8 373.33公顷，产量1.2万吨，亩产95公斤。1981年，县、乡、村层层举办小麦高产示范田，县政府制定高产、超产奖励政策，实现夏粮丰收，达到全年丰收目标。1982年，全县小麦种植面积9 006.66公顷，产量2.2万吨，亩产162公斤。杨林公社夏粮增500吨，全县增5%的大队51个，翻一番的生产队330个，人均夏粮250公斤的生产队104个，人均夏粮500公斤的有84户。1995年，全县小麦种植面积9 153.33公顷，产量2.41万吨，亩产175公斤。单产比历史最高的1994年增加19公斤，增长5.42%。当年有沙镇溪、泄滩等10个乡镇被评为小麦生产先进单位并受到通报表彰。2005年，继续调整农业内部结构，小麦面积减少，当年小麦面积2 730公顷，产量6 785吨，亩产166公斤，比1979年亩产增加71公斤，增长74.74%。

玉米　1979年，全县玉米种植面积1.21万公顷，产量3.24万吨，亩产179公斤。1989年，开始实施“温饱工程”，国家加大对玉米生产的投入，扶持资金、微膜、化肥、良种及技术配套，提高玉米生产水平。当年，全县玉米种植面积1.23万公顷，产量4.25万吨。1995年，是实施“温饱工程”第七年。全县玉米种植面积1.22万公顷。其中，地膜覆盖、营养钵移栽面积1.07万公顷，占87.53%，产量5.32万吨。2000年，调整农业种植结构，玉米种植面积1.16万公顷，比1998年面积下降5.77%。产量5.71万吨，亩产327公斤。2005年，全县玉米种植面积8 860公顷，产量4.59万吨，占全年粮食总产量的39.56%。亩产345公斤，创历史最高水平。

第五节　经济作物

一、油　料

油料作物主要有油菜、花生、芝麻。1979年，全县油料播种面积2 947公顷，总产2 373吨，亩产54公斤。2000年，油料面积增加到1.02万公顷，总产达1.51万吨，比1979年增长5.37倍，为历史最高年。2005年，油料面积下降到8 334公顷，总产量1.35万吨，比2000年减10.78%，比1979年增长4.68倍。

1979年，全县油菜种植面积1 380公顷，产量833吨，亩产40公斤。1982年，贯彻落实县委、县政府“决不放松粮食生产，大力发展多种经营”的方针，当年油菜播种面积2 206.66公顷，产量3 012.3吨，占全县油料产量的65.71%，为油料骨干品种。1995年，县委、县政府出台夏粮、夏油生产奖励政策，调动农民种植油菜积极性。1995年，全县油菜种植面积5 493公顷，产量9 754吨，创历史最高水平。2005年，油菜种植面积5 960公顷，产量9 394吨，亩产105公斤，比2000年单产增加9公斤，增长9.38%。

1979年，全县花生种植面积907公顷，产量1 164吨，亩产86公斤，占全县油料产量49.05%。1998年，花生种植面积1 727公顷，产量2 401吨。2005年，花生播种面积下降到1 660公顷，产量3 200吨，亩产129公斤，单产比1979年增长50%，比历史最高的1992年增长6.61%。

1979年，全县芝麻种植面积660公顷，产量376吨，占油料总产15.84%。1988年连续大旱，芝麻面积下降到560公顷。1990年又遭伏秋连旱，芝麻种植再次下降到427公顷，产量86吨，为历史最低年。1995年春旱，芝麻面积下降到274公顷，产量168吨。2005年全县芝麻种植面积440公顷，产量628吨，亩产95公斤，比1979年增长1.5倍。（见表6-2-3）

1979—2005年部分年份全县主要油料生产情况表

表6-2-3　　　　单位：公顷、公斤、吨

年份	播种面积	亩产	总产量	其中								
				油菜籽			花生			芝麻		
				面积	亩产	产量	面积	亩产	产量	面积	亩产	产量
1979	2 947	54	2 373	1 380	40	833	907	86	1 164	660	38	376
1982	3 660	83	4 584	2 207	91	3 012	633	94	892	820	55	680
1988	7 027	73	7 677	5 160	76	5 877	1 307	81	1 595	560	24	205
1990	7 067	97	10 314	5 320	111	8 874	1 320	68	1 354	427	13	86
1991	7 267	93	10 086	5 653	107	9 073	1 261	41	784	353	43	229
1992	7 000	87	9 093	5 373	80	6 471	1 274	121	2 309	353	59	313
1994	7 062	94	9 927	5 207	101	7 895	1 350	84	1 709	340	25	130
1995	7 267	110	11 979	5 493	118	9 754	1 310	92	1 799	274	41	168
1998	7 733	99	11 529	5 627	103	8 656	1 727	93	2 401	370	42	235
2000	10 249	98	15 114	7 500	96	10 766	1 940	122	3 559	560	58	489
2005	8 334	108	13 484	5 960	105	9 394	1 660	129	3 200	440	95	628

二、烟　叶

县内烟叶分晒烟和烤烟，晒烟主要品种有磨坪黑烟、青杆烟、蒲扇烟、箓叶烟、人头烟、蓝花烟、毛烟等，种植历史悠久。烤烟种植始于1964年，磨坪区天井公社三星大队（今磨坪乡三墩岩村）党支部书记邓祖金从巴东县茶店区引进烤烟品种“大金星”在三星大队二生产队首次种植。经20世纪70年代推广，到1984年县烟草公司统一供种，种烟面积逐步扩大，品种不断更新。2005年，全县烤烟主要品种有“红花大金元”“G28”“K326”“902”“CT9023”“1317”“8611”“CF80”“K346”“云烟”等10个品种。

1987年2月，成立县烟叶生产领导小组，并成立专门的烟叶生产办公室。1988年2月，县政府制定发展烟叶生产8条优惠政策。1992年7月，县委、县政府提出建设100个烟叶专业村目标。1994年，县政府以7号文件出台优惠政策，制定烟叶基地村标准，并优先技术、物资和资金配套。1996年，县政府建立烟叶生产保障机制，县财政支付10万元，县烟草公司支付50万元，为烟农因灾损失予以补贴。1998年12月，县政府完善奖励机制，对烤烟基地达标村实行奖励1 200元；对种植烤烟在66.67公顷以上的达标村另奖800元；对各产烟村，按烟叶特产税总额提取3%奖给村、组干部。2001年，将烟叶基地达标村奖金提高到2 000元；对种植烤烟100公顷以上达标村另奖1 000元。为加强烟叶生产技术指导，县政府于1980年12月，从恩施利川县汪营镇引进两名烟叶生产技术员。1984年，从县内种烟农民中聘请技术员25人到各烟产区指导技术。1985年5月，全县提出实现品种良种化、种植区域化、管理规范化“三化”目标。全县在两河口、杨林区建立技术辅导中心。每个烟叶收购站设中心技术员1人，村设常年技术员1人，负责烟叶生产技术指导。1986年，烟产区推行“三化”种植。改露地育苗为双层薄膜育苗和药物熏蒸育苗。推行烟苗假植、剪叶及塑料大棚育苗、托盘直播育苗和漂浮育苗新技术。改平田窝栽为单行、双行起垄移栽及地膜覆盖移栽。推行平衡施肥、病虫综合防治、交替使用农药等

技术措施。1988年2月，全县推广磨坪乡白家坪村谭本益科学种烟12条经验。1992年8月，县政府组织县、乡两级工作队300人赴烤烟产区督办烟叶中后期管理。实施头上无花，植株无芽，叶面无病虫，地面无杂草，田间无套种，烟株顶部平整（简称“五无一平顶”）的规范管理。至2005年，县烟草公司每年聘请100名烟叶技术员在烟产区指导，形成乡镇、站、村三位一体的科技管理网络。共举办各种烟叶技术培训584场次，培训11.8万人次，培训费用211.8万元。印发《优质烤烟栽培与烘烤》《烟叶生产技术手册》《烟叶生产技术要点》《三段式烘烤新工艺》等技术资料和书籍14.9万册（份）。

烟叶大面积种植主要以烤烟为主，晒烟主要是农民自产自销，很少形成商品，其产量甚微。1979年，全县晒烟种植面积27公顷，产量27吨。2005年，晒烟面积180公顷，产量333吨。1979年，全县烤烟种植面积120公顷，产量136吨，亩产76公斤。1984年，烤烟种植580公顷，产量717吨，亩产82公斤，农民种烟收入137.3万元，上缴烟叶特产税49万元，占全年财政收入9.37%。1992年，烤烟种植面积扩大到4 620公顷，产量达6 977吨，亩产101公斤，面积、单产均创历史最高水平。同年12月，省烟草公司确认秭归为湖北省烤烟基地县。1996年，梅家河乡袁家湾村种烟大户罗泽华，当年种烟2.67公顷，出售烤烟6.4吨，烟叶收入7.22万元，创税2.24万元，成为全县第一种烟大户。2005年，全县烤烟种植面积1 620公顷，产量3 733吨，亩产154公斤。1984—2005年，全县烤烟收入累计2.9亿元，22年烟农户均烟叶收入累计4.43万元，户年均收入2 013元。全县共缴纳烟叶特产税7 414.9万元，占累计财政收入14.22亿元的5.21%。（见表6-2-4）

1979—2005年部分年份全县烤烟生产情况表

表6-2-4　　　　单位：公顷、公斤、吨

年份	面积	亩产	产量
1979	120	76	136
1984	580	82	717
1988	1 600	76	1 824
1990	1 307	82	1 599
1992	4 620	101	6 977
1994	1 740	83	2 160
1998	1 513	105	2 394
2000	2 040	113	3 461
2003	1 450	108	2 494
2005	1 620	154	3 733

三、蔬　菜

县内蔬菜种植品种有白菜、萝卜、冬瓜、南瓜、菠菜、芹菜、甘蓝、大蒜、茄子、辣椒、西红柿、朝天椒等。1979年，全县蔬菜种植面积1 146.67公顷，以自食为主，销售极少。原老县城归州镇郊区望江、跃进、同群3个大队为城镇蔬菜基地，面积12.33公顷，年产蔬菜400吨，90%销售给城镇居民。1990年后，大力调整农业内部结构，发展多种经济。蔬菜因生长期短，投资少，见效快，受到人们青睐。1995年全县蔬菜面积3 373公顷，产量6.44万吨。同年，为解决县城东迁后城镇居民吃菜问题，国家投资140万元在茅坪镇陈家坝、建东、桥岭嘴3个村建设高标准蔬菜基地100公顷。共建蔬菜大棚301个，其中GRC大棚250个，面积13.3公顷。由130个农户承包种植，年产蔬菜400吨，全部销往新县城

茅坪。1998年蔬菜基地农民人均纯收入增加到1 700元，比种菜前1993年的800元增长1.13倍。2000年3月23日，成立县蔬菜办公室，由5人组成，专抓全县蔬菜生产。2001年，全县蔬菜面积6 878公顷（其中魔芋547公顷），产量9.38万吨，比1995年增长45.5%。蔬菜专业村及种植大户由菜商上门收购，各乡镇均设立农贸市场固定摊位销售蔬菜。

2000年后，杨林桥镇农技站从松滋县引进朝天椒试种成功。全镇9个村、1 896户种植朝天椒68.33公顷。2004年发展到376.67公顷，产鲜椒5 650吨，每亩创产值1 000元。尔后向梅家河、周坪、两河口、磨坪、郭家坝、沙镇溪、茅坪等乡镇发展。2005年，全县蔬菜面积8 854公顷，产量15.29万吨，其中朝天椒1 000公顷，产量1.5万吨。全县蔬菜种植随着农业结构调整，品种不断增多，规模逐步扩大。城镇近郊部分农户已成为蔬菜种植专业户，产品除县内销售外，部分远销广东、武汉等城市。

第六节 植物保护

一、植物检疫

1980年，设县植物保护检疫站，与病虫测报站合署办公。1995年，县植物保护检疫站与县种子苗木管理站合并，当年完成柑橘果实、种子检疫4 000批次，8 000万公斤。1999年7月，县植物保护检疫站与县农政执法大队合署办公。2000年，完成柑橘种苗检疫2批次，共调入苗木10万株。2002—2005年成立县绿色食品管理站，同时承担植物检疫职能。1985年以后，以国际国内植物检疫对象柑橘大实蝇（蛆柑）为主开展检疫和防治。在柑橘销售前进行市场检疫，杜绝蛆柑出口，防止扩散。2005年，全县柑橘主产乡镇柑橘大实蝇实现零发生目标，其他乡镇柑橘大实蝇发生率控制在2‰。2003年，中科院专家在归州镇长江边发现一种恶性杂草名为紫茎泽兰，若传入农田、草地，可覆盖90%以上面积，其茎叶可导致牲畜中毒，人手脚皮肤发黄，幼树死亡，地力退化，属检疫性植物。后经中科院武汉植物研究所严格处理，至2005年，县内再未发现此种植物。

二、病虫防治

1981—1983年，在杨林、两河口、郭家坝、周坪、龙江等8个公社、54个大队海拔1 000米高山地区普遍发生玉米丝黑穗病（俗称灰包）。据统计，全县有8个公社、54个大队玉米发生丝黑穗病，成灾面积1 235.33公顷，占玉米面积的41%，损失产量1 500吨。以杨林公社发病最为严重，发病率平均30%，损失产量1 174吨。至1985年，全县推广综合防治措施。播种前将玉米种子日晒2～3天，提高发芽率，增强抗病力；播种时用多菌灵或粉锈灵拌种消毒，每100克药拌种子10公斤；净化肥料，对带病菌禾秆、杂草经高温堆制后方可使用。提倡用火土、灰粪、磷肥等无菌肥料作底肥，减少感病因素；加强田管，拔除病苗，及时补栽，保证密度；玉米抽天花时，每天检查一次，发现病株，立即除掉，集中烧毁。当年玉米大面积病害控制在1%，危害面积约66.7公顷。此后逐年减轻，成为零星病害。1999年、2004年全县大面积暴发玉米疯顶病，全县玉米发病1 346.67公顷。病状为玉米顶心扭曲成鞭状，雄穗不能抽出。防治措施是对重发病植株拔除田外集中烧毁，中度、轻度发病植株剪剥开顶心防治，使玉米雄穗抽出。该病对产量影响不大。2003年，周坪乡石柱村20公顷水稻制种田发生严重穗颈稻瘟，损失50%以上。采取的防治方法有：选用抗病水稻品种；处理带病稻草，稻草堆用茅草覆盖，防止雨淋；催芽和扎秧的稻草用开水烫5分钟；搞好种子处理，合理用水；在始穗期和齐穗期各喷药一次。20世纪80—90年代，全县油菜品种以白菜型品种为主，抗病性较差，菌核病病秆率常年达30%以上。

90年代后期，推广抗病性较强的华杂系列“双低”油菜品种，同时推广菌核病综合防治技术，油菜发病率逐年下降。至2005年，病秆率仅6%。烟叶病毒病是烟叶病害中难于防治的一种，全县将攻克该病作为项目实施。其措施是选用抗病烟种，轮作换茬，培育壮苗，施用3.95%病毒必克、1.5%植病灵2号药剂，防治传毒蚜虫，有效控制烟叶病毒病发生。该项目实施1 600公顷，使烤烟增产396吨，增加烟叶产值435.6万元。

农作物主要虫害有水稻二化螟、三化螟、稻纵卷叶螟、稻飞虱；蚜虫、麦圆蜘蛛；玉米螟虫、黏虫、斜纹夜蛾、地老虎（土蚕）等40余种。1980年，周坪乡测报点灯下一晚最大稻飞虱降落达7万余只，城镇、农村室外灯下地面皆是飞虱一片。茅坪公社二季晚稻成灾，造成当年缺粮。1991年7月，全县晴雨相间，高温高湿，导致虫害大量发生。周坪、茅坪、文化、梅家河等乡镇虫害严重，尤以周坪乡贺坪、罗圈荒、小冲、关门山、金凤等村发生罕见虫灾。有993户农作物虫灾面积400余公顷，其中150公顷基本无收。虫害有地老虎、黏虫和斜纹夜蛾，白天钻土，夜间危害，最长5厘米。主要危害烤烟、玉米、马铃薯、大豆、向日葵、蔬菜等农作物，对山林、草地也有危害。虫灾发生后，副县长宋发升迅速带领县农业委员会、农牧局、供销社、烟草局等单位负责人及时赶到贺坪等地指挥灭虫。成立县防虫指挥部，集中村干部分片包干，采取“一捉、二围、三药”的措施扑灭虫灾。共贷款2.7万元，新购喷雾器20部，用“菊杀乳油”30箱，虫害有效得到控制。同时，县委副书记李德炳、副县长杨德菊带队到茅坪镇指导防虫。共防治水稻螟虫713.33公顷、稻飞虱166.67公顷。全县防治水稻、玉米、烟叶虫害7 400公顷。其中，防治水稻螟虫2 000公顷，稻飞虱2 000公顷，防玉米虫害2 066.7公顷，防烟叶虫害1 333.3公顷。挽回粮食损失5 800余吨，挽回经济损失85万元。1998年冬，连续4个月干旱，导致油菜蚜虫暴发。12月，茅坪镇有133.33公顷油菜因蚜虫危害而枯死，能结实油菜减产30%。全县油菜种植面积6 010公顷，发生蚜虫4 500公顷，占74.88%。通过药剂防治，控制危害，挽回损失2 700吨。2000年，全县水稻、小麦、玉米等作物发生虫害面积1.87万公顷，占粮食面积的61.69%，共防治2.02万公顷，挽回粮食损失2 873吨。2005年，全县水稻发生二化螟、三化螟、稻纵卷叶螟、稻飞虱等虫害6 600公顷，防治600公顷，挽回粮食损失1 880吨。小麦发生蚜虫、麦圆蜘蛛、土蝗等害虫危害6 733公顷，防治6 667公顷，挽回粮食损失1 500吨。玉米发生螟虫、土蝗、黏虫、地下害虫危害6 533公顷，防治4 400公顷，占67.35%，挽回粮食损失990吨。

第七节 农业技术

一、技术队伍

1980年12月，全县农业技术干部首次评定专业技术职称。当年评定农作、特产、植保等农业技术干部101人，助理农艺师3人。其中，公社农业技术人员58人，助理农艺师2人。1997年12月，全县农业技术服务单位22个，其中乡镇14个。共有农业技术人员147人，其中乡镇73人。技术人员中有高级农艺师12人，农艺师35人，农业技术员及以下100人。2005年12月，全县农业技术服务机构26个。其中，县直机构14个，乡镇农业技术服务中心12个。共有农业技术人员117人。其中，县直56人，乡镇61人。高级农艺师11人，农艺师66人，农业技术员及以下40人。

二、技术推广

技术培训 20世纪80年代，县委、县政府采取骨干培训、以会代训、印发资料、田间现场会等形式推广先进农业技术和典型经验。每年根据实际需要，适时开展水稻、柑橘、茶叶、烟叶专项新技术培训。每次培训规模不少于200人，发放到村技术资料3 000册。2005年，县、乡、村三级共完成各类技术培训832场次，10.67万人次，印发《秭归农业科技》《秭归植保科技》等技术资料11.36万份。

样板示范　1990年9月，县长梅峰在水田坝乡办小麦样板333.33公顷，县委副书记李德炳在茅坪镇办油菜垄栽样板200公顷。各乡镇党委副书记、副乡镇长以上干部的样板田、指挥田实行档案卡片管理，科技干部种好以推广实用技术为主的各类试验田。县农牧局印发小麦、油菜、马铃薯种子处理技术资料。当年，全县办各类样板田6 633.33公顷。其中，县办1 333.33公顷，乡镇办2 300公顷，村办3 000公顷。分品种为小麦样板2 573.33公顷，马铃薯样板1 800公顷，油菜样板1 793.33公顷，地膜2次利用133.33公顷，其他333.33公顷。1991—2000年，全县每年举办小麦、马铃薯、水稻、玉米样板各667公顷，油菜样板333公顷，烟叶样板267公顷，蔬菜样板67公顷。2005年，全县在杨林桥镇天鹅村建立18公顷魔芋种繁样板；在郭家坝镇牛岭村建立20公顷柑橘品改样板；在水田坝乡王家桥村办13公顷脐橙示范园样板；在泄滩乡牛口村办13公顷夏橙高接样板；在周坪乡建立67公顷柑橘示范园样板；在茅坪镇银杏沱村办6.7公顷茶叶丰产样板；在杨林桥等乡镇建立鄂马铃薯3号示范样板67公顷。通过样板示范，促进农业生产技术水平提高。

三、技术项目

温饱工程　1989年开始，实施温饱工程项目。该工程以推广地膜覆盖玉米，营养钵育苗移栽套地膜（简称“两膜”，下同）新技术为主，以提高玉米产量，解决农民温饱问题。县政府建立领导班子，分片落实。县农业委员会、财政局、供销社、农业银行为组织和协作单位，县农牧局为项目技术协作服务单位。当年全县完成地膜覆盖玉米2 127公顷，全年粮食产量达13.96万吨，比1988年增长23.55%。1991—1995年，共推广“两膜”玉米5.21万公顷，其中地膜覆盖1.36公顷，亩产274.8公斤。“两膜”玉米5年共生产玉米4.36万吨，全县玉米总产达23万吨，农业人口人均609公斤，自此解决温饱问题。银行为温饱工程发放贷款945万元，财政补贴114.85万元，完成种子、地膜、肥料等物资配套。县、乡举办“两膜”样板166处，6 333.33公顷。举办技术培训1 764场次、16.3万人次，印发技术资料12.86万份。实施温饱工程中，受农业部表彰2人、奖励6人；受省农业厅表彰4人；晋升农业技术人员高级职称6人、中级职称12人。

丰收计划　1993年，省农业厅下达全县1 333.33公顷脐橙高产高效综合栽培技术推广项目，至1995年分3年实施。项目采取扩穴改土、配方施肥、整形修剪、种植绿肥、保花保果、疏花疏果、防治病虫、果园覆盖、储藏保鲜等技术措施，提高单产。经验收，项目区1993年亩产1 860公斤，1994年亩产1 967公斤，1995年亩产2 158.5公斤，比全县平均亩产增长72.68%。3年累计新增脐橙产量3.61万吨，新增产值6 490.8万元。

菜篮子工程　1995年8月，由县农业委员会主办，在茅坪镇陈家坝村建立蔬菜基地，主要供应三峡工程坝区和新县城茅坪，是技术含量较高的一个项目。项目总规划666.67公顷。其中，沿河谷菜地333.33公顷，高山反季蔬菜333.33公顷。项目总投资3 086万元。1995年论证立项并列为国家级农业综合开发项目。由省农业厅及市农业委员会、财政局、蔬菜办公室支援建设。至1998年4月，共到位资金215万元。共改造低产田400公顷；建成蔬菜基地70.53公顷。其中，建成GRC大棚8.4公顷，竹架大棚4.93公顷。建成千头养猪场1个。基本满足三峡工程坝区、新县城居民的蔬菜、肉食等供应。

第三章　柑　橘

柑橘种植在秭归有着悠久的历史，《史记》曾有“蜀汉、江陵千树橘”的记载。其品质好，产量高，尤以脐橙享誉全国。1979年后，国家先后扶持全县建设外贸、内贸、长江上中游水果（脐橙）开发和移民开发脐橙基地2 576.79公顷。1985年，全县柑橘共有3属（枳属、金柑属、柑橘属）、25个品系。1992年全县柑橘面积4 244.93公顷，产量2.4万吨。当年，县委提出建设100个柑橘专业村目标任务，推动全县柑橘产业化进程。1993年6月，省政府批准秭归建设脐橙大县。1995年4月，秭归被国务院农村政策研究发展中心等5家联合命名为全国首批特产之乡中唯一的“中国脐橙之乡”。1995年10月，在第二届中国农业博览会上，秭归纽荷尔脐橙、桃叶橙获金奖；锦橙、椪柑获铜奖。1996年，在纽荷尔脐橙中选育出优良品种“长红”脐橙。1999年10月，秭归纽荷尔脐橙获第四届“中国国际农业博览会名牌产品”称号，桃叶橙获省“地方名牌产品”称号，“橘颂”牌脐橙被中国绿色食品发展中心授予“绿色食品”称号。2001年，秭归脐橙获“中华名果”称号，2005年又获“中国知名品牌”称号。2005年，全县柑橘共有3属30个品种80个品系，柑橘总面积1.02万公顷，其中脐橙面积8 485.93公顷，柑橘产量12.2万吨，产值1.15亿元，占种植业产值20.35%，成为农村经济的支柱产业。

第一节　品　种

一、品种调查

1978年，根据中国农业科学院召开的全国柑橘科研会议精神，县特产科组织15名特产技术干部，对全县柑橘资源进行全面普查。县内柑橘主要有3属25个品种品系。其中，本地栽培品种21个，野生品种4个。加之从外地引进品种51个，共76个品种品系。本地品种：枳、枳橙；金弹、大金弹、小金弹；宜昌橙、香橙、香园；佛手、开佛手、闭佛手、沙田柚、四季抛；建籽柑、红籽柑、建柑、粗皮泡柑、癞头柑；大萼橙、普通甜橙、普通甜橙40号和58号、桃叶橙8号和18号、139号等25个。引进品种：锦橙20号；黄岩早、椪柑、柳橙、克拉斯特脐橙、本地早；罗伯逊脐橙、锦橙；新会橙、华盛顿脐橙、路比血橙、雪柑、北碚椪柑、九月黄、南丰蜜橘、改良橙、伏灵夏橙、马尔它斯血橙；汤姆生脐橙、哈姆林甜橙、五月红、刘金刚（夏橙）无核橙、卡特尼拉甜橙、冰糖柑、鲁宾逊脐橙、温州蜜柑岛子51号；龟井、宫川、清江、伴野、米泽、松山、立间、尾张、池田、石川；宜红橙、无核橙、宜昌橙、香橙、金水28、金水20、蟹橙、枳橘、柚橙、大酸橙、米橘9、兴山酸橙、雾渡河香橙等51个。2004年4月，县农业局组织柑橘品种资源调查。全县柑橘有3属、30多个品系、80多个品种。主要栽培品种为脐橙、桃叶橙、夏橙、锦橙，被誉为“峡橙四秀”。脐橙种质资源33个：班菲尔脐橙、切斯来特脐橙、鲍威尔脐橙、夏金脐橙、秋金脐橙、罗脐35号、罗脐36号、纽荷尔、红肉、奈维林娜、佛罗斯特、长红、福本、伦晚、泉脐、汤脐、阿特伍德、爱迪、梦脐、卡特、克莱姆、耐湿、基利特、纳维莱特、帕莫、瑞夭大、朋娜、史密斯、工匠、老华脐、石山、丰脐、费雪尔脐橙。夏橙种质资源

8个：伏令、奥林达、卡特、佛罗斯特、蜜奈、康贝尔、红夏、德尔塔。桃叶橙类3个：桃叶橙8号、18号、139号。椪柑类5个：鄂柑1号、太田、台湾椪柑、无核椪柑、实生椪柑。温州蜜柑类9个：尾张、宫川、宫本、大浦、市文、日南1号、国庆1号、龟井、兴津。锦橙类2个：锦橙44号、鹅蛋柑26号。柚类8个：强德勒、琯溪蜜柚、晚白柚、五步柚、乐清文旦、沙田柚、星露比葡萄柚、鸡尾酒葡萄柚。血橙类3个：露比、塔罗科、脐血橙。杂柑类6个：清见、秋晖、诺瓦、不知火、南香、天草。其他类4个：粉红尤力克柠檬、艾仑尤力克柠檬、马里索克里迈丁橘、卡分克里曼丁橘。

二、良种选介

秭归脐橙　属芸香科柑橘属初生柑橘亚族，甜橙芽变品种群。1972年，从四川重庆引进罗伯逊脐橙接穗嫁接于香溪镇八字门、郭家坝镇邓家坡村实生甜橙树上。树势中等，树干有瘤状突起，枝扭曲；果实于每年11月上旬成熟，呈圆球形，大而橙红，果心小半充实。肉脆芳香，质嫩化渣，味甜汁多，单果重200克，果汁量达50%，每100毫升含糖7.9克，含酸0.9克，可溶性固形物12%。因果实顶端有一次生果，随果实膨大，开裂成脐状，故名秭归脐橙，又名抱子橘、无核橙。

罗脐35号　属芸香科柑橘属初生柑橘亚族。县农业科技人员从郭家坝镇邓家坡村1 900株罗伯逊脐橙高接换种的结果树中，选育出罗脐33号、35号、36号优良单株，其中罗脐35号最优。树势旺盛、矮化，枝条蔟生，果实多为圆形，有脐。果形指数0.95，平均果重200克，皮厚0.43厘米，含果汁48.8%～50%，可溶性固形物12%，每100毫升果汁含糖量11.82克，含酸量0.89克，维生素C含量58.07毫克。1981—1982年，两次获全国脐橙良种鉴评第一名。1983年评为湖北四大名产之一。1985年，参加农牧渔业部举办的全国优质农产品展评会被评为“国优”产品而获金杯奖，同时获对外经济贸易部出口优质产品荣誉证书。

纽荷尔脐橙　属芸香科柑橘属初生柑橘亚族。1987年从华中农业大学引进，种植于县柑橘母本园。该品种生长旺盛，树势开张，质优丰产。果实椭圆形，果形指数1.0～1.3，单果重180～250克，果皮橙红鲜艳，储后色泽美观，果皮厚0.35～0.46厘米，甜味可口，脆嫩化渣，可食率77.82%，果汁率45%～50%，可溶性固形物13%～14%，每100毫升果汁含糖12克，含酸0.93克，维生素C含量54.7毫克，糖酸比13：1～15：1，果实11月中旬成熟。1995年、1997年、1999年，分别获第二、第三、第四届中国国际农业博览会金奖和博览会优质产品奖，畅销国内20多个省市和地区，外销欧洲和东南亚。

长红脐橙　属芸香科柑橘属初生柑橘亚族。1996年，县柑橘课题组在引进种植纽荷尔脐橙中，复选出18棵优良单株母本树，果皮橙红有光泽，果实椭圆形，单果重260克，可溶性固形物13%以上，品质上乘，因果形长，果皮颜色鲜红，故名长红脐橙，市场畅销。

图 6-3-1：新滩特产桃叶橙

桃叶橙　属芸香科柑橘亚族。春梢叶片呈披针形，狭长似桃叶。母本树8号、18号，分别生长在新滩龙马溪6组和8组。1960年1月，省果茶研究所副研究员陈昭明提议定名桃叶橙。1965年11月，经华中农学院教授、著名柑橘专家章文才等鉴定，正式命名为桃叶橙。开始主要产于龙马溪，1965年起在香溪、城关（归州镇）、郭家坝、西陵（沙镇溪镇）等公社（区镇）大量推广种植。1968年起被湖北部分产区和四川、湖南、江西、福建、浙江、广东、贵州等省引种，均获成功。桃叶橙生长旺盛，树势开张，圆头形，树枝粗壮，抗逆性强，遗传性状稳定，稳产丰产。果实于每年11月中旬成熟，果形端正近圆形，果面橙红光滑，脐部有印圈，皮薄籽少，质脆味甜，香脆可口。单果重150克，皮厚0.4厘米，果汁量45%。可溶性固形物14%，每100毫升果汁含糖量11.01克，含酸量0.5%，维生素C含量60毫克。以桃叶橙8号、18号及18号之第一代139号为最佳。1973年2月，由中国农业科学院主持，在广西柳州召开的南方果品座谈会上，秭归桃叶橙18号鉴评获第一。1975年12月，在福建漳州召开的全国柑橘优良品种鉴评会上，秭归桃叶橙18号一代139号名列第一。1978年5月获湖北省柑橘优良品种奖。1995年10月，在北京第二届中国农业博览会上，屈原镇龙马溪村桃叶橙获金奖。（图6-3-1）

锦橙　属芸香科柑橘亚族，又名鹅蛋柑。1957年从四川江津引进锦橙20号，1960年引进锦橙44号枳砧嫁接苗，植于县柑橘试验站。树冠圆形，树势茂盛，枝条粗壮，叶色浓绿，抗逆性强，稳产丰产。果实呈鹅卵形，果皮橙红光滑，皮薄籽少，肉脆味浓，汁多渣少，酸甜适度，单果重160克，最重600克，皮厚0.36厘米，果汁量60%，可溶性固形物14%，每100毫升果汁含糖量10克，含酸量0.9克，维生素C含量62毫克，于每年11月上、中旬成熟，耐储运，果味由酸变甜。1991年和1994年，在湖北省优质水果鉴评中被评为省优产品。1995年10月，获北京第二届中国农业博览会铜奖。

椪柑　属芸香科柑橘亚科柑橘族。1959年从浙江杭州园艺场引进，定植县柑橘试验站等5处。主产于沙镇溪、屈原、水田坝等地。利用枳壳作砧木，适应性强，尤其耐旱。树势茂盛，每年11月中下旬成熟，果形扁圆，果皮橙红或橙黄，果皮厚0.2厘米，易剥皮。种子2～4粒，少数无核。平均单果重130～170克，可食率80%，果汁率60%，质脆香甜，可溶性固形物13%～16%，每100毫升果汁含糖13克，含酸0.7克，维生素C含量45克，品质上乘，鲜食极佳，较耐储藏。1994年在湖北省优质水果鉴评中，被评为优质产品。1995年10月，在北京第二届中国农业博览会上获铜奖。

图6-3-2：花果同枝的夏橙

夏橙　属芸香科柑橘亚族，甜橙芽变品种群。1975年，从重庆中国柑橘研究所引进伏灵夏橙，种植于县柑橘研究所良种母本园，主要栽培于泄滩公社及屈原公社龙马溪大队。该品种树形高大，树冠圆头形，树势强健，枝梢壮实而直立，叶片长卵形，翼叶较明显。果实圆球形或长圆球形，中等大小，单果重150～170克，果皮橙黄至橙红色，表面较粗糙，油胞大而突出。酸甜适中，有香气，核少，每果平均4～6粒，可溶性固形物11%～12%，100毫升果汁中含糖9～10.5克，含酸1～1.1克，维生素C含量40～45毫克。果实成熟期每年4月下旬至5月上旬。1999年，从中国柑橘研究所引进奥林达夏橙。植于县柑橘良种示范场。该品种树势旺，果实圆球形，单果重170克，果皮橙色光滑，肉质脆嫩化渣，味甜，有清香，种子3～5粒，品质较好，每年4月下旬成熟。（图6-3-2）

第二节 产业化建设

一、基地建设

1978年4月，对外经济贸易部在县内建设脐橙基地666.67公顷，建立脐橙出口商品生产基地840公顷，以江北水田坝、城关、香溪、三闾和江南郭家坝5个社镇的58个大队、294个生产队为基地建设范围。扶持基地建设周转金308万元，贷款60万元，合计368万元。县委、县革命委员会成立县脐橙基地建设指挥部，县委副书记田太炳任指挥长，县革命委员会副主任邓祖训、邓应和任副指挥长，县对外经济贸易局、特产局、水电局、财政局、农业银行等单位负责人为成员。负责基地规划、组织实施、项目管理。县对外经济贸易局下设基地股，负责脐橙基地建设投资贷款、改田验收、培育苗木、技术培训等工作。公社均成立领导班子，专抓基地建设。基地村成立建设专班，负责改田、建池、修路等工作。1979年，对外经济贸易部在秭归召开脐橙基地现场会。1986年5月，省计划委员会、省农牧厅在县内建设商贸脐橙基地540公顷。其中，定植园333.33公顷，高接换种200公顷，母本园6.67公顷。基地建设总投资200万元。其中，国家贷款100万元，省配套资金30万元，宜昌地区贴息贷款30万元，县自筹资金40万元。资金分两年投放。1987年，经省农牧厅批准调项增加果园面积33.33公顷，建设期2年，基地由县特产局承办。1988年，先后在文化、水田坝、泄滩、屈原4乡、18村新建高标准脐橙基地366.66公顷，柑橘良种母本园6.67公顷，建柑橘储藏仓库4处、2 500平方米，圆满完成脐橙基地和配套项目建设，通过国家验收。基地分布：水田坝乡11村、209.99公顷；文化乡5村、100.01公顷；泄滩乡1村1场、33.33公顷；屈原乡1村、23.33公顷。至1987年，沿江两岸及从南到北的溪河两旁，建成高标准脐橙基地840公顷，定植和高接换种脐橙树192万株，建水池120口，兴修公路34条、55.6公里。

1991年11月，省计划委员会下达秭归长江上中游水果开发项目，利用世界银行（简称世行，下同）贷款，建设脐橙基地。项目总投资2 351万元。其中，世行贷款226万美元（折合人民币1 006.7万元），省财政厅拨款117.5万元，省农行贷款312.8万元，县级配套914万元。县政府成立长江上中游地区水果开发领导小组，县特产局内设项目办公室，下设水果开发公司。经4年建设，兴建脐橙基地300公顷，改建果园256.67公顷，修建蓄水池4.69万立方米，修筑堰塘蓄水2.04万立方米，兴修水渠56.22千米，建果园路49.4千米，建培训中心1 600平方米，建包装厂房300平方米，建柑橘储藏库1 500平方米，安装鲜果处理生产线1条。新建脐橙园分布：水田坝乡5村、50公顷；泄滩乡1村、3.33公顷；两河口镇6村、56.67公顷；香溪镇2村、20公顷；屈原镇1村、26.67公顷；梅家河乡2村、26.67公顷；文化乡1村、6.67公顷；周坪乡1村、30公顷；茅坪镇2村、46.67公顷；国营二场一所二站、33.33公顷。改造老果园分布：水田坝乡2村、及柑橘总场共73.33公顷；香溪镇8村、96.67公顷；屈原镇2村、40公顷；文化乡3村、26.67公顷；郭家坝镇2村、13.33公顷；泄滩乡1村、6.67公顷。1994年，脐橙基地项目经世行专家组验收合格。

二、专业村

1992年7月3日，县委、县政府以8号文件印发《关于加速发展柑橘生产的决定》，提出建设柑橘专业村标准及奖励政策，规划建设100个柑橘专业村。1995年12月，县农业委员会检查验收，全县柑橘达标专业村31个村（场）。即彭家坡、屈原庙、杨家堡、万古寺、黄阳畔、贯垭、盐关、官庄坪、周家湾、向家店、八字门、贾家店、龙马溪、三溪河柑橘场、老坟园、陈家湾、石门、八斗柑橘场、树坪、屈家、邓家坡、郭家冲、袁家冲、郭家坝、楚王井、上和平、观音阁、烟灯堡、白龙潭、头道河、曲溪。基本达标柑橘专业村（场）39个：望江、胡家坡、梯登岩、龙王庙、卡子湾、潘家湾、袁家坡、下湾、香溪柑橘场、长江、桂林、西峡、桂坪、西陵、岗家坪、下坝、渡水头、上坝、龙口、中坝、王家桥、辛家坪、坊家山、水田湾、卢家山、余家湾、杨家沱、金江、牛岭、桐树湾、擂鼓台、枣儿岭、东门头、崔家湾、桂垭、聚鱼坊、九畹溪、徐家冲、银杏沱。1997年，全县柑橘专业村达标和基本达标92个。其中，达标39个，基本达标53个。1997年7月，县委、县政府印发《关于加快发展农业产业化的决定》。推行“公司＋基地”“龙头企业＋基地”等股份合作组织形式，组织柑橘出口，将秭归脐橙推向国际市场。在新县城建立三峡果品中心批发市场，扩大国内柑橘销售。1999年，全县达标和基本达标柑橘专业村116个，柑橘面积4 705.33公顷。其中，达标柑橘专业村39个，基本达标柑橘专业村77个。1999年全县柑橘专业村柑橘产量5.57万吨，比1990年增长85.67%。2005年，柑橘专业村产量9.76万吨，占总产量80%。

三、生产·加工·销售

图 6-3-3：脐橙收获季节

生产　1979年5月，县委、县政府制定“粮柑五定一奖”（定柑橘面积、定产量、定交售任务、定自产粮、定供应标准，实行每售50公斤柑橘奖5公斤粮食指标）政策，柑橘发展速度加快。当年柑橘面积1 853公顷，产量6 659吨，在面积相等条件下，产量比1978年的1 299吨增长4.13倍。1985年12月，县委、县政府作出决定：柑橘特产税从1986年起，实行“核定基数、一定三年”的办法，同时决定用于柑橘生产的贷款实行有偿低息。1992年，县委、县政府确定在全县重点发展100个柑橘专业村，并制定“每创一个部优产品，奖业务主管部门1万元；每创一个省优产品，奖业务主管部门5 000元。专业村达标后，一次性奖达标村现金2 000元”等奖励政策。1994—1997年，县财政局每年安排300万元周转金，并从农业特产税中提取10%的专项资金扶持柑橘等多种经营生产。2000年，全县柑橘面积达7 349公顷，产量6.81万吨，面积、产量分别比1979年增长2.97倍和9.23倍。2001年9月，县委、县政府召开全县柑橘产业化建设工作会议，下发《关于进一步加快脐橙产业发展的决定》，掀起脐橙发展和柑橘品改新一轮高潮。2002年6月，制定《无公害食品·秭归脐橙》和《无公害食品·秭归脐橙生产技术规程》两个地方标准，全面提高脐橙品质。2003年8月，世界柑橘学会主席阿尔布里哥在中国柑橘协会理事长、华中农业大学副校长邓秀新教授陪同下，第三次到秭归考察指导柑橘生产。2004年10月，秭归纽荷尔脐橙、奥林达夏橙通过无公害品牌认证。当年完成柑橘品改

667公顷，新发展柑橘633公顷。2005年12月，共完成柑橘品改1 818公顷。全县柑橘面积达到1.02万公顷，产量12.2万吨，面积、产量分别比1979年增长4.5倍和17.3倍。（见表6-3-1、图6-3-3）

1979—2005 年全县柑橘生产情况表

表6-3-1　　　　单位：公顷、吨

年份	面积	产量	年份	面积	产量
1979	1 853.27	6 659	1993	4 446.67	32 285
1980	1 924.8	7 624	1994	4 483.8	33 114
1981	2 026.8	8 895	1995	4 637.87	43 076
1982	2 035.73	11 928	1996	4 605	46 111
1983	2 301.07	15 053	1997	4 863	45 625
1984	2 724.93	11 552	1998	5 372	54 646
1985	3 207.47	20 265	1999	7 040	64 896
1986	3 263.87	15 644	2000	7 349	68 101
1987	3 260.2	25 240	2001	7 907	75 442
1988	3 259	6 631	2002	7 919	71 945
1989	3 258.87	27 718	2003	8 194	82 971
1990	3 484.27	7 989	2004	9 442	106 120
1991	3 773.53	22 768	2005	10 180	121 960
1992	4 244.93	23 996			

加工　1995年7月，长江上中游水果开发项目办公室为秭归投资100万元，从意大利引进水果加工生产线安装调试成功。具有洗果、打蜡、分级、包装等多种功能，每小时加工柑橘30吨，首开柑橘打蜡保鲜之先河。同年，统一包装盒规格，统一标注《秭归脐橙》商标。1999年11月，县三峡果品中心批发市场从意大利进口打蜡保鲜机械设备，包装柑橘1 000吨，打蜡加工8.5万吨，实现收入2.1亿元。2005年，全县共有柑橘打蜡、包装加工生产线30条，年柑橘保鲜加工能力4万吨，占柑橘销售总量的37.69%。

1989年7月，县橙汁厂引进瑞士利乐无菌罐装机械生产线投产。每小时生产4 500袋鲜橙，首批利乐包装橙汁投放市场。1990年5月，县橙汁厂生产的高峡牌利乐包装橙汁。被定为第十一届亚运会饮料，500吨鲜橙汁分批运往北京。1992年11月，“高峡”牌系列利乐包装饮料，获1992年全国消费考评质量可靠饮料金奖。1996年后，县橙汁厂与江苏维维股份有限公司合作后转产，停止橙汁加工生产。

销售　打出名优产品，借助品牌优势促进销售成为全县柑橘销售的重大策略。秭归桃叶橙于1973年在广西柳州和1975年在福建漳州两次参加全国水果鉴评会均获得第一名；1995年又获第二届中国农业博览会金奖。秭归罗脐35号和纽荷尔脐橙于1985年、1989年被评为部优产品；1995年、1997年、1999年连续三届在全国农业博览会上获金奖。“橘颂”牌纽荷尔脐橙、奥林达夏橙分别于1999年、2003年获准使用绿色食品标志。2000年，秭归脐橙被评为湖北十大名果。2001年、2003年连续两届被中国果品流通协会评为中华名果。2004年，秭归脐橙获准使用无公害食品标志。2005年1月，秭归脐橙被中国管理科学院名牌与市场战略专家委员会确认为中国知名品牌。12月，“秭归脐橙”商标注册成功。至2005年，共获全国、省、市柑橘（水果）鉴评优质产品76个次。其中，省优40个，部优3个，全国和国际农业博览会金奖4个，名牌产品4个。同时，加强对这些名优产品宣传，以扩大销售渠道。1997

年，中央电视台在第一、第四、第七频道连续3个月免费为秭归脐橙作扶贫广告。1999年10月下旬，央视七台广告部派专人赴秭归重新拍摄制作秭归脐橙广告，11月1日起在黄金时间播出，每天6次，连播3个月。至2004年，连续7年在中央电视台开展广告宣传，使秭归脐橙名扬海内外，销路畅通。

每年柑橘销售季节，县委、县政府制定优惠政策，拓宽销售渠道。县、乡镇、村成立柑橘销售领导小组办公室，专班负责，检查督办。县直各战线、各部门抽出领导组成工作专班，把柑橘销售作为阶段性任务落实。柑橘采收前，县政府召开柑橘销售会议，对开园时间、质量要求、价格定位、运输渠道、配套服务等作出具体部署，定期检查督办。形成全党动员，政府主导，部门配合，全民参与柑橘销售。2000年11月，县委、县政府召开全县柑橘销售联谊会。来自北京、上海、南京、深圳、江苏、无锡、连云港、徐州、郑州、武汉、枝江等省市批发市场、果品公司董事长、总经理、主任、业务员及客商28人，为扩大秭归柑橘销售起到宣传和推动作用。

1973年前，全县柑橘出口4 256吨，年均出口283.7吨。1976年，柑橘主销国内香港地区及新加坡、马来西亚等地。1985年全县柑橘出口3 748吨，创历史最高纪录。1992开始，传统出口市场锐减，当年出口987吨，比1991年下降26.99%。1994年，县对外贸易公司直接出口减少到120吨，为历史最低年。1999年出口456吨。2000年后由县对外贸易公司经营的柑橘出口停止销售。随着边境、沿海市场开放，由个体经营果贩从事边境贸易出口数量逐年增多。主要出口市场分布在俄罗斯、蒙古、越南、柬埔寨、缅甸等周边国家和地区，出口品种以脐橙为主，辅以温州蜜橘、锦橙、桃叶橙等优良品种。

1996年，在新县城茅坪城郊兴建三峡果品中心批发市场，占地33.33公顷。建有6 750平方米网架交易大厅和果品打蜡保鲜车间及全国信息联网中心。1998年10月开始果品交易，连续两年销售额超亿元。市场为柑农无偿提供场地、信息、保安和办理三峡专用公路柑橘出境通行证，为实现基地+农户的柑橘产业化建设，促进柑橘销售起到纽带作用。1999年11月，新增意大利进口打蜡、保鲜机等设备，共打蜡包装柑橘达千吨，服务销售10万吨，实现服务销售收入2亿元。建立除西藏、四川、重庆以外的全国28个省市销售网络，拓宽柑橘国内销售渠道。

2002年12月，童庄河脐橙生产营销合作社在郭家坝镇挂牌成立，拥有社员148人。其中，脐橙生产大户58人，销售大户90人。制定《秭归县童庄河脐橙生产营销合作社章程》，选举产生理事会、监事会，并成立10个分社，拥有12家打蜡加工企业。该社以农民自愿组织、自我管理、自我服务、自我发展为宗旨，每年向全国各地销售脐橙1 000吨左右。

第三节 技术服务

一、技术队伍

1978年11月，成立县特产局，下设龙江柑橘技术推广站。1984年2月，增设西陵站和香溪站，随后各区相继建站。后依次更名为特产站、农特站、农技站、农业技术服务中心。全县形成柑橘技术推广及服务网络。同时，县柑橘研究所专门从事柑橘技术研究工作。1999年7月，成立县特产技术服务中心。2001年1月，成立县脐橙研究所，与县特产技术推广中心合署办公，有职工22人。其中，专业技术人员16人，具有高级职称1人，中级职称15人。2005年，全县柑橘服务站、所、场15个，有专业技术人员77人。其中，高级职称9人，中级职称31人，初级职称37人。全县有农民柑橘技术员450人。12个乡镇均建有农业技术服务推广中心。乡镇、村柑橘协会、研究会67个，会员2 539人。柑橘科技示范户5 000户。

图 6-3-4：柑橘专家章文才在秭归考察脐橙生长情况

1979—1998年，县委、县政府先后派出5批11人到美国、西班牙、日本等国学习先进的柑橘栽培技术、管理经验及产业化生产模式。同时，邀请国内柑橘专家、学者到秭归讲学，提高柑农科技水平。省农科院果茶所副研究员陈昭明多次到县内指导技术。已故华中农业大学一级教授、中国柑橘专家章文才坚持在秭归驻点34年，进行技术指导和培训，帮助选育出地方优良品种桃叶橙，并为此命名。1996年后，先后邀请国际柑橘学会主席阿尔布里哥及美国柑橘专家黄舒、窦华亭、陈秀华，日本园艺专家三股正以及德国、加拿大、巴西等10多名外国专家到秭归考察、指导、讲学、交流。阿尔布里哥先后4次到秭归讲学考察。中国柑橘学会理事长、华中农业大学教授邓秀新，中国柑橘研究所沈兆敏、赵学源等专家多次到秭归实地指导，促进全县柑橘栽培与国际先进技术接轨，提高柑橘栽培技术水平。（图6-3-4）

二、品种改良

引进 1957年，首次从四川省江津县引进锦橙20号枳砧嫁接苗500株，定植于县柑橘试验站与新滩龙马溪村。1975年，从中国柑橘研究所引进新会橙、卡特尼拉甜橙、华盛顿脐橙、路比血橙、雪柑、九月黄、南丰蜜橘、改良橙、伏灵夏橙、马尔它斯血橙等10多个品种，植于县柑橘研究所。1977年从宜昌地区柑橘研究所引进温州蜜橘龟井、宫川、清江3个品系，定植于县柑橘研究所良种母本园。引进汤姆生脐橙、哈姆林甜橙、五月红、刘金刚无核橙、冰糖柑、罗伯逊脐橙及温州蜜橘岛子51号、伴野、米泽、松山、尾张、池田等品系，定植县柑橘研究所。1985年，从省果茶研究所引进香橙、金水28一代、蟹橙等10个品种，从兴山、宜昌县及宜昌市引进兴山酸橙、雾渡河香橙以及“代代”等12个品种，合计22个品种。其中，用于承担省科学技术委员会下达桃叶橙砧穗配套的砧木17种，县内地方研究品种5种，全部种植在龙马溪村县柑橘试验基地。1987年，县特产局从华中农业大学引进纽荷尔、朋娜、伏罗斯特等无病毒脐橙苗770株，在县柑橘母本园建立采穗圃及柑橘苗圃2公顷，出圃苗木102万株。1988年，县柑橘研究所、两河口特产站从华中农业大学引进无病毒脐橙苗2 000株。1999年后，柑橘良种引进步伐加快，先后从国内外引进储备柑橘品种50多个，其中脐橙品种30多个，筛选出纽荷尔、红肉脐橙、福罗斯特、奈维林娜等优新品种，为柑橘结构调整及品种更新提供种质资源。至20世纪90年代，全县共引进柑橘优良品种82个。1999—2005年，分别从中国农科院柑橘研究所和华中农业大学引进脐血橙、脱毒脐橙、红肉脐橙、无核锦橙、卡特夏橙、奥林达夏橙、无核椪柑、杂柑、琯溪蜜柚、晚白柚等40个品种，促进全县柑橘良种化。

培育 1986年7月，县特产局投资3.2万元，在水田坝区上坝村征地6.67公顷，招收农民合同工8人，筹建县柑橘母本园，属全民所有制企业单位。从事柑橘良种引进、选育、试验示范工作。2002年与县柑橘研究所合并，干部职工38人，固定资产1 504万元，有试验示范面积99.13公顷。先后承担柑橘技术项目948个，其中柑橘成年树移栽、长红脐橙示范县、优质脐橙种苗基地、柑橘良种苗木标准化示范园等10多个国家、省、市、县重要农业项目曾获水利部科技创新项目一等奖、农业部丰收计划二等奖。引进、培育的良种3号纽荷尔脐橙获第二、第三届中国农业博览会金奖，1999年获国际农业博览会“名牌产品”称号。示范种植的血脐橙、橘橙、晚白柚和红肉脐橙，在2000—2002年湖北省水果评比中，获“名优果品”称号。培育储备柑橘品种68个，为三峡河谷地区最大柑橘种质资源库，具有年产优质苗木120万株、良种接穗100万枝、优质果品2 000吨的生产能力。

选育　1979年，全县组织规模最大的柑橘品种选育，共组织专业小组255人，普选3 026株，取样571株。经过20多年选育与全国柑橘优良品种鉴评，确认秭归桃叶橙8号、18号、18号一代139号为地方优良品种。1981年，郭家坝公社邓家坡村从罗伯逊脐橙中选出罗脐33号、35号和36号3个优良单株，参加经贸部脐橙良种鉴评，秭归罗脐35号名列全国脐橙第一名。1982年，外经部基地局在重庆中国柑橘研究所进行第二次全国脐橙优良品种鉴评时，秭归中选5个品种，秭归罗脐35号评为第一名，其后代有4个中选。1985年，农牧渔业部在北京召开全国优质水果鉴评会，县特产局从彭家坡村脐橙园选送的罗脐35号后代果实，居全国橙类第一名。1995年10月，在第二届北京中国农业博览会上，柑橘良种示范场纽荷尔脐橙、归州镇彭家坡村纽荷尔脐橙、屈原镇龙马溪村桃叶橙获金奖，水田坝乡三溪河柑橘场锦橙、椪柑获铜奖。1996年，在引进种植纽荷尔脐橙中，对长果形纽荷尔复选出18棵优良单株母本树，取名长红脐橙。1999年，由省科学技术委员会组织专家验收、鉴定。2005年，全县推广种植长红脐橙面积1 000公顷，产量5 000吨。

三、技术推广

栽培管理　1979年后，全县重点推广采用矮密早丰、高标准建园、配方施肥、保花保果、疏花疏果、大枝修剪、高接换种、无公害栽培等先进实用柑橘栽培技术。脐橙基地从建园开始，便采用矮化密植栽培方法。1982年11月8日，在归州镇举办湖北省柑橘技术培训班，国际柑橘学会执行委员、中国园艺学会副理事长章文才教授到培训班作学术报告。当年，归州镇彭家坡村二组定植脐橙0.07公顷，250株，1985年11月，经验收亩产1 747公斤，成为县内矮化密植、早产丰产典型。1985年，全县柑橘种植3 133.33公顷，矮化密植面积达1 333.33公顷，占42.5%。1994年，郭家坝镇邓家坡村优质脐橙园44.67公顷，14.18万株，每公顷3 174株，年产脐橙800吨，亩产1 193公斤。4组邓来昌培育的优质脐橙，经省、市、县验收，亩产5 800公斤，成为全国高产典型。2001年5月，秭归被农业部列为全国首批100个创建无公害农产品（水果）示范基地县之一。推广生草栽培、生物防治、施有机肥栽培管理新技术。在郭家坝镇烟灯堡、王家岭等7个村进行无公害脐橙示范区建设666.7公顷。2004年12月，改造郁蔽园333.33公顷，果园覆盖200公顷，种植百喜草13.33公顷，省力化修剪533.33公顷，果园微灌13.33公顷，推广有机生物肥1 000吨，农家肥15万吨。水田坝乡重点推广疏株间伐、大枝修剪、施有机肥、以螨治螨、果园挂灯、生草栽培、节水灌溉及“猪—沼—果”等无公害栽培8项技术。实行大枝修剪达90%，施用生物有机肥50%。无公害脐橙栽培技术在全县普遍推行。经农业部验收，获全国“无公害脐橙生产基地示范县”称号。2002年，县特产技术推广中心推广脐橙果实套袋技术，提高果品质量，增加柑农收入。7月，在郭家坝、归州、水田坝、沙镇溪、周坪5乡镇20个村，动员300户柑农套凯丰果袋170万只。由于当年高温干旱，果袋质量缺陷或操作不当等原因，套袋脐橙不同程度存在落果、日灼，果实生长速度缓慢等现象。此后，脐橙套袋技术只在小范围应用。

低产园改造　1979年，三间公社贯垭3队对800株柑橘树进行抽槽换土，每株施厩肥150公斤。1981年总产达到35.7吨，平均株产44.7公斤。1982年，全县大树抽槽换土4.2万株。1983年，老树回缩修剪，抽槽换土4.37万株。1985年，全县累计抽槽换土、施厩肥48万株，占结果大树、老树70万株的68.6%。

1990年后，抽槽换土作为常规柑橘管理技术在柑橘产区推行，成为柑农冬季培管的主要措施之一。

1985年，全县高接换种30万株。1994年6月，郭家坝镇邓家坡村4组种柑能手何光槐“柑橘枝条枝组腹接”新技术获国家专利。1999年，高接换种1 973.33公顷。2000—2003年，各乡镇调优柑橘品种，每年高接换种333.33公顷、200万株。2004年，县委、县政府要求每年改造柑橘园1 333.33公顷，由县财政局补贴200万元。至2005年，已完成高接换种1 380公顷，高接优良脐橙165.6万株。（图6-3-5）

图 6-3-5：柑橘高接换种

病虫防治 全县柑橘害虫有50种，其中红蜘蛛、黄蜘蛛、矢尖蚧、花蕾蛆、锈壁虱、潜叶蛾、天牛、大实蝇等为常年主要害虫。四斑黄蜘蛛、红蜘蛛威胁最大，造成树势弱、挂果迟、单产低、品质差，可损失柑橘产量约20%。1979年，全县有柑橘树110万株。其中，结果树43.2万株，进行药物防治64.98万株，占总株数59.07%；防花蕾蛆14.2万株，占已防治株数21.85%；70%是防治螨类害虫。1984年，全县柑橘虫害危害严重。据59个大队调查统计，受矢尖蚧危害25万株，占柑橘总数9.47%，占结果树36.5%，损失产量655吨。三闾区官庄坪乡柑橘生产队40个，有12.3万株受矢尖蚧危害，占总株数70%，其中有0.5万株无果，损失产量460吨。全县受红、黄蜘蛛危害83.9万株，损失产量500吨。还有7个区、40个大队、113个生产队、3.9万株结果树受大实蝇危害，损失产量345吨。1985年4月，成立县柑橘大实蝇联防指挥部，在县特产局设办公室。各区成立相应指挥机构，形成县、区、乡、大队四级联防。县特产局铅印县柑橘大实蝇联防指挥部文件、布告1万份，广泛宣传技术环节，严把5月羽化出土关、6月产卵喷药关、9月蛆柑摘除关和售前市场检疫关。编发柑橘大实蝇联防专刊750份，培训技术员4 000人次。共实施柑橘大实蝇地面撒药23.29万株，用药12.4吨，喷药21.53万株。用敌百虫农药1 089公斤，红糖6 600公斤，蜂蜜480公斤，摘处蛆柑41.08吨。全年蛆柑发生量控制为46.57吨，比1984年减64.36吨。蛆柑危害率为2.3‰，比1984年的7.4‰下降5.1个千分点。1987年，全县蛆柑危害率降到1‰。1988年后，柑橘大实蝇联防机构撤销，局部地区柑橘大实蝇危害率回升，至1989年已相当严重。1990年7月，县政府行文恢复县柑橘大实蝇联防指挥部，实行统一指挥、统一部署、统一行动（备药）、统一防治（喷药）。据统计，柑橘大实蝇危害涉及全县15个镇、118个村、604个组、1.64万户。共用敌百虫农药414公斤，红糖6 542公斤，蜂蜜990公斤，诱杀大实蝇成虫2.2万余条，摘处蛆柑约170吨，大实蝇危害大为下降。1995年，全县柑橘发生红蜘蛛、黄蜘蛛、矢尖蚧、花蕾蛆、锈壁虱、潜叶蛾、大实蝇等害虫危害，虫害面积6 133公顷，防治4 866.7公顷，挽回柑橘损失8 013吨，其中柑橘大实蝇发生面积1 693公顷。通过联合防治，大实蝇危害率只占0.9‰，为历史最低水平。2000年，柑橘虫害发生面积7 426.67公顷，防治8 540公顷，挽回柑橘损失2 813吨。2005年，全县柑橘受红、黄蜘蛛及矢尖蚧、花蕾蛆、锈壁虱、潜叶蛾、大实蝇等害虫危害面积1.94万公顷，防治1.8万公顷，占92.46%。挽回柑橘损失1.36万吨。

县内柑橘病害有20种。主要有炭疽病、脚腐病、疮痂病、裂皮病、树脂病、立枯病等常见病害。1985年4月，归州、香溪、水田坝、郭家坝、龙江等15个镇区脐橙树发生柑橘裂皮病。共调查脐橙树1 978株，其中显裂皮病1 043株，占52.73%。该病没有特效药，难于防治。经柑橘专家章文才教授到现场调查后，采取4项措施防治裂皮病。将5个脐橙基地和西陵区划为疫区，疫区苗木、接穗不准外流；采用抗病红橘砧木定植脐橙苗；从华中农业大学引进无病毒苗木500万株，建立无病毒母本园；发病严重的立即挖掉，工具严格消毒，防止病毒扩散。1985年后大量使用红橘砧嫁接脐橙以及采用无病毒脐橙苗木定植、移栽，效果显著，裂皮病全部消除。1987年7月14日，郭家坝镇（区）擂鼓台村3、4组发生柑橘溃疡病，是一种列入国内外检疫对象的毁灭性病害，该病是细菌病毒，传播蔓延快，对全县柑橘生产有极大威胁。据调查，发病区2个组、87户，共有柑橘苗、树9.8万株，其中结果树5.8万株。有77户柑橘树发病8.5万株，占86.73%。病情发生后，县委、县政府领导带领工作组和专业技术人员到疫区核实情况，制定防治方案，落实有关政策，稳定群众情绪。25日开始砍树，28日对15.32万株病树全部集中烧毁，占柑橘总数的89.13%，损失柑橘产量55.05吨，病情得到有效控制。2000年，柑橘发生各种病害2 173公顷，防治2 720公顷，占125.17%，挽回柑橘损失2 190吨，属中等发病年。2005年，全县柑橘发生炭疽病、脚腐病、立枯病等病害9 000公顷，防治9 000公顷，挽回柑橘损失6 750吨。

大树移栽　三峡工程兴建，淹没全县库区1 333.33公顷柑橘园。1999年，县农业局在郭家坝、水田坝两乡镇开展柑橘成年树移栽小区试验，取得详尽技术资料和实践经验，大树移栽成活率提高。2000年，在归州镇召开柑橘大树移栽培训会。2002年，全县库区各乡镇开展大规模柑橘大树移栽。2005年12月，全县累计完成柑橘大树移栽1 041.33公顷，取得直接经济效益4 686万元。

第四章　林　业

全县常见树种有1 000余种，灌木约500种，藤本约100种。草本植物6大类，12个小类，25个群系。有国家一级保护植物珙桐、水杉、银杏等；国家二级保护植物垂枝云杉、楠木等；伞花木、疏花水柏枝、中华蚊母是三峡地区濒危植物。

1978年5月，县革命委员会编制《山水田林路综合治理规划》，提出“以营林为主，采育结合，造护并举”的林业发展方针。12月中共十一届三中全会后，开展稳定林权，划定自留山，落实林业生产责任制。1991年制定全县林业战略规划，将1990—2000年确定为林业恢复阶段。1980—1989年，连续8年开展两期飞播造林，造林有效面积达2.53万公顷。1991年，县委提出“三年消灭荒山，五年绿化秭归”目标，经奋战，目标如期实现，被省委、省政府授予“全省绿化造林先进县”称号。1990—2005年，先后实施长江中上游防护林体系建设工程、世界银行贷款森林资源发展保护工程（简称世行贷款造林，下同）、中（国）德（国）林业财政合作造林工程（简称德援项目，下同）、退耕还林工程、天然林保护工程等林业重点工程，使全县林业生产快速、全面发展，森林覆盖率、活立木蓄积量等大幅上升，品种结构趋于合理，商品率提高。至2005年，全县森林覆盖率达49.1%，比1985年的24.6%提高

24.5个百分点；活立木蓄积量586.82万立方米，比1983年的76.97万立方米增长6.62倍；林业产值1 780万元，比1990年的1 716万元增长3.73%。

第一节 植树造林

一、育 苗

1976—2005年，全县共育苗669.12公顷，产苗木3.93亿株。主要树种有马尾松、柏、杉、核桃、板栗、刺槐、杜仲、银杏等，育有引进速生珍奇树种30多个。九岭头林场育苗49.8公顷，产苗木2 968万株。主要树种有华山松，其次是油松、珙桐、漆树、香椿等。县公路段、部分机关、学校、厂矿也有少量育苗，苗木用作公路绿化、环境美化。

1982年开始，林业育苗转向农户或个体承包形式育苗。1983—1985年，共育苗301公顷，产苗木1.1亿株，1 147个农户与林业部门签订育苗合同。1985年，1 098个农户承包育苗119.07公顷，产苗木4 200万株。1982—2005年，个体承包育苗851公顷，育苗3.06亿株。

二、基地造林

1975年3月，林业部、商业部、财政部联合通知，在南方几省实行经济扶助，建立一批以杉木为主的用材林和以油茶、油橄榄为主的木本油料基地（简称两林基地，下同）。基地造林的主要树种为杉木、油桐、油茶3个树种。1976年，县财政、林业部门按杉木每667平方米10元、油茶8元、油桐3元标准，对基地实行定额补助，木材及桐、茶子全属造林者所有。1985年全县有两林基地9 773.33公顷。其中，油桐基地6 386.66公顷，占65.35%；油茶基地933.33公顷，占9.55%；杉木基地2 453.33公顷，占25.1%。共投放两林基地扶助资金82.5万元。其中，油桐扶助13.6万元，占16.48%；油茶扶助28.7万元，占34.79%；杉树扶助40.2万元，占48.73%。

三、飞播造林

1980—1983年，连续4年采用运5型飞机飞播造林，1985年重播1次。共飞行171架次，涉及杨林、新滩、郭家坝、茅坪、沙镇溪等5个镇（区）和周坪、泄滩、三间3个区、97个村。共用油松、马尾松、漆树、刺槐等树木种子135吨，国家投资69.63万元。经省、地、县3级林业科技人员检查验收，13个播区有效面积2.53万公顷，占飞播面积3.27万公顷的77.55%；成效面积1.67万公顷，占有效面积65.79%。在飞播区内补植树苗150万株。

1989年、1991年、1992年进行第二期飞播造林。1989年，在茅坪、沙镇溪、周坪2镇1乡26个村、176个组进行飞播造林，造林3 333.33公顷。3月，县林业局抽调14名技术干部进入茅坪镇罗家办事处，在沙市民航飞机配合下，历时15天，飞行20架次，计21小时13分，完成4 333.33公顷飞播重播任务。其中，罗家重播3 866.67公顷，大王山重播466.67公顷，共播种子15.6吨。其中，油松12吨，漆树3.5吨。1991年飞播编制且住山、云台山、铁包观、月明山4个播区，涉及归州、水田坝、泄滩、沙镇溪、两河口、文化、芝兰7乡镇38村、1个药材场。总面积1.22万公顷，其中有效面积8 681.2公顷，占71.42%。3月3—19日，共飞行57架次，实际完成且住山、云台山、月明山3个播区，涉及6乡镇34村1个药材场，飞播面积1.02万公顷，其中有效面积7 293.33公顷，占总面积的71.32%。共用种28.75吨。其中，油松9.75吨，漆树3.5吨，马尾松8.4吨，川柏2.1吨。经检查，每平方米均落种4～5粒。此次飞播，国家投资22.8万元。1992年飞播编制扇子坝、铁包观2个播区，涉及屈原、新滩、芝兰3乡镇21村（场）。总面积9 727.67公顷，其中有效面积6 610.67公顷，占67.96%。3月，共飞行40架次，完成飞播造林9 733.33公顷。1992年10月，县林业局调查，1980—1992年，两期共飞播造林8次，18个播区，12个乡镇，总面积6万公顷，其中重播6个播区、1.67万公顷。实际飞播15个播区，4.33万公顷，占飞播总面积的72.22%。其中，有效面积2.77万公顷，有苗面积8 666.67公顷。国家总投资140.6万元。

四、荒山绿化

1988年开始消灭荒山。当年全县建成杨林桥镇天鹅村、郭家坝镇柏杨坪村、水田坝乡王家桥村3个绿化村。王家桥村97.2公顷荒山全部绿化，树木成活率90%，投入贴息贷款2万元，对村、组干部奖励500元。1989年8月，县林业局两次组织16个乡镇及局技术人员36人，制定全县绿化规划。1990年2月，县委、县政府印发《关于奋战八年绿化秭归的决定》。重点抓好长江沿线柑橘带、以溪河为重点的防护林、以高山为主的用材林、以半高山为主的杉木林。建立优质林业水果特产基地。1991年，13个林业重点乡镇配备林业副乡镇长。1992年11月，县委、县政府召开冬季林业工作会议，提出大战3个月，消灭全县宜林荒山。当年，共完成人工造林6 733.33公顷。其中，防护林3 026.67公顷，用材林2 640公顷，经济林1 066.67公顷。1993年9月，湖北省、宜昌市林业主管部门验收通过。11月，省政府正式宣布秭归县为消灭宜林荒山县，并获省绿化委员会、林业厅授予的“消灭荒山先进县”称号。

五、义务植树

1981年2月7日，县委、县人大常委会（简称县人大，下同）、县政府、县政协秭归县委员会（简称县政协，下同）领导及县人民武装部负责人率领县直机关干部1 000余人，到老县城屈原纪念馆后山义务植树，共栽松、柏、樟、刺槐1万余株。同日，县人大常委会主任廖宗武、县政协主席余从哲等领导及县人大、政协委员200余人，到归州镇至屈原庙林场公路沿线义务植树2 000余株。当年，杨林公社天鹅、响水洞等5个大队1 280人，到败阵垭义务植树，3天共栽华山松、油松、杉树苗258万株，面积114.66公顷，并与5个受益大队签订护林公约，划块承包到户管理。1983年3月10日，县长向京发表广播讲话，动员全县公民在植树节履行每人植树5株的义务。3月12日，全县21万人上山，植树111.7万株，人均植树5.5株。1984年义务植树73.3万株，造成片林54公顷。1991年3月6日，举行义务植树10周年纪念活动。县直机关60个单位、1 700人参加义务植树，定植苗木2万株，面积4.17公顷。1998年9月，县城迁至茅坪后，结合城镇绿化，每年植树节前后，县委、县政府组织县直机关、企事业单位到银杏沱、凤凰山等地义务植树，年参加人数达1.5万人，义务植树30万株，成片造林11.7公顷。2003年3月，县委、县人大、县政府、县政协领导在郭家坝镇庙垭村参加义务植树，定植柑橘大树100株。县林业系统女干部职工，在县城种植纪念树——樱花大树460株。县直机关80多个单位，1 000多人在茅坪镇陈家坝马蹄岩进行义务植树活动，完成退耕还林整地2.67公顷。当年，全县24万人参加义务植树，共栽植100万株。1986—2005年，全县共完成义务植树及四旁植树4 950万株。其中，义务植树3 000万株，四旁植树1 950万株。

第二节　林业工程

一、长江防护林

长江防护林是国家“八五”期间和“十年规划”中以治理长江流域水土流失和保护生态环境的林业工程。1990年5月完成工程设计，9月通过湖北省审定。涉及16个乡镇、438个村，工程设计6.51万公顷。其中，人工造林4.36万公顷，林分经营2.15万公顷。设计小班4 827个，项目总投资1.26亿元。分布于童庄河、青干河、泄滩河、良斗河、香溪河、九畹溪、茅坪河和龙马溪8条流域。至2000年，全县完成长江防护林造林6.01万公顷，核实率101%，合格率107%。其中，人工造林2.17万公顷，封山育林2.48万公顷，低效林改造1.01万公顷，幼林抚育3 540公顷。据测算，活立木蓄积由治理前的161.5万立方米增加到196.4万立方米，增加34.9万立方米。10年营造以刺槐、栎类为主的防护林和薪炭林2万公顷；杨林桥镇、磨坪乡、九岭头林场等高山地区营造日本落叶松、杉树为主的用材林和经济林各6 666.67公顷；全县营造柑橘、板栗、茶叶及杜仲、厚朴、黄连“三木”药材为主的高效经济林2.33万公顷。至2005年全县森林覆盖率提高到49.1%，增加24.5个百分点。

二、世行贷款造林

1995年，启动向世界银行贷款造林项目，历时4年，至1998年结束。项目总规模2 033.34公顷。其中，人工造林1 086.67公顷，封山育林946.67公顷。涉及九岭头林场3个村及周边大周坪、仙女坪两个村级林场。项目总投资365.5万元，向世界银行贷款46万元。至1998年12月，造林1 993.33公顷，占98%。其中，人工造林1 053.33公顷，占计划的96.93%；封山育林940公顷，占计划99.30%。项目区森林覆盖率由原来的69%提高到73%。

三、德援项目

1996年开始实施德援项目。工程涉及香溪、水田坝、沙镇溪、文化、郭家坝、周坪、杨林桥、屈原8个乡镇，总投资1 686万元。其中，德国援助1 132万元，各级政府配套资金161万元，县内投劳折款393万元。工程总规模1.08万公顷。项目分营造林、水土保持、基础设施、物资配套4个方面。营造林包括人工造林、封山育林、种植灌草；水土保持包括谷坊、沙函、护岸墙、护林墙；基础设施包括节柴灶、沼气池、防火线；物资配套包括车辆、通信、计算机等物资。经5年实施，至2000年，完成营造林1.09万公顷，占计划的100.98%。其中，人工造林4 293.33公顷，占完成营造林面积的39.39%；封山育林6 473.33公顷，占59.39%；灌草种植133.33公顷，占1.22%。修建护坡护岸墙4 609米，谷坊3座，建沼气池365口，改节柴灶5 813口，修林道15千米、防火线40千米，建瞭望台1座，封山牌5块，培训楼400平方米，塑料大棚360平方米，纪念碑1座。经过治理，项目区森林覆盖率上升到45.4%，比原来增2%，土壤侵蚀面积下降12%，侵蚀模数下降10%，项目区生态环境日益改善。

四、退耕还林

2000年3月，秭归县被列为退耕还林科技支撑示范县。11月，县林业局抽调52名专业技术人员对全县退耕还林（草）工程进行总体设计。设计总规模1.8万公顷。其中，退耕还林1.35万公顷，宜林荒山4 540公顷。工程涉及全县14个乡镇及茅坪河、九畹溪、童庄河、青干河、凉台河、香溪河6条流域的461个村（场）、9.15

图 6-4-1：茅坪镇退耕还林科技示范点

万户、1.3万个小班组。2000年项目启动，经5年实施，至2005年，全县完成退耕还林项目造林2.1万公顷，占计划的110.53%。其中，25度以上耕地退耕还林1.47万公顷，占退耕还林面积的69.84%。荒山造林6 333.33公顷，占30.16%。至2003年，累计政策兑现退耕还林面积7 580公顷，补助粮食4.43万吨。至2005年，累计兑现退耕还林面积1.3万公顷，兑现现金4 473.5万元。全县4.8万个农户实施退耕还林，发展经济林2 100公顷。（图6-4-1）

五、天然林保护

2001年6月，县林业局制定《秭归县天然林资源保护工程实施方案》。总体目标是：新增森林面积2.73万公顷。其中，人工造林666.67公顷，封山育林2万公顷，飞播补植6 666.67公顷。使全县有林地面积达到13.85万公顷；新增森林蓄积252万立方米，森林蓄积达到666万立方米；森林覆盖率由43.2%提高到52.3%。2001年3月，成立县天然林资源保护工程领导小组，县长罗平焜兼任组长，县委副书记周功彪、副县长郑礼昌兼任副组长，同时成立县天然林保护管理中心，定编3人，为全额拨款事业单位。2000年5月，县政府印发《关于加强森林资源保护管理 坚决制止乱砍滥伐林木乱捕滥猎野生动物的通知》，关闭木材加工企业15家，县木材公司破产关闭，国营九岭头林场由采伐经营转为生态管护。关闭木材交易市场4处，关闭以木、竹为原料的纸厂8家，封闭小煤矿28个。县建立天然林管护执法大队，制定护林方案，全年查处森林违法案件12起，完成封山育林733.33公顷，管护5.65万公顷，聘请护林员325人。至2005年，共完成天然林保护1.19万公顷。其中，封山育林8 600公顷，补植3 333.33公顷。

第三节　主要林特产品

一、茶　叶

1983年，特产资源普查，全县有茶叶面积1 152.27公顷。其中，本地大叶茶（或中叶茶）871.33公顷，外地引进福鼎茶2.27公顷，其他茶种278.67公顷。1987年，全县开始研制名优茶产品。1991年，茅坪双山茶场研制的“双山优绿”获湖北省“陆羽杯”银奖。1992年7月，县委、县政府提出建设50个茶叶专业村规划。8月，县政府下发《关于加速茶叶基地村建设的通知》，制定茶叶基地村标准和奖励政策，茶叶基地村标准为茶叶种植面积占全村耕地面积60%以上，每亩产值在3 000元以上；或者亩单产在150公斤以上，名优茶占总产30%以上的村。达到基地标准后，县政府一次性奖励该村人民币2 000元。获国家部级名优茶称号，当年产值在

图6-4-2：沙镇溪镇白沙茶园

10万元以上的村，一次性奖给创制者1万元；连续3年获省级名优茶一等奖，批量生产连续3年均在1 500公斤以上，一次性奖给创制者5 000元。1994年后，县茶叶生产办公室为茶叶基地村引进茶叶无性系良种栽种试验成功，从福建、安徽等地引进“福云6号”“福鼎大毫”“白毫早”“碧香早”“福安大白”“宜红早”等无性系茶树良种7个，茶苗2 640万株，定植209.33公顷。茅坪镇扦插（自育）无性系茶苗1 680万株。引进的无性系茶树良种定植在茅坪、周坪、沙镇溪、郭家坝、水田坝5个乡镇，其中茅坪镇定植2 000万株，166.67公顷。（图6-4-2）

1995年，全县茶叶面积发展到2 338公顷，产量544吨，其中名优茶339吨，占62.32%。1999年，全县茶叶专业村25个，茶叶面积601.13公顷，占25.91%。县移民局研制的“欲品思”名茶获第二届、第三届中国农业博览会金奖；“白沙优绿”“王家岭优绿”获第二届中国农业博览会银奖。2002年，“欲品思”名茶获湖北省“鄂茶杯”金奖；2003年，“欲品思”名茶评为宜昌市十大名茶；周坪乡“九畹丝绵茶”2003年获宜昌市金奖。2005年，全县茶叶面积2 157.77公顷，产量1 069吨，其中名优茶550吨，占51.45%。茶叶产量比1979年增长4.7倍。

二、板 栗

秭归板栗栽培历史悠久，距今已有2 000多年历史。茅坪镇现存有100多年生浅刺大板栗树。原产地茅坪兰陵溪选育的全国板栗优良品种浅刺大板栗，曾收入《中国主要树种造林技术》《经济林栽培》等教科书中。县内海拔1 200米以下地区广泛种植浅刺大板栗。1989年，全县突出板栗经济林建设，当年发展板栗94.73公顷，产量86吨。1991年9月，省计划委员会、林业厅同意秭归建设板栗基地3 333.33公顷。其中，新建3 000公顷，改造333.33公顷。1992年7月，县委、县政府提出建设50个板栗基地村目标。1993年4月，省计划委员会发文批复，同意秭归新建板栗基地666.67公顷，年限4年，总投资150万元。其中，省50万元，县50万元，建设单位自筹50万元。7月，县政府成立板栗基地村建设领导小组，办公室设县林业局。同年，县政府下发《关于抓好板栗基地建设的通知》。10月，确立杨林桥镇熊家山村、茅坪镇中坝子村、两河口镇双龙坪村、梅家河乡鲁家湾村4村为板栗基地村，面积232公顷，当年完成板栗定植232.67公顷，占计划的100.3%。1993年12月，全县完成建设面积604.67公顷，其中板栗专业村11个，面积510.67公顷，占计划的95.8%。1999年12月，板栗达标专业村55个，面积2 251.67公顷。专业村分别是：大周坪、干溪、风斗岩、仙女坪、双龙、石寨垭、柏树垭、董家冲、望砫；白家河、向家河、白岩头；龙潭头、更生、高峰垭、楼子坪、卢家坪、杉树坪；双龙坪、宋家、棕坝、荆竹、两面山、栗花、茶园、高桥河、长岭、香龙；鲁家湾、季家村、大石包、宋家湾、杨叉坪、邓家湾、桥头沟、三掌坪、梅家湾、尤家湾；熊家山、沙地、天鹅、鼓锣坪、瓦屋场、西阳坪、眉毛山；花桥场、镇宝观、穿心店、南冲；中坝子、鸳珠岭、兰陵溪、庙河、九曲垴、松树坳。

图 6-4-3：梅家河乡板栗基地

全县板栗面积3 440公顷，产量507吨。全县板栗面积33.33公顷以上的村58个。2004—2005年，县林业局从外地聘请板栗技术员3人，分驻梅家河、两河口、沙镇溪等3个乡镇，抓点带面，对全县板栗生产进行技术指导。2005年，全县板栗面积6 666.67公顷，产量1 804吨，比1989年增长19.98倍。（图6-4-3）

三、食用菌

人工栽培食用菌主要有香菌、木耳等产品，栽培方法以段木栽培为主。香菌自20世纪80年代后开始大规模人工培育，至1984年扩大到9个区、20个乡、58个大队（村）、370个生产队、3 000多个农户发展香菌生产。年生产50万筒，产香菌8吨，其中磨坪区占全县总产量的67%。1995年全县产香菌17.98吨。2005年产香菌3.01吨，比1984年减少4.99吨，减62.38%。

1980年，由县科学技术委员会、特产局、供销合作社联合社在香溪镇及两河、磨坪、泄滩等公社办木耳栽培试点5个，从兴山县聘请农民技术员3人。当年，全县有5个区、18个村、40个组发展木耳616棚（每棚50根长1米段木），接种成活率90%，生产木耳75公斤，每棚产0.12公斤。磨坪公社以优质栎木为棚架，所产黑木耳形似猫头，朵大肉厚，味美可口，称为“猫头耳”。1984年，全县木耳产地扩大到9个区、20个乡、58个大队（村）、3 000多农户，发展6 000棚，产木耳5.1吨，其中两河口区占全县总产量60%。1995年全县木耳产量1 346公斤。其中，黑木耳539公斤，白木耳807公斤。2005年全县木耳产量12吨，比1984年增长1.35倍。

第四节　森林保护

一、林政管理

1985年4月，实行采伐许可制度。“采伐许可证”由县林业局委托区（镇）人民政府办理，（区）镇配有林政管理员的由林政管理员办理。森林采伐实行限额制度，采伐限额计划由各级人民政府制定下达。从1986年起，各级采伐限额计划每5年修订一次。1988年，完善森林管理制度，“采伐许可证”核发程序按照上级政府下达的采伐计划分解到村、组、户并登记造册，由乡镇林政管理员审批，国有林场由县林业局林政股审批，有效期一年。1991年，年采伐计划改为年森林消耗，仍实行计划控制。1998年，县政府决定在全县停止天然林商品性采伐，将农民生活烧柴等也纳入限额管理，凭证采伐。2000年10月，全县停止天然林采伐，全面启动天然林保护工程。从11月15日起，一律实行“三停”（停办证、停采伐、停运输）。至此，全县停止采伐，进入全封闭管护时期。

1979—1984年，全县松、杉、杂木、竹类等材料由县林业部门统一经营。1985年，开放木材市场，允许自由上市，全县经营木材的单位和个人达70家，年流通木材7 601立方米。其中，林业主渠道占62.3%，社会集体经营占31.2%，个体经营占6.5%。当年设立两河口、杨林木材检查站，加强木材运输管理。1989年，县政府根据《中华人民共和国森林法》规定，要求木材运输必须持有木材运输证。木材运输证实行一车（船）一证，货证同行，货证相符。当年关闭木材加工厂39家。1994年4月，县林业局在全县集中打击无证进山收购、无证经营加工、无证运输“三无”的违法行为，加强流通管理。2001年4月，全县整顿木材经营、加工单位和企业，关闭所有木材交易市场，严禁非法收购木材。2002年后，严格审核“木材经营加工许可证”，关闭无证经营单位和个体经营户，严格木材经营市场管理。

二、森林防火

1987年11月，县政府召开护林防火工作会议，规定每年11月至次年4月为全县护林防火重点时期。每月10日、20日、30日各乡镇向县护林防火指挥部报告情况。强化各级领导岗位责任，落实护林防火规章制度，建立护林防火专班，划定防火责任区，落实护林防火责任制。建立乡镇、村、组联防制度。1988年，部分乡镇建立区域护林防火协议。大王山区域护林防火联防包括新滩、郭家坝两个乡镇的10个村。沙镇溪镇范家坪区域护林防火联防包括大乐办事处、范家坪、云台山、田家坡、大路沟等村。马壕山区域联防包括马壕林场、土地岭、千丘、林家、大湾、天鹅等村。1990年8月，县政府制定森林防火综合治理规划，纳入社会发展总体规划，层层建立森林防火行政领导负责制和岗位责任制，实行目标管理。1993年5月，县政府建立护林防火包干责任制，实行乡镇领导包办事处、办事处领导包村、村组干部包组、包山头。1996年2月，林业部公布全国森林火险县级单位等级名录，秭归县为2级火险区。1999年，县政府与各乡镇签订护林防火责任书，县林业局与各乡镇林业站实行护林防火责任目标考核。2000年，县护林防火指挥部建立县、乡、村三级领导包片责任制。2001年，县林业局制定天然林保护工程区森林防火建设初步方案，对2001—2010年防火设施项目进行分解，设计总投资90万元。2003年3月，市林业局批复《秭归县重点火险区建设项目实施方案》。

1984年，县林业局、气象局在马壕山林场建立气象观测站。防火设施规划总投资24.3万元，其中地方配套12.15万元。1988—1990年，防火设施实际投资10万元，用于购置防火指挥车一辆，三轮摩托车一辆，电台一部，对讲机6部，新修、维修防火线180千米，建瞭望台2个。1990年，县林业局投资10.95万元，建立火险等级预测、预报系统，维修防火线75千米，增加电台两部，防火传呼机4台。1992年投资3.15万元，其中地方配套1.58万元。建防火隔离带10千米，防火林带509千米，瞭望台1个。1994年投资8万元，架设大金坪转讯台，开设防火通信，组建防火专用通信网，每年10月1日至次年4月30日发布每周火险趋势，逐日火险天气等级预报。火警标准大于或等于3级向县护林防火指挥部报告。2005年，全县护林防火主要设施设备：指挥通信系统有指挥控制中心1个、电台3部、电脑16台、对讲机15部、传真机1部、数码相机4部、数码摄像机1部、指挥车一辆；观测预报系统有瞭望台5座、望远镜14部、巡逻摩托车14辆、预测预报站1个、发布点2个；防火灭火系统有防火林道350千米、防火线50千米、生物防火带30千米、风力灭火机40台、防火服装40套、GPS定位仪1个、2号工具（灭火拖把）770把、油锯4把、水枪10把、砍刀90把、扑救包8套、灭火弹25发。

三、林业执法

1979年，山林下放到户管理后，部分农民怕政策变，出现较严重的乱砍滥伐现象。仅1981—1982年，全县有186个大队、687个生产队、6 600余人乱砍滥伐林木，砍树12万株，破坏森林265.6公顷。1987年7月，全县清理无证采伐木材7 596立方米，其中盗伐714起370立方米。涉及430人，66个单位无证收购木材1 167立方米，买卖山林10起171立方米。经处理收缴税款、罚款9.36万元，行政拘留10人。1988年，县林业局、公安局联合组成3个工作组对7个乡镇、39个村、78个组、767户进行清理，共查出盗伐林木161户、2 258株、174立方米，滥伐林木606户、5 652株、472立方米，共处理184人。其中，逮捕判刑10人，拘留28人，治安处罚29人，责令赔偿损失117人。追回木材67.94立方米，没收盗伐作案工具28件，追缴税费2.23万元，有454人主动缴纳育林基金。1992年共查处各类林业案件193起。其中，林业行政案件185起，治安案件7起，森林刑事案件1起。处理违法人员198人。其中，行政处罚185人，治安拘留、罚款12人，刑事逮捕1人。摧毁盗伐森林团伙5个18人。核查漏交各种费用7.1万元，依法给予行政处罚和治安罚款6 400万元，没收木材58立方米。1988—2005年，全县共查处林业违法案件1 616件。其中，刑事案件55件，治安案件215件，林政案件1 346件。

四、野生动植物保护

1998年，县林业局成立野生动物保护管理站，开始实施野生动物保护工作。加强《中华人民共和国野生动物保护法》（简称《野生动物保护法》，下同）宣传，每年4月1日至4月7日开展“爱鸟周”活动，每年4月1日至5月1日开展野生动物保护宣传月活动。2002年4月，在县职业教育中心开展“爱鸟周”万人签名活动，并在全县开展野生动物保护知识竞赛活动，参赛者达500多人。2002—2003年，申报并批准四溪、九岭头、九畹溪、升坪、马营5个自然保护小区。保护区内禁止猎杀野生动物，实施重点保护。同时开展打击破坏野生动物犯罪活动，1998—2005年，全县累计查处违犯《野生动物保护法》案件110件，依法收缴各类野生动物2.7万余只（条、头）。

野生植物保护自1985年始得到重视，当年对全县22种，173种珍稀古、大树确定专人实施保护。2003年，对全县古树名木再次进行普查，全县有28科、41属、49种，共402株古树被列为保护树木。其中，500年以上国家一级保护古树44株，二级保护古树90株，三级保护古树268株。当年，在宜昌市内采集调运100株古、大、名树移栽到新县城茅坪，对其中45株进行挂牌保护。当年对四溪风景区的18种珍稀植物、濒危植物进行挂牌保护。县交通局退休干部冀学刚自费移栽长江三峡濒危植物疏花水柏枝5 000多株，中华蚊母3.5万株，宜昌黄杨3 000株，秋花柳50株予以保护。

第五章　畜牧业

全县畜牧业产值约占农业总产值的1/3，与粮油、柑橘一起，构成全县农业经济的三大支柱。县内畜牧养殖以猪、牛、羊、鸡为主，而又以猪为大宗产品。2001年12月8日，成立县畜牧局。为振兴畜牧业，职能部门不断引进优良品种，改进饲养方法，开发饲草资源，加强动物检疫，提供技术服务，争取国家扶持，促使全县畜牧业迅速发展。2005年，猪、牛、羊肉总产量2.81万吨，畜牧业产值2.79亿元，占农业总产值的32.1%。

第一节　畜禽养殖

一、家　禽

县内养鸡主要为传统式家庭养殖，饲养本地蛋用型品种。1980年鸡鸭年末存笼31.32万只。1985年存笼53.64万只。当年出售家禽7.62万只，禽肉产量94.8吨，鲜蛋产量1 246.9吨。1992年，芝兰乡兽医站从湖北畜牧研究所引进蛋用型湖北红鸡种蛋6 000枚进行孵化，雏鸡投放到农户饲养。在饲养纯繁群中，又挑选4 000枚种蛋进行孵化，推广到农户饲养。1992年，茅坪镇兽医站引进艾维茵肉用鸡饲养3批2 000只，同时推广5 000只到农户喂养。1999年，武汉东西湖农场养鸡技术员孙继航在茅坪镇溪口坪村租地饲养土杂肉鸡，先后饲养9批2.2万只。2000年，茅坪镇畜牧技术干部陈义国在九里农场饲养绿壳蛋鸡2 000只，产蛋10吨。沙镇溪兽医站引进“AA”肉鸡与海兰褐蛋鸡的雏鸡经过育雏后推销给农户5万只。2001年3月，茅坪镇几户下岗职工从宜都、宜昌市城区引进肉用王鸽530对进行饲养，生产商品鸽销往宜昌市和县城宾馆饭店。2003年，全县鸡鸭出笼34.4万只，存笼50.55万只。禽肉产量504吨，禽蛋产量1 543吨。2005年，全县鸡鸭出笼29.59万只，存笼42.03万只，比1980年增长34.2%。

二、家　畜

猪　1977年6月，县级种猪核心群始建于郭家坝公社东门头县畜牧良种繁育场。1978年12月，迁往两河公社王家垭（原国营桑蚕场），饲养荣昌种母猪35头。1979年向社会提供良种猪401头。其中公猪147头，母猪254头。1979年后，柑橘产区推广猪—沼气—果园和养猪专业户规模饲养的生产模式。农民普遍采用补栏1头仔猪，购买1袋配合饲料，待15公斤后，便应用大量青粗饲料和少量精饲料喂养。1987年，秭归县纳入湖北省第三批母猪地方良种化、公猪外来良种化、配种人工授精化、肉猪一代杂交化（简称“四化”，下同）建设项目。总投资35万元。其中，省畜牧局25万元，县配套10万元。1989年8月，成立县生猪“四化”建设领导小组，在县农牧局设办公室。1992年，全县存栏公猪52头，均为纯繁荣昌猪、约克夏等，外来良种率达省定100%标准。配种实行人工授精，共设品改站（点）35个，专职品改员33人，兼职828人。当年人工授精1.97万头次，受配率85.7%，受胎率87.8%，均超省定80%标准；肉猪一代杂交出栏23.25万头，其中定向杂交17.46万头，占出栏数的75%。省农科院、省畜牧局、市畜牧局组成专家组对项目鉴定，该项目技术指标达到湖北省同类项目先进水平。

2002年，县委、县政府召开全县畜牧业工作会议，下发《关于加快畜牧产业发展的决定》，筹资50万元引进良种猪，引进大约克母猪100头、长大杂交母猪525头、杜洛克和长白公猪33头。2003年3月，茅坪镇杨贵店村恒鑫养殖场覃玉权从长阳土家族自治县引进种野猪11头。其中，母猪10头，公猪1头。开展野猪杂交利用、育肥养殖。当年出栏42头，选留后备母猪24头，栏存仔猪99头。2004年，开始加工野猪肉制品进入县城部分超市试销。2005年，县政府共投资220万元，扶持规模养殖和品种改良。当年生猪出栏34.02万头，比1979年增长1.61倍。（见表6-5-1）

1979—2005年秭归县部分年份生猪生产情况表

表6-5-1　　　　单位：万头、头、%、吨

年份	年饲养总数	年末存栏	户均存栏	年末出栏	占饲养总数	年产猪肉
1979	33.45	20.42	2.42	13.03	38.95	6 500
1982	40.08	23.36	2.57	16.72	41.72	11 530
1985	46.94	26	2.73	20.94	44.61	14 295
1988	51.86	28.08	2.6	23.78	45.85	16 934
1990	51.24	28.83	2.63	22.41	43.74	15 027
1994	53.03	29.4	2.63	23.63	44.57	19 921
1997	51.53	26.58	2.44	24.95	48.42	20 457
2000	52.57	26.25	2.5	26.32	50.07	18 752
2003	55.43	26.64	2.59	28.79	52.19	23 502
2005	64.05	30.03	2.97	34.02	53.11	26 707

牛　1984年，县畜牧兽医站从陕西关中扶风农牧繁殖场引进秦川种公牛5头，投放朱棋荒、烽火山、扇子坝、教场坝、龙会观草场，累计配种510头。1985年，全县耕牛1.98万头。其中，黄牛1.42万头，水牛5 600头。2002年8月，省畜牧局赠送杨林桥镇朱棋荒昌海农场1头安格斯肉用种公牛，开展杂交改良工作。2003年4月，县畜牧局扶持杨林桥镇兽医站建立全县第一个冻配点，在襄樊市培训技术员2人，当年引进安格斯肉牛冻精输配34头，次年生产杂交牛犊28头。2004年，建立周坪冻配点。杨林桥、周坪两处冻配点全年输配192头。2005年，全县存栏耕牛9 095头，出栏902头。

羊　1979年，全县饲养山羊9.85万只，出栏2.72万只。1994年，全县饲养2.86万只，出栏7 000只。1998年5月，茅坪镇庙沟村从罗田县引进小尾寒羊8只。其中，母羊7只，公羊1只。2000年，杨林桥镇被列入宜昌市建设30个波尔山羊繁育场、20个山羊品改示范乡镇、年出栏优质肉羊60万只的“326”工程示范乡镇之一。2001年10月，引进1只波尔种公羊，投放杨林桥镇白鹤洞村邹维喜家饲养。2002年，引进波尔公羊15只、南江黄羊525只，开展纯繁和杂交改良。茅坪镇月亮包村、花果园村共100户参与宜昌市1户种3亩（0.2公顷）牧草，养20只母羊，年出栏50只肉羊，养羊收入1万元的“3251”种草养羊工程建设。总投资43万元。其中，宜昌市投资3万元，县、镇自筹无偿资金10万元，农行贷款30万元，引进种羊2 000只。因草料不足，将工程安排到杨林桥、沙镇溪等乡镇实施。2005年，全县山羊总饲养8.23万只，出栏3.92万只。

第二节　饲草饲料

一、草　场

据1983年调查统计，全县天然草场资源面积6.77万公顷，其中可利用面积4.95万公顷，占73.2%。有66.7公顷以上成片草场57处。三间公社板仓、都里峡草场，杨林公社王二荒、赵家山草场面积均在1 333.33公顷以上；扇子坝、朱棋荒、铁宝观、龙会观、峰火山、教场坝草场均在666.61公顷以上。（见表6-5-2）。

1983年秭归县天然草场情况表

表6-5-2　　单位：公顷、%

草场类型	自然面积	可利用面积		理论载畜量（牛单位）	实际载畜量	
		面积	占比		牛单位	占比（%）
合　计	67 686.66	49 519	73.2	62 481	39 727	63.6
草丛草场	15 933.33	11 513	72.3	19 266	12 330	64
灌丛草场	4 146.67	3 886	93.7	5 594	3 580	64
疏林草场	8 106.66	5 180	63.9	6 132	3 924	64
农林隙地草场	39 500	28 940	73.3	31 489	19 893	63

1982年，从长阳土家族自治县引进红三叶人工牧草开始在县内种植。1983年，从宜昌县（今夷陵区）引进鸭茅草。1985年引进黑麦草、白三叶牧草，人工栽培优良牧草33.66公顷，分别种植在朱棋荒、扇子坝、龙会观、峰火山、教场坝5个草场。1987年，杨林桥镇朱棋荒草场混播种植红三叶、白三叶、黑麦草106.6公顷，使该草场累计种植面积达108.26公顷。2000年后引进的品种有皇竹草、扁穗

牛鞭草、墨西哥玉米、高丹草、紫花苜蓿、杂交狼尾草、鲁梅克斯、菊苣等。优良牧草有芒类、蓼竹叶、宜昌木蓝、胡枝子、红三叶、白三叶、粟草、芪草、白茅等品种。一年生牧草以多花黑麦草最优。

二、饲　料

1982年调查，全县年天然饲料资源总计99.8万吨。其中，菜饼、芝麻饼、花生饼、酒糟等精饲料3.15万吨，占3.16%；薯类、藤叶、豆类叶、蔬菜边叶等青饲料65.61万吨，占65.74%；稻草、玉米秸、豆类作物茎叶粗饲料25.85万吨，占25.9%；动物性饲料包括动物血、肉食加工脚料等365吨，占0.04%；骨头、蛋壳、水生贝壳类等矿物性饲料1 475吨，占0.15%；玉米等大宗养猪精饲料5万吨，占5.01%。

1989年，全县开始推广商品配合饲料，仔猪每食1公斤颗粒饲料，可增重1～1.2公斤。1990年后推广全价料、浓缩料、预混料。养殖大户全部使用配合饲料。主要有“正大”“希望”“伟嘉”“通威”“康地”“爱农”等品牌。2003年，全县推广仔猪全价颗粒料1 000吨，预混料60吨，浓缩料400吨，配合饲料入户率85%。同时，广泛使用饲料添加剂拌和玉米粉或草料。

第三节　疫病防控

一、防　疫

县内严重危害畜禽的传统性疫病有猪瘟、牲畜5号病、仔猪水肿病、猪丹毒、仔猪副伤寒、猪肺疫、传染性胸膜肺炎、弓形体病、附红细胞体病、禽巴氏杆菌病、猪传染性胃肠炎、喘气病、螨病、细颈囊尾蚴病、狂犬病、羊脑包虫病、肝片吸虫、仔猪黄痢、仔猪白痢、鸡新城疫等。尤以猪瘟、鸡新城疫、牲畜5号病危害最大。

1999年，屈原镇团丘村发生猪瘟流行，死亡生猪438头，占饲养量的35%，部分农户空栏。同年，全县有7个乡镇、38个疫点，相继发生生猪5号病疫情，病猪299头，共捕杀生猪406头，羊1只。2001年，郭家坝镇庙垭村猪场发生猪传染性胸膜肺炎与附红细胞体病混合感染，造成108头生猪死亡。2003年，县内死亡野猪118头。杨林桥镇农户食用病死野猪肉，致使家猪感染发病30头，死亡28头。2004年1月，茅坪、归州、两河口、沙镇溪、泄滩、郭家坝、水田坝7乡镇、16村发生鸡新城疫流行，发病1 616只，死亡1 264只，捕杀1.11万只。县畜牧局组织兽医完成家禽疫病普查39万只，消毒300万平方米，注射鸡新城疫苗6.2万只，疫情得到控制。

1979—1986年，全县采用生猪春、秋两次普遍注射猪瘟疫苗、猪丹毒菌苗、仔猪副伤寒菌苗，防疫密度95%。1990年，全县实行春夏秋冬四季免疫制度。2000年，开始实行牲畜口蹄疫强制免疫，注射9.56万头次，次年免疫密度达95%。鸡新城疫实行春秋两次防疫。2002年，开始推行动物免疫标识制度，猪、牛、羊免疫注射后佩戴免疫耳标，填写免疫档案，将免疫耳标作为防疫的法定标记。2003年，完成猪瘟免疫75.3万头次，口蹄疫免疫49.3万头次，牛口蹄疫1.75万头次，山羊口蹄疫免疫4.74万只次，耳标佩戴率100%。推广猪细小病毒、伪狂犬、萎缩性鼻炎、乙脑、仔猪水肿病、仔猪黄痢病等疫苗应用。

二、检　疫

1979年，设动物检疫员。当年生猪运输检疫6.09万头，山羊1.39万只，牛480头。1985年，成立县动物检疫站，辖香溪、两河口、杨林桥、茅坪4个检疫点。当年生猪运输检疫4.47万头，山羊2 643只，牛690头，动物皮2 980张，屠宰检疫肉类7.92万公斤。1986年，增设农贸市场肉食检疫点13个，共有动物检疫员79人。1986年，猪、牛、羊产地检疫6.61万头（只），运输检疫生猪11.68万头、牛7头、山羊218只、动物皮4 469张，屠宰检疫8 636头（只）。1991年后，开展猪瘟抗体检测工作。1992年，成立县兽医卫生监督检验所，设兽医卫生监督员3人。全年猪、牛、羊产地检疫15.68万头（只），运输检疫生猪4.54万头、山羊9 103只、牛154头，屠宰检疫1.07万头（只）。12月，共检测猪瘟、猪丹毒、猪肺疫三联苗免疫猪366头，抗体滴度1:16以上的200头，占54.6%；猪瘟疫苗免疫猪80头，抗体滴度1：16以上56头，占70%。2003年，恢复猪瘟抗体检测和新增牲畜口蹄疫免疫抗体检测，共采集150个血样，对134份有效猪血进行猪瘟、口蹄疫病抗体检测，猪瘟抗体合格率48.5%，无抗体占8.2%，阴性占2.2%，口蹄疫抗体合格率54%，无抗体占2%。全年共实施猪、牛、羊产地检疫25.91万头（只），运输检疫生猪9.74万头、牛329头、山羊1 886只，屠宰检疫2.84万头（只）。2005年，实施猪、牛、羊产地检疫37.91万头（只），比1986年增长4.74倍；生猪运输检疫13.1万头，比1986年增长12.14%；屠宰检疫4.9万头，占100%，比1986年增长4.67倍。（见表6-5-3）

1979—2005年秭归县部分年份动物检疫情况表

表6-5-3　　　　单位：头、只、张、公斤

年份	产地检疫	运输检疫				屠宰检疫	
		生猪	山羊	牛	动物皮	头数	肉
1979	—	60 941	13 900	480	—	—	—
1985	—	44 700	2 643	690	2 980	—	79 236.5
1986	66 096	116 818	218	7	4 469	8 636	—
1992	156 816	45 441	9 103	154	—	10 671	—
2000	223 000	32 000	—	—	—	13 200	—
2003	259 100	97 400	1 886	329	—	28 364	—
2005	379 100	131 000	—	—	—	49 000	—

第六章　渔　业

1981年，葛洲坝工程截流，长江捕捞处于低谷。家庭联产承包责任制推行后，农民自主承包水库堰塘、建水池和开展稻田养鱼。尤其是2003年6月，三峡大坝蓄水至135米后，境内港湾、汉河增多，水域面积增至106.67平方公里，增加捕捞和养殖面积，使渔业快速发展。2005年，全县成鱼产量782吨。其中，人工养殖591吨（网箱养鱼173吨），江河捕捞191吨。成鱼产量比1979年增长21.8倍。

第一节　鱼类资源

一、普通鱼类

适宜县内人工养殖的普通鱼类有青、草、鲢、鳙、鲤、鲫、编、胡子鲶、罗非鱼等10多个品种。青、草、鲢、鳙俗称“四大家鱼”，是全县淡水养殖的主要品种。

二、珍稀鱼类

县境内长江干流地理条件和水文特点等生态环境各异，各江段鱼类有所不同。新滩以下至茅坪江段主要鱼类有青、草、鲤、鲫、编、鳍、鳜、鲍、大口鲶、长吻鮠、长颌、鲚、鳡、铜鱼等品种。新滩以上至牛口江段主要有鮰、鲇、鲖、鲌，青波、白甲、鲥鱼、黄颡、鲈鱼、长吻鮠、中华倒刺耙、中华鲟、白鲟等稀有鱼类，具有较高经济价值。中华鲟、白鲟两个品种为国家一级保护鱼类，稀有鱼类共100多个品种。

铜鱼　俗称麻花鱼、水密子，体形细长，前段圆筒状，后段侧扁，头长，锥形，头后背部显著隆起。吻尖，口狭小，下位，上唇厚，下唇两侧向前倾伸，通体古铜色，有金属光泽，体上侧具有多数浅灰黑色小点。其肉质鲜嫩，营养丰富，是长江上游重要经济鱼类。

齐口裂腹鱼　俗称细甲鱼，本地称洋鱼。个体0.5～1公斤，最大4～5公斤。体形长，稍侧扁。吻圆钝，口宽，下位横裂。体上背灰色，腹侧银白色，尾鳍红色，肉质细嫩味美，是重要经济鱼类。

长吻鮠　俗称肥沱、肥头、鮰鱼，体长0.3米左右的，重约1公斤，最大10公斤。体延长，腹部浑圆，尾部侧扁。全身无鳞。含钙、磷、铁等多种元素。其鳔肥厚，纹理呈笔架状，干制品为名贵的笔架鱼肚。

黄颡鱼　俗名黄腊丁，嘎鱼、嘎牙子。体长11～19厘米，重30～100克，体长，后部侧扁，腹部平直，头大，吻钝。口下位，横裂，唇厚，体无鳞，胸鳍比背鳍硬刺长，前后缘均有锯齿。有短脂鳍。背部黑褐色，为普通鱼类之一，钙、磷含量居22种鱼类之首。

大口鲶　又称南方大口鲶、河鲶，体表无鳞，有黏液，头部宽扁，胸腹部短胖，尾部长而侧扁眼小，口大，口裂末端达到或超过中部下方，牙齿细密锐利。最大体重50公斤。肉质细嫩，味道鲜美，无细刺，营养丰富，为宴席佳品，是主要优良鱼种之一。

第二节　水产养殖

一、水　面

1979年后，农村推行以家庭联产承包为主的农业生产责任制。农民在房前屋后兴建水池养鱼，发展多种经营，鱼池水面逐年增加。1980年前，养鱼水面20公顷。2003年6月，三峡大坝蓄水135米水位，香溪河、吒溪河、青干河、龙马溪、泄滩河、童庄河、九畹溪水面增宽200～500米，平均水深30～40米。水域面积达8 400万公顷，占水域总面积90.05%，有利于鱼类繁殖和网箱养鱼。2005年，全县共有水域面积9 300公顷，共有水库20座。其中，中型水库1座，小㈠型水库4座，小㈡型水库15座，水域面积186.67公顷。共有堰塘3 228口，水域面积545.33公顷。

二、养 殖

鱼苗繁殖 1979年，茅坪鱼种场从外地购进草鱼、白鲢、鳙鱼鱼种进行人工孵化试验，次年繁殖白鲢鱼苗15万尾。1980年，全县产鱼苗260万尾，1982年繁殖300万尾。1985年，全县产鱼苗360万尾，除满足县内需要，还外销兴山、巴东、五峰等县15万尾。2003年，仅剩梅家河鱼种场。个人和联户相继在茅坪镇四溪、陈家坝兴建江河鱼种繁殖基地、广宇水产鱼种场，一期投资100万元，占地2公顷，建鱼池0.9公顷。2004年繁殖鱼种40万尾，培育鲟鱼苗种10万尾。

库塘养鱼 1978年，库塘养鱼实行经济承包责任制，当年放养水面86.67公顷。1982年，全县家庭养鱼330户，建鱼池400个，水面4公顷。1985年发展到2 495户，水面28.67公顷，年产成鱼28.8吨。两河口区王家垭村9组农民王昌哲，承包鱼塘0.09公顷，兴建鱼池0.17公顷，水域面积0.26公顷。自己繁殖鱼苗，年产成鱼7 500吨，收入3 000元；鱼苗15万尾，收入4 500元，渔业收入7 500元，全家收入过万元，成为养鱼致富典型。当年全县库塘养鱼水面253.33公顷，投放鱼苗240万尾，年产成鱼120吨。1995年库塘养鱼水面353.33公顷，投入鱼苗530万尾，年产成鱼255吨。2005年库塘养鱼水面360公顷，投放鱼苗590万尾，年产成鱼418吨。

稻田养鱼 1984年，两河口区太坪村试验稻田养鱼，参加试验94户，水面7.47公顷，投放鱼种2.12万尾，其中39户因灾损失水面2.78公顷。55户、4.7公顷水面产鱼660公斤，增加收入3 000元。1985年，县水电局继续试验稻田养鱼20户，1.26公顷水面产成鱼185.5公斤，收鱼种0.6万尾，渔业收入1 932.4元，平均每公顷收入1 533.65元。全县年稻田养鱼面积100公顷，产成鱼21.8吨，平均每亩14.5公斤。三峡大坝蓄水后，水域面积增加，稻田养鱼被其他方式所取代。

网箱养鱼 1987年，归州镇黄家垴水库管理站投资3 000元，购网箱4口，面积32平方米，投放全雌鲤鱼大鱼苗和本地鲤鱼苗400公斤试养。1988年产成鱼2.5吨，水库网箱养鱼首获成功。水田坝乡草池坪水库经营承包人投资2 000元，架设网箱3口，网箱面积24平方米，取得成效。2003年5月，茅坪镇西楚居委会一渔民投资3 000元，在徐家冲长江边设置简易网箱4口，网箱面积48平方米，投放长江大口鲶8 000尾，养殖两个月，每尾鱼苗由50克增长到250克，长江网箱养鱼首获成功。三峡水库蓄水135米水位后，长江秭归段7条汊河和港湾，可养殖水面达到1 466.66公顷。茅坪镇银杏沱村村民周祖俄等3户居民，共同筹资60万元，组装网箱70口，购水泥趸船、机动渔船各1艘，架设网箱40口，网箱面积800平方米，投放长江大口鲶、美国斑点叉尾鱼、鳊鱼、鲤鱼、草鱼等鱼苗14.8万尾，当年产成鱼130公斤，渔业收入4 160元。当年成立县银海水产开发有限公司，该公司在郭家坝镇观音阁港湾首期投资48万元，架设网箱76口，网箱面积1 520平方米，投放鱼苗10万尾。当年，县水产办公室举办首届渔民网箱养鱼技术培训班，聘请华中农业大学水产学院副院长、教授张家波，市水产局高级工程师胡盛新及长阳土家族自治县养殖协会会长到培训班讲网箱养鱼技术课，并给76名参加培训渔民颁发网箱养鱼结业证书。9月，在茅坪新县城召开全县渔业生产工作会。茅坪镇、郭家坝镇和县农业局等单位和个人介绍开展网箱养鱼经验和技术。12月，茅坪、屈原、郭家坝、归州、水田坝等乡镇从事网箱养鱼发展到19家，共有趸船3艘，渔船19只，从业人员76人，总投资180万元，架设网箱684口，网箱面积1.37万平方米，投放鱼苗60万尾。其中，鮰鱼40万尾，青、草、鲢、鳙鱼20万尾。2004年12月，网箱养鱼产量65吨。2005年，全县网箱养鱼37家，分布在茅坪镇曲溪、松树坳、兰陵溪、庙河，屈原镇龙马溪，郭家坝镇观音阁、郭家坝，归州镇彭家坡，水田坝乡胡家坡以及泄滩等港湾。从业人员220人，总投资472万元，架设网箱1 250口，网箱面积2.5万平方米，投放鱼苗129.3万尾。其中，鲟鱼31.8万尾，鮰鱼53.7万尾，大口鲶8 000尾，青、草、鲢、鳙鱼及其他鱼苗43万尾。年产成鱼173吨，渔业产值630万元，利润105万元。网箱养鱼虽然给渔民带来一定经济收入，但对长江带来一定的污染。（见表6-6-1）

1985—2005 年秭归县部分年份渔业养殖情况表

表6-6-1　　单位：公顷、万尾、吨

年份	投放水面	其中 网箱水面	投放鱼种	其中 网箱鱼种	成鱼产量	其中 网箱产量
1985	253.33	—	240	—	120	—
1990	346.66	—	510	—	175	—
1995	353.33	—	530	—	255	—
2000	356.66	—	540	—	325	—
2003	358.03	1.37	630	60	515	—
2004	358.03	1.75	720	98	463	65
2005	362.5	2.5	819.3	129.3	591	173

第三节　捕　捞

西陵峡江段受江水长期冲蚀，形成许多间错深潭。这些深潭伴之以温暖气候，成为鱼类良好越冬栖息场所。因此，长江秭归段许多回流性经济鱼类，繁殖季节进行产卵洄游时，多寻找流速较低的乱礁或回流水区，当地人将这种范围较大的回流水区的滩头称“渔坊”，将渔坊范围内捕鱼作业点称“漕口”。境内形成牛口、泄滩、沙镇溪、归州、窑湾溪、香溪、新滩、聚鱼坊、庙河、獭洞10大渔坊。1949年后，渔坊收归集体所有，由渔业社投资，政府资助，建成较大渔坊5座、漕口108处，自此渔民便有自己的作业点。1981年，葛洲坝大江截流，水位上升，南津关至牛口成为平湖，原有渔坊全部被淹。新滩、茅坪等4个渔业社相继解散。国家拨款34万元安置渔民改行就业，少数渔户转为个体渔民。

渔坊捕鱼量以枯水季节居首，中水季节次之，洪水季节较少。1—5月为捕鱼旺季，占全年捕鱼量95%，主要以鲴等丙、丁级小型鱼类为主，经济价值较低；6—12月为淡季，占全年捕鱼量5%，主要有鲤、鳊、青、草、鲇、鲢等甲、乙中型鱼类，经济价值较高。捕鱼工具为手抄网（舀子）、刮网（底层拖网）、戳网（中层拖网）、刺网、罾网、滚钩、吊钩等。

1979年，江河总捕鱼量16.9吨。1981—1985年个体渔民总捕鱼量为41吨，年均8.2吨。1986—2005年，总捕鱼量2 101.5吨，年均105吨。三峡大坝蓄水135米水位，县境内水域面积增加到70平方公里，各种类型渔船及捕鱼工具大幅增加，多数木质渔船改为铁质结构，由非机动船改为机动船。2005年，全县有渔船351只，配套动力1 825千瓦，其中用于捕捞的渔船345只，配套动力1 786千瓦（铁质渔船301只，1 522千瓦，木质渔船44只，264千瓦）。捕鱼工具以撒网、流网、拖网、层刺网居多。主要捕捞鲢、鳙、鲶、虾等品种，年捕鱼191吨。（见表6-6-2）

1986—2005年秭归县长江捕鱼情况表

表6-6-2　　单位：只、吨

年份	渔船	长江捕鱼	年份	渔船	长江捕鱼
1986	124	50	1996	98	80
1987	140	50	1997	103	92
1988	100	53	1998	108	105
1989	80	55	1999	117	113
1990	104	50	2000	123	121
1991	113	50	2001	129	128
1992	78	60	2002	136	132
1993	78	65	2003	160	160
1994	87	70	2004	210	120
1995	94	70	2005	345	191

第四节　渔政管理

一、资源保护

1987年5月，县渔政监督管理站成立，配备渔政检查员3人。制定渔业发展规划，调查渔业资源，查处各种渔业违法案件，严禁单位和个人非法炸鱼、毒鱼、电鱼。禁止捕捞、出售、收购、运输被列入国家一级、二级保护珍稀水生动物。1995年，购进渔政监督艇一艘，聘请8名沿江乡镇水利员为兼职渔政监察员。县政府发布《关于依法从事渔业捕捞 严禁非法捕捞 炸鱼 毒鱼的通告》。渔政监管站巡回宣传检查，张贴通告，书写标语，共检查渔船106只。2003年，贯彻落实《县人民政府关于长江秭归段试行春季禁渔制度的通告》，划定长江秭归段茅坪港至牛口干流为禁渔区，禁渔时间为每年2月1日12时—4月30日12时。禁渔期和禁渔区内，实现江中无渔船，岸边无网具，市场无江鱼的“三无”目标。对30名渔民专业户纳入最低生活保障补助，人均月补助100元，补助3个月。

2005年8月，渔民胡学强在长江吒溪河水域捕捞一条胭脂鱼（俗称火烧鱼），属国家二级保护水生动物。县渔政监管站得到报告后，立即派2名技术人员乘专车带着氧气设备赶到现场实施抢救。经查，鱼体长43厘米，重3.65公斤。鱼身呈红、黑、蓝彩色，大鳞，鳍条形似帆船。于当天带回县城，存活5天后死亡。

二、渔船管理

县渔政船检港监管理站对从事渔业养殖或渔业捕捞作业的渔船进行登记、审核、检验，核发船舶检验证、船舶登记证、捕捞许可证、养殖许可证。每年对渔业捕捞船只和渔业养殖船只进行1次审验，对捕捞船只单位和个人，依法征收渔业资源增值保护费，签发捕捞许可证。2004年，县渔政船检港监管理站完成345只渔船编号建档，在各渔船停靠点，提示渔船严禁非法载客营运，检查渔船救生和防火设备。2005年，检查江段210千米，查获非法捕捞渔船6只，没收非法电捕鱼器3套，查处渔业案件108起。2005年，全县351只渔船中捕捞渔船345只全部通过检验、审核。

第七章　水　利

农田水利基本建设采取“以蓄为主，蓄引结合”方针。1979年，先后建成茅坪、香溪、水田坝、沙镇溪、郭家坝等12个小灌区。控水能力2 702.66万立方米，有效灌溉面积4 413.3公顷，旱涝保收面积9 000公顷。全县8条溪河，水力蕴藏量17.77万千瓦，可开发8.26万千瓦。境内山高坡陡，土层瘠薄，水土流失严重。1982年水土流失面积2 148.7平方公里。2005年完成治理面积1 479.52平方公里，占流失面积的68.86%；水电开发7.81万千瓦，占可开发量94.55%；年发电量2亿千瓦时；全县186个村全部通电；农村用电量1.6亿千瓦时，户均年生活用电量407.6千瓦时，人均年用电量409.1千瓦时；实现农村电气化。全县控水能力6 147.44万立方米，有效灌溉面积9 360公顷，旱涝保收面积1.37万公顷。控水能力比1978年增长2.27倍，有效灌溉面积增长1.52倍。生态环境和农业生产条件得到改善，抵御自然灾害能力增强。

第一节　农田水利

一、蓄　水

水库　全县坚持以小型水库为主，自办为主。至2005年，共建蓄水量1亿立方米以下中型水库1座，建成蓄水量1 000万立方米以下小㈠型水库4座，建成100万立方米以下小㈡型水库15座。总库容3 825.1万立方米，有效库容2 701.7万立方米。计划灌溉面积3 179.8公顷，实际灌溉面积1 739.8公顷，占计划54.72%。（见表6–7–1）

至 2005 年秭归县水库建设情况表

表6-7-1　　单位：平方公里、万立方米、公顷

水库名称		地址	承雨面积	总库容	有效库容	受益面积		建设年份
						计划	已达	
合　计		—	138.44	3 825.1	2 701.7	3 179.8	1 739.8	—
中型	升　坪	磨坪乡升坪村	117	2 740	1 766	—	—	1995
小㈠型	羊子沟	茅坪镇花果园村	2.72	124	104	693.3	233.3	2001
	青蒿峪	水田坝乡青蒿峪村	4	287	251	253.3	113.3	1959
	草池坪	水田坝乡草池坪村	4.2	163	138	233.3	206.7	1966
	永　乐	归州镇上马场村	1.1	102	87	173.3	173.3	1971

续表6-7-1

水库名称		地址	承雨面积	总库容	有效库容	受益面积		建设年份
						计划	已达	
小(二)型	后　山	水田坝乡严坪村	1	11.6	9.4	153.3	93.3	1966
	王家湾	归州镇大坝村	0.4	15.5	14.2	40	33.3	1971
	黄家埫	归州镇黄家埫村	0.88	64.6	56	46.7	46.7	1958
	税家槽	归州镇余家垭村	0.3	20.2	17.9	60	53.3	1970
	田家湾	归州镇肖家坪村	0.33	28.6	25.6	73.3	73.3	1966
	枫香沟	茅坪镇九里村	0.79	11	10	80	66.7	2002
	合　心	茅坪镇庙沟村	2.2	60.5	51.5	173.3	106.7	1965
	磨刀溪	茅坪镇韩家冲村	0.5	22.1	18	200	53.3	1959
	绍家湾	茅坪镇望江观村	0.5	31.8	28.5	133.3	33.3	1966
	黄土坡	茅坪镇兰陵溪村	0.1	10.3	9.6	26.7	6.7	1972
	郭家湾	茅坪镇金缸城村	0.6	34.6	30.5	166.7	53.3	1974
	楼子坪	沙镇溪镇台子湾村	0.5	15.5	12.5	420	333.3	2002
	王堰沟	沙镇溪镇大峪池村	0.62	43.2	36.5	100	33.3	1967
	锣鼓峪	沙镇溪镇乐丰村	0.5	27.8	25.2	120	20	1966
	八　山	沙镇溪镇乐兴村	0.2	11.8	10.3	33.3	6.7	1966

堰塘　1979年，全县堰塘以维修、补修旧堰塘为主，总数3 080口，灌溉面积1 733公顷。1992年，按照“小型为主、自办为主、配套为主”和“谁建谁有、谁管谁受益”的原则进行建设和维修，堰塘总数达3 228口，蓄水量1 177万立方米，灌溉面积2 166.7公顷。1995年，堰塘总数下降为2 105口。2002年，枫香沟堰塘加坝增容为小㈡型水库。2003年，投资81万元，兴修周坪乡仙女村堰塘一口，增加蓄水量6.68万立方米，新增灌溉面积133.3公顷。2005年12月，堰塘总数恢复到3 228口，蓄水量1 194.17万立方米，灌溉面积2 466.7公顷，比1992年增加13.8%。

水池　1979年，为抗御干旱，兴修一批田间水池。1994年后，应用以工代赈水利专项资金兴修水池2 329口，蓄水量8.9万立方米，灌溉面积26.7公顷。至2005年，全县共有水池4.55万口，蓄水量258.26万立方米，灌溉面积1 026.4公顷。

二、引　水

1971年，省水利厅派出水利工作小分队，帮助秭归人民寻找水源与合理用水。1985年，全县共有水渠2 793条，全长2 856千米。1999年遭暴风雨袭击，冲毁渠道3 700处，总长117千米，致使水渠数量锐减。2000年，大规模兴修维修，水渠恢复增加。2005年，全县共有水渠3 049条，总长3 585.5千米（其中三面光U型水渠145条，全长1 419.2千米），引水能力1 980万立方米。其中，水库引水1 004.3万立方米，溪河引水975.7万立方米，灌溉面积2 213.3公顷。万米以上长渠5条，总长82.9千米，年引水量7.5万立方米，灌溉面积1 200公顷。位于茅坪镇的英雄长渠，1965年12月动工兴建，1970年3月竣工通水。渠首于茅坪镇四溪石梁子引水，流经日月坪、建东、陈家坝到九里庙老虎口，全长18.2千米，流量0.5立方米/秒。位于两河公社的老龙洞长渠，1974年8月动工兴建，1979年竣工通水。引老龙洞穴水，流经高桥河、王家垭、红土岭、云盘、宋家、两河、牌楼等8个大队，全长13.6千米，流量0.5～1立方米/秒，灌溉面积340公顷。

1994年后，连续4年大旱，各地购置提水机械设备。2005年12月，全县共有机械抽水设备39台，配套动力240千瓦，年提水量97万立方米，灌溉面积160公顷。其他小型抽水设备7 100台套，提水能力920万立方米，灌溉面积1 533.33公顷。

三、喷　灌

1979年，喷灌用于县外贸脐橙基地建设。1983年，归州、香溪、水田坝、茅坪、两河、磨坪等社镇先后建设喷灌设施19处，安装输水主管道3 597米，支管7 133米，兴修水池120口，蓄水量2.5万立方米，安装喷灌机23台，灌溉农田103.6公顷。

2000年，归州、水田坝、周坪、郭家坝、屈原等乡镇兴建喷灌工程11处，喷灌面积106.7公顷。2002年，引进微喷和滴灌技术设备，在郭家坝镇郭家坝村、水田坝乡王家桥村进行喷灌试点13.33公顷。2003年，全县推广100公顷。2005年，全县共建节水灌溉（微灌、滴灌）工程12处，蓄水量5 800立方米，喷灌面积220公顷。

四、人畜饮水

1976年，县委在磨坪公社召开农田水利基本建设会议，将人畜饮水工程列为建设重要内容。1981年，进行缺水普查登记。2000年，全县共完成以工代赈供水工程5 132处。其中，蓄水池3 467口，管道引水工程1 640处。蓄引水量252万立方米，总投资3 619.6万元。共解决14个乡镇，466个村、4.2万户13.65万人和12万头牲畜饮水问题。2001年，开始以兴建天河水窖为主要工程措施的扶贫饮水工程建设，每口水窖补助现金500元，由群众投工，分户建窖。在茅坪镇花果园村试点，引进水窖制作新工艺，将37块预制瓦拼装成酒瓶状水窖，蓄积天然雨水18～20立方米，解决4～6人饮水。2005年，全县共兴建天河水窖1.03万口，建引水工程125处，总投资2 117万元，解决12个乡镇、123个村、1.53万户5.49万贫困人口饮水问题。

第二节　水土保持

一、水土流失

1982年，全县土壤侵蚀面积2 148.7平方公里，占全县总面积的88.5%。1985年，经卫星遥测解译，流失面积2 030平方公里，占总面积83.6%。2000年，据省卫星遥测调查，全县水土流失面积1 335.9平方公里，占总面积55%。2005年，全县水土流失面积仍有1 175.8平方公里，占总面积48.5%。年土壤侵蚀模数1 770吨/平方公里。

图 6-7-1：郭家坝镇夫子头小流域治理

二、水土治理

1983年，秭归县纳入葛洲坝库区水土流失重点防治区。共投标工1 272.8万个，总投资4 079.75万元，其中国家投资603.5万元。完成治理水土流失面积353.2平方公里。

1989年，经国务院批准，全县纳

入长江上游水土保持重点防治工程范围（简称“长治”工程，下同）。第一、第二、第三、第五、第七期规划，分别于1989年、1990年、1994年、1999年、2004年实施。以小流域为单元，主攻坡改梯，发展林果业，建设坡面拦蓄配套工程，进行综合治理。至2005年，“长治”工程共完成水土流失治理面积1 123.61平方公里。其中，坡改梯7 722.6公顷，营造水土保持林3.94万公顷，发展经济林1.14万公顷，封禁治理4.55万公顷，保土耕作治理8 345.23公顷。兴修和整修堰塘44口，建蓄水池5 380口，挖沉砂凼7.6万个，筑谷坊811座，兴修水渠593千米，修排洪沟261千米，共投入标工4 297万个，总投资2.9亿元。其中，国家投入2 681.5万元，地方配套1 368.41万元，群众自筹2.5亿元。（见表6-7-2、图6-7-1）

1989—2005年秭归县“长治”工程情况表

表6-7-2　　单位：平方公里、公顷、万个、万元

期数	年　份	完成治理	其中					投工	总投资	其中国家投资
			坡改梯	人造林	经果林	封禁	农耕			
	合　计	1 123.6	7 722.6	39 382.1	11 395.5	45 515.1	8 345.23	4 297.37	28 999.2	2 681.5
一期	1989—1993年	271.2	1 760	12 880	2 313.3	8 526.7	1 640	745.5	2 305.38	247.3
二期	1990—1994年	170.93	900	8 353.33	960	6 660	220	530.23	1 542.61	182.2
三期	1994—1998年	449.07	3 520	12 626.7	4 153.3	19 306.7	5 300	1 762.2	10 197.39	759
五期	1999—2003年	190.2	1 393.3	5 400	3 826.7	7 293.3	1 106.7	1 217.78	13 497.62	1 048
七期	2004—2005年	42.2	149.3	122.05	142.2	3 728.4	78.53	41.66	1 456.2	445

王家桥小流域治理　王家桥小流域位于水田坝乡，1989年确定为水土保持试验示范小流域，总面积16.7平方公里。涉及王家桥、乔家坡、陈家岭、大水田、罗黄坪、辛家湾6个村。最高海拔1 114米，最低海拔184米，耕地800公顷，坡耕地占70%，荒山及裸岩面积占总面积28%，水土流失面积12.41平方公里，占流域总面积74%。采取“分割坡长截流，植被覆盖减蚀，坡面径流拦蓄，科学耕作保土”等措施，进行山、水、林、田、路综合治理，连片开发。1994年3月通过国家验收。1998年，累计投工89.86万个，投资552.74万元，完成综合治理面积13.25平方公里。其中，改水平梯田363.3公顷（含经济林186.7公顷），发展经济林461.33公顷，营造水土保持林122公顷，封禁333.33公顷，保土耕作44.67公顷。修排洪沟7条，长3.9千米，建水池180口，筑谷坊40座，维修堰塘69处，整修水渠11条，长24千米，兴修村级公路3公里，流域治理面积达91.7%。

银杏沱生态环境建设　茅坪镇银杏沱村，位于三峡工程大坝库首，茅坪港口所在地。1998年，启动国家生态环境建设项目，县水保部门编制规划，分别实施。2000年，全村完成高标准石坎水平梯田10公顷，改造低产田3.33公顷；建经济林果园28公顷。其中，发展蜜柚6.67公顷，椪柑4.66公顷，无性系茶叶10公顷，板栗及小水果6.67公顷。退耕还林43.73公顷，封山育林66.66公顷；建蓄水池10口、容积1 300立方米，安装饮水管道5千米，修建排洪沟10条、长1.5千米；铺设浆砌石网格式护坡1处、1.5万平方米，保护农田53.33公顷；修建公路3千米，人行道2千米，绿化公路2千米，路旁植树2万株，建预制结构楼房110栋、4.42万平方米，混凝土硬化地面3 000平方米，建沼气池50口。

三、预防监测

1990年6月，县水利水保执法体系领导小组成立，副县长贾庆生任组长。7月，县水土保持办公室增设水土保持监察股。2000年3月，组建县水土保持生态环境监督中队。2005年，共有水土保持监督执法人

员14人。其中，兼职10人，专职4人。乡镇成立水土保持领导小组，共有村级水土保持管护员202人。

1999年10月，全县规划监督区总面积179.44平方公里。沿长江淹没区茅坪（新县城）、香溪、郭家坝、屈原、水田坝、两河口、泄滩、沙镇溪等乡镇迁建列为重点监督区，总面积107.98平方公里；长江两岸海拔300米以下地区实施重点监督，总面积67平方公里；县水泥厂、县火电厂、屈原镇龙江水泥厂及新建公路实行重点监督，划为预防保护区面积834.37平方公里。其中，香溪河以东国营九岭头林场及周边6个村、56.12平方公里，三峡库区已完成治理面积653.72平方公里（含葛洲坝库区治理面积48.49平方公里）。磨坪乡、杨林桥镇植被较好，水土流失轻微的17个村，面积124.53平方公里。

1991年，秭归县被纳入长江上游泥石流滑坡预警系统重点监测预警范围。4月，成立滑坡预警系统秭归二级站，并设郭家坝鸡米寺滑坡预警点。6月，秭归二级站将鸡米寺滑坡纳入预警点观测。6月1日，滑坡体加速滑动，变形加剧。21日成立由县、镇、村共30人组成的抗险救灾现场指挥部进入现场指挥。22日发觉纵横裂缝贯通及异常气味，预警组发出“北部可能发生岩基滑动”预警。28日发出“临滑前兆明显，随时有整体下滑的可能性”预警。28日零时拉响避灾警报，险区人员全部转移。6月29日凌晨4时58分，总方量60万立方米滑体急速下滑，直泻头道河村。由于滑坡预警及时，预报准确，避灾措施得力，险区内2 504人无一伤亡，成为全县滑坡预警成功范例。

1991年10月，县、乡组成水保联合调查组，对长江两岸7个乡镇的采石、采矿及陡坡垦种行为进行清查。清查中发现：没有制定水土保持方案的采石采矿、取土烧窑砖瓦厂12处，基建项目2个，少数农户有毁林开荒行为。香溪镇钙厂在西陵峡口采石，破坏地表面积1.2公顷，年开采石灰石2 100立方米，累计弃渣量6 300立方米。宜昌地区水利局、县政府、香溪镇人民政府领导现场办公，决定无条件停止在原采矿场炸石采矿，限期绿化，恢复植被。1999年，长江西陵峡口两岸采石屡禁不止，有7处采石作业点。其中，县矿山公司6处，个体1处。开采面积3.45公顷。县水土保持局依法向矿山公司和香溪水府庙采石场下发《水土保持行政处罚决定书》，分别罚款2 000元，依法吊销许可证。2002年，宜昌供电局宜西分局因架设110千伏小雁溪至座斗坪输电线路工程，经过茅坪、周坪、屈原3乡镇，造成水土流失面积2.3公顷。1月8日，向宜西供电局发出《关于雁座输电线路办理水保方案的函》和《水土保持行政处理决定书》，作出补办《水土保持方案》和交纳水土保持设施补偿费3.46万元、水土流失防治费4.62万元的处理决定。4月11日，县水土保持局依法向县人民法院申请强制执行，后经调解，宜西供电局交纳水土保持设施补偿费1万元。

第三节 水务管理

一、项目管理

1979—1999年，水利工程建设管理为单位负责制，由建设单位对工程全面进行管理。2000年后，凡投资50万元以上水利工程，一律实行“项目法人制、招标投标制、项目监理制、合同管理制”管理。增强项目法人责任性，施工单位择优性，技术质量科学性及按工计酬的合理性。改变由一个单位负责的弊端，适应市场经济管理需要。

二、设施管理

1975年，全县小㈠、㈡型水库按照“以水养水”原则，计收水费进行维修管理。小㈠型水库按每立方米水或使用小时收取费用0.6～2.4元；小㈡型水库用水每小时按0.2～0.3元收费。1981年，推行水利工程承包责任制，设施增加，管理加强。1987—1988年，共收水费7 900元。1989年，开始对堰塘征收水费，全年征收3.74万元。2000年，小㈠型水库水的价格为每小时2～4元，小㈡型水库每立方米水收2公斤稻谷。2003年4月，按省有关部门文件规定，县内水库农业供水收费价格为每立方米0.06元，收取的水费用于水库、堰塘维修等。

三、水资源管理

1990年7月，县水利电力局增设水政股。1999年3月，县水利局成立县水行政执法监察大队，与水政股合署办公。每年对县内溪河及流域进行执法检查8～10次，按法律规定征收水利规费和水资源费。1995—1997年，在机关、企事业单位及城镇非农业人口中按每人每年收取25元防汛费。1998年，秭归县申请免收防汛费，得到省政府批准。小水电发电用水，按每千瓦时0.015元收取水资源费。水利规费和水资源费管理，按规定60%留县使用。留县部分由县财政局设立专户管理，专款专用，接受审计监督。1994—2005年，共征收水利规费和水资源费300.8万元。水利规费、水资源费均用于水法规宣传、水资源保护和节水改造等“以水养水”项目。

第八章　农业机械

1979年，县农机供应公司经营农用动力机械、农田耕作机械、农业排灌机械、力车及配件和农副产品加工机械，共5大类、1.04万个品种。农用柴油机、拖拉机、农用汽车、汽油机、水泵、脱粒机、碾米机、榨油机、揉茶机等农业机械在农村得以广泛应用。1996年，农机销售总额1 050万元，创历史最高纪录。至2003年，县农机公司经营37年，共完成农机销售额9 673万元，上缴国家税金560万元。2005年，全县农业机械总动力12.74万千瓦，比1978年增长5.04倍。培训各类农机手1.17万人次，组织拖拉机驾驶员考试49场次，有2 090人取得拖拉机驾驶证。

第一节　农机经营

一、经营品种

1966年9月，县农机供应公司在县城城关镇西门口正式挂牌营业，开始对全县供应农用机械。随着农机事业的发展，供应种类及品种逐年增多。1984年以后主要经营5类农用成套机械及零配件，品种达1.04万个。大型机械有推土机、挖掘机、农用汽车、收割机；农田基本建设机械和植物保护机械有农用拖车、推土铲、犁、耙、轮胎及零配件等品种；动力机械及排灌机械主要有各类型号柴油机、电动机、水泵、水轮泵、水锤泵、多级水泵等共有32个品种；加工机械有碾米机、磨粉机、粉碎机、榨油机、揉茶机、打蜡机、淀粉机等30个品种；半机械化农具有人力车（木板轮胎车和铁皮手推车）及配件，共12个品种。全部农机产品零配件，经营7 200个品种。1984年后经营5种型号小型船用挂桨机，5种型号小型船用柴油机及汽车零配件达3 148个品种。

二、农机销售

县农机供应公司在各区、乡、镇建设农机供应点、站，建立销售网络。1974年，在两河、茅坪、群力区（周坪）设立农机供应站，县农机公司统一送货，统一财务管理。1981年3月，设立梅家河公社农机供应点。1982年2月撤销周坪供应站，将供应站迁至杨林公社，成立县江南农机供应分公司。1994年9月，在沙镇溪陕西营、屈原贾家店设立供应点。1997年4月，在磨坪乡设立农机配件代销点。1998年，农机工业公司改革，相继撤销各乡镇站点。2002年，将农机供应点存货全部集中于茅坪新县城农机中心门市部，农机供应站、点，全部转为个体经营。进货渠道以在湖北省、宜昌地区（宜昌市）农机公司进货为主，少数商品直接从农机生产厂家进货。1979年后，为确保商品质量，减少中间环节，降低成本费用，直接从生产厂家进货比例上升到92%，其中外省进货占20%。

县农机公司按照“以收抵支，收支平衡”经营方针，让利于农。1979—1983年，盈利4.75万元，年均盈利9 500元，人均年创利润365.4元。1984年6月，国家提高农机产品差价率，县农机供应公司将三类产品差价率（农副产品加工机械）调为15.6%，降低3个百分点。年税后获利6.76万元，人均年创利2 414元。1990年，销售额160万元，税后利润6万元。1996年，销售额1 050万元，比1990年增长5.56倍。2003年9月，县农机供应公司破产，农机经营自此转由个体经营。

第二节 农机管理

一、农机技术培训

1979年，县农机学校培训农用拖拉机驾驶员300人。参加培训的机手由公社或大队挑选确定。1983年后，县农机学校实行招收学员培训。1997年，农机学校与农机监理站在乡镇、施工工地现场培训考试38次，每次考试4～20人。1979—2005年，共培训拖拉机驾驶员7 785人，修理工560人，汽油机和柴油机手1 980人。

二、农机推广

1979年前，先后引进推广柴油机21种，其中常用柴油机9种。1979年，全县固定农副加工厂拥有农用电动机1 262台、8 302.2千瓦。1990年后，电动机基本取代柴油机。

1979年，全县拥有各类型号拖拉机152台。其中，大中型拖拉机45台，工农—7型手扶拖拉机17台，工农—12型手扶拖拉机90台。农业机械总动力2.11万千瓦。1980年，全县18个公社有14个公社建立拖拉机站，共有大中型拖拉机57台。1983年，农业承包责任制推行后，全县共512户自筹资金购大中型拖拉机105台、1 794千瓦；手扶拖拉机10台、89.52千瓦；1984年12月，全县共有拖拉机432台、7 534.6千瓦。1999年，县农业机械局从外地引进小型微耕机在全县推广。2005年，全县农业机械总动力12.74万千瓦，比1978年增长5.04倍，其中农户自筹资金40万元，购进微耕机102台，年耕地4 760公顷。至2005年，全县拥有动力排灌机械39台、榨油机49台、碾米机2.61万台、粉碎机4 996台、脱粒机917台、茶叶加工机械485台（套）、机引农机具1 158台、机动喷雾器161台。

1975年开始引进农用汽车3辆、167.85千瓦。1984年12月，全县拥有农用汽车34辆、2 946.7千瓦。2005年全县农用汽车1 240辆、2.08万千瓦。1980年，全县有农用机动船3只、59.68千瓦。1985年有农用机动船109只，1 123.5千瓦。1985年，一部分农用机动船改作渔船，只有少数机动船投入农业运输。2005年，全县共有农用机动船351只、712吨、1 824千瓦，比1980年增长29.6倍。

三、安全监理

1984年8月，成立县农机安全监理站，工作人员3人，开展全县农机安全监理工作。1993年12月1日起，农用拖拉机由公安部门委托农机部门管理，负责拖拉机和驾驶员年度审验、考试发证、核发号牌、按规定收费等。1994年1月，凡在国家列养公路出现的拖拉机交通事故，由公安交警部门处理，其他道路发生交通事故，原则上由农机监理部门处理，需给予治安管理处罚和追究刑事责任的，由公安机关处理。3月，县公安交警部门向农机监理部门正式办理委托移交书，县农机监理部门全面行使监理职能。2004年，新车（农用汽车、拖拉机）入籍1 208辆（台）次，旧车过户3 000辆（台）次，审验1 000辆（台）。组织驾驶员考试49场次，参考学员2 300人，考试合格2 090人，合格率90%。累计纠正各种违章驾驶2 894人次，收缴罚款1 250元，督促办理行车证362本，督促无证人员培训考试发证405人。2005年，开展农机安全生产月、创建农机安全示范村（示范户）和整治“黑车”非法驾驶等活动，张贴标语118条，发放《中华人民共和国道路交通法》760册，印发宣传资料2 800份，组织驾驶员培训152人。共审验拖拉机580台，上路检查机车884台次，补检226台次，补审驾驶员158人，纠正违章199台次，消除安全隐患36起。

第九章　农村经济管理

1979年后，农村实行以家庭联产承包为主的生产责任制，统分结合的双层经营体制逐步建立，农村经营管理工作随之由行政管理指导向经营服务转变。县农村经营管理局加强农民土地承包合同管理和农村财务管理，坚持培训农村财务人员，加强队伍建设，健全财务管理制度，严格审计监督，使农村财务走上规范化管理轨道。同时采取多种手段，化解农村债务，至2005年，全县共化解农村债务4 198万元。农村合作基金组织在一定时期对农村经济发展起到一定促进作用，1999年后按政策要求进行清理整顿，组织资金兑付股金，确保社会稳定。减轻农民负担工作纳入各级领导重要议事日程，成立专门机构，严格审核各项费用提取标准，随时查处乱收费、乱集资，使农民负担得到减轻。

第一节　经营管理

一、合同管理

1984年，全县9.3万户农户与生产队签订为期15年的农业承包合同，县政府发放“土地使用证”7万份。对土地使用进行“小调整”，2.59万户调整土地2 467.13公顷。其中，1.52万户调进土地1 273.13公顷，1.07万户调出土地1 194公顷。1985年修订合同1.3万份，帮助194个村、1 856个组发放“土地承包使用证”2.17万份；签订农产品购销合同15.84万份，签订联合经营合同79份。1990年进一步查漏补缺，完善土地承包合同，全县466个村共签订农业承包合同11.71万份。1991年，规范农业承包合同管理，在水田坝、郭家坝、香溪、新滩（今屈原）、磨坪等5乡镇以及上坝、牛岭、长江等31个村调查研究，印制“农业承包合同”范本18万份，统一规范农业承包合同文本。

1995年3月，全县11个乡镇、190个村与4.2万农户签订土地承包延期30年不变合同，调整耕地5 072户、859.13公顷，合同法律鉴证3.02万户。1998年，全县466个村签订延长土地承包期合同9.33万份，颁发“土地承包经营权证”9.06万份，鉴证合同6.5万份，调整5 756户的承包耕地536.4公顷，短期租赁多种经济面积100公顷。1999年全县完成延长土地承包期的村达437个、2 988个组，延包率达89%，土地面积2.58万公顷。除三峡库区村以外，全县未签延包合同的农户3 199户。2000年延包395户，延包率达92%，发证率89%，279个村实行农业承包合同管理制度上墙，303个村整理归档合同2 455卷，县政府制定《秭归县集体土地承包经营管理暂行办法》，规范农村土地承包合同管理。2002年8月，全国人大常委会通过《中华人民共和国农村土地承包法》，全县认真贯彻，并对未开展延包的79个村、360个组的1.11万户签订延包合同，全县第二轮土地延包达到9.48万户，延包率达99.3%，合同法律鉴证9.48万户，发证8.1万户，发证率95.3%。

2005年3月，依法完善土地承包合同。依法重新签订承包合同8.93万户，填写“农村土地经营权证”和登记簿各1套，颁发“土地承包经营权证”8.92万个。合同签订率、“土地承包经营权证”发放率均达98.5%。全县收集农村土地承包相关档案3 301卷。

二、农村财务

会计培训　1979—1985年，县农村经营管理局与公社（区镇）农村经营管理站共培训农村社队会计7 284人次。1992年，自编教材300册，培训村会计158人，经营管理干部82人。1994年，县、乡镇共培训村会计508人，其中县培训154人。1998年，分片培训村级会计3期210人。1999年，县农村经营管理局编写会计培训资料700套，培训各站业务人员26人、村级会计466人、经营管理干部92人。1999年后，全县未举行集中会计培训。

财务审计　1981年，全县成立公社财务整顿领导小组18个，成员112人，武装骨干1 975人，清理人员1 668人。第一批开展财务清理213个大队，1 769个生产队，结束清理213个大队，结束清理的生产队1 278个，占72%。查处各类经济问题折款74.45万元，粮食16.65万公斤，其中307个单位、510人贪污现金4.17万元，粮食1.26万公斤。经过处理，退赔现金33.21万元，退回粮食8.9万公斤。1982—1990年，对全县466个大队（村）、3 280个生产队（组）全部进行财务清理。查处各类经济问题折款352.43万元，粮食7.08万公斤。1991年，根据《中华人民共和国审计条例》，制定《秭归县农村合作经济审计工作制度》，16个乡镇成立农村审计站。预备内审人员56人，培训乡镇审计人员32人，审计1 375个单位。其中，村组1 268个，村办企业92个，乡镇企业8个，其他单位7个。查处违纪单位246个，金额64.06万元。移交司法机关处理18人，撤销党内职务、开除党籍1人。1992—1995年，共审计1 007个单位。其中，村466个，乡镇企业10个，村办企业450个，其他单位81个。查处违纪单位301个，金额152.57万元。其中，贪污35.5万元，挪用7.52万元，其他违纪104.56万元，浪费4.99万元。退回赃款25.71万元，退赔72.65万元，移送司法机关处理5人。1996—2003年，县经营管理部门对全县所辖村及576个村办企业审计，查处违纪金额655.31万元。其中，贪污、侵占196.15万元，挪用205.74万元，违规158.91万元，瞎支乱补89.65万元，失职渎职4.86万元。处理退赔134.49万元，受党纪政纪处分12人，移送司法机关处理1人。

债务化解　1998年，全县清产核资，核实农村集体资产总额为3 329.2万元，负债额6 338.4万元，所有者权益为2.58亿元。2003年6月，在郭家坝镇文化村进行化解债务试点，核实该村债务总额114.15万元，化解债务41.65万元，其中结对冲抵6.03万元。8月，全县各村公示债权、债务和资产两次，共认定债权3.74万户，核实债务总额9 007.28万元。其中，村欠户2 361.98万元，欠单位1 085.25万元，欠外单位4 885.87万元，欠村外个人674.18万元。共化解债务749.69万元，化解率8.3%。其中，收债务权还债务91.4万元，结对冲抵172.08万元，盘活资金化债务7.65万元，核销债务94.28万元，降息减债1.4万元，协议抵债、整合资产化债1万元，发展经济化债381.88万元。2004年12月，全县化债总额3 991.6万元。其中，清理减债178.8万元，清收还债269.89万元，变卖资产还债119.8万元，结对抵债268.11万元，降息减债1.69万元，协议减债148.82万元，划转清债1 193.45万元，发展经济还债85.26万元，落实政策清债1 161.58万元，其他方式还债564.2万元。累计偿还9 332个农户借款661万元，收回村级债权617.3万元。茅坪、屈原、归州3乡镇化债率突破40%，梅家河、沙镇溪、郭家坝、水田坝等乡镇化债率30%～40%。2005年12月，全县累计化债4 198万元，占2003年锁定数9 007.28万元的46.61%。

三、合作基金

1988年，县农村经营管理局农村合作基金会办公室成立。1988年7月，在茅坪镇木坪办事处试点，组建第一个农村股份合作基金会，资金总量8.09万元。随后，茅坪、杨林桥、新滩、磨坪等乡镇相继成立农村合作基金会，融资总额78.67万元。其中，代管村级资金2.19万元，聚集社会闲散资金68.39万元，集体股64.08万元。农户股3万元。投放220个专业户、贫困户资金29.65万元。1993年，全县创办农村合作基金会15个，基金分会（办事处）17个，基金站（村）105个，从业人员65人，融资总额7 001.14万元。其中，入会股金6 022.31万元，代管资金978.83万元。投放资金5 357.35万元（其中农户欠款转借251.8万元），提取呆账准备金129.1万元，基金会自有资金47.25万元，固定资产180.65万元，提折旧费27.26万元，在建工程30.53万元，货币资金1 881.31万元。

1997年，全县32个基金会开展自查自纠，禁止资金盲目投放。1997年9月，茅坪镇基金会逾期借款多，县人民法院依法清收本金110万元，占用费20万元。1999年6月，全县成立18个清收专班，催收逾期借款。全县共发放借款1.23万笔、金额5 357.35万元，收回借款553.17万元，尚欠借款4 824.18万元，占投放额的90.05%。1999年7月，县清理整顿农村合作基金会领导小组成立，组成清理专班56个、230人，对全县农村合作基金会进行停业清理整顿。核实借款余额4 858万元，清收2 477万元。其中，以存代抵1 142万元，信用社小额收购191万元，国家干部职工还款525万元，清收率51%。11月，县政府成立农村合作基金会接管中心，由县、乡两级人民政府接管全部基金会。自此，农村合作基金会消亡。2000年1月，首期兑付1.19万户会员的股金3 387.6万元，偿还代管资金642.4万元，共兑付4 030万元。2001年1月，二期兑付股金1 719.07万元，付利息288万元。至此，基金会债务余额1 017.8万元，投放资产余额1 407.29万元，固定资产净值302.57万元，合计资产账面存量1 709.86万元。二期兑付后，全面清理整顿结束。

第二节　农民负担

一、负担状况

农民负担费用有村三项提留，即公积金、公益金、管理费；乡镇五项统筹，即教育附加费、计划生育费、民兵训练费、烈军属优抚费、乡村道路维修费。（简称“三提五统”，下同 ）此外还有农村教育集资费。1979 年，全县有负担人口 36.48 万人，村提留 378.72 万元，人均 10.38 元，占上年人均纯收入的 13.84%。1986 年负担人口 37.56 万人，村提留 230 万元，人均 6.12 元，占上年人均纯收入的 2.2%，比 1979 年降低 11.64 个百分点。1997 年全县负担人口 34.4 万人，村提留 998 万元，人均

29.01 元，占上年人均纯收入的 3.13%；乡镇统筹 661 万元，人均 19.22 元，占上年人均纯收入的 2.08%；集资 134 万元，人均 3.9 元，占上年人均纯收入的 0.42%。1999 年取消教育集资，2002 年取消五项统筹。2005 年取消农村各项费用。

二、预算审批

1989 年，农业税、乡镇统筹由乡镇人民代表大会审议通过后执行。1991 年，全县预算方案审核减少“三提五统”款 6.41 万元，其中磨坪乡减少 2.99 万元，占 46.65%。1995 年，报县政府批准集资 7 个乡镇，集资 78.57 万元。1996 年审核批准教育集资 209.45 万元，全县人均 8.52 元，占上年农民人均纯收入的 0.89%。1997 年，“三提五统”预算口径“乡改村”，即以村为单位测算，全县 121 个村预算减少 71 万元。1998 年继续实行“乡改村”预算制度。1999 年起，对各乡镇上报“三提五统”预算方案进行审核，县减轻农民负担办公室下达批复文件。全县 14 个乡镇预算总额 1 886.98 万元，审核减少 193.61 万元，人均减少 5.65 元，批准额 1 693.37 万元，批准教育集资 8 万元。

三、违规查处

1991 年，清理农民负担项目 5 大类 61 个，总额 1 927.55 万元。1991 年 9 月，对归州、水田坝、香溪、屈原、沙镇溪、两河口、郭家坝、杨林桥等 8 个乡镇 27 所中小学及两个单位教育收费和集资进行专项检查，查处乱收费、乱集资、乱摊派总额 172.5 万元。县委办公室、县政府办公室将情况通报全县，将乱收款项全部清退。10 月，全县 532 所学校自查，查出违规收费 108.03 万元，共清退 160.5 万元，取缔收费项目 29 个，明确收费 5 项，纠正收费标准 20 项。1996 年，检查茅坪、杨林桥、磨坪、两河口等 8 乡镇 164 个单位违规收费情况，查处违规金额 127.98 万元，制止乱收费 7.23 万元，清退 14.71 万元，没收 3.41 万元。2004 年，县农村经营管理局对农民承担费用（“三提五统”和教育集资）进行跟踪审计，共审减费用 529 万元。审计 2 367 个单位，违规违纪单位 348 个，金额 654.58 万元，涉及 555 人，退赔 227.05 万元。2005 年，查处违规收费 3 起（对村收费），涉及金额 2.74 万元，督促有关部门全部清退。

第十章　乡镇企业

1979 年，乡镇企业称社队企业。1984 年 3 月，社队企业更名为乡镇企业（以下统称乡镇企业）。全县乡镇企业发展到 3 099 个，从业人员 1.39 万人，拥有各类机械设备 1 672 台套，其中有一定规模的骨干企业 48 个。全县有 4 个村乡镇企业产值超过 100 万元。1985—1995 年，全县乡镇企业以乡镇办企业为骨干，村办企业为重点，发展资源开发型工业。1994 年，乡镇企业产值占全县农业产值的比重由“七五”期末的 1∶0.4 上升到 1∶1.2，逐步由农业经济向工业经济发展。“八五”期末，全县乡镇企业产值过亿元的乡镇 3 个，过千万元的村 3 个，过千万元的企业 4 个。1996—2005 年，乡镇企业深化产权制度改革，以产权为核心，改组改制，引进外地知名企业和品牌，盘活乡镇企业。通过清算破产，改制重组，企业规模不断壮大。至 2005 年，全县有乡镇企业 1.2 万个，从业人员 3.52 万人，占农村劳动力 19.17 万人的 18.34%；乡镇企业总产值达 29.32 亿元，上缴国家税金 6 640 万元。

第一节 企业结构

一、产业结构

1979 年，行业结构单一，主要以种植、养殖、采矿、粮油加工及手工业为主。1984 年后，农村实行土地承包责任制，富余劳力增多，区、乡、村、联、户办企业蓬勃发展，拥有农业、工业、交通运输、建筑施工、商业饮食服务等 5 大行业门类。区、乡行业重点是煤矿开采、水能资源开发，围绕石灰石、白云石、硅石、大理石、花岗石开采办厂，发展建材、化工、冶炼工业。1993 年后，建材、建筑、交通运输及商业饮食行业成为乡镇企业的主导产业。1996 年后，国家限制发展污染环境产品及“五小”（小煤矿、小砖瓦厂、小化工厂、小钢厂、小水泥厂）企业，茅坪镇关闭红砖厂 11 个，全县关闭土纸厂 26 个；煤炭行业“关井压产”，1999—2004 年，全县关闭乡镇煤矿 267 个。2000 年后，全县重点发展农副产品加工、旅游及社区服务行业。至 2005 年，乡镇企业逐步形成以水电、煤炭、建材、冶炼、化工原料等为支柱行业，以农副产品加工形成公司+基地+农户的农业产业化龙头企业，以旅游业带动服务性行业的发展格局。

1979 年，全县乡镇企业产值 841 万元（当年价，下同）。其中，农业企业产值 86 万元，占企业总产值的 10.2%；工业企业产值 587 万元，占总产值的 69.8%；建筑企业产值 45 万元，占 5.4%；交通运输企业产值 110 万元，占 13.1%；商业饮食服务业产值 13 万元，占 1.5%。1995 年，全县乡镇企业总产值 8.12 亿元。其中，农业企业产值 1 397 万元，占总产值的 1.7%；工业企业产值 3.52 亿元，占 43.3%；建筑企业产值 1.74 亿元，占 21.5%；交通运输企业产值 1.27 亿元，占 15.6%；商饮服务及其他行业产值 1.45 亿元，占 17.9%。至 2005 年，全县乡镇企业总产值达 29.32 亿元。其中，农业企业产值 4 341 万元，占 1.48%；工业企业产值 13.36 亿元，占 45.58%；建筑企业产值 2.57 亿元，占 8.77%；交通运输企业产值 4.38 亿元，占 14.95%；商业饮食服务业及其他产值 8.57 亿元，占 29.22%。与 1979 年比，农业企业产值所占比重降 8.72 个百分点，工业企业产值降 24.22 个百分点，建筑企业产值增 3.37 个百分点，交通运输企业增 1.85 个百分点，商业饮食服务企业增加 27.72 个百分点。（见表 6-10-1）

1979—2005 年部分年份全县乡镇企业分行业产值概况表

表 6-10-1　　　　单位：万元、%

年份	企业总产值	农业		工业		建筑		交通运输		商饮、服务、其他	
		产值	占总产值	产值	占总产值	产值	占总产值	产值	占总产值	产值	占总产值
1979	841	86	10.2	587	69.8	45	5.4	110	13.1	13	1.5
1980	888	93	10.5	581	65.4	60	6.8	112	12.6	42	4.7
1985	3 732	105	2.8	2 256	60.7	166	4.5	653	17.1	552	14.9
1990	8 090	166	2.1	4 752	58.7	552	6.8	1 229	15.2	1 391	17.2
1995	81 157	1 397	1.7	35 175	43.3	17 431	21.5	12 652	15.6	14 502	17.9
2000	188 935	3 179	1.7	74 590	39.5	21 211	11.2	30 942	16.4	59 013	31.2
2005	293 220	4 341	1.48	133 649	45.58	25 712	8.77	43 844	14.95	85 674	29.22

二、经济结构

1979—1980 年，全县社队企业以集体经营为主，没有个体私营企业。1985 年开始，个体私营企业迅速发展，当年私营企业达到 4 427 个，从业人员 1.18 万人。私营企业总产值 1 470 万元，占全年乡镇企业总产值 3 714 万元的 39.58%。集体企业总产值 2 244 万元，占全年乡镇企业总产值的 60.42%。1995 年，全县私营企业达到 1.06 万个，从业人员 2.21 万人，私营企业总产值 4.49 亿元，占全年乡镇企业总产值 8.12 亿元的 55.36%。集体企业总产值 3.62 亿元，占全年乡镇企业总产值的 44.64%。私营企业总产值所占比重超过集体企业总产值 10.72 个百分点。2005 年，全县私营企业 1.19 万个，从业人员 3.48 万人；集体企业仅 10 个，从业人员仅 359 人；私营企业总产值 29.13 亿元，占全年乡镇企业总产值 29.32 亿元的 99.34%；集体企业总产值 1 924 万元，仅占全年乡镇企业总产值的 0.66%。私营企业总产值是集体企业总产值的 150.4 倍。（见表 6–10–2）

1979—2005 年部分年份全县乡镇企业经济结构概况表

表 6-10-2　　单位：个、人、万元

年份	企业个数			从业人员			企业总产值		
	合计	集体	私营	合计	集体	私营	合计	集体	私营
1979	863	863	—	10 298	10 298	—	841	841	—
1980	798	798	—	9 236	9 236	—	888	888	—
1985	5 330	903	4 427	22 088	10 297	11 791	3 714	2 244	1 470
1990	7 230	586	6 644	20 852	9 056	11 796	8 090	4 582	3 508
1995	11 389	807	10 582	37 008	14 912	22 096	81 157	36 225	44 932
2000	11 737	407	11 330	34 309	10 590	23 719	188 935	43 015	145 920
2005	11 950	10	11 940	35 159	359	34 800	293 220	1 924	291 296

第二节　企业管理

一、劳动管理

1979 年，社队企业所需劳动力实行亦工亦农制度，农业户口不变，实行按等级记分，回生产队结算分配的办法。对少数城镇居民实行计件计时和等级工资制，户口粮油关系转入厂内统一管理。1980 年后，社队企业所需劳动力由企业自行择优招用，按劳付酬。用工性质分为集体所有制固定工与农业劳动力两种，劳保福利有所区别。固定工的伤病医治、困难补助、劳动保护物品由企业开支，实行退休制度；农村劳动力回队分配期间，工分比农村同等劳动力略高。实行工资制后，属繁重体力劳动的工种，由企业发给劳动保护用品，每月按工资总额的 5% ~ 7.5%提取福利费，作为伤病医治、困难补助等集体福利开支。工人去留由企业自主决定，不实行退休制度。1984 年后，在乡镇企业务工的农村劳动力，由统派轮换转为农民合同工，分配由固定工资改为浮动工资。1987 年后，在分配上实行定额加奖惩的含量工资（即吨煤工资、万块砖工资、百元收入工资等），对企业销售人员实行“五费合一”（计件工资、浮动工资、产量含量工资、产值含量工资、销售工资）、“三费合一”（工资、奖金、销售费用）的分配计酬办法。1988 年 11 月，对原划归乡镇企业的茅坪农机厂等 27 名工人、交通企业 333 名职工工资，进行提类、归并、进标、浮升 4 个环节调整，普遍提高工资待遇。1993 年后，股份合作制企业职工的劳动报酬，实行工资与盈利分红相结合的办法。1996 年后，乡镇企业改革的下岗人员，参照县工矿企业改革分流方案，对原乡镇企业集体固定职工，一次性买断工龄补偿安置；对原企业招收的农民合同工，给予一定经济补偿，回原地务农；对农村移民安置、带资进厂、占地招收的农民合同工，退回移民安置费、占地征收费，回村安置。2000 年，在屈原煤炭公司、屈原镇龙江水泥厂、文化西峡化工厂、杨林水电公司、杨林煤炭公司、茅坪三峡服装皮革制品公司、恒康公司等重点骨干企业推行厂长年薪制。2003—2005 年，乡镇企业民营化，企业用工灵活多样，职工就业双向选择。在分配上多数企业采用计件工资，实行多劳多得，按劳计酬；企业管理人员、商贸零售批发等服务性人员多实行月工资制。

二、经营管理

安全管理　1987 年 1 月，县乡镇企业局下发《关于切实加强安全生产的意见》，强调“安全第一，预防为主”，落实安全生产责任制。1991 年后，每年在全县乡镇企业中开展“安全生产周”“安全生产月”活动，宣传贯彻安全生产方针、政策、法规及规章制度。对矿山开采、车船渡口、建筑建材及易燃易爆等重点行业、重点单位和重点部位进行专项安全检查、整改，杜绝违章作业，消除事故隐患。对事故按照“三不放过”（对事故隐患不放过、对违章操作人员不弄清楚不改正不放过、对突发事件不查清楚责任不放过）的原则处理结案。1998 年后，在乡镇煤矿及矿山企业中，开展安全生产大教育、大检查、大整改活动和“百日安全无事故”活动，按“三不留、一关闭”（不留设施、不留财产、不留人员，关闭井口）的原则，对不符合安全规章的矿井依法关闭。2000 年后，每年对全县矿井进行一次拉网式检查，关闭规模小、不安全的乡镇煤炭矿井 160 对。2002 年 8 月，注销杨林东阳煤炭公司五家岩煤矿等 27 对矿井的“生产许可证”。2004 年，对全县乡镇企业矿（点）检查、年审，查处 37 处安全隐患。

质量管理　1987 年 12 月，两河口镇太坪村硼肥厂生产高效微量元素复合硼肥成功，次年被评为湖北省优秀产品“楚鹰”奖；1988 年、1989 年卜庄河页岩砖厂的烧结页岩砖和新滩龙江水泥厂的“425 号”水泥获“湖北省优良产品”。1990 年，在乡村工业企业中，全面推行质量管理，加强产品质量监督。当年有新滩龙江水泥厂等 8 家企业取得湖北省全面质量管理合格证书。同年，县金属硅厂生产的金属硅经中国企业形象认证委员会认证为“AAA”级企业并进入全省采掘业 50 强。1992 年后，在全县乡镇办骨干工业企业中，开展国际质量体系认证工作，采用国际标准组织生产。新滩龙江水泥厂生产的“425 号”水泥，质量性能及全部理化指标达到或超过 GB175–92、GBK1344–92 国家标准。经上海市产品质量检验中心检验，被评为免检产品，被省质检站评为信得过产品。1994 年，卜庄河页岩砖厂生产的页岩砖，经省建材质检站砖瓦产品质量检验，被评为产品合格企业。1995 年，县金属硅厂，被中国商检局评为出口产品信得过单位。同年，郭家坝王家岭茶场、沙镇溪茶场生产的普通优质绿茶获第二届中国农业博览会银奖，县移民培训基地生产的“欲品思”名茶获第二届中国农业博览会金奖。1997 年，县恒康公司生产的“恒康”牌家具，率先由中保财产保险公司承担产品质量信誉责任保险。1998 年 11 月，县金属硅厂、县西峡化工有限责任公司，获农业部颁发的全面质量管理达标证书。1999 年 10 月，县西峡化工有限责任公司生产的“西峡”牌轻质碳酸钙，被市企业局、市质量技术监督局评为质量信得过产品。2001 年 10 月，县三金硅业有限公司，获中国方圆标志认证委员会认证中心颁发的 ISO9002 国际质量体系认证证书。2002 年 10 月，省质量技术监督局授予“三金”牌金属硅为全省产品采用国际标准考核合格证书。

营销管理　1979 年，社队企业生产所需钢材、汽油、柴油等近 20 余种物资供应，由县计划委员会统一分配。企业生产的原煤及大米、面粉、机械等 15 种主要产品纳入县计划管理，统一下达生产、销售计划。1983 年后，社队组建供销经理部、物资购销站等商业企业，统一购销。原材料供应由计划和市场调节的“双轨制”逐步转向市场经营。产品销售，企业自寻销售渠道，实行预约经营。1985 年 8 月，全县选送金矿石、大理石板材、轻质碳酸钙等 12 种 21 件产品赴北京、武汉等地展销。1986 年，乡镇骨干工业企业内设供销科，负责物资供应和产品销售。规模小的企业配专人负责供销。销售管理推行承包责任制，实行按销售收入提取工资报酬的办法。6 月，香溪化工厂生产的轻质碳酸钙，送中国乡镇企业出口商品展销会参展。10 月，茅坪大理石厂生产的墨宝玉、斑玉、石燕、咖啡红、银灰等 5 种天然大理石进入北京市场，与北京市建材贸易中心签订购销合同。1991 年 1 月，茅坪皮件厂生产的皮革制品，选送到枝城市参加宜昌地区举办的 1991 年迎春商品展销供货会展销，获“参展先进单位”称号。1997 年后，企业产品销售采用买断制，企业与营销人员形成买卖关系，与市场经济接轨。

财务管理　1979 年后，全县乡镇企业贯彻落实农牧渔业部、财政部颁发的《乡镇企业财务制度》《会计制度》和《乡镇企业成本开支范围规定》，狠抓定额管理、原始记录等基础工作，在全县乡镇企业建立健全统计卡片及村以下企业台账。1979 年 8 月，县社队企业科与县清产核资办公室组成联合财务清查组，历时 5 个月，对全县 161 个社办企业开展财产清查，整顿社办企业中资金使用乱、财务开支乱、物资管理乱的“三乱”问题，健全规章制度，严肃财经纪律。1986 年 3 月，县乡镇企业管理局对香溪镇镇办企业财务工作进行全面检查、清理，重点对 11 个镇办企业的财务工作进行整改。1987 年，在全县乡镇企业开展“增产节约、增收节支”（简称“双增双节”，下同）活动。当年，全县各级成立“双增双节”领导小组 144 个，工作人员 431 人。10 月，全县有归州装卸运输队等 53 家企业的财务管理工作获省乡镇企业管理局颁发的合格证书。1988 年，在全县乡镇企业开展财务整顿验收、会计达标和统计基础规范化工作。1989 年，全县乡镇企业财务整顿验收合格的单位 58 家；实行财务工作“四统一”的乡镇企业 168 家；有 43 家企业会计工作达标。1991 年，在乡镇企业中开展清理固定资产和流动资产的“两清”工作。全县清理 15 个乡镇的 123 家乡镇办企业，清理面达 92.5%。1992 年，贯彻执行《湖北省乡镇企业内部审计暂行规定》，严格财务管理制度。1993 年，在全县乡镇企业中治理乱收费、乱集资、乱罚款的“三乱”问题，减轻农民负担。1994 年，开展乡镇企业内部审计，实施农业部、财政部制定的新财务制度及成本开支范围规定等制度。1997 年，在乡镇企业中推行节能及目标成本等 8 大管理措施。将县金属硅工贸集团公司定为成本管理示范企业。学习邯郸钢铁厂经验，模拟市场核算，倒推生产成本，建立目标成本控制体系。9 月，县乡镇企业管理局建立县雄峰资产评估审计事务所，从事全县乡镇企业组建、改制资产评估，审计及检验资格等业务。当年，对 12 个乡镇的 17 家改制企业进行资产评估，验资 3 家企业。2000 年，企业内部审计 15 家，破产清算审计 3 家，离任审计 2 家。同年年底，会计达标乡镇企业 162 家，乡、村企业统计基础工作规范化验收合格企业 48 家。2005 年，贯彻落实《乡镇企业负担监督管理办法》，对全县企业所交税费专项调查，加强企业减负工作的监督管理。

三、经济效益

1979 年，全县社队企业利税总额 147 万元，其中上缴税金 30 万元，占全县财政收入的 8.4%。2005 年，全县乡镇企业达 1.2 万个，从业人员 3.52 万人，完成总产值 29.32 亿元，利润总额达 1.39 亿元，首次突破亿元大关，比 1995 年增长 2.6 倍。上缴税金 6 640 万元，占全县地域性财政收入 30.76%。（见表 6–10–3）

1979—2005 年主要年份全县乡镇企业效益统计表

表 6-10-3　　单位：个、人、万元

年份	企业		固定资产	企业总产值	营业收入	利润总额	上缴税金
	个数	人数					
1979	863	10 298	905	841	841	117	30
1980	798	9 236	1 030	888	898	92	39
1985	5 330	22 088	3 165	3 732	3 443	314	159
1990	7 230	20 852	8 510	8 090	9 503	174	403
1995	11 389	37 008	28 975	81 157	52 386	2 988	2 853
2000	11 737	34 309	50 103	188 935	166 156	7 771	2 989
2005	11 950	35 159	152 798	293 220	288 115	13 926	6 640

第三节　管理机构

一、县级机构

1976 年 1 月，成立县社队企业管理科，1978 年 12 月更名为县社队企业管理局。1979 年 2 月，县社队企业管理局归口县工业交通办公室管理。1984 年 7 月，社队企业管理局更名为乡镇企业管理局，隶属县经济委员会。1999 年 3 月，县乡镇企业管理局更名为县乡镇企业局，归口县农业委员会。2001 年 12 月，县直机构改革，县乡镇企业局与县财贸委员会、县经济委员会合并，成立县经济贸易局，对外保留县乡镇企业局牌子。2005 年 12 月，县乡镇企业局职能由县经济商务局取代。

二、乡镇机构

1979 年前，各人民公社成立企业管理组。1982 年 11 月，郭家坝、磨坪、茅坪、水田坝 4 个公社先后成立公社企业管理委员会。1984 年 2 月，归州、香溪镇成立工业交通办公室；龙江、三间、泄滩、磨坪、周坪、茅坪等 6 个区仍为企业管理委员会；两河口、郭家坝、杨林、西陵、水田坝等 5 个区为农工商联合公司。7 月，全县统一更名为乡镇企业办公室。1988 年 6 月，将茅坪、龙江、周坪、香溪、归州、沙镇溪等 6 个乡镇企业办公室改为工业公司。1992 年 7 月，各乡镇企业办公室更名为乡镇经济委员会。1998 年，茅坪镇成立个体私营经济办公室，隶属镇经济委员会。1999 年 6 月，各乡镇经济委员会更名为乡镇经济贸易办公室。

第七篇　工　业

1979—1990 年，贯彻落实中央关于“调整、改革、整顿、提高”总方针，全县工业发展速度加快。但由于三峡工程兴建问题长期议而未决和筹建“三峡省”的影响，发展工业的场地、资金、交通等都受到限制。工业发展主要是资源开发等加工项目。在发展工业的区域布局上，根据当时的地势和交通条件，适当集中建厂，逐步形成头道河、归州镇两个工业小区。1990 年，全县工业总产值（1990 年不变价）达到 1.24 亿元，比 1978 年的 3 117 万元增长 2.97 倍，12 年间，年均增长速度为 12.17%。

1991—2005 年，三峡工程建设对库区经济发展形成拉动作用，全国对口支援三峡库区为秭归工业带来发展机遇，全县工业在“大搬迁、大投入、大调整、大引进”环境中快速发展。1995 年受淹企业开始大搬迁。结合企业迁建，调整结构，集中移民补偿资金和银行配套贷款，全县建成一批重点工业项目。先后兴建县水泥厂及郭家坝镇、茅坪镇 3 条各年产 10 万吨水泥生产线和装机 3 万千瓦的矸石发电厂、装机 1.13 万千瓦的升坪水利水电枢纽工程、装机 7 500 千瓦的黄岩水电站、橙汁厂与维维集团联营的 2 万吨饮料生产线、年产 20 亿只电子发光二极管封装生产线、年产 1.7 万吨金属硅厂等。从准备到完成库区企业搬迁的 10 年（1991—2000 年）间，全县工业固定资产共投资 4.57 亿元，相当搬迁前 1990 年年底全县乡镇及以上工业固定资产原值 1.19 亿元的 3.84 倍。

1999 年，县委、县政府先后制订《关于加快国有企业改革与发展的决定》《秭归县县属企业改革脱困实施办法》，提出“县域经济以民营经济为主，企业发展以引进联合为主，产品开发以精品名牌为主”基本思路，对库区搬迁企业再次进行结构调整。2000 年 2 月，县政府从县直 31 个单位抽调干部，组成“百人百日”工作团，分赴各企业进行改革脱困工作。2002 年年底，全县 126 家搬迁企业结构调整工作基本结束。其中，保留发展 11 家，破产 23 家（由 50 家受淹企业合并），关闭 65 家。县属绝大部分国有、集体所有制企业通过产权制度改革，实现民营化。2005 年，全县规模内企业 30 家，其中属有限公司等形式的民营企业 27 家，完成工业总产值（当年价）10.02 亿元，占规模内工业总产值的 92.86%。

随着县城东迁茅坪和茅坪经济技术开发区的建设，发展工业投资环境明显改善。同时，国家加大对口支援三峡库区移民工作力度，全县招商引资和对口支援工作取得突破性进展。森达鞋业、维维豆奶、洛兹服饰、AB 服饰、华扬太阳能热水器等一批驰名全国的明星企业先后落户秭归。至 2005 年，全县共引进规模内外来投资企业 15 家，当年实现工业总产值 6.96 亿元，利税总额 2525.9 万元，分别占全县规模内工业总产值的 64.57%，利税总额的 57.75%。

通过引进企业和调整结构，全县工业的产业、产品结构发生深刻变化。以服装、皮鞋、热水器、饮料、罐头、机制纸、电、水泥等产品为主导的新型产品结构，逐步取代过去的原煤、矿石、砖瓦、水泥制品等为主的传统产品结构。轻工、食品、能源、建材成为全县工业的四大支柱产业。2005 年，全县工业总产值 21.94 亿元，工业增加值 4.17 亿元，占全县生产总值比重由 1978 年的 6.46%上升到 18.38%。

第一章 工业经济体制改革

1979—1985 年，全县推行工业生产经济责任制，扩大企业自主权，实行利改税，理顺国家同企业的分配关系。1986—1992 年，改革企业用工制度和工资制度，实行工资总额同经济效益挂钩，解决企业吃国家“大锅饭”、职工吃企业“大锅饭”和企业负盈不负亏问题。1993—1998 年，以建立现代企业制度为目标，推行股份合作制。组建有限责任公司，实行国有民营、公有私营等一系列重大改革，着重解决产权不清、职责不明、政企不分等问题。实行厂长（经理）任期目标责任制、经济效益目标责任制、法人代表年薪制；建立干部能上能下、职工能进能出、收入能高能低管理机制。企业逐步成为自主经营、自负盈亏、自我发展、自我约束的法人实体和市场竞争主体。1999—2005 年，以企业产权制度改革为重点，推进投资主体多元化，坚持“县域经济以民营经济为主、企业发展以引进联合为主、产品开发以精品名牌为主”的发展思路，调整产业结构、所有制结构、组织结构。对县属国有企业按照“完善改制、依法破产、关闭清算、出售产权、精减人员”等形式，全面开展结构调整、改革脱困和产权制度改革。经改革，至 2005 年，国有经济只占 1.86%，集体经济只占 0.47%，民营经济达到 97.67%。

第一节　经营体制改革

一、扩大企业自主权

1979 年 9 月，省革命委员会和宜昌地区将县茅坪纸厂确定为第二批国营工业企业扩大经营自主权试点企业，赋予企业产、供、销，人、财、物等方面自主权。1980 年 7 月，社办企业开始扩大自主权，明确企业有人事安排权、生产计划权、产品销售权、资金支配权和财产使用权。企业产、供、销由依靠国家计划，开始转向市场。1983 年，社办企业解决“班子统派、劳力统调、生产统管、分配统办”（简称“四统”，下同）问题，确立企业自主经营、自负盈亏、独立核算经济地位。

1984 年 6 月，县政府召开全县经济体制改革大会，制定《全县经济体制改革方案》，继续简政放权，让企业选择灵活多样的经营方式，赋予企业自主安排产、供、销活动，拥有支配自留资金，任免、聘用、选举本企业管理人员，决定用工办法和工资奖金分配方式，在国家允许范围内确定产品方向等 6 个方面自主权。县政府授予县纸厂、县风斗岩煤矿矿长经营决策权、工资奖金分配权、厂规厂纪制定权等 10 项权力。

在扩大企业经营自主权同时，进行企业领导体制改革。1981 年，县酒厂召开第一届职工代表大会，民主选举厂长，属县属工矿企业中第一家民主选举产生厂长企业。1982 年，县属企业实行党政分开，建立党委领导下的职工代表大会制和厂长负责制。当年，有 10 家企业民主选举厂长。1983 年，下放干部管理权限，县政府只管 6 家较大型企业的正职，其余由企业主管部门管理。全县实行民主选举产生厂长企业达 21 家。1984 年 7 月，县风斗岩煤矿招标选聘矿长。社办企业实行选举、招聘、委派相结合。1985 年，在镇（区）办企业 265 名正副厂长（经理）中，厂内民主选举 124 人；面向社会招聘 17 人；自荐承包、审查确认 41 人；镇（区）委派 83 人，只占 31%。

1986 年，县属企业橙汁厂、水泥厂、印刷厂、纸厂、大湾煤矿推行厂长（经理）负责制，继而有 14 家企业实行厂长（经理）负责制，1987 年扩大到 36 家企业。县橙汁厂、水泥厂试行厂长（经理）任期目标责任制试点，1987 年扩大到 6 家企业。其间，县属重点工交企业实行党政分设，15 家工业企业和 4 家交通运输企业分别配备专职书记或副书记、工会主席。1988 年 6 月，县印刷厂面向社会公开招聘厂长，开国营企业面向社会招聘厂长之先河。之后，船舶修造厂、造纸厂、建陶厂、自来水公司等企业在县内或企业内公开招聘承包经营者。同年，有 20 家乡镇办企业采用招聘承包经营办法。

二、责任承包

1981 年，推行工业生产经济责任制，实行利润留成，解决国家同企业分配关系；恢复和实行奖励制度，建立企业内部经济责任制。同年 4 月，县大湾煤矿实行定人员、定任务、定工效、定消耗、定质量、定安全、定奖惩的“七定”经济责任制。社办企业承包人向公社企业组承担经济责任，实行定人员、定产量、定收入、定支出、定利润的承包经营。1983 年，社办企业有 174 家实行经营承包。1984 年 5 月，县茅坪纸厂实行“全民所有，集体经营，照章纳税，自负盈亏”的生产经营责任制。同年 7 月，县风斗岩煤矿实行承包经营。1985 年 3 月，县建筑材料工业公司与其供销股、汽车司机签订承包合同，县轻纺工业局与系统内 15 家企业厂长签订承包合同。当年，轻纺工业系统完成工业总产值 1 421 万元，同比增长 22.63%，超计划 9.14%。

1987 年，全面推行承包经营责任制。承包形式有“上缴利润基数包干，超收全留”“上缴利润基数包干，超收比例分成”“盈利全留，亏损自补”“定额补贴包干，超亏自补”等。9 月 25 日，在县电影院举行第一批县属企业承包经营合同签字仪式，县水泥厂、印刷厂、第一汽车队承包经营者在承包合同书上签字。继而，县属 36 家工业、交通运输、建筑施工企业承包经营者签订 1988—1990 年为期 3 年的第一轮承包合同。各乡镇与 184 家乡镇办企业签订承包经营合同。其中，以厂长为主集体承包 149 家，个人承包的 35 家。1990 年 12 月，县属 22 家全民所有制工交企业中有 17 家签订 1991—1993 年为期 3 年第二轮承包经营合同，其中集体承包 15 家。同时乡镇办企业在总结第一轮承包经营基础上，按照“包上缴利润，包技术改造，工资总额同经济效益挂钩”的“两包一挂”方式，完成第二轮承包。147 家企业签订承包经营合同。其中，承包期限 5 年的 8 家，承包期限 3 年的 69 家，一年一议的 70 家。1994 年，乡镇办企业继续实行承包经营，182 家企业签订风险抵押承包合同，承包经营者共交风险抵押金 123 万元。

1994 年，实行经济效益目标管理责任制，28 家县属企业分别同县财政局、企业主管局签订经济效益目标责任合同书，28 名法定代表人交纳风险抵押金 3.86 万元。1995 年，对 26 家企业进行考核，有 19 家企业完成或超额完成合同指标而获奖。当年建立县属企业新增入库税收奖制度，到 1998 年，共为企业兑现奖金总额 14.49 万元。

三、资产重组

1979 年开始，县属企业按照产品联系紧密、所有制形式相同原则，进行企业资产合并重组。当年县大修厂并入县农机修造厂。1985 年 4 月，县包装装潢厂、劳动服务公司服装厂、轻纺工业公司服装厂合并，成立县国营服装厂。1990 年 3 月，县农房建材成套供应公司并入县建筑材料供销公司。1993 年 6 月，县第一汽车队、第二汽车队、汽车客运公司合并，成立县安达汽车运输总公司。1994 年 3 月，县建筑材料供销公司、县化工厂并入县加气混凝土厂。县矿粉厂、秭宜铁合金厂、县液化气公司合并新建坑口火电厂。1995 年 2 月，县胡家岭煤矿并入县大湾煤矿，县针织厂并入县织布厂。1996 年 3 月，县织布厂、县棉织厂合并组建县织布总厂。

1982 年 9 月，茅坪公社购买县办文昌阁水电站后，将社内 9 个小水电站合并，成立电管站，实行统一管理、统一调度、统一核算。在三峡库区企业搬迁过程中，合并迁建的乡镇办企业有：香溪化工原料厂、页岩砖厂、地板厂、三峡酒厂、硅化工厂、塑料厂、木器厂合并迁建为三峡磷酸厂；五一桥煤矿并入碳化硅厂；新滩页岩砖厂、龙江饮料厂合并新建屈原页岩砖厂；谭家河煤矿并入金属硅厂；岩门嘴煤矿、道士沱煤矿合并新建棋盘岭电站；郭家坝圆钉厂、粘胶厂、粮油加工厂合并新建水泥厂；水田坝农机厂、兴隆加工厂合并新建复混肥厂。

在合并重组同时，对部分企业进行分立重组或调整转向。1981 年，县瓷件厂的棉线加工车间与瓷件厂分离，建立县针织厂，独立核算，国营性质。县铸造厂转产的皮鞋、雪茄烟生产车间分离，建立县皮鞋厂和县雪茄烟厂，独立核算，国营性质。1984 年 4 月，县轻纺工业公司香溪屈原商店附设的工艺美术厂划出，建立县工艺美术厂，独立核算，集体性质。1998 年 3 月，县建筑材料供销公司与县加气混凝土厂分立，独立核算，国有性质。同年 9 月，县恒生毛毯厂与县包装材料总厂分立，独立核算，集体性质。

四、租赁经营

1992 年，县皮鞋厂出租给兴山磷化集团公司职工王林勇个人经营。1995 年，县造纸总厂租赁当阳草埠湖农场纸厂生产浆板纸；县印刷厂租赁梅家河江峡造纸厂生产黄板纸；县安达汽车运输总公司在坚持企业性质、法人组织、职工身份及保险待遇、管理章程、基本核算制度不变的前提下，对客运车实行租赁经营。1996 年 1 月，宜昌富磷集团科技发展有限公司租赁县卷烟厂生产塑料编织袋，2000 年 3 月，转由民营企业少元实业有限公司租赁经营。1996 年 11 月，宜昌康通建筑材料体系有限公司租赁县机械厂整体扩大生产规模。1998 年 3 月，沙镇溪镇人民政府租赁县大湾煤矿“385”矿区经营。县包装材料总厂出租厂房给徐州韩氏集团，设立韩氏集团三峡食品有限公司（2002 年 12 月撤离秭归）。1999 年 4 月，民营企业宜昌泰莱装饰工程公司整体租赁湖北华强药用制盖有限公司（县内企业）。江苏华扬太阳能集团公司租赁宜昌康通建筑材料有限公司全部厂房及配套设施，生产太阳能热水器。2000 年 3 月，秭归帝元食品罐头有限责任公司整体租赁县织布总厂破产财产，生产食品罐头。

五、合资合作

1983 年 7 月，县瓷件厂与市建陶厂联营，转产生产锦砖。县橙汁厂与北京金星饮料厂联合兴办北京金星秭归橙汁厂联合饮料厂（1991 年 9 月终止协议）。1985 年 2 月，县棉织厂与红旗茶厂联营，建立西峡茶厂。国营服装厂同上海振达贸易服务部签订经济联办协议书，实行有偿技术合作。1988 年 7 月，县矿山工业公司与市冶金工业公司合资，建立秭宜铁合金厂。1992 年 12 月，县化工厂与武汉双虎集团公司签订联营办厂协议，建立武汉双虎集团公司秭归分厂（1994 年 3 月终止协议）。1993 年 3 月，乡镇办企业县江城土建公司、中国华大工程集团公司、市叉车厂三方共同出资，设立秭归华城有限公司。同年 8 月，县造纸总厂与香港中晓发展有限公司合资，设立湖北宜昌龙归纸业有限公司。1996 年 7 月，县机械厂与香港匡通电子有限公司合资，设立宜昌辉煌电子有限公司，1997 年 3 月更名为宜昌匡通电子有限公司。1996 年 8 月，县橙汁厂出厂房和设备，江苏徐州维维乳业集团公司出流动资金和技术，双方合作生产饮料、纯净水；1999 年 3 月，改由维维集团公司租赁经营；2000 年 8 月，维维集团公司收购橙汁厂大部分破产财产，独资经营。1996 年 10 月，县包装材料总厂与江苏无锡市轧辊厂合资，设立湖北秭归永信钢铁有限公司（1999 年 9 月终止合同）。1997 年 2 月，县包装材料总厂出资本（有形资产，比例 80%），湖北华强化工厂出技术（无形资产，比例 20%），设立湖北华强药用制盖有限公司。2000 年 4 月，县油脂公司与民营企业宜昌泰莱装饰工程公司共同出资，设立县华升包装材料有限公司。

1981 年兴起社队企业各层次联营（以区、乡、大队三级联营为主），1984 年达到 257 家，1985 年达到 503 家。1996 年，引进联合，组建联营企业 8 家，引进资金 895 万元。

六、权属变更

1980 年 9 月，将城关镇公社管理的五金厂、修配厂、白铁社、棉絮厂、服装厂、工艺美术厂、面粉厂划归县工业局管理；南门旅社（原制绳厂）划归县工商行政管理局管理；胜利街砖瓦厂、城关建筑队、抽水站划归县建设委员会管理。之后，将前述企业（南门旅社除外）改为县工业局、县建设委员会和城关镇双重管理。1988 年 8 月，改双重管理为一个单位主管。明确归州镇布鞋厂（棉絮厂更名）、服装厂、面粉厂、修配厂、白铁社、五金厂的主管单位为手工业联社；工艺美术厂、归州镇综合建筑公司（城关建筑队更名）、胜利街砖瓦厂划归归州镇工业公司。1983 年 1 月，将县良种场所属的综合厂划归县轻纺工业局管理，更名为县藤器厂；1985 年 2 月，下放到茅坪九里乡。1996 年 8 月，县沙镇溪装卸运输公司、卜庄河装卸运输公司、香溪宏大装卸运输公司下放到所在乡镇管理，企业性质、企业权利、行业管理不变。

1999 年，全县电力体制开始按照“两改一同价”（改造农村电网、改革电力体制，实行城乡同网同价）要求进行改革。同年 6 月，与省电力公司签订《代管协议》，县电力公司实行水电分开、政企分开，接受市供电公司和县经济贸易局双重管理。2001 年 12 月，茅坪、磨坪、沙镇溪等 8 个乡镇所属电管站实行发电、供电分开，供电网络移交县电力公司统一管理，由县电力公司在各乡镇成立供电所，负责所在区域的生产生活用电供应。

第二节　产权制度改革

一、关闭解散

1981—1991 年，先后关闭县重晶石矿、县采石场、殷家坡煤矿、风斗岩煤矿。1996 年 4 月，关闭秭归卷烟厂。1997 年 3 月，关闭县造纸总厂化学制浆车间。同年，关闭茅坪河流域全部小造纸厂。

1992 年，县属集体企业白铁制品厂、新华修配厂、归州面粉厂在几经改变隶属关系后，终因规模小、效益差，经批准关闭解散，企业职工按其股份或工龄分配企业净资产后，转入社会自谋职业。1997 年 11 月，县五金厂、市政有限责任公司关闭解散。1998 年 12 月，县轻纺工业局招待所关闭解散。2000 年 4 月，县燃料公司、县建筑材料供销公司关闭解散。2001 年 4 月，县建筑工程总公司关闭。同年 6 月，县金城公司关闭。

在三峡工程库区计划搬迁的工矿企业中，另有 17 家县属企业、38 家乡镇办企业关闭解散。

二、股份合作制

1993 年，在乡镇办企业中推行股份合作制。同年 9 月，在香溪镇进行股份合作制试点，香溪天香木制品总公司等 3 家企业改制为股份合作制企业，113 名职工出资入股 72.12 万元。到 1996 年，乡镇办企业有 59 家改制为股份合作制企业。1996 年，县属企业开始试行劳动合作与资本合作相结合，按劳取酬与按股分红相结合，吸纳职工参股和社会投资的产权制度改革。同年 10 月，县机械厂与私营企业主陈代权签订出资协议，由陈代权出资 110 万元，国家出资（企业净资产）102 万元，企业集体出资 30 万元，职工出资 33 万元（职工交现金 16.5 万元，企业配股 16.5 万元），组建县川鄂机械有限责任公司。同年 12 月，县黄磷厂实行改制，国家出资（企业净资产）30.6 万元，企业集体出资 50 万元，职工出资 78 万元（职工交现金 39 万元，企业配股 39 万元），改为股份合作制企业。

1997 年，全县普遍推行以股份合作制为主要形式的企业产权制度改革。当年 7 月，确定县水泥厂、城镇综合开发公司、文化乡电管站等 4 家企业为推行股份合作制试点。同年 9 月，4 家企业顺利完成股份合作制改造，共有 567 名职工出资入股，持股职工占职工总数的 92%，入股金额 218.7 万元。当年，县政府制定《深化企业改革若干问题的暂行规定》，提出改制重组、兼并重组、破产重组等 10 种改革形式。全县组织 24 个工作队，近百人深入企业指导改革，大规模企业产权制度改革自此开始。年底，改为股份合作制企业 22 家。其中，县属企业 6 家（含试点企业），1 336 名职工出资入股 440 万元；乡镇企业 16 家，1 684 名职工出资 1 791 万元。1998 年，县属企业有 3 家改为股份合作制，乡镇办企业有 21 家改为股份合作制。2001 年 9 月，已是股份合作制企业的秭归四宝纸业有限公司再度改革，相对集中股金，股东人数由 239 名减至 48 人，转为民营企业。

三、出售改制民营

1982 年 9 月，县水电局将茅坪文昌阁电站出售给茅坪公社。1997 年 11 月，沙镇溪镇将大岭电站面向站内 20 名职工竞价出售，以王玉为代表的 17 名职工以 91 万元报价获得该电站产权。当年，各乡镇拍卖出售企业 18 家。1998 年 4 月，县工艺美术厂改制，以零净资产转让改为民营。同年 8 月，县川鄂机械有限责任公司深化改革，国家股、集体股、职工股全部从资本中退出，彻底转为民营企业。同年 9 月，将大发实业总公司出售给个人经营。当年，县属 8 家企业全部或部分出售企业产权，14 家乡镇企业拍卖出售产权。2000 年 4 月，县茂达建材物资公司改制，以零净资产转让改为民营。2001 年 3 月，县大湾煤矿“615”矿区和“318”矿区分别出售给福元煤业公司和沙镇溪镇，自此县内不再有国有煤炭工业企业。同年 9 月，县电力公司职工出资入股，设立县银河发电有限责任公司，开发建设黄岩电站，收购磨坪、梅家河、泄滩、郭家坝等乡镇部分水电站。2002 年 1 月，出售县矸石发电厂绝大部分国有净资产，改制为国有参股企业，更名为县矸石发电公司。2004 年 3 月，批准国有股自 1 月起从矸石发电公司退出，矸石发电公司改制为民营企业。1999—2004 年，乡镇拍卖出售企业 34 家。2004 年 12 月，乡镇企业县三峡服装皮革制品公司出售转为民营。

四、破产清算

1994 年 3 月，县花炮厂经县人民法院裁定，宣告破产还债。同年 8 月，县船舶修造厂破产。同年 9 月，县布鞋厂、宏达工贸公司（皮鞋厂）、服装商贸总公司破产。1996 年 4 月，乡镇办企业两河口精干麻厂破产。1997 年 11 月，梅家河江峡造纸厂破产。同年 5 月，卜庄河页岩砖厂、龙江水泥厂破产。

1999 年，县政府成立县工矿企业改革调整领导小组，从各部门抽调 15 名干部指导企业改革工作。选择具有代表性的县织布总厂为结构调整和改革脱困试点企业。该厂于当年 8 月经县人民法院裁定，宣告其破产还债。同年 12 月，乡镇办企业华城有限公司宣告破产还债。2000 年，在总结试点经验基础上，从各部门抽调百名干部组成企业改革脱困工作团，深入企业指导、实施改革脱困工作。当年，经县人民法院裁定，宣告破产还债的县属企业 11 家，乡镇办企业 2 家。2000 年 3 月，县三峡面粉集团公司破产。同年 4 月，县橙汁厂、城建开发有限责任公司、大发实业总公司、屈原轮船公司破产。同年 6 月，县木材总公司破产；乡镇办企业香溪磷酸化工厂和三峡碳化硅厂破产。同年 7 月，县黄磷厂破产。同年 9 月，宜昌康通建筑材料体系有限公司、航运公司、安达运输有限责任公司破产。同年 11 月，县加气混凝土厂破产。2001 年，经县人民法院裁定，宣告破产还债的县属企业 8 家，乡镇办企业 2 家。同年 2 月，乡镇办沙镇溪金属硅厂破产。同年 3 月，县油脂公司、湖北屈原酒厂破产。同年 4 月，县食品厂、城建装饰工程公司及乡镇办屈原页岩砖厂破产。同年 6 月，县包装材料总厂、七星水泥有限责任公司破产。同年 5 月，县建筑工程总公司一公司破产。同年 7 月，县造纸总厂破产。

2002年3月，县三峡建材供销公司破产。同年4月，县冶金矿山工业公司破产。同年8月，茅坪镇办大理石厂破产。2003年4月，县三峡天龙家具厂破产。2005年8月5日，县人民法院宣布县新华印刷厂破产还债，12月程序终结。（见表7-1-1）

1994—2005年县属企业依法破产情况表

表7-1-1　　单位：万元、人

企业名称	企业性质	宣告破产年月	终结破产程序年月	资产评估数额	负债评估数额	债权人申报债权	债权人受清偿数额	安置职工		安置费
								在册	退休	
县花炮厂	集体	1994-03	1994-09	165.68	659.3	576.3	160.13	75	17	102.7
县船舶修造厂	集体	1994-08	1994-12	95.89	245.26	251.29	86.62	46	12	63.92
县宏达工贸公司（皮鞋厂）	集体	1994-09	1994-12	60.28	113.21	112.45	51.48	50	4	56.4
县布鞋厂	集体	1994-09	1995-01	79.6	87.29	85.94	59.70	38	21	64.09
县服装商贸总公司	全民	1994-09	1995-03	82.92	173.87	175.71	67.87	98	4	80.32
县织布总厂	全民	1999-08	2000-11	1 087.36	1 236.04	1 241.97	185.18	280	67	574.64
县三峡面粉集团公司	全民	2000-03	2000-11	1 216.51	3 482.8	3 512.61	405.04	75	21	219.68
县大发实业总公司	全民	2000-04	2001-02	87.44	177.52	202.34	5.61	5	—	19.15
县城建开发有限责任公司	股合	2000-04	2000-09	63.03	894.4	901.95	33.52	53	1	57.74
县橙汁厂	全民	2000-04	2001-01	1 446.44	6 264.62	6 317.85	356.97	224	49	563.69
县屈原轮船公司	全民	2000-04	2001-08	1 737.18	6 249.84	5 274.79	260.37	4 731	49	391.96
县木材总公司	全民	2000-06	2002-05	307.11	377.65	269.63	44.29	96	34	246.04
县黄磷厂	全民	2000-07	2000-12	143.33	1 836.33	1 829.01	19.96	110	43	38.1
县航运公司	集体	2000-09	2001-04	358.76	1 536.49	1 434.28	33.84	227	326	236.72
宜昌康通建筑材料有限公司	合资	2000-09	2001-06	381.4	859.13	848.8	19.15	6	—	4.57
县安达运输有限责任公司	股合	2000-09	2001-12	451.86	1 653.44	1 525.47	201.24	8	—	94.51
县加气混凝土厂	全民	2000-11	2001-06	288.62	3 625.18	3 357.49	161.23	133	21	84.11
湖北屈原酒厂	全民	2001-03	2002-04	701.86	1 363.78	1 324.95	111.98	102	10	188.9
县油脂公司	全民	2001-03	2001-11	469.95	2 820.29	2 817.49	24.64	120	4	99.18
县食品厂	全民	2001-04	2001-07	13.77	472.61	469.66	—	—	—	—
县城建装饰工程公司	股合	2001-04	2001-09	15.57	146.66	129.23	3.32	7	—	0.96
县建筑工程总公司一公司	全民	2001-05	2005-12	224.93	412.14	288.7	—	91	14	238.41
县七星水泥有限责任公司	股合	2001-06	2001-10	1 421.51	6 012.23	5 590.16	135.59	418	40	738.68
县包装材料总厂	全民	2001-06	2002-04	458.5	3 120.75	2 736.4	57.91	53	4	100.14
县造纸总厂	全民	2001-07	2002-03	197.63	1 943.63	1 870.2	31.34	218	46	191.9
县三峡建材供销公司	全民	2002-03	2003-04	41.24	327.71	123.58	73.27	29	—	20.97
县冶金矿山工业公司	全民	2002-04	2002-10	52.52	186.38	173.55	—	6	31	28.09
县三峡天龙家具厂	集体	2003-04	2004-11	77.45	723.06	594.74	100.51	—	—	—
县恒生毛毯厂	集体	2005-06	2005-12	33.13	169.21	197.33	—	5	—	31.61
县新华印刷厂	全民	2005-08	2005-12	404.47	1 822.43	1 719.88	121.51	260	31	514.88

第二章 轻 工

县内传统轻工业主要有造纸、印刷包装等行业。1998年，引进江苏森达鞋业公司在秭归建成森达三峡鞋业公司。1999年，江苏扬州华扬公司落户秭归，建成宜昌华扬太阳能热水器有限公司。之后，引进帝元罐头、维维豆奶、惠农食品、AB服饰、洛兹服饰等生产加工企业。自此，轻工业门类比重增大，同时拥有名牌企业和名牌产品。2005年，规模以上（年产值500万元以上）工业完成轻工业产值7.04亿元，占工业总产值的65%，是1985年的3.4倍。

第一节 制造·加工

一、造 纸

土纸 县内土纸生产有100多年历史。最初以山竹、麦草等为原料，经石灰水浸泡，水车石碾制浆，人工提簾垒墩，自然风干而成。20世纪80年代，土纸生产开始采用打浆机、造纸机，实行半机械化生产。其产品有火纸、土包装纸两种。主要用于祭祀和副食品、茶叶、柑橘包装。县内土纸厂主要分布于茅坪镇的茅坪河、兰陵溪等溪河沿岸。水田坝、泄滩、两河口、芝兰、杨林桥等乡镇有零星厂家。1996年，全县有土纸厂26家，年产量5 253吨。1997年3月，县政府贯彻落实“取缔、关闭和停办15种污染严重企业”精神，全县土纸厂因水污染严重，被强令关闭。

机制纸 1959年，县内开始生产机制纸。至1985年，年生产能力不足1 000吨。1993年，造纸企业加强技术改造，生产能力不断提高。1995年全县机制纸年产量达到2 700多吨。2000年，茅坪镇引进江苏无锡鸿程包装厂，建设2条机制纸生产线。当年，全县造纸工业年产文化纸9 000吨，白板纸1.2万吨，高强瓦楞纸8 880吨。2005年，全县2家造纸企业生产文化纸5 816吨，白板纸6 328吨，高强瓦楞纸880吨。造纸工业营业收入5 219万元，实现利税267.6万元。

1988年，梅家河乡农机厂转产生产黄板纸，设立县峡江造纸厂，投资350.5万元购置“1092”型造纸机及40多台（套）配套设备，设计年产黄板纸1 000吨，由于设备不配套，至1996年仅生产出黄板纸1 838吨，1997年11月破产清算。2005年，全县有规模的机制纸生产企业有两家：县泽丰纸业有限责任公司、县恒丰纸业有限公司。

县泽丰纸业有限责任公司其前身是县人民纸厂，成立于1956年。1985年前，该厂仅有两条“787”型造纸生产线，1985年扩建一条双网双缸“1575”型造纸生产线，设计年造纸能力2 400吨。因制浆设备不配套，不能达产。1993年，配套扩建制浆生产设备，产量逐步提高。1995年，生产机制纸2 752吨，产品销售收入1 397万元，利润60.4万元，税金109.4万元。1997年3月，国家关停、取缔年产5 000吨以下化学制浆生产线，该厂拆除化学制浆全套设备，企业全面停产改造。当年投资70万元，引进山东诸城废旧书刊纸脱墨制浆设备及技术。购进脱墨、制浆设备24台（套），形成日制浆8吨的生产能力，当年6月投入使用，企业恢复生产。11月，进行股份合作制改革，更名为县四宝纸业有限公司。此后，公司曾 4 次进行扩能治污技术改造。1998 年，投资 390 万元，扩建 5 网 11 缸“1092”型纸机白板纸生产线。2000 年，投资 498 万元，扩建 5 网 8 缸“1600”型纸机白板纸生产线。2001 年，投资 198 万元，建日处理 9 600 吨的污水处理场。2003 年，投资 950 万元，扩建长网 8 缸“1760”型纸机双胶文化纸生产线。公司年生产能力达到 2.1 万吨。其中，文化纸 9 000 吨，白板纸 1.2 万吨。2005 年，更名为县泽丰纸业有限责任公司，年生产机制纸 1.21 万吨，营业收入 4 197.21 万元，利税 205.5 万元。（图 7–2–1）

图 7-2-1：泽丰纸业公司外景

2000 年 4 月，茅坪镇引进江苏无锡市鸿程包装厂在茅坪镇陈家冲投资办厂。利用原茅坪预制构建公司厂房，改造成包装纸生产车间。于 2001 年 11 月、2003 年 9 月分别建成“1600”“2600”型两条包装纸生产线。企业名称：无锡市鸿程包装印刷厂茅坪分厂，后更名为县恒丰纸业有限公司。产品以进口箱板纸（碳酸盐本色木浆纸箱）、国内回收废旧纸为主料纸浆，年生产定量为 120 ~ 300 克/平方米的高强瓦楞原纸 5 000 吨，黄板纸 1 万吨。造纸污水采用湖州市环保科研所设计方案进行治理。2005 年，该公司生产瓦楞纸箱 1 590 吨，瓦楞原纸 8 880 吨，主营业务收入 1 021.7 万元，创利税 62.1 万元。

二、印刷 · 包装

印刷 1979 年，全县仅有县办新华印刷厂一家印刷企业。当年 3 月，新华印刷厂被省委、省革命委员会授予“大庆式企业”称号。1985 年 8 月，购四开印刷机 2 台，形成平版彩印生产线。1992 年，投资 212 万元，购照排、胶印、覆膜等印刷设备，彩印及书刊印刷能力达到 1.2 亿印。1994 年，该厂整体接收破产企业县布鞋厂，兼并三峡包装厂，扩建瓦楞纸箱生产线。1996 年，完成工业总产值 1 113 万元，产品销售收入 768.7 万元，利税 32 万元。1998 年 10 月，企业随县城搬迁至茅坪新县城西楚路。此后，因企业缺乏市场竞争力，效益逐年下滑。至 2000 年，全厂停产，职工全部下岗。2005 年年底，破产还债结束。

1998 年 6 月，个体经营者杨勇出资收购原税务印刷厂，开办永发印刷厂，是县内成立最早的一家民营印刷企业。该厂累计投资 200 万元，先后购胶印机 5 台，双色水性印刷机 1 台，激光照排、覆膜、压痕、烫金等印刷设备计 24 台（套），有员工 35 人，从事画册、图片、书刊、包装等印刷业务，年生产能力 6 000 万印。2005 年，印刷品产量 3 500 万印，营业收入 247 万元，利税 19 万元。

2001 年，个体经营者向利投资兴建荣华彩色印务有限公司。公司有纸箱、印刷两条生产线，设备 12 台（套），拥有固定资产 350 万元，从业人员 27 人，年可生产 200 万个包装箱（盒），500 万印张，年产值 500 万元，利税 70 万元。

2002 年，个体经营者刘安银投资 500 万元，购置塑料彩印设备，建成银天塑料彩印公司。年可生产塑料包装印刷品 1 500 吨，2005 年关闭。

至 2005 年年底，全县有印刷企业 9 家，从业人员 256 人，固定资产 620 万元。具有一定规模的有永发印刷厂、荣华印刷厂、教育印刷厂。

包装　县内包装业主要产品有瓦楞纸箱、塑料编织袋、药用易开启铝塑复合盖等。1996 年 4 月，县卷烟厂更名县包装材料总厂，转产包装产品。同年，该厂与湖北华强化工厂联营，组建成立湖北华强药用制盖有限公司。公司共投资 148.14 万元，购铝塑盖热合机、清洗机、空压机、封口机等生产设备 29 台（套）。建厂初，铝塑盖年生产能力为 1.2 亿只。后经扩建改造形成全自动和半自动两条生产线，年生产能力增加到 5 亿只。2002 年 8 月，对企业资产进行重组，转为湖北华强科技公司独资经营。2005 年，公司完成总产值 772.7 万元，营业收入 610.2 万元，利税 53.2 万元。

1994 年，茅坪镇万家坝村创办塑料编织袋厂，1997 年租赁给个体户经营，年生产塑料编织袋 350 万条，产值 320 万元，2002 年停办。

1996 年，宜昌富磷集团科技发展公司租用县包装材料总厂房屋 1 300 平方米。购进编织袋生产设备 19 台（套），建成年生产塑料编织袋 300 万条生产线。至 2001 年，县包装材料总厂破产后，塑料编织袋厂将设备转让给民营企业少元实业有限公司继续生产编织袋。

三、热水器制造

1999 年 4 月，江苏省扬州华扬公司在茅坪经济技术开发区租赁原宜昌康通公司厂房，建立宜昌华扬太阳能热水器有限公司。初期工程投资 300 万元，建成第一条玻璃真空集热管及太阳能热水器生产线。2000 年 9 月，公司整体收购厂房。企业占地 9 706 平方米，有厂房 5 栋，建筑面积 2 889 平方米。累计投资 1 900 万元，形成年产玻璃真空管 120 万支、太阳能热水器 5 万台生产能力。2002 年，生产真空管 24.4 万支，热水器 5 277 台，企业完成主营业务收入 616 万元。2003 年 4 月，购置电脑全自动控制程序三靶镀膜机，生产铜、铝、钢 3 种材料靶真空集热管。产品达到国内同行业领先水平。生产的“华扬”牌太阳能热水器被江西省、省消费者协会认定为消费者信得过产品。公司产品主要销往西南地区 10 个省市。2004 年，经省科技厅认定为省级高新技术企业。当年生产真空管 34 万支，生产热水器 9 696 台，完成工业产值 6 289.7 万元。2005 年，公司共生产真空集热管 42.9 万支，太阳能热水器 1.35 万台，主营业务收入 519.4 万元，利税 81.1 万元。（图 7-2-2）

图 7-2-2：华扬太阳能热水器生产车间

四、木器加工

1980 年前，县内木器加工以县木材加工厂为主。木材经营市场放开后，个体木材加工企业发展迅速，最多时有 200 余家。至 1985 年，县木材加工厂生产门窗 1.74 万平方米，木器产品 1.21 万件。同年，木材加工厂在茅坪设立分厂，生产门窗 6 578 平方米，木产品 744 件，产值 25.6 万元。1985

年，加大对木器加工企业整顿力度，分别于1988年、1989年关闭木材加工企业189家。1992年，县木材加工厂生产家具1 571件，门窗5 871平方米。之后木材加工厂处于停产状态。2002年，实施天然林保护工程，法院裁定木材加工厂破产清算。1992年12月，县残疾人联合会在茅坪陈家冲创办第一家从事木器加工的社会福利企业——县恒康公司，后改制为民营企业。公司占地5 800平方米，厂房建筑面积4 800平方米。公司有职工43人，其中残疾人19人。固定资产原值286万元。生产设备有木材干燥设备和板式组合家具生产线、实木家具生产线。其产品有办公、宾馆、家庭用系列家具。年生产能力为5 000件。“恒康”商标于2000年11月经国家工商行政管理局注册。1994年，年生产量突破1 000件，2002年达到最高峰，年生产4 027件。1992—2004年，累计生产3.18万件。2005年，公司有员工26人，生产家具2 800套，主营业务收入36.5万元，利税6.2万元。

县昌海农牧有限公司也是县内规模较大的一家民营性质的木器加工企业。2005年，公司有从业人员10人，生产家具7 200件，主营业务收入428万元，利税71万元。

2005年，全县有加工木制沙发、床、书柜、办公桌椅等家具的企业14家，生产木制品3万多件。

第二节　制鞋·针纺·服装

一、制　鞋

1981年，县布鞋厂生产“雷鸣”牌布鞋，年产量约15万双。年产值70余万元。自1989年后，企业亏损严重，鞋厂被县新华印刷厂兼并，仍保留布鞋生产经营项目。1994年企业已负债78.75万元，账面资产总额27.39万元，资不抵债51.36万元。当年县布鞋厂申请，轻工业局批准，法院裁定破产清算。

1981年12月，县雪茄烟厂的皮鞋生产车间分开单独设厂，挂牌县皮鞋厂，厂址从西陵公社千将坪迁至城关镇大慈寺，属县办集体企业。建厂之初有职工34人，生产10个品种的皮鞋，年产量1 200双。同年10月，所产内白式皮鞋，在宜昌地区质量检评中获第一名。1983年，皮鞋产量超过1万双。次年一眼女式高跟靴、尖足老人鞋获省二轻局创新设计奖。两种产品同时被宜昌地区轻工业局评为创新产品。1990年，该厂生产皮鞋2万双，年产值27.52万元。此后，生产、效益逐年下降。1992年10月，转产玻璃纤维。1994年9月破产。

1998年11月，江苏森达鞋业集团有限责任公司在茅坪经济技术开发区兴建森达三峡鞋业公司。公司占地6.67公顷，一期工程固定资产投资1 800万元。新建标准生产厂房10栋，建筑面积6 500平

图7-2-3：森达鞋业生产车间

方米；职工宿舍及食堂9栋，建筑面积4 000平方米。购国产制鞋设备210台（套），引进意大利制鞋机械流水线1条。其生产设备具有20世纪90年代世界先进水平，生产工艺先进合理，自动化程度高。设计生产能力日产1 800双，年产50万双。于1999年12月25日竣工投产。2000年生产各式皮鞋35.31万双，2001年生产51.4万双，2002—2004年，年均生产在40万双以上。二期工程设计新增年产300万双鞋帮生产线，于2004年8月开工，当年年底完工。固定资产投资1 500万元，新建厂房7栋，建筑面积3 500平方米；办公楼1栋，建筑面积2 100平方米。2000—2005年，共生产皮鞋241.17万双。2005年，公司共有员工866人，生产皮鞋37.1万双，营业收入2 295.5万元，利税166.8万元。（图7-2-3）

2000年后，县内加工并自行销售皮鞋的个体户逐年发展。至2005年，全县有皮鞋加工经营小作坊35户，从业人员90人，营业收入300万元左右。

二、针 纺

1956年，县棉织厂建成投产，属县办集体所有制企业，初名城关线业社。该厂长期生产纯棉帆布，1981年工业总产值超过100万元。1979—1981年连续3年被县委、县政府表彰为先进集体。1983年5月27日，纺织工业部部长吴文英到厂视察。1985年，全厂有织布机等设备98台，生产帆布99万米，完成工业总产值240万元，产品销售收入534.25万元，上缴税金29.7万元。1996年并入县织布厂。

1981年8月，县织布厂建成投产，属县办全民所有制企业。建厂初，投资105万元，购"1511—56型"织布机100台，在宜昌培训纺织技工100人。1983年7月，织布厂与农机修造厂分设。建厂后，先后生产坯布、被单布、半线府等产品。至1985年5月，转产工业用棉帆布。1995年，共生产帆布94万米，完成工业总产值226.3万元，产品销售收入447.8万元，上缴税金25.7万元。1996年与县棉织厂合并组建新厂。

1981年11月，县瓷件厂棉线车间独立设为县针织厂。次年4月，该厂从江苏购回"2652型"针织横机20台（套）。1985年1月，购ZII3型圆机2台，针织设备达到33台（套）。先后生产工业用线、棉线手套、男女衫裤、针织内衣等产品。1994年完成工业总产值10.2万元，产品销售收入6.2万元。1995年3月并入县织布厂。

1996年3月，县织布厂与县棉织厂合并，更名为县织布总厂。1998年7月，原3家针纺织企业分别自头道河、归州镇迁至新县城茅坪西楚路。新厂占地1.26万平方米，厂房面积6 238平方米，共有织布设备202台（套），职工280人。企业搬迁后，因设备陈旧，产品单一，缺乏市场竞争力，基本处于半停产状态。1999年8月，依法破产。

三、服 装

1983年，县服装厂翻修1栋4层、面积1 000平方米的生产车间，购"上工"牌缝纫机40台，实行电动化生产。1988年8月，其隶属关系由归州镇转为县轻纺工业局，企业性质为县办集体企业。1992年1月16日，该厂发生特大火灾，烧毁服装570套，缝纫机15台，经济损失24.7万元。灾后，购高速缝纫机16台，锁眼、锁边机4台，恢复生产。1999年10月，自归州镇迁至新县城茅坪平湖大道，有缝纫设备80台（套），主要为省、市大型服装企业、外贸单位加工出口服装，年生产能力为20万件。2000年，有职工64人，生产服装8.7万件，主营业务收入20.4万元，亏损24.8万元。2005年，有职工88人，生产服装10.5万件，主营业务收入112.35万元，亏损4.58万元。

1984 年 7 月，茅坪三峡服装厂建立，属茅坪区办企业。1993 年 4 月更名为县三峡服装皮革制品公司。主要从事外贸出口服装生产。1996 年 1 月，公司由原茅坪集镇迁至陈家冲。企业迁建后，占地 6 088 平方米，厂房 3 397 平方米。有职工 160 人，服装生产专用设备 140 台（套），固定资产 220 万元，年可生产加工各类服装 50 万件。2000 年，被省农业厅授予“全省农业企业 500 强”称号。2005 年年初，公司改制为民营企业，更名为县三新服饰有限公司。2005 年，生产服装 53.36 万件，主营业务收入 1 122 万元，利税 41.8 万元。

2000 年 7 月，江苏 AB 集团在秭归新县城独资兴建 AB 三峡针织有限公司，属对口支援项目。公司占地 2.67 公顷，厂房建筑面积 6 766 平方米，当年 12 月建成投产。项目总投资 2 800 万元。其中，土建投资 962 万元，针织设备投资 580 万元，流动资金 1 258 万元。产品以 32S 普纱面料为主，年产保健内裤 1 500 万条、男女针织内衣 100 万件。2001—2003 年，年生产保健内衣保持在 300 万套以上。2003 年，公司有员工 340 人，当年完成工业总产值 2 521.6 万元，产品销售收入 1 372.9 万元，上缴税金 146.6 万元。2005 年，公司生产针织内衣 491.67 万件，完成工业总产值 2 510.7 万元，主营业务收入 544.7 万元，利润亏损 118.6 万元，税金 27.2 万元。

2000 年，浙江宁波洛兹集团在新县城投资建成洛兹三峡服饰有限公司。设计年生产衬衫 100 万件。2001 年 6 月，省民政厅批准为残疾人社会福利企业。“洛兹”牌衬衫在国内市场占有率居第二，先后荣获“中华精品”“中国品牌”等称号。2002 年，生产“洛兹”牌衬衣 42 万件，完成工业产值 4 122.3 万元，营业收入 1 739 万元。2004 年，生产衬衣 41 万件，完成工业产值 4 943 万元，完成营业收入 2 132.1 万元。2005 年，公司共有员工 192 人，生产衬衣 38.7 万件，产值 6 220 万元，主营业务收入 2 114.2 万元，利税 479.7 万元。

第三节　酿酒·饮料

一、酿　酒

1979 年，县酒厂从郭家坝公社头道河搬迁至香溪镇吴家沟进行扩建，次年 10 月竣工投产。新厂共建砖木结构厂房 5 栋，建筑面积 2 277 平方米。以玉米、高粱为原料，生产纯粮白酒。1984 年，开始生产瓶装白酒，有“秭归小曲”“屈原酒”“玉米香”“双喜”白酒等品种。1987 年 7 月，该厂自主开发柑橘原汁发酵酒，经省科学技术委员会批准，列为国家星火计划项目，并开工建设。项目投资 140 万元，设计年产柑橘原汁发酵酒 1 000 吨。1988 年 3 月，项目竣工投产。同年 4 月，所产“中华橙酒”获省经济委员会“金鹤”奖。1989 年 12 月被评为湖北省优质产品。1995 年，“53° 楚王井”牌、“38° 屈原小曲”牌、“屈原大曲”牌 3 个品牌瓶装白酒同获国际食品及加工技术博览会金奖。县酒厂同时更名为湖北屈原酒厂。1997 年 10 月，企业随县城迁至茅坪镇金缸城村。新厂投资 868 万元，占地 1.44 万平方米，建厂房 4 栋，建筑面积 6 835 平方米。建有大曲、小曲、特曲、瓶装生产车间和原料、基酒仓库。年生产能力为大曲酒 1 000 吨、小曲酒 500 吨、屈原系列瓶装酒 2 500 吨。企业搬迁后，因企业债务包袱沉重，流动资金不足，产品品牌缺乏竞争力等原因，仅生产白酒 266 吨。于 2001 年 3 月破产。

2002 年 2 月 28 日，县金新国有资产经营公司与武汉新东方广告有限公司签订“关于湖北屈原酒厂有偿转让协议书”，协议约定武汉新东方广告有限公司出资 200 万元，整体收购湖北屈原酒厂，继续从事酒类生产经营。由于武汉新东方广告有限公司不善工业生产经营管理，步入困境，遂于 2005

年9月7日与县金新国有资产经营公司解除合同，县金新国有资产经营公司补偿武汉新东方广告公司期间投资100万元。2005年9月8日，县政府与湖北稻花香集团签订“关于屈原故里酒系列产品开发项目投资合同书”，将原湖北屈原酒厂征用的土地、地上附着物、机械设备等有形资产及屈原故里酒商标所有权等相关无形资产采取整体出让方式以人民币50万元（包干）出让给湖北稻花香集团。湖北稻花香集团注册资本500万元，首期投资1 000万元，2005年12月投产。（图7–2–4）

图7-2-4：稻花香秭归屈原酒厂投产庆典

2005年专项调查，全县有小酒厂377家，资产总额785万元，从业人员726人，年白酒产量约5 000吨左右。

二、饮 料

果汁 1976年6月，县果酒厂自龙江公社迁至城关镇大慈寺，转产生产橙汁，更名县橙汁厂。建厂初，以生产橘子罐头为主，后经改造扩建逐步形成高频电阻焊制罐、浓缩果汁、碳酸饮料、利乐包饮料、果蔬罐头等5条生产线。年生产能力1.5万吨。1981年，生产果汁31.58吨；1984年果汁产量突破1万吨；1987年达到3万吨；1998年3.27万吨。“高峡”牌橘络精获省一轻工业局科技进步奖。同年5月，引进瑞典利乐包公司生产的利乐包装机生产线。其生产能力为每小时包装4 500袋。1989年生产的“高峡”牌鲜橙原汁被评为湖北省优质产品。1990年，该厂生产的“高峡”牌中华猕猴桃原汁被评为湖北省优质产品。次年，其“高峡”牌利乐包橙汁再创湖北省优质产品。1991年5月，该厂被省经济委员会确定为省直厅（局）重点调度企业，当年生产果汁3 398吨，达到历史最高产量。1992年，全厂共生产橙汁等各种饮料2 999吨，完成产品销售收入1 157万元，利税46.6万元。之后，市场销售不畅，企业亏损严重，长期处于半停产状态。1996年6月，与江苏维维股份有限公司签订合作协议。投资2 037万元，在茅坪经济技术开发区建设年产2万吨饮料项目。1997年8月建成投产。1998年生产饮料1 008吨。1999年生产饮料154吨，企业效益仍然严重亏损。2000年4月，在三峡库区搬迁企业结构调整中依法破产。

豆奶粉 1999年3月，江苏徐州维维乳业有限公司租赁原橙汁厂厂房，生产“维维”牌豆奶粉。次年8月，整体收购县橙汁厂破产财产，正式建立徐州维维乳业有限公司秭归分厂。建厂后至2002年12月，共投资600万元，先后扩建两条日产8吨的豆奶粉生产线。2003年，生产豆奶粉4 374吨，主营业务收入4 219.8万元，实现利税675.6万元。2004年4月，再次投资600万元，建成日处理鲜奶50吨的乳制品生产线。产品“维维”牌豆奶粉主要销往湖北、重庆、四川、云南、贵州等省市。2005年，该厂共生产豆奶粉5 028吨，主营业务收入4 792.1万元，利税623.7万元。

纯净水　1998 年 9 月，个体经营者周雄投资 50 万元，在茅坪经济技术开发区建设生产厂房，借用宜昌“蓝月”纯净水牌子生产“蓝月”牌纯净水。2003 年年底获国家纯净水生产许可证。2005 年有从业人员 10 人，在县内各乡镇及三峡坝区设 9 个销售网点，年销售 10 万桶，销售收入 40 万元。2000 年 10 月，县航运公司下岗职工乔艳平投资 60 万元，在茅坪镇日月坪建成龙泉纯净水厂，该厂利用山泉生产纯净水，从业人员 18 人，在县内外有销售网点 10 个，年销售纯净水 10 万桶，创利税 15 万元左右。2004 年，个体经营者余凤华投资建成圣龙纯净水厂，年销售纯净水 3 万桶。

第四节　食品及加工

一、罐　头

1977 年，县橙汁厂开始生产橘子罐头。尔后，该厂逐步开发黄桃、白桃、青豆、藠头、银耳、玉米笋、蘑菇等果蔬罐头，年生产能力为 5 000 吨。1987 年，“高峡”牌糖水橘子罐头被评为宜昌地区优良产品。1988 年，“高峡”牌黄桃罐头被评为省一轻工业局优良产品。该厂自建厂至 1997 年罐头生产线停产，累计生产各类罐头 1.98 万吨。

1988 年 5 月，原新滩镇双扶食品厂更名为龙江食品饮料厂，主产橘子罐头。项目投资 53 万元，设计年产橘子罐头 500 吨。投产后，因市场及资金困难，仅生产橘子罐头 100 吨，长期停产。于 1995 年 7 月转产釉面砖项目。

图 7-2-5：帝元罐头生产车间

1998 年 8 月，湖北“五三”农场职工候加强到秭归创办罐头生产企业，成立县帝元食品罐头有限公司。公司租赁原县织布总厂厂房和原县橙汁厂罐头生产设备，生产水果、蔬菜食品罐头。共租用原有全自动高频电阻焊制罐机、封罐机、自动灭菌罐装机、喷码机等罐头生产专用设备 30 台（套）。2003 年，公司再投资扩建一条年产 4 000 吨实罐生产线。至此，公司已有空罐生产线 1 条，实罐生产线 2 条，包装生产线 1 条，食品罐头年生产能力达到 1 万吨。公司生产的系列产品有：糖水橘子、番茄酱及大豆、蚕豆、蘑菇等罐头 10 多个品种。产品出口美国、德国、俄罗斯、澳大利亚等国家。1999—2004 年，6 年共生产各类罐头 2.76 万吨。2005 年，生产各类罐头 1.59 万吨，主营业务收入 4 786.4 万元，利税 248.8 万元。（图 7–2–5）

二、食品加工

粮食　1979年，全县粮食系统共有粮食加工厂10个，职工68人。当年实现产值243万元，利润8万元。1982年，归州粮管所建立食品加工厂，生产油炸蚕豆、豌豆、花生米、糕点等品种达50多种。

1983年9月，县粮食局投资28万元，在归州大慈寺建成一座日产24吨的面粉厂，产品销往省内及山西、辽宁等地。1984年7月，县粮食局在归州镇王家岭建成一座粮食制品厂，主要生产加工粉丝。1985年，县粮食系统粮油加工厂企业当年完成产值373万元，利税29.14万元。1998年，县粮食局对粮食加工企业进行转制、清算、破产改革，将面粉厂划转县经济委员会管理，进行企业改制。1985—1997年，县粮食局粮食加工企业共完成总产值1.17亿元，利润亏损385万元。

1986 年，各镇（区）有粮食加工企业 95 家，从业人员 302 人，完成工业总产值 63.49 万元。1990 年，乡镇粮食加工企业下降至 69 家，从业人员减少到 132 人，工业总产值却上升到 102 万元。1995 年，乡镇粮食加工企业只有 39 家，从业人员 109 人，工业总产值达到 685 万元。2000 年，乡镇有粮食加工企业 19 家，从业人员 105 人，完成工业总产值 561 万元。2002 年统计，全县有碾米业 453 家，从业人员 547 人，年加工量 3.36 万吨，营业收入 969.88 万元，利税 75.85 万元；磨粉业 323 家，从业人员 407 人，年加工量 2 万吨，营业收入 1 398.17 万元，利税 109.25 万元。

县三峡面粉集团公司，原名县三峡面粉厂，原址位于归州镇大慈寺，是县内最大的一家以小麦面粉生产为主的综合性粮食加工企业。企业移民搬迁前，有厂房 4 670 平方米，面粉加工设备 124 台（套）。年生产能力为面粉 1 万吨，混合饲料 5 000 吨。1993 年，该厂生产面粉 4 500 吨，面条 500 吨，饲料 700 吨，完成工业总产值 335.33 万元，利税 26.3 万元。1996 年 12 月，在茅坪九里建东大道建面粉、面条生产车间。完成投资 575.26 万元，因资金不足未完工。该公司迁至茅坪后长期亏损，于 2000 年 3 月破产。

植物油 1986 年，全县有植物油加工企业 30 家，从业人员 180 人，生产植物油 1 490 吨，完成工业产值 57.85 万元。1988 年生产植物油 3 781 吨。1990 年，全县植物油生产厂家减至 15 家，从业人员 96 人，共生产植物油 3 017 吨，完成工业产值 89 万元。1995 年，全县有植物油生产厂家 10 家，从业人员 50 人，生产植物油 4 053 吨，完成工业产值 350 万元。1998 年，全县植物油产量突破 6 000 吨。2000 年，植物油生产厂家仍然 10 家，从业人员 38 人，完成工业产值 303 万元。2002 年全县植物油生产企业 142 家，从业人员 257 人，年加工能力 1.14 万吨，营业收入 951.54 万元，利税 125.75 万元。2005 年，全县植物油加工个体户 128 家，从业人员 230 人，年加工量 1.2 万吨，营业收入 1 000 万元左右，利税 130 万元。

县油厂是县内较大的油料加工企业，始建于 1987 年 11 月，属粮食系统创办的油料加工企业。该厂位于归州镇王家岭村，从事精炼菜籽油生产。企业占地 1.85 公顷，厂房建筑面积 6 987 平方米。有菜籽油预榨、浸出、炼油设备 172 台（套）。生产能力为日加工油菜籽 30 吨，日浸出菜籽饼 30 吨。1991 年，该厂精炼菜籽油被宜昌地区评为优良产品。1994 年后，粮食系统企业改革，该厂更名为县油脂公司。1998 年，生产菜籽油 2 074 吨，完成产品销售收入 914.9 万元，上缴税金 28.6 万元。1999 年 8 月。因缺原料及流动资金，企业全面停产。2001 年 3 月，企业破产。其资产经清算后重组为县新纪元油脂有限公司，属规模外民营企业。

肉食 1979—1997 年，县内肉食加工以县食品公司为主。公司在各乡镇设食品营业所，定期收购生猪外销，常屠宰生猪以供当地市场之需。1997 年 5 月，县政府对食品公司实施体制改革，将县食品公司所属各乡镇营业所下放到所在乡镇管理，仍以收购生猪外销为主，屠宰生猪逐步转入个体经营。2004 年，为加强肉类市场管理，茅坪、郭家坝、归州、水田坝、沙镇溪、两河口 6 个乡镇实行生猪定点屠宰，各建定点屠宰场 1 个，日均屠宰生猪 70 头，以供市场零售。2005 年，规模以下肉食加工企业转化加工生猪 7.23 万头。

2001 年 6 月，茅坪建东屠宰场自茅坪九里庙迁至陈家冲，进行扩建改造，企业更名为县惠农食品有限公司。公司占地 1.67 公顷，下设种猪繁育场、育肥猪饲养场、半自动化生猪屠宰场。日可屠宰生猪 200 头。2004 年，投资 720 万元，建年产 4 500 吨分割猪肉生产线 1 条，冷库 1 座，库容为 150 吨。公司生产的分割肉主要供武汉、上海等城市市场。并每天向茅坪城区市场供应 30～50 头鲜猪肉。2005 年，公司共加工肉食 7 120 吨，主营业务收入 5 316.3 万元，利税 116.2 万元。

魔芋　2000 年，杨林桥镇引进外资，成立富丰魔芋制品有限责任公司，投资 900 多万元在茅坪经济技术开发区建厂，当年投产，设计年生产魔芋精粉及系列食品 1 500 吨。2004 年 10 月，又投资 100 万元更新改造设备，生产能力提高到 3 000 吨，公司更名为宜昌正富丰食品有限公司。公司采用日本先进机械设备、管理模式、生产技术，主要生产魔芋精粉、魔芋胶、魔芋粉丝、魔芋快餐面等系列产品及野菜加工。公司在杨林桥镇有配套基地 1 333.33 公顷，初步形成公司 + 基地 + 农户的产业化模式。产品主销日本、韩国、新加坡等国家。2005 年，生产魔芋精粉 573 吨，魔芋粉丝 567 吨，完成工业产值 2 716.5 万元，创利税 223.4 万元。

2005 年 3 月，夷陵区个体经营者陈志义投资 1 033 万元，在茅坪经济技术开发区建成 2 条全封闭式机制魔芋烘烤生产线，3 条魔芋干法加工生产线。年加工魔芋 1.2 万吨，年生产 1 000 吨魔芋高档精粉，创产值 3 000 万元。

第三章　建　材

建材工业产品主要有水泥及其制品、砖瓦、沙、石材、石灰等。至 2005 年，县内水泥生产企业共有 4 家，年生产水泥 42.9 万吨，其中年产 10 万吨的水泥厂 4 家。砖瓦生产以三峡工程库区移民搬迁时期为高峰，至 2000 年，全县有砖厂 17 家，年产红砖 1.58 亿块，年生产土瓦 1.3 亿片。随着移民搬迁工程的减少而逐年下降，至 2005 年，全县砖厂 12 家，年生产各类砖只有 3 156 万块。县内沙石、石灰生产企业没有规模内企业，均以个体私营为主，规模较小。茅坪大理石厂是县内较大的石材加工企业，1998 年改制为民营企业，主要生产大理石花岗岩板材。2005 年，全县共生产花岗岩板材 1.52 万平方米。

第一节　水泥及制品

一、水　泥

1979 年 11 月，县水泥厂因葛洲坝工程建设被淹没，后靠搬迁到爱民大队张家山进行扩建。年水泥生产规模由原来的 7 000 吨，扩建到 2.2 万吨。项目总投资 253.1 万元，1983 年 10 月建成投产。1987—1992 年进行改造扩建，年水泥生产能力逐步达到 10 万吨。1992 年 12 月，县水泥厂兼并三峡库区受淹企业——县建陶厂。1993 年 11 月，县水泥厂新增 10 万吨水泥扩建项目，被列为三峡库区企业搬迁结合技改专项。项目总投资 2 545 万元，其中国家开发银行配套贷款 1 200 万元。1995 年 6 月竣工投产。扩建后，全厂占地达 23.31 万平方米，厂房面积 1.49 万平方米，共有主机设备 7 台（套）、辅助生产设备 397 台（套），职工 428 人，年水泥生产能力达 20 万吨。扩建后的 1996—2000 年 5 年间，累计生产水泥 78.09 万吨，完成利税总额 1 490.9 万元。该厂 1997 年 8 月进行股份合作制改革，组建县七星水泥有限公司，注册资本 115 万元。2001 年 6 月，在三峡库区搬迁企业结构调整中破产，破产后资产重组为县鹏程实业有限公司，属规模内民营企业。2001 年生产水泥 17.6 万吨，实现销售收入 2 595 万元，利税 221.4 万元。2002—2004 年，年生产水泥保持在 20 万吨以上，年均利税保持在 300 万元以上。2005 年，生产水泥 19.5 万吨，主营业务收入 3 044.1 万元，利税 200.6 万元。

1984 年 9 月，新滩区龙江水泥厂列为三峡库区企业开发试点项目开工建设。该厂设计年产水泥 4.4 万吨，总投资 648 万元，于 1986 年 5 月竣工投产。后经 1993 年、1999 年两次扩建改造，年水泥生产能力达 6.5 万吨。建厂至 1997 年共生产水泥 33.11 万吨。1998 年 5 月，因资不抵债破产。破产后，资产重组为县屈原水泥有限公司。2002 年 2 月，公司实行出租经营，更名县新滩水泥有限公司。2005 年，该公司共生产水泥 3.76 万吨，主营业务收入 700.6 万元，利税 42.7 万元。

1995 年 5 月，郭家坝镇所属三峡库区受淹企业粮油加工厂、粘胶厂、圆钉厂合并迁建楚王水泥厂。该厂设计年产水泥 10 万吨，累计投资 2 456 万元。完成土建工程及主机设备安装后，因缺后期工程建设资金，于 1998 年 7 月停建。至 2000 年 6 月，该镇引进松滋市陈店民营投资者买断经营，组建县楚城水泥有限责任公司。2001 年 1 月建成投产。2005 年，该公司生产水泥 9.61 万吨，主营业务收入 1 437.1 万元，利税 127.1 万元。

1995 年 7 月，茅坪镇在溪口坪村兴建茅坪水泥厂。设计年产水泥 10 万吨，累计投资 2 548 万元。在完成土建及设备安装后，于 2000 年 8 月引进浙江省金华市投资商买断经营，企业更名县平湖水泥有限公司。同年 12 月完成煞尾工程，正式投产。2005 年，公司生产水泥 10 万吨，主营业务收入 1 597.6 万元，利税 50.9 万元。

1992 年，全县水泥总产量达 10 万吨。1997 年突破 20 万吨。2001 年后，全县水泥总产量保持在 40 万吨以上。2005 年，全县共有水泥生产企业 4 家，年生产水泥 42.9 万吨。

二、水泥制品

县内水泥制品多为建筑用预制构件，一般由建筑施工企业附属车间生产。1985 年，全县审核登记的建筑预制构件厂 12 家，其中三级资质 6 家。从业人员 110 人。主要生产预制圆孔板、平板、过梁、桁条等构件，年生产各种预制构件 1.21 万立方米，产值 70.25 万元。1987 年，茅坪镇兴办九里预制构件厂，年生产预制构件 2 500 立方米。1993 年搬迁扩建，当年 8 月建成 2 条台座生产线，一条蒸汽生产线，年生产能力达 3 万立方米。1995 年，全县乡村集体水泥制品企业共 33 家，从业人员 467 人，完成产值 1 789 万元。乡、村、联户共生产各类预制构件 17.3 万立方米。2000 年，生产预制构件 11.1 万立方米。2005 年，全县有预制构件生产企业 15 家，年生产预制构件 9 万立方米，年营业收入 100 万元以上的 4 家，生产预制构件 7.99 万立方米。

第二节 砖 瓦

20 世纪 70 年代前，砖瓦业生产规模较小，工艺均为手工制作、土窑焙烧。1980 年，全县有砖瓦厂 68 个。其中，公社办 12 个，大队及生产队办 56 个。从业人员 1 159 人，当年生产红砖 1 760 万块，土瓦 1 236 万片。进入 20 世纪 80 年代后，各砖瓦厂相继改进工艺，开始采用砖机、轮窑技术。1982 年 12 月，香溪公社乔家坝砖厂投资 8.07 万元，建成一座年产 1 000 万块红砖的 20 门轮窑。1984 年 4

月，原茅坪区茅坪大队引进宜昌、万县灰沙砖生产技术，投资 90.92 万元，建成县内第一个硅酸盐砖厂，年产砖 2 000 万块。随着三峡工程开工建设，县城及集镇开始搬迁，红砖需求量猛增，各地砖厂迅速发展。茅坪、屈原、香溪、水田坝、泄滩、西陵、卜庄河、周坪等地先后兴办年产砖 2 000 万块以上规模的砖厂 8 个。乡村集体砖瓦企业达 59 个，从业人员 1 711 人，生产机砖 1 077 万块，瓦 715 万片。1994 年，茅坪河沿岸各村兴办小型砖窑 20 多个，年可生产黏土砖 300 多万块，1996 年，为保护农田全部关闭。至 2000 年，全县有砖厂 17 家，生产红砖 1.58 亿块，土瓦 1.3 亿片。此后，因移民搬迁工程减少，砖瓦业生产、效益逐年下降，先后有屈原、水田坝、泄滩、沙镇溪、周坪 5 家砖厂停产或关闭。

1980 年 8 月 7 日，原香溪公社卜庄河砖厂被山洪暴发冲毁厂房及砖窑。灾后复建时，扩建 1 座 18 门德式轮窑，年产红砖能力达 1 200 万块。1981 年，该厂从四川、汉阳购进对滚粉碎机、制砖机、揉泥机等设备，以页岩为原料试制红砖获得成功。企业从此更名为卜庄河页岩砖厂。年生产能力 1 200 万块。1988 年，该厂生产的烧结页岩砖被省乡镇企业局评为优良产品。1993 年 3 月，被列为全县三峡库区企业搬迁试点企业，后靠搬迁到牛脑壳包。搬迁项目设计年生产砖 3 000 万块，采用内燃砖工艺，隧道干燥室进行干燥，充分利用热能，缩短干燥时间，其机械化程度率达 75%。项目总投资 678.84 万元，占地 2.77 公顷，建厂房 4 607 平方米，建 42 门轮窑 1 座，10 道干燥室 1 座，自制干燥车 510 台。2003 年职工 86 人，生产页岩砖 1 840 万块。

2005 年，全县砖厂 12 家，全县年产硅酸盐砖、页岩砖、免烧砖、黏土砖 3 156 万块。

第三节 沙石料·石灰

一、沙石料

县内（建筑用沙）主要以采掘河沙为主，各地均有生产，一般是就地生产，就近销售，都未形成规模。在三峡工程蓄水前，所用沙石的 90%都采自长江两岸滩涂和小河、小溪滩涂，多由个体经营者采掘后出售给需要者；以沙为主要材料的灰沙砖制造业则以自采自用为主。

1993 年，县航运公司为解决业主亏损问题，从外地购回挖沙船一艘，在香溪河流域采挖沙，由于设备落后，管理粗放，未获效益。1996 年 7 月，因香溪河暴发洪水致使挖沙船沉没，遂终止采挖沙业务。当年，国有企业茅坪金矿为解决矿渣占用农田问题，与茅坪镇月亮包村合作兴办沙石料厂，将矿渣（花岗岩石）破碎、筛选、分级后出售给需要者。1994 年，茅坪镇投资 130 余万元购进挖沙船一艘，先后在香溪河、九畹溪等地从长江取沙石，运至三峡大坝工地。由于规模小，长期处于半停产状态，1998 年清算关闭。至 2005 年，县内年营业收入 100 万元及以上的沙石采掘企业仅有茅坪镇松树坳采沙厂，有作业人员 6 人，资产 20 万元，当年碎沙石 4.62 万立方米，营业收入 166 万元，利税 13 万元。

二、石 灰

石灰生产全县均有分布，但规模不大，一般由几人合伙创办，生产的石灰主要是民用，稍有规模的主要分布在香溪、郭家坝、茅坪等乡镇。香溪、郭家坝镇的石灰地处长江边，因涉及环境保护和长江航运安全而取缔。1994 年后，钟祥市和县内的个体经营者曾在茅坪四溪一带投资兴办石灰厂，均因规模不大、市场不好而停办。

第四节　石材及其他

一、石　材

1984 年 6 月，经中南冶金勘探公司“六〇七”队实地踏勘，茅坪区庙河、罗家、四溪、乔家坪等地有大理石矿脉。同年 11 月，茅坪区在三溪兴建茅坪大理石厂。项目投资 60 万元，购 1.6 米、1.8 米锯石机 2 台，磨石机 4 台，切割机 4 台，并引进广州石材腐刻工艺技术，1985 年 6 月竣工投产。当年生产大理石板材 1 000 平方米。石材品种为黑宝玉、条纹灰、石燕玉、咖啡红、苹果绿、汉白玉等 6 种，11 个花样。1992 年 10 月，因三峡工程用地，搬迁至陈家冲进行扩建。新厂投资 447 万元，占地 6 401 平方米，建厂房 2 272 平方米，更新设备 40 台（套），设计年产大理石、花岗岩板材 5 万平方米，料石 2.5 万平方米。1995 年 1 月竣工投产。生产主要产品为墨玉大理石及三峡红、芝麻花、西陵红花岗岩板材。1998 年，由镇办企业改制为民营企业。2000 年，生产花岗岩石材 8 623 平方米，大理石板材 1.07 万平方米，完成工业产值 216 万元。2001—2005 年，共生产花岗岩石材 5.89 万平方米，生产大理石板材 2 450 平方米。1997 年，屈原镇曾投资 80 万元在乐平里建石材厂一个，主要生产花岗岩板材，受资金等影响，2000 年停办。2005 年，全县生产花岗岩板材 1.52 万平方米。

二、其他建材

1992 年 9 月，县建材工业公司与北京华都泡沫塑料厂联营组建宜昌华都新型建材体系有限公司（后更名宜昌康通建筑材料公司），公司位于茅坪九里建东大道。第一期工程设计年产泰柏板 40 万平方米，轻钢龙骨 2 000 吨。投资 520 万元，占地 9 706 平方米，建厂房 5 栋，面积 2 889 平方米。于 1994 年 6 月投产。累计生产泰柏板 1.09 万平方米，轻钢龙骨 90 吨。1996 年停产，2000 年 9 月破产。1993 年 8 月，由原县化工厂、建材供销公司合并迁建县加气混凝土厂，在茅坪九里建东大道开工建设。项目设计年产加气混凝土砌块 10 万立方米。占地 3.2 公顷，建厂房 5 959 平方米，总投资 2 526.2 万元。1995 年 6 月投入试产。至 1997 年 5 月停产，共生产砌块 2.06 万立方米。因设备不能达产、生产成本过高、市场销售困难等原因，造成企业严重亏损，2000 年 11 月破产。

第四章　机械·电子

1979 年，机械制造行业以生产农机具、加工制造小型机驳船为主。至 2005 年，全县有船舶修造企业 6 家，龙舟制作技术具有一定特色。1997 年川鄂机械有限公司与香港合资兴办宜昌匡通电子有限公司，生产发光二极管（LED）引线支架。1999 年引进支架镀银技术。2005 年，电子元件生产能力达 20 亿只。

第一节 船舶修造

一、修造企业

1987 年，建立县航运公司船舶修造厂，年建造能力 2 000 吨，修理 2 000 吨。主要担负公司内船舶修理。1990 年，经省船舶检验处核定该厂为三级造船厂，准予建造总长大于 20 米、小于或等于 30 米、主机功率 8.8 千瓦，小于或等于 1 110 千瓦，发电量小于或等于 15 千瓦机动船或长大于 25 米，小于或等于 50 米的非机动船。1983 年，茅坪船舶修造厂建立，有职工 21 人，1996 年人数增加到 123 人。1989 年更名茅坪水运公司船厂。同年 12 月，经省船舶检验处核定为四级船厂。1993 年更名为茅坪神通运输公司船厂。1997 年，个体经营者陈明强投资兴办县西峡船厂，四级技术等级。1998 年，个体经营者唐守国投资设立秭归凤凰船厂，四级技术等级。1999 年，个体经营者胡兴军投资建立兴军船厂，四级技术等级。2000 年，县航运公司船厂依法破产后，重新组建私营企业，法人代表屈定宜，四级技术等级。2001 年，茅坪神通运输公司破产后，由个体经营者向阳重新组建私营企业。2004 年，郑鑫船厂建立，三级技术等级。2005 年，全县有船舶修造企业 6 家。其中，三级资质 1 家，四级资质 5 家。

二、船舶制造

龙舟制造 龙舟制造为秭归的传统工艺，2000 年前主要由县航运公司船厂制造。1987 年，建造龙舟 7 只，年产值 3 万元。1988 年，为武汉体育学院建造龙舟 2 只，为北京国际旅游年国际龙舟赛组委会赠送龙舟 1 只。当年为江陵、沙市、枝江、仙桃等市县和川东轮船制造龙舟 22 只，年末共制造龙舟 30 只，产值 18.9 万元。1989 年为市园林局峡口风景区制造龙凤船 1 只，长 17.5 米、宽 4.4 米，可载客 75 人。为县旅游局制造机动画廊式彩龙舟 1 只，可载客 45 人。年造龙舟 14 只，创产值 21.03 万元。1990 年，国家体育委员会将龙舟竞赛正式列为体育比赛项目，秭归建造的龙舟造型定为体育器械规则船型，并指定秭归为第十一届亚运会制造“秭归龙舟”1 只，船总长 10 米、宽 0.9 米，舱深 0.4 米，以作亚运会体育器械陈列产品。当年建造龙舟 5 只，产值 2.9 万元。1999 年，为秭归、荆州等地制造龙舟 42 只。2000 年，航运公司造船厂破产后，龙舟制造以下岗工人周立国为主，当年为茅坪镇制造龙舟 1 只。2001 年为省、市、县共制造龙舟 44 只。2002 年制造 3 只。2004 年为宜昌、荆州、武汉、恩施等地制造龙舟 38 只。2005 年，周立国被宜昌市授予“优秀龙舟制作传人”称号。

机驳船制造 1980 年，县航运公司船厂新造铁驳 3 只，载重 600 吨。1981 年造铁驳 4 只，载重 845 吨。1982 年，制造钢质机驳船 29.4 千瓦、147 千瓦各 1 艘。1983 年，更新木质驳船、建造钢质驳船 10 只，载重 0.18 万吨，创产值 140.5 万元。1985 年，新造 29.4 千瓦机驳船 1 艘，船总长 27.15 米、宽 5.8 米、深 1.6 米。核定载重量 B 级 69 吨。1986 年，制造钢质驳船、机驳、渡船 8 只。1989 年，制造钢质驳船 38 只，载重量 0.77 万吨。客驳 1 只、350 客位，汽车轮渡驳船 2 只、14 车位。1990 年，制造钢质驳船 5 只，载重量 200 吨。制造钢质机渡船 2 艘，120 客位，17.6 千瓦。1991 年，全县制造船舶 19 艘，245 吨位，其中钢质船舶 1 艘，200 吨位。1992 年，制造船舶 9 艘，63 吨位，其中钢质 4 艘，48 吨位。1995 年制造钢质船舶 1 艘，200 吨位。1996 年，制造钢质船舶 4 艘，其中客船 3 艘，产值 55 万元。1997 年，制造钢质船舶 1 艘，载重 100 吨位。之后，全县船舶修造基本停止。

三、船舶修理

1986 年，全县维修船舶 23 艘只。其中，机动船 2 艘，非机动船 21 只。1987 年，全年维修机动船 20 艘只，驳船 178 只次。1989 年修理驳船 126 只次，机动船 30 艘次。1990 年，修理船舶 166 艘只。其中，机动船 82 艘，非机动船 84 只。1991 年，修理船舶 191 艘只。其中，机动船 97 艘，非机动船 94 只。1992 年修理船舶 179 艘只。1993 年修理船舶 110 艘只。其中，机动船 46 艘，非机动船 64 只。1994 年修理船舶 93 艘只。1995 年修理船舶 104 艘只。1997 年修理船舶 25 艘只。1998 年修理船舶 30 艘只。1999 年修理船舶 15 艘只。2000 年后，船舶修理基本处于停止状态。

第二节　农机具

1979 年，小型农具生产加工以公社农机厂生产为主。茅坪、香溪、水田坝、两河、团结、磨坪、郭家坝、周坪、杨林等社镇均办有农机厂。20 世纪 90 年代初，随着钢材市场逐步放开和推行乡镇企业体制改革，乡镇农机厂逐步转向个体经营。1990 年，全县生产脱粒机、茶叶复干机、碾米机、面粉机 836 台，冷拉丝 86 吨，铸件 54 吨，锰系抗磨球 44 吨，农具 21 万件。2000 年，全县铁制农具产量 14.67 万件，其中集体性质农具加工厂仅有 4 家，生产农具 2.34 万件，其余均为个体红炉生产。

县农机厂是一家规模较大的农机加工企业，以生产铸铁锅、降氟炉、碾米机为主，兼营机械维修。1996 年 8 月，因三峡库区受淹，搬迁至茅坪镇九里建东大道。新厂迁建总投资 356.7 万元，占地 1.23 万平方米，建厂房 4 119 平方米，更新设备 17 台（套），其中数控车床 4 台。同时，引进长沙大吉门窗公司技术，新增年产 3 万平方米彩板门窗生产线。迁厂后企业进行产权制度改革，组建县川鄂机械有限责任公司。1998 年 5 月，国有股退出，企业股金全部转为民营资本。1997 年，该厂完成工业总产值 617.48 万元，利税 16.1 万元。同年，企业转产生产电子元件。茅坪农机厂也是一家较大规模的农机生产企业。主要生产脱粒机、碎石机、水轮机等小型机械。1994 年从茅坪老集镇搬迁至陈家冲，搬迁后一直处于停产状态。2001 年破产清算。

第三节　电　子

1997 年 3 月，县川鄂机械有限公司与香港匡通公司合资，注册资本 215 万元，组建成立宜昌匡通电子有限公司。公司引进半导体发光二极管（LED）引线支架冲压设备 18 台（套），年生产 LED 引线支架 2 亿只。1999 年，该厂又先后引进广东凯利电子厂 LED 封装生产线及武汉和利电子公司 LED 框架镀银生产线，当年生产 LED 引线支架 2.8 亿只。2000 年，企业自主开发 LED 引线框架银锡复合技术，获国家知识产权局颁发的专利证

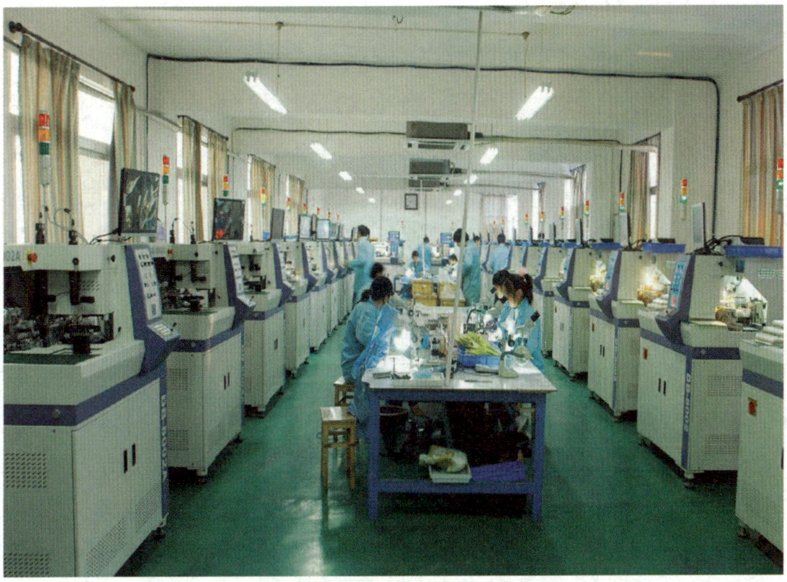

图 7-4-1：匡通电子生产车间

书。2003 年 7 月，与广东中山市木林森电子有限公司合资，组建宜昌木林森电子有限公司。公司注册资本 1 084 万元，已形成 LED 引线框架冲压、银锡复合、支架封装 3 条生产线。拥有专用设备 700 台（套）、年 LED 引线支架生产能力达到 20 亿只。2005 年，公司生产发光二极管 8 000 万只，主营业务收入 1 529.3 万元，利税 78.6 万元，其中税金 68.7 万元。（图 7–4–1）

第五章　电　力

1979 年后，全县加大水能资源开发力度，加快小水电建设步伐。至 1989 年，11 年间建成水电站 30 处，总装机 55 台，容量 2.22 万千瓦，其中装机 1 000 千瓦以上水电站 5 个：桐树湾、九畹溪、槐树坪、卡马石、良斗河一级电站。20 世纪 90 年代，水电站建设开始按流域规划进行梯级开发。1990—1999 年 10 年间，共建水电站 18 处，总装机 33 台、容量 1.8 万千瓦，其中装机 1 000 千瓦以上的水电站 8 个：黑龙潭二级、板桥河二级、良斗河三级、夹石冲、花桥河、响水洞、升坪二级、棋盘岭等电站。2000—2004 年，加强骨干电站建设，投资主体由国有、乡镇集体所有转为多元化，出现有限公司、个体私营电站。5 年间共建水电站 8 处，总装机 17 台、容量 1.92 万千瓦，其中装机 1 000 千瓦以上的电站 5 个：升坪一级、三渡河三级、鲁家河、八角庙、黄岩电站。2004 年，全县水电站总数达到 64 处，总装机 117 台，容量 6.32 万千瓦。2005 年，全县水电站总数达到 98 处，装机 163 台，容量 7.85 万千瓦，发电量 3.19 亿千瓦时。

第一节　电源建设

一、国有电站

青干河电站　位于沙镇溪镇梅坪村，为全县最早兴建的县办电站之一。设计流量 4.2 立方米/秒，落差 32.7 米，年发电量 600 万千瓦时。1972 年 8 月，第 1 台装机 400 千瓦的机组投产发电。电站建高 67 米的浆砌重力拱坝 1 座，水渠 4 880 米，前池库容 3 300 立方米，厂房 178.5 平方米，生活用房 3 320 平方米。1976 年 6 月，新增装机 1 台、630 千瓦。电站总投资 336.44 万元。1993 年，电站进行增容改造，将第 1 台 400 千瓦机组改换为 630 千瓦。总装机 2 台，容量达到 1 260 千瓦。2003 年 5 月 25 日，因电站大坝、厂房均属三峡库区淹没线以下而拆迁。

九畹溪电站　位于九畹溪流域下游，系底栏栅坝引水式电站。设计流量 3.49 立方米/秒，落差 78.5 米，总装机 3 台，容量 4 800 千瓦，年发电量 3 036 万千瓦时。1977 年开工建设，后因地质资料不详、资金物资困难而停建。1982 年 3 月复建，1984 年 12 月竣工发电。总投资 713.27 万元。建底栏栅坝 1 座，水渠 5 636 米（其中隧道 3 095 米），前池容量 3 200 立方米，主、副厂房 1 914 平方米。架设 35 千伏上网输电线路 17 千米。电站厂房海拔高程 154.93 米，属三峡库区二期蓄水受淹范围。

槐树坪电站　位于九畹溪中游的周坪乡槐树坪村，系底栏栅坝引水式电站。设计流量 2.56 立方米/秒，落差 54 米，总装机 3 台，容量 3 750 千瓦，年发电量 1 838 万千瓦时。1984 年 8 月开工建设。

因地质条件差，施工难度大，工期延至 1988 年 4 月竣工。总投资 765 万元，建大坝 1 座，水渠 5 567 米，前池容量 2 560 立方米，厂房 1 876 平方米。

升坪水利枢纽工程　位于青干河流域东支流龟坪河上游升坪河段，在磨坪乡境内。该工程既是青干河流域开发的龙头项目，也是三峡库区所淹没县办电站补偿替代电站。工程设计建坝高 70.5 米水库 1 座，上游截水面积 117 平方公里，水库总容量 2 740 万立方米，调节库容 1 766 万立方米，调洪库容 190 万立方米。建升坪二级、一级电站各 1 处，共装机 6 台，总容量 1.13 万千瓦。该工程是全县唯一调峰水利水电枢纽工程。既有利于缓解县内峰荷缺电矛盾，又兼有防洪、灌溉、养殖、饮水等综合效益，工程分两期建设。升坪二级电站为第一期工程，1995 年 7 月 1 日开工，1998 年 10 月 21 日通水发电。工程共完成浆砌重力坝高程 27.5 米，装机 2 台，容量 5 000 千瓦。2003 年 12 月第二期工程施工时增装 1 台 2 500 千瓦机组，总装机容量达到 7 500 千瓦。设计水头 100 米，流量 10.35 立方米/秒，年发电量 2 000 万千瓦时，工程总投资 8 000 万元。升坪一级电站为第二期工程，系坝后式电站。大坝高程由一期 27.5 米加高至 70.5 米，坝长 220 米，坝顶宽 8 米。设计水头 51.4 ~ 26.4 米，平均净水头 46 米，流量 10.35 立方米/秒。装机 3 台，容量 3 750 千瓦，年发电量 1 200 万千瓦时，工程投资 6 500 万元。

二、乡镇电站

1979 年 12 月，郭家坝公社桐树湾电站竣工投产，属全县第一座社办集体电站。之后，各地充分利用区域内水利资源，开发水电能源，到 1989 年，先后建成周坪乡黑龙潭、梅家河乡龟坪河、文化乡卡马石等共 30 多个水电站。年末，全县有乡镇水电站 44 个，拥有发电设备 83 台、1.5 万千瓦。从业人员 426 人，年发电量 3 999 万千瓦时。1990 年后，又相继建成装机 1 000 千瓦以上的郭家坝镇夹石冲、芝兰乡花桥河、水田坝乡良斗河二级等 10 多个水电站。杨林桥镇对板桥河、三渡河流域水利资源进行系列开发，先后建成 8 个水电站，装机 7 440 千瓦。

1995 年，全县共有乡镇、村集体电站 45 处，总装机 76 台，容量 1.96 万千瓦。其中，乡镇办电站 27 处，装机 50 台，容量 1.78 万千瓦；村办电站原有 45 处，报废 27 处，实存 18 处，装机 26 台，容量 1 856 千瓦。

1996 年，推行乡镇企业体制改革及农电体制改革，大部分乡镇办、村办集体电站通过出售产权，逐步转制为民营企业。2000 年，有乡镇水电站 39 个，装机 3.4 万千瓦，年可发电 1.06 亿千瓦时。至 2003 年 12 月，仅有水田坝、屈原两个乡镇的 6 个电站仍属集体所有制，共有装机 12 台，容量 6 495 千瓦。水田坝乡分别是：王家湾、良斗河一级、良斗河三级 3 个电站；屈原镇分别是：屈原、凤凰溪、天龙 3 个电站。

三、民营电站

至 2005 年，全县有民营电力生产企业 27 家，共有 54 个水电站，1 个矸石火电厂，94 台发电机组，装机容量 6.65 万千瓦。

属有限责任公司的发电企业 2 家：即县银河发电有限责任公司、县矸石发电有限公司。县银河发电有限责任公司成立于 2001 年 9 月 28 日，是由县水电系统职工入股组建的一家民营水电企业。公司注册资本 451 万元，股本 490 万元。2003 年年底，公司共有职工 75 人，固定资产 4 300 万元，有水电站 8 处，发电机组总装机 16 台，容量 1.19 万千瓦。分别是天井、洞沟、福绿溪、龟坪河、卡马石、鸡冠洞、棋盘岭、黄岩电站。县矸石发电有限公司的前身是县坑口火电厂，位于两河口镇王家垭村，占地面积 5.46 万平方米，厂房建筑面积 1.02 万平方米。该厂属原县铁合金厂、液化气公司、矿粉厂等 5 家三峡库区淹没企业（单位）合并迁建的替代项目。总装机为 2 台 1.5 万千瓦的火力发电机组，总容量 3 万千瓦，年发电量 1.6 亿千瓦时，分两期建设。一期工程装机 1 台 1.5 万千瓦机组，于 1996 年 3 月开工，1998 年 8 月竣工发电，总投资 6 882 万元；二期工程于 2000 年 11 月新增装机 1 台 1.5 万千瓦，总投资 2 800 万元，2001 年 9 月竣工。2002 年 1 月，火电厂改制更名为县矸石发电有限责任公司。

属单位职工集资购买或建设的发电企业共有 4 个单位：1997—1998 年，宜西供电公司以职工集资入股方式，先后收购纸坊河、黑龙潭一级、二级、蔡家坡、花桥河共 5 座水电站，总装机 10 台、容量 4 420 千瓦；1999 年，县水务局职工集资购买茅坪镇茶场村的 2 个村办电站，装机 2 台，容量 235 千瓦；2002 年，县信用合作社联合社购买周坪乡东沟河电站，装机 2 台，容量 800 千瓦；1989 年由民政部门集资建鸡公堡电站，装机 1 台，容量 110 千瓦。全县由乡镇企业改制为私营电站共 8 个乡镇，37 座电站、装机 61 台，容量 1.9 万千瓦。（见表 7-5-1）

2005 年秭归县装机 1 000 千瓦以上电站情况表

表 7-5-1　　单位：台/千瓦、万千瓦时

电站（厂）名称	装机	投产年月	年发电量	所属单位
九畹溪	4/5 200	1984-12	2 500	县电力公司
槐树坪	3/3 750	1988-06	1 200	县电力公司
升坪一级	3/3 750	2003-12	1 300	县电力公司
升坪二级	3/7 500	1998-10	2 000	县电力公司
黄　岩	3/7 500	2004-01	2 200	银河发电公司
棋盘岭	2/1 260	1997-12	420	银河发电公司
卡马石	3/1 500	1987-11	425	银河发电公司
纸坊河	3/1 200	1979-10	460	宜西供电公司
黑龙潭二级	2/1 260	1992-01	390	宜西供电公司
花桥河	2/1 000	1997-06	350	宜西供电公司
良斗河一级	2/2 000	1989-05	300	水田坝乡
良斗河三级	2/2 000	1999-05	345	水田坝乡
板桥二级	2/2 000	1992-05	580	民　营
三渡河二级	2/2 000	2000-10	740	民　营
三渡河三级	2/1 260	2003-03	450	民　营
桐树湾	3/1 380	1979-10	560	民　营
八角庙	2/1 000	2004-02	450	民　营
响水洞	1/1 000	1997-08	250	民　营
鲁家河	2/1 000	2003-12	370	民　营
夹石冲	3/1 125	1994-07	420	民　营
矸石发电公司	2/30 000	2001-10	16 000	民　营

第二节 输电网络

一、变电站

图 7-5-1：茅坪变电站控制室

1988 年 12 月，县电力公司第 1 座 110 千伏崔家湾变电站建成投产。投资 379 万元，占地 5 000 平方米，安装电压 110 千伏、容量 1 万千伏安主变压器 1 台。1995 年 9 月，建成县内西南部以升压为主的云盘变电站，占地 4 800 平方米。初装电压 35 千伏、容量 2 500 千伏安变压器 1 台。1998 年，该站电压等级由 35 千伏升为 110 千伏，安装电压 110 千伏、容量 1.25 万千伏安主变压器 1 台。2002 年进行改造，增加 1 台 2 万千伏安变压器，累计投资 580 万元。1993 年 4 月，为配合县城东迁，县电力公司在茅坪青龙嘴村兴建建东变电站，1994 年 10 月竣工，总投资 943.2 万元，占地 3.29 万平方米。站内设 110 千伏、35 千伏、10 千伏 3 个电压等级侧间隔，共安装 110 千伏、容量 2 万千伏安和 35 千伏、容量 5 000 千伏安变压器各 1 台。该站是承担全县小水电升压上网和县城及周边供用电任务的枢纽变电站。（图 7-5-1）

香溪变电站是全县最早兴建的一座 35 千伏变电站。于 1980 年 12 月动工，1981 年 12 月竣工，总投资 41 万元。安装主变压器 1 台，容量 1 800 千伏安，设 35 千伏出线 4 回，10 千伏出线 3 回。1988 年 4 月，因地基下沉停止运行。其输变电功能由新建的归州变电站替代。此后，屈原、大岭、泄滩、贾家店又相继建成 4 个 35 千伏的变电站。2002 年 4 月，宜昌供电局三峡分局将茅坪 35 千伏变电站租赁给县电力公司经营。至 2004 年，投入运行的 35 千伏变电站共 6 座，装变压器 6 台、总容量 1.78 万千伏安。

至 2005 年，县内共有 110 千伏变电站 3 座，35 千伏变电站 7 座，主变压器 11 台，总容量 5.28 万千伏安。

二、输电线路

110 千伏线路 2005 年年底，全县有 110 千伏输电线路 4 条，总长 58.68 千米，177 杆（基），其中铁塔 165 基。崔（家湾）观（音阁）线，始架于 1989 年 5 月，全长 1.51 千米；崔（家湾）云（盘）线，1998 年由 35 千伏升压为 110 千伏，全长 20.3 千米；建（东）崔（家湾）线，全长 29.38 千米，分两段架设：1983 年崔家湾架至九畹溪，长 16 千米。1996 年，自建东架至九畹溪，长 13.38 千米；建（东）（小）雁（溪）线，1999 年 1 月架设完工，全长 7.49 千米。

35 千伏线路 20 世纪 80 年代，为便于青干河、王子沟、桐树湾、九畹溪等电站上网，先后架设香溪至青干河、香溪至座斗坪、观音阁至九畹溪、茅坪至九畹溪 4 条 35 千伏输电线路。1989—1991

年，崔家湾、归州变电站投入运行，与之相接的崔家湾至观音阁、归州至崔家湾、归州至座斗坪、归州至水田坝4条35千伏线路开通。1995年，又架通云盘至青干河、云盘至升坪35千伏线路。此后，随着各乡镇电站和用电量增加，各地增设多条35千伏线路。至2005年年底，全县拥有35千伏输电线路22条，总长233.43千米，杆塔461基。其产权属县电力公司的16条，长157.43公里；属乡镇集体或民营企业的6条，长76千米。

中低压线路　至2005年，全县共有10千伏输电线路428条，总长1 125.1千米，配有变压器656台、总容量3.88万千伏安；380伏、220伏低压线路全县总长6 199.8千米。

三、电网改造

农网改造　2000年5月，全县农网改造一期工程正式启动，分别在县电力公司直供直管的归州、沙镇溪、周坪3个乡镇进行试点。2001年4月，其余9个乡镇全面开展农网改造。2002年6月，农网改造第二期工程开工。至2003年5月，全县农网改造全部竣工。在历时3年的农网改造中，共新增供电台区230个，新架设10千伏线路237条、577.34千米；380伏线路664.4千米；220伏线路804.36千米。新增配电变压器214台，容量1.39万千伏安。改造台区967个，改造10千伏线路191条、547.73千米，380伏线路820.41千米；220伏线路3 910.64千米；配电变压器442台、容量2.5万千伏安。整个农网改造完成工程总投资9 545.43万元。农网改造后，农村执行“同网同价”政策。到户电价统一降至每千瓦时0.48元，全县平均电价下降45.7%。共解决30个边远高山村用电难问题。沙镇溪、屈原、郭家坝3个乡镇、614个农户告别“燃油灯”，用上电灯。2003年，全县农村综合“中低压”线损比网改前下降25%，供电效益明显提高。

城网改造　2004年3月，城网改造工程启动，累计完成改造工程投资1 811.15万元；新增台区6个，新增配电变压器6台，容量1 860千伏安；改造台区21个，改造10千伏线路5条，长度19.11千米，改造380伏线路17.9千米，改造配电变压器10台，容量3 590千伏安。改造工程预计2006年9月竣工。

第三节　电力经营

一、经营机构

1979年12月，县革命委员会决定成立县电力公司，办公地点设青干河电站。次年9月，公司迁至城关镇，更名为县小水电专业公司。1993年3月，公司再次更名为县电力公司。1997年12月，公司随县城迁至茅坪镇青龙嘴建东变电站。1999年6月，理顺全县电力管理体制，实行“一县一公司”和城乡电力一体化，县政府委托省电力公司代管县电力公司。2000年5月，县电力公司与县水利电力局分设，并明确为正科级单位。2003年年底，公司下属主要生产单位有：九畹溪、槐树坪、升坪3个电站，崔家湾、建东、云盘、归州、屈原、大岭、泄滩、贾家店8个变电站及分布于各乡镇的10个供电所。

二、电力生产

发电　随着小水电发展，发电量稳步增长。1981年，发电量达1 007万千瓦时，首次突破1 000万千瓦时。1984年年底，九畹溪电站投产。1985年全县发电量增加到3 699万千瓦时，向县外售电1 484万千瓦时。1989年是崔家湾变电站投入运行第一年，全县发电量猛增到8 986万千瓦时，比上年增长 55.5%。至 1993 年，发电量达 1.41 亿千瓦时。1994—1997 年，连续 4 年干旱，因水源枯竭，发电及售电量随之下降。1998 年后，升坪、黄岩水电站和坑口火电厂相继建成投产，全县发电量大幅上升。2005 年，全县发电量 2.19 亿千瓦时，其中火力发电量 1.22 亿千瓦时。（见表 7-5-2）

1978—2005 年全县部分年份发电量情况表

表 7-5-2　　单位：万千瓦时

年　份	合　计	其　中	
		水电	火电
1978	720	720	—
1980	892	892	—
1985	3 699	3 699	—
1990	7 339	7 339	—
1995	11 767	11 767	—
2000	25 749	17 252	8 497
2005	21 886	9 681	12 205

供电　20 世纪 80 年代，县内供电全靠小水电自发自供，长期存在丰水限发、枯水缺电矛盾。直到 1989 年，崔家湾变电站与观音阁大网连接后，电力供需矛盾有所缓解。当年供电量达 9 740 万千瓦时，其中向大网购电 519 万千瓦时。1994 年，建东变电站投产，全县供电量大幅增长。2005 年，全县供电量 1.8 亿千瓦时。

用电　1979 年，全县用电设备容量为 1 811 万千瓦时，年用电量仅 587 万千瓦时。20 世纪 80 年代，随着城乡居民生活水平的提高和工农业生产的发展，用电水平高速增长。至 1989 年，全县用电设备容量达 2.33 亿千瓦，用电量 4 718 万千瓦时。1994 年 12 月，全县用电水平顺利通过初级电气化验收达标。当年，全县 16 个乡镇、467 个村、12.2 万户，已通电 16 个乡镇、464 个村、11.28 万户，通电率分别达到 100%、99.36%、92.46%。2003 年，全县农网改造结束后，通电户 100%，用电保证率达 99%以上。2005 年，全县用电总量 1.54 亿千瓦时。其用电结构为：工业用电 1.26 亿千瓦时，占 81.73%；农业用电 148 万千瓦时，占 0.96%；市政及城乡居民生活用电 2 666 万千瓦时，占 17.31%。同年 12 月，秭归县“十五”水电农村电气化建设顺利通过省政府验收。

三、电力调度

1983 年，县小水电专业公司架通全县第一条电力专用电话线至青干河电站，始配专职调度员。1984 年公司成立电力调度室，与各供电所采用邮电线路进行联系调度。1985 年，调度室安装首台载波电话与各地联系。

20 世纪 90 年代，全县水电建设迅速发展，调度通信设备、方式更为先进快捷，开始采用电脑和模拟显示屏进行调度监控。1997 年，县电力调度室迁至茅坪，调度范围及业务量进一步扩大。于 1999 年开通茅坪至小雁溪变电站光缆通信。2003 年，全县拥有调度总机 1 台，程控机 1 台，载波机 16 台。调度网络已覆盖全县电站、变电站及供电所，已形成以电力载波为主，光缆和音频电缆为辅的电力调度网络系统。

第六章 采掘·冶炼

县内采掘业主要以煤炭、黄金开采为主，其次是硅石、石灰石，重晶石、石膏、赤铁矿、白云石有小规模开采。至 2005 年，全县已无国有煤矿，只有乡镇及私营煤矿 41 个，年产原煤 55 万吨。金矿主要分布在茅坪镇，1976 年开始开采，1984 年黄金产量达 2 000 两（合 100 千克）。1980—1985 年，连续 6 年受省黄金公司奖励，被誉为“年产千两黄金县”。1998 年达到历史最高产量，产黄金 189.7 千克。至 2005 年，县内有县金山实业有限公司一家股份合作制企业从事黄金开采和黄金冶炼，年产黄金 75 千克。另有茅坪镇月亮包、陈家坝、井水垭 3 个群采金矿。冶炼仅限黄金和金属硅，1988 年年底，开始黄金冶炼。1989 年 3 月，开始金属硅冶炼，全县仅有县三金硅业有限公司民营企业从事硅石开采和冶炼。2005 年生产金属硅 4 692 吨，总收入 3 259.8 万元。

第一节 采 掘

一、煤炭开采

国有煤矿　1977 年，白沙煤田开工建设，次年 4 月定名县胡家岭煤矿，辖“385”“615”两个坑口。该矿因煤层薄，难于达到年产 15 万吨设计规模，不宜大规模开采，于 1980 年 4 月停建。1983 年 12 月，原胡家岭煤矿“615”坑口并入大湾煤矿续建改造，设计规模由原年产 15 万吨调减到 6 万吨。1985 年 10 月，完成续建改造，总投资 201.4 万元，完成井巷进尺 3 073 米，维修旧巷 1 086 米，地面建筑 2 317 平方米。1989 年 8 月，原胡家岭煤矿建设指挥部成立，原已停建的“385”坑口恢复建设。设计年产原煤 6 万吨，1993 年 12 月完成复建，项目总投资 649.75 万元，完成井巷掘进 4 082 米，地面建筑 3 855 平方米，设备更新 133 台（件）。该矿投产后，因产量低、成本高，至 1995 年，仅产煤 2.7 万吨，当年 2 月并入大湾煤矿。两矿合并后，仅“615”坑口生产。“385”坑口停产到 1998 年 3 月，租赁给沙镇溪镇经营。2002 年 4 月，大湾煤矿解散时，将“385”坑口有偿转让给沙镇溪镇政府，后转制为民营煤矿。大湾煤矿因煤层薄，效益较差，历年亏损。1996 年，生产原煤 4.36 万吨，产品销售收入 181.33 万元，亏损 13.89 万元。至 2000 年，亏损达 37.1 万元。2002 年 3 月，原大湾煤矿进行改制，“615”坑口资产改制为民营企业，成立县福元煤业有限公司。2005 年，该公司生产原煤 5.5 万吨，主营业务收入 800 万元，利税 120 万元，其中税金 103 万元。

1985 年 8 月，县殷家坡煤矿资源枯竭回收结束，该矿人员调往怀抱石煤矿恢复生产。设计年产烟煤 1 万吨，投资 48.66 万元，于 1987 年 4 月投产。1989 年 8 月 18 日，矿区发生岩崩，塌方 1 000 立方米，加之同年 10 月井下发生自燃火灾，地面、井下生产设施受到严重毁坏，企业被迫全面停产。自建矿至停产，该矿共生产烟煤 10.92 万吨。1991 年 8 月，怀抱石煤矿停产清算。

风斗岩煤矿位于原龙江公社风斗岩村，为烟煤矿井。1970 年 4 月建矿，1971 年年底停建，1976 年 5 月进行复建。因原设计年产 5 万吨生产规模过大，延至 1982 年 10 月，按年产 2 万吨进行改建后投产。累计完成投资296万元。投产后，共生产原煤7万吨。1989年9月，因资源枯竭而停产清算，工人先后调往县金矿、胡家岭煤矿。

乡镇及民营煤矿　1979年，全县有社队煤矿84个，从业人员1 150人，生产原煤6.7万吨。1985年，区、乡、村、联、户5个层次新办煤矿108个。全县矿井总数275个，产原煤25.76万吨，销售收入515万元。1986年后，磨坪乡冷家湾、新滩镇漆树坪、杨林桥镇金竹园、沙镇溪镇潘家湾和吴兑煤矿等年产3万吨以上乡镇煤矿相继建成投产，全县煤炭生产规模扩大。1980年，全县矿井总数173个，生产原煤32万吨，销售收入1 016.6万元。1996年，乡镇、村及个体办煤矿原煤产量达到93.6万吨。1998年，杨林东阳煤炭工业公司金竹园矿井技术改造项目竣工投产，全县生产原煤66.34万吨，销售收入3 312万元。2000年，磨坪信诚实业公司对冷家湾煤矿进行技术改造，生产能力由年产3万吨提高到5万吨。年末，乡镇、村及个体煤矿原煤产量34.8万吨，销售收入2 136万元。1999年，国家调整产业政策，对小煤矿实行"关井压产"，当年关闭乡镇小煤矿107个，压产18万吨。至2004年，共关闭乡镇煤矿小矿井267个。2005年，全县有乡镇及民营煤矿41个，年生产原煤55万吨。销售收入5 542.3万元。

二、黄金开采

1976年，茅坪公社开始组织开采金矿，成立社办企业茅坪公社金矿。1985年该矿转为国营。1986—1990年在矿山开采过程中，对矿区内金矿储量进行勘探，于1990年12月完成《湖北省秭归县茅坪金矿区拐子沟矿段勘探地质报告》，次年3月，获中国黄金总公司批准。1990年年底，该矿区尚有黄金储量2 213.87千克。1996年，该矿黄金产量首次突破100千克，达到106千克。当年黄金销售收入1 059万元，利润147.5万元，上缴税金35.87万元。同年，被市委、市政府表彰为文明单位。1997年11月，原茅坪金矿由国有企业改制为股份合作制企业，更名秭归金山实业有限公司。1998年，黄金产量达到历史最高，年生产黄金189.7千克。自1986年建矿至2003年累计生产黄金1 682千克，实现销售收入1.24亿元，利润1 196.6万元，税金352.6万元。2005年，公司生产黄金75千克，完成工业产值829.3万元，主营业务收入829.3万元，利税11.8万元。1976年，茅坪公社陈家坝、月亮包、三溪、兰陵等地有群采金矿74处，采金人数306人。当年所采金矿含量金120.9千克，实现产值129.46万元，获利润46.76万元。2000年以后，金矿资源枯竭，群采量逐年下降。至2003年，群采含量金累计751.07千克，当年仅15千克。2005年，全县群采金矿仅茅坪镇月亮包、陈家坝、井水垭3个。

第二节　冶　炼

一、黄　金

1986年8月，县茅坪金矿在茅坪区月亮包村进行矿山井巷建设。1987年7月，动工建设日选50吨矿石的选矿厂。1988年9月，选矿厂竣工，转入试产。项目完成总投资474.07万元（不含试产费用）。其中，土建及安装工程投资255.62万元，购置设备162台（套），投资154万元。生产线采用全泥氰化、锌粉置换工艺，黄金回收率达87%。同年12月18日，该矿冶炼黄金获得成功，首炉成品金2.4千克，含金量85%。自此，茅坪金矿实现采矿、选矿、冶炼一体化生产。

二、金属硅

1989年3月，县金属硅厂在沙镇溪镇建成投产，总投资245万元。电炉配套变压器容量2 200千伏安，设计年产金属硅600吨。1995年5月，扩建2、3号电炉，分别新增变压器容量2 200千伏安、

5 000 千伏安，总投资 762 万元，次年 6 月投产。为充分利用杨林桥镇的电力资源，该厂分别于 1997 年 6 月、2002 年 11 月在杨林桥镇建金属硅电炉 2 台，变压器容量共 5 700 千伏安，设计年产金属硅 4 000 吨，总投资 831 万元。2000 年 10 月，该厂改制为股份合作制企业，更名县三金硅业有限公司。2002 年 3 月，完成位于沙镇溪镇的三峡库区受淹 1 号电炉搬迁复建，并动工 2、3 号炉迁建。2000—2002 年，共生产金属硅 12.22 万吨，完成工业产值 9 363.5 万元，实现销售收入 7 637 万元。2003 年 7 月 13 日，企业所在地——千将坪发生特大山体滑坡，公司 1.2 万平方米的厂房，1、2、3 号 3 台电炉和在建未完工的两台电炉及生产、生活设施全部滑入长江，经济损失达 4 800 万元。灾情发生后，公司在县委、县政府和相关部门大力支持下，于 2003 年 8 月在沙镇溪镇大岭路向阳坡地段选址重建。重建总投资 2 500 万元，共开工 4 台电炉、变压器总容量 2.39 万千伏安，建厂房 3 520 平方米，年金属硅生产能力达到 1.3 万吨。2005 年，共有 4 台电炉投入生产，生产金属硅 4 692 吨，主营业务收入 3 259.8 万元，利税 91.3 万元。

第七章　化　工

县内化学工业欠发达，主要产品有轻质碳酸钙、陈皮甙、辛氟林。20 世纪 90 年代曾生产过黄磷，2000 年因三峡库区搬迁停产。2005 年有县三和化工实业有限公司、县华法美植化有限公司、湖北楚城生物化工有限公司 3 家化工企业，分别生产轻质碳酸钙 1.27 万吨、陈皮甙 586 吨、皂素 111.23 吨，主营业务收入 4 573.8 万元。

第一节　钙磷化工

一、钙

1979 年 8 月，原香溪公社石灰厂动工扩建碳酸钙生产线。历时 10 个月，自制日产 2 吨烘干机 1 台，完成相关设备、设施改造。经试验，未能生产合格产品。1981 年，赴上海、浙江、黄石考察，在黄石订购长 18 米，直径 1.1 米干燥机 1 台。1983 年 11 月，试车成功。产品含钙率 99.2%，符合部颁标准。后经过对煅烧、碳化、脱水等工序的配套改造，年碳酸钙生产能力达到 3 000 吨规模。1995 年 6 月，与香溪镇其他 6 家镇办企业合并迁建香溪磷酸厂。

1987 年 4 月，原郭家坝镇（区）区办企业——县西峡化工厂建成投产。该厂设计年产轻质碳酸钙 1 万吨，总投资 280 万元，其中土建工程 115 万元，设备及安装工程 140 万元，其他投资 25 万元。项目投产后，因产品采用蒸气干燥工艺，消耗高，产量低，长期不能达到设计生产能力，企业严重亏损。2001 年 7 月，企业对产品干燥工艺、设备、设施进行改造。共投资 60 万元，购Φ1850×21150 型回转干燥机 1 台。改造后，干燥机每小时干燥产品 1.2 吨，耗无烟煤 160～350 公斤，每吨产品降低成本 35 元。2003 年 7 月，企业进行改制，重组为县三和化工实业有限公司。有股东 8 户，股金 200 万元。2005 年，生产轻质碳酸钙 1.27 万吨，主营业务收入 504 万元，利税 9 万元，其中税金 6.8 万元。

二、磷

1995 年 6 月，香溪镇镇办企业原化工厂、化工原料厂（原碳酸钙厂）、农机厂、酒厂等 7 家三峡库区淹没企业合并迁建香溪磷酸厂。1996 年 12 月项目竣工，投入试产。项目总投资 973.73 万元，设计年产工业磷酸、食品磷酸各 5 000 吨。投产后，因资金、市场等原因，仅生产磷酸 147 吨，长期停产，至 2000 年 6 月企业破产。

1995 年 11 月，原县煤炭化学工业局利用三峡库区淹没企业——原县铁合金厂闲置厂房、设备及设施，进行改造后生产黄磷。1996 年 8 月投产，至 2000 年 7 月，因三峡库区受淹而停止生产，累计生产黄磷 4 951 吨。

第二节　医药原料

一、陈皮甙

2001 年 11 月，县进出口公司引进四川华法美实业有限公司，在茅坪镇杨贵店村利用原县食品厂厂房，组建县华法美植化有限公司。2005 年，公司更名为县三仁有限公司。公司占地 8 100 平方米，厂房 1 000 平方米。总投资 700 万元。产品以县内特产——枳实为原料，设计年产陈皮甙 180 吨，辛氟林 50 吨。产品主要出口欧美国家，用于生产药品。年消耗枳实 800 吨，可创汇 200 万美元。2005 年，生产陈皮甙 586 吨，主营业务收入 1 968 万元，利税 47 万元。

二、皂　素

2002 年 1 月，引进宜昌投资商在茅坪经济技术开发区建立湖北楚城生物化工有限公司。公司主要产品以黄姜为原料，经深加工提炼医药用薯蓣皂素，属农业产业化龙头企业。企业占地 2.45 万平方米，建厂房 8 栋，建筑面积 8 200 平方米，其中生产车间 4 349 平方米。项目设计年产皂素 300 吨，酒精 1.5 万吨。一期工程投资 1 200 万元，年产皂素 100 吨，酒精 5 000 吨。2003 年 10 月建成投产。2005 年，共生产皂素 111.23 吨，主营业务收入 2 101.8 万元，利税 332.2 万元。

第八章　工业园区（开发区）

1992 年 5 月 12 日，县政府决定，在茅坪镇九里建立茅坪经济技术开发区，设立茅坪经济技术开发区管理委员会，隶属县政府领导。同年 5 月，县政府决定成立茅坪经济技术开发区总公司，实行一套班子，两块牌子。同年 9 月 30 日，市政府批复茅坪经济技术开发区为市级开发区，由县政府直接领导，归口市政府开放开发办公室指导。1994 年 7 月 18 日，县委、县政府决定，新县城建设指挥部与茅坪经济技术开发区管理委员会合并，成立新城建设开发管理委员会，与开发区管理委员会实行两块牌子、一套班子、两种职能的管理体制。1995 年 12 月，省开发区管理办公室批准茅坪经济技术开发区为省管开发区，批准面积 10 平方公里。1999 年 3 月，县直机构改革，将新城建设开发管理委员会、茅坪经济技术开发区管理委员会列为县政府派出机构，实行一套班子，两块牌子管理体制。2001 年 12 月，县直机构改革，撤销新城建设开发管理委员会，茅坪经济技术开发区管理委员会与县服务三峡工程建设委员会办公室合署办公，实行两块牌子，一套班子管理体制。2004 年 3 月，通过省政府开发区清理整顿验收，7 月行文通知保留茅坪开发区为省管开发区。2004 年 12 月 8 日，县委、县政府决定：设立县招商局，为县政府直属事业单位，与服务三峡工程建设委员会办公室、茅坪经济技术开发区管理委员会合署办公，实行 3 块牌子、一套班子、3 种职能并用管理体制。2005 年，国土资源部以 217 号文件核减茅坪开发区面积为 6 平方公里。经 13 年的开发和建设，开发区内兴办各类企业 101 家。其中，工业企业 44 家（高新企业 2 家），商贸企业 57 家，外资企业 8 家。

第一节　规　划

一、初期规划

1992 年 9 月，茅坪经济技术开发区管理委员会筹备组委托市规划设计院对开发区进行总体规划，同年 11 月—1993 年 2 月，又委托市城市规划设计院作详细规划。1993 年 10 月，县政府批准，茅坪开发区规模范围为茅坪镇青龙嘴、二圣寺、杨贵店、九里庙、铁炉坪、陈家冲村及县良种场的行政区划范围，近期（1992—2000 年）规划开发面积 2 平方公里，远期（2001—2010 年）3 平方公里，人口规模 2 万～3 万人。同时确定开发区是新县城一部分，列入新县城总体规划范围。近期开发工业用地占 31%、居住用地 34%、公共设施用地 9%、仓储用地 4.7%、道路广场用地 11%、对外交通用地 2.8%、市政公园用地 3.5%、绿化用地 3%。规划期内基础设施总投入 5 亿元，其中 1992—1995 年投入 2 亿元。近期完善配套道路、给排水、供电、邮电通信等基础设施建设；建成工业企业 50 家，商贸企业 80 家；建成部分标准厂房和安居住宅楼。实现国民生产总值 5 亿元，财政收入 4 000 万元，自我积累 2 000 万元，出口创汇 100 万美元；远期国民生产总值 12 亿元，自我积累 5 000 万元，财政收入 1 亿元，出口创汇 5 000 万美元。

二、规划修编

茅坪开发区初期规划实施 8 年后，为满足西部大开发和开发区内部经济发展需要，2000 年年初，开发区组织规划修编专班，外出考察取经和区内调研，结合实际，进行规划修编，调整扩大开发区范围。调整为：东起三峡大坝，西至茅坪镇曲溪村，北至三峡水库主航道中心线，南抵茅坪镇九里庙村。规划控制范围为银杏沱、金缸城、陈家冲、九里、杨贵店 5 个村（原 9 村合并为 5 村）的行政区划范围，总面积 10 平方公里，修编规划期限为 2002—2009 年。

总体布局为工业区、商贸文化区、旅游度假区、高新农业区。工业区总用地面积 255.64 公顷，分为西楚、“三茅”、九里 3 个工业园区，规划为一、二、三产业项目集中地。商贸文化区规划面积 242 公顷，为连片开发的新区。向北延伸至金缸城和井水垭一带。西楚工业园区：规划用地 53.7 公顷，其中工业用地 20.34 公顷。安排 16 家工业企业，以发展食品加工、轻纺、服装工业为主。居住用地 30.43 公顷，绿化用地 2.93 公顷。已建新华印刷厂、帝元食品厂、神农架汽修厂、洛兹服饰、酒厂等企业，厂区面积 35.54 公顷，占规划用地的 66.2%。“三茅”工业园区：规划用地 89 公顷，划分 11 个街坊、

61 个地块，其中工业用地 50.6 公顷。拟发展食品加工、建材、机械等科技含量高的工业项目。商贸服务行业及行政办公用地 8.3 公顷，市政公用设施用地 4.8 公顷，道路广场用地 9 公顷，绿化用地 16.2 公顷。九里工业园区：规划用地 112.9 公顷，其中工业用地 49.9 公顷。安排江苏省对口支援项目。已建成维维豆奶、韩氏糖业、森达鞋业、华扬太阳能热水器、匡通电子、天龙家具、华强制盖、楚城生化、宏泰塑化等食品、轻工、机电企业 21 家，建成面积 61.63 公顷。公共设施用地 16.5 公顷，居住用地 22.2 公顷，仓储用地 4.8 公顷，道路广场用地 14.8 公顷，绿化用地 4.8 公顷。高新农业园区：杨贵店蔬菜种植基地规划用地 178.98 公顷，九里花卉苗木基地规划用地 316.59 公顷。同时，对道路、给排水、供电、通信、环保等进行专项规划。

第二节　设施建设

一、道　路

采用枝状和环网相结合布局形成交通网络，将商贸文化区、工业区、旅游度假区、高新农业园区贯通。1993 年 4 月 1 日，修建工业区建东大道，长 4 531 米，宽 18～36 米，是贯通各区和对外交通出口的主干道。至 2005 年，共修建干道（宽 18～45 米）10 条，长 31.45 公里；次干道（宽 12～15 米）14 条，长 11.02 公里；支道（宽 7 米）8 条，长 4.93 公里。开发区道路计 32 条，总长 47.4 公里。其中，油路 4 条，长 12.6 公里，道路面积 13.92 万平方米；水泥路 28 条，长 17.4 公里，道路面积 19.24 万平方米。

二、给排水

1994 年 2 月，九里建东大道永久性供水管网安装完毕并供水。1995 年商贸文化区永久性供水管道开始安装。至 2004 年，累计安装供水管网 29 条，总长 3.08 万米。其中，水泥管道 1.04 万米，钢质管道 1 600 米，铸铁管道 1.88 万米，管网总投资 1 797.8 万元。

开发区排水采用雨污分流制，两管同路，同时安装。雨水充分利用地形高度及自然冲沟分散排水，污水分区设置污水截留管，将生活污水和工业废水截留后输送到九里污水处理厂，经二级处理达标后排入茅坪河。对有污染的工矿废水，由厂家自行处理达标后排入地下管道或附近水体。区内排水设施始建于 1993 年 5 月，至 2005 年，累计安装排水管道总长 49.35 公里，建大型排放口及涵洞 11 个，雨水口 833 个，检查井 750 个，总投资 2 591.36 万元。

三、供　电

县电力公司投资 943 万元，在“三茅”工业园区征地 3.47 公顷，于 1993 年 4 月 1 日开工建设建东 110 千伏变电站，1994 年 10 月竣工投入营运，布有 4 回路出线供开发区使用。至 2005 年，累计架设高压线路 71 千米，其中地埋 14.8 千米。低压线路 110 千米，安装用电设备容量达 3.7 亿千瓦，安装高杆灯 4 座，安装街道路灯 1 764 盏、408 千瓦，区内供电可靠率达 99.9%。

四、通　信

1993 年 4 月，茅坪邮电分局在九里工业园区征地 1.3 公顷，11 月开工建设邮政电信大楼。安装初容 3 000 门、终容 1 万门程控交换机，1994 年 11 月竣工，总投资 396 万元。1995 年 12 月，与县局（归州镇）联网进入长途直拨营运。1996 年 12 月，县电信大楼在商贸文化区开工建设，占地 1.33 公顷，建筑面积 8 445 平方米。交换机初容 6 000 门，终容 3 万门，总投资 3 789 万元。1998 年 7 月，将市话、农话、网话汇接任务由茅坪分局移交县邮电局承担。至 2005 年，开发区已开通程控电话 1.1 万门，进入全国通联网。同时，按 0.8 公里服务半径设置邮电所 7 座。

第三节　开发实施

一、优惠政策

1992年7月31日，县政府印发《秭归县茅坪经济技术开发区投资优惠办法》，鼓励国内外公司、企业、其他经济组织、团体及个人到茅坪开发区投资兴业，除享受国家、省、市规定待遇外，还可在土地使用、税金、基础设施、劳动用工等方面享受优惠待遇，是茅坪开发区开展招商引资工作的第一个政策文本，对加快开发区建设起到推动作用。

1993年1月31日，县政府印发《引进资金奖励办法》。7月15日，县政府又印发《秭归县引进资金奖励办法的补充通知》。规定对引进无偿资金、有偿无息资金、有偿有息资金在100万元以上者，分别给予一次性奖金，奖给单位及直接引资个人。1998年7月6日，县政府印发《招商引资的十条优惠政策》，对县外客商以货币、专有技术、知识产权、机械设备、商标品牌及其他形式作为投资、合资、合作、独资或购买企业产权、股权，开展收购、兼并、租赁业务的均可享受其优惠政策。2001年1月10日，县委办公室、县政府办公室联合印发《秭归县外来投资者投诉督察处理办法》，共19条。2002年6月29日，县委办公室、县政府办公室印发《秭归县进一步营造宽松环境支持外来企业发展的具体办法》（简称后10条优惠政策，下同）。12月25日，县政府印发《进一步加快茅坪开发区建设和发展的实施意见》。2003年7月10日，茅坪经济技术开发区管理委员会印发《招商引资中介实施奖励办法（试行）》，对引进项目投资在500万元以上或年销售收入在500万元以上且在茅坪开发区落户的，项目试运行后予以兑奖，奖励标准按项目投资额的1‰计奖，对有突出贡献的另行给予一次性奖励。2004年4月19日，县政府印发《秭归县鼓励外来投资优惠办法》，分总则、投资鼓励、土地房产使用优惠、其他优惠、合法权益保障、引资奖励、附则，共7章45条，同年1月1日起施行。

二、建设规模

茅坪开发区按照“依托新城、开发新区、巩固九里、发展沿江”的基本思路和项目立区、产业强区、旅游兴区、机制活区的发展战略，高举开发旗，大打三峡牌，坚持发展与效益并重原则，经13年开发和建设，开发区基础设施全面配套，发展环境优化。至2005年，开发区建成面积达4.71平方公里，区内人口3.92万人，兴办各类企业101家。其中，工业企业44家（高新技术企业2家），商贸企业57家，外资企业8家。国民生产总值由1995年的2 062万元发展到2005年的10.02亿元；工业产值由1995年的3 237万元发展到2005年的10.69亿元，实现利税总额1.33亿元，比1995年的321万元增长40.5倍。全县规模企业33家，有70%落户在开发区。2003—2004年，全国、全省开展大规模清理整顿开发区。茅坪开发区以独特的区位优势，科学的规划设计，扎实的开发作风，丰硕的建设成果获得省、市清理整顿考评验收小组好评。2004年7月30日，省政府行文通知，保留茅坪开发区为省管开发区。2005年国土资源部以217号文件核减茅坪开发区面积为6平方公里。

第八篇　贸　易

1979 年前，实行计划经济管理体制时期，县内贸易以商业、供销、粮食等单位为主渠道经营，外贸以对外贸易公司为主经营，以国家、集体经营为主体。1979 年改革开放后，国有、集体商业顺应市场经济体制改革要求，相继进行从承包经营到清算破产、拍卖重组的系列改革，国营和集体商业经营逐年减少，私营商业逐年壮大。1998 年后，全县国有、集体商业网点已不复存在，个体私营批零商业、餐饮业、社会服务业等发展成为全县商贸流通领域的主力军。至 2005 年年底，全县从事商业、餐饮住宿、社会服务等商贸服务行业的个体工商户、私营企业达到 5 500 家，从业人员 8 290 人。

第一章　贸易体制改革

1979年，开始对商贸企业内部经营管理实施改革，推行承包经营，逐步打破“大锅饭”。1994年后，加大商贸流通体制改革力度，以搞活企业，提高效益为目标，按照多法并举，有序推进的原则进行。至2005年年底，全县对商业、供销、粮食、物资、外贸5大系统独立核算企业经营体制实行彻底改革。商贸流通企业经过破产拍卖、资产重组，由国家集体经营转为个体私营，原商贸企业职工多数成为自筹资金、自理税费、自主经营、自我发展的个体工商户。此外，县石油公司、盐业公司、烟草公司等国有专营企业也相继进行劳动、人事、分配等内部经营管理方面的改革。

第一节　经营体制改革

一、国有商业改革

1979—1985年，县商业局对下属百货、纺织、副食、五金、服务、食品等公司先后推行承包经营、联销计酬、联利计奖、经营责任制和厂长（经理）负责制等多种形式的管理体制改革。1986年，对经营企业普遍推行任期目标责任制，强化企业管理。对小型饮食店实行个人租赁经营。对局机关推行岗位责任制，考核奖惩制，改变长期以来分配上的平均主义和吃“大锅饭”状况。1991年3月，按照现代企业管理制度要求，成立县商业贸易总公司，实行与县商业局一个机构，两块牌子。由行政管理型转向服务经营型。1992年年初，将经营企业合并为百纺、食品、五金交化、副食、饮食服务5大公司，扩大公司规模。1995年，推行资产承包经营责任制，实行以门店为单位核算。1996年8月，县商业局以合股方式，在新县城茅坪筹建国贸大厦、九里商业大楼和三峡果品中心批发市场。1997年年初，由县商贸总公司、食品厂、五交化公司、百纺公司、副食品公司等6家法人企业合股组建阳光国贸公司，为股份合作制企业，于1998年9月正式营业。1998年3月，全县行政机构改革，撤销县商业局，只保留县商贸总公司牌子，不再具有行政管理职能。2001年1月，县商贸总公司先后对所属百货、纺织、副食、五交化、饮食服务5公司和县食品厂6家企业实施依法破产改革，对县食品公司实行清算关闭。同年7月，经县人民法院裁定，依法破产企业6家，清算关闭企业1家。2003年7月，县商贸总公司对阳光国贸按照“体制全改革、资产全出售、职工全安置、管理全规范”的改革要求，将阳光国贸资产评估，以970万元价格出售，更名为阳光国贸有限责任公司。至此，县内国有商业企业全部改制为民营企业。至2005年年底，仍保留县商贸总公司牌子，只负责经营三峡果品中心批发市场和国有资产经营管理。

二、供销合作商业改革

1979年，县供销合作社开展以恢复社员代表大会制度、恢复“三性”（组织上的群众性、管理上的民主性、经营上的灵活性）等为主要内容的经营体制改革，改官办为民办，变全民为集体。1983年2月，县供销合作社组成工作组，在香溪镇供销社举办基层供销社经营体制改革试点。同年4月，召开县供销合作社第四届一次社员代表大会，县供销合作社更名为县供销合作社联合社，选举产生理事会和监事会。对基层供销社普遍推行责、权、利相结合的经营承包责任制。1985年，社员股金扩大到83.7万元，比1979年的11.5万元增6.28倍。1986年，县供销合作社联合社开展横向经济联合，推行农产品分购联销、工业品联购分销制。1997年2月，在县生活资料公司进行买断经营改革试点；在梅家河乡供销社进行“双买双建”（买断经营、买断工龄、组建资产委员会和农村综合服务社）改革试点。1998年3月，县供销合作社联合社在基层全面推行“双买双建”改革。年底，全县有10个基层供销社改革结束，农村“双代”店（代购、代销店）全部转为个体经营。1999年，对县农业生产资料公司和农村综合服务社试行连锁经营改革。当年，发展农资连锁店30个。2001年开始，县供销合作社联合社按照国有民营、公有私营的改革要求，对企业进行破产、兼并、重组、关闭清算等经营体制改革。至2002年8月，全县供销系统15家独立核算企业，除县药品公司、农业生产资料公司外，其余13家企业全部关闭清算。2003年2月，报经县政府同意，对县供销合作社联合社所属10个基层供销社和4个公司实行捆绑式破产，所有经营性企业全部进入清算、破产改革程序。2004年3月，县供销合作社联合社撤销县供销合作总公司，成立县兴农供销公司，下设归州、沙镇溪等5个农资连锁经营部，负责化肥、农药等农资商品经营。2005年6月，全县供销系统清算、破产改革结束。除保留县供销合作社联合社和内设的县兴农供销公司外，其他经营企业均依法破产或重组民营。共破产企业14家。其中，基层供销社10家、公司4家。重组民营吉庆烟花爆竹销售有限责任公司1家。

三、物资供应体制改革

1979年，物资供应以计划供应为主，县物资局负责管理和供应计划物资。下设物资公司、燃料公司、煤炭运输车队。1981年5月，县物资局将下属燃料公司移交县燃化局、煤炭运输车队移交县交通局。1982年3月，县物资局与物资公司合署办公，为政企合一机构，实行一套班子，两块牌子。下设金属建材、机电化工两个门市部。1984年2月，全县实行机构改革，撤销县物资局，保留县物资公司。1987年12月，又将县物资公司恢复为县物资局，下设金属建材、机电化工、物资贸易3个公司。1999年3月，县物资局改制更名为县物资总公司，彻底转变为经营性企业，与财政脱钩。下属的6个经营性公司实行破产、清算、关闭、重组等多种形式改革。至2003年年底，破产2家，关闭清算3家，保留1家重组为县民爆器材专营公司。

四、粮食流通体制改革

1979年后，县粮食流通体制经历粮食统购统销到合同定购，到全面走向市场的改革历程。1979—1984年，粮油购销仍实行统购统销制。计划购销为主，城镇居民凭票证供应粮食。农民在全面完成和超额完成粮油统购任务的同时，实行议购议销。1985年4月，取消粮食统购政策，改为合同定购。粮食定购品种为小麦、水稻、玉米，完成合同定购任务后，生产者可以自行处理；合同定购以外品种的粮食，一律放开经营，实行市场调节，价格随行就市，议购议销。1992年4月，国家提高粮食定购价格和统销价格，实行购销同价。粮食价格调整后，县政府决定，放开粮油市场，实行多渠道经营。1993年4月，取消粮油统销政策，自此结束粮食凭票证供应的历史。放开粮食销售价格。1998年，县粮食局从精简机构、转换机制入手，对全县粮食系统进行机构改革。粮食购销企业除保留承担国家政策性粮油购销、储备的7个粮油公司外，对非政策性粮油购销企业（包括购销站、店）全部进行破产、清算和关闭。对粮油加工企业划归县经济委员会管理，与县粮食局彻底脱钩。2004年5月，粮食收购市场全面放开，粮油购销全面走向市场。至2005年，县粮食局内设3股1室，下设6个粮油公司，承担国家政策性粮食经营和县级储备粮业务。

五、外贸体制改革

1978年11月，成立县革命委员会对外贸易局，下设县对外贸易公司。1982年4月，县革命委员会对外贸易局更名为县对外贸易局。1984年11月，成立县对外经济贸易局，同时，将局属外贸公司升格为局级公司，更名为县对外经济贸易公司。县对外经济贸易局与外贸公司合署办公，实行一套班子、两块牌子，为政企合一机构，属省对外经济贸易厅垂直管理企业。负责全县出口商品购销、外资外经业务和脐橙基地建设。外贸经营实行“计划供货、统购包销、统负盈亏”的管理体制。1993年，省政府决定全省县级对外经济贸易局（公司）下放到地方管理，上级对外贸易部门的出口商品收购、调拨计划取消。县对外经济贸易局（公司）实行“独立核算、自主经营、自负盈亏”的管理体制。经营业务由外贸出口转向国内商品购销为主。1996年，县对外经济贸易局（公司）获得对外贸易进出口自营权。1998年年初，县对外经济贸易局实行放开管理体制和经营机制，精简机构，分流人员等改革。同年8月，县对外经济贸易局（公司）撤销，合并成立县进出口公司，下设茅坪、归州、香溪、卜庄河4个分公司。1999年起，国家深化外贸流通体制改革，允许出口商品生产企业实行自营出口或多渠道委托外贸代理出口业务，形成外贸专业公司、自营出口企业相结合的外贸流通管理体制。1999年后，县进出口公司受市场冲击，经营业务逐年下降，亏损逐年增多，于2005年10月依法破产，县内外贸进出口业务自此转由企业自营。

第二节　劳动用工制度改革

一、国有商业改革

1979年，县商业局开始试行企业承包经营责任制为主的劳动用工和分配制度改革。1982年起，县商业局先后在所属副食品公司等企业推行承包经营责任制，实行奖金与企业购销任务、经济效益挂钩，多劳多得，打破平均主义分配办法。1985年，实行定额管理、联销计酬、联利奖惩、百分考核、超利分成、租赁经营、包干上缴等多种形式的分配制度。1986年，县商业局对所属经营企业进一步实行目标管理责任制，扩大企业分配自主权。1987年，县商业局按照保证国家财政收入，增强企业活力和包死基数、确保上缴，超收多留、歉收自补的原则，先后与百货、纺织、五金、副食4个公司签订为期4年的目标责任承包合同。1992年，县商业局在五交化公司试行“四放开”（经营、价格、用工、分配放开），先后对百纺、食品、副食等公司试行优化组合、竞争上岗、风险抵押、分段承包、工效挂钩等用工制度改革。1995年，县商业局以副食品公司、南门商场、解放路副食店为试点，以门店柜组为单位承包经营，对职工实行以库存商品为基础，成本作价，抽资经营。当年，南门商场5个柜组，13

名职工参加资产承包经营，全年上缴税费9.2万元，完成抽资金额11.7万元，占应抽资金额的100%。1996年，全县商业系统共实行资产承包，抽资经营门店19个，职工146人；租赁包干经营门店27个，职工108人；实行目标管理门店15个，职工143人；实行风险金抵押经营职工306人，交纳风险抵押金17.8万元；停薪留职自谋职业职工69人。1998年年初，县商业局对全县商业企业职工试行“双买”（买断经营、买断工龄）改革。买断经营，即由企业将库存商品评估作价，扣除差率后有偿分配给职工，由职工“自筹资金、自理税费、自负盈亏、自主经营”。买断工龄，即职工与企业解除劳动关系。由企业按职工工龄每年600元标准给予一次性经济补偿进行安置，职工档案交由县劳动局托管。当年，全县商业系统共分流人员404人。其中，分散经营142人，安置进阳光国贸185人，退休12人，内部退养65人。至2001年6月，全县商业系统“双买”改革结束。一次性支付职工安置补偿费490多万元。2003年7月，县商贸公司进行彻底改革，对县阳光国贸实行整体出售，一次性安置职工118人，支付安置补偿费94.3万元，兑付职工股金116.8万元。至2005年年底，全县国有商业只保留县商贸总公司干部职工15人。

二、供销合作商业改革

1979年，县供销合作社联合社（简称县供销社，下同）以推行经营承包责任制为主要内容，实施劳动用工制度、分配制度改革。1983年4月起，对全县基层供销社经营门店普遍推行“四定一包”（定人员、定任务、定费用、定资金、利润包干）责任制；对饭店、旅社、加工企业实行“三定一包”（定收入、定费用、定资金，包利润）责任制。1986年，对供销系统所属独立核算经营企业推行联销计酬、联利计奖等多种形式责任制。1987年，县供销社对企业法人代表实行目标承包责任制。按照“保国家收入、保企业后劲”和“包死基数，确保上缴，超收多留，歉收自补”原则，签订承包合同，年终考核，奖惩兑现。1990年7月，县供销社按照“多数稳定，个别调整”原则，对经营企业采取“两包一挂”承包制。即包利润和税金，包技术改造和固定资产增值，企业职工工资总额与经济效益挂钩。1992年1月，县供销社制定“四放开”改革实施细则，以打破“三铁一大”（铁饭碗、铁工资、铁交椅，大锅饭）为重点，全面推行全员劳动合同制、干部聘任制、内部待业制，建立企业与职工双向选择用工制度。当年，全县供销系统职工与企业签订劳动合同833人，聘任中层干部200人，试岗、待岗24人，停薪留职3人，辞退3人。1995年，供销系统对企业干部、职工推行效益工资制，实行工资总额与经济效益挂钩，企业内部分配形式由企业自主决定，基本建立“岗位靠竞争，收入凭贡献”的激励机制。1997年10月，先后在梅家河供销社和县生活资料公司推行“双买”改革试点。对实行买断经营的职工由企业一次性补偿发展金3 000元，实行“自筹资金、自出门店、自负税费、自主经营”。对农村“双代”店库存的商品，按零售价倒扣20%，由“双代”员一次付现金买断，转为个体经营。对买断工龄的职工，由企业按职工工龄年限付给补偿金，一次性安置到位。至1998年年底，全县供销系统职工共有745人买断经营；80人买断工龄；内部退养10人；停薪留职3人。2000年4月，对全县供销系统在职职工实行一次性安置改革，企业与职工解除劳动关系，由企业按职工工龄年限每年500元的标准和3 000元的发展金一次性付给安置补偿费。当年，全县供销系统完成一次性安置改革企业15个，安置职工860人，支付安置费896万元。2003年6月，全县供销系统职工全部安置结束，共安置1 079人，一次性支付安置补偿费1 252.4万元。至2005年年底，全县只保留县供销社机关干部职工11人。

三、物资系统改革

1999年3月，县物资局由行政管理单位改制为企业经营型公司，并对下属公司改革。在改革中，对下岗干部职工实行“二买一退”安置方式。即买断工龄、买足保险、工龄达到30年或年龄达到50岁的人员实行内部退养。2003年12月，县物资总公司共安置干部职工63人，其中内部退养11人。一次性支付安置费148.04万元；购买保险费29.55万元。至2005年年底，县物资系统只保留县物资总公司干部3人。

四、粮油系统改革

随着粮食流通体制改革的不断深化，粮油购销市场全面放开，国营粮油企业购销业务逐年减少，经济效益逐年下降，步入“僧多粥少”的困境。1997年年底，全县粮油系统共有干部职工848人。1998年，县粮食局进行以人员分流为重点的人事制度改革，职工与企业解除劳动关系，实行下岗分流、自谋职业等改革。企业对下岗分流人员按职工工龄每年给予一定的经济补偿，一次性安置到位。当年，县粮食局机关分流安置人员27人，粮油购销企业分流安置职工472人，共支付安置补偿费800万元。同年，对两家粮油加工企业（面粉加工厂和油料加工厂）的212名职工转到县经济委员会管理，后纳入企业改制。至2005年年底，县粮油系统实有干部职工35人，比1997年减少813人，减少96%。

五、外贸系统改革

1979年，县对外经济贸易局（公司）干部职工由县劳动人事部门统一招收，统一分配。1988年，县对外经济贸易局（公司）打破平均主义和“吃大锅饭”的传统分配方式，对各股、室、站建立“包死基数、确保上缴、纯利分成、超利超分”的承包经营责任制，年终考核，奖惩兑现。1990—1992年，进一步完善经营承包责任制，职工实行双向选择，优化组合，竞争上岗。1993年，实行“全员风险抵押、利润包干、超利分成、欠丰自补”的目标管理责任制，公司领导、科室人员、职工分别交风险抵押金3 000元、2 500元和2 000元，人均包干上缴利费9 800元，年终按完成任务的比例计发奖金和补贴，退还风险金。1994年，完善工资分配制度，按照岗位责任、劳动强度、经营规模大小分别确定工资标准，实行一岗一薪，岗变薪变的分配制度，奖金分配向生产经营一线和业务骨干倾斜，职工收入与企业效益挂钩。1995年，推行全员劳动合同制改革，有31名干部职工与县对外经济贸易局（公司）签订劳动合同。1999—2002年，县进出口公司对职工实行“买断工龄，一次性安置”改革。对买断工龄的职工由企业人均补偿5 000元的发展基金，并按照工龄每年补偿生活补贴500元和安置补偿费500元一次性安置补偿到位。共有18名职工买断工龄，一次性支付安置补偿费、医疗保险费51万元。2005年10月，县进出口公司实施破产清算改革，由企业按职工工龄每年476元标准进行一次性经济补偿安置，共安置职工16人。共支付安置费、职工养老保险金、医疗保险费等180万元。至2005年年底，县进出口公司干部职工全部转为自谋职业或个体经营。

第二章　商　业

1979年前，县国有商业、供销合作商业（简称国合商业，下同）共有独立核算企业25家，经营网点444个，居全县商业主导地位。1978年中共十一届三中全会召开后，随着市场经济的逐步建立，国合商业对经营企业实行承包经营责任制，个体私营商业得以恢复发展。进入20世纪90年代初，随着经营渠道的全面放开，个体私营商业得以快速发展，市场竞争日趋激烈，国合商业经营企业购销业务逐年下降，经济效益大幅滑坡，经营亏损逐年增多，企业负担沉重，举步维艰。至2000年年底，全县国合商业累计亏损金额达2 051万元。其中，国有商业1 061万元、供销合作商业990万元。2001年7月，县商业总公司所属企业实施破产清算、重组改革结束，依法破产企业6家、关闭企业1家。2003年7月，县商业总公司将阳光国贸整体出售，成功完成改制企业1家。2005年6月，县供销合作社联合社所属企业改革全部完成，依法破产企业14家、关闭企业1家。至此，全县国合商业经营企业及网点已不复存在，购销经营全部由私营商业所取代。

1979年后，私营商业快速发展，由1979年的1家发展到2005年的4 435家。社会商品零售总额由1981年的24万元增加到2.09亿元，增长871倍。社会消费品零售总额达到8.47亿元，其中民营6.16亿元，占73%。

第一节　国有商业

一、商业网点

1979年，县商业局下设百纺、五金、石油、副食品、食品、饮食服务6个公司。1981年1月，百货与纺织分设。1984年8月，增设贸易公司。1985年9月，石油公司从县商业局划出，隶属县财办领导。1985年年底，县商业局设有纺织、百货、五金、副食、工业品贸易、食品、饮食服务7个公司和1个食品加工厂。县食品公司在归州、香溪、茅坪、杨林桥、郭家坝、两河口、西陵7个镇（区）设立分公司和25个购销站，负责全县生猪、鲜蛋购销业务。其他6个公司分别在归州和香溪设立商业批发网点8个，零售网点13个，饮食服务网点10个。1990年，县商业局撤销工业品贸易公司，购销业务分别划入百货、纺织品公司。1991年，县商业局改扩建的屈原商场、百货综合大楼相继在老县城归州镇开业，增设商业批零网点31个。1998年6—12月，县国贸大厦和三峡果品中心批发市场在新县城茅坪建成开业。2001年7月，县商贸总公司所属经营企业实施清算破产，改制重组。依法破产企业6家，清算关闭企业1家。2003年7月，县商贸总公司将所属国贸大厦估价出售，改制民营。至此，全县国有商业网点全部改制为民营企业和个体经销户。（图8-2-1）

图 8-2-1：阳光国贸超市

二、商品购销

1979年，全县国有商业系统（不含食品公司，下同），共完成商品销售总额1 642万元，实现利润总额68.8万元；1985年，共完成商品销售总额1 807万元，利润43.7万元。1986—2000年，完成商品销售总额3.56亿元，年均2 374万元；经营亏损1 061万元，年均71万元。2000年后，全县国有商业系统进行破产改革，停止购销经营业务。

百货及文体用品　1979年，县商业局下设百纺公司负责全县百货、文体用品购进、批发和城市零售业务。农村零售业务以基层供销社为主。主要经营品种：百货类有肥皂、火柴、洗衣粉、热水瓶、缝纫机、手表、胶鞋、搪瓷面盆、铝锅等；文体用品类有笔、墨、纸及学生用品、办公用品、体育器材等。1980年开始，物资不断丰富，除对火柴、肥皂等商品实行计划供应外，其他商品取消计划控制。1981年，百货公司单设。除上海缝纫机货源偏紧外，其余商品货源充足，敞开销售。当年，县百货公司完成商品购进总额302万元，销售总额341万元。1985年，完成商品购进总额299万元，销售总额416万元。1986—1990年，完成商品购进总额2 091万元，年均418万元；销售总额2 237万元，年均455万元。1991—1995年，完成商品购进总额1 430万元，年均286万元；销售总额2 058万元，年均412万元。1996年后，随着市场经济体制的建立，县百货公司购销业务受到冲击，购销总额大幅下降。1996—2000年，共完成商品购进总额302万元，年均60万元；销售总额451万元，年均90万元。企业亏损严重，经营艰难。2001年7月，县百货公司依法宣布破产。至此，全县百货及文体用品全部转由私营。

针纺织品　1979年，针纺织品由县商业局所属纺织品公司负责购进、批发和城市零售。主要经营的针织品有汗衫背心、棉毛衫裤、卫生衫裤、毛线、毛巾和袜子等，循环经营品种达2 000多个；纺织品有棉布、化纤布、呢绒、绸缎、服装、被面和床单等。1982年前，针纺织品实行计划分配，凭票供应。1983年，取消计划控制，敞开销售。1981年，县纺织品公司完成商品购进总额498万元，销售总额558万元。1985年，完成商品购进总额566万元，销售总额642万元。1986—1990年，国家逐步放开针纺织品进货渠道，实行多渠道经营，完成商品购进总额2 635万元，年均527万元；商品销售总额2 877万元，年均574万元。1991—1992年，针纺织品购销业务并入县百货公司。1993年，放开针纺织品经营渠道和价格，县纺织品公司购销业务急剧下降。1993—1995年，完成商品购进总额631万元，年均210万元；销售总额831万元，年均277万元。1996—2000年，全县深化国有企业体制改革，县纺织品公司实行买断经营，购销业务日趋下滑。其间，共完成商品购进总额370万元，年均74万元；销售总额513万元，年均103万元。2001年7月，县纺织品公司宣告破产，针纺织品自此转为私营。

五金·交电·化工　1979年，五金、交电、化工商品由县商业局所属的县五金公司批发兼零售。主要经营品种有圆钉、铁丝、自行车、胶线、收录机、电视机、电风扇、洗衣机、纯碱、明矾、硫黄、小五金和小型修理工具等，品种达1 800多个。当年完成商品购进总额110万元，销售总额516万元。1985年，完成商品购进总额421万元，销售总额472万元。1986年起，国家放开商品价格和经营。1986—1990年，县五金公司共完成商品购进总额2 020万元，年均404万元；销售总额2 078万元，年均416万元。均比1985年下降。1991年，完成商品购进总额705万元，销售总额706万元，为历史最好水平。随着改革的深入，市场的开放，县五金公司购销总额逐年下降，至1995年，购进总额下降到166万元，销售总额下降为334万元。至2000年，仅完成商品购进总额33万元，销售总额50万元。企业亏损严重，资不抵债。2001年7月，县五金公司依法宣告破产，五金、交电、化工购销自此转为私营。

肉·鱼·禽·蛋　1979年，肉、鱼、禽、蛋主要由商业局所属的县食品公司经营。以生猪、鲜蛋购销为主，兼营山羊、菜牛、干鲜鱼及家禽购销业务。当年完成商品购进总额607.3万元，销售总额693.7万元。1985年国家取消生猪派购任务，实行议购议销，当年全县购销生猪8万头。当年县食品公司完成商品购进总额613.7万元，销售总额736万元。1986—1990年，县食品公司共完成商品购进总额4 347万元，年均869万元；销售总额4 564万元，年均913万元。年均购销生猪4.9万头、鲜蛋240吨。1991—1995年，国家对生猪购销价格实行以放为主，放调结合的方针，县食品公司共完成商品购进总额3 820万元，年均764万元；销售总额4 527万元，年均905.4万元。年均购销生猪2.27万头。从1993年起，基本停止鲜蛋购销经营。1994年，全年鲜蛋购销下降到22吨。1996—1999年，县食品公司共完成商品购进总额1 447万元，年均362万元；销售总额4 527万元，年均905万元；年均购销生猪5 600头。2000年后，肉、鱼、禽、蛋全部转由私营。

烟·酒·副食　1979年，烟、酒、副食经营以县商业局所属的县副食品公司为主。主要经营卷烟、酒类、食糖、糕点，干鲜菜及调味品，品种达1 200多种。1984年县烟草公司成立后，停止卷烟购销业务。1979年，县副食品公司完成商品销售总额503万元，共销售卷烟3 578箱、白酒617吨、食糖517吨、糕点47吨。1985年，完成商品销售总额348万元，共销售白酒489吨，食糖510吨、糕点120吨。1986—1990年，年均完成销售总额425万元，年均销售白酒1 404吨、食糖735吨、糕点200余吨。1992年起，全县放开商品价格和经营，公司白酒、食糖销量下降。1991—1995年，公司年均完成商品销售额486万元，年均销售白酒304吨，食糖283吨。1996年开始，公司实行资产承包经营，购销总额逐年下降。1998年，公司仅完成商品销售额127万元，销售白酒31吨，食糖169吨。1998年后，公司不再统一组织经营，完成企业转制改革。2001年7月，县副食品公司依法破产。

第二节　供销合作商业

一、经营网点

1979年，县供销社下设土产日杂、农业生产资料（简称农资，下同）、水果茶叶、药品4个公司，18个公社供销社，75个零售门店和286个农村“双代”店，经营网点遍布全县城镇乡村，负责全县生产、生活资料和农产品购销。1981年年初，设立县贸易货栈。1984年4月，随着撤社并区体制改革，18个公社供销社合并为13个镇区供销社。同年7月，成立县农村综合贸易公司，撤销土产日杂、水果茶叶和贸易货栈，将土产、果茶等购销业务划归县农村综合贸易公司经营。1985年1月，县农村综合贸易公司划归县供销部门管理，并分设为县生活资料公司、土产果品公司。1987年12月，按照撤区建乡后行政区划增设梅家河、文化、芝兰3个乡镇供销社。1992年起，经营网点不断增设。到1994年，供销合作商业共设乡镇供销社14个，城乡零售商场11个、门店96个；乡镇供销社下设分店88个，农村“双代”店398个。1995年10月，县供销社随着行政区划的变更，将香溪与归州供销社合并为香溪供销社（后更名为归州供销社），将屈原与新滩供销社合并为屈原供销社。2001年6月，随着行政区划变更，将文化供销社归并到郭家坝供销社，芝兰供销社归并到周坪供销社。同年8月，按照企业破产重组改革要求，将屈原与茅坪供销社合并为茅坪供销社；将泄滩与沙镇溪供销社合并为沙镇溪供销社。至此，县供销社所属独立核算经营企业有茅坪、归州、水田坝、沙镇溪、两河口、磨坪、梅家河、郭家坝、周坪、杨林桥10个乡镇供销社和4个公司。2003年2月起，对全县10个乡镇供销社和4个公司实施改革。至2005年年底，县供销社只保留机关干部职工11人，重组烟花爆竹销售有限责任公司1家，其余全部改制民营。

二、商品购销

1979—1985年，全县供销系统共完成商品销售总额3.63亿元，利润总额964万元，上缴国家税金946.5万元，其中1979年，完成商品销售总额4 288.6万元，实现利润122.2万元，上缴国家税金105.9万元。1986—1990年，完成商品销售总额3.01亿元，年均6 027.7万元；利润总额635.2万元，年均127万元；上缴税金619万元，年均123.8万元。1991—1995年，完成商品销售总额3.98亿元，年均7 953.3万元；利润亏损537.7万元，年均107.5万元；上缴税金697.8万元，年均139.6万元。1996—1997年，完成商品销售总额2.08亿元，年均1.04亿元；利润亏损452万元，年均226万元。1998年后，县供销社实施体制改革，大部分经营企业停止营业。至2003年5月，县供销社所属经营企业实施清算、破产改革结束，其购销业务全部转入个体私营。

农业生产资料　1979年，全县化肥、农药、农膜等农资商品由县供销社所属农资公司负责批发经营，农村由乡镇供销社经营。当年，全县供销系统共完成农资商品销售总额516万元，其中经销化肥1.33万吨。1985年，共完成农资商品销售总额748.4万元，共销售化肥2.1万吨、农药169吨、农膜78吨、中小农具7.7万件。1986—1997年，全县供销系统共完成农资商品销售总额2.69亿元，年均2 238.8万元。其中，销售化肥39.3万吨，年均3.3万吨；农药1 693吨，年均141.1吨；农械8.1万件，年均0.68万件；中小农具62.1万件，年均5.2万件。1998年后，农资经营业务转由个体私营。（见表8-2-1）

1979—1997年部分年份县供销系统销售主要农资数量统计表

表8-2-1

年　份	化肥（万吨）	农药（吨）	农膜（吨）	喷雾器（部）	中小农具（万件）
1979	1.33	—	—	—	—
1985	2.1	169	78	3 801	7.7
1986	2.4	135	78	4 552	8.6
1990	3.45	104	106	3 298	7.2
1995	3.3	165	199	7 811	1.8
1997	3.56	162	64	5 545	1.7

生活资料　1979年，县供销系统共完成生活资料销售总额2 231万元。经营范围包括吃、穿、用三大类，共1.3万多个品种。1985年1月，县生活资料公司成立，主营城乡居民日常生活用品以及絮棉、烟花爆竹等，实行批零兼营，负责全县区（镇）供销社日用工业品联购分销业务。1979—1985年，全县供销系统完成生活资料销售总额2.07亿元，年均2 950万元。1986—1992年，完成生活资料销售总额3.18亿元，年均4 540万元。1993年始，放开商品价格，放开经营渠道，逐步建立市场经济体制，个体经营户增多，市场竞争日趋激烈，供销系统生活资料经营业务逐年下降。1993—1997年，全县共完成生活资料销售总额1.83亿元，年均3 660万元。1998年，生活资料购销业务全面放开，实行个体承包，租赁经营，生活资料经营业务由私营取代。

农副产品　1979年，县供销系统完成农副产品收购额640万元。1985年1月，县土产果品公司成立，负责全县区（镇）供销社农副产品集并、转运、储存、分购联销业务，当年全县完成农副产品收购额1 005万元，创历史最好水平。1979—1985年，完成农副产品收购总额5 098万元，年均728万元。1986年，逐步放开农副产品价格，允许多渠道经营，当年完成农副产品收购额848万元。1986—1997年，全县共完成农副产品收购额8 528万元，年均711万元。1997年后，全县农副产品购销实行自产自销、议购议销的市场化经营。

土产日杂　1979—1983年，由县供销社所属土产日杂公司和公社供销社经营土产日杂物品。1984年7月，县农村综合贸易公司专营土产日杂购销业务。1985年1月，成立县土产果品公司，主营土产果品业务。1986年，共完成土产日杂商品购进总额147.2万元，销售总额173.8万元。1986—1996年，共完成土产日杂商品购进总额2 521万元，年均229.2万元；销售总额3 204万元，年均291万元。1997年后，供销系统实施改革，土产日杂购销业务转为私营。

果品干菜 1979—1983年，果品干菜购销业务由县供销社水果茶叶公司经营。1984年并入县农村综合贸易公司。1985年1月，果品干菜购销业务由县土产果品公司和区（镇）供销社经营。经营品种主要有柑橘、板栗、核桃、葵瓜子、香菌、木耳、海带、粉丝等品种。1986年，购进果品干菜总值396.1万元，销售总额455.5万元。1986—1996年，购进果品干菜总值3 125.5万元，年均284.1万元。1997年后，果品干菜购销业务转为私营。

废旧回收 1979年，县废旧物资经营以县供销系统土产公司和公社供销社为主。主要经营品种有废金属、废棉（布）、废塑胶、废纸4大类，110多个品种。1979—1985年，共收购废旧物资总额52.5万元，年均7.5万元；销售废旧物资近60万元，年均8.5万元。1986—1993年，实行经营承包责任制，废旧物资购销大幅增长，共收购废旧物资总额84万元，年均10.5万元；销售废旧物资总额102万元，年均12.8万元。1993年，全县放开废旧物资经营渠道，大部分废旧物资购销由个体经营户和商贩经营，供销系统购销额逐年下降。1994—1996年，供销系统共收购废旧物资总额9.6万元，年均3.2万元；销售废旧物资总额11.4万元，年均3.8万元。1997年后，废旧物资购销业务全部转为私营。

三、股金管理

1979年，供销系统只有社员股金11.5万元。1983年，县供销社恢复集体经济组织性质，发挥群众办社优势，引导农民积极向供销社入股。至1985年年底，全县供销系统吸收农民入股总户数达5.44万户，入股金额83.7万元，比1979年增长6.3倍，占自有流动资金418.7万元的20%。新滩、周坪供销社农民股金占自有流动资金的50%。1996年5月，县供销社转发《湖北省供销合作社股金管理实施办法》，坚持“入股自愿，退股自由”的原则，实行保息分红制度。入股对象以农民为主，城镇居民和供销社职工均可入股。股金使用坚持“安全第一、效益优先”原则，主要用于农资经营、农产品收购、城乡居民生活资料供应及其他为农服务项目。1997年年底，全县供销系统社员股金总额达1 238万元。1997年后，供销系统出现经营亏损、资不抵债状况。为保障股民利益，县供销社从1998年开始，对全县社员股金进行逐户登记造册，清理清退。至2000年年底，共清退社员股金1 204万元，清退率达97.3%（除因移民搬迁和少数无主账户外）全部清退到人。

第三节 个体及私营商业

一、发展状况

1979年后，全县个体商业大体经历恢复发展、治理整顿、巩固完善、发展壮大4个阶段。即1979—1985年为恢复发展阶段。1979年，全县仅有个体商业1户，从业人员1人。当年，全面落实中共中央、国务院改革开放政策，个体私营商业发展迅速。至1985年，全县个体商业发展到2 419户，从业人员3 647人。1986—1990年，为治理整顿阶段，落实国家宏观调控政策。1990年，全县个体商业调整减少到2 089户，从业人员2 935人。1991—2000年，为转换机制，巩固完善阶段。1998年8月，全县国合商业实行买断经营、买断工龄、分散经营等改革，国合商业资产大部分被出售、租赁、转让或配送给企业职工，80%的职工完全与企业脱钩，转为个体经营，全县个体商业经营体系不断完善。2000年，全县个体商业发展到3 350户，从业人员5 210人，其中民营商业12家，雇用员工150人。2001—2005年，为发展壮大阶段。从2001年起，县商业局、粮食局、供销合作社等国营、集体商业企业全面实施破产清算改革，商业行业完成由国营、集体经营为主向以私营为主的转变。个体私营商业不断改善经营条件，扩大经营规模，连锁经营、超级市场、专卖店、物资配送等多种经营方式不断涌现。如民营商业企业北山商贸有限责任公司在县境内快速扩展。2003年4月，注册资金30万元的秭归北山超市一店在茅坪小区开业。2004年4月—2005年6月又相继在茅坪镇设立北山超市二店、三店，在归州镇设立北山超市。至2005年年底，北山超市连锁店在县境内已发展到4个，从业人员170人，共有营业面积5 200平方米，固定资产250万元，流动资金156万元。原国有商业阳光国贸有限责任公司，于2003年7月改制为民营商业企业。注册资金530万元，固定资产5 000多万元，流动资金350万元。拥有房屋1栋5层，建筑面积1.98万平方米，营业面积1.88万平方米，成为全县最大的购物中心，2005年年底有从业人员460人，安置下岗职工220人。2001年1月，由茅坪镇1家个体户与上海1家个体老板合资经营的上海易买得超市开业，最初注册资金只有25万元，流动资金20万元，营业面积250平方米。至2005年，新增固定资产20万元，增加流动资金30万元，雇请员工20人，其中下岗职工10人。2001年4月开业的秭归亚贸商场，注册资金40万元，固定资产20万元，流动资金30万元。至2005年年底，固定资产增至50万元，流动资金增至80万元，雇请员工68人，其中下岗职工45人。至2005年年底，全县共有私营个体商业4 435家，比1985年增加2 016家，增长83.34%，从业人员5 124人，其中民营商业企业59家，雇用员工463人。（图8–2–2）

图 8-2-2：归州小商品批发市场

二、商品购销

1979—1985年，全县主要日用工业品销售、农资经营、农产品购销以县商业局、粮食局、供销社及所属企业经营为主。1981年，全县个体私营商业仅完成商品销售额24万元。1981年后，随着个体私营商业户数增加和商品经营范围扩大，品种的逐年增多，销售额大幅上升。1985年，全县个体私营商业商品销售总额达到2 847万元，比1981年增长117.6倍。1986—1990年，全县个体私营商业商品销售额年均2 268万元。1991年后，放开商品经营渠道和价格，个体私营商业更加充满生机和活力。1995年，全县个体私营商业共完成商品销售总额9 542万元，比1985年增长2.35倍。1998年起，全县国营、集体商业实行转制改革，企业清算破产，被个体私营商业所取代。至2005年，全县个体私营商业共完成商品销售总额2.09亿元，比1995年增长1.2倍，比1981年增长87.7倍。（图8-2-3）

图 8-2-3：老县城归州人民广场农贸市场

第三章　物资流通

1985年前，大部分物资实行计划供应。县物资局（公司）是政府掌控计划物资的主管部门，主要供应钢材、水泥、汽车、机电设备、农用机械、化工产品等。1985年后，物资管理部门进行体制改革，由具有行政管理职能的局改为经营性实体公司，物资购销全面放开。至2003年年底，物资部门只保留县民爆器材专营公司1家，只负责民爆物资购销和管理。1979—2005年，县物资公司（县民爆器材专营公司）共完成商品销售总额3.87亿元，实现利润136万元，上缴税金558万元。其中，2005年完成销售总额836万元，实现利润41万元，上缴税金83万元。

第一节　物资购销

一、购销总额

1979年，县物资公司完成销售总额387万元，实现利润1.5万元，上缴税金1.2万元。1980—1999年，共完成销售总额3.42亿元，实现利润总额82.5万元，上缴税金449万元。2000—2004年，共完成商品销售总额3 190万元，实现利润11万元，上缴税金25万元。2005年，县民爆器材专营公司完成商品销售额836万元，实现利润41万元，上缴税金83万元。1979—2005年，县物资系统共完成销售总额3.87亿元，实现利润136万元，上缴税金558万元。

二、金属及建筑材料

1979—1985年，县金属材料购销经营以计划供应为主，由县物资公司负责经营。1997年后，金属材料经营业务放开，个体私营商业成为主要销售渠道。至2005年，全县有40多家个体私营商业经营金属材料。主要经营品种有：各类钢材、钢管、生铁、农具铁、铝材、不锈钢及制品等。1981—1985年，县物资公司共销售钢材8 827吨。其中，计划内6 802吨，占77.1%；计划外2 025吨，占22.9%。1986—2005年，县物资公司共销售钢材4.84万吨。1979—1985年，县物资局所属建筑材料公司经营建筑材料主要品种有：水泥、油毡、沥青、水泥制品、石棉制品、玻璃、建筑机械等建筑材料达500多种。至1985年，县建筑材料公司销售额74.8万元。1986—1999年，共完成商品销售额1 686万元。1999年10月，开始改制。2000年5月，清算关闭。至此，县内建筑材料除“七星”水泥和“平湖”水泥由两家厂方直销外，其余产品全部进入市场化经营。

1979—1999年，县物资局所属金属建材公司负责回收废旧金属，以回收报废汽车、机械为主。1979—1999年，共回收金属1 549吨，其中回收报废车辆617辆。1999年后，转由个体经营。

三、机电产品

1981—1985年，县物资公司共经销“东风140”“解放”“吉普”等型号汽车148辆。1983—1985

年，销售给集体和个体专业户大、中型拖拉机269台、4 667.6千瓦；手扶拖拉机15台、132.4千瓦。1986—1999年，县物资机电公司共经营“东风140”、农用汽车、轿车等车辆2 002辆，农用动力机械9 776台，农业排灌机械1 698台，农副产品加工机械5 000台，推土机12台，变压器70台，电动机1 250台。2000—2003年企业实行改制，机电产品、农业机械销售属停顿状态。2003年9—12月，县物资机电公司破产关闭，机电产品转由个体私营。

第二节　民爆物品管理

一、销　售

1979—1998年，全县炸药、雷管、导火索等民用爆破物品由县物资局机电公司负责购进和批发，由基层供销社零售。1979—1985年，共销售炸药1 659吨、雷管250万发、导火索152万米。其中，1979年销售炸药120吨、雷管20万发、导火索10万米；1985年，销售炸药437吨、雷管65万发、导火索32万米。1986—1998年，共销售炸药8 385吨、雷管1 253万发、导火索657万米。1999—2005年，共销售炸药3 459吨、雷管516万发、导火索250万米，其中2005年销售炸药736吨、雷管110万发、导火索53万米。

1999年3月，物资系统实施改革，新组建县民爆器材专营公司，负责全县炸药、雷管、导火索专营批发业务。2001年7月，各乡镇成立民爆物资服务站。至2005年，全县共设民爆物资销售网点13个，由县民爆器材专营公司负责全县批发业务，12个乡镇分别设12个民爆站负责零售，均属个体经营。

二、安全管理

县物资公司按照“谁主管谁负责”原则，加强民爆物品安全管理，健全和完善民爆物品经营、消防、仓储等16项安全管理制度，实行全员安全风险抵押金制度。强化仓储安全管理，对民爆物品仓库实行专人负责、专人保管、专人值班。建立严格的危险品进出库登记制度、安全值班记录和交接班手续制度、消防设施设备档案管理制度。2001—2002年，县物资总公司投资200万元，新建民爆物资仓库和安全消防设施设备。2003年经国防科工委专家组验收为合格级仓库。2005年11月，国防科工委专家组检查安全管理，县物资总公司评为合格级单位。1979—2005年，连续27年，无民爆物品安全事故发生。2002—2005年，连续4年被省、市国防工办评为安全管理先进单位。

第四章　粮油贸易

1979—1984年，全县粮油经营以统购统销为主，由县粮食局所属粮油购销企业经营，负责全县粮油购销、调运、保管和加工业务。1985—1991年，粮油统购改为合同定购，定购合同以外的粮油允许市场调节，实行议购议销。1992年，放开粮油价格，允许多渠道经营。1993年，国家取消城镇非农业人口粮食供应统销制，全县粮油购销市场全面放开，形成国营、私营多渠道经营粮油的市场。1998年，县粮食局对所属粮油购销企业进行体制改革，保留国有粮食购销企业6家，以国家政策性粮油购销业务为主，大力开展资产经营和多种经营。2000—2005年，全县国有粮食企业连续6年实现盈利，累计实现盈利267万元。

第一节　粮油购销

一、粮食购销

1979—1984年，粮食收购由县粮食系统独家经营，以统购为主，议购为辅。1979年，推行家庭联产承包责任制后，全县商品粮略有增加。粮食统购价格从当年夏粮上市起提高20%，超过部分再加价50%。同时，调整粮食征购任务一定五年不变基数。当年，全县征购平价粮6 420吨，收购议价粮750吨，县外调入粮4 790吨。1984年，国家对粮食统购实行一定三年包干，按“倒三七”比例计价（30%按统购价，70%按超购加价50%）收购。1985—1991年，改粮食统购为合同定购。1985年4月，取消粮食统购，改为合同定购，合同定购粮食价格仍按“倒三七”比例计价收购。1992—1997年，放开粮食价格，粮食定购任务改为指导性计划，由粮食部门与农户签订农商合同进行收购。1996年起，国家对小麦，稻谷、玉米实行最低保护价收购。2000年起，粮食定购任务全部取消，粮食收购市场全面放开。1979—2005年，全县粮食系统共购进粮食52万吨，年均购进1.93万吨。其中，县内收购平价粮12.39万吨，收购议价粮17.49万吨（2005年收购议价粮2 500吨）；县外调入粮22.12万吨。

1979—1984年，粮食销售以统销为主。对农村缺粮人口的粮食供应实行国家统销价，计划控制，按户核实，发证供应；城镇居民、机关、团体等非农业人口口粮实行按人分等定量供应。由粮食部门发给粮食供应证或粮票，到指定粮店凭证、票购粮；工商行业用粮，本着节约用粮，合理安排原则，实行计划供应，按月结算；军需用粮，按照中国人民解放军粮食（实物）定量标准实行凭票、凭证定点供应。由于用粮变化和特需，在定量以外，实行临时粮食补助办法，如干部出差、参加劳动，学校师生、技术人员实习及从事高空高温、放射性作业人员等均按规定给予粮食补助。1979年，全县销售平价粮1.31万吨，议价粮850吨，调出县外粮食1 370吨。1985年5月，国家调整供应农村缺粮人口粮食销售价格，实行购销同价；对城镇非农业人口口粮供应仍实行统销价格不变；临时补助粮除保留出差补助外，其余补助均取消。1991年4月起，部分平价粮改为议价销售，除城镇非农业人口基本定量口粮以外的各种补助粮、工商行业用粮、饲料用粮、菜农口粮、种子粮等全部改为议价销售。同年5月，提高粮食统销价格，每500克大米、玉米、面粉平均提价0.1元，提价幅度79%。1992年4月起，再次提高粮食统销价格，实行购销同价。全县3种粮食（面粉、大米、玉米）中等标准品价格每500克提高0.11元，提幅43%。同年10月起，放开粮食销售价格。1993年4月。国家取消城镇居民粮食供应统销制。城镇居民和农村缺粮人口一样供应议价粮。至此，结束长期以来凭证、凭票供应粮食历史。1979—2005年，粮油部门共销售粮食48.99万吨，平均销售1.81万吨。其中，县内销售平价粮食22.86万吨、议价粮食14.52万吨，调出县外粮食11.61万吨。2005年销售议价粮4 170吨。自1993年粮油购销体制改革后，个体经营粮食的营销商逐年增多，到1995年全县已有个体粮商90多家。至2005年，全县有200多家个体私营粮食营销商，已成为全县粮食供应的主要渠道。（见表8-4-1）

1979—2005年秭归县粮食系统粮食购销情况表

表8-4-1

单位：吨

年份	购进				销售			
	合计	县外调入	县内购进		合计	调出县外	县内销售	
			平价	议价			平价	议价
1979	11 960	4 790	6 420	750	15 270	1 370	13 050	850
1980	15 820	9 340	5 760	720	17 590	2 920	12 690	1 980
1981	14 040	6 640	6 990	410	20 270	1 300	15 430	3 540
1982	25 870	10 520	9 630	5 720	22 150	3 370	13 850	4 930
1983	23 380	5 970	14 270	3 140	26 930	4 940	15 390	6 600
1984	26 580	8 570	13 560	4 450	26 150	5 160	14 920	6 070
1985	34 390	12 560	7 720	14 110	29 650	1 640	18 230	9 780
1986	40 800	17 500	7 420	15 880	40 310	8 260	22 550	9 500
1987	32 140	14 100	4 840	13 200	32 750	10 870	11 600	10 280
1988	35 550	25 830	3 410	6 310	34 110	740	16 850	16 520
1989	27 310	8 870	5 740	12 700	22 180	3 130	12 920	6 130
1990	26 910	10 620	4 620	11 670	20 970	4 470	11 850	4 650
1991	24 580	5 990	4 490	14 100	23 980	6 390	12 100	5 490
1992	27 680	6 710	3 170	17 800	22 760	8 800	3 130	10 830
1993	25 680	9 410	—	16 270	26 240	17 710	—	8 530
1994	33 260	15 860	4 100	13 300	22 920	13 140	7 050	2 730
1995	24 300	13 660	3 700	6 940	16 330	3 290	9 830	3 210
1996	8 230	1 560	4 500	2 170	8 810	2 500	4 090	2 220
1997	10 520	1 180	8 030	1 310	10 640	2 740	4 800	3 100
1998	4 660	680	3 610	370	3 600	1 220	2 070	310
1999	3 160	1 180	1 880	100	2 330	1 020	830	480
2000	12 250	9 450	—	2 800	14 440	8 600	5 380	460
2001	6 540	4 720	—	1 820	7 040	1 910	—	5 130
2002	10 410	8 780	—	1 630	9 680	570	—	9 110
2003	4 400	1 790	—	2 610	2 200	—	—	2 200
2004	7 010	4 940	—	2 070	6 400	—	—	6 400
2005	2 500	—	—	2 500	4 170	—	—	4 170
合计	519 930	221 220	123 860	174 850	489 870	116 060	228 610	145 200

二、油脂购销

1979—1984年，油脂购销实行统购统销政策。1983年起，国家对油脂收购按“倒四六”比例计价（40%按统购价、60%按超购加价50%）收购。油脂对农村只购不销；对城镇居民实行定量供应，每人每月0.2公斤。从1982年8月起，对非农业人口每月增补菜油供应0.25公斤。对工商行业用油按审批计划如数供应。1979年，全县粮食系统收购平价油脂2 480吨，销售平价油脂172吨，议价油脂9吨，调出县外油脂50吨。1985年，改油脂统购为合同定购，定购品种只限油菜籽和芝麻，超过合同部分和非定购品种实行市场调节，议购议销。非农业人口定量供应食用油实行统销价，其他对象实行购销同价。1991年5月，国家提高食用油统销价格，实行购销同价。县内每500克菜油由0.75元提高到2.08元，每500克麻油由0.85元提高到2.39元。1992年，食用油购销市场全面放开，允许多渠道经营，结束食用油统购统销、凭证凭票供应历史。1979—1991年，全县粮油部门共收购平价油脂1.06万吨；县内销售3 467吨，调出县外6 732吨；1979—2005年，国有粮食部门共购进食用油2.13万吨，年均789吨。其中，县内收购议价食用油1.64万吨，县外调入4 942吨。1979—2005年共销售食用油2.55万吨，年均944吨。其中，县内销售1.19万吨，调出县外1.36万吨。2005年收购议价食用油90吨，县外调入97吨，销售201吨。自1985年粮油购销政策放开后，经营食用油的个体户逐年增多。至2005年，食用油已全部转为个体户经营。

三、购销网点

1979年，县粮食局下设1个粮油公司、18个公社粮管所和39个粮油购销站（店），负责全县粮油购销业务和市场管理。1984年，撤社并区，粮食系统由18个公社粮管所并为13个区（镇）粮管所。1985年，取消粮油统购统销政策后，全县13个区（镇）粮管所按经济流向合并为7个粮油食品公司，粮油购销站（店）增至42个。同年4月，县内首家农民独资经营的“杨传家粮行”在杨林区新民村开业，开个体经营粮油之先河。随着粮油价格的放开，粮油个体经营户逐年增多，至1995年已有个体经销商90多家。县粮食局对所属粮油购销企业进行经营体制改革，撤并粮油食品公司1个，破产、清算、关闭粮油购销站（店）42个。至2005年年底，县粮食局设有茅坪、归州、水田坝、沙镇溪、两河口、杨林桥6个粮油购销公司。全县有个体粮油经营户200多家，粮油购销全部实现市场化。

第二节 调运仓储

一、调 运

1979—1991年，粮油统购统销时期，全县粮油调运按照国家规定实行统一调拨，按照先中央后地方、保证重点、照顾一般的原则，由县粮食局按照上级下达调拨计划，结合全县粮油库存情况，按照合理流向，分季、分月、分品种和数量，层层下达到各粮油购销点进行调运。1992年后，粮油调拨计划逐步取消，粮油调运由国有粮油购销企业和个体经营户按照市场需求自行采购和运输。1979—2005年，由国有粮油部门从县外调入粮食22.12万吨，调出县外粮食11.61万吨；从县外调入食用油4 942吨，调出县外食用油1.36万吨。

二、仓 储

1979年，当年新建粮油仓库3栋，面积841平方米，库容量2 500吨。至年底全县共有粮油仓库70栋，面积1.85万平方米，库容量2.64万吨。1980—1989年，新建仓库23栋，面积6 500平方米，新增库容量1.1万吨。到1990年，全县国有粮油部门共有仓库2.5万平方米，总库容量3.7万吨。1979年后，县粮食局设有粮食储运股，粮油质量检验室，配有质量检验员，配置精密检测仪5套，对储存的粮油实行定期抽样检测。粮食储藏技术由干燥降水、通风散热、低温封闭发展到缺氧保管。为确保粮油仓储安全，粮食系统积极开展创“四无”（无虫、无霉、无鼠雀、无事故）粮仓活动。1984—1985年，县粮食局连续两年被宜昌地区粮食局授予“四无”粮仓县称号。1986—1997年，连续12年实现粮油仓储无安全事故。1998年起，实施粮油购销企业体制改革，大部分粮食仓库在产权不变前提下，由县粮食局下属企业实行资产租赁经营和承包经营，部分仓库改作他用和多种经营。至2005年，全县国有粮油经营部门仍承担着县级政策性储备粮食1 500吨的仓储任务。

第三节　经营管理

1979—1984年，粮油统购统销时期，县粮食局负责全县粮油购销、储运、计划、财务、劳动人事等行政管理和业务管理。1985—1992年，粮食实行合同定购统销时期，县粮食局负责全县粮食定购任务收购，城镇居民定量平价口粮和农村缺粮人口返销粮的供应工作，保持粮食供求总量平衡。1992—1997年，放开粮油经营、取消粮油统销时期，负责国家政策性粮油购销业务，如军需用粮、救灾用粮供应工作和县级粮食储备任务。1998年，全县粮食流通体制改革，县粮食局除承担国家政策性粮油购销业务外，并负责辖区内粮食流通和市场主体准入资格的审查和管理。

1979—1984年，粮油购销由县粮食部门独家经营，计划管理，严格执行国家规定的“四统一”政策。即统一征购、统一销售、统一调拨、统一库存。价格管理实行购销倒挂，财务管理统收统支，亏损由国家补贴，盈利全部上缴。1979年，全县粮食企业政策性经营亏损98.6万元。1985年，取消粮食统购，改为合同定购，允许合同定购以外的粮食实行市场调节，议购议销，扩大企业自主权。县粮食局对全县粮油购销企业实行“五定”管理。即定人员、定任务、定费用、定损失损耗、定奖惩的经营责任制，大力开展粮油议购议销业务，企业经营亏损逐年下降。1994—1995年，全县国有粮油经营企业基本实现扭亏增盈。随着粮食流通体制改革的不断深化，粮油经营市场化逐步形成，国有粮食经营企业购销业务逐年下降，企业经营亏损又逐年增加，至1997年年底，全县国有粮油企业累计经营亏损达5 000多万元，其中1997年亏损1 430万元。1998年，县粮食局进行流通体制改革，实行人员分流，减员增效。在完成国家政策性粮油购销业务外，大力开展资产经营和多种经营，坚持以项目建设带动企业发展。茅坪粮油公司在茅坪镇开办峡江工业品销售市场；归州粮油公司在归州镇承租柑橘、葡萄园6.67公顷；水田坝粮油公司开办柑橘打蜡厂；两河口、杨林桥粮油公司分别开办集饮食、住宿为一体的裕隆酒店和谷丰酒店；水田坝、茅坪粮油公司合伙投资200多万元在湖北钟祥县收购集购销、储运、加工为一体的天丰米业。2000—2005年，县粮食局所属6家粮油公司已连续6年实现盈利，共实现利润总额267万元，其中2005年57万元。

第五章　特种商品购销

特种商品主要有烟草、食盐、药品、石油4种。1979—2005年，全县烟叶收购5.78万吨，年均2 105.16吨，收购金额2.89亿元，年均1 092.22万元。1979—2003年共销售烟叶4.77万吨，销售总额4.42亿元，年均1 637万元。1984—2002年，共购进卷烟23.3万箱，购进总额5.11亿元。1979—2005年共销售卷烟31万箱，年均1.15万箱；销售总额8.39亿元，年均3 108万元，人均年销量7.07条。

1979年7月，县盐业批发站成立。1980—2005年，批发销售食盐7.91万吨。其中，2005年，完成销售总额372万元，实现利润71.8万元，缴纳税金26.6万元。

1979年，县石油公司成立。1980年销售石油4 699吨，1985年销售4 437吨，1980—1985年，共完成销售总额1 638万元。1986—2005年，销售石油34.44万吨，共完成销售总额8.14亿元。其中，2005年销售石油2.96万吨，完成销售总额1.17亿元。

1979年，县供销社所属药品公司完成药品购销额180万元。1985年，完成药品购销额240.6万元。1986—1997年，共完成购销额6 859.1万元。1997年后，药品购销逐步走向市场。2002年，县药品公司破产，药品购销由个体私营取代。

第一节　烟草专卖

一、烟叶购销

收购　1984—1992年，县烟草公司在卜庄河、沙镇溪、杨林桥、磨坪等乡、村设立烟叶收购站11个，收购点65个。1993年后逐步调整归并。至2005年年底，全县设烟叶收购站5个，收购点18个。除杨林桥、磨坪两个收购站设在乡镇所在地外，其余21个站、点均设在村组。1979—1983年，烟叶购销业务由县供销社所属土产日杂公司和各区供销社经营。1984年5月10日后，烟叶购销业务由县烟草公司专营。

1979—2005年，全县共收购烟叶5.78万吨。其中，烤烟5.7万吨，白肋烟690.1吨，晒烟122.3吨。收购金额2.89亿元。其中，1979—1983年供销部门收购总量960.1吨，收购总额127.8万元，年均25.26万元。1984—2005年县烟草公司专营期间共收购烟叶5.69万吨，收购总额2.88亿元，年均1 334.64万元。（见表8-5-1）

1979—2005 年全县烟叶收购情况表

表8-5-1　　　　单位：吨、万元

年份	购进总量	其中			收购金额
		烤烟	白肋烟	晒烟	
1979	217.5	122.5	83.5	11.5	25.4
1980	71.9	50	16.9	5	7.99
1981	172.8	142.4	24	6.4	23.87
1982	278.4	139.9	119.8	18.7	37.63
1983	219.5	207.2	10	2.3	32.91
1984	660.2	656.2	4	—	137.3
1985	1 765	1 765	—	—	367.8
1986	1 006.1	1 006.1	—	—	217.8
1987	959.6	959.6	—	—	247.2
1988	1 639.9	1 639.9	—	—	369
1989	1 371.6	1 337	34.6	—	259.9
1990	1 563.2	1 522	41.2	—	341.3
1991	3 917.4	3 729.2	188.2	—	953
1992	5 813.6	5 645.7	167.9	—	1 522.3
1993	4 060.6	4 060.6	—	—	913.2
1994	1 820.3	1 820.3	—	—	547.9
1995	2 848.2	2 848.2	—	—	1 288.4
1996	3 192	3 192	—	—	3 005
1997	4 170.7	4 170.7	—	—	2 634.4

续表8-5-1

年份	购进总量	其中			收购金额
		烤烟	白肋烟	晒烟	
1998	2 307.9	2 307.9	—	—	1 339.2
1999	3 264	3 264	—	—	2 051.4
2000	2 732.5	2 732.5	—	—	2 048.5
2001	2 895	2 895	—	—	2 149
2002	2 377.6	2 377.6	—	—	1 716
2003	2 595.1	2 578.3	—	16.8	1 767.4
2004	2 536.5	2 507.1	—	29.4	2 151.19
2005	3 383.8	3 351.6	—	32.2	2 763.93
合计	57 840.9	57 028.5	690.1	122.3	28 918.92

销售　1979—1984年，省政府规定省内烟叶供应实行厂、县挂钩办法，由厂商双方签订供货合同。1984年5月，省烟麻茶公司下达秭归烤烟调拨计划1 000吨。1985—2002年，省内、省级烟叶调拨计划均由省烟草公司下达。2003年，县烟草公司取消法人资格，省烟草公司不再给秭归下达烟叶调拨（销售）计划。烟叶经营直接由宜昌烟草分公司负责。1979—1983年，县供销社将收购的烤烟662吨，白肋烟254.2吨悉数上调；晒烟43.9吨在县内销售。1979—2003年，全县共销售烟叶4.77万吨，销售金额4.42亿元。其中，1984—2003年，县烟草公司共销售烟叶4.68万吨，其中烤烟4.64万吨，白肋烟376.1吨，销售金额4.41亿元。（见表8-5-2）

1984—2003年全县烟叶销售情况表

表8-5-2　　　　单位：吨、万元

年份	销售总量	烤烟	白肋烟	销售总额
1984	586.9	586.9	—	151.7
1985	1 016.4	1 012.5	3.9	283.5
1986	1 338.5	1 338.5	—	344.4
1987	957.1	957.1	—	347.2
1988	1 503.1	1 501.4	1.7	709.9
1989	1 589.1	1 571.5	17.6	601.9
1990	1 471.9	1 451.3	20.6	562.6
1991	2 982.3	2 895.5	86.8	1 262.5
1992	4 344	4 162.5	181.5	2 079.3
1993	4 880.6	4 816.6	64	2 220.4
1994	2 475.7	2 475.7	—	1 070.3
1995	1 538.2	1 538.2	—	1 762.4
1996	3 582.4	3 582.4	—	5 269.2
1997	2 681.4	2 681.4	—	4 175.7
1998	3 091.5	3 091.5	—	4 451.1
1999	2 039.5	2 039.5	—	3 160.7
2000	2 983.6	2 983.6	—	4 144.1
2001	3 422.6	3 422.6	—	4 349
2002	2 943.1	2 943.1	—	4 339.1
2003	1 333.3	1 333.3	—	2 814.6
合计	46 761.2	46 385.1	376.1	44 099.6

二、卷烟经营

购进　1979—1983年，卷烟仍被列为二类商品，实行“计划生产、国家定价、统一分配、调拨供应”的办法。卷烟进货由县商业部门从宜昌二级站计划调拨。县烟草公司成立后，省烟草公司每年下达年度或季度调拨计划。从1984年7月1日起，县烟草公司凭调拨单和“烟草专卖准运证”到宜昌烟草分公司或卷烟厂按计划调拨。2000年12月20日，省烟草公司对卷烟经营实行“统一调拨、统一结算、直达送货、现款现货”管理模式，取消县公司对卷烟厂的独立进货权，由分公司统一向卷烟厂进货，统一向卷烟厂结算。1984年5月—2002年年底，县烟草公司共购进各类卷烟23.28万箱，年均购进1.23万箱，购进总值5.11亿元，年均购进总值2 688万元。2003年7月1日，县烟草公司法人资格取消，卷烟经营改由宜昌烟草分公司“集中购进、统一调拨、分散销售”。县级公司由购进关系改为调拨关系。（见表8-5-3）

1984—2002 年县烟草公司卷烟购进情况表

表8-5-3　　单位：箱、万元

年份	购进总量	购进总值	年份	购进总量	购进总值
1984	5 675	264.2	1994	9 674	2 517.7
1985	9 736	522.6	1995	11 814	3 402
1986	11 584	673.2	1996	13 095	4 389
1987	14 024	956	1997	12 599	4 866
1988	14 127	1 191.9	1998	10 929	4 224
1989	12 818	1 205.7	1999	11 786	4 580
1990	13 806	1 297.7	2000	13 622	5 046
1991	13 951	1 501.6	2001	13 087	4 988
1992	14 309	1 497.8	2002	14 603	6 189
1993	11 568	1 746.8	合计	232 807	51 072.7

销售　1979年1月—1984年4月，县境内卷烟批发业务由商业部门经营，卷烟零售业务由商业供销系统基层网点经营。1984年5月，卷烟批发业务由县烟草公司专营。卷烟零售业务由国营、集体和个体户经营。

1985年5月，县烟草公司相继设立归州、卜庄河、西陵、茅坪、香溪、杨林桥6个卷烟批发部和零售门市部。1986—1991年，公司先后在基层供销社和乡镇企业设立13个委批点。1993年11月，公司调整布局，基层供销社和乡镇企业13个委批点全部撤销。2002年9月，公司将所属的5个批发部更名为县烟草公司配送中心，设归州、卜庄河、沙镇溪、杨林桥访销部；8个委批点更名为配送站。2004年10月，县烟草公司改革卷烟销售体制，将公司所属5个卷烟访销部（含配送中心）、8个配送站全部撤销。同年11月1日起，全县卷烟批发业务全市实行统一电话访销、统一配送的销售模式。结束多年来网点批发销售卷烟的历史。

1979—1983年，全县商业部门销售卷烟3.58万箱，年均7 878箱，销售总值1 891.86万元。1984—1990年，全县销售卷烟8.44万箱，销售总值6 910.54万元；1991—1995年，销售卷烟6.03万箱，销售总值1.14亿元；1996—2000年，销售卷烟6.17万箱，销售总值2.6亿元；2001—2005年，销售卷烟6.77万箱，销售总值3.77亿元。1979—2005年，全县商业及烟草部门共销售卷烟31万多箱，年均1.15万箱；

销售总值8.39亿元，年均3 107.41万元。年人均销量7.07条。（见表8-5-4）

1979—2005年秭归县卷烟销售情况统计表

表8-5-4　　单位：箱、万元、条/人

年份	销售数量	销售总值	人均销售量	年份	销售数量	销售总值	人均销售量
1979	5 141	248.28	3.29	1993	11 947	1 856	7.1
1980	6 748	326.6	4.31	1994	10 016	2 869.9	5.97
1981	7 239	398.15	4.59	1995	11 279	3 630	6.75
1982	7 446	409.53	4.68	1996	12 658	4 674	7.71
1983	9 260	509.3	5.81	1997	12 790	5 578	7.88
1984	9 797	538.84	6.12	1998	11 146	4 896	6.9
1985	9 515	545.5	5.94	1999	12 131	5 364	7.58
1986	11 498	744.4	7.09	2000	13 003	5 475	8.17
1987	13 243	998.8	8.03	2001	14 088	6 255	8.85
1988	13 318	1 209.8	7.97	2002	14 436	7 121	9.15
1989	13 582	1 426.8	8.05	2003	13 600	7 610	8.65
1990	13 489	1 446.4	7.97	2004	12 770	7 697	8.12
1991	13 719	1 518.6	8.11	2005	12 839	8 995	8.16
1992	13 317	1 575	7.89	合计	31 0015	83 916.9	7.07

三、专卖管理

1979—1983年，县内无烟草专卖管理机构。1984年4月，成立县烟草专卖局。1999年1月，成立县烟草稽查大队。2005年，县烟草专卖局内设专卖办公室，4个稽查中队和4个市场管理中队等职能管理部门。

1984年7月，县烟草专卖局、工商行政管理局颁发“烟草专卖零售许可证”“烟草制品准购证”（简称“两证”，下同）。经营户必须持“两证”才能零售卷烟，否则视为违法经营。当年全县共核发“两证”1 307户。1988年6月，县烟草专卖局向各烟叶收购站、点，委托收购单位核发“烟叶收购许可证”，无证者不得收购烟叶。1989—2005年，县烟草专卖局对烟草专卖证件实行年度检验、换发新证等制度。通过年检换证，按照“控制总量、区分城乡”原则，适当压缩卷烟零售经营户。全县注销“卷烟零售许可证”676户。2005年，全县有卷烟零售经营户1 550户。当年5月，县烟草专卖局对全县卷烟零售经营实行户籍化管理，建立户籍档案。逐户将经营地址、办证时间、年销量、许可证变更情况逐项填写清楚，并输入电脑。年底，全县卷烟零售经营户持证率、合法渠道进货率达100%；市场净化率、网络覆盖率达98%。

1984年后，县烟草专卖局坚持“管销结合，以专促销，内管外打，守土有责”专卖工作方针，加大宣传《中华人民共和国烟草专卖法》（以下简称《烟草专卖法》）等法律、法规。全县共组织600多人次，出动宣传车50多台次，深入到全县乡镇、村组、田间宣传烟草专卖方针、政策、法律、法规。印发《烟草专卖法》和宣传手册2.88万份。1984年，县烟草专卖局查处违法经营卷烟案90起，涉案卷烟7.69万条，涉案金额14.7万元。1991年7月，县政府成立打击卷烟走私、整顿卷烟市场领导小组。对119个经营户进行清查，查处违法经营卷烟案44起，收缴走私烟63条，假冒烟339条。同年，设立香溪、杨林桥2个路口卷烟检查站，在公安部门配合下，查处违法经营卷烟案130起，涉案金额1.5万元，罚款1.6万元。1996年4月，县政府成立烟草专卖市场管理领导小组，在全县16个乡镇开展卷烟市场治理整顿行动活动月。共检查1 540个卷烟经营户，查处违法经营卷烟户350户，收缴假冒烟56条，走私烟31条，查封无防伪标识卷烟1 233条，罚款8 212元，销毁假烟2 300条、价值11万元。2003年，查处违法收购、贩卖烟叶案10起，涉案金额12.78万元，罚款2.5万元。2005年，查处违法经营卷烟案147起，查扣卷烟2 973条，涉案金额5.42万元，罚款4 300元，销毁卷烟2 701.8条、价值4.44万元。查处违法收购烟叶案2起，查扣烟叶1 012公斤，涉案金额7 755元，罚款3 878元。1984—2005年，县烟草专卖局共查处违法经营卷烟案3 628起，涉案卷烟37.93万条，涉案金额258万元，查扣卷烟7.8万条，罚款19.11万元，销毁假冒卷烟2.88万条、价值61.82万元。

第二节 食盐专营

一、食盐购销

1979年，食盐购销由县副食品公司经营。1980年起，由县盐业批发站批发经营。1980年，县盐业批发站购进食盐5 380吨，批发销售食盐2 799吨。1980—2005年，盐业支公司共购进食盐8.02万吨，年均3 086吨；批发销售食盐7.91万吨，年均3 044吨。其中，2005年购进食盐3 452吨，批发销售食盐2 986吨。1979—1991年，食盐零售以国营商业零售企业和基层供销社分支店为主。1992年起，有部分个体户从事食盐零售业务。为规范食盐零售市场行为，国家对食盐零售实行食盐零售许可证管理制度。1997年后，全县国合商业体制改革，食盐零售业务全部转为个体私营商业经营。至2005年，全县共有食盐零售经营户400多家，食盐零售网点遍及全县城镇乡村。（见表8-5-5）

1980—2005年县盐业支公司食盐购销情况表

表8-5-5 单位：吨

年份	购进	销售	年份	购进	销售
1980	5 380	2 799	1993	3 273	3 248
1981	1 983	2 840	1994	2 623	2 615
1982	3 029	3 022	1995	2 475	2 076
1983	3 223	3 056	1996	2 707	2 672
1984	2 911	3 097	1997	2 317	2 933
1985	3 045	3 024	1998	2 771	2 914
1986	3 050	3 142	1999	2 704	2 961
1987	3 229	3 205	2000	3 406	3 359
1988	3 136	3 230	2001	3 654	3 306
1989	3 635	3 456	2002	2 888	2 995
1990	3 066	3 244	2003	2 822	3 483
1991	3 381	2 989	2004	3 225	3 397
1992	2 847	3 096	2005	3 452	2 986

二、专营管理

1979—1990年，县内无盐政管理机构。1991年，成立县盐务管理局，为省垂直管理部门。1990年3月2日，国务院颁发《盐业管理条例》，盐政管理纳入法制轨道。1993年，县盐务管理局依法查处走私盐181吨，罚款5 105元。1994—1996年，县盐务管理局共查处无证运输及劣质盐78吨，罚款5 847元。1996年5月27日，国务院颁发《中华人民共和国食盐专营办法》。1998年5月19日，《湖北省食盐专营实施办法》发布施行。2003年6月1日《湖北省盐业管理条例》发布施行。县盐务管理局应用多种形式，广泛宣传法律法规，以维护经营者和消费者利益，保护人民身体健康为目标，加大监督检查力度，净化食盐市场，涉盐案件逐年下降。1997—2004年，县盐务管理局共查处走私盐、劣质盐53吨，罚款1.27万元。2005年，全县基本没有违法经营食盐案件发生。

第三节　石油经营

一、购　进

1979—1992年，国家对石油实行计划分配，石油购进由宜昌地区石油公司统一调拨。1993年国家取消石油计划供应，允许多渠道经营。1985年购进石油总额321万元。1986—2005年，共购进石油37.29万吨。2005年购进石油2.89万吨。其中，汽油5 073吨，柴油2.36万吨，润滑油214吨。

二、销　售

1979—1992年，石油销售实行计划分配，政府定价。县石油公司以批发业务为主。零售业务由基层供销社经营。1983—1993年，石油实行价格“双轨制”。即平价油和高价油两种价格。1994年，石油价格改革，实行计划内外销售价格并轨，市场零售价格仍由政府定价。1986年6月，国家改革石油价格，汽油、柴油零售价格由政府定价改为政府指导价。由国家制定汽油、柴油零售中准价格。由中国石油总公司、中国石油化工集团公司在上下5%的幅度内制定具体零售价格。汽油、柴油销售由两个集团公司统一组织配送到基层零售单位，实行城乡统一价格。至此，全县石油销售业务转换为以县石油公司为主，私营企业和个体商业共同经营。至2005年年底，全县共有石油销售网点42个，其中隶属县石油公司的17个。分别是中国石油化工集团公司秭归县沙镇溪、周坪、杨林桥、郭家坝、茅坪建东、茅坪橘颂、茅坪银杏沱、郭家坝文化、磨坪、两河口、屈原新滩加油站以及秭归分公司、王家滩加油站和分布在茅坪、归州的4处水上加油站。

1979年，县石油公司成立后，为石油销售的主渠道。1980年，该公司销售石油4 699吨。1985年销售4 437吨。其中，汽油1 152吨，煤油944吨，柴油2 195吨，润滑油146吨。1980—1985年，县石油公司共完成销售总额1 638万元，实现利润104.6万元，上缴国家税金90.5万元。1986—2005年，公司对石油经营实行承包责任制，采取工资与任务挂钩、费用与销量挂钩的管理办法，共销售石油34.44万吨。其中，汽油16.65万吨，柴油16.57万吨，煤油8 800吨，润滑油3 400吨。共完成销售总额8.14亿元，上缴国家利税1 682万元。其中，2005年销售石油2.96万吨，完成销售总额1.17亿元，首次突破亿元大关。上缴国家税金178万元。2005年，其他行业和私营个体户共销售汽油520吨，柴油5 089吨。

第四节 药品专营

一、药品购销

1979年，全县药品及医疗器械由县供销社所属药品公司负责经营，以药品经营为主，兼营医疗器械。中药材收购以基层供销社为主。县药品公司下设城关、卜庄河、茅坪、西陵、两河5个药品购销站和城关、西陵2个零售门市部，共经营中药材，中成药、西药及医疗器械品种3 000多个。当年，县药品公司完成药品购销额180万元。1985年，完成药品购销额240.6万元。1986年，国家放开部分药品、医疗器械购销经营，县药品公司购销业务有所下降，当年完成购销额189.8万元，比1985年下降21%。1986—1990年，县药品公司共完成购销额1 521.5万元，年均304.3万元。1991年1月起，全县开展治理整顿医药市场秩序、规范医药经营行为，县药品公司发挥医药经营主渠道作用，实行联销计酬，联利计奖经营责任制，当年完成药品购销额915.8万元。1992年，县药品公司先后增设5个零售门市部，对零售门店实行承包经营，对医疗单位用药实行批发销售。当年，县药品公司实现销售总额1 168.8万元。销售总额首次突破千万元大关。1996年12月，省医疗管理局、卫生厅批复县药品公司设立三级麻醉药品供应点，负责县辖区内和兴山县医疗单位的麻醉药品供应。1997年年底，县药品公司共设药品批发、零售网点13个。当年，完成药品、医疗器械购销额1 391.6万元，为历史最高水平。1991—1997年，县药品公司共完成药品、医疗器械购销额5 337.6万元，年均1 067.5万元。1997年后，随着供销系统经营体制改革，县药品公司购销业务与效益逐年下降，企业难于维持。2002年8月，县政府决定对县药品公司实施破产、重组改革，将县药品公司无形资产和库存药品评估作价100万元，由民营企业福广春天大药房收购重组，更名为福广药业有限责任公司。至此，药品、医疗器械购销业务全部转入私有民营。至2005年年底，全县共有药品私营批零企业36家，其中有福广药业有限责任公司、仁德医疗器械药品有限责任公司2家批发企业。福广药业有限责任公司下设乡镇药品零售连锁店14家，个体零售经营店20家，年均药品、医疗器械购销额达2 200多万元。

二、市场监管

1979—1985年，国家对药品及医疗器械实行以计划管理为主，市场调节为辅。由县卫生局所属药品检验所负责医药市场监督和管理。1985年7月，《中华人民共和国药品管理法》颁布实施，县卫生局、供销合作社联合社、药品检验所及时开展全县药品质量大检查，先后查出伪劣与淘汰药品1 030种，价值6.18万元。当年10月，将伪劣、淘汰药品公开焚毁。

1986年6月，县政府批转县供销合作社联合社、县卫生局、县工商行政管理局《关于医疗商品经营意见的报告》，规定全县药品生产、收购、批发只能由县药品公司负责。对集体、个体经营药品实行“两证一照”（药品经营许可证、合格证和营业执照）管理。1991年1月，县政府成立治理整顿医药市场领导小组，批准县供销社设立县医药管理局，实行一套班子，两块牌子，行使医药监督管理职能。自此，加大对医药市场秩序整顿和管理力度。1995年6月，县政府组织县供销社、卫生局、工商行政管理局、公安局、药品公司等部门对全县医药市场进行整顿，查出非法经营药品窝点6处，不法药贩16人，公开销毁伪劣药品488个品规、价值1.52万元，没收非法经营药品278个品规、价值1.2万元，罚款5 890元。1999年3月，县政府印发《关于进一步加强医药市场管理的通知》，加大对医药市场整顿的力度，当年，共检查医疗、药品经营单位177个，取缔无证行医17家，无证经营药品7家，没收非法经营药品571个品规，价值4.4万元；查出假劣药品969个品规，价值7.5万元。2001年，全县共查出药品经营违法案35件，涉案金额7.2万元。2002年1月，县药品监督管理局成立，县供销社不再行使医药监督管理职能。

2002年，县药品监督管理局（后更名为县食品药品监督管理局）查处药品经营违法案107件，涉案金额7.2万元，罚款8.2万元，没收违法经营药品1 129个品规。2002—2005年，县食品药品监督管理局共查处药品经营违法案282件，涉案金额23.9万元，没收非法经营药品4 801个品规，罚款38.4万元。其中，2005年查处药品经营违法案39件，涉案金额2.04万元，没收非法经营药品1 200个品规，罚款8.9万元。2003年3月，工商、公安等部门配合，公开销毁伪劣药品4 000多个品规，价值26万元；2005年3月，公开销毁伪劣药品2 355个品规、价值12万元。

第六章　对外贸易

县对外经济贸易局（公司）专营全县对外贸易业务，行使对外经济管理职能。外贸经营实行“计划供货、统购包销、统负盈亏”管理体制。1993年后，县对外经济贸易局（公司）下放到地方政府管理，出口商品收购、调拨计划取消。1994年1月起，转为“独立核算、自主经营、自负盈亏”经营体制，由单一的外贸经营逐步向国内商品购销转变。随着外贸流通体制改革，工农产品出口生产企业自营出口体系逐步形成。1998年8月，县对外经济贸易局（公司）撤销，由具有行政管理职能的局改为经营性企业实体，合并组建县进出口公司。2005年10月，县进出口公司及下属企业依法破产。外贸进出口业务转由具有自营出口权的企业自主经营。

1979—1995年，县对外经济贸易局（公司）共完成外贸出口总值5 128万元人民币；1999年，全县完成外贸出口总值76万元人民币；2000年，完成外贸出口总值7万美元。2001—2005年，全县共完成外贸出口总值286.84万美元。至2005年年底，全县有获得外贸自营进出口权的企业8家。

第一节　进出口贸易

一、出口贸易

1979—1985年，县对外经济贸易局（公司）下设归州、香溪、卜庄河、沙镇溪4个外贸站，专营对外贸易业务。1979年，县对外经济贸易公司完成对外贸易出口总值101万元人民币。1979—1985年，共完成出口商品总值1 420万元人民币，年均202.9万元人民币，其中1985年完成对外贸易出口总值352万元人民币，比1979年增长2.49倍。1986—1990年，县对外经济贸易公司共完成对外贸易出口总值2 917万元人民币，年均583.4万元人民币。1991年起，县对外经济贸易公司对外贸易出口总值逐年下降。1991—1995年，县对外经济贸易公司共完成对外贸易出口总值791.4万元人民币，年均158.3万元人民币，其中1995年完成对外贸易出口总值40万元人民币。1996年起，县对外经济贸易公司转变经营方式，实行多种经营，以开展国内市场商品购销业务为主，外贸出口业务基本停止。1999年，县进出口公司、自营出口企业共完成外贸出口总值76万元人民币。2000年，全县自营出口企业完成外贸出口总值7万美元。2001—2005年，全县共完成外贸出口总值286.84万美元，年均57.28万美元，其中2005年全县自营出口企业外贸出口总值91万美元。

1979—1985年，县对外经济贸易公司出口商品种类繁多。粮油食品类有柑橘、薇菜、芝麻等；畜产品类有牛皮、山羊板皮、杂皮、猪鬃及猪、羊肠衣等；土产类有桐油、棕片等；生丝绸类有蚕丝、蚕茧；矿产品类有重晶石等，共5大类80多个品种。出口商品以柑橘、畜产品为主，先后销往到新加坡、马来西亚、加拿大、苏联等国家和中国香港地区。1980—1982年，县对外经济贸易公司共出口橘子罐头26.8吨，盐水蘑菇6.4吨。1983年出口芝麻350吨。1979年出口桐油76吨。1980—1981年出口枳实34.9吨。1980—1985年出口重晶石8 591吨。1986—1990年，县对外经济贸易公司开拓经营，拓宽县外出口供货市场，扩大出口。1986年出口玉米538吨，豌豆234吨。1986—1988年出口桐油122吨。1986—1989年出口五倍子29.96吨。1987年出口白帆布1.26万米。1988—1989年出口菜籽粕1 499吨。1990年出口大理石1 085平方米。1989—1990年，生产企业代理出口金属硅286吨。（见表8-6-1）

1979—1990 年县对外经济贸易公司主要出口商品数量表

表8-6-1

年份	柑橘（吨）	牛皮（万张）	山羊板皮（万张）	黄狼皮（万张）	杂皮（万张）	猪鬃（吨）	猪、羊肠衣（万根）	薇菜（吨）	蚕丝、蚕茧（吨）
1979	1 106	0.16	2.57	0.1	0.49	157	9.6	3	6.25
1980	1 746	0.22	2.67	0.1	0.50	164	8.24	5	6.7
1981	632	0.22	3.08	0.1	0.55	165	9.85	7	7
1982	763	0.16	2.41	0.11	0.44	145	8.26	2	7.3
1983	1 578	0.21	2.20	0.12	0.34	148	8.23	4	8.35
1984	2 746	0.2	1.90	0.14	0.43	161	5.6	6.2	9.55
1985	3 748	0.02	1.16	0.04	0.08	90	4.38	4.2	7.75
1986	2 341	0.02	0.09	0.04	0.34	37	6	6.75	4.1
1987	3 006	0.02	0.07	—	0.31	15	12.8	12.7	2
1988	1 879	—	0.05	—	0.49	16.1	2.2	15.8	6.2
1989	2 527	0.01	0.14	—	0.41	64.3	14.9	29.6	21.7
1990	1 572	0.07	—	—	0.07	52.9	15.2	9.5	25.7

1991—1995年，县对外经济贸易公司出口商品品种逐年减少，数量逐年下降。1994年出口柑橘746吨，薇菜13吨，蚕茧26吨。代理出口磷铁20吨，金属硅100吨。1996—1998年，全县出口商品购销业务基本停止。1999—2004年，县三金硅业有限责任公司、帝元食品罐头有限责任公司以委托省、市外贸部门代理出口为主，主要出口商品有金属硅、帝元食品罐头等。1999—2004年，共出口金属硅2.4万吨，年均4 000吨；出口帝元食品罐头1.46万吨，年均2 441吨。2005年，县三金硅业有限责任公司自营出口金属硅4 500吨。帝元食品罐头有限责任公司自营出口帝元食品罐头9 572吨。

二、商品进口

全县进口贸易起步较晚，进口品种单一，进口商品以柑橘保鲜打蜡用蜡液和机械设备为主。1997

年，全县进口贸易总值4.2万美元。2000年4万美元。2001年17.8万美元。2002年14.89万美元。2003年以后，无进口贸易发生。

第二节　引进外资

1993年，开始引进利用外资合办企业。1993—1995年，全县共引进外资15万美元。1996—2000年，全县共引进外资366万美元。1997年，县对外经济贸易公司引进联合国儿童基金会“贫困地区社会发展项目”（SPPA），贷款209万元人民币；无偿援助项目物资及培训经费76.9万元人民币。县政府成立（SPPA）项目办，由县妇联、县对外经济贸易公司共同实施该项目。到2003年年底，全县有10个乡镇，31个村得到项目贷款扶持。参加妇幼保健、发展项目培训的妇女2.09万人次，受益妇女儿童2 641人。

2001—2005年，全县共引进外资921.6万美元，其中2005年260.1万美元。2001年后，全县引进外资逐年增加，利用外资以发展农产品加工、交通运输、房地产、旅游服务、高新技术产业为主。

第三节　经营管理

一、管理机构

1979—1993年，县对外经济贸易局（公司）负责全县外贸进出口业务和脐橙基地建设，行使对外经济管理职能。由省对外经济贸易厅垂直管理。外贸出口商品实行计划收购、计划调拨、统负盈亏管理体制。1993年后，县对外经济贸易局（公司）下放到地方政府管理。1994年1月起，转为“独立核算、自主经营、自负盈亏”经营体制，业务经营逐步向国内商品购销转变。1998年8月，县对外经济贸易局、外贸公司合并，更名为县进出口公司，负责企业内、外贸购销业务和经营管理，不再行使行政管理职能。2005年10月，公司实行破产改革，转为民营。

二、企业管理

1979—1985年，县对外经济贸易局（公司）对出口商品购销业务普遍推行承包经营责任制，对出口柑橘购销、脐橙基地建设实行目标考核责任制。1979年年初，县对外经济贸易局先后争取国家脐橙基地建设扶持周转金、省对外经济贸易厅贴息贷款370万元，用于城关、香溪、郭家坝、水田坝等公社脐橙基地建设。对基地建设扶持资金和贴息贷款实行边建设、边发放、边使用、边清还及专人负责、专款专用、加速周转的管理办法。到1985年，共发放基地建设周转资金和贴息贷款255.49万元，收回237.89万元，为建成全国脐橙大县奠定一定基础。

1986—1990年，县对外经济贸易局深化改革，强化内部管理，对各经营单位普遍推行简易核算制，建立和完善5项管理制度。即经营承包制、差旅费包干制、业务应酬开支审批制、经营费用定额制、出口商品专审制。1986—1987年，共收回脐橙基地建设扶持资金17.6万元。1986年，县对外经济贸易局（公司）实现利润22万元。1986—1990年共实现利润108.4万元，年均21.68万元。

1993年，外贸体制下放到地方管理后，县对外经济贸易局（公司）转换经营机制，面向市场、参与竞争，由单一的外贸经营向内贸商品购销转变，开拓化肥、农药等商品销售业务。1991—1995年，县对外经济贸易局共实现利润19.9万元，年均5.98万元。

1996年起，随着外贸体制改革的不断深化，外贸出口业务基本形成由外贸专业公司、自营出口企业、出口商品生产企业相互竞争、自营出口的格局。县对外经济贸易局（公司）内、外贸购销业务逐年下降，经济效益逐年滑坡。当年，经营亏损8.8万元。至2005年10月，县进出口公司累计亏损6 004.1万元。2005年年底，进出口业务由有自营出口权的企业自主经营。

第七章　服务业

县内服务业主要有餐饮、住宿、修理、照相、录像、美容美发等。20世纪80年代中期，兴起家政服务、衣服干洗、送生活用品上门等服务行业。1979年，全县国合商业有餐饮住宿业33家，未有个体经商户。随着改革开放的深入，从事个体餐饮服务的逐年增多，至1985年，全县发展到314家，其中个体经营224家。至2005年，全县从事餐饮住宿业的达到415家，其中个体405家，占98%。全县有星级饭店7家。全县从事修理业的200家。其中，机动车修理90家，日常用品修理110家。从事个体照相35家，美发美容223家，家政服务等其他服务业202家。

第一节　餐饮·住宿

1979年，餐饮住宿行业完全由国合商业经营。当年，国合商业共有餐饮住宿业33家，职工113人，完成营业收入82万元。随着经济体制改革的不断深入，个体餐饮住宿业得以快速发展，1980年，个体餐饮住宿业发展到7家。1985年，全县餐饮住宿业发展到314家。其中，国有7家、集体83家、个体224家。从业人员855人，当年实现营业收入351万元，比1979年增长3.5倍。县政府招待所是县政府直接管理的一家较大餐饮住宿企业，1979年后改由对外营业，规模也逐步扩大。至1985年已有房屋建筑面积2 580平方米，固定资产72.75万元，流动资金4万元，床位324个，大小餐厅各1个，职工52人。具备接待外宾、承担中型会议服务能力，全年营业收入17.87万元。

1986—1990年，国家实行宏观调控政策，全县餐饮住宿业营业收入有所下降，年均在280万元左右。1991年后，餐饮住宿业进一步放开经营，个体餐饮住宿业迅猛发展。1995年，全县餐饮住宿业发展到498家。其中，国营4家、集体6家、个体488家。从业人员806人，当年实现营业收入2 623万元。1996—2000年，全县国合商业体制改革，国合商业餐饮住宿业逐步转为职工个人经营，国有集体餐饮住宿业逐年减少。1998年，秭归宾馆（原县政府招待所）实行国有资产改制，注销营业执照，停止营业。一些私营企业不断改善经营设施，扩大经营规模，提高服务档次，先后在新县城茅坪和乡镇所在地建成一批集餐饮住宿、娱乐、涉外招待、会议接待、停车服务为一体的宾馆、酒店。至2000年，全县共有宾馆、饭店527家、从业人员1 494人，当年实现营业收入6 160万元。当年，县内宾馆、饭店开展创建“星级”饭店活动。至2005年年底，全县从事餐饮住宿业的共415家。其中，国有7家、集体3家、个体405家。从业人员801人，实现营业收入1.53亿元，为历史最好水平，其中星级以上餐饮住宿业收入372万元。全县有“星级”饭店7家。其中，一星级2家（夔龙山庄、荆莲酒店）、二星级3家（江南宾馆、江都酒店、秭归大酒店）、三星级2家（世纪星酒店、海立酒店）。

夔龙山庄　位于新县城长宁二路，1999年1月建成开业，是县委、县政府定点接待酒店。2000年9月，被批准为国家一星级旅游涉外饭店。客房部有标准间、3人间和豪华套间28间（套），可接纳80人住宿，有大小会议室4间；有不同规格的大小餐厅、停车场500平方米；5楼设有棋牌室和健身房。

荆莲酒店　位于新县城天问路，私营企业。2002年3月建成开业，2003年5月被批准为国家一星级旅游涉外饭店。客房部有单间、标准间、3人间、套房共23间（套），50个床位；会议室1个，可供80人开会；餐厅2个，一次能接待200人进餐。有娱乐歌舞厅、KTV房和停车场。

江南宾馆　位于新县城平湖大道32号，原名华城饭店，1996年建成开业，2002年投资100多万元改造后更名为江南宾馆。2003年5月被批准为国家二星级旅游涉外饭店。江南宾馆内设客房、餐饮、娱乐、美容美发、外联、接待、保安、洗涤等部。有标准间、3人间、豪华套房61间（套），一次可接待150人；有大小会议室4间，可分别容纳150人、80人、50人、20人开会；餐厅有风格各异的雅座5间，宴会大厅200多平方米，可同时接待500人进餐；酒店歌舞厅营业面积350平方米，停车场可停放车辆30辆，并能提供洗车和汽车美容服务。

江都酒店　位于新县城长宁大道与丹阳路交汇处，1999年12月建成开业，归港合资企业。2000年9月，被批准为国家二星级旅游涉外饭店。客房部有豪华套房2套，商务套房2套，标准间33间，3人间4间；餐厅聘请粤、湘、川、鄂名厨主勺，可同时接纳430人进餐；有会议室3个，能供200多人开会；康乐中心设施齐全，有从美国进口的爵士牌芬兰桑拿设备、KTV包房、咖啡厅、多功能夜总会、商务中心、美容美发厅等。停车场850平方米。

2005年10月，江都酒店兄弟店豪庭酒店建成开业。有客房168间，328个床位；大宴会厅3个，风味餐厅2个（包括1个西餐厅），豪华包间10间，可供1 450人进餐；会议室5间，可容纳500人开会。酒店设有咖啡厅、酒吧、休闲娱乐厅、棋牌室、健身房、商场和商务中心等，停车场550平方米。

秭归大酒店（原名汇丰大酒店）　位于新县城屈原路3号。2001年4月开业，2002年4月被批准为国家二星级旅游涉外饭店。有客房27间，49个床位；餐厅可容纳300人进餐；会议室5个，可供340人开会。酒店设有音乐茶座、舞厅、美容美发厅、健身房和500平方米的停车场。

世纪星酒店　位于新县城长宁大道，是由县国家税务局工会投资筹建并负责经营的酒店。2003年5月开业，2005年5月被批准为国家三星级旅游涉外饭店。酒店设有客房、餐饮、前厅、保安、营销、财务等部和办公室。有标准间40间（套），可容纳70人住宿；有宴会厅及特色餐厅3个，可供600人进餐。可提供餐饮、住宿、会议、娱乐、停车等服务。

海立酒店　位于新县城丹阳路。2003年5月开业，2005年5月被批准为国家三星级旅游涉外饭店。酒店设有餐饮、客房、前厅、保安、营销、财务等部和办公室。有标准间、3人间和套房共27间（套），60个床位，有宴会厅及特色餐厅4个，可容纳700多人进餐。可提供餐饮、住宿、会议、娱乐、商务、健身、旅游、购物、停车等服务。

第二节　修　理

一、日用品修理

1979—1985年，县内有补鞋、补伞、补锅及修理钟表、收音机、电视机、洗衣机等家用电器的行业。1985年，全县从事日用品修理业的共有235户304人。其中，集体3户18人，个体232户286人。

1986年起，集体所有制日用品修理业先后转为个体经营。1990年，全县有从事日用品修理业的个体户248家，从业人员314人。1990年后，增加电脑、空调、热水器、手机等修理项目。到1995年，全县有从事日用品修理业的个体户267家，从业人员291人。1996年后，日用品修理实行机械化操作日益增多，生产力不断提高。同时，随着人们收入水平的日益改善，小型日用品修理业务逐年减少，日用品修理业市场竞争激烈，一些从事日用品修理的个体户纷纷改行。至2005年年底，全县从事日用品修理业的个体户减少到110家，从业人员142人。

二、车辆修理

1979—1985年，西陵、杨林、茅坪区设有农机修配站，其他各区有机修车间，能承担汽车、拖拉机、柴油机等中、小型修理业务。1986年，全县机动车辆逐年增多，机动车修理业务相应增加。至1991年，全县从事机动车维修业的37家，从业人员246人。当年，大修客、货汽车46辆次。1998年，从事机动车修理业的已全部为私营企业和个体经营户。2000年，全县从事车辆修理的74家，从业人员210人，其中技术人员170人。全年完成汽车整车大修42辆次，总成大修86辆次，二级维护4 900辆次，专项修理2万辆次。至2005年年底，全县从事机动车维修的90家，从业人员238人。其中，二类汽车维修6家，三类46家，摩托车修理38家。当年完成汽车维修1.12万辆。

2005年年底，全县主要从事汽车维护、汽车小修及汽车、摩托车零配件零售的二类维修企业有6家。分别为：2004年3月成立的鑫发汽车修理厂，位于茅坪镇橘颂路周家湾，从业人员8人，主要设备20台（套）；平安汽车修理厂，2001年8月成立，厂址位于茅坪镇青陈路，从业人员13人，其中技师1人，高级技工5人，主要设备30台（套）；宏升汽车修理厂，2003年12月成立，厂址位于茅坪镇建东大道，从业人员33人，主要设备54台（套）；爱民汽车修理厂，2004年3月成立，位于茅坪镇青陈路，从业人员5人，主要设备60台（套）；鑫城汽车修理厂，2004年8月成立，从业人员5人，主要设备10台（套）；高峰汽车修理厂，1998年成立，从业人员10人，主要设备24台（套）。

第三节　其他服务业

一、照相・录像

1979年，全县商业系统有屈原照相服务部1家，职工3人，仅能摄制黑白照片和一般的冲洗放大。1981年改名为屈原照相馆，有职工4人。1984年购进彩扩机1台，能摄制多种电光美术照片。1982—1984年，茅坪、香溪、西陵、水田坝、泄滩供销社曾设照相服务部，因顾客少，经营亏损，先后停业。

20世纪90年代初，个体照相业得以较快发展，归州、香溪、水田坝、茅坪等乡镇发展个体照相业6家，从业人员11人。1998年，全县商业体制改革，屈原照相馆转由职工个人经营，规模不断扩大，服务项目也逐年增多，从简单的黑白、彩色照相发展到婚纱摄影、数码摄影、电脑设计、激光冲洗及照片放大、装框、过塑装裱等，同时可承担结婚、生日等喜庆录像。至2005年年底，全县有个体照相业35家，从业人员86人，其中规模较大的有2家。位于新县城茅坪平湖大道19号的金贝丽婚纱摄影采扩服务部，有营业面积150平方米，进口彩扩机2台、电脑5台，有固定资产80万元，流动资金4万元，从业人员8人。是市消费者协会、市彩扩同业商会指定的胶卷保质经销鉴定咨询点。2003—2004年，连续两年被宜昌市优质服务创建活动组委会授予优质服务定点单位称号。位于新县城长宁大道的富士时尚婚纱摄影，有进口数码彩扩机2台、数码录像机2台、电脑3台，营业面积150平方米，固定资产60万元，流动资金3万元，从业人员8人。集照相录像于一体。

二、美发美容

1979年前，全县有集体性质理发店10个，从业人员22人。1979年改革开放后，个体理发业快速发展。至1985年，全县理发店发展到25个。其中，集体6家、个体19家，从业人员75人。1986—1990年，全县集体理发店逐步改为个体经营，个体理发业逐年发展壮大。服务范围、项目也逐年增多，由理发、洗头发展到染发、烫发、发型设计、美容服务等。到1995年，全县有美发美容店145家，从业人员151人。1996年，县城东迁茅坪后，美发美容业进一步发展壮大，涌现出一批由家庭式经营型向集约式经营型转变的理发美容业主。位于新县城商业步行街的圣迪士发型设计屋，有营业面积80平方米，固定资产40万元，流动资金1万元，雇请员工12人。年均接待顾客1.08万人次，年均营业收入均在10万元左右。业主鲁佳元，于1999年获得省第三届美发美容技能比赛男式吹剪优秀奖；2004年获得“秭归县第一届优秀高技能人才”荣誉称号。2005年，县内有美发美容店223家。

三、其 他

1979—1985年，老县城归州有个体洗衣店1家，从业人员1人，能干洗各种皮衣、毛料及羽绒服饰。个体煤球加工业1家，从业人员4人，从事居民生活用煤加工、销售服务。1998年，县城东迁茅坪后，随着经济社会的发展，个体服务业根据市场需求，向多样化发展。新增居民生活用煤送货上门、饮用桶装纯净水送货到户、家庭卫生保洁、专业污水管及下水道疏通、信息中介等服务业。至2005年年底，全县共有其他服务业202家，从业人员1 053人。其中，洗衣业9家、22人；煤球加工业19家，流动送煤服务人员45人；饮用纯净水生产业3家，送水员9人；卫生保洁业2家，从业人员30人。2005年年底，新县城茅坪有家政家教服务业5家、24人，专业下水道疏通业6家、8人。

家政家教业服务是县城东迁茅坪镇后兴起的新型服务业。惠巧家政服务部属县内规模较大的一家个体家政服务业。该服务部于2003年5月投资10万元，在茅坪镇归州街开业，从事家庭居室保洁、家教等服务。2004—2005年，年均实现营业收入30余万元，共辅导中小学生1 600多人次，介绍引导下岗职工再就业600余人次。业主韩玉巧于2003年12月当选县第十五届人大代表；2004年4月被市总工会授予“宜昌市下岗职工再就业明星”称号。

第九篇　旅　游

1979年后，全县旅游业逐步兴起。1980年，屈原祠因葛洲坝工程移民迁建后正式对外开放。1985年，县旅游局和县旅游开发公司成立。1987年，县内第一家旅行社——归州旅行社成立，全县旅游业从此由过去的政务性和商务性接待向商业经营转变。1989年10月，归州旅游码头建成。1990年4月24日，旅游轮“昭君”号首航归州旅游码头，结束归州自建港以来不能停靠千吨级以上船只的历史。1992年三峡工程兴建后，全县旅游业迎来千载难逢的发展机遇。1992—1994年间，归州旅行社接待游客达20多万人次。其间，县内第一家星级旅游涉外饭店秭归宾馆评为一星级，旅游接待由单一接待国际旅客向接待国际、国内旅客和为出境旅游提供服务等多方面发展。1998年县城东迁茅坪后，全县旅游业迎来新一轮发展机遇。1999年，四溪风景区正式对外接待游客。2000年年初，县委、县政府提出“旅游兴县”发展战略。2001年4月25日，九畹溪探险漂流正式开漂。2002年，风光旅行社等4家旅行社成立。至2005年，全县共命名7家星级旅游涉外饭店。

2003年6月，长江三峡工程水库蓄水至坝前水位135米，高峡平湖碧波荡漾，库区风光绚丽多彩，新县城成为三峡之旅的起始点。旅游业成为促进全县经济的朝阳产业之一。

第一章　旅游资源

县境内峡峰奇绝，山水秀丽，人杰地灵。有峭壁千仞的西陵峡，有纪念世界文化名人屈原的胜迹屈原祠、屈原诞生地乐平里，有举世无双的三峡大坝，有被誉为“天然氧吧”的四溪峡谷，有号称“中华第一漂”的九畹溪探险漂流，有称之为地质公园的链子崖，还有不少待开发的自然景观和人文景观，旅游资源十分丰富。

第一节　自然资源

西陵峡风景线　长江三峡为全国十大风景区之一，西陵峡为长江三峡之一。西起香溪口，东至宜昌南津关，全长75公里，由兵书宝剑峡、牛肝马肺峡、崆岭峡、灯影黄猫峡4个峡区组成。中间以31公里的庙南宽谷分成两段，西段由香溪口至庙河称归峡，包括兵书宝剑峡、牛肝马肺峡和崆岭峡；东段在夷陵区境内。2003年6月，三峡大坝下闸蓄水后，西陵峡很多自然景观被淹没，但新的高峡平湖风光极具开发价值。

四溪风景区　地处长江西陵峡南岸茅坪镇境内，距县城10公里，南隔界岭与长阳土家族自治县相望。景区沿大溪水系纵向分布，南北长9公里，东西宽1公里，区域面积9平方公里。区域内水资源丰富，大溪接纳小溪、顺阳溪、芭蕉溪等支流，形成树枝状水系，夏秋盛水期间，常形成瀑布激流。大溪水系沿武陵山系切割，形成典型的流水切割地貌。区内地势起伏，狭谷与宽谷相间分布。由于地层中含有丰富的石灰岩、白云岩，构成多种奇特的造型地貌，并有典型的溶洞发育。景区融山、树、洞、竹、水、瀑于一体，由7个自然景段、36个景点组成，有“天然氧吧”之称。

九畹溪风景区　位于长江西陵峡南岸，周坪乡境内。东距三峡大坝和新县城20公里。风（吹垭）茅（坪）公路和江南通道均通过景区。是集旅游观光和探险漂流于一体的探险游乐区。九畹溪流长42.3公里，河床宽40～100米。景区的地质构造属黄陵背斜西翼，武陵山系北缘，地层主要为距今4亿多年前的海相石灰石和白云石。九畹溪由南向北流入景区，汇入长江。奔腾不息的溪水切割重叠的古老岩层，形成奇峰峻岭，悬崖峭壁与连绵不断的峡谷。近岸山峰海拔高程一般为500～800米，远处山峰一般超过1 000米。景区内气候温和，雨量充沛，动植物资源比较丰富。奇山、秀水、绝壁、怪石、名花异草繁多，有与屈原文化紧密相关的问天简、聚鱼坊、灵龟神坛、灵芝岩、求是天碑、雷劈石、九畹兰草等景点，也有巴、楚文化遗址——三峡最大的悬棺群，还有白莲教与清军决战的迎兵河、交战山。特别是九畹溪中段新近发现的奇观——问天地缝（又称中山地缝），独特的喀斯特地貌更是奇特。

干溪沟大峡谷　位于县境鹰子山东边，是周坪乡槐树坪汇入九畹溪的一条溪流。穿流于峡谷和岩石之间，溪水清澈见底，溪两岸是幽深高耸的峡谷，人迹罕至，方圆15公里没有人烟，原始植被保存完好，沟边山崖常有瀑布垂下，溪中可见多种水生物，偶有野猴群出没。内有光滑陡峭、方方正正、犹如古代令牌而突起在山体中的“令牌石”；有形态各异、如兵马武士的山峦“兵马俑”；有形似笑面打坐的胖和尚“笑石大佛”；有层层叠叠、形如灵芝的页岩“灵芝石”等自然景观，具有较高的开发价值。

朱棋荒风景区　位于杨林桥镇西南方，距新县城茅坪75公里。景区南北宽2.5公里，东西长5.3公里，海拔最高点老虎笼1 844.52米。面积约8万平方米，坡度18°～22°。顶部大坪面积0.2平方公里，地势起伏平缓。冬天冰雪覆盖，银装素裹，松、柏、杉、竹在风雪作用下，千姿百态，玉树琼枝，美不胜收；夏天，青山叠翠，绿草如茵，是避暑的理想场所。

链子崖风景区　位于屈原镇长江南岸，距新县城和三峡大坝26公里。链子崖危岩体位于景区内长江南岸的临江陡崖上，在南北长700米、东西长210米的岩体上，被58条大小不等的裂缝所切割，形成总体积达300多万立方米的危岩体，成为长江航道上的严重隐患。链子崖危岩体有多次崩滑史，据史载，其中公元1030年、公元1542年两次崩滑导致长江断航21年和82年。1999年，链子崖危岩体整治全面竣工，采用“截载”“锚固”等技术将一堵绝壁危崖紧紧地锚固住。危崖绝壁被开发成旅游景点，具有险、峻、美等特色。

玉虚洞　又名玉石洞、神农洞。位于老县城归州城东12公里的香溪河东岸刘家坝村。洞的左右还有两个小洞，一名青莲，一名水帘。玉虚洞口呈半月形，入洞后，斜下数十步台阶，便是光滑平展的洞底，洞底长约85米，宽45米，高约50米，约有10万立方米的空间，3 500平方米的底平面，是秭归境内最为壮观的一个石灰岩溶洞。据《归州志》记载，南宋隆兴元年或二年（1163或1164）四月初五日，巴东郡守毛铎率领教授梁介、秭归县令侯恺游玉虚洞，在洞南石壁刻有“玉虚洞天”4个镂边空心大字，至今完好无损。洞内还有清嘉庆六年（1801）归州刺史甘立朝和他的堂兄甘立亭刻的《游玉虚洞记》石碑。三峡大坝蓄水后，玉虚洞尽没江中。

九龙奔江　位于归州老县城西1公里的长江北岸。有九道石梁，如同九条巨龙直向江南岸奔去，截断长江河道的2/3，长江突然被逼进狭窄的河道，汹涌的江水顿时抖起冲天浪柱，拍击着坚硬的石梁，发出雷鸣般的吼声。一到洪水季节，九道石梁，没入水底，成为险恶暗礁，股股洪水绞成“麻花”状，股与股之间的“夹马”，如道道沟壑，凸起的巨泡似蒸发的山包，巨大的漩涡如无底的深渊——这便是长江三峡险滩之一的吒溪滩，亦名黄魔滩，又名人鲊瓮，俗称“九龙奔江”。1949年后，曾多次治理，使险情减弱到最低程度，但由于石梁众多，故洪水涨到“燕窝漕”（江南岸小地名）时九龙没入水下，行船驾长若没有娴熟驾船技术和按漕道行驶的习惯，必翻无疑。小吨位船只更疏忽不得。

葛洲坝工程竣工后，九龙奔江险滩消失。2003年三峡大坝蓄水后，“九龙奔江”没入江底。

天生桥　位于新县城西南120公里处的磨坪乡天井坪村。由天然山石连接而成的自然桥，长约40米，宽3米，把两山峡谷横贯。站在天生桥上往下看，万丈深谷幽峻险要，山壁如切，崖石上古松怪藤婆娑多姿。泉水从半山悬崖喷出，轻飏而下，如巨幅水晶珠帘挂于半空，形成数丈高的瀑布，直泻对岸，似一条过江龙，阳光映照，彩虹绚丽。天生桥方圆有犀牛洞、狮子洞、地狱洞等大小溶洞。发源于天生桥的升坪河，泉水潺潺。离桥不远处有一“三龙潭”，潭水碧绿，四周林木荫翳，藤蔓环秀，水边卵石累累，形纹斗异。天生桥周围20平方公里内，崇山峻岭，每到春暖花开，满山开遍红杜鹃；深秋艳阳高照，层林尽染，红叶如血。是一幅溶山、水、洞、林、桥于一体的天然画卷，有较高的旅游开发价值。

第二节　人文资源

茅坪新县城　三峡工程兴建后，县城东迁茅坪，距三峡大坝仅1公里，是秭归旅游的龙头，也是三峡旅游的集散地和起始点。县城规划有凤凰山景区、徐家冲国家龙舟训练基地、夔龙山森林公园、归州商贸文化街等景点。

归州新集镇　位于长江西陵峡北岸。县城东迁后，归州镇、香溪镇合并组建新的归州镇，新镇址位于老县城东 3 公里的陶家坡。新集镇于2002年端午节落成庆典，南临长江，北靠大山，依山傍水，长2 000米，宽300米，海拔在175～300米之间。集镇建筑风格采用去烦琐、求简洁，去华丽、求自然的返璞归真手法，将秭归传统的滚龙脊、吊脚楼、马头墙、青石台等建筑技法融入归州新集镇的每一栋楼房和每一条街道，以白墙灰瓦为主色调。共有3条主干道，即九龙路、归乡路、橘源路。建有屈子街、望归亭、归州文化广场、归州文化园、屈原公园、神鱼公园等以屈原传说为主要背景的特色街景。

乐平里　又名屈坪，落脚坪，是屈原诞生地。位于屈原镇境内。沿秭（归）兴（山）路至游家河，渡香溪河，经七里峡至回龙锁水，即乐平里之入口处。三峡工程蓄水后，长江回水直抵瀼坪。乐平里四面环山，是一个山间小盆地，屈坪河（回龙溪）与响鼓溪汇合于此。乐平里东接伏虎山，雄奇壮丽；西临王寨山，白崖千寻；南望九岭头，烟云弥漫；北依天池山，剑指蓝天。因三闾大夫屈原诞生于此，亦名三闾乡，至今尚存有屈原庙、读书洞、照面井等遗址。乐平里坪前立有两块石碑，分别上书“楚三闾大夫屈原故里”“乐平里”。乐平里原有两座屈原庙，一座位于屈原村，明代始建，清光绪十五年（1889）重建；一座位于界限垭，清康熙四十二年（1703）归州知州魏国璘建，这两座屈原庙后都被毁圮。1984年10月15日新建成的屈原庙位于乐平里北沿的降钟山麓，建筑面积264平方米，至今犹存。乐平里有小八景：伏虎降钟、响鼓岩、擂鼓台、照面井、读书洞、玉米三丘、帘滴珍珠、回龙锁水等。

屈原祠　一名清烈公祠，又名屈原庙，原坐落在老县城归州东2.5公里处。1976年，因长江葛洲坝水利工程兴建，将其迁往距归州城东1.5公里的向家坪。1980年正式对外开放，接待中外游客。1981年省政府将屈原祠列为全省重点文物保护单位。屈原祠由山门、屈原青铜像、东西碑廊、屈原纪念馆、屈原墓5部分组成，依山面江、坐北朝南，占地1.4万多平方米，按中轴线布局，依山排列，古朴清幽，肃穆壮观。三峡工程蓄水175米后，屈原祠将被淹没，在新县城茅坪凤凰山复建。

屈原故里牌坊　原址在老县城归州民主路中段，占地面积25平方米，建筑面积2平方米。整体为重檐木结构，4柱3楼庑殿顶，清光绪十年（1884）建。牌坊上有郭沫若于1965年10月25日题字：“屈原故里”。牌坊左侧并列矗立清光绪十年（1884）立的石碑两块，即“楚大夫屈原故里”“汉昭君王嫱故里”。屈原故里牌坊于2002年3月12日拆迁，复建于新县城茅坪凤凰山山麓东侧，保持原样风貌。

第二章　旅游开发

秭归不仅山川秀丽，有丰富的自然旅游资源，而且是伟大爱国诗人屈原诞生地，文化底蕴深厚。三峡工程的兴建为秭归旅游业的振兴带来历史发展机遇。县委、县政府提出建设“全国旅游名县”的宏伟目标，以“一城两溪”（新县城、四溪、九畹溪）为龙头的旅游格局基本形成。旅游服务相互配套，有地方特色的旅游产品逐步推出，日趋完善，旅游促经济作用日趋显现。

第一节　旅游规划

一、总体规划

1997年8月，武汉大学管理学院、武汉大学旅游研究所编制《湖北省秭归县旅游总体规划》（简称《总规》，下同）。11月14日，专家组评审通过。1999年6月29日，县政府批复同意并组织实施。《总规》确定全县旅游业发展指导思想：以兴建三峡大坝为契机，以新县城为中心，以自然风光为依托，以屈原文化为内涵，充分依靠独特的大坝库首区位优势，发挥人文、峡区、坝区、库区四位一体整体组合旅游资源优势，利用特定自然条件及山水资源组合优势，统筹规划，重点突破，内引外联，辐射全国，超常规、高标准、高质量地建成一批有特色、生命周期长、可持续发展的景区（点）和一批不同档次的旅游基础设施及旅游配套设施，争取在21世纪初，把全县建成具有民族特色的国际旅游明星城。《总规》根据县内旅游资源分布和旅游功能差异，规划建设九大旅游区，即高峡平湖游览度假区，包括平湖运动休闲区、木鱼岛游览区、夔龙山森林公园、滨江绿化带；峡谷游览区，主要景点包括兵书宝剑峡、牛肝马肺峡、仙女峰、崆岭峡、新滩古民居、链子崖；美座峡休憩娱乐区；四溪生态旅游区，主要景点包括竹海浴场、龙王洞、鱼泉洞、三吊水；罗家度假区；九畹溪探险漂流区，主要景点包括风流将军、干溪沟、悬棺、凤凰展翅、漂流河段、团包；青干河、童庄河生态旅游保护区，主要景点包括云台荒、香炉山、天生桥、五龙温泉；香溪河风景游览区，主要景点包括香溪河、九龙奔江、玉虚洞、水府庙、九岭头、屈原祠、天破寨；屈原故里风景名胜区。

二、景区规划

四溪生态旅游区　1998年4月，武汉大学旅游研究所编制《湖北省秭归县四溪生态旅游区控制性详细规划》。1999年6月4日专家评审通过。规划四大景区：顺阳景区，主要景点有龙潭观鱼、五龙夺珠、龙穴吐玉、龙王洞、白岩洞、神鹰护洞；芭蕉景区，主要景点有竹编工艺厂、碧潭凝步、芭蕉峡、骆驼峰、情侣古柏、狮子戏绣球、吊水岩，牛鼻泉、落水奇洞；小溪景区，主要景点包括竹海浴场、鱼泉洞、名竹园、农家乐、橘趣园、望月峰；三吊水景区，主要景点有造纸作坊、天然泳池、猕猴谷、狮子峰、仙女山、一线天、金鸡报晓、三吊水、老吊水。

九畹溪风景旅游区　2000年，华中理工大学、建筑学院景观设计研究室编制《九畹溪风景旅游区详细规划》，同年10月28日，专家评审通过。规划景区以探险漂流为特色，兼具自然山水及人文观光、休闲度假等功能的现代生态型风景旅游区。分三大景区规划：漂流区，一期漂流段从车溪沟至聚鱼坊，二期漂流段从槐树坪至车溪沟，三期漂流段从鱼泉洞至槐树坪；团包（归山）聚鱼坊景区，主要景点有兰馨阁、山门、神龟神鱼雕塑、九畹山庄、移民新村居民点、聚鱼坊码头；（芝兰）槐树坪景区，主要景点有圣天观、干溪沟、棺木岩、民俗文化广场、砚窝台、鱼泉洞。

屈原故里风景旅游区　2002年1月，华中科技大学建筑与城市规划学院、景观设计研究室、武汉中生代建筑设计咨询有限公司编制《屈原故里风景旅游区详细规划》。规划定位：以世界文化名人屈原诞生地——屈原镇乐平里丰厚的遗址遗迹为特色，融奇异的峡谷山水、清新的田园风光、淳朴的楚风民俗为一体，展示神秘、浪漫的屈原故里文化，提供独特文化观光和休闲度假的世界级人文生态旅游区。规划景区为：乐平里游览区，景点有香炉坪、屈原故宅、屈原塑像、回龙桥、屈原庙、屈坪河等；五指山游览区，景点有五指山、芝麻坪；七里峡风景区，景点有凤凰溪；链子崖风景区，景点有链子崖、砚包等。

归州新貌古城旅游区　2002年5月，湖北大学旅游发展研究院、湖北大学商学院旅游系编制《秭归县归州新貌古城旅游区控制性详细规划》。规划五大景区：“屈原魂”游览区，景点有屈原公园、屈原广场、神鱼公园、桃花鱼纪念馆、风貌街等；“香溪孕秀”游览区，景点有迎和门、古城楼、古城墙、“香溪孕秀”摩崖石刻、昭君墓碑、归乡园等；屈原故里游览区，景点有景贤门、古城墙、屈原故里牌坊、屈原墓碑、旅游港；橘颂乐园游览区，景点有彭家坡柑橘园、将军岭；遗址游览区，景点有屈原祠大门、衣冠冢、碑刻、字画、葫芦城遗址、古城墙遗址等。

凤凰山观光游览区　2004年12月，北京市园林古建设计研究所编制《秭归凤凰山观光游览区详细规划》。规划设计五大景区：屈原纪念景区，景点有屈原祠、屈原墓、楚文化（屈原）广场；标志性主题雕塑景区，景点有天问塔（由塔基和屈原像两部分组成）；三峡濒危植物园（以濒临灭绝的中华蚊母和疏花水柏枝为主体）；三峡民居集锦园，主要景点是水府庙、江渎庙等24处迁建文物；入口景区，分南、北两处，南入口由文物保护中心、南门及旅游团队停车场组成，北入口由乐舞坊、北门及小车停车场组成。

第二节　景区·景点

一、新县城景区

广场小区　位于新县城中心区的长宁广场，北靠县直机关办公大楼，南临长宁大道，是新县城居民休闲娱乐的中心广场。广场总占地面积9 000平方米。广场由喷泉、花台、草坪、石狮以及五光十色的霓虹灯、礼花灯、射灯等组成，与巍峨雄壮的县直机关综合大楼构成整体。该广场总投资250万元，可容纳4万人集会。

橘苑小区北临平湖大道，东至屈原路，西南接橘颂路，占地面积19.79公顷。共分四大园区：“金橘园”“红橙园”“黄果园”“橘香园”。小区房屋建设全部为仿古建筑群落，体现明清时期新滩古民居风格，统一设计为马头墙、坡屋顶、小青瓦、白色墙体。小区中心广场设置主体雕塑、亭阁、廊桥等。花台绿地内布置庭院灯、圆凳、景观石等。该小区既是居民休闲健身之地，又是中外游客游览胜地。

位于县城中心丹阳路的归州商贸文化街一街，成为连接凤凰山景区与夔龙山森林公园的走廊。全街系仿古园林设计，楚汉风格造型，设计风格参照归州古城建筑特色，房屋采用翘角飞檐，白墙灰瓦，街楼为斗拱托梁，兰漆彩绘，朱红漆门，整齐划一，浑然一体。临滨湖路仿古归州城修筑“迎和门”，临丹阳路筑“瞻夔门”，亭台楼榭，雕梁画栋，古韵悠长，再现“葫芦城”古城门风范，是归州商贸文化街标志性建筑。街道地面全部采用青石板镶面，沿街布置有青铜敦雕塑、屈子九歌图浮雕、三峡奇石磨盘、石龙灯、石牌坊、观井石、三楚亭、茶廊、小型舞台等文化小品，增添文化内涵。此街2001年10月建成，占地2.08公顷。离此街不远位于滨湖路的归州商贸文化街二街设计风格与一期工程一样，2004年12月建成，占地2.65公顷，街面入口仿古归州城建造“景贤门”。至此，古归州城5门已在新县城复建3座。

图 9-2-1：凤凰山晨韵

凤凰山景区　共分屈原纪念区、标志性主题雕塑区、三峡濒危植物园、三峡民居集锦园和入口等 5 个景区。至 2005 年，已在规划的三峡民居集锦园内复建郑万瞻老屋等 10 处新滩古民居；江渎庙、水府庙 2 座庙宇；杜氏宗祠、王氏宗祠 2 座宗祠；惠济桥、江渎桥、屈子桥、千善桥 4 座古桥以及屈原故里牌坊、紫光阁教堂、新滩古井等 21 处文物。（图 9-2-1）

【祠庙坊阁】　占地 222 平方米的杜氏宗祠，建筑面积 404 平方米。整体建筑平面呈长方形布局，由门厅、堂屋、侧屋组成。砖结构、檩枋直接搁在承重墙上，堂屋上方有神台，门厅内上方有燕子楼。大门、窗楣彩绘各种图案。祠堂大门为 6 柱 5 间 7 楼式牌坊贴面。离杜氏宗祠不远处的王氏宗祠，占地 250 平方米，建筑面积 415 平方米，为两进回合院式。

占地 650 平方米，建筑面积 850 平方米的仿古建筑江渎庙，木结构建筑，以砖墙围合，前临长江，依山坡走向而建。建筑整体平面布局呈四合院式，由门厅前院、正厅、厢房、偏房、天井、廊桥构成。前厅和厅屋的大构架明间为招梁式，次间为穿斗式，梁之造型为月梁形式，雕有如意云纹。建筑内装修有雀缩楼、廊轩、卷草吊挂楣飞、格扇门。建筑屋面为硬山顶式，盖以小青瓦，瓦头用白灰塑成四叶花瓣，卷草花纹滴水，塑以游龙如意云纹。建筑的大小结构及风格完全仿造原江渎庙。

原位于长江北岸香溪镇香溪河口东的水府庙，又名镇江王爷庙，亦称“紫云宫”，于 2001 年复建凤凰山，占地面积 300 平方米，建筑面积 470 平方米，砖木结构，如意封火山墙，庙宇三进，正殿祀镇江王爷。

位于凤凰山于北凤凰路边的屈原故里牌坊，为木结构建筑，4 柱 3 间 3 楼，庑殿顶，灰筒板瓦屋面。建筑高 7 米，宽 5.2 米。明间柱四方抹角，边长 0.32 米；次间柱为圆柱，直径 0.23 米。牌坊明间的楼匾双面皆有白底红字为郭沫若所题“屈原故里”4 字。牌坊的左边，将老县城归州的“楚大夫屈原故里”和“汉昭君王嫱故里”石碑搬迁至此依原样竖立。

位于凤凰山右侧的紫光阁，坐西向东，北临长江，建筑面积 65 平方米。整体建筑为砖木混合结构，一间拈攒门二层，木构采用架梁式硬山搁檩，清水墙体，山墙顶建天主教堂墙帽，外墙回壁建腰檐一周。屋面有举无折，前后檐出，小青瓦覆盖堆正脊，无端无翘。门窗、墀头、山尖绘黑线退晕彩饰寿桃、青草、云纹。

【新滩古民居】 占地815平方米，建筑面积366平方米的郑万瞻老屋，为砖木结构，平面布局以3条轴线展开，每条轴线由门厅、天井、堂屋及侧屋构成。建筑梁架为穿斗构架，五花山墙，室内地面为三合一铺垫，台明、天井及墙基用青石铺砌。木装透雕图、石雕图别致多样。

占地327平方米，建筑面积464平方米的彭树元老屋，为砖木结构，由门楼、厅屋、堂屋、天井、侧屋、厢房、照壁及花园构成。房屋采用一座精巧小门楼和一堵大照壁作为整个序列先导，经二进三弯进入堂屋，先入门楼再进厅屋。厅屋的大门为歪门向置。建筑采用五架梁，有阁楼，斗墙围合，五花封火墙。墙体用小青瓦覆盖，两头用白灰堆塑脊饰，形如龙凤。

占地223平方米，建筑面积375平方米的郑万琅老屋，为砖木结构，由门厅、正屋和厢房构成。明间采用抬梁木构架，次间不设木架。五花山墙、封护檐、门楣彩绘多种纹饰和图案。大门装饰采用一楼一间二柱式牌坊贴面。

占地342平方米，建筑面积503平方米的郑韶年老屋，为砖木结构，整体平面呈长方形，为二进二屋院落，由厅屋、天井、堂屋、厢房、侧房组成。五花封火墙硬山形式。门楼、墀头、窗楣、翼角、脊饰、灰塑原样复建，室内雕刻、彩绘等采用传统工艺，保存原有形制。

占地218平方米，建筑面积384平方米的郑书祥老屋为砖木结构，纵向矩形布局，厅屋、堂屋以轴线布置，整体建筑房屋8间，前厅3间，后堂3间，左右厢房各1间。上有阁楼，中为天井，砖木混合结构。木构架采用台梁式硬山搁檩。格扇门、格扇窗采用镂空雕刻，内容有人物典故、卷草花卉。槛墙、山墙为青砖陡砌清水墙。厅屋第一层明房设4柱，第二层明间设8柱，为抬梁式构造。厅屋和两厢二层天井处，檐柱间有雕花栏板，堂屋为硬山搁檩，11檩无柱，前后檐无墀头，小青瓦堆砌屋脊，两端空回纹向上翘起。隔扇门、窗为冰花纹格，其他部位雕有龙凤、蝙蝠、栀子花图案。窗口、窗楣、檐口处绘有黑线、淡彩退晕彩画，多为卷草、云纹。

占地面积204平方米，建筑面积298平方米的刘正林老屋，整体建筑呈平面长方形，前低后高，由堂屋、门楼、院落组成。无柱硬山搁檩，砖木结构。堂屋长方形面阔3间，设柱子梁架。两个山面做风火墙，摆灰瓦硬山顶，两层楼阁式建筑。明间无层，东西两间均有2层。明间面向长江，正门上有护门石、石门枕和石地袱。室内东西隔墙后各开一门，门设上下额枋；二楼面阔1间，进深2间，前坡不设梁架，后坡立柱，为穿斗梁架，穿枋3根。东南走向斜墙，南后坡由两根柱子支撑成悬山顶。门楼绘八宝图案，门槛雕刻有梅花；门前和山墙彩绘回纹图、万字格图，墀头为回头鸟做法。

占地307平方米，建筑面积401平方米的三老爷书屋，建筑平面为长条形，四周围墙封闭，天井和院子并列布置。木构穿斗架与硬山搁檩结构。正屋面阔3间，一明两暗与正屋相对，不建厅堂，一坡檐过廊与大门相通，和东西厢房连为一体。均为两层。楼层三面对天井开敞，建栏杆形成跑马转角廊。天井东厢房后墙开门，与院落连通，东北角楼面南开设，与主体房成30度角。屋面和北墙顶立式小青瓦做脊，两端做鳌头。正屋门窗均有楣头，封护檐头挑檐，绘有花卉图案喜上眉梢。

占地242平方米，建筑面积471平方米的郑启光老屋，四合院式布局，有门厅、侧房和正屋。通面阔三间13.45米，通进深17.85米。单檐硬山顶，小青瓦屋面，抬梁式构架。侧屋分两层，设廊。正屋设立抹头槅扇门。

占地242平方米，建筑面积497平方米的游县长老屋，四合院式布局，有门厅、正房和厢房。门厅、正房均面阔三间12槅2米，分别进深一间5槅2米、二间9米。单檐硬山灰瓦顶，门厅抬梁式构架，正屋直接由砖墙承重，上层高阁楼。

【古桥】 原位于新滩桂林村2组的惠济桥，清代建造。2003年复建于凤凰山，占地13平方米，建筑面积 13 平方米，单孔石拱卷结构，东西向跨。平面呈曲尺形，分 3 段，分别长 2.7 米、1.95 米、3.4 米，宽 2.4 米，孔跨 2.7 米。半圆形拱券，券石纵联砌置，单券单状，桥面两侧设石护栏。券顶上方嵌宽 1.2 米、高 0.76 米的石匾，楷书“惠济桥”。同时复建的还有江渎桥、屈子桥、千善桥共 4 座古桥。

夔龙山森林公园　位于新县城中心区，占地面积31公顷，其林木以天然马尾松为主，森林面积21公顷。至2005年年底，公园已完成基础设施，部分园林小品和绿化建设。修建公园围墙3 500米，墙顶嵌黄色琉璃瓦，墙面抹贴铁红色涂料；修建公园石梯和水泥路面3.8千米；修建公厕2所和1个消防水池。公园大门属标志性建筑，位于新县城丹阳路，坐西向东，面临高峡平湖，占地面积约1 000平方米，大门为六柱三门廊式建筑，水泥结构。大门飞檐翘角，描梁画栋，中间有宝瓶压脊。两侧门柱上塑有白色盘柱虬龙，侧门坡檐，各翘首一苍龙头。大门迎面建有照壁，30多平方米，照壁上浮雕九条虬龙，名曰“九龙壁”，沿九龙壁两边的石台阶可登山顶，直达夔龙阁和四角亭。为丰富植物景观，变纯马尾松林为针阔混交林，在公园内空闲处种植500多株大楝树、合欢树、银杏树等。在主大门外侧花坛中培植1.1万株（盆）花卉盆景。

二、纪念屈原景区

屈原祠　又名清烈公祠、屈原庙，原坐落在归州城东 2.5 公里处的屈原沱，因兴建葛洲坝水利工程，于 1977 年搬迁至归州县城东 1.5 公里处的向家坪。1981 年，省政府将屈原祠列为重点文物保护单位，2005 年 2 月，被省旅游局评为国家“AAA 级”旅游区。迁建后的屈原祠占地 1.4 公顷，倚山面江，坐北朝南，祠宇四周柑橘飘香，翠柏环绕。屈原祠包括山门、屈原青铜像、东西碑廊、纪念屈原陈列馆、屈子衣冠冢 5 大部分，依山排列，古朴清幽，壮观肃穆。三峡工程蓄水至 175 米后，屈原祠将淹没。列入新县城总体规划，屈原祠将再次迁徙，拟建在新县城城东风景秀丽的凤凰山上。（图 9-2-2）

图 9-2-2：美国游客在位于归州向家坪的屈原纪念馆内留影

【山门】 建筑风格独特，歇山重檐，三面牌楼，六柱五间，三级压顶。三面牌楼通高 20 米，盖琉璃瓦，一级屋角为鳌鱼，二级为卷龙，正中脊饰为宝瓶。牌楼正面，为中天明堂，左右为二龙盘柱，郭沫若先生手书“屈原祠”3 个苍遒的大字镶嵌在牌楼上方正中的天明堂。襄阳王树人所书的“孤忠”“流芳”分嵌左右额枋。大门门楣匾额上为张秀题“光争日月”四个金光灿灿的大字。祠内塑赵朴初先生题对联：“大节仰忠贞，气吐虹霓，天问九章歌浩荡；修能明治乱，志存社稷，泽遗万世颂离骚”。山门色彩匠心独具，立柱土红色，墙面白色，屋面绿色琉璃瓦。整体建筑气势磅礴，耸立橘树丛中。一级屋脊正中绘以蓝天、红日、大海、波涛，二级屋脊下塑有变形夔龙，三级屋脊下饰飞凤。天明堂下为松鹤延年，两旁为麒麟吐玉书，墙面花边为卷草、汉纹、回纹等。整个彩绘以红、黄、绿、蓝 4 色调配，相映生辉。东西配房为硬山顶，滚龙脊，饰龙凤图案。室内可供游人题诗作画，品茗小憩。

【屈原塑像】 屈原铜像立在屈原祠内正中草坪，基座为花岗石，高 2.5 米。铜像高 3.92 米，壁厚约 17 毫米，袍袖周长 5 米。铸造材料由锡 6.14%、锌 5.94%、铝 1.8%、铜 86.1%组成，总重量 3 吨。铜像由省美术院王福臻、朱达成设计，武汉锻热处理总厂总工程师叶学贤监制，武汉精密铸造厂承制。人物造型为“低头沉思，顶风徐步”，着力刻画屈原忧国忧民和“路漫漫其修远兮，吾将上下而求索”的思想境界。形象庄重，主题鲜明。1985 年 8 月 15 日落成揭幕。另有屈原石雕像，高 103 厘米，为明嘉靖十六年（1537）归州百姓捐赠镌刻，是国内现存最早的一尊屈原石雕像。此石像原安放于小青滩屈大夫庙内，1982 年移至屈原祠。

【东西碑廊】 面积 171.5 平方米，呈列屈原作品、碑刻与插图，历代名家咏屈原的诗歌等。

【屈大夫墓】 建于清康熙时代。康熙九年（1670）归州知州王景阳《重修屈公祠记》有“过庙思敬，过墓思哀”之语。乾隆四十六年（1781）湖北学政吴省钦《修楚屈左徒庙碑记》:“庙三楹，其后祀女嬃。有石椁，传是左徒墓，其中若石室”。相传屈原投汨罗，神鱼负尸返回秭归，乡人具衣冠礼葬。旧墓建于清烈公祠左侧。新墓建于屈原祠后缘，按清代墓室扩建，墓门 3 层，青石盖瓦，鳌鱼翘角，青狮白象。门前 4 根立柱，两侧八字开扇，墓前拜台有一刻有“寿”字的石香炉、一对石狮。中为墓志铭，将屈原生平及不朽精神镌刻其间。石柱上镌有“汨水怀沙千古遗恨，归山枕柚万世流芳”楹联。四根内柱的楹联是“璀巍丰碑矗大地，凛然浩气贯长虹”“千古忠贞千古仰，一生清醒一生忧”。墓门后为石穴，内设红漆楚棺，置于一巨型莲花台上。隔墙中有小孔，供游人瞻仰。（图 9-2-3）

图 9-2-3：屈大夫墓

【纪念屈原陈列馆】 坐落在青铜像院坝上端，系歇山大屋顶，白墙琉璃瓦，建筑面积 640 平方米。陈列馆正面匾额上悬挂着郭沫若先生辞世之前（1977 年 1 月）的手迹：“屈原纪念馆”。馆内分上下两层，下展厅陈列有介绍屈原生平的图片、绘画、诗词、乐曲、书法、屈原研究论文和历代各种版本的《楚辞》。上展厅陈列有在秭归境内出土的各种珍贵文物。陈列馆四周柑橘树、竹林、桃园布局合理，相得益彰，幽静雅致，环境迷人。

乐平里 屈原诞生地，位于香溪河口上游16公里处，在屈原镇境内，三峡工程蓄水至175米后，长江回水将直抵乐平里入口瀼坪。乐平里四面环山，东接五指山，南望九岭头，北依天池山，七里峡为西边的交通要道。乐平里有屈原庙、乐平里牌坊、三间八景、“灵牛”等自然和人文景观。

【庙宇牌坊】 屈原镇境内原有两座屈原庙，一座位于屈原村，建于明代，清光绪十五年（1889）重修；一座位于北峰村界限垭，清康熙四十二年（1703）归州知州魏国璘建，这两座屈原庙后来都已毁坏。今存屈原庙于1984年10月建成，位于乐平里北边的降钟山麓，建筑面积264平方米，仿清代民居式建筑复原，小青瓦砖木结构，由山门、配房、大殿组成。庙前立石狮一对，有石阶67级。庙宇背靠三间八景之一的降钟山，依山势分为两段，硬山顶，猫拱式山脊，青瓦粉墙，山门门楣“屈原庙”

3字是郭沫若1965年10月手迹。庙宇正殿矗立屈原石膏塑像，高4米，塑像高冠长剑，双眉紧锁，表现出屈原忧国忧民的情怀。两侧还陈列着清乾隆年间以来的7块石碑和当代名人书画。另竖三间骚坛诗社农民诗人谭光沛、杜青山为新庙写的《重修三闾屈原庙记》石碑。该庙被列为市级文物保护单位。（图9-2-4）

图 9-2-4：乐平里屈原庙

与屈原庙隔河相望的乐平里牌坊，为1983年1月新修，水泥结构，四柱三门，高9米，宽8米，四周各有石阶三级，将牌坊平地托起，前后各有石狮一对。中门门楣“乐平里”3字为川南苏原《中国青年报》记者所书。牌坊设计古朴典雅，雕塑精美，是进入乐平里的大门。乐平里坪前立有2块石碑，上书“楚三闾大夫屈原故里”“乐平里”，为1979年郭沫若夫人于立群所书。

【三闾八景】　屈原诞生地乐平里有许多与屈原有关的传说遗迹构成三闾八景，分别为：降钟伏虎、响鼓岩、擂鼓台、照面井、读书洞、玉米三丘、帘滴珍珠、回龙锁水。清朝诗人汪国霖曾写成《三闾八景》诗：“降钟伏虎啸天来，响鼓岩连擂鼓台。照面井寒奸佞胆，读书洞出《离骚》才。丘生玉米扬清烈，帘滴珍珠荡俗埃。水锁回龙吟泽畔，三闾八景胜蓬莱。”

乐平里小盆地里有一圆形山包，因山包形似一口扣地的大钟得名“钟堡”。站在钟堡上眺望对面的大山，犹如一只下山猛虎，这山就叫“伏虎山”。相传，屈原少年时代，乐平里来了只猛虎，常捕吃耕牛，闹得鸡犬不宁，人心惶惶。少年屈原爬上五指山，对着天空大喊“降钟伏虎”。这时天空电闪雷鸣，地下飞沙走石，一口金钟从天而降，正打中猛虎天灵盖，猛虎化作一座峻峭山峰，而那口大钟落在屈平河边，化成一座山包，“降钟伏虎”由此得名。

乐平里南边有一条溪流叫响鼓溪，沿溪而上半里路，便是一道峡谷，站在峡岩上静心聆听，峡谷中传出“咚咚”声，似战鼓擂响，便称响鼓岩。据考证，响鼓岩中奇妙的鼓声，乃因溪水流到暗河中回响所致。

与响鼓岩隔溪相望的山坡称为擂鼓台。站在乐平里香炉峰旁的岩石台上，听岩下溪水“咚咚”如战鼓的声响，让人引起无限联想，与响鼓溪形成互为依存的景观。相传屈原抱石投江后，秦军不久攻入乐平里，乡亲们奋起反抗，在激烈的战斗中，忽听见响鼓岩上传来“咚咚”战鼓声，乡亲们军心大振，秦军听见胆战心惊，落荒而逃。战后乡亲们赶到响鼓岩，看到山上多了一个石鼓、石槌，猜想是屈原回乡

图 9-2-5：位于屈原诞生地乐平里的照面井

显圣，从此将这座山坡石台称为擂鼓台。

位于伏虎山西侧山腰的照面井。用乐平里特有的银灰色龙骨石砌成，井口直径 0.8 米，井深 1 米，井水粼粼如镜。井台上立着清咸丰十年（1860）所制石碑，正中刻着楷书“照面井”3 个大字，两边还有几行小字：“予白遐迩人等，此系屈公遗井，特遵神教重新整顿，以后切勿荒秽。倘有故违，定遭天谴……三闾合坛弟子同修”。碑石左右长着一株四季常青的青树和一株阔叶浓荫的柞树，井下砌着一堵半径为 4 米，高约 5 米的半圆形台地。相传此井不管什么人往井边一站，好人坏人都分得一清二楚。好人自不必说，坏人将显露狰狞恐怖之形，照面、照心，坏人心里胆寒，便不敢到井边去照。故有“照面井寒奸佞胆”的诗句。（图 9-2-5）

图 9-2-6：位于屈原诞生地乐平里的读书洞

位于响鼓溪左岸，照面井下数百米的读书洞，距香炉坪 1 公里，洞室高约 2 米，宽 4 米，深 3 米，上负陡岩，下临清溪，洞口藤萝垂帘，花草馨香。洞中有石凳石儿，顶端有钟乳石，犹如一组倒悬的莲花灯。相传屈原年少时每天在此洞读书，故名。在洞口立着于立群书“读书洞”石碑。洞西侧立有一石牌坊，门楣刻着四个大字“洞辟书堂”。穿过牌坊，为响鼓岩顶，呈圆形石台，有石栏护围，传为屈原吟诗处，故名吟诗台。1980 年对读书洞进行过修缮。（图 9-2-6）

香炉坪有三块月牙形的水田，所产的稻米颗粒饱满，洁白如玉，屈乡百姓把这三块水田称为“玉米三丘”。据沈亚之《屈原外传》载：原“蒙谗负讥，遂放而耕，吟《离骚》，依耒号泣于天。时楚大荒，原坠泪处独产白米如玉。《江陵志》有玉米田即其地也。”相传屈原被楚怀王放逐到汉北时，经南漳、走兴山，回家乡住了 3 个月。恰逢大旱，香炉坪乡亲渴无水，饥无粮，屈原伤心得仰天垂泪，滴滴泪珠化着汩汩清泉，灌满三丘水田，乡亲立即抗旱插秧。秋后，三丘月牙形水田丰收，其稻米洁白如玉。“玉米三丘”因此得名。

位于读书洞下，路边有一石灰岩构成的岩屋，岩屋顶壁有无数根钟乳石悬空挂着，小的指头大，大的水桶粗，大小钟乳石下端晶莹清亮的水珠一滴一滴的永不休止坠落，下端水滴的地方，均长出根根石笋。岩屋崖壁刻着 3 个字“珍珠岩”，这景观便称“帘滴珍珠”。

回龙锁水又名锁水回龙，位于乐平里（小地名瀼坪）入口。相传屈原被疏，回到故里乐平里。不久秦将挥师攻打楚国，楚王焦虑，急忙派人到三闾召回屈原，商定国事。就在屈原离家返郢时，天空突然雷鸣电闪，大雨倾盆，轰隆一声巨响，一条长八百米，宽五百米形如巨龙的飞石横亘于乐平里溪河中心，阻断出口。家乡父老都说苍天有眼，不让屈原返郢再受奸佞迫害。但屈原爱国心切，决意返郢抗秦，这时天空又响起几声巨雷，把阻河处劈开一道口子，屈原这才挥泪告别家乡父老，向郢都进发。如今，此处尚存“雷劈石”。家乡人民为纪念屈原，在回龙锁水之龙头顶上修建回龙寺。此庙 20 世纪 60 年代废弃，现遗址尚存。

【灵牛】 在屈原故里乐平里，牛耕地无须引绳导向，而耕地自如。据《归州志》载：“此乡牛不需引绳，如售之别乡，亦仅三日，自后非用绳不利；如他乡牛入三闾之境，过三日后亦不必引绳，而自然帖服。”相传屈原离开家乡，去郢都做官，乡亲们都来送行，正走到屈平河边时，屈原捆扎书简的绳索断了，简册散落一地，乡亲们过来帮忙，可断了的绳索怎么也捆不住书简。这时，一头正在犁地的耕牛“哞哞”叫起来，摇头甩尾不耕田了，人们一下子明白了牛的意思，立即用耕牛鼻绳，捆好屈原的书简。没有鼻绳的牛又重新埋头犁地，仿佛与有鼻绳一样，转弯时不用人吆喝。从此以后，乐平里的耕牛就都不需用鼻绳了，乡人都把乐平里的牛称为“灵牛”，至今尚如此。（图 9-2-7）

图 9-2-7：屈原诞生地乐平里的“灵牛”耕田

【屈原宅基】　位于乐平里南侧的香炉坪有屈原宅基地，相传为屈原故居遗址。《艺文类聚·居处部》引《荆州记》：“县（归州）北一百里有屈平故宅，方七顷，累石为屋基。”另沈亚之《屈原外传》引《江陵志》：“屈原故宅在秭归乡，北有女媭庙，至今捣衣石尚存。”

三、四溪风景区

景区地处长江西陵峡南岸茅坪镇境内，1997年3月，茅坪镇四溪风景区管理委员会与荆沙美力集团签约合资开发四溪风景区，共同投资37万元。1999年10月1日，四溪风景区正式对游人开放。2005年2月，四溪风景区被省旅游局正式评定为国家“AAA级”旅游区。该景区主要景点有竹海浴场、鱼泉洞、龙王洞、三叠水瀑布等。

竹海浴场　位于四溪生态风景区中心区域，包括小溪流域及大溪宽谷，面积0.78平方公里。小溪流域山势秀美，层峦叠嶂；大溪宽谷竹林茂密如海，溪水从竹海中穿过，景致幽雅。景区栽植具有观赏与经济价值兼备的各类名竹，形成名竹基地。至2005年，区内已有粗壮的楠竹，修长的毛竹，泪痕点点的斑竹，墨紫亮丽的紫竹，还有方竹、罗汉竹、花吊丝竹、龟甲竹、味精竹等达270多个品种。在翠竹环绕中，建有一座竹楼，名鱼泉山庄，全用竹子建成，飞檐翘角，金黄铿亮。在大溪宽谷峡口处修筑一道水泥拦河坝，形成一个面积3 000平方米的湖泊，水深1～6米，碧蓝如镜，便是竹海浴场之核心。游人可以跳进浴场游泳戏水，也可挥篙划排。在竹海浴场湖边建有两座竹楼，均为全竹结构吊脚楼，一名竹海浴场酒楼，一名滴翠楼，两家酒楼均为旅游定点餐馆。

鱼泉洞　位于鱼泉山庄左侧。山岩下有一岩洞，洞口有一深潭，潭内游鱼成群。洞内流水一年四季不断，水流时清时浊。春季当浑水从洞中涌出时，有鱼群顺水流出，该鱼无鳞片，乡人俗称“无鳞鱼”，把流出鱼的洞叫鱼泉洞，游人可在洞边垂钓。此处还有一股泉水，含多种矿物质，清凉可口，可当天然矿泉水饮用。

龙王洞　位于顺阳溪东北坡猴子口山体，洞口海拔高程316米，洞口与谷底相对高差20米。龙王洞山体山脊似龙的脊背，古称此洞穴为龙王洞。龙王洞口位于陡崖内，顺贴崖壁扶梯而上，是一处面积约200平方米的平台，平台由栏杆相围。龙王洞洞口高7.2米，宽16米。洞内修有人行便道，洞壁装有照明灯、彩色射灯。洞口有一对高1米的石笋，恭迎游客到来，取名“两笋迎宾”。洞内有一宽38

米、高10米的洞厅，洞顶是有规则的同心圆，一层套一层，气势宏伟，状如天穹，配有彩灯照耀，名为“天穹生辉”。洞内有一深潭，长12米，宽4～6米，深达数米，水潭上下和两端有多处景点分布。洞内钟乳石千姿百态，状似仙景。尚待开发。

三叠水瀑布　原名三吊水瀑布。大溪的源头，是一个半圆形的石壁，从石壁上垂落下一股山泉，被称为“三县泉”（该地位于宜昌县、长阳土家族自治县、秭归县3县交界之地，故名），也称老吊水。泉水从300多米高的山岩上飞流直下落入崖底潭中，此潭名曰“魔潭”。泉水落下形成的瀑布，称三吊水瀑布。瀑布总落差389米，是全国迄今所发现落差最大的瀑布。三吊水实际是四吊水，因为泉水被错落的山崖分隔成4段。每个瀑布下面有一个水潭。只是人们站在溪谷向上看，因山势遮挡，只能看见3级瀑布，故称为三吊水。游人沿着魔潭右边人工修造的扶栏而上，每行20分钟左右，即可到达一级台地。三吊水瀑布最上面的台地最大，长70米，宽20米，可容数百人同时观瀑。2004年更名为“三叠水”。

濒危植物保护园　景区大溪宽谷的平地上，建有由国务院三峡工程建设委员会拨专款兴建的三峡库区濒危植物保护园。至2005年已培植的濒危植物有疏花水柏枝、荷叶铁线蕨、川明参3种。

四、九畹溪探险漂流风景区

风景旅游区位于周坪乡境内。1996年8月，周坪乡政府开始九畹溪漂流项目立项，并进行规划和开发。2000年3月，九畹溪旅游服务有限责任公司成立。2000年5月试营业，2001年4月26日举办长江三峡、九畹溪漂流节暨2001年首漂式活动。2005年，被命名为国家“AAAA级”景区。

2001年4月—2003年5月为一期漂流。起点是九畹溪电站旧址，终点是聚鱼坊长江入口处，全长6.4公里。漂流全程经过32道滩、28个弯，分迎宾峡、望夫峡、观音峡3个景段。

迎宾峡景段从九畹溪电站至周坪乡黑龙潭二级电站，漂程约2公里。景点有白莲教与清兵交战遗址。此段经过3道险滩。

望夫峡景段从黑龙潭二级电站至望夫石，漂程约3公里。此段为无人居住区，急流险滩20多处，依次经过猴王寨、笔峰石、望夫石、问天地缝等景点。问天地缝位于九畹溪中段右岩，岩壁高约200米，缝长800米，宽处2米，窄处仅1.2米，像一个巨大的问号横在天空，故名问天地缝，也源于屈原的《天问》。进入缝内，两侧绝壁如刀削斧劈。2003年三峡水库蓄水至135米后，“问天地缝”处水深已达数十米，九畹溪旅游服务有限责任公司在地缝入口处的较开阔水域建成一个塑料浮坞和一个水上舞台。浮坞由50厘米见方的高强空心塑块组成，可同时停靠10只龙舟。另由3块塑块组成宽1.5米，长400米的浮桥直达地缝深处，浮桥两边有铁链作护栏。水上舞台为木质结构，每天为游客演出反映屈原生平的水上舞台剧《礼魂》等文艺节目。（图9-2-8）

图 9-2-8：九畹溪水上《礼魂》表演

观音峡景段从望夫石直至漂流终点，漂流途中经百肖图、仙女沐浴、观音岩、棺木岩等景点。

2003年6月—2005年为九畹溪二期漂流。2003年6月，三峡大坝蓄水至

135米，三峡水库水位涨到九畹溪电站旧址处。九畹溪旅游服务有限责任公司将原引入九畹溪电站发电的渠水汇入溪中，开展九畹溪二期漂流。二期漂流起点在槐树坪村中阳坪，终点为九畹溪电站旧址，全长6.8公里。九畹溪旅游服务有限责任公司在二期漂流起点站建设一系列设施：2.5平方米电子显示屏幕，不间断显示九畹溪当天的天气、气温、水温、水流量和游客人数以及漂流安全事项、景区景点介绍；新建办公楼、售票室、更衣室、工艺品商店、公厕。分散在周围农户家的餐馆、旅店，可为游客提供农家宴和廉价住宿。二期漂流段水流湍急，溪中滩多，落差达90米，两岸景点有大屋檐、天书八部、灵龟问天、棺木岩等。

五、链子崖风景区

风景区位于屈原镇长江南岸兵书宝剑峡下游出口，距新县城26公里。链子崖危岩体位于景区内的临江陡崖上。在南北长700米，东西长210米岩体上，被58条大小不等裂缝所切割，形成总体积达300多万立方米危岩体，成为长江航道严重隐患。1989年3月8日，根据国务院总理李鹏批示，成立长江三峡链子崖地质灾害防治小组，下设专家组和现场指挥部。链子崖整治工程巨大，所采用的“截载”“锚固”等技术在世界领先。整治工程静态投资4 661万元，经4年综合整治，于1999年全面竣工，一堵绝壁危岩被锚固。屈原镇政府将此处开发成风景旅游区，于2004年6月投资兴建，第一期工程投资800万元，开发可游览面积6平方公里，建设古山川祭坛、归乡寺、巴巫寨、天下第一缝等景点，2005年6月11日正式对游人开放。（图9-2-9）

图 9-2-9：新滩链子崖

古山川祭坛　位于景区大门。景区大门为青石砌成，门楣设置成“开”字形状，山门组成“开山”二字，意为开门见山。门内有一面石碑，刻有“链子崖”3个大字，为宜昌著名书画家汪国兴题写。进山门后是一条长60米的神道，两边各有楚俑9个，柏树16株，楚俑后面建有粉墙黛瓦的古民居，古朴典雅的吊脚楼，展现古代峡江居民的质朴生活。走过神道就是祭坛。祭坛置身于3根高大雄伟的图腾柱下，图腾柱为花岗岩雕刻而成，每根重20余吨，左边一根雕刻太阳神和月亮神以及丰收时人们的祭祀活动，右边一根雕刻山川河流，中间一根雕刻着青龙、玄武、白虎、朱雀。祭坛中心是天灯，直径1.8米，是全国最大的天灯。

归乡寺　位于祭坛上方。从祭坛往上走，有一巨大放生池，专为游人朝拜屈原许愿祈福所用。放生池中有“刘海戏金蟾”景点。张着大嘴的石蟾仰头坐在池中，据说游人如果将硬币投入石蟾口中，所许愿望就能实现。从放生池拾级而上就是归乡寺。归乡寺已有2000年历史，复建后，有财神殿、顺星殿、观音殿。

巴巫寨　从归乡寺再往前就是巴巫寨。寨内几个错落有致的图腾石柱上设有招魂台，供道士表演大招魂、小招魂之用。顺台阶而下是巫傩寨石门，进入石门后有一对夫妻石。沿着小路而上，有超生谷、飞龙现天、求子洞、古木化石群等景点。

天下第一缝　登上崖顶，可以直观危岩裂缝。共有大裂缝13条，小裂缝58条。最深的2号、9号、12号裂缝深达105米。最宽的2号裂缝宽达5米，被称为天下第一缝。此处为景区最为险要之地。据《归州志》载："道光元年（1821），归州知州李炘雇工将悬岩逐一开凿，始可容足，其陡绝处则添置铁链、铁圈俾可扳援而行。"此后行人上下抓住铁链攀行。

六、西陵峡风景线

西陵峡分东段和西段，秭归段是西段称归峡，从香溪口至茅坪庙河，包括兵书宝剑峡、牛肝马肺峡和崆岭峡。西陵峡风景是由其所处的地质构造和岩石特征决定的，归峡为黄陵背斜的西翼，由震旦系至三叠系组成。岩层节理发育，地表水、地下水较丰富，喀斯特地貌发育，构成优美奇特的地貌景观。三峡素有"瞿塘峡雄，巫峡秀，西陵峡险"之称。西陵峡历来就以"险"著称，三峡中著名的险滩多集中在这一带。三峡大坝蓄水前，西陵峡是宜昌至秭归的最佳旅游线，无数中外游客慕名而来，西陵峡成为国内外著名的旅游区之一。2003 年 6 月 10 日，三峡水库蓄水高程 135 米后，峡内险滩均已消失，而西陵峡却变得更加雄伟壮丽，江上舳舻衔尾，巨轮扬波，形成一幅壮观的高峡平湖风景画。且西陵峡是沟通新县城景区与九畹溪探险漂流景区、链子崖风景区、归州新集镇的水上通道，整合旅游资源，连通 5 大景区，有待进一步开发。

兵书宝剑峡　本名白狗峡，又称铁棺峡、棺木峡。位于归州古城东 10 公里。西起香溪水府庙，东至新滩上滩沱，全长 5 公里。长江北岸峭壁间有一天然岩洞，远看岩洞中有层叠物似书卷，传说为诸葛武侯藏兵书之处。离洞穴不远下方绝壁上，有一下宽上窄的突兀山峰从绝壁上凸出，恰似在绝壁上浮雕的宝剑。2003 年 6 月 1 日，三峡大坝下闸蓄水后江水逼近"兵书"处，县屈原纪念馆工作人员在县港监站协助下，对藏"兵书"洞穴进行考察，千古之谜被揭开，传说的"兵书"乃 3 口千年悬棺，考古人员发掘后，于 6 月 4 日将悬棺移至新县城凤凰山。6 月 10 日，水位上升至 135 米，"兵书宝剑"尽没江中。

牛肝马肺峡　又名马肝峡。位于归州古城东 19.5 公里，西起新滩凤凰嘴，东至茅坪烟家洞，全长 4.5 公里。长江北岸峭壁上悬着两个象形石组合成牛肝马肺，一团赭黄色的页岩，形似牛肝；一堵黯黑色的石块，酷像马肺。当地曾流传着一首歌谣："怪石生来此肺肝，俨然悬挂碧云端。三春阴雨淋不朽，六月炎天晒未干。船只过客频相顾，隔岸渔翁仔细观。老鹰为它空展翅，欲待充饥下喉难。"清光绪二十六年（1900），英、德帝国主义侵略船"蜀通"号、"瑞生"号，闯进西陵峡，洋船过牛肝马肺峡时，船上人员为寻欢取乐，将炮口对准"牛肝马肺"狂轰乱射，把"马肺"打掉一叶。当日，"瑞生"号被咆哮的崆岭滩一口吞入江底，终受大自然的惩罚。郭沫若曾写下"兵书宝剑存形似，马肺牛肝说寇狂"的诗句。2003 年 6 月 9 日，县文化旅游局将即将被淹重达 60 吨的牛肝进行

图 9-2-10：牛肝马肺峡远景

切割，搬迁至新县城凤凰山风景区。（图 9-2-10）

崆岭峡　又名空冷峡，通舲峡，空舲峡。位于归州古城东 24 公里，西起九曲垴，东至周家沱，全长 2.5 公里。崆岭峡下首为崆岭滩，峡滩相连，被称为三峡“滩险之冠”。有“青滩泄滩不算滩，崆岭才是鬼门关”之说。从民国 20 年（1931）7 月到 1979 年间，有关部门先后对崆岭滩进行 10 多次整治。1949 年后，至 1979 年先后进行 9 次整治，使崆岭变通舲。三峡大坝蓄水后，崆岭滩变为平湖，险滩不复存在。

仙女山　位于牛肝马肺对面南岸，距归州县城 26 公里，耸立于烽火山，白云山，大王山三山之中，主峰高程 1 584 米，占地面积 10 平方公里。仙女山峭壁高耸入云，状似仙女，美丽多姿。因当地流传的一个仙女与一个农家小伙子美丽的爱情故事而得名。宋神宗年间，修建有仙女庙，1958 年被毁。仙女山丛峰林立，美景甚多，如天空堡、双石柱、马鬃岭、葫芦寨、剪刀岩、龚家寨、宝塔岩、轿顶岩等 20 多个峰峦，巍峨高耸，笔立云霄，朝夕云雾，鸟语花香，美不胜收。特别是仙女山迷雾，独具秀色，优美壮观。

第三节　旅游营销

一、宣传促销

1985 年前，县内旅游未形成产业。1985 年，县旅游部门接待旅客 222 人，全部是外宾。20 世纪 90 年代初，县旅游部门筹资 36 万元，先后制作《秭归风景明信片》《秭归旅游画页》《秭归旅游台历》，铸造屈原纪念章和龙舟纪念章，拍摄出版由中央电视台著名播音员罗京解说的录像带《屈原故里风情》（附有英语、日语解说）等宣传品，发行传播到 40 多个国家和地区。同时利用报刊大力宣传秭归的旅游景点景区，提高旅游知名度和影响力。县旅游部门还推出屈原祠观光、民俗歌舞表演、龙舟竞渡、昭君别乡、香溪河漂流、归州古城漫步、水田坝田园风光游等独具特色的旅游项目吸引游客。1998 年 9 月，县城由归州东迁茅坪后，旅游业被确定为全县经济发展新的增长点，旅游事业得到迅速发展。各景区投入大量宣传资金，在省、市电视台和其他宣传媒体广泛宣传，在各交通要道制作固定式宣传广告，使秭归旅游景点在全省乃至全国有一定知名度。

利用节日举办盛大庆典活动，是全县旅游促销的重要手段。1992 年 4 月 17 日，县第十二届人民代表大会常务委员会第九次会议通过，将每年农历五月十五日定为屈原文化节。当年农历五月十五日至十七日，在老县城归州举办首届屈原文化节。举行规模盛大的龙舟竞渡和丰富多彩的文艺演出活动以及具有屈原文化特色的旅游观光活动。来自北京、四川、武汉、香港等省、市和地区的 1 400 多名外来游客和 5 万多县内群众参加活动。

2000 年 9 月 30 日—10 月 30 日，由国家旅游局和省政府主办，在宜昌举办首届中国湖北长江三峡国际旅游节，秭归设为分会场，活动突出“屈原故里新秭归，三峡大坝第一城”主题。10 月 1 日，在茅坪港长江水面举行龙舟竞渡活动，来自埃及和尼日利亚等 10 多个国家和国内 30 多个省、市宾客及县内观众近 6 万人观看。10 月 2 日，来自 30 多个国家的中外游客 180 多人，分乘“昭君”号、“招商”号游轮，到归州老县城参加屈原故里游活动，参观屈原祠，龙舟竞渡和屈乡歌舞表演。10 月 3 日，观看屈原艺术团表演地方歌舞，到移民新村欣赏民间歌舞等。10 月 4 日，到四溪风景区游览。

2001 年 4 月 26 日，由市旅游局、县政府主办，在九畹溪举行 2001 年首漂仪式。来自宜昌市、外县（市）领导和全国各地新闻记者、县外旅行社经理共 500 余人参加开幕式、观看民俗歌舞表演、参加探险漂流。当年9月22日—10月7日，第二届中国长江三峡国际旅游节 在宜昌市举行，秭归设为分会场。活动突出“漂流九畹溪，体育健身游”主题。9月24日，1 000多名中外游客在九畹溪欣赏民俗歌舞表演后参加探险漂流。

2002年9月28日—10月7日，第三届中国宜昌长江三峡国际旅游节在宜昌市举行，秭归设为分会场。活动突出“关注新三峡、关注新秭归”主题。10月1日，秭归县组织200人的大型花鼓舞表演。10月2日，在新县城长宁广场举行开幕式。来自美国、德国、日本等国外宾，省、市领导，中外记者以及全国各地游客、县内群众约3万多人参加开幕式。先后开展金秋橘展、第一届秭归地方菜大赛、九畹溪漂流健身游、归州古城新貌观光游、屈原文化展示和屈原文化电影周等活动。

2003年6月14日，长江三峡工程正式下闸蓄水，县委、县政府举办“高峡平湖”庆祝活动。在新县城徐家冲港湾举行秭归县“四溪杯”高峡平湖龙舟赛，组织“庆三峡蓄水，秭归欢乐大巡游”的群众游园活动，参与群众达5万余人。6月15日，九畹溪景区举行2003年首漂仪式。邀请全国各大新闻媒体记者、全国各旅行社总经理、海内外游客及省、市旅游局领导等300多人参加活动。

2004年4月21日，九畹溪景区举行2004年首漂仪式。来自武汉、荆州、荆门、襄樊等地新闻记者、旅行社经理和省、市、县各级领导共300余人参加活动，先后参观三峡大坝、游览四溪风景区、参加探险漂流等。当年端午节，县委、县政府组织“我在屈乡过端午”民俗风情游系列旅游活动。先后举行水陆环游高峡平湖和漂流九畹溪、包粽子大赛、赛龙舟等活动。

二、游客接待

1985年，县旅游部门接待外宾222人，旅游业收入30万元。至1993年，年接待旅游人数达到6.4万人，收入达到280万元。1998年9月，县城由归州镇迁至茅坪镇后，旅游事业快速发展，旅游接待能力不断提高。到2005年年底，全县有旅行社3家，星级酒店7家，新县城拥有近3 000张床位的宾馆旅店供游客住宿。1998年接待4.02万人，旅游业收入达到2 400万元，比1985年增长182倍。1999年开始建立大旅游统计报表，接待游客统计为人次，当年接待游客近37万人次，2002年突破100万人次，2005年达到121万人次。旅游总收入1999年突破千万元大关，达到1 037万元。2000年收入突破2亿元，达到2.5亿元。2005年上升到4.88亿元，比1999年增长46倍。（见表9-2-1）

1985—2005年秭归县游客接待情况表

表9-2-1　　单位：人、人次、万元

年份	接待游客	旅游收入	年份	接待游客	旅游收入	年份	接待游客	旅游收入
1985	222	30	1992	100 000	243	1999	368 900	1 037
1986	138	167	1993	64 000	280	2000	719 600	24 950
1987	344	186	1994	34 000	269	2001	752 200	27 502
1988	268	172	1995	31 000	270	2002	1 108 700	36 050
1989	1 471	101	1996	40 500	290	2003	900 472	28 162
1990	4 508	118	1997	41 000	300	2004	1 111 898	40 044
1991	30 144	177	1998	40 200	400	2005	1 210 000	48 800

说明：1999年前接待游客单位为人，1999年后为人次

第三章 服务与管理

1987年，全县成立第一家旅行社——归州旅行社，旅游服务开始由此前的政务性和商务性接待向商业经营转变。至2005年，全县有3家旅行社，7家星级涉外饭店，2个旅游码头。年接待游客人数由1985年的222人增加到2005年的121万人次，比1999年的37万人次增长2.27倍。

第一节 服务企业

一、旅行社（公司）

归州旅行社　成立于1987年2月，隶属县旅游开发公司。1992年9月，县旅游总公司成立后，归州旅行社成为总公司下属经济实体，为三类旅行社。内设接待部、外联部、国内旅游部、财务部和票务中心。至2001年年底，共接待游客49.77万人次。其中，外宾24.71万人次，港、澳、台游客4.68万人次，经济收入3 325.8万元。2001年年底，归州旅行社拥有中型旅游客车4辆，豪华空调旅游车4辆；文艺演员21人；导游27人，其中英、日、德、法4种语种的外语导游11人。2002年3月，归州旅行社经营许可证转让给天地人旅游发展有限责任公司。2005年6月，归州旅行社注销。

旅游总公司　成立于1992年9月，与县旅游局合署办公，一套班子，两块牌子。县旅游总公司下属4个经济实体：归州旅行社、旅游建筑队、旅游商店、旅游码头管理站。1994年9月，县旅游总公司加入中国宜昌三峡国际旅行社，对外称宜昌国旅集团秭归旅游公司。1999年4月，县旅游局与县旅游总公司分设，县旅游总公司为县旅游局下属企业。2002年3月，县旅游总公司破产。

交通旅行社　1999年12月成立，隶属峡江运输服务公司。属国有独资企业三类旅行社，在茅坪港拥有300米水岸线，有泊位长70米、宽12米三层建筑“峡江一号”趸船和“峡江二号”“峡江三号”两艘辅助趸船，可供各类旅游船、普客船、水翼船、快艇停靠。旅行社内设外联部、导游部、办公室、财务室，有导游9人。主营接待至秭归、三峡地区、三峡坝区游客。2001年8月改制为私营企业。2005年6月，入股县楚韵旅行社有限责任公司，原旅行社注销。

风光旅行社　成立于2002年4月，为有限责任公司，属私营性质国家三类旅行社。公司内设财务室、组团部、接待部。主要经营国内旅游业务。公司地址位于新县城屈原东路。2005年有从业人员13人。其中，固定导游3人，季节性临时导游8人。

大自然旅行社　成立于2002年4月，为有限责任公司，属私营性质国家三类旅行社，内设办公室、财务室、外联部、接待部。2005年6月入股楚韵旅行社有限责任公司，原公司注销。

楚韵旅行社　成立于2002年4月，为有限责任公司，属私营性质国家三类旅行社。公司内设办公室、接待部（包括计调部）、组团部、营销部、财务部、旅游车队。2005年有从业人员76人。其中，导游49人，司机15人。旅游车队拥有11台大、中型旅游客车，可载客521人，主要经营业务为国内旅游，公司地址位于新县城平湖大道3号。

天地人旅行社　成立于2002年1月，为有限责任公司。2002年3月，县旅游总公司破产，所属归州旅行社经营许可证转让给天地人旅游发展有限责任公司。2004年2月，天地人旅游发展有限责任公司更名为天地人旅行社有限责任公司，注销归州旅行社资质。公司地址位于新县城平湖大道9号，内设经理室、行政部、财务部、计调部、内宾接待部、外宾接待部、外联部、市场开发部。2005年，公司有从业人员66人。其中，导游21人，趸船管理人员14人，开发人员7人，演员14人。

秭之旅旅游联合体　2004年6月，由县楚韵旅行社有限责任公司、县风光旅行社有限责任公司、县大自然旅行社有限责任公司、县交通旅行社、县天地人旅行社有限责任公司等5家旅行社联合组建秭之旅旅游联合体，办公地点设阳光国贸大厦一楼。秭之旅旅游联合体按照统一计调，统一财务，统一组团，统一接待，统一营销，统一服务标准原则实行联合经营。2004年7—12月，县风光旅行社有限责任公司、县天地人旅行社有限责任公司先后退出秭之旅旅游联合体。2005年6月，县交通旅行社、大自然旅行社有限责任公司入股县楚韵旅行社有限责任公司，秭之旅旅游联合体自此解体。

二、旅游饭店

1993年12月，秭归宾馆被批准为国家一星级旅游涉外饭店。至2005年，县内有7家星级旅游涉外饭店。其中，国家一星级2家，二星级3家，三星级2家。一星级有夔龙山庄、荆莲酒店；二星级有江南宾馆、江都大酒店、秭归大酒店；三星级有世纪星酒店、海立酒店。被县文化旅游局授予国内旅游定点饭店的有：长林宾馆、云龙大酒店、信合宾馆、凤凰宾馆、百乐门大酒店、三信大酒店、上元饭店、顺达酒店、青云大酒店等。被授予为国内旅游定点餐馆的有位于新县城茅坪的金鹏大酒店、豆花小吃店；位于四溪风景区的逍遥阁酒楼；位于周坪乡原芝兰乡政府所在地的红豆旅馆；位于周坪乡集镇的财盛酒楼、金鑫酒楼等。

第二节　服务设施

一、归州旅游码头

1989年10月，县旅游开发公司投资40余万元兴建归州旅游码头投产。码头位于归州大慈寺，由趸船、下河石阶、陆上停车场3部分组成。

趸船为一艘长56米、宽10.4米、型深2.8米的旧货驳改建而成，共两层。第一层有工艺品商店、演出厅、休息室、邮电室、洗浴间、厕所、厨房等，共400平方米。第二层由船员室和会议室组成，约200平方米。趸船配有25瓦高频无线电话，50瓦扩音机以及有线电话。码头港区水深4米以上，可停靠5 000吨级以下大小旅游轮船。陆上停车场占地300平方米，可停留6辆大型客车。

归州旅游码头为全县旅游事业兴起和发展发挥重要作用，先后接待江泽民、胡锦涛、李鹏、朱镕基等党和国家领导人以及众多海内外游客。

1997年1月，县旅游总公司向武汉港务局汉口港埠公司租赁一艘“武汉港19006”号趸船（长90米、宽14米，型深3.5米），从汉口港拖抵归州旅游码头，当年5月投入使用，使归州旅游码头接待能力提高1倍多。

二、秭归港

秭归港又名茅坪港，位于新县城西北长江南岸，距三峡大坝3公里。业主为宜昌港务局。2002年2月动工修建，2003年3月竣工。共铺设缆车轨道1 472米，修道路、堆场9 150平方米，建生产用房4 600

平方米，完成土石方17.96万立方米，工程投资4 307万元。秭归港为旅游、普客综合性码头，来往于三峡库区的旅客、游客通过宜黄高速公路和三峡专用公路经秭归港实现水陆中转。自2003年始，经秭归港转运的中外游客每年达200万人次。

第三节　旅游管理

一、市场管理

管理规定　1992年9月，县政府转发县旅游局《关于加强旅游行业管理若干问题的请示》，要求县境内旅游相关企业必须按照旅游行业管理规定，接受县旅游局监督、指导和管理。

1994年11月，县旅游局印发《关于旅行社强化归口管理 持证合法经营的通知》，加强对县境内旅行社、导游人员的管理。

1998年12月，县政府印发《秭归县旅游业管理办法》。规定：凡申请开办旅行社，必须依照《旅行社管理条例》规定取得旅行社业务经营许可证，并办理工商营业执照和税务登记；凡申请接待外国人、华侨、港澳台同胞的宾馆、饭店、商店、旅游车（船）、公司及其他娱乐场所，必须符合旅游涉外定点单位条件，经工商行政、公安和旅游管理部门审查批准后，方可经营旅游涉外业务；单位和个人在旅游景区（点）从事旅游商品经销的，必须持有工商行政管理部门颁发的营业执照，并在规定地点经营；旅游经营者应当按照核定的经营范围和地点开展经营活动，必须遵守法律、法规，遵循自愿、平等、公平和诚实信用的原则，严格执行旅游服务国家标准和行业标准，规范服务行为，保证服务质量；旅游经营者组织旅游者旅游，应当与旅游者签订协议书；旅游经营者应当与其聘用的从业人员签订劳动合同；导游人员必须符合国家规定的条件，经国家导游人员资格统一考试合格，在旅游管理部门注册登记并取得导游证书，否则不得从事导游活动。

2001年10月，县旅游局出台《秭归县旅游行业管理办法》，共7章42条，对1998年12月县政府印发的《秭归县旅游业管理办法》作出详细、具体的说明。

2005年年底，县文化旅游局制定《秭归县旅游业诚信机制建设管理办法》和《秭归县“农家乐”旅游经营管理办法》。

秩序整顿　1996年8月，县旅游局、公安局、工商行政管理局联合成立秭归县旅游市场专项治理协调小组，打击和取缔无证、照经营及超范围经营行为，实行依法治旅、依法兴旅，净化旅游环境。

1998年6月，县旅游局对新县城53家宾馆、饭店进行摸底调查，确立一家涉外旅游定点饭店（秭归宾馆），取缔一家无证、照经营的桃花园旅行社。

2000年后，县旅游管理部门每年对旅游市场秩序进行整顿规范。其中，2000年对旅游码头秩序，2002年对旅行社、旅游公司、旅游饭店（宾馆）秩序进行重点整顿规范。2005年，县文化旅游局联合卫生、安全监督、交通、消防、公安、工商、质监、建设、气象、城管、国土资源等县假日旅游协调领导小组成员单位，对全县旅游景区、星级酒店、旅行社等进行4次大规模联合检查，下达限期整改意见书58份，确保安全、秩序、规范的旅游市场环境。

二、安全管理

2001年7月，县旅游局先后印发《关于加强九畹溪旅游漂流安全管理的通知》和《关于汛期加强安全防范的紧急通知》，要求九畹溪、四溪风景区对所有安全隐患进行一次全面清理检查，设立观测点，安装报警器，制定预案，防患于未然。2003年11月，县文化旅游局与各旅游企业签订安全生产责任状，具体明确安全工作的主要内容和基本职责，要求各旅游企业把安全工作职责具体化，确定到岗到人。2004年4月，四溪风景区制定《防洪预案》。5月，县文化旅游局制定《秭归县旅游综合应急预案》。8月，县政府办公室转发县公安局、县安全生产监督管理局《关于深入开展人员密集场所消防安全专项治理实施方案》，对容纳50人以上的饭店、宾馆、餐馆和娱乐场所进行重点治理。2005年，县文化旅游局与各旅游企业层层签订安全生产责任状。5—10月旅游旺季期间，局机关实行黄金周和双休日值班制度，并由1名局长带队，到旅游景区实地检查监督，排查隐患，处理投诉。当年无一起安全事故发生。

2003年9月6日下午，四溪风景区上游长阳土家族自治县贺家坪镇殷家河流域突降暴雨，造成景区内三叠水瀑布处暴发山洪，滚滚洪水从近400米高的山顶直泄谷底，致使滞留在三叠水瀑布之下观景平台上的10名游客避之不及，造成5人遇难，5人被救脱险。当晚，县委、县政府成立抢险救灾指挥部，并下设现场搜救专班、事故调查专班、善后处理专班、综合协调专班。县委书记王万修、县长罗平烺等领导亲临现场指挥。9月7—10日，5名遇难者遗体相继找到。遇难游客中，1名美籍华人，4名武汉市人。事故发生后，省旅游局、市政府、市旅游局、武汉市人民政府信访处领导先后到达秭归，了解事故情况，看望遇难者家属，指导协调善后处理工作。9月17日，风景区管理处与游客及遇难者家属代表经过协商，达成补偿协议：风景区一次性补偿遇险客人每人各项费用共计人民币1万元；一次性赔偿遇难者家属各项费用每人22万元人民币，其中一名美籍华人赔偿40万元。9月18日，应遇难者家属要求，四溪风景区在宜昌殡仪馆为5位遇难者举行遗体告别仪式，遇难者遗体火化后，骨灰由其家属带回武汉处理。此事故是1985—2005年间，全县发生的唯一一起重大旅游安全事故。

三、服务质量管理

质量评定　1999年9月，国家旅游局制定下发《旅游区（点）质量等级评定办法》，11月，成立由常务副县长郑之德任组长，县文化旅游局、质量技术监督局主要领导任副组长的县旅游区（点）质量等级评定工作领导小组。

2000年4月，县旅游局评定夔龙山庄、云龙大酒店等5家宾馆（饭店）为全县第一批国内旅游定点饭店。2001年年底，全县共有22家宾馆（饭店、餐馆）被审批为国内旅游定点饭店（餐馆）。

2000年9月，县旅游局、公安交警大队、公路运输管理所联合考核、评审，确定3辆大客车、14辆中型客车、8辆小型客车为国内旅游定点接待车。

2003年8月，县文化旅游局组织各旅游景区、旅行社、星级宾馆（饭店）进行经营服务质量整顿。整顿后，各单位对照质量规范标准，普遍完善规章制度，加强内部管理，制定旅游高峰期限量接待预案，在员工中开展微笑服务、持证上岗等一系列以提高服务质量为中心的活动。

2005年2月，四溪生态风景区、屈原祠文化旅游区被省旅游局评定为国家“AAA级”旅游区。九畹溪风景区被评为国家“AAAA级”景区。

业务培训　1999年后，县旅游局（文化旅游局）经常组织旅游从业人员进行业务培训和技能比赛，提高接待水平和服务质量。据统计，1999—2005年，县旅游局（文化旅游局）先后组织14次培训班，共培训导游、宾馆饭店服务员、漂流安全员以及分管旅游工作的相关领导等785人次。其中2005年培训导游80人次，内容有旅游政策法规、带团技巧及礼仪、县情和民风民俗、景区讲解等。

第十篇　三峡工程移民

1984年4月，长江三峡工程施工准备开始。10月，县政府三三〇移民办公室更名为县政府移民办公室。1986年1月，设立县移民局。秭归既是三峡工程库区，又是坝区，共淹没损失综合指标占三峡库区10%，占湖北省库区53%，占宜昌市库区70%，移民工作任务艰巨繁重。县委、县政府结合移民工作实际，创立"五为主"和"双包干"移民工作管理机制，即"农村移民以乡镇为主，城镇迁建以所在地政府为主，专业项目复建以行业主管部门为主，工矿企业迁建以企业为主，单位搬迁以单位为主"；建立移民任务、移民资金"双包干"责任制。库区移民坚持"搬得出，稳得住，逐步能致富"要求和"大部分外迁，高标准后靠，鼓励投亲靠友，限制自谋职业"安置总原则。1994—2005年，全县累计搬迁移民9.18万人。其中，城镇移民搬迁4.48万人，农村移民搬迁4.1万人，坝区及其他移民搬迁0.6万人。县内农村移民后靠安置以农业为基础，改土建园，发展高效生态农业，全面实现开发性安置移民。同时推广库区农村移民5种安置模式，即郭家坝镇桐树湾村"线上一条路，沿路一排房，房后一片园"的农民一条街模式；水田坝乡龙口村"一户一个院，一人一亩田，统一水电路，自然连成片"的庭院模式；归州镇"选定外迁点，集中配套开发，成建制外迁"的县外安置模式；沙镇溪镇"线上承包，线下转包，分户调补，一步到位"的调补责任田模式；茅坪镇银杏沱村"靠路安居城镇化，靠山乐业基地化，靠港致富小康化，靠旅游兴村特色化，靠城发展现代化"的城乡一体化模式。1994—2005年，全县采取各种形式的生产安置库区农村移民3.8万人。

第一章　实物调查

1984年始，长江流域规划办公室、水利部长江水利委员会、县政府等有关部门对茅坪坝区、秭归库区淹没实物指标进行调查。1992年10月，水利部长江水利委员会汇总茅坪坝区施工征地红、黄线方案实物指标，共涉及5个村、19个组、1 058户3 517人，农村房屋总面积13.6万平方米。1993年调整为房屋总面积11.01万平方米，土地总面积142.33公顷。1992年复查汇总177米淹没线下秭归库区（含坝区转库区）受淹实物指标，水库淹没人口为6.53万人，房屋总面积275.48万平方米，土地面积2 944.42公顷。

第一节　三峡坝区

一、首次调查

1985年6月2日—7月19日，长江流域规划办公室库区处、三峡开发总公司等单位组成三峡坝区茅坪区施工征地实物指标联合调查组，对征地范围内的各项实物指标进行调查。茅坪坝区征地红线（为必征范围）范围内面积112公顷，黄线（为待征范围）范围内面积为73公顷，涉及16个村民小组和1个居委会的两个居民小组、5个工矿企业及54个机关事业单位。1992年3月，水利部长江水利委员会与茅坪镇组成联合调查组实地调查茅坪坝区各项征地实物指标。10月，水利部长江水利委员会汇总茅坪坝区施工征地红、黄线方案实物指标，涉及茅坪、青龙嘴、三溪、徐家冲、杨贵店等5村19组、1 058户3 517人。农村房屋总面积13.61万平方米。其中，正房砖混结构3.44万平方米，砖木结构6 000平方米，木板房800平方米，土木结构6.89万平方米；偏房砖木结构面积200平方米，土木结构9 400平方米；附属房1.45万平方米，居民房屋面积1.37万平方米。其中，正房砖混结构面积5 100平方米，砖木结构1 200平方米，土木结构7 200平方米；附属房200平方米。单位房屋面积6.65万平方米。其中，正房钢混结构面积4 200平方米，砖混结构3.92万平方米，砖木结构1.23万平方米，土木结构1.06万平方米；偏房砖木结构100平方米；附属房100平方米。农村附属设施中的水泥晒场面积1.26万平方米，砖（石）围墙面积700平方米，粪池553个，水井18口，水池409个，地窖378个，散畜圈189个。征用农村土地资源面积250.97公顷。其中，水田49.44公顷，旱地34.31公顷，果园64.04公顷，茶园1公顷，经济林12.77公顷，用材林59.82公顷，柴草山7.23公顷，宅基地18.76公顷，鱼塘3.6公顷。零星经济林中一类成树9 057株。

二、指标调整

1993年9月，以重新确定的红线为依据，实事求是地对新划范围和核减范围的各种实物指标进行调查登记，并对地方反映的部分漏登、错登实物指标作适当处理。10月汇总，按新确定征地红线范围内的实物指标共涉及4个村、13个村民小组，7个单位、10个企业，551户1 998人。其中，农业户1 718人，非农业人口280人。涉及房屋总面积11.01万平方米，土地总面积142.33公顷。1995年9月8日，中国长江三峡工程开发总公司与县政府签订《三峡工程坝区施工征地移民安置包干协议》，茅坪坝区被征用土地总面积确定为159.79公顷。

第二节　三峡库区

一、实地调查

1984年，水利部长江水利委员会组织调查组调查秭归县三峡库区150米，加风浪2米水位的实物指标。4月，调查组按5年一遇坝前水位150米接回水位，20年一遇坝前水位150米，加风浪线淹没2米，即152米接回水位和百年一遇坝前水位160.7米接回水位，在全县11个镇区进行水库淹没实物指标调查。

1986年8月，县政府组织192人调查组实地调查县境内三峡水库160米水位淹没实物指标，确定指标认定时间为8月31日。土地淹没线按160米高程调查登记，其他实物指标均加2米风浪线，即按162米水位调查登记。8月17日—9月23日，县移民调查组调查三峡水库淹没土地数量分别按170米、180米水位高程登记，其他实物指标均加2米风浪线，即172米、182米水位调查登记。

1991年11月18日—1992年1月18日，水利部长江水利委员会库区处、省民政厅移民处、国务院三峡地区经济开发办公室等单位组成108人调查组，按照《长江三峡工程初步设计水库淹没实物指标调查大纲》和《长江三峡工程初步设计水库淹没实物指标调查细则》，调查县境内淹没实物指标。1992年1月19日，水利部长江水利委员会根据实地测定的三峡水库175米方案提交主要调查成果（含茅坪防护区）。

二、实物指标

1987年10月，长江流域规划办公室提供长江三峡工程175米水位方案，水库淹没全县面积为9 395

公顷。其中，水面3 150公顷，陆地面积6 245公顷。全县受淹人口7.45万人（直接受淹人口为6.68万人），淹没农民房屋5.16万间（直接受淹4.43万间），附属房3.57万处（直接受淹3.05万处），集体公房9.41万平方米（直接受淹9万平方米）；淹没城镇房屋126.83万平方米；工业企业受淹473家，房屋面积16.8万平方米。1992年1月19日，水利部长江水利委员会根据实地测定的三峡水库175米方案提交主要调查成果（含茅坪防护区）：淹没涉及全县13个乡镇（场）、160个村（居）委会、535个村（居）民小组，1.75万户6.78万人；淹没房屋面积277.96万平方米；淹没耕地1 055.94公顷；园地1 387.07公顷；林地409.8公顷；鱼塘21公顷；柴草山620.4公顷；工矿企业121家。

1992年2月，经水利部长江水利委员会和地方政府共同整理复核后的淹没实物指标为：175米水位以下淹没涉及范围1.75万户6.81万人。淹没房屋总面积292.59万平方米，耕地总面积1 062.49公顷，淹没工矿企业128家，输电线路206公里杆程，通信线路335.7公里杆程，广播线路278.5公里杆程；文物古迹59处，公路166.07公里，码头56处。但这次调查成果与水利部长江水利委员会复核后正式公布的淹没数据仍有差异。最后正式公布的数据：秭归县三峡水库库区（含坝区转库区、不含茅坪防护区）177米淹没线下，淹没涉及12个乡镇、1个县属林场、142个村、633个村（居）民小组、单位555个、企业122家；涉及人口6.53万人。其中，农业人口3.77万人，非农业人口2.76万人；淹没房屋总面积275.48万平方米；土地面积2 944.42公顷。其中，耕地面积739.74公顷，河滩地3.07公顷，园地1 287.35公顷，林地326.69公顷，鱼塘17.12公顷，柴草山570.45公顷。淹没公路114.2公里，输变电线路311.48公里/杆程，电信线路327.14公里/杆程，广播线路278.5公里/杆程，抽水站4处、78千瓦，港口码头63处，文物古迹59处，水电站16座、1.03万千瓦。

第二章　移民搬迁

1992年12月—1994年9月，三峡工程坝区征地移民搬迁结束，共拆迁房屋11万平方米，搬迁移民563户2 176人。1995年年底，共进行生产安置坝区移民2 538人。1994年年初，库区乡镇开始农村移民搬迁安置试点工作，至2005年年底，全县累计完成移民搬迁9.18万人。其中，库区农村移民搬迁4.1万人，县城移民搬迁2.35万人，集镇移民搬迁2.13万人，坝区移民2 176人，其他（新县城占地移民等）3 751人。完成库区农村移民各类形式的生产安置3.8万人。其中，县内安置1.71万人，县外安置2.09万人。

第一节　坝区征地移民

一、搬迁安置

1992年12月，茅坪坝区开始移民搬迁，至1994年9月15日，全部搬迁结束。共拆迁房屋11万平方米，搬迁563户2 176人。为不延误三峡工程开工建设，坝区征地移民在1994年9月以前采取临时搬迁过渡安置方式，按移民户均2 000元标准发放搬迁补助费。临时搬迁住房标准按每户建筑面积79.43平方米设计，采用盖水泥石棉瓦的简易坡屋房。1992年12月20日，茅坪镇杨贵店村1组农民谭德训接搬迁通知后，全家16人冒雨搭棚，仅用4天时间就搬离征地范围，成为整个三峡坝、库区搬迁移民第一户。1993年11月6—15日，茅坪坝区红线内的三溪村1组共43户170人临时搬迁。1994年7月20日—9月15日，县服务三峡工程委员会、移民局、茅坪镇政府和部分村、组共50多名干部，组成4个工作小组，组织坝区内的203户587人实行临时搬迁。

1994年3月1日，在茅坪新县城小区开工建设庙嘴居民点，供茅坪镇三溪村、陈家冲村搬迁移民定居。1995年1月，庙嘴、陈家屋场、青龙嘴3处居民点相继建成。房屋建筑面积2.28万平方米，102户374名移民先后搬进新居。以后在茅坪新县城中心区、文教区、茅坪小区又先后建成占地移民永久性居民点5处，即周家湾、郑家湾、谭家坝、金缸城、西楚路等居民点，共安置坝区移民73户292人。至2005年，坝区移民搬迁仍为2 176人。

二、生产安置

1993年9月，由茅坪镇人民政府安置坝区征地移民1 362人。其中，安置到县属企业436人，镇办企业250人，村办企业70人。移民生产安置费标准以镇为单位按征地数量、土地补偿倍数及生产安置人口进行计算，按生产安置人口平均补偿标准核补生产安置费。安置方式共有镇内农业安置、企业安置、自谋职业安置、建立养老保险安置、投亲靠友安置等。至1995年年底，共生产安置坝区移民2 538人。其中，领取安置费自谋职业的1 997人，建立养老保险安置478，企业安置40人，投亲靠友安置23人。

第二节　库区农村移民

一、搬迁安置

搬迁县内　1994年，县内库区移民提前搬迁380人。其中，茅坪镇284人，周坪乡5人，郭家坝镇91人。1995年搬迁233户501人，拆除房屋7 700平方米。1996年搬迁812户3 259人，拆除房屋7.4万平方米。1997年9月底以前搬迁1 332户4 607人，累计搬迁2 477户8 747人（一线水位下搬迁6 626人），拆除房屋26.79万平方米。1998年搬迁214户756人。1999—2003年6月搬迁6 800人，累计搬迁1.63万人，拆除房屋56.15万平方米，建新房87.8万平方米。2003年7月—2005年年底，共搬迁3 676人，拆除房屋16.47万平方米，建新房5.76万平方米。至2005年年底，全县累计完成县内搬迁安置人口1.99万人，拆除房屋64.72万平方米，建新房94.4万平方米。其中，搬迁进县城2 883人，建房13.6万平方米；搬迁进集镇3 226人，建房15.3万平方米；后靠建居民点8 026人，建房38万平方米；分散建房5 785人，27.5万平方米。

县内移民搬迁以建设居民点为重点。凡10户以上的居民点选址，需经水利部长江水利委员会驻秭归地质工作站会同有关部门现场踏勘，提交地质勘察报告或咨询意见书。农村移民居民点建设用地由移民依法按程序办理建房手续，按户均40平方米，人均20平方米控制，每户不超过120平方米。建房实行“统一规划，统一基础设施，分户平整，分户建房”。1993年12月21日，郭家坝镇桐树湾村、归州镇彭家坡村居民点开工建设。1994年11月，茅坪镇曲溪村、水田坝乡龙口村居民点开工建设。1997年10月，香溪镇屈原庙村罗家槽、团包居民点及泄滩乡陈家湾村库区移民与集镇占地移民混合居民点动工。1998年11月，周坪乡九畹溪村、郭家坝镇屈家村居民点基础设施开工建设。截至2005年年底，全县完成居民点建设147个。

滨珠路移民小区是在茅坪新县城近郊建设的一处移民安置示范区，位于茅坪新县城滨湖路，东临三峡果品中心批发市场，西至鸳珠岭村砖瓦厂，北临长江，南接风（吹垭）茅（坪）路。1997年1月开始，小区以9.15公里长的滨珠路为轴心，建设大小居民点49个，搬迁安置688户2 752人。小区建设“以点为主，点线结合，统一布局，统一楼层，统一屋面，统一色调，统一朝向，统一造型，统一市政功能，统一绿化”。8月底完成一线水位以下122户417人的搬迁建房。党和国家领导人李鹏、朱镕基、胡锦涛、温家宝，全国人大常委会副委员长王丙乾，政协副主席钱正英及省、市领导先后到小区视察。1998年完成搬迁建房235户865人。2002年累计完成移民搬迁建房424户1 662人，建房面积7.89万平方米，人均47.46平方米。

搬迁县外　1993年8月，水利部长江水利委员会农村移民安置规划工作组外迁小组、县政府机关党委及归州镇、香溪镇、新滩镇、泄滩乡等主管移民的领导到宜昌市点军区、伍家岗区及当阳市草埠湖农场等地考察选择农村移民外迁安置点，定向安置外迁移民1.16万人。1994年5月，县政府组织县、镇领导到宜昌市伍家岗区的南湾、灵宝村考察，确定香溪镇首批成建制外迁移民安置点。之后，各乡镇政府和移民部门分别组织乡镇、村、组干部和移民代表、户主到外地考察和选择外迁移民安置点。茅坪、郭家坝、归州3镇赴外地考察选点分别达6～8次。至2002年年底，宜昌市内选定外迁安置点涉及14个区、县、市、场及71个乡镇、场，345个林、特场。（图10-2-1）

图 10-2-1：移民外迁车队

1994年3月，县政府将香溪镇向家店村纳入库区移民外迁试点村。1995年3月28日，香溪镇向家店村7组移民李自淑1家3口人搬迁至宜昌市伍家岗区伍家乡灵宝村落户，成为三峡秭归库区外迁移民第一户。4月10日和5月28日，香溪镇向家店村移民104户356人集中整体外迁，共组织大卡车149台。其中，县政府组织69台，市政府组织65台，移民自雇15台。分两批搬迁到宜昌市伍家岗区伍家乡南湾、灵宝村建房安置。随后，分散搬迁17户78人也在南湾、灵宝村建房安置。向家店村成为三峡库区整村外迁安置的第一村。到1995年年底，全县累计完成三峡库区移民外迁安置255户921人。1996年外迁移民按照“先低后高，先急后缓”“突出一线水位移民”原则进行。1月8日，郭家坝镇擂鼓台村21户79人首批集中搬迁至枝江市江口镇任家桥村安置；1月29日，沙镇溪镇梅坪村12户38人集中搬迁至当阳市官垱乡安置；3月28日，泄滩乡坊家山村、八斗柑橘场8户37人搬迁至枝江市董市镇桂花村5组安置；4月26日，屈原镇西陵、桂坪、北沱村60户227人，搬迁到枝江市董市镇平湖、双湖等村安置；5月12日，茅坪镇铲子岩村13户49人集中搬迁至当阳市河溶镇前华村安置。6月25日，泄滩乡第二批外迁移民32户118人迁往枝江市董市镇桂花村安置。8月28日和10月10日，香溪镇盐关、官庄坪、万古寺、向家店、望江、龙王庙等村279户994人分两批组织外迁。由市政府组织130辆大卡车，移民自雇36辆大卡车，满载移民货物的166辆卡车同时出发。8月28日凌晨遭遇香溪河洪水猛涨，50辆满载香溪镇万古寺村移民家产的大卡车被淹，县委、县政府多名领导在县委书记汪元良的带领下赶赴现场组织抢险，用人工和推土机拉车上岸，如期将移民安全送达宜昌市猇亭区虎牙、云池办事处的11个村妥善安置。12月8日，水田坝乡下坝、渡水头、龙口村35户126人搬迁至宜昌市猇亭区云池办事处方家岗村、枝江市姚家港镇马家冲村和当阳市坝陵办事处白庙村安置。年底，全县完成外迁安置1 883户6 227人。1997年9月11日，库区一线水位以下移民搬迁全部结束。累计完成外迁安置9 179人，并接受省、市验收，确保三峡大坝按时截流。1998年完成移民外迁安置968人。1999年调整后，三峡库区秭归农村移民外迁任务增加到1.82万人。至2003年6月，秭归库区累计完成外迁安置6 769户1.8万人，确保三峡工程按时蓄水至135米水位。其中，集中外迁6 468户1.72万人；分散搬迁301户799人。至2005年年底，秭归库区完成外迁安置2.11万人，占任务的116%。其中，集中外迁110多批次、1.76万人，分散搬迁3 482人。累计外迁拆除移民房屋68.61万平方米，组织卡车6 700多台次、货船400多艘次，累计外迁安置移民总投资3.05亿元。（见表10-2-1）

1994—2005年库区农村移民搬迁安置分乡镇情况表

表10-2-1　　　　单位：人

乡镇	合计	搬迁县内	搬迁县外
茅坪	7 133	5 160	1 973
屈原	4 708	1 989	2 719
归州	12 040	4 610	7 430
水田坝	2 203	938	1 265
泄滩	1 351	894	457
沙镇溪	4 038	1 827	2 211
郭家坝	9 181	4 278	4 903
周坪	383	224	159
合计	41 037	19 920	21 117

二、生产安置

县内安置　县内农业生产安置重点采取开发土地资源，发展柑橘等产业的办法进行。1993年，全县可供安置移民的开发土地面积293.8公顷，全部建成脐橙园。库区乡镇按照沙镇溪镇楼子坪村“线下淹没多少，线上开发多少”的模式，由移民户自选开发地点，村、移民站同意，由镇移民站与村、户签订分户开发合同。先后有沙镇溪、泄滩、水田坝、归州、郭家坝、屈原等乡镇的45个村、183个组、3 343户移民开发建园525.07公顷。2002年年底，用于安置移民的开发土地面积673.33公顷，移民人均0.05公顷。至2005年年底，秭归库区用于安置移民而开发的土地面积706.67公顷，移民人均0.02公顷。库区乡镇学习沙镇溪镇土地调补工作经验，采取淹没线上线下

图 10-2-2：秭归移民新生活

相互调剂土地办法安置移民。茅坪、水田坝、周坪、归州等乡镇投资在非淹没区的村、场开发建成柑橘园57.94公顷，良田1.23公顷，有偿划拨给淹没村集中安置移民1 015人。移民部门投资在水田坝乡李家坡村开发土地建成脐橙园4.2公顷，安置移民12户23人。茅坪镇政府在陈家坝、建东、溪口坪、九里庙、陈家冲、金缸城等非淹没村给九曲垴、庙河、兰陵溪、松树坳村和兰陵柑橘场等淹没地区有偿划拨耕地30.75公顷，安置移民589人。屈原镇在落实第二轮土地延包政策时，与安置移民紧密结合，实行"淹一还一，平均调配，挂钩安置"办法，调整土地154.67公顷，安置移民1 661人。至2003年6月三峡工程蓄水135米水位前，库区乡镇为移民安置调整土地面积485.7公顷，安置移民2 688户8 050人。（图10-2-2）

建立高效生态农业基地安置移民是农业生产安置的重点项目。郭家坝镇桐树湾村高效生态农业安置基地，实行统一标准，统一品种，统一配套田间沟、路、水、肥的标准化建园，实现"粮油+猪（禽）、沼（肥）、果（鱼）"的复合生态循环生产模式，全村开荒改田建立脐橙园62.67公顷，后靠安置移民976人。建二级提水站5座，建蓄水池18口，灌溉池150口，覆盖园地97.33公顷。茅坪镇银杏沱村高效生态农业安置移民示范基地，按照"靠路安居城镇化，靠山乐业基地化，靠港致富小康化，靠旅游兴村特色化，靠城发展现代化"的思路建设，实行山、水、林、田、路、果、沼、房、景、貌综合开发，示范小区改田达到"整体石砌培，1米活土层，大小沟相通，大小路相连"的要求，高标准改田17.07公顷，建果园80公顷，建优质茶园40公顷，修建灌溉池4口，容量450立方米，建沼气池320口，修机耕道3条。建成"猪、沼、果""猪、沼、茶"生态农业生产模式。至2005年年底，县内采取各种形式农业生产安置移民1.13万人。

乡镇属和县属企业安置移民是另一条生产安置渠道。符合条件进入县属、乡镇属企业安置的移民，由本人申请，村委会和接收单位同意，乡镇人民政府分别与移民本人、接收单位签订合同，并经国家公证机关公证，乡镇按标准划拨生产安置费到接收企业，并由县劳动部门办理招工手续，经县公安部门按户籍管理规定办理户口迁移手续。1998年年底前，全县企业安置移民319人。1999年下半年开始，县内企业招工不与移民安置政策挂钩。对已进入县内无市场、无效益、无安置能力企业的库区农村移民回到农村安置，将移民安置时带入企业的移民安置费退回到原移民所在乡镇。至2005年年底，县内企业安置人数由319人下降到129人。

除组织进行农业和企业生产安置外，同时鼓励有条件的移民自谋职业。对符合自谋职业条件进城镇安置的移民，在国家下达的三峡工程移民专项农转非指标内，将其农业户口转为非农业户口，并按标准领取安置补偿费。1994—2005年全县县内累计自谋职业安置移民5 096人。

县内安置还有投亲靠友安置和社会福利安置等安置形式。对符合条件投靠到城镇安置的移民，在国家下达的三峡工程移民专项农转非指标内，将其农业户口转为非农业户口。1995—1998年，库区移民县内投亲靠友安置1 066人。1999年调整后，县内投亲靠友安置只有151人。2005年，县内投亲靠友安置180人。对移民中丧失劳动能力的农村"五保户"，实行社会安置与移民安置相结合，采取社会福利安置。由符合条件的移民自愿申请、村组同意、乡镇政府批准后，乡镇按每人6 000元标准将生产安置费划拨给民政部门集中统一供养，也可由村将资金专户存储分散供养。1995—2005年，库区乡镇共采取社会福利安置407人。

县外安置　移民外迁到宜昌市内的，生产安置费由市移民局统一拨付到安置区。移民外迁到宜昌市外的，生产安置费由迁出地乡镇按标准直接拨付到安置地所在乡镇政府。全县集中外迁移民到集中安置点后，均由当地村、组按照规划，对号划地，一步到位进行安置。分散安置移民采取田、房挂钩，整户购买安置。1994—2005年，外迁移民农业生产安置1.83万人。

外迁移民企业安置主要安置在宜昌市有关企业。凡符合市属及以上企业招工条件的应招移民，持乡镇移民站身份证明到县劳动局报名，经用人单位考试考核合格者按招工计划进行录取。县移民局委托县劳动局与用人单位签订安置合同，被录取移民与乡镇移民站签订安置合同后，县移民局按照规定将生产安置费拨给县劳动局，县劳动局再拨付给安置单位，接收企业直接安排被安置对象进厂上岗。1994—2005年，市属及其在市的中央、省属企业35家，共安置秭归移民575人。其中，一期安置476人，二期安置99人。

移民自行投亲靠友外迁的，由乡镇人民政府按人均标准将生产安置费和基础设施费拨付到移民投靠所在单位。1994年6月1日，周坪乡聚鱼坊村3组移民熊云爱1家6口迁往远安县鸣凤镇工贸公司自行安置，成为全县库区移民投亲靠友自行安置第一户。1994—1997年，全县投亲靠友安置外迁移民1 209人。1998—2002年，投亲靠友外迁移民562人。至2005年年底，全县库区移民投亲靠友外迁安置累计2 047人。

至2005年，库区农村移民外迁安置共涉及全国18个省、市、自治区，其中湖北省内涉及23个市、区、县（市）、场，宜昌市内涉及14个区、县（市）的71个乡镇、场和345个林、特场。至2005年，累计县外生产安置2.09万人。（见表10-2-2）

1994—2005 年秭归县库区农村移民生产安置情况表

表10-2-2　　　　单位：人

乡　镇	合计	县内安置	县外安置
茅　坪	6 620	4 648	1 972
屈　原	4 465	1 767	2 698
归　州	10 136	2 820	7 316
水田坝	1 966	720	1 246
泄　滩	1 452	999	453
梅家河	98	98	—
沙镇溪	4 363	2 181	2 182
郭家坝	8 392	3 513	4 879
周　坪	521	365	156
合　计	38 013	17 111	20 902

第三节　城镇搬迁

一、县城搬迁

1996年9月28日，茅坪镇人民政府及镇直有关单位搬迁至新县城茅坪小区，属全县首批搬迁至新县城单位。共搬迁单位56个，干部职工720人，居民245户747人。1998年7月10日，县委、县政府领导和县委办公室、县政府办公室工作人员租用和平饭店房间率先在新县城办公。8月8日，正式搬进县直机关办公大楼办公。8月10日，县委、县政府组织在县政府机关办公大楼9楼会议室召开创建文明城动员大会，同时对县直行政机关搬迁作出安排。在此期间长江因特大洪水封航，县人大机关从8月15日开始，采取分散搬迁办法，每天运送家具1～2车，到8月20日搬迁结束。9月8日，长江恢复通航，150多辆满载行政机关公用物资及干部家具的汽车从老县城归州列队出发，排出几里路的长龙，一齐驶向香溪轮渡码头，千名学生夹道欢送。4艘轮渡满载150多辆搬迁车辆驶向茅坪港。到达茅坪港口时，码头鞭炮齐鸣，欢迎搬迁车队。中央电视台等电台相继报道这一盛况。

1998年9月28日，县委、县政府在新县城长宁广场举行规模盛大的县城搬迁庆典大会，标志着县城搬迁基本结束。在庆典大会上，市委书记田震亚、市长孙志刚及市人大、市政协、市纪委领导，为县委、县人大、县政府、县政协、县纪委揭牌。曾在秭归县工作过的肖云轩、耿天弼、张传尧、任宪一、陈天赐、田太炳、李展民、向政清、陶发波、郭毅、黄大国、陈振华、宋秀钿、杜银远等领导参加揭牌仪式。会上，县委、县政府对王功平等30名新县城优秀建设者进行表彰。至此，全县共有党政机关及企事业单位174个（其中事业单位104个）搬迁至新县城。

2002年12月，搬迁至新县城的行政机关、企事业单位共计236个，搬迁人口2.09万人（含居民人口）。至2005年，县城单位、居民（含占地移民）移民搬迁人口2.35万人，累计搬迁动态移民投资2.96亿元。

新县城城址的占地移民在居民点未建设之前采取过渡性临时搬迁，1992年11月—1994年12月，新城占地移民先后临时搬迁148户568人，拆迁房屋2.15万平方米。1994年6月，占地移民开始搬迁至居民点定居。6月6—16日，茅坪镇三溪村2～8组占地移民118户452人，搬迁到庙嘴居民点居住。9月27日—12月23日，茅坪镇三溪村、陈家冲村，金缸城村占地移民57户201人，分别搬迁至韩家老屋、金缸城村2组居民点居住。1995年2月15日—7月8日，三溪村2～7组，陈家冲村1、2组移民143户544人搬迁至周家湾居民点居住。10月11日—12月24日，三溪村、陈家冲村、金缸城村移民51户181人搬迁至指定的居民点居住。至2002年年底，新城建设占地移民914户2 221人全部搬迁到居民点安置。共拆迁房屋5.71万平方米。

二、集镇搬迁

至2002年，归州、屈原、水田坝、泄滩、沙镇溪、郭家坝6个库区乡镇新建集镇全部搬迁结束。至2005年年底，坝、库区乡镇集镇共移民搬迁人口2.13万人（含茅坪镇1 559人）。

屈原集镇　1997年8月，三峡水库一线水位以下的镇直单位和居民开始搬迁，单位拆迁房屋4 344平方米；居民搬迁58户64人，拆除房屋面积4 090.4平方米。1998年12月底，居民搬迁126户614人；单位搬迁10个，拆除房屋1.11万平方米。至2000年年底，36个镇直单位搬迁至新集镇，基本结束搬迁。2002年年底统计，镇直单位淹房面积2.78万平方米，单位搬迁人口912人；集镇居民淹没房屋面积1.94万平方米，居民搬迁人口671人。至2005年年底，累计搬迁2 801人。累计搬迁动态移民投资1 055.54万元。

归州集镇　1997年8月30日，归州城区、原香溪镇涉及三峡水库一线水位的单位11个，51户77人；涉及居民194户261人，全部搬迁至新集镇。至1999年年底，居民搬迁861户968人。至2002年6月15日，镇直单位搬迁基本结束，搬迁至新集镇的有归州镇政府及镇直单位65个，1 787人；居民累计搬迁2 488人。至2005年年底，累计搬迁6 057人。累计搬迁动态移民投资8 193.21万元。

水田坝集镇　1993年11月，水田坝初中率先在新集镇建房，至1997年3月，乡直单位拆除房屋面积1.49万平方米。至1999年年底，有水田坝乡政府等11个单位在新集镇建房。2000年3月，全面启动集镇单位搬迁工作。年底，乡直单位搬迁24个，搬迁人口657人。2001年3月，集镇整体搬迁结束。2002年年底统计，单位拆除房屋面积4.15万平方米，搬迁人口1 663人。至2005年年底，累计搬迁2 754人。累计搬迁动态移民投资3 615.59万元。

泄滩集镇　1997年5月，泄滩乡人民政府职工住宅楼率先在新集镇建设。1999年9月，乡政府及乡直共18个单位整体搬迁至新集镇，拆除房屋面积1.67万平方米。至2002年年底，单位搬迁人口551人；

居民搬迁人口574人。至2005年年底，累计搬迁1 185人。累计搬迁动态移民投资993.33万元。

沙镇溪集镇　1997年年底，三峡库区一线水位以下的单位45个，人口1 168人，全部搬迁至新集镇规划区内，共拆除房屋4.81万平方米。1998年9月，集镇整体搬迁结束。至2002年，镇政府等35个单位在新集镇建房7.28万平方米，累计拆迁房屋面积6.85万平方米，搬迁人口1 694人。集镇居民搬迁67户505人，累计拆迁房屋面积2.31万平方米。至2005年年底，累计搬迁2 707人。累计搬迁动态移民投资2 484.92万元。

郭家坝集镇　1997年5月30日，镇政府召开搬迁动员大会。8月11日，头道河中、小学正式拆除房屋率先搬迁。至2001年2月，搬迁至新集镇的单位34个，人口420人。截至2002年年底，镇直单位及居民，共拆除房屋面积5.11万平方米，单位搬迁49个，1 721人；居民搬迁362户1 018人。至2005年年底，累计搬迁4 284人。累计搬迁动态移民投资2 800.75万元。

第三章　移民管理

1993年12月，县政府发出通知，严格控制三峡库区内的基本建设，严格控制库区人口增长。2002年，县政府规定，三峡库区外迁移民一律不允许返迁。1994年7月，县政府对移民搬迁土地使用问题作出规定。随后于1995年8月、1996年5月，对库区集镇迁建、公路复建、农村移民搬迁用地的面积控制、审批程序及管理分别作出具体规定。秭归库区移民先后经历90米、135米、139米和156米等水位以下的移民搬迁，县委、县政府，抽调精兵强将组织移民搬迁，做出大量艰苦细致地工作，确保大坝按期蓄水。2003年3月，第二期移民工作通过国务院三峡工程建设委员会验收。2004年7月，全面部署第三期移民工作任务。2005年12月上旬开始，全县开展156米水位以下建（构）筑物清理验收工作。当年实现156米水位以下“人搬完、房拆完”目标。1993年1月，县政府印发《三峡工程秭归县移民资金管理试行办法》，规范移民资金财务管理。自1994年开始坚持审计监督，严格移民资金管理。截至2005年年底，国家累计下达移民资金计划34.77亿元，实际到位动态资金34.45亿元，累计使用资金33.77亿元。

第一节　移民政策

一、户籍管理

1993年12月9日，县政府作出严格控制库区人口增长的有关规定。规定凡1993年12月1日以后非正常迁入规划区的人口，一律不作占地移民对待，并予以清退。1995年8月12日，县政府再次作出规定：淹没实物指标调查后到动迁时，增加或减少的人口由乡镇与村委会共同核准，增加部分在规划补偿实物量内认可。规定实物指标调查登记后，出生、结婚、依法收养和退伍回原籍以及劳改、劳教回原籍，有户籍，且在本地长期居住的人口可列入实物指标调查范围；对迁入有户口无房屋的“空挂户”人口，插入老居民户中的非正常迁入人口，在本地长期居住的无户籍人口，因婚嫁不在本地长期居住、户口应迁出而未迁出的有户籍人口，死亡、迁出人口和按政策农转非后户口迁出本地的人口，均不列入实物指标调查范围。

1997年12月31日，县移民局对认定归州城区人口作出规定：实物指标调查时在册（或实物指标调查后正常迁入），动迁时户口已迁出的大中专学生和动迁时已调至非库区工作而户籍关系仍留在原单位的人口，不列为搬迁人口；动迁时，户口不在册的临时工不列为搬迁人口，实物指标调查时在册，动迁时户口仍在册的单位临时工，列为搬迁人口；实物指标调查后，直系亲属投靠（不论计划内外），投靠人属非库区村的均列为搬迁人口，投靠人属库区村的，需经其原所在乡镇移民站出具是否已享受有关移民安置政策的证明，对确属没有进行移民安置的对象，方可列为搬迁人口；非库区乡镇计划外农转非到县城，其户口属正常迁入的，可列为搬迁人口，其户口属非正常迁入的，一律不列为搬迁人口；户口从库区村迁到城区的（因工作调动、婚姻等原因引起的正常迁入），以原所在乡镇移民站出具的证明进行核实，若证明迁入者属移民且没有享受过移民搬迁安置政策的，列为搬迁人口，否则不列为搬迁人口；实物指标调查时在册，动迁时工作单位和户籍不一致，同时又挂靠不上的（不属同系统），应将其户口转到现工作单位，否则作空挂人口对待，不列为搬迁人口；户籍关系已挂靠在县直主管部门登记的乡镇二级单位的人口，动迁时，现工作单位属库区乡镇的，经核定后可列为搬迁人口，现工作单位属非库区乡镇的，不列为搬迁人口。1998年9月1日，县移民局作出规定：凡在茅坪镇已购商品房或自建房屋的，且有稳定收入来源，不需要政府安排就业的，凭房产证或购房缴款单，可办理迁居新县城的有关手续；县直机关及企、事业单位职工的父母或子女，户口关系已迁至新县城的，可办理迁居新县城手续；对服刑的、其父母已离异无人照管的子女，可随祖父母或外祖父母办理户口迁移手续；在水利部长江水利委员会调查登记后新组建的经济实体，未规划进新县城的，不予办理迁移手续。2002年，县政府印发《推进小城镇户籍管理制度改革的实施办法》，规定三峡库区外迁移民一律不允许返迁。

二、移民用地管理

1994年7月6日，县政府规定：对新县城和新集镇的国家土地实行统一规划、统一征地、统一开发、统一出让或划拨、统一管理。1995年8月12日，县政府规定：县内农村搬迁建房移民的宅基地（含附属设施），按户、人结合的办法分配。分散建房的按户均40平方米、人均25平方米控制，每户最多不得超过140平方米；沿公路建房和集中建居民点的，按户均40平方米、人均20平方米控制，每户最多不超过120平方米；农村小学按在校学生人均24平方米控制；村及村以下单位建房按原有占地规模控制。宅基地分别由实施单位或户依法办理用地手续。1996年5月18日，县政府规定：集镇迁建用地由县土地管理部门委托乡镇人民政府按集镇迁建规划与村签订征地协议，参照库区农村移民安置有关标准兑现补偿安置经费，负责安置占地移民，并报经县政府审查后，再向上级提出申请用地报告，按照审批权限预批。对预批的土地，由县土地估价事务所进行基准地价评估，测定出土地使用权价格，报县政府批准后实施。单位或个人用地手续由县土地管理部门委托乡镇土地管理所办理，对超过规定标准的部分按该集镇的地价标准执行。不属于规划在新集镇用地的单位和个人用地，经乡镇人民政府和建设行政主管部门批准后，按该集镇的土地价格提供土地使用权。单位由县土地管理部门办理用地手续，个人由县土地管理部门委托乡镇土地管理所办理用地手续。公路复建及港口、码头用地，实行先预批，后确权。按规划控制用地范围，由县土地管理部门会同县三峡库区交通复建指挥部，按程序上报预批，待竣工后，验收登记发证。农村移民居民点和分散建房个人用地，严格按照农村移民安置实施规划和库区农村移民搬迁安置用地标准执行，按审批权限审批。用地手续由县土地管理部门委托乡镇土地管理所凭乡镇移民安置机构有关证明办理。沿县道以上等级公路两侧的个人建房用地，经公路主管部门、城镇规划部门批准后，由乡镇土地管理所办理用地手续，对超过库区农村移民搬迁安置标准的部分，实行有偿使用。

三、安置政策

库区农村移民　1995年8月12日，县政府印发《秭归县三峡工程库区农村移民安置实施办法》，对村内就地后靠的生产安置费规定：出村安置的，由乡镇按生产安置人口人均7 000元标准，将生产安置经费拨付给生产安置地，由安置地全面负责安排好移民生产生活。对符合条件进入县属、乡镇属及县外企业安置的移民，乡镇可按劳均7 000元的标准将生产安置经费划拨给接收单位。对迁出县外实行农业生产安置的移民，按生产安置人口人均7 000元的标准将生产安置经费划拨给安置地。移民利用亲友关系自愿分散迁至非库区安置的，按人均7 000元标准将生产安置经费划拨给安置地。实行自谋职业安置的，按人均5 000元标准的生产安置费拨付给移民个人周转使用。对移民中的“五保户”，按人均6 000元标准将生产安置经费划拨给乡镇民政部门统一集中供养，也可由村分散供养。对库区农村移民搬迁安置对象，界定为直接淹房人口和按实施规划确定的淹地不淹房确需搬迁建房安置的人口。对宅基地征用费、青苗补偿费、场地平整费（简称“三费”，下同）和配套设施费的补偿制定标准。“三费”由乡镇以实施规划为控制依据，按动迁时认定的实物指标，安置渠道和去向拨付兑现到实施单位或移民户。对移民分户实施的，村内后靠沿公路建房和集中居民点分户建房的户，按人均650元的标准将“三费”兑现到户；村内后靠分散建房户，按人均750元标准将“三费”兑现到户；成建制出村安置的“三费”和配套设施费，按人均2 100元标准拨付到安置地；非成建制整户出村安置的“三费”和配套设施费，安置地属农村的，按人均1 000元标准拨付到安置地，按人均1 100元标准拨付到户；安置地属城镇的，按人均2 100元标准拨付到户。对房屋搬迁补偿，农户房屋按50～185元/平方米；公房按60～319元/平方米标准补偿。对附属设施，零星果木等补偿都确定明确的标准。（见表10-3-1）

秭归县库区农村移民公私房屋设施及果木补偿标准（1993 年 5 月价格）

表10-3-1

项目			单位	标准
农户房屋	正房	砖混	元/平方米	185
		砖木	元/平方米	134
		土木	元/平方米	100
	偏房	砖木	元/平方米	101
		土木	元/平方米	70
	附属房		元/平方米	50
农村公房	正房	砖混	元/平方米	319
		砖木	元/平方米	218
		土木	元/平方米	143
	偏房	砖木	元/平方米	137
		土木	元/平方米	90
	附属房		—	—
搬迁补助	农房	元/平方米	元/平方米	210
		元/平方米	元/平方米	110
		误工费	元/平方米	80
	公房搬迁费		元/平方米	60

项目			单位	标准
附属设施	一类	成树	元/株	55
		幼树	元/株	10
	二类	成树	元/株	40
		幼树	元/株	5
	三类	成树	元/株	30
		幼树	元/株	5
	四类	成树	元/株	8
		幼树	元/株	4
	砖石围墙		元/ 平方米	25
	晒场		元/ 平方米	25
	地窖		元/ 处	40
	散畜圈		元/ 处	40
	沼气池		元/ 处	480
	粪池		元/ 处	110
	水池		元/ 处	45
	水井		元/ 处	50
	节能灶		元/ 处	160

1997年3月20日，县政府印发《秭归县三峡工程库区农村移民安置实施办法补充规定》，对移民搬迁补偿费等作补充性规定。淹房屋的搬迁费，按房屋面积5元/平方米补偿，基础设施费按20元/平方米补偿。移民分散出县安置基础设施费补偿，对自购房户按人均1 500元标准付给基础设施费；对自建房户，基础设施费按人均1 000元标准付给。对投亲靠友、企业招工迁入县内城镇和县内非库区农村的移民，其基础设施费分别按1 100元/人、1 000元/人的标准拨付到安置单位和移民个人。1999年8月30日，县政府印发经修订的《秭归县三峡工程库区农村移民安置实施办法》，综合发文之前已出台的政策标准并作适当调整。对出县在市内整体搬迁安置的综合调整为：由市移民局按每人2 600元标准将基础设施费拨付到安置地。移民投靠县外城镇的生产安置费由原来每人7 000元调整为7 980元/人划拨到安置单位。原规定企业招工安置移民政策自该文件下发后不再执行，企业招工不再与移民安置政策挂钩。自此，移民安置政策基本完善。

库区城镇移民　1997年4月19日，县政府印发《归州城区居民搬迁安置实施办法》，并明确库区其他集镇居民搬迁参照执行。搬迁居民私人财产搬迁及损失费确定按人均200元拨付。居民房屋、围墙、晒场等淹没补偿标准：县城单位住宅151～487元/平方米，公房151～523元/平方米；集镇单位住宅143～455元/平方米；公房143～478元/平方米；县城和集镇居民住宅均为128～455元/平方米。（见表10-3-2）

秭归县库区城镇移民房屋补偿标准（1993年5月价格）

表10-3-2　　单位：元/平方米

项目		县城			集镇		
		单位		居民	单位		居民
		住宅	公建		住宅	公建	
正房	框架	487	523	455	455	478	455
	砖混	313	352	226	287	319	226
	砖木	215	222	182	205	218	182
	土木	151	151	128	143	143	128
附属房		—	—	60	—	—	60
围墙		25	25	25	25	25	25
混凝土晒场		30	30	30	30	30	30

第二节　搬迁管理

一、搬迁前管理

三峡工程开工后，淹没区内部分农民为多领取补偿，出现抢建抢种问题，加强搬迁前管理被提到县政府重要工作议事日程。1993年12月9日，县政府发出通知，严格控制三峡库区集镇迁建、交通复建、居民点迁建规划区（简称“三区”，下同）内的基本建设。在规定的时间后不得擅自新建、改建项目，个别因生产、生活特别急需，采取其他措施又无法替代的小型技改项目或简易配套项目，必须报县政府批准后才能建设。对违反规定的建设，除按违章建筑处理外，搬迁时一律不予补偿。对于“三区”内的农业种植结构调整严格控制，分地类补偿面积在界定的时间内，以各乡镇实地调查核实的占地实物指标为准，核实后新增和擅自改变地类实物指标的，一律不予补偿。1995年，县政府又作出补充规定：在淹没线以下区域内，任何单位和个人均不得擅自新建、扩建和改建项目。凡在实物指标调查后违反规定建设的项目，除按违章建筑处理外，搬迁时一律不予补偿。2001年1月3日，县政府重申，库区最低移民线以下，土管、城建部门不准批准兴建各类建、构筑物。凡在库区淹没实物指标调查后违反规定建设的建、构筑物，除按违章规定处理外，限期由建设单位、个人拆除，逾期未拆除的，依法强行拆除，拆除费用由建设单位或个人承担。

二、建设管理

1996年，县直单位及库区乡镇相继成立移民工作领导小组，负责移民工程质量管理，层层签订责任状，落实质量责任制，将移民工程质量作为考核干部政绩的一项重要内容。1999年9月29日，县城乡建设环境保护局、服务三峡工程建设委员会办公室、移民局、交通局、矿产煤炭局、质量技术监督局、电信局等有关单位组成秭归县三峡库区移民工程质量监督网，实行分级分行业管理工程质量。库区各乡镇人民政府负责域内工程综合性、实物性的具体质量管理，县质量监督网主要对大型工程和重点工程建设质量负责检查、监督和指导。县城建管理部门负责定期向县政府报告移民工程建设质量状况，负责城镇房屋工程、市政工程建设质量监督与指导，规范招投标行为和建筑市场，监督、检测工程质量。县移民局负责移民工程建设年度计划的执行情况，提供库区移民工程建设项目的立项、在建和竣工情况。对不整改或整改不彻底的项目，可采取取缔立项资格或暂停拨款等行政手段，促使整改到位。县交通局负责城区外的公路、桥梁、码头、渡口等建设工程质量的监督与指导，规范交通工程市场，检测工程质量。县质量技术监督局监督检查移民工程执行标准，各种建筑材料、电器设备、施工设备质量，对移民工程所用的锅炉及压力容器、电梯、防爆电器等进行安全监察和监督管理。县电信局负责电信固定网专业设施建设工程质量监督、指导与检测工作，规范电信专业设施工程市场，对存在的质量隐患提出整改意见并监督执行。

2000年1月，县委、县政府进一步建立健全质量保证体系，实行谁主管、谁负责工程质量责任制。先后聘请15名高级监理师和技术权威人士常年在移民建设工程现场管理，定期会诊，挑毛病，查问题，不放过一处质量隐患。县委、县政府明确规定：50万元以上的工程，必须通过招标确定施工单位，杜绝人情工程。6月统计，秭归库区完成移民工程建设1 351个。其中，农村15个，县城659个，集镇372个，工矿企业162个，专业项目143个。验收合格工程1 329个，占98.37%。完成工程中50万元以上工程722个，实行公开招标164个，占22.72%；邀请招标775个，占57.37%；议标261个，占19.32%。开展建设监理的工程288个。其中，农村15个，县城28个，集镇148个，工矿企业49个，专业项目48个。同年7月1日—2002年12月31日，秭归库区完成移民工程建设380个。其中，县城迁建工程44个，集镇迁建工程261个，工矿企业迁建工程2个，专业项目复建工程73个，工程质量验收全部合格。

三、搬迁督导

1994年，三峡工程秭归库区移民尚在准备阶段，部分乡镇开始小规模搬迁试点。1996年8月7日，县政府发出通告，要求三峡大坝淹没线90米以下所有行政机关、企事业单位、人民团体和城镇居民、农村村民，均必须在1997年10月1日前搬迁结束。当年1月24日，县长与各乡镇长签订《移民工作目标管理责任状》，乡镇与村也相应签订责任书。至7月，一线水位以下尚有6 000多农村移民未搬迁。7月24日，县纪委、县监察局印发《关于严明纪律搞好三峡工程一线水位移民搬迁和确保大坝按期截流的通知》，要求各级各部门主动积极地完成搬迁任务，不准以任何理由讲价钱、讲条件、拒绝搬迁和阻挠搬迁。8月7日，县委副书记李广钦主持召开香溪城区清库督导办公会议，成立香溪城区清库督导办公室，全权负责处理香溪城区搬迁、清库事宜。

1998年2月，县政府安排县直机关、企事业单位及职工家属分3批搬迁到茅坪新县城。4月20日，县委、县政府部署135米水位线下的移民搬迁任务。7月10日，县委办公室、县人大办公室、县政府办公室率先搬迁至新县城办公。8月17日，县直多数单位克服长江洪水造成的运输困难，搬迁到新县城办公。至9月28日，县党政机关和企事业单位全部迁至新县城。2000年10月10日，县政府办公室向全县发出公告："下闸蓄水的时间确定为2003年6月1日，6月15日坝前水位达到135米，搬迁实行倒计时。"县移民局机关干部由局长带队，分赴茅坪、郭家坝、香溪等外迁任务重的乡镇协助工作，与镇、村干部一道走村串户，动员移民搬迁。库区乡镇分别成立外迁工作领导小组，由党政一把手挂帅，抽调干部组建工作专班，加强搬迁督导。香溪镇抽调7名副科级干部，组建专班到7个重点村抓外迁工作。茅坪镇抽调机关干部20多人抓外迁。郭家坝镇组建15人工作专班，对线下拖延搬迁的建筑物现场督导拆除，共拆除各类房屋160多栋、2.6万平方米。屈原镇实行干部包村、党员包户责任制，完成外迁移民278人。2001年，县委从县直机关抽调24名干部组成移民外迁工作队。县移民局派出13名干部由正副局长带队，分赴归州、郭家坝、茅坪镇组织移民外迁。县乡组织160多人的移民外迁工作专班，分片包干，责任到人，从落实外迁对象到搬迁安置负责到底。

2002年1月18日，县政府印发《关于做好三峡工程二期蓄水库底清理工作的通告》，要求各地各单位和个人必须服从大局，主动积极搬迁清库。凡是在规定时间内拒绝搬迁、拖延清库的，由县移民机构会同有关部门依据职责，责令限期改正，给予警告。凡逾期房屋未拆除的，由乡镇人民政府依法组织强行拆除。2月5日，县纪委、县监察局行文作出督导搬迁纪律规定。县委、县政府从县直机关抽调33名干部，县移民局派出18名干部到茅坪、归州、郭家坝等8个库区乡镇组织搬迁。5月底，城镇居民搬迁结束。

2003年9月23日，国务院三峡工程建设委员会决定，10月底前将坝前水位提高到139米运行。9月29日，县委、县政府召开库区乡镇党委书记、乡镇长、移民站站长、土地城环所所长、交管站站长、县直一级单位负责人参加的动员大会，对139米水位蓄水移民搬迁清库进行动员部署。10月1日、10月16日，县政府分别印发《关于切实做好三峡工程汛后蓄水至139米移民工作的紧急通知》《秭归县三峡水库汛后蓄水至139米移民安置办法》。县电视台、乡镇广播电视站在黄金时间播出汛后蓄水的宣传标语和县政府文件。县政府成立以县长任组长的139米蓄水移民搬迁领导小组，并下设搬迁清库督导办公室。所有联系乡镇的县级领导都深入基层，包搬迁、包清库、包稳定。至10月15日，792名农村移民和1 337名城镇居民全部搬迁结束，并完成库底清理，确保按期蓄水。

2004年7月，县委、县政府印发《关于做好全县三峡工程三期移民工作的意见》，按照"2005年年底全面完成156米水位线下移民搬迁任务，2006年6月底全面完成清库验收任务"的总要求，作出具体部署。县移民局抽调16名干部组成4个工作组，长年驻扎在郭家坝、归州、沙镇溪和茅坪4个重点乡镇，对移民采取宣传动员、政策引导、耐心说服、解难助困的人性化搬迁办法，当年完成移民搬迁4 055人。其中，农村移民搬迁3 242人，城镇居民搬迁813人。2005年春节后，县移民局组成5个工作专班，由5名正、副局长带队，实行驻点联片管理，协助和指导重点乡镇移民搬迁清库。当年完成移民搬迁2 245人，实现年内156米水位线下"人搬完、房拆完"目标。

第三节 移民资金

一、财务管理

财务制度 1993年1月4日，县政府规定移民专项资金必须在县建设银行开设账户，接受其管理和监督，每月向县移民局报送会计报表，同时申报拨款计划。1995年12月，县移民局印发《三峡工程库区秭归县移民管理单位会计制度（试行）》，统一规定县、乡镇移民管理单位的会计科目，规范账目管理。规范村级移民资金管理和核算，由乡镇移民站建立统一的会计机构，实行报账制，以村为单位在银行开设账户，建立总账、明细账，进行单独核算，不得将几个村的财务合并在一起核算。

1999年9月2日，县政府办公室批转县移民局《关于进一步加强农村移民经费管理的意见》，建立“村账乡镇管，乡镇账县监督”的管理体制和行政领导负责制。县对乡镇实行包干管理，乡镇对村实行目标管理。农村移民经费按照《三峡工程库区移民资金会计制度》单独设账进行核算和管理，按照“包干到乡镇，测算到村，建卡到户，安置到人”的要求，建立健全一式两套（站、村各1套）的“三账一卡”（总账、银行日记账、现金日记账和农村移民经费补偿登记卡）。凡无政策标准，无（超）补偿，无（超）计划，无（超）合同，无预（决）算，无验收依据，无规范票据，无安置效益，无主管领导批件，无报表或未报账等情况，移民主管部门不拨付移民资金。凡属补偿性支出，统一使用县移民局制发的移民经费专用领款单。

2002年9月26日，县移民局印发《秭归县移民系统内部会计管理制度》，规定单位领导对会计资料的合法性、真实性负法律责任。规定凡上级拨付的专款及本单位收支，必须纳入会计核算。移民系统实行科目汇总表账务处理程序制度、财务收支审批“一支笔”制度，同时建立《移民系统会计人员岗位责任制》《移民系统出纳人员岗位责任制》《移民系统财务处理程序制度》《移民系统内部牵制制度》《移民系统会计稽核制度》《移民系统财产清查制度》以及《移民系统会计档案补充规定》等制度。

财务检查 1995年，县移民局对前两年移民资金使用情况开展检查，先由乡镇自查，然后抽查。检查发现个别乡镇执行计划不严，没有将计划通知到执行单位，使计划未能发挥其应有的控制作用，还有一些单位出现挤占挪用移民经费行为。县移民局对检查出来的问题责令整改。1997年9—10月，县移民局计划财务股在茅坪镇检查16个村、72个单位、6个企业、10个专业项目；在沙镇溪镇检查36个村（场）、69个单位、5家工矿企业、4个专业项目。检查有无计划或超计划拨款和挪用移民经费的情况。

1998年6月，县移民局组织工作组对屈原镇移民站移民经费使用与管理情况进行检查，并重点检查长江村等4个村。1999年，县监察局、移民局、审计局、检察院、建设银行联合在库区各乡镇开展移民资金管理和使用情况专项检查。8月23日—9月1日，联合检查组对库区各乡镇专项督办检查移民资金管理和使用情况，检查组检查认定大部分库区乡镇政府能够做到不挪用、不挪项、不超计划使用移民资金，能严格执行“村账乡镇管”，保证移民资金使用效益。

2002年，县移民局组织专班对各乡镇移民站2000年以后的移民经费管理情况进行检查，认为各乡镇移民站能遵守制度，规范行为，深化核算，强化管理，但也有行政干预而致使移民资金不能专款专用的情况。

2004年，县移民局组织专班到沙镇溪、泄滩、周坪、水田坝等乡镇，对建（移民）站建账以后的移民资金使用情况进行内部审计。抽调乡镇移民站财务人员组成4个组，历时一个月，对8个移民站和

36个库区村的财务进行交叉检查。

2005年3月，成立县三峡库区农村移民财务管理中心，将周坪乡和泄滩乡移民财务管理权收到县中心。县移民局审计检查屈原、郭家坝、归州、茅坪4个乡镇建站建账以后的财务管理和资金使用情况，对库区移民培训中心2003—2004年生产经营及基建财务进行检查。

经费结算　1985—1992年年底，国务院三峡库区经济开发办公室下拨秭归县三峡库区移民试点经费4 342.46万元，8年试点累计使用移民经费4 372.54万元。1993年9月13日正式拨付移民经费，到1994年年底，共拨入资金1.22亿元，以工代赈兑换现金1 787.92万元，以工代赈粮食差价款312.08万元，到位资金合计1.43亿元。1993年9月20日—1994年年底，累计使用1.35亿元，当年结存资金827.08万元。1995年，三峡库区移民资金累计下达计划4.24亿元，截止到年底，累计使用3.52亿元。1996年，国家下达移民投资计划4亿余元，到位资金3.47亿元，实际使用2.99亿元。

1993—1997年，一期移民期间，国家累计下达全县移民资金计划13.82亿元。截至1997年年底，累计到位资金13.02亿元，累计使用12.43亿元。

1998年，移民资金管理和核算执行新的会计制度，试点经费、以工代赈资金、煤代油投资借款全部并入正式经费账内核算。截至年底，累计下达移民资金计划17.97亿元。当年累计到位资金（不含市移民局直拨安置区6 462.75万元）16.75亿元，累计使用16.12亿元。1999年，国家下达移民投资计划3.76亿元，全年实际使用3.12亿元。2000年，国家下达移民资金计划3.14亿元，当年到位资金3.24亿元，实际使用4.4亿元。2001年，国家下达移民资金计划2.73亿元，另下达耕地占用税返还款使用计划560.5万元，利息转拨款使用计划19.72万元。到位资金3.43亿元，实际使用3.71亿元。2003年，国家下达移民资金计划1.75亿元，到位资金1.8亿元，实际使用1.89亿元。

2004年，国家下达移民资金计划1.38亿元。2005年，国家下达移民资金计划7 988.14万元，另下达新《中华人民共和国土地法》规定的新增投资4 122万元。至2005年年底，国家累计下达移民资金计划34.77亿元，拨款到位动态资金34.45亿元，累计使用资金33.77亿元。其中，农村移民安置投资11.62亿元，县城迁建投资6.37亿元，集镇迁建投资5.24亿元，工矿企业迁建投资2.45亿元，专业设施复建投资6.17亿元，环境保护费2 021.72万元，规划费3 658.05万元，综合管理费4 843.91万元，滑坡治理费364万元，对口支援工作经费124.81万元，以工代赈管理费696.11万元，其他费用7 607.22万元。

二、审计监督

1995年9月6—15日，国家审计署驻武汉特派员办事处对秭归县1993—1994年度三峡工程库区移民资金就地审计。评价认为，县移民局为管好、用好移民资金，保证移民工作按计划顺利进行，建立系统管理机构，健全规章制度，取得一定成效。但有超计划拨款和无年度计划拨款的情况，要进一步加强对移民资金管理。1996年5月15—21日，省审计厅对县移民局1995年度三峡工程库区移民资金和8年试点经费结余资金就地审计，并延伸审计使用移民资金的部门，共审计移民资金2.96亿元。审计评价县移民局认真履行职责，制定和完善有关管理制度，在移民项目调查、规划、实施和移民资金计划、分配、管理及拨付使用等方面作出卓有成效的工作。县移民局自身开支控制比较严格，账目比较清楚，核算比较规范。对滞留的移民资金作出按规定及时下拨使用处理，对无计划、超计划拨付使用和挤占挪用的移民资金，作出按规定补办报批手续、迅速清理收回等处理。

1997年6月11—25日，省审计厅对秭归县1996年度三峡工程库区移民资金分配、管理及使用情况进行审计。

1998年5月12—24日，省审计厅派出审计组，对县直有关部门及茅坪坝区1997年度和历年坝区移民资金分配、拨付、管理和使用情况进行审计，对以前年度审计出挤占挪用移民资金问题的整改情况进行检查。6月28日，审计组向省审计厅提交《关于秭归县三峡移民资金管理情况的审计报告》初稿。7月22日，与县委、县政府领导及县移民局等相关单位主要负责人在茅坪交换意见，11月9日正式下达审计意见。1999年2月5—8日，省审计厅对新县城建设管理委员会1998年度国家下拨三峡移民迁建资金及土地收益等相关资金管理使用情况进行审计，对涉及前后年度有关情况和有关单位进行延伸审计。审计评价：新县城建设管理委员会切实加强资金管理，对所有移民迁建资金严格实行“专户储存、专人管理、专账核算、专款专用”，对设计方案采取最低限额预算，其标的比概算节约投资1 760万元。在工程发包时，尽量核减下压，实际发包比标的节约570万元。施工中优化方案，减少开挖，实际投资比合同减少2 100万元。同时，对移民工程严格按进度付款，全面实行竣工决算审计制度，通过审计节约工程投资344.75万元。但土地出让及临街加价歉收1 277.99万元，超范围使用土地收益金30万元，施工管理费开支超标准613.7万元。7月5—10日，省审计厅对县直有关部门1998年度三峡库区移民资金的分配、拨付、管理和使用情况进行审计，对以前年度审计查出挤占挪用移民资金问题的整改情况进行检查。

2000年9月5—20日，省审计厅对县移民局、交通局、粮食局、新县城建设管理委员会等县直部门1999年年底前三峡工程库区移民资金的分配、拨付、管理和使用情况就地审计。审计认为：秭归县移民资金管理使用情况总体较好，上年审计查出需要整改的违纪违规问题已全部按要求整改到位，并已自查自纠。2001年8月7—17日，省审计厅对秭归县2000年度三峡库区移民资金的拨付、管理和使用情况就地审计。2002年4月14—25日，省审计厅对县移民局2001年度移民资金计划、使用及管理情况就地审计。审计评价：县移民局对2001年审计涉及的主要问题均得到整改落实，在财务管理方面也逐步完善和规范。

2004年，县移民局配合财政部审计专员对归州镇陶家坡7处滑坡治理和渗水槽等搬迁避让项目进行基建程序和资金使用情况审计，配合国务院三峡工程建设委员会办公室对坝区移民资金进行审计，审计过程和结果均没有发现问题。8—9月，省审计厅、县审计局对全县2003年度三峡库区移民资金进行就地审计。县移民局针对审计报告中指出的超计划拨付移民资金，部分单位建设管理费超支等问题，进行认真的整改，经省、市移民资金监督网检查，整改率100%。2005年，中审会计事务所华中分公司对秭归县农村移民安置资金使用及库区淹没土地新增移民补偿投资规划进行审计、审核。县审计局对郭家坝等3个库区乡镇移民资金使用情况进行审计。

第四章 接受对口支援

1992 年，国务院办公厅发出《关于对三峡库区移民工作对口支援的通知》，号召全国人民对口支援三峡库区移民。1994 年，国务院办公厅发出通知，确定水利部等 14 个部级单位支援秭归，并确定江苏省、湖北省为对口支援秭归县的重点单位；天津、福建、北京等省市的 57 个县、市为支援单位。同年，省政府行文确定省属部门 46 个单位支援秭归县；市政府确定市属 48 个单位对口支援秭归县。

图 10-4-1：江苏省与秭归县对口支援座谈会在秭归召开

1995 年 5 月，对口支援工作围绕移民安置，争取国家有关部委重点支援基础设施建设和搬迁配套项目。外省、市重点支援社会公益事业建设项目，湖北省内以突出移民搬迁为主开展对口支援。从 1999 年开始，按照“优势互补，互惠互利，长期合作，共同发展”的对口支援方针，实行以单位项目为载体，由各单位对口争取或接受援助，进行合资合作。1992—2005 年，全县绝大多数企事业单位、机关团体、库区乡镇人民政府及乡镇直单位先后得到全国各单位及港、澳、台同胞、爱国华侨共 1 364 个（人、次）资金援助，个人及单位捐赠款物达 19.27 亿元。其中，单位援助 924 个次，援助资金 6.04 亿元；个人捐助 32 人次，捐助资金 298.73 万元。单位援助物资 120 件次，折款 826.3 万元；援建基础设施、工业、农业、科教文卫、商贸旅游、社会福利等项目 288 个次，援助项目资金折合 13.12 亿元。（图 10-4-1）

第一节　援助资金

一、单位援助

1992—2005 年，县内绝大多数企事业单位和机关团体、库区乡镇人民政府及乡镇直单位房屋建设及全县基础设施、工业、农业、商贸旅游等项目建设，先后得到全国 942 个次单位的援助，援助资金 6.04 亿元，其中对口支援县、乡镇、村学校建设资金 4 064.38 万元。（见表 10-4-1、10-4-2）

1992—2005 年秭归县接受对口支援单位援助资金情况表

表 10-4-1　　单位：万元

年　份	受援单位或项目	支　援　单　位	捐助资金
1992—2005 年	县政府	江苏省扬州市及常州市交通银行；湖北省荆门市财政局、湖北宜泰快餐食品厂、武汉市经协办；市三峡工委、桃花岭饭店、供电局、供销社、建设银行、石油总公司、太平鸟集团、金山水翼飞船公司等 13 个单位	156.3
1992—1999 年	县政协	省政府、政协委员会；江苏省南通市；市政府、政协委员会等 5 个单位	48
1992—1998 年	县人民武装部	解放军广州军区、湖北省军区	50
1992—1998 年	县老干部局	国家三峡工程建设委员会移民开发局	25
1992—1998 年	县政府综合系统	武汉市交通委员会、东湖新技术开发区、城镇综合开发集团公司、武汉建筑材料集团公司、武汉华珍医药保健公司、中南商场、车辆厂、武昌区图书馆；市城乡建设委员会、三峡坝区工作委员会等 10 个单位	41.2
1992—2001 年	县交通局	江苏省交通厅；省交通厅、航务管理局；荆门市交通局；市交通局、航务管理局、运输管理局等 7 个单位	380

续表一

年　份	受援单位或项目	支　援　单　位	捐助资金
1992—2001 年	县公路段	省公路局	150
1992—2001 年	县公路收费站	江苏省交通厅	20
1992—2001 年	县公路养路费征收稽查所	省公路养路费征收稽查局	130
1992—2003 年	县林业局	林业部；江苏省武进市政府；省林业厅、林工商总公司等 4 个单位	27
1992—1997 年	县劳动就业管理局	省劳动就业管理局	67
1992—2001 年	县人民法院	最高人民法院；天津市高级人民法院；省高级人民法院；市中级人民法院所属 11 家法院和市计划委员会等 16 个单位	314.83
1992—1999 年	县计划委员会	省计划委员会	54
1992—1998 年	县农业委员会	省农业委员会、蔬菜办；市蔬菜办等 3 个单位	110
1992—2000 年	县工商行政管理局	国家工商行政管理局；省工商行政管理局及武汉、潜江、荆门、荆州、黄冈、天门等市工商行政管理局；宜昌市所属分局和市、县工商行政管理局等 24 个单位	405.55
1992—1999 年	县气象局	国家气象局；省气象局、武汉中心气象台、省气象学校；市气象局等 6 个单位	191.5
1992—2004 年	县文化馆、屈原文化演艺中心	江苏省政府、镇江市、泰州市、扬州市、常州市、南通市；省文化厅；监利县文化馆等 8 个单位	332.02
1992—1998 年	县造纸总厂	中国航天工业总公司	20
1993—1998 年	县机关事务局	江苏省锡山市洪泽县；广东省翁源县；哈尔滨市；湖北省天门、孝感、仙桃市机关事务局，湖北鄂康建筑规划设计院及省机关事务局等 9 个单位	4.01
1993—2005 年	县科学技术委员会、科技局、科技馆	国家科学技术委员会；江苏省政府、科学技术委员会、科技厅；黑龙江省科学技术委员会；省科学技术委员会、科技厅、武汉市科学技术委员会、技术交易所、科技局；市科学技术委员会等 11 个单位	398.2
1993—1998 年	县计划生育委员会	省计划生育委员会、计划委员会；武汉、宜昌、黄冈、荆门市计划生育委员会等 6 个单位	143.7
1993—1998 年	县文化局	省新闻出版局；宜昌、武汉、黄石、荆门、荆州、鄂州、随州、孝感、咸宁、神农架、天门、仙桃等市区文化局共 13 个单位	32.41
1993—2004 年	县教育委员会、教育局	教育部；江苏省镇江市京口区、润州区、新区；省教育委员会；武汉市教育局、教育研究所、税务学校、机电学校、校办产业办公室、教育书刊发行社、计划委员会、电教馆等 13 个单位	516
1993—2004 年	县教育局、教学研究室	省计划委员会、教研室、自学考试办、金融专科学院、卫生职工医学院、长江水利水电学校等 6 个单位	39
1993—2005 年	县残疾人联合会	中国残疾人联合会；江苏省残联、南京爱德基金会；省残联；市慈善总会、荆门市残联、市残联等 7 个单位	101.3
1993—2005 年	县服务三峡工程建设委员会办公室	北京市密云县政府；江苏省三峡办、经济委员会、镇江市新区、京口区、润州区、金坛市对口支援库区办、南通市三峡办；省三峡办；武汉市经协办；市三峡坝区工作委员会、葛洲坝电厂等 12 个单位	83.6
1993—1998 年	建行秭归县支行	中国建设银行宜昌三峡分行	620

续表二

年　　份	受援单位或项目	支　　援　　单　　位	捐助资金
1993—1998 年	农行秭归县支行	中国农业银行	2 600
1994—1997 年	县总工会	省总工会	5
1994—2005 年	县财政局	江苏省财政厅、泰州市财政局；省财政厅；武汉市财政局；市财政局等 5 个单位	249
1994—1997 年	县对外经济贸易局	对外贸易经济合作部；省对外贸易经济合作厅	140
1994—1997 年	县统计局	国家统计局；省农村经济调查队；武汉市物价局；市统计局及兴山、长阳、宜昌、伍家、西陵等县区统计局等 9 个单位	33.9
1994—1997 年	县社会劳动保险局	市社会劳动保险统筹处	5
1994—1997 年	县劳动局	劳动部勤业房地产公司；深圳市沙头角劳动服务公司；省劳动局等 3 个单位	40
1994—2000 年	县人民检察院	最高人民检察院；江苏省区县检察系统 19 个单位；湖北省 26 个单位；浙江、江西、广东、广西、辽宁等省市县 5 个单位，共 50 个单位	90.12
1994—2005 年	县供销合作社	中华全国供销合作总社、全国供销总社棉麻局；省供销合作社等 3 个单位	35
1994—2005 年	县生产资料公司	省计划委员会	30
1994—2005 年	县三电办公室	省三电办公室	5
1994—1997 年	县财贸办公室	市财贸办公室	13
1994—1997 年	县烟草专卖局	国家烟草专卖局；省烟草专卖局；襄阳烟厂等 3 个单位	840
1994—1999 年	县国家税务局	国家税务总局、北京市通州区国家税务局；河南省国家税务局；省国家税务局及武汉、武昌、随州、宜昌等市国家税务局共 8 个单位	1 847
1994—2005 年	县地方税务局	湖北省、河南省、武汉市、黄冈市、鄂州市、市地方税务局等 6 个单位	1 235
1994—1998 年	中保人寿秭归县支公司	中保人寿保险有限公司湖北省总公司；中保人寿宜昌市分公司	1 356
1994—1998 年	中保财险秭归县支公司	中保财险有限公司湖北省总公司；中保财险宜昌市分公司	1 780
1994—1997 年	人行秭归县支行	中国人民银行；中国人民银行湖北省分行	550
1994—1997 年	工行秭归县支行	中国工商银行；中国工商银行湖北省、武汉市、宜昌市等分行共 4 个单位	1 705
1994—1998 年	县农村信用联社	中国人民银行；湖北省、武汉市等省市农村信用社共 20 个单位	316
1995—1998 年	县委宣传部	中央宣传部；江苏省电视台、江都县广播电视台；省委宣传部；市委宣传部、宜昌日报社、市电视台、市人民广播电台、三峡晚报社等 10 个单位	7.05
1995—2002 年	县建设委员会、建设局、环保局	建设部、环境保护总局；江苏省建设厅；省建设厅、环保局、城市规划设计院；市建设委员会等 7 个单位	149
1995—1997 年	县煤炭化工局	省煤炭工业厅；市化学工业局	30
1995—1997 年	县农村经营管理局	省农村经营管理局	30

续表三

年　　份	受援单位或项目	支　　援　　单　　位	捐助资金
1995—1998年	县水利电力局	省水利厅	130
1995—1998年	县农牧特产局	农业部；省农业厅等2个单位	75
1995—2002年	县兽医总站、畜牧局	省计划委员会；当阳市畜牧局	6.2
1995—1997年	县邮电管理局	省邮电管理局	200
1996年	县政府办公室	北京市密云县政府	10
1996—2005年	县民政局	民政部；江苏省民政系统；省民政厅及宜昌、荆门、天门、十堰等县市民政局共7个单位	185
1996—1997年	县粮食局	省粮食局；市粮食局	80
1996—2004年	县技术监督局	国家技术监督局；江苏省技术监督局、质检局	25
1996年	县乡镇企业管理局	农业部乡镇企业局	30
1996—1998年	县政法委员会	湖北省18个单位，其中政法系统13个，其他单位5个	15.88
1996—1998年	农发行秭归县支行	中国农业发展银行湖北省分行	800
1996—1998年	县石油公司	省石油总公司；上海市石油化工股份有限公司	235
1996年	秭归县农业示范区	中科院南京土壤研究所	420
1997年	新县城、九里客运站	交通部	200
1997年	县畜牧技术服务中心	农业部	25
1997年	县第一水厂	建设部	200
1997年	环境监测站	国家环保总局	65
1997年	扶贫项目	对外贸易经济合作部	55
1997年	夹石冲电站	市东山电厂	50
1997年	村道公路	荆州市交通局	10
1997年	县人事局	省人事厅组织省内宜昌、荆州、襄樊、武汉、孝感、黄冈、恩施、黄石、随州、天门、神农架林区等县市人事局共18个单位	20
1997年	县工人文化宫	中华全国总工会；省总工会；市总工会3个单位	50
1997—1999年	县土地管理局	国家土地管理局；江苏省土地管理局；省土地管理局；市土地管理局等4个单位	118
1997—2000年	县审计局	江苏省审计厅；海南省审计厅；省审计厅；市审计局等4个单位	55
1997—2001年	县广播电视局	江苏省政府、常州、镇江、南通、扬州、泰州市政府；省广播电视厅（局）、省计划委员会；贵州省、山东省电视台；湖北荆门、十堰市旭新广告公司等12个单位	338.3

续表四

年　份	受援单位或项目	支　援　单　位	捐助资金
1997 年	县农业机械局	江苏省农业机械管理局	10
1997—1998 年	县物资局	省物资局、燃料公司、物贸中心；市物资贸易局、燃料公司等 6 个单位	5
1997—1998 年	县物价局	武汉市物价局、黄石市物价局等 2 个单位	12.5
1997—2000 年	县公安局、看守所	上海市公安局；省公安厅等 24 个单位	274.8
1998 年	县商业局	国内贸易部；省商业厅	40
1998 年	县委办公室	省委办公厅；市委办公室	3
1998 年	县地方志办公室	市地方志办公室	0.1
1998 年	县商业网点办公室	市商业网点办公室	37
1998 年	风茅公路	交通部、国家计划委员会、国家移民局；省移民局	10 845
1998—1999 年	县图书馆	文化部；江苏省常州、扬州、泰州、镇江、南通、金坛市政府	125
1999 年	库区公路复建	江苏省交通厅	40
1999 年	聋儿康复部	江苏省武进市湖塘电厂	20
1999—2000 年	县医疗中心	中国健康基金会；江苏省政府；省卫生厅	250
2000 年	电力建设	中国电力总公司	300
2001 年	江苏路	江苏省政府	200
2001 年	武汉路	武汉市政府	50
2001—2002 年	木鱼岛乐园	福建豫闽港集团	150
2002 年	广电“村村通”	国家计划委员会	78
2002 年	库区水利专项	水利部	560
2002 年	地质灾害治理	财政部	21 034
2002 年	归州街二期	香港坤达集团	100
2003—2004 年	羊子沟、草池坪、郭家湾水库、乐平里河道等	水利部	600
2003—2004 年	千将坪滑坡救灾	江苏省常州市、泰州市；武汉市、荆门市、黄冈市政府	80
2004 年	县疾病预防控制中心	武汉市东湖高新技术开发区、江夏区、江汉区等 3 个单位	75
2004—2005 年	县移民开发服务中心	武汉市政府；市经协办公室	120
2005 年	江苏二路	江苏省政府、南通、扬州、盐城、泰州、常州、镇江市政府	390

1992—2005 年对口支援单位支援秭归县学校及卫生院建设资金情况表

表 10-4-2　　单位：万元

年　份	受援单位或项目	支　援　单　位	捐助资金
1992—2005 年	茅坪镇（学校 7 所、卫生院 1 所）	中央统战部、国家教育委员会；江苏省常州市、武进市、金坛市；武汉市；澳门粤德投资公司；湖北省武进市委、省财政厅、省建设厅、省土地管理局、华中理工大学、省粮食学校、省水电学校；襄樊市教育委员会、荆州财税会计学校；市卫生局、物价局、宜西供电局、人行宜昌市分行；洪湖县卫生局；金龙泉啤酒厂	147.6
1992—2005 年	香溪镇（归州镇）（学校 10 所，卫生院 2 所）	中国航天工业部；江苏省政府、省交通厅、省交通银行、镇江、盐城、泰州、扬州、金坛、常州、南通市政府、泰州海陵区政府；武汉市政府、武汉水运工程学校、黄冈市教育委员会；市教育委员会、市移民局、文化局、土地管理局、旅游局、烟草局、防疫站、五中、爱卫办、旭光棉纺厂、桃花岭饭店、工行宜昌市分行、荆门热电厂、监利县卫生局	534.22
1992—2005 年	屈原镇（新滩镇）（学校 5 所、卫生院 1 所）	国家气象局；江苏省泰州市扬子江药业集团；省教育委员会、省气象学校、省口腔医院、省民政学校；省机械学校、武汉市政府、武汉建筑学校；市委、市政府、市财保公司、市三峡财保公司、葛洲坝电厂、市商业委员会、市工商行政管理局、气象局、市教育委员会、财政局、防疫站、爱卫办、农行宜昌市分行、工行三峡分行及美籍华人	245.12
1992—2005 年	泄滩乡（学校 6 所、卫生院 1 所）	江苏省姜堰市、扬州市郊区政府；省计划委员会、省化工学校、省药检专科学校、武汉市政府、天河建设集团、潜江市政府、老河口市教育委员会、钟祥市政府；宜昌军分区、市教育委员会、市民政局、司法局、烟草局、市经体改委、市政公用事业局、中心血站、市东山医院、葛洲坝水电学院、市房地产公司、市磷肥厂、武警水电部队三峡指挥所、市小康工作队、市爱卫办	109.85
1992—2005 年	沙镇溪镇（学校 8 所、卫生院 1 所）	江苏省常州、泰州、镇江、张家港市政府、镇江市京口区；省商业厅、青少年发展基金会、警官学校、中医研究院附属医院、石油三峡分公司；孝感市教育委员会、荆门市、黄冈市、嘉鱼县政府、松滋县卫生局；市委、市经协委、劳动局、科学技术委员会、畜牧局、煤气公司、八一钢铁公司、市国家税务局三峡分局、宜昌京昌民用爆破公司、市中心医院、市档案局	211.38
1992—2005 年	水田坝乡（学校 6 所、卫生院 1 所）	国家教育委员会；江苏省交通厅、扬州市郊区、高邮市、高邮市龙虬镇中小学；上海炼油厂；省计划委员会、教育委员会、教育厅、移民局、交通学校；武汉水利电力学校、湖北二轻工业学校；市交通局、移民局、扶贫办、三峡坝工委	243.53
1998—2002 年	两河口镇（学校 8 所）	江苏省交通厅、南通市、南通通州市、崇州区；省建设厅、教育基金管理办；市商业委员会、市人大常委会、市国家税务局、荆门市沙洋区、农发行当阳支行	99.6
1998—2005 年	梅家河乡（学校 3 所）	江苏省镇江市、镇江市润州区；省农村金融学校、武汉铁路桥梁学校；市人大常委会、市工商行政管理局、民政局、发改委、经济委员会、人事局、供销社、轻工业局、石油公司、公汽公司、造纸总厂、自行车钢球厂、编织带厂、西陵区窑湾乡	53.05
1998—2000 年	磨坪乡（学校 2 所）	江苏省电力厅、扬州市宝应县政府	25
1998—2000 年	郭家坝镇（文化乡）（学校 9 所、卫生院 1 所）	加拿大 NS 国际公司；江苏省电力厅、苏州市卫生局、南通市港闸区；省水产学校、省中医附属医院、省轻工业学校、省通用技术工程学校、省对外贸易学校、省制药学校；武汉民族学院、十堰市教育委员会、黄陂县政府、荆门市东宝区、石首市卫生局；市卫生局、农业局、财保公司、叉车厂、传染病医院、交通委员会、市政公司、纺织公司、共青团市委、扶贫开发办	133.8

续表 10-4-2

年　　份	受援单位或项目	支　　援　　单　　位	捐助资金
1998—2005 年	周坪乡（芝兰乡）（学校 10 所）	中国银行哈萨克斯坦分行、中国航天总公司五院；江苏省水利厅、南通市、如皋市、海安县政府；省计划委员会、民革省委、省建行学校、省邮电学校；荆门石油化工学校、天门市、京山县、监利县政府；市政府、教育委员会、商委、共青团市委、国家税务局、移民局、老区贫困地区开发办、公安局、地方税务局、广播电视局、粮食局、建行宜昌市分行、归侨联合办	218.52
1998—2000 年	杨林桥镇（学校 3 所）	江苏省水利厅、金坛市、镇江市、镇江市新区政府	28.3
1996—1998 年	县职业教育中心	武汉市教育委员会、湖北广播电视大学系统、省城市建设分校、纺织职工大学；襄樊市轴承职工大学、鄂钢职工大学；市教研室、粮食职工中专学校、葛洲坝水电学校、供销职工中专学校、财贸学校、城建学校	147.85
1997—1998 年	县第一中学（县航天中学）	中国航天工业总公司、武汉汽车工业大学、武汉冶金科技大学、中南政法学院、湖北大学、湖北三峡学院、湖北医科大学、湖北师范学院、荆州师范高等专科学校、武汉水果湖中学、湖北中医学院、湖北工学院	256
1997—2003 年	县第二中学	江苏省常州、镇江、金坛、泰州、南通、扬州、盐城市政府；内蒙古国营免渡河农场；中国地质大学；武汉测绘科技大学、湖北公安专科学校、湖北美术学院、武汉城市建设学院、咸宁师范高等专科学校、襄樊师范专科学校、江汉大学、华中农业大学、江汉石油学校	212
1998—2000 年	县实验中学	国家电力公司；中南财经大学；黄冈师范高等专科学校、郧阳医学院、郧阳师范高等专科学校、省农学院、华中理工大学、武汉水利电力学院、武汉音乐学院	140
1998—1999 年	县实验小学（县武钢实验小学）	武汉钢铁集团公司、中南民族学院、湖北财经高等专科学校、武汉体育学院、恩施医学高等专科学校、武汉交通科技大学、武汉水电视大学、孝感师范高等专科学校、同济医科大学、湖北商业高等专科学校	95
1998 年	县直机关幼儿园	荆门石油化工总厂、市教育委员会、湖北教育学院、湖北函授大学、湖北计划管理干部学院、湖北经济管理干部学院、武汉公安管理干部学院、武汉经济管理干部学院等 39 个单位	111.56
1998—2000 年	香港驻军秭归希望小学	解放军驻香港部队	124
1999 年	县实验小学	省计划委员会、教育委员会	245
1999 年	县特殊教育学校（残联）	武汉市政府	10
2000 年	全县 14 个乡镇学校	省教育厅	170
2002 年	县青少年校外活动中心（小学）	教育部	180
2002 年	二期义务教育工程（小学）	教育部、财政部	283
2002 年	小学义务教育助学金	省财政厅、教育厅	40

二、个人捐资

1992—2005 年，秭归县库区移民得到全国人民及香港、澳门、台湾同胞 32 人次捐赠资金 298.73 万元。其中，为教育（希望工程）捐资 20 次 295.17 万元，社会公益事业捐资 12 次、3.56 万元。捐款千元以上的有 21 人次。1998 年，香港广播电视有限公司、邵氏影视公司董事长邵逸夫捐赠港币 70

万元，兴建县第一中学逸夫实验楼；香港侨福集团投资咨询公司黄建华向周坪乡捐资 10 万元建设学校；1994 年 6 月，台湾伟联集团公司彭荫刚向茅坪二圣寺小学（后更名为湖忠小学）捐资 50 万元；台湾同胞周建祥向两河口镇两河小学捐赠 3 000 元；台湾同胞杜辉向周坪乡捐赠 1 000 元；台湾同胞宋发堂、郑家富向梅家河乡学校迁建捐赠 2 000 元；2001 年 4 月，加拿大北京赫维思特贸易有限公司董事长杜崇玲向县第一中学捐赠人民币 80 万元，修建杜镇远图书馆；2002 年，杜崇玲再次为屈原镇新滩中学捐资 50 万元，兴建新滩中学图书馆；1995 年，沈阳军区大连第一休干所离休干部于呈甫、李范懿夫妇为磨坪乡白家坪小学捐资 10 万元修建甫懿希望小学；1998 年，江苏省常州市长兴餐饮有限公司总经理汤燕雯，向梅家河乡捐资 20 万元修建长兴光彩小学；武汉大学副教授徐德宽为屈原镇维修乐平里屈原诞生地捐款 1 000 元；武汉市三峡立斌贸源有限责任公司周立斌，向屈原镇小学捐款 2 000 元；黄石市城乡建设委员会陈沛松向县委政法委员会捐赠 1 000 元；市人大常委会梅峰向梅家河乡小学捐赠 3 000 元；市财政局韩庆顺为县委政法委搬迁捐款 2 万元；市财政局鲁永铁为梅家河乡学校迁建捐赠 2 万元；宜昌市伍家岗科技局鲁永况向梅家河乡捐赠 1.5 万元（购校服 100 套）；枝城市通用机械厂熊佳汉向香溪镇贯垭小学捐赠 1 000 元；广东省罗定县黄天祥向周坪乡中学迁建捐赠 4 500 元。

第二节　援助物资

一、国家部委援助

1992—2002 年，国家部委共援助物资 8 次，折款 154.9 万元。1992 年，国务院发出对口支援三峡库区移民工作通知后，航天工业部援赠县康通建筑材料有限公司电动设备 16 台（套）；卫生部药政司援赠县卫生局吉普车 1 辆；卫生部疾病控制司援赠县卫生局复印机 1 台；中国航天工业总公司援赠县黄金公司机械设备 2 台。1997 年 6 月，中国中小学幼儿教育奖励基金会、省教育奖励基金会向周坪乡 10 所小学捐赠 14 英寸彩色电视机 10 台，素质教育图 3 套。航天工业部山西太谷县“513”所援助县造纸厂“1092 型”高光泽涂纸机 1 台。2002 年 12 月，国家计划委员会援助县广播电视局广电器材。

二、外省单位援助

1994 年 9 月—2004 年 8 月，江苏省等省外单位援助物资 17 次，折款 260.44 万元。1994 年 9 月，江苏省南京市爱德基金会援赠县残疾人联合会助听器 20 部。1994 年 12 月，江苏省政府援助县政府汽车 13 辆；江苏省南京市果品公司援助沙镇溪镇供销社水泥 200 吨；江苏省泰州市实验小学援助香溪镇余家垭小学图书 100 册。1998 年，北京市平谷县法院援助县法院吉普车 1 辆；上海航天局援助县黄金公司机械设备 6 台；香港明爱中心援助县内 3 个乡镇卫生院、30 个卫生所（室）医疗设备 167 台（件）；1999 年 10 月，江苏省金坛市卫生局捐助杨林桥镇卫生院医疗设备。2000 年 2 月—2001 年 5 月，江苏省纪律检查委员会、监察厅捐赠县纪委、县监察局电脑 6 台。2000 年 9 月，南京爱德基金会援助县残联医疗器械；扬州市郊区政府为泄滩乡捐助衣物。2002 年 1 月，泰州市财政局援助县财政局空调。2003 年 10 月，江苏省三峡办援助县三峡办物资。2004 年 7 月，苏州市政府援助县残联轮椅 100 辆。当年 8 月，江苏省财政厅援助县政府小轿车 1 辆。

三、省内单位援助

1992—2005 年，省内单位援助物资 95 次，折款 410.96 万元。1992—1996 年，省科学技术委员会援助县水泥厂设备改造；省人工影响天气办公室援助县气象局防雹双管式“37高炮”1门；省烟草专卖局援助县烟草公司“解放”牌大货车1辆；中国人民银行湖北省分行援助人民银行秭归县支行“五十铃”汽车1辆；省机电公司援助县物资局双排座汽车1辆；省物资贸易中心援助县物资局农用双排座汽车1辆；省燃料公司援助县物资局烟煤100吨；省人民医院援助茅坪镇卫生院医疗仪器8台（件）；湖北医科大学附属第一医院援助水田坝乡卫生院锅炉2台；省中医研究院附属医院援助沙镇溪镇卫生院X光机1台；省口腔医院援助屈原镇卫生院救护车1辆、医疗器械10台（件）；湖北中医学院援助县第一中学投影仪8台、录音机8台、解剖镜10台；省化肥厂援助屈原镇化肥30吨；湖北美术学校援助县第二中学钢窗20套、服装1 973件、学生蚊帐168床、画架20套；省艺术学校援助香溪镇中学“万山”牌面包车1辆；省直机关业余大学援助县职业教育中心“尼桑”牌面包车1辆；省邮电学校援助芝兰乡教育组电脑1台；省人民武装警察学校援助归州镇王家岭中学“上海”牌轿车1辆；省气象技术装备中心援助县气象局仪器、设备；农工党省委员会援助周坪乡卫生院药品；民盟省委援助周坪中学电脑5台；华中科技大学援助周坪中学电脑8台，计算器60部；武汉市科学技术委员会援助县科学技术委员会电脑2台，打印机1台；武汉市计划生育委员会援助县人口与计划生育局空调1台；武汉市国家税务局援助县国家税务局电脑2台。1997年5月，武汉市地方税务局援助县地方税务局“富康”牌轿车3辆；武汉市图书馆援助县图书馆图书2 000册；武汉市城市建筑学院援助县第二中学电脑2台；武汉市电力学校援助水田坝乡中学教学仪器；武汉钢铁设计院援助县加气混凝土厂设备10台；武汉市血吸虫防治研究所援助郭家坝镇卫生院冰箱、显微镜各1台；武汉钢铁集团公司援助沙镇溪镇搬运公司吊机1台；武汉市地方税务局援赠县地方税务局电脑；武汉市信息产业局援助县政府电脑10台；武汉市文化局援助县政府彩电20台；武汉市卫生局援助县政府医疗器械。2004年10月，武汉市教育局援助县教育局电脑10台；武汉市卫生局援助县医疗中心便携式X光机1台；武汉市科技局援助县科学技术局办公设备；市教育委员会援助新滩中学课桌凳100套；市财政金融贸易办公室援助周坪乡有线电视设备；中国人民解放军宜昌军分区援助泄滩乡政府40门电话总机1台；市劳动局援赠沙镇溪镇赈灾衣3 500件；市公安局援助芝兰乡派出所警具等物资；市物资局援赠沙镇溪镇钢材10吨，赈灾衣2 500件；市气象局援助县气象局电脑1台；市供电局援助县水电公司水泥50吨；长江水利委员会三峡水文局援助茅坪镇溪口坪村教学用具；市国家税务局援助周坪乡办公桌椅；市地方税务局援助芝兰乡政府旧汽车1辆、尿素3吨；市文化局援助屈原镇政府文化用品；市卫生局援助芝兰乡卫生院旧汽车1辆、医疗器械1台；市农牧局、叉车厂、纺织公司、冶金公司联合援助郭家坝镇赈灾衣3.8万件；中国工商银行三峡分行援助屈原镇新滩中学办公桌椅40套、图书1万册；市卫生防疫站援助香溪镇贾家店卫生所、屈原镇卫生院医疗设备及办公用品154台（件）；市中心血站、中心医院援助泄滩乡、沙镇溪卫生院医疗设备23台（套）；市传染病医院、宜昌红十字会援助文化乡小学、屈原镇卫生院课桌30套、被套35床及药品；市爱国卫生运动委员会办公室援助屈原镇办公用品；市建筑公司援助茅坪招待所吉普车1辆；市旭光棉纺厂援助香溪镇衣服2 200件；市桃花岭饭店援助香溪镇衣服1.27万件；市燃料公司援助县物资局烟煤100吨；市八一钢铁集团公司援助沙镇溪镇钢材16.7吨、衣服1 000件；市化工集团公司援助香溪镇碳铵20吨、屈原镇尿素30吨；湖北开关厂援助芝兰乡政府旧客车、面包车各1辆；宜泰食品工业有限公司援助秭归县快餐面2 350件；市殡葬管理所援助泄滩乡皮鞋；市伍家乡政府援赠泄滩乡毛毯；市商务局援助屈原镇天龙村修路物资；市“710”研究所援助归州镇图书；市委统战部、经济委员会、三峡坝区工作委员会、工商行政管理局扶持水田坝乡马营村、泄滩乡九条岭、万家村、梅家河乡水田垭村修路及扶贫物资；市发展与改革委员会、人事局、供销社支援梅家河乡电脑3台、打字机1台；市地方税务局援助周坪乡衣物

800 件；市慈善总会援助县残联饮水项目物资；当阳市长坂坡医院援助水田坝乡卫生院手术床 1 张、洗胃机 2 台；黄石市卫生学校援助水田坝乡政府程控交换机 1 台；监利县广播电视局援赠芝兰乡广播站器材；荆门市粮食局援助县粮食局大米 2.5 万公斤；荆门市石油化工总公司、石油化工学校援助香溪镇衣服 1.2 万件，援助周坪乡其他物资；京山县广播电视局援助周坪乡建设调频广播器材；鄂州市地方税务局援助县地方税务局钢材 20 吨；黄梅县、武穴市政府援助香溪镇、水田坝乡大米各 5 万公斤；随州市文化局援助县文化旅游局 18 英寸彩色电视机 1 台。

第三节　援建项目

一、基础设施

1992—2005 年，省计划委员会、财政厅、交通厅、发展和改革委员会、邮电局、农业厅、水利厅、电力局、教育厅、环保局、林业局、地震局、国土资源厅、航务局、电信局、电信公司、公路局、公路运输管理局；市交通委员会、公路运输管理局、公路局等单位援助秭归县兴修复修公路、兴建码头、客运站、水利设施、污水处理厂等基础设施建设项目 82 个次，援助项目资金 5.41 亿元。其中，1992—1998 年援建 28 个次，援助项目资金 1.2 亿元；1999—2001 年援建 4 个次，援助项目资金 1 440 万元；2002—2004 年援建 35 个次，援助项目资金 3.59 亿元；2005 年援建 15 个次，援助项目资金 4 738.54 万元。（图 10-4-2）

图 10-4-2：武汉市对口支援新县城武汉路工程捐赠仪式

二、工　业

1992—1998 年，通过对口支援，先后引进江苏维维集团与县橙汁厂合作的“维维”饮料生产线以及天然饮料厂、包装材料总厂、塑料制品厂、药用制盖厂、塑料编织袋生产线、硅铝合金生产线、永信轧钢厂、芝兰轧钢厂、七星牌水泥技术改造、加气混凝土厂、青龙页岩砖厂、卜庄河页岩砖厂、水电公司预制构件厂、水田坝复混肥厂、香溪三峡磷酸厂、天龙家具厂、恒康家具公司等 18 个次工业项目，投资 6 388 万元。1999—2004 年，引进并兴办江苏省森达集团三峡鞋业公司、江苏省华扬集团宜昌华扬太阳能热水器公司、江苏省“AB”集团三峡针织公司、韩氏集团公司、帝元罐头食品公司、鸿程包装厂、金城包装厂、正富丰魔芋公司、平湖水泥公司、楚城生化公司、浙江洛兹集团三峡服饰公司等 34 个（次）工业项目，投资 2.35 亿元。2005 年，浙江鸿翔包装有限公司、江苏南通佳特科技公司、湖北威陵集团公司、湖北稻花香集团、省发展和改革委员会等援助工业项目 6 个次，投资 7 300 万元。至 2005 年，共援建合办工业项目 58 个次，项目总投资 3.72 亿元。

三、农　业

1992—2005 年，省农业厅、林业厅、畜牧局、财政厅、农科院、对口支援三峡工程办公室及市农业局等单位，先后援助秭归县建立长江三峡菜篮子工程、脐橙示范场、银杏基地、蔬菜基地、牛羊基地、三峡种禽场、银杏沱立体农业示范点等农业项目。1992—1998 年，援建项目 13 个（次），援助项目资金 1 362 万元；1999—2001 年援建项目 14 个（次），援助项目资金 4 540.5 万元；2002—2004 年援建项目 12 个（次），援助项目资金 1.16 亿元；2005 年援建项目 25 个（次），援助项目资金 1.12 亿元。至 2005 年，共援建农业项目 64 个（次），援助项目资金 2.87 亿元。

四、科教文卫

1992 年后，省科学技术委员会、计划委员会、科技厅、文化厅、总工会、卫生厅及其所属单位援助秭归县先后建成三峡紫色岩坡地改良研究示范、生态环境秭归试验站、纽荷尔脐橙示范、畜牧技术服务中心、县工人文化宫、县图书馆、县医疗中心、县防保中心、疾病预防控制中心等项目。至 2005 年，共援建项目 42 个次，援助项目资金 1 612.53 万元。其中，科技项目 5 个次，援助项目资金 582 万元；卫生项目 19 个次，援助项目资金 381.13 万元；文化项目 18 个次，援助项目资金 649.4 万元。（不含援建学校资金，援建学校资金见本章第一节）

五、商贸旅游

1992 年后，省商业厅、财政厅、食品公司、贸易厅、旅游局、商业网点办公室以及市商业网点办公室、财政局、旅游局等单位，先后援助秭归县建成三峡果品中心批发市场、三峡商业大楼、夔龙集贸市场、四溪旅游度假村、民俗文化村、竹海浴场、九畹溪旅游整治、江都酒店、欧意大酒店等项目。1992—1998 年，援建商贸项目 10 个次，援助项目资金 2 048 万元；1999—2002 年，援建商贸旅游项目 6 个次，援助项目资金 256 万元；2003—2005 年，援建旅游项目 2 个次，援助项目资金 6 025 万元。至 2005 年，共援建商贸旅游项目 18 个次，援助项目资金 8 329 万元。

六、社会福利

1992—2005 年，省民政厅、残疾人联合会、民革省委及武汉市、市残疾人联合会、市慈善总会、荆门市政府、黄冈市政府等单位，先后援建秭归县社区服务中心、县福利（光荣）院、乡镇福利院、聋儿康复部、殡葬管理所等项目 20 个次。至 2005 年，共援助项目资金 380.94 万元。其中，1992—1998 年，援建 5 个次，援助项目资金 223 万元；1999—2002 年援建 5 个次，援助项目资金 45.64 万元；2003—2005 年援建 10 个次，援助项目资金 112.3 万元。

七、其　他

1992—2005 年，省民政厅、林业厅、水利厅、邮政局、国家税务局、国土资源厅、财政厅等单位，援助秭归县移民搬迁补助、生态环境监测、水利基建、星火计划建设、遗迹鉴定数据库、地质灾害防治及其他经费补助等项目 10 个（次），共援助项目资金 875.31 万元。

第十一篇　财税·金融

1979 年，财政税务为一家。1984 年 2 月，财政与税务分设。县财政先后经历“分灶吃饭”“划分税种，核定收支，分级包干，定额补贴，收入超基数比例分成”等体制改革；税收经历“利改税”“分税制”等系列改革。2005 年，全县地域性财政收入达到 2.16 亿元，财政预算收入完成 7 709 万元，比 1979 年的 358 万元增 20.53 倍。财政支出 2.99 亿元，比 1979 年的 1 099 万元增长 26.2 倍。1994 年 7 月，国家税务（简称国税，下同）与地方税务（简称地税，下同）分设。至 2005 年，国税收入完成 5 484 万元，比 1994 年的 1 647 万元增长 2.33 倍。地税收入达到 1.3 亿元，比 1994 年的 1 586 万元增长 7.2 倍。国、地税收入合计 1.85 亿元，比 1979 年的 328.21 万元增长 55.3 倍。

1979 年前，金融机构主要有中国人民银行秭归县支行（简称县人行，下同）和中国农业银行秭归县支行（简称县农行，下同）。1979 年后，县建设银行归州办事处升格为中国人民建设银行秭归县支行（简称县建行，下同）。1980 年 1 月，分别设立县人行和县农行。1986 年 10 月，县人行与中国工商银行秭归县支行（简称县工行，下同）分设，县人行正式行使中央银行管理职能，不再兼办工商信贷和储蓄业务，领导和管理全县金融事业。1993 年 6 月，中国银行秭归县支行（简称县中行，下同）成立。1996 年 12 月，中国农业发展银行秭归县支行（简称县农发行，下同）成立。1980 年后，全县开展银行信贷管理、农村金融管理体制等一系列改革，以适应社会主义市场经济体制需要。至 2005 年年底，全县各行社存款余额 17.7 亿元，是 1979 年 1 415 万元的 125.65 倍；各行社发放各类贷款余额 8.72 亿元（含剥利核销部分），是 1986 年 1.13 亿元的 7.72 倍。

自 1982 年恢复保险业务后，扩大险种，集聚保险资金，组织经济补偿，为全县经济建设服务。至 2005 年，全县财产保险收入 689 万元，理赔 468 万元；人寿保险收入 3 298 万元，理赔 450 万元。保险制度逐步完善，人们投保意识逐渐增强，保险业务逐步渗透到社会各个领域。

第一章 财税制度改革

1980年，省对县财政实行“分灶吃饭”管理办法。针对秭归财政实际状况，1985年，省财政厅对秭归实行“划分税种，核定收支，分级包干，定额补贴，收入超基数比例分成”的财政管理办法。对镇（区）也相应建立收支挂钩管理办法。2005年对乡镇实行“乡财县管乡用”管理模式。税收体制经“利改税”和“分税制”等一系列改革，统一税法，简化税种，恢复一定老税种，开征新税种，划分中央税、地方税与中央和地方共享税。并根据市场经济形势，定时开征、停征一定税种，调整税目、税率，不断适应新形势下调整各方收入分配关系，增加财政收入。

第一节　财政体制改革

一、县级财政体制

1979年，省对县实行“增收分成，收支挂钩”的财政管理办法，不增收即扣减支出指标，并将文教卫生、农业事业经费交由主管局直接管理。1980年，省对县实行“划分收支，分级包干，一定五年”的财政管理体制，即“分灶吃饭”管理办法。1983年，省财政厅对秭归县实行“收入按固定比例总额分成”包干办法。省确定秭归县预算收入上解比例，省财政厅当年定额补贴秭归县605万元，以后按年补贴额递增5%计算。1985年，省对秭归县实行“划分税种，核定收支，分级包干，定额补贴，收入超基数比例分成”的财政管理办法，省财政厅当年定额补贴秭归县682万元。2003年，县财政局稳步推进体制改革，构建公共财政框架。进行部门预算改革试点，执行“一个部门，一本预算”管理办法；启动国库集中收付制度改革试点，对财政资金实行统一管理，全部纳入国库集中收付范围，实行财政直接支付和财政授权支付；巩固“收支两条线”和乡镇“零户统管”成果，将全县行政事业单位的504个银行账户全部纳入银行账户信息库管理；规范政府采购行为，实行政府采购监督和采购执行分离，全年节约采购资金101万元。2004年，县财政收支纳入省财政厅直接管理，进一步调整和完善分税制财政体制，基数新增上缴省财政厅的收入，省全部返还。各项转移支付补贴资金，省财政厅直接分配到县财政局。2005年，积极建设公共财政，全面实施部门预算，收入内外并轨，支出定员定额，项目先急后缓，一本预算管一年。全县初步建立公共财政制度，开创农民无税赋新时代。2005年开始，全县不仅全部免征农业税，而且还实施贫困学生“两免一补”（免教科书费、免杂费、逐年补助寄宿生生活费）、粮食直补、水稻良种补贴、计划生育奖励补助、退耕还林补贴等惠农政策。

二、乡镇财政体制

1979年，县对公社实行“增收分成，收支挂钩”的财政管理办法，不增收还要扣减支出指标。桑坪、文化、芝兰公社增收分成比例为20%，其余公社为15%。各项支农专款和公费医疗由公社财政税务所管理。1980年，县对公社实行“收支包干，结余留用，增收分成”管理办法。1986年，全县9镇（区）建立一级财政，实行“定收定支，收支挂钩，超收比例分成，超支不补”财政管理体制。水田坝、泄滩、磨坪区不建立一级财政，实行“收入上缴，经费包干，超收比例分成，短收减支”管理办法。并建立镇（区）财政预算、决算制度，收入全额上解县金库，支出由县财政局核定下拨，年终结算。1988年，县对乡镇实行“核定收支，收支挂钩，总额分成或定额补贴，超基数分成”管理办法。1992年，县对乡镇实行“核定收支，收支包干，定额上缴（或定额补贴），超收全留”管理体制，并对16个乡镇采取两种管理措施。1999年，对14个乡镇实行“划分税种，核定收支，定额上缴（或定额补贴），超收全留，短收自补”管理体制。茅坪镇、磨坪乡财政收入按核定数额上缴县财政，其余12个乡镇由县定额补贴。2002年，对乡镇实行“核定收支，定额补贴（上缴），超基数分成（全留），短收抵扣”管理体制。达不到收入基数的乡镇，按差额30%扣减定额补助。同时，开展农村税费改革，取消农村“三提五统”，减轻农民负担。原乡镇开支的乡村义务教育等统筹费纳入财政预算管理。2005年，在乡镇试行“乡财县管乡用”管理模式，不断缓解乡镇财政困难。

第二节　税收制度改革

一、利改税

1979年后，全国开始实施税收体制改革。1982年11月开始，税收改革分两步走，即首先对国营企业实行利改税；其次全面改革税制。全县利改税于1985年正式施行，改革后当年征收产品税、营业税、城市建设维护税、工商所得税、屠宰税、牲畜交易税、建筑税、国营企业奖金税等8个税种。1988年，全县在1985年征收税种基础上，增加增值税等12个税种，达到20个税种。1993年征税增加到24种。1985—1993年，实行利改税后，效果明显。对企业征收所得税（包括国营、集体和私营企业），使国民经济开始进入法制经济轨道；国家得大头，企业得中头，个人得小头，摆正三者之间的关系；扩大企业自主权，税后利润由企业依法自由支配；提高财税部门聚集资金能力。1985年，全县预算工商税收825万元。1993年预算工商税收2 651万元，农业税收279万元，分别比1985年增长2.21倍和2.32倍。

二、分税制

1994年7月1日，按照全国税收体制改革要求，县税务机构分设为县国税局和县地税局。将税种划分为中央税、地方税和中央与地方共享税，自此，中央税和地方税分开征收。

1994年1月1日，新税制（分税制）正式在全国实施。1月23日，为新税制宣传日，县税务局组织4辆宣传车，100名着装整齐的税务干部上街宣传。7月1日，县国税局正式挂牌成立。7月6日，县国税局、地税局完成分割发票等事宜。7月8日，县地税局成立，在县城归州镇举行挂牌仪式。

分税制实施后，县国税局征收税种有增值税等7种。县地税局征收营业税等18种。

第二章　财　政

1979年后，财政管理制度和办法逐步完善。1986年3月，全县建立镇（区）一级财政，实行“分灶吃饭，自求平衡”管理体制，调动镇（区）政府聚财积极性。1979年，全县财政预算收入只有358万元，财政支出1 099万元，当年赤字730万元，至1995年，年终决算赤字达到1 758.7万元。至1998年，财政状况开始好转，消化滚存赤字，全年结余493.4万元。2005年，全县地域性财政收入实现2.16亿元，预算支出2.99亿元。财政预算收入实现7 709万元，比1979年的358万元增20.53倍。

第一节　财政收入

一、收入概况

1979年，全县财政预算收入358万元。1985年，全县财政预算收入694万元。1990年，全县财政预算收入1 526万元。1994年，中央、省、县各类保险基金等收入纳入财政收入统计，改为地域性财政收入。当年全县地域性财政收入3 701万元。2005年，全县财政预算收入7 709万元，比1979年增长20.53倍。当年，全县地域性财政收入达到2.16亿元，比1994年增长4.83倍。（见表11-2-1）

1979—2005 年秭归县地域性财政预算内收入情况表

表11-2-1　　单位：万元

年份	收入合计	农业四税	工商税	企业税	其他税	中央、省、县基金
1979	358	13	315	29	1	—
1980	351	10	306	33	2	—
1981	439	10	387	40	2	—
1982	538	12	484	30	12	—
1983	347	34	502	- 198	9	—
1984	523	74	398	46	5	—
1985	694	84	825	- 219	4	—
1986	815	44	851	- 97	17	—
1987	1 031	59	993	- 42	21	—
1988	1 259	50	1 198	- 43	54	—
1989	1 487	169	1 490	- 228	56	—
1990	1 526	88	1 483	- 106	61	—
1991	1 889	221	1 713	- 145	100	—
1992	2 479	312	2 111	- 61	117	—
1993	3 050	279	2 651	- 44	164	—
1994	3 701	654	1 573	27	255	1 192
1995	4 932	824	2 152	110	334	1 512
1996	6 436	1 503	2 735	72	314	1 812
1997	8 075	1 266	3 404	698	634	2 073
1998	9 566	1 862	4 524	- 178	636	2 722
1999	9 824	1 183	3 507	688	1 537	2 909
2000	10 485	1 268	3 144	791	1 201	4 081
2001	12 105	1 258	3 726	748	660	5 713
2002	15 435	1 850	3 211	254	826	9 294
2003	17 847	1 767	2 720	230	1 346	11 784
2004	19 873	1 363	3 012	405	1 910	13 183
2005	21 583	1 036	4 198	316	2 159	13 874

二、预算内收入

农业税　1979年，农业税实行起征点办法，征收任务基数一定5年不变，当年征收农业税13万元。1995年，全县农牧业税和耕地占用税收入决算额达824万元，农业特产税收入占农业“四税”（农业税、农业特产税、耕地占用税、契税）的69.9%。2000年，“四税”收入决算额1 268万元，比1995年净增444万元；农业特产税比1995年的576万元净增436万元，上升75.69%。2002年9月19日，县政府办公室印发《秭归县农业税征收管理细则》，农业税征收实行比例税制，税率为7%，农业税附加比例为农业税的20%。至年底，农业税征收1 308万元，农业特产税征收388万元，耕地占用税征收67万元，契税征收87万元，“四税”合计征收1 850万元。2004年，降低农业税率，重新核实全县农业税计税面积2.41万公顷，涉及农户10.02万户，农业税及其附加为842.82万元，比2003年减少728.77万元。从2005年起，全省全部免征农业税和农业税附加，结束几千年来征收农业赋税历史。2005年，省财政厅下拨县财政“转移支付”补助款1 983万元，弥补全县历年农业“四税”尾欠数。2005年农业“四税”收入1 036万元。

工商税　1979年，宜昌地区财政局分配全县工商税收入任务367万元，收入增长比例低于湖北省和宜昌地区增长率。年终决算，全县实际完成工商税收入315万元，占任务的85.78%。1982年，全省调整税收政策，改革工商税制，恢复征收房产税、集市交易税、牲畜交易税、车船税，开征筵席消费税。1983年1月1日，全县开征增值税，工商税目达到15个，当年完成工商税收入502万元，占上级核定预算数的109.98%。1988年，工商税收增加增值税、集体企业所得税、城乡个体工商户所得税、个人收入调节税、车船使用税和房产税（其他工商税）、资源税、事业单位和集体企业奖金税、印花税等。当年工商税收入达1 198万元。1992年，全县工商收入税达2 111万元，占省计划收入1 850万元的114.11%。1994年，全国实行新税制改革，将茶叶、烟叶等工商产品税作为农业特产税的一部分，由财政部门征收。1996年，全县征收工商税2 735万元。其中，增值税590万元，营业税1 500万元，城市维护建设税128万元，其他工商税517万元。1998年，财政一般预算收入决算科目中的增值税、营业税、企业所得税、个人所得税、资源税、固定资产投资方向调节税、城市维护建设税、房产税、印花税、城镇土地使用税、车船使用税、屠宰税等归入工商税收类统计，全年工商税收入4 524万元。2005年，县财政一般预算收入决算，工商各税收入4 198万元。其中，增值税814万元，营业税2 032万元，个人所得税302万元，资源税138万元，城市维护建设税349万元，房产税243万元，印花税54万元，城镇土地使用税149万元，土地增值税62万元、车船使用牌照税55万元。2005年比1979年的315万元增12.33倍。

企业税　1979年，全县企业税收入29万元。1982年，企业税收入30万元。1983年5月，全县开展国营企业利改税工作，办理企业税务登记和纳税鉴定。因企业亏损，1985年后，企业欠税较多。至1989年，企业欠税达227.5万元。1992年，国有企业实行“利改税”，全县对国有企业实行“定死基数，确保上缴，超收多留，歉收自补”承包经营责任制。1994年，县财政局对国有企业按国家规定税率征收所得税。1995年，国有企业应收所得税237万元，对企业实行亏损补贴127万元，实际入库110万元。1996年开始，企业经济效益好转，国有企业缴纳所得税84万元，集体企业缴纳所得税166万元，亏损国有企业财政补贴178万元，实际企业收入72万元。2005年，企业所得税收入达316万元，比1979年增9.9倍。

其他　1981年，规费罚没款、追回赃款等其他财政收入2万多元。1987年，其他财政收入增加到21万元。1992年，其他财政收入117万元。2005年，其他财政收入共计2 159万元。其中，国有资产经营收益366万元，行政性收费508万元，罚没收入402万元，专项收入714万元，其他项收入169万元。

上级补助　秭归县属贫困县，财政不能自给，长期需要上级给予财政补助。1979—2005年，上级财政共给予县财政补助13.42亿元，年均4 970万元。1979年，上级补助900万元。随着财政支出增加，上级财政补贴数额也逐年增加，至1991年增加到2 374万元，比1979年增长1.64倍。1992年，省取消对秭归县财政定额补助，保留专项补助995万元，各项结算补助61万元，其他补助951万元，共计补助2 007万元，比1991年减少15.44%。2005年，上级财政补助2.32亿元。其中，省财政返还消费税和增值税收入1 366万元，调整财政体制核定基数返还补助1 500万元，专项补助5 685万元，一般性转移支付补助

4 045万元，调整工资转移支付补助3 780万元，农村税费改革转移支付补助2 200万元，取消农业税、特产税，降低农业税率转移支付补助1 983万元，缓解县乡财政困难转移支付补助898万元，结算补助1 787万元。2005年上级补助是1979年的24.83倍。（见表11-2-2）

1979—2005 年中央、省、市财政补助秭归财政收入情况表

表11-2-2　　单位：万元

年　份	补助金额	年　份	补助金额	年　份	补助金额
1979	900	1988	1 561	1997	4 952
1980	—	1989	1 628	1998	3 994
1981	736	1990	1 594	1999	5 360
1982	904	1991	2 374	2000	6 055
1983	1 263	1992	2 007	2001	9 205
1984	1 109	1993	2 086	2002	14 631
1985	1 159	1994	3 186	2003	15 613
1986	1 368	1995	3 931	2004	18 935
1987	1 392	1996	5 000	2005	23 244

三、预算外收入

1979年全县预算外财政收入74万元。其中，政府基金4万元，部门收入18万元，其他收入52万元。至2005年，预算外收入达到5 864万元，比1979年增78.24倍。其中，行政收费3 513万元，部门收入36万元，其他收入2 315万元。1979—2005年，全县预算外财政收入共计4.48亿元，年均1 659.26万元。其中，行政事业性收费1.81亿元，政府性基金3 681万元，部门集中收入4 395万元，其他收入1.87亿元。（见表11-2-3）

1979—2005 年秭归县预算外财政收入情况表

表11-2-3　　单位：万元

年份	合计	行政收费	政府基金	部门收入	其他收入
1979	74	—	4	18	52
1980	—	—	—	—	—
1981	39	—	5	4	30
1982	16	—	6	3	7
1983	—	—	—	—	—
1984	25	—	15	10	—
1985	22	—	12	9	1
1986	47	—	5	—	42
1987	11	—	7	—	4
1988	1 047	335	3	627	82
1989	1 062	359	7	656	40
1990	1 008	295	—	676	37
1991	1 107	308	12	740	47

续表11-2-3

年份	合计	行政收费	政府基金	部门收入	其他收入
1992	1 800	624	11	970	195
1993	913	811	12	3	87
1994	1 110	417	309	—	384
1995	1 285	527	252	—	506
1996	2 497	440	1 120	42	895
1997	4 298	716	1 322	92	2 168
1998	2 732	652	142	95	1 843
1999	2 526	506	87	90	1 843
2000	2 718	525	90	83	2 020
2001	2 720	528	84	80	2 028
2002	2 700	528	90	85	1 997
2003	4 980	3 481	86	35	1 378
2004	4 218	3 491	—	41	686
2005	5 864	3 513	—	36	2 315

第二节　财政支出

一、支出概况

1979年，全县财政支出1 099万元。其中，经济建设费384万元，社会文教费490万元，行政管理费201万元，其他经费24万元。2005年，全县财政支出2.99亿元。其中，经济建设费4 749万元，社会文教费1.34亿元，行政管理费8 268万元，其他经费支出3 485万元。2005年比1979年财政支出增长26.2倍。1979—2005年，全县财政支出累计22.16亿元，年均8 208万元。（见表11-2-4）

1979—2005 年秭归县预算内财政支出情况表

表11-2-4　　单位：万元

年份	合计	经济建设费	社会文教费	行政管理费	其他经费
1979	1 099	384	490	201	24
1980	1 141	399	508	194	40
1981	1 133	243	631	214	45
1982	1 360	350	703	268	39
1983	1 600	316	914	297	73
1984	1 510	347	786	328	49
1985	1 888	377	993	357	161
1986	2 233	501	1 167	451	114
1987	2 340	588	1 154	458	140
1988	2 789	653	1 417	535	184
1989	3 397	1 045	1 588	600	164

续表11-2-4

年份	合计	经济建设费	社会文教费	行政管理费	其他经费
1990	3 399	850	1 594	732	223
1991	3 948	1 056	1 903	797	192
1992	4 928	1 643	2 019	1 012	254
1993	5 444	1 088	2 728	1 427	201
1994	6 846	1 197	3 450	1 592	607
1995	7 148	1 467	3 849	1 750	82
1996	9 553	1 873	4 985	1 656	1 039
1997	10 253	1 536	5 458	1 712	1 547
1998	10 110	744	5 788	1 750	1 828
1999	13 690	2 321	6 927	2 142	2 300
2000	13 770	2 536	8 158	1 989	1 087
2001	16 295	2 781	9 275	2 618	1 621
2002	19 475	4 092	10 658	2 404	2 321
2003	22 217	4 831	12 407	3 413	1 566
2004	24 169	4 449	13 299	4 119	2 302
2005	29 888	4 749	13 386	8 268	3 485

二、预算内支出

经济建设费 1979年，经济建设费支出384万元。其中，企业挖潜改造资金26万元，商业简易建筑费6万元，企业新产品试制费3.6万元，企业流动资金6万元，支援农业339万元，工交商部门事业费6 000元，城市维护费3万元。2005年，经济建设费支出4 749万元，比1979年增长11.37倍。其中，企业挖潜改造资金200万元，科技三项费用192万元，农业支出1 274万元，林业支出932万元，水利、气象支出176万元，工交等部门事业费71万元，城市建设维护费193万元，政策性补贴368万元，支援不发达地区资金1 343万元。1979—2005年，经济建设费支出总额4.24亿元，占预算内财政支出总额的19.15%，年均支出1 570万元。

社会文教费 1979年，社会文教费支出490万元。其中，文教卫生事业费390万元，抚恤和社会救济费100万元。2005年，支出社会文教费1.34亿元，比1979年增长26.32倍。其中，文体广播事业费1 122万元，教育事业费7 843万元，科学经费4万元；医疗卫生费1 408万元；其他部门事业费1 435万元；抚恤和社会福利救济费884万元；社会保障补助690万元。1979—2005年，共支出社会文教费11.62亿元，占预算内财政总支出的52.44%，年均4 304万元。

行政管理费 1979年，行政管理费支出201万元。2005年，支出行政管理费8 268万元，比1979年增长40倍。其中，行政部门5 016万元，公检法司部门2 027万元，车辆税费1 225万元。1979—2005年共支出行政管理费4.13亿元，占预算内财政支出总额的18.63%，年均1 530万元。

其他经费 1979年，其他经费支出24万元。2005年，其他经费支出3 485万元，比1979年增长144倍，其中专款支出731万元。1979—2005年，其他经费支出共计2.17亿元，占预算内财政支出总额的9.79%，年均804万元。

上解资金 1979年，上级核定全县财政预算上解资金196万元，财政支出决算上解中央财政资金

205万元。2005年，上解中央和省财政资金683万元。其中，上解省财政厅资金21万元，专项上解661万元，出口退税专项上解1万元。1979—2005年，全县共上解到中央、省、市财政资金7 673万元，年均284万元。

三、预算外支出

1979年，全县预算外财政支出48万元。其中，基本建设费41万元，行政事业费1万元，城镇维护费6万元。2005年预算外支出4 602万元，比1979年增加95倍。其中，行政事业费4 377万元，其他费用225万元。1979—2005年，县财政预算外资金支出合计4.08亿元，年均1 511万元。其中，基本建设费9 784万元，行政事业费2.51亿元，城镇维护费695万元，其他费用5 247万元。（见表11-2-5）

1979—2005年秭归县财政预算外资金支出情况表

表11-2-5　　单位：万元

年份	合计	基本建设费	行政事业费	城镇维护费	其他费用
1979	48	41	1	6	—
1980	—	—	—	—	—
1981	17	15	—	2	—
1982	12	5	7	—	—
1983	—	—	—	—	—
1984	5	2	—	3	—
1985	19	3	8	8	—
1986	46	9	12	25	—
1987	3	—	2	1	—
1988	1 012	501	126	8	377
1989	1 026	580	156	6	284
1990	847	427	126	6	288
1991	919	407	154	—	358
1992	1 498	719	314	—	465
1993	764	221	391	3	149
1994	943	334	437	4	168
1995	1 004	359	453	4	188
1996	1 953	398	972	46	537
1997	4 094	1 326	2 381	68	319
1998	2 751	853	1 398	—	500
1999	2 444	650	1 412	80	302
2000	2 596	780	1 422	84	310
2001	2 600	660	1 475	80	385
2002	2 574	776	1 508	80	210
2003	4 852	158	4 463	86	145
2004	4 162	560	3 470	95	37
2005	4 602	—	4 377	—	225

第三节 国 债

一、国库券

1981年4月，全县开始发行国库券。省分配县国库券发行任务17.8万元，实际完成20.95万元。1982年，国家适当调减对单位发行任务，所调减部分由城乡群众个人完成。当年省分配县国库券任务46.57万元，完成48.65万元。

1989年6月，县国债服务部成立，隶属县财政局，为事业单位，负责办理特种国债发行、专账收款、国库券兑付和委托兑付业务。8月，县政府成立县国库券推销委员会并下设办公室。1981—2000年，全县先后发行国库券、特种定向国债、保值公债和凭证式国债2 470.42万元，兑付本息2 608.52万元。

1999年，财政部门国债经办机构职能转换，国家债券发行、兑付、转让等业务交由各专业银行直接办理。

二、国际贷款

1991—2005年，由财政部门管理的国际金融贷款项目6个：长江上中游农业开发项目（简称水果项目）、传染病与地方病控制项目（简称卫V项目）、疾病预防项目（简称VII项目）、森林资源发展与保护项目、结核病控制项目（简称卫X项目）和县医疗中心医疗项目。项目总投资4 858.64万元。其中，世界银行贷款390.86万美元（折合人民币3 264.74万元），地方配套1 593.9万元。长江上中游农业开发项目于1991年6月20日启动。项目总投资3 352.49万元人民币。其中，世界银行贷款241.98万美元（折合人民币2 008.49万元），配套资金1 344万元。传染病与地方病控制项目于1993年启动，项目总投资55.5万元人民币。其中，世行贷款3.85万美元（折合人民币32.01万元），地方配套23.49万元人民币。1995年7月，启动森林资源发展与保护项目。项目总投资291万元人民币，其中利用世行贷款12.68万个特别提款权（1个特别提款权为1.51326美元，1美元为7.7293元人民币，下同），折合人民币148万元，配套资金143万元。2005年该项目并入天然林保护工程。疾病预防项目于1996年3月启动，至2004年结束。项目总投资96.43万元人民币，其中世行贷款6.26万个特别提款权，折合人民币73.24万元。世界银行贷款结核病控制项目于2002年10月启动，至2008年结束，总投资117.21万元。其中，世行贷款4.8万美元（折合人民币39.6万元），中央财政补药品折款30.61万元，县财政配套47万元。县医疗中心医疗项目内容为购进四层螺旋CT •800MA数字X光机专用设备。该项目于2005年12月28日转贷协议正式生效，项目总投资880万元。其中，利用奥地利政府贷款800万元，项目单位配套80万元。

第四节 财政监管

一、预算管理

1981年9月7日，县财政局印发《秭归县行政事业单位预算包干试行办法》，对县直预算单位实行“预算包干，结余留用，超支不补”管理办法。各项行政事业经费，除专项拨款和部分不适合包干经费外，其他正常经费都实行预算包干。根据单位经费性质和收支情况，采取4种包干形式：对没有固定业务收入，经费全部由财政预算拨款的预算单位，实行“定额包干，结余留用，超支不补”办法；

对行政单位实行“人员控制，定额包干，结余留用，超支不补”办法；对有业务收入而收不抵支，在预算上实行差额管理的单位，实行“定收入，定支出，定额补助，结余留用”办法；对自收自支、自负盈亏和实行企业管理的单位实行“定收定支定上缴，结余留用”办法。

1990年5月15日，县财政局对全县单位预算管理实行百分制考核。每月进行预算管理考核记载，年终汇总评比。从1991年3月起，县财政局对县直单位预算支出指标采取一次性下达，年度内一般不作调整，由单位包干使用，超支不补，结余留用。1995年1月1日，《中华人民共和国预算法》施行，县财政局按照法律规定编制和执行财政预算，汇总和审核年度决算。坚持“量入为出，收支平衡”原则，要求乡镇级财政和县级财政不列预算赤字，依据全县经济计划和上级部门下达的收入计划，参照上年度预算执行情况，把预算收入算实算足，使预算收入稳定可靠。在预算支出上按照统筹兼顾，确保重点的原则，首先保干部、教师工资，保行政事业机构正常运转，保抗灾救灾支出。对年初没有预算安排或没有按程序办理追加预算手续的支出，财政部门不拨款，年终不准列入决算。1996年1月，全县行政事业单位实行综合财政预算管理，将预算内收支和预算外收支合并，按照“核定收支、全额管理，以收定支、比例调控，监督使用、综合平衡”的原则实行管理。2003年11月，县财政局选择县劳动部门及所属事业单位进行部门预算试点，实行一个部门一本预算，一切收支都在部门预算中反映。2004年，全县198个全额拨款预算单位实行部门预算。2005年，部门预算编制按照“综合预算，优先保障，力求公平，收支平衡”原则进行。实行“一个部门一本预算，一本预算管一年”管理制度。

二、预算外资金管理

1982年9月，县财政局规定一切罚没收入均应上缴财政。1983年12月，县财政局在编制预算资金决算时，对单位预算外资金收支项目及标准进行清理，对没有财政制度规定的收支项目全部取消。1986年4月1日起，设立各项专用基金账户，与预算外资金分开管理，分开核算，并按照规定时限记账和报送报表。1987年6月，针对执法机关各种罚没收入，建立健全凭证领用、缴销制度，罚没财物验收保管制度，罚没财物交接等制度。1993年3月15日，县财政局、公安局对全县公安系统罚没收入实行“收支两条线”管理。1998年11月20日，县财政局组织专班在沙镇溪镇开展乡镇“零户统管”试点工作。取消乡镇行政事业单位银行账户，设立乡镇财政专户。收入和支出都经过财政专户，实行集中统一管理。试点后在全县推行。1999年8月，全县行政机关、司法机关、事业单位收费实行“收缴分离”办法。并选择县公安、检察、法院、司法等部门进行“收缴分离”和“罚缴分离”试点。2005年12月，对政府非税收入实行“收支两条线”管理，收支脱钩，统一征收管理，统一编制预算，统一安排支出。年底，全县征收政府非税收入6 619.7万元。其中，预算外资金收入4 543万元，纳入预算管理的非税收入2 076.7万元。

第三章　税　务

1979年，由县财税局负责全县税收征管工作，当年完成税收收入328.21万元。1984年2月，县财税局分设为县财政局和县税务局。1994年7月，实行税制改革，成立县国税局。1994年，县国税局共完成各项税收收入1 647万元，比1979年的314.8万元增长4.23倍。机构分设后，通过税务登记、税务检查、税务稽查及计划管理、大户管理和入库管理，确保国家税收征收入库。2005年，完成国税收入5 484万元，比1994年增长2.33倍。

1994年7月8日，县地税局挂牌成立。县地税局通过加强税源管理，强化税收征管，狠抓税务稽查，优化纳税服务等措施，大力组织地方税费收入，确保地方税收逐年增加。1994年，完成地税各项收入1 586万元，占全县财政收入3 701万元的42.85%。2003年，首次突破亿元大关，完成地税各项收入1.05亿元。2005年，完成地税各项收入1.3亿元，比1994年增长7.2倍，占全县全地域财政收入的60%。

第一节 国家税务

一、税种税率

1984年国税局成立后，全县征收产品税、营业税、工商所得税（10月1日前）、屠宰税、牲畜交易税、建筑税等6种。1987年，全县征收产品税、增值税、营业税、城市维护建设税、集体企业所得税、国营企业所得税、城乡个体工商户所得税、个人收入调节税、房产税、屠宰税、车船使用牌照税、牲畜交易税、建筑税、国营企业奖金税、事业单位奖金税、国家能源交通重点建设基金、教育费附加、资源税等18种。1990年，全县征收产品税、增值税、营业税、城建税、城市土地使用税、集体企业所得税、国营企业所得税、城乡个体工商户所得税、个人收入调节税、房产税、国营企业工资调节税、屠宰税、印花税、车船使用牌照税、牲畜交易税、国营企业奖金税、集体企业奖金税、事业单位奖金税、国家能源交通基金、教育费附加、资源税等23种。

产品税是1994年前主要税种，产品税收入占县国家税务局全年征税的33%以上。从1986年起陆续把纺织品、日用机械、日用电器、电子产品、其他工业品等门类改为增值税。截至1991年4月，产品税中工业品只保留86个税目，其余174个税目改征增值税。至1994年1月，除对化工、石化、电力、橡胶以及烟、酒征收产品税外，其他工业品全部改征增值税。增值税收入占县国税局全年征税的90%左右。增值税征收范围：货物生产、批发、零售或加工、修配和进口货物。货物包括粮食、食用植物油、自来水、暖气、热水、石油液化气、天然气、民用煤炭制品、图书、报纸、杂志、饲料、化肥、农药、农机、农膜等。

营业税也是1994年前主要税种之一。从2000年起，每年减少1%，至2002年，县国税局停止征收营业税。

产品税 共有25档税率和1个固定税额。税率最高的是甲、乙级卷烟为60%，最低是煤炭、生铁等为3%。1991年4月，征收产品税的有86个工业税目和10个农、林、牧、水产品税目，共有21档比例税率和1个定额税率。工业品税目中，烟类税率32%～60%；酒类10%～30%；鞭炮焰火类30%～55%；橡胶制品10%～20%；原油5%～15%；大型电力发电环节定额税率每1 000千瓦时10元，供电10%；孤立电厂25%；石油、液化气3%；成品油类3%～40%；化工类氮肥3%～20%，其他化肥税率3%，其余税目为10%～25%；适用5%税率的税目有猪鬃、羽毛、天然气；适用3%税率的有农药、煤炭、小型电力、煤气、生铁；铁合金为10%；农、林、牧、水产品中，烟叶为38%；茶叶为10%～25%；生漆和天然树脂为15%；毛绒、原木为10%；银耳、黑木耳、水产品、原竹为5%；食用生猪、菜牛、菜羊为3%。1994年1月1日起，原征收的产品税全部改为增值税。

营业税 3%税率的税目有交通运输、建筑业、邮电通信、文化体育；5%税率的税目有金融业、服务业、转化无形资产（土地使用权、著作权等）、销售不动产（销售建筑物）；娱乐业（歌舞厅、台球、游艺）税率为5%~20%。1994年1月1日起，营业税除金融业外停止征收。1997年1月1日，金融业税率提高到8%，至2002年停止征收。

工商税　工业品税率共17种。工业品税率中，30%以上高税率产品为烟、酒、糖、鞭炮焰火、化妆品等；15%~25%税率产品有20多类产品；农机、农具、农药、化肥税率为3%。农、林、牧、水产品税率中，35%以上高税率产品为茶叶、烟叶等；10%~15%税率产品为毛、绒、生漆、天然树脂；5%以下税率产品为水产品、食用猪、牛、羊等。交通运输、商业零售、服务及其他业务税率，除临时经营税率10%外，其余均为3%或5%。1979年后，随着经济情况变化，部分税率进行调整。如水泥由15%减为10%（小水泥厂减为5%），地方煤由8%减为5%，茶叶由40%减为毛茶25%、边销茶10%、精制茶15%等。1984年后停止征收工商税。

增值税　1986年开始征收，1987年实行扣税法计算应征增值税税额，按统一序列编制31个税目和125个子目。1988年1月，增值税采取由8%~45%12个档次差别比例税率。出口货物为零税率；基本税率为17%；粮食、食用植物油、自来水、暖气、热水、石油液化气、天然气、民用煤炭制品、图书、报纸、杂志、饲料、化肥、农药、农机、农膜等税率为4%和6%。

所得税　1986年开始征收，企业所得税、城乡个体工商户所得税、工商所得税税率分别为8级、10级、8级超额累进税率。1993年12月，统一内资企业所得税。全年纳税10万元以上的企业，税率为33%。后又根据不同情况，规定年纳税额在3万元（含3万元）以下的，税率为18%；年纳税额在3%~10万元的，税率为27%。

消费税　1994年开始征收，确定品目11个。即化妆品、摩托车、小汽车、鞭炮焰火等，设置14档税率。从1995年起，护肤护发品消费税率由17%降为8%；汽油、柴油每升0.2元和0.1元；小汽车、小客车和酒精税率为5%；贵重首饰、摩托车为10%；粮食、薯类、白酒为15%和25%；鞭炮焰火为15%；化妆品、烟丝为30%；甲类卷烟每标准条调拨价在50元以上的为45%；乙类卷烟每条调拨价在50元以下的为30%，雪茄烟为40%；啤酒每吨220元；黄酒每吨240元。

储蓄存款个人利息所得税　自2000年开始征收，其税率为20%。

城市维护建设税　1985—1993年征收税种。纳税人在市区的税率为7%，在县、城镇的税率为5%，不在市区、县或镇的税率为1%。

国家能源交通重点建设调节基金　1986—1993年征收税种。除年税后利润不足5 000元的以外，其余都必须征缴，征收率分别为15%和7%。

国家预算调节基金　1989—1993年征收税种，其税率为10%。

外商企业所得税　1994年开始征收，税率为33%（其中含地方所得税3%），从事能源、交通、港口、码头等项目的外国企业所得税税率为18%（其中含地方所得税3%）。

车辆购置税　2001年开始征收，其税率为10%。

二、税务管理

税务登记　1982年9月1日，国务院发布《关于办理税务登记的通告》。工商业户开业、歇业、停业、转业，在向工商行政管理部门申请登记的同时，向主管税务机关申请，核发税务登记证。县财税局当年办理纳税登记2 230户。其中，全民企业108户，集体企业937户，个体1 285户。1985年，县税务局共办理税务登记和注册登记6 514户。其中，全民企业101户，集体企业230户，乡镇企业1 567户，个体工商业4 616户。1993年8月，投入159人，历时35天，开展税务清理和验证工作。全县共办理税务登记3 784户，验证注销483户。应验证3 301户，实验3 058户，验证率92.63%。全县办理注册登记1 584户，注销220户。应清理1 360户，实清理1 250户，占91.91%。验证清理中补办税务登记67户，补办注册登记78户。1994年12月，国税税务登记2 977户。其中，国有企业190户，集体企业305户，联营企业10户，个体工商户2 472户。1996年，全县共办理税务登记3 412户。其中，国有188户，集体和股份制359户，个体2 865户。清理注销511户。应验证贴花2 901户，实验证贴花2 709户，占93.4%。清理漏管户91户，均补办登记证。2000年，共办理税务登记4 433户。其中，国有61户，集体57户，股份制41户，个体4 274户。2005年，税务登记5 887户。其中，国有45户，集体31户，股份制165户，外资企业10户，个体5 636户。

发票管理 1995年，县国家税务局根据《湖北省发票管理实施办法》有关规定，制定《实施细则》经县政府批转执行。规定：发票由税务机关统一管理。从事生产经营的单位和个人，须经办理税务登记后，方可售给发票。外地来县经营的单位和个人，持有原地税务机关填发的“外售商品税收管理证明单”，连续经营一个月以上的，可向经营地税务机关购买发票；单位和个人购买发票，须持“发票购销手册登记卡片”，向所在地税务机关购买并登记；个体经营者购用发票，实行交旧购新，限量供应；用票单位应建立严格的发票管理制度，做到专人负责，专账管理，专柜保管，季末15日内向主管税务机关报送印、购、用、废、存报表。对使用不合规定发票的单位和个人银行应拒绝承付，交通、邮电部门应拒绝托运，财会部门应拒绝报销。对接受不合规定发票的单位和个人，管理和监督部门审核时不予列支，并补征所流失的税费。

2002年，防伪税控开票子系统在全县26户企业中推广使用。增值税专用发票认证子系统共查假票、虚开、不符合规定的增值税专用发票4份，涉及税款2.6万元。2005年，省国税局为县国税局印制普通发票156.81万份，使用144.21万份。其中，向用户发售125.85万份，税务机关填用6 900份，核销17.67万份。结余31.75万份。

税务稽查 1992年9月，第七届全国人大常委会通过《关于惩治偷税、抗税犯罪的补充规定》，自此，将打击偷税、抗税行为纳入法制轨道。1994年，县国税局开展税务专项检查，共检查3 065户。其中，国有企业104户，集体271户，私营6户，个体2 670户，联营9户，股份制2户，外商2户，港澳台投资1户。查出偷税823户。其中，有问题的国有企业47户，集体企业161户，个体610户，私营企业2户，外商2户，港澳台投资1户。共查补（罚）税款95.3万元。其中，补税94.2万元，收取滞纳金3 000元，处罚款8 000元。同年列入偷税、抗税案件查处的29件，追回税款25万元。1999年，税务专项检查1 579户。其中，国有企业51户，集体企业87户，股份制企业9户，私营企业6户，个体工商户1 383户，其他17户，无证户26户；查补税（罚）款281.55万元。其中，税款232.4万元，收取滞纳金9.15万元，处罚款40万元。列入案件处理的有：扣押财产11户，追回税款12万元；保全解除13户，追回税款19万元；拍卖1户，追回税款14万元，收取滞纳金6万元。2005年，专项检查222户。其中，国有24户，集体21户，股份制14户，私营8户，个体工商户60户，其他95户。共查补税（罚）款80.77万元。其中，税款54.37万元，收取滞纳金2.84万元，处罚款23.56万元。当年移送司法机关的偷税案件2件，查补税款8.62万元，处罚款4.7万元。

三、税款征收

1979年，全县完成税收收入328.21万元，其中工商税315万元。1985年，全县税收收入908.12万元，其中产品税824.61万元。1988年，全县税收收入1 248.66万元，其中工商税1 198.48万元。1993年，全年征税2 930万元，比1979年增加2 571万元，增长7.2倍，其中工商税2 651万元。1979—1993年，全县征税总额1.8亿元。1994年7月1日，国税和地税分设后，全年完成国税收入1 647万元。其中，增值税1 537万元，消费税40万元。1999年完成国税收入2 281万元。其中，增值税2 140万元，营业税108万元。2005年完成国家税收5 484万元，比1994年增长2.33倍，其中增值税4 805万元，比1994年增长2.13倍。1994—2005年，累计国税收入3.97亿元。

县国税局每年根据国民经济计划，逐级分解下达税收计划，与基层征收单位签订目标责任书实施计划管理。县分配任务到税务所，所再分解到片（线）、到人，逐级落实。县国税局逐月检查进度，半年全面检查，发现问题，及时弥补。计划落实一般按照一季度确保开门红，二季度双过半（时间、任务），三季度完成80%，四季度全面完成目标要求进行督导。1985年，县税务局行文规定：年税收30万元以上税务所、年利税20万以上企业和3万元以上项目作为税收征管重点。按月检查进度，分析对比升降原因，帮助解决问题。各税务所将管辖的年纳税1万元以上的户作重点，片（线）将年纳税5 000元以上的纳税户作为重点。上下形成不同层次的大户管理。对重点项目税源加强管理，如茶叶、烟叶，税务人员从生产、收购和销售环节自始至终都参与其中，确保税收足额征收入库。2000年，全县有7个年纳税过百万元的大户。2005年，全县11个年纳税过百万元的大户分别是县烟草公司644.76万元；县电力公司401.95万元；江苏维维乳业有限责任公司秭归分厂240.05万元；县四宝纸业有限责任公司235.83万元；县鹏程实业有限责任公司178.52万元；江苏森达三峡鞋业有限责任公司177.69万元；县矸石发电厂167.7万元；县帝元罐头有限公司135.63万元；县石油公司132.56万元；县安信煤炭有限责任公司107.02万元；县银河发电有限责任公司106.47万元。

图 11-3-1：跋山涉水下乡征税

1984年，县税务局规定，税务一所和归州、香溪3个税务所征收税款直接上解县金库。其他税务所征收的税款每5日划归税款账户后，由县税务局与县金库审核。税款入库要求不能逾期划汇，税务所税款专户年终不准留有余额；税款不能在银行营业所滞留压库。对税款征收的日常管理，由县税务局计会股与县金库每日核对，日清月结。对各税种、收入级次分别核对准确，办理提退库手续。年终，由县税务局、财政局、金库3家办理决算。（图11-3-1）

第二节　地方税务

一、税种税率

1994年7月，县地税局成立后，负责征收管理的地方税种16项：营业税、个人所得税、土地增值税、城市维护建设税、车船使用税、房产税、屠宰税、资源税、城市土地使用税、固定资产投资方向调节税、地方企业所得税、印花税、筵席税、集贸市场和个体户中缴纳营业税的纳税人的各种税收、地方税的滞补罚收入、按地方营业税附征的教育附加费。2001年7月1日，按省政府有关精神，社会保险费改由地方税务部门征收。

营业税 采用比例定税率。交通运输、建筑安装、邮电通信和文化体育适用3%比例税率；金融保险业、服务业、转让无形资产和销售不动产适用5%比例税率，娱乐业适用5%～20%比例税率。

个人所得税 工资薪金适用5%～45%的9级超额累进税率；生产经营适用5%～35%的5级超额累进税率；稿酬、劳动报酬、特许权使用费所得利息股息红利、财产租赁所得、财产转让所得、偶然所得适用20%比例税率。

土地增值税 实行30%、40%、50%、60%的四级超额累进税率。

城市维护建设税 按照纳税人所在地不同实行差别税率，市区为7%，县城、镇5%，不在市区和县城、镇的为1%。

车船使用税 按车船种类和吨位采用分类幅度定额税率。机动车每辆纳税160～240元，载重汽车每吨40～60元，机动船每吨1.2～5元，非机动船每吨0.6～1.4元。

房产税 按房产余值计征房产税的税率为1.2%，按租金收入计征房产税的税率为12%。

屠宰税 1994年后经营收购或宰杀销售应税牲畜分别为：猪每头8元，羊每只2元，大牲畜12元。于2002年起停征屠宰税。

资源税 煤炭税率每吨0.3～0.5元，其他非金属矿产品每吨0.5～20元。2001年，县政府规定，煤炭每吨0.5元，其他非金属矿、原矿、石灰石、石膏每吨2元，大理石、花岗石每立方米3元，硅石每吨2元，砂石、石料每吨或立方米2元，黏土每立方米2元（红砖按600块折1立方米），有色金属（原矿）、铜矿每吨1.2元，岩金矿每吨1.3元，铁矿石每吨5.2元。

固定资产投资方向调节税 税率为5%～30%，于2001年1月1日起停征。

印花税 购销合同、建筑安装合同为3‰，加工合同、设计合同、运输合同为5‰，租赁合同、保险合同为1‰，借款合同为0.5‰，记载资金账簿5‰，其他账簿每件5元，权利许可证照每件5元。

企业所得税 适用33%的比例税率，对年应纳税所得额在3万元（含3万元）以下的税率为18%，年应纳税所得额在10万元（含10万元）以下至3万元的税率为27%。

城镇土地使用税 县城、建制镇、工矿区0.2～4元。2001年，县政府对24个村（居委会）土地使用税税率调整后，县城每平方米1.5元，建制镇每平方米1元。

教育费附加 以纳税人缴纳的增值税、营业税、消费税税额为计征依据，附加率为3%；

文化事业建设费 按纳费人应缴纳娱乐业、广告业营业税税额为计费依据，费率为3%。

耕地占用税 2005年开始征收，税率为每平方米5元。

城市房地产税 按房屋余值计征税率为1.2%，按租金收入计征税率为12%。

契税 税率为4%，2005年开始征收。

二、税务管理

税务登记 1994年，在县地税局纳税登记的有3 289户。其中，国有企业190户，集体企业305户，个体工商户2 772户，其他22户。随着三峡工程兴建，县城东迁及沿江集镇建设，吸引外来企业、商贾纷纷云集秭归，纳税单位和个人猛增。2001年12月，全县在地方税务局纳税登记的有6 244户。其中，国有企业128户，集体企业144户，有限责任公司60户，股份有限公司16户，港台企业3户，私营企业15户，个体工商户5 811户，其他67户。2001年后，经一系列体制改革，纳税登记结构变化很大。至2005年12月，全县纳税登记8 069户。其中，国有企业73户，比2001年减少55户，下降42.97%；集体企业61户，比2001年减少83户，下降57.64%；个体工商户7 689户，比2001年增加1 878户，增长32.32%；有限责任公司138户，比2001年增加78户，增长1.3倍；股份有限公司30户，比2001年增加14户，增长87.5%；港台投资企业6户，比2001年增加3户，增长1倍；新增外商投资企业11户；私营企业35户，比2001年增加20户，增长1.3倍；其他企业26户，比2001年减少41户，下降61.2%。2005年比1994年税务登记户数增长1.45倍。

票证管理　1994年以后，县地税局加强票证管理。制定开具税票复写要一次填写，不准分开填写，不准改写，不准简化，不准跳号或分栏填写，不准补、刮、擦、撕、接，不准完税证代替缴款书等硬性规定。始终把住保管、领结、结用、审核四大关口。1996年后，全县实行“三自”（自核、自报、自缴）纳税，电脑开票，票证填写程序固定，票证错误率减少。2000年后，深入征管改革，实行征、管、查分离，“三自”纳税，集中征收，全部实行电脑开票，正确率100%。票证管理由传统模式转化为“一清、三禁、三专、五防”。即不定期对票证清仓查库；禁止撕毁作废票证、禁止票款乱放和携带票款回家、禁止违规结算和私存税票；专人、专柜、专房；防火、防盗、防虫、防丢失、防霉烂。票证管理形成制度化、规范化管理模式。

税务稽查　1994年7月，县地税局成立时设置稽查队。1995年3月，变更为县地税局稽查分局。1997年3月，撤销县地税局稽查分局，设置县地税局直属稽查分局。1998年9月，直属稽查分局更名为稽查局。税务稽查部门先后开展多次税收专项检查。1994年检查纳税人1 402户次，查补税款177万元，占全年税收收入的11.15%。2000年，检查纳税人945户次，查补税款750万元，占全年税收收入的17.92%。2002年，检查纳税人138户次，查补税收650万元，占全年税收收入的14%。2005年，检查纳税人83户次，查补税款380万元，占全年税收收入的6.19%。1994—2005年共检查4 924万户次，查补税款6 100万元。同时，加大稽查案件的查处力度。1996年立案稽查61起，收缴滞纳金和罚款21万元，依法移送司法部门处理5起，治安处罚3人。1998年查处偷、抗税案件14起，追缴入库税款12万元。2000年受理举报案件18起。1994—2005年，共查处稽查案件134起。

三、税款征收

1994年，全县实现地税收入1 587万元；1995年实现2 160万元；1996年实现2 797万元；1997年实现4 733万元；2000年实现4 185万元；2001年实现4 720万元；2002年实现8 984万元；2003年实现税费收入1.05亿元。其中，税收4 454万元，占42.33%；社保费5 794万元，占55.06%。2004年实现税费收入1.09亿元。其中，税收5 150万元，占47.12%；社保费5 429万元，占49.67%。2005年实现税费收入1.3亿元。其中，税收6 136万元，占47.38%；社保费6 230万元，占48.1%。2005年比1994年地税增长8.2倍。1994—2005年，全县共完成地税各项收入7.2亿元，年均6 018.5万元。

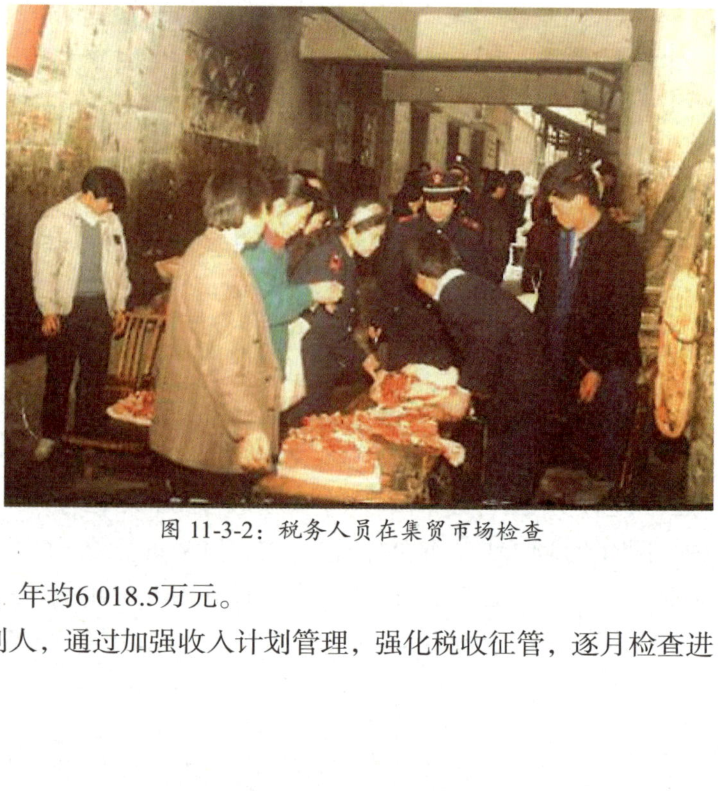

图 11-3-2：税务人员在集贸市场检查

县地税局每年将任务层层分解，落实到人，通过加强收入计划管理，强化税收征管，逐月检查进度，半年督导检查，确保完成全年任务。2005年，全县下达地税计划任务3 466万元，由于实行计划管理，抓各项税收分解任务落实，抓督导检查，全年完成县级地税收入3 628万元，超计划5%。

县地税局不断加强工业、电力、建筑业、旅游业、服务业、房地产业等重点行业和重点企业税源管理。据统计，2005年12月，在县地税局年纳税前10名的纳税大户分别是县电力公司192万元；宜昌九畹溪旅游有限公司179万元；湖北移动通信秭归分公司106万元；县安信煤炭有限责任公司104万元；县鹏程实业有限责任公司96万元；县烟草公司89万元；县银河发电有限公司82万元，县矸石发电厂75万元；宜昌珍诚房地产开发有限公司74万元；县坤达实业有限公司69万元。当年10家大户共纳税1 066万元，占全县地税任务的30.76%。（图11-3-2）

第四章 银 行

1980年后，县人行主要负责货币发行、现金管理、信贷计划、工资基金、联行及存贷款管理；防范金融风险及对金融机构再贷款和黄金管理。1983年，国务院决定由中国人民银行行使中央银行职能。1986年10月，县工行从县人行分离出去，县人行正式履行中央银行职能，负责全县金融管理。2004年后，县人行主要履行货币政策、提供金融服务和维护金融稳定三大职能。从事存贷业务的金融机构对全县农业、工商业、国有大中型企业和基本建设等提供贷款，为全县经济和社会发展提供资金支持。至2005年，全县各行（社、所）存款余额17.74亿元，各项贷款余额4.48亿元。

第一节 机 构

一、管理机构

县人行　1949年11月5日成立。1980年1月，县人行与县农行分设，将卜庄河办事处移交给县农行管辖。1985年9月。县人行成建制移交给县工行，在县工行设县人行业务办公室。1986年10月，县人行分设，继续行使中央银行管理职能。1992年，经县政府批准，县人行与县财政局、县税务局在乡镇设立乡镇国库。2005年12月，县人行有干部职工27人。

中国银行业监督管理委员会宜昌监管分局秭归办事处（简称县银监办，下同）　2003年12月31日成立，与县人行合署办公。2004年1月，县银监办与县人行分设，属宜昌银监分局设立的专司全县银行业监督管理的办事机构。其监管对象为辖区内政策性银行、商业银行、农村信用合作社、邮政储蓄等金融机构。其主要职责："管风险、管法人、管内控。" 2005年12月，县银监办有在职人员4人。

二、银行机构

县建行　1978年9月成立。 1986—1988年，县建行支行营业部、天灯堡和胜利街储蓄所，新滩、郭家坝工作组和香溪办事处相继成立。1992—1994年，茅坪办事处、九里代办处、平湖储蓄代办所成立。1996年6月，九里代办处并入茅坪办事处。2005年12月，县建行在职员工38人。

县农行　1979年12月成立。1994年8月，县人行决定，县农行成立县农业银行代理中国农业发展银行业务办公室。1996年12月2日，农村信用社与县农行脱离行政隶属关系。2005年，下设6个营业网点，即支行营业部，茅坪、屈原、西陵、归州、卜庄河分理处。2005年12月，县农行干部职工36人。

县工行　1983年9月，县工行承担县人行办理的工商信贷和储蓄业务。1984年1月1日，资金、账务与县人行分开，机构、人员仍与县人行为一套班子。1985年9月，县工行机构、人员单设，独立办公。下设香溪、卜庄河、茅坪办事处及支行营业部、中心储蓄所及头道河工作组。2000年，县工行撤销，并入中国工商银行三峡坝区支行，在县内设立中国工商银行新城分理处。2005年12月，在职员工58人。

县中行　1993年6月成立，1994年6月正式营业。同年9月，县中行下设归州大慈寺储蓄代办所；11月，在茅坪九里设茅坪储蓄所；1995年4月，在归州镇设房地产信贷部，1996年2月将信贷部更名为迎和办事处；4月，设城东办事处；9月，茅坪储蓄所升格为茅坪分理处。2003年11月，撤销茅坪分理处。2005年12月，县中行有干部职工43人。

县农发行　1996年12月成立。2005年起，取消信贷业务的委托代理，改为自营。县农发行派驻兴山县信贷员1人，另聘请1人，负责兴山县自营业务。2005年12月，县农发行共有员工18人。

三、其他存贷金融机构

县农村信用合作社联合社　1979年，县农行信用合作社划归县农行管理。1985年3月，县农村信用合作社联合社（简称县信用社，下同）成立，联社主任由县农行行长兼任。1992年4月，县农行根据经济状况，分别将磨坪、梅家河、周坪、文化、屈原、泄滩等6个乡镇农行营业所与信用社合署办公。1994年7月，县农行将芝兰、泄滩、周坪、磨坪、梅家河5个农行营业所撤销，存贷业务划归县信用社。1996年12月，县信用社脱离农行隶属关系，独立经营。1997年1月，县信用社独立挂牌成立。辖乡镇信用社16个，营业部1个，信用分社32个，储蓄所2个，信用站122个。1998—2000年，分别将文化、芝兰、两河口信用社降为分社，香溪、归州信用社合并为香溪信用社。2001年12月，县信用社辖营业部1个，乡镇信用社11个，信用分社11个，储蓄所1个，信用站105个。2004年8月，撤销信用站82个。2005年8月，全县撤销信用代办站86个，全面结束代办业务。2005年12月，县信用社共有职工175人。

县邮政储蓄所　1986年10月，县邮政系统正式开办邮政储蓄业务。同时组建邮政储蓄班，辖归州镇储蓄所，职工2人。1990年增设香溪、陕西营储蓄所。1994年增设杨林桥储蓄所。1995年，将储蓄班更名为储蓄股。1996—1998年，增设茅坪储蓄所。1999年，成立县邮政储汇分局，下设屈原路、建平路及茅坪、归州、水田坝、沙镇溪、杨林桥、两河口、屈原、郭家坝等10个储蓄所。2005年12月，从事邮政储蓄职工45人。

第二节　存　款

1979年，县建行存款余额98万元；1985年达到542万元；1992年上升到2 099万元；1995年首次突破亿元大关，达到1.55亿元；2002年突破2亿元，达到2.28亿元；2005年过3亿元，达到3.49亿元，占全县存款余额的19.61%，比1979年增长354.7倍。

1980年，县农行开始办理存款业务。通过任务到人、到基层站所及存贷挂钩、大户储蓄、有奖储蓄等措施，全年各项存款余额达到447万元；1985年存款余额1 368万元；1992年存款余额5 693万元；1995年存款余额首次突破亿元大关，达1.35亿元；2001年存款余额过2亿元，达到2.19亿元；2005年存款余额达4.01亿元，占全县总存款余额的22.55%，比1980年增长88.7倍。

1994年县工行存款余额6 440万元；2000年过亿元，达到1.42亿元，为历史最高年；2001年1.37亿元，比2000年下降3.6%；2003年只有8 525万元，比2000年下降39.96%；2005年回升到1.11亿元，占全县存款余额总额的6.23%，比2000年下降22.06%。

1994年6月，县中行开办存款业务，当年存款余额1 443万元；1996年增加到5 291万元；1998年首次突破亿元大关，达到1.03亿元；2002年1.45亿元；2005年1.63亿元，占全县存款余额总数的9.17%，比1994年增长10.3倍。

1997年1月，县农发行开办存款业务，当年存款余额191万元，2000年823万元；2002年1 783万元；2004年4 071万元；2005年7 431万元，占全县存款余额总数的4.18%，比1997年增长37.9倍。

县信用社社员储蓄存款占80%左右。1979年存款余额530万元；1985年为1 087万元；1992年4 338万元；1995年首次突破亿元大关，达到1.27亿元；2000年突破2亿元，达到2.27亿元；2002年3亿元；2005年突破4亿元，达4.1亿元，占全县存款余额总额的23.09%，比1979年增长76.4倍。

县邮政储蓄所于1986年10月开办存款业务。1987年存款余额24万元；1990年增加到376万元；2001年首次突破亿元大关，2003年达到1.57亿元；2005年过2亿元，达到2.66亿元，占全县存款余额总额的14.98%，比1987年增长1 107.96倍。

第三节 贷 款

一、贷款控制

1979年，对工商企业信贷资金供应，坚持“区别对待，择优扶植”信贷原则以及按销售资金贷款（以销定贷）方式。择优标准：企业按“四好”（完成国家计划好、执行合同好、经营管理好、信用关系好）；产品按畅、平、滞标准分类。经调查研究，分类排队后确定贷款额度。1980—1984年，贷款实行差额控制。1985—1988年实行实贷实存。1989—1993年实行限额管理，以存定贷。为控制贷款总规模，在核批的（含票据贴现、抵押贷款）贷款限额内，主要靠组织存款实现最高限额，实行“全年亮底，按票监控，按月考核，适时调节”监测制度。要求在支持重点资金需要基础上，进一步优化贷款结构，搞活商品流通。1994—1997年贷款实行区别对待，扶优限劣。1994年，为防止通货膨胀，对金融机构实行有条件的资产负债比例管理，以严格控制信贷总量。1998—2005年，实行加强金融宏观调控，积极引导信贷投向。改革指标管理和规模限额控制信贷管理模式，实现直接调控向间接调控转变。调整信贷结构，实施社会资源优化配置。在信贷投向上，通过中央银行窗口指导，引导商业银行加大对农业、消费、基础设施、外贸进出口、国有大中型企业、高科技产业等倾斜。

二、贷款发放

1980年后，县农行组织力量，深入农村与农户和乡镇企业签订银、企贷款合同，优先支持专业户、承包户、重点户和经济联合体，支持农村商品生产。推行贷款分期管理，改变“春借秋还冬不贷”的习惯做法，坚持常贷常收；按期限催收贷款，对逾期挪用贷款，实行加息或罚息20%～50%。1985年12月，农业贷款余额2 092.6万元，比1978年末净增1 793.4万元，增长6倍。发放柑橘专项贷款余额250万元，优惠月息4.2厘，县农行代县对外经济贸易局发放柑橘贴息贷款40.23万元，支持柑橘支柱产业建设。1981—1985年，县农行累计贷款424.96万元，以支持发展小水电为主，共支持51处小水电建设，总装机容量1.09万千瓦。1994年，县农行贷款余额9 989万元，其中农业和乡镇企业贷款余额7 818万元，比年初增长48.9%。2000—2005年，县农行为县烟草公司、金山实业公司、公路段，电信局、森达鞋业、华扬集团、医疗中心等7家企事业单位贷款6 450万元，其中2005年贷款1 955万元，占当年贷款余额2.07亿元的9.43%。

县建行贷款发放重点是大型基础设施建设和县属重点企业。1979年贷款余额51.5万元；1985年贷款余额608.4万元；1990年贷款余额2 163万元；1992年贷款余额2 163万元，其中屈原轮船公司贷款2 110万元，占97.55%。1993年贷款3 447万元，其中升坪电站贷款900万元。1994年贷款4 852万元。其中，新县城建设管理委员会贷款1 052万元；屈原轮船总公司贷款1 860万元，建3条客轮。1996年贷款7 298万元，其中坑口火电（矸石发电）厂贷款2 675万元。2002年贷款4 460万元，其中县电力公司贷款3 000万元。2003年贷款7 031万元，其中银河电力有限责任公司贷款1 800万元。2005年贷款4 838万元。其中，县电力公司2 000万元，银河电力有限责任公司1 800万元，其他1 038万元。

县工行新城分理处2000年开办贷款业务，当年贷款余额1.21亿元。2002年贷款余额9 925万元，其中县金道有限责任公司贷款2 060万元用于修隧道建设。2004年贷款余额8 452万元。2005年贷款余额822万元，其中宁波洛兹集团三峡服饰有限责任公司贷款150万元。

县中行于1994年开办贷款业务。至2005年，累计发放各项贷款1.88亿元。先后支持县金能集团、黄磷厂、橙汁厂等工业企业项目建设和技术改造；支持县屈原大酒店、旅游总公司、物资总公司、农机总公司、石油总公司等商贸企业经营周转；支持县新城建设管理委员会、秭城公司等移民迁建基础项目建设和县防保中心、公安局、第一中学、职业教育中心等行政事业单位的移民迁建工作。2005年，县中行与万佳房地产公司签署“锦秀花园”楼房按揭贷款协议，在全县开创按揭贷款之先河。

县农发行于1997年开办贷款业务。当年发放工业贷款300万元，支持县面粉集团等企业建设。发放林、特、牧等生态农业贷款2 168万元。1999—2002年，县农发行向县烟草公司发放烟叶收购贷款3 150万元。1997—2005年，县农发行向县粮油公司共发放粮油收购、储备贷款1.15亿元。

1981—1985年，县信用社贷款结构实现“四个转变”：贷款对象由主要支持集体单位，转变为重点支持个体“三户”（专业户、承包户、重点户）；由单纯支持农业生产，转变为支持农工商综合经营；由“春借秋还冬不贷”，转变为按客观经济规律常收常贷；由主要依靠信用站代理发放贷款，转变为信用联社直接发放为主。1996年，县信用社与县农行分设后，以服务“三农”为宗旨，贷款发放重点以温饱工程、创税工程、致富工程和菜篮子工程为主。1996—2005年，共为全县农户种养业贷款11.09亿元。其中，粮食种植1.46亿元，油料种植9 302.3万元，烤烟种植4 315.7万元，板栗种植2 542.4万元，柑橘种植2亿元，茶叶生产2 325.6万元，蔬菜生产5 736.5万元，生猪养殖2.7亿元，其他2.5亿元。1998年后，县信用社服务方向主要为入股社员服务。2000年12月，对全县农户开展“一次性核定，随用随贷，余额控制，周转使用”的小额农户贷款授信工作。当年授信1.86万户，其中申请办证户7 650户，发放小额贷款2.05万笔，贷款金额1 326.8万元。2005年12月，全县共完成10.17万农户信用等级评定，共评定信用农户6.58万户。对符合条件的发放小额“贷款证”6.23万个，经年审取消授信2 398个，结存5.99万个，授信金额达1.45亿元，建立小额农户贷款发放绿色通道。当年农户贷款余额1.41亿元，占当年各项贷款总额的57.18%，占全县贷款总额的31.52%。2004—2005年，为金能公司、腾达建筑、华扬太阳能、县广播电视局、县职业教育中心、长江物流等黄金客户发放贷款109笔，贷款金额2 500万元。

县人行从1987年开始办理对专业银行短期再贷款。至1994年5月，对专业银行累计发放再贷款7.29亿元。由于金融系统同业拆借市场逐步完善，同年5月，对专业银行再贷款业务停办。根据上级指示，5月24日，县人行召集各专业银行共同认定划转再贷款余额，总计达5 496万元。其中，划转县工行1 017

万元，县农行4 476万元，县建行3万元。从1999年4月开始，县人行对县信用社发放支农再贷款。至2004年，累计对县信用社发放支农再贷款2.43亿元。1986—1987年，县人行共委托专业银行支持14个老少边穷贷款项目，累计拨付专业银行老少边穷贷款资金1 465万元。1989—1997年，县人行直接对县金矿累计发放金银专项贷款148万元。

1986年，全县各项贷款余额1.11亿元。其中，工业贷款2 102万元，商业贷款4 116万元，农业贷款565万元，技术改造贷款1 540万元。2005年，全县各项贷款余额4.48亿元。其中，工业贷款180万元，商业贷款1.01亿元，农业贷款1.38亿元，基本建设贷款4 640万元。（见表11-4-1）

1986—2005 年全县各行社贷款发放情况表

表11-4-1　　单位：万元

年份	各项贷款余额	其中：短期贷款			技术改造贷款	基本建设贷款
		工业贷款	商业贷款	农业贷款		
1986	11 126	2 102	4 116	565	1 540	—
1987	13 564	2 609	4 686	667	1 945	—
1988	15 437	2 791	5 494	765	2 025	90
1989	16 904	3 208	6 130	935	1 999	150
1990	18 654	3 569	7 220	1 062	1 922	130
1991	21 297	4 337	7 889	1 450	2 152	120
1992	25 694	5 098	9 239	1 741	2 639	120
1993	30 959	5 578	10 490	2 444	3 589	620
1994	39 703	6 953	12 279	3 091	3 788	900
1995	45 059	7 206	13 933	6 318	4 359	1 600
1996	52 492	9 147	16 200	6 382	6 946	1 300
1997	52 698	8 835	20 031	4 106	11 639	1 390
1998	67 692	8 656	10 460	3 259	12 047	1 300
1999	62 524	7 144	19 268	5 542	9 261	1 238
2000	59 529	6 036	17 454	6 188	8 667	1 238
2001	61 985	5 876	16 196	8 094	5 204	4 283
2002	63 278	3 069	14 669	11 482	—	8 287
2003	68 295	3 080	11 294	13 238	—	10 874
2004	62 945	564	12 715	16 523	—	6 613
2005	44 816	180	10 143	13 781	—	4 640

第四节　业务管理

一、货币发行

1980年4月，发行1角、2角、5角、1元4种金属币，规定自1980年4月15日起陆续发行，与纸币同时在市场上流通。1987年4月27日，第四套人民币开始发行。主币有1元、2元、5元、10元、50元、100元等6种，辅币有1角、2角、5角3种。发行方法采取一次公布，分次发行。全年发行50元券和1角券，其他券面分别陆续发行。1990年8月18日起，发行1990年版50元、100元券人民币。1995年3月1日起，发行1990年版1元券人民币。至1997年12月，第4套人民币已由当初公布的9种面额的9种版别增加到14种版别。1990年10月1日起，发行第5套人民币100元券。1998年4月，县人行撤销发行科。2000年10月16日起，发行第5套人民币20元券。2000年12月，市场流通的人民币有第4套和第5套人民币兼少量第3套人民币，年底第3套人民币退出流通领域。

二、现金管理

1979年后，加强银行对现金的管理，严格控制消费基金盲目增长，对单位提取现金进行严格审查。银行内部规定现金支付的审批权限，每年按规定重新核定单位最高库存限额，每日不得突破最高库存限额。1984年，全年投放货币606万元。1985年，县人行按照总行“适当集中、合理分布、总额控制、分批下拨”的发行基金管理办法，在保证正常合理的现金需要前提下，加强工资基金管理，大力组织货币回笼，严格控制货币投放。全年现金投放19万元，比1984年同期少投587万元。1986—1991年，全县金融部门在贯彻国家“严格控制信贷规模，严格控制货币投放”总方针的同时，力求“紧中求松”，以支持地方经济发展。6年间，累计货币回笼592万元，其中1990年净回笼679万元，是全县历史上货币回笼最多的一年。1992年后，县人行围绕稳定币值这一核心工作，强化货币投放制度建设，加大货币回笼工作力度。由于三峡大坝正式兴建，移民迁建补偿、江河治理、地质灾害治理、新县城动工等工程需大量资金投入，致使货币投放速度加快，使全县货币净投放大幅度上升。据统计，全县货币净投放由1991年的净回笼118万元，上升到2005年的净投放1.72亿元。1997年净投放货币4.04亿元，为历史最高纪录。（见表11-4-2）

1980—2005年秭归县金融机构货币投放与回笼情况表

表11-4-2　　　　单位：万元

年份	货币投放	货币回笼	投放（+）回笼（-）	年份	货币投放	货币回笼	投放（+）回笼（-）
1980	4 206	4 176	30	1993	46 758	41 686	5 072
1981	4 341	4 372	-31	1994	63 877	60 799	3 078
1982	5 446	5 328	118	1995	106 820	96 253	10 567
1983	7 263	6 977	286	1996	168 367	143 678	24 689
1984	8 878	8 212	666	1997	176 163	135 801	40 362
1985	8 793	8 774	19	1998	186 594	152 633	33 961
1986	9 895	10 213	-318	1999	242 475	215 021	27 454
1987	13 708	13 827	-199	2000	283 249	255 018	28 231
1988	19 194	19 014	180	2001	345 747	321 548	241 99
1989	20 402	19 860	542	2002	351 389	319 015	32 374
1990	20 049	20 728	-679	2003	434 991	397 889	37 102
1991	23 849	23 967	-118	2004	412 772	387 827	24 945
1992	34 490	31 915	2 575	2005	529 879	512 700	17 179

三、联行管理

联行往来分为全国联行往来、省辖联行往来、县辖联行往来3种。1980年1月1日起，县人行、县农行分开营业，全国联行往来、省辖联行往来由县人行主办，县农行参加。1981年7月1日起，县人行、县农行省辖往来实行“自成系统，互不通汇”办法，并按月计付联行利息。1982年8月1日起，县人行、县农行恢复省辖往来直接通汇，县辖联行往来仍由县农行主办，县人行参加逐日扎计联行汇差办法。1986年，中国人民银行发文，改革跨系统全国联行往来办法，自1985年4月1日起，全国银行联行往来实行“自成联行系统，跨行直接通汇，相互发报移卡，及时清算资金”办法。决定从1987年4月起，停止实行“跨行直接通汇，相互发报移卡”办法，改为实行“跨行汇划款项，相互转汇”办法。同年，中国人民银行湖北省分行也改进跨系统省辖往来办法，从1986年12月21日起，停止使用“跨行直接通汇，相互发报移卡”办法，改为“跨行汇划款项，相互转汇”办法。1989年11月1日起，省人民银行系统内资金调拨和专业银行系统内信贷资金调拨、汇差资金结算及异地人民银行系统汇划业务均通过省辖联行往来办理。1994年2月1日停办省辖联行往来账业务。县中行于1997年11月1日开始试行电子联行业务，同年12月1日起正式并入总行电子联行运行系统，正式运行电子联行业务。1999年6月1日起，启用新版银行汇票、商业汇票，同时停止签发旧版汇票。同年9月1日起，启用新版联行报单，禁止使用旧版联行报单。1998年，开始实行电子化对账。1999年，县人行正式启用电子对账系统，取消手工对账。1999年7月1日起，银行汇票使用统一确定的编押机编押、核押。自2000年4月1日起，全国联行邮划贷记、电划贷记、电划借记业务，一律实行联行专用编押机编押、核押，同时停止手工编制联行密押。当年，使用电子联行行名、行号查询系统。2004年11月，在基层银行取消原有电子联行系统，将电子联行系统和核算系统合并，建立集中核算系统和大额支付系统。秭归县作为全国首批上线单位，积极参与大额支付系统和集中核算系统建设，提高建设资金周转速度。

四、不良资产处置

从1998年开始，全县经银行、企业、政府部门多方协商，并报上级行批准，重点对不良资产进行处置。至2005年12月，共处置不良资产4.24亿元。其中，剥离不良贷款3.63亿元，核销不良贷款6 088.7万元。（见表11-4-3）

1998—2005年秭归国有商业银行不良资产剥离、核销情况表

表11-4-3　　　　单位：万元

年份	剥离					核销				
	合计	工行	农行	中行	建行	合计	工行	农行	中行	建行
1998	—	—	—	—	—	400.5	18.5	—	—	382
1999	6 524	—	—	834	5 690	137.2	137.2	—	—	—
2000	4 842	—	4 090	—	752	—	—	—	—	—
2001	—	—	—	—	—	491	—	—	309	182
2002	—	—	—	—	—	3 201	3 201	—	—	—
2003	—	—	—	—	—	1 339	1 267	—	26	46
2004	376	—	—	376	—	520	119	150	251	—
2005	24 540	7 665	16 875	—	—	—	—	—	—	—
合计	36 282	7 665	20 965	1 210	6 442	6 088.7	4 742.7	150	586	610

第五章　保　险

1982年全县恢复保险业务。除承办原已开办险种外，增办新的险种。1986—2005年，财产保险共有40多个品种，人寿保险有70多个品种。1996—2005年，全县财产保险保费收入6 351.5万元，理赔4 321.01万元；人寿保险收入1.95亿元，理赔3 679万元。其中，2005年人寿保险收入3 298万元，理赔450万元；财产保险收入689万元，理赔468万元。

第一节　机　构

一、人寿保险

1952年9月，中国人民保险公司秭归县支公司从县人行分离出来正式独立，办公地点设老县城城关镇解放街唐家巷。内设城镇业务、农村业务2股；下设香溪、沙镇溪、茅坪、新滩工作组。1958年6月，并入县财政局，内设保险股。1982年1月，县人行内设保险股，对外为保险支公司。1984年6月，县保险公司从县人民银行分出，升格为局级单位，成为办理保险业务的专业金融机构。1985年，内设业务、人秘2股，聘请县工行、县农行基层处（所）兼职保险代办员15人，全县共设保险代办机构18个。

1996年4月，原中国人民保险公司秭归县支公司一分为二，实行分业经营，分别成立中国人民保险公司人寿保险有限公司秭归县营业部、中国人民保险公司财产保险有限公司秭归县支公司。1997年6月，人寿营业部更名为中保人寿保险有限公司秭归县支公司。1999年5月，又更名为中国人寿保险公司秭归县支公司。2003年8月，重组为中国人寿保险股份有限公司秭归县支公司。支公司是国有商业寿险公司，隶属中国保监会。公司主要经营以人的寿命和身体为标的的人寿保险、健康保险和意外伤害保险业务；人身保险再保险业务；各类人身保险咨询服务。2005年12月，支公司内设办公室、财务科、客户服务中心、业务处理中心、业务综合部、个人业务部；下设归州、杨林桥2个营业部和平湖、郭家坝、水田坝、沙镇溪、屈原、泄滩、两河口、梅家河、磨坪、周坪、茅坪11个营销服务部。

二、财产保险

中国人民保险公司财产保险公司秭归县支公司于1996年4月从原中国人民保险公司秭归县支公司分出。1999年7月，中保财产保险秭归县支公司更名为中国人民保险公司秭归县支公司，隶属市分公司。实行“统一法人，授权经营”的管理模式。2003年6月，更名为中国人民财产保险股份有限公司秭归县支公司，属国有控股商业保险公司。2005年12月，支公司内设经理室、综合部、业务一股、二股；下设两河口、郭家坝2个营销服务部和归州、茅坪2个营业部。

第二节 人寿保险业务

一、险 种

1982年保险业务恢复后，除承办原已开办的团体人身保险、旅客意外伤害强制保险外，增办司机意外伤害保险等险种。1985年开始，人寿保险种类逐年增多，至2005年，人寿保险主要险种达70余种。分红类：国寿鸿瑞两全、国寿鸿星少儿两全、国寿千禧理财两全、国寿鸿福相伴两全、国寿鸿寿年金、国寿鸿运少儿两全、国寿鸿泰两全、国寿鸿祥两全、国寿鸿盛终身、国寿鸿鑫两全、国寿鸿宇两全、国寿鸿裕两全、国寿美满一生年金、国寿个人养老年金等保险。健康类：康宁终身、康宁定期、国寿康恒重大疾病、国寿关爱生命女性疾病（A）、国寿关爱生命女性疾病（B）、国寿康宏住院及手术津贴医疗、国寿住院医疗津贴等保险。传统类：国寿少儿两全、国寿英才少儿、国寿独生子女两全、子女教育（A）、子女教育（B）、国寿子女教育婚嫁备用金、祥和定期、祥运定期、祥瑞终身、祥瑞还本终身、国寿福瑞两全、国寿福馨两全、国寿如意两全、国寿99鸿福两全、国寿简易人身、国寿养老年金、国寿养老金还本、国寿松柏养老金、国寿松鹤养老金、国寿金色夕阳养老金（A）、人身意外伤害、人身意外伤害综合等。传统附加类：附加定期（A型）、附加定期（B型）、附加意外伤害、附加意外伤害医疗、附加意外伤害医疗费用、附加意外伤害生活津贴、附加住院医疗、附加住院医疗生活津贴、附加残疾等保险。学生平安类：国寿学生、幼儿平安、国寿学生和幼儿平安保险附加伤害医疗、国寿学生、幼儿平安保险附加住院医疗等保险。短期健康类：短期医疗、短期疾病和短期收入等保险。

二、保费收入

1996年4月，财产保险与人寿保险分开经营。当年人寿保险费收入360万元。1996年后，以效益业绩为中心，加强内部管理，改革用人制度，拓展保险领域，保险业务快速发展。1997年，保费收入首次突破千万元大关，达1 008万元，比1996年增长1.8倍，年增幅均高于全市寿险系统平均增幅。2000年，县人寿保险新开办千禧理财保险、鸿寿年金保险、鸿福相伴保险、康宁终身保险和福馨两全等险种，全年保费收入达1 651万元，比1998年增长51.47%。2005年，新增美满一生、金鑫两全、鸿鑫两全、鸿丰两全及国寿个人养老分红型等险种，全年保费收入达3 298万元，创历史最高水平，比1996年增长8.16倍。人寿保险公司秭归支公司先后被市委、市政府表彰为文明单位和先进集体。

三、理 赔

1985年，县人寿保险全年理赔31万元，占保费收入的73.81%。1990年理赔70万元，占保费收入的40.94%。2003年6—12月，学生平安保险理赔5起，赔偿金额2.79万元。2004年理赔432万元，占保费收入的14.92%。当年1月31日—6月30日，学生平安保险理赔7起，赔偿金额6.34万元。2005年理赔450万元，占保费收入的13.64%，其中学生险赔偿185.2万元，占全年赔偿额的41.16%。

第三节　财产保险业务

一、险　种

1982年恢复保险业务后，除原开办的货物运输、火灾等保险外，增办财产保险新业务。1982年承办运输工具保险和企业财产保险；1983年承办家庭财产保险；1986—2005年，县内财产保险共40多种。财产损失保险：包括财产保险基本险、机动车险、摩托车险、船舶一切险、船舶全损险、建筑工程一切险、办公室综合险、种植业保险、林业保险、金牛投资家财险等；信用保证保险：包括现金保险、个人贷款房屋抵押险、神州游组合险等；责任保险：包括雇主责任险、医疗责任险、计算机责任险、电梯责任险、停车场责任险、美容师职业责任险、物流责任险、物业管理责任险、公众责任险、校（园）方责任险、承包人责任险、旅行社责任险、特种设备第三者责任险、供电责任险、道路危险货物承运人责任险、风景名胜区责任险等；意外伤害保险：包括团体意外伤害保险、建筑人身意外险、学生幼儿意外伤害险、执法人意外险、中老年人意外险、机损险、境内旅行意外伤害险、意外伤害医疗保险、意外伤害定额保险、借款人人身意外伤害保险和短期健康保险等。

二、保费收入

1996年，全县财产保险费收入129.88万元，其中企业财产保费收入49.73万元，船舶险6.4万元，储金1.9万元，货运险1.2万元。2002年收入705万元。2004年收入661.9万元。其中，车辆险530.95万元，占80.22%；责任险59.46万元，占8.98%；人身意外险26.92万元，占3.96%；企业财产险22.47万元，占3.39%；船舶险15.85万元，占2.39%。2005年收入689万元，比1996年增4.3倍。其中，机动车辆保险575万元，占83.45%；责任险73万元，占10.6%；意外险22万元，占3.19%；企业财产险14万元，占2.03%；船舶险3万元，占0.44%。

三、理　赔

1996 年，财产保险赔偿支出 51.24 万元，占当年保费收入的 39.45%。2003 年赔偿 586.07 万元，占当年保费收入的 78.16%。当年 4 月，七星加油站因山体滑坡，造成固定资产损失，保险公司理赔 27.95 万元。同年 7 月，县三金硅业因山体滑坡造成损失，保险公司两次理赔 197.95 万元。2004 年全县理赔 844.27 万元，占当年保费收入的 127.55%。2005 年理赔 468 万元，占当年保费收入的 67.92%。

第十二篇　经济综合管理

1979—2005 年，随着计划经济体制向社会主义市场经济体制的过渡，经济管理手段由政府行政管理逐步向服务型、法制化的宏观调控转变，经济管理职能由指令性管理向指导性管理转变。计划管理由高度集中的直接调控向分层多级的间接调控转变；物价管理由统一政府定价向政府指导价、市场调节价等多种形式并存转变，建立市场价格体系；工商行政管理、质量技术监督、审计监督、国土资源管理、国有资产管理等经济管理部门，围绕全县经济体制改革依法行使监督管理职能，做到“管而不死，活而有序”，为全县经济发展起到保驾护航作用，确保健康协调发展。

第一章　经济综述

1979年后，全县从农村实行家庭联产承包责任制开始，先后对工业、流通及所有制结构等进行改革，实现由计划经济向市场经济的重大转变，产业结构得到重大调整，所有制结构发生重大变化，形成多种经济成分并存、多种经营方式并重格局，国民经济发展步入快车道，综合经济实力显著增强。1979—2005年，全县经济年平均增长速度为13.02%，比1949—1978年年均增长速度4.4%增加8.62个百分点。20世纪80年代的平均增长速度为9.94%，主要依靠农业快速发展推动。1990—2005年，全县GDP保持15.78%的年均增长速度。2005年，全县主要经济指标完成总量为：生产总值22.71亿元，全地域财政收入2.16亿元，社会商品零售总额8.47亿元，固定资产投资总额11.01亿元，比1978年的8 431万元、470万元、2 888万元、583万元分别增长25.94倍、44.96倍、28.33倍、187.85倍。农民人均纯收入为1 999元，比1978年的65元增长29.75倍，年均增长13.53%；人均生产总值为5 811元，比1978年增长25.66倍，年均增长12.93%。

第一节　经济结构

一、产业结构

三次产业结构　县内有较丰富的水能、矿产资源，发展工业有较好的资源基础。但在改革开放初期，全县经济仍以农业为主。随着改革开放不断深入，工业、建筑业、交通运输业、批发零售贸易业、餐饮业等得到较快发展，国民经济产业结构发生明显变化，农业产业在国民经济中比重逐步下降，工业在国民经济中主导作用日益凸显，信息咨询、旅游、科技服务、居民服务、房地产等新型行业迅速崛起，全县基本形成多种经济成分和多种经营方式多门类的产业体系。

1978年三次产业构成为67.91∶8.59∶23.5。20世纪90年代中后期，三峡工程建设和移民迁建的拉动，使交通邮电、贸易餐饮、旅游港口、信息中介等第三产业迅速发展，乡镇工业异军突起，工业和建筑业在国民经济中比重越来越高。2000年，三次产业构成为26.66∶17.81∶55.53。与1978年比较，第一产业在国民经济中的比重下降41.25个百分点，第二产业上升9.22个百分点，第三产业上升32.03

个百分点。20多年间，全县经济结构发生质的飞跃，到2005年，三次产业增加值占生产总值比重为23.33：21.54：55.13。“十五”期间第二产业占国民经济比重提升3.73个百分点，突破20%。工业占国民经济比重由1978年的6.46%提高到2000年的14.46%，“十五”期末上升到18.38%。

农业内部结构　1979年后全县大力调整农业内部结构，逐步缩减粮食种植面积，扩大经济作物播种面积，加快发展畜牧业，分步发展水产业，走“走山路，唱牧歌，发水财”之路。在20世纪90年代初期开始实施“1155”工程，即建立100个柑橘专业村、100个烤烟专业村、50个茶叶专业村、50个板栗专业村。全县形成烤烟、柑橘、茶叶、板栗四大支柱产业。进入21世纪后，烤烟产业因市场因素略有萎缩，蔬菜、药材、小水果得到快速发展。种植业形成高山菜、烟，半山茶叶、干果，低山柑橘的“三带”经济格局。畜牧业迅速发展，水产养殖业蓬勃兴起，走出一条符合秭归实际的农业之路，基本实现“特色农业大县”目标。1978年，全县农业总产值（不变价）中农、林、牧构成比例为69：5：26。2005年，农、林、牧（可比价）比例为66：2：32，与1978年相比，种植业比例下降3个百分点，林业下降3个百分点，畜牧业上升6个百分点。

工业内部结构　1978年，轻重工业比例为55.89：44.11，2000年为43.93：56.07。“十五”期间，一批轻工企业的引进，使全县工业经济结构打破单一的传统资源型结构，轻工业发展主体地位逐渐确立。逐渐淘汰以“砖、瓦、灰、砂、石”为主导的低层次产业，建立起以轻工、能源、化工、食品、电子为支柱的现代新型产业。2005年，轻重工业比例为65.17：34.83。

二、产品结构

1979年，全县粮食种植面积为5.1万公顷，占农作物播种面积90.91%；油料播种面积为2 947公顷，占5.26%；牧业规模不大，当年全县生猪出栏13.03万头；水产品全靠捕捞，产量极少；有少量的烟、茶、果。进入20世纪90年代以后，农业产业结构和产品结构进一步优化，初步形成水果、茶叶、蔬菜、油料、畜牧等支柱产业，培育出“秭归脐橙”“欲品思”茶叶等一批在全省乃至全国知名的农产品。到2005年，全县粮食播种面积2.93万公顷，比1979年减少2.17万公顷，占农作物播种面积59.8%，比1979年下降31.11个百分点；油料播种面积8 334公顷，占农作物播种面积17.01%，比1979年增加5 387公顷，提高11.75个百分点；蔬菜种植面积达到8 854公顷，产量高达15.29万吨；烤烟种植面积1 620公顷，产量3 733吨；果园面积达到1.07万公顷，产量达到12.36万吨。其中，柑橘园面积1.02万公顷，产量12.2万吨；茶园面积发展到2 158公顷，产量1 069吨；生猪、山羊、牛和家禽养殖产量在1978年的基础上有大幅增加，生猪出栏34.02万头，山羊出栏3.92万只，牛出栏902头，家禽出笼29.59万只，水产品产量782吨。

20世纪80年代全县的工业产品主要有原煤、电力、罐头、白酒、机制纸、水泥、木材。90年代起，抓住三峡工程库区移民迁建机遇，通过技术改造和引进联合，使产品结构得到优化和升级。2000年年底，全县已拥有“森达”皮鞋、“维维”豆奶、“木林森”电子发光二极管、“华扬”太阳能热水器、“帝元”罐头等名牌产品，实现高新技术产品零的突破，产品结构逐步向品牌化迈进。

三、所有制结构

国有经济　1978年，全县工业总产值中，国有企业占59.02%。1980—1992年，国有经济成分基本保持在50%以上，20世纪90年代中后期为40%左右。至2005年，全县国有工业只有县电力公司、自来水公司2家企业，国有工业经济成分所占比重降至6.33%。1978年，国有商业是商品流通主渠道，通过改革，国有成分基本上从一般性流通领域退出。1989年，国有商业零售网点数占全部商业零售网点数的5.55%，完成零售额占22.62%。到2000年，流通领域中国有经济成分仅占9.79%。至2005年，全县国有商业零售网点数占全部商业零售网点数的1.46%，从业人员占7.37%，完成零售额只占10.94%。

集体经济　农村实行家庭联产承包责任制后，为发展、壮大集体经济实力，各地兴办以工业为主的集体企业，特别是20世纪90年代中期，乡镇工业异军突起，集体经济成分超过国有成分，成为推动全县经济发展的重要力量。1996年和1997年，全县乡镇以上工业总产值中，集体经济分别占44.82%和45.44%，比国有经济分别高出1.07和4.11个百分点。1980年，集体性质的商业零售网点占全部商业零售网点的75.44%，市场占有率67.29%。20世纪80年代，集体商业无论是在网点布局上，还是在市场供应总量上，均高于国营商业。90年代后，随着各项改革进一步深化，各种承包经营推进，农村供销社买断经营等改革措施实施，集体商业绝大多数转为民营。至2000年，集体性质的商业市场占有率缩小到1.14%。之后，集体商业进一步改制转型为个体私营企业，至2005年，全县集体商业零售网点数仅占全部商业零售网点数的0.01%。

非公有制经济　随着企业改革稳步推进和“民营兴企”战略实施，产权单一的纯国有工业企业比重下降，产权多元化的其他各种经济类型工业企业比重上升，尤其是民营企业较快发展。1995年民营企业完成产值占规模以上工业总产值的70%，2000年提高到76%。1978年，流通领域中个体私营商业只有1家。至1986年个体经营网点达2 107个。至2005年，全县个体商业网点达4 435家，从业人员5 124人，个体私营商业完成商品零售额2.09亿元。零售领域中非公有制经济零售额占全县社会消费品零售总额的86.2%。

第二节　经济增长速度

一、国内生产总值（GDP）

1978年，全县生产总值（GDP）为8 431万元。其中，第一产业增加值5 726万元，占67.92%；第二产业增加值724万元，占8.59%；第三产业增加值1 981万元，占23.19%。1979—1995年，由于农业经济特征比较明显，农业增加值占全县生产总值的67%～33%之间，由于本地农业规模很小，全县生产总值没有突破10亿元。17年间全县生产总值累计增加8.19亿元，平均每年增加4 816万元。1996年受三峡库区移民大投入拉动，全县生产总值首次突破10亿元。1997—2005年，全县生产总值累计增加10.23亿元，平均每年增加1.28亿元。1987年全县生产总值仅有2亿余元。1987—1991年受三峡工程议而未决的影响，全县经济发展十分缓慢。随着三峡工程动工兴建，1992年全县生产总值突破3亿元。1993年全县开始进入三峡工程库区移民迁建时期，当年投资达1.47亿元，比1992年增长1.72倍。在投资拉动下，当年全县生产总值逼近4亿元。此后，全县进入三峡工程库区移民大迁建时期。1997年全县固定资产投资达到巅峰，全县生产总值达到12.48亿元。1993—1997年，为中华人民共和国成立后全县经济发展最快时期，表现为投资主导型经济，平均经济增长率为33.43%。其中，一产业年均增长21.93%，二产业年均增长34.16%，三产业年均增长43.91%。这一时期，为三峡工程和移民迁建服务的第三产业发展迅速，工业则处于搬迁阶段，其发展速度慢于第三产业。1998年，受亚洲金融危机、三峡工程库区移民大投入趋缓和特大洪灾的影响，经济增长速度开始回落。至2002年，全县经济发展随着国家扩大内需政策效应的显现，经济增长率才开始回升。1998年经济增长率为6%；1999年为3.2%；2002年为7.2%；2005年为12.3%。

二、产业发展速度

产业发展速度随着经济体制改革不断深入和市场经济体制不断完善而提高。1979—2005年，第一产业增加值即农业的年均增长率为8.61%，第二产业增加值年均增长率为16.89%。其中，工业增加值年均增长率为20.61%，第三产业增加值年均增长率为16.67%。1979—2005年，工业是推动经济增长的主要力量。

第三节　固定资产投资

一、投资渠道

1978—2005年，固定资产累计投资额89.83亿元，累计新增固定资产80.79亿元。投资主渠道为国有、集体经济单位，特别是国有经济单位投资占有绝对优势。1978年，投资全部为国有、集体单位投资。其中，国有经济投资占95.31%，集体经济投资占4.69%。1982年，开始对城乡个人投资进行统计，当年统计投资总额为363万元。1996年以后城乡个人投资规模逐年上升，年投资额均超过亿元，其中1997年最高，总额为2.76亿元。2000年，全县国有经济投资占投资总额的55.52%，集体经济投资占17.45%。2005年，全县国有经济投资占51.85%，集体投资占6.77%，民营投资占39.53%，外商投资占1.85%。

二、投资结构

投资方向主要是基本建设和技术改造。如1978—2000年以货币计算的基本建设投资24.21亿元，占同期投资总额的50.95%；技术改造投资7.55亿元，占同期投资总额的15.88%；建筑安装工程量达到21.81亿元，占同期投资总额的45.89%；设备购置1.04亿元，占同期投资额的2.19%。2001—2005年以货币计算的基本建设投资为25.82亿元，占同期投资总额的61.02%。技术改造投资为6.29亿元，占同期投资总额的14.86%；其他投资10.2亿元，占同期投资总额的24.12%；建筑安装工程量达到29.38亿元，占同期投资总额的69.45%；安装工程投资2.89亿元，占同期投资总额的6.83%；设备购置3.38亿元，占同期投资总额的7.98%；其他投资6.66亿元，占同期投资总额的15.74%。

1992年以前，固定资产投资由于三峡工程议而未决受到国家政策限制，长期处于低谷。1992年，三峡工程开工建设，固定资产投资速度加快。1993年，全县固定资产投资首次突破亿元，达到1.47亿元，比上年增长171.7%，当年生产性和非生产性投资比重分别为87.23%和12.77%。“八五”中期，全县固定资产投资速度进一步加快，投资方向和结构趋于合理，这一时期生产性和非生产性投资比重分别为61.1%和38.8%。“九五”期间，全县抓住国家扩大内需、实行积极财政政策机遇，争上新项目，加大投资力度，累计投资36.43亿元，成为投资高峰期。投资结构也发生很大变化，主要表现为：实现投资主体多元化，由过去单一的国有经济单位及少量集体经济投资转变为多种经济成分并存，尤其是非公有制经济成分投资已构成社会总投资中的一个重要组成部分。1996—2000年，非公有制经济投资总额为8.19亿元，占投资总额的22.49%。投资主要项目有：投资17.5亿元，在三峡库区率先完成县城整体搬迁；投资2.5亿元，打通秭（归）兴（山）路、风（吹垭）茅（坪）路；投资2.3亿元，分别建成黄岩水电站和矸石火电站；花费大量人力、物力，初步建成茅坪经济技术开发区，成功引进“维维”乳业、“华扬”太阳能热水器、“森达”鞋业等国内知名品牌企业。向上争取天保工程、农田改造等国债项目，国家投入资金过亿元。“十五”期间，全县固定资产投资领域逐步扩大，投资总额达到42.31亿元，为历史之最。投资结构出现新特点：国有投资比重下降9.39个百分点，民营投资比重增加14.3个百分点。第二产业投资得到加强，第一产业投资达3.31亿元，占7.82%，比“九五”时期增长63.93%；第二产业投资达9.33亿元，占22.05%，比“九五”时期增长45.65%；第三产业投资达2.97亿元，占70.13%，比“九五”时期减少6.74%。生产性投资达25.32亿元，占59.94%，比“九五”时期增长18.98%；非生产性投资达16.99亿元，占40.06%，比“九五”时期下降18.98%。

第二章　计划管理

1979年后，全县坚持改革开放，完善企业经营机制，扩大企业经营自主权，增强生产经营能力。逐步建立起适应社会主义市场经济新体制，实现国民经济管理由直接调控为主向间接调控为主转变，由指令性计划为主向指导性计划为主转变，由控制实物量为主向控制价值量为主转变，由静态平衡向动态平衡转变，由高度集中管理向分层次多级管理转变。县计划管理部门先后制定“六五”至“十五”5个5年计划，每年制定年度计划，并制定扶贫开发等专项规划。向上争取计划项目，加强项目管理和实施。1987—2005年，先后争取各类计划项目310多个，项目总投资41.96亿元，其中2005年计划项目70个，总投资26.17亿元。

第一节　计划体制改革

一、体制改革

1979年后，全县加强宏观经济管理和调控力度，改计划经济时代单纯管钱、管物、管计划指标的传统计划经济体制，突出计划工作的宏观性、战略性和政策性，因地制宜地提出国民经济和社会发展中长期规划和年度计划目标、战略重点、政策措施以及运行方式。工作范围由偏重于微观领域转向宏观与微观并重；工作方式由直接调控向间接调控转变，由分配计划指标进行生产要素配置转到运用市场机制配置资源上来；工作内容由管资金、管物资转到指导、协调和服务上来；计划管理和调控对象从过去单纯以公有制经济为主转向公有制和非公有制经济并重，将所有市场主体作为计划调控和服务对象；调控手段从过去侧重搞好总量平衡转到注重调整经济结构、提高经济效益上来，既注重国民经济数量又注重运行质量，不断完善市场经济体制下计划方式和调控手段。经过改革，已基本形成“研究战略、制定规划、宏观调控、总量平衡、产业政策、培育市场、重点建设、协调服务”的宏观经济调控计划体制，以促进全县国民经济持续、快速、健康发展。

二、机构调整

1972年5月，县计划委员会恢复。1985年1月，县计划委员会与经济委员会合并，组建县经济计划委员会，同年10月恢复为县计划委员会。1993年9月成立服务三峡工程对口支援协调办公室与经济技术协作委员会，实行两块牌子，一套班子，归属县计划委员会。2001年12月撤销县计划委员会，成立县发展计划局。2004年12月8日，撤销县发展计划局，成立县发展和改革局，将县政府经济体制改革办公室和原县经贸局承担的工业行业规划、产业政策制定实施、技术改造投资管理、重要工业品和原材料的进出口计划编制、促进资源节约和综合利用、推进技术进步与重大装备研制等职能划归县发展和改革局。

第二节　计划编制

一、年度计划

20世纪80年代前，年度计划为指令性计划。县计划部门按照需要与可能相结合原则，组织编制、上报年度计划，经审核批准后，由计划部门行文下达实施。年度计划以工、农业生产计划为主。农业年度计划包括农业总产值，农村经济总收入，粮食、油料、柑橘、茶叶等农作物种植面积、单产、总产量以及农田基本建设，林业、畜牧业、企业生产计划和农村收益分配、农副产品收购上调计划等。工业年度计划包括总产值、净产值、主要工业产品产量及质量、物耗、单位成本等技术经济指标和利润、税收、年末固定资产原值、百元固定资产提供利税等主要财务指标计划。交通运输年度计划包括客、货运输量和交通工具拥有量计划。物资、基建年度计划包括主要工业品的销售和基本建设投资计划。20世纪80年代后，年度计划扩展为国民经济和社会发展计划，涉及国民经济各个领域和社会发展各个方面。年度计划指令性成分逐渐缩小，指导性范围不断扩大，计划编制程序也发生根本性变化。首先，由计划部门在认真调查研究、分析、总结基础上，提出当年国民经济和社会发展计划执行情况以及下一年度计划草案，向本级人民代表大会报告，提请人民代表大会审议通过。然后，由县政府正式行文下达各乡镇、企业和县直有关部门实施。年度计划指标体系分为：国内生产总值、财政收入、固定资产投资、商品零售总额、外贸出口、城镇居民家庭人均可支配收入、农村人均纯收入、人口自然增长率等主要预期目标；农业、农村经济包括粮食、柑橘、茶叶、板栗、烤烟产量及生猪出栏头数等预期目标；规模工业经济发展有销售收入、工业产值、工业企业增加值、产销率，利润、税金总额、技改投入等预期目标；乡镇企业发展有企业总产值、工业总产值、企业增加值、营业收入、利润、税收等预期目标；乡镇地方一般预算收入预期目标；扶贫开发、劳动和社会保障、移民搬迁预期目标；旅游经济、档案事业发展预期目标；教育事业发展有招生入学率、巩固率预期目标；农用地转为建设用地预期目标。同时，提出计划编制依据和编制重点，实施计划措施、建议。

县计划部门自1996年后每年下达8项12目国民经济和社会发展计划，经每年人民代表大会讨论通过后实施。其项目分别是：生产总值、财政收入、社会固定资产投资、社会商品零售总额、外贸出口、城镇居民家庭人均支配收入、农村居民人均纯收入、人口自然增长率。1996年下达生产总值计划8 000万元；1997—2004年8月分别按12.5%、22.22%、81.82%、-17.5%、9.7%、8.84%、9.29%、9.99%的增减幅度下达生产总值计划。2005年下达生产总值计划26.5亿元，比2004年增11.91%，比1996年增2.31倍；1996年下达财政收入计划6 200万元。随后至2004年分别按20.97%、20%、20%、-0.9%、1.8%、8.17%、-3.93%、10.62%的增减幅度下达年度计划。2005年下达财政收入计划1.98亿元，比2004年增57.9%，比1996年增2.19倍；1996年下达农民人均纯收入计划1 250元，随后至2004年分别按8%、11.11%、13.33%、1.47%、1.22%、-2.06%、1.46%、7.78%的增减幅度下达年度计划。2005年下达农民人均纯收入计划2 150元，比2004年增14.97%，比1996年增72%。

二、中长期计划

县计划部门先后编制“六五”（1981—1985年）、“七五”（1986—1990年）、“八五”（1991—1995年）中期国民经济发展计划。1995年编制《秭归县国民经济和社会发展“九五”计划及2010年远景目标纲要》（1996—2010年）。1999年编制《秭归县国民经济和社会发展第十个五年计划》（2001—2005年）。2005年编制《秭归县国民经济和社会发展第十一个五年规划》。

1981年6月，完成“六五”计划编制，计划至1985年工农业总产值达到1.55亿元；财政收入597万元；农民人均纯收入230元。

1986年3月，完成“七五”计划编制，计划到1990年，工农业总产值达到3亿元，比“六五”时期增加1.46亿元，增长94.18%；财政收入计划实现自给；农民人均纯收入460元，比“六五”时期增加230元，增长1倍。

1991年12月，完成“八五”计划编制，计划到1995年国内生产总值达到4.65亿元；工农业总产值5.5亿元，比“七五”增加2.5亿元，增83.33%；财政收入2 945万元；社会消费品零售总额2.9亿元；农民人均纯收入500元，比“七五”增加40元，增8.7%。

1994年8月，县计划部门开始“九五”计划编制工作。1995年10月提出《关于秭归县国民经济和社会发展“九五”计划及2010年远景目标纲要》建议。同年12月，县委九届三次全体（扩大）会议和1996年3月县第十三届人民代表大会第三次会议讨论通过并批准执行。“九五”计划到2000年国内生产总值为17亿元，比“八五”计划增加12.35亿元，增长2.66倍；财政收入1.1亿元，比“八五”计划增加8 055万元，增长2.74倍；社会消费品零售总额5.5亿元，比“八五”计划增加2.6亿元，增长89.66%；农民人均纯收入1 725元，比“八五”计划增加1 225元，增长2.45倍。县政府于2000年8月对其进行调整，国内生产总值调整为10亿元；工农业总产值调整为16亿元；财政收入调整为1.1亿元；社会消费品零售总额仍为5.5亿元；农村人均纯收入调整为1 750元。2010年远景目标规划：到2010年实现生产总值和人均国内生产总值在2000年的基础上再翻两番，生产总值达到80亿元；人均国内生产总值突破1.8万元；工农业总产值达120亿元；财政收入增加到2.5亿元；农民人均纯收入达6 000元。

1999年2月，开始“十五”计划编制工作。2000年11月，县委十届三次全会及2001年3月县第十四届人民代表大会第三次会议讨论通过，并批准实施。“十五”时期经济与社会发展指导思想是：“围绕依托三峡、开放开发、突出调整、实现小康的总体思路和目标，全面实施外向带动、科教兴县、城乡一体化、可持续发展四大战略，努力把秭归建成经济繁荣、文化发达、社会文明、环境优美的富裕县。”计划到2005年，生产总值达到27亿元，比“九五”时期增加10亿元，增长58.82%，年均增长10%；社会消费品零售总额达到10亿元，比“九五”时期增加4.5亿元，增长81.82%，年均增长13%；财政收入1.8亿元，比“九五”时期增加7 000万元，增长63.64%，年均增长12%；固定资产投资累计25亿元；外贸出口总额1 000万美元；人口自然增长率控制在1.32‰；城镇登记失业率控制在4%；城镇居民人均可支配收入7 500元以上，年均增长5.2%；农民人均纯收入2 200元以上，比“九五”时期增加475元，增长27.54%。年均增长6%；每年引进和开发新产品、新成果20项以上，科技进步对经济发展贡献率提高到50%；适龄儿童入学率保持100%；广播电视覆盖率95%；城镇化水平30%；综合治理水土流失面积600平方公里；治理坍山滑坡10平方公里；林业面积扩大到14万公顷。25度以上坡耕地全部实施退耕还林，森林覆盖率达到50%以上；县城绿化覆盖率40%；城镇垃圾无害化处理率80%，污水处理率50%。

第三节　计划执行

一、年度计划

1996年前，县计划部门未下达年度计划。1996—2005年，绝大多数指标都完成年度计划，有的指标超额完成年度计划，只有少数年度由于下达计划指标偏高，完成比例较低。1996年完成生产总值7.5亿元，占计划的93.8%。1997—2004年依次为：95.7%、148.5%、76%、106%、99.8%、100.3%、99.9%、

100%。2005年完成26.5亿元，占计划的100%；1996年完成财政收入6 436万元，占计划的103.8%。随后依次为107.7%、106.3%、90.7%、94.3%、100.1%、93.7%、100.6%、112.8%。2005年实现2.16亿元，占计划的109.01%；1996年社会商品零售总额实现3.96亿元，占计划的99.1%，随后依次为：87%、98.2%、83%、100%、96.8%、101.3%、102.8%、101.91%。2005年实现9.69亿元，占计划的99.98%；1996年农民人均纯收入实现1 148元，占计划的91.8%，随后依次为99.5%、99.8%、95.6%、95.5%、96.2%、99.7%、103.5%、104.28%。2005年实现1 999元，占计划的92.98%。

二、五年计划

1980年是“五五”计划实施的最后一年，国内生产总值完成8 431万元，全地域财政收入403万元，社会消费品零售总额3 837万元，农民人均纯收入70元。至2005年“十五”期末完成国内生产总值22.71亿元，占计划的84.11%，比“九五”期末增长51.87%。全地域财政收入2.16亿元，占计划的119.91%，比“九五”期末增长105.85%；社会消费品零售总额8.47亿元，占计划的84.74%，比“九五”期末增长84.35%；农民人均纯收入1 999元，占计划的90.86%，比“九五”期末增长21.37%。（见表12-2-1）

1979—2005 年秭归县主要国民经济指标“五年计划”完成情况表

表12-2-1　　单位：万元、元、%

年　份	国内生产总值	占计划	全地域财政收入	占计划	社会消费品零售总额	占计划	农民人均纯收入	占计划
1980（“五五”）	8 431	—	403	—	3 837	—	70	—
1985（“六五”）	16 815	108.83	694	116.25	9 270	—	279	121.3
1990（“七五”）	25 167	83.89	1 526	100	13 319	—	274	59.57
1995（“八五”）	90 296	194.18	4 932	167.47	34 380	118.55	988	197.6
2000（“九五”）	144 637	85.08	10 485	95.32	48 966	83.57	1 647	95.48
2005（“十五”）	227 094	84.11	21 583	119.91	84 740	84.74	1 999	90.86

说明：年份为“五年计划”完成的最后一年

第四节　物资及项目管理

一、计划物资

1979年后，经济体制改革步伐加快，各种计划物资指标逐步取消，向市场放开。1983年，取消棉布、涤棉布、纯化纤布、三项用布、工业用布等计划管理；1986年，取消木材计划管理；1988年，取消食糖计划管理；1989年，取消润滑油、进口农药等计划管理；1990年，取消棉花、农膜、农药等计划管理；1991年，取消工业尿素原料计划管理；1992年，取消焦炭计划管理；1993年，取消生铁、烧碱、纯碱、轮胎、橡胶等计划管理；1994年，取消钢材、汽车、煤油、有色金属等计划管理；1996年，取消水泥计划管理；1999年，取消汽油、柴油、各类化肥等计划管理。1979—1998年，全县纳入计划管理的钢材等各种物资达27种，实际使用均突破计划指标。自1999年开始，市场经济管理体制不断完善，物资计划指标管理亦随之取消。

钢材　1982—1993年，全县计划指标1.16万吨，主要用于全县农业、农机、轻工市场、生产市场、生产维修、金属制品、扶贫和重点项目建设等，其中1984年用于龟坪河、黑龙潭、板桥河、大岭、屈原等5处电站建设90吨。

生铁　1982—1992年，全县计划指标1 190吨，主要用于全县农业、农机、轻工市场、生产维修和全县6个农机具加工厂，其中1987年用于生产维修70吨。

柴油　1982—1998年，全县计划指标1.36万吨，主要用于全县抗旱救灾、柑橘防病虫、农业扶贫和工业及企事业单位等。

汽油　1982—1998年，全县计划指标1.18万吨，主要用于全县党政机关和企事业单位小汽车。

汽车　1982—1993年，全县计划指标93辆，主要用于全县交通系统和工业企业及机关事业单位。

化肥　1982—1998年，全县各种化肥计划指标17.61万吨，主要用于全县粮油定购（含玉米、水稻、柑橘）挂钩、“两杂”食用油奖售和茶叶、桑蚕项目扶持及农业救灾等。

木材　1982—1985年，全县计划指标5 790立方米，主要用于全县农业、轻工业、生产维修和基本建设等。其中，1985年计划木材用于农业400立方米、轻工业200立方米、生产维修1 150立方米、基本建设500立方米。

烧碱　1982—1992年，全县计划指标930吨，主要用于全县造纸企业。

纯碱　1982—1992年，全县计划指标586吨，主要分配到全县各供销社销售。

水泥　1982—1995年，全县计划指标2 900吨，主要用于全县农业、生产维修和基本建设。

二、计划项目

1987年，实施项目管理。经项目单位申报，县计划委员会项目办核实，县政府审定确定建设项目，项目建设完成后，组织检查验收。2001年，制定《以工代赈管理办法》，加强项目资金和项目建设质量管理。2004年，制定《秭归县农业项目投资管理办法》，强化项目管理。2005年，制定《秭归县农业项目建设技术标准 质量标准 投资标准规程》，统一项目技术、质量和投资标准。全县项目建设主要是以工业、农业、林业、交通、能源、社会发展、水污染治理项目和地质灾害治理项目为主，投资来源主要是市以上国家补助和县内自筹（含贷款）。

1987—1995年，全县确定建设项目77个，总投资1.76亿元，其中市以上补助1.4亿元，占79.43%。主要以交通、能源、水利工程、农业开发等基础设施项目为主。1987年，全县实施“农林牧渔业生产基地”项目，利用国家投资100万元，全县建200公顷脐橙基地。1992年，全县实施“长江中上游农业开发”项目，总投资2 411万元，建果园300公顷，改造果园250公顷，建苗圃13公顷。1995年，全县利用国家以工代赈专项资金，对三峡库区和青干河流域水利进行治理。

1996—1998年，全县开工建设项目17个，主要是公路、农田水利和生态环境建设。三峡库区水利专项开发式移民专项、扶持特困村专项、广播设施建设项目等。总投资1.18亿元，其中国家、省、市投资6 463万元，占54.79%。1998年以工代赈总投资1 450万元，实施农田水利兴修水渠8条、1.35万米；农田基本建设300公顷，建水池1 275口、蓄水12.84万立方米，架设引水管道40.5万米，建经济林83.33公顷，兴修县乡、村级公路5条、72公里，搬迁式脱贫200人。

1999—2000年，全县开工建设项目18个，主要以三峡库区水利专项、扶持特困村专项、生态环境综合治理、农村小流域建设、农田水利建设、农村人畜饮水和教育、卫生等建设项目为主，总投资9 103万元，其中国家、省、市投资5 195万元，占57.07%。1999年以工代赈总投资1 350万元，实际投资1 044万元，占77.33%。实施综合治理水土流失20平方公里，改善农田灌溉面积5.33公顷，解决5.8万人和10万头（只）牲畜的饮水困难，兴建道路解决13个村通车难。当年三峡库区水利专项总投资1 560万元，全县21个项目、139处。

2001年，县政府确定为项目年，全县成立项目年活动领导小组，加强项目完成情况检查考核。当年全县开工建设项目16个，主要以农田水利、人畜饮水、林果业建设、县乡村道路、水利专项、县城污水处理、县城垃圾处理、公路建设和教育、卫生、广播等建设项目为主。总投资1.95亿元，其中国家、省、市投资7 694万元，占39.47%。

2002年，全县开工建设项目15个，主要以基本农田、农田水利、县乡村公路、水利专项、农网改造、退耕还林、村村通广播电视等项目建设为主。总投资2.55亿元，其中国家、省、市投资8 427万元，占33.07%。

2003年，全县计划开工项目76个。其中，工业4个，农业7个，交通9个，能源6个，社会发展7个，水污染治理10个，地质灾害治理33个。计划总投资12.96亿元，其中当年计划完成投资5.01亿元。当年，重点项目计划开工9个，计划投资1.22亿元，实际开工建设8个，完成投资1.04亿元。

2004年，全县开工建设项目21个，主要以退耕还林、天保工程公益林、人畜饮水、水利专项，乡镇公路建设等项目为主，总投资2.43亿元，其中国家、省、市投资9 677万元，占39.75%。

2005年，全县计划开工项目70个。其中，工业14个，农业14个，能源4个，交通10个，社会发展12个，水污染及垃圾处理13个，地质灾害防治3个。项目总投资26.17亿元，其中当年计划投资7.53亿元。重点建设项目计划开工19个。其中，工业13个、能源2个、社会发展4个。计划完成总投资2.62亿元，实际完成投资2.04亿元，占年度计划的77.83%。完成年度投资计划和建设项目的11个，分别是森达皮鞋二期、帝元食品污水治理、金山实业污水治理、维维乳业污水治理、三金硅业搬迁技改治污、宜昌花蕾魔芋精粉生产线、鹏程实业水泥熟料生产线、板桥河水电枢纽工程、凤凰山屈原文化村、中国地质大学三峡实习基地项目。已开工但未完成年度投资计划的项目6个，分别是四宝纸业污水治理，楚城生化污水治理、宜昌正富峰魔芋精粉生产线、观音堂电站、长江物流中心、洛兹服饰二期。未开工项目2个，分别是三合化工钙产品生产线和木鱼岛开发项目。

第三章　统　计

1979年后，全县统计工作得到加强。1990年后，积极稳妥地推进各项统计制度改革，开辟新的统计领域，进行多项专项抽样调查和专项普查，为本地制定产业政策、调整生产布局、编制国民经济和社会发展计划等提供可靠依据。加强统计资料编辑，反映本地国民经济和社会发展变化，为领导决策服务。

第一节　统计制度改革

1980年，贯彻落实国家《关于统计报表管理暂行规定》，逐步改革统计方法，废除过时、重复、不科学、不切实际的统计报表和指标。至1985年，各专业（部门）的统计报表工作已走上正轨。建立工业、农业、商业、固定资产投资、交通运输、劳动工资、能源消耗、城乡居民收入、物价等以经济指标为主的专业统计，执行国家统一报表制度。同时，经国家或地方统计主管部门备案，人口及其他社会情况由部门进行统计。

1990年后，以深化统计方法改革为突破口，从推行“农村统计一套表”到1993年在农业、工业、交通、商业、建筑业、服务业和行政事业单位实行7个一套表及固定资产投资一套表制度（简称“7+1”套表）。从1992年的MPS到1995年的SNA新国民经济核算体系的全面过渡，在全县实施的统计调查制度达30多类，覆盖经济、社会、科技等各个方面。同时，还建立以GDP核算为主体、以专业统计为基础的数据质量评估监控制度，并在多数专业实行计算机超级汇总。各项普查制度全面实施，以抽样调查为主体的多种组合式调查方法体系基本形成。此外，在全县范围内开展统计基层组织和基础工作为主的“双基”建设以及小康、贫困、科教兴县、社会发展、经济效益综合考核等统计监测工作。1993年，遵照国家规定停止国民收入核算制度，以国际通用的国民生产总值（GNP）、国内生产总值（GDP）核算制度代之，建立“7+1”套表制度。新的统计报表制度改革在规范统计调查单位、指标体系的除旧布新、统一标准及编码、理顺专业统计之间的关系及改变以往过分依赖全面统计等方面都有较大突破。1998年，改革工业统计调查制度，将过去乡及乡以上独立核算工业企业统计对象调整为全部国有及年销售收入500万元以上非国有企业（简称规模企业，下同）。当年纳入规模企业的有28家，其中县属工业17家。2000年，对商业统计全面改革统计方法，对限额以上单位（年销售收入：批发业2 000万元以上、零售业500万元以上、餐饮业200万元以上）进行全面统计，对限额以下企业、个体经营户实行抽样调查，全县当年纳入全面统计的限额商业企业有3家。2005年，改革工业统计增加值计算方法。从2005年开始，全县规模以上工业增加值计算方法由原来的生产法改为价格指数缩减法，全县33家规模以上工业企业使用新的计算方法计算工业增加值。此后，对国民经济核算制度也进行改革，重点是对国民生产总值计算方法进行较大改革。根据新的计算方法，对统计历史数据也进行必要调整。

第二节　统计调查

一、抽样调查

农民收支抽样调查　1980年，首次进行农民收支抽样调查，全县抽选4个生产队，每队抽选4个农户作为被抽样调查户。由被调查户对每日发生的现金收支情况、每月实物收支、消费支出分别记账，一个季度全县审核、汇总一次。农村抽样被调查样本户的确定：按前3年农民人均纯收入平均数高低排队，分级确定调查乡、村及村民小组，在对确定的村民小组所有农户进行一次性全面调查的基础上，编制收入调查框，按对称等距原则在全县抽取10个村，再抽取10个村民小组，然后抽取100个农户作为被调查样本户，理论上保证代表性在98%以上，每5年轮换一次。在每个调查点上选配一名辅助调查员，负责对该调查点记账情况进行督促、检查，每月将样本调查点记账资料送交县农村社会经济调查队进行电脑处理。全县于1990年、1995年、2000年分别进行样本轮换。从1994年起，农民人均纯收入指标值采用农村社会经济调查队住户抽样调查数据。

城镇居民收支抽样调查　1996年10月，首次在县城归州镇选择有代表性的50户作为常年被调查户进行城镇居民收入、消费情况调查。按照统一要求发给被调查户收支登记日记账本，从11月起，各户将每天发生的收支情况逐笔登记，按月报送县统计部门。自此以后，被调查户每3年一轮换，即用公安部门户口登记资料等距抽取250户作为大样本资料，并对其进行全面调查，利用计算机进行复式抽样，确定有代表性的被调查户。

物价抽样调查　1995年，全县聘请20名物价调查员，在全县选取有代表性的商品品种462个，按照“一个规格品种调查2～3个商店、分品种每月调查3～6次”的原则进行居民消费价格、商品零售价格、农业生产资料价格、农副产品收购价格登记建账调查。

二、专项普查

农业普查 1997年，全县开展第一次农业普查，主要内容包括：农业生产经营单位数量、规模和结构；农业用地在各经营单位分布和使用情况；农业生产性固定资产数量、结构、性能；农村劳动力数量、素质、从事行业和流动情况；乡镇企业和建制镇基本情况等。共计38个项目、694个指标。全县组织动员3 296名普查员，从1997年1月1日开始对全县10.07万个农户、221个非农住户及14个乡镇、466个行政村、429个非农乡镇企业进行普查登记，于1月31日结束。普查资料经审核后，于1998年6月送省录入，全部工作于1999年结束。县农业普查办公室被评为国家级先进单位，2名工作人员被评为全国先进个人、3人被评为全省先进个人。

工业普查 1984年10月，全县进行第二次工业普查。调查136家独立核算企业。其中，全民所有制企业16家，集体所有制企业9家，乡镇企业111家。普查填写正式表格900多份。普查真实反映全县乡以上工业企业产、供、销、人、财、物基本情况。

1995年8月—1996年9月，全县进行第三次工业普查。普查对象为境内全部工业企业和附营工业企业生产活动单位，对乡镇及乡镇以上独立核算工业企业和单位、年产值在100万元以上的村办工业、个体工业、合作经营工业，采取直接发表调查；对年产值不足100万元的村办工业、个体工业、合作经营工业，采取布置卡片形式进行普查。主要内容有16个方面，涉及企业生产、经营、销售、技术、设备、能源、产品质量、劳动工资、科技、外贸等类别。经1 000多名普查人员努力，完成对全县乡镇及乡镇以上130家独立核算工业企业和产业活动单位、281家村办企业、3 557家城乡私营和个体工业户的普查，共填报普查表8 000多张，采集数据近30万个，经审核、计算机汇总处理，获取全面反映全县工业经济现状资料。

2005年，全县以第三次经济普查基本单位名录库及工商、税务等有关部门登记资料为线索，采取由各乡镇组织调查和核查进行工业企业清查工作。经审核，规模以上工业企业单位在2004年基础上，调减3家，共30家。截至2005年年底，全县规模以下工业企业比2004年增加72家，达到162家，增加的是水电、煤炭、茶叶等行业。减少14家，更名3家。

第三产业普查 1993年，全县组建第三产业普查专班90个，普查人员2 100多人，完成首次第三产业普查工作。普查中，对县城内1 175家第三产业单位、8 482名从业人员进行全面普查，对2 370家个体户按比例抽查148个，共填报普查表2 500多张，采集数据16万多个，经计算机汇总处理，获取全面反映全县第三产业现状底数资料308份。秭归县被表彰为第三产业普查先进单位。

基本单位普查 1996年，全县进行第一次基本单位普查，普查标准时间为1996年2月29日。普查对象为所有法人单位及法人单位所属产业活动单位，其中包括各类企业法人、机关法人、社团法人和其他法人以及这些法人所属农业、工业、建筑业、交通运输业、批发零售贸易业、餐饮业、服务业、行政事业单位和社会团体等产业活动单位。普查内容为经济类型、所属行业、从业人员、企业规模、营业状态等各类单位基本属性和主要标识。经过普查登记和数据处理，全县共登记法人单位939个，所属产业活动单位1 737个。秭归县被评为国家级先进普查集体，茅坪镇被评为省级先进普查集体。

经济普查 2004年，全县进行第一次经济普查。在全县开展全面清查和复查，并将清查表录入库与单位名录库核对，将库中有出入的单位分乡镇整理，及时查漏补缺，先后分行业、分城乡开展自查、抽查、复查工作，然后组织人员到各乡镇进行查漏补缺抽查，实行一级抓一级，层层抓落实，不放过一个普查点，保证普查数据质量，严格数据质量评估。利用对比评估法和经验评估法对普查法人单位、产业活动单位及个体经营户重要经济指标进行评估，首先是对普查单位个数进行评估。将普查规模法人单位、产业活动和个体经营户普查单位数分别与工商、税务、民政等部门资料进行核对，认真分析差异。其次是对普查主要经济指标进行评估。根据经济普查表指标间逻辑关系，对重点指标进行重点审核，历史对比，科学推算，然后将评估结果与普查结果进行对比分析，并进行必要修正，使之全面反映全县实情，并认真组织经济普查资料开发工作。全县成立开发小组研究制定经济普查资料开发方案，选取重点开发课题，为地方经济服务。全县第一次经济普查工作共登记个体经营户1.29万户，二、三产业法人单位882家，产业活动单位582家。县经济普查办公室被表彰为国家级先进集体，熊相军、王永传2人被表彰为国家级先进个人。

人口普查　1982年，全县进行第三次人口普查，普查标准时间为1982年7月1日0时。普查结果显示，全县共有93 870户，人口总数395 744人。1982年12月，县政府召开总结表彰大会，对全县先进单位和个人进行通报表彰和奖励。

1989年10月—1991年5月，全县完成第四次人口普查。根据国务院《第四次全国人口普查办法》，在前期准备阶段先后进行户口整顿、普查试点、普查员培训、宣传发动等工作，调查、编写《秭归县行业分类代码本》及《湖北省秭归县地址代码》。全县共划分普查区482个、调查小区3 369个，3 000多名普查员在标准时间（1990年7月1日）挨门入户，逐人逐项对普查对象进行调查登记。普查结果：全县总户数114 834户，总人口420 713人。这次普查评选县级先进单位16个，先进个人272人。秭归县获湖北省第四次人口普查优秀奖，37名普查员荣获省级先进个人。

1998年12月，全县开始第五次人口普查准备工作，成立普查领导小组，下设办公室，内设秘书、宣传、业务、数据处理、综合等组。根据国务院《第五次人口普查办法》，全县划分210个普查区、3 864个调查小区，并按县、乡镇、普查区、调查小区分别绘制普查区域图，编写《湖北省秭归县地址代码》，培训普查员3 500余人。进行户口整顿、普查试点工作，开展形式多样的宣传活动。2000年11月1日0时起10天内对所有普查对象进行调查登记。并在规定时间内按要求完成调查表编码工作，送交上级普查机构进行光电录入。普查结果：全县总户数125 626户，总人口398 021人。这次普查，秭归县被评为全国人口普查先进集体，3人被评为全国先进个人；茅坪镇、归州镇被评为省级先进集体，2人被表彰为省级优秀组织者，36人被评为省级先进个人；周坪乡等4个单位和47名个人分别被评为市先进集体、优秀组织者、先进个人。

第三节　统计管理

一、执法监督

1983年12月，《中华人民共和国统计法》颁布以后，全县坚持每年对所辖区统计报表对象进行统计数据质量检查，并根据检查情况向县人大常委会写出《关于宣传贯彻执行统计法情况的报告》。1986年，县人大常委会作出《关于认真实施统计法 加强统计工作的决定》，县政府也制定《秭归县农村统计工作条例》。随着改革的深入，统计对象及制度均发生变化，为保持统计数据的真实性，1995年，全县认真开展《湖北省统计专业人员实行持证上岗制度暂行规定》《湖北省统计登记试行办法》的宣传检查工作，当年进行统计法规培训4期，参训118人取得统计上岗证。

1998年，县政府下发《关于加强统计工作 规范统计行为的通知》，由县人大常委会、司法局、统计局等组成统计执法大检查领导小组，各乡镇、县直经济主管部门成立相应统计执法检查机构。全县统计人员当年有350余人进行统计法规知识培训，机关、企业、事业单位自查自纠100%，查出各类统计违法案件4起。1998年，县盐业公司、烟草公司、石油公司等10个单位在全省首次数据质量评比中被评为统计数据质量信得过单位。

1999年，县政府下发《关于加强全县统计工作的决定》，进一步强化统计职能，理顺关系，建立数据管理制度。规定凡涉及国民经济和社会发展等重大信息，必须由同级政府统计部门对外发布，其他任何单位和个人不得擅自发布。1999年后，每年开展一次统计执法大检查，乡级统计业务抽样检查，重点行业、重点企业、重点部门、重点项目和重要经济指标等大检查。坚持普法与建章立制相结合、普法与队伍建设相结合、普法与文明创建相结合，将学法、普法、用法、执法融为一体。至2000年，全县共举办专业统计培训20期、1 000人次，参加统计普法培训200余人次，考试合格率100%。

二、资料编辑

1983年，县统计局整理汇编“五五”时期统计资料，即《秭归县国民经济统计资料》（1976—1980年）和《秭归县国民经济与社会发展统计资料》（1949—1982年），系统反映全县国民经济发展的历史状况和中共十一届三中全会后全县在经济建设中取得的成就。1984年，对农业部分收集整理《秭归县国民经济统计资料》（1975—1983年），系统反映全县社会总量、重要农作物产量、集体经营和社员自营产量数据。1989年，汇编《秭归县四十年统计资料》（1949—1988年），准确、及时、全面反映中华人民共和国成立后，全县40年的光辉成就。1991年，整理编印《秭归县“七五”时期国民经济与社会发展统计资料》（1986—1990年）和《湖北省秭归县1990年人口普查资料》，系统反映“七五”时期全县建设成就和发展状况。1992年，根据新的统计制度和价格计算体系，整理编印《秭归县国民经济和社会发展统计资料提要》（1949—1991年）。1996年，整理编印《秭归县国民经济与社会发展统计资料》（1990—1995年），系统反映“八五”时期及改革开放以来，全县以三峡工程动工兴建和“八七”扶贫攻坚为契机，抢抓机遇，加快发展，各项工作取得的辉煌成就。1999年，编辑《秭归县第一次农业普查资料》和《秭归县社会经济发展50年》（1949—1999年），全面系统地反映秭归县50年经济和社会发展巨大成就。2005年，从全县农村经济、工业经济等发展状况和固定资产投资、工业品价格、移民经济等13个方面进行专题分析，形成近30篇统计分析资料，编制成《统计白皮书》，为社会各界人士认识和了解秭归提供参考资料。

1990年后，全县进行多项大型普查工作，根据普查结果编印第三、四、五次人口普查资料，《湖北省秭归县第三产业普查资料》（1994年）、《秭归县第三次工业普查资料汇编》（1996年）等。为反映全县月度和年度国民经济运行和社会发展状况，每年按时整理编印《秭归经济月报》和《秭归统计摘要》。

第四章　物　价

1979年，全县逐步推进价格体制改革，随着国家提高主要农副产品收购价格，进一步放开小商品价格，有控制地调整日用消费品价格，全县价格管理实行“放调结合”办法。按照坚持改革，保持物价基本稳定方针，围绕改革、开放、搞活大局，强化监督检查，加强物价管理，严格控制调价范围和涨价幅度，抑制物价上涨。“八五”时期，全县严格控制物价总水平，积极调整价格结构，稳妥推进价格体制改革，采取“调控结合，做到稳中有活”，促进经济发展。“九五”时期，健全和完善价格调控规范管理机制，加强价格监督检查，抑制通货膨胀。“十五”时期，深化价格体制改革，整顿价格秩序，强化监督检查，规范价格行为，加强收费管理，实行市场监测，推动物价管理由定调价管理型为主向价格管理服务型转变。至2005年，完善市场价格机制，政府定价、政府指导价、市场调节价3种形式并存，通过价格调控，促进工农业生产快速发展和人民生活水平提高。

第一节　价格体制改革

1979年，对价格体系和价格管理进行全面改革。4月，提高粮食、油料、生猪等18种农副产品收购价，当年收购价格总水平提高19.4%；11月，提高猪肉、牛肉、羊肉、水产品、禽、蛋、蔬菜、牛奶等8种副食品及相关制品的销售价格，平均涨幅33.5%。1983年起，对油菜籽、芝麻、花生、油茶子等按“倒四六”比价（40%统购价，60%超购加价50%计价）。1984年起，粮食征购超购试行按“倒三七”比例计价，三类农产品和完成交售任务后的一、二类农产品价格逐步放开。1985年，改革农产品统派购制度，粮、油和重要农产品改为按合同收购，部分执行国家定价，部分实行国家指导价和市场调节价。

1986年起，市场物价进入“放调结合”时期，严格控制调价范围和涨价幅度，适当提高部分商品零售价格和农副产品收购价格。至1990年，农业生产资料、民用工业品、交通运输、经营服务等调价品种多、幅度大，对促进社会经济发展起到积极作用。

1991年起，深化价格体制改革，调控结合，做到稳中有活，在严格控制物价总水平基础上，对29类商品价格和收费标准进行整顿和调整。工业品继续放开搞活，部分平价粮油改为议价销售，调整公路货运价格、汽车客运价格和部分医疗服务收费标准。1992年7月，国合商业放开，除中央、省管商品价格外，其他商品价格由企业根据市场情况自主定价，先后放开商品价格371种（类），实行公路、水路运输价格由国家定价、国家指导价和市场调节价3种；继续提高粮食定购价，适当提高粮食统销价等。年底，全县在农产品收购中，除烟叶、棉花、蚕茧、4种中药材（麝香、甘草、杜仲、厚朴）外，其他农副产品价格已全部放开，在农产品收购总额中市场调节价的比重达77.9%，在社会商品零售总额中市场调节价格比重达94.2%，在生产资料销售收入总额中市场调节价格比重达68.2%。1993年，全面放开粮食购销价格，允许多渠道经营，同时规定粮食最低保护价。至1995年，全县完成以改革粮食购销体制为中心的农产品价格改革，以改革石油产品为中心的工业生产资料价格改革，以改革化肥流通体制为中心的农业生产资料价格改革，以治理乱收费为中心的行政事业性收费管理及经营服务性收费价格改革等，加强宏观调控和管理。1995年起，健全和完善价格调控机制，强化价格管理，运用价格杠杆作用，加强价格服务、价格法制建设和价格监督检查。围绕扩大内需和经济结构调整，运用经济手段调整市场价格，进一步适当调整部分商品价格和服务收费标准。经过多年价格改革，至2005年，政府定价、政府指导价、市场调节价3种价格形式结构发生根本转变，改变单一的国家定价模式，完善市场形式价格机制，国家引导市场，以市场为主体的价格机制基本形成，价格管理体系明显改善。

第二节　物价水平

1985年，全县首次开展物价统计。与1978年相比，全县社会零售物价总指数上升20.7%，消费品价格指数上升20%，农业生产资料价格指数上升23.2%。在各类商品价格中，食品价格上涨最快。随着价格改革的不断推进，国家定价范围逐步缩小，企业定价品种和范围相应扩大，加之供需矛盾突出，在一定范围内造成物价每年上涨。至1989年，全县社会零售物价指数为119.9。其中，农村为121.7，城镇114.3。农民生活费用指数119.4，职工生活费用指数113.9，农业生产资料价格指数124.7。

1990年，大力整顿价格秩序，适当调整价格结构，严格控制物价水平。对物价控制目标实行政府控制总指数，业务主管部门负责大类指数，企业负责小类指数，柜组落实到商品的责任制。至年底，全县社会零售物价总指数为104.3，比1989年下降15.6个百分点。其中，农村和城镇物价指数分别为105和102.5，分别比1989年下降16.7和11.8个百分点；农民和职工生活费用指数分别为107.1和103.7，分别比1989年下降12.3和10.2个百分点，物价上涨幅度在一定时期内得到一定控制。

1994年，价格体制改革不断深化，价格实行市场调节，全县社会商品零售物价指数比1993年同期上升28.8%，居民生活费用价格指数比1993年同期上升31.6%，成为改革以来的最高水平。随着强化控制物价目标责任制的落实，实行“米袋子” “菜篮子”行政首长负责制，做好商品价格调控，强化价格政策。至1999年，全县商品零售价格指数为97.9，居民消费价格指数为100.1，为一度时期的最低指数。

2000年以后，运用市场经济规律和价格杠杆作用，启动市场，扩大内需，刺激消费，促进经济稳定增长，拉动物价总水平合理回升。按照宏观管好，微观搞活要求，加强市场价格管理，实行对重要商品价格监测与调控，建立价格预警机制，严格执行国家规定的物价上涨幅度4%的控制目标。2000—2005年，社会商品零售价格指数分年度分别为99.3、99.6、98.4、101.1、104.7、102.9；居民消费价格指数分别为99.8、99.8、102.2、103.1、106.3、103。物价水平合理回升，基本实现预期控制目标。

第三节 价格管理

一、价格调整

农产品 1985年3月，取消生猪派购，实行指导性议购议销，多渠道经营。4月，对粮食、油料实行合同定购，粮食销售价格分别实行原统销价、倒“三七”比例价和购销持平价3种价格形式。同时，调整烤烟质量差价，在价格总水平不变前提下，调高上、中等烟等级价率，降低下、低等烟等级价率，降低青烟价格。6月，食用油取消地区差价，调整为统一销售价格。10月，柑橘实行指导价格收购，允许上下浮动。1987年4月，理顺粮油议购议销价格，实行差率控制，全县划分二片区，分片定价，每个品种的价格变动必须实行购销价格同时变动。同时，调整烤烟价格，进一步扩大烤烟等级差价。1988年12月，加强粮油市场和价格管理，实行议价粮油价格统一制度，全县一价，稳定市场秩序。1990年3月，调整油脂（油料）收购价格。5月和8月，分别调整烤烟和白肋烟收购价格。11月，提高絮棉、棉套销售价格。1991年4月28日，调整粮油统销价格，从5月1日起执行全省统一价。1992年3月29日，提高粮食定购价格，调整粮食统销价格。1994年6月9日，提高粮食购销价格。1995年5月，提高烤烟40级标准中的上等和部分中下等烟叶27个等级的价格，按1991—1993年收购比例计算，27个等级的收购价由每50公斤194.27元提高到243.48元，提高25.33%；提高烤烟15级标准中8个等级价格，按1991—1993年收购比例计算，8个等级的收购均价由每50公斤165.59元提高到213.19元，提高25.71%。

农业生产资料 化肥、农药、农膜是重要农业生产资料。1979—1998年经历计划管理，实行政府定价、粮肥挂钩、专营等管理办法。1979—1983年价格长期保持稳定。1984—1988年有升有降的调整少数商品价格，实行全县综合销售价。1990—1998年，全县按市场形成价格原则有升有降的调整农资

商品价格。1999—2005年，放开化肥等农资商品零售价格，实行市场调节价。为稳定化肥等农资商品价格，实行进销差率和批零差率控制管理办法。在此期间，主要农资商品每吨平均销售价格为：46%尿素2 000元；17.1%碳铵620元；14%磷肥440元；45%进口复合肥2 500元；45%国产复合肥1 800元；25%复混肥1 140元；农膜1.2万元；50%钾铵磷1.6万元；40%乐果乳剂1.45万元；80%敌敌畏1.45万元；40%水铵硫磷1.5万元；90%敌百虫1.2万元。

能源　全县能源主要包括电、煤炭和成品油。1979—1984年，电价基本稳定。1985年调整电价，工业生产用电和非工业用电，按用电量大小实行分别定价，居民生活用电实行按丰、枯水期城乡同价。同时，核定居民生活用煤价格。1989年12月，全县调整小水电照明用电价，城镇、农村照明不分丰、枯水期一律同价。1991—1995年，先后多次调整县电网价格、提高成品油销售价格和煤炭实行市场调节价。1998年6月，成品油零售价格由政府定价改为政府指导价，由中国石油总公司、中国石油化工集团公司两个集团公司在上下5%幅度内制定具体零售价格，实行城乡统一价格。至2003年，实现城乡各类用电同网同价，居民生活用电、非居民照明用电、商业用电、非普通工业用电、大工业用电、农业生产用电和农业排灌用电执行县内城乡同价。2005年7月全县调整电价，平均销售电价每千瓦时提高0.0282元，大工业、非普通工业、非居民照明、商业电价每千瓦时提高0.042元。至2005年12月，成品油价格先后多次调整，仅2000年5—12月先后8次调整，成品油销价一路攀升。从2005年12月1日起，开始销售和使用乙醇汽油，同普通汽油执行同一价格。

运输　1979—1985年，陆路、水路客（货）运价没有调整，长期保持基本稳定。1985—1993年，先后调整陆路客（货）运价格。1994年6月，水路客运票价实行国家指导价。1995年12月30日，汽车旅客运输中的高级客车、面包车运输实行市场调节价，汽车货物运输中的抢险、救灾、军运等物资运输实行国家指导价，其他货物运输实行国家指导价，允许经营企业在中准价的基础上上下浮动30%。1990—1995年，先后调整水路货运价格，实行市场调节价与国家指导价相结合管理办法。2000年11月调整道路客运价格。从2002年1月起，春运期间公路客运价格上浮20%。2003年8月，规范汽车客运票价，规定汽车旅客运输中抢险、救灾运输及军运实行政府定价，旅客包车运输实行市场调节价，其他旅客运输实行政府指导价。

服务　服务价格主要包括学杂费、医疗服务和自来水价格。1979—1985年，中小学学杂费收费标准一直稳定在1973年水平上未作调整；医疗服务收费分别于1983年9月和1984年6月两次调整；老县城归州自来水价格一直稳定在每立方米0.2元基础上未作调整。1986年1月，生产、生活用水调升到每立方米0.26元。1986年9月，调整中小学杂费、水电费、住宿费，对烈军属和家庭生活确有困难的学生实行减免，但不得超过全校学生的15%，贫困户在校小学生杂费实行免收。1988年4月，修订和增补部分医疗收费项目和标准。1990年8月，调整中小学收费项目和标准，取消不合理收费；整顿医疗收费，加强医疗费管理；收取新增用水户一次性供水设施补偿费，核定日用户人均120公斤用水量。1992年9月调整中小学学杂费收费标准；11月提高自来水价格，生活用水每立方米0.4元，生产经营用水每立方米0.47元，同时建立自来水价格调节基金制度。1993年6月，制定新县城茅坪自来水销售价格，生活用水每立方米0.43元，生产经营用水每立方米0.51元，供水用户均应缴纳自来水价格基金。1994年4月，调整城区自来水价格，生活用水和生产经营性用水每立方米分别提高到0.5元和0.56元，征集自来水价格调节基金每立方米0.02元。1995年、1996年分别调整全县中小学收费标准，取消县实验小学、实验中学、第一中学1994年向学生收取配套费的规定。2000—2005年，中小学收费项目和标准由政府定价，并作为涉农收费重点管理。2001—2005年，县医疗中心、第二人民医院医疗服务项目收费逐年调整，加强服务价格管理。2005年，县城居民生活用水每立方米1.42元，工业用水1.55元，经营性服务用水1.95元，特种用水2.25元。

二、物价检查

价格检查 价格检查从不定期到经常、定期、系统、有重点的进行，以维护国家、集体和消费者利益。1979年，先后组织154人次开展物价检查，共查89个单位、153个门店、842个商品价格，纠正错价254种，清退压级压价、低进高出等多收货款2.55万元。1983年，开展物价纪律大检查，先后组织287人，共查52个单位、1.35万种商品价格，查出多收价款4.69万元，处理收缴财政2.5万元，退还消费者600元，协助经营单位追回进货多付款1.05万元。1984年组织161人次，检查87个单位、3.57万种商品价格，纠正错价315个、874.5元。处理违纪1起。从1985年9月起，全县开展经常性物价大检查，以维护国家、集体和消费者利益。当年检查155个单位、1.25万个产品价格，查处违纪案件89起、违纪金额11.9万元。1986年，全县对粮食、供销系统等9个单位物价政策执行情况进行检查，查处违纪金额26.51万元，实行经济处罚12.98万元。其中收缴财政4.46万元，退还消费者8.52万元。1987—1994年，坚持常年以农业生产资料价格监督为重点的价格检查，查处违法行为，没收非法所得。1995年、1996年，以整顿流通领域价格为重点，促进规范管理，理顺价格秩序，对农资价格、农村电价、农产品收购、交通运价及猪肉、卷烟等市场物价进行监督检查。至2005年，价格检查到各个企事业单位和个体工商户等，完善企事业单位自我约束机制，规范经营商品价格行为，维护消费者利益。

收费检查 对行政事业性收费进行检查始于1989年。当年，重点检查交通、公安、土管等部门违规收费行为，共查违规收费7.43万元，其中收缴财政入库3.78万元。1990—1992年，以治理“三乱”（乱收费、乱摊派、乱罚款）为重点，推行行政收费许可制度，加强对教育、医疗、城建、交通及涉农收费等部门收费检查，共清查收费单位158个，检查收费项目503项，收费标准4 610个，查处违规收费金额219.4万元，实行经济处罚108万元。其中，收缴财政16.9万元，退还用户40万元。取消不合法收费项目29项，纠正违规收费标准3个，变更收费项目63个。1993—2005年，以清理收费项目，减轻企业和农民负担为重点，根据人民群众反映的热点和难点问题，对公安、税务、土管、工商、城建、教育、卫生、农牧、劳动、民政、司法、交通、文化旅游等18个行业和部门行政事业性收费项目和标准进行清理和重点检查，取缔乱收费项目，纠正未使用统一收款收据和未纳入财政专户储存行为，完善行政事业性收费管理办法，规范收费项目和标准，查处违规收费行为。1993—2005年，全县共查处乱收费行为和案件69件，查处非法所得913.26万元，实行经济处罚58.97万元，退给用户和消费者419.26万元。

三、规范管理

1985年，开展物价信得过和计量信得过评比活动及企业物价管理规范化达标活动，通过企业自报申请，各级推荐，广泛征求消费者意见，评委委员实地考察，集体审定批准的办法，评选出县农机公司等国营商贸企业、个体工商户19个门店为物价计量信得过先进单位。1990年，全县开展企业物价标准化管理，验收确认县纺织品公司等39个单位为企业物价标准化管理合格单位。首次评选授予县农机公司为宜昌地区执行物价政策法规十佳单位。1992年，全县开展医疗物价规范化管理，经评审确认县人民医院等21个单位为医疗物价规范化管理合格单位。同年，县物资公司、机电公司、纺织品公司等企业为宜昌市执行物价政策法规十佳单位。2002—2003年，开展物价评选信得过活动，经考核评审，县计划生育服务中心、县第二人民医院被评为年度价格及收费信得过单位。2005年，开展“执行价格和收费讲诚信，守信用”模范单位创建活动，推荐县第二人民医院为全省价格诚信单位。

第五章 工商行政管理

1979年9月，县革命委员会工商行政管理局成立，1980年更名为县工商行政管理局。1979年后，工商部门依法实施企业登记注册，整顿治理公司，取缔无照经营，规范市场主体准入和市场交易行为，恢复和发展集贸市场，由“打击资本主义”逐步向“管而不死，活而有序”方向发展。重点转向打击违法经营、投机倒把、制假售假等违法行为，监督流通领域商品质量，开展各项专项整治活动，维护市场经济秩序。规范市场竞争行为，查处和打击商业贿赂、合同欺诈、垄断经营、虚假广告、商标侵权等违法违规行为，营造公平、公正、公开的市场竞争环境。

第一节 工商行政管理体制改革

1997年，县工商行政管理局将现行审批设立制度过渡为依法核准登记注册制度；拓宽监管范围，从侧重于监管集贸市场拓展为监管经济活动中的各类市场；调整行政执法对象，以重点查处投机倒把活动转为依法规范所有市场交易行为，保护公平竞争，维护消费者权益；强化宏观监管，运用法律和行政手段，维护市场秩序。1999年1月，工商系统实行省以下垂直管理体制。

2002年9月，县工商行政管理局职能进行调整，除履行区域内市场监督管理和行政执法工作外，将由质量技术监督部门担负的流通领域商品质量监管职能划归工商行政管理部门，将指导广告业发展职能划归经济贸易部门管理。同时，县工商行政管理局进行监督方式改革，下放部分登记核准权，对个体农产品贩运业、劳务业、种植业、一般加工业等10个小行业的执照核准权下放给基层分局（工商所），并将登记注册前置审批150多项减少为56项；调整下放一般广告登记权、监督权；下放部分案件处罚权，由基层分局（所）直接查办处罚5 000元以下违法违章案件。在基层分局（所）设置综合办事厅，推行“一口清”“首问负责制”。设置市场巡查队，进行市场综合巡查，并全面推行巡查记录、巡查例会讲评、巡查信息分类分项处理制度。推行委托银行代收各种费用，做到收缴分离、罚缴分离，实行集中核费、集中收费、分片查费的监管方式。

第二节 登记管理

一、工商企业登记

特种行业登记 1979年，全县共登记特种行业企业135户，从业人员373人。按经济性质分，国营99户，从业人员284人；集体31户，从业人员84人；个体5户，从业人员5人。按行业分，旅店业44户153人；旧货业74户138人；印铸刻字8户65人；修理业9户17人。经过清理整顿，对于符合登记条件的125户发给营业执照。其中，旅店业37户，旧货业72户，印铸刻字业7户，修理业9户。待主管部门审批后发照的1户，缓发照的8户，无设备不具备登记发照条件的1户。

工业企业普查登记　1979年12月，对国营、地方国营工业企业，非工业部门所属的国营、地方国营工业企业，一、二轻工业部门集体所有制工业企业，城镇街道和农村办的工业企业，机关、团体、学校和企事业单位等举办的工业企业均进行普查登记。截至1980年年底，全县登记工业企业263户。其中，全民所有制14户，占5.3%；农村社队工业234户，占88.97%；县属集体5户，占1.9%；其他非工业部门办工业10户，占3.83%。

建筑施工企业普查登记　1980年年底，全县普查登记建筑施工企业1户，从业人员125人，资金4.2万元；普查登记农村社队建筑队10户，从业人员576人，资金39.21万元。

工商企业全面登记发照　1981年9月，对商业、饮食、服务、交通运输业全面登记和核发营业执照。至1982年3月，全县登记工商企业1 118户。其中，全民所有制693户，集体所有制425户。实核准发给营业执照工商企业1 112户。从1984年10月开始换发全国统一营业执照。全县应换发1 543户，年底实换发1 182户，占76.6%。至2005年，全县工商企业登记310户。其中，全民所有制企业157户，集体企业74户，公司78户，联营和股份合作制企业各1户。

企业法人登记　1988年6月，国务院发布《企业法人登记管理条例》，全县1989年开始企业法人登记工作，1990年7月登记结束。

公司登记　1994年7月，国务院发布《中华人民共和国公司登记管理条例》。全县开始对有限责任公司登记注册，至1995年年底，全县已登记有限责任公司14户，分支机构7个，注册资金5 092万元。到2005年，国有、集体控股的有限公司79户，注册资本1.49亿元；私营有限公司216户，从业人员4 602人，注册资本3.15亿元。

二、外商投资企业登记

1992年6月—1995年底，全县经市工商行政管理局核准登记注册的中外合资企业4家，从业人员123人，注册资本合计301.26万美元、632万元人民币。1996年新注册登记外资企业5家。1998年注册登记外资企业1家。当年末，设在县境内的“三资”企业7家。其中，企业法人4家，分支机构3家，注册资本131.11万美元。2002年，登记“三资”企业13家，其中外商投资企业6家。2005年，县境内有“三资”企业13家。分别是宜昌珍城房地产开发有限公司、宜昌江都酒店有限公司、宜昌匡通电子有限公司、宜昌澳海魔芋制品有限公司、徐州维维乳业有限公司秭归分公司、宜昌恒生制毯有限公司、中国联通有限公司宜昌分公司秭归县平湖大道营业厅、宜昌联力屈原龙舟俱乐部有限公司、宜昌联力光彩大市场有限公司、宜昌三峡联力观光塔开发有限公司、宜昌联力实业发展有限公司、宜昌联力房地产开发有限公司、宜昌联力旅游开发有限公司。

第三节　个体及私营企业管理

一、证照管理

1983年，中央关于允许农村发展个体工商户政策出台，当年底，全县由1980年的79户个体工商户迅速发展到5 071户7 214人。1986年开始对个体工商户实施验照、换发营业执照监督管理。至1995年10月，全县应验照贴花的个体工商户10年累计6.67万户，实验照贴花总数5.72万户，歇业注销8 341户，遗留待处1 041户。通过验照，查处违章违法行为248户，罚没金额1.19万元；查处无照经营1 569户，补办营业执照1 134户，取缔无照经营435户，停业整顿限期改正2户，吊销营业执照1户。2003年1月6日，国务院发布《无照经营查处取缔办法》。3月，全县开展形式多样的宣传月活动。4月，开展查处无照经营月活动，共查处无照经营578户，立案查处22起，取缔126户，限期办照130户，2名无照经营人员暴力抗法被公安机关分别处以行政拘留12天。至2005年，全县有私营企业251家，个体工商户6 531户，共发放营业执照6 782个，发证率100%。（见表12-5-1）

1980—2005 年秭归县私营企业、个体工商户发证情况表

表12-5-1　　单位：个

年份	合计	私营企业	个体工商户	年份	合计	私营企业	个体工商户
1980	79	—	79	1993	6 289	10	6 279
1981	136	—	136	1994	8 901	48	8 853
1982	206	—	206	1995	11 253	114	11 139
1983	5 071	—	5 071	1996	12 737	217	12 520
1984	6 659	—	6 659	1997	11 935	115	11 820
1985	8 586	—	8 586	1998	11 220	80	11 140
1986	8 367	—	8 367	1999	9 062	64	8 998
1987	7 784	—	7 784	2000	5 592	65	5 527
1988	7 290	—	7 290	2001	8 686	88	8 598
1989	4 988	—	4 988	2002	10 238	139	10 099
1990	4 946	—	4 946	2003	9 642	180	9 462
1991	5 521	5	5 516	2004	6 542	230	6 312
1992	5 202	1	5 201	2005	6 782	251	6 531

二、经营行为管理

1985—1995年，通过日常巡查和专项治理，共查处违章违法经营个体工商户2 308户，无照经营3 148户。其中，补办营业执照2 567户，取缔581户，批评教育836户，停业整顿限期改正13户，处罚1 456户，吊销营业执照2户，移送司法机关处理1户，追补漏交工商管理规费8.87万元。对私营企业监管主要是引导、扶持、教育为主，对极少投机倒把、走私贩私、制假售假、销售腐烂变质食品、虚假广告、合同欺诈、商标侵权等严重违法者进行处罚。2001年4月，开展大规模整治工作，全年清理无照经营510户，查处184户。全年巡查4 800户次，没收销毁假冒伪劣饮品、药品等28个品种，价值26.27万元，捣毁制假窝点12个，案值30多万元。检查农资经营户380户，查扣违法经营化肥50多吨、农药1 580多瓶（件），没收销毁失效变质农药2 776瓶（件），价值8.25万元，规范农资连锁店307户，取缔无照经营农资39户，立案查处52件。检查25家预制板生产厂家，查扣不合格预制板1.03万米，案值12.9万元，立案查处12家，责令停业16家，限期整改3家。取缔地下小钢厂3家，查扣劣质钢材50多吨。对重点公路复建项目100多家施工队进行清理，对严重违法的16家施工队予以立案查处，案值达60多万元。2003年，对涉及“三农”、流通领域等行业的违法经营行为，保持严打重罚。2001—2005年，每年查处个体私营违法经营案件200件以上，罚没款20万元以上。通过整顿和规范，维护市场经济秩序，营造公平竞争环境，促进个体私营经济健康发展。

第四节　经济合同管理

一、合同签订

1980年3月，在茅坪公社开展农商经济合同试点工作，二、三类农副产品签约46种，总金额68.06

万元。当年，全县推行农商经济合同制，经工商部门鉴证的合同达2 779份，二、三类农副产品品种50个，合同总金额562.96万元，占1979年农副产品收购总额的86.6%。1981年3月，在团结公社继续推行农商经济合同制，全公社供需双方共签订烤烟、油桐、乌桕、茶叶等14种农副产品购销合同191份，总金额30.46万元。1982年9月，茅坪公社推行农商购销供应合同试点。在四溪管理区开展以“五定”（定产、定购、定供、定贷、定储）为内容签订农商经济合同。尔后相继在茅坪公社8个管理区、县良种场签订农商合同340份，定购农副产品10个品种。1985年5月1日起，实行凭“法人委托书”签订经济合同制度，当年全县签发“法人委托书”182份。1991年起，全县企事业单位业务人员必须持“经济合同承办员合格证书”和“法人委托书”签订经济合同。为此，1990年对227个企事业单位的法人和经济合同承办员528人进行经济合同法规培训，有468人获得“经济合同承办员合格证书”。1999年，培训发证305人。2002年，培训发证425人。1991年起，统一使用具有规范性、完备性、实用性的购销合同、建筑工程承包合同、加工承揽合同、财产租赁合同、仓储保管合同等合同文本，提高合同履约率，减少合同纠纷，维护社会经济秩序。至1995年，全县使用经济合同示范文本达95%以上。1996—2005年，全县经济合同示范文本的推广使用率始终保持在98%左右。1980—2005年，全县共签订规范性经济合同13.96万份，总金额18.38亿元。

二、监督与管理

1980年，对农商经济合同2 779份、金额562.95万元实行鉴证，履约率74.7%。1982年7月后，依据《中华人民共和国经济合同法》对经济合同鉴证采取双方自愿原则，鉴证范围扩大到购销、建筑工程承包、加工承揽、货物运输、供用电、仓储保管、财产租赁、借款、财产保险、科技协作、联合经营等。把经济合同纳入法制化、规范化管理轨道。1986年，县政府规定对建设工程承包合同必须通过鉴证或公证。1988—1995年，监督检查建筑工程承包合同493份，总金额2.2亿元，其中鉴证合同258份，金额1.76亿元，分别占检查总数的52.33%和79.52%。1980—2005年，全县鉴证经济合同1.17万份，金额6.67亿元，分别占签订合同总数的8.3%和36.26%。

1983年，把合同备案纳入经济合同监督管理检查内容。1984—1994年，检查备案经济合同1 338份，金额1.33亿元，分别占签订合同总数的1.19%和13.92%。1995—2000年，全县经济合同备案率保持在50%以上。2001—2005年，全县经济合同备案率达85%以上，促进平等竞争，公平交易，防止欺诈。

1986年，在归州镇开展创重合同守信用单位活动，经企业自己申报，业务主管部门审查，当年评选出县农机公司、物资公司、归州粮油食品公司为重合同守信用企业，授发重合同守信用牌匾。1995年由县政府命名的重合同守信用企业31家，市政府命名的企业12家，省政府命名的企业8家。1997年市政府命名秭归县重合同守信用企业7家；1998年有7家企业获省级命名；2001年有8家企业获市级命名；2002年有8家获市级、5家获省级命名；2005年有6家企业获市级命名。

三、查处与仲裁

1983—1992年，全县确认无效经济合同25份，金额785.23万元。1983—1995年，查处利用经济合同进行违法活动的案件12起，金额55.9万元，罚没金额2.76万元。2001年查处合同欺诈案2件，为600多人挽回损失90多万元。县农泰农产品开发有限公司法人利用农业订单合同，以几百户农民名义从信用社骗贷70多万元占为己有。农民按合同种植的蔬菜，到收购季节该法人不知去向，给农民造成直接经济损失80多万元。9月20日，将案件移交司法机关处理。2003年，查处县电信局利用广告进行合同要约方式欺骗消费者502人、涉案金额40多万元的欺诈案，责令退还所骗财物20.08万元（即被骗502

人每人400元）、罚款4.5万元。2004年，查处一起利用合同非法转包建筑工程案。对公安县利达建筑工程有限公司利用合同非法转包渔利违法行为进行查处，没收2万元非法所得并处以罚款。

1984年3月，县经济合同仲裁委员会成立，专司调解仲裁经济合同纠纷之职。1989年4月、1990年3月、1994年12月分别设立陕西营派出仲裁庭、香溪派出仲裁庭、茅坪派出仲裁庭。至1995年8月，全县受理合同纠纷案件78起，争议金额6 398.06万元。共调解仲裁经济合同纠纷案件55起，其中仲裁14起。偿付违约金1.39万元，偿付赔偿金2.54万元。1995年9月1日《中华人民共和国仲裁法》实施，经济合同纠纷仲裁不再由工商行政管理机关履行。

第五节　商标及广告管理

一、商标管理

商标注册　1979年10月31日，核转省工商行政管理局核准注册商标的企业4户、5个商标。其中，县橙汁厂“高峡”商标分别注册用于橙汁、水果罐头产品；县服装厂“三峡”商标用于服装；县城关镇工艺美术厂“三峡”商标用于白色粉笔、羊毫小楷笔；县化工厂“三峡”商标用于蚊香。随着社会主义市场经济体制的建立，企业商标意识日益增强，自愿申请商标注册的企业逐渐增多，且已由工业品拓展到农产品。至1995年年底，全县已有15户企业注册商标20个，分别使用在30种产品上。因产品更新，或企业破产，有3户企业自动注销注册商标3个，实有注册商标企业12户，注册商标17个，使用在27种产品上。县橙汁厂、屈原酒厂分别荣获1993年、1995年第二届、第三届湖北省重商标守信誉先进单位。2003年，注册商标4件，其中集体商标1件，填补宜昌市无集体商标的空白。同年，“七星”牌水泥获省著名商标。至2005年，全县有注册商标41件。其中，农产品商标13件，工业品商标21件，文化服务类商标7件。

商标印制　1985年，加强对商标印制单位的管理，严格控制承接商标印制业务，督促建立商标印制审查、验证、登记、存档制度。经审核批准登记县新华印刷厂为全县唯一有承接商标印制业务资格的印制单位，每年进行1～2次检查，发现问题及时处理。1989年10月，经检查，县新华印刷厂不凭工商部门开具的“注册商标印制证明”或“未注册商标印制委托书”，擅自承接商标标识印制业务共21笔，印制各类商标标识共1 222.12万份，业务收入19.93万元，也未建立印制商标登记制度，作出罚款500元处理。1989年5月，县食品厂未经开具“未注册商标印制委托书”，擅自冒用注册商标，在县新华印刷厂印制“屈乡”汽水商标标识100万张，对此处以1 200元罚款。通过管理，至2005年，全县商标印制工作基本走上依法管理轨道。

未注册商标　1986年，对未注册商标实行备案管理，当年有13户企业备案未注册商标25个。自1988年8月1日起，凡未办理备案手续的未注册商标，一律禁止使用。对已备案的未注册商标改变其文字、图形和组合以及改变企业名称、地址等事项，需重新办理备案手续。1986—2005年，全县先后备案未注册商标的企业或个体工商户240户，商标288个。

商标违法查处　1982年，在打击假冒伪劣商品活动中，查处假冒注册商标侵权行为。1986年，对注册5户企业的6个商标使用商标标识34种以及包装产品在包装上未标明厂名厂址的企业与13户未注册商标的企业，备案商标25个进行检查，查处企业随意改变注册商标文字、图案及其组合1户，冒充注册商标1户，在产品包装上不标明厂名厂址7户，不服从商标印制管理随意印制2户。1987年，经过两次对有商标的企业进行检查，共查出45户企业及个体工商户有违法行为。其中，假冒他人注册商标9户，产品不标明厂名厂址36户，县工商行政管理局分别进行处理。其中，没收商标标识10万张，各种包装袋2万个。1989年，对全县使用商标进行清理整顿，查处商标违法案件3起，罚款1 720元。对1家企业擅自改变商标图案和擅自使用酒的特定名称限期改正。1994年，对13户企业17个注册商标进行验证，检查19个企业20个未注册商标，收缴冒充注册商标标识1.23万张，撤销备案商标1个，对11个企业任意使用他人商标作责令检查、并处罚款、封存货物等处理。1996年，发现并收缴不规范商标标识3 824份，印刷品3 218份，全部销毁。1999年，收缴冒充他人注册商标标识3 100份，查扣假冒酱油3 100瓶，查处商标侵权案1件。2003年，在对商标执法检查中，没收假冒“南孚”电池注册商标，并处罚款2 400元。2004年，全县开展规范“三店”（专卖、专营、专修店）经营，保护商标专用权，维护消费者合法权益整治活动，共检查专卖店、专营店、专修店146家，发现无协议书仿名牌的17家，招牌与证照不符的6家，并对违法者进行当场处理。

二、广告管理

1989年，经核准登记广告兼营单位1户，从业人员3人，年经营额1 500元。至1995年，全县已核准登记广告经营单位4户，从业人员38人，发布广告信息878条，年经营额6.8万元。户外张贴广告1.6万张。1992年，首届屈原文化节期间，县水泥厂等21户企业规范设置广告牌60块，形成归州镇建设街广告一条街。1994年，县广播电视台被推荐发展为湖北省广告协会会员。2004年，全县有广告经营单位3家，从业人员17人，广告经营收入84万元。2005年，全县有广告经营单位6家，营业收入127万元。

1989年，对广告经营者和户外广告进行监督检查，解决无照经营和清除户外乱张贴、内容不实、不健康广告。1996年，对36家企业、48个个体经营户、3家新闻单位媒体广告进行检查，销毁图片广告1 000条，收缴销毁违章广告168条、小报小刊1 284份。1999年，全县对医药广告进行检查，对擅自发布医疗、药品广告的单位和个人进行处罚，没收非法药品广告1.7万多份，清除违法广告牌82块，立案查处广告违法案件2件，罚款1 500元。2000年，检查广告445户，收缴各类违法广告宣传单3.5万份，清除违法横幅4幅，灯箱广告12个。2001年，审查广告110条，收缴违法印刷品广告50多万份，拆除违法广告牌75块，取缔非法印刷广告窝点12个，立案查处广告违法案件11件。2002年，收缴违法印刷品广告20多万份，查处违法广告案件16件，罚款2万元。2003年，再次对全县79家医疗机构（其中个体48家）和3家医药经营单位、广告发布单位进行检查，对5件无“医疗广告证明”和违反规定发布的性病广告立案予以查处。2004年，全县继续加大对医疗、商业欺诈、食品类广告的监督和整治力度，有效地规范广告经营秩序，全年立案查处违法广告案件6起，清除户外广告14条，罚款1.12万元。2005年查处广告违法案件5件，罚款1.43万元。

第六节　市场监管

一、集贸市场

1984年10月，建立全县第一个棚顶市场——归州镇十字街集贸市场（后更名为归州农贸市场），建筑面积450平方米，货台长178米，摊位59个。至1995年，全县建有设施的市场17个，建筑面积1.01万平方米。其中，室内市场8个，建筑面积8 736.15平方米；棚顶市场9个，建筑面积1 383.25平方米。1984年起，集贸市场管理以检查市场有无无照经营、有无禁止上市物资、有无短斤少两和欺行霸市行为、有无假冒伪劣及腐烂变质商品出售等违法违规行为等。从1987年开始，以查处制造、销售假冒伪劣商品为执法重点。在市场管理中，实行“三专一管”（专门机构、专管人员、专管办法，管理目标）和对经营者实行“两挂、一标、一佩戴”（悬挂营业执照和摊位证、明码标价、佩戴服务证）制度。

从1993年起，集贸市场实施市场登记制度，确认市场经营者资格。至1994年，全县完成集贸市场登记工作，登记办证3个。其中，属市工商行政管理局登记2个（归州综合集贸市场、茅坪农贸市场），县工商行政管理局登记1个（茅坪三峡二圣寺商业文化城）。1996年，设立市场巡查大队，坚持常年巡查新监管方式，由传统静态管理转变为动态管理，融定期检查、专项检查、随机抽查、达标检查为一体，监管力度加强。1999年，进一步完善集贸市场巡查制度，制定《市场巡查办法》和《市场巡查工作规范》，成立市场巡查执法大队，建立完善“3·15”消费者申投诉网络，开通“12315”申投诉专线电话，配备“3·15”市场巡查执法专用车等措施，加强市场巡查。2000年，全县建立市场巡查协调指挥中心，组建6个市场巡查分队和13个市场巡查小组，围绕反假冒、反欺诈、反误导等加强市场监管和市场巡查力度，严厉打击假冒商标、市场垄断、价格虚假、商业贿赂等违法行为，规范市场交易行为。开展创建以“执行政策好、市场秩序好、食品和环境卫生好、公平交易好、服务工作好，依靠群众监督好”为标准的文明集市活动。

二、专业市场

1994年，开展农资市场清理整顿。当年检查588户、农资品种141个，收交归口部门经营农资品种32个，查扣封存“三无”（无厂名厂址、无生产日期、无保质期）农药品种22个、1.21万瓶（袋），纠正超范围经营79户、处罚25户、罚款3 066元。查处违法经营农药16.71吨，查扣、封存、销毁假冒伪劣农资22种，折款8.75万元。此后，每年开展2次以上化肥、农药、农膜、种子等农贸市场专项整顿，保护农民利益。

1989年3月，对煤炭开采行业进行整顿。取缔无照开采小煤窑230户，吊销14户营业执照，取缔无照经营和超范围经营个体户282户，注销23户企业煤炭经营范围。经连续几年整顿规范，至2003年，全县登记发照煤矿42家，无非法开采现象。

1994年4月，对成品油批发和零售网点户进行整顿，取消经营资格19户，责令整顿21户，待颁发证照1户。2001年，对成品油经营企业及个体经营户重新审核登记，取缔4家不合格经营单位，责令停业整顿11家。2002年，取缔无证经营加油站点7个，关闭不符合条件的站点6个，责令有消防隐患的7个站点停止汽油销售活动。

1984年8月，对食品、饮食业进行整治。发现有38户无证经营，145户无卫生许可证，247人无健康证，掺杂使假16户，违反食品卫生法规90户。处理限期补办手续205户312人，限期改正54户，封存及销毁腐烂变质原料及食品32个品种。自1985年后，全县每年开展食品、饮食业专项整治，公开销毁假冒伪劣食品，处罚违法经营业主，取缔无照经营，规范经营主体资格。至2005年，全县食品、饮食经营秩序基本达标。

1985年，对运输市场的“三户”（个体户、联营户、承包户）船舶进行清理整顿。其间，有40艘船舶补办营业执照。1991年5—9月，对个体运输市场进行清理整顿，查出无照经营的车船332台（艘），占51.2%，整顿中督促办理营业执照316台（艘）。1994年，清理整顿水上运输市场，清理出无证运输船157户，除限期整改8户外，其余均取消营运资格。1995年8月，全县清理取缔“三无”（无船舶检验合格证、无营运证、无航行证）船舶，对非法载客的37艘船舶强行拆除设施。1999年以后，全县把水陆运输市场管理纳入经常性动态管理，把登记发照与规费收缴有机结合，查处、取缔违法经营户，从而改变“照办不了，费收不了，案查不了”的被动局面，运输市场管理规范。

1989年，对钢材经营企业进行清理整顿，审查经营资格，注销钢材经营企业27户，重新核发22户营业执照。1994年后，强化建材市场监管，严防不合格建材产品流入市场。2001年，先后取缔6家预制构件生产厂家，没收不合格预制板1万多米；取缔3家小钢厂，查封不合格钢材50余吨。

1985年，在归州、香溪等地设立22个木材交易市场，放开木材交易。1993年4月，木材交易市场取消，从事木材经营、加工的个人需经审批核发营业执照，禁止擅自进山收购木材和木材加工。至1993年8月，全县登记发照经营木材、木材加工的企业和个体户78户（企业24户、个体户54户）。

1991年，对房地产交易市场进行调查和管理，对归州、香溪内的117户房屋出租核发“临时经营许可证”。1993年，对归州、香溪、茅坪、陕西营等集镇的房地产交易活动进行清理登记，清出房屋出租户411户（登记办证107户）、2.3万平方米。1995年后，房地产市场转到以加大房地产开发、房屋预售、转包渔利等监管力度上来，规范售房行为。2002年，对茅坪地区房地产开发商进行重点清查，查清房地产开发商14家，开发项目18个，开发房屋总面积7.6万平方米，项目总投资0.8亿元。立案查处违法违规房地产开发案6起，案值450万元。截至2004年，查处房地产违法经营案件11件（其中无照经营5件），案值830余万元。

1996年后，开展建筑市场登记准入、合同监管工作，建立建筑市场主体资格经济户口档案和建筑市场在建工程项目情况档案，加大对建筑市场的巡查、处罚力度。至2003年，全县中标项目备案率100%。

1989—2005年，配合文化、宣传等部门对文化、娱乐市场进行专项整治，开展“扫黄打非”活动，取缔“黑网吧”，规范文化、娱乐市场。

第七节　经济检查

1980年，查处投机倒把案件49件，罚没金额0.3万元。1982年，全县查处投机倒把案件37件，罚没金额1.74万元。1985年，全县清理党政机关和党政干部经商办企业行为，打击就地转手倒卖活动，取缔制售伪劣商品和打击走私贩私违法活动。全年查处案件111件，罚没金额5.1万元。

1989年，全年查处投机违法案件584件（其中投机倒把36件），罚没金额10.41万元，为受害者追回金额7.47万元。1995年，全县开展“打假保春耕”“打假保健康”“打假保节日”“打假保名优”的专项执法检查及药品、文化、烟草、粮油、煤炭、交通运输市场的执法检查，共检查2 296户工商企业和个体工商户，查获假冒伪劣商品总价值11.18万元。全年查处投机违法案件121件（其中投机倒把33件），罚没金额3.92万元。1997年，以“公平交易年”活动为契机，深入开展“一反两保五打击”活动。即反不正当竞争行为；保护消费者利益，保护生产经营者权益；打击假冒伪劣商品，打击市场欺诈行为，打击市霸，打击强制交易，打击无照经营。2001年，加大经济监督检查力度，规范市场经济秩序。共巡查经营户4 800户次，当年立案查处各种违法违章案件472件，罚没金额48.31万元。2002年，对与人民生命财产安全相关的保险、药品、房地产等8大行业进行整顿和规范。规范肉食市场秩序，让人民吃上放心肉；整顿保险市场秩序，规范并登记4家保险公司，立案查处保险公司对学校或教育主管部门进行商业贿赂从而强制学生购买保险的案件2起，案值13.4万元；打击药品回扣，规范交易行为，立案查处医疗机构收受药品回扣不记入相应科目、冲减成本，致使药价虚高的案件4起，案值188.9万元；规范房地产市场秩序，打击违法开发，规范售房行为，清理房地产开发商14家，立案查处6起，案值450多万元，罚款4万元；整顿规范日用品市场秩序，打假、打诈，营造良好交易环境和消费环境，当年查处流通领域案件393件；整顿规范商品质量秩序，对涉及人身安全、名优产品、涉农的商品质量进行专项整治。抽样检查钢材、汽车、摩托车配件等6个品种，查扣不合格商品4种，价值1.43万元，立案查处19起，罚没款3.97万元。查处食品案件93件，罚没款10.4万元。没收销毁各类假冒伪劣商品10万多件，价值24万多元。全年查处各类违法案件473件，罚没款36.1万元。1996—2005年共查处各类违法违章案件2 937件，罚没款273.54万元。

第八节　规费征收

市场管理费　1979年，对合作商店按营业额收取1‰管理费，有证个体商贩每月收取1～3元管理费。1983年起，对进入集市交易的商品按成交额收取1%管理费，起征点为5元，1984年10月提高到10元。1992年，调整部分交易项目管理费，汽车按经销单位销售额收取不超过0.5‰、旧机动车（含旧汽车、拖拉机、摩托车）按成交额收取不超过5‰交易验证管理费，木材按成交额收取不超过1%市场管理费。1997年4月—1998年，取消建筑市场管理费收费项目和私营企业管理费及汽车、钢材市场管理费。1979—2005年，全县收取市场管理费1 047.34万元，年均38.79万元。

个体户管理费　1983年8月，按省工商行政管理局、财政厅规定对个体户开始按一定比例收取管理费。1984年7月规定农村拖拉机参加营业性运输，按运输收入的0.5%收取工商管理费。1992年7月，个体户进集市贸易市场定点经营，按营业额的2.5%合并收取个体、市场管理费。1999年，个体工商户管理费下调20%执行。1984—2005年收取个体工商户管理费4 567.77万元，年均207.63万元。

企业登记注册费　1981年，开始收取企业登记注册费。收取标准经过多次调整。1982—2005年，全县收取企业注册登记费256.69万元，年均10.7万元。

个体工商户登记费　1981年，个体工商户开业登记收费5元，变更登记收费2元。1988年进行调整。至1995年4月，登记费调整到18元。1984—2005年，全县收取个体登记费85.01万元，年均3.86万元（1984年1月前个体、企业登记费统计在一起，难以分开）。

经济合同仲裁和鉴证费　1984年，开始收取经济合同仲裁费和鉴证费。1995年，经济合同仲裁职能从工商部门划出，此项收费停止。2004年6月，取消合同鉴证，收费亦停止。1985—2004年，全县收取经济合同仲裁费、鉴证费7.06万元。

广告经营单位登记费　1982年7月，对大、中、小型广告经营单位开业收取登记费。1986—2005年，对全县广告经营单位收取登记费8.1万元。

第九节　消费者权益保护

一、网络建设

1989年10月5日，县消费者协会第一届委员会正式成立。1993年3—12月，先后有香溪、梅家河、水田坝、归州、杨林桥、芝兰、周坪、郭家坝、沙镇溪、两河口等16个乡镇成立消费者协会分会。1999年，“3·15”消费者投诉、举报中心设立，全县各工商所、定型集贸市场、社会网络单位设立工作站。县工商行政管理局投诉举报中心由经济检查股、经济检查大队（市场巡查大队）、消费者协会办公室联合设置，合署办公，全权受理消费者投诉举报及处理，开通“12315”投诉专线，按“受理—调解—立案—处理—反馈”工作程序运作。同时，按照《工商行政管理受理消费者申诉暂行办法》，建立对消费者投诉举报受理登记、调解协议、案件转办、立案调查、报告请示、值班值勤、告之反馈等一系列制度，确保实现有电必接、有求必应、有诉必理、有案必查的“3·15”申投诉中心功能。

2002年，继续加强“12315”网络建设，做到“三落实”“四到位”“四统一”。“三落实”即组织机构、人员、各项制度落实。消费者申投诉中心下设6个工作站，100个申投诉点，网点延伸到社区、农村，建立《消费者申投诉须知》《“12315”运行规则》等多项制度。“四到位”，即宣传、人员培训、创建消费者满意街、服务承诺到位。“四统一”，即统一申诉举报程序、办事时限要求、信息反馈渠道、各类登记资料。

二、投诉受理

1999年，消费者投诉建立移民投诉、农民投诉、妇女儿童投诉和旅游投诉“四优先”制度。2000年接待消费者咨询1 128人次，受理投诉141件，调解终结131件，为消费者挽回经济损失27.75万元，其中加倍赔偿13件，赔偿金7 400万元。2002年，受理消费者投诉147件，调解146起，终止调解1起，为消费者挽回经济损失11.74万元；受理举报案11件，查办10件，案值25万多元。1996—2005年，共受理消费者投诉1 520件，其中成功调解1 504件，为消费者挽回经济损失141.1万元；受理消费者举报并立案查处的案件130件。（见表12-5-2）

1996—2005 年全县受理消费者申投诉情况表

表12-5-2　　单位：件、万元

年份	受理投诉	调处投诉	挽回损失	受理举报案件
1996	108	108	6.45	—
1997	87	87	9.71	—
1998	127	126	30.3	—
1999	110	110	12	—
2000	141	131	27.75	—
2001	392	388	17.4	—
2002	147	146	11.74	11
2003	84	84	9.68	49
2004	228	228	9.8	65
2005	96	96	6.27	5
合计	1 520	1 504	141.1	130

三、“3・15”活动

自1986年“3・15”国际消费者权益保护日开展以后，全县每年在保护日期间，开展形式多样、丰富多彩的保护消费者权益活动，现场发放宣传资料，接待消费者现场咨询，现场受理消费者申投诉，展示或销毁假冒伪劣商品。同时，通过举办“消费者权益保护法”讲座，在电视台开辟“维权之声”“消费警示”“工商热线”等专栏；在城镇创建“消费者满意一条街”；在经营户中评选“无制售假冒伪劣门店”“放心门店”；在工商行政管理系统开展“消费购假找工商”“光彩服务周”“为民做主、为民维权、为民解难”等多项活动，营造宽松和谐的消费环境。

第六章　质量技术监督

1986年12月，全县计量、标准化、质量、锅炉及特种设备安全等监督管理机构成立，贯彻落实《计量法》《标准化法》《产品质量法》《特种设备安全监察条例》等法律法规。1988年，进行县境内标准化管理，抓全县工业企业质量管理，指导企业争创精品名牌产品和工业标准化工作，开展工业产品标准备案、标签认可及农业标准化工作，促进农业产业结构调整。同时，抓组织机构代码工作，实现对组织机构代码动态及规范管理。全县开展计量器具检定、产（商）品质量检验、锅炉压力容器等特种设备安全监察，依法查处产（商）品质量、计量、标准化及特种设备等方面违法违规行为，组织开展专项执法检查，经多年努力，全县质量技术监督工作取得较大成效。

第一节　产品质量监督检验

一、商品质量监督

1996年4月，对流通领域商品进行质量监督。至1998年，对新县城建设使用的水泥、钢材、红砖、土板砖、水暖构件等建筑材料进行406批次抽查，合格率由1996年的65%上升到1998年的96%。1999—2001年，对涉及国计民生、人民群众生命健康和财产安全的啤酒、农资、汽配、食品、电线电缆和家用电器等商品进行627批次抽查，合格率呈逐年上升趋势。2002—2005年，流通领域商品质量监管职能划归工商部门后，对国家强制性安全认证商品和政府委托的农资、建材专项管理商品进行324批次抽查，平均合格率89%。

二、产品质量监管

1996年起，对县境内生产的水泥、造纸、食品和纯净水等生产企业按照省、市确定的定期检查计划、产品目录和检验周期进行定期监督检查，至2005年，抽检各种产品869批次，合格率98%。先后有12家企业和单位通过质量体系认证，4家宾馆饭店获得星级认证。2005年，县三金硅业有限公司的“三金”牌金属硅荣获省名牌产品称号、“秭归脐橙”获得国家地理标志保护产品称号。

第二节　计量及标准化管理

一、计量管理

1984年2月，推行法定计量单位，对商贸计量器具进行管理，如台秤、案秤、杆秤、竹木直尺和食用油、煤油、白酒提子等进行检定和修理。同时，对餐饮业的定量食品（包子、馒头等）和商店定量包装商品进行市场监督。随着经济发展和科技进步，计量器具不断升级换代，计量标准器具不断更新。1990—2003年，全县计量检验检测先后建立加油机容量检定装置、标准砝码组、二等克组码标准器组、精密压力表检定装置、天平检定装置、衡器检定装置、单相电能表检定装置、三相电能表检定装置等计量标准。1992—2005年，检定计量器具10.93万台（件）、修理3 081台（件）。

二、标准化管理

1988年，开始标准化管理。当年，收集各种产品标准300多种，为120家企业查找标准200多种，并按标准化工作要求及时对标准进行整理和更新。当年，先后对食品、信封的生产管理进行规范，全县食品生产企业执行食品标签标准合格率由1987年的5%提高到75%。1991年，推行《质量管理与质量保证体系》，使多家企业生产管理走上标准化轨道。1994年，推行国家信封标准，未经监制的信封，任何单位和个人不得销售，邮政部门不予收寄。1995年7月，对县境内各食品生产企业产品标签进行登记、审查、备案，对无中文标识和不符合《食品标签通用标准》的食品禁止销售。1998年，全县对

180家企业产品标准进行注册登记，产品标准覆盖率达98.6%以上，当年，获得“湖北省消灭无标生产县”称号。至2000年6月，全县进行产品标准登记256家企业，28个品种，146个系列。当年8月，制定《无公害秭归脐橙》《无公害秭归脐橙技术规程》两个农产品标准公布实施，实现秭归农产品标准零的突破。至2005年，制定、修订企业产品标准近100个，收集各种产品标准300多种，为120家企业查找标准200多种，并按标准化工作要求及时对标准进行整理和更新。2005年，省质量技术监督局发布“秭归脐橙”为省级地方标准，从10月1日起执行。

1993年，全县开始对企事业单位和社会团体建立《统一代码标识制度》，1997年秭归县被评为全省组织机构代码工作先进单位。2000年，全县代码办证实现同省信息中心联网，缩短代码办证时间。至2005年，全县代码办证1 680家。

自2003年起全县进行条码管理，2003年办理条码2家，2005年办理条码3家。

第三节　执法监督

1977年，建立锅炉安全技术档案，一炉一档，对不合格锅炉不准作蒸气锅炉使用，定期对司炉人员培训。1982年，县劳动部门设立锅炉监检员。1999年，全县加强特种设备安全管理，对安装、使用、修理、清洗、改造特种设备的单位进行监督检查，制止违章作业和违章指挥行为，发现不安全因素限期改正或停止设备运行。2003年9月，对全县16所中小学16台不合格锅炉进行更换，消除重大安全隐患。

县质量技术监督局积极依法查处县境内生产、流通领域中的产品质量、标准违法行为和流通领域中的计量违法行为，实施产品质量监督检查，开通全国联网的“12365”投诉电话，加强监督。2001年，端掉9个食品和“黑心棉”制假窝点。5月10日、9月30日，两次举行收缴伪劣食品和“黑心棉”的销毁活动。2003年2月，全县开展农资打假专项执法检查，查获杨林桥镇等地出售假冒“葛洲坝”牌过磷酸钙肥料70余吨，处罚万元以上案件3起。同年3月，开展集贸市场专项整治活动，对计量器具检查、定量包装商品抽查，配备公平秤、标准砝码、专兼职计量质量监督员，实施法律法规、监管事项和收费标准三公平，建立计量质量工作责任制、市场负责人员会议制度和监督管理变动机制。同年4月，全县在抗击“非典”（非典型性肺炎）工作中，查获劣质口罩615个，查其来源捣毁批发窝点1个。至2005年，全县共查处各类质量技术案件396起。

第七章　审　计

1984年2月，县审计局成立。先后负责全县工交商贸、行政事业单位、财政金融、农村移民、基建投资、领导干部经济责任等审计监督，审计工作逐步走上制度化、法制化、规范化。1988年11月，县审计事务所成立，属独立承办审计查证和咨询的事业单位，后改制成为社会中介组织，业务上接受审计部门监督。至1999年12月，县审计局共完成财务收支审计160项，基建预决算审计345项，验资年检、资产评估、清理债权债务等1 000多项。2000年4月，县经济责任审计分局成立，围绕“服务干部监管、强化审计监督”，客观公正地评价领导干部任期内经营管理业绩，促进经济和廉政建设。

第一节　财政金融审计

1985年5月，开始实施财政金融审计。当年对县工商银行1983—1984年技术改造贷款和县农业银行1984年财务决算进行审计，查出违纪违规资金105.9万元，其中缴入中央金库3.9万元。1988—1989年先后对县保险公司、归州镇税务所、茅坪税务所、茅坪财政所进行审计，查出违纪违规金额25.4万元，督促当年增加税收7.7万元。1990—1996年，先后对县农业银行、建设银行、工商银行、人民银行、保险公司及香溪财政所和税务所、沙镇溪财政所和税务所、杨林桥财政所和税务所进行审计，查出违规违纪金额1 790.3万元。1996年对县农行、保险公司资产负债及全县15个县直行政主管部门、66个二级单位财政预算执行情况和其他财务收支情况进行审计，查出违规退库、隐瞒转移预算外收入、账外资产等违规金额3 194万元。1997—1998年，先后对县财政局、地方税务局、地方国库及县农业银行、人寿保险和财产保险进行审计。通过审计，查清财政收支平衡情况和财税管理现状，查处财税及有关部门和单位存在的违规违纪行为，审计查出违规违纪金额3 952万元，收缴财政84.9万元，督促落实资金到位1 427万元。1999年，围绕规范预算分配秩序和财政管理行为，对财政部门及参与预算执行单位进行财务收支的真实、合法性审计，查出有问题资金6 290万元。同时，围绕整顿金融秩序，对县建设银行、工商银行进行资产、负债、损益审计和审计调查，查出个别银行私设“小金库”、虚列支出、隐瞒收入、挤占成本、账外收支等违规违纪金额3 403.1万元。处理收缴财政97.8万元，补交各项税款37.8万元。2000—2005年，先后对县财政局、乡镇财政所及财政预算执行单位进行审计，查出违规违纪金额1.89亿元，处理收缴财政119万元，收回挪用财政周转金810.9万元，清理取消不合理收费项目81个，撤销银行账户116个。

第二节　基本建设审计

1997年始开展基本建设审计。当年，对移民主管部门实行财务收支与基建预决算审计相结合，对升坪电站水利枢纽工程、茅坪邮电分局5 000门程控电话移民基建项目、茅坪供销社平湖综合楼等3个单位基建预、决算进行审计。查出计划管理失控、挤占挪用基建投资、多计和少计工程款等违纪违规金额337.7万元。1998年10月，以项目资金活动为主线，以材料采购工程造价为重点，分别对县建设委员会、民政局、残疾人联合会、土地管理局、信用合作社联合社等单位基本建设项目竣工决算进行审计，查出超标准建设、虚假冒领工程款、挤占挪用专项资金等违规金额1 038.5万元，上缴税金22.9万元。1999年，开展对新县城建设财务审计调查工作，审计调查175个单位、投资额17.1亿元。在审查基建项目投资真实、合法性基础上，查清建设资金来源、建设规模和标准执行及资金缺口状况。当年，对县委办、人大、政协、纪委等8个单位住宅楼基建财务决算进行全面审计，查出挪用资金、超计划投资违纪违规金额617.3万元，收缴财政13万元。2001年，对县财政局移民迁建项目投资计划执行情况、基建资金来源和使用情况及工程结算进行审计。审计投资金额1 753.5万元，审减金额192万元，审减比例10.94%，查出超计划、挤占基建投资677万元。2004年，加大基本建设投资审计监督力度，聘请2名专业技术人员专门从事基本建设投资审计工作，健全和完善投资绩效审计办法，规范投资绩效审计，突出造价审计。当年县政府出台《秭归县政府投资项目审计暂行办法》，全县基本建设投资审计工作步入规范化轨道。至2005年，对县法院审判综合楼和新县城及沙镇溪、郭家坝垃圾处理厂等8个基建项目进行审计，审计投资金额6 786万元，审减金额599.6万元，审减比例8.8%，查出超计划投资等违纪违规金额1 185.88万元。

第三节 工商企业审计

1984年3月，进行工交商贸企业审计。首次对县物资公司试审，随后对县燃料公司和运输办公室1983年财务决算进行审计，查出违纪金额27.7万元，收缴财政11.62万元。1985—1993年，先后对县粮油、石油、烟草、农机、物资、纺织、生资、五金、木材、客运、外贸、食品、煤炭、水电等公司及酒厂、油厂、水泥厂、纸厂等县属工交商贸企业及所属核算单位的财务收支、投资效益、专营资金等进行审计调查，查出有的单位乱挤乱摊成本费用、多列多报利润、挪用流动资金、违控购置、截留利润、私设“小金库”、滥发补贴等违纪违规资金1 833.41万元。根据不同情况分别作出调账、限期收回等处理。其中，收缴财政154.36万元，补交税金及能源基金35.1万元。1994—1997年，先后对县橙汁厂、花炮厂、石油公司、烟草公司、电力公司等国有重点企业及粮食、生资、五金交电、织布厂、卷烟厂等商贸企业资产、负债、损益、财务收支情况进行审计调查，发现企业盈亏核算不实，普遍存在虚盈实亏、损失浪费、国有资产流失、挤占成本费用及私设“小金库”、账外收入、违控购置等问题，查出违纪违规金额2 151.4万元。处理收缴财政43.67万元，追回挪用专款27万元，审增国有资产48.7万元。1998年，为促进粮食流通体制改革，对全县粮食企业1992—1998年的新增财务挂账和不合理占用情况进行审计清查，审计查明，全县粮食企业新增挂账2 395.6万元，不合理占用农业发展银行贷款1 694.4万元，审减虚报多列财务挂账185.2万元。1999年后，县内国有企业逐渐减少。至2005年，对县酒厂和长江运输服务有限责任公司资产、负债、损益及县坑口火电厂、进出口公司、建筑总公司、电力公司、商贸总公司、自来水公司、烟草公司等企业财务收支进行审计，查出挤占挪用、损失浪费、私设“小金库”、资本不实、少计收入、核算不实等问题，涉及违纪违规金额1 978.9万元，收缴财政54.5万元。

第四节 行政事业单位审计

1985年8月，对县直行政事业单位实行按月定期审计制度，当年对县水电局、农业局、林业局等10个局级单位和农牧事业单位进行财务收支审计，查出违纪金额16.5万元，处理收缴财政2.1万元。1986年，先后对县广播局、特产局、农牧局、房产公司等29个行政事业单位财务收支进行定期和专项审计，查出违纪违规金额25.3万元，收缴财政4.2万元；审计全县1984—1985年水利事业费541.3万元，查出有的单位挤占挪用等违纪违规金额14.3万元；审计全县1983—1985年教育经费1 288万元，查出有的单位挤占挪用、建立“小金库”套取财政拨款等违纪金额20.7万元；对县交通局、工商行政管理局、人民武装部等10个单位自筹基建款137万元来源进行审查；对县政法委及其他行政执法单位1985年度罚没收入进行审计，查出罚没收支财务管理弱化、物资管理不善、收入上缴不及时、开支不当等问题，督促各单位入库罚没款4.5万元，使罚没款入库率从39.68%上升到96.4%。1987年，对县交通局等25个县直行政事业单位财务收支及交通规费收支情况进行财务审计，查出有问题资金30.4万元，收缴财政3万元，补交能源基金2.3万元；对县国土资源管理局等14个单位自筹基建资金来源进行审计，审减资金总额205.7万元。1988—1991年，先后对县公安局、水电局、民政局、煤炭局等40多个县直行政事业单位实行定期财务收支审计，同时，对交通系统预算外资金、社会集团购买力、车辆购置附加费执行专项审计调查；对县公安局、检察院、法院、工商行政管理局、物价局、城乡建设局、交通局等具有经济处罚权的21个单位的罚没收入进行专项审计；对科技事业费、教育经费、“三乱”（乱收费、乱摊派、乱罚款）情况进行审计监督。查出有的单位挪用专款、违控购置、集资摊派、白条支出、虚列支出、执法部门拖欠挪用罚没款等违纪违规金额406.6万元，处理收缴财政10.3万元，补交税金及能源基金5.1万元。1992—2005年，对县直20多家行政事业单位进行财务收支审计和审计调查，有的单位曾多次受到审计和审计调查，查出收入不入账、私设“小金库”、违控购置、违规收费、滥发钱物、挤占挪用、多头开户、公款转储、滞留挪用专款、拖欠教育经费、乱收费乱罚款、账外资产、预算外收入未缴专户等问题，违纪违规总金额达7 296万元，查出重大违法违纪涉案人员1人，涉案金额3万元。根据不同情况对违纪违规问题进行处理，收缴财政311.4万元。

第五节　专项资金审计

1985年开始对各种专项资金实施审计。当年对支农资金、“三三〇”移民资金进行审计，审计专项资金总额2 158.4万元，查出挤占挪用、私设“小金库”、滥发奖金福利、违控购置、请客送礼等有问题资金48.2万元。1986—1991年，对管理支农扶贫资金的县财政局、交通局、水电局、扶贫办等单位和所有乡镇进行支农扶贫资金专项审计，查出挤占挪用、虚列支出、损失浪费、请客送礼、违规提取管理费、违控购置、贪污挪用等问题资金85.8万元，收缴财政17.9万元。1992年，对全县扶贫资金、煤炭基金及香溪镇计划生育经费的收支情况进行审计，查出应缴未缴财政、挤占挪用、超标准提取手续费等违规违纪金额384.1万元，督促上缴财政306.7万元。1993—1995年，先后对全县支农扶贫资金、退休养老保险资金、三峡坝区移民资金、以工代赈资金、失业保险基金及移民乡镇的移民资金等进行审计，查出挤占挪用、违控购置、损失浪费、管理费超支、私设“小金库”、虚列支出、公款私存等违纪违规资金919.6万元，收缴财政25.8万元。1996—1998年，先后对移民乡镇移民资金分配、拨付、使用、管理情况进行审计。对县邮电局、交通局、水电局、供销社等单位移民迁建情况及企业职工养老保险基金、失业保险基金及全县支农扶贫资金等进行专项审计，查出挤占挪用、巨额损失、个人贪污等违纪违规问题资金1 763万元，收缴财政25.7万元，收回专款271.4万元，追回挤占挪用资金286万元，收回个人贪污挪用资金1.5万元，依法移交监察机关处理3人，通报违纪单位1个。1999年，加强移民专项资金管理监督，坚持监督与服务并举，对库区乡镇1995年后三峡工程款、库区移民资金审计结论落实情况进行审计检查，发现以前年度部分审计结论不落实问题。1995—1999年，全县下发移民资金审计处理决定28份，累计查出各种违纪金额2 725万元，结论落实率为63.8%。为此，县政府下发落实移民资金审计结论督办通报和《关于进一步加强农村移民经费管理意见》，强调完善“村账乡管”财务管理体制，加大移民资金监管力度。同时，全面开展新县城移民迁建基建财务审计调查，布置自查单位175个，自查投资额17.11亿元。其中，对88个国家机关、企事业单位进行审计调查，对8个单位进行全面审计，了解移民迁建项目的真实性、合法性，弄清迁建项目资金来源、建设规模、执行标准、资金缺口等情况。2000—2005年，围绕重点建设项目和提高专项资金使用效益，以专项资金投入、分配和管理使用为重点，按照资金流通渠道一查到底。对扶贫资金、社会保障基金、救灾资金、财政专项资金、城市建设专项资金、移民资金等进行审计，查出挤占挪用、虚报冒领、超范围使用、违规收费、改变资金使用性质、改变计划和投资方向等，违纪违规金额6 757.5万元，处理收缴财政87万元，查出重大违法违纪涉案人员1人，涉案金额15万元。

第六节　经济责任审计

1987年，推行承包经营责任制，经济责任审计随之诞生。1988年，先后对县水泥厂、印刷厂及商业系统的百货、副食、五金、纺织品公司1987年承包经营执行情况和县长江电子仪器厂厂长离任经济责任进行审计和审计调查。对承包人主要经济指标完成情况和财经法规执行情况进行审查和评价，查出违规违纪金额14.9万元，查出承包制企业承包基数不合理、内部管理混乱、短期行为严重等问题。1989—1990年，对县物资企业所属公司、农机公司、客运公司、水电公司、建筑安装公司、燃料公司、水泥厂、印刷厂、粮食加工厂承包经营情况进行审计，查出截留收入、隐瞒利润、多提工资基金、少转销售成本等问题资金114.9万元，为国家增税2.7万元，并按规定对企业承包人进行奖惩兑现。1991—1998年，先后对县酒厂、金矿、橙汁厂、卷烟厂、经济贸易局、两河口镇、建筑材料供销公司、五金公司、残联等单位法人代表或主要负责人进行离任经济责任审计，查出挤占生产资金、少提折旧、损失浪费等违纪违规金额291.8万元。1999年，经济责任审计工作由离任审计向任中经济责任审计拓展，审计范围也扩大到乡镇党委正职。当年对县机关事务养老办、科学技术委员会、坑口火电厂、进出口公司、秭归宾馆等单位负责人任职期间经济责任进行审计，查出应由领导干部负主管责任的违规违纪金额255万元，无个人违规违纪现象。2000年，成立县经济责任审计分局，当年受组织部门委托，对周坪乡、县预防保健监督监测中心、水利局、交警大队等单位负责人经济责任审计，查出应由领导干部负主管责任的违规违纪金额436万元，同时客观公正地评价领导干部任期内的经营管理业绩。2001年，成立县经济责任审计工作领导小组，当年完成对县文化局局长、农业局局长和郭家坝、文化、周坪等乡镇党政负责人进行经济责任审计13项20人，查出违规违纪金额2 183万元。2002年，全县经济责任审计围绕“服务干部监管，促进经济和廉政建设”思路，全年经济责任审计18个项目24人。其中，离任审计11个，届中审计7个。审计查出应由领导干部负主管责任问题金额1 118万元，负直接责任问题金额280万元，处理收缴财政60万元，追回被侵占挪用资金256万元。2003年，先后对县交通局、扶贫办、经贸局等6个县直部门领导干部经济责任进行审计，查出违规违纪金额1 098万元。2004年，先后对县移民局、卫生局、周坪乡党委等单位的11名党政领导干部进行经济责任审计，查出挤占挪用、违规收费、截留预算收入等违纪违规金额1 313万元。当年制定完善《乡镇党政领导干部经济审计操作纲要》《县直部门领导干部经济责任审计操作纲要》《秭归县党政领导干部经济责任审计结果运用办法（试行）》等规章，逐步规范经济责任审计工作运行机制。2005年，对财务收支数额较大、行政审批项目较多、有资金分配和社会关注程度较高、群众反映较大的郭家坝镇、梅家河乡、县供销社、县港航局等单位的主要负责人进行任中经济责任审计，查出应由领导干部负主管责任和直接责任的违纪违规金额1 134万元，经审计移送司法机关和有关部门查处的2人，其中正科级领导干部1人。当年，秭归县被省经济责任审计工作领导小组表彰为全省经济责任审计工作先进县。

第八章　国土资源管理

1979年前，土地管理工作由民政部门兼管。1980年7月，成立县土地管理局，为副局级机构，隶属县农牧局；1986年12月升格为正局级机构；2001年12月，县土地管理局和矿产煤炭局合并组建县国土资源局；2004年12月，县国土资源局由县政府组成部门调整为县政府工作部门，实行上级国土资源部门管理为主，地方党委协助管理的双重管理体制。1979—2005年，改革土地使用制度，以县城、集镇搬迁为契机，加大国有土地改革力度，探索出独具特色的用地管理制度。通过编制国土资源、矿产资源开发利用规划，开展土地使用、矿产开采登记发证，严格建设用地审批管理，依法管理土地和矿产资源。实施基本农田保护和矿产资源保护，逐步实现土地和矿产资源管理规范化、法制化。

第一节　土地使用制度改革

一、集体土地

1981年，全县农村部分生产队实行集体土地“大包干”农业生产责任制，建立以“土地公有、统分结合、家庭经营、联合服务”为特征的联产承包责任制，把生产经营权和产品分配权交给农民，调动农民生产积极性，发挥生产潜力。家庭联产承包责任制实行，改变土地集体经营体制，将土地所有权与经营权分离，家庭成为土地使用、土地经营的主体。1984年，全县农村开始延长土地承包期，一定15年不变。1995年又继续签订延长到30年不变合同。

全县完善集体土地家庭联产承包责任制方式探索出“两田制”“代营制”“租赁制”“抵押制”等形式。“两田制”是对农村因年老体弱、家庭自然减员较多和农转非调出的集体土地，集中承包给本地种田能手进行商品生产，土地向种田能手集中，避免按人口平均承包因经营能力不足所造成土地荒芜和耕地闲置；“代营制”是在集体拥有土地所有权、农户有土地经营权前提下，由承包农户委托他人代为经营农业生产或农业生产某些环节的经营方式。从而推动土地适度规模经营的发展，避免个别农户无人耕种或经营能力不足所出现的土地“抛荒”“占地荒”现象；“租赁制”是以村级合作组织为出租方，通过一定程序将土地出租给农民，土地承租者在一定期限内获得土地经营权和使用权。如杨林桥镇云峰村1999年将境内朱棋荒几百公顷农用地租赁给个体工商户邹维海进行商品农业开发建设；“抵押制”是集体根据农户经营土地的好坏合理使用抵押金，也可用承包土地使用权为抵押，获得土地开发整治中长期投资贷款，对到期无力偿还的农户以拍卖、重新出租等方式转让其土地，实现土地使用经营权流动，集体可通过抵押金、租金等经济杠杆对土地承包进行调节。

二、国有土地

1988年，国有土地使用制度首次实施改革，土地使用由无偿、无限期使用逐步变为有偿、有限期使用。1994年，全县建设用地一律实行有偿使用，采用土地使用权出让、转让、出租、抵押、土地收购储备等形式推行土地使用制度改革。

土地使用权出让方式有协议出让、拍卖出让和挂牌出让等。1993年，全县土地使用权以协议方式出让3宗地，面积0.49公顷，出让收入47.19万元，平均地价96.31元/平方米。至2004年，全县以协议方式出让土地1 025宗，面积181.01公顷，出让收入2.04亿元，平均地价112.7元/平方米。1999年，首次在郭家坝新集镇拍卖出让土地6宗，总面积1.35公顷，出让金41.6万元，平均地价460.93元/平方米，比协议出让方式增加68%。2003年9月3日，将新县城一商住楼用地面积0.17公顷挂牌拍卖，挂牌底价为64万元，拍卖收入72万元，增值8万元。2000—2005年，全县国有土地拍卖出让、挂牌出让19宗，面积3.35公顷，拍、挂出让收入1 220.51万元，平均地价364.33元/平方米。土地使用权出让年限按土地用途不同而异，具体为：公寓、住宅用地70年；工业、交通、教育、科技、文化、卫生、体育、综合或其他用地50年；商业、娱乐用地40年。

土地使用权转让的条件、程序、合同、收费均有明确规定。1998年，全县实行土地使用权转让，当年转让土地34宗，面积4公顷，转让金642万元。至2005年全县转让土地123宗，面积1 950.26公顷，转让金1 950.26万元。

土地使用权出租按照国家法律法规和土地使用权出让合同规定，签订土地使用权出租合同，在租赁合同签订之日起15日内，出租人分别到土地管理部门和房产管理部门办理土地、房产出租登记手续。

1998年实行土地使用权抵押制度。当年，办理土地使用权抵押2宗，面积1公顷，金额150万元，至2005年，全县办理土地使用权抵押8宗，面积4.02公顷，金额974.7万元。

2000年，首次收购土地3宗，总面积2.83万平方米，交易额219万元。2001年，县政府颁发《秭归县土地收购储备暂行办法》，对土地收购储备范围、程序、处置和收购储备土地资金来源都作出明确规定，土地收购储备工作走上规范化轨道。至2005年，全县收购土地48宗，总面积107.86万平方米，拍卖收购土地21宗，总面积12.11万平方米。

第二节　土地利用规划

一、总体规划

1986年，筹备编制《秭归县土地利用总体规划》，经10年努力，1995年11月28日通过湖北省评审验收。至1996年，《秭归县土地利用总体规划》《土地利用总体规划说明》《土地需求量预测》《土地利用规划分区》《三峡库区土地需求量及开发利用》等编制工作全部完成。总体规划以1995年为基期年，近期规划至2000年，远期规划至2010年。农业用地到2010年，耕地为2.03万公顷，占土地总面积的8.92%，比1993年下降6.27%；非农业建设用地到2010年为1.3万公顷；城镇建设用地由1995年的216.2公顷增加到1 353.33公顷，占非农业建设用地10.38%，比1993年上升0.03%；交通用地由1995年的1 091.35公顷增加到1 358.27公顷；水利、工矿用地由1995年的216.2公顷增加到284公顷；部分独立工矿用地规划面积为302.73公顷。

1997年3月，对土地利用总体规划进行修编，以1996年为基期年，2010年为目标年，把保护耕地，确保耕地总量动态平衡，严格控制农用地转为建设用地作为重点，统筹安置各项用地。农用地区分基本农田保护区、一般耕地区、园林区、林业用地区、牧业用地区、水面利用区6个二级区。至2010年，规划土地总面积17.72万公顷。基本农田保护区面积2.93万公顷，其中耕地2.16万公顷，占该区面积的73.6%；一般耕地区面积1 408.2公顷，其中耕地1 126.56公顷，占80%。园地利用区分布于沿江乡镇，总面积1.04万公顷，其中园地8 709.36公顷，占84%。林业用地区面积12.88万公顷，占全县土地总面积的72.7%。牧业用地区面积505.1公顷，其中牧草地118.31公顷，占23.42%。水面利用区面积9 813.09公顷，占全县土地总面积的5.54%。建设用地区分城镇建设用地区、村镇建设用地区、独立工矿用地区、交通水利工程用地区4个二级区，到2010年规划土地总面积9 179.75公顷。暂不利用区面积3.48万公顷，占全县土地总面积18.5%。自然和人文景观保护区面积14.27公顷。

二、专项规划

基本农田保护区　1995年，编制基本农田保护区规划，以1996年为基期年、2000年为阶段年、2010年为目标年、2030年为展望年。1996年，全县规划设立2 672块保护区，面积达1.83万公顷，占应保护面积2.02万公顷的90.57%，涉及16个乡镇、456个村。由于三峡工程建设用地和自然灾害毁地，2000年对原规划保护区进行调整。

农村移民安置用地　规划到2000年，兰陵溪、聚鱼坊等6个小场镇迁建规划用地11.49公顷；新建居民点建房用地32.23公顷；移民分散建房用地77.74公顷；农村移民修建机耕路用地132.06公顷、人行路用地26.3公顷。规划到2010年，农村移民建房用地89.67公顷。

非农业建设用地　规划新县城近期（2000年）用地347.87公顷，中期（2010年）1 000公顷；全县集镇迁建近期用地192.17公顷；库区复建公路用地211.18公顷。库区港口建设规划用地2000年25.47公顷，2010年44.2公顷；到2010年，全县城镇工矿企业规划用地总面积284.19公顷。

第三节　土地资源管理

一、地籍地证

1986年，全县开展非农业建设用地清理，对用地单位和个人颁发由省土地管理局监制的“土地使用证”，明确土地使用权、面积和界址。1992年3月，有计划地开展颁发新土地证工作，对1986年非农业建设用地清理以后新批准的国家、集体、个人建设用地发给新土地证书，对1986年以前批准的建设用地经核定后再发给新土地证书。

1986—2002年，分期分批开展城镇、农村初始土地登记工作。由县政府发布土地初始登记公告，明确土地登记区的划分、土地登记的期限和土地登记申报者应当提交的有关证件等。通过土地申报、地籍调查、权属审核、注册登记等程序，达到“权属合法、界址清楚、面积准确”，县政府根据土地权属性质分别颁发由国家土地行政主管部门统一监制的“国有土地使用证”“集体土地所有证”和“集体土地使用证”。自此，全县实行“国有土地使用证”年审和土地所有权与使用权变更登记制度，加强土地资源动态监测和地籍地政管理，解决农村土地权属争议。

二、建设用地审批

项目建设　1988年前，建设项目用地实行城乡土地统一管理，对各项建设用地实行计划控制、指标管理。建设单位取得计划部门建设项目立项批文后，直接或在土地管理部门主持下，与项目所在地被征地单位协商征地面积、补偿标准、劳动力安置等事宜，经双方协商同意后，签订征地补偿协议书，经县政府批准后建设单位将征地补偿安置费用支付给被征地单位。1989年，全县建立建设项目用地现场勘查审核制度。1990年，全县实行“建设用地许可证”制度和建设项目用地条件、指标、审批程序、审查情况“四公开”及已批项目用地跟踪管理制度。1993年，全县推行建设项目用地审批提前介入论证、审批中依法管理、审批后加强监督、验收发证的全程管理。1997年2月，对所有建设项目用地实行统征包干，经预报申请、现场踏勘、拟订包干方案、签订协议、逐级报批等程序，项目用地批准后，现场划拨土地交付建设单位使用。1999年1月7日，全县进一步严格审批程序和审批权限，取消县级征用土地审批权，严格执行“占一补一”规定。至2005年，全县项目建设用地累计1 856.19公顷，其中城镇集镇居民点及工矿用地1 100.63公顷，交通运输用地484.53公顷，水利设施用地271.03公顷。（不含库区淹没用地）

农村个人建房　1981年8月前，农村个人建房用地只需所在生产大队和生产小队同意即可，不需办理手续。当年9月，农村个人建房用地需公社审批，一般每户控制在120～180平方米，确需占用耕地、园地的必须报县政府批准。1984年，进一步明确农村个人建房用地审批程序：经村民小组长、村民代表签字和村民委员会同意，占用非耕地200平方米以内的由乡政府审批，占用耕地200平方米以上的应报县政府审批。1985年2月规定，农村兴建和改建住房的宅基地每户一般不超过200平方米，对买卖、出租房屋的不得再申请占用宅基地。1990年，全县进一步严格农村个人建房用地审批程序：用地个人凭用地计划向乡镇土地管理所提出申请，乡镇土地管理所现场选址定界并绘制占地平面图，用地个人填写《个人用地申请书》按审批权限逐级报批，乡镇土地管理所填发《个人用地通知书》，房屋竣工后，乡镇土地管理所会同村土管员现场验收发证。三峡工程秭归坝区、库区移民个人建房用地按照“服从规划、淹地还地、临街加价、多用有偿”办法办理土地使用审批手续。坝区移民个人建房，由茅坪镇移民站逐块规划，确定建房面积和规划设计图，分期安排移民，移民抓阄定址，县土地管理部门会同移民部门办理用地审批手续，每户不超过100平方米。库区移民个人建房，按规划迁至新县城的个人建房用地，县政府统一规划、统一征地、统一“三通一平”、统一建房规格。以建房个人1991年实物指标调查登记的建筑物和构筑物占用土地面积，凭县土地管理部门登记核发的“土地使用证”向茅坪土管分局提出用地申请，经实地勘界、测绘，与用地个人签订国有土地使用权划拨协议，按新城区供地政策收费和审批权限报批后，向个人发放《建设用地批准通知书》，每户不超过80平方米；乡镇新集镇规划移民个人建房用地，凭县土地管理部门登记核发的“土地使用证”办理土地使用审批手续，每户不超过80平方米；不属于规划在新集镇移民个人建房的，而又要求在新集镇个人建房用地的一律按城镇规划建设和有偿使用土地规定供给土地；农村规划移民个人建房用地，由所在乡镇移民站、土地城环所、村、组按规划统一安排，按集中和分散建房形式依法办理用地审批手续，每户不超过140平方米。自1984年县土地管理局成立至2005年，农村个人建房办证6.36万件，占地面积430.3公顷，其中耕地94.67公顷。

三峡工程建设用地　三峡工程建设涉及秭归县用地包括坝区施工用地、库区淹没用地和坝、库区移民迁（复）建用地三大部分。1992—1999年1月，县土地管理局茅坪分局负责新县城近、远期规划范围内的14个村的土地管理工作。2002年1月，除将凤凰山—木鱼岛—徐家冲港湾一带土地划归县土地管理局茅坪分局管理外，其余各村土地管理由县国土资源局直接管理。至2005年，三峡工程建设用地共9 435.98公顷。其中，坝区施工用地209.96公顷，库区淹没地8 454公顷，新县城建设用地360.55公顷，库区乡镇集镇搬迁建设用地157.24公顷，公路复建等专业项目用地254.23公顷。

茅坪经济技术开发区用地　1992年3月，经市政府批准成立开发区。1995年，升格为省管开发区，总体规划2平方公里，累计征地总面积52.83公顷。建设单位用地审批程序：先向县土地管理局茅坪分局提出用地申请，测绘部门现场查勘、放线定界、测量绘图，后由茅坪经济技术开发区管理委员会、县土地管理局茅坪分局、县移民局、茅坪镇移民站、被征土地的村负责人按实物指标签订用地协议，县土地管理局茅坪分局按审批权限逐级报批后，发放《建设用地批准通知书》。1992—2005年，先后有江苏森达鞋业有限公司等15家大型外来企业落户秭归，征用土地38.42公顷。其中，有偿出让供地22.6公顷，划拨供地15.82公顷。

三、农田保护

1994年10月，全县划定基本农田保护区面积1.44万公顷，2 672块。其中，耕地1.2万公顷，园地2 385.73公顷，其他29.62公顷。树立保护区片（块）标志牌64块，建立基本农田保护区档案518本，绘制基本农田保护区图、分布图、规划图1 207幅，全县签订基本农田保护区责任状952份，编制基本农田建设规划985份，制定基本农田保护区管理措施78份。2000年4月，全县14个乡镇、476个村（场）、3 298个村民小组、9.3万个农户依法调整基本农田保护区面积5.92万公顷。其中，农用地4.68万公顷，建设用地1 278.92公顷，未利用地1.11万公顷。全县依法调整耕地保护区4 667片（块），2.81万公顷，占耕地总面积的83.9%，保护率比1994年增加5.3个百分点。其中，水田5 423.74公顷，旱地2.27万公顷。

为强化基本农田保护区管理，全县制定“七不准”保护措施。即在保护区内不准营建住房、不准挖沙取土烧砖瓦、不准葬坟、不准栽树、不准挖鱼池、不准闲置抛荒、不准兴办企业。建立用途管理、环境保护监督、质量保护、占补平衡、监督等责任制度。向社会公布划定结果，设立保护标志，明确经营者责任。加强实行改变耕地用途管制，严格控制各项非农业建设占用保护区耕地，对非法占用基本农田行为依法严肃查处，对不符合土地利用总体规划、无用地计划、未实行“占一补一”的一律不办理农用地转用手续。

四、开发利用

1980年起，通过农业综合开发项目和农田水利基本建设、土地整理项目等增加耕地，当年新增耕地119.4公顷。1982年，全县陆续推广荒坡和小流域治理开发承包责任制，加大后备资源土地开发力度和深度。1992年，三峡工程兴建以后，贯彻“开发性移民”方针，在资金上向大农业安置重点倾斜，把建立高产高效生态农业作为土地开发利用主渠道。至2002年，全县投资完成土地开发面积2 432.27公顷，其中开发耕地后备资源土地730.07公顷。建成柑橘基地254.6公顷，茶叶基地333.33公顷，板栗基地219.27公顷。先后开发水田坝乡李家坡村、两河口镇牌楼村和两面山村、郭家坝镇紫阳坡和腰店子等移民安置小区27个，受到中央和省、市领导高度赞扬。2001年，全县25度以上坡耕地均实行生态退耕工程建设，有效地恢复和发展林地生态建设。1986—2005年，全县开发土地增加耕地827.56公顷。20世纪80年代起，利用荒山荒坡地，开展杉木林、油茶林基地建设，大力发展柑橘、板栗和茶叶，全县商品性经济林面积迅速扩大。

第四节　土地监察

一、年度检查

1988年开始，全县每年对《中华人民共和国土地管理法》执行情况进行一次执法检查。1990年检查建设用地审批情况；1991年检查违法占地、越权审批土地问题；1992年检查整顿土地市场和清理茅坪经济技术开发区用地情况；1993年检查茅坪经济技术开发区、集贸市场用地审批和土地利用情况；1994年检查划定的基本农田保护区、清理砖瓦窑厂，严格用地审批权限；1995年清理茅坪经济技术开发区用地、基本农田保护和土地开发复垦、砖窑厂、建设用地审批；2003年对茅坪经济技术开发区用地检查。通过年度检查，规范土地利用行为，促进平衡发展。

二、用地清理

1986年3—11月，全县进行1982—1986年非农业建设用地清理。全县共清查非农业建设用地9.37万宗，面积1 926.04公顷。其中，国家、集体单位2 437宗，面积303.67公顷；农村宅基地9.13万宗，面积1 622.37公顷。经清理发现违法占地6 333宗，面积136.78公顷。其中，国家、集体单位违法占地729宗，面积102.8公顷；农村宅基地5 604宗，面积33.98公顷。为农户补办用地手续3 797起，土地面积53.44公顷，拆除非法建房5栋，退还耕地33起，609.13公顷，处罚款369起，书面检讨640份，依法处理65人次。处理国家、集体占地事件729起，土地102.8公顷，处罚款9 750元，退还耕地10.4公顷，行政处分15人，依法处理5人次，补办用地手续1 500余件，处理土地纠纷遗留2 500多起，面积80多公顷，发放土地证书9.48万个，占应发单位户数的98.7%。建立非农业建设用地的地籍管理制度，理顺土地权属关系。

1995年，开展对1993年后各项非农业建设用地清理，包括茅坪经济技术开发区用地、城镇（集镇）用地、国家集体单位（含乡镇企业）用地及个人用地。重点清理在基本农田保护区中各类砖瓦厂（窑）建设用地情况，查处乱占滥用耕地、征而不用和越权审批等问题。经清理，国家集体建设用地93件，73.72公顷（耕地39.16公顷）。其中，依法审批89件，73.35公顷；未依法审批4件，0.37公顷；征而未用8件，3.35公顷。乡镇村集体用地83件，25.12公顷（耕地10.34公顷）。其中，依法审批65件，15.45

公顷，未依法审批18件，9.67公顷。农村个人建房用地8 918件，54.98公顷（耕地3.76公顷）。其中，依法审批8 254件，52.75公顷；未依法审批664件，2.23公顷。全县建砖瓦厂（窑）135个，用地42.76公顷（耕地38.66公顷）。其中，依法审批65个，用地8.95公顷（耕地2.23公顷）；未依法审批70个，用地33.81公顷（耕地31.94公顷）。在清理过程中，自动拆除未依法审批砖瓦厂（窑）29个，强制拆除36个，恢复耕地面积2.62公顷（不含复垦面积）。

1997年，全县对1991年9月1日—1997年7月非农业建设用地清理。重点清理茅坪经济技术开发区用地、工业小区（经济园区）用地和改制企业、房地产开发、中小学达标用地及复建公路、乡镇村办企业、农村宅基地用地，移民迁建房未按规定办理用地手续的单位和个人用地，围绕建设用地是否符合规划、用地手续是否合法、土地利用是否合法等主要内容进行清理。经清查，1991年9月1日—1997年4月15日，全县非农业建设违法占地248宗，总面积83.81公顷（耕地55.58公顷）。其中，砖瓦厂（窑）用地29宗，13.67公顷（耕地13.25公顷）；国家建设用地14宗，15.46公顷（耕地11.37公顷）；乡镇村企业用地70宗，26.74公顷（耕地14.38公顷）；乡镇村公益事业、公共设施用地70宗，9.86公顷（耕地6.46公顷）；私营企业用地17宗，1.02公顷（耕地0.07公顷）；临时用地43宗，12.7公顷（耕地5.96公顷）；移民用地5宗，4.36公顷（耕地4.09公顷）。非农业建设违法占地以三峡工程茅坪坝区、库区最多，共93宗，51.34公顷，占61%。对清查出的非农业建设违法占地，结合移民搬迁实际，本着对移民非法用地从轻，非移民非法用地从重；对1997年4月1日以前非法用地从轻，1997年4月1日后非法用地从重；对其他项目非法用地从轻，砖瓦厂（窑）非法用地从重的原则，分别作不同处理。

第五节　矿产资源管理

一、开采规划

1999年，编制矿产资源开发“十五”（2001—2005年）规划。规划发展目标为：以黄金、煤炭生产为重点，加大科技兴矿和开发新产品力度，确保资源型工业企业产量、利税在“十五”期间年增长率达8%。到“十五”期末，煤炭产量60万吨，黄金产量190千克，石灰石32.4万吨，硅石5.2万吨。

2004年9月，完成《秭归县矿产资源总体规划》，以2001年为基准年，2005年为近期目标，2010年为远期目标。规划至2005年，矿山企业总数减少40%，控制在88家左右，主要矿产开采总量调控在91万吨，采矿业和矿产加工业产值达1 500万元，使矿业在全县国民经济总产值中比例由5.1%提升到6.2%。对2010年的远景规划目标达到：主要矿产开发总量控制在78万吨以内，矿山企业在2005年基础上减少22%，矿山总数在45家左右；实现矿产资源开发利用方式根本转变，矿山回采率，选矿回收率在“十五”期末基础上提高1%～3%，矿产资源综合利用率接近或达到全国先进水平；矿山生态环境进一步改善，废气、废水排放全面达标，固定废弃物（煤矸石）综合利用率60%，矿山复垦率40%；完善矿产资源勘查、开发利用、生态环境监测体系和储量动态管理体系，矿业秩序根本好转。

二、开采管理

1987年10月，对县境内各类矿山企业开展采矿登记，采取“清理、整顿、定点、划界、发证”综合治理措施，发放（补发）“采矿许可证”。当年对国营大湾煤矿、风斗岩煤矿、怀抱石煤矿、县金矿和10个乡镇煤矿完成清理整顿、定点划界和申报矿业权登记，有80多个乡镇煤矿申报矿业权登记。1988年8月，茅坪金矿等4家矿山企业获得省矿产开发管理委员会发给的“采矿许可证”，12月转入正常年度验证注册程序。至1988年年底，全县发放矿山企业“开采许可证”153家，登记发放“临时开采证”

84家。2000年6月，进行“采矿许可证”换证工作，至年底，由省国土资源厅发证93家。其中，煤矿87家，金矿6家。由市国土资源局发证4家。其中，水泥用灰岩3家，饰面用灰岩1家。由县矿产煤炭局发证23家。其中，建筑石料用灰岩19家，冶金用白云岩2家，石瓦用岩1家，石膏1家。2001年12月—2005年12月，实行矿产资源有偿开采，发放“采矿许可证”66家。其中，煤矿41家，金矿5家，水泥用灰岩4家，其他16家。发放“探矿许可证”7家。其中，煤矿勘探5家，铁矿勘探2家。

1994年8月，矿山生产企业实行矿产储量报表制度，对矿产储量利用、损失、保有或增长进行地质检测、矿产储量登记统计。1997年8月27日，市地质矿产局批准磨坪乡煤矿地质检测报告，提交的C＋D级153.67万吨作为矿山企业储量补充依据。1998年，省地矿厅通报公布秭归县发证矿山企业数为271家，需要简测的169家，完成地质简测和储量登记169家。2005年，全县大部分煤矿区进行储量核查。截至2005年年底，共探明煤炭地质储量4 505.84万吨，累计开采436万吨。探明金矿地质储量3 822.85千克，累计开采量1 962.85千克。

三、行政执法

1988年3月15日开始，全县对所辖乡镇煤矿进行清理整顿，逐矿、逐井实地查勘，针对存在问题进行全面整顿，至6月10日止，全面完成沙镇溪、两河口、磨坪、泄滩、屈原、香溪、杨林桥、郭家坝、周坪、文化等10个产煤乡镇煤矿整顿。整顿中，对符合办矿条件的登记发证；对符合办矿条件但存在安全隐患的，限期整改；对不符合办矿条件的一律关停。全县乡镇煤矿整顿前269个，整顿后186个。其中，乡镇办25个，村办53个，乡镇、村联办4个，个体104个。整顿前从业人员4 879人，年生产能力44万吨。整顿后从业人员4 899人，年生产能力55.04万吨。

2001年，开展矿产资源管理秩序专项治理，对全县87家煤矿、6家金矿及28家开采其他矿种的采矿企业进行全面清理，取缔无证开采7家，罚款4 000元，取缔非法开采煤矿12家，关闭26家。

2002年，开展风景名胜区、公路沿线附近采矿活动和河道采砂专项治理工作。广泛宣传《中华人民共和国矿产资源法》等法律法规和治理整顿有关政策；全面调查、清理公路沿线、风景名胜区采矿和河道采砂的矿山企业活动；依法对存在的安全隐患、乱采滥挖、影响环境的矿山企业责令停产整顿，对无证开采的矿山企业责令停止违法行为并严肃处理；规范管理，完善审批制度，严格办矿条件。通过治理整顿，县境内8家河道采砂企业均办理“采砂许可证”；公路沿线4家采矿企业，水泥用灰岩2家企业均在宜昌市办理“采矿许可证”。未办理“采矿许可证”的2家页岩砖厂也及时进行补办，1家风景区内采石企业也补办“采矿许可证”。

2003年，加大矿业秩序专项治理力度，关闭乱采滥挖、布局不合理、存在重大隐患的煤矿18家，查处并炸毁自行打开原已关闭的老井煤矿7家，取缔无证砂石料场50多家。

2004年，对非法探矿采矿、转让矿权和在公路干线两侧乱采滥挖行为进行专项治理，查处无证开采铁矿业2家，责令锣鼓洞煤矿和鹏程实业有限公司停止越界开采煤炭和在高边坡开采矿石的违规行为。

2005年，全县开展整顿和规范矿区资源开发管理秩序活动，查处无证开采企业5家，责令杉树沟煤矿停止越界开采。

第六节　地质环境管理

一、地质环境保护

建设用地地质灾害危险性评估　1999年，根据国土资源部《地质灾害防治管理办法》和《关于实行建设用地地质灾害危险性评估的通知》,秭归县当年启动建设用地地质灾害危险性评估工作。至 2005 年年底，全县有 34 家单位和个人聘请具有资质的单位完成建设用地灾害危险性评估工作。

矿山地质环境保护与综合治理　县国土资源局本着“在保护中开发，在开发中保护”和“国土资源保护和管理必须从严”的原则，合理开发利用矿产资源，有效保护矿山地质环境。2002 年，全县关闭部分效率低、规模小、存在严重安全隐患、破坏地质环境的煤矿 33 家。对保留矿山企业，严格标准，严格程序，补做矿山地质环境影响评价工作，切实做到资料齐全，安全生产，保护地质环境。至 2005 年，全县有矿山企业 66 家，均达到规范要求。

地质遗迹保护　地质遗迹保护工作自 1999 年开始起步。2003 年 8 月，向国土资源部申报长江三峡国家地质公园项目。2004 年 1 月 19 日，国土资源部批准建立长江三峡国家地质公园（湖北、重庆）。该项目西起重庆奉节县白帝城，东抵宜昌市南津关。涉及秭归的主要地质景观有典型的地质剖面、古生物景观、地质地貌景观、地质遗迹灾害景观和地质工程景观 5 大类。

二、地质灾害防治

组织领导　县成立地质灾害防治工作领导小组，由县长任组长，分管地质灾害工作的副县长任副组长，县直有关部门的负责人和各乡镇行政负责人为成员。各乡镇和有地质灾害防治任务的村相应成立地质灾害防治工作领导小组。2001 年，成立县地质环境监测站和非常设机构——县地质灾害防治中心。

管理制度　县政府与各乡镇政府、乡镇政府与有任务的村层层签订地质灾害防治工作责任书，实行行政首长负责制。建立灾害预报制度，及时编制地质灾害年度防治方案，呈报县政府发布实施；执行地质灾害巡查制度，在汛前、汛期和汛后均要对全县重点地质灾害开展巡查；执行汛期值班制度，实行 24 小时值班制度；发生地质灾害险情或灾情后，执行地质灾害速报制度；执行地质灾害易发区工程建设地质灾害危险性评估和矿山环境影响评价制度。

防治规划　2001 年 7 月，完成《三峡库区秭归县地质灾害防治规划（大纲）》，规划工程治理 101 处（含库岸治理 25 段），搬迁避让 93 处，监测预警 213 处。2003 年 8 月，编制《秭归县库区三期地质灾害防治规划》，规划申报工程治理 112 处，搬迁避让 37 处，监测预警 15 处，库岸治理 22 段；2005 年 6 月，县国土资源局委托省水文地质工程地质勘察院编制《湖北省秭归县地质灾害防治规划（2005—2015 年）》，经省国土资源厅评审后报县政府批准公布。

治理工程　2001—2005 年，在全县库区实施三期共 50 个地质灾害治理工程，完成投资近 5 亿元。其中，一、二期地质灾害治理工程项目 24 个，已于 2004 年全部实施完毕，先后通过省级和国家级终验。有 21 个工程被评为优良工程，3 个为合格工程，工程优良率达 87%。三期地质灾害治理工程尚在实施过程之中。新县城凤凰山至水果批发市场库岸治理工程是一项较大的治理工程。该段库岸总长约为 5.08 公里，库岸危及新县城滨湖路沿线的居民及建构筑物安全，涉及人口 4 943 人，房屋面积 11.65 万平方米，道路 2.46 公里。防治工程塌岸治理长度约为 1.55 公里，坡面防护范围上限高程 177 米，下限高程 133.8 米。工程概算总投资 4 378.2 万元，主要治理工程为削坡、回填放坡、浆砌石挡土墙以及排水工程、监测工程等。该工程由咸宁鄂南地质基础工程公司、陕西核工业西北地质调查院、河南省新乡水文地质工程地质勘察院分别按标段负责组织施工，2002 年 12 月开工，2004 年 3 月 9 日通过县级验收，同月 15 日通过省级验收，后经国家终验，均验收为优良工程。

搬迁避让　2004 年 8 月 31 日，省三峡库区地质灾害防治工作领导小组办公室下发《关于继续做好我省三峡库区二期地质灾害防治规划的 52 处崩滑体搬迁避让工作的通知》，确定秭归县库区二期搬迁避让项目为 28 处。随后，县三峡库区地质灾害防治工作领导小组办公室组织相关部门进行实物指标调查。2005 年 2 月，县政府批准县地质灾害防治中心为搬迁避让工作的业主单位，各乡镇人民政府为搬迁避让实施主体。三峡工程蓄水后，县内库区 49 处滑坡出现变形，先后搬迁灾民 488 户 1 675 人，紧急转移灾民 779 户 2 350 人。

监测预警　根据国土资源部批准实施的《三峡库区秭归县地质灾害监测预警规划》，全县以库区为重点开展地质灾害监测预警工作。全县库区二、三期地质灾害监测预警点共 242 处。其中，二期 116 处，总体积约 3.64 亿立方米，涉及 10 个乡镇、45 个行政村、4 个居委会，受威胁人数 1.69 万人；三期 126 处，总体积约 2.62 亿立方米，威胁人数 6 079 人。库岸规划监测总长度 1 820 米，受威胁人数 168 人。设专业监测点 37 处。全县基本建立完善有效的地质灾害监测预警网络和专业监测与群测群防并举的监测预警体系，能及时掌握库区乃至全县各地质灾害点的基本情况。在三峡工程蓄水期间和蓄水后，成功预报千将坪滑坡、白水河滑坡、八字门滑坡等险情，紧急迁移险区人口 3 592 人，减少人员伤亡，降低经济损失 1.76 亿元。

宣传教育　县国土资源局成立以后，采取多种形式，着力宣传地质灾害防治法律法规，普及地质灾害预防基本知识。大力宣传《地质灾害防治条例》《地质灾害防治管理办法》《湖北省地质环境管理办法》等法律法规；在“4·22”世界地球日，走上街头，向人民群众讲解地质灾害防治知识，张贴地质灾害宣传画、宣传标语，普及地质灾害防治知识；向乡镇发放地质灾害防治资料和地质灾害科普教育材料，普及地质灾害防灾避灾知识；在电视上开辟专栏进行宣传，系统讲解地质灾害知识，全面介绍地质灾害防治方法、地质环境行政管理政策等；在县委党校分批对全县村干部和监测员进行地质灾害防治基础知识培训；在灾害现场进行现场培训，指导监测员开展群测群防工作。

第九章　国有资产管理

1991年8月，县国有资产管理局成立，1993年2月定为副科级单位。2001年12月，县财政局将国有资产管理股（挂国有资产管理局牌子）更名为统计评价股。2004年12月，成立县国有资产监督管理局。通过对国有资产产权登记、清产核资、资产监管和资产处置，加强全县国有资产监督管理，维护国有资产不流失，充分发挥国有资产在国民经济建设中的主体地位和作用，适应社会主义市场经济发展需要。

第一节　资产状况

一、产权登记

1992年5月，县财政局、国有资产管理局对全县国营企业和实行企业化管理的事业单位占用的国有资产，实行产权登记制度。当年全县有76户国有企业和实行企业化管理的事业单位登记产权，其价值1.1亿元。其中，固定资产8 621万元，流动资产1 209万元，专用基金835万元，其他资产379万元。

1996年4月，县财政局、国有资产管理局印发《秭归县行政事业单位国有资产管理办法》。当年产权登记单位266个。其中，企业80个，行政事业单位186个。2000年，全县国有资产产权登记单位232个，资产价值9.93亿元。其中，企业单位38个，资产值4.41亿元；行政事业单位194个，资产值5.52亿元。2005年，国有资产产权登记单位180个，资产值11.59亿元。其中，企业单位12个，资产值1.59亿元；行政事业单位168个，资产值达10亿元。

二、清产核资

1995年2月，在全县所有企业开展清产核资工作。4月1日，全县各主管部门成立清产核资办公室24个，67家清理单位（国有企业56家，企业化管理事业单位12家），组建清理专班87个，投入工作人员650人。经清理，67家企业占有土地面积143.9万平方米，原价值403万元，重估后价值6 642万元，增值6 239万元；固定资产原值1.93亿元，净值1.47亿元，重估后原值为3.15亿元，净值2.21亿元，增值7 443万元。

2001年7月，县财政局对全县行政事业单位及列入行政或事业编制的社会团体等单位进行清产核资。成立清产核资办公室24个，建专班250个，参加清资人员500人。以2000年12月31日24时为时限点开展清产核资。7月20日—8月15日，全县预算单位对本单位固定资产、流动资产、对外投资、无形资产及负债进行盘点登记核对，同时对预算内、预算外收入来源、经费拨付渠道、数额及资金用途进行核对，如实填报清产核资表。全县有217个单位进行清产核资。其中，行政单位46个，事业单位170个（企业化管理单位5个），社会团体1个。清查资产总额6.26亿元，比账面4.86亿元增加1.4亿元，增长28.8%。固定资产清查数4.39亿元，比账面数增加1.62亿元，增长48.15%；资产负债清查数1.71亿元，净资产清查数4.54亿元。

2005年11月，县国有资产监督管理局将全县具有法人资格的县级行政事业单位、社会团体（不含垂直管理部门和单位）纳入清产核资范围。内容包括固定资产（含房屋建筑物及一般设备、专用设备、各种文物、图书和其他固定资产），流动资金（包括现金、各种存款、应收及预付款项、库存物资）、对外投资（包括以货币、实物及无形资产向其他单位的投资）、无形资产（包括各项专利权、非专利技术、著作权、商标权、商誉、土地使用权等）。县直单位以2005年10月31日为基准日。各单位共抽调工作人员422人，组成2个专班进行清产核资工作。县国有资产监督管理局、财政局、财政监督局抽调69人，组成23个检查小组开展检查。乡镇126个行政事业单位共清查货币资金638.9万元，固定资产1.22亿元（可变现资产9 174.1万元），债权3 961.9万元（可收回的债权2 599.5万元），债务9 003.8万元（需继续支付债务7 909.9万元）。县直行政事业单位（企业）190个单位参加清产核资，共清理资产总额15.76亿元。

第二节 资产管理

一、资产监管

1981年9月，县财政局建立全县行政事业单位固定资产和专业设备明细账，按照财产类型、品名计价记账。建立财政购进验收和财产领用制度。对已投入使用的固定资产指定专人管理，定期维修保养。对损坏丢失的财产查明原因，因管理不善造成财产丢失、损坏的，当事人承担一定数额的经济赔偿。贵重专用设备建立档案，责任到人定期维修保养。1995年4月，县政府规定全县国有资产占有单位，发生资产拍卖、转让、企业兼并、联营、出售、出租、股份经营、合资、企业破产、产权变动等行为时，必须按规定进行资产评估。不按国务院颁发的《资产评估管理办法》规定进行资产评估，造成国有资产流失的，直接追究当事人责任。2001年12月，全面清理涉及机构改革撤销、合并的行政事业单位资产，办理资产移交、调拨、封存、出售、拍卖等相关手续。2002年3月，县国有资产管理委员会办公室对国有资产评估项目不再实行立项批复和评估结果确认制度。资产评估由资产占用单位按现行法规，聘请具有评估资质的社会中介机构独立进行。资产评估报告的法律责任，由签字的注册资产评估师及所在评估机构共同承担。经县政府批准涉及国有资产产权变动、对外投资等重大经济项目，其国有资产评估结果由县国有资产管理部门核准，其他国有资产评估项目评估结果，由资产使用单位向国有资产管理部门备案。

二、资产经营

1996年4月，县财政局、国有资产管理局对全县行政事业单位非经营性资产转为经营性资产实行资产评估核定其价值量，作为国家投入的资本金，并以此作为考核占有使用该部分国有资产的保值、增值基础。行政事业单位非经营性资产转为经营性资产实行有偿使用，由县国有资产管理部门按资产总价值6%的年费率征收国有资产占用费。全年收取国有资产占用费5.23万元。

1999年5月，县国有资产管理局对全县国有非经营性资产转经营性资产占用费实行依率计征，由投入资产单位缴纳。对投入生产经营的资产，按资产评估价值6%年费率征收，出租出借资产按10%年费率征收。广播电台、电视台利用国有资产从事广告经营活动，按经营收入4%年费率征收。房管部门利用直管公房出租、出借，按其性质征收资产占用费。挂靠行政事业单位的经济实体，按注册资金20%计算国有资产数额，按6%年费率征收。全年收取国有资产占用费24.02万元。2002年11月，县政府办公室印发《秭归县行政事业单位国有“非转经”资产占用费征收管理办法》，规定县、乡各行政事业单位，省垂直管理行政事业单位，发生国有非经营性资产转经营性资产行为，都应缴纳国有资产占用费。当年征收国有资产占用费43.98万元。2005年，全县征收国有资产占用费和收缴国有资产收益366.12万元。

三、资产处置

1981 年 9 月，县属行政事业单位固定资产和专用设备报损实行技术鉴定制度，确属不能修复使用的，按规定办理报废手续，经县财政局审核批准后进行财务处理。1992 年 5 月，县财政局、国有资产管理局规定，县属国有企业和行政事业单位资产处置权归县国有资产管理部门，各单位占用国有资产产权发生变动或资产报废、冲减核销，都必须按规定履行批准手续。7 月 1 日，对县属国营企业、行政事业单位固定资产报废审批程序作出规定：凡需申请报废资产的单位，对报废资产清理造册，组织鉴定，填报“固定资产报废鉴定表”和“固定资产报废汇总表”，报主管部门和财政部门审核，同单位申请一并送国有资产管理部门审批。1995 年 4 月，县政府行文规定行政事业单位资产调拨、转让、变卖、报损和报废，报经县政府、县国有资产管理部门审核批准后处置。资产处置收入，全额上缴县国有资产管理部门专户储存，专项用于国有资产更新投入。从 2002 年 11 月 12 日起，对擅自处置资产的单位，由县国有资产管理部门没收其全部收入，导致国有资产流失的，追究单位负责人行政责任。2003 年 10 月，全县行政事业单位、公有企业（包括国有企业、有国有资产成分的集体企业和混合所有制企业）处置国有资产，报县国有资产管理委员会办公室批准，涉及产权交易的，到市产权交易中心秭归办事处按要求办理手续，在县行政服务中心公开交易。凭“产权交易确认书”到相关部门办理资产转移手续。中央和省、市直管单位，处置国有资产时，报经行业主管部门批准，涉及产权交易的，按照属地原则，到当地产权交易部门办理相关手续。2005 年 12 月，县国有资产监督管理局统计，全县当年公开交易国有资产 60 宗，交易额 1 817 万元。

第十三篇　政党·社团

1979—2005 年期间，先后召开中共秭归县第四次至第十一次代表大会，历经 8 届县委。1979 年，县委下设 24 个基层党委。其中，公社（镇）党委 18 个，机关党委 4 个，场党委 2 个；全县共有党总支 93 个，党支部 903 个，共产党员 1.46 万人。至 2005 年，全县共有基层党委 30 个。其中，乡镇党委 12 个，机关党委 18 个；共有党总支 144 个，党支部 859 个，共产党员 1.84 万人。1979 年，县委有工作机构 7 个，后经多次调整，至 2005 年，有 9 个工作机构，分别是：县委办公室、组织部、宣传部、统战部、政法委员会、老干部局、信访办公室、党校、县直机关工作委员会。

全县群众团体组织主要有县总工会、共青团秭归县委员会（简称团县委，下同）、妇女联合会（简称县妇联，下同）、工商业联合会（简称县工商联，下同）、文学艺术界联合会（简称县文联，下同）、科学技术协会（简称县科协，下同）、残疾人联合会（简称县残联，下同）等。

第一章　中共秭归县地方组织

1978 年后，县委坚持以改革总揽全局，围绕建立和完善社会主义市场经济体制目标，不断深化政治、经济、文化体制改革。贯彻执行上级党组织的路线方针政策和作出事关秭归发展全局的重要决策。农村从家庭联产承包责任制、土地“大包干”开始到土地延长 15 年、30 年不变，经营体制得到稳定完善。合村并组、精简机构和人员；实施税费改革，减轻农民负担。工商企业以产权制度改革为突破口，通过多种形式的系列改革，县域经济已形成以民营经济为主体的发展格局。干部人事、劳动保障、土地使用、住房使用等制度改革整体推进，财政、金融、商贸流通、医疗卫生、科技、文化、教育等配套改革相继进行，体制、机制不断创新，为秭归经济社会发展注入强大的生机和活力，为构建和谐秭归奠定基础。

县委始终坚持“党要管党、从严治党”的方针，以领导班子建设、干部队伍建设和党员队伍建设为着力点，全面加强党的思想、组织、作风建设和反腐倡廉建设。加强对纪检监察、组织、宣传、统战以及群团组织的领导，凝聚各方面力量，形成致力发展秭归的强大合力。县委率领全县人民，抢抓三峡工程兴建机遇，坚持科学决策，统筹规划，内引外联，促使县域经济取得突破性发展，社会和谐、人民安居乐业。

第一节　代表大会

一、中共秭归县第四次代表大会

1978 年 11 月 11—14 日在县城归州召开中共秭归县第四次代表大会。正式代表 593 人，出席代表

566人，代表全县1.4万名党员。会议学习中共十一大文件精神；听取和讨论肖云轩代表第三届县委所作题为《坚持党的十一大路线 为实现新时期总任务而奋斗》的工作报告；选举产生中共秭归县第四届委员会、县纪律检查委员会和出席湖北省代表大会代表。大会选举县委委员31人，候补委员3人。县纪律检查委员会委员10人。四届一次会议选举县委常委12人，肖云轩当选为书记；曾庆孔、田太炳、廖宗武、余从哲、韩永当选为副书记。纪委第一次全会选举廖宗武为县纪委书记，傅忠民、甘德华当选为副书记。会议选举邓祖金、向贤杰、肖云轩、郑家让、周金枝为出席湖北省党代会代表。

二、中共秭归县第五次代表大会

1982年10月26—31日在县城归州召开中共秭归县第五次代表大会。正式代表351人，出席代表334人，代表全县1.53万名党员。在代表中，高中及以上文化程度者占29%；女代表占15.9%。中共宜昌地委委员、宜昌地区行署副专员任宪一出席大会并讲话。会议审议并通过县委书记肖云轩代表第四届委员会所作题为《认真贯彻党的十二大精神 全面开创我县社会主义现代化建设新局面》的工作报告；听取和审查中共秭归县纪律检查委员会工作报告；选举产生中共秭归县第五届委员会、县纪律检查委员会和出席湖北省党代会代表。会议选举产生县委委员28人，候补委员4人；县纪律检查委员会委员15人；选出肖云轩、韩永为出席湖北省党代会代表。五届一次会议选出县委常委9人，肖云轩当选为书记，韩永、向京、廖宗武当选为副书记。纪委第一次全会选举产生县纪委常委7人，廖宗武当选为书记，甘德华、余先琚当选为副书记。

三、中共秭归县第六次代表大会

1986年1月4—7日在县城归州召开中共秭归县第六次代表大会。正式代表350人，出席代表336人，代表全县1.54万名党员。会议审议通过县委书记罗世德代表第五届委员会所作题为《坚持改革 团结奋斗 振兴秭归 再展宏图》的工作报告；听取和审查中共秭归县纪律检查委员会工作报告；会议选举产生第六届县委委员29人，候补委员4人；县纪律检查委员会委员13人。六届一次会议选出县委常委10人，罗世德当选为书记，周宗龙、王革、覃万德当选为副书记。纪委第一次全会选举产生纪委常委7人，杜安贵当选为书记，甘德华、郑之龙当选为副书记。

四、中共秭归县第七次代表大会

1988年12月15—18日在县城归州召开中共秭归县第七次代表大会。正式代表325人，出席代表309人，代表全县1.61万名党员。会议审议并通过县委书记罗世德代表第六届委员会所作题为《开拓进取 艰苦创业 为振兴秭归而努力奋斗》的工作报告；听取和审查中共秭归县纪律检查委员会工作报告；选举产生第七届县委委员29人，候补委员4人；选举产生纪律检查委员会委员13人。七届一次会议选出县委常委9人，罗世德当选为书记，周宗龙、梅峰、李德炳、汪元良当选为副书记。纪委第一次全会选举产生纪委常委7人，王祖谟当选为书记，郑之龙、余发宽当选为副书记。

五、中共秭归县第八次代表大会

1991年6月27—30日在县城归州召开中共秭归县第八次代表大会。正式代表325人，出席代表309人，代表全县1.6万名党员。会议审议并通过县委书记王少愚代表第七届委员会所作题为《求真务实 艰苦创业 为实现双层脱贫而努力奋斗》的工作报告；听取和审查中共秭归县纪律检查委员会工作报告；选举产生第八届县委委员27人，候补委员44人，县纪律检查委员会委员13人。八届一次会议选出县委常委9人，王少愚当选为书记，李德炳、汪元良、王祖谟、陈振华当选为副书记。纪委第一次全会选举产生纪委常委 7 人，王祖谟当选为书记，郑之龙、余发宽当选为副书记。

六、中共秭归县第九次代表大会

1994 年 1 月 21—24 日在县城归州召开中共秭归县第九次代表大会。正式代表 329 人，出席代表 303 人，代表全县 1.66 万名党员。列席代表 50 人，特邀代表 20 人。会议审议并通过王少愚代表第八届委员会所作题为《抓住机遇 迎接挑战 加快发展 振兴秭归》的工作报告；听取和审查中共秭归县纪律检查委员会工作报告；选举产生第九届县委委员 29 人，候补委员 4 人；选举产生县委纪律检查委员会委员 14 人。九届一次会议选举产生县委常委 12 人，王少愚当选为书记，汪元良、吴述军、李广钦、宋秀钿当选为副书记。纪委第一次全会选举产生纪委常委 7 人，宋发升当选为纪委书记，余发宽、秦学洪、余志秀当选为副书记。

七、中共秭归县第十次代表大会

1999 年 1 月 7—9 日在新县城茅坪召开中共秭归县第十次代表大会。正式代表 329 人，出席代表 317 人，代表全县 1.77 万名党员。列席代表 67 人，特邀代表 11 人。会议审议并通过县委书记汪元良代表第九届委员会所作题为《高举旗帜 继往开来 为推进秭归县跨世纪大发展而努力奋斗》的工作报告；听取和审查中共秭归县纪律检查委员会工作报告；选举产生第十届县委委员 29 人，候补委员 5 人；选举产生县委纪律检查委员会委员 15 人。十届一次会议选出县委常委 12 人，汪元良当选为书记，王万修、周功彪、李启端当选为副书记。纪委第一次全会选举产生纪委常委 7 人，李国兴当选为书记，余志秀、杨兴平当选为副书记。

八、中共秭归县第十一次代表大会

2003 年 12 月 17—20 日在新县城茅坪召开中共秭归县第十一次代表大会。正式代表 329 人，出席代表 323 人，代表全县 1.84 万名党员。特邀代表 5 人，列席代表 47 人。市委常委、政法委书记、公安局长王厚军出席大会并讲话。会议审议并通过县委书记王万修代表第十届委员会所作题为《乘势而上 加快发展 为把秭归建设成小康社会而努力奋斗》的工作报告；听取和审查中共秭归县纪律检查委员会工作报告；选举产生第十一届县委委员 29 人，候补委员 5 人，县纪律检查委员会委员 15 人。十一届一次会议选出第十一届县委常委 13 人，王万修当选为书记，罗平烺、李家法、罗联峰、刘晓华当选为副书记。纪委第一次全会选举产生纪委常委 9 人，李家法当选为书记（兼），杨兴平、李俊当选为副书记。（见表 13-1-1）

1979—2005 年县委书记、副书记、常委任职情况表

表 13-1-1

职务	姓名	性别	出生年月	籍贯	文化程度	届次	任职时间
书记	肖云轩	男	1933-08	湖北汉阳	初中	四、五	1979-01—1985-03
	罗世德	男	1941-07	湖北黄陂	大专	五至七	1985-03—1990-05
	王少愚	男	1943-05	湖北兴山	大专	七、八	1990-05—1996-02
	汪元良	男	1953-10	湖北秭归	大专	九、十	1996-02—2001-01
	王万修	男	1956-09	湖北枝江	大专	十、十一	2001-01—2005-09
	罗平烺	男	1963-07	湖北枝江	大学	十一	2005-12—

续表一

职务	姓名	性别	出生年月	籍贯	文化程度	届次	任职时间
副书记	曾庆孔	男	1931-09	湖北远安	初中	四	1979-01—1979-04
	田太炳	男	1933-01	湖北长阳	初中	四	1979-01—1982-10
	廖宗武	男	1932-07	湖北宜都	初中	四、五	1979-01—1983-12
	余从哲	男	1933-02	湖北秭归	初中	四	1979-01—1982-10
	韩　永	男	1943-04	湖北秭归	初中	四、五	1979-01—1983-12
	陈天赐	男	1928-04	湖北宜昌	初中	四	1979-04—1982-10
	向　京	男	1932-08	湖北秭归	初中	五	1982-10—1985-03
	周宗龙	男	1945-12	湖北秭归	大专	五至七	1983-12—1990-02
	刘公明	男	1937-10	湖北长阳	大学	五	1983-12—1985-03
	王　革	男	1937-12	湖北宜昌	大学	五、六	1985-03—1988-03
	覃万德	男	1940-03	湖北长阳	高中	五、六	1985-03—1988-09
	王祖谟	男	1945-02	湖北秭归	大专	六至八	1986-12—1988-12 1990-10—1994-01
	梅　峰	男	1940-02	湖北秭归	中专	六、七	1988-05—1990-10
	李德炳	男	1952-11	湖北宜都	大学	六至八	1988-06—1994-01
	汪元良	男	1953-10	湖北秭归	大专	六至九	1988-11—1996-02
	陈振华	男	1947-02	湖北宜昌	大学	七、八	1991-01—1993-11
	李广钦	男	1953-05	湖北秭归	大专	八、九	1993-10—1999-01
	宋秀钿	男	1957-12	湖北秭归	大专	八、九	1993-10—1997-09
	吴述军	男	1952-12	湖北秭归	大专	九	1994-01—1996-03
	王万修	男	1956-09	湖北枝江	大专	九、十	1995-04—2001-01
	杨万贵	男	1963-06	湖北宜昌	大学	九	1996-12—1998-11
	周功彪	男	1953-11	湖北秭归	大专	九、十	1997-01—2003-12
	李启端	男	1957-01	湖北枝江	大学	九、十	1998-12—2000-11
	黄金龙	男	1962-06	湖北红安	研究生	十	2000-12—2003-08
	罗平焜	男	1963-07	湖北枝江	大学	十、十一	2001-01—2005-11
	李家法	男	1953-11	湖北五峰	大专	十、十一	2001-10—
	罗联峰	男	1966-12	湖北当阳	大学	十、十一	2003-11—
	刘晓华	男	1965-06	湖北随州	研究生	十一	2003-12—
	张俊平	男	1966-04	湖北云梦	大学	十一	2005-09—
常委	张宗林	男	1930-08	湖北远安	初中	四	1979-01—1979-02
	姜　堤	男	1929-11	湖北天门	初中	四	1979-01—1982-10
	向　京	男	1932-08	湖北秭归	初中	四、五	1979-01—1982-10
	刘　祥	男	1926-11	河北涞水	小学	四	1979-01—1982-10
	吴承钧	男	1934-03	湖北秭归	初中	四	1979-01—1982-10
	傅忠民	男	1926-04	湖北应山	初中	四	1979-01—1982-10
	林秀彬	男	1931-06	四川仁寿	初中	四	1980-01—1980-05
	王文仲	男	1937-06	湖北远安	高中	四、五	1980-10—1983-12

续表二

职务	姓名	性别	出生年月	籍贯	文化程度	届次	任职时间
常委	王祖谟	男	1945-02	湖北秭归	大专	四至六	1982-03—1986-11
	杜安贵	男	1936-05	湖北宜都	高中	四至六	1982-10—1988-12
	鲍开国	男	1940-07	湖北秭归	初中	四、五	1982-10—1985-03
	梅峰	男	1940-02	湖北秭归	大专	四至六	1982-10—1988-04
	王革	男	1937-12	湖北宜昌	大学	五	1983-12—1985-03
	陶发波	男	1947-02	安徽贵池	初中	五、六	1983-12—1988-03
	王祖万	男	1944-08	湖北秭归	大学	五、六	1985-03—1988-03
	李广钦	男	1953-05	湖北秭归	大专	五至七	1985-03—1993-09
	陈振华	男	1947-02	湖北宜昌	大学	五、六	1985-03—1991-03
	胡传厚	男	1946-01	湖北武汉	大专	六、七	1986-01—1991-03
	杜银远	男	1941-08	湖北秭归	初中	六、七	1988-05—1990-11
	黄大国	男	1952-05	湖北秭归	中专	六至九	1988-05—1998-06
	马学军	男	1957-03	湖北秭归	大专	七至九	1990-02—1998-10
	韩永彪	男	1954-08	湖北秭归	大专	七至十	1990-11—2003-12
	吴述军	男	1952-12	湖北秭归	大专	七至九	1991-01—1996-03
	李传明	男	1955-11	湖北兴山	大专	八至十	1993-10—2002-06
	宋发升	男	1947-07	湖北秭归	高中	九	1994-01—1999-01
	杨万贵	男	1963-03	湖北宜昌	大学	九	1994-01—1998-11
	魏启扬	男	1953-08	湖北秭归	大专	九至十一	1994-01—
	吴爱军	女	1957-03	湖北秭归	大专	九、十	1995-11—2002-06
	覃根深	男	1958-05	湖北长阳	大学	九、十	1998-06—2000-09
	李国兴	男	1952-12	湖北秭归	大专	十	1999-01—2001-10
	郑之德	男	1954-04	湖北秭归	大专	十	1999-01—2003-12
	陈华	男	1964-02	湖北枝江	大专	十	1999-01—2001-02
	刘晓华	男	1965-06	湖北随州	研究生	十、十一	2002-06—2003-12
	李秀华	男	1964-06	湖北五峰	大学	十、十一	2002-07—2004-09
	郑之全	男	1959-11	湖北秭归	大专	十	2000-04—2003-11
	陈月生	男	1961-06	湖北松滋	大学	十	2000-09—2001-10
	王铃安	男	1961-10	湖北枝江	大学	十	2001-10—2003-08
	欧阳秋林	男	1958-10	湖北团风	大学	十、十一	2003-08—2004-08
	杨发军	男	1963-03	湖北宜昌	大学	十一	2003-12—
	熊相军	男	1966-08	湖北兴山	大学	十一	2003-12—
	郑之问	男	1964-01	湖北秭归	研究生	十一	2003-12—
	陶丹	女	1962-11	湖北当阳	大学	十一	2003-12—
	王军	男	1968-06	湖北秭归	大专	十一	2003-12—
	汪松祥	男	1962-11	湖北新洲	大学	十一	2004-08—

第二节 组织机构

一、工作机构

1979 年，县委常设工作机构有办公室、组织部、宣传部、工交政治部、农村政治部、财贸政治部（工交、农村、财贸政治部分别与县革命委员会工业办公室、农业办公室、财贸办公室合署办公）、党校。1980 年 3 月，撤销工交、农村和财贸政治部，工作任务移交县委组织部、宣传部。同年 12 月，恢复统一战线工作部。1984 年 1 月起，相继增设农村工作部、政法委员会、老干部工作局、县委（县政府）信访办公室、县委（县政府）直属机关党委、党史办公室、保密委员会办公室和政策研究室。1987 年 11 月，县委常设工作机构有办公室、组织部、宣传部、统战部、农村工作部、政策研究室、政法委员会、保密办公室、信访办公室、党史办公室、老干部工作局、党校和机关党委。1988 年 4 月，撤销县委农村工作部。11 月，县国家保密工作局更名为县国家保密局，与县委保密委员会办公室合署办公，一个机构，两块牌子。1991 年 4 月，设立机要局。同年 7 月，县委对台办公室改为县委台湾工作办公室。1992 年 10 月，县委党史资料征集委员会办公室与县志办公室合并，成立县志党史办公室，归入政府编制序列。1994 年 5 月，县机构编制委员会办公室改为县委机构编制委员会办公室，归入县委编制序列。1996 年 1 月，县委工作机构有县委办公室、组织部、宣传部、统战部、政法委员会、县委政策研究室、保密委员会办公室、信访办公室、机要局、老干部工作局、台湾工作办公室、县委机构编制委员会办公室、县委（县政府）接待处、党校，共 14 个单位。1999 年 3 月，全县进行党政机构改革，县委政策研究室、督查室、机要局、保密委员会办公室（县国家保密局）并入县委办公室；县委台湾工作办公室（县政府台湾事务办公室）并入县委统战部；县委、县政府信访办公室改为部门管理机构，归口县委办公室管理；县委老干部工作局更名为县委老干部局，改为部门管理机构，归口县委组织部管理；撤销县委、县政府接待处，行政职能分别转交县委办公室、县政府办公室。县纪律检查委员会与县监察局合署办公，一个机构，两块牌子。机构改革后，县委工作部门和办事机构共设 7 个，即县委办公室、组织部、宣传部、统战部、政法委员会、机构编制委员会办公室、党校。2001 年县直机构改革，新设立县直机关工作委员会，归口县委办公室管理。县委机构编制委员会办公室改为县机构编制委员会办公室，是县机构编制委员会的办事机构，挂靠县人事局，列为政府系列。社会治安综合治理委员会办公室与政法委员会合署办公，精神文明建设委员会办公室为县精神文明建设委员会常设办事机构，挂靠宣传部。2005 年 12 月，县委设置办公室、组织部、宣传部、统战部、政法委员会、老干部局、信访办公室、党校、县直机关工作委员会 9 个工作机构和部门管理机构。

二、基层党委

1979 年，县委下设基层党委 24 个，分别是县公安局、交通局、煤炭矿山化学工业局、人民武装部 4 个机关党委，城关、香溪 2 个镇党委及水田坝、桑坪、龙江、三间、泄滩、西陵、金沙、两河、团结、磨坪、文化、郭家坝、周坪、芝兰、杨林、茅坪 16 个人民公社党委，茅坪良种场、九岭头林场 2 个场党委。

1984 年 2 月，撤销公社党委，组建 11 个区党委和 2 个镇党委，分别是三间、龙江、水田坝、泄滩、西陵、两河口、磨坪、郭家坝、周坪、杨林、茅坪 11 个区党委和城关、香溪 2 个镇党委。

1987年9月，撤销区级派出机构，新组建8镇8乡共16个乡镇党委。分别是归州镇、香溪镇、新滩镇、屈原乡、水田坝乡、泄滩乡、沙镇溪镇、两河口镇、梅家河乡、磨坪乡、文化乡、郭家坝镇、周坪乡、芝兰乡、杨林桥镇、茅坪镇16个乡镇党委。县直机关设县公安局、工业局、交通局、煤炭矿山化学工业局、水电局、粮食局、教育委员会、党校、卫生局、人民武装部等10个机关党委。1990年11月，成立7个战线党委，即党群战线、政府综合战线、工交战线、农业战线、财贸战线、宣教战线、计统战线党委；1994年5月，增设政法战线党委。1995年10月，县委根据行政区划调整变化情况，撤销归州镇、屈原乡、新滩镇党委，新组建香溪镇、屈原镇党委。至年底，全县共有14个乡镇党委。

2001年1月，香溪镇党委更名为归州镇党委，撤销文化乡党委和芝兰乡党委，全县设12个乡镇党委。12月机构改革，设县直机关工作委员会，撤销县直属党、政、群等8个战线党委。建立县直属机关党委16个。

2005年，全县共设置党委30个。其中，机关党委18个，乡镇党委12个。机关党委分别是县经济贸易局、国土资源局、建设局、交通局、文化旅游局、发展计划局、三峡办茅坪开发区、公安局、农业银行秭归县支行、农村信用合作社联合社、邮政局、电信局、国家税务局、地方税务局、工商行政管理局、烟草专卖局、电力公司、人民武装部等18个党委；乡镇党委分别是茅坪、屈原、归州、沙镇溪、两河口、郭家坝、杨林桥7个镇党委和水田坝、泄滩、梅家河、磨坪、周坪5个乡党委。

第三节　重大决策

1972年，为贯彻“以粮为纲，全面发展”方针，县委制定粮柑“四定”（定自产粮、定柑橘产量、定交售任务、定口粮标准）政策。由于秭归长期缺粮，仍以种粮为主，柑橘生产发展缓慢。加上1977年冻害，造成1978年柑橘大幅度减产，使全县柑橘生产受到很大影响。在此情况下，县委、县革命委员会于1979年3月向中共宜昌地委、宜昌地区行署写出《关于柑橘集中产区落实“五定一奖”政策意见的报告》。中共宜昌地委、宜昌地区行署于同年5月10日批复，随后在全县贯彻执行。“五定一奖”即：定柑橘面积、产量、交售任务、自产粮、粮食供应标准，超交售任务奖励粮食。涉及全县120个大队、300个生产队，耕地面积2 266.7公顷，其中柑橘面积1 333.3公顷。

为进一步加强和完善农业生产责任制，县委在调查总结水田坝公社王家桥大队、两河公社红土岭2队、香溪公社爱民3队等农业生产责任制试点基础上，于1981年8月12日印发《关于加强和完善农业生产责任制实施办法（试行稿）》，提出农业生产责任制5种形式。即，专业承包，联产计酬；统一经营，联产到户；小段包工，定额计酬；全奖全赔，包产到户；柑橘、茶叶等集中产区推行“四专五定一奖”，联产计酬形式。（“四专”即专业队、专业组、专业户、专业工；“五定”即定劳力、定田块、定产量、定投资、定工分；“一奖”即超奖欠赔）。无论实行那种生产责任制，应有不同程度的专业分工。根据全县各地实际，分为粮油专业、多种经营专业和农业基本建设专业。同时规定，实行农业生产责任制，生产队与各业的专业队、组、户、劳之间，大田专业作业组与田管承包者之间，都必须签订合同，以保证各种责任制的落实和兑现。1982年2月2日，县委印发《关于加强和完善农业生产责任制有关问题的意见》，对责任田的划分、多种经济生产、林业生产、农业基本建设、社队企业和工副业生产、集体财产的管理和使用以及如何处理好“三者”关系，“几员”（民办教师、赤脚医生等人员）补助、计划生育、干部管理、科技推广等13个方面作出详细的意见。当年11月26日，县委又印发《关于完善提高农业生产责任制的实施办法》，共分10章40条，对土地承包、多种经济、林业、国家任务和集体提留、集体财产和财务、经营形式、干部管理等方面作出具体规定，为进一步稳定完善农业生产责任制提供政策依据。1989 年 10 月 18 日，县委印发《关于在稳定完善家庭经营的基础上大力发展经济的意见》，对全县如何进一步稳定家庭经营，发展村级经济，完善双层经营体制，加速农村改革与发展提出具体意见。至此，全县以家庭经营为主体的双层经营体制基本建立。

1983 年，为落实中共中央、国务院《关于保护森林 发展林业若干问题的决定》，县委 7 月 13 日印发《关于开发山区 发展以林业为中心的多种经营的几条规定（试行）》。提出善始善终地抓好林业“三定”（稳定山权、林权，划定自留山，确定林业生产责任制）工作；对成片林、次生林，一律承包到户，长期不变；柑橘、茶叶、油桐等多种经济林，继续搞好专业户（重点户）承包。采取“树随田走，清株定产，比例分成，一定几年”的办法承包；荒山荒坡要求承包到户，签订合同，长期不变；鼓励在坡耕地中发展多种经济林，谁栽谁有，长期经营；严禁毁林开荒、毁林种粮；对于柑橘、油桐、茶叶等林特产品，在完成国家定购任务后，由经营者自己处理；林业和多种经济林育苗，可以承包到户，苗木收入实行比例分成。也可由社员育苗，自产自销，收入归己，扶持款按政策兑现到户。

1982—1986 年，中央连续发出 5 个 1 号文件，将农村改革逐步引向深入。1987 年中央又发出 5 号文件，是前 5 个 1 号文件的总结和发展。当年 3 月 31 日，县委印发《关于认真贯彻中央 5 号文件深入进行农村改革的意见》，对改革统派购制度，搞活农村金融、完善双层经营体制、调整产业结构等改革提出具体意见，进一步深化农村改革。

1988 年，根据省委、中共宜昌地委 “对中央已制定的政策要结合本地实际用好、用活、用足，放心大胆地干。对中央没有明确规定的，也要积极探索试验”的有关要求，为加速经济发展，加快沿江城镇经济带建设，县委、县政府 5 月 28 日印发《关于进一步放开搞活 加快经济发展的十条试行意见》。主要内容是：进一步下放人事权，干部使用引进竞争机制；逐步改革乡镇机构设置，沿江 6 镇可试行成立 3 个公司和 1 个办公室。即成立农业服务公司、工业公司、供销公司和党政群办公室；进一步放活生产资料经营，在加强计划内生产资料管理外，其他物资全部放开；逐步下放项目审批权，简化审批手续；进一步简化和灵活变通办证手续；进一步搞活金融，多渠道筹集资金；用好用足用活已出台的税收政策；进一步完善乡镇财政体制，调动乡镇增收节支的积极性；进一步改革企业分配制度，打破企业内部的“二锅饭”分配形式，一律由企业自主选择；积极多渠道引进项目和资金，设立项目引进奖和效益奖。凡是引进项目，经审批认定、破土动工后，企业一次性发给设计年产值 1‰的奖金，投产后第一年有利润的，再发给利润总额 2‰的奖金。从 1988 年起，凡从县外引进计划外开发性资金，使用期一年以上者，由使用单位按资金利率一次性发给奖金，即利率低于银行同类贷款的，按引进资金额的 2‰奖励，利率高于银行贷款的，按引进资金额的 1‰奖励。

1990 年，根据中共中央、国务院和省、地委关于植树造林，绿化荒山的精神，结合秭归人多田少，山多林少，大面积宜林荒山荒坡亟待开发利用实际，县委、县政府 2 月 15 日印发《关于奋战八年绿化秭归的决定》。提出经过 8 年奋斗，全县实现荒山绿化 3.33 万公顷，次生林改造 2.67 万公顷，开发草山 6 700 公顷，封山育林 6 万公顷，四旁植树 1 000 万株，森林覆盖率由 24.6%上升到 40%的目标。在造林绿化中，坚持用材林、经济林、防护林、薪炭林结合，林果特、乔灌草、长中短、造管并重的原则。实施步骤是：1990—1991 年层层办样板，培训技术，制定规划，建立种苗基地。同时开展长江两岸、溪河两旁水土保持绿化造林；1992—1995 年，打好全面绿化的攻坚战；1996—1997 年，打好零星荒山绿化歼灭战。方法上采取办好国营、集体林场，开发新办林场，积极开展飞播造林。从 1991 年起，连续 3 年，每年飞播造林 3 333 公顷；动员千家万户发展庭院经济。深入持久地开展全民义务植树活动。对各机关团体、各部门实行植树绿化包干负责制。要求在 5 年内把本部门、本单位管辖范围内的宜林荒地和“四旁”全部绿化起来，到期不完成任务的，要追究部门主要领导人责任。

1991 年，中央组织在全国农村普遍开展社会主义思想教育活动。县委印发《关于深入地开展社会主义思想教育的意见》，对全县社会主义思想教育工作进行全面部署。全县 17 个乡镇（场），280 个乡镇直单位，466个村，14个居委会分三批进行教育，受教育人数26.45万人，占受教育对象的92.7%。

1992 年 2 月 25 日，县委八届二次全会通过《中共秭归县委关于贯彻落实党的十三届八中全会精神进一步加强农业和农村工作的决定》，确定 20 世纪 90 年代全县农业和农村工作的指导思想，目标任务以及深化农村配套改革政策，对农村产业结构调整、实施科教兴农战略、增加农业投入、耕地保护、农民负担、扶贫济困、精神文明建设、基层组织建设等全方位作出明确规定，是指导全县 90 年代农业和农村工作的纲领性文件。

1992 年 5 月 3 日，由县委副书记李德炳率领有关单位负责人组成的考察团一行 41 人，对皖、鲁、津、京、冀及鄂东部分县（市、区）进行为期 32 天的学习考察，并形成考察报告。县委根据考察精神，结合县内实际，研究发展经济政策。县委、县政府 8 月 11 日印发《关于进一步深化改革 扩大开放 加速经济发展的决定》。主要内容：㈠进一步扩大对外开放，加快茅坪经济技术开发区建设，决定成立茅坪经济技术开发总公司，与开发区管理委员会合署办公，对外招商引资，技术合作，外引内联。㈡加速调整农村产业结构，决定以“1155”工程（100 个柑橘专业村、100 个烤烟专业村、50 个茶叶专业村、50 个板栗专业村）为龙头，建设起点较高的商品基地，带动农业结构调整。制定专项政策，重点倾斜，促进柑橘、烤烟、茶叶、板栗等支柱产业发展。㈢奖励科技人员，决定设立科技进步奖和科技成果奖。对开发高新技术项目以年税后净利 20 万元为起点，奖励有功人员 1 万元，超过 20 万元部分按 5%计提奖金。县建立科技成果奖励基金，凡被评为县、市、省（部）、国家级别科技成果，有明显效益的，可分别给予 1 000 元、2 000 元、5 000 元、1 万元奖励。㈣转变政府职能。按政企分开，精简、统一、效能，宏观管好，微观放开的原则，积极稳妥地推进政府机构改革，向“小政府、大服务”过渡。有计划、有步骤地将政府部分具有行政职能的单位转变为经济实体或事业性质单位。允许党政干部实行职务、财务与机关脱钩，承包、租赁、兴办、创办企业，县财政可给予一定数量周转金，经批准，减免 2~3 年所得税，其干部身份与工资级别保留。

1992 年 8 月 12 日，县委、县政府联合印发《关于进一步深化改革 扩大开放 加速经济发展的决定》，从企业劳动人事、企业自主权、扩大开放、转变政府职能、发展第三产业、发展乡镇企业、调整农村产业结构、放活科技人员、搞活商品流通、创造良好发展环境等 12 个方面出台具体政策，加快全县改革开放进程。

1993 年，为进一步实施“科教兴县”战略，大力引进人才和技术，服务三峡工程，建设新的秭归，县委、县政府于 4 月 29 日出台《关于引进人才和技术的优惠政策》。规定：凡来秭归工作的外籍人士具有大专学历或助师以上职称的，优先解决住房，一次性发放 300 ~ 400 元安置费，并享受山区津贴、浮动工资和农转非等优惠政策；凡辞去公职到秭归工作的大专或助师以上人员，其身份职务不变，承认原工资待遇，计算连续工龄，发放安置费，享受县内知识分子有关待遇。当年 12 月 30 日，县委八届三次会议通过《县委关于“科教兴县”的决定》，决定用 5~10 年时间全面实施“科教兴县”战略。从总体思路和目标、教育结构调整、科技开发与科技引进、健全科技推广体系、增加科技投入、科技人才队伍建设、加强领导等 8 个方面对“科教兴县”战略的实施作出全面规定。规划到“八五”期末科技进步因素在工农业总产值增长中所占的比重达到 30%以上，2000 年达到 50%。

1994 年 8 月，秭归被国务院列入长江三峡经济开放区，为充分利用国家和省、市给予的优惠政策，增强大开放、大开发、大发展的紧迫感，1995 年 3 月 12 日，县委、县政府下发《关于加快经济开放县建设的决定》。提出继续实施“依托长江，开放开发，服务三峡（工程），富县富民”的总体发展战略。抓好以“1155”工程为龙头的农业开发，以建材、建筑、煤炭、电力、采冶、化工为龙头的二产业开发，以交通、流通、旅游、房地产为龙头的第三产业开发，全面提高经济素质。总体部署以新县城建设为龙头，以茅坪经济技术开发区为重点，以长江沿线开发为轴线，以库区迁建集镇为基点，重点突破，分层推进，带动全面，形成点面结合的总体开发格局。实现到20世纪末，“三资”企业达到100家，内联企业达到200家，利用外资规模达到1亿美元的目标。并制定放宽产业政策、放活土地政策、放宽税收政策和对引进资金的单位和个人实行奖励等一系列开放政策。重点鼓励科技人员开发名优特产品，决定对获国优、部优、省优、市优产品的创制人员，分别给予1万元、5 000元、3 000元、1 000元奖励。鼓励发展出口创汇企业，对当年出口创汇30万美元以上的，给予创汇总额5‰的比例奖给企业法人；鼓励企业引进联合，扩大规模，提高效益。对年产值达到5 000万元、利税500万元的企业，一次奖给企业25万元。年产值达到1亿元，利税达1 000万元的，一次性奖给企业50万元；引进秭归急需、短缺人才，凡自愿到秭归工作的中、高级专业技术人员，经考察确有真才实学，除保留原职级、享受县内同等级人员待遇外，再向上浮动2~3级工资，并承认其工龄，优先解决住房和子女入学、就业等问题；引进先进技术，经科学论证，在秭归有条件实施，有发展前途，预期效益好的新项目、新技术，均实行奖励；帮助秭归引进项目、技术的中介人，也可以实行奖励。

1995年8月9日，县委、县政府联合印发《关于做好秭归县三峡工程库区移民工作的意见》，对全县库区移民工作提出具体意见。对库区移民的指导思想及基本原则、规划及管理、优惠政策、领导问题等均作出明确规定。确定库区移民“五统一”“五为主”的基本原则。即统一领导、统一规划、统一政策、统一实施、统一调控和农村移民以乡镇为主，城镇迁建以所在政府为主，专业项目复建以行业主管部门为主，工矿企业迁建以企业为主，单位搬迁以单位为主。并建立移民任务、移民资金“双包干”责任制。该文件成为指导全县移民工作纲领性文件。1996年9月6日，县委、县政府印发《关于加快新县城建设的决定》，对新县城建设的目标任务、主要措施等作出规定。

1997年5月4—16日，县委副书记宋秀钿率领县委考察团到山东省寿光、昌乐、莱阳、诸城等4县考察农业产业化建设，考察团提出建立5大支柱产业（柑橘、板栗、烟叶、茶叶、蔬菜）、4大龙头企业（橙汁厂、打蜡包装厂、烟草公司、茶叶加工厂）和3大市场（三峡果品市场、茅坪蔬菜市场、乡镇农副产品销售市场）的建议。5月21日，县委书记汪元良主持召开县委常委扩大会议，传达省、市关于加快农业产业化建设精神，通报考察情况，对秭归如何加快农业产业化步伐进行讨论研究。7月14日，县委、县政府印发《关于加快发展农业产业化的决定》。提出到2000年，发展5大支柱产业，总面积2.14万公顷，产值6亿元。其中，柑橘面积8 000公顷，产值3.6亿元；烤烟2 700公顷，产值4 000万元；板栗6 667公顷，产值6 000万元；茶叶2 000公顷，产值4 000万元；蔬菜2 000公顷，产值1亿元。组建县果品开发公司、烟草公司、茶叶总公司、蔬菜食品公司、橙汁厂等5大龙头企业；建设三峡果品中心批发市场、新县城蔬菜批发及郭家坝、香溪、沙镇溪农副产品综合批发5大市场。主要措施：㈠坚持种植区域化，低山河谷地区以柑橘为主；半山以茶叶和板栗为主；高山以板栗、烤烟和反季蔬菜为主；茅坪新县城郊区以优质蔬菜为主，形成立体区域经济格局。㈡继续实施“1155”工程，巩固传统产业，开发名、优、特产品，着力抓好专业村建设，形成“一村一品”和“数村一品”生产格局。㈢积极推广示范型基地、公司+基地、龙头企业+基地、各类股份制基地、合作社等新型基地建设组织形式，提高建设速度、质量和效益，形成产业化新格局。决定成立县农业产业化建设领导小组，下设办公室，挂靠县农业委员会，专门负责全县农业产业化的指导、协调、检查和考核。

1997年9月19日，县委、县政府印发《关于深化企业改革若干问题的暂行规定》，拉开全县国有、集体企业改革序幕。对企业改革的指导思想、原则、目标和任务以及改革形式、创造搞活企业宽松环境、各部门配合等方面作出明细规定，共计49条。共提出改制、联合、兼并、托管、资产划转、公有民营、下放、拍卖、破产等10种重组改革模式，计划1998年全部完成企业改革任务。1999年11月16日，在十届县委二次会议上通过《县委关于加快国有企业改革与发展的决定》，对国有企业改革指导思想、基本思路和奋斗目标以及产业结构和所有制结构调整、转换企业经营机制，实行引进联合战略、推进企业技术创新、企业增资减债、企业经营管理者队伍建设、组织领导等10个方面的问题作出详细规定。提出国有企业改革和发展基本思路为“四个三”，即坚持三个为主：县域经济以民营经济为主，企业发展以引进联合为主，产品开发以精品名牌为主；突出三个调整：调整产业结构，调整所有制结构，调整组织结构；实施三个一批：发展壮大一批，引进嫁接一批，变卖民营一批；搞好三个加强：加强技术创新，加强企业管理，加强企业家队伍建设。

1997年11月，县工商行政管理局对全县个体私营经济发展情况进行调查。调查显示，自1993年以后，全县个体私营经济取得突破性发展，呈现经营形式多样化、多元化，具有区域特色，行业结构日趋合理，规模不断扩大，质量提高。但同时存在一些亟待解决的问题。为进一步落实中共十五大精神，突破性发展个体私营经济，1998年2月3日，县委、县政府印发《关于突破性发展个体私营经济的决定》。提出到2000年，全县个体私营企业发展到500户（其中产值、营业额100万元以上的100户，500万元以上的20户，1 000万元以上10户），从业人员达到5万人，产值、营业额5亿元，年新增税收500万元等目标。具体鼓励政策有“六放宽”（放宽经营范围、经营人员、土地政策、税收政策、信贷政策、经营形式）等。

1999年3月16日，县委、县政府印发《关于全县党政机构 改革方案的实施意见》，对全县机构改革的指导思想、主要内容以及党政机构，人大、政协、法院、检察院及社会团体机构，乡镇机构、事业单位机构全方位的机构改革提出具体方案。对人员编制、领导职数、改革的方法步骤均提出明确意见。改革的主要内容是：转变政府职能，实行政企分开；合理划分职权，理顺工作关系；精兵简政，提高效率。这次机构改革属全县机构改革力度最大的一次。

随着三峡秭归库区公路复建和扶贫公路建设全面启动，根据国家、省、市关于加快公路建设一系列指示精神，1999年11月14日，县委、县政府印发《关于加快全县公路建设的决定》，提出“村村通公路，乡乡通油路，打通沿江路，出口快速路”目标。规划到2005年，初步形成一纵（兴山—香溪—堡镇省道）一横（江南沿江干线）主骨架，沟通国道、省道、县道三级网络并实现等级化（三级以上），路面高级、次高级化。公路通车里程达1 900公里，等级公路达700公里，新铺油路270公里。

为进一步贯彻实施“科教兴县”战略，加强技术创新，积极发展高新技术产业，不断提高秭归经济的整体素质和综合实力，2000年1月15日，县委、县政府印发《关于加强技术创新和积极推广应用高新技术的决定》。提出到2005年，力争全县科技进步对工业经济增长的贡献份额达到50%以上，农业科技进步贡献达55%以上，高新技术产业增加值占工业增加值的比重达到30%以上目标。决定建立科技奖励基金，设立科技贡献奖，制定秭归县科技贡献奖励办法。奖励在引进、推广、应用高新技术和先进实用技术成果，组织实施开发新技术、新产品、新工艺和在科技管理、社会科学方面新创造、新经验有重大贡献的优秀科技人员。在招商引资中有重大高新技术项目、兴办高新技术企业的，由县政府或企业按引进到位资金总额0.5%～1%的比例奖励中介者。

2000年5月25日，县委印发《关于在领导班子和领导干部中深入开展以“讲学习 讲政治 讲正气”为主要内容的党性党风教育的实施方案》，对指导思想和基本要求、总体目标和工作重点、范围与对象、方法步骤、组织领导等作全面部署。该活动自5月23日开始，至7月21日结束。2001年1月18日，县委印发《县委关于在全县深入开展“三个代表”重要思想学习教育活动实施方案》。对活动的重大意义、指导思想、目标要求、重要原则、方法步骤、组织领导等作出全面部署。全县共分四批进行，首先是县直单位领导班子，其次是乡镇领导班子，再次是乡镇和县直所有党员、干部，最后是村级班子。学教活动自2001年2月2日召开动员会，2002年5月31日召开总结表彰会，历时一年零四个月。

2001年6月13日，县委书记王万修主持召开县委常委扩大会议，听取县旅游局关于全国、全省、全市旅游发展工作会议精神汇报。并就全县旅游事业发展进行讨论研究。7月9日，县委、县政府印发《关于加快旅游业发展的决定》。总体思路：借三峡工程品牌，以屈原文化为特色，以一城三溪（县城、四溪、九畹溪、香溪）为骨架，建成以高峡平湖为特色的西陵峡风光旅游区、以古楚新韵为特色的凤凰山旅游区、以休闲娱乐为特色的木鱼岛旅游区、以移民文化为特色的新城旅游区、以自然生态为特色的四溪旅游区、以漂流探险为特色的九畹溪旅游区、以古城新貌为特色的归州观光旅游区、以屈原文化为特色的乐平里屈府旅游区、以科考避暑为特色的磨坪三龙潭旅游区。提出到2003年，树立大旅游产业形象，使秭归成为全国旅游名县，旅游业到2005年要成为县域经济支柱产业的目标。

2001年9月25日，县委、县政府印发《关于加快脐橙产业发展的决定》。提出每年新发展脐橙667公顷以上，到2005年，使全县优质脐橙面积达到1万公顷，总产量1.2亿公斤，优质果率达到85%以上。建成国内一流、世界有名的脐橙良种繁育场。把脐橙产业建成全县农业的支柱产业、富农富县的骨干产业等目标及相关措施。

2002年，根据《中国农村扶贫开发纲要》和中央、省、市扶贫开发工作会议精神，县委、县政府于4月26日，作出《关于全面推进新阶段扶贫开发工作的决定》。确定坚持发展为主线，以产业扶贫为重点，以市场扶贫为导向，以观念创新、机制创新、技术创新为动力，以促进农民脱贫、财政脱困和农村经济社会发展进步为目标的指导思想。提出到2010年的远景目标，明确扶贫的重点，制定出一系列扶贫措施，对搬迁扶贫、农特税减免、基础设施建设等有关扶持政策作出明确规定。如对乡村公路建设规定每公里补助5万元，农户饮水解困每（地）窖补助500元，对贫困村每年投入不少于10万元，对贫困村通电话、建学校和卫生院（室）、图书室等社会项目给予适当补贴等。

2005年，为深入贯彻落实中共十六大及十六届三中、四中全会精神和省、市关于构建和谐社会的意见要求，把建设和谐秭归推向新的阶段，县委于8月17日印发《关于建设和谐社会的实施意见》。确定以邓小平理论和“三个代表”重要思想为指导，坚持科学发展观和正确政绩观，以加快发展推进和谐，以先进文化孕育和谐，以民主法制保障和谐，以环境建设促进和谐，加快和谐社会建设步伐，推动秭归持续和谐发展的指导思想。提出不断提高社会和谐程度与水平，努力实现民主法制、公平正义、诚信友爱、充满活力、安定有序、人与自然和谐相处的目标。突出经济振兴工程、“民心”工程、精神文明建设工程、平安创建工程、环境建设工程5大工作重点。

2005年2月4日，县委印发《关于在全县开展保持共产党员先进性教育活动的实施意见》，对活动的重大意义、指导思想和原则、应解决的问题和目标要求、方法步骤、组织领导等方面作出具体的实施意见。全县分三个批次进行，第一批为县以上党政机关及部分事业单位；第二批为城市基层和乡镇机关；第三批为农村及部分党政机关。自2005年2月开始，至2006年6月结束。

第四节　组织建设

一、领导班子建设

1979 年，全县共选派 39 名优秀青年干部担任公社领导职务。1981 年，县委按照干部“四化”（革命化、年轻化、知识化、专业化）要求，提拔公社革委会副主任、县直副局长以上中、青年干部 58 人，对 56 名不能胜任现职干部作调整。1982 年，全县提拔公社副主任、县直副局长以上中、青年干部 54 人。其中，具有大专文化程度的 7 人，中专 8 人，高中 16 人；年龄在 35 岁以下的 15 人。此外，还提拔 83 名中、青年干部担任农村管理区和县直二级单位正、副职。1983 年 12 月—1984 年 2 月机构改革中，经过群众推荐与组织考核，一批符合“四化”条件的干部进入各级领导班子，被选拔担任县委副书记、县政府副县长领导职务 6 人。其中，40 岁以下 5 人；大专文化程度 5 人，高中 1 人。县委常委平均年龄由原来 45.6 岁降为 44.4 岁；文化程度由原来中专 2 人、初中 5 人、小学 1 人，上升为大专 3 人、中专 2 人、初中 4 人。正副县长平均年龄由原来 45.6 岁降为 39.8 岁，文化程度由原来大专 1 人、中专 1 人、初中 6 人，上升为大专 3 人、中专 1 人、高中 1 人、初中 3 人。同时，还选拔 64 名中、青年干部进入区、局级领导班子。其中，年龄在 35 岁以下 24 人；大专文化程度 17 人，中专 17 人。机构改革后，县直部、局级领导班子由过去的 159 人减少到 148 人，区、镇领导班子由 157 人减少到 69 人；部、局级领导班子平均年龄为 45.3 岁，区、镇领导班子平均年龄为 38.1 岁。1987 年，按照新时期要求，领导班子建设贯彻德才兼备的原则和“四化”方针，结合区乡体制改革和县乡两级换届，对全县 16 个乡镇和县直 47 个局级单位的领导班子进行全面考察，调整充实，共选拔 39 名中青年干部担任副科级以上领导职务。1991 年，选举产生 16 个乡镇新一届党政班子共 222 人，平均年龄 40 岁以下，新进班子 76 人。同时，考核县直 83 个局级领导班子，新提拔副科级以上干部 48 人。从工人中择优选拔干部 6 人，从优秀村干部中招聘乡镇干部 21 人。考核调整后备干部，建立 149 名后备干部队伍。其中，16 个乡镇建立党政一把手后备干部 35 人，乡镇党政副职后备干部 39 人；县直部、办、委、局科级后备干部 75 人。考核调整县级后备干部，报经地委确定 14 人。选调县直机关一般干部到乡镇任职 4 人，在县直机关选派计划生育副乡镇长 16 人，林业副乡镇长 8 人。1995 年，贯彻执行《党政领导干部选拔任用工作暂行条例》，乡镇党政班子中 35 岁以下成员配备 68 人，占总数 34.3%。其中，30 岁以下 31 人，女干部 28 人。调整充实县级后备干部 30 人、科级后备干部 300 人、县属企业后备干部 20 人。全年共提拔 35 岁以下青年干部进班子 23 人，占提拔总数的 56%。调整 59 名副科级以上干部。2003 年，推行干部考察预告制、任前公示制，提高干部考察任用的准确性，共对 19 名干部进行任用公示。制定实施《县委常委会讨论干部任免实行无记名投票表决的实施办法》和《科级党政领导干部辞职试行办法》，对 17 名干部进行表决任命，形成领导干部能上能下的管理机制。2005 年，全县 12 个乡镇领导班子成员减少 54 人，精简 33.3%，班子平均年龄 34.8 岁，大学以上学历占一半以上。对 72 个县直一级单位领导班子进行届中考察和调整优化。

二、基层组织建设

1979年，全县有基层农村大队党支部460个。1980年，全县分4批集训农村大队党支部书记。同时，县委从县、社两级抽调87名干部，在23个大队、3个县直二级单位进行党员教育试点。1982年2月，全县集中120多名干部，有组织、有领导、有步骤地对后进党支部进行整顿，解决领导班子中存在的涣散、软弱等问题。全县共有党支部993个，党总支126个。1987年年底，全县有党支部947个，党总支51个。1988年，抽调1 318名国家干部到农村对村干部进行民主评议，对48个村进行思想、作风组织整顿，对2 378名村干部进行民主测评。其中，优秀715人，占30%；胜任1 628人，占68.5%；不胜任35人，占1.5%。对不胜任的干部进行免职处理。1989年，县委印发《关于加强农村基层党组织建设的意见》，完善党员目标管理责任制，全县410个村党支部（占村党支部总数的8.8%）推行目标管理。村党支部换届选举引入竞争机制，有202人新进支委会班子，调整充实村党支部班子193个。其中，整顿后进党支部55个，调整支部书记和副书记77人，支部委员116人。调整后好支部上升到217个，一般220个，差的下降到27个。1991年共调整村党支部班子75个，支部委员249人，其中支部书记70人。全县15个乡镇、428个村建立后备干部队伍1 087人，其中支部书记后备干部287人。1995年下派4名国家干部到后进村党支部任职，29个后进村党支部调整书记5人，整顿后有10个村党支部转化为先进支部。每村培养2～3名后备干部，全县共培养村级后备干部1 091人，部分得到任用。2003年，全县所有乡镇、村建立民主议事恳谈会制度，召开议事恳谈会538次，提出问题847个，解决539个，化解矛盾173起。2005年，全县187个村、6个城镇社区委员会换届选举，村“两委”班子成员精简45人，村党支部书记、村委会主任“一肩挑”达89.7%，交叉任职73.4%。

三、党员队伍建设

组织发展　1979年，全县党员1.46万人。其中，35岁以下党员5 934人，占40.6%；高中以上文化程度的1596人，占10.93%。2005年，全县党员1.84万人，比1979年增3 790人。其中，35岁以下党员3 115人，占16.93%；高中以上文化程度7 284人，占39.58%，比1979年增28.65%。1979—1987年，9年共发展新党员1 713人。1988年，按照“坚持标准、保证质量、改善结构、慎重发展”的方针，重视培养生产第一线的工人、农民、知识分子中优秀积极分子入党。至1991年，共发展新党员495人。1992—1994年，3年新发展党员885人。1995—2003年，发展新党员3 800人。2005年，发展新党员267人。（见表13-1-2）

1979—2005年秭归县部分年份党员基本情况表

表 13-1-2　　单位：人

年份	党员总数	其中当年发展	性别		年龄			学历			
			男	女	35岁以下	36~60岁	61岁以上	大专以上	高中、中专	初中	小学以下
1979	14 613	285	12 429	2 184	5 934	8 679		216	1 381	3 700	9 316
1981	15 151	138	13 013	2 138	5 693	8 855	603	173	1 663	3 884	9 431
1985	15 753	386	13 588	2 165	4 710	9 994	1 049	263	2 126	4 242	9 122
1990	16 045	216	13 884	2 161	2 512	10 963	2 570	499	2 842	4 468	8 236
1995	17 163	453	14 756	2 407	2 416	10 754	3 993	964	3 677	4 856	7 666
2000	17 989	407	15 197	2 792	3 069	10 139	4 781	1 749	4 443	5 324	6 473
2005	18 403	267	15 533	2 870	3 115	15 288		2 991	4 293	11 119	

党员教育　1979—1985年，县委党校共举办45期训练班，轮训党员、干部6 386人次。学习内容为：关于真理标准问题、社会主义经济理论、《关于建国以来党的若干历史问题的决议》、中共十二大文件、《关于整党的决定》等。除党校培训外，县以下各级党组织定期举办训练班轮训党员6.82万人次。

1983年3月起，在农村党员中以支部为单位每月开展党日活动。全县464个大队党支部，有460个建立党日活动制度，占支部总数的97%。当年以学习新党章、整党决定、《邓小平文选》为主要内容，轮训党员1.31万人次，占党员总数的90.4%。1984年，为加强对党员的经常性教育，在农村党员中开展“党员联系户”活动，有6 870名党员同7 415个专业户、贫困户建立联系，密切党群关系。当年轮训党员1.37万人次，占党员总数的89.2%。1985年，全县进一步完善加强党员教育的四项制度，即党员轮训制度，党日活动制度、党员联系户制度、党组织生活会制度。

1987年年初，中央关于坚持四项基本原则，反对资产阶级自由化的一系列文件下发后，县委及时组织全县广大党员干部集中进行学习和讨论。在县委党校和镇（区）党校举办35期4 900人培训班，以乡镇为单位对农村党员进行集训。1990年2月—1991年5月，县委抽调县乡工作队员1 390人，到全县380个乡镇单位、466个村、162家乡镇企业、544所中小学，对党员和全民开展社会主义思想教育，在企业中开展党的基本路线与基本国情的“双基”教育，开展学雷锋、焦裕禄、潘星兰、杨大兰、李青春等先进模范人物活动。

2001年，县委开展“三个代表”重要思想学习和教育活动，县、乡、村三级参加5 498人。其中，县直机关及所属单位2 336人，乡镇（含机关及乡镇直部门）2 032人，行政村1 130人。2005年年初，全县开展保持共产党员先进性教育活动，共有661个单位、967个党组织、1.82万名党员参加。每批次半年时间，其中集中学习教育时间3个月，按照学习培训、分析评议、整改提高3个阶段展开。

四、干部培训

1979年前，干部培训纳入县成人教育范畴。1980—1982年，县委组织部通过县内、外多种渠道培训干部974人。其中，副县长以上干部4人，县直副局长、公社副主任以上干部127人，专业技术干部352人，一般干部491人。此外，县委还培训1 294名城镇、农村不脱产干部。

1983年，县委组织部调查，全县共有国家干部5 279人，其中年龄在50岁以下、初中以下文化程度1 640人，占干部总数的31%。在调查基础上，县委制定1983—1990年干部培训工作规划。同年秋，县组织、人事部门在县教师进修学校附设干部文化班，学制2年，毕业后达到高中文化水平，当年招收学员38人。还举办县、社党政干部文化补习班，每期3个月。1984年，县委组织部设干部教育科。组织有关部门，举办广播电视大学、中专文秘班、工业会计班、干部初中文化班，共有109名干部在校学习。为适应干部“四化”建设需要，县组织、人事部门积极支持在职干部报考大专院校（包括广播电视大学、函大、自修大学等各类成人学校）和中等专业学校，为其提供必要的学习条件。还根据各项建设事业的需要，有计划地安排一部分专业干部到高等院校和中等专业学校进行对口培训。1985年，全县参加各类学校培训、学习的干部（职

图 13-1-1：在县委党校举办“三个代表”重要思想学习培训班

工）454人。其中，大专182人，中专142人，高中班34人，初中班38人，短期培训班58人。

1988—1991年，县乡两级举办支部书记、支部委员培训班36期，参训3 527人次，党员培训班130期，参训2.29万人次。1992—1994年，培训、轮训县、乡镇领导班子成员510人。1995年，加强干部培训，完成省市调训52人，县内组织17个干部培训班次，参训1 642人。其中，县委党校办10个班次，培训1 063人；赴外培训班7个，培训579人。

1998年，制定“九五”干部培训规划，全年到省、市调训21人，县委党校举办主体班次5个，培训干部570人。干部学历培训143人。其中，研究生5人，大学58人，大专80人。2001年完成调训31人。县委党校开办中青年干部培训班、科技干部培训班、“三个代表”重要思想学习班、村主职干部培训班、组织人事干部赴外培训班等各类主体班次，培训1 273人。2003年，对乡镇党委、政府领导班子成员、县直机关党员干部进行以十六大精神和“三个代表”重要思想为主要内容的集中培训，参训干部近千人。组织20名正科级干部和301名副科级干部参加市、县政治理论水平任职资格考试。开办乡镇民营经济培训班、县委党校中青班6个班次，培训干部1 192人，省市调训48人。2005年，全县共培训各类干部1 018人。（图13-1-1）

第五节 宣传教育

一、社会宣传

1979年，以宣传中共十一届三中全会精神为主，开展真理标准大讨论。1981年，宣传中共十一届六中全会精神，在全县开展“五大讲”。即大讲十一届六中全会伟大意义；大讲毛泽东的历史地位；大讲毛泽东思想的“实事求是，群众路线，独立自主”三个基本点；大讲建国32年伟大成绩；大讲十一届三中全会后的变化。1982年，以宣传中共十二大会议精神为重点。7月，组织干部1 500余人学习。9月后，以多种形式宣传中共十二大精神，全县培训宣传骨干1 728人，宣讲1 824场次，听众22.14万人次。1983年，以学习宣传《邓小平文选》为主。县委、县人大、县政府、县政协领导干部19人，集中10天学习讨论。县直副局长以上党员干部，有97人参加集中学习，占74%；有219名公社党委成员参加集中学习，占80%。1984年，开展彻底否定“文化大革命”宣传教育。1987年，重点学习《坚持四项基本原则 反对资产阶级自由化——十一届三中全会以来有关重要文献摘编》和《建设有中国特色的社会主义》两本书。先后编发《坚持四项基本原则》《坚持共产党的领导》《社会主义建设》和《加强党性教育》等辅导材料，印发2 900余份，集中授课11次，听众3 000余人次。

1989年，宣传改革开放10年来取得的成就，县委宣传部编印《学习与宣传》9期，撰写宣讲辅导材料10万多字，上辅导课20场次，听众2 580人次。1990年，深入开展形势教育和思想政治工作。开展学雷锋、学“两兰”（潘星兰、杨大兰）宣传活动。发行《巾帼英雄》《英雄青年潘星兰》等书籍近万册。掀起“学英雄，比奉献”热潮。1991年，开展学习宣传县内典型李青春活动。《新华社》《人民日报》等数十家新闻单位先后刊登长篇通信《青春壮歌》；全县抽调32人组成文艺宣传队，演出6场话剧《青春颂》和10个小型节目，在乡村巡回演出；编印1 700余册李青春事迹文艺作品，巡回演讲18场，听众2万余人次。1992年，学习宣传邓小平视察南方重要讲话和中共十四大文件精神。县委中心学习组31名成员撰写文章78篇。先后编印1 000余份辅导材料，征订中共十四大宣传材料1.4万余份。组织农村工作队，深入到乡镇、村组、厂矿进行宣讲辅导。1994年3月3日，《宜昌日报》头版头条以《刘厚明十次水中救人》为题对秭归屈原轮船总公司党支部书记刘厚明的先进事迹进行报道。从1989

年到1994年，刘厚明先后10次跳入江中救人，共挽救10条生命，被人们誉为“峡江水上活雷锋，旅客生命保护神”。为大力弘扬刘厚明助人为乐精神，在全县范围内开展“学习刘厚明精神，弘扬传统美德”主题实践活动。1995年，为纪念世界反法西斯战争和中国抗日战争胜利50周年，联合举办爱国主义教育知识竞赛。播放爱国主义影片100部，发行图书2万余册，作革命传统报告8场，听众5 000余人次。1996年，大力宣传县内为库区公路建设牺牲的茅坪镇宣传委员徐耀德，《宜昌日报》头版头条登载《德耀峡江》长篇通信，编发徐耀德故事连载。在县内组织徐耀德事迹报告团进行宣讲，县委宣传部编印《德耀峡江》专题书籍在全县发行。1998年，宣传中共十五大精神和改革开放20年取得的重大成就。1999年，围绕以美国为首的北约袭击中国驻南联盟大使馆、揭批“法轮功”邪教组织和李登辉抛出的“两国论”等重大政治事件，在全县进行爱国主义、无神论和维护祖国统一的宣传教育。举办新中国成立50周年成就图片展、迎澳门回归祖国图片展和文艺晚会等宣传活动。2001年，成立“三个代表”重要思想宣讲团，共宣讲80多场次，听众3万余人次。2003年，重点宣传中共十六大精神，发挥理论宣讲团、农民理论宣讲员、农村文化中心户等作用，使十六大精神家喻户晓。2005年，宣传中共十六大及十六届四中、五中全会精神，实行“三专一卡”宣传模式。即专家讲座、办学习专栏、专题调研，建立学习成果卡。同时，把国防教育也列入当年宣传的重点。利用八一、国防教育日开展国防知识教育，以“爱我中华、强我国防”为主题，举办国防科技知识图片展，制作展牌16块，图片60余幅，观众2万余人次。

二、新闻报道

1980年，围绕党的政策法规、真理标准讨论进行宣传报道。全年被各级报刊采用稿件280余篇。其中，国家级报刊2篇，省级报刊31篇。1981年，以报道落实农业生产责任制为重要内容，及时报道杨林公社推行联产到劳和部分包产到户生产责任制经验。先后在《宜昌报》《湖北日报》登载杨林公社联产到劳经验稿件达26篇。1988年，以宣传中共十三大精神为重点，把通信报道纳入各级干部目标考核内容。全年在国家、省、地区三级党报、电（视）台发稿818篇，其中省级以上158篇。1990年4月，县委宣传部设立新闻科，重点宣传报道中央“一要稳定，二要鼓劲”的精神。全年在地区以上报刊用稿853篇。其中，国家级11篇，省级102篇。1992年，重点围绕首届屈原文化节、新县城开工建设典礼和首届长江国际龙舟拉力赛等重大事件宣传报道，全年发稿1 004篇。其中，国家级27篇，省级130篇。1994年，突出“服务大三峡，建设新秭归”主题。全年在市以上媒体发稿1 438篇。其中，国家级28篇，省级160篇。上市级以上报刊头版头条20篇。1995—1997年，以库区移民和新县城建设为重点进行宣传报道。3年市级以上媒体共采用稿件4 956篇。其中，国家级122篇，省级554篇。上报刊头版头条55篇。其中，《解放军报》1篇，《湖北日报》3篇。1998年，宣传中共十五大精神，重点报道农业产业化、抗洪救灾、翻坝运输、县城东迁和改革开放20年成就等。全年市以上媒体采用稿件1 811篇。其中，国家级61篇，省级250篇。2000年，突出县属工业企业改革、旅游兴县战略、扶贫攻坚、产业结构调整、对口支援等内容。全年被市以上新闻媒体采用稿件530篇，其中省级以上150篇。在《湖北日报》上稿件60余篇，头条新闻7篇。2002年，市以上新闻媒体用稿1 013篇。其中，国家级60篇，省级251篇。《湖北日报》用稿80余篇。2003年，以三峡库区蓄水为重点，全年在市以上媒体发稿1 191篇。其中，国家级34篇，省级187篇。6月15日，《人民日报》用稿6篇。《高峡出平湖　三峡新秭归》新闻在《人民日报》头版登载。2004年，围绕“屈原、端午、龙舟”、峡江号子等报道。全年市以上媒体用稿1 602篇。其中，国家级72篇，省级180篇。《人民日报》采用17篇，中央电视台、中央人民广播电台采用51篇。2005年，突出屈原、三峡、库区等特色报道。全年在市以上媒体发稿1 830篇，其中省以上263篇。新华社59篇（幅），《人民日报》14篇，中央两台11篇。新华社以《大山深处的互助社区》为题发组照7幅，首次在全国公开报道秭归县杨林桥镇社区建设情况。1980—2005年，全县市以上报刊、电（视）台等新闻媒体用稿2.48万余篇（幅）。其中，市级2.04万余篇（幅），省级以上4 400篇。（见表13-1-3）

1980—2005 年秭归县市级以上新闻报道统计表

表 13-1-3　　单位：篇（条、幅）

年份	合计	市级	省以上	年份	合计	市级	省以上
合计	24 823	20 437	4 386	1993	1 506	1 310	196
1980	280	247	33	1994	1 438	1 250	188
1981	229	175	54	1995	1 608	1 400	208
1982	344	258	86	1996	1 708	1 480	228
1983	442	314	128	1997	1 640	1 400	240
1984	204	60	144	1998	1 811	1 500	311
1985	600	450	150	1999	561	400	161
1986	323	300	23	2000	530	380	150
1987	283	250	33	2001	1 208	1 026	182
1988	818	660	158	2002	1 013	702	311
1989	855	618	237	2003	1 191	970	221
1990	853	740	113	2004	1 602	1 350	252
1991	942	783	159	2005	1 830	1 567	263
1992	1 004	847	157				

三、对外宣传

1987 年，县委宣传部协助拍摄《屈原与端午》风光片，编印出版《屈原故里》画册，向海内外宣传秭归名胜、风光和特产。1991 年 8 月，县委宣传部设对外宣传科，当年，秭归新闻稿件首次被《人民日报·海外版》转载。1993 年，县委宣传部编辑出版《屈原故里——秭归》画册，对外扩大秭归知名度。同时，拍摄的县金矿、县水电公司、县油厂等厂矿企业生产经营照片入编《湖北画册》。当年有美国、泰国、菲律宾等国家和地区报道有关秭归消息，秭归自此走出国门。1994 年，县委宣传部编辑《屈原故里风情》书籍，由陕西省旅游出版社出版发行。拍摄《三峡热土——秭归》电视专题片在涉外饭店与旅游景点播放，进一步扩大对外宣传。1995 年，编辑印刷《秭归·中国脐橙之乡》宣传画册向外来旅客赠阅，拍摄《中国脐橙之乡》电视专题片在中央电视台“神州风采”栏目中播出。协助上海、湖北电影制片厂在秭归拍摄电影《大江东去》、8 集电视连续剧《家住三峡》。1996 年，制作专题片《屈原故里》在中央电视台“神州风采”栏目中播放。1998 年，组织县城东迁和翻坝运输系列报道，在香港《大公报》、中央电视台“中国报道”和《经济日报》组织专题、专版宣传。协助全国 15 家电视台《三峡秋色》摄制组、《人民日报·海外版》《中国日报》等 10 多家报社“三峡风”采编活动。1999 年，在端午节举行龙舟竞渡期间，邀请香港《文汇报》、中央新华社、中央电视台、中央人民广播电台第二、四频道“中国报道”和五频道“中华民族”节目先后 3 次专题报道 1999 年秭归端午龙舟竞渡盛况，向全世界宣传秭归。2000 年，邀请中国新闻社、中央电视台海外部到秭归采访，利用《人民日报·海外版》《今日湖北》等新闻媒体向海内外人士介绍秭归。同时开通秭归网站，设立“屈原故里”“风土人情”“峡江移民”“脐橙之乡”等栏目，近 10 万人次浏览秭归网站。2001 年，香港《文汇报》刊发《秭归为移民开创新生活》消息；接待 21 家驻京外国记者移民采访团；上海、湖南、山西等省市电视台联合对秭归移民、旅游进行采访，播出系列宣传秭归的稿件和电视节目。2003 年，突出旅游宣传。请中央电视台等 70 多名记者，对秭归旅游发展情况进行专题采访报道。制作旅游宣传光碟，出版秭归旅游导游词《走进新秭归》，召开新三峡旅游发展恳谈会，及时更新秭归旅游网页，提高网站点击率。2004 年，全年在对外媒体上发布新闻 580 余篇。其中，新华社 50 余篇，《人民日报・海外版》6 篇，中国新闻社 23 篇，《人权》杂志 1 篇，新浪、搜狐、网易等著名网站转发新闻 500 余篇。2005 年，接待日本《读卖新闻》和南非《星期日时报》记者，对秭归移民安置情况进行采访报道。借助“走进乐平里”和秭归端午节等活动对外宣传。全年发稿 570 余篇。其中，新华社 50 余篇，《中国日报》4 篇，《人民日报・海外版》6 篇，中国新闻网 9 篇，《大公报》3 篇，新浪、搜狐、网易等网站转发新闻 500 余篇。当年 5 月 18 日，由县委主管、县委宣传部主办的综合性门户网站“三峡秭归在线”（http:www.zigui.gov.cn）正式开通，对外发布秭归新闻。2005 年 2 月 28 日，“三峡秭归在线”进行第一次改版，并加入荆楚新闻网站联盟。网站设有新闻中心、今日秭归、经济纵横、领导论坛、秭归脐橙、对口支援、三峡旅游、乡镇风采、名人屈原、屈乡儿女、文明之窗、屈乡文艺等 13 个栏目，网站每天更新新闻达 15 条以上。当年共发布新闻 4 200 余条、图片 1 400 多幅，全年有 500 多篇新闻稿件被新华社、《人民日报》《湖北日报》等省以上媒体刊登、转载，被三峡宜昌网采用稿件 360 多篇。至 2005 年，先后创作《屈原与端午》《三峡热土——秭归》《中国脐橙之乡》《屈原故里》等 4 部电视专题片；制作旅游光碟 1 盘；出版《屈原故里》《屈原故里——秭归》《中国脐橙之乡》画册 3 集；编辑出版《屈原故里风情》《走进新秭归》等书籍 2 部。

四、理论学习

1979—1990年，重点学习中共十一届三中全会及中共十二大、十三大会议精神以及社会主义初级阶段理论等内容。1990—2000年，重点学习中共十四、十五、十六大会议精神，学习邓小平视察南方重要讲话和建设有中国特色的社会主义理论，同时开展“讲学习、讲政治、讲正气”的“三讲”学习。2000—2005年，重点学习“三个代表”重要思想和科学发展观理论以及《公民道德实施纲要》。此外，县精神文明建设办公室还经常对全县干部职工、工人、农民开展文明常识、法律知识、市场经济知识等方面教育，规范公民道德行为，全面提高公民素质。

县委根据全县实际，结合不同时期先后确定“农村经济体制改革问题”“县属企业改革问题”“国营商业改革问题”“如何脱贫致富奔小康”“如何利用屈原文化旅游资源构建大旅游”“加入WTO后，秭归脐橙如何面对市场”“秭归县‘十五’发展战略”等调研课题。课题确定后，县委组织有关部门深入基层调研，或走出去学习借鉴外地先进经验，形成一系列理论调研成果，为县委决策提供参考。如通过调研县属企业改革问题，形成《关于三峡库区企业改革问题的思考》等一批调研文章，提出“发展壮大一批，引进嫁接一批，变卖民营一批”基本思路，在此基础上，县委制定出《中共秭归县委关于加快国有企业改革与发展的决定》。1979—2005年，全县政府调研文章被市以上采用达800多篇次，30多篇文章在市以上获奖。

1986年始，先后聘请省委党校教授顾杰、解放军通信指挥学院教授季卜枚、世界柑橘协会主席阿尔布里哥、华中农业大学教授邓秀新、市社科联教授李发刚、市委党校教授隋文广等进行“全心全意为人民服务”“‘三个代表’精神”“讲学习、讲政治、讲正气”“中共十一大、十六大会议精神”等专题讲座。每次授课时，组织县直机关干部集中听课，并进行现场直播，各乡镇组织干部收看收听。同时，县委、县政府领导带头授课，使理论学习增强实践性。至2005年，先后聘请市以上专家教授授课，听众达8万人次以上，县级领导授课听众1万多人次。

1986—2005年，县委宣传部下发《关于理论学习督导检查办法》，每年不定期对各单位进行抽查，查看学习记载、读书笔记和体会文章，把理论学习作为单位评先表模的条件之一。建立完善考学、述学、评学制度，干部述职时要述学，评议干部时要评学，考核干部时要考学，把理论素养、学习能力作为选拔任用干部的重要依据。2000年，为进一步规范党委（组）中心组理论学习，县委宣传部印发《党委（组）中心组理论学习考核办法》，考核实行百分制。考核内容有党委重视、组织健全、制度健全、经验推广、经费落实、社会效益6大项。年底由各党委（组）中心组授牌。2005年，县委中心组推行“三专一卡”学习模式，即专家讲座、办学习专栏、专题调研，建立理论学习成果卡。当年，在专家辅导方面：县委中心组集中学习12次，其中邀请省、市专家学者作辅导讲座5场次。在专题调研方面：坚持“学习理论—调查研究—科学决策”学习路子，县委中心组成员围绕“村级集体经济”“农村社区建设”“屈原文化开发”等课题分别到长江村、杨林桥镇、乐平里进行专题调研，为科学决策提供可靠依据。在办学习专栏方面：党政信息网、县电视台、三峡秭归在线网站及《秭归调研》《参阅件》开办“领导论坛”栏目，全年交流中心组成员学习体会文章60多篇。理论成果建档立卡：全年共收集整理中心组调研文集4集，调研报告、心得体会文章70多篇。其中，7篇调研文章在国家级刊物发表，35篇在市以上刊物发表。

第六节　统一战线

一、党外人士

1980 年，全面恢复和建立统一战线工作机构。1981 年 1 月，召开县九届人大一次会议和政协一届一次会议。县人大代表 216 名中，党外人士 61 人，占 28.2%，其中 1 名任县人大常委会副主任；县政协委员 93 名中，党外人士 45 人，占 48.4%，其中 2 名任县政协副主席。1984 年 12 月，召开县十届人大一次会议和政协二届一次会议，更加注重吸收党外人士参政、议政。县人大代表 245 名中，党外人士 125 人，占 51%。其中，4 名任县人大常委会常委，1 名任县人大常委会副主任，1 名任县政府副县长。县政协委员 150 名中，党外人士 90 人，占 60%。其中，15 名任县政协常委，4 名任县政协副主席。2004 年，一至七届县政协委员中党外人士占 60%，历届县政协常委中党外人士达 65%。担任副科级以上领导干部党外人士 14 人，其中副县（处）级 3 人。2005 年，全县建立非党干部档案 484 人，非党知识分子及专业技术人才档案 1 615 人。安排党外人士参加省、市、县举办的培训班 13 人。

二、台胞与侨胞

1985 年调查，秭归籍去台人员 73 人，香港同胞 18 人。在县内港台眷属共 108 户 339 人。1979 年前在“左”的思想影响下，港属台属蒙冤受屈。1979 年后，县委先后对 18 名港属、台属落实政策，清退长期占用的 5 户台属私房，退还房屋面积 1 006.8 平方米。1984 年，在政协秭归县第二届委员会 150 名委员中，有台胞 1 人，台属、港属 17 人。1980 年后，县内有 32 人同在港、台和海外的亲友通信联系，部分台胞、港胞回乡省亲。2005 年年底，全县去台人员 199 人，县内台属 1 200 户 3 500 人。回县内定居台胞 1 户 1 人。1979—2005 年，共接待台胞及海外亲友到秭归旅游观光、寻亲和经贸考察 5 000 人次。共办理台湾寻亲、遗产继承、涉台婚姻、赴台探亲、奔丧公证等来信 100 多封，为去台人员亲属寻找台湾亲人 40 人，协助去台人员亲属办理赴台探亲、探病、奔丧等手续 20 件。

三、落实统战政策

1978 年后，对错划“右派分子”、原国民党起义投诚人员、原工商业者、台属、台胞、非党知识分子、政协委员、民主党派成员、少数民族等统战对象落实统战政策。截至 1986 年 10 月底，为全县受到各种错处的 1 569 件案件 595 人落实统战政策，其中错划“右派分子”（包括中右）408 人，改正 408 人。其中，恢复公职 227 人，退职退休处理 7 人，抚恤 49 人，恢复党籍 19 人。对错判对象按政策补发冤狱费 37 人。右派家属受株连 9 人，收回安排工作 2 人，退休 6 人，发抚恤费 1 人。落实工商业者错处 130 件 75 人，区别为“三小”的 64 人，补发生活费 10 人，退休 3 人，退股金 50 人、4.57 万元，补发工资 3 人、5 851 元。落实国民党起义投诚人员受错处 88 件 60 人，安排工作 6 人，抚恤 1 人，定期发生活费 7 人，还有 10 人因错判按政策补发冤狱费。落实台属错处 29 件 16 人，党外知识分子错处 2 件 2 人，民革成员错处的 1 件 1 人，民主人士错处的 1 件 1 人，少数民族没有执行政策的 3 件 3 人，都一一落实政策。

四、宗教活动

2002年6月，成立县民族宗教事务办公室，与县委统战部合署办公。2004年6月，成立县民族宗教工作领导小组，县委副书记刘晓华任组长，相关部门负责人为成员。具体日常工作仍由民族宗教事务办公室负责。当年7月，建立县、乡镇、村三级宗教工作管理网络。9月，县政府任命周祖国兼任县民族宗教事务办公室主任。

1979年后，县内活动的宗教组织主要有道教、佛教和基督教。县内信仰道教人员194人，主要集中在周坪乡，在周坪乡“圣天观”遗址进行一些朝拜活动，没有合法的活动场所。县境内没有合法的佛教活动场所，但常出现挂单僧人。2003年，湖北省荆州市陈立报（法名淮定）在茅坪镇四溪风景区“人与佛”景点处设有具有庙廊文化的“拜佛点”，2005年12月取消。基督教于1992年传入秭归。随着三峡工程兴建，人口流动量增加，县城搬迁离宜昌市区距离拉近，宜昌市区、坝区、邻县的基督教信徒经亲友介绍传教，宜昌市基督教会采取举办义工培训班的方式传教，在互相影响下，教徒逐渐增多。宜昌市基督教会分别与2001年8月、2004年8月派教师朴福子和文英到秭归牧养信徒。据统计，2004年年底，全县已有基督教信徒203人，主要分布在茅坪镇，该地有198人，占97.54%。其次是郭家坝镇4人，水田坝乡1人。县内基督教徒先后在茅坪镇徐家冲村11组、向家坝村3组以及新县城丹阳路49号、平湖五路22号、长宁大道38号、西楚路117号等地设立聚集点。但至2005年年底没有正式批准的合法活动场所。

第七节　来信来访

一、来　信

1984 年前无专门的信访机构，来信来访分散在各个部门和由县委、县政府领导直接处理，无统计数据可查。1984 年成立县人民政府信访办公室后，当年接收人民来信 89 件。1985 年，接收人民来信 158 件。来信处理一般由接信人负责。写给县委、县政府及其领导人的部分信件，直接转有关部门办理。信访部门受理人民来信，由办信人员交相关部门办理或自办。1998 年，县城东迁茅坪，信访总量显著上升，全年人民来信 637 件。当年 8 月，县信访办公室确定专人负责办理人民来信。2005 年，处理人民来信 895 件，处理重要信件 117 件。

1984—2005 年，全县共接收人民来信 1.69 万件。其中，批评建议类 725 件，申诉类 1 648 件，检举揭发类 2 940 件，求决类 7 754 件，纠纷和其他类 3 791 件。共处理信件 1.69 万件，处理率 100%。

二、来　访

1984 年县信访办成立后，配合纠正冤假错案，与有关部门共同调查落实信访申诉案件。至 1985 年，信访部门配合受理复查申诉案件 465 件。

1999 年，全县 19 家国有企业改制、改组、破产。大量企业职工下岗失业。下岗职工再就业难、生活困难；改制、破产企业职工安置、补偿以及养老、医疗保险等方面的利益性矛盾十分突出。改制企业职工围堵党政机关、堵塞交通、静坐等群体性事件时有发生。2000 年，原县织布总厂 200 多名下岗职工围堵县政府机关，上访长达 2 小时。11 月 25 日，茅坪坝区 300 多人集体到县政府上访，要求兑现坝区移民补偿费价差。县委、县政府主要领导亲自接待上访移民，宣传政策，息诉罢访。1999—2005 年，群众上访 1.28 万人次，县级领导共 209 人次参加信访接待日，处理突出上访问题 413 件。（见表 13-1-4）

1985—2005 年秭归县来信来访统计表

表 13-1-4　　单位：件次

年份	合计	批评建议	申诉	检举揭发	求决	纠纷	其他
1985	855	47	73	55	492	—	188
1986	1 167	51	139	103	548	—	326
1987	1 023	31	152	71	547	—	222
1988	416	27	103	24	256	—	6
1989	419	12	84	82	183	—	58
1990	1 810	70	194	168	—	767	611
1991	2 014	69	212	216	929	353	235
1992	548	18	82	71	204	47	126
1993	344	16	48	43	141	—	96
1994	1 710	71	193	267	575	427	177
1995	1 250	89	117	156	402	433	53
1996	2 179	76	245	236	877	650	95
1997	1 979	61	226	210	919	386	177
1998	1 638	65	149	161	590	557	116
1999	2 242	89	147	259	996	512	239
2000	3 099	112	149	476	1703	403	256
2001	3 249	86	185	474	1972	351	181
2002	2 325	84	249	311	1426	—	255
2003	2 109	93	194	240	1391	—	191
2004	1 924	23	258	224	1417	—	2
2005	1 262	31	209	187	688	138	9

第八节　老干部管理

一、落实待遇

政治待遇　1984 年，县老干部工作局成立后，老干部管理工作开始走上正轨，政治待遇得到较好落实，当年全县统计有离休、退休干部 400 人。1988 年，为 73 名老干部颁发荣誉证书，为 39 名老干部提高政治待遇，为 20 名老干部落实相关政策。随后，每年每月 15 日（10 日），组织居住在城区的老干部集中学习党的方针政策和重要文件，参加 1.5 万人次。举办老干部保持共产党员先进性教育知识竞赛活动 8 次 2 000 人，150 人获奖。为老干部购买各种政治学习资料、书籍 5 000 本，订阅杂志 3 000 份。截至 2004 年，全县共成立离、退休干部党支部 68 个，有党员 1 032 人。2005 年，组织全县老干部开展第一批保持共产党员先进性学习教育活动。全年集中学习 10 次，通报工作情况 2 次，举办专题辅导讲座 5 次，参学人员 900 多人次。6 月 6 日，举办湖北省老干部党员保持共产党员先进性知识竞赛抽奖活动，全县 698 名离、退休干部党员参加，获一、二、三等奖 70 人，10 个单位获组织奖，31 人获湖北省宜昌赛区奖，其中 1 人获一等奖，县委老干部局获组织奖。在县广播电视台开辟“革命英雄谱”专题访谈节目，共采访 8 位参加抗日战争的老干部，对他们的英雄事迹进行宣传报道。

生活待遇　1984 年，为解决老干部治病、吃粮、购物困难，发“三优证”124 个。为 78 名老干部进行健康体检，在县医院设置老干部病床 8 张。1985 年，全县 138 名离休干部生活补贴和包干交通费全部发放给本人。发放维修房屋补助费 41 人 4 700 元。为困难离休干部发放补助金 29 人 1 670 元。全县离休干部农业户口家属农转非 16 户 29 人，解决待业子女 29 人。1986 年，老干部工资升级 29 人。为离休干部活动室配备电子按摩等 3 种保健用品。办理家在农村的离休干部家属子女农转非 23 户 39 人。1991 年，对年满 70 周岁的离休干部实行发护理费。为 52 名老干部、16 名遗属发放生活困难补助金 7 920 元。1992 年，对离休干部公费医疗采取门诊每人每年 600 元包干到所在单位，门诊医药费在单位全额报销，住院费由定点医院从医疗基金中解决。退休县处级领导干部交通费由 10 元提高到 15 元。为离休干部办理护理费 17 人。1997 年，全县 68 名企业离休干部按行政机关标准套改离休费，人均增资 160.27 元。解决三峡工程一线水位老干部搬迁 24 人，县政府拨款 20 万元解决 4 名隶属乡镇食品公司的离休干部及其遗属搬迁新县城的住房资金不足问题。2000 年将全县企业离休干部护理费、交通费、山区津贴、政策性补贴纳入保险统筹。21 家企业 40 名离休干部按人均 3 万元参加医疗统筹，共筹资金 120 万元。2002 年，老干部年医疗统筹金缴费人均 7 000 元，全年缴纳 91.7 万元（含企业人均 3 000 元），所有离休干部全部实行医疗保险，参保率为 100%。2005 年 1 月，全县离休干部小伙食补贴纳入县级财政预算。护理费由每人每月 200 元调整到每人每月 400 元，补发离休干部 151 人护理费 4.5 万元。

二、组织活动

1983 年，将县政府大院内一栋土木结构房子改建成办公用房和老干部活动场所。1985 年老年人体育协会 3 次派离休干部到武汉、鄂州市学习门球、气功，办气功学习班 4 次。1987 年 7 月，县委老干部活动委员会成立，投资 6 万元改建老干部活动中心室，活动中心可同时开展 10 个活动项目。有 3 个县直单位新建老干部活动室，总投资 7 万元。1988 年组织离、退休干部参加迪斯科表演赛，举办门球、桥牌、象棋等 18 个项目 32 场比赛，参加 1 200 人次。1989 年，居住在县城的老干部 106

人，举办各种文体比赛 34 次 850 人。开展国庆 40 周年诗词征集活动，37 人参加，征集诗词 63 首。1991 年开展大型文体活动 26 次 953 人次。1996 年，甘德华等 37 名老干部自发向希望工程捐款 1 165 元。开展纪念红军长征胜利 60 周年系列活动，到各学校作革命传统教育报告 12 场次，听众 2 000 人。参加纪念红军长征胜利 60 周年歌咏大会。1999 年 9 月，县委老干部活动中心在茅坪新县城落成开放，占地 1 550 平方米，建筑面积 2 236 平方米，设备、设施和局机关资产总额 168 万元。中心大楼可容纳 400 名老干部学习、娱乐和健身。设有多功能大厅、乒乓球室、棋牌室、阅览室、健身房，天天开放。定期开展桥牌、象棋、麻将、花牌、门球等体育比赛活动。12 月举办秭归县庆国际老年人节，迎澳门回归离、退休职工体育运动会，设立门球、象棋、跳棋 3 个比赛项目，参赛 432 人。2001 年，中央电视台“夕阳红”栏目摄制组摄制秭归老干部活动专题片并在中央电视台播出。2003 年组队参加市老年人体育运动会，取得团体总分第六名。当年编辑出版《岁月回响》书籍，收录老干部回忆录 118 篇。县“夕阳红”艺术团选送的《船工号子》《三峡细雨》两个节目在全市老年文艺会演中获一等奖和三等奖。老年学校文艺宣传队 3 次配合中央电视台、湖北电视台经视节目在秭归的摄制，4 次参加县组织的长宁广场文艺演出，参加春节联欢晚会、宜昌三峡国际旅游节、秭归旅游节等大型文艺演出。2005 年 5 月，举办城区离、退休干部门球赛，共有 14 支代表队、122 名离、退休干部参加比赛。举办离、退休干部重阳节联欢会，300 多名老干部参观三峡大坝，与体育局和老年体育协会联合举办城区老年人冬季运动会，19 个单位、578 名离、退休干部参加。1984—2005 年，组织老干部先后分 10 批次到四川、重庆、武汉、张家港、南京、上海、韶山、西安、北京、香港、澳门、深圳等省、市和地区及县内库区乡镇及有关企业参观考察。

三、工作管理

1984 年，创建老干部工作局。1986 年全县普遍建立领导与离休干部联系制度，县委、县人大、县政府、县政协四大家 21 位主要领导与享受副县级待遇和抗日时期入伍的离休干部建立联系。16 个局领导与所属单位离休干部建立联系。县工业局等 8 个单位配备 10 名专职老干部管理工作人员。1988 年，县委成立以县委书记任组长的老干部工作领导小组，建立党委会研究老干部工作制度，定期听取工作汇报，重要问题亲自解决。县委、县政府先后印发 30 多个文件，研究制定老干部工作的方针政策。走访县内外离休干部 154 人。116 名副局级以上领导干部联系老干部 201 人。1994 年 1 月，县委召开老干部工作会议，下发《关于进一步加强老干部工作的意见》，各乡镇和县直各单位相继成立老干部工作领导小组 21 个。1995 年 8 月，全县开展老干部工作检查，抽查 4 个乡镇、2 个县直行政单位和 7 个企事业单位，妥善解决老干部离、退休费发放，医药费报销、住房等问题 24 件。1997 年，全县共建立老干部管理工作领导小组 27 个。有 24 个单位建立老干部工作例会、老干部政治学习、联系老干部、向老干部通报情况、走访慰问老干部、评先表彰等制度。1999 年 9 月，乡镇、县直单位机构改革成立老干部工作领导小组 40 个，成员 173 人，配备专门老干部工作人员 27 人，兼职工作人员 50 人。2001 年 6 月，在全市老干部工作表彰会上，县委老干部局被市委、市政府表彰为全市老干部工作先进单位。2002 年 1 月，县委、县政府召开老干部代表迎春座谈会。4 月，县委常委会研究决定破产企业离休干部收归主管部门管理，共 14 个企业、22 名离休干部落实到主管单位。2004 年，32 名县级领导与 67 名离、退休老干部建立联系制度。各单位领导班子成员与本单位老干部建立联系制度。县老干部局机关建立工作人员分片联系走访老干部制度。2005 年 6 月，县委出台《关于加强离退休干部管理工作的意见》，开展创建“五好”基层党组织和文明机关活动，县老干部局被县委表彰为五好基层党组织和文明机关。

第二章　纪检监察

1978 年选举产生中共秭归县纪委检查委员会（简称县纪委，下同），负责对全县党员进行保护、监督、教育、惩处。1988 年恢复重建县监察局。1993 年，县纪委和县监察局合署办公。1979—2005 年，县纪委共受理来信来访 7 113 件次，办结 6 860 件次。查处党员干部违纪案件 1 398 件 1 293 人，给予党纪处分 1 057 人，其中开除党籍 243 人。

第一节　机　构

1978 年 11 月，中共秭归县第四次党员代表大会选举产生新一届县纪委。1984 年 5 月，县纪委设秘书科、检查科、审理科 3 个内设机构，后改为办公室、检查室、审理室，增设信访室、教育研究室。1988 年 2 月，恢复重建县监察局，内设秘书股、检查股、审理股，后改为办公室、监察股，保留审理股，增设信访股。1993 年 4 月，县纪委和县监察局合署办公，实行一套班子、两块牌子。2005 年，县纪委、县监察局内设办公室、监察综合室、教育调研室、纪检监察室、案件审理室、信访室、执法监察室。（见表 13-2-1）

1979—2005 年秭归县历任县纪委书记情况表

表 13-2-1

姓　名	性别	出生年月	籍　贯	文化程度	任职时间	卸职时间
廖宗武	男	1932-07	湖北宜都	初　中	1978-11	1984-01
杜安贵	男	1936-05	湖北宜都	初　师	1984-01	1986-12
甘德华	男	1930-02	湖北秭归	初　中	1986-12	1988-12
王祖谟	男	1945-02	湖北秭归	大　专	1988-12	1994-01
宋发升	男	1947-07	湖北秭归	高　中	1994-01	1999-01
李国兴	男	1952-12	湖北秭归	大　专	1999-01	2001-10
李家法	男	1953-11	湖北五峰	大　学	2001-10	2005-12

第二节　案件查处

1979 年后，平反纠正冤案错案，对历次政治运动中的案件进行全面复查。归口县纪委受理的案件 749 件，撤销或改变原结论及处分 123 件，占 16.4%。其中，恢复党籍 80 人，维持原结论及处分 626 人，占 83.58%。

1979—1993 年，县纪委受理来信来访 3 620 件次，办结 3 454 件次，占受理总数 95.41%。查处党员干部违法违纪案件 837 件 731 人。给予党纪处分 758 件 661 人。其中，开除党籍 135 人，留党察看 172 人，撤销党内职务 28 人，严重警告 206 人，警告 120 人；政纪处分 77 人。其中，开除公职 13 人，开除留用察看 14 人，撤职 8 人，降级 7 人，记大过 20 人，记过 7 人，警告 8 人。

1994—2005 年，受理信访举报 3 493 件次。其中，来信 2 843 件次，来访 506 件次，举报电话 131 件次，网上举报 13 件；反映副科级以上领导干部 784 件次，一般干部 1 396 件次。办结 3 406 件次，办结率 97.5%。其中，自办 1 067 件次，占 31.33%，提供案件线索 510 件。受理的信访举报中，反映经济问题的 1 201 件，占 34.38%。查处违纪案件 561 件 562 人，给予党纪处分 396 人。其中，开除党籍 108 人，留党察看 46 人，撤销党内职务 13 人，严重警告 106 人，警告 123 人。政纪处分 148 人。其中，开除公职 15 人，开除留用察看 7 人，撤职 9 人，降职 1 人，降级 20 人，记大过 42 人，记过 26 人，警告 28 人。查处的案件中，经济违法违纪案件 219 件 216 人，占 39.04%。其中，万元以上大案 95 件 95 人，副科级以上领导干部 53 件 56 人。挽回直接经济损失 637.2 万元。

第三节　执法监察

1983 年开始，先后 3 次清理干部职工在城镇建私房、多占公房，对 154 户未批先占、公征私建、违章建筑、高价出售出租私房及多占公房进行处理。其中，责令停建 12 户，追缴税费、罚没款 22.22 万元，81 户退出多占公房面积 1 935 平方米，党纪政纪处分 10 件 12 人。1991 年开展纠正行业不正之风，处理有不正之风问题的 115 人，其中 29 人受到党纪政纪处分。1992 年清理整顿统一着装，清理擅自着装、扩大范围着装案值 24.8 万元，处理收缴 13.09 万元。1988 年、1992 年两次清收国家机关及县属企事业单位干部拖欠公款，共 2 056 人 230.86 万元。先后开展 9 次执法监察活动，收缴乱罚款资金 17.74 万元，政纪处分 3 件 3 人。协助县物价局、经营管理局、教育委员会等单位对 27 所学校 1992 年秋季入学收费进行检查，共查处违纪金额 172.5 万元。

1993—2005 年，清理废止涉农负担文件 31 个，削减集资项目 80 个，减免农业税 822 万元，查处违纪案件 59 件。清退中小学乱收费 43.22 万元，查处违纪案件 6 件。减少企业收费项目 25 个 179.9 万元，退还 2.47 万元。查处非法行医、假劣药品器械、虚假药品广告案件 157 件。配合财政、物价、审计部门检查预算外资金，取消收费项目 72 个，清退违规收费 42 万元；纠正违规收费票据 1 630 份，收费金额 37.4 万元。督促移民资金审计 14 项，归位挪用资金 120 万元，清收干部职工 2 986 人拖欠公款 946.81 万元，占应收欠款 85.38%。检查党政机关经商办实体 48 家，注销 14 家，34 家实行“四脱钩”。对扶贫扶苏、移民资金、建设工程、住房制度改革等 88 个项目进行监督检查，查出违纪金额 854.53 万元，挽回经济损失 219.94 万元，清退违纪金额 442.09 万元，查处违纪案件 37 件 42 人，作出监察决定及通报批评 14 项。连续 5 年组织对 33 个县直部门进行行风民主评议。

第四节　党风党纪教育

1979 年，重点对党员干部进行《中国共产党章程》《关于党内政治生活若干准则》、党风党纪基础知识的学习教育。全县各级党组织，纪检组织利用各种培训班讲党课 479 场次，受教育党员 8.03 万人次，播放党风廉政建设电教片 306 场次，观看党员 8.06 万人次。县委、县纪委先后表彰党风廉政建设先进党组织 231 个，先进个人 251 人；通报批评严重违反党纪政纪单位 6 个、党员干部 37 人。1992 年，举办党风党纪知识学习培训班 44 期，专题授课 60 余次，培训骨干 2 446 人，1.45 万人参加学习，参学率 91%；播放党风党纪电教片 164 场次，观看党员 4.6 万人次；有 520 名副科级以上党员干部参加党风党纪知识测试，参试率 96.3%；总结推广 37 个单位党风党纪和廉政建设经验，表彰先进个人 63 人。1994 年开展“社会主义市场经济与反腐倡廉”主题教育活动，8 589 人参加学习，参学率达 90%。县纪委与县委宣传部联合举办演讲比赛，评出一、二、三等奖和优秀作品奖、组织奖 18 人。2000 年开始，将每年 5 月定为党风廉政建设宣传教育月。至 2003 年，县、乡镇纪委以党校为阵地，讲党风廉政教育课 546 场次，受教育 9.32 万人次，播放党风廉政电教片 587 场次，观看 12.6 万人次。2005 年，结合保持共产党员先进性教育活动，开展学习宣传中央《关于建立健全教育 制度 监督并重的惩治和预防腐败体系实施纲要》，组织学习会 230 场次，办培训班 3 个、播电视专题 38 期、巡回辅导 30 场次，各单位负责人讲党课 106 人次，6 700 名党员参加学习。

第五节　领导干部廉洁自律

1993 年 9 月—1994 年 12 月，按照中共中央对领导干部廉洁自律 5 条要求，县纪委监察局制定《领导干部实行重大事项报告制度的规定》，全县 794 名副科级以上领导干部开展自查自纠。1996 年，对 658 名副科级以上领导干部住房进行清理，处理领导干部住房超面积 70 人。1998 年，对用公款购买的 327 部移动电话进行处理，清收金额 48 万元。132 个党政机关、企事业单位移民迁建取消庆典，节约资金 500 万元；精简会议 188 个，节约经费 62 万元。2000 年，制发《关于严禁党员干部个人重大事项大操大办的规定》《礼品登记上缴制度》和《关于领导干部公款使用通信费用的管理办法》等文件，规范党员领导干部行为。2001 年，在全县副科级以上领导干部中开展收受赠送“红包”专项清理，有 57 名领导干部将因故无法拒收而接受的“红包” 14.67 万元上缴国库。对领导干部公费获取学历学位，公款为个人购买商业保险、违规购买小汽车等 25 项进行清理，对清理出的问题按规定进行处理。2003 年制定《秭归县落实廉政谈话制度实施办法》，共谈话 78 人次。2005 年，全县 10 名领导干部报告个人重大事项，5 人上缴礼金 4 万元，416 人申报个人收入，12 个乡镇全面推行职务消费货币化改革。

第三章　社会团体

1979—2005 年，县总工会先后召开第四次至第九次会员代表大会；团县委召开第七次至第十五次团员代表大会；县妇联召开第五次至第八次妇女代表大会；县工商联召开第五届、第六届会员代表大会；县文联召开第一次、第二次代表大会；县科学技术协会只召开第一次会员代表大会；县残联成立前由县民政局负责残疾人援助工作，成立后先后召开第一次至第三次代表大会。

第一节　总工会

一、会员代表大会

第四次　1978 年 12 月 15—18 日在县城归州召开县总工会第四次会员代表大会，出席代表 253 人。会议听取吴东源作的工作报告，讨论确定社会主义建设时期全县工会工作任务。会议选出 31 名委员组成县总工会第四届委员会，吴东源当选为县总工会主席，宋发远为副主席，王明翠、唐守富、陈振华、李大元、谭文扬、韩启忠、张万英为常委。

第五次　1983 年 6 月 28—30 日在县城归州召开县总工会第五次会员代表大会，出席代表 219 人。大会听取宋发远作的工作报告。大会选出 16 名委员组成县总工会第五届委员会，宋发远当选为县总工会主席，屈秀为副主席，王明翠、宋秀成、马美子、杜国文、丁志山为常委。选举宋发远、胡兴华、汪永良为出席省总工会第六次代表大会代表。

第六次　1986 年 6 月 22—23 日在县城归州召开县总工会第六次会员代表大会，出席会议代表 162 人。大会听取并审议通过宋发远代表县总工会第五届委员会作的题为《发扬工人阶级主人翁精神　为我县“两个文明”建设作出积极贡献》的工作报告；审议通过刘光南所作的财务工作报告。大会选举产生刘光南等 23 人组成县总工会第六届委员会。第六届一次会议选举刘光南等 7 人为常务委员，刘光南当选为主席，张邦寿当选为副主席。

第七次　1990 年 8 月 28—29 日在县城归州召开县总工会第七次会员代表大会，出席会议代表 205 人。大会听取并审议通过刘光南作的题为《团结奋斗　开拓前进　在改革和建设中发挥主力军作用》的工作报告；审议通过张邦寿所作的财务工作报告。选举刘光南等 24 人组成县总工会第七届委员会。第七届一次会议选举刘光南等 9 人为常务委员会委员，刘光南当选为主席，张邦寿、丁志山为副主席。

第八次　1996 年 9 月 10—12 日在县城归州召开县总工会第八次会员代表大会，出席会议代表 172 人。代表听取并审议通过周功林作的题为《突出中心　强化职能　努力开创工会工作新局面》的工作报告；审议通过县总工会财务工作报告。选举周功林等 24 人组成县总工会第八届委员会。第八届一次会议选举周功林等 10 人为常务委员，周功林当选为主席，余先军、张邦寿当选为副主席。

第九次　2004 年 5 月 18—19 日在新县城茅坪召开县总工会第九次会员代表大会，出席会议代表 137 人。会议审议并通过县总工会工作报告、财务工作报告。选举产生县总工会第九届委员会委员 21 人，常务委员 6 人，选举产生县总工会第九届经费审查委员会主任 1 人，委员 4 人。陶丹当选为县总工会主席，郑重祥当选为常务副主席，郑之芳当选为副主席。

二、组织建设

1979 年恢复整顿工会组织，全县共有职工 1.07 万人。其中，女职工 2 364 人，集体所有制职工 3 336 人；工会会员 7 064 人，其中女会员 1 290 人。会员占职工总数的 66.32%，工会专职干部 9 人，不脱产干部 1099 人。当年，开始在企业中试行民主选举车间主任、工段长、班组长。县水泥厂试行职工代表大会制。

1982 年 10 月，县总工会成立女工工作委员会。1984 年年底，全县已建立职工代表大会制度单位占 70%。建立局级（系统）工会工作委员会，有基层工会 190 个，工会小组 795 个，专职工会干部 48 人（其中女干部 10 人），不脱产工会干部 1 524 人，全县工会会员 9 502 人（集体所有制 2 192 人），其中女职工 2 501 人，会员占职工总数的 82.57%。1986 年，全县建立工会组织 181 个，职工总数 1.36 万人，会员总数 1.03 万人，占职工总数的 75.27%。其中，全民所有制企业建立工会组织 147 个、会员 7 049 人，集体所有制企业建立 34 个、会员 3 222 人，班组建设 874 个。其中，合格 265 个，信得过 80 个，先进 57 个。1990 年，全县工会组织 188 个，职工 1.4 万人，会员 1.27 万人，占职工总数的 91.11%，95%以上机关建立工会组织。全县配专职工会干部 83 人，兼职工会干部 2 797 人。29 个基层工会进行换届选举，16 个工会直接选举工会专职主席。1993 年，对 28 个基层工会进行换届选举。新发展基层工会 9 个，并依法建立工会委员会、女职工委员会、经济审查委员会、调解委员会等组织。1995 年调整组建 33 个工作委员会领导班子，合并组建工作委员会 4 个，新发展会员 218 人。全县共有基层工会组织 167 个，职工人数 1.18 万人，会员人数 1.06 万人，占职工人数的 90.13%。2001 年，全县累计建会 830 家（含联合会、工会小组），发展会员 1.12 万人。10 人以上单位组建基层工会委员会，10 人以下建工会小组。共建工会联合会 26 个，工会小组 585 个，发展会员 5 191 人。2005 年，全县共有基层工会组织 268 个，职工人数 2.62 万人，会员人数 2.12 万人，占职工人数的 80.1%。（见表 13-3-1）

1979—2005 年秭归县部分年份工会会员统计表

表 13-3-1　　　　单位：人、%

年　份	职工数	会员数	会员占职工比例
1979	10 651	7 064	66.32
1985	11 508	9 502	82.57
1990	13 945	10 374	74.39
1995	11 770	10 608	90.13
2000	24 335	18 502	76
2005	26 168	21 168	80.1

三、主要活动

职工教育　1979 年，县总工会和 5 个基层工会共办 6 所职工业余学校，设 11 个班，学员 365 人。与此同时，各单位开办短期业务、技术培训班 169 期，受训职工 3 380 人。1982 年 1 月，全国职工教育委员会等 5 个部门联合下发《关于切实搞好青壮年职工文化技术补课工作的通知》。同年冬，县对不够初中文化水平的青、壮年职工进行文化补课，由各单位自办或联办全日制补课学校，学员脱产学习，每期 3 个月，选用全国统一的职工教育中学课本。学习期满，经县职工教育管理委员会考试，成绩合格者发给职工文化补课合格证。县供销系统先后举办文化补习班 5 期，参加补课学员 781 人，考试合格 648 人，合格率 83%。

1983 年，全县 23 个系统的工会委员会组织 5 488 名职工参加读书活动，涌现出读书活动积极分子 515 人，有 23 名职工获《工人日报》举办的“振兴中华”职工读书活动知识竞赛纪念奖。1987 年，全县各级工会开展读书月活动，成立读书月指导委员会（小组）66 个，有成员 269 人，建立读书月小组 182 个，参加学习职工 4 103 人，其中工人科技管理人员 4 011 人，占读书总数的 97.76%。成立领导小组 109 个，举办培训、辅导班 20 期，参加学习人数达 8 323 人次。1998 年，全县各级工会在职工中掀起学习邓小平理论新高潮，开展揭批邪教“法轮功”，对职工进行唯物论、无神论和爱国主义教育，职工队伍高度稳定。2002 年学习贯彻新《中华人民共和国工会法》（简称《工会法》，下同），下发辅导材料 360 份，指导基层学习。2003 年，组织工会系统和职工群众开展中共十六大精神学习，108 个工会、1 000 多名职工参加十六大精神知识专题竞赛，与县电台联合开办“当代工人”节目，宣传先进典型。2004 年，以宣传贯彻《工会法》和《湖北省实施〈工会法〉办法》为重点，举办“五一杯”法律知识竞赛，全县 40 个代表队参赛，评出一等奖 1 人，二等奖 2 人，三等奖 3 人，优胜奖 6 人。发放知识竞赛试题 1 000 份。2005 年，全县各级工会开展“创建学习型组织，争做知识型职工”活动，各级工会参与市总工会和《宜昌日报》报社联合开展的《创争活动之我见》征文活动，推动职工群众自学。

扶贫帮困　1984 年，全县家在农村的职工受自然灾害的 423 户，工会组织重点补助 44 个家庭、4 110 元。全县补助困难职工 312 人、9 927 元。1988—1990 年，全县建立劳动保护监督检查组 164 个，成立离、退休职工管理组织 43 个。1991 年，全县有 100 个基层工会组成送温暖小组 183 个，慰问病人 83 次，发放职工困难补助 2 242 人、3.6 万元。向 303 名困难职工发放捐赠款 1.7 万元。1992 年 7 月，全县两次遭受暴风雨和冰雹灾害袭击，受灾面达 80%，115 个单位补助困难职工 1 145 人、6.38 万元。全年各级工会慰问离、退休职工 1 381 人，慰问生病职工 1 249 人、职工家属 2 786 人，慰问金 21.9 万元，为离、退休职工办理社会统筹保险 1 876 人。1995 年，全县开展扶贫帮困送温暖活动，送慰问金 29.58 万元，慰问困难职工 1 235 人。帮扶 63 个单位的贫困职工 608 人，年度脱贫 161 人。1996 年元旦、春节期间，走访慰问困难企业 36 家，离、退休职工 941 人、贫困职工 1 401 人、因病因灾职工 213 人，慰问金 22.72 万元。1997 年，对家住城镇月均收入低于 70 元的职工发放“特困职工优惠证”96 户 343 人，发放救济金 3.42 万元。2001 年，工会采取多渠道帮扶 215 名特困职工脱贫，占 67.4%。县委、县政府筹资 33 万元，解决 1 619 名困难职工生活问题。2003 年，为困难职工介绍职业岗位 151 个，送温暖 657 户 2 271 人、资金 14.8 万元。2004 年，元旦、春节期间，县总工会筹措资金 10.84 万元，慰问特困职工 542 户 1 771 人。2005 年春节期间用于慰问特困职工等扶贫帮困资金 20 万元。

关心女工　1979 年，全县有女职工会员 1 290 人，占女职工总数 54.56%。1982 年 10 月，县总工会成立女工工作委员会，组成委员 7 人（兼职），王明翠任主任。1982 年，首次开展争当优秀女职工，创“五好”（赡养老人好、夫妻支持好、教育子女好、邻里关系好、遵纪守法好）文明家庭活动，评选女职工先进工作者 527 人，优秀女职工 58 人，“五好”文明家庭 32 个。县总工会开展妇科病查治与防癌检查 354 人。1983 年三八妇女节，开展女职工登山比赛，473 名女工参加，分组攀登 500 米将军堡，350 名女工登上山顶，18 名获优胜奖。1986 年，全县有基层女工组织 97 个，专职女工干部 25 人，做女职工思想政治工作 1 655 人次。组织演讲报告会 147 场次 3 018 人次。1992 年，对 56 个单位 1 290 名女职工进行妇科病查治。1994 年，全县组织妇科病查治 1 975 人，检查率 53%，治愈率 63%。2001 年开展“姐妹献爱心”活动，217 名女职工参加，捐资 434 元。当年，女职工妇科病查治 629 人。2005 年，召开不同类型女工座谈会 42 场次。表彰女职工再就业明星 10 人，“五好”文明家庭 53 个。开展为特困女职工送温暖活动捐资 2 725 元。

第二节　共产主义青年团

一、团员代表大会

第七次　1978 年 12 月 22—25 日在县城归州召开县第七次团员代表大会，出席代表 495 人。大会选出35名委员组成第七届团县委，常委9人，韩永彪当选为团县委书记，刘美清、王大兵为副书记。

第八次　1982年8月21—24日在县城归州召开县第八次团员代表大会，出席代表350人。大会审议通过第七届团县委工作报告，选出29人组成第八届团县委。常委9人，张爱民当选为团县委书记，屈秀、王功斌为副书记。

第九次　1985年10月16—18日在县城归州召开县第九次团员代表大会，出席代表248人。大会审议通过第八届团县委工作报告，选出25名委员组成第九届团县委。常委7人，张鹏当选为团县委书记，郑之全、熊莉为副书记。

第十次　1988年11月22—23日在县城归州召开县第十次团员代表大会，出席会议代表228人，大会审议并通过第九届团县委工作报告。选举张鹏等7人为第十届团县委常委，张鹏当选为书记，熊莉为副书记。

第十一次　1991年11月26—28日在县城归州召开县第十一次团员代表大会。出席会议代表222人。大会审议通过第十届团县委工作报告，选举宋建平等29名委员、4名候补委员，组成第十一届团县委。选举产生宋建平等常务委员9人，宋建平当选为团县委书记，王罡为副书记。

第十二次　1994年12月29—30日在县城归州召开县第十二次团员代表大会。出席会议代表248人。会议讨论并通过王罡代表第十一届团县委所作的题为《肩负跨世纪重任 造就跨世纪人才 在建设新秭归的宏伟实践中建功立业》的工作报告。选举产生王罡等27名委员、4名候补委员组成第十二届团县委，选举王罡等常务委员9人，王罡当选为团县委书记，郭从军、袁中扬为副书记。

第十三次　1997年10月18—19日在县城归州召开县第十三次团员代表大会。出席会议代表215人。大会讨论并通过郭从军代表第十二届团县委所作的题为《创世纪伟业 育秭归新人 在建设新秭归的新征途上再立新功》的工作报告；选举产生第十三届团县委委员25名和7名候补委员。选举郭从军等9人为常务委员，郭从军当选为书记，李瑜、曾正兵为副书记。

第十四次　2000年10月26—28日在新县城茅坪召开县第十四次团员代表大会。出席会议代表232人。大会讨论并通过程先勇代表第十三届团县委所作的题为《研究新情况 创造新业绩 以崭新的姿态带领秭归青年跨入新世纪》的工作报告，选举产生25名委员和10名候补委员组成第十四届团县委。程先勇等7人为常务委员，程先勇当选为书记，杜春三、李敏为副书记。

第十五次　2004年11月28—30日在新县城茅坪召开县第十五次团员代表大会。出席会议代表181人。大会听取并审议谭建国代表第十四届团县委所作的题为《树立科学发展观 加强服务能力建设 团结带领全县青年为建设小康秭归而奋斗》的工作报告。选举产生25名委员和10名候补委员组成第十五届团县委。选举常务委员7人，谭建国当选为书记，王建飞、陈艳华为副书记。

二、主要活动

1979年，全县有团支部683个，团员1.73万人。当年开展争当新长征突击队、突击手活动。1987年，团县委围绕培育有理想、有道德、有文化、有纪律的“四有”新人目标，组织共青团员、青年参加基本路线和基本国情教育活动。全县农村有9.03万名青年、8 200名团员参与社会主义思想教育，5万名青年参与学雷锋、学“两兰”（潘星兰、杨大兰）、学先进教育活动。各级团组织配合“扫黄除害”，开展净化10万家庭服务活动。企业团组织取得“小发明、小革新、小设计、小建议”成果18项，创经济效益10万元。建立青年“星火计划”带头人档案1 488个，建立示范基地1 230个，建立科技示范户4 582个，办示范田1 002公顷，培养青年科技人才4 870人。

1991年开展高举团旗跟党走、为“八五”献青春、爱岗争创一流、脱贫致富奔小康等活动，组

图 13-3-1：青年、团员在新县城凤凰山植树

织第一、二届“十佳青年”“十佳少年”评选活动，全县企业中涌现16个青工QC攻关小组，开发“五小”（小发明、小革新、小改革、小设计、小建设）项目37项，实现经济效益50万元。创建共青团示范岗20个，评出青年能手岗位标兵30人，其中3个共青团示范工程、7名岗位能手受到市级以上表彰。实施希望工程救助，让1 275名失学少年重返校园。

2001—2003年，围绕“创世纪伟业，育秭归新人”，实施青年致富工程、青年移民工程、青年文明工程“三大工程”。王亦农等15人当选为市首届青联委员；王克兵、王启宝被评为市首届十佳青年创业明星、十佳青年致富明星；评选出全国希望工程园丁奖8人。2005年，启动青少年公民道德建设工程，印发《珍惜青春 远离毒品》公开信5 000份。成立农村青年劳动力转移培训基地，投资2万元，培训196人。“青年文明号”和“岗位能手”创建活动中，获“国家青年文明号集体”称号1家，市、县级表彰30家。（图13-3-1）

第三节　妇女联合会

一、妇女代表大会

第五次　1988年12月22—24日在县城归州召开县第五次妇女代表大会，出席代表200人。大会听取并审议县妇联工作报告，选出31名执行委员组成第五届县妇联执行委员会，李先龙当选为主任，望开玉为副主任。

第六次　1993年12月10—13日在县城归州召开县第六次妇女代表大会。出席大会正式代表250人，特邀代表10人，列席代表7人。大会听取并审议县妇联工作报告，选举产生县妇联第六届执行委员会委员33人，常委9人，陶丹当选为主席，徐宏香、杨小俐为副主席。

第七次　1999年5月7—9日在新县城茅坪召开县第七次妇女代表大会。出席大会正式代表254人，特邀代表10人。大会听取并审议工作报告，选举产生县妇联第七届执行委员会委员35人，陶丹当选为主席，王玉红、杨小俐为副主席。

第八次　2004年11月8—9日在新县城茅坪召开县第八次妇女代表大会。出席大会正式代表168人，特邀代表16人，列席代表8人。大会听取并审议县妇联工作报告，选举产生县妇联第八届执行委员会委员25人，常委11人，颜立琼当选为主席，梅桂兰、邓琼为副主席。

二、主要活动

组织妇女建功立业　1979年，农业生产责任制全面落实，全县出现以妇女为主体的专业户4 796户。1989年，在农村妇女中开展“学文化、学技术、比成绩、比贡献”竞赛，全县妇联组织开展三八科技兴农、三八科技兴林、三八科技兴牧竞赛活动，有30人次接受农业新科技培训，掌握1～2门实用技术。建三八绿色工程基地80个、2 930.67公顷。郭家坝镇宋昌秀、茅坪镇万翠莲获全国三八绿色奖章，梅家河乡大石包村板栗高产示范园获“全国三八绿色优质工程”称号。1993年，县妇联领办联合国儿童基金会贫困地区社会发展项目（简称SPPA）、联合国儿童基金会儿童生存发展项目（简称NPA）、“318”巾帼扶贫项目、中（国）加（拿大）妇女参与发展柑橘培训等项目，帮助贫困妇女建立稳定的支柱产业。

1991年开始，县妇联在企业职工中广泛开展“巾帼建功”活动，帮助下岗女工实施再就业，先后培训下岗女工1.5万人次，协调安置下岗失业妇女再就业8 000人次。

维权活动　1983年，县妇联贯彻执行中共中央书记处关于妇联工作方针，开展维护妇女儿童合法权益宣传活动。当年，各级妇联受理妇女来信来访1 338件次，处理1 271件次。同时配合司法部门有力打击拐骗、残害妇女犯罪分子，共判强奸、奸淫、拐卖妇女犯75人。1984年1月，根据中央政法委员会等13家《关于维护妇女儿童合法权益法制宣传月活动的通知》，全县开展声势浩大的宣传月活动，有23.49万人受到教育，宣传面89.1%。成立县乡两级妇女儿童工作委员会，运用宣传媒介宣传《中华人民共和国妇女权益保障法》《中华人民共和国未成年人保护法》，印发法制宣传资料16.8万份，与公、检、法、司等职能部门联合成立妇女儿童维权监督岗、“110”家庭暴力投诉中心、婚姻家庭合议庭、“12348”妇女热线、妇女儿童法律援助工作站等组织。共接待来信来访1.2万件次，结案率98%。2003年，全县女童小学入学率达99.8%，初中女生入学率达93.8%。实施“春蕾计划”“幸福计划”募得救助资金28万元。

第四节　科学技术协会

一、组织机构

1979 年 4 月 11 日，县委决定恢复建立县科协，与县科学技术委员会合署办公。1980 年 8 月，县科协独立办公，郭昌洲任县科协主席。1984 年 2 月机构改革时又与县科学技术委员会合署办公，胡朝慧兼任县科协主席。1987 年 7 月，王福清任县科协主席。1988 年 4 月，县科协分设。1992 年 10 月，县科学技术委员会与县科协合署办公，实行一套班子，两块牌子，韩启金兼任县科协主席。1994 年 3 月，王大鹏兼任主席。1998 年 4 月，王学钰任主席。1999 年 7 月郑家奎兼任主席。2001 年 12 月，县科协与县科学技术委员会分设，郑之元任主席。

2004 年，县科协第一次代表大会于 6 月 22—23 日在新县城茅坪召开，出席会议正式代表 101 人。特邀代表 10 人，列席代表 9 人。大会听取和审议并通过《秭归县科学技术协会章程》；县科协主席郑之元代表县科协作题为《团结奋进 开拓创新 努力开创新时期科学技术协会工作的新局面》报告。郑之元当选为县科协一届委员会主席，王功桂、王国宝、乔国民、陈沛秦、周军、谢克刚、谭昌宁当选为副主席，张少华、吴述勇、郑平、周凌云、韩永全当选为常务委员，委员 32 人。张少华为秘书长。

二、科普宣传

1979 年，恢复县科协科教电影队，放映人员 3 人，为农村、机关、厂矿、学校进行科普知识宣传，自制幻灯片 500 张，放映科教电影片 19 部、艺术片 5 部、纪录片 28 部，受教育观众达 8.6 万人次。为推广“红苕藤尖越冬育苗”新技术，放映《高产红苕》《红苕藤尖越冬育苗》影片。全县共建

300 个苕床，成功 250 床，节省苕种 25 吨。5 月 22 日，县境内发生里氏 5.1 级地震。科教电影队放映《地震》科教片 8 场次，发行地震科普图书资料 1 600 册（份），地震科普挂图 150 套，群众掌握群测群防一般科技知识，无恐慌之感。到 1980 年，巡回放映 1 000 多场次，科教片 150 多个拷贝，观众达 40 多万人次。内容涉及工业、农业、医药卫生、航天、航海、激光、电视、宇宙。1987 年 12 月，县科协购置科学技术普及车 1 辆，往返 9 个乡镇 14 个重点村组，放录音技术讲座 31 场次、录像技术讲座 17 场次，10 万余人次观看和听取。1989 年 3 月科普活动月印发《稀土肥》《快速养猪》《食用菌》《气象与柑橘》《家禽养殖》等技术资料、书籍 500 份（册）；推广稀土高效肥施用面积 666.7 公顷。至 1992 年，科学技术普及车送科技下乡，行程 14 个乡镇 250 万公里。1996 年，全县 14 所文化技术学校、446 个村共培训 7.61 万人。1997 年 1 月 21 日，县科协等 13 个单位，开展“ ’97 科技一条街”大型科普活动，组织专业技术人员 100 人进行百项技术现场咨询服务。咨询人数 1 万多人，赠送科技图书 1 500 册。2002 年 5 月，全县开展科技周活动，进行天麻技术、魔芋栽培管理技术培训，地震科普知识讲座，板栗丰产优质栽培技术培训，培训 2 000 多人次。28 名专家接受 6 000 多人次的咨询，发放技术资料 6 000 份。2003 年 5 月，进行为期一个月的防“非典”科普宣传，举办防“非典”技术培训班 50 场次，参训人数 16 万人次。2005 年，开展“科普之春”活动，全县共组织 16 个科技小分队，深入到 12 个乡镇、150 个村开展送科技下乡活动，举办各类技术培训班 120 期，受训达 2 万人次，送科技图书 3 000 册、科技资料 1.5 万份。

三、技术推广

1979 年，郭家坝公社星星农科所采用“红苕平顶堆栽培法”，亩产达 4 155.5 公斤。郭昌儒引进农林 43 号油菜品种，采用高产栽培新技术，单产 252.75 公斤，获宜昌地区科学技术委员会 1981 年农作物单产栽培竞赛奖和县科学技术委员会科技成果二等奖。1980 年，县科协在城关、两河、磨坪、郭家坝、杨林、茅坪等社镇办种植业、养殖业科技示范户试点 12 个，运用新技术发展农业。两河公社太坪大队 2 组梅云富采用科学养鸡、养鱼新技术，3 年后总收入 1.13 万元，人均 0.23 万元，成为当地冒尖户。1982 年，杂交水稻种植采用新技术，用抗逆性能强、空壳率低品种，提高制种单产。全县种植 1 066.67 公顷，亩产 500～600 公斤，比常规稻每亩增产 50～150 公斤。1989 年开展“843”原剂防治柑橘脚腐病和植病灵防治脐橙裂皮病试验获得成功并推广。1990 年 1 月，县科协组织农学会科技人员在水田坝乡野桑坪村开展杂交稻栽培技术示范 80 公顷，采取政策、技术、物资三配套，全部使用杂交良种，采取两段育秧，实现种植规范化。当年，邀请华中农业大学 6 名教授到秭归，对种草养鱼、科学养猪、种桑养蚕进行新技术培训，受训 156 人。县科协在磨坪乡八家村进行 0.17 公顷鱼塘养殖试验获得成功。全县推广普及茶叶速生丰产优质栽培新技术，举办名优茶大赛活动，评出 10 个名优茶样，促进科学种茶和制作工艺大提高。1991 年 11 月，县科协对郭家坝镇邓家坡村科普协会和脐橙研究会应用脐橙丰产栽培 10 项新技术项目进行验收，采用随机抽样，对 3 组柑农邓来昌 0.01 公顷脐橙验收，实收鲜果 1 230.1 公斤，折合亩产 5 748.18 公斤。4 组柑农何光槐发明脐橙“枝条枝组腹接技术”，在一株甜橙树上嫁接 400 个枝条，创造单株产值超千元最高纪录。1996 年，县科协全面推广普及 10 项农业新技术。2005 年，兴办千亩优质脐橙无公害生物防治示范样板。实施高接换种面积 1 000 公顷，优质脐橙（纽荷尔、福罗斯特、红肉、长红）比重提高到 45%。

四、学术交流

县科协注重加强学（协）会的组织管理，促进学科发展，活跃学术交流。全县有县直学（协）会

12 个，网络会员 2 500 多人。1980—1984 年，县直各学会根据专业特点开展学术交流共 114 次，撰写学术论文 454 篇。其中，在国家级刊物上发表 6 篇，省级刊物发表 48 篇。开展科技咨询服务 605 人次。2000 年 9 月 18 日，县科协、科学技术委员会组织举办以县域经济结构调整和发展战略为主题的学术研讨会。12 名代表进行论文交流，内容涉及全县财源建设、中山带开发、水资源开发、旅游业发展、产业化建设、技术创新等重点学术问题。2002 年 9 月，全县有 13 篇学术论文获宜昌市第五届自然科学优秀学术论文奖。其中，一等奖 4 篇，2 等奖 3 篇，三等奖 4 篇，优秀论文奖 2 篇。

第五节　工商业联合会

一、会员代表大会

第五届　1988年5月30—31日在县城归州召开县第五届工商联会员代表大会。出席会议代表85人。县委、县人大、县政府、县政协领导出席会议并讲话。代表听取并审议张词有所作题为《振奋精神 和衷共济 努力开创我县工商联工作的新局面》的工作报告。大会选举产生第五届县工商联执行委员会，主委张词有，副主委覃万健、胡兴癸，执委19人。

第六届　1991年5月31—6月1日在县城归州召开县第六届工商联会员代表大会。出席会议代表82人。县委、县人大、县政府、县政协领导出席会议并讲话。代表听取并审议张词有所作的工作报告。选举崔昌民等7人组成第六届县工商联执行委员会常务委员会，王景裕等15人为执委委员，崔昌民为主委，王学林、周大礼（兼）、何怀儒（兼）为副主委。

第七届　1995年3月10—11日在县城归州召开县第七届工商联会员代表大会。出席会议代表105人。市政协副主席、市工商联会长刘思沪到会祝贺。县委书记王少愚及县委副书记、常务副县长吴述军在会上讲话。代表听取并审议崔昌民所作题为《充分发挥人民团体和民间商会的作用 为振兴秭归经济建设作出新贡献》的工作报告，选举产生正副会长7人，常委13人，执委21人，秘书长1人，大会推荐名誉会长1人。会长崔昌民，副会长王学林、王荣祖（兼）、杜江山（兼）、宋文诏（兼）、田明森（兼）、熊作顺（兼）。

第八届　2000年5月10—11日在新县城茅坪召开县第八届工商联会员代表大会。出席会议代表81人。大会听取并审议崔昌民所作题为《高举旗帜跟党走 携手迈向新世纪》的工作报告，选举产生正副会长9人，常务委员15人，执行委员29人，秘书长1人。会长傅承灿，副会长刘美清、王荣祖（兼）、罗运烈（兼）、桂千红（兼）、王克兵（兼）、向方清（兼）、郑辉（兼）、向红（兼）。

第九届　2004年5月28日在新县城茅坪召开县第九届工商联会员代表大会。出席会议代表80人。大会听取并审议方津凤代表第八届执行委员会所作题为《与时俱进 奋发有为 努力开创全县工商联工作新局面》的工作报告，选举产生正副会长9人，常务委员19人，执行委员31人。会长方津凤，副会长谭明、王正华、韩庆运（兼）、宋文诏（兼）、向世万（兼）、韩玉顺（兼）、王锋（兼）、彭会银（兼）。

二、主要活动

参政议政　1979年后，县工商联恢复组织活动。1980年工商联工作由县委统战部负责。1988年共有工商联会员141人。其中，重新登记老会员52人，发展新会员89人。1989—1991年，建立乡镇分会小组14个。国营、集体企业发展新会员小组19个，全县有会员160人。县工商联第五届的9名执委有5名是人大代表或政协委员，第四届政协委员有工商界人士19人。1994—1995年，工商联会员有县人大代表14人，县政协委员25人。向县委、县政府提交议案38件，提交提案54件。1998年，配合县直有关部门，对35个行政事业单位和399项收费进行检查清理，取消收费项目182项。工商联会员有23人是各级人大、政协的代表和委员。其中，市级人大代表1人，市级政协委员1人，县级人大代表7人，县级政协常委2人，委员12人。2000年，组织调查53家私营企业党建工作，提出相关建议，使非公有制企业党建工作进一步加强。2003年，就如何加快非公有制经济发展，在政协六届五次会议上，作为第一号提案，引起县委领导的高度重视。非公有制经济人士当选为县十五届人大代表10人，比第十四届增加42.8%，县政协七届委员19人，增加58.3%。

商务活动　1988—1991年，组织县橙汁厂、酒厂、县商场、县供销合作社、土产果品公司、生活资料公司等有关单位参加省工商联中南五省交易会，上海名、特、优产品交易会和哈尔滨的冰雪交易会。县酒厂“中华橙酒”获得省优，赢得客商好评，在河南、江西、武汉、宜昌等地占领销售市场。1992—1995年，组织会员单位参加商贸活动，10家会员单位参加武汉协作区域商品交易会，全国第二次企业产品交易会共签订购销合同20份，成交标的84.2万元。县酒厂、县针织厂等系列轻工产品首次登上全国大型交易舞台。组织会员单位和会办经济实体推销秭归轻工产品和农副土特商品达670多万元。与本市远安、宜昌及河南、辽宁等地建立固定经济联络关系。共引进资金108万元。自办经济实体新成立恒兴实业开发公司、猴王秭会建筑材料公司，固定资产144万元，年产值、营业额上升到140万元，增长3.67倍。共完成产值、营业额364万元，上缴国家税金14.95万元，解决就业80人。1996—2000年，帮助会员企业考察生产项目，筹措资金23.5万元。推销地方农副土特产品脐橙125吨。2005年，为10家会员企业排忧解难，为楚城生化公司协调解决生产经营资金60万元。

光彩事业　1996 年成立县光彩事业促进会，提出实施光彩事业“522”工程计划。即开发 5 个项目，举办 20 次科技讲座活动，救助 20 名困难失学儿童。经几年努力，“522”光彩计划基本实现。结合县“1155”工程推广柑橘技术光彩行动。县工商联常委、高级农艺师崔治龙到梅家河、屈原、芝兰、郭家坝等乡镇开展柑橘科技讲座 11 场次，受训 1 200 人。县工商联先后救助失学儿童 18 人，共捐资 7 200 元。澳门粤德投资公司董事长郑文定捐资 20 万元，在茅坪九里庙村建起光彩小学；江苏常州长兴餐饮有限公司总经理汤燕雯捐资 20 万元，建梅家河乡长兴光彩小学。全县光彩小学 6 所，共争取捐资 151 万元。与江苏苏州工商联联系，由培蒙集团老总沈扣宝捐资 15 万元，在屈原镇兴建 1 所培蒙南坪光彩小学。2001—2004 年，全县开展光彩救助活动，工商联组织扶贫捐资 2 万元，捐衣物 268 件。在抗击“非典”斗争中，副会长向红一次捐资 2 000 元。全县个体私营业主共捐资 7 万元。商会机关参与扶贫攻坚捐资 5 000 元。2005 年，动员非公有制经济人士帮扶屈原镇仙女坪村贫困学生，8 名民营企业家捐资 4 000 元，为 8 名在校困难学生读完小学提供资金援助。县工商联共筹集资金 12 万元，为 11 名大学生解决部分学费。全县民营企业家全年捐资 90 万元，用于扶贫助学和社会公益事业活动。

第六节　残疾人联合会

一、残疾人代表大会

第一次　1990年3月1—3日在县城归州召开县第一次残疾人代表大会。出席代表270人。其中，正式代表215人，特邀代表55人。正式代表中残疾人代表114人。大会选举产生县残联第一届主席团成员33人。主席团推举产生主席团主席、副主席12人，推举卢游清任执行理事会理事长。名誉主席向京，名誉副主席贾庆生、张安前，理事会主席余先尧，副主席熊辉纯、张可能、覃万健、向任德、梅大平、

卢游清、杨德菊、宋国强、李祥云、吴金元、冀长江。

第二次　1995年4月13—14日在县城归州召开第二次残疾人代表大会。出席大会代表233人。其中，正式代表200人，特邀代表33人。正式代表中残疾人代表107人。大会民主选举产生县残联第二届主席团成员48人，其中残疾人24人。主席团推举产生主席团主席、副主席4人，执行理事长1人；聘请名誉主席5人。卢游清任理事长。名誉主席李广钦、胡兴三、马学军、张安前、乔全贤，理事会主席卢元明，副主席谢克潮、梅大平、卢游清、易念德、宋国强、冀长江、吴金元。

第三次　2001年3月27—28日在新县城茅坪召开第三次残疾人代表大会。出席大会代表126人。其中，正式代表102人，特邀代表24人。正式代表中残疾人代表51人。大会民主选举产生县残联第三届主席团成员38人，其中残疾人19人。主席团推举产生主席团主席、副主席9人，执行理事会理事长1人；副理事长2人；主席团聘请名誉主席5人。周宗平任执行理事会理事长。名誉主席周功彪、卢元明、胡兴潮、王家树、陈月生；主席郑礼昌；副主席王宏永、韩裕玖、周宗平、任荣、王祖保、向鹏、彭洪才、尤艳；理事长周宗平；副理事长向明翠、王文轩。2004年4月2日，召开第三届主席团第四次会议，增选郑之彪为县残联主席。张兴东、董劲峰、傅瑞成为副主席。张兴东任执行理事会理事长。

二、主要活动

劳动就业　1993年1月，成立县恒康公司，属县残联管理的残疾人福利企业，从业人员35人，招收残疾人15人，生产办公用品、家具等木制品。1997年，安置残疾人就业工作全面启动，全县行政、企、事业单位按在职职工人数，人均30元缴纳残疾人劳动就业保障金共16万元。1999年，县残联成立残疾人就业培训中心，在县恒康公司、新城汽修、县家电维修中心建立3个培训基地，对900名农村残疾人开展实用技术培训。2000年，开展家电维修、服装设计、美容美发、油漆木工、摄影等技能培训，培训残疾人138人，推荐扶持残疾人个体就业42人。2001年，培训残疾人1 080人，安置残疾人就业82人。2004年，全县福利企业4家，累计安置残疾人192人就业。

康复医疗　1990年7月，3项康复（白内障复明、聋哑儿童语言训练、小儿麻痹后遗症矫治）在归州镇启动。8月，全县开展预检565人，当年做白内障复明手术48例，小儿麻痹后遗症矫治8例，送枝江县参加聋哑儿童语言训练5人。1994年9月15日，国际视障教育学会把秭归聋哑儿童语言康复训练纳入援助项目。1998年5月17日—6月3日，“视觉第一中国行动”在秭归启动，省医疗队在县医疗中心做白内障复明手术148例。1999年，以县医疗中心为依托，14个乡镇卫生院建立残疾人康复指导站。2000年，接受爱德基金会白内障复明项目援助设备价值12.5万元。2005年，全县累计做白内障复明手术2 000例；聋哑儿童语言训练120人；弱智儿童康复训练30人；肢残矫治80例，安装假肢54例，为双下肢残疾人配送轮椅200部；为听力障碍者配助听器85个。

图 13-3-2：全国助残日开展助残活动

教育助学　1999 年，成立县特殊教育学校，与县聋儿语训部合署办公，开设聋哑班、弱智班，在校残疾学生 22 人。全县适龄残疾儿童总数494人。其中，语言残49人，视力残25人，肢体残50人，智力残352人，精神病残18人。已经入学的253人，失去读书能力的200人，入学率86%。2002年，中央精神文明建设办公室扶残助学项目在秭归实施，每年支持经费2万元。4年落实经费8万元，资助残疾儿童完成基础教育80人。2004年，为10户残疾人家庭的学生上大学和2名残疾学生上大学落实助学经费1万元。2005年，落实助学经费10万元，对180名残疾学生给予生活补贴。（图13-3-2）

第七节 文学艺术界联合会

一、会员代表大会

第一次 1989年6月8日在老县城归州召开县第一次文学艺术界会员代表大会。出席会议代表37人，列席代表6人。大会通过《秭归县文学艺术界联合会第一次代表大会决议》，选举宁发新等17人组成第一届委员会。大会通过熊辉纯任名誉主席，姜宁、牛学俭、赵士云、裴志勇任名誉副主席。宁发新当选为主席，何怀强为副主席。

第二次 1994年9月21—22日在老县城县人民武装部招待所召开县第二次文学艺术界会员代表大会。出席会议代表48人，列席代表12人。代表听取宁发新代表第一届文联所作的工作报告并通过决议；通过卢元灼代表第一届文联作关于修改文联章程说明。选举梅德民等17人组成县文联第二届委员会。选举宋秀钿为县文联名誉主席，韩永彪、李正菊为名誉副主席。选举梅德民为主席，宁发新、卢元灼为副主席。

二、专业协会

作家协会 1989年，成立作家协会（含民间文艺家），会长宁发新。至1998年，共出刊《子规》杂志47期，发表作品1 500余篇件、500万字。其中，有54篇被中央级报刊选载，180篇被省级报刊选载，300余篇被地市级报刊选载。有专、业余作者200人，骨干作者80人。1999年，推选韩永明为主席。会员52人，省级会员3人。3月，《子规》更名为《屈乡文苑》。2004年9月，召开县作家协会换届选举大会，推选王融为主席。有省作家协会会员6人，市级会员12人，县级会员80人。至2005年，《屈乡文苑》共出刊27期，发表作品700篇、近300万字。该刊物获省文联系统优秀文艺报刊奖。

屈原文化研究会 1996年6月30日成立。向京任会长。聘请刘不朽、林永仁、夏灵魁、齐克等文化名人为研究会顾问。会员大会为议事机构，每5年召开一次。研究会接受省市炎黄文化研究会指导，归口县委宣传部管理。2000年，由县文联具体负责屈原文化研究工作。2004年改选，郑之问任会长，副会长周凌云、王融、马尚朝、周立斌，秘书长秦晓梅，会员70多人。

摄影家协会 1989年6月成立。何怀强任会长。1996年设立湖北省摄影家协会秭归工作站，宋秀钿、韩永彪为名誉站长，何怀强为站长。2005年有会员50人。其中，国家级会员1人，省级会员17人，市级会员16人，县级会员50人。在市以上报纸杂志发表摄影作品6 000幅，国内外省市级获奖项150个，作品100幅。1999年12月换届，会长何怀强。2004年10月换届，会长郑坤。

书画家协会 1996年7月成立。会员30人，谭必成任会长。1999年8月换届，会员40人，会长熊作宪。2000年春节期间，书画家协会为移民写送春联200多幅。2001年换届选举，会长宋卫东。有省级会员4人，市级会员10人，县级会员50人。参加省市级比赛5次，获奖20余人次。在全国、省市各类书法大赛中获奖30次，市级书画比赛中获各种奖项12人次，有10余幅作品被全国各类报刊、专集收录。2005年换届，向永龙任会长；副会长周志春、彭之洪、王大贵、郭邑、王祥波。

戏剧家协会　1989年成立。卢元灼任会长。1999年8月，严明军任会长。1993年，县戏剧家协会与县开发办联合举办秭归县首届春节联欢晚会。2002年，胡振浩、严明军、吴魁元代表湖北省参加中国南北歌手对擂赛，表演的《船工号子》获得“薪传奖”。2003年，编排的《路碑》《五花进城》在全省交通系统文艺比赛中分获一、二等奖，会员吴玉蛾在全省的声乐比赛中获一等奖。2004年换届选举，选举谭斌为会长。

奇石家协会　2003年7月4日成立，周凌云任会长。有会员60余人，顾问3人，理事15人。秭归奇石在市级以上参展和评选中多次获奖，成为“三峡石”的重要组成部分。

三、主要活动

1990年4月，县文联与团县委、县总工会等6家单位联合举办秭归县青年文艺节。同时，举办文联首届文学创作培训班，历时6天，18人参加，创作文学作品54篇。同年6月，省中华诗词学会、宜昌屈原诗词学会在县城归州举办端午诗会，72岁农民诗人谭光沛获突出贡献奖。1992年6月15—17日，举办首届屈原文化节，集文体、旅游、经贸于一体，组织龙舟竞渡、文艺演出及民风民俗、根雕、奇石、盆景、摄影展览等活动。同时举行端午诗会。著名作家、省作家协会主席鄢国培，著名诗人、省作家协会副主席刘不朽等参加此次盛会，并为“金穗杯”征文获奖作者颁奖。1993年7月4日，县文联举办端午诗会，与会诗人200人，中央电视台《三峡纵横》专题片专录诗会盛况。1994年6月，举办乐平里诗会，市县领导及诗人60余人参加。1995年6月12日，为10名在文艺创作中做出较大贡献的文艺工作者颁发首届屈原文艺创作奖。1999年，县委宣传部、县文联组织评选第二届屈原文艺创作奖。2001年3月，县委宣传部、县文联组织评选第三届屈原文艺创作奖。2003年7月，县文联、县奇石家协会在县城举办首次大型奇石展览，20多位奇石爱好者展出作品100件，1 500多人参观展览。2004年，县文联、作家协会组织春季文学笔会。当年7月1日，“中国诗歌万里行”启动仪式在秭归举行。中国作家协会党组书记王巨才、县委书记王万修为“中国诗歌万里行”纪念石揭幕，著名诗人吉狄马加为纪念石题字，镌刻全国108名著名诗人的亲笔签名。农历五月初五端午节，在县政府大楼九楼会议室举办端午诗会，100多名诗人参加。当年9月，县文联组织举办“迎国庆、游归州”书画、摄影作品展览，《宜昌日报》副刊推出秭归书法美术作品专版。当年11月，《芳草》杂志推出秭归作者专栏，发表作品10余篇。2005年春，县文联、县作家协会评出2004年度《屈乡文苑》“永发杯”文学作品奖，对优秀小说、诗歌、散文、民间文学、屈原文化论文给予奖励，14名作者获奖。2005年4月，县文联，县教育教学研究室举办“屈原杯”初中生作文竞赛，评出优秀作品30多篇。当年9月，在宜昌市举办的中华奇石博览会上，县奇石家协会选送的70余件作品获得金奖8个，银奖14个，铜奖6个。

1979—2005年，先后出版5部长篇小说、10部中篇小说、7部散文集、1部诗集。在省级以上报纸、杂志发表散文、杂文等80余篇。

第十四篇　政权·政协

县人民代表大会行使地方国家权力机关职权。1981 年，设立县人民代表大会常务委员会（简称县人大常委会，下同），作为人民代表大会闭会期间的常设机构，具有监督地方人民政府和人民法院、人民检察院（简称“一府两院”，下同）的职能。县政府作为地方国家权力机关的执行机关，对县人民代表大会及其常务委员会负责并报告工作。1979 年恢复重建县人民检察院。县人大常委会正、副主任，县政府正、副县长，县人民法院院长和县人民检察院检察长均由县人民代表大会选举产生。

1981 年 1 月，成立中国人民政治协商会议秭归县委员会（简称县政协，下同），至 2005 年，共历经七届委员会，先后召开 25 次全体会议。

第一章　人民代表大会

1978 年 11 月，召开县第八届人民代表大会。1981 年，县第九届人民代表大会选举产生县人大常委会，作为人民代表大会闭会期间的常设机构。1981—2005 年，先后召开第九届至第十五届共 7 届 26 次人民代表大会。县人大常委会自建立后，依法履行决定权、监督权和任免权。先后召开常委会议 184 次，任免干部 1 124 人次，受理代表议案 663 件，受理批评、意见和建议 3 186 件。县人大常委会坚持加强民主与法治建设，开展执法监督检查，组织代表视察，发挥人民代表参政、议政作用，有力地促进全县“三个文明”（物质文明、精神文明、政治文明）建设。县人大常委会先后获省以上表彰 1 次，获市级表彰 3 次。

第一节　组织机构

一、县人大常委会

1981 年 1 月 8 日，县第九届人民代表大会选举产生县人大常委会，下设办公室、法制工作委员会、财政经济工作委员会、教育科学文化卫生工作委员会。1988 年设立代表工作委员会。2005 年，县人大常委会工作机构内设上述 5 个科级机构，核定编制 19 人。其中，行政编制 14 人、事业编制 5 人。实有在岗人员 19 人，其中事业编制 4 人。1981—2005 年，先后有 6 人担（兼）任县人大常委会主任，24 人担任副主任。（见表 14-1-1）

1981—2005年历任县人大常委会主任、副主任名录

表 14-1-1

职 务	姓 名	性别	出生年月	籍 贯	文化程度	任职届次	任职年限
主任	廖宗武	男	1932-07	湖北宜都	初 中	九	1981-01—1984-02
	肖云轩	男	1933-08	湖北汉阳	初 中	九	1984-04—1984-12
	向 京	男	1932-08	湖北秭归	初 中	十至十二	1984-12—1994-02
	王少愚	男	1943-05	湖北兴山	大 专	十三	1994-02—1996-02
	王祖谟	男	1945-02	湖北秭归	大 专	十三至十四	1996-03—2003-12
	王万修	男	1956-09	湖北枝江	大 专	十五	2004-01—
副主任	赵爽清	男	1938-12	湖南宁乡	小 学	九	1981-01—1983-09
	刘 祥	男	1926-11	河北涞水	小 学	九	1981-01—1983-12
	熊明钜	男	1922-03	湖北秭归	中 师	九	1981-01—1984-12
	安庆勋	男	1926-04	河北枣强	小 学	九	1981-01—1983-07
	陈忠甲	男	1925-10	湖北秭归	小 学	九	1981-01—1984-12
	胡启兴	男	1934-09	湖北秭归	初 中	九至十二	1984-12—1994-01
	邓祖训	男	1933-12	湖北秭归	初 中	九	1984-12—1986-07
	吴承钧	男	1934-03	湖北秭归	初 中	九至十二	1984-12—1994-01
	蔡世瑾	男	1929-08	湖北秭归	大 专	十至十一	1984-12—1991-01
	杜安贵	男	1936-04	湖北宜都	初 中	十至十二	1987-03—1994-01
	李昌进	男	1932-12	湖北秭归	初 中	十一至十二	1988-01—1994-01
	刘华英	女	1943-10	湖北秭归	大 学	十二至十三	1991-01—1999-01
	颜道隆	男	1940-03	湖北秭归	大 专	十三	1991-01—1999-01
	胡兴三	男	1941-07	湖北秭归	初 中	十三	1994-01—1999-01
	邓伯华	男	1938-12	湖 南	大 学	十三	1994-01—1999-01
	邓应和	男	1949-02	湖北秭归	中 专	十三	1994-01—2004-01
	乔全贤	男	1949-02	湖北秭归	大 专	十三	1997-01—1999-01
	卢元明	男	1946-11	湖北秭归	中 专	十四	1999-01—2002-02
	吴志国	男	1949-09	安徽霍邱	大 专	十四至十五	1999-01—
	牛学俭	男	1945-11	湖北秭归	中 专	十四	1999-01—2004-01
	郑之德	男	1954-04	湖北秭归	大 专	十五	2004-01—
	韩永彪	男	1954-08	湖北秭归	大 专	十五	2004-01—
	李正菊	女	1954-09	湖北秭归	大 专	十五	2004-01—
	梅长青	男	1959-11	湖北秭归	大 学	十五	2004-01—

二、乡镇人大主席团

1988年1月，全县设立归州、香溪、屈原、新滩、水田坝、泄滩、沙镇溪、两河口、梅家河、磨坪、文化、郭家坝、周坪、芝兰、杨林桥、茅坪16个乡镇人大主席团。1995年10月，撤销归州镇、

新滩镇、屈原乡人大主席团，新设立屈原镇人大主席团。2001 年 1 月，撤销芝兰乡、文化乡人大主席团，香溪镇人大主席团更名为归州镇人大主席团。至 2005 年，全县有茅坪、屈原、归州、水田坝、泄滩、沙镇溪、两河口、梅家河、磨坪、郭家坝、周坪、杨林桥 12 个乡镇人大主席团。多数乡镇未设专职主席，由乡镇党委书记兼任，设常务副主席 1 名主持日常工作，均配有专（兼）职秘书。乡镇人大主席团负责乡镇人民代表大会闭会期间日常工作。乡镇人民代表由选民直接选举产生，县乡人民代表不提倡兼职，每届人民代表任期 3 年。1988 年 1 月—2005 年 12 月，各乡镇分别于 1988 年 1 月、1991 年 1 月、1994 年 1 月、1997 年 1 月、2000 年 1 月、2003 年 1 月召开第二届至第七届人民代表大会，选举产生各乡镇第一届至第六届人大主席团正副主席和各乡镇第二届至第七届人民政府正副乡镇长。

第二节　人大代表

一、县人大代表

1980 年 2 月，选举产生县第九届人民代表 216 人。其中，工人 19 人，占 8.8%；农民 113 人，占 52.3%；干部 69 人，占 31.9%；知识分子 8 人，占 3.7%；其他 7 人，占 3.3%。妇女代表 46 人，占 21.3%。非党代表 68 人，占 31.48%。

1984 年 12 月，选举产生县第十届人大代表 245 人。其中，工人 25 人，占 10.2%；农民 104 人，占 42.45%；干部 64 人，占 26.12%；知识分子 42 人，占 17.15%；其他 10 人，占 4.08%。妇女代表 50 人，占 20.4%。非党代表 128 人，占 52.25%。35 岁以下代表 116 人，占 47.35%。代表中大专以上文化 38 人，占 15.51%；初中、中专、高中文化的 169 人，占 68.98%；小学文化 38 人，占 15.51%。

1987 年 12 月，选举产生县第十一届人大代表 209 人。其中，工人 19 人，占 9.1%；农民 78 人，占 37.32%；干部 76 人，占 36.36%；知识分子 34 人，占 16.27%；其他 2 人，占 0.95%。妇女代表 47 人，占 22.5%。非党代表 70 人，占 33.5%。35 岁以下代表 68 人，占 32.54%。代表中大专以上文化 21 人，占 10.05%；初中、中专、高中文化的 153 人，占 73.2%；小学以下文化 35 人，占 16.75%。

1990 年 12 月，选举产生县第十二届人大代表 235 人。其中，工人 11 人，占 4.68%；农民 112 人，占 47.66%；干部 72 人，占 30.64%；知识分子 31 人，占 13.19%；其他 9 人，占 3.83%。妇女代表 54 人，占 22.98%。非党代表 84 人，占 35.74%。35 岁以下的代表 65 人，占 27.66%。代表中大专以上文化 24 人，占 10.21%；初中、中专、高中文化 187 人，占 79.58%；小学文化 24 人，占 10.21%。

1993 年 12 月，选举产生县第十三届人大代表 234 人。其中，工人 9 人，占 3.85%；农民 121 人，占 51.7%；干部 82 人，占 35%；其他 22 人，占 9.45%。妇女代表 59 人，占 25.2%。非党代表 80 人，占 34.2%。35 岁以下代表 59 人，占 25.21%。代表中大专以上文化 43 人，占 18.38%；初中、中专、高中文化 165 人，占 70.51%；小学文化 26 人，占 11.11%。

1998 年 12 月，选举产生县第十四届人大代表 216 人。其中，工人 8 人，占 3.7%；农民 103 人，占 47.7%；干部 70 人，占 32.4%；其他 35 人，占 16.2%。妇女代表 46 人，占 21.3%。非党代表 61 人，占 28.2%。35 岁以下代表 49 人，占 22.7%。代表中大专以上文化 68 人，占 31.5%；初中、中专、高中文化 140 人，占 64.8%；小学文化 8 人，占 3.7%。

2003 年 12 月，选举产生县第十五届人大代表 215 人。其中，工人 7 人，占 3.26%；农民 111 人，占 51.63%；干部 69 人，占 32.09%；其他 28 人，占 13.02%。妇女代表 54 人，占 25%。非党代表 58

人，占 27%。35 岁以下代表 48 人，占 22%。代表中大专以上文化 91 人，占 42.3%；初中、中专、高中文化 114 人，占 53 %；小学文化 10 人，占 4.7%。

二、乡镇人大代表

1984 年，选举产生乡镇（区下辖小乡镇）人大代表 2 536 人。其中，工人 52 人，占 2.05%；农民 1 877 人，占 74.01%；干部 414 人，占 16.32%；知识分子 143 人，占 5.63%；其他 50 人，占 2%。妇女代表 518 人，占 20.42%。非党代表 1 366 人，占 53.86%。35 岁以下代表 1 309 人，占 51.62%。代表中大专以上文化 12 人，占 0.47%；初中、中专、高中文化 1 681 人，占 66.29%；小学文化 843 人，占 33.24%。

1987 年，选举产生乡镇人大代表 1 158 人。其中，工人 66 人，占 5.7%；农民 746 人，占 64.5%；干部 232 人，占 20%；知识分子 106 人，占 9.1%；其他 8 人，占 0.7%。妇女代表 229 人，占 19.8%。非党代表 196 人，占 42.8%。35 岁以下代表 516 人，占 44.55%。代表中大专以上文化 24 人，占 2.07%；初中、中专、高中文化 875 人，占 75.56%；小学文化 259 人，占 22.37%。

1990 年，选举产生乡镇人大代表 976 人。其中，工人 29 人，占 2.97%；农民 667 人，占 68.34%；干部 198 人，占 20.29%；知识分子 52 人，占 5.33%；其他 30 人，占 3.07%。妇女代表 204 人，占 20.9%。非党代表 421 人，占 43.14%。35 岁以下代表 349 人，占 35.76%。代表中大专以上文化 34 人，占 3.48%；初中、中专、高中文化 764 人，占 78.28%；小学文化 178 人，占 18.24%。

1993 年，选举产生乡镇人大代表 975 人。其中，工人 26 人，占 2.67%；农民 678 人，占 69.53%；干部 213 人，占 21.85%；其他 58 人，占 5.95%。妇女代表 227 人，占 22.3%。非党代表 406 人，占 41.64%。35 岁以下代表 293 人，占 30.1%。代表中大专以上文化 53 人，占 5.44%；初中、中专、高中 795 人，占 81.54%；小学文化 127 人，占 13.02%。

1996 年 2 月，香溪镇、屈原镇选举产生乡镇人大代表 139 人。12 月，其他乡镇选举产生乡镇人大代表 699 人。全县共选举产生乡镇人大代表 838 人。

1999 年选举产生乡镇人大代表 817 人。其中，工人 10 人，占 1.22%；农民 580 人，占 70.99%。干部 195 人，占 23.87%；其他 32 人，占 3.92%。妇女代表 205 人，占 25.09%。非党代表 285 人，占 34.9%。35 岁以下代表 268 人，占 32.8%。代表中大专以上文化 120 人，占 14.7%；初中、中专、高中文化 652 人，占 79.8%；小学文化 45 人，占 5.5%。

2001 年 4 月，芝兰乡划归周坪乡，文化乡划归郭家坝镇，周坪乡、郭家坝镇提前选举换届，选举产生乡镇人大代表 139 人。

2002 年，除周坪乡、郭家坝镇外，其余 10 个乡镇选举产生乡镇人大代表 605 人。其中，工人 10 人，占 1.65%；农民 423 人，占 69.92%；干部 159 人，占 26.28%；其他 13 人，占 2.15%。妇女代表 167 人，占 27.6%。非党代表 151 人，占 25%。代表中 35 岁以下 198 人，占 32.73%。大专以上文化 142 人，占 23.47%；中专、高中文化 300 人，占 49.59%；初中以下 163 人，占 26.94%。

三、出席上级人大代表

市人大代表　1992 年 8 月，县第十二届三次人民代表大会选举产生出席宜昌市第一届人民代表大会代表 40 人。1997 年 1 月，县第十三届四次人民代表大会选举产生出席宜昌市第二届人民代表大会代表 31 人。2002 年 2 月，县第十四届四次人民代表大会选举产生出席宜昌市第三届人民代表大会代表 31 人。

省人大代表　1983年3月，县第九届三次人民代表大会选举产生出席省第六届人民代表大会代表3人，分别是：安庆勋、陈余生（女）、谭贤茂。1988年1月，县第十一届一次会议选举产生出席省第七届人民代表大会代表4人，分别是：向京、贾庆生、陈余生（女）、陶作美。1993年3月，由宜昌市人民代表大会选举产生出席省第八届人民代表大会代表，秭归县当选代表1名：王少愚。1997年12月，由宜昌市人民代表大会选举产生出席省第九届人民代表大会代表，秭归县当选代表2人，分别是：王万修、望开东（女）。2002年12月，由宜昌市人民代表大会选举产生出席省第十届人民代表大会代表，秭归县当选代表3人，分别是：罗平焜、王功桂（女）、佘西龙。

第三节　人大会议

一、人大代表会

第九届　1981年1月4—8日，在县城归州召开第九届人民代表大会一次会议。出席会议代表212人，出席县政协一届一次会议的90名委员和27名县直单位负责人列席会议。会议听取和审议政府工作报告、财政预决算和概算报告、计划工作报告、县人民法院和人民检察院工作报告，并作出相应决议。大会选举产生17人组成县第九届人大常委会，作为县人民代表大会常设机构。决定将县革命委员会改为县政府。会议选举县人大常委会主任1人、副主任5人、委员11人；选举县长1人、副县长5人；选举县人民法院院长1人、县人民检察院检察长1人。1982年3月11—15日，在县城归州召开第九届人大二次会议。出席会议代表208人，列席人员142人。会议听取和审议县政府工作报告、财政预决算报告及县人大常委会、人民法院、人民检察院工作报告，并分别作出相应决议。大会补选1名县人大常委会委员。1983年3月16—19日，在县城归州召开第九届人大三次会议。出席会议代表161人，列席代表132人。会议听取和审议县政府工作报告、国民经济和社会发展计划报告、财政预决算报告和县人大常委会、人民法院、人民检察院工作报告，并作出相应决议。大会补选县长1人，选举产生出席省第六届人民代表大会代表3人。

第十届　1984年12月9—13日，在县城归州召开第十届人民代表大会一次会议。出席会议代表242人，151名县政协委员和48名县直单位负责人列席会议。会议听取和审议县政府工作报告、财政预决算报告和县人大常委会、人民法院、人民检察院工作报告，并作出相应决议。大会选举产生13人组成县第十届人大常委会，选举主任1人、副主任4人；选举县长1人、副县长5人；选举县人民法院院长1人、县人民检察院检察长1人。1985年4月27—29日，在县城归州召开第十届人大二次会议。出席会议代表217人，列席代表42人。会议听取和审议县政府工作报告、财政预决算报告、1984年国民经济计划执行情况和1985年计划安排意见报告以及县人大常委会、人民法院、人民检察院工作报告，并作出相应决议。1986年3月26—29日，在县城归州召开第十届人大三次会议。出席会议代表216人，出席县政协二届三次会议的150名委员和县直各部门51名负责人列席会议。会议听取和审议县政府工作报告、财政预决算报告、1985年国民经济计划执行情况和1986年计划安排意见报告以及县人大常委会、人民法院、人民检察院工作报告，并作出相应决议。1987年3月17—19日，在县城归州召开第十届人大四次会议。出席会议代表209人，出席县政协二届四次会议全体委员和县直机关负责人列席会议。会议听取和审议县政府工作报告、国民经济和社会发展计划报告、财政预决算报告以及县人大常委会、人民法院、人民检察院工作报告，并作出相应决议。大会补选县人大常委会副主任1人。

第十一届　1988年1月25—29日，在县城归州召开第十一届人民代表大会一次会议。出席会议代表201人，出席县政协三届一次会议全体委员和县直各部门负责人53人列席会议。会议听取和审议县政府工作报告、1988年全县国民经济和社会发展计划草案报告、财政预决算报告以及县人大常委会、人民法院、人民检察院工作报告，并作出相应决议。大会选举产生13人组成县第十一届人大常委会，选举主任1人、副主任4人；选举县长1人、副县长4人；选举县人民法院院长1人、县人民检察院检察长1人；选举出席省第七届人民代表大会代表4人。1989年3月20—24日，在县城归州召开第十一届人大二次会议。出席会议代表204人，出席县政协三届二次会议的全体委员和县直各部门负责人55人列席会议。会议审查通过县政府工作报告、财政预决算报告、1988年国民经济计划执行情况和1989年计划安排意见报告以及县人大常委会、人民法院、人民检察院工作报告，并作出相应决议。大会补选县人大常委会副主任1人、委员2人，补选县人民法院院长1人。1990年3月27—29日，在县城归州召开第十一届人大三次会议。出席会议代表186人，全体政协委员和县直单位、乡镇主要负责人84人列席会议。会议听取和审议县政府工作报告、1989年国民经济计划执行情况和1990年计划安排报告、财政预决算报告及县人大常委会、人民法院、人民检察院工作报告，并作出相应决议。

第十二届　1991年1月25—29日，在县城归州召开第十二届人民代表大会一次会议。出席会议代表225人，出席县政协四届一次会议的166名委员及县直单位负责人等81人列席会议。会议听取和审议县政府工作报告、1991年国民经济和社会发展计划及“八五”计划草案报告、财政预决算报告以及县人大常委会、人民法院、人民检察院工作报告，并作出相应决议。大会选举产生17人组成县第十二届人大常委会，选举主任1人、副主任6人；选举县长1人、副县长6人；选举县人民法院院长1人、县人民检察院检察长1人。1992年3月25—28日，在县城归州镇召开第十二届人大二次会议。出席会议代表228人，县直单位和乡镇主要负责人70人及县政协委员列席会议。会议听取和审议县政府工作报告、关于三峡库区秭归县综合发展战略与规划纲要报告、国民经济和社会发展十年规划及“八五”计划纲要报告、财政预决算报告以及县人大常委会、人民法院、人民检察院工作报告，并作出相应决议。大会期间，正值七届全国人大五次会议通过关于兴建长江三峡工程决议，与会代表为三峡工程捐款696元。1992年8月19—20日，在县城归州镇召开第十二届人大三次会议。出席会议代表209人。会议听取和审议县政府关于新县城总体规划报告并作出决议，选举产生出席宜昌市第一届人民代表大会代表40人。1993年3月25—27日，在县城归州召开第十二届人大四次会议。出席会议代表195人，出席县政协四届三次会议全体委员和县直单位负责人80人列席会议。会议听取和审议县政府工作报告、财政预决算报告、1992年国民经济和社会发展计划执行情况和1993年计划草案报告以及县人大常委会、人民法院、人民检察院工作报告，并作出相应决议。

第十三届　1994年1月29日—2月1日，在县城归州镇召开第十三届人民代表大会一次会议。出席会议代表228人，县直单位和乡镇负责人81人和出席县政协五届一次会议全体委员列席会议。会议审查通过县政府工作报告、财政预决算报告、1993年国民经济和社会发展计划执行情况及1994年计划草案报告以及县人大常委会、人民法院、人民检察院工作报告，并作出相应决议。选举产生17人组成县第十三届人大常委会，选举主任1人，副主任5人；选举县长1人、副县长8人；选举县人民法院院长1人、县人民检察院检察长1人。1995年3月7—9日，在县城归州镇召开第十三届人大二次会议。出席会议代表213人，县直单位和乡镇主要负责人101人及出席县政协五届二次会议的全体委员列席会议。会议审查通过县政府工作报告、财政预决算报告、1994年国民经济和社会发展计划执行情况及1995年计划草案报告以及县人大常委会、人民法院、人民检察院工作报告，并作出相应决议。1996年3月20—22日，在县城归州镇召开第十三届人大三次会议。出席会议代表209人，县直单位和乡镇主要负责人95人及出席县政协五届三次会议全体委员列席会议。会议听取和审查国民经济和社会发展”九五”计划及2010年远景目标纲要报告、财政预决算报告、1995年国民经济和社会发展计划执行情况与1996年计划草案报告以及县人大常委会、人民法院、人民检察院工作报告，并作出相应决议。会议补选县人大常委会主任1人、委员1人，补选县长1人。1997年1月21—23日，在县城归州镇召开第十三届人大四次会议。出席会议代表204人，县直单位和乡镇主要负责人114人及出席县政协五届四次会议的委员列席会议。会议听取和审议县政府工作报告、财政预决算报告、1996年国民经济和社会发展计划执行情况及1997年计划草案报告以及县人大常委会、人民法院、人民检察院工作报告，并作出相应决议。会议补选县人大常委会副主任1人，选举出席宜昌市第二届人民代表大会代表31人。1998年2月24—26日，在县城归州镇召开第十三届五次会议。出席会议代表208人，县直单位和乡镇主要负责人106人及出席县政协五届五次会议委员列席会议。会议审议并通过县政府工作报告、财政预决算报告、1997年国民经济和社会发展计划执行情况及1998年计划草案报告以及县人大常委会、人民法院、人民检察院工作报告，并作出相应决议。会议还听取三峡工程移民经费计划执行情况报告。

第十四届　1999年1月11—14日，在新县城茅坪召开第十四届人民代表大会一次会议。出席会议代表214人，县直单位和乡镇主要负责人96人及出席县政协六届一次会议的委员列席会议。会议审议并通过县政府工作报告、财政预决算报告、1998年国民经济和社会发展计划执行情况及1999年计划草案报告以及县人大常委会、人民法院、人民检察院工作报告，并作出相应决议。选举产生19人组成县第十四届人大常委会，选举主任1人、副主任4人；选举县长1人、副县长6人；选举县人民法院院长1人、县人民检察院检察长1人。2000年3月4—6日，在新县城茅坪召开第十四届人大二次会议。出席会议代表208人，县直单位和乡镇主要负责人108人及出席县政协六届二次会议的159名委员列席会议。会议听取和审议县政府工作报告、1999年国民经济和社会发展计划执行情况及2000年计划草案的报告、财政预决算报告以及县人大常委会、人民法院、人民检察院工作报告，并作出相应决议。会议补选县人民法院院长1人。2001年3月6—9日，在新县城茅坪召开第十四届人大三次会议。出席会议代表215人，县直单位和乡镇主要负责人101人及出席县政协六届三次会议的全体委员列席会议。会议听取和审议全县国民经济和社会发展第十个五年计划纲要报告、2002年国民经济和社会发展计划执行情况及2001年计划草案报告、财政预决算报告以及县人大常委会、人民法院、人民检察院工作报告，并作出相应决议。会议补选县长罗平烺。2002年2月2—5日，在新县城茅坪召开第十四届人大四次会议。出席会议代表213人，县直单位和乡镇主要负责人113人及出席县政协六届四次会议的全体委员列席会议。会议审查通过县政府工作报告、2001年国民经济和社会发展计划执行情况及2002年计划草案报告、财政预决算报告以及县人大常委会、人民法院、人民检察院工作报告。会议补选县第十四届人大常委会委员8人；选举产生出席宜昌市第三届人民代表大会代表31人。2003年3月22—25日，在新县城茅坪召开第十四届人大五次会议。出席会议代表211人，县直单位和乡镇主要负责人、特邀离、退休老干部113人及出席县政协六届五次会议的委员列席会议。会议听取和审议县政府工作报告、2002年国民经济和社会发展计划执行情况及2003年计划草案报告、财政预决算报告及县人大常委会、人民法院、人民检察院工作报告，并作出相应决议。会议补选县人民检察院检察长1人。

第十五届　2004年1月6—9日，在新县城茅坪召开第十五届人民代表大会一次会议。出席会议代表215人，县直单位及乡镇主要负责人及出席县政协七届一次会议的代表共289人列席会议。会议听取和审议县政府工作报告、2003 年国民经济和社会发展计划执行情况及 2004 年计划草案报告、财政预决算报告以及县人大常委会、人民法院、人民检察院工作报告，并作出相应决议。会议选举产生 21 人组成县第十五届人大常委会，选举主任 1 人、副主任 5 人；选举县长 1 人、副县长 5 人；选举县人民法院院长 1 人、县人民检察院检察长 1 人。2005 年 3 月 28 日，在新县城茅坪召开第十五届人大二次会议。出席会议代表 212 人，县直单位和乡镇主要负责人、特邀离、退休老干部及出席县政协七届二次会议代表共 275 人列席会议。会议听取和审议县政府工作报告、2004 年国民经济和社会发展计划执行情况及 2005 年计划草案报告、财政预决算报告以及县人大常委会、人民法院、人民检察院工作报告，并作出相应决议。

二、常委会议

第九届 1981 年 1 月—1984 年 12 月，县人大常委会共召开常委会议 30 次，听取审议“一府两院”工作报告 36 个，作出关于更改桂花乡、五龙乡乡名，整顿社会治安，打击刑事犯罪，加强教育、科学技术、物价管理、生产救灾、水土保持等工作以及政社分开建立乡政府、绿化秭归等工作决议、决定 22 个，任免国家机关工作人员 141 人次。

第十届 1984 年 12 月—1987 年 12 月，县人大常委会共召开常委会议 22 次，听取审议“一府两院”有关法律实施及抢险救灾、审计、社会治安、人畜饮水等工作情况报告 42 次，作出关于解决农村人畜饮水困难、加强审计监督工作、加强革命老区建设、加强广播电视事业建设、减轻农民负担等决议、决定 26 个，任免国家机关工作人员 107 人次。

第十一届 1988 年 1 月—1990 年 12 月，县人大常委会共召开常委会议 22 次，听取审议“一府两院”有关法律法规实施情况报告及编制国土综合规划报告等工作报告 53 个，作出关于治理经济环境、整顿经济秩序、打击经济犯罪和实施《中华人民共和国传染病防治法》《中华人民共和国行政诉讼法》《中华人民共和国城市规划法》等决议、决定 24 个，任免国家机关工作人员 150 人次。

第十二届 1991 年 1 月—1994 年 1 月，县人大常委会共召开常委会议 21 次，听取“一府两院”关于实施有关法律法规及有关工作报告 47 个，作出关于农历五月十五日确定为“屈原文化节”、实现八年绿化秭归、办好农村合作医疗、禁止向企业摊派和实施《中华人民共和国残疾人保障法》等决议、决定 18 个，任免国家机关工作人员 116 人次。

第十三届 1994 年 2 月—1999 年 1 月，县人大常委会共召开常委会议 36 次，听取和审议“一府两院”工作报告 65 个，作出关于加强依法治县、加强农村卫生工作、关于批准《秭归县综合财政预算管理暂行办法》和关于实施《中华人民共和国教师法》《中华人民共和国科学技术进步法》《中华人民共和国种子管理条例》等决议、决定 16 个，任免国家机关工作人员 194 人次。

第十四届 1999 年 1 月—2004 年 1 月，县人大常委会共召开常委会议 40 次，听取“一府两院”工作报告 60 个，作出变更“九五”计划部分指标，实施《秭归城区总体规划修编》及《秭归县域城镇体系规划》、保护城区绿地等决议、决定 21 个，任免国家机关工作人员 320 人次。

第十五届 2004 年 1 月—2005 年 12 月，县人大常委会共召开常委会议 13 次，听取和审议县政府关于贯彻实施《中华人民共和国会计法》《中华人民共和国食品卫生法》和关于农业产业化、旅游工作、上半年计划和预算执行情况、法官和检察官队伍建设情况等工作报告 19 个，任免国家机关工作人员 96 人次。

第四节 人大工作

一、人事任免

1981—2005 年，县人大常委会共召开常委会 184 次，共任免国家机关工作人员 1 124 人次。其中，决定、任命 888 人次，免职（含同意辞职）236 人次。分别任免或决定（含同意辞职）县长、副县长 61 人次；任免（含同意辞职）县人大常委会工作机构科级干部 91 人次；任免县人民法院干部 379 人次；任免县人民检察院干部 146 人次；任免县政府组成部门负责人 447 人次。（见表 14–1–2）

1981—2005 年县人大常委会人事任免情况表

表 14-1-2　　　　单位：次、人次

届次	会议次数	合计			正、副县长		人大工作机构		法院		检察院		政府工作部门	
		合计	任	免	任	免	任	免	任	免	任	免	任	免
九	30	141	112	29	12	8	13	4	21	2	26	—	40	15
十	22	107	84	23	3	1	1	2	6	4	11	1	63	15
十一	22	150	115	35	4	2	8	1	29	14	7	2	67	16
十二	21	116	89	27	6	3	11	2	12	7	1	1	59	14
十三	36	194	156	38	6	4	10	2	56	18	32	2	52	12
十四	40	320	253	67	6	3	21	6	117	44	46	10	63	4
十五	13	96	79	17	2	1	9	1	37	12	5	2	26	1
合计	184	1 124	888	236	39	22	73	18	278	101	128	18	370	77

二、议案·意见·建议

1981—2005 年，全县共召开 26 次人民代表大会，共收到代表议案 663 件，批评、意见和建议 3 186 件。县人大常委会均认真进行转办，基本做到件件有结果。

第九届人民代表大会共召开 3 次大会，县人大常委会共受理代表提案（含意见、建议）528 件。县人大常委会一一进行转办，重点问题得到妥善解决，代表比较满意。如高山社队人畜饮水难问题，政府拨款 60 多万元，解决 1.39 万户 5.21 万人、6 万头牲畜饮水困难；中小学校舍危房问题，全县共集资 400 多万元，中小学校舍危房问题得到解决；有关交通问题，共投资 300 多万元，维修矿山专用公路 7 条 51 公里，新修维修区乡公路 232 公里，新修公路桥 5 座、人行桥 77 座；关于县城饮水问题，修建归州饮水工程，基本解决老县城长期存在的饮水难问题。

第十届人民代表大会共召开 4 次大会，共受理议案 114 件，批评和意见、建议 651 件。落实效果良好，代表比较满意。如县十届人大三次会议提出的“关于加强土地管理，制止乱占滥用耕地”议案，县政府高度重视，及时召开会议，采取得力措施，迅速刹住乱占滥用耕地歪风；县十届人大四次会议提出“关于加强森林管理，严禁乱砍滥伐”和“关于加强归州镇城镇规划和管理”议案，县人大常委会和县政府在调查研究基础上，由县政府下发《关于坚决制止乱砍滥伐森林歪风的紧急通知》和《关于加强城镇建设管理的通告》，乱砍滥伐森林歪风得到制止，城镇建设得以加强。

第十一届人民代表大会共召开3次大会，共受理议案4件，批评、意见和建议445件。县人大常委会加大议案和建议转办落实力度，提高办理质量。如"关于加强计划生育超生子女费的清理和管理的议案"受理后，全县开展超生子女费清理整顿，清理的基础上，区分不同情况进行处理，并完善计划生育管理办法。1990年，按照代表提出的建议，先后将周坪乡、芝兰乡纳入水土保持治理计划，架设窑湾溪、沙镇溪、泄滩3座软桥，修建沙镇溪和陕西营水泥路面街道，维修新滩矿山公路等。

第十二届人民代表大会共召开4次大会，共受理议案6件，批评、意见和建议480件。县人大常委会加强督促检查，提高办理质量，让代表满意。如在办理"关于减轻农民负担的议案"时，县政府共组织80多名干部深入到466个村检查，在此基础上宣布废止31个文件、40个收费项目，共减轻农民负担118.34万元。同时，查处33个单位违规收费，清退资金12.3万元。县十二届人民代表大会二次会议提出建议166件，基本解决和纳入计划逐步解决的有133件，占建议总数的82.1%。

第十三届人民代表大会共召开5次大会，共受理议案4件，批评、意见和建议594件。县人大常委会认真抓承办单位与代表见面办理和代表反馈，提高办理质量。如第十三届人民代表大会二次会议提出批评、意见和建议116件，承办单位与代表见面率达79.8%，代表反馈满意率为90%。代表对办理结果不满意的，县人大常委会督促承办单位重办，直到代表满意或基本满意为止。

第十四届人民代表大会共召开5次大会，共受理议案5件，批评、意见和建议650件。县人大常委会加强督办，确保办理质量，重大问题重点解决。如第十四届五次会议提出关于化解村级债务议案，是非常复杂而棘手的问题。县政府组成7人工作专班，在郭家坝镇文化村开展试点，取得经验后在全县整体推进，计划5年内完成化解村级债务工作。至2004年，通过清收债权、结对抵冲、盘活存量资产、规范账务、降息以及通过企业改革、整合资源、发展经济等方式化解村级债务749.19万元，已取得阶段性成果。2000年10月，第十四届人大常委会十二次会议通过《秭归县人民代表大会代表建议、批评和意见办理工作暂行办法》，使代表建议、批评和意见办理工作进一步规范化、制度化，办理质量进一步提高。第十四届人民代表大会期间，对建议、批评和意见办理的满意率和基本满意率平均达95%以上，办结率、见面率达100%，落实和基本落实率达90%以上。

第十五届人民代表大会共召开2次大会，共受理议案2件，建议、批评和意见367件。县人大常委会督促落实，使代表满意率达到99%以上。如在办理"关于加强社区居委会建设的议案"中，县政府下发《关于进一步加强城镇社区建设的意见》等文件；完善社区组织体系；采取措施，切实解决社区建设中的实际困难和问题；加大执法力度，营造社区良好的安居环境。通过一系列措施，加强全县城镇社区建设。对两年367件代表建议、批评和意见办理结束后，代表满意程度反馈表明，满意率和基本满意率达到99.13%。

三、依法监督

执法监督 1981—2005年，县人大常委会有计划地组织执法监督检查82次，共检查133个法律法规执行情况。

1984年7月，第九届人大常委会检查归州镇、香溪镇、三闾区和水田坝区食品卫生法执行情况，共检查55个单位。

1985—1987年，第十届人大常委会共开展执法检查8次，先后检查经济合同法、药品管理法、会计法、婚姻法、土地管理法、环境保护法、矿产资源法、治安管理处罚条例等10个法律法规执行情况，发现违法行为，及时督促有关部门纠正和处理。如1985年10月，县人大常委会在检查药品管理法执行情况时，发现有的单位违法销售伪劣药品，立即进行督促就地销毁处理，同时督促有关部门在全县开展查处伪劣药品活动。

1988—1990年，第十一届人大常委会共开展执法检查15次，先后检查宪法、刑法、森林法、义务教育法、传染病防治法、行政诉讼法、水法、省计划生育条例等23个法律法规执行情况。1988年6月，县人大常委会组织4个检查组，检查宪法、矿产资源法等16个法律法规执行情况，其做法在省人大常委会内部刊物《工作通信》第十期上登载。

1991—1993年，第十二届人大常委会开展执法检查17次，先后检查标准化法、水土保持法、义务教育法、残疾人保障法、会计法、农民承担费用和劳务管理条例、公路管理条例、种子管理条例等29个法律法规执行情况。1991年度在检查会计法执行情况时发现：被检查单位会计原始凭证有问题的占3%，记账凭证有问题的占5.5%，账簿有问题的43户。检查组依法进行纠正，并督促有关单位加强会计管理工作，使全县会计管理工作走上依法管理轨道。

1994—1998年，第十三届人大常委会共开展执法检查24次，先后检查矿山安全法、农业法、税收征管法、消费者权益保障法、反不正当竞争法、产品质量法、妇女权益保障法、环境保护法、劳动法等44个法律法规执行情况。1998年在检查矿产资源法执行情况中，督促有关单位对违法开采的煤矿封闭矿井13对，处理7家，限期整改6家。在检查《湖北省个体经营户和私营企业条例》执行情况中，共清理出无照经营320多家，规范无照经营280多户，取缔无照经营40家。

1999—2003年，第十四届人大常委会共组织执法检查11次，先后检查农业法、土地管理法、水土保持法、环境保护法、计划生育法、税收征收管理法、农村土地承包法、城建监察条例等17个法律法规执行情况。2000年在检查水土保持法执行情况中，发现有人在长江两岸乱采岩石，县人大常委会向县政府发出督办意见。县政府组织工作专班现场调查处理，对有关单位和个体户作出处罚决定，对拒不执行处罚决定的，申请县人民法院强制执行，使长江两岸违法采石问题得到制止。

2004—2005年，第十五届人大常委会共开展执法检查7次，先后检查会计法、食品卫生法等5个法律法规执行情况。2005年在对行政许可法实施情况检查后，县人大常委会向县政府提出《规范行政执法行为 加强行政许可行为监督 强化行政执法责任》的审议意见，得到县政府高度重视，有效促进全县依法行政和良好法制环境形成。

对人民群众反映强烈的执法问题，县人大常委会及时调查处理。1986年某单位在处理某公司与一位居民宅基地纠纷时违法处理，县人大常委会督促有关单位重新依法进行处理。1991年督促有关执法部门对久拖不决的茅坪镇月亮包村尤某伤害他人一案进行调查处理，依法将尤某逮捕，判刑3年。1993年，县人大常委会依法纠正换届选举中两个选区不严格依法办事问题。1994年，县人大常委会依法纠正水田坝乡、新滩镇两个乡镇人大主席团所作的不适当决议。1995年对沙镇溪镇树坪村选举中违法问题依法进行纠正。

议政会　1988—1992年，县人大常委会先后组织召开5次人大代表议政会，通过议政会实施对“一府两院”工作监督。1990年3月7日，县人大常委会副主任胡启兴在省人大代表工作经验交流会上作题为《提高质量 开好议政会》经验介绍，此经验被编入省人民代表工作经验文集。

1988年10月13—15日，县人大常委会首次召开县十一届人大代表议政会。20多名代表对“一府两院”工作进行实事求是、一分为二的评议，提出140条建议、批评和意见，3名副县长作出答复和解释。此次议政会，是探索人大代表在闭会期间监督“一府两院”工作的成功经验，宜昌地区人大联络处《工作通信》第29期及省人大常委会办公厅《工作通信》相继登载秭归县这次议政会情况。

之后，分别于1989年10月、1990年9月、1991年9月、1992年10月召开4次议政会，参加会议300多人次。1992年10月的议政会是以乡镇为单位召开的，每个乡镇参加7~10名县人大代表，并安排一定数量的市、乡镇人大代表参加，县人大常委会和“一府两院”领导分别到各乡镇听取意见，然后由县人大常委会召开碰头会，集中意见，研究整改。1992年后，议政会议由其他形式所取代。

述职评议　述职评议是对“一府两院”工作进行监督的一种新形式。1991年1月19日，县十一届人大常委会首次组织召开由县人大常委会任命的干部述职大会。分别有县燃化局、旅游局、农牧局、教育委员会等单位负责人在会上作述职报告，其他述职对象递交书面述职报告。1995年8月中旬至11月中旬，县人大常委会对县政府工作部门56名主要负责人进行述职评议，112名县人大代表参加评议。在听取述职后代表进行无记名评分，其结果为：平均得分在80分以上23人；70~79分31人；69分以下2人。根据得分评出优秀格次23人，合格31人，不合格2人。不合格2人中有1人属县人大常委会任命干部，给予免职处理。1997年8—9月，县人大常委会对县人民法院和县人民检察院正、副院长及正副检察长进行述职评议，经评议，8人中有3人评为优秀，5人称职。1999年2月7—8日，县委、县人大常委会在县影剧院组织召开政府工作机构和垂直管理部门主要负责人述职大会，共有350人参加会议。52名述职对象作述职报告，与会人员按照优秀、称职、基本称职、不称职4个格次对其进行无记名测评，测评结果均在称职以上。2001年3—4月中旬，县人大常委会对县计划委员会、科学技术委员会、民政局、城乡建设环境保护局、矿产煤炭局、林业局、水利局、劳动局、粮食局、卫生局等单位的10名主任、局长进行述职评议。评议前，县人大常委会组织5个调查组，通过走访座谈、民主测评、发函等方式，共收集对述职对象意见和建议290条。4月17—18日，进行述职评议，最后综合评定10名主任、局长都为称职。县人大常委会向各单位反馈收集意见和建议，各单位制定整改措施，改进工作，进一步提高述职评议实效性。2002年9月下旬—12月中旬，县人大常委会对县财政局、经济贸易局、农业局、国土资源局4个局的局长进行述职评议。评议前，县人大常委会组织4个调查组进行走访座谈，共收集对被评对象意见和建议85条。于11月11—12日进行述职评议，评议结果4名局长均为称职。2004年9月中旬至10月底，县人大常委会对县发展计划局、教育局、水务局、移民局4个局的局长进行述职评议。在征求各方面意见基础上，于10月28—29日进行述职评议，评议结果4名局长均为合格，其中县移民局局长田兵获全票的满意票。

四、视察·调查

视察　1981—2005年，县人大常委会组织人大代表围绕全县改革、发展、稳定中一些重大问题，进行46次视察。通过视察，肯定成绩，指出问题，提出意见和建议，促进全县“三个文明”建设协调发展。

第九届人大常委会组织人大代表自1982—1984年每年视察一次，分别视察教育、财贸、交通、劳动就业、物价、植树造林、计划生育以及新滩黄岩抢险救灾等工作；第十届人大常委会组织人大代表自1985—1987年每年视察一次，先后视察植树造林、普法教育、档案管理等工作。第十一届人大常委会组织人大代表自1988—1990年每年视察一次，先后视察全县“两个文明”建设、林业和工农业生产、社会治安等工作。第十二届人大常委会组织人大代表于1991年、1992年分别视察义务植树、义务教育、荒山绿化、反盗窃斗争和“两个文明”建设等工作。第十三届人大常委会组织人大代表自1994—1998年每年视察一次，分别视察茅坪坝区移民安置、绿化达标、新集镇建设、新县城建设、公路建设、重点工业项目建设、移民搬迁等工作。第十四届人大常委会组织人大代表自1999—2003年每年视察一次，分别视察公路建设、新集镇建设、工业和生态环境建设、退耕还林工程建设、城区永久性绿地保护、移民搬迁清库、库区地质灾害治理、文物保护等工作。第十五届人大常委会于 2004 年 4 月视察农业产业化建设情况；2005 年视察城乡建设、城建管理、环境保护和公安等工作。

调查　1981—2005 年，县人大常委会围绕常委会会议议题及全县人民关注的热点、难点问题，共组织 144 次调查活动。第九届人大常委会围绕社会治安、企业经济改革等开展 6 次调查；第十届人大常委会围绕人畜饮水、农田水利基本建设、水土保持、基层政权建设、革命老区建设等开展 13 次调查；第十一届人大常委会围绕农村科技、农业综合开发、财政自给、整顿经济秩序、乡镇企业、外贸工作、市场管理等开展 21 次调查；第十二届人大常委会围绕长江防护林工程建设、专业村建设、商业、金融、教育、农村合作医疗、计划生育等工作开展 23 次调查；第十三届人大常委会围绕反腐倡廉、公安工作、农村卫生、个体私营经济发展情况等开展 20 次调查；第十四届人大常委会围绕旅游、科技、广播电视事业、法院执行工作、检察院查办渎职侵权案件情况等开展 45 次调查；第十五届人大常委会先后围绕旅游工作、县法院和检察院队伍建设等开展 16 次调查。此外，每年都组织国民经济和社会发展情况、财政预算执行情况调查。从 1994 年开始，每年都对县法院和检察院有关方面工作情况进行调查。通过调查，为常委会依法、科学、民主决定重大事项，开展监督工作，提供可靠依据。

第二章　人民政府

1979—2005 年，县人民代表大会先后选举产生第九届至第十五届县政府。历届县政府，坚定不移贯彻执行党在社会主义初级阶段的基本路线，正确处理改革、发展与稳定的关系，以“强县富民”为目标，以“科教兴县”为手段，以改革总揽全局，抢抓三峡工程兴建机遇，坚持内引外联，促使经济建设快速发展，社会事业全面进步，人民生活水平稳步提高。至 2005 年，全县国内生产总值 22.7 亿元，比 1978 年增长 11.68 倍；财政收入 2.16 亿元，比 1978 年增长 44.92 倍；农村人均纯收入 1 999 元，比 1978 年增长 11.52 倍。为实现“特色农业大县、新型工业强县、三峡物流新县、全国旅游名县”目标奠定坚实的基础。

第一节　政府机构

一、县政府

1979 年，县政府工作机构共有 33 个，即县政府办公室、公安局、计划委员会、物价局、物资局、工业局、交通局、邮电局、乡镇企业局、燃料化学工业局、基本建设委员会、农业局、林业局、特产局、水利电力局、民政局、农业机械局、财贸办公室、财政局、粮食局、商业局、供销合作社联合社、工商行政管理局、对外经济贸易局、科学技术委员会、文教办公室、文化教育局、广播事业局、卫生局、计划生育委员会、体育运动委员会、“五七”干部学校、驻宜昌办事处。

1980—2004 年，部分单位撤销，相继更名或新设立的单位有 56 个次。1980 年设立档案局、司法局、文化局；1981 年设立地方志编纂委员会办公室；1984 年设立劳动人事局、审计局、经济委员会、农业委员会、移民办公室、土地管理局、税务局；1985 年设立旅游局、编制委员会办公室、农业区划办公室、经济技术协作委员会、财贸办公室、科学技术干部局；1986 年设立移民局；1987 年设立贫困地区经济开发领导小组办公室、建筑材料工业局、技术监督局；1988 年设立监察局、政府研究室；1989 年设立水土保持办公室、驻武汉办事处；1990 年设立人事局、老区贫困地区经济开发办公室；1992 年设立县志党史办公室；1993 年设立农牧特产局、茅坪经济技术开发区管理委员会；1997 年设立水土保持局；1999 年设立教育局、体育局、机关事务管理局、人口与计划生育委员会；2000 年设立城乡建设局、环境保护局、水利局；2001 年设立政府法制办公室、科学技术局、国土资源局、人口与计划生育局、经济贸易局、安全生产监督管理局、建设局、城市管理局、水务局、发展计划局、劳动和社会保障局、文化旅游局、服务三峡工程建设委员会办公室；2002 年设立行政服务中心；2003 年设立经济贸易局；2004 年设立经济商务局、招商局、国有资产监督管理局、发展和改革局。

2005 年，县政府实有工作机构 26 个，分别是：县政府办公室、民政局、人事局、机构编制委员会办公室、审计局、科技局、国土资源局、人口与计划生育局、移民局、经济商务局、安全管理局、交通局、建设局、农业局、水务局、财政局、发展和改革局、劳动和社会保障局、教育局、卫生局、统计局、文化旅游局、物价局、扶贫开发办公室、法制办公室、行政服务中心管理办公室。县政府直属事业单位 14 个，分别是：行政学校、广播电视局、档案局（馆）、粮食局、体育局、林业局、环保局、城管局、县志党史办公室、机关事务局、招商局、供销社、驻宜昌办事处、驻武汉办事处。

二、乡镇政府

1979 年，设城关、香溪 2 个镇人民公社和龙江、三闾、桑坪、水田坝、泄滩、西陵、金沙、两河、团结、磨坪、文化、郭家坝、周坪、芝兰、杨林、茅坪 16 个农村人民公社及茅坪良种场、九岭头林场 2 个公社级农林场。1984 年 2 月，设归州、香溪 2 个镇和龙江、三闾、水田坝、泄滩、西陵、两河口、磨坪、郭家坝、周坪、杨林、茅坪 11 个区。1987 年 10 月，设归州、香溪、新滩、沙镇溪、两河口、郭家坝、杨林桥、茅坪 8 镇和屈原、水田坝、泄滩、梅家河、磨坪、文化、周坪、芝兰 8 乡。1995 年 10 月，撤销归州镇、新滩镇、屈原乡，新设立香溪镇、屈原镇，全县设 7 镇 7 乡。2001 年芝兰乡划归周坪乡、文化乡划归郭家坝镇，设 7 镇 5 乡。2005 年仍为 7 镇 5 乡，即茅坪、屈原、归州、沙镇溪、两河口、郭家坝、杨林桥镇和水田坝、泄滩、梅家河、磨坪、周坪乡。

三、领导人名录

1979 年 1 月—1981 年 1 月，是县第八届人民代表大会选举产生的县革命委员会任期，先后任主任的有肖云轩、陈天赐；任副主任的有姜堤、向京、刘祥、安庆勋、邓祖训、陈忠甲、邓应和、郭昌洲、王长德。1981—2005 年为县第九届至第十五届人民政府任期，先后有 7 人担任县长，41 人担任副县长。（见表 14-2-1）

1981—2005年秭归县历任县长、副县长名录

表 14-2-1

职务	姓名	性别	出生年月	籍贯	文化程度	届次	任职时间
县长	陈天赐	男	1928-04	湖北宜昌	初中	九	1981-01—1982-10
	向京	男	1932-08	湖北秭归	初中	九	1982-10—1984-12
	王祖万	男	1944-08	湖北秭归	大学	十	1984-12—1988-01
	梅峰	男	1940-02	湖北秭归	中专	十一	1988-01—1991-01
	汪元良	男	1953-10	湖北秭归	大专	十二、十三	1991-01—1996-02
	王万修	男	1956-09	湖北枝江	大专	十三、十四	1996-03—2001-01
	罗平焜	男	1963-07	湖北枝江	大学	十四、十五	2001-02—
副县长	向京	男	1932-08	湖北秭归	初中	九	1981-01—1982-10
	梅峰	男	1940-02	湖北秭归	中专	九、十	1981-01—1988-01
	姜堤	男	1929-11	湖北天门	初中	九	1981-01—1982-10
	邓祖训	男	1933-11	湖北秭归	初中	九	1982-04—1983-12
	张安前	男	1937-12	湖北秭归	初中	九	1982-04—1983-12
	胡启兴	男	1934-09	湖北秭归	初中	九	1982-10—1983-12
	吴述军	男	1952-12	湖北秭归	大专	九 十至十三	1982-10—1983-12 1987-11—1996-03
	刘公明	男	1937-10	湖北长阳	大专	九	1983-07—1983-12
	李广钦	男	1953-05	湖北秭归	大专	九	1983-12—1984-12
	宋发升	男	1947-07	湖北秭归	大专	九、十	1983-12—1985-10
	王祖万	男	1944-08	湖北秭归	大学	九	1983-12—1984-12
	刘华英	女	1943-10	湖北秭归	大学	九至十一	1983-12—1991-01
	贾庆生	男	1945-04	河南信阳	大学	九至十二	1984-08—1993-02
	向政清	男	1943-12	湖南益阳	大学	九、十	1984-11—1988-01
	陈振华	男	1947-02	湖北宜昌	大学	十、十一	1985-10—1991-01
	汪元良	男	1953-10	湖北秭归	大专	十一	1990-10—1991-01
	汪承林	男	1943-11	湖北武汉	大学	十一	1988-04—1990-05
	张翼飞	男	1937-11	湖北黄陂	大学	十一、十二	1990-05—1992-06
	杨德菊	女	1954-11	湖北秭归	大专	十一、十二	1990-12—1994-02
	卢元明	男	1946-11	湖北秭归	中专	十二、十三	1991-01—1999-01
	李国兴	男	1952-11	湖北秭归	大专	十二、十三	1991-12—1999-01
	胡兴潮	男	1954-07	湖北秭归	大专	十二、十三	1992-02—1999-01
	胡端志	男	1955-10	湖北天门	大学	十二、十三	1992-06—1995-08
	马学军	男	1957-03	湖北秭归	大专	十二、十三	1993-12—1998-10
	郑之德	男	1954-04	湖北秭归	大专	十三、十四	1994-02—2003-12
	李正菊	女	1954-09	湖北秭归	大专	十三、十四	1994-02—2003-12

续表 14-2-1

职务	姓名	性别	出生年月	籍　贯	文化程度	届　次	任职时间
副县长	谭　平	男	1957-10	湖北宜昌	大　专	十三	1995-04—1999-01
	宁　钟	男	1964-05	安　徽	大　专	十三	1995-08—1997-09
	郑礼昌	男	1963-01	湖北秭归	大　学	十三至十五	1996-06—
	周泽槐	男	1938-02	湖南常德	大　学	十三、十四	1996-06—2000-08
	陈　华	男	1964-02	湖北枝江	大　学	十三、十四	1996-01—2001-02
	罗平烺	男	1963-07	湖北枝江	大　学	十四	2001-01—2001-03
	王华品	男	1963-08	湖北秭归	大　专	十四	1999-01—2002-09
	刘惠敏	男	1962-08	湖　北	大　学	十四	2000-08—2003-02
	张池松	男	1958-03	湖北江陵	大　学	十四	2001-09—2003-12
	王　中	男	1968-07	湖北公安	大　学	十四、十五	2003-02—2005-08
	郑之彪	男	1964-02	湖北秭归	大　专	十四、十五	2003-03—
	孙晓蓉	女	1972-06	湖北枝江	大　学	十四、十五	2003-12—
	熊相军	男	1966-08	湖北兴山	大　学	十五	2004-01—
	权元安	男	1964-04	湖北秭归	大　学	十五	2004-01—
	周　平	男	1966-01	湖北江陵	研究生	十五	2005-08—

第二节　重要会议

一、县长办公会

1980 年，县革命委员会召开主任办公会 6 次，参加 74 人次，主要研究选举工作、工农业生产、项目建设等问题。1981—2005 年，历经第九届至第十五届人民政府，共召开县长办公会 170 次，年均 7 次以上。2 482 人次参加会议（含列席）。（见表 14–2–2）

1981—2005 年县长办公会情况表

表 14-2-2　　　　单位：次、人次

届次	年份	次数	主　持　人	参加人数	议　题　摘　要
九	1981	7	陈天赐	52	县长分工；现实工作及具体事项研究
	1982	8	陈天赐、向　京	74	县长分工；研究全年工作和具体事项等
	1983	7	向　京	86	县长分工；研究经济工作、改革、规划等具体工作等
	1984	5	向　京、王祖万	46	研究经济工作、改革、届期目标等
十	1985	3	王祖万	23	研究全年和半年工作以及灾民安置、新滩镇选址等具体事项
	1986	7	王祖万	55	县长分工；研究全年工作、改革及具体事项等
	1987	9	王祖万	62	研究年度和季度工作及具体事项等

续表 14-2-2

届次	年份	次数	主　持　人	参加人数	议　题　摘　要
十一	1988	7	梅　峰	48	研究制度、全年工作；县长分工；研究香溪河污染等具体事项
	1989	7	梅　峰	75	县长分工；研究季度工作、具体事项等
	1990	6	梅　峰	87	研究全年工作、制度、城区建设、具体事项等
十二	1991	4	汪元良	35	县长分工；研究经济工作及具体事项
	1992	9	汪元良	114	县长分工；总结并研究全盘工作及具体事项
	1993	6	汪元良	115	全年、季度工作研究；计划生育等具体工作研究
十三	1994	11	汪元良	251	全年及半年工作、新县城、新集镇规划建设等具体事项研究
	1995	4	汪元良	62	全年及半年工作研究、政府工作整改方案等研究
	1996	6	汪元良　王万修	91	总结并研究全盘工作；研究财政、火电厂建设等具体事项
	1997	6	王万修	85	县长分工；总结并研究全盘工作；研究有关规范性文件等
	1998	7	王万修	158	总结并研究全盘工作、讨论城建规范性文件等
十四	1999	9	王万修	140	总结并研究全盘工作；研究项目建设、资金调控等问题
	2000	12	王万修	188	县长分工；总结并研究全盘工作；研究项目建设、“十五”规划、安全生产、公路建设等具体事项
	2001	7	王万修　罗平烺	132	总结并研究全盘工作；研究安全生产、行政审批制度改革等具体事项
	2002	8	罗平烺	156	研究城乡建设、国债资金管理使用、移民、财政、道路安全、生态项目建设等具体事项
	2003	4	罗平烺	73	总结并研究全盘工作；研究移民、交通、政府廉政建设等问题
	2004	6	罗平烺	158	总结并研究全盘工作；研究人事编制、劳动与社会保障、财政、教育、体育等方面的工作
十五	2005	5	罗平烺	116	优化经济发展环境、矿山安全、“稻花香”集团落户秭归等问题研究

二、专题办公会

1982 年，县政府召开专题办公会 6 次，参加会议 115 人次，主要内容是专题研究计划生育、端午节活动、财政工作、基本建设、脐橙基地建设等工作。1987 年，县政府召开专题办公会 43 次，参加会议 513 人次。其中，工业和乡镇企业现场专题办公 36 次，抢险救灾 3 次，公路建设和护林防火等 4 次。1988 年，县政府召开专题办公会议 67 次。其中，工业及乡镇企业现场专题办公 35 次，农业专题办公 21 次，抢险救灾 4 次，移民及其他 7 次。1996—2005 年，县政府共召开专题办公会 802 次，参加人数 1.17 万人次。其中，工业、商贸和乡镇企业办公 182 次，农业 47 次，城乡建设 88 次，道路交通 38 次，安全生产 17 次，移民工作 22 次，教育卫生 22 次，抢险救灾、项目建设、财政工作、资金管理等其他各项各业 386 次。2005 年共召开政府专题办公会 100 次，参加会议 1 626 人次。其中，工（企）业 15 次，农业 8 次，城乡建设 6 次，安全生产 6 次，道路交通 4 次，教育卫生 5 次，抢险救灾、土地管理、财政工作、重点项目建设等其他各项 56 次。（见表 14–2–3）

1996—2005 年县政府部分专题办公会议情况表

表 14-2-3 单位：次、人次

年份	次数	参加人数	分类							
			工业	农业	城乡建设	道路交通	移民工作	安全生产	教育卫生	其他各业
合计	802	1 1653	182	47	88	38	22	17	22	386
1996	47	741	22	3	4	4	2	—	2	10
1997	54	879	24	2	7	2	—	—	—	19
1998	51	657	31	2	5	2	—	—	—	11
1999	60	830	14	2	11	—	—	—	6	27
2000	84	1 182	23	9	4	—	—	6	7	35
2001	91	1 065	19	5	8	—	—	—	2	57
2002	122	1 606	10	6	31	15	6	—	—	54
2003	106	1 696	14	4	12	6	14	—	—	56
2004	87	1 371	10	6	—	5	—	5	—	61
2005	100	1 626	15	8	6	4	—	6	5	56

第三节 施政纪略

一、农 业

1981—1984 年（第九届），在农村进行一系列改革。从 1981 年开始建立联产到劳、包产到组等多种形式的农业生产责任制。1984 年 7—9 月，进行延长土地承包期工作，稳定农村土地政策，充分调动农民生产积极性。同时，林业责任制得到落实。在调整农业产业结构上，县政府确立“以林果业为主，农牧结合，抓紧粮食生产，大力发展多种经营”的方针，使农业从自给半自给状态逐步向商品生产、现代农业方向发展，把开发的重点转移到占全县总面积 80%的荒山荒坡上。

1985—1987 年（第十届），深入进行农村第二步改革，改革统派购制度，大力调整农村产业结构及农业内部结构。县政府提出“决不放松粮食生产，放手发展多种经营，积极发展乡镇企业”的方针，使农业内部结构趋向合理，农业后劲得到增强。先后建立脐橙、草食畜牧、小商品粮、烤烟、板栗、油桐、乌桕、茶叶等商品基地，农业商品率逐年提高。

1988—1990 年（第十一届），经受“三年两大灾”的严重自然灾害考验，强化农业基础地位，农业生产条件得到较大改善。初步形成柑橘、烤烟、茶叶为拳头的支柱产业，“山、水、林、田、路”综合开发全面展开，农业生产后劲明显增强。

1991—1993 年（第十二届），在农村继续加强以家庭联产承包责任制为基础的双层经营体制改革，加速农业内部结构调整，柑橘、烤烟、茶叶形成骨干产品，被评为全省优质烟叶生产先进县，确定为全国脐橙生产大县。开展坡改梯、低产田改造、长江防护林工程等农业项目建设，3 年完成水土治理面积 294.5 平方公里，消灭荒山 1.46 万公顷。

1994—1998 年（第十三届），开展以延长土地承包期为重点的农村改革，签订 30 年不变的土地延包合同，农民吃上定心丸。坚持把农业放在经济工作的首位，农业生产连年获得丰收，农业生产总值 5 年年均增长 1.9%。农业产业化建设速度加快，柑橘、烤烟、茶叶、板栗等主导产业初步形成，全县基本建成各类专业村 232 个，5 年新建多种经济基地 1.27 万公顷，基本形成一村一品、数村一品的农业产业化格局。农业商品率大幅度提高，多种经营产值占农业总产值比重达到 75%以上。

1999—2003 年（第十四届），按照特色化、规模化、标准化、产业化要求，指导农村经济结构继续实施战略性调整。巩固柑橘、板栗、茶叶、烤烟四大传统产业，探索中高山地区农业结构调整新路子，新发展魔芋、黄姜、蔬菜等产业，全县多种经济基地达到 2.47 万公顷。农业龙头企业建设取得突破性发展，新建“维维”乳业　“帝元”罐头　“富峰”魔芋　“奥海”魔芋等农产品加工企业。农村基础设施建设得到加强，人畜饮水难问题基本得到解决。全面实施农村税费改革，农民负担总额年均减少 1 400 多万元。探索水利设施产权制度改革，完善农村家庭联产承包责任制，依法完成土地延包工作。

至 2005 年（第十五届），农业生产总产值实现 8.69 亿元，农业增加值达 5.3 亿元。当年，县政府出台柑橘、生猪品改政策，当年完成柑橘品改 1 666.67 公顷。新发展柑橘 1 333.33 公顷、核桃 1 733.33 公顷、茶叶 400 公顷，新增蔬菜面积 3 066.67 公顷。全县农产品加工企业发展到 13 家，实现产值 6.3 亿元。农村基础设施建设不断加强，惠农政策得到落实，土地二轮承包政策依法完善，农民积极性充分调动。

二、工　业

1981—1984 年（第九届），确立“一水电、二建材、三采矿、四交通、五轻纺食品加工”的工业发展方向。全县关、停、并、转一批企业，兴建一批电力、建材、采矿企业。在调整、整顿的基础上，试行国家对企业的“盈亏包干、超利留成”等 4 种经营责任制，企业活力增强，经济效益提高。

1985—1987 年（第十届），完善企业经营机制，建立厂长（经理）负责制，在企业内部普遍实行岗位责任制、单项工程承包制等多种形式的经济责任制。确立建立建材、食品、电力、采矿四大支柱产业的工业发展战略，从而使全县工业布局趋向合理。在届期内投资新建龙江水泥厂、县水泥厂、县橙汁厂、槐树坪电站、卡马石电站、茅坪金矿等 20 多家工业骨干项目，增添工业发展后劲。

1988—1990 年（第十一届），继续深化企业内部配套改革，开展承包企业审计兑现工作，完成第二轮企业承包责任制。新建和改造崔家湾变电站、县橙汁厂利乐包生产线、金属硅厂、黄板纸厂、良斗河电站、香溪页岩砖厂等一批工业项目。全县的经济格局由单一的“农业型”开始向“工农并举”方向转变。

1991—1993 年（第十二届），对全县企业实行浮动工资制和干部聘任制等改革。同时，采取关闭、兼并、合并、转产等多种形式调整企业组织结构，产权制度改革开始起步。狠抓企业技术改造，3 年实施技术改造项目 50 个，开发新产品 46 个，新增产值 3 000 万元。

1994—1998 年（第十三届），坚持以提高质量和效益为中心，着力提高工业的整体素质，推动工业经济快速发展。工业总产值 5 年年均增长 31.7%，实现工农业总产值调头。能源、建材、化工、轻工四大支柱产业实力进一步增强，工业经济格局基本形成。县政府坚持解放思想，放宽政策，鼓励和支持多层次、多成分发展第三产业，1998 年第三产业增加值达到 7.08 亿元。比 1993 年增长 3.54 倍，5 年均增长 28.77%，第三产业增加值占生产总值比重由 1993 年的 39.6%提高到 53.5%。

1999—2003 年（第十四届），以高投入、高速度、高质量、高效益为目标，着力构建新的工业经济结构体系，发展速度逐年攀升。全县规模企业达 27 家，形成年产 50 万吨煤、50 万吨水泥、1 万吨金属硅、8 000 吨罐头、180 万套内衣、50 万件衬衫、5 800 吨豆奶粉、9 000 吨文化纸、1 万吨白板纸的生产能力。自 2000 年起，规模企业实现整体扭亏增盈，工业产销率由 1998 年的 88%提升为 2003 年的 98%，工业产品的科技含量和附加值不断提高，全县拥有 LED 发光二极管、医用铝塑组合盖、华扬太阳能热水器 3 个高科技产品。2003 年规模工业出口创汇额达 76.4 万美元，出口交货值达 7 859 万元（人民币），是 1998 年的 4.3 倍。届期内完成矸石发电厂、升坪二期电站、黄岩电站等重点电力资源开发项目和鱼泉洞等 6 个小型水电站建设，2003 年全县发电量达 2.57 亿千瓦时，比 1998 年增长 167.18%。全县工业实现以重工业为主向轻工业为主转变，轻工业比重达 56%。

至 2005 年（第十五届），工业总产值达 21.94 亿元，比上年增长 21.72%，工业增加值达 4.2 亿元。食品、化工、电子、建材、服饰成为支撑全县工业企业的优势产业，出现“维维”乳业 “森达”鞋业两家产值过亿元企业和 13 家产值过千万元企业。

三、移民迁建

20世纪70年代初期，全县便开始抓葛洲坝库区移民工作。成立机构，调查摸底，积累资料，安排移民。1983年，完成葛洲坝库区移民1 062户，单位202个。共完成移民搬迁8 166人；1983年12月前完成农村居民、社员后靠移民765户2 813人；县内迁移单位202个，3 890人。移民总投资1.18亿元。

1994 年 12 月，三峡工程破土动工，县政府以“服务大三峡、建设新秭归”为目标，超前思维，大胆实践，加强对移民工作的领导，坚持科学规划，严格管理，正确处理搬迁与发展、当前与长远、量力而行与尽力而为的关系，高起点、高质量地完成农村移民、新县城和沿江新建集镇等各种规划和建设。县政府先后出台一系列移民搬迁管理规定，建立“五为主”和“双包干”责任制。移民安置坚持开发性移民的方针和“搬得出，稳得住，逐步能致富”的要求，制定以农业为基础，农工商相结合，立足本地安置，鼓励投亲靠友，积极稳妥外迁，多渠道、多产业、多形式、多方式安置移民生产生活措施。1994—2005 年，全县共搬迁安置移民 9.18 万人，约占全县总人口的 1/4。移民安居乐业，社会稳定，确保三峡工程按期蓄水发电，既支援国家重点工程建设，又抢抓机遇赢得前所未有的大发展。

四、基础设施建设

县委、县政府抓住三峡工程兴建机遇，充分利用移民迁建资金，积极争取对口支援资金，大力加强交通、通信、广播电视、农田水利等建设，使全县基础设施发生巨大变化。1979年，全县公路通车里程只有586公里。至1990年，增加到986公里。1990年后，县委、县政府作出“村村通公路、乡镇通油路、打通沿江路、出境快速路”目标，全党动员、全民动手、全力建设，使全县交通面貌发生巨变。至2005年，全县公路通车里程达到2 165公里，比1979年增加1 579公里，比1990年增加1 179公里，实现100%的村通公路。全县交通形成以县道为干道，以乡村道为支线，沟通国道、省道、县道的区域公路网络。水路以港口建设为重点，先后建成8个港区，26个码头，年货运通过能力1 475万吨/年，客运415万人次/年。1979年，全县百人电话普及率只有0.74部。随着三峡工程建设和县城东迁茅坪，按照“高起点、新技术、全功能、数字化”要求，加大通信设施投入，极大改善通信条件。1998年7月，总投资1 970万元，开通新县城6 000门数字程控电话。1999年9月，县移动通信独立营运，开通“135”

“136”“137”“138”“139”系列移动通信电话。2005年，全县电信全部实现光缆传输，电话交换机总容量增加到3.62万门，住宅电话2.77万部，建数字移动基站111个，移动电话用户8.8万户，基本达到户均有通信工具，已形成全方位覆盖的通信网络。广播电视事业快速发展，1979年全县只有6.2万只广播喇叭，到2005年，广播信号综合覆盖率达90%，覆盖人口35.5万人；1979年全县只有一个电视差转站，到2005年，电视信号综合覆盖率达94%，综合覆盖人口37.5万人，有线电视用户4万余户。水利设施以开展水土治理、农田灌溉和解决人畜饮水为重点，先后建成各类型水库20座，农田灌溉面积1 739.8公顷。实施长江上游水土保持重点防治工程，总投资2.9亿元，完成水土流失治理面积1 123.61公顷。自1976年开始实施人畜饮水以工代赈工程，至2000年，完成工程5 132处，解决13.65万人、12万头牲畜饮水困难。2001年实施天河水窖工程，至2005年，建水窖1.03万口，解决5.49万贫困人口饮水问题。至此，全县基本解决人畜饮水困难。

三峡工程兴建为全县城乡建设带来千载难逢的发展机遇，县城东迁茅坪，8个乡镇集镇异地重建。1979年开始对新县城进行选址、规划，1992年开工建设，1998年9月28日，举行县城搬迁庆典。至2005年，新县城共完成建设项目558个，完成总投资26.45亿元。完成各类房屋建设1 602栋，建筑面积230.7万平方米。1994年，成立县新城建设开发管理委员会，对新县城建设规划、占用土地、建设等实施管理，县政府先后出台《秭归新县城规划建设管理规定》《秭归新县城规划管理审批程序暂行规定》《新城区临时建房管理规定》等规范性文件。对新城规划管理实行“八统一”(统一规划、统一征地、统一划分功能区、统一控制竖向标高，统一审查设计、统一基础设施建设、统一风景园林绿化管理、统一市容街景管理)，其经验得到建设部的充分肯定。新县城先后于1999年获“湖北省卫生县城”、2001年获湖北省“城镇规划建设管理楚天杯奖”、2002年获建设部“中国人居环境范例奖”等荣誉称号。乡镇集镇和场镇村庄建设随着三峡工程的兴建实现突破性发展。先后有茅坪、归州等9个乡镇集镇实施整体搬迁。按高起点、高标准、高质量、突出地方特色的要求逐一规划，建起一个个环境优美、设计新颖、独具特色的集镇和村庄。1979—2005年，全县城乡建设事业变化翻天覆地，实现历史性大跨越。

五、文化·旅游

县政府抓住三峡工程兴建机遇，提出“旅游兴县”发展战略。县委、县政府把文化与旅游紧密结合，整合文化旅游资源。2001年12月将文化局与旅游局合并成立文化旅游局，使文化成为旅游的内涵，旅游成为文化发展的平台。以深刻挖掘屈原文化为文化开发重点，于1996年6月成立县屈原文化研究会。县委、县政府主要领导兼任会长，至2005年，共有会员71人，先后编纂出版关于屈原的书籍8部，发表论文20篇，其他类文章27篇。在研究的基础上，将屈原文化融入旅游，成立旅游演出队，在景区景点推出《招魂》《屈原魂》等文艺节目。投入大量资金，加强屈原祠、新县城、凤凰山景区、屈原诞生地乐平里等人文景观建设。将农历五月十五日确定为屈原文化节，每年举办盛大的节日庆典活动，既弘扬民族文化，又扩大旅游宣传。着力挖掘民间传统文化，推出一系列独具秭归特色的民间文化。如《峡江船工号子》《秭归花鼓舞》等民间文艺节目多次荣获国家级奖励。扩大秭归对外知名度。在县委、县政府把文化与旅游紧密结合的宏观决策下，秭归已走出文化促旅游，旅游反哺文化，相互促进，相得益彰的良性循环之路。特别是1998年县城东迁茅坪后，把旅游提到政府工作的重要位置，提出“大办旅游、办大旅游、全社会办旅游、对外开放办旅游”的思路。2001年7月9日，县委、县政府印发《关于加强旅游业发展的决定》，成为促进全县旅游业发展的全面、系统、规范性文件。至2003年正式提出“四县”目标，把旅游业与农业、工业摆到同等位置。1999年后，全县先后投资4 000多万元，开发建设四溪生态观光游、九畹溪探险漂流、链子崖风光游、新县城人文旅游等软硬件设施。1999年接待中外游客36.8万人次。到2005年，全县接待中外游客121万人次，旅游收入达到4.88亿元，分别比1999年增2.27倍、46.09倍。秭归已迈入湖北省旅游强县之列，旅游业已成为全县经济发展的重要产业。

六、扶贫开发

秭归经济基础薄弱，扶贫工作是政府工作的重点。1993年，秭归被列入湖北省贫困县和山区贫困县，1994年列入国家592个重点贫困县之一。全县扶贫开发工作大体经历4个阶段：第一阶段是1979—1985年以农村体制改革推动扶贫阶段，此阶段以解决农民温饱为重点，主要由民政部门和农业部门组织实施；第二阶段为1986—1993年间的大规模区域开发扶贫阶段，这一阶段成立专门的扶贫开发机构，划定重点贫困区域，组织力量实施开发扶贫；第三阶段为1994—2000年的扶贫攻坚阶段，是落实国务院《国家“八七”扶贫攻坚计划》的重要时期；第四阶段为2001年以后的扶贫开发新阶段。县委、县政府按照不同阶段，确定扶贫开发重点，制定不同政策措施。1988年3月，县政府下发《关于进一步加强贫困地区开发和老区建设的通知》；1989年4月，县政府出台《关于加强扶贫开发和老区建设工作意见》；1994年8月，县委、县政府出台《关于五大贫困片1994—1996年扶贫攻坚的意见》，并制定《秭归县扶贫攻坚计划》。通过一系列对贫困地区人力、物力、技术上的政策倾斜，加快其经济开发步伐。同时，落实党政“一把手”负总责扶贫工作责任制，开展万名党团员、干部包扶贫困户活动，落实扶贫工作队驻村包扶，坚持开发扶贫、集中连片开发方针，动员全社会广泛参与扶贫。至“八七”扶贫攻坚计划完成的2000年，全县农民人均纯收入达到1 647元，比1985年279元增长4.9倍；绝对贫困线（人均纯收入625元）以上人口已占农村总人口的98%。至2005年，农民人均纯收入达到1 999元，全县30万贫困人口整体解决温饱并多数开始走向富裕，经登记的贫困户只有1.71万户，贫困人口减少到5.53万人。

七、教育·卫生

1981年1月—1984年12月，第九届人民政府期间，重点是抓中小学校舍建设，先后兴建和维修中小学危房7万多平方米，全县586所学校实现“一无两有”。1984年12月—1988年1月第十届人民政府期间，注重初等教育普及，抓办学条件改善，3年筹集资金300多万元，新建和维修中小学危房3万多平方米，全县学校全部实现“一无两有”。同时建立“分级办学、分级管理”体制，调动各方面办学积极性。1988年1月—1991年1月第十一届人民政府期间，继续狠抓普及初等教育，小学“四率”（入学率、巩固率、结业率、普及率）均达到或超出国家规定标准。投资569万元，改善办学条件，普及中小学实验室。教学质量明显提高，3年为高等院校输送大专生398人，输送中专生758人。1991年1月—1994年1月第十二届人民政府期间，初等教育“四率”均达95%以上，其中普及率达到96.5%。3年共筹资1 409万元，新建校舍3.95万平方米。高标准扫除青壮年文盲工作经省检查验收合格。1994年1月—1999年1月第十三届人民政府期间，致力改善办学条件，5年投资1.89亿元，净增砖混结构校舍面积20万平方米，比1993年上升37.66个百分点。1996年全县全面实现小学六年制义务教育，完成“普六”达标。1998年全县小学双科合格率达100%，中考合格率达98%以上，高考上省线148人。1999年1月—2004年1月第十四届人民政府期间，大力发展基础教育，顺利通过省政府“普九”验收和两年一度“普九”复查，初中入学率、巩固率分别达到97.26%和98.3%，5年向高等院校输送大专以上新生2 829人。2005年，全县“普九”复查通过省验收，高中教育、职业教育取得成效。

1981年1月—1984年12月，卫生事业坚持改革与调整相结合，制定《农村卫生所管理办法》，加强基层卫生事业建设，增加卫生事业投入，改善医疗卫生条件。1984年12月—1988年1月，以抓卫生基础设施建设和卫生防疫系统建设为主，狠抓乡镇卫生院建设和县医院设施设备建设，以“冷链”为主的防疫工作正常运转，以“改灶降氟”为主的地方病防治工作取得成效，妇幼保健工作得到加强，新法接生率达98%以上。1988年1月—1991年1月，卫生工作的重点放在农村，整顿基层卫生组织，加强医德医风建设，注重社会效益。地方病防治工作取得一定成绩，“改灶降氟”工作被评为全国试点工作先进县。1991年1月—1994年1月，以农村卫生、预防保健和继续振兴中医药3项工作为重点，完成中医院门诊部、住院部等配套房屋建设，整建部分乡镇卫生院，基层医疗卫生条件得到改善。1994年1月—1999年1月，卫生工作形成县直建中心、乡村一体化的区域卫生管理新格局。1997年提前实现初级卫生保健达标，1998年被评为宜昌市卫生城镇。1999年1月—2004年1月，卫生改革逐步深入，区域卫生规划有效实施，卫生体系逐步健全，医疗卫生和疾病防治水平不断提高，防治“非典”工作取得成效。2005年，卫生事业启动新型农村合作医疗试点工作。创建国家卫生城顺利通过验收。

第三章　人民法院·人民检察院

人民法院院长和人民检察院检察长均由人民代表大会选举产生，本章只记述机构，其工作情况在第十六篇《法治·军事》记述。

第一节　人民法院

1979年，县法院有刑事审判庭等内设机构9个，院长姜崇官。1989年3月，向承杰任院长。1998年12月，吴佑乾任院长。2000年3月，胡懿任院长。2001年，县法院内设机构12个，下设归州、沙镇溪、郭家坝3个人民法庭。2003年11月，王新华任代理院长，2004年1月选举为院长。2005年，县法院设12个内设机构，在编人员81人。

第二节　人民检察院

1979年恢复重建县检察院，配备检察干部5人，内设5科1室，汪成学任检察长。1984年2月，王祖绍任代理检察长，12月，经县第十届人民代表大会选举为检察长。1990年设立县反贪污贿赂工作局。1994年2月，崔永瑜任检察长。2001年，县检察院内设机构10个，干警49人。2002年6月，聂心菊任代理检察长，2003年1月选举为检察长。2005年7月，设立反渎职侵权侦查局，县检察院内设机构增加到11个，共有干警47人。

第四章　人民政协

1981年1月—2005年12月，先后选举产生第一届至第七届县政协，共召开25次政协全体会议。选举产生正副主席44人次，平均每届6人；选举政协常务委员125人次，平均每届18人；政协委员1 030人次，平均每届147人。政协常务委员会共召开常委会议135次，平均每届19次。县政协通过召开各类会议进行民主协商监督，向县委、县政府建言献策，先后提出意见、建议2 254条，为领导科学决策提供参考。同时，通过视察、调查和考察，在充分掌握情况的基础上，针对性献计献策。至2005年，先后组织视察60次，调查125次，考察17次，向县委、县政府提出建议805条。县政协常务委员会加强政协委员提案、建议案交办，督办检查，提高办理质量，满意率90%以上。围绕全县大局，加强文史资料征集编研，认真做好“三胞”联谊等工作，为经济建设和社会发展服务，为全县“三个文明”建设服务。

第一节　组织机构

一、机构沿革

1981 年 1 月，县政协成立。3 月，县政协常委会设置办公室、学习委员会、提案审查委员会和科技文教、医药卫生、社会法制、福利、工商、民族等 6 个工作组。8 月，增设文史资料工作组。1984 年 12 月，内部机构调整设置学习、工作组、提案审查、文史资料、祖国统一工作 5 个委员会。下设工交科技、农业科技、工商财贸、文化教育、医药卫生、体育工作、少数民族工作、社会福利等 8 个工作组。1988 年 1 月 30 日，增设经济联络委员会。4 月，县编制委员会同意县政协内设办公室、工作组委员会、文史资料研究委员会、提案委员会、经济联络委员会，为正科级单位。1989 年 1 月，撤销社会福利工作组和少数民族工作组，新设置法制工作组和工青妇工作组。1991 年 1 月，县政协内设办公室和学习、提案、经济科技、教卫文体、文史资料、工青妇、法制、祖国统一联谊等 8 个委员会。1999 年 1 月，将学习委员会和文史资料委员会合并为学习和文史委员会，法制委员会和工青妇委员会合并为社会与法制委员会，经济科技委员会更名为经济委员会，教卫文体委员会更名为教科文卫体委员会，祖国统一委员会更名为“三胞”联谊委员会。至 2005 年，县政协常务委员会内设机构为：办公室、提案委员会、经济委员会、学习和文史委员会、教科文卫体委员会、社会与法制委员会、“三胞”联谊委员会。

1985 年 10 月，各镇（区）开始设立政协联络组，由县政协指定政协委员兼联络组联络员或由镇（区）宣传统战委员兼联络员。1988 年 4 月，全县 16 个乡镇正式配备政协联络组组长或副组长。乡镇政协联络组随乡镇行政体制变化而变化，1985 年全县有 12 个镇（区）政协联络组；1987 年有 16 个乡镇政协联络组；1995 年有 14 个乡镇联络组；2001 年有 12 个乡镇政协联络组。至 2005 年 5 月，仍设 12 个乡镇政协联络组。2005 年 6 月，撤销乡镇政协联络组，设立乡镇政协委员活动小组。

1991 年 1 月—1998 年 12 月，在县直设立 8 个战线政协联络组，即党群、政府综合、工交、农业、财贸、计统、宣教、政法 8 个战线联络组，1998 年 12 月行政机构改革时相继撤销。

二、政协领导

1981 年 1 月—2005 年 12 月，先后选举产生政协秭归县第一届至第七届委员会，先后由余从哲、王祖谟、李广钦、宋发升、周功彪等 5 人担任主席；由王长德等 24 人担任副主席。（见表 14-4-1）

1981—2005 年秭归县历届县政协主席、副主席名录

表 14-4-1

职务	姓名	性别	出生年月	文化程度	籍贯	党派	届次	任职时间
主席	余从哲	男	1933-02	初中	湖北秭归	中共党员	一至四	1981-01—1994-01
	王祖谟	男	1945-02	大专	湖北秭归	中共党员	五	1994-01—1996-03
	李广钦	男	1953-05	大专	湖北秭归	中共党员	五	1996-03—1999-01
	宋发升	男	1947-06	大专	湖北秭归	中共党员	六	1999-01—2004-01
	周功彪	男	1953-11	大专	湖北秭归	中共党员	七	2004-01—
副主席	王长德	男	1929-11	初中	河南南阳	中共党员	一	1981-01—1984-12
	郭　毅	男	1929-02	高中	湖北宜昌	中共党员	一、二	1981-01—1988-01
	郭昌洲	男	1930-08	小学	湖北秭归	中共党员	一	1981-01—1984-12
	李大元	男	1937-05	大学	广西南宁	无党派	一、二	1981-01—1988-01
	邓应星	男	1924-04	中专	湖北秭归	无党派	一	1981-01—1984-12
	张安前	男	1937-12	初中	湖北秭归	中共党员	二至五	1984-12—1999-01
	倪岳生	男	1937-07	大专	江苏无锡	无党派	二、三	1984-12—1999-01
	张永年	男	1930-03	中专	湖北宜昌	无党派	二、三	1984-12—1990-07
	谭本略	男	1928-03	大专	湖北秭归	无党派	二	1984-12—1988-01
	向承杰	男	1941-01	中专	湖北秭归	中共党员	三	1988-01—1991-01
	王鉴春	男	1931-02	中专	湖北鄂州	无党派	三、四	1988-01—1994-01
	鲍开国	男	1940-07	初中	湖北秭归	中共党员	四、五	1991-01—1999-01
	黄达茂	男	1933-10	大专	广东普宁	无党派	四	1991-01—1994-01
	吴怀亮	男	1935-07	中专	湖北红安	无党派	四	1991-01—1994-01
	傅祥德	男	1941-06	高中	湖北秭归	无党派	五	1994-01—1999-01
	王合元	女	1945-08	大学	湖北秭归	无党派	五	1994-01—1999-01
	黄景福	男	1937-10	大学	江西石城	无党派	五	1994-01—1999-01
	胡兴潮	男	1954-07	大专	湖北秭归	中共党员	四至七	1999-01—

续表 14-4-1

职务	姓名	性别	出生年月	文化程度	籍贯	党派	届次	任职时间
副主席	王家树	男	1946-07	大学	湖北兴山	中共党员	四至六	1999-01—2004-01
	梅长青	男	1959-11	大学	湖北秭归	无党派	四至六	1999-01—2004-01
	邓应和	男	1949-01	中专	湖北秭归	中共党员	七	2004-01—
	王大生	男	1955-04	大专	湖北秭归	中共党员	七	2004-01—
	王耀群	男	1966-06	大学	湖北秭归	无党派	七	2004-01—
	田兵	男	1965-04	大专	湖北秭归	中共党员	七	2005-03—

第二节 政协委员

第一届（1981.1—1984.12） 共有委员 90 人，代表 17 个界别。其中，代表中国共产党界 10 人，占 11.11%；共青团 3 人，占 3.33%；妇联 3 人，占 3.33%；农民 3 人，占 3.33%；科技 14 人，占 15.56%；教育 6 人，占 6.67%；文艺 5 人，占 5.56%；体育 2 人，占 2.22%；医药卫生 11 人，占 12.22%；新闻出版 2 人，占 2.22%；工会 4 人，占 4.44%；社会福利 2 人，占 2.22%；少数民族 4 人，占 4.44%；人民武装 2 人，占 2.22%；政法 1 人，占 1.11%；工商 6 人，占 6.67%；特邀人士 12 人，占 13.33%。委员中，中共党员 49 人，占 54.45%；非中共人士 41 人，占 45.55%。

第二届（1984.12—1988.1） 共有委员 150 人，包括各人民团体、各界代表人物、少数民族、港澳台属、特邀人士等 17 个界别。其中，代表中国共产党界 11 人，占 7.34%；共青团 9 人，占 6%；工会 7 人，占 4.67%；农会 11 人，占 7.34%；妇联 9 人，占 6%；人民武装 4 人，占 2.67%；文艺 5 人，占 3.34%；教育 12 人，占 8%；科技 20 人，占 13.34%；社会科学 8 人，占 5.34%；新闻出版 2 人，占 1.34%；体育 2 人，占 1.34%；医药卫生 10 人，占 6.67%；工商 13 人，占 8.67%；少数民族 4 人，占 2.67%；社会福利 5 人，占 3.34%；特邀 18 人，占 12%。委员中，中共党员 60 人，占 40%；非中共人士 90 人，占 60%。

第三届（1988.1—1991.1） 共有委员 152 人，其中上届留任的委员 67 人，占委员总数的 44%。分别来自 17 个界别。其中，代表中国共产党界 10 人，占 6.58%；工会 5 人，占 3.29%；妇联 7 人，占 4.61%；共青团 4 人，占 2.64%；工商 17 人，占 11.19%；工业科技 13 人，占 8.56%；农业科技 13 人，占 8.56%；社会科学 10 人，占 6.58%；农业 10 人，占 6.58%；教育 21 人，占 13.82%；体育 1 人，占 0.66%；新闻 2 人，占 1.32%；文艺 5 人，占 3.29%；医药卫生 14 人，占 9.21%；社会福利 3 人，占 1.98%；少数民族 5 人，占 3.29%；特邀人士 12 人，占 7.9%。委员中中共党员 47 人，占 30.92%；非中共人士 105 人，占 69.08%。

第四届（1991.1—1994.1） 共有委员 167 人，其中上届委员留任的 82 人，占委员总数的 49.1%。分别来自 16 个界别。其中，中国共产党界 20 人，占 11.98%；工会 4 人，占 2.4%；妇联 9 人，占 5.39%；共青团 9 人，占 5.39%；工商 19 人，占 11.38%；自然科学 26 人，占 15.57%；社会科学 8 人，占 4.79%；农业 9 人，占 5.39%；教育 24 人，占 14.38%；体育 1 人，占 0.6%；新闻出版 2 人，占 1.2%；文艺 5

人，占 3%；医药卫生 17 人，占 10.18%；社会福利 8 人，占 4.79%；少数民族 2 人，占 1.2%；特邀 4 人，占 2.4%。委员中中共党员 63 人，占 37.72%；非中共人士 104 人，占 62.28%。

第五届（1994.1—1999.1）　共有委员 157 人，其中上届留任的 84 人，占 53.5%。分别来自 17 个界别。其中，中国共产党界 15 人，占 9.55%；共青团 6 人，占 3.82%；妇联 7 人，占 4.46%；总工会 5 人，占 3.18%；经济 17 人，占 10.83%；文化艺术 4 人，占 2.55%；科学技术 7 人，占 4.46%；工商联 16 人，占 10.20%；社会科学 15 人，占 9.56%；农业 15 人，占 9.56%；教育 19 人，占 12.11%；体育 1 人，占 0.64%；新闻出版 2 人，占 1.28%；医药卫生 14 人，占 8.92%；社会经济福利团体 3 人，占 1.91%；少数民族 4 人，占 2.55%；特邀人士 7 人，占 4.46%。委员中中共党员 63 人，占 40.12%；非中共人士 94 人，占 59.88%。

第六届（1999.1—2004.1）　共有委员 159 人。其中上届委员留任 47 人，占 29.56%。分别来自 17 个界别。其中，中国共产党界 15 人，占 9.44%；共青团 6 人，占 3.78%；工会 5 人，占 3.15；妇联 7 人，占 4.41%；工商联 11 人，占 6.92%；经济 21 人，占 13.21%；文化艺术 3 人，占 1.89%；科学技术 15 人，占 9.44%；社会科学 13 人，占 8.18%；农业 17 人，占 10.7%；教育 16 人，占 10.07%；体育 1 人，占 0.63%；新闻出版 4 人，占 2.52%；医药卫生 11 人，占 6.92%；社会福利 4 人，占 2.52%；少数民族 4 人，占 2.52%；特邀人士 6 人，占 3.78%。委员中中共党员 64 人，占 40.25%，非中共人士 95 人，占 59.75%。

第七届（2004.1—2005.12）　共有委员 155 人，其中上届委员留任的 42 人，占委员总数的 27.1%。分别来自 14 个界别。其中，中国共产党界 15 人，占 9.68%；共青团 4 人，占 2.58%；妇联 9 人，占 5.81%；总工会 7 人，占 4.52%；工商联 15 人，占 9.68%；经济 18 人，占 11.61%；农业 17 人，占 10.97%；科技 8 人，占 5.16%；社会科学 9 人，占 5.81%；教育 18 人，占 11.61%；医药卫生 12 人，占 7.74%；文艺、体育、新闻出版 9 人，占 5.81%；社会福利 5 人，占 3.23%；特邀人士 9 人，占 5.81%。委员中，中共党员 61 人，占 39.35%；非中共人士 94 人，占 60.65%。

第三节　政协会议

一、全体会议

第一届　1981 年 1 月 3—10 日，县政协第一届一次全体会议在县城归州召开。出席会议政协委员 85 人。会议听取和讨论县委统战部部长郭毅代表县政协筹备组作的工作报告。选举产生县政协第一届委员会主席 1 人，副主席 5 人，常务委员 15 人。会议期间，与会委员列席县第九届人大一次会议。此后，先后于 1982 年 3 月 11—16 日和 1983 年 3 月 15—19 日，在县城归州召开政协第二、第三次会议，在第二次全会上增选委员 7 人。

第二届　1984 年 12 月 8—13 日，县政协第二届一次全体会议在县城归州召开。出席会议委员 150 人。县委书记肖云轩传达省委扩大会议精神，县委副书记周宗龙作重要讲话。会议选举产生县政协第二届委员会主席 1 人，副主席 6 人，常务委员 16 人。会议期间，与会委员列席县第十届人民代表大会第一次会议。此后，先后于 1985 年 4 月 26—30 日、1986 年 3 月 25—30 日、1987 年 3 月 16—19 日，在县城归州召开政协第二、第三、第四次会议。第三次会议增补委员 1 人；第四次会议增补委员 1 人，补选常务委员 2 人。第四次会议表彰 57 名模范政协委员和 7 个先进单位。

第三届 1988年1月24—29日，县政协第三届一次全体会议在县城归州镇召开。出席会议委员152人。县委书记罗世德到会讲话，学习中国共产党第十三次全国代表大会精神。会议选举产生县政协第三届委员会主席1人，副主席6人，常务委员15人。会议期间，与会委员列席县第十一届人民代表大会一次会议。此后，先后于1989年3月15—18日、1990年3月16—19日，在县城归州召开政协第二、第三次会议。第二次会议增补委员4人，补选常务委员1人。

第四届 1991年1月24—29日，县政协第四届一次全体会议在县城归州召开。出席大会委员167人。县委书记王少愚到会讲话。中共宜昌地委副书记、宜昌地区行署专员刘克毅到会祝贺并讲话。会议学习中共第十三届七中全会精神，听取王鉴春代表县政协第三届委员会作的工作报告。选举产生县政协第四届委员会主席1人，副主席6人，常务委员16人。会议期间，与会委员列席县第十二届人民代表大会第一次会议。此后，先后于1992年3月24—28日、1993年3月24—27日在县城归州召开政协第二、第三次全体会议。

第五届 1994年1月27—31日，县政协第五届一次会议在县城归州召开。出席会议委员157人。市政协副主席倪忠俊到会祝贺并讲话，会议听取和讨论县委统战部副部长张词有代表县政协第四届委员会作的工作报告，县委书记王少愚到会讲话。选举产生政协第五届委员会主席1人，副主席6人，常务委员19人。会议期间，与会委员列席县第十三届人民代表大会一次会议。此后，先后于1995年3月6—9日、1996年3月19—22日、1997年1月20—22日、1998年2月23—25日，在县城归州召开政协第二、第三、第四、第五次会议。其中第二次会议表彰9个政协先进单位和59名先进个人；第三次会议补选政协第五届委员会主席，表彰5个政协先进单位、36名模范政协委员、14名模范政协联络员和9名政协先进工作者。

第六届 1999年1月10—15日，县政协第六届一次全体会议在新县城茅坪召开。出席会议委员159人。市政协副主席孙大法、县委书记汪元良到会并讲话。会议听取和审议县政协五届常委会工作报告和提案工作情况报告；选举产生县政协第六届委员会主席1人，副主席3人，常务委员19人。会议期间，与会委员列席县第十四届人民代表大会一次会议。此后，先后于2000年3月3—5日、2001年3月5—7日、2002年2月1—3日、2003年2月21—23日在新县城茅坪召开政协第二、第三、第四、第五次会议。第五次会议表彰4个政协先进单位、29名模范政协委员、5名政协先进个人、5个提案办理先进单位和10件优秀提案。

第七届 2004年1月5—8日，县政协第七届一次全体会议在新县城茅坪召开。出席会议委员155人。市政协副主席孙大法到会祝贺，县委书记王万修到会讲话。会议听取和审议县政协第六届常务委员会工作报告及提案工作办理情况报告；选举产生县政协第七届委员会主席1人，副主席4人，常务委员24人。与会委员列席县第十五届人民代表大会一次会议。2005年3月28—31日，在县城茅坪镇召开第二次会议，在会议中，表彰5个政协先进单位，21名模范政协委员，5名政协先进工作者、10件优秀提案和10个承办提案先进单位。

二、常委会议

县政协常务委员会会议由主席、副主席、常务委员及办公室主任组成，政协办公室副主任、各委员会主任、副主任以及其他人员列席参加。会议时间一般每季度一次，必要时临时决定召开。会议日期、议程由主席会议决定，并于会前发出通知。会议由主席主持，也可由主席委托副主席主持。常务委员会会议主要任务：讨论决定常务委员会会务工作中的重大问题；听取全县“三个文明”建设通报和说明，并进行协商讨论，提出建议和意见；协商讨论县委、县政府关于全县“三个文明”建设重大问题及群众生活中普遍关心的问题，提出建议和意见；审查重要视察报告、专题调查报告和提案；审议专门委员会工作报告。1981 年 1 月—2005 年 12 月，共召开 135 次政协常务委员会会议。其中第一届 17 次；二届 20 次；三届 21 次；四届 18 次；五届 26 次；六届 23 次；七届至 2005 年第二次会议 10 次。

第四节　政协工作

一、协商监督

1981—2005 年，在 25 次政协全会上分别就制定全县国民经济和社会发展计划、政府工作报告、改革开放、发展社会主义市场经济、科教兴县、移民迁建、社会保障体系、“三个文明”建设、小康建设等全局性问题充分协商讨论，并向县委、县政府提出意见和建议 619 条。从县政协五届三次会议开始，采取政协委员大会议政发言的形式，先后有 46 名委员在政协全会上发言，有 54 名委员向县政协全会提交书面发言材料。就全县改革、发展、稳定和人民群众普遍关心的问题向县委、县政府提出书面意见和建议 256 条。在召开的 135 次政协常委会议上围绕全县农业和农村工作、重点项目建设，企业改革、依法治县、环境保护、旅游、民营企业等专题，向县委、县政府提出 409 条意见和建议。在召开的 225 次主席会议上，分别就县委、县政府一个时期的工作重点进行协商，提出意见和建议 675 条。1981 年以后，县政协先后召开情况通报会 59 次，分别听取全县经济工作、温饱工程、创税工程、民营经济发展、新县城建设、小康村建设、社会治安综合治理、教育人事制度改革、审计等工作情况通报，在通报情况的同时提出意见、建议 295 条。凡县委、县政府每次召开重要会议、讨论重大问题、确定全县经济和社会发展目标以及有关重要人事安排、重大项目建设、重大改革、制定地方性法规等，都邀请政协领导列席会议，通过列席会议方式进行建言献策。此外，县政协还通过专题研讨会议、各种联席活动，现场办公等形式，拓宽协商监督渠道，广泛建言献策。通过各类会议提出的意见和建议均得到县委、县政府高度重视，多数意见被采纳，为领导决策提供参考。

2005 年，县政协首次对县教育局开展民主议政活动。议政会前，通过走访、座谈对全县教育实际工作状况进行广泛调查，在此基础上，召开由部分政协委员和常委参加的民主议政会。议政会结束后，县教育局针对提出的意见和建议，制定整改方案，加以整改。

二、视察·调查·考察

视察　1981—2005 年，县政协常务委员会围绕县委、县政府决策贯彻实施力度、经济建设和社会发展速度、乡镇和县直部门工作进度、各种法律法规执行难度等重大问题组织 60 次视察活动，分届次为：一届 4 次；二届 2 次；三届 4 次；四届 6 次；五届 11 次；六届 19 次；七届 14 次。共形成视察报告 52 份，提出意见、建议 216 条，对全县经济和社会发展起到促进作用。如 1991 年，县政协常务委员会组织对全县长江防护林工程建设视察，提出 10 条建议，均被县委、县政府采纳。1991—1994 年，县政协组织政协常委、委员 4 次对全县烤烟生产视察，先后提出建议 32 条，均被县委、县政府采纳，促使烤烟生产在全县成为骨干产业。2002 年 10 月中旬，部分政协常委和委员对全县 10 个水土保持治理点和集镇、公路建设的水土保持治理情况进行视察，提出 4 条建议，引起县委、县政府重视，县委办公室向全县印发县政协视察报告，为全县水土治理工作步入法制化、规范化管理轨道起到推动作用。2004 年 3 月上旬，部分政协常委和委员对全县新阶段扶贫开发工作进行视察，提出 4 条建议。县政府高度重视，县长罗平焮主持召开专题办公会议，细化扶贫开发措施，推动全县新阶段扶贫开发工作。此外，县政协还联合全国和省、市政协组织对全县库区移民搬迁、科技兴农、农产品加工企业、柑橘生产和基地建设、生态环境保护、文化旅游等情况进行视察。

调查·考察　1989 年 12 月，县政协就全县农业基地建设问题通过调查后向县委、县政府进行情况汇报，引起县委、县政府主要领导重视，并决定形成一个关于全县开发农业基地建设的决定，为后来形成“1155”工程产业发展思路奠定基础。1994 年 4 月，县政协组成个体私营经济调查组，对香溪、屈原、归州、水田坝等 4 乡镇的个体私营经济情况进行为期 11 天调查，向县委、县政府写出专题调查报告，提出 7 条建议，引起县委、县政府领导高度重视。及时组织有关部门专题研究，召开全县个体私营经济工作会议，制定下发《县委县政府关于加快个体私营经济发展的若干规定》。2000 年 4 月，县政协对全县旅游产业发展情况进行调查，其专题调查报告引起县委、县政府高度重视，并以县委办公室、县政府办公室文件转发，为全县旅游产业发展起到积极作用。2001 年 4 月，县政协对全县工业经济实施“外向带动战略”发展情况进行为期半个月调查。调查组分别深入到“森达鞋业”“AB 服饰”“维维”豆奶、“华扬”太阳能热水器、“帝元”罐头 5 家引进企业及四宝纸业、两河口矸石发电厂、华强铝塑盖厂 3 家县属企业，共召开座谈会 12 次，参加座谈 64 人次，并在县直有关 10 多家单位召开座谈会。在此基础上形成《政协秭归县委员会关于外向带动战略实施情况的调查报告》。报告送达县委、县政府后，引起领导高度重视，在县委办公室《调查研究》第八期全文登载。同时，对全县有关招商引资政策落实情况进行一次督办，为促进全县工业持续、快速发展起到积极作用。县政协先后就农村卫生工作、脱贫致富、社会治安综合治理、私营企业发展、烤烟生产、整治经济环境、坍山滑坡治理、农技队伍管理、城乡居民最低生活保障等问题进行多次调查。1981—2005 年，县政协围绕 43 个重大课题，先后组织调查研究活动 125 次，分届次为：一届 6 次；二届 5 次；三届 25 次；四届 25 次；五届 26 次；六届 29 次；七届 9 次。共形成书面调查报告 112 份，提出意见、建议 524 条，为县委、县政府领导科学决策提供参考依据。

县政协先后围绕农业开发、扶贫开发、柑橘生产、烤烟生产、乡镇企业、新县城建设与管理等专题，组织开展 17 次考察活动，分届次分别为：一届 2 次；二届 1 次；四届 3 次；五届 2 次；六届 4 次；七届 5 次。共撰写考察报告 15 份，提出可行性建议 65 条。先后赴湖南、浙江、江西、河南、安徽等地考察农业、工业、外迁移民等工作，为全县引进先进技术，引进优良品种，汲取成功经验，促进经济建设和社会发展提供服务。

三、提案交办

1989 年 10 月，县政协第三届第十一次常委会议通过《秭归县政协提案工作细则》。1990 年，县政府行文转发《省政府关于办理人大代表建议案 政协委员提案工作的暂行规定》。1991 年《中国人民政治协商会议全国政协提案工作条例》颁布后，于 1992 年 9 月，县政协第四届九次常委会议审议通过《秭归县政协提案工作条例》。1995 年 1 月，县政协第五届四次常委会又审议通过《秭归县政协提案工作条例实施办法》，提案委员会并通过《提案工作制度》。2001 年 8 月，县政协第六届十四次常委会议审议通过修改后的《秭归县政协提案工作条例》。2004 年 6 月 15 日，县政协第七届二次常委会议通过再次修改后的《秭归县政协提案工作条例》，以县委文件印发全县各单位。制度的逐步健全，对提案的征集、提出、审查、登记、交办、督办、反馈等各个环节都进行规范，提案工作逐步走上制度化、规范化、法制化轨道。

1990 年前，提案交办方式主要是单独交办和直接交办。1990 年后，由县人大、县政府、县政协联合召开大会交办，在会上明确职责、程序和要求。办理方式由单纯审查交办逐步转向开门办案、联合办案、现场办案、督促办案、跟踪办案。县委、县政府领导历来十分重视政协提案办理工作。如县政协五届二次会议期间，收到政协委员尤大福“关于要求县政府解决两河口镇政府拖欠烤烟配套物资款”的提案后，县委常委、副县长马学军及时组织县财政、农行、供销等单位负责人专程赴两河口镇现场办公，并研究具体处理意见，使问题得到妥善解决。六届政协委员宋发俊与 3 名委员联名提出“梅家河集镇公路整建合同应该兑现”提案后，县长罗平焜曾先后 3 次前往梅家河乡调查研究，现场办公，安排落实资金 25 万元，水泥 100 吨，保证集镇公路整建工程质量和进度，使久拖 8 年的老大难问题得以解决。政协提案虽然是一事一案，但有些提案在办理过程中涉及方方面面，需要多个单位配合才能落到实处。如县政协五届四次会议中，吴润生委员提出“固定资产投资要讲求经济效益”提案，县政府成立由副县长陈华牵头，由县计划委员会、经济委员会、移民局、企业局等部门负责人组成的联合办案领导小组，提案中提出的“组建项目审定委员会”“对重大投资项目实行严格的审计制度”“建立向人大代表和政协委员报告制度”和“建立一支营销队伍”等问题都得到较好的落实。涉及文化市场管理、教育、环境保护、社会治安等方面的提案，都是组织各部门联合办案，使之较好得以落实。有些重点提案实行跟踪办理，建立制度，长期监管，使之收到实效。

1981—2005 年，县政协委员提出提案 2 240 件，分届次为一届 164 件；二届 299 件；三届 380 件；四届 333 件；五届 441 件；六届 408 件；七届（至 2005 年）215 件，其中经县政协提案委员会审查后立案的 2 185 件，已有 2 071 件得到落实和逐步落实，落实率占 95%。有 55 件作为意见处理。通过提案办理对县委、县政府领导决策民主化、科学化起到参谋作用。如“农村植树造林问题的建议”“关于我县移民开发情况的调查与建议”“加强法制建设、整顿社会秩序提案”“要把县委科教兴县的决定落到实处”“秭归新县城建设应融娱乐、旅游、文化、经贸为一体的文化新县城”“化解‘普九’债务，维护社会稳定”等提案，都从不同侧面对全县植树造林、社会治安、科教兴县、移民迁建、新县城建设等方面提出十分中肯的建议。县委、县政府对这些提案十分重视，在决策中得到采纳。同时提案办理对全县改革开放、经济建设和社会事业发展起到推动作用。如“关于建设‘一村一品’的农村经济格局的几点建议”“固定资产投资要讲求经济效益”等提案以及市政建设、交通管理、环境保护、文化市场、基础教育、卫生保健等方面提案和建议，县委、县政府充分采纳，加以改进和完善，以促进全县经济和社会协调发展。提案办理还密切党和政府同人民群众的联系。通过对党风廉政建设、市场物价、交通安全、群众生活等方面提案办理，为群众办好事、办实事，密切党和政府同人民群众的关系。如办理“关于要求解决归州镇一万多居民买粮难问题”提案时，粮食管理部门克服种种困难，很快在北门沟设立粮油销售点，改变原城关镇内 1 万多居民到远离 1 公里以外购粮油的状况。

四、咨询服务

1981 年后，县政协委员会联络全县各个领域的科技精英和专业技术人才，组织深入到工业、农业、教育、科技、卫生、文化、旅游等各个领域，共开展科技咨询服务活动 280 多次，举办各种科技培训 428 场次，参训农民达 2.95 万人次。如县政协第四届委员会组织举办各类技术培训班，编发科技资料，向农民群众传授科技知识，并深入田间地头，推广地膜覆盖、营养钵栽培、膜覆钵、水稻旱育秧、柑橘管理、茶叶制作、生猪“四化”生产等农业生产实用技术。县政协第五届委员会组织送政策、送科技、送文化、送医疗的“四下乡”活动，共举办农业科技培训228场次，参训农民达1.65万人次；深入边远农村为贫困农民义诊达500多人次。2005年，县政协委员会组织开展4个大型活动：组织县直农业部门将农业科技送到屈原镇仙女坪村、水田坝乡王家桥村、沙镇溪镇大峪池村、郭家坝镇罗家坪村，发放科技资料4 000多份，受益群众达3 000多户；组织司法、教育部门到磨坪乡、归州镇中学，为农民、学生普及农村土地承包法和未成年人保护法等法律知识，发放法律资料550份；组织屈原艺术团、县政协机关工作人员到屈原镇仙女坪村开展送文艺下乡活动；组织县卫生局、县第二人民医院到水田坝乡马云村开展送医送药下乡活动，免费义诊500多人次，并无偿发放价值5 000多元药品。

自1988年县政协第三届委员会换届以后，在政协委员中普遍开展“搞一次调查、提一条建议、写一件提案、引进一笔资金、推广一项技术、联系一个项目”的“六个一”活动，广大政协委员积极响应，立足本职，发挥委员作用，服务经济建设。仅1991年，县政协委员承担的烟草、柑橘、茶叶、水稻、玉米等各类技术培训就达148期，培训人数达1.06万人，印发技术资料1.28万份，搜集传递信息26条，引进技术10项，引进人才6人次，筹措资金137.7万元，办各类样板示范基地416.87公顷。

县政协主要领导每年都领办一个项目或联系一个乡镇。如第一届至第四届政协主席余从哲，随时完成县委、县政府安排的中心工作任务；五届县政协主席王祖谟、李广钦联系文化乡、屈原镇及移民迁建工作；六届县政协主席宋发升负责升坪电站建设、联系梅家河乡；七届政协主席周功彪分管全县黄姜生产、联系屈原镇、负责观音堂水库兴建工作。

五、反映社情民意

1997年始，县政协把反映社情民意当作重要工作来抓。至2005年，县政协共编发上报《社情民意》信息67期，反映社情民意93条，被各级采用98条次。其中，全国政协采用5条，省政协采用25条（有省委、省政府重要批示的8条）并转报全国政协24条，市政协采用19条，县委、县政府采用49条。2000年5月，县政协被省政协办公厅表彰为全省政协信息工作先进单位。

六、“三胞”联谊

1999年前，县政协设对台工作组、祖国统一工作委员会。1999年1月，更名为“三胞”（港、澳同胞，台湾同胞、海外侨胞）联谊委员会。

县政协祖国统一工作委员会通过走访“三胞”“三属”（“三胞”的亲属），掌握情况。1973年，全县共有去台人员227人，去香港人员11人，去海外其他国家人员7人，共有“三胞”亲属3 600余人。至2004年年底，全县共有港、台、侨及国内眷属3 848人。其中，华人、华侨40人，侨眷30人，香港同胞26人，台湾同胞200人，台属3 560人。在掌握情况基础上，建立档案资料，并于1991年3月编印《湖北省秭归县台 港 侨乡亲通信录》。县政协把与“三胞”“三属”广交朋友、联谊交友当作一项重要工作。经常与在中国台湾、香港地区以及美国的秭归籍乡亲保持通信、通电话联系，每年元旦、春节前夕，互赠贺卡，有的还打电话相互拜年，互致问候。同时协助“三胞”“三属”寻找大陆亲人，仅1988—1990年3年中，平均每年处理来信来访达120多件次，凡是来自台湾要求寻亲的信件，全部查到下落。

1985年6月24日，文化乡去台人员李宗英第一次回乡探亲，是全县去台人员中第一个冲破台湾当局封锁，转道菲律宾而回国探亲的。县政协得知情况后，主动派人上门接触并邀请李到县城归州镇作客。通过接触交谈，使李由提心吊胆返乡变为心情舒畅回台。1987年，台湾当局宣布开放民众赴大陆探亲后，回乡探亲、旅游、商务考察及新闻记者采访的台湾同胞逐年增多，截至1998年年底，全县共接待回乡探亲台胞390人次；接待旅游台胞1.2万人次；接待商务考察台胞30人次；接待台湾记者15人次。1993年8月19日，时任台湾中国统一联盟监察委员的谢铁樵，在县有关部门热情接待下，完成其纵游长江西陵峡愿望，海峡两岸新闻媒体相继报道。

在做好接待同时，不失时机宣传祖国统一政策、家乡经济发展形势等。1981年，县政协首次举行国庆节茶话会，组织“三属”收听和座谈叶剑英委员长关于台湾回归祖国实现和平统一的9条建议；1983年元旦期间，召开“三属”及起义投诚人员新年茶话会，介绍大陆与台湾形势，进一步宣传党和国家关于解决台湾问题的方针政策。1998—2005年每年中秋节，在新县城茅坪举行“三胞”“三属”座谈会，通报全县政治、经济建设情况，鼓励“三胞”“三属”为振兴秭归经济和祖国统一大业作贡献。至2005年，县政协共组织对台、对外宣传稿件280多篇（幅），先后被对台、对外宣传机构采用160多篇（幅）。1994年，湖北、四川两省组织稿件与海峡之声电台联合举办长江三峡系列报道，商祥波撰写的《三峡坝上第一城》被采用。先后为台胞、台属拍摄黑白或彩色照片3 000多张，制作录音带11盒，录像带14盒，向回乡探亲台胞赠送《屈原故里》画册、《秭归投资指南》等宣传品1 000多份。

县政协“三胞”联谊委员会协助有关部门处理台属申请赴台探亲、奔丧、继承遗产或申请回乡定居、结婚登记等事务做出大量细致的工作。从2000年开始，每年办理涉台手续都在7件左右。随着形势的发展，“三胞”“三属”交流活动已由单纯的探亲、旅游发展到经济贸易等大型社会活动。县政协做好引进、联系、接待等工作，处理好各类事务，为全县经济建设与社会发展起到促进作用。如台胞彭荫刚，捐资50万元人民币为茅坪镇二圣寺村修建“湖忠”小学；美籍华侨吴剑雄、吴述圃父女俩先后捐资800美元为水田坝乡辛家坪小学添置图书、教学设备；秭归籍香港同胞杜崇玲捐资10万元人民币为县第一中学修建杜镇远先生图书馆；秭归籍台胞皮健华为新滩小学捐资1 000元人民币，向三峡工程和磨坪乡杜家湾村受灾地各捐款500美元；台胞赵春元、李元茂、周建祥、郑家富、宋发堂等人，为家乡人畜饮水工程和教育事业先后共捐款达1万多元人民币。2003年7月，沙镇溪镇千将坪村滑坡重大灾情发生后，香港同胞何帼瑜女士等人，为灾区捐赠价值25万元的衣被、大米等物资。意大利籍华侨陈黎明投资1 100万元，收购原和平饭店，组建、注册欧意大酒店等。

第十五篇　劳动·人事

1984 年 2 月，县劳动局、人事局、知识青年安置办公室合并组建县劳动人事局。1990 年 4 月，劳动、人事分开，分别设立县劳动局、县人事局。2001 年 12 月，县劳动局更名为县劳动和社会保障局。1980 年，恢复成立县委机构编制委员会办公室，为县委管理机构。2001 年 12 月，更名为县机构编制委员会办公室，列入县政府管理机构，与县人事局合署办公。1979－2005 年，全县劳动人事部门全面完成劳动人事、工资、保险等制度系列改革，建立起适应社会主义市场经济的劳动人事管理制度，劳动力资源和人才资源得到合理配置，推动全县政治体制改革。

第一章　劳动与社会保障

1979年后，县劳动和社会保障部门在劳动、工资、社会保险三大领域实施改革。就业由“统招统配”进入劳动力市场配置，企业用工和职工工资由政府指令性计划转变为企业自主用工、自主分配，建立经营者与职工集体协商确定工资水平和增长幅度制度。失业保险从无到有，养老、医疗、工伤、生育保险由用人单位管理发展为社会统筹。建立依法调整劳动关系的劳动争议仲裁和劳动监察制度，劳动和社会保障管理逐步走上法制化、规范化轨道。1997年后，在全县经济结构调整过程中，出现大量下岗失业人员。至2002年，全县5 400多名国有企业下岗职工进入各级再就业服务中心，累计发放生活费810多万元，以保障下岗职工基本生活，维护社会稳定。全县工业基础薄弱，吸纳社会劳动力容量小，而全县每年新增城乡劳动力较多，加之下岗失业，就业形势在相当长一段时间比较严峻。2005年年底，县劳动和社会保障局下辖县劳动就业管理局、县社会保险事业管理局、县社会保险基金结算中心等3个副科级事业单位。

第一节　劳动管理与就业

一、劳动管理制度改革

1980年，全县改革城镇待业人员“统包统配”就业方法，采取“劳动部门介绍就业、自愿组织起来就业和自谋职业相结合”办法。1983年，全县新招工人开始试行劳动合同制。1986年，贯彻实施国务院《国营企业实行劳动合同制暂行规定》，新招工人一律实行劳动合同制，全民所有制企业职工全部实行待业保险，合同制工人养老由企业保险改为社会保险。“铁饭碗”开始被打破。

1988年5月，全县开展全民所有制企业固定工制度改革，实行企业、职工双向选择，优化劳动组合。对从生产岗位上撤离下来的富余职工，由企业对其进行培训，合格者逐步补充上岗，也可以通过劳务市场安置富余人员。1992年，县劳动局下发《关于全面推行企业劳动 工资和保险制度改革 增强企业活力的意见》，下放企业用工、职工调动、内部工资分配等权力，将企业招工由劳动局审批改为企业自主决定，报劳动局备案。劳动局只调控工资总额，内部分配由企业决定。

1994年7月,《中华人民共和国劳动法》颁布,劳动制度改革进一步深化。1995年,90家县属国有、集体企业实现全员劳动合同制,合同制职工人数达8 319人,占职工总数的96.3%,其中原是国家干部和固定职工身份的转为合同制职工5 367人。1996年,108家乡镇企业的3 173名职工建立劳动合同制。至此,全县劳动管理制度适应社会主义市场经济体制要求,全部进入市场管理。劳动管理部门把工作重点从计划编制、审批劳动用工转移到促进就业、社会保障服务、劳动执法监察和加强劳动力市场建设上来。

二、劳动力管理

企业用工　1979—1991年,县属企业招工由县劳动部门下达招工计划。1983年,县劳动局根据企业自然减员人数,编制职工补充计划102人。1984年,按照省下达计划,全县招收城镇合同制工人200人,建筑安装、矿山、船舶公司招收农民合同制工人101人。当年,湖北省将县属集体单位用工计划下放到县管理。1985年,县劳动人事局派人到县水泥厂、织布厂、花炮厂实地调查后,下达全民、集体所有制企业招工计划616人,库区农民和被占地农民集体所有制农民工招工计划1 077人。1989年,县劳动人事局下达招收全民所有制单位合同制工人88人,集体所有制单位工人66人,审批全民、集体所有制单位临时用工计划294人。1992年,县劳动局下放企业用工权,由企业自主决定招工的时间、形式、数量,企业招工由劳动局审批改为备案。

1983—1985年,由劳动部门招收合同制工人611人。1986年,采取公开报名,公开考核,公布录用的方法,增强招收录用新工人的透明度。1987年5月,县劳动服务公司针对郭家坝钙厂用工混乱、工人素质差、生产上不去的状况,派人到该厂进行整顿。按照招工程序,在社会上公开组织报名,统一进行文化考试、体检、政审,择优录取150名正式工人和30名临时工。1988年后,企业招工进入劳务市场,由县劳动服务公司(县劳动就业管理局)和用工单位共同组织,用工单位和求职者双向选择,录用后办理招工手续并签订劳动合同。

1981—1982年,为解决劳动用工夫妻两地分居问题,县劳动部门本着"先长后短、先远后近、先年老后年青"的原则,调进调出工人121人。1984年后,劳动力调配工作重点放在技术工人引进上,而且根据全县就业难的实际,跨县调动的,在整体数量上按照调出大于调进的原则进行控制。1985年,县内企业职工的调配权下放到各主管局,主管局之间可以协商调动。需跨县调动的,仍由县劳动局按规定程序办理。1985—1995年,共跨县调动工人1 463人。其中,调出县外885人,调入县内578人。1996年,全县企业实行全员合同制,职工调动(含跨县调动)在取得调动单位双方同意后,必须与调出单位解除劳动合同,与调入单位签订劳动合同,并办理保险基金转移手续。

社会劳动力　1980年,县劳动局对全县农民进城务工社会劳动力开始实施管理。1983年8月,县政府制定《秭归县社会劳动力管理办法及收费标准》,规定全县社会劳动力由县劳动服务公司和当地人民公社劳动管理站统一安排管理,按标准收取劳动力管理费。1984年,对社会劳动力实行由县劳动服务公司统筹管理,外来劳动力必须由县劳动服务公司审查登记,发给劳务许可证,方可开展劳务活动。当年全县统筹管理社会劳动力2 759人,收取管理费2万元。1985年,全县对社会劳动力管理由控制使用转向管理服务。县劳动服务公司为外来副业队、建筑队提供劳务信息,宣传劳动政策;为县属全民、集体企业组织招收计划外临时工、季节工;为到县外务工的劳动力办理外出手续。当年管理社会劳动力2 696人,收取管理费2.4万元。1988年,通过劳务市场向县内外输送劳动力323人。1989年9月,县劳动部门成立清理小组清理压缩计划外用工,对县属全民、集体所有制单位,乡镇、街道、私营企业、个体工商户和外来施工队253个单位的5 593人(其中农村劳动力4 483人)进行清理登记,清退计划外用工744人。1995年,对外出劳动力办理"外出人员就业登记卡",对外来劳动力凭户籍所在地签发的“外出人员就业登记卡”办理“外来人员就业证”。全县共管理社会劳动力8 600人，办理就业证（卡）988人次。1996—2005年，县劳动部门共管理社会劳动力10.37万人次，其中外来劳动力6.27万人次。办理“外来人员就业证”5.33万人次，县内外出劳动力4.1万人次，办理“外出人员就业登记卡”3.19万人次。

劳务输出　1984年3月，县劳动人事局、劳动服务公司派人到沙市市、宜昌市进行劳务市场考察，与沙市市劳动人事部门达成协议。5月，全县首次向沙市市东风印染厂输送城镇临时合同工135人。1985年，劳务输出扩大到宜昌市。1986年，县劳动部门向沙市市棉织五厂、毛巾总厂、纺织实验厂及宜昌市鄂西织布厂、毛涤纶厂、棉纺厂、旭光棉纺厂、枝城港务局等单位输送全民合同制工人、城镇临时工684人，农民合同工242人，并设立县驻沙市市劳务办事处。1987年6月，全县首批19名智力型家庭服务员到武汉市花桥保姆公司从事家政服务。10月，10名女青年到广州军区珠江宾馆当服务员，富余劳动力首次进入省外劳务市场。当年，共向沙市、宜昌、十堰、武汉、广州等地输出剩余劳动力336人。

1993年，县劳动部门明确提出把劳动力外输作为职业介绍的主攻方向，实行“五位一体”的外输服务方法。即收集、发布信息；组织招收，双方在秭归直接见面；先培训后输出；派人护送进厂，督促厂方按协议落实生产、生活条件及工种，指导签订劳动合同；跟踪服务，维护双方合法权益。1995年，对输入输出的城乡劳动力实行证（外来人员就业证）、卡（外出人员就业登记卡）合一管理。2002年，县劳动就业局在广东东莞设立劳务外输办事处。县劳动部门把劳务外输作为农村扶贫开发的重要举措，提出“个、十、百、千、万”目标。即在每个乡镇建立1～2个劳务扶贫基地村；在县外发展10个劳务输出基地；资助100名贫困户子女就业；为1 000名外出务工人员提供帮助；实现农村劳动力开发就业1万人。当年共建立村级劳务基地30个，发展外输安置基地12个，外输劳动力1 900人，开发农村劳动力就业1.05万人。2004年，在原有县劳动就业局一家公共职业介绍所的基础上，新审批成立“职教”“青华”“巾帼”“惠巧”“东建”等5家职业中介机构。当年通过职业中介机构推荐就业3 000人，其中组织劳务外输2 247人。县劳动部门以19个基层劳动保障站为依托，建成电子就业信息服务网，聘用50多名乡村信息员，及时传递各种就业信息。全年在电子信息网络上发布就业信息2万条，发放就业信息宣传单1.2万份。2005年，在江苏苏州、北京大兴新设立劳务办事处，组织4次大规模劳务输出活动，成功输出劳务人员1 500人。1984—2005年，县劳动部门组织劳务外输3.35万人。

三、就业安置

知识青年安置　1980年，县劳动局按照“调整上山下乡政策，改变安置办法，因地制宜，发挥优势，广辟门路，把知识青年工作的重点转移到发展生产上来”的精神，通过安排到社队企业工作和自谋职业，安置上山下乡返城知识青年128人。至1983年，全县尚有上山下乡返城知识青年189人未安置，经宜昌地区劳动局批准，在留县自用的劳动就业扶持生产周转金中开支10万元，按人均500元作为一次性安置费发放到人。当年共安置134人就业。1986年3月，县劳动服务公司又追加劳动就业周转金2.75万元，按照“劳动部门介绍就业、自愿组织起来就业和自谋职业相结合”方针，于当年年底，将其余55名上山下乡返城知识青年全部安置就业。

待（失）业登记　1982年3月，县劳动局印制“城镇待业人员登记卡”，由县劳动服务公司具体实施。对全县年龄在16～25周岁以及超过25周岁（男50周岁以下，女45周岁以下），具有劳动能力而无固定工作，有就业要求的城镇待业人员进行普查登记。1983年5月，普查登记工作结束。登记城镇待业人员总数为1 396人。其中，男611人，女785人；年龄在16～25周岁的待业青年1 244人；家庭月人均生活费在10元以下的363人；10～15元的472人。1984年后，县劳动服务公司将城镇待业人员登记发证纳入常年性工作。1995年，待业登记改为失业登记，待业证改为失业证，由失业人员到县劳动就业管理局进行登记。当年登记失业人员1 632人，其中已就业转失业人数295人。1996—2005年，全县共登记城镇失业人员1.71万人。

待（失）业人员就业　1979年前，一直实行招工安置城镇待（失）业人员就业办法，受指标限制，远远解决不了城镇待（失）业人员就业需求。1981年，县财贸办公室与县工商行政管理局、百货公司、副食品公司联系，允许各集镇大街小巷设点摆摊安置城镇待业人员就业。县劳动服务公司积极扶持公社和街道办企安置业自谋职业人员，当年向7个人民公社拨扶持资金2万元，安置待业人员49人。全县有375名城镇待业人员在街道、社办集体企业就业，85人自谋职业，35人从事临时工。1984年，县劳动服务公司贯彻“立足县内，广辟门路，争取外输”的指导思想，开始通过劳务外输搞活就业工作。在操作上，对家庭待业人员多，经济困难的优先安置；对年龄大，文化低的给予照顾安置。1987年，由于新滩滑坡灾民农转非、知识分子和正科级干部家属农转非等，城镇待业人员迅猛增加，同时外地企业整顿后出现大量富余职工，外输渠道受阻，就业工作出现严重困难。县政府发出《关于进一步做好城镇待业人员就业安置工作的意见》，提出“立足本县，分级负责，包干安置”的安置措施，采取机关、企事业单位举办劳动服务公司，兴办第三产业，各自安置各战线、部门家属子女就业。当年，全县安置城镇待业人员994人，安置率68.6%。其中集体所有制单位安置516人，自谋职业和临时安置178人。1991年，县劳动部门根据当年全县特困待业人员（一家两代人待业，或待业3年以上，或一家有两个以上待业子女）多达515人的突出矛盾，规定在各单位申报的用工指标内，必须拿出30%的统筹调剂指标，用于解决特困待业人员就业。同时对特困待业人员在外输时予以照顾，自谋职业政策上给予优惠。当年共安置城镇待业人员906人就业，其中特困待业人员381人。

1992年，县劳动部门适应社会主义市场经济体制要求，将就业推向市场，实行企业用工自主，求职择业自由，双向选择。同时推动社会办和自办劳动服务企业，安置待业人员就业。1993年，向社会开放职业介绍，由县职业介绍所独家经营变为县职业介绍所、茅坪劳动分局、县技工学校、团县委青少年服务中心等多家单位从事职业介绍的竞争格局。

1980—1999年，全县共安置城镇失（待）业人员就业1.84万人。2000年，县劳动部门在就业安置上，打破城乡分割，实行城乡就业一体化，当年举办劳务集市5场次，成功介绍1 200多人就业。2005年，全县城镇新增就业人员4 113人，其中下岗失业人员再就业2 946人，城镇登记失业率为4.2%。（见表15-1-1）

1980—2005年全县城镇待（失）业人员安置情况表

表15-1-1　　　　单位：人

年 份	待（失）业人员登记数	就业安置数	去向		
			全民单位	集体单位	其他
1980	2 219	872	537	130	205
1981	2 200	858	115	623	120
1982	1 932	605	188	241	176
1983	1 817	704	158	321	225
1984	1 533	817	217	190	410
1985	1 228	806	203	272	331
1986	1 596	928	334	279	315
1987	1 448	994	300	516	178
1988	1 479	1 031	334	535	162

续表 15-1-1

年 份	待（失）业人员登记数	就业安置数	去向		
			全民单位	集体单位	其他
1989	1 232	607	83	83	441
1990	1 830	1 061	218	253	590
1991	1 658	906	410	180	316
1992	1 452	766	351	277	138
1993	1 453	908	393	213	302
1994	1 526	904	391	107	406
1995	1 632	982	376	239	367
1996	1 972	1 282	695	56	531
1997	1 861	1 154	527	44	583
1998	1 897	1 157	178	193	786
1999	1 912	1 100	40	320	740
2000	2 127	1 270	—	—	1 270
2001	2 272	1 320	—	—	1 320
2002	1 210	3 280	—	—	3 280
2003	1 245	2 860	—	—	2 860
2004	1 254	3 353	—	—	3 353
2005	1 356	3 755	—	—	3 755

就业周转金　1980年，县劳动服务公司向上级借支城镇待业青年就业周转金8万元。1981年，向7个人民公社下辖管理区下拨扶持资金2万元办企业，安置城镇待业人员49人。至1984年，共向省、地借支劳动就业周转金49.73万元。向饮食、服务、养殖、建材、运输等10多个项目投放2.19万元，有13个单位安置城镇待业人员127人就业。回收就业周转金3.98万元。1985年，县劳动服务公司对全县1980年以后，原县上山下乡知识青年安置办公室及劳动部门两家借出的就业周转金进行检查清理，补办手续，更换合同。共对30个单位换发合同，占应换合同的91.92%。1986年，县劳动服务公司向10个单位投放就业周转金14.8万元，年底，收回就业周转金24.52万元。

1988年，县劳动服务公司向6个单位投放就业周转金32.8万元，回收45.2万元。1989年，县劳动就业管理局向3个单位投放就业周转金10.5万元，回收18.6万元。至1989年年底，县劳动服务公司共有就业周转金82.2万元。其中，省级8万元，地区级27.2万元，县级47万元。1996年，投放3.6万元，回收9 200万元。至2001年年底，因借款单位倒闭、停业等原因，还有94.93万元就业周转金没有回收，经上级核准，全部予以核销。

再就业工程　1997年，县属企业改革进入攻坚阶段。当年全县出现大量下岗职工。县政府及时启动再就业工程，成立以县长任组长的企业解困与再就业领导小组，县劳动局成立由局长任主任的企业解困与再就业办公室，县劳动就业管理局成立再就业服务中心。县政府出台《秭归县再就业工程实施办法》。当年，先后3次对县属企业情况进行调查。全县县属企业共有富余职工2 582人。其中，下岗职工2 286人，生活特别困难的下岗职工96人。县劳动部门筹集帮困资金12万元（其中县财政拨款5万元），从10月开始对特困下岗职工发放生活补助费。调剂失业保险基金19.5万元解决部分困难职工元旦、春节生活困难。同时清退外来劳动力195人，腾出岗位安置下岗职工。全年有1 187名下岗职工实现再就业。1998年，在全县各条战线和各企业建立再就业服务中心33家，834名下岗职工进入再就业服务中心，实行托管。1999年，全县1 116名国有工业企业下岗职工进入再就业服务中心实行“三三”制（财政、企业、社会筹集各承担1/3）生活费保障，并代缴社会保险基金。

2001年起，新增下岗职工不再由再就业服务中心联系就业，直接进入劳动力市场实现再就业。当年对436名下岗失业职工发放“下岗职工失业人员再就业优惠证”（简称“优惠证”，下同）并享受再就业优惠政策。2002年，通过再就业援助行动，532名下岗职工在县内企业找到就业岗位。劳动部门组织资金购买岗位安置150名下岗职工实现再就业。当年给1 800名下岗职工发放“优惠证”。2003年，县劳动与社会保障部门组织299名下岗失业人员参加创业培训，其中125人享受小额贷款优惠政策，共发放贷款250万元，走个体经营道路。投资13.2万元购买就业岗位，使部分夫妻双下岗和“4050”（女年满40周岁，男年满50周岁）下岗失业人员实现再就业。当年免收求职报名登记费2.94万元、工本费4.05万元，支付培训补贴费15.2万元、职业补贴费5.38万元，换（核）发“优惠证”2 907份。

2004年，实施“三个一百”工程。即在县城两个中心农贸市场租赁菜摊岗位100个，安置特困下岗失业人员100人；在国贸大厦新扩售货员岗位100个，解决原商业、供销系统下岗困难职工100人；在社会开发保洁、保绿、保安岗位100个，安置大龄下岗失业人员100人从事社区服务工作。对230名有经营能力和有创业愿望的下岗失业人员进行免费创业培训，对195名下岗失业人员的创业项目进行指导设计，为125人发放小额担保贴息贷款250万元。2005年，县税务部门对880户从事个体经营的下岗职工减免税收173万元，729名下岗职工享受减免各种行政事业性收费109万元，全县落实再就业社会保险金补贴、岗位补贴、培训补贴、职业介绍补贴等共计249万元。375名“4555”（女年满45周岁，男年满55周岁）下岗失业人员享受养老保险援助。1998—2005年，全县下岗职工总数1.44万人次，经过各种渠道实现再就业累计1.58万人次。（见表15-1-2）

1998—2005 年全县再就业工作情况表

表15-1-2　　　　单位：人次、万元

年份	下岗职工	筹集再就业资金	进托管中心	发放下岗职工生活费	代缴保险金	实现就业
1998	2 623	85.7	834	52.14	—	1 706
1999	2 453	176.7	1 116	105.36	42.14	1 607
2000	2 512	253.6	1 169	180.3	73.1	1 600
2001	1 019	123.18	319	109.57	58	700
2002	1 800	128.4	319	125.09	17.8	2 205
2003	3 715	125.46	319	37.11	6.82	2 375
2004	130	70	49	10.9	3.3	2 680
2005	130	70	19	10.9	3.3	2 946
合计	14 382	1 033.04	4 144	631.37	204.46	15 819

四、职业培训

就业前培训　1982年，全县就业前培训工作起步。当年对城镇待业人员49人进行文化补习。1984年，县劳动服务公司，区、镇劳动服务管理站与街道、厂矿企业组织334名城镇待业人员进行以文化补习为主要内容的就业前培训。1985年，县劳动服务公司采取公开报名、自选专业、自费就学、不包分配、择优推荐录用的办法，组织583名城镇待业青年参加培训。1986年，全县举办待业人员培训班11期，参训人数730人。1988年，县劳动就业培训中心成立，当年培训劳动力1 488人，其中城镇待业人员928人。专业有司炉、电工、纺织、食品加工、家政服务等。1990年，县劳动、教育部门联合创办培训城镇待业青年二年制工商经济管理广播电视大学班、三年制文秘职高班、三年制商品经营技工班，为162名城镇待业青年提供学历教育。当年还对755名城镇待业人员进行就业前培训。1992年，除对559名城镇待业人员进行就业前培训外，还为建筑、建材等部门定向培训农民工238人。1993年，县职业介绍所、就业培训中心、劳动局茅坪分局针对三峡坝区、库区移民青年文化程度偏低，不适应招工安置条件的情况，因陋就简，创造条件对768名坝、库区移民青年进行文化和专业技术培训。当年，还培训城镇待业人员582人。2002年，县劳动与社会保障部门组建“一中心、四基地”（就业培训中心，电脑操作、饮食服务、家电维修、摩托车修理培训基地）培训网络，对下岗职工进行免费技能培训，共培训下岗职工2 861人次。2004年，县劳动部门抓住国家实施农村劳动力转移培训阳光工程机遇，把就业前指导性培训和示范培训工作作为提升农民素质、提高安置质量、服务务工农民的重要内容，全县首期阳光工程培训班于5月27日在全省率先开班，当年共有565名青年农民参加阳光工程培训。2005年，培训农村劳动力3 230人，城镇失业青年就业前培训698人。1994—2005年，县劳动部门共对1.26万名城镇失业青年进行就业前培训。

在职培训 1979年，全县各企业主管局配合工资调整，全面组织职工进行技术培训。1981年起，县工业局、商业局、供销合作社、粮食局先后成立职工学校，对职工进行政治、文化、技术三结合教育。1985年，全县参加文化补课、技术培训的企业职工566人。1986年，县劳动人事局指导各企业主管局分期分批对1 912名技术工人、518名普通工人、45名炊事员分层次进行专业技术培训。1988年，全县企业单位结合本系统业务技术等级考评工作，分别对职工进行业务培训。县供销合作社联合社用近3年时间，对620名职工进行中等专业技术培训。

1991年，县劳动局下发《关于工人技术等级培训考核工作的意见》，指导粮食、供销、工业、建材、商业、交通、水电、城建等8大行业成立行业考评委员会，编辑出版2 500册《工人技术等级培训考核文件选编》，组织1 775名技术工人进行技术等级培训。其中，高级工86人，中级工908人，初级工781人。县水泥厂与县技工学校联合，从武汉工业大学聘请水泥专业教师任教，开展初级工培训，提高技术水平，使该厂熟料标号从原来的“325号”上升到“525号”。1992—1997年，全县共组织技术工人等级培训考核5 270人次。其中，高级工1 436人次，中级工2 552人次，初级工1 282人次。2000年，县劳动部门实施就业准入制度和预备制度，分3期对饮食、商贸、幼儿保育、建筑等行业的230人进行培训。2001年，组织126名农村电工专业培训。2002年，对矿井电工、汽车修理、电焊工、导游等专业的623人组织技能培训。

第二节 劳动执法与仲裁

一、劳动保障监察

1995年，成立县劳动监察大队，与劳动局劳动监察股合署办公。当年对全县102家国有、集体企业贯彻落实《中华人民共和国劳动法》情况进行督促检查，下发询问通知书5份，劳动监察指令书74份，为111家企业颁发劳动监察年检合格证书。1996年，县劳动部门加强劳动监察巡视，当年巡视企业145家，占企业总数89%，涉及职工1.35余万人，督促108家乡镇企业实行用工劳动合同制。1997年，对县内企业流动就业人员情况进行专项监察，补办外来人员就业证2 600多个。当年通过监察，纠正各种违法违规现象95起，为劳动者追回工资3.78万元，追缴社会保险金52.6万元，协助收取社会劳动力管理费17万多元。1999年，县劳动监察大队组建专班深入各乡镇，对202家企业进行监察年检，共纠正不合法厂规厂纪150条。开展6次声势大、力度强的专项监察，追缴社会保险金172万元，补签劳动合同书700份，责令用工单位补办用工登记288人，清退风险金和押金1 700元，取缔非法职业介绍所1个。2002年，开展“民工维权”“童工保护”“社保扩覆”（社会保险扩大覆盖面）3次专项监察活动，查处违规违法案件18起，责令支付民工工资8 000元，责令5家个体工商户退童工返乡，为470名职工办理社会保险。2003年，开展禁止使用童工、农民工合法权益保障、技术工种持证上岗等专项监察，查处克扣、拖欠工资36起，金额78万元。2004年，针对民营企业片面追求成本最小化和利润最大化，劳动争议案件逐年上升的新情况，县劳动监察大队主动提前介入，帮助20家企业建立工资集体协商机制，督促签订300份劳动合同。对县内建筑工程和库岸治理等重大工程，建立工资保障金制度，实行按工程0.8%的比例预留工资保障金。当年为680多名农民工追回欠薪90万元。2005年5月，县劳动保障监察大队与县总工会、经济商务局开展联合执法检查，共检查用人单位64家，下达整改通知书20份，纠正各种违法违纪行为15起。还与山东省临沂市劳动和社会保障局联合，处理秭归籍28名农民工在临沂打工被困案件，促使用人单位支付被困农民工工资2万元，赔付1 000元医疗费。

二、劳动争议仲裁

1987年8月，县劳动争议仲裁委员会成立，分管劳动人事工作的副县长任主任。下设办公室，与劳动人事局劳动争议仲裁股合署办公。同月，县劳动争议仲裁委员会办公室会同县总工会，在县水泥厂、织布厂和商业饮食服务公司进行试点，建立国营企业基层劳动争议调解委员会，制定《企业辞退违纪职工的具体规定》。年底，全县45家企业建立劳动争议调解会（小组）。1988年，有50家全民所有制企业建立调解会（小组），并调解处理3起劳动争议纠纷，将矛盾解决在萌芽状态。1989年劳动争议仲裁股对劳动合同书实行鉴证制度，年底，共对用人单位与劳动者历年签订的劳动合同书1 636份进行鉴证。当年还调解处理县人民武装部与一名合同制工人长达18个月劳动争议纠纷。1991年，全县30家县属集体企业建立基层劳动争议调解组织，当年鉴证劳动合同书746份，立案处理劳动争议案件1件，处理来信11件，接待来访700多人次。1993年，适应办案需要，设立劳动争议仲裁庭，配备仲裁员。全县有劳动争议专职仲裁员4人，兼职仲裁员7人。当年立案处理劳动争议案件4起，鉴证劳动合同书1 037份。1995年，全县企业实行全员劳动合同制，当年鉴证劳动合同书6 665份。县劳动争议仲裁委员会受理案件9起。其中，调解结案7起，裁决结案2起。全县企业劳动争议调解成功24起。1996年，县劳动争议仲裁委员会立案受理劳动争议案件10起，其中集体案件1起，涉及职工34人。1997—2005年，县劳动争议仲裁委员会共立案仲裁案件190起，其中集体争议案件12起，共为职工挽回经济损失250多万元。鉴证劳动合同6 505份，纠正不规范劳动合同书900多份，接待处理来信来访1 300多人次，指导22家企业建立集体工资协商机制。

第三节　安全生产监督

一、机构与制度

1981年3月，县安全生产委员会成立，县安全生产委员会办公室设县工交办公室，管理全县工业、煤炭、交通、建筑、消防等安全生产工作。1989年，县安全生产委员会办公室归属县经济委员会。1995年归属县劳动局。2001年12月，设立县安全生产监督管理局，成为县政府工作部门。

1982年，国务院颁发《矿山安全条例》《矿山安全监察条例》及其他安全法规后，全县各厂矿企业根据单位特点相应制定安全生产制度。1984年，县供销合作社联合社制定《仓储安全制度》。1986年7月，县劳动人事局、公安局、城乡建设环境保护局联合印发《秭归县石油液化气安全管理暂行规定》，从经营、运输、储存、使用石油液化气等方面作出11条具体规定。2001年，针对安全监管中存在的薄弱环节和三峡库区蓄水的变化情况，县政府下发《关于进一步加强农机安全管理机制的意见》《关于进一步加强水上安全管理的意见》《关于进一步加强旅游安全管理的意见》，并制定《秭归县矿山安全事故应急预案》《秭归县危险化学品事故应急预案》，提出安全生产管理"六要"（保障措施要实，安全检查要严，培训教育要广，责任追究要硬，管理方法要新，组织领导要强）要求。从2001年起，全县实行安全生产责任制，规定各乡镇、县直各主管部门正职为安全生产第一责任人，对本辖区、本部门及所属企业安全生产工作负全面责任。每年年初，县政府与全县各乡镇人民政府及建设局等13个县直安全生产执法部门签订安全生产责任状，年底考核。至2005年，历年按责任目标考核结果均为合格。2005年，全县推行高危行业安全生产许可制度，当年有13家煤矿企业和9家非煤矿企业取得安全生产许可证。

二、安全检查

1982年5月，全县开展"安全月"活动，91个检查组分赴各厂矿进行安全生产宣传和安全生产检查，查出安全隐患647起，及时整改439起。1983年8月，县锅炉管理领导小组对全县13台锅炉进行全面检查，发现事故隐患25处，均进行整改。1985年，县劳动人事局、煤炭工业公司、矿山救护队组成检查整顿小组，历时1个月，对全县9个产煤区的250对矿井进行安全检查整顿，对33个矿井下发《安全隐患通知书》，要求限期达到"三消灭"（消灭独眼井、消灭明火照明、消灭明火放炮）。1989年，县劳动安全监察部门会同县检察院、县矿山安全管理委员会开展春秋季矿山安全大检查。春季普查矿井415对，查出有安全隐患的矿井387对。秋季发现安全隐患171处，封停不符合开采条件4处，炸毁9处。2001—2005年，全县每年按季度组织安全联合大检查4次，重点检查矿山、危险化工行业和交通、建筑施工场地、旅游景点等，共查出各类隐患300多处，发隐患整改通知书300多份，全部按整改时间和要求整改到位。2002年在对煤矿突击检查中，发现未经批准擅自生产的3对矿井，当即下发停产整顿通知书，并对5人给予经济处罚。2005年，在联合执法检查中，对无证勘察的3个探矿工程擅自开工和1起煤矿井下安全事故进行严肃处理，对全县停产整顿的17家采矿企业暂扣相关证件。

三、安全培训

1981年5月，县劳动局在茅坪镇培训17名司炉工，培训结束进行考核，并组织到县茅坪纸厂实际操作。1984年9月，县劳动人事局在县第一中学举办为期45天的电工安全生产培训班，45名电工参加培训。至1985年年底，全县共组织培训电工361人，占全县电工总数的66%。1986年，县劳动安全监察部门按照《蒸气锅炉安全监察规程》要求，对全县72名司炉工中的71名进行培训。1989年，县劳动人事局与煤炭、矿山管理部门联合，先后在茅坪金矿、香溪镇培训矿山特殊工种人员161人。2001—2004年，县安全生产监督管理局以《安全生产法》《煤矿安全规程》等安全生产法律法规和安全生产基本知识为培训内容，先后举办煤矿矿长（经理）、瓦斯检验员、电工、放炮员、电焊工、架子工等培训班，参训人员达6 000多人次。2005年，全县举办电工、瓦斯检验员、放炮员、安全员培训班6期，培训400多人。国务院《关于预防煤矿生产安全事故的特别规定》颁布后，县安全生产监督管理局组织煤炭企业投资人、法人代表、矿长集中举办安全生产培训班，并按规定参加全省统一闭卷考试。

四、安全事故查处

秭归县是全国100个重点产煤县之一，煤矿安全生产是安全监管的重点行业。县安全生产监察部门按照“四不放过”（事故原因不查清不放过，事故直接责任者和企业负责人不查处不放过，事故责任者和群众没有受到教育不放过，没有采取防范措施的不放过）原则，对安全生产事故进行查处。1983年2月28日，县大湾煤矿发生恶性瓦斯爆炸事故，7人死亡，直接经济损失1.5万元。事故发生后，县政府派人积极抢救，安葬死难者，对事故进行查处，并将事故情况通报全县。2004年7月，沙镇溪镇岩爬子煤矿发生瓦斯爆炸，造成4人死亡。市、县政府及时组织调查组进行调查并作出严肃处理。1979—2005年，全县煤矿共发生重、特大事故（一次死亡3人以上事故）12起，死亡53人，都及时进行查处。

第四节　企业工资管理

一、总额管理

1985年以前，全县企业实行指令性计划指标控制工资总额，任何单位不得突破。1985年企业工资制度改革后，对企业工资的管理，本着“宏观调控，微观搞活”原则，实行指导性工资计划，即弹性工资计划管理。管理方式主要有两种，即工资总额同经济效益挂钩和工资总额包干。实行挂钩的企业，按照“两低于”（工资总额增长低于实现利税增长，职工实际平均工资增长低于劳动生产率增长）原则，其效益工资按照一定比例（一般按1：0.2）增长、浮动。实行包干办法的企业，按下达的指令性工资计划指标包干使用不得突破，原则上以上年度工资年报中由成本列支的标准工资、加班工资、附加工资、保留工资及按国家规定发放的津贴、补贴为基础，扣除不合理因素，加上当年计划增人及职工转正定级等应增加的工资和按国家规定需要增加的工资加以确定；指导性工资计划指标，以上年在奖励基金中列支的奖金、浮动工资、津贴、补贴以及计件超额工资等的实际发放数为基础，核减超过四个半月的奖金部分进行核定，并按国家有关政策规定随经济效益浮动（一般1：0.3～0.7），超过限额照章纳税。工资总额计划指标一年核定一次。至1990年，全县52家全民所有制企业中，县织布厂、水泥厂、橙汁厂、客运公司等41家企业实行工资总额与效益挂钩，粮食局下属8个公司、茅坪金矿、矿山公司、铁合金厂等11家企业实行工资总额包干。1994年，对企业实行“工资总额使用手册”制度。1995年，县属61家全民所有制企业、25家集体所有制企业实行“工资总额使用手册”管理审批制度，劳动局一年一审批。1998年后，劳动部门不再对企业工资总额进行管理，由企业自主管理。

二、工资调整

1983年10月，县内企业单位进行工资调整，至1984年7月结束。企业工资调整和改革企业工资制度结合进行。把调整工资同企业经济效益与职工个人劳动成果挂钩。全县列入调整的单位88个。1983年调整86个，1984年调整2个。在册职工4 477人，属升级范围的3 193人。其中，升一级3 022人，升二级19人，不升级152人。月增工资总额2.15万元。1985年全县企业进行内部工资制度改革，完全脱离国家机关、事业单位工资结构模式，将企业原实行的8级、非8级工资制度改为新拟工人新15级、企业干部新17级工资制。全县参加改革的71家企业4 520名职工，工资区由4类提高到5类，共提类增资6 388元，人均1.57元。改定级别2 241人，月增资总额1.52万元。进入新拟标准工资的4 520人，月增资总额2.22万元；浮动升级3 005人，月增资2.99万元。改革后，企业职工人均增资11.53元。1986—1992年，每年对企业职工工资进行正常调整。1994年，在下放企业内部工资分配权的基础上，县劳动部门指导企业搞活内部分配，积极推行岗位技能工资，使职工收入向脏、累、险和关键技术岗位倾斜。当年，全县有4家企业419人实行岗位技能工资，133家企业的8 338名职工进行考核增资，人均月增资21元。对艰苦行业及经济效益较好的68家企业、5 600人，人均月增资50元。当年，全县企业职工年均工资达3 406元。1996年，对县属企业近万名职工的档案工资按岗位技能工资标准进行套改。当年全县企业职工年均工资达到4 276元。1997年，指导商业、供销企业推行岗位技能工资制，全县实行岗位技能工资制的企业达55家、5 775人。考核兑现全县25家工业企业法人代表1996年度的年薪，核定年均基薪7 371元，实兑现1.01万元，最高1.93万元，最低3 776元。2001年始，县劳动部门建立劳动力市场指导价位制度，常年通过劳动力市场向社会发布，用以指导企业合理确定职工工资水平，调节劳动力市场价格。2003年，县劳动保障部门指导县四宝纸业有限责任公司等22家县乡企业建立集体工资协商机制，签订集体工资协商合同，以此确定职工工资水平及工资增长幅度。2004年，有20家企业建立工资集体协商制度。据统计，1997—2005年，县内企业职工年均工资在5 000元左右，2005年达6 337元。

三、工资形式

全县企业职工工资计酬形式主要有计时工资、计件工资、岗位技能工资等。1983年前，企业对固定职工主要实行计时工资。1983年，全县工交、农、林、水战线及商业、饮食服务行业的38个单位1 764人实行计件工资或超定额计件工资。1983年，县橙汁厂对管理人员及后勤人员实行“二八”工资浮动制。即月发工资80%，浮动20%。年终以完成任务效果兑现20%的浮动工资。当年全县共有39个单位2 006人实行浮动工资。1989年，县供销系统实行岗位技能工资。1996年，县劳动部门对县属企业近万名职工档案工资按岗位技能工资标准进行整改。1998年后，绝大多数企业先后进行改制，企业职工工资形式及标准由企业自主或集体协商决定。

县劳动部门对企业实行最低工资标准监督管理。1995年，全县首次发布最低工资标准，为每月140元。1999年10月调整为每月180元；2002年1月调整为每月240元；2005年3月调整为每月280元。经劳动部门多次检查，全县企业对在法定工作时间内提供正常劳动的职工支付的工资，都达到最低工资标准。

第五节 社会保险

一、养老保险

企业　1982年前，全县企业离、退休人员由单位支付离、退休费，实行单位集体养老保险制度。1983年，开始建立社会养老保险制度。县劳动服务公司代办全民合同制工人养老保险业务。合同制工人的养老保险单位按工资标准20%、个人按2%交纳保险金。至1986年9月30日，全县合同制工人295人，投保285人，应缴养老保险金4.95万元，实缴4.44万元。1986年10月，县劳动服务公司将收缴的合同制工人养老保险金全部转入县社会劳动保险局。1986年10月起，对全民合同制工人养老保险金的收缴比例调整为用工单位16%、个人3%收缴。到1987年年底，全县585名合同制工人全部投保。1992年10月，县社会劳动保险局将行政事业单位合同制工人522人养老保险档案资料及52.28万元养老保险金移交给县人事局管理。1994年年底，全县企业共有全民合同制工人2 085人，当年交纳养老保险金65.25万元。

1988年1月起，全县国有企业固定职工离、退休、退职费用实行社会统筹。当年缴纳统筹金71.75万元，发放离、退休费63.41万元，并按职工工资总额1.1%提取风险金4.79万元，做到收支平衡，略有节余。社会养老保险扩大到集体企业，当年有12家集体企业共623名职工实行养老保险统筹。1992年10月，对城镇个体劳动者实行养老保险。1992年12月，要求全县已参加养老保险统筹的3 486名企业在职职工个人按工资总额2%交纳养老保险。1994年年底，全县国有企业90个单位、3 400名在职职工、919名退休人员全部参加社会养老保险统筹。当年缴纳养老统筹金215万元，发放离、退休费240万元。移民部门对三峡工程坝区的173名50岁以上的移民进行生活补助保险，为每人一次性投保6 000元，当年发放生活补助费总额7.18万元，医疗补助费114.7元，丧葬补助费1 000元。1995年，国有企业原固定职工养老保险统筹金、合同制工人养老保险金实行并轨，统一征收比例。当年国有企业参加社会养老保险135个单位、8 440人（其中离、退休1 326人），缴纳养老保险金544万元，发放离、退休费319.3万元。

1996年，县内各类企业及城镇个体劳动者的社会基本养老保险实现制度、标准、管理、基金调剂使用四统一。全县为企业参保职工建立基本养老保险个人账户，企业和个人缴纳的养老保险要逐月计入职工养老保险手册和个人账户。按职工缴工资额12%的费率记入，其中个人缴费部分全部记入个人账户。到年底，全县参加社会基本养老保险1.18万人。其中，在职职工9 802人，离、退休职工1 948人。全年入库基本养老保险基金848.56万元，发放离、退休费550.95万元。社会保险基金累计达1 000万元。1997—2005年，全县企业共参加社会基本养老保险累计9.43万人次，年均1.05万人，共缴纳养老保险金1.26亿元，年均1 403万元，年人均1 339元。2005年全县参保人数1.22万人，缴纳养老保险金2 188万元，人均1 791.97元。（见表15–1–3）

1997—2005年全县企业职工基本养老保险情况表

表15-1-3　　　　单位：人、万元

年　份	参保人数		投保金额	发放离、退休费
	总人数	其中：离、退休		
1997	10 616	2 034	893.5	660.5
1998	9 123	2 120	805	827.5
1999	10 845	2 534	1 111	1 016.8
2000	10 217	2 787	1 355	1 316
2001	9 329	2 907	1 508	1 383
2002	10 128	3 021	1 409	1 750
2003	10 708	3 180	1 891	1 869
2004	11 083	3 352	1 467	2 096
2005	12 210	3 568	2 188	2 236

机关事业单位　1993年前，机关事业单位离、退休职工离、退休费由各用人单位发放。1993年3月，成立县机关事业单位职工养老保险管理办公室，由县人事局管理。当年，全县机关事业单位参加养老保险的职工638人（其中退休人员1人），缴纳养老保险金36.28万元，发放退休费3 204.71元，累计养老基金88.14万元。1994年，机关事业单位计划内临时工54人参加养老保险，投保金额2.7万元。1995年，全县34个自收自支事业单位职工265人（其中退休34人）参加养老保险统筹，12个单位20名流动人员参加养老保险。年底，全县机关事业单位共有1 135人参加养老保险，投保金额100.1万元，当年发放退休费17.13万元。

1996年，全县机关事业单位330个，干部职工1.07万人。其中，在职8 824人，离、退休1 921人。

全部实行社会养老保险，并实行个人缴纳一定比例的保险金。缴费比例：在职人员由单位按职工工资总额的18%缴纳，个人按本人工资总额的3%缴纳，并从当年7月1日起设立个人账户；1996年7月前已退休的人员由单位按离、退休费总额的50%缴纳。当年全县缴纳入库养老保险基金648.31万元，发放离、退休费584.5万元。从1996年7月1日起，全县机关事业单位离、退休人员养老金直接在银行领取。

1997—2005年，全县机关事业单位参加养老保险人数累计9.91万人次，年均1.1万人；投保金额2.08亿元，年均2 315.5万元，年人均2 104元。2005年投保总人数6 552人，投保金额2 307万元，人均3 521.06元。（见表15–1–4）

1997—2005 年全县机关事业单位干部职工养老保险情况表

表15-1-4　　单位：人、万元

年　份	参保人数		入库基金	发放离、退休费
	总数	其中：离、退休		
1997	11 302	1 947	1 406	1 117
1998	11 081	2 012	1 508.41	1 287.54
1999	11 728	2 277	1 718.03	1 531.02
2000	11 470	2 416	2 226.55	1 994.58
2001	9 007	2 607	1 875.38	2 197.68
2002	11 493	2 919	2 969.46	3 263.08
2003	8 452	3 019	2 936.71	3 356.6
2004	8 376	3 116	3 892	3 876
2005	6 552	2 000	2 307	2 539

说明：2005年机关离、退休人员1300多人由县人事局发放离、退休费，未包含在统计表内

农村　2005年前，农村养老保险由民政部门负责，2005年移交到劳动保险部门。至2003年年底，全县农民投保1.31万人，占投保总人数的78%，投保金额271.19万元。农民投保一次性趸交较多。1999年后，一般农民除续保外，没有新增加投保户。

村“三职”（党支部书记、村主任、村文书）干部养老保险带有一定福利性质。1995年开始，农村“三职”干部按每人每年投保200元，由县财政局对每村补助300元，乡镇财政所每村补助100元，其余从村办企业上缴利润或公益金中支付。1996年上调为每人每年投保300元，县财政局每年给村补助600元，乡镇财政所每村补助100元，其余部分由村集体支付。至2005年年底，全县共为村“三职”干部投保累计365.14万元。其中，县财政局补助248.29万元，乡镇、村两级补助116.85万元。

坝、库区移民主要由移民部门组织投保。1994年6月，对坝、库区年满50周岁以上的农村移民由移民部门按每人6 000元一次性趸交保险费，从缴费后下个月开始领取养老金。年满60周岁以上每月领取65元，59岁以下每月领取60元。2000年，每人一次增补3 000元保险费，已故的每人增补1 500元保险费，月养老金由60～65元统一增加到90元。1994—1997年，坝、库区移民投保人数688人，投保金额602.1万元。至1997年年底该项投保结束。

1994—2003年，乡镇企业干部、职工共有1 110人参加投保，投保金额130.66万元。（见表15–1–5）

1994—2005年秭归县农村社会养老保险分类投保情况表

表15-1-5　　单位：人、万元

年份	合计		农民		村“三职”干部				坝、库区移民		乡镇企业职工	
	人数	金额	人数	金额	人数	金额	其中		人数	金额	人数	金额
							县补	镇村补				
1994	1 950	288.09	1 409	12.15	1 288	4.66	4.66	—	285	246.5	256	24.78
1995	2 095	253.82	1 668	47.22	1 288	26.86	13.98	12.88	179	154	248	25.74
1996	2 057	196.85	1 773	61.5	1 288	41.95	29.07	12.88	86	77.4	198	16
1997	2 033	305.08	1 723	72.22	1 221	71.4	59.19	12.21	138	124.2	172	37.26
1998	1 339	86.91	1 300	43.98	1 221	41.28	29.07	12.21	—	—	39	1.65
1999	1 333	39.61	1 233	0.38	1 221	36.9	29.1	7.8	—	—	100	2.33
2000	1 318	53.31	1 303	14.36	1 200	38.27	26.27	12	—	—	15	0.68
2001	1 298	44.27	1 263	6.67	1 185	32.44	20.59	11.85	—	—	35	5.16
2002	894	35.72	870	5.37	843	20.55	12.12	8.43	—	—	24	9.8
2003	541	25.81	518	7.34	485	11.21	6.06	5.15	—	—	23	7.26
2004	—	24.29	—	—	468	24.29	12.12	12.17	—	—	—	—
2005	—	16.33	—	—	468	16.33	6.06	10.27	—	—	—	—

二、医疗保险

2000年前，全县机关、事业单位实行公费医疗，由财政拨款到各单位包干使用。2000年，县社会养老保险局设立医疗保险股，开始启动医疗保险。2001年2月，成立县城镇职工医疗保险管理局，与县社会养老保险局合署办公。全县城镇职工基本医疗保险制度基本建立，机关、企、事业单位职工按照统一政策全部纳入医疗保险。当年参保单位260个1.26万人。其中，在职职工9 994人，退休2 410人，离休162人，二等一级伤残19人。缴纳医疗保险基金273万元。当年支付医疗费271万元。其中，个人账户支付104万元，住院费支付132万元。2002年，全县参保单位194个1.3万人，缴纳医疗保险金533万元，其中大额医疗保险费30万元。当年支付医疗费430万元。全县离休干部和二等乙级伤残人员医疗保险统筹177人，缴纳医疗保险金106万元，当年支付医疗费104万元。2003年，全县乡镇105个单位2 568人参加医疗保险，42名企业军队转业干部纳入医疗保险。年底，全县参保人数达到1.44万人，全年缴纳医疗保险基金1 304万元，当年支付医疗费977万元。其中，支付门诊医疗费572万元，住院医疗费300万元，大病医疗费50万元。2004年，制定《灵活就业人员基本医疗保险办法》，有400多名灵活就业人员参加医疗保险。同时制定《在乡二等乙级以上革命伤残军人医疗保险管理办法》，解决全县40多名特殊伤残军人多年来药费报销难问题。全年缴纳医疗保险基金1 488万元，支付医疗费1 260万元。2005年，县政府一次性缴纳600万元医疗保险基金，使改制企业退休退养1 478人享受医疗保险待遇。下半年，又缴纳200万元，全部解决这批人员的医疗保险。年底，纳入全县医疗保险定点医疗机构14家，定点零售药店28家。全县参保人数达1.54万人。年缴纳医疗保险基金1 542万元，支付医疗费用1 360万元。

三、失业保险

1986年7月，国务院颁布《国营企业职工待业保险暂行规定》。10月，县劳动服务公司向全县国营企业按全部职工标准工资总额的1%，机关、事业单位合同制工人按标准工资总额的1%收缴待业保险基金。符合规定的待业职工，根据参保时间长短，可领取最长不超过24个月的待业救济金及医疗费、丧葬补助费、供养直系亲属的抚恤费、救济费。1987年，全县参加待业保险职工达4 796人。其中，全民所有制企业单位职工4 293人，机关、事业单位合同制工人503人。当年收取待业保险金3.86万元。1995年，《中华人民共和国劳动法》颁布实施，待业保险改称失业保险。当年，失业保险覆盖范围扩大到县属集体企业，共有7 111名全民、集体企业职工和机关、事业单位合同制工人参加失业保险，全年征收失业保险基金32.82万元，当年发放失业救济金2.5万元。1998年7月1日，全县失业保险基金缴费比例由企业工资总额的1%提高到3%，由企业单方负担改为企业和职工共同负担。其中，个人缴纳1%，企业缴纳2%。1999年1月起，根据国务院颁布的《失业保险条例》，全县失业保险范围扩大到城镇国有、集体、外商投资、私营及其他企业和事业单位，由企、事业单位和职工共同缴纳失业保险费。1996—2005年，全县共收取失业保险金948.26万元，为失业职工发放失业救济金438.54万元，就业培训支出146.46万元，提取再就业基金332.65万元。

四、工伤与生育保险

工伤保险　1994年，县政府制定《秭归县企业职工工伤保险暂行办法》，将企业职工工伤保险纳入社会统筹和统一管理，参保企业按照全部职工工资总额的1%缴纳工伤保险基金。因工受伤致残职工在医疗终结或医疗期满后，经劳动鉴定委员会鉴定，符合规定的，其定期伤残抚恤金、定期伤残补助金、护理费、一次性伤残补助金、丧葬费、一次性抚恤金、供养直系亲属抚恤金由工伤保险基金支付。全县工伤保险从1994年7月1日起正式实施，当年参保人数5 744人，入库保险金1.1万元，110名工伤职工享受工伤待遇，发放工伤保险金0.8万元。1995—2004年，全县有8万人次参加工伤保险，收缴工伤保险基金150万元，发放工伤保险金67万元。2005年，制定《秭归县工伤保险实施细则》，对矿山企业采取“一证（工伤保险证）管多证”办法督促参保。工伤保险基金缴费比例调整为：一类行业（风险较小行业，如金融业、餐饮业等）按用人单位职工工资总额的1%；二类行业（风险中等行业，如食品制造业、纺织业等）按用人单位职工工资总额的2%；三类行业（风险较大的行业，如采矿业等）按用人单位职工工资总额的5%缴纳。并从当年1月起正式施行。全年，工伤保险参保人数达8 386人，工伤保险基金入库44万元，支付工伤保险金14万元。

生育保险　1994年7月，县政府印发《秭归县企业女职工生育保险暂行办法》，将企业女职工生育保险纳入社会统筹和统一管理。参保企业按照全部职工工资总额的1%缴纳女职工生育保险基金。女职工在计划内怀孕、生育的，其产假期工资、因怀孕和分娩发生的医疗费用、因分娩死亡的抚恤金均在女职工生育保险基金支付。1994年参保5 744人，入库保险金1.1万元，18名女职工享受生育保险待遇，支付女职工生育保险金8 000元。其中产假期工资6 000元，医疗费2 000元。1995—2005年，全县共有8.83万人次参加女职工生育保险，收缴保险金173万元，支付104万元，其中2005年参保8 266人，入库女职工生育保险金23万元，当年支付4万元。

第二章 人 事

1979年后，党政机关先后进行5次大的改革，全面推行国家公务员制度，事业单位也相继进行一系列改革。工资由等级工资制改为结构工资制，后又改为职级工资制。加强专业技术人员管理，每年开展专业技术职称评聘工作，累计评聘人数由1980年的65人上升到2005年的5 917人。加强公务员培训、考核、录用、辞职、辞退等管理，加强干部队伍和科技人才队伍建设，为全县经济和社会发展提供人才保障。至2005年，全县共有党政机关61个，事业单位264个。实有党政机关干部1 396人，事业单位干部职工6 127人。

第一节 编制管理

一、机构编制

1979年，全县党政群机关共有67个机构和工作部门。其中，县直机构49个，人民公社18个。实有干部2 060人。1983年10月，全县进行机构改革，县直行政机构由54个减少到46个。其中，县委机构6个，县政府机构29个，群团组织机构4个，其他机构7个。18个公社调整为11个区、2个县辖镇。

1988年，全县党政群机关达到79个，比1983年机构改革后的46个增加33个；人员1 283人，比核定编制数1 000人超283人；乡镇机构16个，比1983年的13个镇区增加3个，人员达937人，比编制数695人超242人。全县事业单位852个，5 013人。为控制机构编制增长，县委机构编制委员会采取集体决策，一支笔审批，实行机构编制卡片等管理制度。对全县事业单位实行“六定”，即定机构性质、定职责任务、定隶属关系、定人员编制、定领导职数、定经费来源。严格事业单位的审批，按照“统一控编、分级管理”原则从紧从严控制事业单位人员编制，有效控制机构编制增长。

1992年，为服务三峡工程建设，县城乡建设环境保护局、土地管理局、劳动局、公安局等9个局在茅坪设立分局，并对部分县直机构进行调整。当年全县党政群机关71个，编制1 376人，实有1 302人；16个乡镇，编制695人，实有909人；县直事业单位582个，编制4 977人，实有6 209人；乡镇事业单位120个，编制447人，实有463人。

1999—2005年，全县党政机关和事业单位进行多次机构改革，机构编制大幅度精简。2005年年底，全县党政群机关（含乡镇）共有61个，编制1 511人，实有1 396人；县直事业单位264个，编制5 954人，实有5 938人；乡镇事业单位21个，编制257人，实有189人。全县285个事业单位中，全额拨款206个，人员编制4 454人，实有人数4 596人；差额拨款22个，人员编制282人，实有人数225人；自收自支48个，人员编制1 265人，实有1 096人；企业化管理9个，人员编制210人，实有210人。（见表15-2-1、15-2-2、15-2-3）

1993—2005年秭归县党政群机关及事业单位机构编制情况表

表15-2-1 单位：个、人

年份	党政群机关						事业单位					
	县直			乡镇			县直			乡镇		
	机构数	编制人数	实有人数	机构数	编制人数	实有人数	机构数	编制人数	实有人数	机构数	编制人数	实有人数
1993	70	1 187	1 287	16	695	859	172	2 348	2 448	527	3 339	3 644
1994	70	1 255	1 287	16	695	809	183	2 475	2 494	527	3 374	4 338
1995	71	1 256	1 286	14	695	780	185	2 457	2 503	506	3 374	3 805
1996	70	1 255	1 283	14	695	743	176	2 643	2 703	544	3 636	4 145
1997	72	1 452	1 491	14	570	903	248	2 882	2 860	430	3 041	3 998
1998	71	1 353	1 392	14	570	909	247	3 022	2 772	263	4 392	4 153
1999	51	1 227	1 139	14	618	659	256	2 837	2 672	241	4 672	4 352
2000	51	1 236	1 139	14	618	641	247	2 867	2 601	253	4 748	4 293
2001	48	1 029	892	12	511	490	135	2 343	2 312	231	4 646	4 461
2002	48	1 050	947	12	511	462	265	6 022	5 659	94	1 096	1 079
2003	48	1 050	960	12	511	453	249	5 599	5 562	94	1 096	1 043
2004	49	1 056	994	12	511	430	266	5 864	6 006	78	529	485
2005	49	1 058	1 014	12	453	382	264	5 954	5 938	21	257	189

2005年秭归县党政群机关机构编制单位分布情况统计表

表15-2-2 单位：个、人

单位	机构个数	人员编制数	实有人数	单位	机构个数	人员编制数	实有人数
合计	61	1 511	1 396	县政府	—	7	7
一、行政合计	45	632	630	政府办	1	37	35
县委小计	10	125	121	民政局	1	17	18
县委	—	3	2	人事局、编办	2	17	15
县委办	1	36	36	审计局	1	25	23
治安办公室	—	2	1	科技局	1	9	9
机关工委	1	5	4	国土资源局	1	21	20
纪委监察局	2	23	21	人口与计生局	1	13	15
组织部	1	18	15	移民局	1	26	29
宣传部	1	13	12	经济商务局	1	16	17
统战部	1	6	8	安全管理局	1	9	8
政法委	1	6	9	交通局	1	19	18
信访办	1	7	7	建设局	1	14	17
老干部局	1	6	6	农业局	1	27	26
政府小计	26	430	423	水务局	1	15	15

续表15-2-2

单　　位	机构个数	人员编制数	实有人数	单　　位	机构个数	人员编制数	实有人数
财政局	1	32	30	文联	1	4	3
发展和改革局	1	19	17	残联	1	6	9
劳动和社保局	1	11	13	科学技术协会	1	3	4
教育局	1	21	21	二、政法合计	4	426	384
卫生局	1	14	12	公安局	1	256	235
统计局	1	14	12	司法局	1	42	28
文化旅游局	1	18	16	法院	1	79	74
物价局	1	6	8	检察院	1	49	47
物价检查所	—	4	4	三、乡镇合计	12	453	382
扶贫开发办	1	11	11	茅坪镇	1	45	45
法制办	1	2	2	屈原镇	1	37	26
行政中心管理办	1	6	5	归州镇	1	40	36
其他小计	9	77	86	水田坝乡	1	39	30
县人大	—	6	6	泄滩乡	1	29	22
人大办	1	20	20	沙镇溪镇	1	40	35
县政协	—	2	5	两河口镇	1	40	28
政协办	1	16	19	梅家河乡	1	29	22
总工会	1	6	8	磨坪乡	1	29	22
共青团	1	5	3	郭家坝镇	1	45	45
妇联	1	5	4	周坪乡	1	40	34
工商联	1	4	5	杨林桥镇	1	40	37

2005年秭归县直属事业单位机构编制情况表

表15-2-3　　　　单位：个、人

单　　位	机构个数	编制人数	实有人数	单　　位	机构个数	编制人数	实有人数
合计	14	153	152	城市管理局	1	9	7
党校	1	20	20	县志党史办	1	6	6
广播电视局	1	7	8	机关事务局	1	11	14
档案局（馆）	1	16	16	招商局、开发区、三峡办	1	23	23
粮食局	1	13	11	驻宜办	1	2	1
体育局	1	6	6	驻汉办	1	3	3
林业局	1	18	17	供销合作社联合社	1	10	11
环保局	1	9	9				

二、机构改革

行政机关　先后于1983年、1999年、2001年、2004年、2005年共进行5次行政机构改革。

1983年10月—1984年2月，全县首次进行县、区、乡行政机构改革。1983年10月下旬，县委召开全县组织工作会议，对机构改革进行宣传发动。12月上旬，召开县委扩大会议，对全县机构改革进行具体部署。1984年2月7—17日，县委连续组织召开县直机关全体干部、党员大会和农村管理区以上三级干部会议，进行再动员，重点加强纪律教育。改革前，共有县直行政机构54个、18个公社（镇）、下辖67个管理区，改革中，对县直13个单位实行划转、撤销、合并和合署办公。其中，划转为局级公司的3个，划转为集体经济组织的1个，划转为地、县双管单位的2个，撤销1个，合并3个，合署办公3个。根据工作需要，新增设单位5个。改革后县行政机构设置为46个，比原来减少8个，精简14.8%。全县共设置11个区、2个县辖镇，比原来减少5个，减少27.8%。设置55个乡、5个区辖镇、比原来减少7个，精简10.4%。

1999年3—6月，全县进行第二次行政机构改革。主要内容：转变政府职能，实行政企分开；合理划分职权，理顺工作关系；精兵简政，提高效率。县委机构编制委员会先后制定全县党政机构改革方案、机构改革“三定”（定机构职能、定内设机构、定人员编制）方案和机构改革人员分流意见等。3月17日，全县召开机构改革动员大会；3月底，各单位“三定”方案全部审批结束。经改革，县委工作部门由原来的13个精简到8个，减幅为38.5%；县政府工作机构由原来的50个精简到35个，减幅为30%。全县共核定行政编制1 601人，比改革前1947人减少346人。其中，县直机关由830人减少到697人；政法机关由422人减少到359人；乡镇机关由695人减少到545人。全县党政群机关共核定领导职数314人，比改革前减少84人。全县党政群机关改革后实有人数由原来的2 087人减少到1 746人（含工勤人员和老干部管理人员）。全县共分流374人。其中，提前退休181人，离岗退养40人，调往企事业单位27人，成建制划转为事业编制的68人，划转成企业编制的58人。

2001年7—9月，进行乡镇机构改革。主要任务：转变政府职能，实现政企、政事、政社分开；理顺各方面关系，改进和完善行政运行机制；深化人事制度改革。县委成立机构改革领导小组，全县召开动员大会。在各乡镇自报方案基础上，经过反复讨论和协商，制定《秭归县乡镇机构改革方案》。改革中，撤并乡镇2个，撤销办事处41个。全县共设立5乡7镇，每个乡镇分别设立党委、政府、纪委及人大办公室、政协联络组等机构，不再设立办事处。各乡镇内设机构为党政办公室、农业办公室、经济贸易办公室、社会事务办公室，茅坪镇增设社区管理办公室。与改革前相比，乡镇内设机构共精简35个。全县各乡镇共分流人员111人，其中提前退休88人。年底，县直机构进行改革。县委多次组织召开专题会议研究方案，制定措施，并成立机构改革工作领导小组，组建工作专班。12月6日，全县召开机构改革动员大会。12月31日，改革工作基本结束。此次改革，对部分职能交叉和逐渐削弱的经济管理部门、社会管理部门进行合并和撤销。改革后，县级党政机构由原来的41个减少到33个，减幅为24.2%。县政府工作机构由原来的32个精简到25个，减幅为28%。同时对单位内设机构也作相应撤并，县直党政群机关内设机构由274个减少到258个，减幅为5.8%。党政群机关行政编制由改革前的676人减少到509人，减幅为24.7%；政法专项编制由改革前的359人减少到339人，减幅为5.6%。全县行政机关及政法机关共分流人员247人。其中，提前退休182人，离岗退养43人，其他22人。改革后全县县直党政群机关在职人员548人（含工勤人员和老干部管理人员），比改革前的726人减少178人，减幅为24.5%。

2004年12月8日，县委、县政府印发《秭归县政府机构改革实施意见》，再次对县直机构进行改革，月底改革工作结束。改革后，县政府共设置23个组成部门，3个部门管理机构，1个办事机构，1个派出机构，14个直属事业单位。

2005年4—8月，进行全县乡镇综合配套改革。县委、县政府印发《秭归县乡镇综合配套改革实施方案》。县委办公室、县政府办公室印发《秭归县乡镇综合配套改革机构编制方案》《秭归县乡镇综合配套改革机关公务员竞争上岗实施办法》《秭归县乡镇综合配套改革机关工作人员分流实施办法》。5月28日，县委、县政府召开全县乡镇综合配套改革动员大会。到7月底，全县乡镇机构改革工作基本结束，人员分流到位。经改革，各乡镇统一设置3个内设机构，即党政综合办公室（加挂社会治安综合治理委员会办公室牌子）、经济发展办公室、社会事务办公室（加挂计划生育办公室牌子）。按一、二、三类乡镇分别核定编制为45人、40人、35人，并规范延伸到乡镇的机构。改革后，全县乡镇领导班子成员由162人减少到108人；乡镇机构公务员从396人减少到382人，共分流14人。其中，提前退休11人；自愿置换身份实行3年过渡期3人。全县乡镇机关全部取消工勤人员编制，原有29名工勤人员，3人提前退休，1人自愿置换身份，25人转换身份，实行合同化管理。全县延伸、派驻乡镇单位减少29个，人员由460人减少到382人。

事业单位　1997 年 7 月 1 日，全县各乡镇 6 站（农业技术推广站、特产技术推广站、林业工作站、农业机械管理站、农村合作经济经营管理站、畜牧兽医站）实行以县主管局管理为主和乡镇协管的双重管理体制。1999 年，全县贯彻《湖北省事业单位登记管理办法》，对事业单位机构编制进行重新核定和全面登记，并将此作为事业单位机构改革的起步工作。通过清理登记，全县共撤销事业单位 39 个，保留事业单位 497 个人员 7 024 人。其中，全额拨款事业单位 397 个 5 248 人，差额拨款事业单位 56 个 1 162 人，自收自支事业单位 32 个 233 人，企业化管理事业单位 12 个 381 人。

2000年，县人事部门与教育部门配合，在全县教育系统开展以“校长负责制、聘用合同制、岗位责任制、结构工资制”为主要内容的“四制”改革试点。全县教育系统共有4 068人签订聘用合同，40多名教师通过竞争当上校长。

2001年，结合乡镇党政机构改革，乡镇事业单位进行配套改革。县直延伸到乡镇的农特技术推广站、兽医站、林业站、水利站、水保站、农机站、农村经营管理站、土地管理所等事业单位下放到乡镇管理，县主管部门负责业务指导。同时进行合并精简，农特技术推广管理站、畜牧兽医站、农机推广站合并，组建农业技术服务站；土地管理所与城建环保管理所合并，组建土地建设环保所；文化站、广播电视站合并，组建文化广播服务站，与党（成）校合署办公；水利站、水土保持工作管理站合并，组建水务工作站；教育组更名为教育管理站；新设司法所。并在卫生系统开展以推行聘用合同制为重点的人事制度改革。至年底，全县各乡镇事业单位（不含教育、卫生）由原来的21个精简到16个，减幅23.8%，分流人员122人，减幅16.2%，累计有4 870人与单位法人代表签订聘用合同。

2002年撤销全县12个乡镇教育管理站，在乡镇政府设立教育总干事，负责乡镇教育行政管理，乡镇中心中学校长兼任乡镇教育干事。此项改革裁减人员编制57人，62名教育管理人员全部充实到教学第一线。当年将乡镇财政所、农村经营管理站合并，组建乡镇财政经营管理所，共精简机构12个。2005年，在乡镇综合配套改革中，加大乡镇事业单位改革力度。乡镇除中、小学和卫生院外，只设财政所（加挂农村经营管理站牌子）1个乡镇直属事业单位，其他事业单位全部改革为企业化管理模式。将农特技术推广站转制更名为农业技术服务中心，水务站转制更名为水务服务中心，文化广播站转制更名为文化体育广播服务中心，计划生育服务站转制更名为计划生育服务中心，建设环境保护所转制更名为建设环境保护服务中心，畜牧兽医站转制更名为畜牧兽医技术服务中心。乡镇事业单位转制后，逐步转为自主经营、自负盈亏、自我约束、自我发展的企业或中介组织，成为服务性经济实体，不再纳入事业机构编制管理，原有在编在职人员，解除原聘用合同，执行企业用人制度，实行人事代理。整体转为社会中介服务组织的单位在民政部门进行社团登记，从事经营活动的单位在工商部门登记注册，成为独立的法人实体，不再与乡镇行政机关保持隶属关系。全县乡镇共56个事业单位转制为中介服务组织。209名事业单位人员转换身份。

第二节　人事管理

一、推行公务员制度

1993年8月，国务院颁布《国家公务员暂行条例》。1995年，成立推行国家公务员制度工作领导小组并下设办公室。当年组织进行全县机关工作人员向公务员过渡培训考试，共有2 759人参加考试，考试合格率达98.8%。1999年5月，全面推行国家公务员制度。全县党政群机关和行使政府行政职能的事业单位共77个，在编干部1 795人，全部纳入推行公务员制度或参照公务员管理范围。通过竞争上岗，分流富余人员274人，过渡为国家公务员的1 527人。完成推行国家公务员制度后，县人事局把工作重点转移到加强公务员管理方面，严把“进、管、出”3个环节。严把“进口关”，坚持“凡进必考”原则。疏通“出口关”，实行辞职辞退制度。在管理上，创新管理制度，坚持依法管理。在职位管理方面，坚持因事设岗原则，合理分解职能，审批设置职位。在人员定岗工作中引入竞争机制，坚持公开、平等、竞争、择优原则，实行全员竞争上岗。在推行公务员制度改革中，全县公务员队伍实行竞争上岗人数875人，竞争上岗面达95%以上。并坚持轮岗、回避制度，在推行公务员制度时，全县轮岗253人，轮岗面达45%以上，实行任职回避1人。在公务员考核中，建立以目标责任制管理为手段的公务员考核制度，考核内容由“年终算账”转变为平时考核与年度考核相结合，提高考核评价的客观全面性，严格兑现考核结果，维护考核工作的严肃性。开展公务员“四大培训”，即初任培训、任职培训、专门业务培训和更新知识培训。此外，还积极推行公示制，接受社会各方面监督。2004年，出台并实施《秭归县党政群机关工作人员年度考核实施办法（试行）》《秭归县党政干部教育培训学员制考核实施方案》《关于加强全县干部培训管理的若干规定》，使公务员管理日趋规范。

二、人员录用

1983年，全县开始对人民公社基层干部实行招聘制。县人事部门根据工作需要和干部条件，坚持“公开、平等、竞争、择优”原则，实行面向社会、公开考试，择优聘用办法开展干部招聘工作。当年，经文化考试、全面考核、身体检查，从报名登记的1 098人中，招聘45名人民公社干部。1984年又进行第二次大规模招聘，当年招聘229人。至1989年年底，全县共招聘516人。其中，乡镇干部233人，农经干部39人，财政干部110人，乡镇文化站干部6人，国家教师128人。

1983年6月，对“以工代干”（工人身份在干部岗位工作）人员进行清理。全县组织专班查阅有关人事档案5 000多册，并深入县直各主管局调查研究，帮助解决疑难问题。按照德才兼备的干部任用标准，严格把住“对象、范围、年龄、干部条件、文化程度、身体状况”等关口，审查确定转干名单。至1985年年底，“以工代干”人员转为干部的有803人，占1 059人的75.8%，此后，全县不再有“以工代干”身份人员。

1988年，实行面向社会，公开报名，统一考试，从报考的163人中，经全面考核，为县政法、税务、工商行政管理等部门择优录用20名干部。1991年，通过考试、考核，共录聘干部65人。其中，录用广播电视大学毕业生35人，招聘乡镇干部21人，招聘乡镇文化站干部3人，从企业优秀工人中录用干部6人。1996年，采取笔试与面试相结合、考试与考核相结合的办法，面向社会，公开招考，平等竞争，择优录用。先后两次为政法系统录用31名工作人员。1997年，按照录用国家公务员的规定，对进入党政群机关主任科员以下非领导职务的工作人员，实行面向社会，公开招考。先后从大中专毕业生中为政法战线和乡镇机关录用工作人员63人。当年还将招考录用范围扩大到事业单位，为乡镇农特站、农村经营管理站、文化站、计划生育服务站、广播站、城乡建设环境保护所招考工作人员61人。1999年8月，全县公开招考国家公务员，124人报名，录用30人。2003年，为在更大范围内选拔优秀人才，突破地域和身份界限，把选拔范围扩大到全省乃至全国，实行不拘一格选拔人才。全年共招考76人，其中非秭归籍人员占一半以上。1990—2005年，全县共录用干部1 374人，其中2005年录用103人。

三、考　核

20世纪80年代，对干部考核主要采取组织考核组围绕干部德、能、勤、绩4个方面进行考核方式。1980年，县人事局组织工作组，由领导带队，集中时间对农业战线22名干部进行考核。通过召开不同类型座谈会，与考核对象面谈，查阅个人撰写的有关材料和笔记等方式，考核一批优秀中青年科技干部，其中14人被提拔到领导岗位，占考察总人数的63.6%。被提拔担任局长和公社主任的5人，担任副局长和公社副主任的7人，任正、副股长的2人。

1983年实行招聘公社干部以后，全县成立18个聘用干部管理小组，负责聘用干部培训、考核工作。考核一般分4段进行：自我总结，全面汇报；实地考核，民主评议；评定优劣，党委审查；签订合同，履行手续。考核中，要求聘用干部每年进行一次书面思想和工作总结；聘用单位对聘用干部政绩每年进行一次考核，考核材料作为干部聘用期满后续聘或解聘的重要依据。聘用干部每3年经考核续聘一次，满10年以后不再进行考核。1984年，全县党政群机关及区（镇）和县直局级公司共128个单位全部建立岗位目标责任制，年终，全县5 271名干部对照岗位责任制，进行年终考核评比。1986年，随着各项改革的深入，各单位所建立的岗位目标责任制不断充实完善。年终总评时，按照目标责任，对每个工作人员从德、能、勤、绩方面全面考核，并将考评结果予以公布。当年，全县136个党政机关，共2 746人参加年终总评，共评出优秀615人，良好1 576人，合格493人，一般62人。此后每年都对照岗位目标责任制对工作人员进行年终考评。1994年开始，全县机关事业单位工作人员按照《国家公务员暂行条例》和《国家公务员考核暂行规定》，将公务员考核与岗位目标责任制考核同步进行，并把握三个原则，即注重绩效原则、客观公正原则、严格审查原则。当年全县参加考核7 982人。其中，优秀976人，称职6 983人，不称职23人。2004年，县委组织部、县人事局认真总结近10年干部考核评价经验和教训，共同拟订《秭归县党政群机关工作人员年度考核实施办法（试行）》，并经县委、县政府原则同意印发实施。该办法推行以岗位目标责任制为主的量化考核，坚持客观公正、民主公开、注重实绩原则，实行领导考核与群众考核相结合、定性考核与定量考核相结合、平时考核与定期考核相结合，使干部考核评价办法更加科学和规范。实际工作中，统一印发《平时考核记录本》，并组织专班深入乡镇和县直单位进行检查督办。年终考评时，对考评为优秀的人员实行公示，接受社会监督。2005年，全县参加年度考核的机关工作人员1 447人。其中，优秀210人，称职1 217人，不称职1人，未定等次等其他类型19人。（见表15-2-4）

1996—2005年秭归县机关工作人员年度考核情况表

表15-2-4　　单位：人

年份	参评人数	优秀	称职	基本称职	不称职	其他
1996	1 984	263	1 663	16	3	39
1997	2 117	364	1 687	1	1	64
1998	2 075	303	1 723	—	4	45
1999	1 785	279	1 470	—	3	33
2000	1 770	256	1 494	—	3	17
2001	1 717	265	1 428	1	7	16
2002	1 462	228	1 202	—	8	24
2003	1 453	210	1 225	—	1	17
2004	1 439	223	1 204	—	2	10
2005	1 447	210	1 217	—	1	19

说明："其他"栏包括见习期人员、未定等次人员和审查待定人员

四、培　训

1979年后，干部培训工作引起各级党委高度重视。1980—1985年，全县参加各种培训班学习的干部990人。其中，区级干部18人，其他行政干部568人，专业技术干部404人。这期间选送到大、中专院校学习的干部184人。其中，大专113人，中专71人。选送干部到高、初中学历班培训补课145人。其中，高中班70人，初中班75人。选送到短训班学习77人。省自学考试指导委员会成立后，县委为鼓励广大干部自学，出台通过自学取得中专学历的发给奖金200元、取得大专学历的发给奖金300元、取得本科学历的发给奖金400元的奖励政策。1988年，参加高等教育自学考试的干部988人，当年有31人获大专毕业证书。1989年，全县在职干部参加业余学习并应考的629人。其中，初中3人（当年毕业1人），高中19人（当年毕业10人），中等成人教育208人（当年毕业74人），高等成人教育377人（当年毕业56人），高等自学考试22人（全部毕业）。

1994年，组织全县干部开展大规模公务员知识学习。在县委党校举办党政干部理论培训班、组织人事干部培训班、新录用干部培训班和青年干部培训班，培训干部651人。征订《公务员制度知识讲座》《国家公务员制度知识问答》8 000多册，每名公务员人手一册。1995年，结合党政干部理论培训班、局长研讨培训班、县级干部理论学习班和机关工作人员岗位培训班，对参训干部进行公务员知识培训，听课人数达1 500多人。还组织26名政工人事干部参加市人事局举办的公务员知识培训班学习。为促进学习，当年组织全县机关事业单位及社会各界人士共4 526人参加国家人事部举办的国家公务员制度知识竞赛，参赛率99.6%，有20名参赛者获得奖励。1999年，县人事局设置教育培训股，拟订全县公务员培训规划，筹建公务员培训基地，使公务员教育培训工作逐步规范化。当年开办公务员大专学历班，培训不具备大专学历公务员130人，办公务员初任培训班两期，培训195人；联办档案、保密培训班两期，培训173人；举办计算机培训班13次，培训303人。2000年，县人事局多方筹资购买电脑31台，建立计算机培训基地，当年举办计算机中、初级培训班15期，培训418人。协助市人事局举办公务员初任培训班1期、68人，选送30名公务员参加省、市举办的各类培训班。2001年，分3次组织全县干部进行业务知识培训，培训200多人次。当年以计算机培训为重点，全年共办培训班15期，培训486人。还免费培训退休干部1期30人。2002年，县人事部门把干部教育培训与公务员管理、专业技术

职务晋升、年度考核有机结合，实行干部教育培训终身制。当年开展WTO知识培训4期569人；计算机等级培训16期558人；专业技术人员考前培训352人；国家公务员初任培训13人。2003年，按照中共中央提出的“全党动员、全社会参与，多层次、多渠道、大规模、大幅度”培训要求，全县加大干部培训工作力度，继续组织WTO知识培训，办班3期，培训200多人；开展近两年新录用工作人员上岗前培训120多人；为200余名专业技术人员进行英语知识辅导；组织400余人进行计算机技术培训。2004年，县委组织部门与县人事部门共同拟订《关于深入开展学习贯彻“三个代表”重要思想 做好大规模培训干部工作的实施意见》，印发《秭归县党政干部教育培训学时制考核实施方案》和《关于加强全县干部培训管理的若干规定》，对全县党政干部实行“自学 + 单位集中学习 + 考试 + 统一调训”的学时考核制，实行一表制管理。对专业技术人员实行继续教育制度，对2 245名专业技术人员通过学习换发“继续教育证书”。当年举办“行政许可法”培训班17期，参训人员1 830人，计算机培训班15期，参训531人；普通话骨干培训班2期，参训96人；岗前培训班3期，参训250人；技术工人等级考试培训班1期，参训167人；英语培训班2期，参训179人。2005年，县人事部门共举办计算机、英语、普通话以及公务员法、上岗前教育、“阳光工程”等培训班28期，参训人员1 788人次。

五、辞职辞退

1996年，参照《国家公务员辞职辞退暂行规定》，辞退机关工作人员1人，为打破国家机关“铁饭碗”，解决干部“能进不能出、干好干坏一个样”问题迈出第一步。1997年共辞退机关、事业单位工作人员11人。其中，机关2人，事业单位9人。此外，还按照规定和程序，批准办理7人的辞职手续，保证人才合理流动。1996—2003年，全县共辞退机关工作人员7人，自愿辞职4人，自愿离职3人，其中2003年辞退1人，自愿辞职1人，自动离职2人。2003年后机关工作人员没有辞退、辞职和离职人员。

1996—2005年，辞退事业单位人员20人，自愿辞职113人，自愿离职35人，其中2005年辞退事业单位人员1人，自愿辞职30人，自愿离职12人。

六、军转干部安置

1980年，对全县1969—1975年7月作复员处理的50名原军队管理干部中的49人改办为转业干部，并作妥善安置，只有1人因证据不足未改办转业手续。1981—1985年共安置军队转业干部55人，以充实政法、农业战线及工商、税务、银行、物价等部门。1985年，根据国务院、中央军委指示，对军队转业干部除对口安排专业技术人员外，根据“先培训，后上岗”“干什么、学什么；缺什么、补什么”原则，进行专业培训。1986—1989年，全县共安置军转干部28人，基本做到部队、接收单位、转业干部三满意。2003年，县人事局根据国务院、省、市有关落实军转干部安置政策要求，对全县军转安置政策落实情况进行一次全面调查摸底和军转干部信息采集。经调查，全县军转安置政策基本落实，军转干部思想情绪基本稳定。但存在部分人员由于下岗生活困难、养老保险和医疗保险落实不够、下岗人员就业困难等问题。县政府召开专题办公会议，研究政策，加以落实，使问题得到解决。2004年，县人事局对全县1975年以后接收安置到企业的军转干部进行全面调查摸底。1975—2004年，全县接收安置到企业的军转干部共65人。其中，县属企业51人，省以上企业14人。根据调查情况，为9名企业军转干部办理提前退休手续，为1名下岗职工落实困难补贴和最低生活保障费政策。2005年，县人事部门为6名军转干部落实医疗保险，为3名企业军转干部办理提前退休手续。按照省民政厅等部门《关于解决1953年年底前参军复员转业到企业工作的退休人员生活困难问题的通知》要求，共为64人增加生活待遇，人均增加150元。1990—2005年，共安置军转干部30人。其中，安置到党政机关26人，事业单位4人。

七、离、退休

1981年，县人事局在归州镇开展退休干部管理服务工作试点，成立归州镇退休干部管理领导小组，负责退休干部安置、管理工作。1981年11月，成立县退休干部管理委员会。1982年2月，设立县离、退休干部管理办公室。同时成立县直机关离、退休干部管理所。1982年8月，全县18个公社先后成立离、退休干部管理领导小组，负责离、退休干部管理日常工作。1984年2月，县劳动人事局增设退休职工管理股，离、退休干部管理办公室同时撤销。同年6月，县委老干部工作局成立，负责全县离休干部服务工作。1993年3月，设立县机关事业单位职工养老保险管理办公室，隶属县人事局。2002年4月，县机关事业单位职工养老保险管理办公室归属县劳动和社会保障局管理，更名为县机关事业单位养老保险局，负责全县机关事业单位在职职工和离、退休人员养老保险费的核定、支付和管理。

1980年，全县办理干部退休（退职）489人。此后，每年都有一批干部退休。至1990年，全县党政机关、事业单位离、退休人员达1 087人。1995年，严格执行到龄即退的规定，当年办理干部退休手续102人，符合退休年龄的退休率达100%。1999年，在全县党政机构改革中，按政策规定为181人办理提前退休手续。2001年，在县乡机构改革中，全县党政机关和政法机关共270人提前退休。1991—2005年，全县退休干部职工累计2 368人，其中2005年退休干部职工164人。这一时期没有新增加离休干部职工。至2005年年底，全县有离休干部职工91人。

第三节　人才管理

一、职称评聘

1979年，全县有科技专业人员1 637人。其中，农牧业200人，工程技术28人，医疗卫生432人，教师933人，其他专业技术44人。1980年10月，县工程、农业技术干部技术职称评定委员会成立，当年对1966年年底以前参加工作的大、中专毕业生和原已评定技术职称的工程、农业技术干部73人进行技术职务套改，其中正式确认技术职务套改的65人。1980—1983年，共评定授予技术职称的科技干部1 216人。1988年，全县事业单位专业技术职务职称改革结束。全县共有专业技术人员3 700人，分布在40个局，有17个职务系列符合各级专业技术职务任职资格的共3 591人。其中，副高级58人，中级862人，助师级1 503人，技术员级1 168人。通过评审，共聘任各类专业技术人员3 469人。其中，副高级54人，中级812人，助师级1 458人，技术员级1 145人。全县企业单位共聘任各类专业技术人员1 056人。其中，中级138人，助师级514人，技术员级404人。1989年，全县共有各类专业技术人员4 873人，评聘各类专业技术职称4 311人。其中，副高级48人，中级905人，助师级2 209人，技术员级1 149人。1993年，为适应机构改革、人员分流要求，全县开展行政机关专业技术人员、管理人员专业技术职务任职资格推荐评审及考前培训工作。全县共上报评审材料1 831份。其中，推荐高级121份，评审通过72人；推荐中级723份，评审通过541人；受理初级评审材料987份，评审通过951人。当年县人事局组织企事业单位专业技术人员965人进行晋升专业技术职务资格考试；对全县1 250名专业技术人员晋升职称材料进行审查推荐。其中，高级40人（含正高1人），中级600人，初级610人；推荐评审乡镇企业专业技术人员职称1 094人。对全县农村会计和农民技术人员也进行职称评定，共有149人获得助师职称，173人获得技术员职称。1998年，对全县在职专业技术人员进行全面考核，对6 208名有职称的专业技术人员进行第三次续聘。当年共推荐高、中级评审材料513份，评审初级职称583人。2000年，全县共评聘各类专业技术人员5 609人。其中，正高级3人，副高级126人，中级2 906人，助师级2 574人。2002年，为681人办理专业技术职务任职资格并颁发证书，为727人进行职称评审。首次在全县集体医生中开展职称评审，使400多名集体医生获得专业技术职务（称）。2004年，县人事部门改革人才评价标准和评价方法，在职称评定上，取消指标限制，取消有关证书时效，开辟“绿色通道”。对专业技术人才、有突出贡献人才，破格申报，随时申报；对非公有制经济人员组织评定职称，与事业单位、国有企业人员一视同仁。当年共申报评定职称783人。其中，高级131人，中级321人，初级331人。2005年，全县拥有专业技术职称人员5 917人。其中，中级职称3 732人，正副高级职称345人，初级1 840人。（见表15-2-5）

1989 年、2000 年、2005 年各类专业技术人员结构情况表

表15-2-5　　单位：人

结　构	分　类	1989年	2000年	2005年
职称结构	正高	—	3	7
	副高	48	126	338
	中级	905	2 906	3 732
	助师员级	3358	2 574	1 840
年龄结构	35岁以下	—	2 691	2 229
	36～45岁	—	1 236	1 523
	46～54岁	—	1 336	1 208
	55岁及以上	—	346	957
文化结构	本科	733	373	1 548
	专科		2 002	2 118
	中专	2 301	2 254	1 485
	高中	624	459	606
	初中	653	521	160
专业结构	工程技术	343	476	906
	农业技术	153	192	208
	卫生技术	537	835	874
	教育	2 079	3 503	3 532
	经济	742	213	79
	会计	333	170	78
	统计	56	11	13
	图书档案文博	47	82	58
	新闻出版	11	14	16
	体育	1	5	3
	播音	2	2	4
	艺术	—	—	21
	其他	7	106	125

二、乡土拔尖人才评选

1999年，对全县农村中的“乡土能人”“田秀才”“土专家”进行调查摸底。当年评比、筛选出30人，列为全县首届乡土拔尖人才。农民技师彭洪才被评为1999年度省农村乡土拔尖人才。2003年，开展全县第二届乡土拔尖人才选拔，共评选出30名乡土拔尖人才。2005年，县委、县政府印发《关于加强全县农村实用人才队伍建设的意见》，县人事局编印《秭归县农村实用人才资料手册》，建立农村实用人才数据库。年底，评选出全县第三届农村乡土拔尖人才50人。

1999—2005年，全县有4人被推荐命名为省管乡土拔尖人才，分别为：归州镇彭家坡村彭洪才、水田坝乡石垭村王启宝、郭家坝镇庙垭村佘西龙、郭家坝镇王家岭村谢宗华。10名市管乡土拔尖人才和1名市管优秀实用人才。分别为：茅坪编织袋厂王克兵、梅家河乡肖家坪烟草站罗泽华、水田坝乡石垭村王启宝、郭家坝镇庙垭村佘西龙、香溪镇彭家坡村严谦明、杨林桥镇杨林桥村李本富、归州镇彭家坡村彭洪才、水田坝乡三溪河柑橘场周宗金、沙镇溪镇农村综合贸易公司陈敏、杨林桥镇金绿峰果菜有限公司谭子奎、郭家坝镇王家岭村谢宗华。

三、人才市场

1990年，县人才交流中心成立。当年联系安排24名广播电视大学毕业生就业。1991年，向企事业单位推荐国家统招不包分配广播电视大学毕业生41人就业。1992年，县人才交流中心引进科技人员18人。为县内企业调配大中专毕业生43人，协助组织部门选派82名优秀青年到高等院校学习。1993年，县人才交流中心连续3次参加省、市人才交流会。当年人才登记13个专业、315人。联系选送26名高中毕业生到7所大专院校学习。1994年，县人才交流中心建立健全流动人员档案管理制度，抽出专人对69名流动人员档案进行整理。当年为县内企事业单位推荐人才48人，从县外引进人才12人，从应届高中毕业生中选送32人到6所大专院校的11个专业学习。1995年，人才流动争议仲裁委员会成立并下设办公室。建立专门人才市场，使人才交流工作有固定场所。当年为县内企事业单位推荐专业技术人才93人，选送32名应届高中毕业生到7所大专院校13个专业学习。1996年，县人才交流中心对全县人才状况进行详细调查摸底。针对“人才留不住，引不进”问题，加大人才资源开发力度，先后与省内外大专院校联系，选送63名应届高中毕业生到北京大学、武汉大学、华中工业大学、华中农业大学等10多所重点院校学习。当年，为县内企事业单位推荐大中专毕业生115人，为县内重点工程项目引进急需专业人才12人，办理5人的人事关系代理手续。1997年，为企业招聘管理人员8人。与三峡学院联系，开办经济管理应用专科班，30多名在职人员参加学习；选送15名应届高中毕业生到武汉水电学院等院校学习；在县直和乡镇企业推荐安置大中专毕业生62人就业；办理81人的人事代理手续。1999年，首次举办人才集市。11家用人单位、500多名求职人员当面洽谈。对当年录用的101名教师、医生、文艺工作者统一办理人事关系代理手续。2000年，成功举办秋季人才交流会，10多家用人单位和400多名大中专毕业生、专业技术人员进场进行双向选择。当年还向深圳、广州等地输出人才50多人。2002年，建立信息采集、发布、招聘、输送、跟踪“五位一体”服务管理制度，共收集人才信息110多条，登录求职人员347人，发布提供人才信息64条。全年共举办6次人才交流集市，进场求职者达千余人次，提供就业岗位500多个，共推荐就业235人次。2004年7月，县委、县政府召开全县人才工作会议，作出《关于进一步加快人才工作的决定》。会后，县人才交流中心在全县范围内大规模开展区域性人才调查，调查涉及全县党政人才、企业经营管理人才、专业技术人才、农村实用人才，建立全县人才信息库。1998—2005年，县人才交流中心共推荐安置人员2 345人，委培学习270人，办理人事代理手续3 492人，保存个人档案4 259份。

四、毕业生安置

1979—1989年，全县共接收安置大中专毕业生1 581人。其中，大专以上毕业生339人，中专毕业生1 242人。1996年，国家对大中专毕业生就业不再实行计划分配，采取供需见面、双向选择、择优推荐等办法，大中专毕业生走向市场，自主择业。对进入机关、事业单位的大中专毕业生，坚持“凡进必考”原则，择优录取。1990—2005年，全县共安置大中专毕业生3 367人。其中，进入机关370人，事业单位2 724人，企业273人。（见表15–2–6）

1990—2005年秭归县大中专毕业生安置情况表

表15-2-6　　单位：人

年份	合计	其中			安置去向		
		本科	专科	中专	机关	事业	企业
1990	347	7	69	271	74	246	27
1991	354	9	71	274	83	247	24
1992	268	12	48	208	40	198	30
1993	287	11	81	195	14	244	29
1994	280	10	70	200	12	243	25
1995	315	7	78	230	11	264	40
1996	218	7	95	116	—	218	—
1997	390	23	151	216	33	340	17
1998	272	10	141	121	22	182	68
1999	137	18	99	20	22	108	7
2000	116	24	84	8	10	100	6
2001	65	23	39	3	6	59	—
2002	73	37	34	2	—	73	—
2003	84	82	2	—	21	63	—
2004	75	44	30	1	5	70	—
2005	86	56	29	1	17	69	—
合计	3 367	380	1 121	1 866	370	2 724	273

第四节　机关事业单位人员工资

一、工资调整

1979年，全县由三类工资区改为四类工资区，全县月增工资总额8 930元，冲销粮食差价补贴和保留工资1 843元，月实增7 087元。1981年，全县教育、卫生、体育3个系统调整工资。调整升级在现行工资标准基础上，采取先补后靠再升级办法。9月底，全县教育、卫生、体育系统符合升级政策的3 188人，实际升一级的2 462人，月增资总额1.05万元；升两级的726人，月增资总额8 749元；靠补级差1 612人，月增资总额1 367元。3项增资总额2.06万元。

1986年贯彻“巩固、消化、补充、改善”方针，做好机关、事业单位工资制度改革补充、完善。全县审查调整党政机关领导干部进入职务工资220人，月增资总额2 439.5元，人均11.09元；处理套改遗留，增加工资520人，月增资总额3 294.4元；审批政法系统4个单位干警、法警工资改革升级方案136人，月增资总额958.5元，人均增资10.89元；审查核实干部、知识青年和其他工作人员工龄遗留122人，月增工龄工资总额120元。1987—1998年，按照政策进行升级升档，调整工资。1994年进行工资制度改革。

1999—2003年，是全县党政机关、事业单位职工工资水平增长最多的时期，先后进行7次大的工资调整，人均月增加工资522元。2005年，为2 000多名机关、事业单位工作人员调整津补贴，有6 400多名机关、事业单位干部职工工资升档，532名作出突出贡献的事业单位人员提前或越级晋升职务工资档次。3 100多名离、退休人员增加养老金。至2005年年底，全县机关、事业单位在职人员7 864人，月人均工资1 012元，全县月工资总额796.1万元；离、退休人员2 974人，月人均离、退休费1 048元，全县月工资总额311.7万元。

二、工资制度改革

1985 年，全县国家机关、事业单位进行 1949 年后的第三次工资改革，实行由基础工资、职务工资、工龄津贴、奖励工资 4 部分组成的结构工资制度。3 月 28 日，县成立改革工资制度领导小组，县委副书记周宗龙兼任领导小组组长，下设办公室，与县劳动人事局合署办公。当年 10 月，工资改革工作结束。全县参加工资制度改革的国家机关、事业单位共 879 个 6 537 人。改革后月增加工资总额 12.65 万元，人均增加 19.35 元。1993 年 10 月 1 日起，对机关、事业单位工作人员工资制度进行改革。机关工作人员（除工勤人员外）实行职级工资制，分为职务工资、级别工资、基础工资和工龄工资 4 个部分。机关工人实行岗位技术等级工资制，工资由岗位工资、技术等级工资和奖金 3 部分构成；事业单位按财政全额拨款、差额拨款、自收自支 3 种不同类型实行分类管理。1994 年 1 月，成立由县委常委、副县长马学军任组长的工资制度改革领导小组，组织 7 人工作专班，负责具体改革工作。3 月 12—15 日，举办全县工资改革培训班。5 月底审批结束，6 月份正式执行新的工资标准。列入工资改革范围的共有 776 个单位 8 171 人。其中，国家机关 86 个 1 988 人，事业单位 690 个 6 183 人。事业单位中全额拨款 608 个 4 315 人；差额拨款 46 个 1 535 人；自收自支 36 个 333 人。机关事业单位离、退休人员 1 458 人（其中离休人员 147 人）。工资改革后，行政机关和工商、物价、税务、交警等 46 个单位、356 人执行机关工资制度；全额拨款事业单位工资构成中活的比例一律执行 30%，差额补贴事业单位工资构成中活的比例执行 40%，36 个自收自支事业单位工资构成中活的比例按 40%的 24 个，45%的 12 个。改革后，在职人员 8 171 人，月增资 85.8 万元，人均 105 元；离、退休人员 1 458 人，月增资 21.8 万元，人均 149.4 元。机关工作人员由月均工资 370.36 元提高到 464.36 元（含保留的津、补贴和 90 元小伙食补贴，下同），全额拨款事业单位人均月工资由 364.95 元提高到 454.97 元；差额拨款事业单位人均月工资由 340.85 元提高到 461.85 元；自收自支事业单位人均月工资由 366.7 元提高到 497.7 元，离、退休人员人均月离、退休费由 366.83 元提高到 504.36 元。此后，除国家统一进行的工资标准调整外，县人事局对全县机关、事业单位工作人员的工资管理，主要是按规定正常晋升职务工资档次、级别工资、工龄工资以及对新参加工作人员确定工资。

第十六篇　法治·军事

1984 年 1 月，县政法委员会成立，成为县委主管全县政法工作的工作机构。全县政法部门共有县社会治安综合治理委员会（以下简称县综治委）、县公安局、县人民检察院（以下简称县检察院）、县人民法院（以下简称县法院）、县司法局等单位。政法工作以维护社会秩序，确保一方平安为目标，坚决打击和惩治犯罪，社会治安综合治理、公安、审判、检察、司法行政等工作均取得较好成绩，先后多次获国家和省、市表彰。

1979 年，县人民武装部(以下简称县人武部)为军队编制，1986 年 6 月改为地方建制。1996 年 4 月，又收归军队建制。县人武部为主管全县军事的领导机构，1979－2005 年，先后 80 余次获县级以上表彰，其中县人武部党委 8 次被广州军区党委、省委和省军区表彰为先进党组织。1996 年，县人武部被广州军区评为学雷锋先进单位、按《纲要》建设先进单位，并记集体二等功一次。

第一章　社会治安综合治理

1986年5月，县综治委成立，为非常设机构，由分管政法工作的县委副书记任主任。1991年后，均由县长任主任，20多个单位为成员单位。至2000年，县综治委统一协调、指导和组织县公安局、检察院、法院集中开展打击拐卖人口、打击毒品犯罪、取缔旷野窑门、取缔法轮功等专项斗争。组织开展严惩侵财犯罪、暴力犯罪、多发性犯罪为重点的严厉打击刑事犯罪（简称“严打”，下同）行动。2002年，成立维护交通秩序领导小组、流动人口管理工作领导小组、创建安全文明校园领导小组、预防青少年违法犯罪领导小组、刑满释放和解除劳教人员安置领导小组等非常设机构。2003年，全县社会治安建立县、乡镇、村、组四级综合治理目标管理责任制，层层签订责任书，建立一票否决权制、治安问责制、责任追究制等制度。2004年，以创建平安秭归为目标，开展平安乡镇、平安村、平安社区、平安单位、平安校园等创建活动。2005年，县综治委对各乡镇、各单位进行社会治安综合治理目标考核验收。表彰优胜单位，下达整改通知书和治安问责通知书，对有关单位实行一票否决。当年，被省社会治安综合治理委员会授予平安乡镇 1个，市社会治安综合治理委员会授予平安乡镇2个。秭归县被市委、市政府表彰为2005年度社会治安综合治理优胜县。

第一节　目标管理

1991年2月，首次由县长与各乡镇长签订社会治安综合治理工作责任书。3月，县委、县政府提出《关于加强社会治安综合治理工作的意见》，提出“谁主管、谁负责”原则，全县建立县、乡镇、村（居委会）、组四级治安责任区，各级各单位负责人为治安责任人，层层签订责任书，实行社会治安目标管理。11月，县委、县政府下发《关于1991—1995年社会治安综合治理规划》；县委办公室、县政府办公室印发《实行社会治安综合治理一票否决权制试行办法》，将社会治安综合治理目标管理同责任人的政治荣誉、政绩考核、职级提升和经济利益挂钩，与评选文明单位、企业晋级挂钩，实行社会治安综合治理一票否决。2002年，县委办公室、县政府办公室对一票否决权制进行修改，下发《秭归县社会治安综合治理一票否决权制实施细则（试行）》，对社会治安综合治理工作责任、检查考核、奖励惩处执行程序作出明确规定。

1991年，县综治委组织专班对全县各乡镇、重点工业企业、县直各单位进行社会治安综合治理目标管理工作考核验收。1992年，县综治委制定印发《乡镇社会治安综合治理考核验收评分办法》和《县直机关团体 企事业单位社会治安综合治理验收评分标准》。规定基础分为100分，年终考核验收总分达到95分以上的单位为先进单位；80～90分为合格；70～79分为基本合格；60分以下为不合格。当年全县无不合格单位，并被宜昌地区评为社会治安综合治理先进县。2002年，通过考核验收，评出社会治安综合治理优胜单位10个，合格单位88个，基本合格建议整改单位4个。2003年，通过考核验收，表彰优胜单位10个，安全文明单位38个，对10个单位下达整改通知书，1个单位给予“黄牌”警告，3个单位实行一票否决。2004年，表彰优胜单位10个，文明单位38个，先进工作者15人，对11个单位下发治安问责通知书，10个单位下发整改通知书，2个单位实行一票否决。2005年度，县委表彰优胜单位10个，优秀责任人5人，先进工作者10人，对2个单位实行一票否决，9个单位下发治安问责通知书。

第二节　平安创建

2004年，县委、县政府开展创建平安县活动，成立创建平安工作领导小组，县长罗平焜任组长。县委先后召开3次常委会研究创建平安秭归问题，召开创建活动动员大会，确定“发案少，秩序好，社会稳定，群众满意”工作目标。全县投资15万元，在县城、集镇和公路沿线制作创建平安秭归大型宣传牌20块。县电台、电视台开辟创建平安秭归专栏，艺术团编排专题文艺节目。印发宣传资料2万份，张贴标语1.5万份，放映《防范百招》专题片50场次，办宣传橱窗专栏150期。杨林桥镇、屈原镇长江村、人民银行秭归县支行、两河口镇一支笔中学、洛兹集团三峡服饰公司等单位开展平安乡镇、平安村、平安社区、平安单位、平安企业、平安校园、平安市场、平安大道等系列创建活动。落实目标责任制、治安问责制、一票否决制和责任追究制。2004年度，全县表彰安全文明单位400个，安全文明村186个。杨林桥镇被省社会治安综合治理委员会命名为“平安乡镇”，屈原镇、两河口镇被市社会治安综合治理委员会命名为“平安乡镇”。2005年，杨林桥、两河口、水田坝、周坪、磨坪、郭家坝等6个乡镇被县综治委命名为“平安乡镇”，县委组织部、县纪委、县委党校等18个县直单位被县综治委命名为“平安单位”。

第二章　公　安

1981年，县革命委员会公安局更名为县公安局，辖城关、香溪、陕西营水陆派出所和15个公社公安特派员。1982年，县公安局下设6个派出所。1983年下设4个派出所。当年，县公安局武警中队改名为中国人民武装警察部队秭归县中队，直属宜昌地区武警支队，由县公安局代管。1986年，县公安局下设13个派出所。1987年7月15日，原县车辆管理站正式移交县公安局，更名为县公安局交通警察队。1989年，下设17个公安派出所。1991年6月，县公安局交通警察队升格为县公安局交通警察大队，为副科级单位。12月成立县香溪道路检查站，于1992年3月撤销。1992年12月成立县公安局茅坪分局。1995年7月，县消防中队更名为县消防大队。2001年，下设13个派出所。2002年8月，组建县武装警察消防中队，成为专业消防队伍。2005年，县公安局下设公安派出所13个，共有干警235人。在林业部门设立森林公安分局1个。（图16-2-1）

图 16-2-1：县公安局 110 指挥中心

1979年，全县公安工作逐步恢复正常秩序。1983年，集中开展“严打”斗争，至1987年共抓获刑事犯罪分子1 066人，侦破刑事案件1 019件。1979—2005年，共侦破刑事案件9 508件，刑事案件破案率年均78.88%。同时开展打击流窜犯、拐卖人口犯、毒品犯、车匪路霸等专项斗争，集中打击经济领域的犯罪活动，维护法律尊严，刑事案件发生率逐年下降。社会治安以加强特种行业、公共场所、危险物品、户籍等管理为重点，加强重要接待、重点工程项目等安全警卫、保卫，维护社会稳定，服务经济建设。1987年，县公安局交通警察队成立，全面履行道路交通安全管理职能，加强车辆及驾驶员管理，维护交通秩序，查处交通事故。1987—2005年共查处交通事故2 992起。县武警消防中队专司消防之职，加强消防宣传，确定重点消防单位进行重点预防，发生火灾及时扑救并查处事故。至2005年，共查处火灾事故责任人297人。

第一节　刑事侦查

一、案件侦破

1979年，县公安局侦破刑事案件81件，其中大、要案15件，抓获案犯62人。1980—1982年，共侦破刑事案件674件，其中大、要案57件，抓获案犯637人，缴获现金及物资折款6.8万元。

1983年8月—1987年1月，依法从重从快打击严重破坏社会治安的刑事犯罪分子，其间，破获刑事案件2 392起，共抓获刑事犯罪分子1 066人。其中，批准逮捕336人，拘留56人，收审674人。摧毁各种犯罪团伙59个，抓获犯罪分子204人。缴获枪支1支、子弹150发、雷管4 783发、炸药398公斤、其他各种凶器154件、现金及物资折款29.54万元。

1988—1990年，开展专项治理、集中打击刑事犯罪统一行动15次，其中破获屈原纪念馆文物被盗案，将罪犯倪金飞、李建新抓获，追回失窃文物战国铜敦。1991年，开展“破大案、打现行、挖团伙、追逃犯”为重点的统一行动，严惩一批“土霸王、土流子”。1995—2000年，进行“春季攻势”“夏季整治”“冬季行动”“百日破案保截流”“百日严打整治行动”等专项斗争。1979—2005年，全县共发刑事案件1.21万件，共侦破案件9 508件，破案率78.88%，其中侦破大、要案1 377件，抓获案犯8 685

人。（见表16-2-1）

1979—2005年全县刑事案件侦破情况表

表16-2-1 单位：件、人

年份	发案数	破案数	其中大、要案		抓获案犯
			发案数	破案数	
1979	112	81	6	5	62
1980	194	110	14	14	115
1981	438	300	22	20	306
1982	321	264	23	23	216
1983	313	267	35	35	270
1984	227	201	18	18	161
1985	208	179	33	32	145
1986	228	196	22	21	156
1987	211	181	37	37	209
1988	308	263	48	44	245
1989	535	430	64	53	367
1990	772	615	72	63	494
1991	671	522	67	56	478
1992	784	642	88	83	472
1993	748	717	109	101	633
1994	672	572	108	98	634
1995	532	486	113	105	532
1996	428	392	106	99	414
1997	349	323	131	119	407
1998	369	340	154	140	397
1999	425	383	148	128	473
2000	513	441	84	83	372
2001	563	401	—	—	289
2002	654	412	—	—	312
2003	428	281	—	—	267
2004	540	282	—	—	126
2005	511	227	—	—	133

二、专项打击犯罪活动

打击流窜犯 1980年，在车站、码头等重要场所进行盘查流窜作案犯罪分子，共收审流窜犯罪嫌疑分子91人。1985年，收审逮捕流窜犯罪分子133人。1988年，开展6次集中清查流窜犯罪统一行动，共收审137人，逮捕41人，转外地处理11人。抓获在泄滩、沙镇溪等乡镇流窜盗窃团伙7人；破获在宜昌、巴东、秭归等地流窜作案的刑事案件15起。1989年，连续4次开展集中打击流窜犯罪统一行动，共收审194人，逮捕69人，刑事拘留4人，治安处罚416人，转外地处理11人。至1993年，在“打流窜、追逃犯”集中统一行动中，累计抓获收审流窜犯罪嫌疑人2 777人，逮捕流窜犯罪分子838人。

打击拐卖人口犯 1987年，两河口镇14名妇女被拐卖。县公安局组织6个办案组，分赴四川、安徽、山东、河南、广东等省和省内其他县、市，对有拐卖嫌疑的10案26人进行专案调查。1991年，成立打击拐卖人口领导小组，建立常年工作专班。当年破获拐卖人口案36起，查获作案人员48人，逮捕拐卖人口犯18人，解救被拐卖妇女38人。1992年破获拐卖人口案件31起，抓获作案成员29人，解救妇女儿童43人。1993年，在全县交通要道和人口密集地方设立9个“打击人贩子”举报点。派出解救专班15个、30人，组织追捕小组5个、16人，奔赴全国12个省、市，破获拐卖人口案件25起，查明作案成员35人，解救妇女儿童58人，缴获赃款8 000余元。1995年，县政府拨出资金2万元，县公安局抽调10名干警，先后5次赴河北、河南、山东、山西、安徽、江苏、浙江、福建、海南等9省、18县、66个乡镇、83个村，解救妇女儿童52人，挖出拐卖妇女儿童团伙1个，抓获犯罪分子12人。1996年，打击拐卖人口专班辗转10省、25市、30县，行程3.5万公里，捣毁拐卖妇女儿童犯罪团伙3个，破获拐卖人口案10起，抓获拐卖人口犯罪分子15人，解救妇女儿童62人。2000年，组织3次集中统一行动，摧毁以磨坪乡李元申为首的16名拐卖人口团伙。破获拐卖人口案件47起，抓获犯罪嫌疑人47人，解救妇女儿童269人。

打击毒品犯 1990年，贯彻落实全国人大常委会通过的《关于禁毒的决定》，开展禁贩、禁吸、禁种“三禁”并举的禁毒专项斗争。1991年，侦破贩毒案件4起，抓获贩毒犯罪分子7人，收缴鸦片3 600克。查处私种罂粟案件11起，铲除罂粟原植物408株。1995年侦破贩毒案件13件。1996年，成立禁毒工作领导小组，制定《禁毒专项斗争方案》，组建禁毒工作专班。到1999年，共侦破贩毒案件21起，查处吸毒人员107人，查处私种罂粟案件5起，铲除罂粟820株，刑事拘留毒品犯7人，劳教4人，治安处罚13人，强制戒毒30人，收缴假鸦片1 600克，海洛因74.1克。2000年3月，县公安局组建禁毒中队，全县12个乡镇开展“无毒社区”创建活动。茅坪镇西楚居委会“无毒社区”创建达到公安部规定标准。至2005年，破获涉毒案件188起，抓获涉毒违法人员234人。其中，劳教41人，治安处罚37人，强制戒毒114人。铲除罂粟382株，缴获毒品429.48克。破获首例人体贩运毒品案1起，罪犯屈永法（两河口镇人）在他人授意下利用人体从老挝携带毒品过境，被公安部门识破并缴获海洛因270克。

打击车匪路霸 1993年，县公安局制定《关于开展围歼车匪路霸专项斗争的行动方案》，成立以县公安局局长为组长的领导小组，下设围歼车匪路霸办公室，印发《围歼车匪路霸通告》张贴全县各点。以茅坪镇交通要道、宜（昌）秭（归）公路沿线、卜（庄河）杨（林桥）公路沿线、沙（镇溪）两（河口）磨（坪）公路沿线为重点，打击车匪路霸。1997年，长江三峡工程大江截流，为确保工程顺利进行，开展以茅坪、香溪、郭家坝镇为重点的打击车匪路霸、盗抢机动车辆专项斗争。共破获车匪路霸案件11起、盗抢摩托车案件12起，收缴被盗摩托车15辆。1999年，全县开展第三次预防和打击车匪路霸专项斗争，破案率100%，成功破获预谋劫车案，劫车杀人案2起。

打击经济犯 1998年，县刑警大队下设专案中队，专门负责经济案件侦查，当年共受理经济犯罪案件31起，立案27起，破案24起，为企业、公司追回赃款43万元。查获非法运输、贩卖香烟345件，价值72万元。打击抗税、偷税、漏税等违法犯罪活动，追回税款100万元。1999年，经济犯罪报警31起，立案29起，破案27起，其中刑事拘留11案16人，起诉3案3人。挽回经济损失60万元，查获非法经营、假冒卷烟120件，价值40余万元。追回税款150万元。

2000年10月，组建经济犯罪侦查大队，当年受理经济犯罪案件23起，破获22起，抓获犯罪嫌疑人19人。其中，逮捕1人，刑事拘留7人，治安拘留4人。收缴卷烟1 995条、假币2万元，挽回经济损失140万元。

2001—2005年，共受理经济犯罪报警案件193起。其中，不予立案15起，移交主管机关处理27起。公安机关破案34起，查获经济犯罪嫌疑人49人。其中，逮捕起诉12人，刑事拘留6人，取保候审4人，移交处理27人。挽回经济损失443万元。查获有违法经营行为个体工商户925户，收缴卷烟3 502条。协助查处偷、漏税124户，涉税金额207万元，追回税款365.3万元。收缴假冒伪劣商品价值21.41万元。

第二节　治安管理

一、特种行业管理

1978年，开始加强特种行业治安管理工作。1984年，全县有旅馆业114家，旧货业38家，印铸业5家，修理业55家，特种行业从业人员456人。1987年，在全县开展特种行业整顿，对从业人员进行培训，建立旅馆业治安管理工作8种基本制度。1988年实行“特种行业安全许可证”制度，全县发证245家。其中，旅馆业188家，旧货业31家，刻字及印刷业15家，打字复印业11家。1992年，对印刷业、打字复印业、刻字业、晒图等行业统一制定《承制登记制度》《机密文件文史资料承印制度》《情况报告制度》。1994年，对全县92家废旧金属收购点进行检查，取缔无证经营5家。1998年，以乡镇为单位，对所有特种行业从业人员进行法律法规和安全业务知识培训1 700人。2001年，全县开展特种行业安全检查，查处卖淫嫖娼21人，赌博7人。2002年，开展旧货业整顿，建立并规范县报废汽车回收中心、茅坪废旧收购公司以及归州、两河口废旧收购站。2004年，在茅坪城区20个床位以上旅馆推行“登记备案、依法告之、问责整改、记分考核、查处抄告”5项制度。2005年，全县登记发证的旅馆151家，旧货收购17家，印铸56家，修理73家，刻字2家。

二、公共场所管理

1979年，县公安局全面恢复公共场所治安管理工作。1989年，整顿公共娱乐场所，对全县142家录像播放点颁发“公共娱乐场所治安管理许可证”。当年，查处治安案件153起，没收凶杀、恐怖录像带21盘，录音带968盘，不健康书刊2 092册。1994年，在319家公共娱乐场所开展查禁卖淫嫖娼、赌博、传播淫秽录像等违法犯罪行为，共查处卖淫嫖娼案件23起，赌博案件15起，捣毁传播淫秽录像窝点3处。1995年，开展“扫黄打非”行动，查获卖淫嫖娼案9起，涉案人员15人；赌博案件102起，涉赌人员350人，端掉聚众赌博窝点4处。1996年，采取“打、管、防、治”4字方针，共取缔电子游戏机室18家，收缴游戏机233台，抓获吸毒人员15人，卖淫妇女9人；查获卖淫嫖娼案20起，赌博案10起，传播淫秽物品案3起。1999年，查封美容美发店3家，查获吸毒案13起42人、卖淫嫖娼案45起61人、传播淫秽物品案4起、赌博案104起380人。2000年，公共娱乐场所压减到166家，取缔无证经营9家，销毁按摩床33张，拆除房中房4间，拆掉不符合要求的招牌67块。2004年3月，整治“迪吧”，收缴赌博机90台，责令停业整顿9家，限期整改3家，取缔休闲中心4家。2005年，共查处黄、毒、赌案件95起，涉案人员285人；查处卖淫嫖娼窝点3个、卖淫嫖娼案件16起；查获毒品案件5起；查获淫秽物品案5起，收缴淫秽光盘146张。查处赌博案66起253人、治安案件43起。

三、危险物品管理

1984年8月，成立县整顿清理民用爆炸物品领导小组，各镇区相应成立领导小组57个173人。组成整顿清理专班200个570人，审查生产销售储存爆炸物品单位305个，从业人员1 116人。取缔非法生产烟花爆竹企业1个，停业整顿25个，收缴炸药2.12万公斤，雷管4.22万发，导火索2.3万米。培训爆破、安全、保管员1 423人，颁发“爆破作业证”695个。1989年，对生产、储存、销售、使用爆破器材和烟花爆竹的厂家、门店、单位和个人进行全面清理整顿。印发《通告》1 000份，上门清查11万户，收缴炸药551.7公斤、雷管1.5万发、导火索1 727米、烟花爆竹7万响。集中销毁失效雷管2万发，停业限期整顿生产经营单位42家，整改隐患368处。培训从业人员1 620人，对1 152个单位实行建档管理。1994年，茅坪、周坪、新滩、香溪、郭家坝、归州、沙镇溪、两河口等乡镇进行清理整治。1996年，理顺经营渠道，限定进货地点，明确民爆器材和烟花爆竹经营权。对小煤窑、采石场、交通复建公路等单位储存、使用民爆器材清理检查。1998年，发布《收缴民爆物品和枪支弹药通告》，登记使用民爆物品单位572个，收缴非法使用炸药8.1吨、雷管70发、导火索155米。2000年，建立规范的民爆物品批发销售网络，爆破器材由县民爆公司负责采购。茅坪、归州设批发站，各乡镇设民爆物品销售点1个，负责本辖区零售业务。2001年取缔非法生产鞭炮厂1家，撤除民爆储存仓库1个，组建民爆物品管理站12个，收缴炸药1.17万公斤、雷管1.36万发、导火索8 036米、烟花爆竹181万响。2003年，乡镇派出所落实民爆物品专管员，对12个民爆服务站建立出入库登记、使用、清退检查台账。查处涉爆案件30起，处罚23人。2004年，县公安局对民爆物品实行局长、队长、所长三级监管责任制。至2005年，全县累计收缴炸药8.04万公斤、雷管11.47万发、导火索4.43万米、烟花爆竹5 945.2万响，处理违法人员375人。

1980年，全县有各种气枪、猎枪等1 186支。1994年，连续3年共收缴钢珠枪、催泪枪、仿真手枪、气枪、猎枪等各种非法持有枪支353支、子弹201发、管制刀具424把，查处违法人员16人。1997年，共登记合法枪支620支，同时收缴非法枪支147支。1998年，各责任区公安民警对有狩猎枪支的320个村进行清理，收缴非法枪支601支，治安处罚28人。2005年，开展“治爆缉枪”专项行动，共收缴非法枪支5 774支，治安处罚17人，刑事处罚1人。

四、安全保卫

1979—2005年，县公安局共完成警卫、保卫任务484批次。其中，一级警卫37批次，二级警卫71批次，三级警卫56批次，重要保卫320批次。1994年10月，中共中央总书记、国家主席江泽民，中央政治局候补委员温家宝一行40人视察秭归，县公安局抽调民警125人，出色完成警卫任务，受到省公安厅表彰。1996年，全国政协主席李瑞环、国务院总理李鹏视察秭归新县城，县公安局进入一级警卫，确保中央首长的绝对安全。1997年，三峡工程大江截流，县公安局完成警卫、保卫任务32次。其中，一级警卫3次，二级警卫5次，其他重大保卫活动24次。2002年，完成警卫、保卫任务30次。其中，一级警卫3次，二级警卫3次，重要保卫24次。2003年，完成警卫、保卫任务32次。其中，一级警卫4次，二级警卫3次，三级警卫5次，重要保卫20次。先后完成温家宝、曾培炎等中央领导视察秭归的警卫以及高峡平湖龙舟赛、第四届中国宜昌三峡国际旅游节等重大活动的保卫。2004年，完成警卫、保卫任务34次。其中，一级警卫3次，二级警卫6次，重要保卫25次。先后完成国际人口与发展论坛 国际会议以及香港知名人士邵逸夫率领的特别行政区教育司司长代表团、奥地利高级官员代表团在秭归期间的保卫工作。

五、取缔邪教

“旷野窄门”邪教组织1992年传入秭归，涉及两河口、文化、磨坪、沙镇溪、梅家河、杨林桥、周坪等14个乡镇、162个村、3个居委会。1995年3月，县委成立打击、取缔非法组织领导小组，制定《打击 取缔"旷野窄门"工作方案》。全县组成4个专班123人，10个乡镇成立领导小组，组成专班13个、115人。印发《通告》550份，宣传提纲150份，《村民须知》13.1万份。共取缔"旷野窄门"邪教组织在秭归设立的组织机构202个。其中，非法小分会1个，分会点9个，教会64个，聚会点128处。共举办法制教育班18期、1 735人次，收缴宣传品1 743份；对骨干分子收审13人，治安处罚412人。

"法轮功"邪教组织1994年传入秭归。1999年7月，县公安局开始全面取缔"法轮功"邪教组织。组成13个专班，投入警力700人次，召开会议45场次，印发《通告》250份，下发取缔通知书14份，取缔非法练功点14个、辅导站2个、查获邪教"法轮功"辅导员2人、教功员1人、练功点负责人14人，参与练功人员161人；收缴邪教"法轮功"书籍、资料、挂像、挂佛、徽章、磁带、光盘等非法出版物657件。责令练功者写出书面保证161份，刑事拘留2人，治安拘留1人。2000年4月，举办邪教"法轮功"重点人员法教班，依法查处串联进京滋事、聚集、传播经文等违法活动7起11人，拦截进京滋事6人。

六、户政管理

1983年前，县公安局只负责城镇户口管理，农村户口由公社政府管理。1984年，县政府发出《关于公安派出所接管农村户口的通知》，全县城镇农村户口管理全部纳入公安工作范围。1987年实行农村户口簿管理。至1994年，全县共办理自理口粮的城镇户口7 830人。1995年，农村户口迁移一律实行户口准迁证和户口迁移证制度。2002年，推进小城镇户籍管理改革。2003年取消农业户口、非农业户口性质和其他户口类型，建立统一的居民户口登记管理制度。

1979—1984年，重点加强宾馆旅店住宿的暂住人口管理。1986年，县公安局发出《关于实行暂住人口登记的通知》，全县共登记暂住人口1 235人。1991年，全县实行统一暂住人口登记簿、暂住人口登记卡、暂住证等登记办证制度。2005年，全县登记流动人口4.82万人。其中，县内流出人口3.75万人，流入县内暂住人口1.07万人。

1988年，全县首次颁发居民身份证，当年共颁发居民身份证12.97万人。至1990年，3年累计颁发居民身份证29.44万人，占总人数的69%，占应发证人数的96%。1991年后，颁发居民身份证纳入公安机关日常工作。2005年，全县办理居民身份证1.19万人。其中，颁证3 799人，换证1 959人，补证3 338人，办理临时身份证2 760人。

第三节 交通管理

一、车辆管理

1987年7月15日，全县道路交通管理工作由县交通局正式移交县公安局。机动车实行一年一次检验。其中，个体汽车实行半年一次检验，客运车辆实行每季度一次检验。1987—2005年，全县共检验各种机动车辆8.49万台次。2005年，全县管辖机动车辆2.8万台。其中，汽车4 651台，农用车917台，摩托车2.24万辆。

1987—2005年，共办理摩托车、拖拉机、轮式机械车、三轮农用车和轻便摩托车等"五小"车辆号牌2.45万副。对驾驶员的管理主要是培训、考试、年审等。1988年，全县有机动车驾驶员1 784人，年审合格1 736人，合格率97.3%。1996年，全县有机动车驾驶员3 226人，年审验2 894人，审验率89.7%。

2000年，全县各类机动车驾驶员达7 821人。1999年，正式成立驾驶员协会，与县交警大队共同实施驾驶员管理工作。2003年，全县12个乡镇派出所建立驾驶员协会工作站。2005年，全县共举办拖拉机、摩托车、汽车驾驶员培训班150期，培训1.12万人。全县有驾驶员协会会员2.42万人。

二、秩序整顿

1987年7月，成立县公安局交通警察队，开始对公路摆摊设点、堆物作业、违章建筑等路障进行清理整顿。至2000年，共撤除固定路障610处，清除占道物337处，撤除摊点787处，清除30个单位的基建占道物资，疏通道路堵塞28处，拆除违章建筑2处，拆除棚店89个，制止打场晒粮68处。2001年整改路段19处，增设警示牌41块，建立报警点16处，清理摊点392处，拆除乱搭乱建513处。2002年，投资200万元对48处交通隐患进行整改。2003年，在新县城新增警示牌30块，勘划人行道线9 816米、停车位13处。2004年，对全县14条、483.45公里道路排除隐患280处，新建坡形钢防护栏4 500米，防护撞墙160米，增设警示标志牌480块、整改危险路段125处。

1987年，县公安局及各乡镇成立整顿交通秩序领导小组，共组织17个工作组40人进行交通安全检查。至1989年，共纠正违章车辆1 946台次，查处违章驾驶4 282人次。1998年，先后开展15次交通秩序专项整治，针对车辆安全状况、乱停乱放、无牌无证、酒后驾驶等违章行为及报废车辆、走私车辆、盗抢车辆进行整治，共检查各类机动车辆3.24万台次，查处违章4 282人次，暂扣车辆1 492台次，暂扣证件828个，清理报废车辆289台，查出盗抢、走私车辆28台，处以罚款3 911人次，行政拘留34人。至2005年，共查处违章车辆1.96万台次、驾驶员3.98万人次，处以治安拘留186人次，罚款3.35万人次，警告2 182人次，暂扣证件4 080个。

三、事故查处

1998年1月8日，个体司机吴某驾驶山花牌19座中巴车从归州开往梅家河乡肖家坪，行至境内红（土岭）肖（家坪）线狮子岭路段，与一辆东风大货车相撞，造成10人死亡、5人重伤、19人轻伤的特大交通事故。肇事者被判处有期徒刑7年。2000年7月3日，神农架林区一辆吉普车行至郭（家坝）文（化）公路9公里处翻至坎河中，造成4人死亡、1人重伤、车辆报废的重大交通事故。1987—2005年，全县共发生交通事故2 992起。其中，重特大事故251起，一般事故2 741起。共死亡410人，受伤1 928人，造成直接经济损失437.67万元；共处理交通事故2 992起，查处率100%，处理交通事故责任人1 436人。其中，追究刑事责任76人，扣证356人，吊销证照78人，其他处理926人。

第四节　消　防

一、火灾预防

1994年，县公安局消防科更名为消防大队。2002年8月16日，组建驻秭归县武警消防大队，成为专业消防队伍。到2005年，全县各级各部门组建防火安全领导小组397个2 083人，安全保卫科33个138人，专（兼）职消防干部215人，义务消防队210个5 346人。

1989年，开展消防宣传，共办消防宣传栏10期，编印消防教材200份，悬挂消防宣传口号1 350条，放映消防录像30场次，举办培训班72期、1 500人次，组织灭火演练87场次。1995—2000年，县电视台开辟“119”宣传专栏，播放《中华人民共和国消防法》及《火之波》《怎样使用灭火器》《消防安全20条》《隐患就在你身边》等消防电视片。印发《家庭消防须知》《致全县法人代表的一封公开信》等消防宣传资料，普及消防知识。

1980年，全县确定火灾危险大、发生火灾损失大、伤亡大的县级重点防火单位133个，社镇重点防火单位71个；2000年，全县重点防火单位177个。其中，二级25个，三级152个。1990年6月，对全县造纸业防火工作进行检查，全面治理，消除火灾隐患。1997年，对石油液化气和石油加油站、宾馆饭店、舞厅等重点场所进行消防专项整治。2003年，对人员密集场所消防安全疏散通道、安全出口进行专项检查和治理。2004年，重新确定重点防火单位169个。其中，县管51个，乡镇派出所管118个。消防安全重点单位都分别建立健全消防档案、管理制度，配备消防设备，进行灭火演练等。

1986年，正式开展建筑消防审核工作。归州、香溪两镇实行建筑设计防火审核。全年办理26家建房防火图纸审核，审核工程面积2.83万平方米。建筑消防审核采取项目申请、实地勘查、严格审批、竣工验收、合格发证、问题整改等程序。至2005年，共审核建筑工程项目572个，面积148.02万平方米，提出审核意见1 629条。

二、事故查处

1979年，县航运公司船队使用电线不当造成火灾，损失6.95万元，对直接责任人追究刑事责任。1987年4月，茅坪纸厂陈家分厂因违章吸烟造成火灾，对直接责任人作出开除处理。1979—2005年，县内共发生火灾432起，死亡26人，受伤45人，直接经济损失228.15万元。火灾发生后，除采取积极灭火措施外，同时对火灾事故责任人严肃查处。1979—2005年，全县共处理火灾事故当事人297人。其中，刑事处罚10人，行政拘留20人，罚款75人，警告70人，其他处理122人。

第五节 监所管理

一、人犯监管

1979年，县看守所有土木结构监房8间324平方米。1980年新修建预制结构监房20间，面积为627平方米，最大押容量240人。1984年，制定《秭归县看守所工作制度》《看守所监号规定》。至1996年，完善民警岗位，把监室划分到人，实行“包管理、包安全、包教育、包内务整洁”的“四包”责任制。人犯出入监所严格检查，防止人犯携带违禁物品入室，消除不安全因素。1998年，县看守所随县城搬迁茅坪镇，建筑总面积增加到1 960平方米，有监舍26间，最大容量250人。哨所内设警电铃、三级网查勘系统、对讲电话等硬件设施。至2005年，看守所累计收押人犯6 045人，收审所共收审3 525人，执行治安拘留未出现重大事故，被定为三级看守所。

二、教育改造

看守所对人犯进行法制教育、人生观教育、理想前途教育、形势教育、监规教育。采取公、检、法部门讲法制课、集中召开大会讲理想课、看守所干部个别谈话上思想课、利用家属会见和亲友通信进行亲情规劝等教育形式，促使人犯洗心革面，悔过自新。1982年，被判死刑的杀人、抢劫、放火犯梅红玉，经过法制教育，以《感动》为题，写下“眼空蓄泪内空虚，迎教改非自恨悔；倘若罪前有此教，未必能有今日罪”的懊悔之言。1996年，县公安局局长李传明到看守所作《告别昨天 把握今天 选择明天》的报告，敦促人犯走坦白从宽、检举揭发他人犯罪有功的道路。当年在押人犯检举揭发违法犯罪线索316条，促使破获刑事案件20起，其中大案10起，经济价值6万余元。

第三章　检　察

图 16-4-1：检察院及信息中心大楼

1979—2005年，县检察机关根据改革开放后出现的新情况，始终把反腐败作为首要任务。按照“一要坚决，二要慎重，务必搞准”的原则，突出查办党政机关、司法机关、行政执法部门、经济管理部门的贪污贿赂案件，充分发挥法律监督职能；开展刑事检察，坚持依法从重、从快打击刑事犯罪；开展法纪检察，重点打击徇私舞弊、玩忽职守、非法拘禁、刑讯逼供等犯罪；开展监所检察，对刑事判决、裁定的执行和监所执法情况进行法律监督，协助监所对犯人进行思想教育；开展民事、行政检察，充分发挥检察机关法律监督作用。县检察院曾获省人民检察院授予的“五好检察院”称号。（图16–4–1）

第一节　刑事检察

一、侦查监督

1979年，受理公安机关提请逮捕人犯17人，审查批准逮捕10人，不批捕3人，退回补充侦查3件。1980—1985年，审查批准逮捕770人，占报捕958人的80.38%。1986—1992年侦查批准逮捕415件544人。1993年，审查批准逮捕103件137人。1994年，受理公安机关、检察院自侦案件审查批准逮捕和决定逮捕案件81件117人。1995年批准逮捕81件117人。1996年检查批捕重点是影响三峡坝区和新县城建设的犯罪案件，受理批捕89件117人，审查批准逮捕76件98人，决定逮捕7件9人。1997—1998年，受理批捕187件260人，审查批准逮捕169件233人。1999年，检察机关提前介入报捕案32件43人；初查立案监督案件线索10件，查办立案监督2件2人。2000年，纠正侦查机关违法10次，进行立案监督案件13件13人，通知立案6件7人，不立案1件1人。2001年，受理刑事立案监督案件线索21件，初审后要求公安机关说明不立案理由11件，立案侦查5件，批准逮捕5件。2002年侦查监督提前介入重大疑难案32件44人，参与公安机关讨论案件26件38人。2004年，成立侦查监督改革领导小组，制定《县检察院 县公安局侦查活动监督试行办法》，制作“犯罪嫌疑人、被告人权利义务告知牌”，全年受理立案监督案件线索22件26人，无超期羁押、无违法办案、无违法变更强制措施、无违法撤销案件。1998—2005年，审查批捕采取提前介入公安机关侦查活动，共受理公安机关提请批准逮捕刑事案806件，1 083名犯罪嫌疑人，县反贪污贿赂工作局（简称反贪局，下同）移送审查决定逮捕71件，经审查批准逮捕和决定逮捕826件1 093人，不批捕10件14人，公安机关和反贪局撤回41件50人。共对侦查机关进行立案监督57件69

人。其中，构成犯罪应立案而没立案的41件46人，不构成犯罪不应立案而立案的16件23人。

二、审查起诉

1979年，县检察院恢复行使审查起诉权，开始办理移送审查起诉案件，对提出的起诉、免予起诉、不起诉意见进行审查，作出决定。当年，受理移送审查起诉刑事案件15件15人，经过审查提起公诉12件12人，免予起诉2件2人；检察员出庭支持公诉3件3人，发表公诉词3篇。1980年审查移送起诉刑事案件29件38人。其中，起诉25件31人，免予起诉2件4人，退查2件3人，发表公诉词3篇，审查起诉率100%，出庭支持公诉率84.6%。1981—1982年，依法起诉嫌疑人50件52人。1983—1985年，依法起诉犯罪嫌疑人589人。刑事检察起诉科被省人民检察院荣记集体二等功。1986—1992年审查决定起诉刑事案件596件722人。1993—2000年，突出对杀人、抢劫、强奸、暴力性犯罪和团伙犯罪打击，8年共受理移送审查起诉案件857件1 138人。其中，审查后起诉724件963人，免予起诉37件42人，不起诉20件26人，移送市法院审查起诉60件83人，侦查机关撤回16件24人。2003年，不予起诉公开审查1件1人，普通程序简易化审理55件67人，庭前证据交换8件11人。2004年，主诉检察官人均办案26件，普通程序简易审理39件45人。5年共受理移送审查起诉案件624件801人。其中，审查后提起公诉540件693人，不起诉37件53人，移送市院审查起诉32件40人，移送审查起诉单位撤回14件14人，退回补充侦查1件1人。2005年，全县移送审查起诉案件80件130人，提起公诉70件117人。

三、审判监督

1993—1996年，公诉机关出庭支持公诉345件466人，出庭支持公诉率为100%。1997—2005年，除简易程序可以不出庭外，普通程序都由主诉检察官出庭支持公诉。1998年，公诉人在庭审中对违反程序的行为提出纠正意见13次，对认为确有错误的刑事判决提请抗诉2件。2003年，检察机关向法院提出量刑建议80件，法院采纳68件。2005年，公诉科提起公诉71件117人。其中，建议适用简易程序审理24件27人，出庭支持公诉47件90人。

第二节 反贪污贿赂

1986—1992年，县检察院经济检察科受理经济违法犯罪案件线索428件459人，起诉58件63人，免予起诉20件34人。1993年，县反贪局受理初查各类经济案件124件130人，立案侦查终结8件8人，挽回经济损失13.8万元，协助发案单位收回资金19.6万元。1994年，反贪局开展“百日大战”行动，全年受理初查经济案件线索58件76人，立案侦查17件17人。其中，贪污10件10人，受贿4件4人，挪用公款1件1人，偷税抗税2件2人。1997年，共受理初查经济案件线索50件50人，立案查处12件12人。其中，贪污受贿5件5人，挪用公款2件2人，偷税案1件1人，违反公司法案4件4人。挽回经济损失150余万元。1988—1999年立案侦查12件24人。2000年，受理经济案件线索62件65人；立案侦查终结17件18人。其中，大案7件7人；立案查处的18人中，涉及科级干部4人，乡镇人大代表2人，县级人大代表1人，省人大代表1人。2001年，受理初查经济案件线索61件62人，立案查处20件20人，立案办理私分国有资产案1件1人，挽回经济损失150余万元。2002年，开展“夏季办案战役”，立案查处20件20人。其中，大案8件8人，涉案人员有科级干部3人，县人大代表1人，党员11人。2003年开展“猎狐行动”，县反贪局查办审计、烟草行业以及“三万线”（三峡至万州高压输电线）工程建设窝案、串案14件14人，追缴涉案赃款95%，挽回经济损失200万元。2004年立案侦查14件14人。2005年，受案线索22件22人，立案侦查8件8人，移送起诉8件8人。

第三节　反渎职侵权

1979年12月，县检察院内设法纪检察科。1980年受理初查侵权案件20件。其中，立案侦查5件，转外单位查处6件，撤销案件3件，免诉和不诉6件。协助当地政府发现查处案件123起。1989年受理初查重大责任事故案12件12人，玩忽职守案1件1人，非法侵入他人住宅案4件4人。配合县燃化工业局等部门，清理整顿小煤矿209个，提出口头和书面检查建议24次。1993年受理初查法纪案件线索45件48人，其中4件4人立案查处追究刑事责任。1995年，受理初查法纪案件线索17件17人，立案查处3件3人。1999年，法纪检察科针对全县教育系统中小学校舍建筑工程管理混乱，监理失控，存在严重安全隐患的具体情况，撰写题为《秭归县中小学校舍建筑质量低劣实在令人担忧》的调查报告，引起主管部门高度重视。2004年，在办理法纪案件中发现问题，向有关单位提出检察建议5条，完成个案预防2件。参与百万元工程招投标全程监督9场次。至2005年，县检察院累计受理初查各类法纪案件216件225人，立案侦查34件37人。

第四节　监所检察

1979年，县检察院内设监所检察科。1980年，对监所管教活动是否合法实施监督。1983—1985年，“严打”期间监所关押人员增多，管教力量不足，出现人犯闹狱、重新犯罪现象。依法查处起诉3名牢头狱霸和脱逃未遂犯。对在押人员进行法制教育20余场次，对体罚人犯的管教干部进行监督处理。1986—1988年，县检察院配合县看守所对在押人员加强文明管理，纠正侦查人员不开提押票提讯犯罪嫌疑人的违法行为2起，纠正超办案时限1起，纠正超羁押期限1起。1993—1999年，县看守所累计关押人员2 256人，监督检查科常年驻所检察，每年驻所检察340余天。1993年开展执法检查16次，纠正各种违法行为13次，安全检查21次，消除安全隐患63起（件），配合看守所进行法制宣传教育19场次；对监外执行的78名罪犯进行实地考察。1997年，进行执法和安全防范检查21次，口头提出整改建议16次；纠正违法行为和消除安全隐患33起；配合进行法制教育16场次；对52名监外执行罪犯进行实地考察，纠正7名监外执行犯的审批手续程序。1998年，发现刑事拘留超期羁押36人，促使纠正29人。1999年，催办各类案件20件，对超期羁押5人口头提出纠正意见6次，书面建议纠正1次。2000年，对取保候审、超期羁押、罪犯减刑、暂予监外执行、保外就医等进行专项执法检查，纠正超期羁押案件7件。2001年，纠正超期羁押案件4件5人，纠正超审限案件4件4人。2002年，办理在押服刑罪犯不服法院判决申诉案件2件2人。2004年，审查服刑减刑21人、保外就医17人，其申报程序合法，无徇私虚假行为。2005年，对决定保外就医1人、转予监外执行罪犯10人的报批程序进行事前监督，加强对留所服刑9名罪犯监督管理，强化规范管理力度。

第五节　民事行政检察

1997年6月，县检察院增设民事行政检察科。当年受理民事申诉案件1件，立案1件、经审查提请市检察院抗诉1件（市检察院未抗诉）。1998年，对民事行政检察工作的性质、职能、受案范围等进行宣传，印发资料500余份，解答咨询60人次，受理民事行政检察案件9件，作息诉处理2件，转其他单位处理3件，立案审查4件。其中，提请抗诉3件，建议提请抗诉1件。2000年，受理民事行政申诉案36件。其中，民事申诉35件，行政申诉1件；作息诉处理26件，立案审查10件；市检察院采纳建议提起抗诉2件，改判1件，维持原判1件。2005年，受理民事行政申诉案15件，作息诉处理5件，立案审查10件。其中，提请抗诉3件，建议提请抗诉3件，不予提起抗诉4件。再审后改判3件。

第六节　控告申诉

1985年11月，县检察院设立控告申诉科。当年走访9个镇（区）、63个村、7个机关事业单位、17个专业户，就地处理控告申诉信访案9件。1986—1987年，共受理来信来访527件次，其中属首次信访432件次，县检察院直接答复135件次。复查申诉案件30件。其中，平反3件3人，纠正错案3件3人，驳回申诉24件。1987年，坚持巡回信访接待，深入58个村、110个组，共接待群众来访191人次，处理治安案件，获取违法犯罪案件线索13件，提供案件线索6件13人。全年共处理信访案件249件。1988年，县人民检察院举报中心成立，当年受理举报案件66件。初查25件，审查立案3件4人。全年共受理来信来访244件次。其中，来信198件，来访46人次；属首次信访200件次，自行查处和直接答复54件次。1989—1999年，共受理控、申、举报信访2 573件次。其中，控告检举2 239件次，申诉334件次；属首次信访2 292件次。1989年，设立经济违法犯罪人员坦白自首接待室，实行24小时值班，全年收到控告举报贪污、贿赂线索218件。1997年，县检察院控告申诉检察科与举报中心合署办公，一套班子，两块牌子，抽调10名检察干警，深入10个乡镇开展定点宣传。2000—2005年，县检察院共受理控告申诉举报信访1 288件次，属院管辖案件473件，初查立案查处92件94人。其中，2005年受理控告申诉举报信访122件次，属院管辖的举报信访74件次，初查案件线索13件13人，立案查处5件5人。

第四章　法　院

1979年后，法制建设步伐加快，审判严格依法进行，全面实行审判、合议、陈述、辩护、回避、上诉制度。1982年，实行民商分立，设经济审判庭，主要审理经济合同纠纷案件。1991—1999年，推行公开审判制度，实行民事审判方式改革，围绕举证、质证、认证、辩论4个环节，坚持谁主张、谁举证原则。1996年，刑事审判方式改革，明确界定依法实行被告人案件简易审判程序，摆正控、辩、审三方之间职能关系。2000年，审判方式再次改革。审判管理实行统一立案、统一收费、立审分离、审执分离、审监分离、审书分离、相互制约、相互监督。刑事审判以打击侵财犯罪、暴力犯罪、多发性犯罪为重点，提高案件审结率、当庭认证率、合格率、当庭审判率及法定期限审结率。民事审判推行庭前证据交换、举证、质证、认证机制。2004年，设立民商事速裁庭，实行繁简分流，简单民事案件速裁审。开展行政审判，维护、支持、监督行政机关依法行政。

1979—2005年，县法院共审结各类刑事案件4 038件，民商事案件2.68万件，行政诉讼案件213件，刑事审判监督再审案件2 060件，民商事审判监督再审案件162件。其中，2005年审结刑事案件99件，民商事案件904件，行政诉讼案件14件，执结民商事案件792件。归州人民法庭被最高人民法院和共青团中央联合授予“全国青年文明号”。

第一节　刑事审判

一、审判概况

1979年7月后，县法院执行第五届全国人民代表大会第二次会议通过修订后的《中华人民共和国刑法》（简称新《刑法》，下同），按照新《刑法》审判刑事犯罪案件。1979—1982年，共判处刑事案件被告人181人，其中判处有期徒刑140人。1983—1986年，开展“严打”斗争，县法院贯彻中央“从重从快，一网打尽”方针，重点打击杀人、伤害、强奸、抢劫、流氓集团等刑事犯罪。其间，县法院共判处刑事案件被告人695人。其中，判处有期徒刑623人，无期徒刑14人，死刑1人，缓刑16人，拘役18人，管制3人，免予刑事处罚16人，宣告无罪4人。1979—2005年，县法院共审结各类刑事案件4 038件，判处被告人3 549人。其中，有期徒刑2 779人，无期徒刑14人，死刑1人，缓刑290人，拘役141人，管制13人，免予刑事处罚142人，单处罚金20人，其他处理3人，宣告无罪146人。2005年审结案件99件，判处被告人101人。其中，有期徒刑65人，缓刑23人，拘役8人，免予刑事处分1人，宣告无罪4人。（见表16-3-1）

1979—2005 年全县刑事案件审判情况表

表16-3-1　　　　单位：件、人

年份	审结案件	判处被告人	宣告无罪	免予刑事处罚	其他处理	管制	拘役	缓刑	有期	无期	死刑	死缓	单处罚金
1979	24	19	—	5	2	—	—	1	11	—	—	—	—
1980	46	32	2	—	—	1	3	4	22	—	—	—	—
1981	62	64	—	1	—	—	4	7	52	—	—	—	—
1982	81	66	—	2	—	1	4	4	55	—	—	—	—
1983	340	383	2	8	—	—	6	6	346	14	1	—	—
1984	167	160	1	6	—	2	7	5	139	—	—	—	—
1985	94	79	1	1	—	1	4	4	68	—	—	—	—
1986	83	73	—	1	—	—	1	1	70	—	—	—	—
1987	93	101	2		—	—	1	—	98	—	—	—	—
1988	90	84	2	1	—	—	—	—	81	—	—	—	—
1989	106	119	—	4	—	—	2	—	113	—	—	—	—
1990	170	241	2	6	1	2	4	9	217	—	—	—	—
1991	126	113	1	3	—	—	1	—	108	—	—	—	—
1992	152	146	—	1	—	—	1	9	135	—	—	—	—
1993	180	139	4	3	—	—	4	10	118	—	—	—	—
1994	166	145	—	2	—	—	4	18	121	—	—	—	—
1995	169	110	2	2	—	—	1	11	94	—	—	—	—
1996	193	146	4	6	—	—	8	20	108	—	—	—	—
1997	173	132	9	9	—	—	6	15	93	—	—	—	—
1998	151	109	12	8	—	—	9	20	52	—	—	—	8
1999	209	203	16	22	—	—	17	29	115	—	—	—	4

续表16-3-1

年份	审结案件	判处被告人	宣告无罪	免予刑事处罚	其他处理	管制	拘役	缓刑	有期	无期	死刑	死缓	单处罚金
2000	248	156	15	17	—	1	13	13	95	—	—	—	2
2001	252	217	13	22	—	1	7	25	147	—	—	—	2
2002	205	138	6	3	—	2	15	14	95	—	—	—	3
2003	205	111	21	4	—	1	3	18	64	—	—	—	—
2004	154	162	27	4	—	1	8	24	97	—	—	—	1
2005	99	101	4	1	—	—	8	23	65	—	—	—	—
合计	4 038	3 549	146	142	3	13	141	290	2 779	14	1	—	20

说明：判处被告人统计为已发生法律效力的人数，不含审结案件中未发生法律效力的

二、案件类型

1979—1987年，审结危害公共安全案件8件。1988—2005年，共审结危害公共安全案件152件。其中，放火10件，爆炸11件，投毒4件，其他方法危害5件，非法持有私藏枪支弹药1件，破坏生产（电力）设备13件，重大责任事故25件，交通肇事83件。

1979—2005年，审判侵犯公民人身、民主权利案件2 171件。其中，杀人案67件，强奸案323件，故意伤害案1 652件，侮辱诽谤、诬告陷害案27件，拐卖妇女儿童案55件，重婚案24件，虐待案16件，强制猥亵、侮辱妇女案、暴力干涉婚姻自由案、破坏军婚案、绑架案、遗弃案、非法拘禁案各1件。

1990—2005年，审判盗窃案件510件，判处被告人721人。其中，判处有期徒刑643人，缓刑25人，拘役33人，管制3人，免予刑事处罚3人，单处罚金13人，撤诉1人。

1979—2005年，审判妨害社会管理秩序案220件。其中，聚众斗殴、寻衅滋事、强制猥亵、侮辱妇女案136件，盗伐、滥伐林木案37件，拒不执行人民法院判决、裁定案件和妨害公务案19件，破坏监管秩序案2件，贩卖毒品案5件，引诱、容留、介绍卖淫案件3件，非法行医案件1件，非法种植毒品原植物案件1件，其他案件16件。

1981—1984年，审判贪污犯罪案件52件。1986—2005年，全县实施移民搬迁，移民资金流动量大，贪污贿赂案件上升。20年共审判贪污贿赂案153件。其中，贪污案84件，受贿案44件，挪用公款案25件。判处被告人158人。其中，被判处10年以上15年以下有期徒刑6人，5年以上10年以下有期徒刑24人，5年以下有期徒刑66人，拘役2人，有期徒刑缓刑43人，免予刑事处罚11人，宣告无罪3人，退查1人，其他处理2人。

少年犯案件的审判，坚持“教育、感化、挽救”方针。1986年，刑事审判庭确定一名审判员专门负责审理少年犯罪案件，当年审理少年犯罪案件16件。1991年组建少年法庭，实行审判员与共青团、妇联、教育等有关部门负责人担任陪审员组成少年犯罪案件审判合议庭。1986—2005年，共审判少年犯被告人195人。其中，犯罪时已满14岁不满16岁21人，满16岁不满18岁174人。

第二节 民商事及行政审判

一、民事案件

1981年，贯彻实施新修订的《中华人民共和国婚姻法》，婚姻纠纷案件的审理，先行调解，然后

判决。1991年，审结婚姻家庭案401件，其中离婚案381件。2002年3月，县法院民事审判庭挂牌成立婚姻家庭合议庭，负责审理离婚、抚养、赡养、扶养、继承、探视等有关婚姻家庭案件，全年共审结婚姻家庭案232件。

1979—1986年，损害赔偿案件较少。1987—2005年，县法院共审结损害赔偿案4 389件。包括财产损害、人身损害、精神损害、动物致人损害、道路交通事故损害、触电损害、医疗事故、合同违约损失、停止侵害损失、排除妨碍损失、返还财产损失以及因田土山林争界、农田灌溉争水、邻里不睦、口角是非、故意伤害等引起的损害赔偿。1992—2001年，共审结损害赔偿案2 847件。其中，人身损害赔偿案2 335件，财产损害赔偿案512件。2002—2003年，审结雇员受害赔偿案件28件。2003—2004年，审结道路交通事故赔偿案61件。

1979—1999年，共审结房屋纠纷案631件。2000—2005年，共审结房屋纠纷案87件，主要涉及房屋买卖、房屋确权、房屋租赁、房产分割、房屋优先购买权、房屋拆建、移民补偿、房屋预售等引起的纠纷案。

1979—2005年，共审结赡养、抚养、扶养“三养”案件1 043件。其中，赡养纠纷案850件，抚养纠纷案178件，扶养纠纷案15件。1980—1989年，大量农民工外出务工、经商，农村年老体弱者和妇女儿童生活、学习、医疗长期得不到保障，造成“三养”纠纷案件明显增多。法院审理“三养”案件，采取优先立案、优先审理、优先执行的“三优”方针。1993—1997年，平均每年审结65件。2005年，审结“三养”案件37起。其中，赡养30件，抚养6件，扶养1件。全年比2004年减少21件，比最高年1995年的70件减少33件。

二、经济案件

1982年，县法院设立经济审判庭，与民事审判庭合署办公。1983年，经济审判庭独立办公，负责经济合同纠纷案件审理。到1991年，审结经济合同纠纷案2 085件。其中，购销合同纠纷155件，借款合同纠纷100件，建设工程承包合同纠纷37件，加工承揽、财产租赁、土地承包、联合经营、货物运输、财产保险、企业内部承包等合同纠纷案件1 793件。2000年，审结经济合同纠纷案1 110件，占当年审结各类民事案1 829件的60.68%。审结案件中借贷合同纠纷案716件。2002—2005年，审结买卖合同、房地产开发合同、借款合同、建设工程合同、农村承包合同以及其他合同纠纷案1 479件。

1994年，县法院首次依法宣告县花炮厂、船舶修造厂、服装商贸总公司、皮鞋厂、布鞋厂等5家企业破产。当年宣告审理终结破产企业3家，安置企业职工179人。2000年，县法院设立破产合议庭，负责破产案件审理，全年受理破产案15件，终结12件。为破产企业回收债权280万元，筹资300万元安置企业职工。至2005年，共受理宣告破产案83件。其中，国有企业40家，集体企业38家，股份制企业5家。审理终结82家，安置企业职工9 713人。县生活资料公司、建筑总公司三公司、宏达运输总公司、恒生毛毯厂、印刷厂为最后一批破产全民所有制和集体所有制企业。

三、行政案件

1987年，受理审结不服卫生行政机关处罚、不服公安机关交通事故处理和不服土地管理部门处理决定的行政诉讼案4件。1991年是《中华人民共和国行政诉讼法》全面施行的第一年，县法院审结林业、公安、土地、城建等方面行政诉讼案10件。其中，维持原判4件，撤销3件，移送、变更、终结各1件。2004年，审结涉及公安、土地、农业、劳动和社会保障、乡镇政府及其他相关部门的行政诉讼案36件。其中，撤诉23件，撤销1件，维持原判2件，驳回起诉4件，驳回诉讼请求3件，确认违法3件。

1987—2005年，共审结行政诉讼案件213件。其中，涉及公安机关35件，土地矿山资源54件，城建11件，工商行政管理12件，计划生育2件，卫生机关4件，农业3件，交通运输8件，税务机关4件，劳动保障6件，烟草专卖4件，乡镇政府28件，财政1件，水利1件，其他40件。

第三节　审判监督

一、刑事案件复查

1984年，设立刑事案件申诉复查专门常设机构，配备专职人员。1985年12月，县法院刑事审判第二庭成立，专门审理刑事申诉复查案件。1989年3月，撤销刑事审判第二庭，设立告诉申诉审判庭，行使刑事案件申诉复查职能。1997年6月，设立审判监督庭，告诉立案与申诉复查分离。1980—1983年，刑事申诉案件129件。其中，维持原判16件，撤诉108件，改判5件。1984—2005年，审结刑事申诉案件467件。其中，驳回申诉、维持原判291件，占62.3%；申诉人撤诉62件，占13.3%；改判114件，占24.4%。改判案件中，宣告无罪70人，免予刑事处罚6人；减轻处罚53人，加重处罚4人。

1979年，全县组成11人复查专班，进行“文化大革命”期间刑事案件复查，并配合右派改正工作，对因右派问题以反革命罪判处的74件案件复查。其中，无罪平反67件，免予刑事处罚2件，其他处理5件，并对冤、假、错案当事人给予补发工资5人，金额4 000元；补发生活费28人，金额7 500元；收回安排工作34人，恢复党籍2人，恢复团籍1人。

二、民商事案件复查

1983年，民商事审判监督案件审理列为独立审判业务。至1990年，共审结23件。其中，维持原判11件，改判3件，调解、撤诉或其他方式结案9件。1991—2000年，审结民商事审判监督案件74件。其中，维持原判22件，改判15件，其他方式结案37件。2000年审结19件。其中，再审4件，检察机关抗诉和上级法院决定再审9件，当事人申诉再审6件。2001—2005年，审结民商事审判监督案件62件。其中，维持原判20件，改判24件，其他方式结案18件。

第四节　案件执行

一、刑事案件

《中华人民共和国刑事诉讼法》颁布后，县法院依法对被判处有期徒刑或者拘役的罪犯，将执行通知书、判决书等有关法律文书送交县看守所，由看守所将其送到监狱或其他劳动改造场所执行。被判处拘役、缓刑、管制、剥夺政治权利罪犯，交由县公安机关执行。对于被判处有期徒刑罪犯，在交付执行刑罚前，剩余刑期在1年以下的，交由县看守所代为执行。被判没收财产、罚金的执行，无论是附加适用或独立适用，都由县法院执行，期满不缴纳的，由法院强制执行。1979—2005年，共执行刑事案件4 038件。对于刑事附带民事的执行，刑事审判法官在审理过程中，采取审执结合方式执行，不能执行或不能完全执行的，移交法院执行部门按民事诉讼法程序执行。死刑案件一律由市中级人民法院执行，县法院协助在本辖区内执行死刑案件。执行死刑时，一般都要召开宣判执行大会，县领导到会讲话，中级人民法院法官宣读高级法院院长签发的执行死刑命令，县武警战士将死刑犯押赴刑场，执行枪决。2003年开始，执行死刑枪决不再由武警战士执行，由各县（市）法院法警交叉执行。

二、民商事案件

1983年前，民商事案件执行无专门机构，由民事审判庭审判人员采取审执合一方法执行。1983年，成立执行庭，与民事审判庭合署办公。一般案件，由执行员和书记员执行；重大案件派法警参加执行。措施有扣留、查封、扣押、冻结、提取被执行人储蓄存款或劳动收入、变卖被执行人财产等。

1991年5月，执行庭与民事庭分立，配备专职执行人员，正式挂牌办公。当年11月中旬组织一次集中大执行，全县分片派执行小组，每个小组配一名法警，强化执行。1997年，共执结案件1 849件。1999年，开展“案件执行年”活动，以6个人民法庭辖区为6个执行区域，执行庭干警分3个执行组，实行案件到组，辖区分片，任务到人，集中执结一大批积案。2000年8月，撤销执行庭，设置执行工作局，为副科级单位，配备3名主执行官，1名执行官和6名执行员。内设裁判科、执行科、综合科，实行执行裁判权、执行命令权、执行实施权三分立。1991—2005年，共受理民商事执行案件1.89万件，执结1.58万件。其中，自动履行9 362件，和解1 335件，终结325件，不予执行34件，强制执行3 758件，其他形式执结1 005件。

三、行政案件

行政案件由行政审判庭执行。1991年5月，县法院设立交通征稽执行室；1993年10月设立水土保持执行室；1993年11月设立土地管理执行室；1994年8月设立城建执行室；1994年11月设立农政管理执行室。各执行室由行政审判庭审判人员与行政机关工作人员共同组成，执行行政案件。1995年，新县城建设中违章占道、乱搭乱建、违章建筑77处、4 483平方米，县法院依法强制拆除26处、1 309平方米。1995年3月撤销所有执行室，行政案件仍由行政审判庭执行。2003年，县法院执结行政非诉讼执行案件167件，仅屈原镇有85件教育行政执行案，使85名辍学少年重返校园。至2005年，县法院共执结行政诉讼案件106件，执行行政非诉讼案件1 812件。执结的行政诉讼案件中，强制执行34件，自动履行65件，和解6件，不予执行1件；执行中司法拘留1人，罚款3人。执结的行政非诉讼案件中，强制执行575件，自动履行1 102件，和解67件，终结26件，其他36件，不予执行6件。执行中拘留5人。

第五章　司法行政

1980年12月，县司法局成立。1981年2月，下设法律顾问处。12月组建县公证处。1986年11月，法律顾问处升为副局级机构。2004年，全县乡镇司法所收编为司法局直管，下设茅坪、屈原、归州、水田坝、泄滩、沙镇溪、两河口、梅家河、磨坪、郭家坝、周坪、杨林桥12个司法所。2005年，县司法局共有内设机构7个，下设12个司法所，实有在编人员28人。

县司法局主管法制宣传教育、人民调解、律师、公证、基层司法行政工作。1985年，培训镇（区）司法员63人，村治保调解员370人，村民小组法制宣传员247人；各级人民调解组织受理民间纠纷案件4 901件；县法律顾问处办理刑事辩护案件22件。1986—2005年，全县实施和完成4个五年普法教育，共发放教材、课本15.35万册，举办普法骨干培训班1 228期，广播电视普法讲座460场次，内容涉及30

余部法律法规和两个法律读本。4个五年普法期间应普法对象112.21万人，实普及102.59万人，普及率91.43%。至2005年，全县有两家合伙制律师事务所、15家基层法律服务所从事法律服务。县公证处自1981年设立后，至2005年共办理经济类、民事类、移民类公证5.45万件。

第一节　宣传教育

一、法律宣传

1981—1985年，全县开展学习宪法、刑法、刑事诉讼法等法律，编印宣传资料2.18万份，讲法制教育课444场次，解答法律知识问题250条，放映法制教育影片16场，播放法制教育影像节目56次，展出法制教育图片235幅，培训公社（区、区镇）、村、组法制宣传员680人。通过法律宣传有35人主动投案自首，593人主动交代犯罪行为。

二、普法教育

1986年，全县实施第一个五年法制宣传教育规划（简称“一五”普法，下同）。县成立普法领导小组，共16人组成；镇（区）、县直战线成立普法领导小组23个，村（居）委会成立普法领导小组480个。县、镇（区）两级抓试点单位26个，举办普法学习班258期，培训骨干2.53万人。购买法律法规课本7.79万册，编印讲课稿和法律宣传资料2.88万份。组织干部群众观看法制宣传录像550场次、电影785场，宣传法律内容的文艺演出275场，受教育群众33.33万人次。出动普法宣传车21辆，巡回宣传215个台班。办法律宣传栏1 592期，图片展58场次，法律知识竞赛6次、参赛7 510人。5年间先后学习宪法、刑法、刑事诉讼法、民事诉讼法、婚姻法、继承法、经济合同法、兵役法、民法通则、民族区域自治法、治安管理处罚条例（通称“十法一例”）等11部法律法规。全县应普法对象33.01万人，实普及26.41万人，普及率82.02%。

1991年，全县实施第二个五年法制宣传教育规划（简称“二五”普法，下同）。成立由23人组成的县“二五”普法领导小组，制定《关于在公民中开展法制宣传教育第二个五年规划》。学习法律法规有：森林法、涉外经济合同法、全民所有制工业企业法、外资企业法、技术合同法、中外合作经营企业法、专利法、商标法、全民所有制工业企业转换经营机制条例、民兵工作条例等。1991—1995年，全县征订发放《“二五”普法课本》1.63万册，《专业法律法规普及读本》1 620册，举办骨干培训班250期。广播电视法制讲座52场次，出动普法宣传车450余台次，书写法律宣传标语2.31万幅。开展法律知识竞赛146场次，组织法律知识演讲会12场次。至1995年，应普法对象为28.12万人，实普及25.97万人，普及率92.36%。

1996年，全县实施第三个五年法制宣传教育规划（简称“三五”普法，下同）。10月，县委、县政府批转《县委宣传部 县司法局关于在公民中开展法制宣传教育第三个五年规划》，县人大常委会作出《继续在公民中进行法制宣传教育的决议》。成立以县委副书记为组长，由41人组成的县“三五”普法领导小组，乡镇、县直各单位，层层建立普法领导小组1 663个。县普法领导小组与14个乡镇、88个县直单位负责人签订普法责任状，建立各级领导负责的普法责任制。1996—2000年，县普法领导小组组织成立18人普法讲师团，举办培训班360期，培训骨干2.3万人，发放各种普法教材3.2万册，编印普法资料、辅导讲义20万份。县乡两级财政投入普法经费85万元。广播电视台开辟“政策与法规”“法坛内外”“依法治县”等专题栏目，编排普法文艺节目160个，演出500场次，设置法制宣传栏450处，编办专刊1 500期。举办法律知识竞赛38场次、演讲比赛25场次。至2000年，全县普法对象26.06万人，

25.54万人普及学习反不正当竞争法、消费者权益保护法、劳动法、农业法、保险法、科技进步法、国家赔偿法等法律法规，普及率98%，合格率100%。县司法局干部王岚被省委、省政府授予"'三五'普法十大标兵"称号。

2001年，实施第四个五年法制宣传教育规划（简称"四五"普法，下同）。县委宣传部、县司法局发出《关于在公民中开展法制宣传教育第四个五年规划》，县人大常委会作出《关于进一步开展法制宣传教育的决议》，成立以县长任组长、36人组成的依法治县领导小组。2002年6月，成立34人组成的"四五"普法讲师团。2001—2005年，共购发《"四五"普法干部法律知识读本》8 254册，《"四五"普法法律知识普通读本》5 597册，《"四五"普法法律知识问答》5 045册，其他法律法规书籍6 800余册。举办普法骨干培训班360期，进行普法试点45个。县广播电台、电视台开办《秭归县"四五"普法系列讲座》专题栏目，共开展42期讲座。2002年，先后举办法律知识有奖竞赛、"国寿杯"法律知识竞赛、"五一杯"法律知识竞赛，参赛人数1万多人。2003年8月20日，农业部、司法部和省政府在秭归联合举办农业法、农村土地承包法、草原法等法律知识送法下乡活动，主会场设在茅坪镇，来自全国近百名专家现场开展普法宣传讲座、发放资料和进行法律咨询。11月，全县公职人员共8 000人参加学法考试，参考率为98%，合格率99.5%。至2005年，应普法对象25.02万人，实普及24.68万人，普及率98.64%，合格率100%。（图16–5–1）

图 16-5-1：县司法局在县职业教育中心进行普法宣传

第二节　法律服务

一、律　师

1981年2月，成立县法律顾问处，1993年6月更名为县律师事务所，1995年8月更名为县天赋律师事务所，1999年6月更名为湖北楚天剑律师事务所。2000年11月，创办第一家合伙制律师事务所——湖北林华安律师事务所。2001年12月，湖北楚天剑律师事务所转为合伙制律师事务所。至2005年，全县有"林华安""楚天剑"两家合伙制律师事务所。

2003年，全县2家律师事务所开展律师队伍教育整顿和律师事务所规范建设，建立33个规章制度，实行执业人员、服务承诺、收费标准、社会监督员4个公示上墙。2004年12月，县政府成立法律顾问团，为依法行政、依法治县提供法律服务。2005年，全县有专职执业律师11人，实习律师3人。1981—2005年，2家律师事务所累计担任机关、事业、企业单位法律顾问567家，刑事辩护1 100件，民事代理1 311件，经济诉讼代理296件，行政诉讼代理59件，非诉讼代理829件，代书1 955份，法律咨询2 326次，挽回和避免经济损失2 859.75万元。

二、公　证

1981年12月，县公证处成立，配备专职公证人员2人。主要办理结婚、离婚、收养子女、委托书、合同书及加工订货、经销等经济合同公证。1996年，围绕库区移民安置、交通复建、企业改制、地质灾害治理、商品房买卖等重点，拓展服务业务。深入茅坪、屈原、归州、沙镇溪、郭家坝等移民乡镇移民区现场办理移民公证3 800余件。1981—2005年，县公证处累计办理各类公证5.45万件。其中，经济类8 000件、民事类1.59万件、移民类2.27万件、其他类7 900件。

三、基层法律服务

1985年8月，全县第一个法律服务所在茅坪区成立，由法律工作者3人组成。1989年6月，磨坪乡法律服务所成立；1992年，香溪、两河口、杨林桥镇法律服务所成立；至2005年，全县设立基层法律服务所15个，法律工作者51人。累计担任法律顾问1 099家次，代理诉讼案件5 325件，代理非诉讼法律事务1 075件，调解疑难纠纷4 931件，协助办理公证71件，见证443件，代写法律事务文书8 883份，解答法律咨询3.47万人次，办理法律援助事务702件，参与司法行政工作1 519人次，为当事人避免和挽回经济损失75万元。

四、法律援助

2000年7月，县司法局内设法律援助股，负责统一协调全县法律援助工作。法律援助事项由县司法局法律援助股统一受理申请，统一审查标准，统一指派法律服务人员，统一接受法律援助中心检查督办。2001—2005年，共办理各类法律援助案件1 858件。其中，残疾人案件312件，老年人案件298件，未成年人案件616件，特困户案件332件，刑事案件及其他案件300件。

1999年10月，成立“12348”法律服务指挥中心，配专职人员2人，在茅坪镇、归州镇等4个乡镇配备“12348”法律服务热线电话。面向人民群众和社会组织提供法律咨询和法律服务。一般性咨询求助当场解答，疑难、复杂问题约请咨询人面谈。对有法律服务需求的，指派相关法律服务机构提供服务或移交有关部门处理。至2005年，全县共接待咨询4 016次。其中，来电2 051次，来访1 664次，网上咨询301次；涉及民事2 161件、经济971件、刑事320件、行政564件；受托办理各种法律事务1 374件，上门服务85件，提交有关部门处理397件，为当事人避免和挽回经济损失745万元。

第三节　民事调解

一、网络建设

1980年，全县民事调解日常管理由县法院负责。县司法局成立后，民事调解组织建设、干部培训、业务指导等职能转由县司法局主管。1981年，全县各区、公社、镇有调解领导小组18个，农村生产大队（厂矿）调解委员会484个，调解委员3 388人；生产队调解小组2 964个，调解人员8 781人。1985年，县司法局设立民事纠纷调解股，专司民事调解工作。加强对调解委员会工作指导，培训基层调解员。1992年，法院审判人员参加培训调解员2 821人；1995年，培训调解员3 100人次。

2002年9月，县委、县政府《关于进一步加强全县社会治安综合治理工作的意见》规定，村调解委员会主任由村（社区）主职干部兼任。调解主任任免建议权、管理使用权、考核计酬权由乡镇司法所行使，调解主任报酬按不少于60%比例由司法所考核发放，做到村调解委员会组织、工作、报酬三落实。

至2005年，全县建立调解组织205个，调解委员851人。其中，县人民调解指导委员会1个，委员15人；乡镇人民调解委员会12个，委员127人；村（居委会）人民调解委员会192个，调解工作人员709人。

二、纠纷调解

1980年，县人民调解主管部门转发新滩镇龙江大队调解委员会调解民间纠纷典型材料。该大队全年共调解一般纠纷和轻微刑事纠纷4 652件，其中27件有效地防止非正常死亡事故发生。1983年，人民调解委员会受理民间纠纷5 802件，调处5 494件。1985年，受理调解民间纠纷4 901件。1996—2005年，全县各级人民调解组织共受理各类民间纠纷4.66万件，调处4.4万件，调解成功率为95%。其中，调解离婚纠纷8 276件，继承纠纷3 036件，赡养、抚养纠纷5 931件，邻里纠纷8 974件，生产经营纠纷1.26万件，其他纠纷5 232件。

第六章　军　事

1979年后，县人武部坚持抓自身建设，抓民兵预备役建设，带领全县民兵积极投入地方“三个文明”建设，出色完成民兵预备役和地方工作中心任务。领导和指导乡镇人民武装部建立健全基层民兵组织，加强民兵军事训练，强化武器装备管理，开展预备役人员政治教育，充分发挥民兵在经济建设、抢险救灾和保持社会稳定工作中骨干和突击作用。

图 16-6-1：民兵应急分队演练

县人武部贯彻执行《中华人民共和国兵役法》，每年根据上级征兵命令，配合地方政府做好征兵工作。1979—2005年，全县达到连续20多年无退兵、无换兵、无事故、无违纪的“四无”目标。（图16–6–1）

第一节　机　构

一、武装部

1986年6月，县人武部改归地方建制，其机构单设，实行县委、县政府和宜昌军分区双重领导管理体制。单位级别为副处级，辖办公室、军事科、政工科、后勤科、民兵训练基地办公室等5个正科级工作部门。1996年3月21日，县人武部收归军队建制，属全县军事领导指挥机关及兵役机关，仍接受双重领导。县委书记兼任县人武部党委第一书记，人武部部长或政委为县委常委。

1975年撤区并社，全县成立20个公社（场）人民武装部，专武干部64人。1984年1月，撤销13个公社人民武装部，重新组建13个区（镇）人民武装部，乡武装部60个，配专职武装干部87人。区（镇）武装部设部长和干事各1人，乡武装部设部长1人。1996年4月，原归州镇与香溪镇合并，新滩镇与屈原乡合并，全县乡镇人民武装部建制减少至14个。2002年3月，郭家坝镇与文化乡合并，周坪乡与芝兰乡合并，乡镇人民武装部减少到12个。至2005年，共设12个乡镇人民武装部，共有部长12人，副部长5人，专职武装干事4人。

二、武装警察

1982年12月，县人武部中队移交县公安局，组建中国人民武装警察部队秭归县中队，为连级单位。

中国人民武装警察部队秭归县消防大队隶属市消防支队，并接受地方公安局领导，属正营级编制。其前身为县公安局消防股。1983年，公安消防机构列入武装警察部队，原消防干部转为武警现役编制，执行中国人民解放军的条令、条例和供给标准。消防业务由武警宜昌地区消防支队和县公安局共同管理。1994年，县公安局消防科更名为消防大队。2002年8月，组建县武警消防中队，有消防车5辆。大队机关负责全县日常消防监督管理，中队主要负责扑灭火灾、日常巡逻以及抢险救灾工作。

第二节 兵 事

一、军事建设

政治教育 按照江泽民提出的“政治合格、军事过硬、作风优良、纪律严明、保障有力”的总要求，加强人武系统思想政治教育。坚持开展学先进、学英模活动，弘扬时代主旋律，激励官兵革命热情和斗志。采取党委中心组带头学、官兵集体学与个人自学相结合方式抓学习教育。

1996年4月，县人武部根据省军区、军分区指示，集中组织思想作风纪律教育整顿。采取学理论、上党课、查问题、定措施、树形象、见行动的方法进行。1999—2000年，县人武部机关开展“讲学习、讲政治、讲正气”的“三讲”教育活动。坚持边学边改，边整边改，把整改贯穿于教育全过程。完善各项制度，规范思想行为。党委修订完善《理论学习十项制度》《艰苦奋斗过紧日子措施》《基层建设检查督办落实制度》《机关管理三项制度》等制度。2002—2005年，深入贯彻中共十六大精神，开展“三个代表”重要思想学习和保持共产党员先进性教育活动。县人武部成立以政委、部长为组长的教育活动领导小组，做到有学习辅导材料，有读书笔记，有心得体会。先后进行两次思想调查，征求地方党政机关和群众意见，开展交心谈心活动，查找问题，开展群众评议。为增强教育效果，组织观看中央党校专家及省军区、军分区首长辅导讲课录像片，观看先进事迹报告会和反腐警示教育片。组织党员瞻仰烈士陵园，重温入党誓词。为巩固教育成果，定期开展“回头看”。通过教育，使党员和干部职工政治思想素质明显提高，作风得到转变。

军事训练 1980年后，加强人武部机关军事训练，按照《中国人民解放军军事训练大纲》规定，机关干部军事训练每年不少于30天。训练内容包括：共同条例及队列、射击、投弹、军事体育、战术基础、班排连战术、军事高科技知识、民兵预备役业务及有关军队法规等科目。1986—1996年，人武部移交地方管理期间，每年落实30～40天训练日，除进行共同科目训练外，还突出本级战役、战术课目和室内想定作业等内容学习训练。学习方法主要采取函授、自学、集训、进院校培训等形式。1996年，人武部收归军队建制后，按照新时期军事战略方针和军事训练大纲，以提高战斗力为目标，从严治军，突出军事训练，开展军事参谋“六会”（会读、会画、会写、会记、会算、会传）为主要内容的岗位练兵活动。1999年，县人武部响应党中央、中央军委“科技练兵”号召，部内12名现役干部在省军区组织高科技知识基础理论考核中，取得优秀（90分以上）成绩。2000年后，为加强军事训练的针对性、实用性，采取上下结合、部门联动、集中统一训练办法，每年完成35～45个军事训练日，提高干部军事素质。为切实提高打赢能力，针对局部战争特点和未来高技术条件下作战需要，重新确定训练内容。在组织机关干部学习常规军事知识基础上，重点进行计算机操作应用、电脑标图等专业训练。从部长、政委到机关干部，人人钻研军事理论，个个参加高技术条件下的战法研究，轮流上机操作，形成科技练兵浓厚氛围。2002年后，每年都选拔训练成绩突出的机关干部参加省军区、市军分区组织的“六会”参谋、“四会”（会讲、会教、会示范、会做思想工作）教练员集训。2003年，人民武装部机关干部在参加宜昌军分区集训中，被评为先进单位。2004年，根据上级指示，成立民兵便携式地空导弹分队。面对新专业、新技术，人民武装部组织干部先学先练。通过查阅大量军事资料，基本掌握地空导弹原理和使用方法。并自制一定的训练器材，圆满组织两期共194人次地空导弹分队训练。同年12月，人民武装部选派4名干部参加宜昌军分区“岗位练兵”比武，获团体第三名。政工科干事吴光敏获个人全能第一名，计算机标图、拟制军用文书第一名，多媒体制作、5公里长跑第三名；军事科参谋杜胜获5公里长跑第二名。2005年，人武部选派3人代表宜昌军分区参加省军区“岗位练兵”比武，均取得优秀（90分以上）成绩。

后勤保障　县人武部行政事业费、民兵事业费等经费由国防经费开支。1977年，经费管理实行大包干，结余不上缴，超支不补。1981年，扩大包干范围，实行各种形式的经济责任制。1986年，县人武部经费由地方政府支出，单独核算。1996年，干部工资由军队支出，职工工资纳入地方财政支出。在着装上，1965年，取消军衔制度，改为“65式”军装。1985年，实行统一换装。1986年，县人武部着陆军干部服装，佩戴人武工作专业符号。1996年，收归军队建制后，干部授予军衔，着陆军干部服装。在给养上，1996年，取消粮油、副食供应计划，改按月发放生活补助。在营房建设上，1998年县城搬迁前，县人武部营房占地5 200平方米，其中民兵学员宿舍楼1 000余平方米。1998年9月，县人武部随县城东迁茅坪后，新营区占地1.85万平方米，投资1 200余万元建起办公楼、宿舍楼、民兵武器装备仓库、民兵训练基地、车库、机关食堂等，房屋建筑面积共有9 600平方米。战备训练、生活设施等都得到较大改善。民兵武器库安全牢固，设施齐全，作战室有电动显示沙盘。档案室各种设施配套，办公设施实现自动化，配有电脑、传真机、复印机、打印机和内部电话交换机。2004—2005年，向县财政局争取经费近30万元，投资20余万元兴建可视会议系统，投资8万余元完善院内设施及营区绿化。修订完善后勤保障战备方案和计划，规范后勤战备库室和战备物资，完成医疗、油料、运输、工程抢险等后勤动员保障力量编组任务。2005年，杨林桥镇和尚岩出现岩崩险情，县人武部迅速启动抢险救灾后勤保障方案，出动后勤保障人员40人次，大车82台次，小车26台次。发放服装60套，后勤保障物资5 000余元，高标准完成抢险救灾后勤保障任务。

二、国防教育

1990年5月，为配合全县开展第一个国防教育宣传周活动，县国防教育领导小组、县人武部联合拍摄反映全县民兵预备役建设专题片《国防建设的后备军》，并在县电视台播放。

1992年，县委党校和16个乡镇党校根据县委宣传部、县教育委员会和县人武部联合下发的《1992年全县国防教育的意见》，在48期党员干部培训中，把国防教育作为干部培训重要内容，共有1.4万余人参加培训。在国防教育宣传期间，县委书记王少愚在县委党校给全县科级干部主讲《加强国防教育防止和平演变》的主题课。6月6日，在县影剧院举行纪念大会和阅兵活动，宜昌军分区副司令员张正安大校到会作重要讲话，县人武部部长黄大国作题为《服从经济建设大局 适应国防建设需要》报告。各乡镇党委书记、乡镇长、县直机关负责人和军事表演人员代表共1 000余人参加纪念大会。在纪念会上共有283名民兵参加阅兵活动，进行分列式、刺杀团体操、擒敌拳、高射机枪架枪等课目汇报表演和22个文艺节目演出。

1994年6月，根据《湖北省国防教育条例》规定，县全民国防教育领导小组更名为县国防教育委员会。全县开展学习《湖北省国防教育条例》及《宜昌市全民国防教育办法》宣传月活动。先后两次组织召开国防教育委员会成员会议，认真学习国家、省、市关于国防教育有关文件精神，成立《湖北省国防教育条例》宣传办公室。县国防教育委员会主任宋秀钿、副主任乔全贤分别在县人民广播电台、有线电视台发表贯彻实施《湖北省国防教育条例》讲话，县广播电台、有线电视台开辟国防园地专题节目。国防宣传办公室共印发宣传辅导材料600册，到基层巡回演讲20场次，听众达6 000余人，复印张贴《湖北省国防教育条例》300份，放映宣传幻灯片2 160场次，向外出务工民兵寄宣传材料328份，办宣传墙报476处，书写标语2 500余条，基本做到家喻户晓，人民群众国防观念得到提高。同年7月，全县举办首届国防知识竞赛，共24支代表队参赛，参赛干部、民兵和群众达2 000余人，经两天角逐，县政法战线代表队获一等奖，屈原镇、周坪乡代表队获二等奖，党群战线、杨林桥镇、归州镇代表队获三等奖。

2001年9月12日，为开展第一个全民国防教育日活动。县国防教育委员会召开全体会议，学习传达中央、省、市文件精神，对国防教育日活动进行安排部署。会议决定把9月的第三周作为国防教育宣传周。县电视台开设“国防教育园地”节目，县委副书记周功彪发表在全县开展第一个国防教育日活动的电视讲话，县电视台每天新闻栏目中都打出宣传标语，县广播电台录制15盒国防教育录音带，下发各乡镇广播站转播。9月15日，县委办公室、县委宣传部、县国防教育办公室、县人武部、县教育局等部门在长宁广场设立《国防教育法》宣传咨询点，散发宣传材料1 200余份。通过多种形式的宣传教育，使国防教育深入持久地开展起来，广大干部群众国防观念和国防意识得以增强。

三、拥政爱民

1979年后，县人武部多次组织民兵和预备役人员投入国家重点经济建设和抢险救灾活动。1977年，秭归县承包三三O工程三江下游航道护坡修建任务，因建设单位不能及时提供施工段面，施工进展缓慢。当时中央决定此工程必须在1981年葛洲坝工程正式通航发电前完成。在时间短、任务重的情况下，县委紧急动员民兵3 950人于1978年开赴工地投入施工，夜以继日，按时按质完成任务，确保按时通航发电。1980—1985年，民兵通信连先后4次配合县林业局和长阳土家族自治县完成飞播造林任务，使用各种电台、报话机30余次，出动民兵50人次，确保飞播面积3.6万公顷任务完成，受到上级通报表彰。1981年夏，长江洪水泛滥，屈原庙集材场木材有被洪水冲走的危险，直接威胁葛洲坝工程安全。县人武部主要领导及宜昌军分区副司令员高德洲亲临现场指挥战斗。组织万余民兵日夜守护沿江险段，共搬运土石方17万立方米，打捞漂流木材1 300多立方米，抢运加固集材场木材4.9万立方米，搬运各种物资1 924吨，协助转移搬迁123个单位1 420户，洪水中救出群众12人。1985年6月12日，新滩镇发生大规模山体滑坡。县人武部部长杨万举率领机关13名干部及千余民兵深入险区，组织群众安全转移，开展险区监测，沟通指挥网络，担负险区警戒，确保险区1 100余名群众生命财产安全。1986年1月，宜昌地区行署、宜昌军分区在县人武部召开新滩滑坡抢险救灾表彰大会，县人武部获集体三等功，杨万举、王光平、代有安、钟如荣分别记三等功一次。广州军区、省军区、宜昌军分区相继发出通令、通报，表彰新滩滑坡抢险救灾中作出突出贡献的县人武部及其有关人员。1991年6月29日，郭家坝镇头道河村鸡米寺发生大规模滑坡。县人武部部长黄大国亲临一线，会同郭家坝镇人民武装部，指挥当地100多名民兵投入抢险，奋战7昼夜，确保滑坡体内285户群众安全转移。2000年年初，两河口镇秦家坪发生滑坡，威胁20多户80多人的安全。在20多天警戒和安全转运中，县人武部部长覃根深带领机关干部，会同两河口镇武装部组织当地50多名民兵日夜警戒，进行监测，帮助群众转运物资，捐赠钱物，确保险区灾民恢复生产、生活。2002年7月，水田坝乡中坝村董家祠堂发生山体滑坡，县人武部副部长薛元平带领机关干部到现场组织水田坝乡民兵协助灾民搬迁103户330人。2003年6月，三峡工程蓄水期间，县人武部组织100多名民兵组成应急分队，在茅坪港协助调解各类纠纷80余起，为老弱病残旅客搬运行李1.5万件，货物30余吨。在三峡大坝蓄水135米、139米期间，组建8支清库民兵突击队，投入民兵5 000余人，协助地方政府顺利完成清库任务。蓄水后，多次组织民兵应急分队清理打捞江面漂浮物，《解放军画报》专门进行摄影报道。同年7月13日凌晨，沙镇溪镇千将坪村发生特大滑坡，1 200人受灾。灾情发生后，沙镇溪镇人民武装部连夜召集民兵150人投入抢险救灾。同时指示郭家坝、茅坪两镇人民武装部迅速召集民兵应急分队100名参加抢险救灾。在15天的抢险救灾中，共2 000名民兵参与救灾。后勤科长叶义林冒着生命危险，组织民兵对受损楼房进行成功爆破，被宜昌军分区记三等功一次。2005年7月9日，杨林桥镇赵家山村和尚岩出现险情，危及87户280人及两家企业生命财产安全。险情出现后，县人武部领导及时亲临险区办公，确定抢险方案，组织抢险救灾工作。14日晚10时，县人武部组织30名民兵应急分队队员与公安干警、杨林桥镇机关干部紧急转移险区群众，至15日凌晨1时前，将险区内全部群众及企业职工共95人转移至安全地带。当年，县人武部被宜昌军分区表彰为抢险救灾先进单位。1979—2005年，据不完全统计，全县民兵组织作为抢险救灾突击力量共参与上千次抢险任务，累计投入兵力超过10万人次。

四、人民防空

2002年前，全县防空设施还属一项空白，新县城建设没有将人民防空设施纳入县城总体规划。2002年4月，省委、省政府、省军区发文确定秭归县为省级人民防空重点城市。同年9月，成立县人民防空办公室，具体负责县城的人民防空工作。2003年在交通宾馆（县城西北方向）、中国电信秭归分公司楼顶安装防空警报器2台，城区防空警报音响覆盖率达80%。2004年年底，《秭归县防空袭应急预案》《秭归县防空袭人员疏散方案》修订完成，并组建医疗救护、水电工程抢修、消防、交通等人防专业队伍。

2005年5月，县人民防空办公室带领部分防空专业队伍参加空军武汉指挥所组织的三峡地区多军兵种防空作战演练，受到市人民防空办公室表彰。县人民防空办公室副主任郭卫红被省人民防空办公室表彰为先进个人。

第三节　兵　役

一、现役征集

1979年后，国家在征兵政策上作出较大调整。全县兵员征集工作坚持以质量为核心，重点把好新兵政审关、身体关、文化关、年龄关，使征兵工作走上法制化、规范化轨道。1979年，农村征集家庭劳动力比较充裕的青年和上山下乡知识青年，城市除征集1979年应届高中毕业生外，1978年前中学毕业生也在征集范围中，工矿企事业单位的青年职工和在校学生一律不征集。1980年冬季征兵，国家对征集对象和范围又作出调整，即农村征集家庭劳动力比较充裕，具有初中文化程度的青年和上山下乡知识青年；山区应征青年文化程度适当放宽。城市只征集当年应届高中毕业生。从1985年开始，按照上级要求，接兵部队不再到地方接兵，由地方兵役机关征集新兵后，直接送往部队，县征兵办公室认真选配送兵干部送兵，到部队进行交接。1989年全国恢复部队派人到地方接兵。随着征兵政策和体检标准的变化，2005年征集对象、范围和基本条件为：男青年为当年12月31日前年满18～20周岁，高中毕业以上文化程度的青年和企事业单位职工可放宽到21岁，大专以上文化程度青年可放宽到22岁；农村户口青年应具备初中毕业以上文化程度，非农业户口青年及企事业单位职工应具备高中（含职高、中专、技校）毕业以上文化程度。非学历教育民办大学在校生、高等学校无学籍学生及全日制高等学校在校大学生自愿应征的也可以征集。对完成任务确有困难的偏僻农村，征集农业户口青年的文化程度可适当放宽。按照国防部2002年颁发的《应征公民体格检查标准》，坚决杜绝有精神病、传染性疾病、慢性病以及有吸毒史的青年征集入伍。应征青年必须在常住户口所在地的村和居委会报名应征，按照公安部、总参谋部、总政治部2 004年颁发的《征兵政治审查工作规定》对应征报名青年进行政治审查。1980年，全县开始征集合格青年学生报军事院校。根据国务院、中央军委征兵命令，全县1988年没有征集新兵；1989年改为春季征兵；1990年恢复冬季征兵，当年春、冬两次征集；1990年后，一直实行冬季征兵。连续20多年实现无退兵、无换兵、无事故、无违纪的“四无”目标。

二、预备役

1980年，根据《国务院 中央军委关于转发〈退伍军人预备役登记统计暂行规定〉的通知》要求，县人武部从当年开始，每年对退役士兵进行预备役登记。为确保登记工作不漏人、不漏项，在民兵组织整顿时，由村民兵连、乡镇人民武装部进行认真核对。1992年，根据中央组织部、人事部、公安部、财政部、总参谋部、总政治部关于在全国开展转业干部预备役登记工作的通知要求，从当年起，对每年部队转业军官进行预备役登记。对超龄的预备役军官士兵及时予以注销。注重搞好预备役人员的管理教育，建立通信联系制度、训练管理制度，每年结合民兵军事训练，对退役兵进行复制。2004年八一前夕，县人武部组织全县二类预备役军官进行集中训练，并开展座谈。注重抓好预编到现役部队预备役人员的政治审查和管理教育，始终保持预备役人员过硬的政治素质和献身国防的热情。

第四节　民　兵

一、军事训练

乡镇人民武装部是民兵组织的基层领导机构，属地方建制，接受县人武部和同级党委、政府双重领导。1979年后，全县民兵军事训练走上正轨，采用集中训练方式，按照“突出重点，讲求方法，注重实效，科学组训，训以致用”原则，从事民兵军事训练。训练时间一般安排在每年6—8月进行，每次训练15—30天。以“农闲多训、农忙少训或不训”为前提。训练对象以民兵干部、专业技术分队、基干民兵和民兵应急分队为主。训练内容以《民兵军事训练大纲》为依据，专武干部一般由宜昌军分区分期轮训，民兵连（排）长由县人武部统一组织训练。训练内容包括队列、战术、射击、投弹、爆破等科目。专业技术分队除完成共同科目训练外，还必须掌握本专业基本知识和操作技能。民兵应急分队除完成共同科目外，还必须进行擒敌拳、警棍操、刺杀操等训练内容。通信分队训练以无线报务话务为主，有线为辅。主要内容有：密语背记、机上通话，收、发报和有线通信等。每年为一个周期，每期30~40天，训练成绩均在良好以上。高炮和迫击炮训练，主要是瞄准和实弹射击。1985年迫击炮连实弹射击训练，取得射击30发，命中29发的好成绩。1979—2005年，全县累计训练基干民兵1.8万余人，民兵干部2 000余人，专业分队2 900余人，训练成绩总评在良好以上。1997年在枝江市举行的宜昌市民兵大比武，秭归民兵代表队获第一名。同年，在宜昌市组织的民兵应急分队阅兵中，获最佳方队和军事课目表演奖。2000年6月，在宜昌市专武干部军政竞赛中秭归县取得团体第一名。27年间，秭归民兵在各类军事活动中相继捧回各类奖牌、奖旗10余块（面），18次被宜昌军分区评为军事训练先进单位。（图16–6–2）

图 16-6-2：民兵进行射击训练

二、宣传教育

1979年，针对民兵预备役人员新特点，以青年民兵之家为阵地，以军地共管，军民共建为特色，加强对民兵预备役人员思想政治教育。民兵政治教育以增强国防观念为核心，主要内容包括国防知识、人民战争思想、民兵的性质任务以及民兵队伍的光荣传统。1980年后，围绕“两个文明”建设进行教育。在第一个文明礼貌月活动中，县人武部组织民兵骨干5 233人，办墙报135期，文艺演出16场次。并开展公益劳动，清除畜圈3.6万余处，积肥13.95万吨，植树310余万株。组织学雷锋小组320个，为五保户担水130余吨，背煤60余吨，加工粮食13.9吨。1984年起，共建青年民兵之家378个。

20 世纪 90 年代，以建设中国特色社会主义理论学习为重点，以《民兵工作条例》有关规定为依据，结合民兵思想实际，从 6 个方面对民兵开展政治思想教育，即党的基本路线、国防知识、民兵基础知识、为人民服务宗旨观念、爱国主义和革命传统、政策法规等教育。民兵政治教育，基干民兵一年不少于 16 个课时，普通民兵每年不少于两次。做到规划、阵地、制度、检查、典型五落实。县人武部每年年初制定政治教育提纲，规定教育的时间和内容；以乡镇党校或乡镇办事处为民兵活动中心，村建立民兵活动室，形成教育网络；县人武部对政治教育实行量化目标考核，建立干部任教、备课、讲授和函授登记、考核验收等制度，增强约束机制；坚持半年一次检查，年终总结验收。同时，大力宣传人武战线先进典型和模范人物，学习杜森祥、李青春、王大虎等先进模范人物事迹，发挥典型示范作用。1998 年后，在全县民兵中深入开展“四学四进家”（学理论，讲政治，政治进家家家红；学科学，用科技，科技进家家家富；学法律，守规矩，法制进家家家安；学文化，树新风，文化进家家家乐）教育活动。发挥广大民兵在经济建设中带头作用。2002 年，广泛开展“三个代表”重要思想专题教育。结合宣传沙镇溪镇千将坪滑坡抢险救灾中涌现的先进典型，激发广大民兵职能意识、使命意识。2004 年，学习宣传中共十六届四中全会精神，深入开展“强国防，奔小康”专题教育，使广大民兵正确认识民兵预备役工作与经济建设协调发展关系。2005 年 4 月，县人武部在水田坝乡召开“两部一家”（民兵营部、连部、青年民兵之家）现场会，规范民兵活动阵地硬件设施，提高软件水平，使民兵政治教育不断制度化、规范化。

第十七篇　教育·科技

1979－1984 年，全县农村学校实施“一无两有”（校校无危房、班班有教室、人人有课桌凳）建设，办学条件大为改善。1997 年，全县基本完成普及六年义务教育（简称“普六”，下同）任务。各乡镇转入基本普及九年义务教育（简称“普九”，下同）和基本扫除青壮年文盲（简称“两基”，下同）工作。1999 年 11 月，省人民政府对秭归县“两基”工作进行验收，宣布秭归县为“普九”和基本扫除青壮年文盲县。

1986 年，实行“分级办学、分级管理”办学体制。2002 年实行以县为主的办学体制。1993 年开始在教师队伍中推行“校长负责制、教职工聘任制、岗位责任制、结构工资制”（简称“四制”，下同）的人事管理制度改革。基础教育由传统的应试教育逐步向素质教育转变，教育体制改革逐步向纵深发展。

至 2005 年，全县共 2 所高中，有专任教师 309 名，学历达标率 94.17%；16 所初中，有专任教师 1 174 名，学历达标率 91.48%；70 所小学，有专任老师 1 464 人，专任教师达标率为 89.34%。全县幼儿园适龄幼儿入园率由 5.7‰上升到 40.8‰；小学适龄儿童入学率由 97.8%上升到 100%，小学升初中的比例上升到 99.5%。高中在校学生 6 088 人，高考上省线人数 1 645 人。2002－2005 年，达到全国重点大学录取分数线的先后有 500 多人，其中有 3 人分别被清华大学、北京大学录取。1979－2005 年，全县教育经费累计投入 9.88 亿元。经省、市验收，中小学实现“一无两有”，校舍总面积达 46.82 万平方米，其中砖预结构占 98.73%。全县学校共有图书 41.8 万册。建计算机教室 42 个，拥有计算机 1 961 台，多媒体教室 20 个，教师电子备课室 10 个，语音室 10 个，所有学校建成“校校通”（程控电话）工程，17 所中小学完成校园信息网建设，有两所学校被命名为湖北省现代化教育实验学校。

1979 年，县科学技术委员会是全县科技工作的管理机构，2001 年更名为县科学技术局。全县科技工作围绕“科教兴县”战略实施科技项目，取得一系列成果。1979－2005 年，共获得市以上奖励的科技成果 51 项。其中，市级奖励 17 项，省、部级以上 34 项。

第一章　教育体制改革

1979年，教育体制改革贯彻“调整、改革、整顿、提高”方针，以调整学校网点布局，适度集中办学为基础。全县有初中88所，高中17所。1985年，调整后设初中42所，高中3所。1986年起，实施“分级办学，分级管理”办学体制。随着行政体制改革，教育机构多次调整，考试制度不断变革。2002年，实行“以县为主”办学体制，撤销乡镇教育组，全县各中小学开始实施基础教育课程改革。全面推行“四制”人事管理制度改革，打破传统管理机制，激发教师工作热情。彻底打破应试教育传统模式，全面推进素质教育改革。高考推行“3+X”（语文、数学、外语3科+文理综合科）等制度改革，以适应新形势需要。

第一节　办学体制改革

1979年，县设文教局，公社设文教辅导组。1980年11月，撤销县文教局设县教育局，公社文教辅导组改名教育组。教育干部任免、教师调动归属县教育局。实行“划分收支、分级包干”的财政管理体制，教育经费由县、公社安排。

1985年11月，撤销县教育局，成立县教育委员会。1999年3月，撤销县教育委员会，恢复县教育局。1986年，采取“四级办学，四级管理”体制。即县管理县第一中学、教师进修学校、县直机关幼儿园，设在各区的6所高中由县区共管，以县为主；各区重点初中由区管理，区、乡联办的普通初中由区、乡共管，以学校所在区、乡为主；乡中心小学实行乡村共管，以所在村为主；村办小学和教学点由村主管。

1988年3月，全县对“分级办学、分级管理”体制作相应调整，实行县、乡镇、村三级管理体制。即县管高中、教师进修学校、广播电视大学工作站、县直机关幼儿园；乡镇管初中；村管村级小学。

2001年5月，实行“在国务院领导下，由地方政府负责，分级管理，以县为主”的基础教育管理体制。2002年8月，撤销12个乡镇教育站，设教育干事办公室。教育经费、学校管理、人事管理的统筹权归属县教育局。2003年，县教育局对乡镇教育干事、中学校级领导班子、中心小学校长进行任期考察。教育督导职能从“督政、督学”转向以“督学”为主，减少单项检查，综合督导学校工作。2005年，由县直接管理的学校（园）有：县第一中学、第二中学、职业教育中心、实验小学、实验中学、驻港部队秭归希望小学、县直机关幼儿园。

第二节　教育人事制度改革

1986年，全县教育系统干部任免权、教师调配权全部下放到镇（区），县教育委员会只管镇（区）教育组长任免和镇（区）调动出县或调离教育战线人员。当年暑假期间，茅坪区对教职工试行聘用制，教育组对各校领导班子和教职工实行定编、定员、定范围。遵循“四先四后”原则。即人事任免先定校长后定教职员工，受聘范围先校内后校外，学校类别先重点（中心）后普通，个人任教先本人申请受聘，后组织荐聘。学校校长由教师推荐选举和组织委任相结合产生，教职工由校长聘请和组织荐聘相结合。学校实行校长负责制，发给校长职务津贴；校长对教职工实行岗位责任制，执行奖惩。1988年暑期，县教育委员会在归州镇中学进行“民主选举校长、校长组阁班子、班子聘任教师”试点。1989年春季，在全县重点中小学进行人事制度改革试点工作，7个乡镇制定计划，两河口、杨林桥镇相继开展。

1993年，县第一中学进行“四制”改革。1995年，县职业教育中专、实验小学相继实施“四制”改革。1998年，按照“点面结合、分类要求、分步实施、整体推进”原则，在全县中小学推行“四制”改革。改革的学校达191所，教职工2 816人，分别占其总数的64.41%、64.32%，有7个乡镇将部分或全部活工资纳入结构工资制改革。建立“职务能升能降、岗位能上能下、工资能多能少”用人机制。1999年，全县实施“四制”改革的乡镇11个，学校211所，教职工2 928人，分别占总数的78.5%、53.9%、66.86%。

2000年，教育人事制度改革在全县各级各类学校全面展开。县政府办公室行文下发由县教育局、人事局联合制定的《秭归县学校人事制度改革办法（试行）》和《秭归县学校人事改革未聘人员分流实施办法》。学校推行校长负责制，校长先免职，然后通过民主选举、竞争上岗、公开招考等方式产生。然后由校长组建校领导班子。全县新当选学校领导班子238人。其中，民主选举162人，竞争上岗41人，公开招考1人，组织任命34人。精简校长职数62人，新提拔校长67人。乡镇教育组长、中学校长任免权收归县教育局。赋予校长行政决策权、行政指挥权、人事管理权、财务支配权，扩大办学的自主权。教师实行先下岗后聘任，推行全员聘用合同制。校长与教职工依法签订聘用合同，由人事部门进行合同鉴证，合同终止即与用人单位解除人事关系，档案移交人事部门所属的人才交流中心。当年秋季，全县4 259名职工参与改革，正式聘用4 112人，试聘68人，缓聘12人，辞退5人，病退1人，病休61人。其中，高职低聘2人，转岗聘用168人，竞争上岗484人，双向选择3 559人，组织荐聘46人。教师工资实行“双轨制”。即固定工资按月发放，浮动工资由学校按当月和学期总评进行重新分配，报县教育局审批发放。改变有职无责现象，推行岗位责任制。教职工考评考核结果与聘用、晋职、评先、酬劳和提拔挂钩。

第三节　考试制度改革

一、常规考试

1982—1997年，全县小学和初中实行统考制度。即每一学年举行春秋两次考试，由县教育教学研究室对小学和初中各年级统一命题、制卷，乡镇教育组组织考试阅卷和统分上报成绩。单元和期中考试，由学校自行组织。学生考试成绩是评价乡镇教育工作和学校教学质量的主要依据，也是学生上重点与普通学校或快、慢班的依据。

1998年3月，中小学全面实施素质教育改革，取消单元过关、月考、季考和期中考试，注重平时考查考核和自我检测，学校和学生的成绩不排名次，对学生的评价取消百分制，一律使用学生素质水平报告单，实行等级+鼓励性评语的评价方法，逐步走出应试教育圈子。

二、中　考

1979—1985年，中考命题、制卷分别由地区、省进行，考试科目及形式常有变化。1986年，普通中学中考由省统一命题，地区制卷，由县负责考试，按省下发的评分标准阅卷、登分和试卷分析。考试科目有政治、语文、数学、英语、物理、化学6科。其中，语文、数学均为120分，其余4科为100分。此后，每年中考由地区（市）统一命题，制卷并下发评分标准。1986年招生录取省部属中专为第一批，地区中专、夷陵中学为第二批，县内高中为第三批。

1990年，全省进行中考改革，实行两考合一、一试两卷试验。即试行初中毕业考试和升学考试一次进行和一次考试分A卷（水平卷）、B卷（升学卷），A卷为毕业成绩，B卷为升学成绩。当年，在初中二年级实行历史、地理、生物3科结业会考制度，报名、考试、阅卷、统分与中考同步进行，会考成绩按40%计入第二年升学考试成绩。1995年，中考首次将体育加试成绩计入毕业成绩并按总分15分计入升学成绩，从该年度开始，初二历史、地理、生物会考成绩按20%计入第二年升学考试成绩。1998年后，中考科目为政治、世界历史、语文、数学、英语、物理、化学、体育、物理实验操作、化学实验操作等10科。英语考试增加听力测试。1999年起，中考语文、政治实行开卷考试。中考后招生时，凡学生获得县以上表彰或地（市）以上比赛前3名的加10分。

三、高　考

1979年，高考分文、理两科，按国家教育委员会颁布的教学大纲设置考试科目，全国统一命题，省、地（市）两级组织阅卷，县负责组织考试。

1990年，全县普通高中执行毕业会考制度，包括考试和考查两种形式。考试科目为政治、语文、数学、英语、物理、化学、生物、历史、地理9科，由省教育委员会统一命题、制卷，统一评分标准，统一管理成绩，统一考试时间，县组织考试。阅卷由省和地区（市）分别组织进行。会考采取学完一科考一科的办法，高中一、二、三年级都有升学考试（会考）科目。2003年起，高中一年级不安排会考科目，待二年级再进行会考考试。考查科目有体育、劳动技术、社会实践和物理、化学、生物实验，只记合格与不合格。

2001年后，全省高考实行“3+X”科目设置方案。“3”指语文、数学、外语3科。实行数学文、理两科分卷，语文文、理两科同卷。“X”是文科综合试卷（含政治、历史、地理）与理科综合试卷（含物理、化学、生物）。艺术类考生均参加数学科目考试，报考文科考文科类数学试卷，报考理科考理科类数学试卷，数学成绩计入总分。

第二章　普通教育

1979年，全县仅有县直机关幼儿园一所幼儿园，入园幼儿127人。全县有小学（含教学点）555所，初中88所，高中17所，师资力量分散，教育质量不高。1982年，县供销合作社、商业局和少数公社先后办起幼儿园。1985年，全县有幼儿园32所，学前班38个。普及初等教育，基本实现“一无两有”。1988年，实行“分级办学，分级管理”办学体制，各乡镇初中、县直各学校实行“校长负责制、教职工聘任制、岗位责任制、结构工资制”改革。1991年开始“普六”工作。1997年，各乡镇先后完成“普六”任务。1998年起，提倡并鼓励社会力量和私人办幼儿园。当年，实现“高中进城”目标，县第一中学、第二中学迁到新县城，师资力量相对集中，高考上省线人数创新高。1999年11月，“普九”普及程度、教育经费、师资水平、办学条件、教学质量五大方面经省政府验收合格。“普九”使初中学生数与适龄少年数保持一致，学校规模逐年增大。

2005年，全县共办幼儿园9所，学前班113个。有小学70所，在校学生1.93万人，适龄儿童入学率100%，小学升初中比例达到99.5%。16所初中，在校学生1.47万人。两所高中在校学生6 088人，高考上省线人数1 625人。

第一节　幼儿教育

一、教育管理

全县幼儿教育起步较晚，县直机关幼儿园建园初期由县政府行管科主管，1985年机构改革时，移交给县教育委员会管理。部门办幼儿园由系统主管，镇（区）、村办幼儿园由镇（区）、村主管，经费自筹，在教育行政部门备案，教育部门负责业务指导和培训师资。

1986年，各级政府将幼儿教育纳入教育事业和社会发展的重要组成部分，县、乡两级教育与妇联、卫生、工会等有关部门配合，齐抓共管。在办好政府、部门办幼儿园的基础上，鼓励和扶持社会力量开办私立幼儿园，倡导农村小学招收学前班，促进幼儿教育事业的发展。按照“分级办学（园、班）、分级管理”原则，筹措和落实幼儿教育经费，培训提高幼儿教师的政治、业务素质。当年9月，县教育委员会制定全县幼儿教育“七五”规划，明确规定“分级办园、分级管理”幼教管理体制。1990年4月，县教育委员会转发国家教育委员会《关于实施幼儿园管理条例和〈幼儿园工作规程〉试行的意见》。同年12月，转发宜昌地区学前班工作规范〉，将全县幼儿教育工作纳入法制化、规范化轨道。

2005年，全县公办幼儿园9所，幼儿班（含小学学前班）113个，教职工84人，幼儿入园人数3 135人，占全县3～5周岁幼儿总数7 650人的40.98%。

按照《国务院社会力量办学条例》和《中华人民共和国民办教育促进法》，全县民办幼儿教育快速发展，至2005年，全县发展民办幼儿园20所。

二、课目设置

1979年，县直机关幼儿园根据《幼儿教学大纲》，注重幼儿思想品德教育和智力开发，开设语言、常识、计算、音乐、美术、体操等课目。为适应幼儿的心理和生理特点，每门课以多种形式进行教学。1982年，县供销合作社、商业局和少数镇（区）共办起6所幼儿园，课目设置和县直机关幼儿园大同小异。1995年秋季，全县9所幼儿园根据原教育部颁布的《幼儿教育大纲》和国家教育委员会下发的《幼儿园管理条例》开设课目，主要有语言、音乐、美术、常识、体育、计算及区域活动。根据儿童年龄特征和接受能力分设大班、中班、小班进行教学。1996年，幼儿园教学以半日综合主题活动教学为主，围绕一个主题，通过语言、音乐、美术、游戏等教学形式让幼儿感受主题，获取知识。2001年9月后，根据教育部新颁布的《幼儿园教育指导纲要（试行）》，幼儿教育课目以语言、算术、社会、健康、自然等教学为主，在教育教学中重视幼儿心理健康，尊重幼儿人格和权利，强调幼儿学习的主动性，体现教师的主导作用和幼儿的主体地位，更新教师的教育评价观点。

第二节　小学教育

一、办学概况

1979年，全县共有小学555所，学生5.51万人，适龄儿童入学率97.8%。1985年11月，宜昌地区验收团对全县普及教育工作检查验收，适龄儿童入学率99.8%、在校学生巩固率99.66%、毕业率94.98%、普及率99.44%。“四率”达到验收标准，基本合格。1988年11月，经省、地教育委员会验收，“四率”达部颁标准。1999年，全县适龄儿童入学率99.6%，小学在校学生巩固率100%，小学图书达标率、教学仪器装备率均达100%。中小学校园绿化面积达25.18公顷，投资494.55万元。2005年，全县小学生降至1.93万人，学校70所，专任教师1 464人。小学调整网点布局，教育质量稳步提高，出现一批市、县级示范学校和保育寄宿制示范小学。（见表17–2–1）

1979—2005年全县小学教育发展情况表

表17-2-1　　单位：所、个、人、%

年份	校数	班级数	在校学生数	当年招生数	毕业生数	学龄儿童入学率	教职工情况		
							总数	专任教师	学历达标率
1979	555	2 070	55 087	8 775	9 784	97.8	2 579	2 354	—
1980	565	2 070	53 235	8 065	8 021	97.6	2 800	2 527	—
1981	569	1 917	49 940	7 499	8 740	98.6	2 456	2 167	—
1982	568	1 861	47 758	7 159	8 060	98.9	2 457	2 212	—
1983	524	1 851	45 879	1 160	7 692	98.9	2 436	2 161	—
1984	511	1 851	46 075	7 011	6 676	98.53	2 412	2 119	—
1985	513	1 839	48 995	7 344	7 779	99.75	2 398	2 165	—
1986	514	1 847	48 892	8 203	7 631	99.4	2 400	2 165	54.97
1987	511	1 856	47 253	6 252	7 224	99.9	2 350	2 102	58.4
1988	400	1 864	45 850	5 989	6 455	99.64	2 393	2 164	64.5
1989	400	1 925	45 584	6 297	5 102	99.42	2 449	2 188	60.56
1990	384	1 887	43 949	5 999	7 403	99.68	2 457	2 198	58.8
1991	365	1 796	41 979	5 988	7 684	99.78	2 227	1 988	74.4
1992	327	1 730	41 123	7 544	8 144	99.42	2 139	1 926	77.4
1993	352	1 724	42 247	8 454	7 148	99.69	2 072	1 852	79.54
1994	365	1 780	46 520	10 557	6 152	99.47	2 051	1 847	82.4
1995	342	1 794	49 789	9 768	6 397	99.5	2 077	1 865	92
1996	328	1 804	51 297	8 003	5 986	99.5	2 084	1 884	97.4
1997	314	1 770	51 078	5 985	5 828	99.98	2 175	1 976	97.82
1998	281	1 623	49 018	4 825	6 871	99.2	2 291	2 070	97.29
1999	249	1 424	44 422	4 692	9 019	99.6	2 168	1 934	96.3
2000	216	1 235	37 565	3 894	10 502	99.76	1 992	1 773	97.97
2001	159	993	31 355	3 770	9 875	99.71	1 730	1 554	83.1
2002	135	781	26 297	3 272	8 104	99.96	1 649	1 478	84.17
2003	105	653	23 473	3 301	5 984	99.9	1 593	1 416	86.3
2004	81	558	21 150	2 770	4 723	100	1 590	1 437	88.1
2005	70	512	19 274	2 611	4 369	100	1 618	1 464	89.34

二、“普六”达标

1991年，县政府下发《秭归县创建基础教育先进乡镇村工作方案》，提出具体规划和主要措施。各乡镇相应制定工作方案，县乡两级分别成立创建工作领导小组，配备18名专干。创建过程中，坚持督创结合、点面结合、单项突破与整体达标相结合，采用行政和教育双线承包责任制，落实工作任务。当年，芝兰乡率先完成“普六”工作。1992年，县教育委员会组织专班对归州镇15个村，新滩镇19个村，香溪镇18个村进行创建工作考核验收。当年，归州镇新建砖预结构校舍2 045平方米，添置标准课桌凳726套，新添图书1.26万册；香溪镇新扩建砖预结构校舍3 053平方米，添置课桌凳1 543套，新添图书2 500册；新滩镇新扩建砖预结构校舍1 381平方米，添置课桌凳1 145套，购图书3.27万册。3镇当年完成“普六”工作。1993年，县政府制定下发《秭归县义务教育实施办法》，重点抓春秋两季开学工作，由行政领导包入学，教师包巩固。当年小学适龄儿童入学率、巩固率、毕业率、普及率分别达到100%、99.9%、96.5%、93.86%。12月，县政府对周坪、茅坪两乡镇“普六”工作进行验收，均为合格。1994年5月，县委、县政府召开全县教育工作大会，与各乡镇签订“普及义务教育责任状”。杨林桥镇筹资130万元用于改善办学条件；郭家坝镇把“普六”工作作为一项硬指标纳入干部目标管理；文化乡党政领导对照“普六”标准逐一办公落实；屈原乡实行领导干部联片，一般干部联校制度，协助各村学校完成“普六”任务。当年，4个乡镇完成“普六”任务。全年“普六”共投入资金1 267.7万元，新建和改建69所学校校舍。其中，新建砖预结构校舍4.37万平方米，改造危房4 706平方米。1997年，磨坪、沙镇溪、梅家河、两河口、水田坝、泄滩等乡镇完成“普六”任务。有10个乡镇把工作重点转向“普九”任务。至此，全县“普六”工作基本结束。

第三节　初中教育

一、办学概况

1979年，教育恢复以教学为中心，实施教师备课、教学、批改作业、辅导学生责任制，教育质量迅速上升。全县有初中88所，325个班，在校学生1.46万人。1987年，全县初中归属各乡镇管理。1994年，全县初中入学率达96.4%，在校学生巩固率达96.1%。教育教学实行新的学籍管理办法。强化初中教学过程管理，普遍推行“教学目标评价”试验。1996年起，围绕“普九”各项指标，抓初中办学条件改善和普及达标。1999年，全县20所初中，小学升初中比例上升到96.84%，初中在校学生巩固率98.37%，教师学历达标率85%。校园面积44.42万平方米，生均22平方米。校舍面积19.29万平方米，生均9.5平方米。实验室仪器、文体器材、图书、校园绿化、道路硬化等各项指标均达到和超过“普九”要求。

2000年，全县初中学生数开始进入高峰期，为平稳“渡峰”，实行定人员、定村组、定对象、包发动、包入学、包巩固的“三定三包”责任制。确保净增的1万多名初中生进得来、留得住、学得好。2001年11月，省、市人民政府考察团对秭归县初中学生“渡峰”的基本做法给予肯定。2005年年底，全县初中16所，274个班，在校学生1.47万人，教职工1 431人，其中专任教师1 174人，学历达标率为91.48%。（见表17-2-2）

1979—2005年全县初中教育发展情况表

表17-2-2　　　　单位：所、个、人、%

年份	学校数	班级数	在校学生数	招生数	毕业生人数	小学升初中比例	年巩固率	教职工情况		
								总数	专任教师	学历达标
1979	88	325	14 584	6 603	7 679	—	—	—	—	—
1980	73	264	11 730	4 786	4 293	—	—	—	—	—
1981	54	256	10 712	3 878	3 451	—	—	—	—	—
1982	55	221	9 337	3 657	2 525	—	—	—	—	—
1983	49	204	8 433	3 200	1 881	—	—	—	—	—
1984	42	194	8 733	2 987	1 744	—	—	—	—	—
1985	42	194	9 176	3 100	2 046	—	—	—	—	—
1986	40	200	9 663	3 385	2 458	44.4	95.2	960	657	—
1987	41	204	9 974	3 554	2 468	41.8	92	846	620	—
1988	41	209	9 803	3 412	2 348	54.86	88.81	968	707	—
1989	38	199	9 293	3 260	2 804	63.9	90.61	1 092	745	33.2
1990	37	207	9 843	4 073	2 645	55.02	97.78	1 039	766	41.3
1991	37	218	10 531	4 238	2 307	55.15	98.4	1 037	804	55.35
1992	35	241	12 290	5 017	2 329	61.6	97.1	1 137	879	56.88
1993	34	263	13 477	5 100	2 968	70.8	96.2	1 180	936	55.36
1994	34	280	14 075	4 833	3 840	78.56	96.1	1 273	1 007	61.3
1995	31	290	14 504	5 431	4 191	84.9	94.9	1 340	1 069	65.3
1996	28	300	14 748	5 324	4 295	88.9	97.17	1 399	1 120	71.7
1997	27	211	15 598	5 456	4 199	93.61	98.19	1 453	1 180	74.66
1998	22	322	19 846	6 511	4 951	94.76	98	1 430	1 186	79.93
1999	20	375	20 368	8 734	4 679	96.84	98.37	1 568	1 304	85
2000	20	444	24 304	9 837	5 108	93.67	97.45	1 706	1 440	81.4
2001	20	473	27 035	9 391	6 038	95.1	98.34	1 719	1 454	82.7
2002	18	443	26 129	7 729	7 631	95.37	98.02	1 775	1 479	84.99
2003	17	383	22 272	5 756	9 112	96.7	98.91	1 677	1 376	88.6
2004	16	319	17 833	5 635	8 702	96.8	99.49	1 524	1 260	89.05
2005	16	274	14 714	4 350	7 411	99.5	99.69	1 431	1 174	91.48

二、“普九”达标

1993年，县委、县政府修订下发《关于“科教兴县”的决定》，明确教育投资十大政策以及乡镇“普九”任务和时限要求，解决建校缺钱难题。发出“自己的孩子自己爱，自己的学校自己盖”，“集资建校，大家有责”等号召。3月，召开教育大会讨论《县委县政府关于教育事业发展的决定》及教育发展5年目标，行政、教育双线签订“普九”责任书。1995年年底，全县实施“普九”攻坚，仅芝兰乡通过市级验收。县委、县政府调整攻坚目标，实施先抓小乡镇，兼顾大乡镇；先半高山，再库区和边远乡镇；先抓校舍、桌凳和普及程度达标，再推开的方案。在全局发展中优先考虑教育发展，优先部署，优先安排建设规划，优先投入资金。1999年1月，县委常委对“普九”工作进行专题办公，决定项目148个。县法院抽调4名法官组成专班，深入8个乡镇开展《义务教育法》宣传督办，使300多名流失学生返校就读。完成校舍煞尾工程50个，调减中小学32所，实现“高中进城、初中进镇、联村办完小、村办初小点”的调点布局目标。11月1日，省政府“普九”评估验收团一行18人在团长、国家督学纪登训率领下，对秭归县“两基”工作进行评估验收。对14个乡镇及县特殊教育学校、县职业教育中心和县直有关部门进行抽查。共抽查中学20所，占全县中学100%；小学120所，占48.2%；查阅档案资料500多卷，各项指标达到国家和省定现阶段“普九”标准。2000年1月，省政府授予秭归县“普九”和扫除青壮年文盲先进县。2005年，秭归县又被教育部表彰为“普九”和扫除青壮年文盲先进县。

第四节　高中教育

一、办学概况

1979年，全县共17所高中，93个班级，在校学生4 289人。经过调点布局，1985年秋季全县尚存3所高中，24个班，988名在校学生。县第一中学属县办重点高中。1986年，全县有县第一中学、头道河高中、茅坪高中和归州镇中学高中部3所高中、32个班、1 325名学生。1989年，太坪职业中学改为普通高中，全县高中增至4所。1991年，归州镇中学高中部停办。1993年，茅坪高中改为职业教育系列的成人中专，全县高中再次减至3所。即县第一中学、头道河高中、太坪高中。共30个教学班，学生1 395人。1997年9月，太坪高中合并到县第二中学，成一校两点格局，全县高中仅存2所。1998年8月，县第一中学、第二中学迁至新县城，实现“高中进城”目标，两校41个教学班，学生2 170人。2000年秋季，全县初中毕业生进入高峰期，两所高中招生不能满足初中毕业生继续求学需要，县职业教育中心同时挂屈原高中牌子开始招收高中班。2005年末，全县高中有县第一中学、第二中学、职业教育中心高中部，共89个班，6 088名在校学生。（见表17–2–3）

1979—2005年全县普通高中发展情况表

表17-2-3　　单位：所、个、人、%

年份	学校数	班级数	招生数	毕业生数	在校学生数	高考上省线人数		教职工	
						第一中学	第二中学	总人数	专任教师
1979	17	93	1 884	2 444	4 289	—	—	—	—
1980	11	63	1 180	1 964	2 910	—	—	—	—
1981	5	39	691	1 643	1 710	—	—	—	—

续表17-2-3

年份	学校数	班级数	招生数	毕业生数	在校学生数	高考上省线人数		教职工	
						第一中学	第二中学	总人数	专任教师
1982	6	30	494	660	1 173	—	1	—	—
1983	3	23	277	474	900	—	1	—	—
1984	3	17	328	484	729	—	—	—	—
1985	3	24	368	121	988	—	2	—	—
1986	3	32	455	340	1 325	47	1	146	115
1987	4	32	449	402	1 364	58	—	248	177
1988	4	32	434	454	1 359	98	2	248	130
1989	5	35	488	489	1 590	123	2	243	145
1990	5	33	507	596	1 434	90	—	227	152
1991	4	32	489	511	1 375	92	—	228	150
1992	4	31	501	378	1 417	107	—	246	166
1993	3	30	504	392	1 395	109	—	208	128
1994	3	29	543	416	1 441	113	—	206	133
1995	3	31	631	445	1 561	143	1	219	149
1996	3	33	620	417	1 722	125	1	220	146
1997	2	34	665	500	1 881	131	3	218	144
1998	2	41	925	603	2 170	147	1	213	145
1999	2	46	1 120	592	2 602	128	8	236	173
2000	2	59	1 457	611	3 370	255	42	252	191
2001	2	74	2 068	826	4 507	333	56	267	202
2002	2	94	2 167	1 069	5 927	499	175	387	318
2003	2	83	1 961	1 366	5 569	393	144	450	380
2004	2	84	2 277	1 806	5 865	807	329	365	296
2005	2	89	2 025	1 649	6 088	1 037	588	378	309

二、教学质量

1979—1985年，高中调整网点，教师调动频繁，教育质量不高。1986年，实行“分级办学、分级管理”体制后，高中稳步发展，教学质量稳步上升。1986年起，县第一中学高考上省线人数逐年上升。1991年8月，县第一中学14岁考生谭雪松，被华中理工大学破格录取为该校少年班光学系学生，成为全宜昌地区第一名少年大学生。1995年、1997年高考，文、理共10门学科上省线131人，位居全市山区县第一。县第一中学毕业生杨勇成为全县第一个被清华大学录取的大学生。2002年高考，县第一中学上省线499人、县第二中学175人。县第一中学学生郑规以673分成绩被清华大学录取。2003—2005年，郑明珠考入清华大学，尤兴志考入北京大学。2004年，全县高考上省线人数突破千人大关。其中，县第一中学807人，第二中学329人。2005年再创历史新高，全县上省线人数达1 625人。其中，县第一中学1 037人，第二中学588人。

第五节　特殊教育

一、教学管理

1993年，创办县特殊教育学校，由县教育局和县残疾人联合会双重领导与管理，只开展语言训练。至1999年，发展成一所集聋哑儿童语言训练、弱智儿童智力开发，兼特殊教育的综合性学校。学校占地面积705平方米，其中校舍面积485平方米。累计收训聋儿107人，家训聋儿30人，相继出校116人。69名聋儿听力有所恢复，有一定语言表达能力，进入普通小学各年级插班学习。14人进入宜昌市特殊教育学校继续学习，12人进入县福利企业就业，21人自谋职业。

2002年7月，国家残疾人联合会主席邓朴方到秭归视察特殊教育学校，对学校开展的聋儿康复训练和特殊教育相结合的模式，给予高度评价，称“在县级同类学校中是少有的”。2003年，县特殊教育学校被国务院残疾人工作协调委员会表彰为全国残疾人康复工作先进单位。

2005年年底，学校有教职工4人，3～15岁学生21人（其中住宿生19人），来自全县12个乡镇农村家庭。21名学生中听力残19人，智力残2人，按年龄开设两个教学班。教职工对学生食宿、训练、教学各方面负责。同时，每年培训聋儿家长40人次，让聋儿和弱智儿童主动积极地融入社会。

二、课程设置

1999年，县特殊教育学校迁入新县城茅坪后，加强聋儿语言训练，开发弱智儿童智力并开展特殊教育。开设语文、训练、数学、写字、思想品德、美工、律动、体育、智力训练、劳动技能等课程，每周30课时。特教班使用全日制聋校实验教材，语训班使用听障儿童语言训练标准教程。带领聋儿、弱智儿童出校观察社会并要求他们主动与人们交往，增强自立、自强、自信，训练听力与语言能力。

第三章　成人与职业教育

1979年，在扫除青壮年文盲同时抓小学适龄儿童入学率，防止新文盲产生。1998年，全县青壮年非盲率上升到99.34%，被评为全省扫盲工作先进单位。

实用技术教育以乡镇 “两校”（党校、成人文化技术学校）和村级成人文化技术学校为阵地，常年开办杂交水稻培育、种茶、种烟、养猪、养鱼及电脑操作等各类实用技术培训班，培训工人、农民和基层干部数万人。

1984年，开始实施高等教育自学考试。到2005年，有583人通过自学获大专毕业证书，258人获取大学毕业证书。通过函授、进修、挂靠高校办大专班学习，有213人获大专毕业证书。

为让社会青年掌握一门技术而顺利就业，全县兴办县技术学校、工业学校、青华职业学校。1997年建立县职业教育中心，根据社会需求，开设各类专业，培养大批初、中级人才。

第一节 成人教育

一、扫 盲

1979年，全县12岁以上总人口30.69万人，其中文盲、半文盲4.33万人，占14.1%。1981年，县、社配备扫盲专职干部，大队办扫盲学校，年扫除青壮年文盲1.41万人，占青壮年文盲总数58.2%。1984年，杨林区、归州镇、茅坪区先后成为基本无盲单位。1986年12月，扫盲工作接受宜昌地区验收，全县农村12～40周岁人口中，非盲率达95.26%。1987年2月，省教育委员会行文批复，认定秭归县为基本无盲县。

1988年2月，全县开始新一轮扫除青壮年文盲工作。1989年，采取“三包五定”（学校包村、教师包组、高年级学生包人；定扫盲对象、定扫盲教师、定脱盲时间、定扫盲经费、定奖惩制度）办法开展扫盲工作，共发行扫盲教材2 300套，制发脱盲试卷1 900份。1 150名教师、干部、学生投入扫盲工作，1 853名青壮年文盲、半文盲参加学习，经考试有1 488人脱盲，15～40岁人口非盲率达96.19%。1990年全县再次组织专兼职扫盲队伍2 199人，办脱盲班34个，当年脱盲1 592人。非盲率上升到96.78%。1991—1993年，全县2 898名青壮年文盲、半文盲参加扫盲学习，有2 509人脱盲。当年全县青壮年人口21.51万人，有文盲、半文盲6 441人，其中失能1 982人，非盲率达97.91%，被评为全省扫盲工作先进单位。经省政府验收宣布为基本无盲县。

二、自 学

成人高等教育起步于1984年，县教育局增设干部教育股，成立自学考试领导小组，县、区两级分别抓干部、职工的业余学习、离职进修和高等自学考试工作。当年4月，组织第一次自学考试，参考115人，实考205科次，及格51人68科次，合格率33%；11月进行第二次自学考试，实考60人103科次，及格44人72科次，及格率70%。

1985年3月28日，秭归县在北京租房创办的屈原大学开学。聘请北京工业大学土木建筑工程系副教授向先兆、孙家乐分别担任兼职校长、教务长，聘请专家、学者授课。招收土木建筑专业一个班49人，学制2年，毕业后在县内视为同等专科学历。同时，办干部现代科学进修班3期，计72人，县财政共投资27万元。

1993年，茅坪镇党校、成人文化技术学校与市委党校联合办学，招收经济管理大专班56人，1996年毕业46人，由市委党校发给专科毕业证书。

高等教育自学考试每年春秋两次考试，1984—2005年，全县累计2 824人次报考6 402科次，有583人获大专毕业证书，258人获大学毕业证书。

三、实用技术培训

1985年11月，县教育委员会设成人教育科，主管全县成人科学技术教育工作。1986年，各镇（区）开始建立成人文化技术学校。1987年撤区并乡，全县16个乡镇有12个乡镇建立成人文化技术学校。共有校舍面积3 347平方米，床位120张，图书2 900多册，领导成员97人，专（兼）职教师164人，另有实习基地10.07公顷。当年，全县乡镇成人文化技术学校共举办柑橘、茶叶、生猪、杂交水稻、烤烟及法律等培训班191期，参训1.7万人次。1988年，全县16个乡镇全部建起成人文化技术学校，以此为阵地，办各种实用技术培训班344期，培训2.75万人次。周坪乡成人文化技术学校当年举办水稻半旱式栽培技术培训，学员边学边实习，共栽培半旱式水稻8.55公顷，平均亩产598.4公斤，比一般亩产增104.4公斤。1989年，全县乡镇党校、成人文化技术学校合并。当年完成成人培训426期3.5万人次。其中，实用技术培训1.15万人次，文化教育1 853人次。以乡镇“两校”为中心的成人教育网络基本形成。1994年，乡镇党校、成人文化技术学校撤销，成年人的科学技术培训工作由乡镇直接负责。1995年，全县举办成人文化技术培训班718期，培训7.5万人次，其中培训科技致富带头人2.62万人。

2000年后，以县职业教育中心为龙头，实施“县职业教育中心—乡镇—村”合作计划，促使科技成果转化。当年分类进行实用技术培训乡村干部2 380人，培训农村劳动力9.6万人；办种植业培训班8期、培训2.63万人，养殖业培训1.01万人次，加工业培训20期1 320人。2001—2005年，县职业教育中心培训农业实用技术人才和厂矿企业技术人才累计1 500人。

第二节　职业教育

一、职业中专

1979年，对全县9所农业中学进行调整，保留杨林、太坪、水田坝3所农业高中，共24个班，有学生1 060人，更名为农业高中，毕业后发给国家承认的中专毕业证书。1987年，将水田坝、太坪、杨林桥3所农业高中更名为职业高中。1989年8月，撤销杨林桥、太坪职业高中，改为普通高中。1990年春，水田坝职业高中更名为县职业高中。1992年12月，茅坪高中改为茅坪职业高中，与县职业技术教育中心实行两块牌子一套人马。1993年9月，茅坪职业高中更名为县成人中专，仍属职业教育。1995年，经市政府验收并批准，县职业高中更名为县职业中专。县成人中专突出工科，设计算机应用、工民建、旅游等专业；县职业中专突出农科，设庭园经济、农作、果茶、畜牧等专业。1997年10月，将县成人中专、职业中专、教师进修学校、广播电视大学分校4校合并建立县职业教育中心。2005年，县职业教育中心当年毕业生中获中专毕业学历证书1 273人。（县职业教育中心具体资料见本篇第四章第五节）

二、职业技术教育

1981年10月，创办宜昌地区技工学校秭归分校，招收2个班100人。1982年招收一个班50人。1983年招收2个班76人。学制2年，设棉织、棉织保健、建筑安装、小水电等专业，毕业后分配工作。1984—1985年，招收初中毕业生4个班、188人，学制3年。专业有水动、施工指导、水泥制造等。1986年后，每年招收初中毕业生3～4个班，先后开设电器修理、工民建、小水电、文秘、水泥制造、建筑安装等专业，共毕业学生1 187人。1998年，学校搬迁到茅坪镇杨贵店村桥头，占地0.8公顷，建校舍5 700多平方米。2000年停办。

1996年，创办县工业学校，是全县最早的民办职业学校。学校位于新县城茅坪九里开发区，占地面积0.93公顷，校舍建筑面积4 170平方米。2005年年底，学校有计算机室2间，电脑100台，专用功能房1间，机械加工培训设备5台（套）。有教职工30人，其中高级职称5人。根据社会需求，学校开设保安员培训、电脑短期培训。中等职业技术培训有企业文秘、旅游服务、计算机应用、家电维修、农业技能等专业。学校实行长班与短班相结合培训模式，长班1～2年，学生毕业后发给中等技术学校毕业证书。先后与广州、深圳、北京数十家企业建立劳务输出合作，以保证学生就业。短期培训可同时接纳300人，年培训规模达1 000人。2004年，培训计算机应用、电焊工、钳工、家电维修15个班次640人。2005年，培训家电维修、计算机应用、农业技能等17个班次713人。县城东迁茅坪后，在市、县移民部门指导下，针对乡镇农村移民开展职业技术培训，分别对农村移民进行柑橘栽培技术、茶叶培管技术、生猪养殖技术等培训6期327人。2005年，被市移民局确定为三峡库区移民就业培训基地。

2002年，由李青松创办的青华职业学校开学，属民办学校。逐步发展到8所分校和一个职业介绍所，教职员工200人。学校占地面积30万平方米，固定资产1 000万元，各种教学设备2 000台（套），开设计算机、服装制作、家电维修、电子电工、公关卫士、现代文秘、饭店管理等专业。至2005年，累计培训学员8 000人，安置就业率100%。2005年被省政府授予“湖北省优秀职业学校”称号，市委、市政府表彰为全市实施“阳光”工程先进单位和宜昌市“十五”扶贫开发先进单位。

第四章　教育管理

1979年后，全县教育经费投入不断加大，办学条件不断改善。至1984年，全县校舍总面积达到32.01万平方米，其中砖预结构占11.74%。教师合格学历达标率：小学48%、初中5.9%、高中28%。2005年，全县教职工总数3 860人（含县职业教育中心）。各学段专任教师学历合格达标率为：小学89.34%、初中91.48%、高中94.17%。

1979—2005年，全县教育总投资9.88亿元。其中，地方投入9.12亿元，国家贫困地区普及九年义务教育工程（简称“贫九工程”，下同）项目款3 487.6万元，移民对口支援4 064.38万元。校舍总面积达60万平方米（含在建1万平方米），其中砖预结构校舍占92.5%。学校教学设备逐步现代化，共有图书43万余册。

第一节　教师队伍

一、师资结构

1979年，部分教师退休由子女接班顶职204人。1980年12月，143名民办教师转为公办教师。1981年，全县教职工4 091人，其中民办教师1 900人，占总数46.4%。能胜任教学工作的仅818人，占教职工总数20%；勉强胜任的2 046人，占50%；不能胜任的1 227人，占30%；当年调减民办教师501人。1987年恢复教师职称评定工作，首先在杨林桥镇试点，当年全县教师队伍中评定初级职称1 588人，中级职称575人，高级职称42人。至2005年，全县教师具有初级职称935人，中级职称2 345人，高级职称203人。

1984年，全县中小学教职工3 506人，其中民办教师1 306人，占总数的37.26%。小学教师中中师和高中毕业的占48%，初中教师达到专科以上学历的只占5.9%，高中教师中达到本科以上学历的占28%。1985年，对中小学教师进行教材、教法过关考核考试。当年中小学教职工总数3 763人。其中，专任教师2 940人，学历达标1 194人，达标率40.6%。

1986年，全县民办教职工总数1 220人，占全县教职工总数的31.7%。1991年一次性调减民办教职工299人，留任788人。1992—2000年，全县组织5次“民转公”考试、考核，428名民办教职工转为公办教职工。2001年，一次性解决民办教职工“民转公”16人，退养44人，辞退172人，全县再没有民办教职工。

通过自学、函授、进修等方式，全县中小学教师学历水平不断提高，到2005年，教职工总数3 860人，专任教师3 244人。其中，小学专任教师1 464人，学历达标率为89.34%；初中专任教师1 174人，学历达标率为91.48%；普通高中专任教师309人，学历达标率为94.17%。各类学校中高级教师123人，中学一级（小学高级）教师1 994人，中学二级（小学一级）教师719人，中学三级（小学二级）教师9人。

2005年，县教育局出台《中小学骨干教师管理办法》，定期开展骨干教师评定活动，对骨干教师实行届期考核，动态管理，按绩效发放津贴。当年全县评定骨干教师331人。其中，县级骨干教师236人，县级科技骨干36人，县级拔尖人才9人，市级学科带头人25人，省级骨干教师21人，省特级教师4人。

二、师德教育

1990年3月，县教育委员会下发《关于在全县师生中广泛开展“三学”活动的通知》，即学雷锋、学赖宁、学“两兰”（杨大兰、潘星兰），召开“三学”动员大会，组织优秀教师报告团赴各乡镇巡回演讲、报告17场次，4 000多名教职工接受教育。2001年，在全县开展“十佳班主任”“十大名师”“十大教师标兵”“十佳校长”“十名德育标兵”“十佳青年教师”评选活动。县教育局下发《秭归县开展师德师风建设活动实施方案》和《秭归县中小学教师职业道德“十不”规定》，开展师德师风活动建设。2003年，为加强教育行风建设，县教育局下发《秭归县教育系统“五条禁令”和“十不”规定》。2004年，开展以争做《人民满意的教师》为主题的“爱学校、爱岗位、爱学生”的“三爱”活动，有10名教师被市教育局评为最满意教师。县政府表彰优秀教师100人。2005年，开展以“依法治教、人本治学、厚德为师”为主题的师德教育活动，全县评选出106名师德先进个人和5名师德标兵，组织师德报告团在全县巡回演讲。

第二节　教育经费

一、地方投入

1979年，全县教育经费支出241.58万元，县财政局对教育拨款190.2万元，全县人均教育经费6.4元。1998年，全县教育经费总支出8 436万元，人均教育经费209元。县财政局对教育拨款3 420万元，占全县财政支出总额的30.1%。2005年，全县教育经费支出1.21亿元，占财政支出总额的24.1%。人均教育经费304元。县财政局对教育拨款7 991.2万元。1979—2005年，县财政局对教育累计拨款6.16亿元。

1979—2005年，全县各乡镇、村群众集资7 845.38万元，其中建校投工投料折款412.88万元。1979—2005年学校开展勤工俭学活动创纯收入3 807.43万元。1979—2005年，全县各校学杂费总收入1.26亿元。2005年，开始实行农村学校学杂费全部免收。1986年开始征收农村和城市教育附加费。2002年农村免征教育附加费。1986—2005年，全县农村、城镇教育附加费总收入5 347.41万元。

1979—2005年，全县地方投入教育经费总额共计9.12亿元。

二、“贫九”工程

1996年，省财政厅、教育委员会将秭归县列为全省“贫九”工程项目实施县。一期工程从1996—1998年，总投资2 695.6万元。其中，省政府投资876.8万元，配套投资1 818.8万元。2002年，二期工程结束，完成投资792万元。1996—2002年，“贫九”工程项目总投资3 487.6万元。

三、争取对口支援

1992—2005年，全县为办教育出访争取对口支援80批次、450人次，接待来访75批次、85个单位350人次。68个教育单位或学校争取全国3个省、市和中央国家机关共307个次的对口支援，签订支援项目140个，受援资金累计总额达4 064.38万元。

第三节　校园建设

一、校舍建设

1979年后，各级各类学校校舍不断维修改造，扩建新建。1980年投资50.9万元（其中省补基建款8万元），新建归州镇中学1所，总面积4 956平方米。1985年，全县共有校舍1 497栋，总建筑面积33.19万平方米。其中，预制结构3.76万平方米，占11%；砖木结构2.41万平方米，占7%；土木结构27.02万平方米，占82%。经市政府对全县各学校验收，认定实现“一无两有”目标。经1994年“普六”，全县砖预结构校舍面积达23.17万平方米，占总面积的58.82%。

1997年，实施“贫九”工程项目71个，增加校舍建筑总面积7.8万平方米。配置仪器设备6.99万台（件），配置图书资料14.92万册。学校植树10万株，用于绿化、美化、净化资金达43.8万元，绿化面积23.32万平方米。年底，全县校舍总面积46.8万平方米，比上年增4.37万平方米，其中砖预结构总面积38.7万平方米，占校舍总面积的82.7%，比上年上升7.3个百分点，总投资4 291万元。

2005年，小学合点并校，校舍面积减少，初中、高中、中专校舍面积增加，土木、砖木结构校舍面积减少，砖预结构校舍面积增加。校舍总面积46.82万平方米，当年新建砖预结构校舍1.11万平方米，投资1 206万元，砖预结构校舍占98.73%。

二、配套设施

1981—1985年，教学设备所占经费比例逐年提高。预算内支出教学设备费57.41万元，占5年教育经费支出的2.92%。1986年实行分级办学、分级管理的办学体制，全县各校用于购置教学设备费用126.26万元，添置课桌凳9 984套，购置图书3.5万册。新建、改建实验室125个。到1990年年底，全县共建中小学实验室221个，有50多所学校配齐电化教学软硬件器材。

1991—1995年，为“普六”达标时期，全县教学设备投资57.5万元，购置教学仪器8 890套（台）（含省、市下拨），更新和添置课桌凳1.17万套，购置图书10.47万册。教学设备达到“普六”要求。

1996—2000年，抓住“普九”教育和移民搬迁机遇，教学设备投资789.3万元。添置课桌凳5 151套，添置仪器6.99万套（台），购置图书41.8万册，生均图书达15册。全县建电脑室18个，装有电脑727台，校园绿化面积23.32万平方米。

2001年，全县提出教育装备现代化，增添设备总投资204.75万元。2005年，全县共建计算机教室

42个，拥有计算机1 961台，多媒体教室20个，教师电子备课室10个，语音室9个，99所中小学都建成“校校通”（程控电话），17所中学建成校园网，开通远程教育。各学校共完成春季校园植树10万株，校园绿化面积50.46万平方米。

2005年8月，国家“农村中小学现代远程教育工程”在秭归县正式启动。全县共为5个教学点，92所小学和2所初中按“模式一”“模式二”“模式三”安装远程教育设备。

第四节　教学研究

一、教研队伍

1979年，县教育教学研究室设县教育局内。1984年，县教育教学研究室单独建立机构。1986年，县教育教学研究室内设小教组、中教组、教辅组。小教组设有语文、数学、思想品德专职教研员，其他学段、学科教研工作有人专管。1994年，成立县教育科研室，与县教育教学研究室实行一套班子、两块牌子。县教育教学研究室分管业务的副主任抓教育科研工作，各学科教研员及兼职教研员组成学科课题研究组，指导学科教育科研。1996年，增设艺术教研员。中学组有语文、数学、英语、政治（兼历史、地理）、物理（兼劳技）、化学（兼生物）、体育教研员。全县14个乡镇，3所县直中小学建立教研站，各乡镇教育组组长（站长）、县直中小学校长分别兼任站长，配专职教研员具体负责所在乡镇、学校教研工作。教研站下设乡镇初中、学区教研分站77个，由乡镇初中校长、中心小学校长任分站长。1999年，全县268所小学（含教学点119个）和20所初中，共设学科教研组591个（小型学校体育、美术、劳作等学科为综合组）。聘请各学科兼职教研员207人。2001年，全县成立高中学科中心教研组协调领导小组。设语文、数学、英语、文科综合、理科综合5个学科中心教研组。2002年，各乡镇教育站撤销，乡镇教研站站长和教研员全部重新聘任。

二、课题研究

1979年，县教育教学研究室注重基础学科教研，深入教学第一线，在县第一中学、城关小学、太坪高中、两河一支笔中学召开教学研究和经验交流会13次，编印《教学与研究》53期、1.86万份。共听课150节，获得指导教学工作主动权。1980年开始，帮助小学教师学习新的教学大纲和新编教材，了解新教材编排体系。通过短期培训，巡回讲座，专题辅导形式，90%以上小学教师掌握大纲和教材。1985年　“双教”（教材、教法）过关考核2 989人，合格2 587人，合格率86.5%。

1983年，县教育教学研究室配合各区、乡教研站在全县中小学开展“教一、听二、评三”的一堂课活动，采取“人人教、听、评，层层选能人”办法，开展面98.3%，共选出“教学能手”557人，123人出席当年县教育先进代表会。1986年，常规教学研究活动全面开展，县教育教学研究室组织全县教师学教育理论、教学大纲、教材、教法，组织小考、中考、高考，给中学、小学有关考试命题、制卷、评卷、统分及教学质量分析。

1992年，在全县中小学开展“说课”活动。1997年，针对教学点多、复式班多的特点，开展复式教学研究，县教育教学研究室到各乡镇送教11次、45科次，受益教师2 900多人次。1999年秋季开始，在全县中小学教师中开展课堂教学常规课、优质课、示范课的“三课”达标活动。成立“三课”达标评审、验收小组，制定各学科课堂教学及说课、备课、批改作业、辅导学生、教育科研等评价标准24科次、63种。3 429名教师取得常规课合格证书。其中，1 825名教师被认定为优质课达标者，793名教师被评为示范课教师。

2003年，以课程改革（简称课改，下同）为中心，组织全县中小学教研活动。组织小学6科、初中11科，共17人参加省教育厅组织的课改培训。7月，在县实验小学组织乡镇教育干事、初中校长、教研员、中心小学校长共278人参加课改骨干培训，各乡镇对中小学教师课改培训2 854人。课改培训考试2 797人，合格率100%。2004年，课改实验全面启动，全县小学1～3年级，初中7～9年级正式进入课改。小学1～3年级参加课改的教师700多人，学生9 276人。初中7～9年级参加课改的教师500多人，学生1.78万人。并开展新课程教学竞赛活动，各乡镇中小学、县直中小学层层选拔，46名教师参加县教育教学研究室组织的语文、数学等4个学科竞赛，11名教师获优质课一等奖，15名获二等奖，20名获三等奖；初中组67名教师参加语文、数学、英语等9门学科竞赛，63名教师分别获一、二、三等奖。在省优质课大赛中获一等奖两项、二等奖一项。15名教师分获市优质课大赛中一、二、三等奖。

1979—2005年，全县共179人次先后担任市级以上学术研究团体会员、理事、研究员等。1994年，龙墀当选为中国学习科学会中心学习与教育研究会常务理事；何启贤当选为全国中语会衔接中心常委、副秘书长。有123人在省级以上教育刊物发表学术论文、教研文章、教学经验等614篇。2005年，全县评选出各种课改实验成果399件，先进单位26个，优质课教师60人。

第五节　县属学校简介

县实验小学　位于茅坪新县城，学校占地1.52万平方米，校舍建筑面积1.24万平方米。校内设立计算机、电视和广播网，建有电脑室、语音室、电子备课室等专用教室。建有生物园地和校园文化长廊，有图书2.5万册，足球场、篮球场3 600平方米。2005年，学校有25个教学班，1 600多名学生，教职工88人，学历达标率为99%，其中大专以上学历44人，占教职工总数50%。小学高级教师58人，中学高级教师2人，省高级教师1人，省、市学科带头人6人，县骨干教师6人。学校先后承办全国小学语文学法指导研究第四届年会暨首届课堂大赛、全国小学语文学会学习研讨会。少先队大队部曾被全国少工委授予“红旗大队”称号。被省教育委员会、团省委、省少工委授予“少先队工作示范学校”称号。

驻香港部队秭归希望小学　1998年创办，位于茅坪镇橘苑小区，由中国人民解放军驻香港部队官兵捐资修建。学校占地8 275平方米，校舍面积3 928平方米，拥有固定资产500万元。建有电脑室、多媒体教室、电子备课室、图书室、阅览室、团队室。校园有150米环形跑道和60米直跑道，绿化覆盖率达40%。学校把军营管理模式用于学校管理，成立少年军校。展现“校以育人为本、师以敬业为乐、生以成才为志”的精神风貌。2005年，学校有17个教学班，937名学生。53名教职工，专任教师43人，全部具有专科以上学历，其中本科学历22人。有省级骨干教师3人，市级学科带头人2人，县级骨干教师12人。先后被表彰为湖北省绿色学校创建活动先进单位、宜昌市青少年活动先进集体。

县实验中学　县属初中仅有县实验中学一所，前身是1982年创办的归州镇中学。1990年更名为县实验中学。1998年迁至新县城茅坪，学校占地1.96万平方米，校舍面积1.62万平方米。2005年在校学生1 311人，教职工105人，其中高级教师23人。学校坚持 “依法治校、质量立校、科研兴校、创新强校”的理念。学生入学率、巩固率均为100%。毕业生总数1 866人。教研教改完成国家、省、市、县教研课题22个，有40名教师在省、市、县优质课竞赛中获奖，6个学科教研组受到上级表彰。先后被评为宜昌市示范学校、湖北省教育科研50强。

县第一中学　位于新县城茅坪丹阳路夔龙山北侧。校园占地7.7公顷，校舍建筑面积4.06万平方米，

图 17-4-1：县第一中学校园一角

学校图书馆藏书4万册，拥有固定资产5 000多万元。2005年，学校有45个教学班，在校学生2 399人。157名专任教师。其中，大学本科学历147人，正高级教师4人，省骨干教师5人，市学科带头人8人，县骨干教师42人，高级教师59人。为建成一支业务精良的教师队伍，学校开展新教师达标课，骨干教师示范课，各学科优质课竞赛，青年教师5项全能竞赛活动。1997年，全国高考上省线131人。2005年上省线1 037人。1981年被省教育厅确认为全省首批重点高中。2000年被命名为“宜昌市示范学校”。2001年被市政府命名为“名牌学校”。（图17–4–1）

县第二中学　位于新县城茅坪天问路，由县城搬迁前的县第二中学和太坪高中合并而成。校园占地面积4.33公顷，校舍建筑面积3.1万平方米。至2005年已建成综合教学楼、实验楼、行政办公楼、后勤办公楼、图书馆、大礼堂、学生餐厅、学生公寓等建筑。按国家Ⅰ类标准装配理、化、生实验室5个，语音室1个，计算机室2个，音乐教室1个，图书室藏书1.5万余册。建成双向多媒体闭路电视广播监控系统，具有双向控制、多媒体播放、对讲监听、教室扩音、定时广播等功能，是高考、自学考试基地。2005年共有51个教学班，在校学生3 689人，有教职工183人，专任教师151人。其中，本科学历140人，中高级教师102人。学校以体、音、美特长教育为突破口，走特色兴校之路。坚持“立标、激趣、活动、体验、践行”的课堂教学和“合格＋特长＋技能”的办学模式，当年全国高考上省线588人。先后获县级、市级、省级文明单位称号。（图17–4–2）

图 17-4-2：县第二中学校园

县职业教育中心　1997 年，县职业中专、成人中专、教师进修学校、县广播电视大学 4 校合建县职业教育中心。融高中、中专教育和职业技术培训、现代远程教育等多种办学为一体。学校位于新县城茅坪文教区，占地8.67公顷，运动场占地1.6万平方米。2005年年底学校有教职工300人，在校学生8 113人，为湖北省首批"512"工程合格学校，国家级重点中等职业学校。学校开设计算机应用、旅游服务、空调制冷、机电电子、现代文秘、现代文员、公关卫士、商务英语、幼师等9个专业。建有计算机楼1栋，拥有计算机956台，旅游服务专业实训基地经营面积3 100平方米，机电专业实训基地实训室3个以及数控机床、刨床、冲床等先进的机电实训设备，总投资100多万元。2001—2005年，培养农业实用技术人才、厂矿企业技术人才1 500人，培训农村劳动力7 000人。年就业安置3 000人，累计安置学生学员1.68万人，安置就业率99%。学校承担的"三峡库区宜昌市中等职业教育21世纪初发展规划"和"庭院经济模块式教学模式"课题研究，双双获得国家级二等奖。曾先后被评为省、市农村劳动力转移培训先进单位。（图17-4-3）

图17-4-3：县职业教育中心教学楼

第五章　科学技术

1986—2005年，县政府先后讨论和批准县科学技术委员会（县科学技术局）制定的"七五"至"十五"科技发展计划和1996年制定的《县科技发展2010年规划纲要》。各级共下达科技项目计划322项。全县先后实施"星火计划""攻关计划""丰收计划""温饱工程""燎原工程""示范工程""项目开发"和其他科技项目共计300余项。1986—1994年，"星火计划"实施8年，共推广杂交玉米、杂交水稻7.34万公顷；地膜土豆、地膜玉米1.34万公顷；水稻两段育秧1.67万公顷。1995—2005年，实施"柑橘品改工程""纽荷尔、长红脐橙示范工程"等7大项目，41个子课题，全县柑橘品种优化，品质优良，效益逐年增长。2001年，全县脐橙优质率达80%以上，农业部确定秭归县为"全国无公害脐橙生产基地示范县"。1979—2005年，全县共完成各级各类科技项目413项，获县级以上奖励的科技成果127项。全县累计参加普及型科技培训151.58万人次，参加提高型科技培训12.77万人次，举办各类专业技术研讨会1 028次。县科学技术局及相关部门送科技下乡，组织科技活动，开展地震知识宣传与监测工作，科技工作与经济建设紧密结合，为全县"三个文明"建设提供良好服务。

第一节　科技机构

1979年，全县有科研机构2个，即县微生物研究所和县林业技术推广站。2005年，全县有科研机构9个。从1986年开始，全县各镇（区）配有（或兼任）科技副乡镇长、科技助理，各村配有科技副主任，部分村建有科普小组。

县林业技术推广站建立于1953年。1985年有职工19人。1999年有高级工程师1人，工程师5人。“秭归空心李”是该站研发的主要成果之一。2005年，该站有从业人员7人。

县柑橘研究所成立于1958年3月。1985年，有职工26人，设柑橘育苗、科研、栽培3个小组。种植有桃叶橙、锦橙、温州蜜橘、椪柑等优良品种。2002年，该所与县柑橘良种繁育示范场合并。2005年，该所有从业人员11人。

县微生物研究所成立于1972年3月。1985年有干部职工11人，固定资产20万元。以香菇、木耳、银耳、蘑菇等食用菌种的选育和生产为主。1992年，引进“优质竹菌种”“B·T生物药” “优质酿造酱油”新品种和“精制红薯粉丝生产”项目。1997年10月，县微生物研究所与县纸厂合并转为企业性质。

县柑橘良种繁育示范场建立于1986年，有干部职工38人。其中，科技人员12人，高级职称1人，中级职称3人，初级职称8人。拥有固定资产400万元。1999年步入湖北农业企业500强之列，引进、选育的“良种3号”纽荷尔脐橙获第二届、第三届中国农业博览会金奖和获国际农业博览会“名牌产品”称号。示范种植的脐血橙、橘橙、晚白柚和红肉脐橙在2000—2002年省水果评比中获“名优果品”称号。该场引进和储备柑橘新品种52个，具备年提供优质苗木120万株、良种接穗80万支、优质果品20万公斤的生产能力。

县白蚁防治研究所成立于1994年11月，至2003年，共有研究人员6人。其中，中级职称3人，初级职称3人。资质等级为三级。有固定资产20万元。至2005年，共完成306个白蚁防治项目。

县畜牧兽医研究所成立于1999年7月，与畜牧兽医工作站合署办公，定编19人。其中，高级职称2人，中级职称8人，初级职称1人。该所先后研究开发“生猪三优”“肉牛冻配”“山羊623示范工程”“3251种草养羊样板工程”“动物疫病诊断”等项目。2004年争取科技部移民科技开发项目：“三峡库区林草间作和肉羊高效养殖技术集成示范”，建立牧草观测园、林地种草、肉羊育肥等基地。

县脐橙研究所成立于1999年7月，有干部职工22人。2000年，承担湖北省生态环境建设基地示范县项目。2005年，该所有科技人员14人。其中，高级职称2人，中级职称12人。

县马铃薯研究所成于1999年9月，有研究人员4人。其中，高级职称1人，中级职称2人，初级职称1人。研究项目有：“脱毒马铃薯良种繁育与示范推广”“马铃薯高产栽培试验示范推广”“马铃薯无公害栽培及栽培模式”。2004年，该所建立周坪、两河口、杨林桥3个乡镇马铃薯原种扩繁基地。

县板栗研究所成立于1999年9月，共3人组成。其中，工程师1人，助理工程师1人。该所主持的“浅刺大板栗高产栽培示范与推广”项目获市政府技术创新一等奖。

杨林桥镇魔芋研究所成立于2001年，属县级科研机构。该所由9人组成。其中，高级职称1人，中级职称3人。该所实施“万亩魔芋丰产栽培示范”等项目。

县核桃研究所成立于2002年9月，该所有兼职人员5人。其中，中级职称2人，初级职称2人。先后培植云新杂交核桃、美国山核桃、黑核桃等新品种，建有良种示范场和品种园。

1979—2005年，先后成立和登记青少年科技辅导及农机、特产、环境保护、畜牧兽医、水电、气象、农学、林学、医疗卫生、花木盆景、植物保护、交通、脐橙研究、水产、老年科技工作者等县级学会、协会22个，会员2 477人。其中，国家级会员86人，省级会员75人，市级会员344人。建立农村专业技术研究会138个，会员6 248人。

第二节　科技项目

一、项目计划

1972—1985年，各级下达科技项目300个。其中，农业和畜牧业135个，林业和特产93个，工业28个，卫生21个，其他23个。列为省级科研项目7个，地区级项目27个。列为省级科研项目分别是："旱地套种高产栽培技术研究""通风库储藏保鲜柑橘试验""桃叶橙8号遗传稳定性研究""玉米、马铃薯新品种选育""中草药治疗近视眼""建立桃叶橙母本繁殖园""桃叶橙砧穗配套技术研究"。

1986年，随着"七五"科技工作计划的制定和实施，科技项目计划随之下达。当年各级下达科技项目计划14个。其中，国家级1个，县级13个。1987年下达科技计划项目17个。其中，国家级2个，省级1个，市级3个，县级11个。2002年全年下达计划项目21个。其中，国家级3个，省级1个，市级5个，县级12个。1986—2005年，各级下达科技计划项目共计322个。其中，国家级21个，省级31个，市级62个，县级208个。下达项目计划中，农业科技项目171个，占主导地位；其次是工业科技项目78个，其他项目73个。科技部下达农业科技项目计划有："三峡库区柑橘品种改良和高效生态橘园模式研究与示范""三峡库区林草间作和肉羊高效养殖技术集成示范""节水生态农业综合技术集成开发与示范基地建设"等。省科学技术委员会下达农业科技项目计划有："纽荷尔脐橙高产栽培技术研究""三峡库区玉米、茶叶、柑橘新品种试验示范""纽荷尔脐橙早结丰产技术研究""灾后食用菌高产栽培技术示范""纽荷尔脐橙示范村工程""紫色岩区坡地改良示范研究""三峡库区玉米新品种丰产栽培示范""紫色岩区坡耕地改良利用研究与示范""三峡库区长红脐橙示范"等。县科学技术委员会确定的农业科技计划项目主要是：粮、柑、烟、林、果、特、畜禽、水产等方面的技术开发和技术推广利用，重点组织推广水稻旱育秧、玉米膜套钵、化肥深施器、油菜配方施肥及柑橘、板栗、银杏、茶叶等经济林的良种选育体系，建立立体式高产蔬菜种植模式，普及生猪配合饲料，开发特种水产养殖、深水捕捞和网箱养鱼技术等。国家和省级下达的工业科技项目计划主要是："机立窑水泥厂综合节能技术""多彩防瓷涂料产品开发""鸡米寺滑坡预警及其减灾效益分析""柑橘综合利用及新产品开发"等。

二、项目实施

"星火计划"项目　1986—1994年，全面实施"星火计划"。全国柑橘专家章文才教授被秭归县聘为"星火计划"总顾问；中科院柑研所、省农科院、省果茶所、省副食品发酵研究所、武汉植物研究所、华中农业大学、"502"研究所等科研单位是"星火计划"的支持者或协作单位。全县共实施各级下达的"星火计划"项目46个，新增经济效益1 862.5万元，新增利税542万元。

1986年，"星火计划"启动，县科学技术委员会围绕星火项目，进行"星火计划"培训，至1987年，共培训技术人员1.49万人，其中专业生产人员7 611人。印发星火项目技术资料7 000份。举办不同形式、不同专业、不同层次的技术讲座30场次，听众达3.28万人次。县农牧局主持的"星火计划"项目玉米地膜覆盖技术于1986年在海拔1 200米以上的高山地区推广169公顷，亩产达512.1公斤，比不覆膜亩产增产281.1公斤；全县仅此一项增产粮食31.5万公斤，增产值25万元。

1986年，郭家坝镇（区）熊家乡实施国家科学技术委员会下达的柑橘丰产栽培“星火计划”，该乡2个村8个组216户实施抽槽换土12公顷，共计投工1.2万个，建柑橘苗圃0.4公顷，育柑橘苗12万株。项目实施后，柑农尝到甜头，当地柑农编顺口溜称赞：“过去种柑不丰产，只怨科技不过关；一锄一窝讲蛮干，柑苗都去鬼门关；要想柑橘创高产，标准建园是关键；良种良法勤耕作，‘星火计划’是样板。”

1988年3月，“星火计划”项目“柑橘原汁发酵酒”生产线投产，经省业务部门检查验收合格，设计年产量1 000吨，当年产出74.2吨，新增产值14万元，创利税3万元。“柑橘原汁发酵酒”经省经济委员会鉴评，被授予新产品“金鹤奖”。

1989年，县政府、县科学技术委员会统一组织258人下基层指导和帮助农村实施“星火计划”，其中科技人员134人。县特产局19人到基层签订“星火计划”技术承包合同262份，实现效益300万元。县农牧局92名技术干部分赴15个乡镇、298个村、2.17万个农户中，开展定点“星火计划”项目技术承包，共承包试验、示范、推广项目57个，农作物面积7 593公顷。其中，承包小麦、土豆、油菜样板667公顷，共增产粮食63万公斤，油菜籽17.4万公斤，增收80万元；承包秋粮项目6 667公顷，增产粮食800万公斤，增收500多万元。柑橘配方施肥增收392万元。

柑橘科技攻关项目　1986年，省科学技术委员会下达县“桃叶橙、脐橙选配适宜三峡库区栽培抗逆性强的砧木、选育优质丰产的新株系”重点科技攻关项目。该项目得到省科学技术委员会、省果茶研究所的指导和支持。县特产局组织研究小组，对省内9个科研生产单位，5个县（市）、12个镇（区）、15个村进行调查，收集砧木19种，进行试验播种移栽，到1996年，完成桃叶橙、脐橙配套嫁接工作。1996年，省级科研攻关计划项目“桃叶橙砧穗配套研究”课题，由县特产局农艺师陈裕生主持，聘请省果茶研究所副研究员陈昭明为技术顾问，在桃叶橙发源地新滩镇征地0.2公顷，收集15种砧木种子播种，培育出砧木苗1.69万株，嫁接桃叶橙8号、18号、139号良种母本，培育出优良桃叶橙品系。

1988年，省科学技术委员会下达“千亩脐橙计划密植丰产栽培技术研究”科技攻关项目，由县对外经济贸易局承担该项目，组成4人小组实施。经3年努力，项目计划密植、靠接、环割促花保果等综合技术成果达到国内先进水平。1990年11月，省科学技术委员会委托宜昌地区科学技术委员会组织同行专家对成果鉴定和验收，68公顷脐橙总产106万公斤，平均每亩单产1 036公斤，其中验收部分面积亩单产达2 800公斤。

1994年，县科学技术委员会申报的“纽荷尔脐橙早接丰产技术研究”和“含锌、铁纯天然橙汁保健饮料”被批准列入省级重点科技攻关项目。县对外经济贸易局承担该研究课题，在茅坪镇二圣寺村建立试验基地2.7公顷，分别在归州镇彭家坡村、郭家坝镇上和坪村布点作观察试验，取得攻关技术成果。当年，全县柑橘品种改良项目启动。至1998年，全县建成达标专业村233个，建立纽荷尔脐橙县级采穗圃1.3公顷，完成高接换种长果型纽荷尔脐橙200公顷，花期复剪示范面积333公顷。1999年7月，全县在两河口镇两面山村召开柑橘品改现场会，该村柑橘品改中心示范区高接品改第三年，长红脐橙亩产3 047公斤，株产27.7公斤，平均单果重218.5克，含可溶性固形物在12%左右，一级果品率达90%以上，长红脐橙的早果丰产已居全国同类品种领先水平。当年，全县脐橙品改累计完成高接换种1 973公顷，新发展867公顷，其中长红脐橙发展面积达1 000公顷，提前一年达到“九五”计划要求。经市验收，柑橘品改进度、质量、效益处于全市领先水平。

夏橙选育也是柑橘品改项目之一，县柑橘技术研究人员选育出综合性良好的泄滩“奥林达”夏橙等6个株系建立优质夏橙采穗圃0.53公顷，丰产示范园33公顷。

示范项目　1992年，选择郭家坝镇荒口坪村和干沟村，进行杂交优质油菜“华杂5200”制种示范，共制种10公顷，并在水田坝乡示范种植333公顷。

1993年，在全县实施“紧凑型杂交玉米引种示范”项目，示范区涉及16个乡镇，面积224公顷。经县科学技术委员会和农技部门对“掖单9号”“掖单13号”示范进行验收，平均亩产都在600公斤以上，部分田块达到800公斤，比原品种“掖单2号”亩产增加200公斤左右，每亩增收80～100元。当年，县农牧局在梅家河乡实施“水稻旱育稀植高产栽培示范”，该项目从日本引进高产栽培技术，在梅家河乡示范21.33公顷，亩增产98.8公斤，经过鉴定验收，确认该技术通气性好、抗旱力强、大穗多、单产高，在全县大面积推广。

1994年，实施“纽荷尔脐橙示范工程”，按照 “一纯两高”（纯长型、高科技、高标准）的原则，全县定向选出树势强、挂果多、果形好、无检疫性病虫害的母本树42株，进行标号、挂牌、建档，建立采穗圃0.3公顷，共488株，建立13公顷中心示范区。在推广中，两河口镇两面山村一次高接换种1.8万株。“一纯两高”示范推广辐射全县45个村，长果形纽荷尔脐橙成为秭归县脐橙发展的优势品种。

1995年，“甲鱼养殖示范”项目在水田坝乡获得成功。当年引进甲鱼放养163天，平均增重186克，亩产值2.8万元，亩利润1.3万元。

1996年，县科学技术委员会在沙镇溪镇杉树坪村帮助实施“山羊三改一推”（改地栏为吊栏、改放牧为放牧加饲料、改不驱虫为定期驱虫，推广良种杂交商品羊）示范，山羊育肥速度明显加快，由原来两年出栏缩短为14个月出栏。沙镇溪镇制定“一年打基础、二年大发展、三年成支柱”的目标，全镇1997年出栏山羊1 150只，初具规模。

开发项目 1996年，科技部下达秭归县“三峡库区紫色岩坡地改良利用”科技重点开发项目。该项目选择水田坝乡王家桥流域，对该流域气候、降水、水文及输砂量的改良利用，实施对比和农林复合技术实验等课题进行观测、研究。共完成坡改梯200公顷，以发展优质脐橙为主的经济林275公顷，营造水土保持林267公顷，总投资370万元。按区域化、规范化原则建立优质脐橙园200公顷，茶园18公顷，板栗园15公顷，杜仲、小水果42公顷，使水土流失程度降低1～2级。王家桥流域经济收入由1994年的251.14万元上升到1 303万元，增长4.19倍。人均纯收入由1994年的344元增长到1 708元，增长4倍。到2000年，全县推广到14个乡镇，八大流域，综合面积达300多平方公里。

2001年，开始实施“中山小水果开发”科技开发项目。先后考察白花桃、空心李、石榴和核桃等品种，确定适宜本地发展的优良母株。2001年，成功嫁接空心李4 000多株，引进优质布朗李系列15个品系200株，培育核桃砧木苗近万株，建立7公顷5 000株优质核桃种苗繁育基地。2003年，17个李子品种开始挂果，对13个李子品种按不同成熟期分3次进行鉴评，发布《李子选种试验结果初报》。杨林桥镇农技站秋季购回李子砧木种子750公斤，冬季一次上山定植66.67公顷。

2002年，成立县水产协会，组建江河水产科技有限公司，创办三峡库区水产养殖示范开发基地，引进和收集一批珍稀鱼种，开发种繁试验，建网箱36个。到2005年，库区网箱养鱼已初具规模。

自1997年后，通过引进外来企业，相继开发出一批科技含量高的新产品。如湖北华扬太阳能有限责任公司开发的高硼硅玻璃管生产线、宜昌匡通电子有限公司引进发光二极管（LED）引线支架年生产2亿只生产线等。

项目投入 1979—1985年，投入科研经费32.48万元。其中，科技事业费15.68万元，专项科研费12.4万元，省定项目经费3万元，地区定项目经费1.4万元。1985年科研经费5.55万元。1986年，县委、县政府投入科技经费4万元；1987年，省级科技项目经费投入33万元；1995年，省级科研项目经费投入61.5万元，是省级投入科研经费较多的一年。从1996年开始，国家、省、市、县逐步加大科技投入。1986—2005年，各级共投入科技项目经费812万元。是1979—1985年的25倍。其中，国家级投入172万元，省级投入247.8万元，市级投入66.6万元，县级投入325.6万元。除各级政府投入之外，不断拓宽科技投入渠道，建立以企业投入为主体，引进外资、农民投入、金融贷款、民间融资为补充的投资机制，确保科技项目的实施。（见表17-5-1）

1986—2005年秭归县科研项目经费投入统计表

表17-5-1　　单位：万元

年份	合计	国家级	省级	市级	县级
1986	4.5	—	—	0.5	4
1987	37.5	—	33	1.5	3
1988	3.8	—	0.8	—	3
1989	7.4	—	4.4	—	3
1990	3	—	—	—	3
1991	26.6	—	23.6	—	3
1992	20.8	—	16	1.8	3
1993	3	—	—	—	3
1994	10.6	—	1.5	6.1	3
1995	72	—	61.5	7	3.5
1996	55.3	30	12	7.3	6
1997	36	25	—	—	11
1998	30	—	10	3	17
1999	53	30	—	7	16
2000	50.5	20	5	5.5	20
2001	15	—	2	8	5
2002	14.5	—	—	—	14.5
2003	107.5	62	10	16	19.5
2004	108	—	58	2.9	47.1
2005	153	5	10	—	138
总计	812	172	247.8	66.6	325.6

第三节　科技成果

一、获奖成果

1979年改革开放以后，全县大力投入科研项目经费，加强科技队伍建设，组织实施各级下达的科研项目，一系列重大科技项目取得成功，科技成果硕果累累。1979—1985年，全县召开3次科技成果授奖大会，共授科技奖励成果65项。其中，一等奖6项，二等奖21项，三等奖38项。有30项技术水平较高、经济效益明显的科技成果获地区以上科技成果奖。其中，部、省级8项，地区级22项。1986—2005年，共完成各类科技项目348项，组织鉴定验收科技成果64项。其中，国家级鉴定验收11项，省级鉴定验收20项，市级鉴定验收13项，县级鉴定验收20项。1979—2005年，共受到县级以上奖励的科技成果127项。其中，获世界、国家、省部级奖励34项，获地（市）级奖励17项，获县级奖励76项。共在县级以上交流和发表学术论文1 741篇，获市自然科学学术论文各类奖项40篇。

1979—2005年，获市级以上奖励的农业科技成果共26项。其中，获省部级以上奖励17项、市级9项，获县级奖励56项。获市以上奖励工业科技成果共9项（省部级以上5项、市级4项），获县级奖励14项。其他获奖科技成果包括基础设施建设、灾害防治、教育教学、疾病防治、文艺创作以及三峡库区科技发展战略与规划等，其获奖项目共有16项。其中，获省部级以上奖励12项、获市级奖励4项，获县级奖励6项。（见表17-5-2、17-5-3、17-5-4）

1978—2005年秭归县农业科技成果获市级以上奖励一览表

表17-5-2

年份	项目名称	获奖名称	承办单位	获奖人姓名
1982	脐橙良种选育	对外经济贸易部科技成果二等奖	县对外经济贸易局	—
1989	杂交玉米地膜覆盖	农牧渔业丰收计划二等奖	县农技推广中心	—
1992	推广综合增产技术灾年夺取油菜高产	农牧渔业丰收计划二等奖	县农技推广中心	何怀富
1993	柑橘营养诊断及施肥技术研究	农牧渔业丰收计划三等奖	县对外经济贸易局	段广泽
1993	无病毒脐橙朋娜、纽荷尔新品种的引种推广	农牧渔业丰收计划二等奖	县对外经济贸易局	段广泽
1994	纽荷尔脐橙丰产栽培试验示范	中国第二届农业博览会金奖	县柑橘良种场	谭勇
1995	脐橙丰产优质高效栽培技术推广	农牧渔业丰收计划二等奖	县特产技术推广站	崔治龙　谭勇 宋发安　王耀群 李昌柱
1995	柑橘大实蝇检疫与防治技术推广	农业部、省农牧厅二等奖	县植物保护检疫站	郑忠、聂家云、谭复顺、宋兴建、易继平
1995	优质油菜高产高效技术	农牧渔业丰收计划二等奖	县农技推广中心	何怀富
1996	优质杂交油菜华杂二号应用及高产配套技术	农牧渔业丰收计划二等奖	县农技推广中心	何怀富
1998	“双低”杂交油菜优良品种高产保优栽培技术	农业部一等奖	水田坝乡、茅坪镇农技站	张光国　王山等34人
1999	浅刺大板栗丰产栽培技术研究与示范	科技部科技扶贫奖	县林业局森防站	王功桂
1978	柑橘桃叶橙品种选育	省科技大会科技成果	县特产局	—
1983	马铃薯块茎蛾发生规律及新法覆盖防治方法	省政府科技成果三等奖	县农业局	—

续表17-5-2

年份	项目名称	获奖名称	承办单位	获奖人姓名
1991	湖北省“燎原工程”	省科学技术协会《燎原工程》组织奖	县科学技术协会	王大伦
1992	杨林空心李的挖掘及推广应用	省林业厅科技进步三等奖	县林业局	邓中美
1995	“欲品思”茶研制技术	省农业厅特等奖、二届农博会金奖	县库区移民培训基地	黄世好　姜学洪 史思梦　谭长英 吴志国
1996	杂交水稻旱育稀植高产栽培示范	市技术创新二等奖	县农技推广中心	谭国钿
1997	脐橙“一优两高”模式栽培	市政府技术创新三等奖	县特产技术推广站	王耀群
1998	优质杂交油菜“华杂三号”示范推广	市政府技术创新三等奖	县农技推广中心	何怀富
1999	杂交玉米膜套钵丰产示范	市政府技术创新二等奖	县农技推广中心	何怀富　黄延坤 郑　平　陈沛秦 张少华
1999	中杂稻塑料软盘旱育秧抛栽	市政府技术创新三等奖	县农技推广中心	谭国钿
2000	华红（长红）脐橙早丰优栽培技术研究	市科技进步三等奖	县特产技术中心、县科学技术委员会	—
2000	玉米塑料软盘育苗移栽高产栽培	市技术创新三等奖	县农技推广中心	—
2003	浅刺大板栗高产栽培示范与推广	市政府技术创新一等奖	县板栗研究所	王功桂
2003	脐橙郁闭园疏株技术示范推广	市政府技术创新三等奖	县特产技术中心	孙林红

1979—2005年秭归县工业科技成果获市级以上奖励一览表

表17-5-3

年份	项目名称	获奖名称	承办单位	获奖人
1994	楚王井牌53V/V屈原小曲酒	1995国际食品博览会金奖	县屈原酒厂	傅金龙　胡振玉 颜克辉
1995	贝蒂富铁橙汁饮料开发研究	中国第二届科技精品金奖	县橙汁厂	向培成　龚　超 陶福华　王力群
1984	高峡牌鲜橙汁	省政府优质产品	橙汁厂	—
1984	橘络晶	省轻工业局优质产品	橙汁厂	—
1985	明珠牌花炮	省政府优质产品	花炮厂	—
1999	楚王井牌屈原系列酒	市政府技术创新三等奖	县屈原酒厂	颜克辉　傅金龙　蔡先进 谭小平　梅　松
1999	水泥磨沟槽衬板及高铬球技术	市政府技术创新三等奖	县七星水泥有限责任公司	王大鹏　李　勇 周宗恒　颜召和
1999	水泥生产电脑配料	市政府技术创新三等奖	县七星水泥有限责任公司	王大鹏　周宗恒　颜召和 李　勇　覃玉权
2003	LED引线框架局部镀银工艺开发	市政府技术创新一等奖	宜昌木林森电子有限公司	彭会银

1979—2005年秭归县其他科技成果获市级以上奖励一览表

表17-5-4

年份	项目名称	获奖名称	承办单位	获奖人
1996	心血管病（冠心病、肺心病）中医药疗法	世界传统医学大会优秀成果奖	县中医院	余先福
1996	花椒及其伪品巴氏吴茱萸的生药鉴别	中国中医研究院三等奖	县预防保健监测中心	张继庆
1996	鸡米寺滑坡预警及其减灾效益分析	水利部科技进步三等奖	县水电局	梅荣生
1998	三峡库区秭归县城回填砂工程性状研究	水利部、长江水利委员会二等奖	县城建局	王功平
1983	飑线天气预报	省气象局预报服务一等奖	县气象局	—
1995	回龙溪小流域水土流失综合治理模式	省水利厅科技进步三等奖	县水电局	王昌德 黄德胜 黄光柱
2001	地磁偏角观测资料	省地震局防震减灾成果三等奖	县地震办公室	田启善 倪岳生 李全家
2002	省七届中学生识图制图技能竞赛	湖北省竞赛一等奖	县第一中学	黄显（指导教师郭从新）
2002	省七届中学电子技术技能竞赛	湖北省竞赛一等奖	县第一中学	郑坤山（指导教师宋秀琼）
2003	全国高中学生化学竞赛	湖北省优秀辅导奖	县第一中学	熊　海
2003	全国高中学生化学竞赛	湖北省竞赛一等奖	县第一中学	陈　程 尤兴志
2005	管试肿腿蜂防治松褐天牛技术试验研究	省科技进步三等奖	县林业局	王功桂
1994	长篇小说《屈原》	市文艺创作一等奖	县文联	宁发新
1994	龙的传人（摄影）	市文艺创作一等奖	县文艺创作组	何怀强
2000	三峡库区紫色岩坡地改良利用研究示范	市科技进步二等奖	县水土保持局、县科学技术委员会	王昌德 向立斌 王学钰 陈沛秦
2000	科技示范项目	市项目组织奖	县科学技术委员会	陈沛秦 张少华

二、技术专利

2002年3月15日，县科学技术局会同县工商行政管理局、县质量技术监督局，在新县城开展《中华人民共和国专利法》（简称《专利法》，下同）宣传活动，印发与专利相关的资料700份，现场咨询专利人数30余人。利用科普橱窗，展出涉及专利基本知识和法规的宣传图8张。2003年，县科学技术局利用科技奖励大会开展专利宣传工作，印发宣传资料100份，重点宣传《专利法》《湖北省专利保护条例》等相关法律法规。2004年，县政府出台《秭归县发明创造专利奖评选办法》。县科学技术局深入到企业、学校和科研单位开展专利、知识产权保护知识的宣传。2004年4月，在县委党校举办首届知识产权讲座，省知识产权局局长程桓作《技术创新与专利制度》专题讲座，县直单位副科级以上干部300余人参加。同年7月，在县委党校举办知识产权培训班，县管拔尖人才、科技骨干100余人参加培训。县第一中学、第二中学、实验小学科技辅导员及1 500名学生参加知识产权宣传活动。

2003年，县科学技术局派人参加宜昌市专利执法培训，并获得专利执法证。2004年3月，县科学技术局会同县工商行政管理局、质量技术监督局等部门在新县城范围内开展专利执法专项整治活动，对阳光国贸、县医疗中心、第二人民医院、春天大药房等单位进行检查，检查商品5 000余种，其中标有专利标记的13个，涉及10余种商品。执法人员对专利商品认真登记，上报结果，并根据具体情况采取相应处理措施。2005年，县科学技术局等部门，围绕电器、药品、服饰3大行业开展维护专利权的执法检查。共检查4家单位，检查商品5 000余种，其中标有专利标记的17个，涉及10余种商品。执法人员对专利商品进行登记后，按程序确定是否为有效专利。

1990年，县城电器修理技术人员向超，第一个申请发明创造专利并获得国家专利局授权的专利证书，该实用新型专利的名称为“系列高密度焊点拆烙铁头”，全县发明创造专利工作由此开始起步。1991—2005年，通过发明人或设计人申报发明创造专利，全县共获得国家专利局授权的专利31项。2004年6月，县科学技术局根据《秭归县发明创造专利奖评选办法》，授予邹维民为优秀专利工作者。2005年3月，县科学技术局依据国家知识产权局对李正伦的外观设计专利和向宇的实用新型专利授权，分别给予李正伦800元和向宇1 000元的奖励。（见表17-5-5）

1991—2005年秭归县获取专利一览表

表17-5-5

申请号	专利名称	权利人	权利人单位或住址
91100880-2	用水泥成型修复制砖机螺旋叶工艺	向长龙	县卜庄河页岩砖厂
92244092-1	多功能真空玻璃	韩永胜	茅坪镇井水垭中学
93117258-9	柑橘枝条枝组腹接技术	何光槐	郭家坝镇邓家坡村
94209382-8	自行车消震防汗健身坐垫	周国青	茅坪镇井水垭中学
96216901-3	电解水实验器	汪洪建	泄滩中学
98236014-3	保温瓶安全卫生盖	向　军	芝兰中学
98235498-3	人力割谷麦机	胡学堂	水田坝乡卫生院
99221624-9	双腔室电热水器	王恩民	县交通复建总指挥部
99246675-X	保健香烟	王书刚	县交通复建总指挥部
99256772-6	新型长三针石英钟表的机芯	颜复宽	茅坪镇九里庙村养猪场
99237097-3	短距离联络线路密码锁定保护装置	王　冰	郭家坝镇卜庄河居委会
00255916-1	水轮机折向器自动控制装置	周祖仕	周坪乡电器站
01106620-2	银锡复合LED引线框架	彭会银	宜昌匡通电子有限公司
01239755-5	银锡复合LED引线框架	彭会银	宜昌匡通电子有限公司
01239868-3	腕戴式手机套	傅剑峰	新县城茅坪西楚路47号
01251619-8	电发光车用号牌	刘泽刚	杨林桥镇杨林桥村

续表17-5-5

申请号	专利名称	权利人	权利人单位或住址
200320116395-9	弹性书架定位器	谭旭晖	县第一中学
200320116399-7	悬绳张力测力装置	向　宇	县第一中学
200420057848-X	氧气湿化瓶干燥存放架	郑　勇	县医疗中心
200420057847-5	婴儿淋浴托盘架	郑　勇	县医疗中心
20042011360-0	板栗脱壳机	郑之华	梅家河乡鲁家湾村
200420111648-8	弹性书架定位器	谭旭晖	县第一中学
200430014949-4	工艺品（王昭君塑像）	李正伦	海立酒店有限公司
200430014950-7	工艺品（屈原塑像）	李正伦	海立酒店有限公司
200520095789-X	新型换药碗	郑　勇	县医疗中心
200520095997-X	带开口的台布	马尚文	县科学技术局转
200520096346-2	带提醒装置的水杯	谭灵焱	县第一中学
200520097015-0	电动鞋刷	谭灵焱	县第一中学
200520097016-5	滑动黑板	谭灵焱	县第一中学
200520097017-X	节能发电机	谭灵焱	县第一中学
200530025809-1	包装袋（魔芋粉丝）	—	宜昌正富丰食品有限公司

第四节　科技普及

一、科技宣传

1971年，县科学技术委员会将原自办刊物《秭归科技》更名为《科技反映》，至1978年累计发行84期、8.5万份。1979年复名《秭归科技》，至1982年，发行11期、2万份。1983年3月更名为《秭归科技报》，后又更名《秭归科技》。至1990年，共印发《秭归科技报》《秭归科技》38期，收集情报信息2 000余条。1991—1995年，印发《秭归科技》20期，收集整理实用技术信息5 000余条，向有关单位推荐20条。1995年8月，县政府邀请武汉大学、华中理工大学、华中师范大学、武汉工业大学在归州镇召开对口支援秭归首届科技信息发布会，4所高校的10名专家、学者发布54项科技信息。会议展厅展出200余块科技展牌。

1996—2000年，印发《秭归科技》41期，发行4 500余份，传递科技信息1 000多条。1999年，县科学技术委员会开通互联网，在全县聘请科技信息员20人，加强对科技信息的搜集、宣传和推选。2001—2005年，印发《秭归科技》51期，发行5 000余份。2001年，县科学技术局购买适用技术光盘103张、362个种类；购买实用技术书籍30余类、1 200册，无偿为农民提供声像和资料服务85次，开展电化教育800场次，受教育人数达5万人次。全年各级采用各类科技稿件80篇。其中，国家级刊物采用6篇，省级刊物3篇，市级刊物14篇，县级刊物57篇。2002年，开通三峡科技网和政府网，建立秭归科技网页。县科学技术局无偿为人民群众提供声像技术光盘95盘次，并与县电视台联合摄制《科技雨露润屈乡》科技专题片，利用现代化工具加强科技宣传。2004年，县科学技术局统一征订《科技日报》20份，供县委、县政府领导参阅。科技信息稿件在国家、省、市级刊发42篇。2005年，各级新闻媒体采用县科学技术局科技稿件101篇。其中，《湖北日报》2篇，《宜昌日报》10篇，省科技厅《简报和信息》3篇，《三峡科技》10篇，三峡秭归在线11篇，三峡科技网59篇，市科技局简报4篇，《秭归快报》2篇。

二、科技培训

1976—1985年，全县以“两杂”为内容，办培训班157期，培训农民技术员2.5万人次。1978—1985年，全县办柑橘技术培训班37期，培训农民技术骨干和重点户2 252人次。

1986年，县科学技术委员会围绕“星火计划”“科技攻关计划”“示范推广”等项目的实施，开展多层次的科技项目培训。至1988年，共培训1.49万人，培训各类专业技术生产人员7 611人。1990年，郭家坝镇全面实施“温饱工程”“丰收计划”，大力推广农村实用技术，共举办柑橘培训班3期，培训时间最长达7天，参加培训98人，经考试合格85人。同时还组织农、林、水、特技术人员走乡串户讲授技术课34场次，听课人数4 200人次，培训农民技术员2 152人。镇科技领导小组共6次组织185人到外地参观学习，购买科技培训资料850册。2005年，县科学技术局邀请华中农业大学柑橘专家夏仁学教授在郭家坝镇作柑橘品改学术报告，听众300余人。同时还组织专家和技术能手开展以柑橘、核桃、板栗为重点的各类技术培训56场次、9 800人次。1986—2005年，全县围绕科技项目开展科技普及型培训累计达151.58万人次，参加提高型培训累计达12.77万人次，参加农函大学习644人，举办各类专业技术研讨会1 028次。

1999年7月，县政府在两河口镇两面山村召开柑橘品改现场会，培训基层干部和农业技术员100余人，重点解决建立采穗圃、高接换种、优化柑橘品种结构、提高果品品质的技术问题。2002年9月，县科学技术局在郭家坝镇召开长红脐橙丰产栽培学术研讨会，有20名种柑能手交流种柑经验，并参观该镇王家岭村种柑能手谢宗华的长红脐橙丰产示范园，来自全县各地的种柑能手、科技人员和柑农共80余人参加研讨和培训。2003年11月，县科学技术局在两河口镇召开长红脐橙优质丰产栽培现场会，全县各产柑乡镇分管柑橘生产的领导、农技站长、县直相关单位的负责人共80余人参加培训。培训期间，与华中农业大学联合，对桃叶橙母本树搬迁和枝条脱毒开展技术攻关培训。各部门、乡镇、村围绕柑橘、板栗、核桃、烟叶、魔芋等支柱产业，随时组织各类农业生产技术现场培训会不计其数。

科技培训涉及多种行业、多个部门，县科技主管部门统一部署，各部门通力合作。1979年，县工业局举办电工、光电控制技术培训班3期，讲课105场次、学员3 727人次。县农业部门主要培训农业方面的生产技术。2000年，开展“优质杂交玉米高油115号高产栽培示范”“玉米塑料软盘育苗移栽高产栽培”的推广与培训；同年4月，县政府组织相关技术人员赴山东省寿光市参加全国蔬菜新技术培训，系统学习12类实用生产技术，引进豆类、椒类及西红柿等优良品种20多个，国外优良品种5个。2001年开展“脱毒马铃薯育芽带薯移栽高产栽培示范”和“烟草病毒病药防试验”的推广与培训。县特产部门围绕柑橘、茶叶、核桃及有关名特优水果等项目的高产、丰产、优质栽培示范进行技术培训和技术指导。1994—1999年，县科学技术委员会与特产部门服务于“长红脐橙示范县工程”项目，邀请国内外著名柑橘专家进行技术交流，累计举办专家技术讲座8场次、听众2 000余人次；先后在中心示范区办技术培训班6次，示范点培训13次，产柑区培训100余场次，累计培训1万人次。2002年，以三峡职业技术学院为依托，进行“提高核桃嫁接成活率，提高核桃种苗质量”的研究试验，全年开展嫁接技术培训8场次，培训400人次。2005年，共举办柑橘和核桃栽培技术培训20场次，培训8 000人次。县畜牧兽医部门围绕生猪养殖、优质肉山羊养殖、水产养殖等开展技术培训。2004年6月，县科学技术局邀请华中农业大学水产学院博导熊帮喜、龙良启，教授王卫民、魏开启、马徐发等专家在县委党校举办水库养鱼技术培训班，全县库区养殖大户30余人参加培训。县科研机构、科普学会、科普协会各自履行职责，进行专业技术研究和培训，1999—2002年，县板栗研究所编写《板栗丰产栽培实用手册》，主办《秭归板栗科技》简报，编印“板栗管理周年历”等，并开展技术培训125场次，培训学员3万人次，办高产栽培示范28公顷。2005年，县科学技术局与县核桃研究所2次邀请宜昌职业技术学院教授刘湘林到两河口镇谭家河村进行核桃栽培管理和核桃嫁接技术培训，共培训4场次，参训460余人次。

三、科技下乡

1983—1984年，县科技战线落实中共中央《关于科学技术体制改革的决定》，开展“智力支乡”“技术支乡”等各种形式的技术承包活动，科技部门有514人承包各种技术项目50余项。

1986—1990年，是实施“七五”科技计划时期。全县累计组织科技人员686人次下乡下厂（场），从事科技承包和服务，共签订技术承包合同360份，创直接经济效益800多万元。1990年，县农牧局组织92人实行定点技术承包服务，承包试验、示范、推广项目57个，农作物面积达7 400公顷，26万人次接受技术技能训练，培植700多个科技示范户，印发技术资料6 000余份。

2000年，县委宣传部、县科学技术委员会联合开展“科普之春”和“科技周”活动，以“送科技下乡”为主题，共组织科技人员450人次，深入到391个村开展技术培训和技术服务活动，举办各类技术培训班223期，推广实用技术57项，赠送各类技术资料3.17万份，组织科技下乡活动476场次，参加活动的农民达6万多人。

2001年2月28日，县政府在归州镇召开送科技下乡动员大会，县图书馆配合开展送科技下乡图书展阅活动，组织图书600多册，展阅5天。共组织17个科技服务队90人深入到191个村开展实用技术培训，参加农民3.45万人，开展各类专业培训120期，科技赶集10场次，送科普图书3 240册，送科技资料1.18万份。

2002年5月16日，县政府在杨林桥镇举行科技周活动开幕式。邀请有关专家作“WTO与现代农业”“天麻种植技术”“魔芋种植技术”学术报告；开展板栗、蔬菜实用技术和地震科普知识讲座，2 000余人参加培训。同时，在该镇设置农业、特产、畜牧、蔬菜、林业、司法、医疗、防保等8个咨询台，28名专家、科技人员参加咨询服务活动。接受咨询服务群众600余人，发放技术宣传资料6 000余份，提供各种信息2 000余条。

2005年，县科学技术局以创新方式开展科技下乡活动，采取订单培训，邀请专家送技术进村、进田间地头、进农民家门。市职业技术学院核桃专家刘湘林多次被请到倒座铺、王家岭、太坪、薛家等村，共举办核桃技术培训6期500余人，发放技术资料500余份，并聘请2名技术人员常年在基层进行技术指导。全年以送科技下乡形式共举办科技培训20场次、参训8 000人次，印制农业技术资料1 000余份，提供科技图书200余册农村实用技术光盘80盘次。

第五节 科技服务

一、科技扶贫

1986—2005年，县科学技术委员会先后对水田坝乡永吉片和泄滩乡黄家片以及其他3个自然村进行科技扶贫，共派驻工作队员19人次。经县委、县政府检查验收，全面完成扶贫工作任务，达到脱贫标准。1986年，县科学技术委员会开始对水田坝乡永吉片实施科技扶贫。派驻工作组进行实地考察，分析贫困原因，找出发展优势，制定脱贫规划。规划发展柑橘133公顷，黄桃67公顷，油桐67公顷，猕猴桃34公顷。该片6个村、25个组共发展柑橘假植面积7.4公顷、9.2万株，引进黄桃接穗70支、黄桃苗2 000株，建立母本园。至1988年，全片总收入达到165.85万元，比1986年的158.19万元增加7.66万元，人均纯收入281元，比1986年的224元增加57元。1990—1991年，县科学技术委员会重点扶持该片椆木树村，聘请县特产局1名农艺师作技术顾问，县科学技术委员会下派1名干部到村任职，科学技术委员会领导定期到该村办公。两年共组织各类技术培训28场、参训1 200人次，投资1万元建百亩蜜橘园。全村人均纯收入315元，比1988年的272元增加43元。

1992—1996年，县科学技术委员会对泄滩乡黄家片的9个村实施科技扶贫。该片向家河村是科学技术委员会重点扶贫村，全村152户528人，长期无法摆脱贫困。经过县科学技术委员会派驻人员到村实施科技扶贫计划，至1996年，全村共发展杜仲6.9公顷，板栗25公顷，多经林收入人均150元以上，粮食、油料都增长6%以上，生猪出栏增长42%；人均纯收入1 061元，比1991年的311元增长2.41倍。5年中，县科学技术委员会聘请到村进行技术指导的各类科技人员共达18人次，举办各类技术培训班14期、600人次，成立油菜、板栗两个专业技术协会，组组有科技示范户，户户有科技明白人。

1996—2000年，县科学技术委员会等部门对文化乡阳坡村实施科技扶贫。该村1996年经济收入名列全县466个村倒数第五位，集体经济薄弱，负债累累。实施科技扶贫后，县科学技术委员会扶助资金建立村广播室和村成人文化技术学校，帮助聘请科技辅导老师。实施科技脱贫项目。至2000年，该村建立板栗基地27公顷，建立种羊繁殖基地，引进开发铁矿资源项目，实行科学养猪等。人均纯收入1 332元，比1996年的851元增加481元，基本达到脱贫要求。

2002年，县科学技术局对两河口镇谭家河村进行科技扶贫。该村有村级债务47万元，县科学技术局先后为该村扶助资金1.5万元，定植无性繁殖的优质茶苗1.1万株，面积2公顷，改造老茶园5公顷。邀请三峡职业技术学院副教授刘湘林到该村进行核桃栽培和管理技术讲座，为该村培训核桃技术员20人，全村共定植核桃苗4.46万株，定植面积59公顷。至2005年，该村人均纯收入1 900元，比2001年的1 050元增长81%。

县科学技术局配合县直有关部门先后对水田坝乡和周坪乡峡口村等地实施科技扶贫，开展科技培训、推广农业新技术，为农民脱贫致富做好服务。

二、气象服务

全县气象科技事业快速发展，天气预测预报由传统、比较粗浅向更准确、更及时、更精细、无缝隙的方向转变。1986年3月以前预报资料的来源主要是靠收听气象语音广播。1986年3月，使用传真机接收无线短波气象传真，解决广播容量有限，接收资料少等问题。为解决传真接收无线短波传真速度慢、易受干扰等不足，1992年通过建立以计算机广域网为基础的压缩编码的有线数字传真系统调取数字传真文件。1999年9月24日，PCVSAT单收站建成并投入使用，天气预报准确率明显提高。

1997年11月以前，均为单一的广播天气预报。1997年11月6日，电视天气预报正式开播。1997年11月21日，开通“121”（2005年升级为“12121”）电话自动答询天气预报。2003年11月，创建秭归兴农网站，向社会发布各类气象信息。2005年10月，开通手机短信气象服务业务。通过多种形式及时发布气象预警预报信息，扩大气象信息的公众覆盖面，建立畅通的气象信息服务渠道，提高公共气象服务的时效性。

气象服务内容和服务领域不断拓展，由开始单一的短期天气预报发展到长、中、短期、短时预报相结合滚动修正、配套服务方式。每年针对雨量、气温、降水过程制作发布全年、春播期、汛期、梅雨期、冬季气候趋势预测以及气象旬月报等80多期共4 000多份。同时增加专题气象信息，每年制作发布连阴雨、连晴、重大灾害性天气、转折性天气等专题气象信息70～80期。同时，根据不同的服务对象进行森林火险预报、旅游天气预报、移民迁建和翻坝运输等专项气象预报服务。通过系列化气象服务，最大限度地避免因气象灾害造成的损失，为全县抗灾救灾工作提供科学依据。如2002年5月13日，由于长时间阴雨天气，造成两河口镇一水库出现决堤征兆，两河口镇政府向县气象局咨询未来天气，决定是否炸堤。县气象局迅速与市气象局天气科会商，得出“降水已经东移，我地转为零星小雨，无威胁”的预报结论，并作出不予炸堤的建议，减少不必要的损失。2002年8月25日6时38分，县气象局根据天气分析，及时告知九畹溪漂流公司：“当天有全县性的中到大雨，局部有大到暴雨，建议游客不要漂流。”公司采纳建议，避免险情发生。县气象局针对各地出现的坍山滑坡等险情及时作出天气预报，为抢险救灾提供科学准确服务，减少国家和人民生命财产损失。

人工防雹增雨工作始于20世纪70年代。1977年，成立县人工防雹增雨领导小组，当年全县设三星、红旗茶场、城关3个作业点，1978年增设彭家坡、马壕山两个点，1979年增设五龙防雹增雨点。主要使用土火箭防雹增雨试验。1981年夏，引进“三七”单管高炮2门，设磨坪公社一个固定作业点，桑坪、水田坝、归州、香溪、三间和郭家坝6个社镇流动作业试验点，取得较好的防雹增雨效果。磨坪公社在建成全县第一个人工防雹增雨站后，烤烟生产喜获丰收，年创产值300多万元，使全县海拔最高的穷乡一跃成为富裕乡。1990年，在周坪乡罗圈荒村设全县第2个高炮防雹增雨站。1993年全县引进“三七”双管高炮5门，增设杨林桥镇白鹤洞、两河口镇月明、梅家河乡柳树坪3个防雹增雨站。1995年增设芝兰乡金柱头防雹增雨站，2002年增设茅坪镇罗家防雹增雨站。2002年5月，在全市率先引进WR–98型火箭增雨设备。当年8月9日，在宜昌市县区大范围出现严重的旱情后，秭归抓住人工增雨的有利时机，先后有7个防雹增雨站和火箭流动增雨车及时开展联网增雨作业，发射炮弹400余发，火箭弹3枚，不仅免除一场大范围的冰雹灾害，而且使境内普降中到大雨，使全县持续近20天的高温干旱得到解除，比周边县市提前25天解除旱情。至2005年，全县共有防雹增雨站点13个。从事人工防雹增雨作业人员由1978年的15人增加到28人，人员技术不断提高，各项制度不断完善。1993—2005年，全县每年防雹增雨作业次数达50～60次，耗弹3 000发以上，其中2004年达146站次，耗弹4 928发。

三、科技市场

1985年，全县技术市场开始起步，技术交易活动日趋活跃。当年，全县进行定期和不定期的技术交易活动，交易项目22项，成交21项，成交金额5.95万元，增值619.5万元。

1991年10月，县政府、县科学技术委员会、经济委员会组织21家县属企业，15家乡镇企业共97人，参加国家科技成果宜昌交易会，秭归县有3家企业5个产品参展，交易额1 453.3万元；各企业初选项目186项，经筛选确定36项，其中重点项目12项，总投资额4 533.5万元。同年12月，县科学技术委员会组织67人参加省政府、国家科学技术委员会联合举办的现场科技成果交易，并申报科技成果，提供技术需求项目。通过交易共争取意向性“星火”项目和技术改造项目8项，意向投资323万元。

1993年，县科学技术委员会、县经济委员会组织相关企业参加1993年厦门招商会、武汉人才技术交易会、三峡对口支援等活动，参与招商洽谈考察筛选40多个项目（产品），引进“碳化硅”等技术开发项目2项，落实投资250万元。2000年，广州凯利电子厂与县内企业宜昌匡通电子有限公司联合组建宜昌光电器件有限公司。宜昌匡通电子有限公司以框架冲压、电镀及部分流动资金出资1 000万元，广州凯利电子厂以封装工序及部分流动资金出资2 000万元，合作期限20年。

2002年，县技术贸易机构开展全国综合性技术交易2次，展出技术项数5次，成交技术合同4项，成交金额5 050万元。技术买方受让技术服务项目30项，合同成交金额299万元。其中，技术服务合同12项，技术咨询合同10项，技术开发合同8项，技术交易额共计35万元。2003年，技术交易项目4项，合同成交额220万元。其中，技术服务合同3项，技术转让合同1项，技术交易额共计120万元。

四、地震测报

1980年1月，成立县地震办公室。先后设有3个群测群防点和2个宏观观察哨点：即磨坪中学群测群防点、新滩中学群测群防点、泄滩中学群测群防点以及泄滩陈家坡小学和归州镇养鸡场宏观观察哨点。1992年，县科学技术委员会内设地震科（对外挂县地震办公室牌子），2001年更名为地震股（对外挂县地震办公室牌子）。2004年，湖北省地震应急快速反应系统建设项目秭归分项建设进入实施阶段，国家、省级投资58万元，县级配套投资29万元，对磨坪地磁观测点进行重修和设备更新，新建立茅坪松树坳小学、陈家冲青龙嘴、四溪风景区、新县城文教区后山4个地磁前兆监测站以及归州镇彭家坡村2组地下流体地震前兆观测井。

1992年，地震科对全县616处新老滑坡体编写成6份调查报告，提出防灾抗灾意见。1997年，县科学技术委员会针对全县135条河流，128座海拔800米以上的高山所形成的复杂地形地貌以防震为重点，拟订《秭归县破坏性地震应急方案》和《关于进一步加强防震减灾工作意见》。

1999年6月，市政府召开地震工作会议，秭归县被列为全省乃至全国地震重点监视区。三峡工程蓄水后，诱发中强地震的危险性逐渐增大，位于县境内九畹溪、仙女山断裂带是地震的高危区。县科学技术委员会及时向县政府汇报，认真研究应急预案，并继续加强和维护磨坪地磁观测点。同年12月，县政府颁布施行《秭归县破坏性地震应急预案》。

2000—2002年，县科学技术委员会（县科学技术局）开展送地震知识下乡，送地震知识进学校活动。先后在县直各学校进行地震基础知识科普讲座43个班次，听众2 520人次；到乡镇学校巡回讲座14场次、260个班级，1.5万名师生参加；开展地震法规宣传周活动，举办地震科普知识展览；在县电视台播放地震录像片；编制《地震是怎么回事》《地震来了怎么办》《三峡库区地震趋势》《未雨绸缪》《地震前兆》《勿忘历史》《临震避险：抓住震前十几分钟》等资料，印发到各乡镇和县直各单位。2002年，县政府下发《地震安全性评价和建设工程抗震设防管理办法》，并制定相应的实施细则，办理收费许可证和执法证。

2003年，三峡库区蓄水后，秭归面临地震新趋势，县政府进一步修订和落实《秭归县破坏性地震应急预案》，全县各乡镇和县直相关部门同时制定破坏性地震应急预案。组建40名医护人员的县级医疗救护、卫生防疫应急突击队；各乡镇组建乡镇卫生医疗应急突击队；县人民武装部组建160名预备役和50名民兵参加的抗震救灾突击队；县科学技术局建立县、乡、村三级震情监测速报体系；县公安局组建防灾、社会治安维护队。同年5月，省地震局在秭归举行地震预报应急野外演习，帮助建立地震数据库，收集全县水库、电站、公路主干线坍山滑坡分布及主要农作物播种面积、建设工程抗震、年产值达500万元的企业基本情况、人口社会经济主要指标以及全县防震救灾机构信息等资料。

2004—2005年，县科学技术局邀请省、市资深专家举办《地震三大工作体系建设》及防震减灾专题讲座和报告会4场、3 000人次。完善地震测报网络，成功应急5次轻微地震活动，完成全县地震基础资料汇编。经地震观测部门观测。1979—2005年，县境内共发生里氏级地震55次。其中，里氏3级以下地震52次，里氏3级以上地震3次。最高震级5.1级，1979年5月22日发生在泄滩公社龙会观。其他里氏3级以上2次，有感地震均发生在2001年。（见表17-5-6）

1979—2005年秭归县里氏地震观测结果一览表

表17-5-6

发震时间					震中位置			震级（MS）
年	月	日	时	分	北纬	东经	地区	
1979	5	22	6	46	31°06′	110°28′	龙会观	5.1
	5	31	2	01	31°01′	110°30′	秭归至巴东之间	0.8
1981	7	29	1	23	30°51′	110°59′	县境南部	1.1
1986	8	21	1	13	30°46′	111°26′	杨林桥镇	1.7
1987	7	24	22	22	31°03′	110°46.8′	秭归东北	0.9
	8	5	18	24	30°59′	110°49′	香溪镇	0.5
	8	28	10	36	31°00′	110°41′	秭归	1.6
	9	25	3	19	30°46′	110°45′	秭归	0.5
	11	24	3	39	31°03′	110°45′	秭归	0.4
1988	2	4	3	09	30°32′	110°47.7′	秭归东	0.2
	2	21	10	32	30°49.6′	110°49.3′	秭归上孝	0.3
	5	14	6	57	31°32′	110°49.3′	秭归城关	1.5
	7	30	7	30	30°59′	110°50′	秭归香溪	0.3
	12	26	7	39	30°35′	110°49′	秭归北部	1.9
1989	2	4	3	05	31°13′	110°45′	秭归城北	0.1
	4	5	20	39	30°08′	110°50′	香溪东北	0.2
	4	23	7	45	30°59′	110°51′	香溪东	0.5
	7	12	21	9	30°58′	110°50′	香溪东	0.6
	11	19	20	13	30°54′	110°40′	秭归南	1.4
2000	1	1	6	42	30°46′	110°36′	县境内	2
	5	20	21	38	30°59′	110°50′	县境内	2.5
	7	24	4	49	30°53′	110°51′	县境内	2.4
	12	1	9	57	30°49′	110°29′	县境内	2.2
	12	19	9	57	30°59′	110°51′	县境内	2.8
2001	10	11	16	4	31°30′	110°49′	梅家河	3.6
	12	13	13	43	31°04′	110°47′	屈原镇	4.1
2002	1	5	11	59	31°04′	110°45′	县境内	2.1
	1	7	16	41	30°55′	110°44′	县境内	1.9

续表 17-5-6

发震时间					震中位置			震级（MS）
年	月	日	时	分	北纬	东经	地区	
2003	1	7	16	8	29°26′	110°35′	两河口镇	1.8
	3	28	17	2	30°45′	110°24′	两河口西南	1.8
	6	10	8	21	30°01′	110°42′	王家岭	1.7
	6	12	13	05	30°59′	110°36′	沙镇溪	1.3
	6	15	6	16	30°52′	110°36′	两河口	1.2
	6	16	1	27	30°02′	110°42′	谭家坝	0.5
	6	18	20	25	30°59′	110°36′	两河口	1.4
	6	19	8	37	30°54′	110°54′	林家溪	1.1
	6	21	12	0	30°58′	110°52′	偏岩子	0.7
	6	22	15	28	30°59.5′	110°39.4′	沙镇溪	1.6
	6	24	17	23	30°58′	110°36′	沙镇溪	0.8
	6	24	19	29	30°58.8′	110°36.1′	沙镇溪	1.6
	6	26	10	6	31°06.4′	110°31.3′	龙会观	0.8
	8	10	7	51	30°50.9′	110°50.7′	新滩	1.1
	8	28	21	25	30°53.8′	110°28.9′	水田坝	0.1
	8	29	1	13	30°58.2′	110°34.7′	沙镇溪	0.3
	9	2	19	39	30°48.3′	110°28′	红岩子	1.1
	9	23	3	11	30°52′	110°49′	土地垭	1.8
2004	1	25	23	2	31°01′	110°44′	归州老屋场	2
	3	4	1	33	30°48′	110°42′	云台荒	2.2
	6	5	16	53	31°05′	110°26′	县境内	2
	6	16	1	17	31°02′	110°43′	县境内	2.5
	7	30	18	39	31°10′	110°46′	县境内	2.7
2005	1	24	17	28	31°24′	111°05′	县境内	2.3
	1	29	10	1	30°46′	110°38′	县境内	2
	9	22	15	30	31°47′	110°07′	巴东及县境内	3.5

第十八篇　卫生·体育

全县卫生事业在改革中发展，县、乡、村三级医疗卫生网络逐步建立。形成“县级建中心，乡村一体化”的三级医疗预防保健体制，实现“小病不出村，常见病不出乡，大病不出县”的目标。三峡工程兴建后，卫生事业借移民迁建之机，加大投入，医疗卫生条件得到很大改善。至 2005 年，全县各级各类医疗卫生机构 334 个。其中，县级卫生机构 3 个，乡镇卫生院 11 个，集体卫生所 36 个，单位医务室 12 个，村卫生室 180 个，个体诊所 92 个。全县共有正规病床 643 张，国家医疗卫生技术人员 1 199 人，每千人拥有病床 1.6 张，拥有国家卫生技术人员 3.07 人。乡镇以上医疗卫生机构拥有固定资产 1.37 亿元。全县基本建立多层次、多学科、设备齐全、功能完善、技术较先进的医疗服务体系。预防保健工作不断加强，传染病发生率由 1979 年的 945.84/10 万下降到 2005 年的 227.62/10 万；死亡率由 1979 年的 6.41/10 万下降到 0.51/10 万。地方病防治工作取得成效，1990 年获国家卫生部改灶降氟先进集体表彰。

1999 年 3 月，县体育运动委员会更名为县体育局，主管全县体育工作，属县政府正科级事业单位，下设县业余体育运动学校、县体育中心 2 个事业单位。

第一章　卫生体制改革

1979年后，全县卫生工作改革逐步深入。1985年，全县19个医疗单位共105个科室实行各种形式的科室经济、任务、质量、责任承包，明确提出经济效益观念、经营和竞争观念，引进企业管理机制。1996年实施区域卫生规划，县直卫生单位重新组建医疗中心和防保中心，调整卫生所、卫生室布局，进一步完善和加强以县医疗中心和防保中心为依托，以乡镇卫生院为枢纽，以村中心卫生室为基础的农村三级医疗、预防、保健网络建设；农村坚持以集体办医为主导，以村卫生室和农民集资办合作医疗为主体；大力推行和尝试计划免疫保偿、母婴安康保偿等保健制度，实施农村初级卫生保健，增强农村医疗保健保障能力；改革各项管理制度，实行院（所、站）长负责制和科室技术经济承包责任制，改革卫生经费使用办法和人事、劳动、分配制度，做到责、权、利相结合。

第一节　管理体制改革

一、机构改革

1979年，县卫生行政机构为县革命委员会卫生局，1981年更名为县卫生局。卫生事业机构有县人民医院、县妇幼保健站、县卫生防疫站及各公社卫生院等共23个。1987年成立县中医院。1992年3月17日，茅坪镇中心卫生院更名为县第二人民医院。1996年3月25日，县第一人民医院、县中医院、宜昌地区卫校秭归职工分校合并组建县医疗中心；县卫生防疫站、县妇幼保健站、县药品检验所合并组建县预防保健监督监测中心（简称县防保中心，下同）。2002年，成立县药品食品监督管理局，县防保中心药品监督科整体划归县药品食品监督管理局。2004年4月8日，县防保中心设立卫生监督中心、疾病预防控制中心和妇幼保健中心，实行3块牌子、一套班子、职能独立、管理统一的管理体制，完成卫生监督、疾病控制和妇幼保健3项体制改革。至2005年，全县县级卫生机构3个。

1984年2月，全县18个公社卫生院随着行政机构改革合并为13个区（镇）卫生院，文化、芝兰、桑坪、西陵4个公社卫生院变更为集体所有制卫生所，梅家河公社卫生院并入两河口区卫生院。1987年10月24日，13个镇（区）卫生院更名为13个乡镇卫生院，将白果园乡卫生所变更为屈原乡卫生院，文化乡卫生所变更为文化乡卫生院，芝兰乡卫生所变更为芝兰乡卫生院，京丈乡卫生所变更为梅家河乡卫生院。1995年10月，归州镇卫生院、香溪镇卫生院、屈原乡卫生院合并，组建香溪镇卫生院；新滩镇卫生院更名为屈原镇卫生院。2001年2月，香溪镇卫生院更名为归州镇卫生院；文化乡卫生院、郭家坝镇卫生院合并组建郭家坝镇卫生院；芝兰乡卫生院、周坪乡卫生院合并组建周坪乡卫生院。至2005年，全县乡级卫生机构12个。

集体卫生机构随着行政区划的变迁和三峡工程移民迁建进行撤并。至2005年，全县有8个集体卫生所变更为所属乡镇卫生院门诊部，6个卫生所转为村卫生室或所室联办，10个卫生所资产拍卖转为私营诊所，12个卫生所尚属集体所有制。2001年，随着行政村合并，重新调整村级医疗机构布局，393个村级卫生室撤并为296个。至2005年，全县村级卫生室180个。

二、管理制度

1981年，全县推行以院长负责制为中心的岗位责任制管理，实行责、权、利相结合。1985年后，引进企业化管理模式，实行临床科室经济、任务、质量承包责任制和全面推行“五定一奖”（定任务、床位、编制、技术指标、经费补助，费用节余有奖）的科室责任承包制。

2001年9月，推行以院长负责制、合同聘用制、浮动工资制、岗位责任制为主要内容的人事管理制度改革，建立符合卫生工作特点的“人员能进能出、职务能上能下、职称能高能低、待遇能升能降”的用人机制和分配制度。全县14个国家医疗单位院长（中心主任）采取个人述职、民主测评、组织考核等方法，对政绩突出、群众支持率高和社会满意度高的12名院长（中心主任）继续聘用，调整2个乡镇卫生院院长；23人报名竞争副院长职务，12人竞争后任职；163人报名竞争科室负责人，126人竞争后任职；960名在册职工参加竞争上岗或双向选择。其中，2人转岗，3人待岗，6人学岗，21人退养，5人辞职，其余全部重新与单位签订聘用合同。2001年，县医疗中心率先实施病人选择医生的服务承诺，将医生的相关资料在门诊和住院大厅公布，让病人自愿选择；在全县医疗机构中率先实行住院费用一日清单和诊费查询制度。2005年，全县推行“以病人为中心，以提高医疗服务质量为主题”的管理年活动，从医疗质量、安全、服务、环境、价格等方面统一规范。

1997年，全县乡镇卫生院的人事管理、工作协调指挥、财产物资、分配资金使用（简称“四权”，下同）下放给乡镇人民政府管理。2004年，乡镇卫生院“四权”收归县卫生局管理。

2005年，全县对卫生所产权制度、经营方式进行改革，实行转换机制，理顺关系、分类管理。对条件好、能方便群众就医的卫生所收归由乡镇卫生院作分支机构管理，挂卫生院门诊牌子，实行单独核算；对卫生所资产实行拍卖，改为村卫生室联办，承担防保工作任务，为非营利性医疗机构；对人员老化、业务不能正常开展的卫生所予以撤销；对当地没有其他医疗机构，群众就医需要的卫生所实行整体出售，转为个体诊所，为营利性医疗机构。无论哪种形式，原卫生所的资产全部收归国有，由当地乡镇卫生院统一管理。

第二节　医疗制度改革

一、公费医疗

1983年前，全县国家干部、职工的公费医疗费用由县财政部门按人下拨给县卫生部门管理使用，超支部分全部由县财政局解决。1983年，实行包干到单位，年终超预算56.3%。1984年，由县财政部门和县卫生部门按“定额包干，审核报账，定期公布，年终决算，节余留用，超支分担”的办法共同管理，执行结果：全年人均开支医疗费90.93元，比1983年增9%。1985年，实行“战线管理、门诊包干、住院统筹”的管理办法。门诊按每人每月5元标准包干到战线或单位，门诊就诊一律自费5%，节余归单位，超支由单位承担，住院实行统筹报销。执行结果：全年人均开支134.2元，比1984年增47.6%。1986年，实行对医疗卫生单位“预算包干，定期报账，分月拨款，年终决算，结余留用，超支分担”的办法，进行责任承包，分级管理。同时对享受公费医疗的不同人群免交自费或自费10%的规定，充分发挥卫生部门在公费医疗管理中的作用，形成“监督、管理、预防、治疗”的管理链。执行结果：全年人均91元，比1985年降43元，降32%。1992年，实行“确立基数，定点医疗，医院管理，凭证就医，单位挂钩，定额到人，提高自费，适当照顾，逐人核算，超支分担，结余有奖”的管理办法。1993年，按照“因病施治，合理检查，合理用药，减少浪费，保障健康”的原则，采用“确定基数，定额到人，定点医疗，现金就诊，结余留用，超支分担”的管理办法，实行财政、享受单位、医疗单位、享受人员“四挂钩”。同年，财政体制改革，实行县乡镇“分灶吃饭”，县财政局负责县直机关及事业单位公费医疗，各乡镇公费医疗根据乡镇财政情况制定实施细则。部分乡镇由于财政困难，无力支付巨额公费医疗费用，公费医疗名存实亡。1995年，县公费医疗管理办公室划归县财政局管理，实行“门诊包干，结余留用，超支分担”管理办法。1999年5月8日，成立县医疗制度改革领导小组，建立城镇医疗保障制度，于2000年开始运行，完成公费医疗向医疗保险制度过渡。

在建立医疗保险制度前，企业职工实行劳保医疗，其供养的直系亲属享受50%的医疗补助。报销比例依企业经济情况而定，条件好的企业职工医疗费实报实销，条件一般的企业按公费医疗标准支付，条件差的企业将全年医疗费核定包干到人，超过不补。集体所有制企业参照国营企业标准执行。1984年，全县公费医疗制度改革同时对企业劳保医疗进行改革。采用按人定额，超过部分视工龄长短按比例报销；按工龄定额包干；按人定额包干；限额报销，超过部分自负等办法。当年，全县965个国有、集体企业，职工6 481人，实行劳保医疗改革的企业86个，职工2 741人。2000年，基本医疗保障制度建立，劳保医疗制度被取代。

二、合作医疗

1976年，全县有456个大队实行农村合作医疗，占99.8%。1979年后，随着农村家庭联产承包责任制的实行，农村合作医疗实行多种管理形式。经济基础比较好的大队实行合医合药，以集体筹资为主，农民看病全部或部分报销医药费；经济条件一般的大队实行合医不合药，农民看病免收挂号费、注射费，药费自理；经济条件差的大队实行合卫生防疫、妇幼保健，农民看病费用自理。1981年统计，各类形式的合作医疗共有326个大队，占70.41%。1982年，全县录用366名乡村医生，并由财政每年给予108元补助，全县办合作医疗的大队增加到438个，占94.4%；停办26个大队，占5.6%。随着农村经济体制改革的不断深入，集体经济实力减弱，农村合作医疗难于维持，至20世纪80年代末，农村合作医疗停办。

1990年12月，县委、县政府批转县卫生局《关于恢复发展合作医疗制度的报告》，坚持“统筹规划，分类指导，因地制宜，多种形式，稳妥发展，逐步达标”方针，要求“一年试点，二年铺开，三年普及”。同年5月1日，郭家坝镇牛岭村在全县率先恢复农村合作医疗。6月，县政府召开全县农村合作医疗工作会议，并在杨林桥镇白鹤总支进行恢复合作医疗试点。8月1日，白鹤总支4个村卫生室采取与卫生所联办形式全部恢复合作医疗，参加合作医疗1 146户3 739人，分别占88.8%和85.2%，随后将试点经验在全县推广。至1992年，全县有14个乡镇、57个村恢复农村合作医疗，分别占全县乡镇和村数的7.5%、12.2%，参加农村合作医疗1.01万户3.42万人，占全县农业人口的8.4%。1997年5月，按照“民办公助，自愿参加”的原则，资金筹集以个人为主，集体扶持，政府适当支持，县、乡两级财政各按农业人口每人每年补助0.5～1元的资金作为引导资金列入财政预算，村委会从公益金中每人每年列支0.5～1元，个人筹资8～10元。

1999年3月，推行农民大病住院保偿型合作医疗。当年，茅坪镇在全县率先实施，基金筹集方式为镇财政、村委会、个人各负担1元。全镇43个行政村、3个居委会、300个村民小组，1.16万个农村户3.29万人全部参加农民大病住院保偿型合作医疗，共筹集基金9.87万元。当年参加农民大病住院保偿享受住院报销的205户225人，报销医疗费9.87万元，人均438.78元，最高报销达4 053.2元。2000年，茅坪镇将孕产妇住院分娩纳入农民大病住院保偿范围，提高产妇住院分娩率。

2005年，省政府、省卫生厅把秭归县纳入新型农村合作医疗试点县。2005年10月20日，县政府召开专题办公会，成立县新型农村合作医疗管理办公室，核定人员编制30人。11月25日，召开启动准备工作会，12月23日，县政府印发《秭归县新型农村合作医疗制度实施办法》。通过基础调查、入户宣传、收费办证、建档等工作，截至12月底，全县参加新型农村合作医疗人数达28.85万人，占应参加的91.49%。基金筹集每人每年由中央财政补助20元，地方财政补助15元，参加农民个人10元，共45元。基金各项目的比例为：住院医疗基金人均33.25元，占基金总额的73.9%；门诊医疗基金人均8元，占17.8%；健康体检基金人均1.5元，占3.3%；风险基金人均2.25元，占5%。新型农村合作医疗基金实行全县统筹，由县财政局在县信用合作社联合社建立基金专户，实行“专户管理，封闭运行，专款专用，收支平衡，超支不补，节余转用，利息滚存”的管理办法。

第二章 卫生机构概貌

1979年后，全县卫生工作坚持“调整、整顿、改革、提高”方针，抓住卫生整建、三峡工程移民搬迁契机，大力加强基础设施建设，引进先进医疗器械设备，采取“送出去，请进来”，培养大批优秀医疗技术人才，全县医疗技术得到快速提高，能较好地满足人民群众医疗预防保健需求。以县直医疗卫生单位为依托，以乡镇卫生院为枢纽，以村中心卫生室为基础的农村三级医疗、预防、保健网络进一步完善。至2005年，全县公立医疗卫生机构14个。其中，县级医疗卫生机构3个，乡镇卫生院11个。全县共有在职国家卫生人员1 199人。其中，卫生技术人员1 060人，拥有高级技术职称53人，中级技术职称47人。全县有正规病床643张，平均每千人拥有病床1.6张，每千人拥有医师1.3人。至2005年，有在职集体卫生人员203人；在职乡村医生677人，村均3.5人。全县乡镇卫生院及以上医疗卫生机构拥有固定资产1.37亿元；房屋总面积13.67万平方米，其中业务用房7.1万平方米，分别是1990年的1.75倍和1.73倍。全县已基本建成布局合理、功能完善、设施齐备、技术较先进、与社会经济发展基本适应的医疗保健服务体系。

第一节　县级卫生机构

一、县医疗中心

县医疗中心是秭归唯一一家集医疗、急救、科研、教学、康复于一体，功能齐全的综合性国家二级甲等医院、"爱婴"医院、卫生部国际紧急救援中心网络医院。

图 18-2-1：县医疗中心门诊大楼

1981年，县医疗中心的前身——县人民医院被纳入全省第一批1/3县卫生事业整顿、建设。当年购进先进医疗设备，新建房屋7 352平方米。定向培养神经内科、心血管、呼吸系统、消化系统、传染病、泌尿外科、脑外科、骨外科等专科技术人才。开展激光、超声心动、B超、心电图、心脑监护、人工同步呼吸机及膀胱镜、子宫内窥镜、食道镜、气管镜等诊疗新技术。1996年4月，县医疗中心成立后，借助三峡工程移民迁建机遇加快发展速度，加强技术、设备、房屋等配套建设。当年，县医疗中心被确认为二级甲等医院。1996—2005年，县医疗中心先后投资5 600万元，在新县城新建房屋12栋，建筑面积5.4万平方米，比在老县城归州增加2.3万平方米。投资2 337万元，用于更新大型医疗设备。（图18–2–1）

至2005年，县医疗中心拥有固定资产6 996万元，其中设备总值1 316万元。房屋建筑面积5.26万平方米。其中，业务用房2.64万平方米，职工住宅2.62万平方米。内设临床、医技、功能等科室30个，开设病床240张，当年门诊量达12.59万人次，住院5 802人次，病床使用率104.3%，实际占用总床日6.98万天，完成业务收入2 375万元。拥有西门子全身CRCT、彩超、经颅彩色多普勒、体外冲击波碎石机、进口呼吸器、移动式C臂X光机、腹腔镜、电子胃镜、电子结肠镜、全自动生化分析仪、荧光免疫检测仪、电脑自控拍片机、500毫安进口X光机、脑电地形图分析仪，PCR检测仪、牙科治疗机、生命体征监护仪、大型激光机、长程心电图机、电脑自动脱水机、婴幼儿高压氧舱、微量元素分析仪等大中型医疗设备80多台（件）。

二、县第二人民医院

县第二人民医院前身为茅坪公社卫生院。1981年，茅坪公社卫生院被确定为中心卫生院，纳入全县

1/3首批重点整顿建设单位。当年投资10万元，兴建业务综合楼，装备200毫安X光机、万能手术床、麻醉机、心电图、超声波等较大型医疗设备。1996年6月18日搬迁至新县城。自1996—2005年，先后投资1 641.6万元新建房屋16栋，建筑面积2.92万平方米，比原在茅坪镇增加2.25万平方米。投资1 066.8万元用于增添和更新医疗设备。（图18–2–2）

图 18–2–2：县第二人民医院大楼

至2005年，县第二人民医院共有固定资产2 182万元，设备总值1 000余万元，业务用房1.08万平方米，开设病床160张。当年门诊量为7.62万人次，住院3 578人次。医院拥有德国西门子全身CT、日本进口500毫安X光机、进口电子腹腔镜、电子胃镜、长程心电图机、进口彩超、进口全自动生化分析仪、自动血球计数仪、尿液分析仪、酶标仪、红外线乳透仪、牙科椅、快速消毒柜、磁酶免疫分析仪、自动呼吸机、六参数心电监护仪等先进设备50多台（件）。

三、县防保中心

1981年，县卫生防疫站被纳入全省1/3重点建设单位，投资11.5万元，新建880平方米职工宿舍楼，投资5万元购置设备，首次装备防疫救护车一辆。1985年4月，在宜昌地区率先开设职业保健体检中心。至1995年，县卫生防疫站房屋总面积发展到2 998.6平方米，设备总值18.94万元，固定资产总值79.75万元。1982年，县妇幼保健站被纳入全省1/3重点整顿建设单位，投资5万元新建房屋455平方米。1984年，县妇幼保健站更名为县妇幼保健所。至1995年，县妇幼保健所有在职职工18人，拥有固定资产65.8万元，设备总值达19.05万元，房屋总面积1 274平方米。1982年，县药检室被纳入全省1/3重点整顿建设单位，投资6万元新建527.6平方米的综合楼，同年，县药检室更名为县药品检验所。

图 18–2–3：县防保中心大楼

1996年4月，防疫、妇幼、药检三家合一，组建县防保中心。中心抓住三峡工程移民迁建的机遇加大资金投入，在茅坪新县城建设房屋3栋，新添置设备118台（件），总投资214万元。至2005年，县防保中心拥有固定资产863.1万元，设备总值181.75万元，新建房屋建筑面积1.12万平方米。其中，业务用房4 605.87平方米，住宅6 640.13平方米。在职职工62人。其中，专业技术人员48人，高级技术职称7人，中级技术职称35人。拥有5 000元以上的大型检测设备21台

（件），综合实力与服务功能明显增强，能较好地发挥卫生监督、疾病控制和妇幼保健等职能作用。（图18–2–3）

第二节　基层卫生单位

一、乡镇卫生院

1979年，全县共有18个公社卫生院，其中按照地理条件、服务半径、人员流向确定香溪、茅坪、两河、周坪公社卫生院为中心卫生院。1984年，随着行政区划变更，18个公社卫生院合并为13个区（镇）卫生院。确定茅坪、香溪、两河口、杨林桥4个卫生院为中心卫生院。1987年，全县设16个乡镇卫生院。1995年，归州镇卫生院和屈原乡卫生院并入香溪卫生院，新滩镇卫生院更名为屈原镇卫生院。1996年，重新调整中心卫生院布局，取消两河口、杨林两个中心卫生院，改设沙镇溪、郭家坝为中心卫生院。1998年，县城东迁后恢复杨林桥镇卫生院为中心卫生院。至2005年，全县有11个乡镇卫生院，共有在职职工468人。其中，专业技术人员412人，高级技术职称3人，中级技术职称118人。每千人有卫生技术人员4.8人；共开设病床301张，每千人1.65张；拥有固定资产总值3 652.9万元；500元以上医疗设备119台（件）；年创业务收入2 430.2万元。（见表18–2–1）

2005 年秭归县乡镇卫生院基本情况表

表18-2-1　　单位：人、张、万元、台（件）

单　　位	职工总数	专业技术人员	其中		床位	固定资产总值	业务总收入	500元以上医疗设备
			高级	中级				
合　　计	468	412	3	118	301	3 652.9	2 430.2	119
屈原镇卫生院	30	26	—	5	15	267	130.6	9
归州镇卫生院	77	66	—	30	50	942.5	270	8
水田坝乡卫生院	41	35	1	10	25	387.5	286.6	18
泄滩乡卫生院	16	15	—	1	9	121.1	72.7	4
沙镇溪镇卫生院	40	35	—	9	28	398	199	12
两河口镇卫生院	49	45	—	15	30	79.2	354.5	11
梅家河乡卫生院	25	22	—	3	15	109.8	151.6	10
磨　坪乡卫生院	16	16	1	2	14	67.4	85.3	5
郭家坝镇卫生院	77	67	—	20	58	629.6	413.4	16
周　坪乡卫生院	42	37	1	12	27	287.4	215.6	13
杨林桥镇卫生院	55	48	—	11	30	363.4	250.9	13

二、集体卫生所

1979年，集体卫生所实行统一领导、分级管理、分级核算管理体制。1982年，全县51个管理区卫生所全部恢复为集体所有制，承担所辖区群众疾病防治、妇幼保健、计划生育、卫生宣传，协助办好合作医疗，对村卫生室、赤脚医生（以后称乡村医生）、个体开业行医者管理等。1984年，全县管理区卫生所更名为乡卫生所，接受乡政府和区卫生院双重领导，实行“统一领导、定额补助、单独核算、自负盈亏、民主管理、多劳多得”的管理办法。全县57个乡卫生所，有医务人员359人。1986年，全县卫生所整顿建设，实行所长任期目标责任制，加强房屋修缮、设备购置和“退一补一”的人员管理，当年从乡村医生中招聘10名妇幼保健人员补充到10个卫生所。至1990年，全县投资建设23个卫生所，卫生所观察床由255张增加到283张，卫生人员由345人增加到388人。20世纪90年代，卫生所人员逐年老化，减员过快、技术力量青黄不接，加之国家对集体人员补助逐年减少，全县有31个卫生所亏损经营。1996年，对全县卫生所重新规划布局，对管理不善长期亏损的卫生所进行租赁、承包、拍卖，对卫生院所在地的卫生所由卫生院收并，对三峡库区淹没的卫生所重新规划布局。至2000年，全县卫生所总数减少到36个。至2005年，全县36个卫生所收并为乡镇卫生院挂牌门诊部的8个，拍卖为私人诊所的10个，与村卫生室合并的6个，尚未完成改制的卫生所12个。

三、村卫生室

1979年，全县有村卫生室468个，赤脚医生689人。1980年，全县组织赤脚医生业务考试，606人参加考试，462人考试合格领取“赤脚医生证书”，不合格者为卫生员。1981年，对赤脚医生进行系统培训后参加全省乡村医生任职考试，全县应考807人，实际参考741人，合格420人，经评审录取乡村医生366人。其中，女乡村医生88人，西医12人，中医266人。录取人员均享受每人每年财政补助108元。1982年后，全县加强卫生室整顿建设，规定卫生室房屋面积35～40平方米，内设诊断室、治疗室、妇产室、药房和简易观察床，有诊断、治疗、消毒的常用设备，有常用药物120种以上，配备乡村医生或卫生员2～3人。至1984年，全县488个村卫生室，属集体办医的58个；属乡村医生和卫生员联合承包的304个；个人承包的126个。随着农村经济体制改革的不断深入，村卫生室出现无资金、无房屋、无设备、无防保待遇等问题。为此，1986年，全县开展村级卫生机构全面整顿。通过整顿，全县每村建起卫生室，村卫生室房屋面积平均达到56.07平方米；流动资金增加18%，每室平均883.01元；增添医疗设备器械3 502件，每室平均8.2件。1990年，全县409个村卫生室实行“执业许可证”制度，对符合标准的95个村卫生室发给长期“执业许可证”，对暂不符合标准的314个村卫生室发给临时“执业许可证”，卫生室人员由922人增加到966人。1991年，全县县、乡镇、村及乡村医生个人共投资8.81万元，创建甲级村卫生室，经验收，110个村卫生室基本达标。同年，录取100名乡村医生充实到村卫生室，实现村村有乡村医生。1992年，472名乡村医生获得乡村医生技术职称。其中，主管乡村医师19人（中医16人）、乡村医师257人（中医203人）、乡村医士196人（中医114人）。1997年，全县村卫生室实行“六统一”（网络统一规划、人员统一调配、药品统一采供、财务统一管理、工作统一考核、报酬统一标准）管理办法。2001年，全县合村并组，调整村级行政区划，村卫生室采取“三个一批”（整建加强一批、转制一批、撤销一批）的办法进行重新布局。对新组建的行政村合并组建中心卫生室，承担防疫、保健等公共卫生职能，为村办非营利性医疗机构；对边远地区群众就医不便的原村卫生室予以保留，转为私营性质；对办医条件差、技术水平低、管理不善、不能正常运转或按规划布局不需再设卫生室的原村卫生室予以撤销。至2005年，全县建中心卫生室180个，转为私营的村卫生室84个，撤销原村卫生室97个；全县经审核注册的乡村医生473人。中心卫生室房屋更新、业务用房达到“三室一房”（诊断室、治疗室、妇产室、药房）的要求，资金总额室均1.6万元，有169个中心卫生室达到甲级村卫生室标准。

四、个体诊所

1983年，国家确认个体行医是国家、集体卫生事业的补充，县内恢复个体行医的审核发证工作，当年为考试考核合格的50人发给“个体行医执照”。1986年，全县加强个体行医行业管理，对个体行医的网点布局、人员资格、办医条件、执业纪律和职业道德以及进药渠道、财务管理都作出具体规定。至1988年，重新核发“个体行医执照”68个，从业人员71人。按照“鼓励、支持、引导、管理”方针，大力推进多种形式办医，适当放开个体开业行医限制。至1989年，全县个体开业行医达88家。同年9月，全县对个体行医进行清理整顿，重新注册登记。经审查由原88家减少到22家，个体开业行医受到一定程度限制。1998年后，大力推进多种办医形式，适当放宽个体开业行医政策。2002年后，个体诊所保持在90个以上，是恢复个体行医以后的最多时期，仅2002年审批发证的有61家。至2005年，全县个体开业行医和私营诊所发展到92家。

第三章　医疗护理

1979年前，全县医疗卫生工作发展比较缓慢，人员、设备缺乏，基础设施简陋，临床医疗业务仅能开展常见病诊疗。1981年，秭归被纳入全省卫生工作首批1/3重点建设县，重点对县级医疗卫生单位和茅坪、香溪、两河口、杨林4个中心卫生院的房屋、设备进行扩建和添置。至1984年，总投资达209.9万元。经过整顿建设后，县医院内科能开展呼吸、循环、消化、神经、泌尿、内分泌等系统疾病的诊疗；外科能开展上腹、食道、胸腔手术和烧伤处理；妇产科可行宫外孕手术。4个中心卫生院能诊疗较复杂的内科疾病，外科可行下腹部手术。一般乡镇卫生院均能开展X光、化验、心电图等辅助检查业务，都能实行多发病常见病的诊疗工作。1985年，县中医院正式建立，弘扬和发展中医中药事业。1996年，全县实施具有本区域特色的“县直建中心，乡村一体化”的医疗服务新格局，县、乡两级医疗卫生单位逐步建立起门类齐全、功能完善的专业技术科室，添置一批较大型现代医疗设备，使诊疗技术水平有较大提高。同时，医疗队伍不断壮大，医疗技术不断增强，医疗设备不断更新，就医环境优美舒适，已基本能满足全县及周边县（市）人民群众的医疗需求。

第一节　中　医

1979年，全县有中医药技术人员487人，当年择优选拔14名中医药人员进入全民所有制医疗单位工作。1981年，湖北中医学院在秭归建立中医函授辅导站，当年招收中医函授大专班学员33人。1985年，参加中医函授辅导站学员有25人获得毕业证书。同年，全县中医学徒参加全省组织的考试，有22人获得合格证书。1991—1992年，先后有82名中医学徒通过考试，获得合格证书。至2005年，全县有中医技术人员248人，中药技术人员92人。其中，高级职务11人，中级职务129人。基本形成以一批老中医领衔，中年知识分子为骨干，青年医师为后备军的中医人才队伍。

1979—1986年，全县开展中草药资源调查，整理编印《秭归县中药资源名录》，共收载165科、651

种药用动植物名录。20世纪80年代初，中医在治疗乙型脑膜炎、急性胆囊炎和急、慢性咽炎、老年性支气管炎、痢疾等方面取得一定成果。中医治疗近视眼、“灵甘汤”治疗小儿急性黄疸性肝炎、“五积散”治疗妇科疾病等收到较好效果。1985年后，中医技术发展迅速，将传统的膏、丹、丸、散、剂不但发扬光大。研制的“马钱子散”内服治疗类风湿、“芥子散”外贴穴位治疗支气管哮喘、“蜈蚣散”内服治疗肩周炎、“薄荷散”内服治疗舌症、“八宝回春丹”治疗顽痹等都取得良好的临床效果。

1993年，县中医院坚持中医特色办院方向，加强专病专科建设，选派中青年医师到北京、武汉、江苏等地中医机构进修心血管、骨科、妇科、肛肠科、针灸等技术。结石科应用推按运经仪，配合自制“化瘀排石散”治疗胆石症96例，有效率达90%，排净治愈率39%；治疗泌尿系结石136例，有效率95%，排净治愈率70%。眼科应用活血化瘀、调补肝肾等治疗方法，自拟“Ⅰ号”“Ⅱ号”药方治疗近视眼更有独到之处，来自四川、武汉、沙市、荆州等地近视眼病人达4 262人次，其中住院治疗89人次，近期总有效率98.8%，治愈率42.7%。肛肠科运用二氧化碳激光治疗仪、采用传统的中药疗法，对治疗内痔、外痔、混合痔、肛裂、肛瘘等疾病及直肠癌的早期诊断均收到良好效果。中医对治疗轻中度高血压、冠心病、卒中后遗症、心肌炎、颈椎、慢性损伤性疼痛以及肾病等方面积累丰富的临床经验。乡镇及以下医疗机构的中医利用传统诊治手段，广泛开展常见病、多发病的诊断与治疗，为广大农村病人减少病痛，降低成本起到应有的作用。

第二节 西　医

1979年后，全县医疗机构逐步建立门类齐全的专业科室，添置相应先进医疗设备，提高诊疗水平。至1984年，县人民医院门诊部设有内、外、妇、儿、五官、急诊、观察室、肠道门诊等科室；住院部设有内、外（含五官）、儿、妇、传染等科室；配套建立心电图、超声波、放射、化验、理疗等医技科室。1988年，县人民医院增设口腔科，各乡镇卫生院均开设有门诊及住院综合诊疗科室。至2005年，全县从事西医的医疗机构343个，专业技术人员1 060人。

1981年，县人民医院将超声心动图、心电监护仪、同步呼吸器用于临床监测。1984年，县医院开展纤维胃镜诊断、中心静脉压（CVP）检测业务。1986年3月，县医院开展内窥镜检查项目，即胃镜下喷洒锡黄散治疗难治性胃溃疡、上消化道异物取出、快速尿素酶检测HP（幽门螺杆菌）检查等业务。1990年，县人民医院行肝囊肿穿刺无水酒精囊内注射治疗。1994年，县人民医院行食道调搏用于心律失常的诊断治疗。1998年，县医疗中心行永久性心脏起搏器埋植成功。1999年，县医疗中心开展内窥镜下食道静脉曲张套扎术治疗肝硬化所致食道静脉曲张破裂，电子胃镜、电子结肠镜诊断胃肠道病变等新项目。2000年，县医疗中心开展的脑出血颅内血肿碎吸术获得满意效果。2001年，县医疗中心开展24小时动态心电图检查项目，对复杂的心律失常提供准确定性、定量分析，对原因不明的心悸、胸闷、晕厥提供正确诊断依据。同年，开展的急性脑梗死早期静脉溶栓、β受体阻滞剂等在慢性心衰中的应用研究获得较好效果。2002年2月，县医疗中心开展的内窥镜下利用高频凝电切术治疗胃肠息肉，晚期食道癌食道支架置放技术获得满意效果。2001—2003年，县医疗中心成功开展原发性肝癌动脉管化疗栓塞术。2002年，县医疗中心分设的内三科，开始收治肝炎、肺结核、痢疾等传染性疾病患者。2003年，县医疗中心开展慢性肾衰竭腹膜透析治疗，为晚期尿毒症患者提供新的治疗手段。县第二人民医院开展的高血压脑内出血微创术获得成功。

20世纪80年代初期，外科技术发展较快，先后开展胰腺癌、胃癌、乳腺癌等根治手术和骨外伤开放性复位、开颅探查、肾切除、肺叶切除、前列腺切除等手术。1981年，县人民医院脑脓肿切排获得

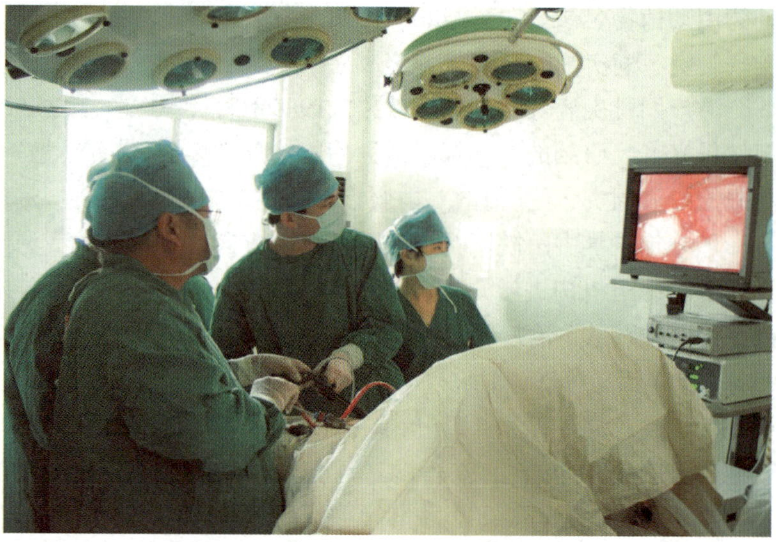
图 18-3-1：县医疗中心腹腔镜技术应用

成功。1984年8月3日，县人民医院首例胸腔纵隔肿瘤摘除术切除肿瘤重1 114克，填补秭归胸腔外科手术空白。1999年，县第二人民医院开展股骨头置换、全髋置换、颈椎手术、慢性硬膜下血肿消除、脑积液带泵冲洗引流、陈旧性关节脱位开放复位内固定技术获得成功。随着医学科学的不断向系统化、专业化发展，2002年，县医疗中心住院外科分为两大类，设神经外科、泌尿外科、普通外科、骨伤外科、心胸外科、烧伤整形美容等6个专科，临床已开展结肠癌、甲状腺癌、肾癌、膀胱癌、食道癌等根治术和肝叶、肺叶切除及肾实质切开取石、前列腺摘除、颅内血肿清除等高难度手术。

1979年后，县医院妇产科能熟练进行剖腹产、宫外孕摘除术、卵巢肿瘤切除术。1991年，县医院开展子宫下段剖腹产术。2005年7月，县医疗中心实施子宫肌瘤腹腔镜剔除术、腹腔镜卵巢囊肿切除及阴式子宫全切术项目。（图18–3–1）

1984年，县人民医院设立独立儿科，开展常见病诊疗和早产儿、新生儿缺血缺氧的抢救等。通过多年发展，县医疗中心开展静脉留置微量药物注射泵输液，敏感药物灌肠治疗小儿腹泻、鞘内注射抗生素治疗化脓性脑膜炎等技术有一定特色。对早产儿、新生儿疾病的抢救与治疗、新生儿缺血缺氧性脑病的早期治疗及后遗症防治以及对小儿肺炎、呼衰、心衰、肾病、风湿热、川崎病、多器官功能损害等疾病的治疗抢救及心肺脑复苏等取得一定成果，能熟练进行胸、腰、骨、心包等穿刺术。

五官科方面，县级医疗机构能开展眼球摘除术、乳室根治术和巩膜咬切术。能开展各种类型白内障手术、人工晶体植入手术、视网膜脱离复位、上睑下垂斜视和各种眼科肿瘤手术、咽喉部各种肿瘤手术和耳郭畸形矫正、鼓膜修补及食道、气管、支气管异物取出，口腔、鼻腔、鼻窦各种疾病的药物及手术治疗。2005年，成功实施喉癌病灶切除术。

1984年开始，县人民医院应用电子胃镜、电子结肠镜对食道、胃、十二指肠等病变进行检查治疗。2003年，县医疗中心、县第二人民医院先后开展腹腔镜手术，行胆囊切除，肾囊肿、肝囊肿、宫外孕、卵巢囊肿切除等，以其创伤小、愈合快、患者痛苦轻而深受患者欢迎。

第三节　中西医结合

1971年5月，制定全县中西医结合科研计划，将烧伤、老慢支（慢性支气管炎）、梅毒、近视眼、妇科病等27个病种列入当年中西医结合治疗科研课题。同年，在全县医疗机构中广泛开展“一根针、一把草”活动，发扬自力更生精神，坚持“三土”（土医、土药、土法）、“四自”（自采、自种、自养、自制）创业，创造出中西医结合新方法，逐步达到“三小”（毒性小、反应小、用量小）、“三效”（高效、速效、长效）、“五方便”（生产、运输、使用、携带、保管方便）目标。1976年，县人民医院开设中西结合病床15张，以治疗感冒，支气管炎、大叶性肺炎、肺脓肿、胃十二指肠溃疡、肾炎、肾盂肾炎等为研究课题，制定中西结合治疗方案，用自制感冒片治疗感冒218例，有效率达85%。其间，针刺麻醉广泛用于外科手术，当年，县人民医院做各科手术369例，采用针刺麻醉234例，占63.4%，优良率为67.5%。1977年，以县人民医院为阵地积极组织广大西医西药人员学习中医中药知识，全县先后举办中医学习班5期，每期3～6个月，参加学习的西医西药人员达143人。同时，县人民医院开设中医、新医独立门诊，以中西结合对结石症、急性阑尾炎、肠梗阻、尿结石、流脑、乙脑、高血压、偏瘫等疾病进行治疗取得一定成果。1986年，县人民医院利用中西药保留灌肠疗法治疗慢性结肠炎取得较好效果。1995年，县中医院设肝病专科，自拟“Ⅰ”“Ⅱ”号中药协议方，配合中西医结合治疗慢性活动性肝炎、慢性迁延性肝炎、肝硬化203例，有效率达90%。1996年后，县医疗中心、县第二人民医院先后派7人到省以上医院进修中西结合心血管、小针刀、肝病、皮肤病、风湿病、胃病等专科。2000—2005年，应用中西医结合方法治疗冠心病、卒中后遗症、心肌炎、肝硬化腹水、风湿、肾病、顽固性皮肤病等积累下一定的临床经验。

第四节 护 理

1980年，全县有护理人员87人，占卫生技术人员总数的9.43%，医、护比例为6.76：1，医护比例严重失调。1989年，全县护理人员增加到168人，占卫生技术人员总数的27.81%，医、护比例为1.51:1。至2005年，全县有护理人员246人。其中，副高级职称2人，中级职称172人，初级职称72人。护理人员中已获护理专科学历121人，获护理本科学历25人。

1984年前，护理工作主要是注射、换药、输血、小儿头皮静脉穿刺、氧气吸入、吸痰、导尿、灌肠、引流、胃肠减压等。1985年，县人民医院儿科开展新生儿静脉穿刺采血技术，五官科开展蒸气吸入、测眼压、测视野、球结膜下注射等。1986—1996年，县人民医院先后应用电动洗胃机洗胃、正压吸氧术、超声雾化吸入术、心电监护、心脏同步直流电复律技术、胎心监护仪进行围产期监护等。2000—2002年，县医疗中心将全自动生命体征监护仪用于临床各科室，应用静脉留置针为小儿输液，将静脉头皮针管去掉针头用于新生儿鼻饲，自行设计使用骨牵引保暖裤、微量注射泵、腹泻治疗仪、Y型静脉留置针、中心供氧吸氧、中心吸引吸痰等技术广泛应用于临床。2004年，县第二人民医院开展中心吸氧吸痰、新生儿暖箱、微量注射泵、心电监护、电除颤及骨科CPM康复机等新技术项目。2005年，县医疗中心开展无菌干罐在供应室、手术室、病区治疗室的应用，纽帮E100型呼吸机用于呼吸衰竭的抢救，披肩衣用于气管切开病人的护理，血糖仪的临床应用，阴部神经阻滞用于会阴缝合止痛等护理新技术。至2005年，全县护理业务逐步由常规护理向专科护理发展，内科开展呼吸、消化、心血管、血液、神经、代谢内分泌系统疾病的专科护理及肿瘤化疗、传染病的护理；外科开展神经外科、骨外科、泌尿科、胸外科、肿瘤外科及烧伤护理；妇产科开展围产期监护、异位妊娠、子宫肌瘤、葡萄胎妊娠并发症、剖腹产及产后出血护理及母婴同室护理；儿科开展小儿肺炎、腹泻、急性肾病、血液病、先天性心脏病的护理及新生儿、早产儿护理等；五官科开展白内障、青光眼手术、视网膜剥脱、鼻出血、鼻咽癌、喉切除等护理；急诊科开展休克、急性中毒、中暑及多发性创伤、蛇咬伤等专科护理。随着责任护理和整体护理的实施，以人为本的心理护理作为一个重要护理项目也开始用到各临床科室。

第四章　公共卫生

1979年后，随着卫生法制不断健全，各项公共卫生监督工作逐步纳入法制管理轨道。聘任公共场所卫生助理监督员加强对各类公共场所经营单位卫生监督管理，取得良好的社会效益。加强食品卫生监测和卫生监督执行检查力度，净化食品生产经营市场，保护人民身体健康。2000年后，全县无食物中毒报告。以学校为单位，实施常见病、多发病卫生防疫项目，落实卫生监督监测措施，加大健康教育力度，学校卫生工作管理规范化，学生常见疾病率大幅下降。劳动卫生监测逐步得到完善，职业病得到有效控制；儿童计划免疫规范；法定管理传染病防治和地方病防治工作成效显著。由“政府组织、地方负责、部门协调、群众动手、科学治理、社会监督”的爱国卫生运动全面开展，使公民卫生意识得以增强。2005年12月，秭归新县城被国家爱国卫生委员会命名为国家卫生县城。

第一节　卫生监督

一、饮用水卫生

1984年，开展对农村生活饮用水普查，对其水质类型、供水方式、供水范围、供水人口及水质监测情况进行调查分析，全县饮用泉水人口20.42万人，占全县总人口的57.2%；饮用江河水近9万人，占23.3%；饮用自来水2.81万人，占7.2%；用其他方式解决饮水占12.3%。同时，选择归州镇卫生院自来水、水田坝区溪沟水、杨林区新华村12组及周坪乡怀抱石渠水、郭家坝区泉水5点4个类型饮水，分枯、丰两期共采10个样品进行4类指标15个项目共160次的检验，检验结果表明县内水渠防护设施及水质卫生处理设施欠缺，导致饮水质量较差。1985年5月，归州镇水厂进行改造，从此定期对饮水的余氯、浑浊度、大肠菌群、细菌总数等指标进行监测；对全县农村水厂进行建档管理，年建档18个。当年，水质规范化监测工作在全县开展。归州镇水厂水样由开始的不合格到1989年合格率27.8%，至1991年达43.8%。通过多年的制水工艺改进，1994年水样监测合格率达90.5%。1998年，全县开始对供水单位实行卫生许可证制度，对涉及饮用水卫生安全的产品和从事二次供水设施清洁、消毒单位实行卫生许可批准制度。当年，新县城茅坪自来水厂设施逐步完善，全年监测水样51个，合格率98%。1999年后，新县城自来水厂每年监测59个水样，合格率均在98%以上。同时，对归州、水田坝、杨林桥、周坪、郭家坝、屈原等乡镇水厂进行水质监测，均不同程度存在消毒设施不全、微生物指标不合格等问题。

二、公共场所卫生

1986年前，公共场所卫生监督与管理主要是对影剧院进行卫生监督。1987年4月，《公共场所卫生管理条例》颁布实施后，全县开展公共场所卫生基本调查，对旅店及理发业调查163个单位。其中，104个旅店均未对服务性用具进行有效消毒处理和制定专项卫生管理制度，59个理发店均未对理发工具消毒，对毛巾消毒的只有21个。1988年，全县开始实施公共场所卫生许可证制度，全县应办证661个，实办证25个；从业人员实行健康检查，当年参检41人。1989年起，全县开始按规定程序审发公共场所卫生许可证及从业人员进行健康体检。1999年，办证率64.7%，体检率71.5%。1991年9月起，对全县公共场所经营单位进行卫生监督管理，并开展卫生质量监测，当年监测10家经营单位，采样29个，检测203项次，项次合格率为57.64%。2000年，全县聘任16名乡镇级公共场所卫生助理监督员，加强对各地各类公共场所监督管理，坚持按规定程序审发公共场所卫生许可证和从业人员健康证（简称“两证”，下同），至1994年，“两证”办证率分别达91.4%和75.6%。1994年，对归州镇、茅坪镇21家公共场所卫生质量监测，检测370个项次，合格206项次，合格率为55.68%。1996年，对香溪、杨林桥、芝兰、周坪4个乡镇公共场所卫生质量监测1 373项次，合格955项次，合格率69.5%。2000年，对新县城茅坪5家公共场所卫生质量监测，采样66份，样品合格率达92.4%。同年，实施公共场所卫生监督检查315户次，处罚12户次。1997—2000年，全县开展公共场所卫生监督执法检查1 060户次，行政处罚37户次。其中，限期改进34户次，罚款3户次。2002年4月，在新县城城区开展公共卫生场所执法检查，对旅店、文化娱乐场所各抽查6家，均持有卫生许可证；抽查从业人员30人，持有效健康证、培训合格证者29人，占96.3%；抽查6家旅店床上用品、浴巾备用率达75%，能做到一客一换，消毒措施落实；口杯、茶杯、面盆、浴缸、马桶、电话等都落实消毒措施。所查12个从业单位中，有8家空气及物表消毒设施齐全。

三、食品卫生

1980年1月，县政府制定《秭归县食品卫生管理试行办法》。1983年7月1日，《中华人民共和国食品卫生法（试行）》正式实施。为使饮食服务行业人员知法、懂法、守法，县政府将6月定为食品卫生法宣传月。由商业、供销、工商、粮食、卫生、司法、广播等部门配合，组织宣传车进行宣传。历时15天，深入到15个公社（镇）的308个食品生产、经营单位宣传，县广播站开办宣传食品卫生法的专题节目，全县各地利用宣传橱窗、专栏、黑板报、印发宣传资料等形式广泛宣传。1985年后，全县建立县、乡两级食品卫生监督网络对食品生产经营单位实行经常性宣传和执法监督活动。

1979年，成立县食品卫生领导小组，负责食品卫生监督管理日常工作。同年，各公社聘任食品卫生监督员38人。1981年，全县开始对副食品销售、加工实行“食品卫生许可证”管理制度，全县130个食品经营单位，当年审发卫生许可证76个。1982年9月，完善“食品卫生许可证”发放办法，各食品生产、经营单位建立食品卫生管理制度，卫生面貌发生根本变化。食品卫生法实施后，通过完善食品卫生监督程序，推行食品卫生监督量化分级管理，加大执法力度，提高食品安全。全县执行食品卫生监督周报制，食品卫生监督员日常工作实行划片包干、划乡包干、划项包干责任制。对食品生产经营人员进行健康检查，凡患有痢疾、伤寒、病毒性肝炎等消化道传染病、活动性肺结核、化脓性或渗出性皮肤病（简称“五病”，下同）及其他有碍食品卫生疾病者，不得接触食品工作。1984年，对全县1 216个食品生产、加工、经营单位的2 175名从业人员进行健康检查，复核发放健康证2 166个，对发现患有传染病的9名饮食从业人员，其工作进行调整，全县杜绝无证从业和传染病患者在食品行业从业现象。1983—2005年，全县食品从业人员健康体检7.08万人次，参检率由1983年的89.71%上升到2005年的99.1%，查出“五病”患者及病原携带者886人次，调离食品从业岗位716人次。

1983年7月1日，首批为6个食品卫生监督员配发监督证书、徽章和服装，每年开展巡回监督检查和集中举行食品卫生执法检查。当年两次对县辖镇及沿长江集镇采取管帮结合方法开展食品卫生执法检查，共检查435个单位和个人，有75个（人）受行政处罚，10个（人）停业整顿，处以罚款12个（人）；处理变质食品59种，销毁霉变食品1.17万公斤。1985年，全县组织112名工作人员，分13个检查组对全县621个食品从业单位进行执法检查，共有20个食品从业单位和个人受到行政处罚；处理霉变食品8类、

8 791公斤；封存无商标食品2 497.5公斤。1984年后，以茅坪镇、归州镇为重点开展执法监督管理，打击制售假冒、伪劣食品等违法犯罪活动，整治集贸市场和食品市场，取缔无证经营。1997年11月，全县重新确认卫生监督员13人，统一着新装、佩戴新标志、持新执法证。同时，为全县90名各类卫生监督检查员配发"监督检查证"。1983—2004年，全县食品卫生执法监督检查中，对1.02万户次进行行政处罚，销毁禁止生产经营食品10.72万公斤。

20世纪70年代前，食品卫生质量监测只凭感官鉴别。20世纪80年代，随着一系列食品卫生标准和各类食品管理办法相继出台，常规理化检验随之开展。1983年，抽样65个检测样品，27个合格，占41.5%。1994年，进一步加强对食品工业的卫生监督管理，生产食品必须先送样品检验合格后方可批量生产和销售，当年共检验食品样品172个，合格125个，占72.7%。至1998年，食品卫生质量监测合格率77%。从1999年起，食品卫生定期按时间、品种、数量进行抽样监测，合格率由1983年的41.5%上升到2005年的86.8%。1983—2005年，对各类食品定期或不定期抽样检测3 829份，合格2 844份，年均合格率为74.6%。餐具消毒始于20世纪60年代，餐具消毒达到"光、洁、干"的效果，推广新洁尔灭消毒餐具。20世纪80年代中期，对饮食行业全面施行餐具消毒制度，逐步开展餐具消毒监督管理及监测工作。1985年，首次开展餐具消毒效果监测，当年抽样检测103个单位，合格63个，占61.2%。至1993年，样品检测合格率达73.9%。在此期间，最高合格率达88.9%。1994年8月，国家《食（饮）具消毒卫生标准》颁布实施，餐具消毒及其效果监测走上规范化管理轨道。1996年，监测香溪、杨林桥、芝兰、周坪等乡镇饮食行业餐具消毒样品合率72.3%。2000年，对城区茅坪61家饮食行业餐具消毒效果监测，采样278份，检测合格249份，占89.6%，将结果向社会公告。至2005年，每年效果监测样品合格率均在85%～93.3%之间，且呈较稳定状态。1985—2005年，全县除其中3年未开展消毒效果监测外，17年共检测餐具消毒样品4 844份，合格3 796份，占77.4%，年检测合格率由1985年的61.2%上升到2005年的87.5%，通过监测表明，全县饮食服务行业餐具消毒工作逐步得到落实。

四、学校卫生

1984—1988年，开展对全县重点中、小学教室卫生状况调查，归州镇小学、县第一中学两所学校9个年级、29个教室进行19个项目调查并作卫生评价，除教室建筑基本符合要求外，自然采光、人工照明设备均达不到卫生要求；课桌椅与学生身高不配套情况较为严重，县第一中学合格率仅占学生总数的28.78%，归州镇小学合格率仅占学生总数的0.6%。全县绝大多数学校每名学生所占教室面积大小、自然采光及课桌椅配套3项指标均达不到卫生标准，严重影响学生视力及健康。1990年，全县73所中、小学均开展常见病患病情况调查，共检查1.21万名学生，检出病毒性肝炎及病源携带者130人，占1.08%；肺结核19人，占0.16%；疥疮245人，占2.03%。1995年，把肠道寄生虫病、沙眼、龋齿与牙周病、视力低下作为防治重点，采用集体服用驱肠虫药防治肠道寄生虫病，在学校中推行一人一盆一巾制度预防沙眼和开展沙眼治疗，改善学习环境（增加光照度、调整课桌凳等），培养学生良好用眼卫生习惯，保护学生视力。1996年，成立县学生常见病综合防治领导小组，全面负责指导、规划、协调、督促和检查全县学生常见病防治工作，组织开展学生"六病"（蛔虫、沙眼、贫血、营养不良和肥胖、龋齿及牙周疾病、视力低下）综合防治。2000年8月，全县强化学校卫生监督监测措施，落实6种生物制品（乙脑、流脑、麻疹、甲肝、乙肝疫苗和小儿麻痹糖丸）预防接种，控制传染病流行。当年，在城区茅坪开展5次学校食品卫生、环境卫生整治，检查学校饮食从业单位85户次，副食商店45户次，责令停业整顿3户，销毁过期变质食品160公斤。2002年，执行《湖北省中小学校卫生管理规定》，对中小学生卫生工作实施规范化管理。2005年，全县举办中小学食堂卫生监督量化分级培训班，各学校按照整改方案进行整改，并开展等级评审，使学校食堂卫生得到有效监督管理。

第二节　爱国卫生运动

1979年，开展大规模爱国卫生宣传、普及卫生知识活动，全年组织开展4次（元旦、春节、五一、十一）群众性卫生突击活动并进行评比，表彰卫生先进单位680个，清洁卫生户1.03万户，新滩镇等11个单位受到宜昌地区行署通报表彰。当年，以归州镇为重点，着重抓沿江集镇脏、乱、差整顿治理，把爱国卫生运动与“五讲四美”活动（讲文明、讲礼貌、讲卫生、讲秩序、讲道德；心灵美、语言美、行为美、环境美）紧密结合，普遍进行整顿镇容、店容、院容、厂容的群众性爱国卫生突击活动。同时，开展清除垃圾、卫生积肥、清除占道物资、疏通污水沟、处理蚊蝇滋生地、灭鼠等活动，当年全县为改变城乡环境卫生面貌，共投资24.27万元。1981年，全县评选出爱国卫生运动红旗单位6个、先进单位416个、先进户6 938户、先进个人84人、最清洁户3.91万户、清洁户2.63万户、不清洁户1 264户。1982年，实行“四带头”（县委、政府领导带头，城镇靠机关带头，机关靠领导带头，农村靠城镇带头），进一步推动全县爱国卫生运动深入开展。县、社领导带头参加卫生劳动，机关、团体坚持周末卫生日制度。归州镇狠抓卫生设施建设，新建垃圾箱、果皮箱、花坛，整修下水道，种花种草，切实改变脏、乱、差卫生状况。1985年，以绿化、美化、净化为内容，以清洁、整齐、美观为目标开展爱国卫生运动。1989年后，以改善城乡环境卫生面貌、预防疾病、保障人民健康为根本任务，以城镇带动农村全面开展爱国卫生运动。当年，全县有10.8万人次参加，组织3次突击活动，检查1 375个单位、5.23万户，评出卫生先进单位198个、先进个人920人、最清洁户2.04万户、清洁户2.07万户。1990年，采取“四结合”（城镇与农村、突击与经常、群众运动与专门机构责任承包、宣传教育与检查督促相结合）方法开展群众性爱国卫生运动。针对城镇存在的乱摆摊点，街道脏、乱等突出问题进行治理，卫生面貌发生明显改变。1982—1991年，宜昌地区10年开展城镇爱国卫生评比中，归州镇7次跨入先进行列，全县先后有6人获宜昌地区城镇卫生先进工作者表彰。1986—1993年，全县先后有12个单位被湖北省及宜昌地区表彰为爱国卫生先进单位。

1994年起，县城归州镇以创建文明城镇为目标，以降低鼠密度为重点，开展爱国卫生运动，广泛治理环境卫生，努力解决脏、乱、差问题，当年被宜昌市评为二类卫生县城。1996年，归州城区和香溪镇与169个单位签订“门前三包”（包环境卫生、绿化美化、安全秩序）责任状，全年清理卫生死角483处，清理垃圾520吨，清理占道527处，疏通阴阳沟1 750处，拆除乱搭乱建50余处，当年归州镇被命名为“宜昌第一类卫生县城”。1998年，县城东迁茅坪镇，首次在县城推行垃圾袋装化，首次实施市场化物业管理，按“让县城净起来、绿起来、亮起来”要求搞好基础设施建设。当年，新县城茅坪被命名为“宜昌市卫生县城”。1999年和2005年，秭归县城先后获得“湖北省卫生县城”“国家卫生镇（县城）”等称号。茅坪镇橘颂社区被省命名为“湖北省卫生社区”；茅坪镇被宜昌市命名为“宜昌市卫生镇”；茅坪镇橘颂社区、西楚社区为“宜昌市卫生社区”。

农村爱国卫生以改水和普及烟囱灶为主。1979年，新建卫生水井895口，厕所2 785座，烟囱灶4 242个，畜圈2 485间。当年，城关镇、香溪镇及茅坪、杨林、西陵等公社办起简易自来水厂，70%的农户有烟囱灶，新建沼气池180多口。至1992年，农村改水工程3 048处，受益人口19.01万人，有9.8万人用上清洁卫生的自来水。1995年，全县以实施初级卫生保健为契机，促进农村改水改厕工作。当年，农户累计改厕2 400户，改厕率23.4%，郭家坝镇桐树湾村被表彰为宜昌市农村改厕先进单位。1996年，全县7个乡镇、35个村、450户村民自觉改厕，基本达到“三无”（无蝇、无蛆、无臭）要求。至1997

年，全县建有公厕723个，公共卫生厕所普及率达80%；居民清洁厕所普及率89%以上；农村居民能实施粪便无害化处理家庭4.66万户，占42%以上。2004年，农村重点推广沼气三联式厕所。2005年6月，茅坪镇陈家坝、银杏沱、九里、建东、中坝子、松树坳等村被评为湖北省卫生村。

1983年，全县开展两次大型灭鼠活动，消灭老鼠7万只。1985年，归州镇开展群众性灭蚊、灭蝇活动，使全镇蚊蝇密度显著下降。1988年起，新县城城区每年开展两次以上以灭鼠为重点的大规模除害灭病活动。2004年12月，秭归新县城被湖北省确认为灭鼠先进城区。2005年12月，新县城被国家爱国卫生委员会命名为“国家卫生县城”；归州镇被评为宜昌市灭鼠先进镇。

第三节　疾病防控

一、计划免疫

1980年起，将接种百白破三联菌苗、卡介苗、脊髓灰质炎疫苗、麻疹疫苗（简称“四苗”，下同）列为全县儿童基础免疫，建立0～7岁以内儿童预防接种卡，有计划地安排疫苗接种。1982年，应建卡的20个公社级单位已建卡18个，对1976—1982年出生的4.15万名儿童全部登记建卡。至1985年，在0～7岁儿童实行免疫建卡的基础上，对1980年以后出生的儿童又推行预防接种证制度，做到表、卡、证三相符，当年发证2.63万人。1986年，儿童建卡率99.87%。当年，开展生物制品接种合格率调查，全县抽样调查30个行政村、210名12～24月龄儿童，“三苗”（麻疹疫苗、脊髓灰质炎疫苗、百白破三联菌苗）全程免疫者121人，合格率57.6%；单苗接种合格率为：麻疹疫苗64.3%，脊髓灰质炎疫苗81.9%，百白破三联菌苗63.8%。1986年9月，计划免疫以“冷链运转”形式进行，秭归县被确定为湖北省第四条冷链运转线。11月，国家装备5大类计603件冷链设备，按要求配备到镇（区）卫生院和478个预防接种点。1987年3月5日，在郭家坝镇（区）开展冷链运转试点。同年，5月13日—6月12日，全县首次冷链运转结束。当年5月、7月、9月、11月各运转一次，每次运转“四苗”平均接种率依次为92.2%、90.2%、88.8%、86.6%。从1988年起，全县计划免疫坚持每年在全县范围内冷链运转5～6次，并为适龄儿童在12月龄内完成“四苗”共8针次的免疫接种。12月龄内儿童“四苗”接种率分别于1990年、1995年实现以县、乡镇为单位达85%的工作目标。

1986年3月20日，秭归县正式启动世界银行贷款PVⅡ项目（计划免疫子项目），重点加强贫困地区计划免疫工作。PVⅡ项目的开展，缩短冷链周期，由每年运转5次改为运转6次，坚持每年进行接种调查、卡介苗接种质量和白喉抗体水平监测、相关疾病监测，设立哨点医院，建立急性弛缓性麻痹（AFP）病例监测系统等。1999年10月，乙肝疫苗接种纳入冷链运转，当年完成2 558名儿童基础免疫接种。2002年12月，全县进行接种人员资格认证，开始实行免疫接种准入制度。2004年，全县卡介苗、脊髓灰质炎疫苗、百白破三联菌苗、麻痹苗、乙型肝炎疫苗基础免疫累计接种3.53万人次，接种率99.5%，其中乙型肝炎疫苗接种6 448人，接种率99.7%。

经过计划免疫，相关传染病发病率逐年下降，并得到彻底控制。百白破三联菌苗接种后，自1979年以后白喉全县无病例报告；1979年全县报告百日咳77例，1986年报告百日咳18例，1996年以后全县仅1999年报告1例百日咳病例，其余年份均为零报告；1979年全县报告新生儿破伤风2例。1981年、1983年、1989年各报告1例，1990年报告2例，自1991年以后全县无病例报告；脊髓灰质炎疫苗接种后，1981年全县报告1例脊髓灰质炎病例，自1982年后无病例报告；麻疹疫苗接种后，1979年全县报告发病率为101.48/10万，1988—1993年发病率控制在10/10万以下，1994—2001年个别年份出现局部小流行，自2002

年以后全县无麻疹病例报告；卡介苗接种后，调查卡介苗接种卡疤率：1987年为81.28%，2005年为98.9%。

二、传染病防治

霍乱（副霍乱） 俗称“二号病”。1984年，宜昌市发生霍乱输入性病例后，秭归县沿（长）江镇区卫生院相继开设肠道门诊进行病源检索，在县城归州进行外环境中爱尔托弧菌检测。8月，县政府专题研究部署霍乱传染病防治工作，全县落实“三管一灭”（管水、粪、饮食，灭蚊蝇）措施，肠道专科门诊做到“三专”（专人、专桌、专册登记）、“二逢”（逢泻必登、逢疑必检）、“三早”（早发现、早报告、早隔离治疗），明确和强化霍乱防治工作责任制。1998年，鉴于全国霍乱疫情严重，全县医疗单位从5月1日—10月31日开设肠道专科门诊，并做到“五专”（专室、专人、专用处方、专用登记册、专用器械）、“三逢”（逢泻必登、逢泻必报、逢疑必检），坚持健康教育和“三管一灭”综合预防措施。2000年起，全县医疗卫生机构每年5月1日—10月31日在坚持开设肠道门诊的同时，执行霍乱周报和零报告制度，有效地阻断霍乱在县境内流行。

流行性脑脊髓膜炎（简称流脑） 1979—1981年，是流脑在县境内第三次流行高峰，1980年和1981年使用A群多糖体菌苗预防流脑，分别接种4.15万人和3.8万人。1985—1987年，每年不间断接种流脑菌苗，使流脑发病率降至2.18/10万。1991年以后，全县每年不间断开展流脑菌苗接种，接种量在2.61万～4.85万人之间，平均每年接种3.74万人，2001年流脑发病率降为0.25/10万。从2002年起，全县流脑发病已完全控制并基本消灭。

猩红热 1999年以前有少量病例报告，自2000年后，全县无猩红热病例报告。

流行性感冒（简称流感） 1979年后，全县通过普及流感预防知识，服用中草药预防，县境内无大型流感流行。20世纪90年代中期，在人群中接种流感疫苗预防流感有一定效果。

细菌性和阿米巴痢疾（简称痢疾） 1979—1990年，全县痢疾发病率每年均在100/10万以上。通过开展以除害灭病为中心的爱国卫生运动，采取以切断传播途径为主的综合预防措施，1991年以后，全县痢疾发病未出现大流行。1999年后，痢疾年发病率均在30/10万以下，且无死亡病例报告。2004年，全县试行接种痢疾菌苗以保护易感人群。

伤寒和副伤寒 1979年，伤寒和副伤寒发病率在10/10万以下。通过接种伤寒菌苗和开展大规模的爱国卫生运动，切断传播途径而控制其发病和流行。1980年起，年发病率均在3/10万以下。

病毒性肝炎 1979—1992年，县境内出现肝炎发病报告3次高峰，即1979—1980年：185.53/10万～80.40/10万；1986年：80.16/10万；1988—1992年：104/10万～211.10/10万。1993年后，全县病毒性肝炎年报告发病率均在42.17/10万～84.18/10万之间，仍然处于较高发病水平。1996年5月1日起，全县在新生儿及其他人群中启用基因工程乙肝疫苗，其他各类血源乙肝疫苗停止使用。2003年4月25日起，乙肝疫苗正式纳入计划免疫管理，发病率逐年下降。

流行性乙型脑膜炎（简称乙脑） 1979年后，全县不间断开展对适龄儿童乙脑疫苗接种和综合性灭蚊措施，有效地控制乙脑疾病发生。1979—2002年，县境内乙脑发病率均为10/10万以下的散发水平。2003年后，全县无乙脑发病报告。

疟疾 1979年，疟疾发病率在10/10万以上，主要分布在茅坪、郭家坝、水田坝、西陵、香溪、两河、周坪等社镇。1979年后，全县狠抓疟疾传染源管理和疟疾监测工作，实行对现症病人和休止期病人根治，对重点人群在流行季节服药预防，采取大力灭蚊等综合措施进行防治。1980年起，全县在加强传染源管理的基础上，加强对病人家属管理，采取“一人发病，全家服药”，并在全县各地建立血检站，对发热病人进行监测，有效控制疟疾发生。1981年起，疟疾年发病率在10/10万以下，仅集中在茅坪、水田坝、郭家坝等公社。1987年起，疟疾发病率在1/10万以下，以散发为主。2001年后，全县无疟疾病例报告。

钩端螺旋体病（简称钩体病）　1981年、1983年，钩体病发病率较高，年发病率超过10/10万。通过灭鼠、加强农村卫生基本建设和水源管理，1984年起发病率降至10/10万以下，自1997年起全县年发病率降至1/10万以下。2003年后，全县无钩体病病例报告。

狂犬病　1979年，开始使用狂犬疫苗对被动物咬伤者进行疫苗接种预防狂犬病。20世纪80年代，对有狂犬病发生的地区开展大规模灭犬活动。20世纪90年代起，逐步开展家犬登记管理，接种犬用狂犬疫苗，对已确定患有狂犬病的动物一律宰杀并将其尸体焚烧，对已发病的患者隔离治疗。1982—2001年，县境内除个别年份外，每年均有狂犬病病例报告。2002年后，全县无狂犬病病例报告。

性病　1991年，首次报告淋病3例。1992—2005年，共报告除艾滋病外的性病6种1 030例，年均发病率为18.37/10万。其中，淋病463例，尖锐湿疣326例，非淋菌性尿道炎179例，生殖器疱疹34例，梅毒21例，软下疳7例。1999年，全县发现第一例艾滋病感染者。截至2005年，全县累计发现艾滋病感染者和病人34例，死亡13例。2001年11月和2004年3月，成立艾滋病、性病协调防治领导小组和艾滋病防治工作委员会。2003—2004年，秭归县被列为全国艾滋病综合防治示范区和全球艾滋病防治基金项目县，全县以项目为依托，开展综合防治工作。2003年7月，全县正式启动艾滋病免费抗病毒治疗。至2005年，先后有16名感染者和病人接受治疗，并对其实施“四免一关怀”政策（免费提供抗病毒药物、咨询和检测、母婴阻断药物和婴儿检测试剂、遗孤义务教育，政治关怀）。设立预防艾滋病大型公益性宣传广告，制作《走进艾滋病家庭》电视专辑，印发12万份宣传手册入户，张贴5 000份宣传挂图，开展艾滋病防治知识讲座30场次，听众3万余人次。基本实现“县有公益广告，乡有影像资料，村有宣传挂图，户有宣传手册”的健康教育网络。2005年，在县城大中型宾馆、旅店、美容美发店等娱乐场所推广使用安全套；在县医疗中心、县防保中心及磨坪、两河口、沙镇溪3个乡镇卫生院设立艾滋病自愿咨询检测点，为艾滋病感染者和各类高危人群提供情感、心理支持和医疗服务支持，当年有40余人参加自愿咨询检测。

肺结核　1989年，全县登记肺结核患者191人。1993年，全县实施结核病控制项目，县、乡镇、村建立结核病防治网络，配备防治结核病工作人员540人，1993年11月20日，全县启动世界银行贷款结核病控制项目，控制结核病成为政府行为和卫生扶贫工程。至2001年，共接诊疑似肺结核病患者4 195例，确诊并登记为活动性肺结核1 120例，完成1 009例项目病人免费治疗，平均治愈率92.38%。2002年10月，全县启动新一轮结核病控制项目。2005年，接诊疑似肺结核病患者1 454例，确诊并登记为活动性肺结核214例，完成321例项目病人免费治疗，平均治愈率85.23%。1997—2005年，累计报告肺结核病例2 852例，死亡2例，年均报告发病率为89.57/10万。

传染性非典型肺炎（SARS，简称“非典”）　2003年，“非典”全国流行。秭归县成立防“非典”指挥部；加强“非典”知识培训和宣传，提高公民自我保护能力；设立定点医院，保证对“非典”病人和疑似病人治疗；加强环境卫生整治，防止疫情蔓延；全县设立235个防“非典”监测点，严格流动人员登记监测。全县在防治“非典”期间，对发热病人进行疫情排查和流行病学检查，疫情监测和排疑22.1万人。其中，务工返乡人员8 678人（疫情流行区1 621人），三峡工程应急转运过境旅客12.2万人。采取阻断传染源、切断传播链等措施，全县未出现一例“非典”疑似病例或临床诊断病例。

三、地方病防治

1979年6月，全县开展地方性甲状腺肿（简称地甲病，下同）和地方性甲状腺功能减退症（IDD，又称克汀病）普查普治工作。共调查37.84万人，占全县总人口97.8%；查出甲状腺肿大者3.08万人，占8.13%；生理性增大者2 112人，占5.84%。查出地甲病患者8 676人，患病率2.29%。查出克汀病患者16人，患病率0.004%。至1980年9月，全县碘油注射治疗地甲病患者8 192人，治疗率84.42%。同时对克汀病患者用甲汀片1号给予治疗。1980年3月，实施盐碘（食盐加入碘化钾）含量监测。至2005年，监测食盐样品6 095份，合格率91.2%。1986年起，全县供应小包加碘盐。1989年起，改用碘酸钾加工碘盐，全县碘盐覆盖率100%。1999年9月，宜昌市评估组对消除IDD阶段性目标评估确认，秭归县已达到消除IDD阶段性目标。

1982年10月，在杨林公社中小学进行氟斑牙抽样调查，患病率21%。1983年10月，全县开展8～15岁人群氟斑牙线索调查，共查5.15万人，查出患者7 632人，患病率14.83%。1984年，全县开展氟斑牙线索复查69个村，证实有氟斑牙患者存在57个村，患病率24.42%。经复查初步确定，全县地氟病病区为20个村，分布于西陵、磨坪、郭家坝、周坪、杨林等区，病区总人口1.79万人，8～15岁人群2 251人，其中氟斑牙患者1 299人，患病率57.71%。1985年10月，全县开展降氟改灶5 090口。1986年，经确认秭归县氟中毒以煤烟污染型为主，降氟改灶4 784口。1987年4月，秭归县列入国家在三峡地区开展煤烟污染型氟中毒防治试点，当年，改降氟灶9 585户。至1990年，完成改灶3.8万户，降低空气中氟、硫、一氧化碳含量及粮食和饮水的含氟量，呼吸道疾病明显减少。当年7月，国家授予秭归县“改灶降氟先进集体”称号。自1991年起，全县开展地氟病监测，把改灶降氟纳入经济和社会发展总体规划，坚持长期防治，常抓不懈。

第五章　妇幼保健

1979年，县、乡、村妇幼保健网络初步形成。20世纪80年代后，提出“普及科学接生，提高产科质量”，对孕产妇实行全面系统的围产期保健，动员住院分娩、母乳喂养，开展以佝偻病、营养不良性贫血为主的儿童疾病防治，对妇女子宫脱垂、尿漏、宫颈癌为主的妇女病进行查治。90年代，秭归县先后被国家、省纳入“中国—联合国妇幼卫生合作项目”“降低孕产妇死亡率、消除新生儿破伤风”“高危孕产妇系统管理”“母婴安全”“艾滋病母婴传播阻断”等项目县。至2005年，全县科学接生率99.84%，住院分娩率97.02%，孕产妇死亡率降至39.17/10万。1991年后，全县无新生儿破伤风病例报告。2005年，5岁以下儿童健康检查率90.21%，5岁以下儿童死亡率降至4.77%，新生儿访视率98.21%，5岁以下儿童保健管理率96.2%，3岁以下儿童系统管理率66.41%。

第一节　妇女保健

一、新法接生

1980年，全县提倡和动员产妇住院分娩。此后，家庭分娩比例逐步下降，住院分娩率逐步上升，至1989年，全县住院分娩率28.38%，新法接生率98.47%。1996年，秭归县被确定为1996—2000年中国—联合国儿童基金会妇幼卫生合作项目县，对新法接生提出新的标准，取消农村接生员。至2000年，全县新法接生率84.4%。2001年，秭归县被列为母婴安全活动项目县，全县规定“村摸孕情、所搞孕检、院抓分娩”的工作原则。为提高生产质量，确保母婴安全，村建立孕产妇抢救转送小组，县、乡医疗机构建立孕产妇抢救中心和高危孕产妇抢救协作组，公布急救电话，固定接送车辆，建立母婴安全绿色通道。至2005年，全县新法接生率99.84%，比1996年上升61.2个百分点；孕产妇死亡率39.17/10万，比1996年下降126.53/10万；新生儿死亡率7.79‰，比1996年下降6.95‰；新生儿出生缺陷4.29%；均在国家规定控制指标以下。自1991年后，全县无新生儿破伤风病例报告。

二、围产期保健

1980年，全县推行从孕妇妊娠28周至新生儿出生后7天的保健，随后扩展为从孕妇妊娠开始到产后42天全面系统的围产期保健制度，其内容包括早孕建卡、产前检查、产后访视、母乳喂养和科学育儿的宣传教育及计划生育技术指导等。至1982年，全县孕产妇产前检查率68.22%，人均2.3次，产后访视率60.6%，人均2.1次。1983年，成立县围产期保健协作组，并参加湖北省孕产妇管理协作组对香溪镇、城关镇、两河口公社的4个大队孕产妇进行系统管理。至1990年，全县孕产妇保健卡建卡率47.2%；产前检查率98.76%，人均4.4次；产后访视率97.83%，人均3.4次。1992年9月，全县推行母婴安康保偿。先后在茅坪、香溪、屈原、新滩、文化、芝兰等乡镇试行，全县应入保1 187人，实入保649人，占54.68%。1993年12月，秭归县被确定为高危孕产妇系统管理项目县，使全县孕产妇管理进一步系统化和规范化。2000年，秭归县被确定为降低孕产妇死亡率项目县，全县实行孕产妇保健手册管理，对孕妇基本情况、产前检查、分娩、产后42天评价均作详细记录。至2004年，全县建孕产妇保健手册达97%。2005年，秭归县纳入新一轮“降消”（降低孕产妇死亡率、消除新生儿破伤风）项目建设，全县医疗机构进一步加强产科质量建设，部分医疗单位配备婴儿保温箱、新生儿抢救辐射台等先进设备，健全孕产妇抢救绿色通道，实行孕妇分娩限价服务和贫困救助。项目实施中，全县配置产科器械设备80台（件），价值14.4万元；减免孕产妇转送、待产、接生等各种费用11.8万元；救助孕产妇167人；建孕妇保健卡2 512人，占98.39%；系统管理面98.39%；产前检查率98.39%；产后访视率98.66%；住院分娩率97.02%，其中高危孕产妇99.44%。产妇死亡1例，占39.17/10万。婴儿出生缺陷11人，占4.31%。

三、妇女病防治

1979年后，全县每年开展妇女病普查普治，妇女常见的阴道炎、宫颈糜烂、子宫脱垂、尿漏、子宫肌瘤、附件炎等疾病均得到相应治疗。2005年，妇女参加普查人数达6.95万人，患病率29.5%，比1979年下降21.56个百分点，治疗率由1979年的87.7%提高到100%。至1981年，全县对739名子宫脱垂和4名尿漏病人进行综合治疗，痊愈395人，占57.58%；好转241人，占35.13%；综合有效率92.71%。此后每年对未愈或新发病人进行治疗，至2001年全部治愈。2002—2005年，全县无新发生子宫脱垂和尿漏病例报告。

第二节　儿童保健

一、保健管理

1984年，全县在西陵区马家坝村进行散居儿童管理试点，对新生儿分别于3、7、14、28天进行家庭访视，指导喂养和护理，对低体重和高危儿童进行重点监护。建立儿童保健卡，按照“4、2、1”

（1岁以内每年4次体检，1～2岁每年2次体检，3岁以上每年1次体检）管理办法，定期对儿童进行健康检查，对筛查出的疾病进行相应矫治；对体弱儿进行专案管理，拟定短治计划，定期复查，指导科学喂养；搞好儿童计划免疫接种和传染病防治；宣传科学育儿知识，防治小儿四病（呼吸疾病、营养不良、佝偻病、贫血）；指导儿童早期教育等，在试点基础上全县推广。至1990年，全县有97个村进行散居儿童管理。2003年，全县散居儿童管理面43.82%，比1991年上升7.84个百分点，新生儿访视率96.44%，3～7岁儿童保健管理率39.2%，3岁以下儿童系统管理率43.93%，适龄儿童计划免疫接种100%。

1979年，全县有托、幼机构7个，入园、所儿童252人。至2005年，全县有幼儿园9所，入园儿童3 155人。1994年，对县直机关、供销、商业幼儿园进行儿童健康考评，县直幼儿园体弱儿童管理率、预防接种及儿童晨检率均为100%，被表彰为宜昌市第三届集体儿童健康考评优胜单位。2000—2005年，全县加强对托幼机构的卫生监督管理，全面落实生活、卫生消毒、疾病防治、合理膳食喂养、体格检查、体格锻炼、家长联系、资料统计等卫生保健制度，对从事托幼工作的人员进行健康检查和卫生保健知识培训，参学人员达80余人次，体检合格者发给“托幼机构工作人员健康证明”。2005年，从事托幼工作人员体检办证105人。2000年，县直机关幼儿园被表彰为宜昌市卫生保健示范幼儿园。2002年，私立迎和幼儿园被评为宜昌市儿童健康考评先进单位。

二、疾病防治

1979年，六一儿童节前后，全县17个公社卫生院组织卫生技术人员对1.28万名学龄前儿童进行健康体检。同年9—10月，对全县0～10岁的8.06万名儿童进行免费驱蛔虫治疗，服药率92.66%，排虫人数占服药人数的85.53%。1984年4—5月，在西陵区进行儿童佝偻病试点调查，共调查441人，发现佝偻病患儿173人，患病率39.27%。根据发病原因提出：经常户外活动、多晒太阳、母乳喂养、适时增加辅食和断奶等措施，以预防儿童佝偻病的发生。1986年，对归州镇、香溪镇进行儿童贫血试点调查，对出生10天～7岁的600名儿童调查显示：470名儿童不同程度贫血，患病率78.33%。根据贫血发病原因提出：大力宣传和普及科学育儿知识、预防为主、辅以药物治疗的防治措施。1987—1989年，对全县儿童进行“两病”（佝偻病、缺铁性贫血）专治。对3岁儿童调查1.63万人，患佝偻病人数4 832人，患病率29.67%；接受治疗2 609人，治愈人数1 850人，治愈率70.91%。共调查儿童缺铁性贫血5 602人，患病人数2 351人，患病率41.97%；接受治疗2 084人，治愈率88.64%。2005年，对7岁以下儿童保健管理面86.94%；对3岁以下儿童系统管理面66.41%；对新生儿家访3～4次，访视率98.21%；5岁以下儿童死亡率降为4.77‰。

第六章　医政·药政

1979年后，医政管理工作从单纯的医疗业务管理逐步扩展到农村基层卫生组织建设、医疗机构及医药市场监管、医疗保健制度的建立和完善、医疗差错事故的防范与处理以及从业人员资质和技术准入制度建立等，形成医技、输血、急救和巡回医疗、支边援外医疗、社区卫生服务等全方位医政管理体系，并从县到乡镇、村建立完善的管理网络，使医政管理工作逐步走上规范化、法制化轨道。1982年，成立县药品检验所，全县药品质量检验工作全面开展。1985年，建立健全药品监督网络，聘任药品监督、检查员，对全县医药市场、药品质量、药品流通渠道、药品储存设施、医院制剂、医疗机构药剂及特殊药品等进行全面监督和管理。2002年1月11日，县药品监督管理局成立，成为省、市垂直管理部门。2004年5月，更名为县食品药品监督管理局。食品药品监管力度加强，实行依法管理。

第一节　医　政

一、资质管理

1994年9月1日，国务院颁布实施《医疗机构管理条例》，全县加强医疗机构监督管理，开始颁发“医疗机构执业许可证”。至1995年年底，全县20个国家卫生机构均颁发“医疗机构执业许可证”。其中，县直医疗卫生机构7个，乡镇卫生院13个。随着行政体制改革，医疗机构撤并，至2005年，全县14个国家医疗保健机构均核发“医疗机构执业许可证”。其中，县级医疗保健机构3个，乡镇卫生院11个。从1990年起，全县村级医疗机构开始颁发“医疗机构执业许可证”。当年，对符合条件的95个村卫生室发给“医疗机构执业许可证”；对314个村卫生室发给“临时医疗机构执业许可证”。随着改革的深入发展，至2005年，全县180个村卫生室、12个集体卫生所、12个单位医务室、92个个体诊所均核发“医疗机构执业许可证”。

1994年1月1日，《中华人民共和国护士管理办法》颁布实施。1995年5月，全县首批为215名护士颁发“护士执业证书”。随后每年组织符合条例的护理岗位人员参加全国的护士资格考试。至2005年，全县有334名护士获得“护士执业证书”资格；1999年5月1日，《中华人民共和国执业医师法》颁布实施。2001年，全县首次为513名执业医师和122名执业助理医师颁发“资格证书”和“执业证书”。之后，每年组织符合条件的医师参加全国医师资格考试。至2005年，全县有522名执业医师和174名执业助理医师取得“资格证书”和“执业证书”；1981年，全县实施乡村医生资格制度，当年有741名乡村医生参加全省乡村医生资格考试考核，有366人获得乡村医生资格，并颁发乡村医生“资格证”。至2005年，全县经审核注册的乡村医生473人。

二、市场管理

1979年后，针对社会上一度出现的游医、假医、巫医、庸医等滥行医现象和少数医疗单位片面追求经济利益，增加病人不合理负担等问题，全面加强医疗市场秩序整顿、加强监督管理力度。1983年7月，经考试、审核后重新确认，为50家个体医生发给“个体行医执照”。1986年，全县贯彻落实湖北省《个体开业行医暂行规定》，县政府制定《个体开业行医管理办法》。根据个体行医中出现的以赚钱为目的坑害群众、以封建迷信活动行骗、不执行技术操作常规等问题，进行全面清理整顿，经整顿合格的68家个体诊所发给执业许可证，非法行医得到遏制。1989年，落实卫生部《关于清理整顿医疗机构若干问题的规定》和省卫生厅《社会医疗机构管理办法》，对各级各类医疗机构进行全面清理整顿，重新注册登记。全县88家个体开业行医和社会办医疗机构中，22家合格者重新发给“执业许可证”，66家不合格者限期自行停业。1995年，落实国务院《医疗机构管理条例》，对医疗机构重新登记注册，全县506个医疗机构，第一批评审合格发给“医疗机构执业许可证”的378家，对暂不合格的128家发给“临时执业许可证”。清理整顿中，限期整改104家，撤并15家，取缔17家，自行停业29家，全县医疗机构在规划布局、设置审批、登记注册、执业活动和监督管理上步入法制化管理轨道。1999年3月，全县开展医疗市场执法检查，严格医疗准入，严厉打击非法行医，净化医疗市场。共检查医疗机构177家，立案查处32起，取缔无证行医17家，对个别单位超范围开展诊疗活动问题进行严肃查处。并将全县医疗机构按经营性质、服务对象和资金来源分为营利性和非营利性两大类，经申报、审核，2001年12月29日公布全县第一批营利性医疗机构43家；2002年7月30日，公布全县第二批营利性医疗机构60家（后停业11家）。至2005年，全县各类医疗机构334个。其中，非营利性医疗机构242个，营利性医疗机构92个。全县医疗市场经过常规执法检查和专项整治，初步形成机构布局基本合理，各种办医形式并存，医疗秩序逐步好转，竞争公平有序，管理科学规范的良好局面。

三、事故处理

1963年，成立县医疗事故技术鉴定小组，负责全县医疗事故调查鉴定，划分技术和责任界线，为医疗事故处理提供技术依据。1983年，成立县医疗事故鉴定委员会。1987年，成立县医疗事故技术鉴定委员会，聘请有关专业技术专家15人组成，下设内儿科、外科、妇产科、五官科、中医科、麻科、护理7个专业小组。1999年，县医疗事故技术鉴定委员会聘请县公安局、检察院、法院的法医参加。至此，全县医疗事故鉴定工作走上法制管理轨道。2002年，医疗事故鉴定工作划归市医学会管理。1979—2005年，经鉴定为医疗事故的15件。其中，一级医疗事故9件，二级医疗事故1件，三级医疗事故3件，四级医疗事故2件。因医疗事故造成患者或家属经济损失或因此而致家庭困难的，对患者或家属实行一次性医疗事故补偿，对责任单位或责任人，分别作出予以限期整改、停业整顿和警告、记过、降级、撤职、开除及通报处理。1979年后，各医疗单位相继建立完善医疗技术操作规程和医疗差错、事故登记和报告、处理及案例讨论等制度，建立《秭归县医疗差错 事故防范预案》和《一级医院医疗质量控制标准》。针对全县医疗安全形势，2005年7月2日，县委、县政府首次召开全县医疗安全工作会议，查找医疗安全隐患，提出整改措施，防范医疗事故发生。县政府印发《关于加强医疗安全管理工作的通知》，在全县推行医疗安全例会制度，印发《秭归县医疗机构手术及有创操作分级与分类管理暂行办法》，执行严格的技术准入制度，稳定全县医疗安全形势。2005年，全县各类医疗投诉25起，无一例医疗事故发生。

第二节　药　政

一、质量监督

药品质量监督采取常规执法检查与集中整治相结合，专职监督与兼职监督检查相结合，抽样检测与单位送检相结合，使药品质量逐步提高。1984年前，重点对医疗机构药（库）房的药品质量进行监督，特别是对中药材和中药饮片质量、炮制加工、药品虫蛀霉烂、西药制剂过期失效以及麻醉、毒、限药品使用等的监督检查。1985年7月，全县开展大规模药品质量检查，10月30日，将查出的1 030种、价值6.48万元的伪劣、淘汰药品集中在县城归州广场公开销毁。1987年5月，全县对233个基层医疗单位开展药品质量大检查，查出假药16种、劣药485种。1998年7月，进行为期一个月的药品执法检查，各级参加检查人员377人次，共查94个涉药单位，查出并销毁假劣药品699个品规，价值3.66万元；立案查处9起，没收非法经营药品688个品规，价值1.29万元；暂控药品219个品规，罚款7 700元。自1985年起，全县坚持开展药品质量送样、抽样检测，总合格率由1985年的69.7%上升到2001年的81.3%；抽验合格率由1985年的66.2%上升到2001年的84.8%。1984—2001年，加强对药品研究、生产、流通、使用的行政监督和技术监督。全县检查涉药单位1 744家次，立案查处违法案件86起，销毁假劣药品8 327个品规，价值42.3万元，罚款5.8万元。2002—2005年，全县培训从药人员1 200人次，对从药人员每年进行一次健康体检，累计2 261人次，有21人体检不合格调离岗位。其间，检查涉药单位1 388家次，立案查处265家，查处假劣药品、医疗器械累计5 046个品规、价值19.76万元，作公开销毁处理，药品质量明显提高。

二、市场管理

1979年前，药品市场及流通渠道主要由县供销合作社联合社所属县药品公司及其下设的西陵药材站、两河药材站、卜庄河药材站、杨林供销社药材站和茅坪药品批发部为主，茅坪卫生院建立的中西药库，承担本辖区医疗单位的药品供应。全县药品零售企业仅县药品公司下设城关药品门市部一家。1983年，杨林、两河口卫生院先后接管供销社所设药材站，负责本辖区药品批发业务。1984年，县药品公司及所属各药材批发站、中药材加工厂、县人民医院制剂室、茅坪镇中心卫生院制剂室以及杨林、两河口、茅坪卫生院所设药品批发部首次获得“药品批发许可证”“医院制剂许可证”“合格证”及“工商营业执照”。1986年6月，全县药品生产、收购、批发归属县药品公司负责，茅坪、杨林桥、两河口等卫生院药品批发部由县药品公司委托代理本辖区业务，货源由县药品公司提供。集体、个体经营药品必须办理“两证一照”（药品经营企业许可证、合格证、营业执照）。国家统管中药材（黄檗、杜仲、厚朴、黄连等）由县药品公司和委托单位收购，全数上调，不得销售。1990年9月，全县加强药品批发市场整顿，集中统一医药批发市场管理，建立正常的医药流通秩序，撤销杨林桥、两河口卫生院所设的药品批发部，茅坪卫生院中西药批发部由县供销合作社联合社委托代理。1993年11月起，全县加强医疗单位药品采购管理，严禁医疗单位从非法经营单位和个人手中采购药品。1995年5月起，凡在县境内销售或医疗机构采购外省药品（包括中药材、中药饮片）均应持有“湖北省外埠药品准销证”和经审核备案的药品经营业务。同年6月，全县开展医药市场整顿，捣毁非法经营药品窝点6处，查处不法药贩16人，公开销毁假劣药品488个品规、价值1.52万元；没收非法经营药品278个品规、价值1.23万元，罚款5 900元。同年，允许有条件的乡镇卫生院建立中心药库，办理“药品经营企业许可证”，统一为所辖区医疗点代购分拨药品，有效阻止假劣药品流向农村。2000年，全县换发“药品经营企业许可证”15家。其中，药品批发企业2家，药品零售企业13家。换发“医疗制剂许可证”1家。2001年5月，在县医疗中心实行药品招标采购，县内外9家药品经营单位参加投标，经严格评审，市康鑫医药公司、县药品公司、宜昌医药公司红星路经营部3家公司中标。招标品种51个。同年9月，全县药品集中招标采购，乡镇卫生院、县直医疗单位参加招标，招标采购药品25个品种。此后，每年招标药品金额达890多万元，占全年药品采购总额的71.8%。至2002年，全县乡镇卫生院全部建立中心药库，90%以上药品均由所辖卫生院中心药库代购分拨。1984—2001年，全县开展多次医药市场整顿，取缔无证经营药品22家，没收非法经营药品价值8.6万元。至2005年，全县基本实现无非法药品经营市场和集散地，无生产经营假劣药品的大案要案，无重大药品质量事故，确保人民群众用药方便及时、安全有效。

第七章 体 育

1979年后，全县体育事业发展较快，群众体育项目丰富多彩，体育设施不断完善。截至2005年年底，县内有各类体育场地146处，为全民健身提供良好的运动环境。参加体育锻炼的人口已达16万人，占全县总人口的40%，每年开展体育活动次数明显增加，层次不断提高，每年举办10次以上县内比赛，承办2～4次国家、省、市比赛。竞技体育捷报频传，2004年，县内体育运动员在全省年度竞赛中，举重和射击比赛获得3枚金牌、3枚银牌，总分和金牌数均名列全市山区县前列；2005年在全省赛事中，秭归县运动员再次获得9枚金牌，8枚银牌，3枚铜牌。

第一节 群众体育

一、职工体育

1979年后，职工体育活动日趋社会化、多样化、制度化，各行各业、各社会团体、基层单位和个人办体育的积极性越来越高，参加的职工越来越多。利用节假日举办运动会成为职工体育的一大特色。1979年，县直机关举行五一运动会，有12个单位参加篮球、象棋、乒乓球等项竞赛。同年10月1—6日，为庆祝建国30周年，举办县直机关职工运动会，进行乒乓球、篮球、中国象棋比赛。1987年5月4日，县轻纺工业局运动会在头道河举行，有119人参加，运动项目有中国象棋、乒乓球、篮球。1987年8月1—4日，归州镇搬运站举办“娱乐杯”桥牌邀请赛，县教育委员会、商业局、搬运站、师范4单位职工参加比赛。1989年，县妇联、体育委员会、总工会、团县委联合举办三八妇女游艺竞赛活动，项目有夹弹子、穿针、钻圈、垒物品等，参加人数达580人。1991年元旦，在县人民广场，由县交通局、总工会、体育委员会联合举办“春运杯”篮球赛，有10支队伍参赛。1992年4月25—29日，县体育委员会、财政局联合举办“财源杯”篮球邀请赛，县土地管理局、人事局、劳动局等10个单位共100多名运动员参赛。1999年1月，屈原乡举行“屈原杯”中国象棋邀请赛，40人参加竞赛。2002年，县直机关职工举行庆七一乒乓球运动会，15个单位、75人参加比赛。2003年8月26日，“屈原家酒杯”职工篮球赛开幕，有4个乡镇职工代表队参赛。

图 18-7-1：在体育馆举行县直机关运动会

当年10月20日，举行“秭归通信杯”棋类竞赛，参加比赛的运动员90人。2004年11月6—9日，县体育局、鹏程水泥有限公司联合举办“鹏程杯”职工篮球联赛，参加比赛的有各乡镇及县直单位共20支队伍。（图18-7-1）

利用业余时间自觉锻炼、强身健体是职工体育一大特色。清晨和傍晚沿着新县城凤凰山、夔龙山散步、长跑的人络绎不绝。在橘苑广场、长宁广场跳巴山舞、做健美操、练剑的职工每天数以百计。徐家冲港湾成为人们游泳的天然浴场，冬泳也在秭归悄然兴起。

二、学校体育

1979年后，县体育局和县教育局把体育教学活动当作全面贯彻教育方针的一件大事，先后制定一系列措施和办法。1986年，县教育局、县体育委员会联合下发《关于推行〈秭归县体育传统项目学校试行办法〉的通知》。1987年，又联合下发《关于配备稳定体育教师进一步加强学校体育工作的意见》。1988年，县教育局下发《关于贯彻实施〈中学生体育合格标准试行办法〉的通知》。此后，每年教育教学工作大检查将体育器材配置、体育课开设和体育活动开展列为教育工作检查的重点内容，并多次组织学校体育工作专项检查，及时通报情况。为提高体育教师素质，县教育局多次举办学校体育教师培训班，培训内容主要有体育课教案设计、体育课训练组织、体育活动安排、各种运动程序编制等。各校定期组织运动会，县教育局也多次组织中学生运动会。1987年，县教育局组织全县中学生冬季长跑竞赛。1989年，全县所有学校组织开展冬季长跑竞赛活动。1990年，县教育局和县体育委员会联合举办全县中学生运动会，在51个竞赛项目中有30人打破27项中学生运动会记录。1993年，县教育局举办全县中学生田径运动会，有43人打破县中学生运动会纪录。1994年，县教育局组织全县中学生田径运动会，有16人打破中学生运动会纪录。1997年，县教育委员会在县职业教育中心举办全县中学（中专）生田径运动会，有35人次打破18项县中学生运动会纪录。

各学校还多次选拔运动员参加省、市运动会。1992年8月，县实验小学9岁的胡秒秒代表宜昌市参加全省少年棋类比赛，获国际象棋男子组第二名。1993年2月，县实验小学9岁的郑晓代表湖北省参加全国协作区少年儿童棋类比赛，获得国际象棋女子幼苗组冠军。1993年4月，组队参加宜昌市首届中学生运动会，高中男子组获团体总分第五名；茅坪高中学生胡义获男子甲组五项全能第二名；县第一中学学生杜琼800米、1 500米赛跑分别获第三名和第五名。当年，茅坪高中教师韩永元、梅家河中学教师王家华、县第一中学教师韩启勇3名体育教师被评为湖北省百名优秀体育教师。1995年10月，在宜昌市第二届中学生田径运动会上，县第一中学学生杨巧玲获高中女子组跳高冠军。1995年11月，县职业中专组队参加宜昌市中等专业学校排球赛，女子排球队获女子道德风尚奖。

1986年，归州镇小学被评为宜昌地区体育达标先进学校，是全地区5所达标学校之一。1992年，归州镇小学被市教育委员会、市体育委员会表彰为体育传统项目先进集体（田径）。1987年，县第一中学王恩发、梅天翼，两河口镇一支笔中学邹贵芳、杨程，归州镇小学蔡祖刚等5名学生受市教育委员会、市体育委员会表彰，分别获“国家体育锻炼标准达标赛优胜者”称号。2004年。秭归县学生运动员在全省年度比赛中实现竞技体育零的突破，在举重和射击比赛中获得3枚金牌、3枚银牌，总分58.75分，金牌数和总分均名列全市山区县前列。2005年，在市少儿竞技年度赛中，县业余体校获乒乓球2个团体第二、1个团体第三，举重总分团体第二，个人成绩分别获得举重8个第一、7个第二、1个第三，射击6个第一、5个第二、5个第三，3个项目成绩均名列全市第二。同时，县少儿体校学生向伟方，被选送到北京体育大学举重队接受专业培训。

2005年，县业余体校在全省的各项体育比赛中，分别获得金牌9枚，银牌8枚，铜牌3枚，总分67.55

分，连续2年翻番。

三、农民体育

传统农民体育形式多样，农民在劳动之余开展举石担、举石锁、夹棍、抵扁担、抵夹棍、板手腕、荡秋千、踢毽子、登山、跳绳、游泳等多项体育活动。

1979年后，随着经济和体育事业的发展，农民体育活动在继承传统体育项目的同时，逐步向有组织，有规模的集体活动发展。1988年3月中旬，由37人组成的农民体育代表队参加宜昌地区农民运动会，参加篮球、乒乓球、田径3个项目的比赛，分别获得乒乓球男子团体第六名，女子团体第三名。田径项目运动员胡坚强获手枪射击第五名，陈国菊获女子3 000米长跑第五名。1991年12月26—29日，县农业委员会、体育委员会联合举办首届农民运动会，有10个单位97人参赛，设置项目有篮球、象棋、乒乓球等。2005年9月28—30日，由茅坪镇人民政府主办、县体育局协办、茅坪镇文化体育服务中心承办茅坪镇首届“万佳杯”农民运动会，运动会以“拼搏、奋进、健康、文明”为主题。全镇17个村和3个居委会共组织20支代表队，300多名运动员参赛，属全县有史以来规模最大、规格最高的一次农民运动会。9月28日，在县体育馆举行开幕式。经过3天紧张角逐，共完成拔河、男女乒乓球、男女60米两人3足跑、男女60米挑粮食赛跑、男女5分钟60米抗旱提水保秧苗赛跑、男女50米往返推轮胎赛、男女30米搬重物赛跑、男女原地抛秧苗比赛、男女摸石头过河比赛、男女双拐竞速、男女握力比赛、男子50米背媳妇赛跑、女子60米喷洒农药赛跑、4 × 50米往返挑担接力、二龙戏珠等项目，分别颁发单项奖（金、银、铜牌）各30个，团体总分奖6个，道德风尚奖1个，组织奖1个。此次运动会共筹措经费近20万元。中央电视台、《湖北日报》、湖北电视台、宜昌电视台等媒体都作相关报道。

四、老年人体育

老年人体育活动以县老年体育协会为依托，县老年体育协会人数达400多人，办公地点设县老干部局，下设20多处活动场所。老年人运动会项目有花鼓舞、扇子舞、老年迪斯科、门球、桥牌、武术等。自1986年开始，县老年体育协会坚持每年分春秋两季组织运动会，至2005年，共组织老年人运动会48次。（见表18-7-1）

1986—2005年全县老年人体育主要活动一览表

表18-7-1　　　　单位：次、人

年份	次数	主办单位	参赛人数	比赛地点	比赛项目	比赛结果（前三名）
1986	5	县老年体育协会、宜昌地区老年体育协会	174	秭归县城、宜昌地区等	托球、投球、中国象棋、乒乓球、大雁气功、门球、登山	1月1日，县供销社、教育委员会、商业局获县内大雁气功前三名；9月27日，县内门球赛交通队获冠军
1990	2	县体育委员会、劳动社会保险局、粮食局老年体育协会	154	秭归县城	中国象棋、门球	4月25日，县文化局罗家杰获中国象棋第一名；5月24日，县工业局代表队获门球赛第一名
1992	4	县邮电局、老年体育协会、茅坪镇、市老年体育协会	499	秭归县城、宜昌市	中国象棋、门球、乒乓球、登山、篮球、拔河	3月18日，工业代表队获中国象棋第一名；11月12日，县老年门球队获宜昌市团体赛第二名
1993	1	县财政局	128	秭归县城	门球	工业、教育、财政3战线代表队分别获一、二、三名

续表18-7-1

年份	次数	主办单位	参赛人数	比赛地点	比赛项目	比赛结果（前三名）
1994	8	市、县老年体育协会	519	当阳草埠湖、宜昌市、枝城市	门球、桥牌、中国象棋、太极剑、跳棋等	4月8日，县老年门球代表队获全市第二名；5月26日，县老年桥牌代表队获全市第二名；7月5日，蔡光兴获全市老年象棋比赛第二名。12月29日，县工业局组织的象棋比赛退休干部胡铭智获男子组冠军
1995	1	市老年体育协会	24	宜昌市	门球、桥牌、功拳剑	县老年体育协会代表队获团体第三名
1996	6	市、县老年体育协会；县老干部局、邮电局、人事局、总工会、劳动局、妇联、劳动社会保险局等	823	秭归县城、兴山县	门球、扇子舞、中国象棋、桥牌、健身操、跳棋、乒乓球等	5月6日，县供销社、商业局代表队分别获县内门球甲、乙级队冠军；谭光万获中国象棋冠军；劳动社会保险局获桥牌团体冠军；徐家坤获桥牌个人冠军。7月1日，县老年体育协会代表队获全市健身操表演赛一等奖
1997	1	县老年体育协会、人事局	200	秭归县城	门球	县老年体育协会队获第一名
1998	3	市、县老年体育协会；人事局	212	长阳、当阳、秭归县城	中国象棋、门球	4月18日，县老年人代表队获全市中国象棋比赛团体第二名；蔡光兴获个人第一名
1999	2	市、县老年体育协会；市、县老干部局；人事局、劳动社会保险局等	433	秭归县城	桥牌、门球、中国象棋、跳棋等	6月14日，县老年人代表队获全市桥牌赛冠军；10月12日，县老年人代表队获全市老年象棋比赛团体冠军，屈定道、王鉴春、蔡光兴分别获二、三、六名
2000	2	市、县老年体育协会	112	秭归县城	门球、中国象棋、桥牌等	县老年人代表队获门球赛冠军
2001	1	县老年体育协会	312	秭归县城	门球、象棋、跳棋、桥牌等	县老年人代表队获门球赛冠军
2002	2	市、县老年体育协会；老干部局、体育局	312	秭归县城	门球、中国象棋、桥牌、花鼓舞等	县老年人代表队获门球赛冠军
2003	4	市老年体育协会	400	宜昌市	门球、桥牌、巴山舞、棋类	10月14日，县老年人代表队获门球赛冠军
2004	4	县、市老年体育协会	400	宜昌市、秭归县城	门球、巴山舞、牌类、棋类等	3月20日，县老年人代表队获全市门球赛“精神文明奖”；11月12日，茅坪镇代表队获全市花牌第二名
2005	2	县老年体育协会、老干部局	500	秭归县城	门球、桥牌、象棋等	县电力公司代表队获门球赛冠军；教育联队获桥牌冠军；胡振国获象棋冠军

五、民间传统体育

龙舟竞渡 龙舟竞渡活动已被列为国家体育竞赛项目。1984年9月，国家体育委员会在广东佛山市组织全国第一届“屈原杯”龙舟竞赛，秭归派出代表队参加此次龙舟竞渡。从此秭归龙舟走出峡江，之后多次在全国大赛中尽展风采，屡创佳绩。1992年、2001年的第一、二届中国长江三峡国际龙舟拉力赛是世界上最长距离的拉力赛，创造出龙舟赛史上的吉尼斯纪录 。（见表18–7–2、18–7–3）

1979—2005年县内组织龙舟赛情况表

表18-7-2　　单位：次、个、人

年份	次数	比赛名称	主办单位	龙舟队		比赛地点	比赛结果
				个数	人数		
1979	1	秭归端午龙舟赛	县政府	4	112	归州屈原沱	城关镇队第一名
1980	1	秭归端午龙舟赛	县政府	5	140	归州屈原沱	城关镇队第一名
1982	1	秭归端午龙舟赛	县政府	7	196	归州屈原沱	龙江队第一名
1987	1	秭归端午龙舟赛	县体育委员会、农牧局、文化局、旅游局	5	140	归州屈原沱	交通队第一名
1988	1	秭归端午龙舟赛	县政府	5	140	归州屈原沱	航运公司一队第一名
1991	2	农行橘颂储蓄杯、秭归端午龙舟竞渡	县农行、县政府	13	364	归州屈原沱、茅坪镇	归州航运队第一名、交通队第一名
1992	1	首届屈原端午文化节龙舟竞渡	县体育委员会、龙舟协会	10	280	归州屈原沱	航运、船舶队第一名
2000	1	长江三峡国际旅游节龙舟赛	县政府	9	252	茅坪港	交通队第一名
2002	1	庆归州镇搬迁龙舟赛	县政府	9	252	归州江段	县政府办公室队第一名
2003	1	“四溪杯”高峡平湖龙舟赛	县政府	9	252	新县城徐家冲港湾	三峡办开发区代表队第一名
2005	1	端午节龙舟赛	县政府	7		屈原镇	归州镇队获第一名

1984—2005年秭归县参加县以上组织龙舟赛情况表

表18-7-3

年份	比赛名称	主办单位	比赛地点	比赛结果
1984	全国首届“屈原杯”龙舟赛	国家体育委员会	广东佛山市	县组成的省龙舟队未获决赛权
1985	湖北省第一届“楚天杯”龙舟赛	省体育委员会	宜昌地区	县组成的代表宜昌地区的龙舟队未获决赛权
1992	首届中国长江三峡国际龙舟拉力赛	中国龙舟协会、市政府	秭归县旅游码头至夷陵区黄柏河（全长76公里）	秭归队获男子队第五名
2000	中国荆州龙舟节龙舟赛	荆州市政府	荆州市	秭归队未获决赛权
2001	第二届中国宜昌长江三峡国际龙舟拉力赛	中国龙舟协会、市政府	归州屈原祠至宜昌市	秭归队获1 000米直道竞渡第三名、拉力赛获第五名
2002	第三届中国宜昌长江三峡国际龙舟拉力赛	中国龙舟协会、市政府	茅坪至夷陵区黄柏河	秭归县获拉力赛男子公开组第二名
2004	沈阳市龙舟拉力赛	沈阳市政府	辽宁省沈阳市	秭归队获500米、800米直道竞速2个第四名
2004	第十二届“屈原杯”全国龙舟锦标赛	中国龙舟协会、省体育局	新县城徐家冲港湾	秭归队未获决赛权
2004	黄河龙舟拉力赛	中国龙舟协会、甘肃省体育局	甘肃省永靖县	秭归农民代表队获拉力赛第二名
2005	第四届长江三峡国际龙舟拉力赛暨宜昌市龙舟锦标赛	中国龙舟协会、市政府	新县城徐家冲港湾	秭归县队获拉力赛第二名、宜昌市锦标赛直道竞速第二名
2005	香港国际龙舟邀请赛	中国龙舟协会、香港龙舟协会	香港地区	秭归队获精英赛第二名

花鼓舞　秭归花鼓舞以茅坪建东花鼓舞为代表，既是民间文艺，又具有民间传统体育特征，集娱乐、健身于一体，深受群众喜爱，不断发扬光大。花鼓舞具有风趣、诙谐、粗犷、含蓄、妩媚等特点，加上室内室外、田头门坝、台上台下随时都能进行表演，得以在民间广为流传。2001年，秭归县编制广场舞蹈秭归花鼓舞，自此成为县城居民广场娱乐健身的主要项目。（具体见第十九篇第一章第二节第五目）

第二节　竞技体育

一、承办竞赛项目

1987年，由省教育厅主持在秭归举办湖北省第二届中师宜昌片篮球赛，长阳土家族自治县及宜昌、宜都、秭归、枝江5个县代表队参赛。枝江县师范获男子组第一名，宜昌县师范女子组获第一名，秭归师范男子队、长阳土家族自治县师范女子队获精神文明奖。当年11月17—21日，由省体育委员会组织在秭归县举行湖北省第四届桥牌赛，湖北省第二汽车制造厂、沙市市、宜昌市、武汉市、黄石市、襄樊市、十堰市、咸宁地区等10个单位派出代表队参赛。第二汽车制造厂获得第一名。

1990年2月1—5日，宜昌地区在秭归县举行围棋选拔赛。五峰、远安、秭归3县共6名运动员参赛，秭归县周磊、屈俊和远安县的潘波3人获并列第一名。

1993年6月22日，宜昌市在秭归举行老年桥牌赛。秭归一队、秭归二队及当阳县、枝江县、远安县、兴山县、宜昌县、市科学技术委员会、市对外经济贸易委员会、市农业委员会等13支代表队共60多人参赛。秭归二队、秭归一队、市科学技术委员会分别获得一、二、三名。

1999年4月1—5日，市城建系统在秭归举行“清泉杯”篮球赛。市自来水公司、三峡水厂、葛洲坝集团水厂、宜昌县、枝江市、当阳市、秭归县等8支代表队参赛。

2003年7月18日，由省体育局、省旅游局联合主办，市体育局、县政府承办的“体育彩票杯”九畹溪漂流大赛在周坪乡九畹溪举行，来自全省的27支代表队、270名运动员参加比赛。

2004年1月3日，由省体育局社会体育中心、省汽摩协会主办，县体育局承办的“湖北省四溪杯”汽车场地越野技巧赛在茅坪镇四溪风景区举行，来自全省各汽车俱乐部的33名车手参加比赛。当年8月10—12日，湖北省巴山舞赛在县体育馆举行，来自全省各地、市、州及大型企业的11支代表队参加比赛。当年10月17—19日，由长江沿岸城市老年门球理事会主办，市老年体育协会、县政府承办的第十七届“稻花香杯”长江沿岸城市老年门球赛在秭归县城举行。来自四川、重庆、湖北、湖南、江西、江苏、安徽等26个城市的40支代表队参加比赛。

2005年5月19—22日，“三峡大坝杯”首届全国自然水域九畹溪漂流大赛在秭归县九畹溪、四溪风景区举行。来自北京、上海、广东、江西、浙江、湖北、陕西、四川、江苏等9省市的16支代表队参加比赛。比赛设置九畹溪激流竞速和四溪静水竞速两项。21日晚在县体育馆举行颁奖晚会暨文艺晚会。

二、参加竞赛活动

1979—2005年，秭归参加全国、全省、全市各种体育竞赛活动35次，共获团体冠军13项、亚军11项、季军5项；个人冠军19项、亚军6项、季军8项。（见表18-7-4）

1979—2005 年秭归县参加市以上体育竞赛获奖情况一览表

表18-7-4

运动会名称	时间	地点	参赛项目	团体名次	个人名次
宜昌地区小学生乒乓球赛	1980-03	宜都县	乒乓球	男子甲组团体第三名	—
宜昌地区中学生射击比赛	1980-06	宜昌市	10＋40项目	男子组第三名、女子组第二名	—
宜昌地区中学生排球赛	1981-03	长阳县	排球	男女团体第二名	—
宜昌地区小学生排球赛	1981-06	远安县	排球	男子队第三名	—
宜昌地区 “新苗杯”排球赛	1981-07	枝江县	排球	女子队第二名	—
宜昌地区职工棋类赛	1982-07	宜昌县	中国象棋	男队团体第三名、女子队冠军	—
宜昌地区“新苗杯”排球赛	1983-08	宜昌地区	排球	女子队冠军	—
宜昌地区中学生田径选拔赛	1984-04	宜昌地区	田径	—	廖祖华获800米第三名
宜昌地区中小学生排球赛	1984-08	宜昌地区	排球	中小学生女子队均获冠军	—
宜昌地区学生田径运动会	1984-10	远安县	铅球、田径	—	杜森获男子铅球冠军、王强以1′59″打破男子800米市纪录
宜昌地区第三届屈原杯桥牌赛	1984-12	秭归县	桥牌	女队冠军	—
宜昌地区武术气功邀请赛	1985-03	宜昌地区	大雁气功	团体第一名	—
宜昌地区第八届运动会少年排球赛	1985-08	宜昌地区	排球	小学女队、中学女队均获冠军	—
宜昌地区小学生运动会	1987	宜昌地区	铅球	—	—
宜昌地区田径运动会	1987-08	宜昌地区	田径	—	2个第二名、2个第三名
省青少年棋类赛	1992-08	荆门市	国际象棋	—	胡秒秒获男子组第二名
全国协作区少儿棋类比赛	1993-02	四川省雅安市	国际象棋	—	郑晓获国际象棋女子幼苗组冠军
市首届中学生运动会	1993-04	宜昌市	田径	—	胡义获五项全能第二名，杜琼获800米赛跑第三名
省第九届运动会	1994-04	秭归县	棋类等	团体第二名	—
市第二届中学生田径运动会	1995-10	宜昌市	跳高	—	杨巧玲获女子组跳高冠军、王强获初中男子组800米第三名
省少年儿童游泳比赛	1996-08	武汉市	自由游泳	—	熊肖获第四名
市第一届运动会	2001-09	宜昌市	跳高	—	韩玉梅获儿童女子跳高第三名，傅银获少年女子跳高第三名，温照获儿童跳高第三名。
市第一届运动会	2001-09	宜昌市	乒乓球	男女团体均获第二名	傅天天获女子单打冠军，颜欢获女子单打第二名。杜支村获男子2组单打冠军

续表18-7-4

运动会名称	时间	地点	参赛项目	团体名次	个人名次
省少年儿童乒乓球年度赛	2002 -05	武汉市	乒乓球	儿童男子团体第五、儿童女子团体第六名	—
市小学生足球联赛	2002-07	宜昌市	足球	团体第二名	—
省第十一届运动会	2003-10	十堰市	乒乓球	甲组女子团体第二名	王学桂获女子单打第二名
市小学生足球赛	2003-11	宜昌市	足球	团体第三名	—
省年度比赛	2004	武汉市	举重	三枚金牌	—
省年度比赛	2004	武汉市	射击	二枚银牌	—
市第三届小学生足球联赛	2004-11	秭归县	足球	团体冠军	—
市少儿竞技比赛	2005	宜昌市	乒乓球	团体第二	—
市少儿竞技年度赛	2005	宜昌市	举重	团体第二	—
市少儿竞技年度赛	2005	宜昌市	举重	—	8个第一名
市少儿竞技年度赛	2005	宜昌市	射击	—	6个第一名

第三节　体育设施

图 18-7-2：在新县城茅坪新建的体育馆

县城搬迁茅坪前，县城体育设施仅有简易办公楼 1 栋、728 平方米，篮球场 1 个、占地 680 平方米，门球场 1 个、占地 500 平方米，小型训练房 1 栋。1997 年后，抢抓三峡工程移民搬迁机遇，争取国家、省、市体育部门和外省、市对口支援支持，进行体育设施建设，不断改善体育设施。县体育馆是县体育局争取国家体育总局的首批“雪炭工程”项目。该项目 2001 年 6 月中旬正式奠基，2004 年 10 月全面竣工。体育馆占地面积 1.19 万平方米，建筑面积 4 925.4 平方米，设计看台 2 129 座。其中，固定座位 1 329 个，活动座位 800 个。总投资 950 万元，其中国家体育总局和省体育局扶持资金 500 万元。1997 年后，在新县城茅坪小区、归州街及屈原镇、归州镇和县福利（光荣）院等 9 处建成全民健身活动场所。在新县城城区共建各类门球场 7 个，其中有投资 10 万元建成的晴雨门球场 1 个。学校新建运动场地 26.1 万平方米。2005 年，县实验小学还建成塑胶运动场。据 2004 年第五次全国体育场地普查：全县有各类体育场地 146 处，各类田径场、篮球场、室内活动室、全民健身活动场共计 177 处，群众健身器材 26 套，价值 125 万元。（图 18–7–2）

第十九篇　文化·广播电视

1980年11月，县文化局成立。2001年12月，县文化局、旅游局合并，成立县文化旅游局，加挂县新闻出版局牌子。至2005年年底，县文化旅游局所属事业单位8个、企业1个，即县文化馆（县非物质文化遗产保护中心与县宣传文化中心合署办公）、图书馆、文物事业管理局（屈原纪念馆与博物馆合署办公）、屈原艺术团、文艺创作室、新华书店、旅游质量监督管理所（文化市场稽查队合署办公）及电影发行放映公司。全县12个乡镇均设有文化站。1989年6月成立县文学艺术界联合会，并相继成立作家协会、屈原文化研究会、摄影家协会、书画家协会、戏剧家协会、奇石家协会等专业协会。

1978年11月，县广播事业科更名为广播事业局，后经多次改革，2005年为县广播电视局。

第一章　文　化

1979年后，全县文化事业在继承中发展，在发展中创新，走峡江特色文化之路。不少文化作品获国家级、省级大奖，编创演出的一批批极具地方特色的优秀剧目获得奖励，专业文艺团体上山下乡为基层服务，与旅游企业结合，走出文企联姻的发展道路，取得社会效益、经济效益、文艺发展的多赢效果。群众文化形式多样，广场文化成为全县城乡一道风景。民间文化得到抢救与保护，《峡江船工号子》获全国群星奖。三峡工程淹没区地下文物得到抢救性发掘，地面文物安全搬迁复建。文化市场健康发展，管理逐渐规范。

第一节　文学艺术

一、文　学

小说　1985年前，县内文学爱好者只是在报刊上发表短篇小说、小小说之类作品。1987年开始发表中篇小说。此后，中短篇小说集和长篇小说也陆续出版发行。1993年5月，县文联主席宁发新积10年之心血创作28万字的长篇小说《屈原》，由长江文艺出版社出版发行，先后获宜昌市第一届屈原文艺创作奖，湖北省屈原文艺创作提名奖。宁发新的另一部长篇小说《一代名媛——王昭君》1995年由台湾汉欣文化有限公司出版发行。至2005年，县内共有5部长篇小说问世。（见表19-1-1）

1987—2005年秭归县发表或出版的中、长篇小说一览表

表19-1-1

类 别	书 名	作 者	作者单位	出版社名书刊名	出版及发表年份	备 注
中 篇	《棺木岩之谜》	宁发新	县文化馆	《长城文艺》	1987	发表
中 篇	《千年古镇的毁灭》	宁发新	县文化馆	《纪实文学》	1987	发表
中 篇	《深藏在神农架的日本歌妓》	卢元灼	县创作组	《中国歌谣报》	1988	发表
长 篇	《屈原》	宁发新	县文联	长江文艺出版社	1993	出版发行
长 篇	《一代名媛—王昭君》	宁发新	县文联	台湾汉欣文化有限公司	1995	出版发行
中短篇小说集	《逝去的大森林》	卢元灼	县文联	中国文学出版社	1995	出版发行
中 篇	《贺龙的侍卫与贴身保镖》	陈沛国	磨坪中学	黑龙江文联《章回小说》	1996	发表
长 篇	《葫芦城绯闻》	宁发新	县文联	《三峡文学》	1996	连载
中 篇	《风流滩》	宁发新	县文联	《西江文学》	1996	发表
中 篇	《总工会主席》	韩永明	县委宣传部	《芳草》	1997	发表
中 篇	《老根建房记》	韩永明	县文联	《长江文艺》	2001	发表
中 篇	《事故》	韩永明	县文联	《芳草》	2001	发表
中 篇	《腊月的记忆》	邹厚龙	县委宣传部	《芳草》	2002	发表
长 篇	《大河风尘》	韩永明	县文联	天津百花出版社	2004	出版发行

散文 1979年后，随着全县文化旅游事业的发展和不断升温，县内专、业余作者在各类报纸杂志发表的散文、随笔、游记等也逐年增多。作者有感而发，蓄情而作，其内容大多是抒发对屈原故里的山川地貌、风土人物的真情实感。作品的发表，对宣传秭归、发展秭归旅游事业，推动全县“两个文明”建设起到积极作用。

至2005年，已出版发行的散文集有7部：1982年出版《屈原故里秭归》，作者王健强；1988年出版《屈原·秭归》，作者郑和昌；1995年出版《秭归风物》，作者何怀强、王健强；1994年出版《屈原故里风情》，作者熊辉纯、韩永明；2004年出版《飞翔的姿势》，作者秦晓梅；2004年出版《昨日步履》，作者魏启扬；2003年出版《风景如画新三峡》，作者魏启扬、韩永明、游艳斌。另有印刷成书内部发行的散文集2部：县政协2003年编印的《屈原故里名胜》；县文化旅游局、县文联2003年编印的《走进新秭归》。1979—2005年，秭归专、业余作者在省级以上报纸杂志共发表近80篇散文、杂文、游记和小品文。

诗歌 1982年初夏，屈原诞生地乐平里的农民诗人谭光沛、杜青山及小学教师徐正端发起恢复成立县三闾骚坛诗社。5月5日，来自社会各界240多人参加诗社成立大会。省委宣传部副部长、作家李晓明到会祝贺。《中国农民报》《文汇报》等报刊先后刊登消息、照片和介绍文章。全国19省、市、自治区的诗人学者与诗社书信联系，交换诗作，寄赠刊物。著名学者张震泽、魏际昌、刘禹昌、吴丈蜀等同骚坛诗人有诗词唱和。诗社订有《简章》4章15条，明确规定以农民为主体，努力学习屈原辞赋，继承屈子遗风，创作具有民族风格又为群众喜闻乐见的旧体诗词与新诗，活跃本地区文化生活，为物

质文明与精神文明建设服务。诗社成立之初有11名社员。1982—1990年发展到47名社员。2005年诗社正式会员和特邀会员达到64人。诗社以每年农历五月初五端午节骚坛诗会为阵地，自写诗稿在诗会上朗诵，编印骚坛诗刊。1982—2005年，诗社社员共写诗歌4 000余首，已故社长、农民诗人谭光沛公开发表诗作100多首，现名誉社长徐正端公开发表50多首，其他社员发表数百首。收集打印的诗集有：1991年整理的《明清骚坛诗选》《明清时代骚坛存稿》；1994年编《吊屈原专集》共131首；《吟屈原八景》共48首；《骚坛诗集》共190首。整理正规印刷的诗集有：《骚坛社员诗词选》《屈原故里骚坛诗》《屈原颂歌》《骚坛联吟集》等。1991年6月16日（农历五月初五）端午节，县屈原诗社成立。名誉社长谭光沛、李德炳、贾庆生，社长袁子信，副社长王健强，秘书长游艳斌，副秘书长卢元灼、韩永强。

1979年后，除骚坛诗社的作品外，县内专、业余作者在市级以上刊物发表诗歌作品25篇。正式出版发行的诗集有：周凌云、周宏合著的《合欢树》，于1993年由大连出版社出版；宋发武著《春潮吟稿》，于1995年由成都出版社出版。

2004年7月1日，“中国诗歌万里行”启动仪式在秭归新县城归州商贸文化街举行，中国诗歌学会秘书长张同吾、常务副秘书长祁人及副秘书长桑恒昌、理事宗鄂、谢克强等人参加启动仪式，秭归实验小学学生在仪式上朗诵《楚辞》。

其他　1979年以后，县内专、业余作者创作的报告文学作品很多，形式有调查报告、人物（单位）专访、特写、通信等；内容有先进事迹、专类调查、移民迁建、企业改革与发展、经济建设等。多数作品刊载于县内文艺刊物《子规》《屈乡文苑》上，部分作品在市级以上报刊上发表。县委宣传部韩永明与市文联刘不朽、胡世全合著的报告文学集《三峡移民行》于1997年10月由长江文艺出版社出版发行。

1980年、1982年，县文化馆组织专班在全县范围内搜集整理《秭归民间故事》一、二集，共辑录237个故事，约17万字。1983年，宁发新创作的故事集《屈原的传说》由中国少儿出版社出版发行；2003年2月，郑邦清所著民间传说故事文集《秭归风物传说》由中国工人出版社出版发行；2005年7月，郑邦清、郑承志合著的《三峡秭归风俗》由香港天马出版有限公司出版发行。

二、艺　术

戏剧·曲艺　1982年9月，由文艺工作者王健强执笔创作剧本、傅承旭作曲、蔡正清编导、县文工团演出的4场神话歌舞剧《神鱼》在宜昌地区专业剧团文艺会演中获奖。11月，参加湖北省专业剧团创作剧目会演，获创作、演出二等奖。

1984年8月，皮影艺人梅大泮、李洪发等人创作改编的《万元户难当》《迎亲人》《奔向富裕之路》等现代皮影戏在县内演出。

1987年12月，县文化部门组织全县曲艺、小品、舞蹈有奖邀请赛，有9个单位参加，演出节目15个。其中，湖北大鼓《王大发上电大》获一等奖，快板《有钱一定存银行》获二等奖，相声《奇文共赏》《作文的奥秘》及小品《食品卫生》获三等奖。

1994年9月，全县举办国庆45周年农村文艺节目会演。芝兰乡《六兄弟叙家常》获创作奖，归州镇曲艺《烟袋歌》获演出一等奖。1996年6月，由卢元灼创作、吴魁元编导反映移民题材的小品《故土难离》在湖北省第七届“百花书会”宜昌赛区比赛中获创作表演二等奖。县屈原艺术团从1993—2005年创作、演出许多观众喜爱的戏曲节目，如小品《美容大师》《麻将风波》《移民站长的星期天》；相声《唱三峡》；群口快板《屈原故里谱新章》《移动通信乐万家》等。1993—1994年，县文化馆音乐干部许心珍编撰《秭归地方曲艺志》约2万字。（见表19-1-2）

1979—2005年秭归县专、业余作者创作的部分戏曲节目一览表

表19-1-2

作品名	类别	作者	演出单位	演出年月	获奖及演出情况
《神鱼》	歌舞剧	王健强　傅承旭　蔡正清	县文工团	1982-11	省专业剧团调演创作、演出二等奖
《糊涂县官》	建东花鼓戏	郑邦清　许心珍　胡振浩	县业余宣传队	1982	宜昌地区文艺会演创作一等奖，演出二等奖
《第一个存折》	小话剧	王功布	县技工学校	1984-01	县农村业余文艺会演二等奖
《杨瞎子闹店》	建东花鼓戏	郑邦清　吴魁元	茅坪代表队	1984-01	县农村业余文艺会演一等奖
《守竹笋》	地方小戏	胡振浩	水田坝利民文化室	1984-01	县农村业余文艺会演
《泪洒青山》	四场话剧	卢元灼　喻可伟	县文工团	1984-08	市专业戏剧观摩演出创作二等奖、改编成电视剧在中央台播出
《冤家相亲》	小话剧	王功布	郭家坝代表队	1984-10	县国庆农村业余会演一等奖
《不等式》	小话剧	宁发新	创作剧本未表演	1985、1986	宜昌地区文化局二等奖、省文化厅二等奖
《招魂》	舞剧	王健强　傅承旭　蔡正清	归州业余剧团	1988	9月获宜昌地区民间音乐舞蹈电视比赛大奖、10月获湖北省+民间音乐舞蹈比赛一等奖
《青春颂》	六场话剧	喻可伟　卢元灼　宁发新	归州业余剧团	1991	县内连演10场

音乐·舞蹈　1979—2005年，县内专、业余音乐工作者创作歌曲、舞曲100多首，在市级以上获奖或发表的作品有50多个。其中，国家级1个，省级14个。1995年，傅承旭的音乐论文《浅谈文化站干部音乐能力的培养》在吉林人民出版社音乐刊物上发表，2003年该论文被文化部文化大视野编委会、中国群众文化学会评为优秀论文。1997年，由县广播局冀士清、何静秋创编的广播音乐《胡振浩和他的船工号子》获湖北省广播文艺一等奖、中国广播文艺三等奖。2004年6月，县屈原艺术团谭斌等人创作的《三只燕子》获湖北省第九届楚天群星奖音乐类成人组银奖，该作品2005年10月在湖北省第五届音乐舞蹈曲艺新人新作比赛上获编钟音乐创作声乐类一等奖。2004年7月，由省音乐专家方石、县创作室傅承旭作曲，“峡江号子王”胡振浩领唱的《峡江船工号子》获湖北省第九届楚天群星奖音乐类成人组金奖，同年9月，获文化部第十三届全国群星奖。

1990年1月，县文化馆举办全县创作舞蹈大赛，共24个节目参赛，18个进入决赛，其中县农行创作的《热血颂》、县工行的《竹林深处》、县幼儿园的《山妹子》获并列一等奖。1993年1月，蔡正清创作的《大山的金秋》在中央电视台“百草园”节目中播出。2001—2002年，县文化馆组织专班，在秭归民间舞蹈的基础上创编广场舞蹈《秭归花鼓舞》，2003年创编广场舞蹈《峡江船工舞》，两广场舞蹈经过培训、比赛等活动，在全县推广，成为城乡居民自娱自乐、休闲健身的广场活动项目。县文化馆常年举办少儿舞蹈培训，培养出一批批小舞蹈家。1979—2005年，县内专、业余作者创作的舞蹈作品先后有60余件在市级以上文艺会演中获奖。1988年9月，王健强、傅承旭、蔡正清创作的舞剧《招魂》获宜昌地区民间音乐舞蹈电视比赛大奖；同年10月，获湖北省民间音乐舞蹈比赛一等奖。1992年5月，由傅承旭、蔡正清创作，王大容、彭洪珍、郑燕、朱亦伟、李德连、邓从华表演的《赶集归来》参加宜昌市民间音乐舞蹈调演获创作三等奖、表演一等奖，获省新闻出版系统文艺会演最佳创作奖。2005年10月，县屈原艺术团在省第五届音乐舞蹈曲艺新人新作中，韩林编导的鼓乐舞《巴

楚村鼓·生》获编导二等奖，《楚音》领舞熊莉、周江陵获表演三等奖。

美术·摄影　1979 年，县文化馆举办庆祝中华人民共和国成立 30 周年美术作品展，展出作品近百幅，《峡江橘红》《龙舟竞渡》等 19 幅作品入选宜昌地区美展，《星期天》《今日西陵峡风光》入选《宜昌地区美术摄影作品选》。1986 年 11 月，举办全县首届职工美术、书法、摄影比赛，45 个单位、163 人、380 件作品参赛。同月，湖北省首届青年美术节（宜昌分部）举办美术作品展，县文化馆选送的连环画《神鱼的故事》《别》《吝啬姑娘》及漫画《自“冲”伞》等多幅作品入选展出。1987 年 1 月，县文化馆举办崔德骏画展，展出 76 幅大条幅中国画。1992 年 5 月至 6 月，在秭归首届“屈原文化节”期间，县文化馆举办美术、书法、摄影、根雕、盆景展览，展出 63 人的 258 件作品。2004 年 5 月，县文联举办“归州风”书画作品展。县文化馆常年举办少儿美术培训，培养出大批美术爱好者。1979—2005 年，全县有近百件美术作品在市级以上刊物、展览中发表或获奖。县文化馆美术干部王大桂的年画《端午龙舟赛》1982 年 5 月入选湖北省专业美术作品展，连环画《别了，故乡》1988 年 5 月入选湖北省首届青年美术作品展，国画《醉染三峡听涛声》2005 年 12 月参加中国电影百年全国书画展获优秀奖。县屈原纪念馆美术干部李彰庆的国画《奉献我的中国心》1997 年入选香港回归美术作品集。个体美工谭锋的国画《春风又绿江南岸》2005 年 9 月入选宜昌市中国山水画、油画、水彩风景画展览，设计的黑木耳包装 1997 年 6 月获第七届“中南星”奖包装设计展铜奖。县工行职员邹黎明的钢笔组画《古镇风情》2001 年入选纪念中国共产党成立 80 周年三峡建设者书画摄影竞赛作品展，获特别奖。县第二中学美术教师望艳艳的国画作品《消夏》2005 年 9 月获宜昌市第二届教师文化艺术节绘画比赛二等奖。

1979—1982年，县文化馆先后举办3期摄影培训班，区乡文化站工作人员、机关干部、教师和个体户共 40人参加培训。1989年6月8日，县摄影家协会成立，何怀强任会长，贺必笑、王洪柳、尤庆孝任副会长，贺必笑任秘书长。自县摄影家协会成立后，大批摄影爱好者纷纷加入县摄影家协会，其中一些有成就的加入市级、省级、国家级摄影家协会，至2005年，全县共有各级摄影家协会会员53人。1991年，县摄影家协会与《宜昌日报》报社、县煤炭矿山化学工业局、宜昌新闻摄影家协会联合举办“乌金杯”摄影比赛，并将优秀作品在宜昌城区展出。1996年，县摄影家协会在老县城归州举办会员作品展，梅云生的《今日夜三峡》获一等奖。1997年，县摄影家协会举办“归州杯”摄影赛，廖厚坤的《跋涉》获一等奖。1999年，县摄影家协会举办新城新貌摄影展，郑坤的《秭归国贸》获一等奖。2002年，县摄影家协会改选，郑坤任会长，廖厚坤、周祖钰任副会长，廖厚坤兼任秘书长。1979—2005年，全县摄影爱好者在市级以上各类报纸杂志上公开发表作品近万幅，其中200多幅在各类评奖活动中获奖或参与国际文化交流。何怀强的《金色的长江》等6件作品1994年入选中国三峡摄影书画展的赴美巡回展出，《赶集》《只生一个好》分别于1987年、1992年入选中国摄影家协会国际部送日本参加亚太文化中心主办的摄影展，《龙的传人》1993年获湖北省“开放的长江”摄影大奖赛一等奖。王敏的《屈原故里农村风貌·风俗画展》组照1984年在日本姬路市展出，《婚事》1986年参加《中国日报》报社举办的“十亿人民”摄影比赛获抓拍奖，《送戏到峡江》参加2000年宜昌市文化下乡年活动摄影图片展览获一等奖。魏启扬的《魅力三峡》2005年在中国文艺协会和中国书画艺术院联合举办的摄影赛中获一等奖，《大地的旋律》2002年在《中国国土资源报》报社举办的“锦绣大地”全国摄影大赛中获二等奖，《金色的田野》2005年在《中国工会财会》杂志社举办的摄影赛中获三等奖，《四季三峡》2005年在《中国文化报》报社、中国群众文化学会举办的首届“巴风楚韵”鄂渝民俗风情、旅游风光摄影大赛暨理论研讨会评奖中获摄影作品二等奖，《移民新城》2003年在湖北省新闻美术协会和《文明指南》杂志社联合举办的书画摄影赛中获一等奖。郑坤的《屈乡的端午》2005年在《中国文化报》

报社、中国群众文化学会举办的首届“巴风楚韵”鄂渝民俗风情、旅游风光摄影大赛暨理论研讨会评奖中获摄影作品二等奖，《温馨农家》在2005湖北摄影艺术展中获艺术类铜奖，《三峡移民》2003年在宜昌市首届职工摄影大赛中获金奖。何怀强、王敏、魏启扬、郑坤各有1 000多幅图片在全国报刊、画报和书籍上发表或选用。

书法·篆刻 20世纪80年代初，县内有业余书法爱好者20多人，爱好行书、草书、隶书等书法。1982年，县计划委员会干部胡相才的行书作品在湖北省暨武汉市第一届书法篆刻展览上获三等奖。1988年元旦，县文化馆与县总工会联合举办首届职工钢笔书法比赛，参赛者112人，作品179件，共展出13天。1989年，向永龙的书法作品在湖北省青少年书法大赛中获一等奖。1992年6月，县举办首届屈原文化节综合艺术展，有35件书法作品参展。1996年7月，县书法家协会成立，定期组织开展书法创作活动。1996年举办“财保杯”书法比赛；1997年组织县直机关书法比赛；1998年举办“和平杯”书法比赛；1999年在茅坪镇银杏沱村开展“为移民送春联”活动；2002年与县文化馆联办5人书法展；2004年组织“归州风”书画展及“海立杯”书画作品大赛。

县内从事篆刻创作人员不多，知名的仅3人。县文化馆向永龙是专门从事书法篆刻艺术的工作人员，其篆刻作品多次参加全国性展览，印风主要以汉印和肖像印为主，有40余方篆刻作品发表于《书法》《书法导报》和三峡秭归在线网，部分作品被县第一中学编入地方乡土教材。业余作者有县织布厂退休干部郑克宇和县委组织部干部周志春等，周志春的篆刻作品曾多次获奖和公开发表。

根雕·奇石 秭归山川秀美，地质结构复杂，境内众多溪流孕育出无数独具魅力的三峡奇石。茂密山林中布满虬根怪藤。丰富的自然资源使县内涌现出许多好的根雕、奇石作品。

1985年前，县屈原纪念馆美术、建筑设计人员李彰庆、向永生利用工余之暇制作出根雕作品250余件，其中《屈原》《奔马》两作品神形兼备，堪称精品。1987年1月，县文化馆举办崔德骏元旦画展时，其中有23件根雕作品同时展出。1992年6月，县举办首届屈原文化节综合艺术展，展出根雕作品97件。县城东迁茅坪后，县园林所将巨型奇石和古根怪木植于园林和道路绿化带中，美化城市环境，提高新县城文化品位。

1992年，市烟草局退休干部姜祚正率先在归州旅游码头创建三峡奇石馆。展出奇石1 500枚，参观人数达12万人次。2000年11月，县文化馆向永龙选送的《千丝万缕总关情》《生命之源》《报晓》等11件奇石作品参加三峡国际旅游节奇石大展，被市委宣传部、市文化局评为“三峡优秀奇石”。2002年，个体经营的“三峡奇石苑”在新县城归州街开业，展出作品近千件。2003年7月4日，县奇石家协会成立，在新县城茅坪首次举办奇石展览，共有20多位奇石爱好者的100余件奇石作品参展。2003年10月，协会在县城归州街创办奇石馆，展出奇石作品200多件，参观者达1万多人次。2005年，全县64件奇石作品参加首届中华奇石博览会，有8件作品获金奖，14件获银奖，6件获铜奖。随着国际奇石文化研究的不断升温，秭归赏石之风日盛，奇石精品也不断涌现。如文字石《川小》、画面石《粉蝶》、流纹石《千丝万缕总关情》、象形石《长相守》、彩石《神龙风韵》、化石《历尽沧桑》、矿物晶体石《心花怒放》等作品在参展中屡获大奖。奇石的经济价值也凸显出来，秭归奇石已远销国内外。

文艺演出 屈原艺术团是全县唯一集歌舞、戏剧、曲艺为一体的综合性、多功能的专业剧团，常年从事专业文艺、旅游接待、礼仪服务等不同形式的演出活动。1985年11月21日，撤销县文艺宣传队（县文艺工作团）。1992年3月20日，组建县文艺演出队，归属县文化馆领导，定编20人。1996年8月16日，县文艺演出队更名为县屈原艺术团，与县文化馆分设，编制23人，为具有独立法人资格、差额补贴的事业单位。1999年7月30日，屈原艺术团人员编制达30人。1993—2005年13年间，屈原艺术团共演出1 631场，观众达288万人次。演出市场从县内扩大到市、省及外省。2001年，屈原艺术团赴湖南、江西、安徽、山东、江苏等省市进行两个月巡回演出。2002年6月，屈原艺术团被省人事厅、文化厅表彰为全省文化工作先进单位；2004年2月，屈原艺术团再次被省委宣传部、省文化厅表彰为全省服务农村基层文化工作先进集体。

1979—2005年，全县共举办12次业余文艺会演，繁荣文艺创作，活跃群众文化生活。1979年11月下旬，举办全县皮影戏调演，参加调演的代表队有文化公社金溪大队皮影队、郭家坝熊家岭大队皮影队、三间公社三星大队皮影队，两河公社皮影队等6个队，参演34人，特邀代表6人。1986年6月26日—7月2日，县总工会、共青团、文化局联合举办职工业余文艺会演。县粮食局、建材公司、税务局、供销社、邮电局、工业局等27个单位、255人参加演出，共演出74个节目。同年10月7—8日，举办县首届民间吹打乐会演，12个镇（区）代表队的98名演奏者演出35个节目，70个曲牌。1994年9月28—29日，由县委宣传部、县文化馆承办的庆祝国庆45周年文艺会演，有16个乡镇代表队的175名演员演出59个节目。2003年10月26—31日，在新县城举办“屈乡风情”民间文艺调演暨民间文化活动周，12个乡镇代表队共演出64个节目，演职员达700多人。县政府对胡振浩等13名优秀民间艺人进行表彰。

文化节　1992年4月17日，县第十二届人民代表大会常务委员会第九次会议决定，将每年农历五月十五日定为屈原文化节。当年农历五月十五日至十七日，县委、县政府举办集文体、旅游、经贸于一体的大型节庆活动。十五日上午在归州镇屈原沱举行规模盛大的开幕式和龙舟竞赛；十六日上午在屈原纪念馆举办屈原诗会；下午在县图书馆举行屈原知识有奖竞赛；十六日至十七日在县大礼堂前厅举办民风民俗、三峡风光艺术联展和邮票、邮品展销；十五日至十七日晚举行具有地方特色的文艺演出。首届屈原文化节吸引来自北京、四川、武汉、香港等地的1 400多名来宾和5万多屈乡儿女的参与和观赏。

2002年10月2—7日，举办首届屈原文化旅游节。10月2日在县城长宁广场举行开幕式，观看具有地方特色的文艺节目表演。文化旅游节期间，县图书馆、新华书店、电影公司、文化馆、书法家协会、摄影家协会、奇石家协会举办读书周、书市、电影周、书画展、摄影展、奇石盆景展。县电视台举办屈原文化电视周活动，播放20集电视连续剧《屈原》及《屈原故里风情》等电视风光片。

农历五月初五为端午文化节。2004年6月1日—7月2日，县举办首届端午文化节。6月1日在新县城长宁广场举行启动仪式，6月22日（农历五月初五头端午）在屈原祠举办包粽子比赛； 6月30日上午在长宁广场举办船工舞比赛；7月1日上午在新县城归州街举办“中国诗歌万里行”首发式，下午在县政府会议中心举行端午诗会；7月2日（农历五月十五日大端午），在县城徐家冲港湾举办第十二届“红金龙·屈原杯”全国龙舟锦标赛开幕式，举行三闾大夫屈原公祭大典、游江招魂仪式等。晚上举办民俗民情歌舞晚会。2005年，端午文化节的主题是：“走进乐平里”。由文化系列活动和旅游系列活动组成。文化系列活动6月10日（农历五月初四）在屈原诞生地乐平里举行，由“骚坛诗会”“八景寻梦”“三闾人家”“故里新篇”等系列活动组成。

第二节　群众文化

一、农村文化

1979年8月，西陵区凤凰乡卢家坪村率先恢复业余剧团，县文化部门曾将该团调县城演出。此后，县专业文艺工作者用多种办法为农村培养文艺骨干100多人。县文化部门还多次组织文艺调演，召开现场会等形式交流经验，以促进农村文化工作发展。1983年，县组织业余剧团赴宜昌地区参加会演，

12个节目获奖，在宜昌地区县、市中名列第二，其中《糊涂县官》节目被评为创作一等奖。

随着农村经济体制改革的逐步深入，电视电影的发展，外出务工人员增多等因素，农村业余剧团、俱乐部等文艺组织形式逐渐萎缩，农村文化活动一般由乡镇文化站组织。2002年全县农村文艺社团登记有16个，人员220人。2005年增加到35个，人员475人。

1983年8月1日，水田坝公社上坝管理区待业女青年覃荣芳创办全县第一个新型家庭文化室——利民文化室。除县文化馆赠送的部分杂志外，其他文化用品如报刊、画册、棋类、牌类、民间乐器、收录机等，均由覃荣芳自筹资金购置。文化室开办6个月，接待5 000多人次。除组织业余作者编写文艺节目、新闻稿件、办黑板报外，还组织20人的业余演出队，两次参加全县文艺会演。1985年，全县类似的文化户发展到7户。文化户以活跃农村文化生活为宗旨，所获收入主要用作活动经费。随着市场经济体制的建立，许多原来禁止或限制个体经营的文化产品逐步放开，文化经营户迅速发展。先后出现由个体经营的音像制品批发零售、录像放映、录像带出租、歌舞厅、卡拉OK厅、电子游艺厅、旱冰场、画店画廊、综合娱乐场、电影放映、业余剧团、网吧、图书、印刷、打字复印等等，形成繁荣的农村文化市场。至2005年，全县共有个体文化经营户93家。2001年，全市在农村开展建设文化科技中心户活动，要求文化科技中心户成为理论政策的宣传户、科技致富的带头户、先进文化的传播户。至2005年，全县已有27户市级文化科技中心户，100户县级文化科技中心户。

二、企业文化

1989年11月，县文化馆、县燃料公司联合举办煤炭供货会文艺晚会，有13个单位的26名演员演出26个节目。1990年3月，县旅游局成立文艺演出队，主要为接待游客演出，节目以歌舞为主，如《招魂》《赶集归来》等。1995年旅游局演出队演员达25人，节目达30多个，并有《船工号子》《娶亲》等一批深受海内外游客欢迎的节目。1993年，县水电局成立银河艺术团，演员为水电系统职工，在电力系统内部进行文艺演出，1998年撤销。1996年5月，县文化局与华城集团茅坪宾馆联合举办“华城杯”卡拉OK歌手赛，共60人参加，20人获奖。1997年3月，县文化馆与九州夜总会联合举办“九州杯”卡拉OK歌手大奖赛，64人参加，22人获奖。2000年5月，县文化馆与县国贸公司联合举办“一切为了孩子”广场文艺演出，6个单位参加，演出节目30多个。2001年，县文化馆与县人寿保险公司、县妇女联合会联合举办庆三八健美操比赛，有10个单位参加，县公安局、医疗中心、县直机关幼儿园分别获一、二、三等奖。2004年1月，县文化馆与阳光国贸联合举办庆元旦文艺晚会，共演出12个节目，观众1 000多人。2005年，县移动通信公司与县屈原艺术团联合在12个乡镇举办2005年春节联欢晚会。

三、校园文化

20世纪90年代后，县文化馆与县教育委员会（教育局）几乎在每年的教师节、中小学生艺术节都联合举办大型文艺活动。每年六一儿童节，各小学和幼儿园都要组织文艺活动进行庆祝。

1993年9月9日，县文化馆与县教育委员会联合举办第九个教师节文艺调演，13个单位、125人参赛，11人获奖。1994年10月，庆祝全国小学语文学法研究会在秭归召开，县教育委员会组织在会上表演14个文艺节目。1999年7月，县文化馆与县实验小学联合成立县实验小学少儿艺术教育基地、县文化馆少儿艺术培训基地。1999年11月，县文化馆与县教育局联合举办迎接省“普九”验收汇报演出，共演出18个节目。2000年3月，为迎接市教学评估，县第一中学举办“桃李满园”文艺晚会。10月下旬，县教育局举办全县体育运动会，由县文化馆辅导茅坪初中排演的200人参演的大型舞蹈剧《同奔五彩路》在开幕式上演出。2003年11月，县文化馆协助县教育局举办第二届中小学生艺术节，37个节目参加预赛，19个节目参加决赛。2005年，县屈原艺术团联合县教育局举办“走近教育、走近教师、感动秭归”文艺晚会，在县城和乡镇演出15场。县第一中学将屈原文化、秭归花鼓舞传承与发展以及美术、书法等方面的知识编成教材向学生传授；县第二中学编写《屈原文化》一书，并纳入该校的课程教材；屈原镇新滩中学聘请6名顾问，搜集整理50多个关于屈原的故事与传说，每周用一定时间向学生宣讲，让学生了解屈原，认识屈原，人人会讲屈原的故事，做屈原文化的传人。

1996年后，从校园里产生出不少优秀文艺作品，分别获得不同层次奖励。1996年，县职业教育中心学生演出的建东小歌剧《昭君的乡亲》和歌剧《移民搬迁风波》在全市成人职业培训文艺会演中分获一等奖、特等奖。2000年6月，在全省第四届中小学生（幼儿）美术书法作品比赛中，县实验小学乔梦颖、姜南的美术作品《三峡彩虹》《山村春早运输忙》获三等奖。2001年，县文化馆协助县教育局在全县征集少儿书画摄影作品43幅，参加省教育厅、文化厅举办的第五届少儿摄影展，6幅作品获三等奖，12幅作品获优秀奖。2002年，县文化馆编排的少儿舞蹈《秭归花鼓舞》《一封信》分获宜昌市第五届少儿文艺会演二、三等奖和优秀园丁奖。2004年5月，归州航天希望小学舞蹈《丰收乐》、杨家湾小学舞蹈《木兰从军》、茅坪小学舞蹈《三峡大坝我的家》、县实验小学的独唱《月亮河边的孩子》参加宜昌市第六届“新锐杯红领巾”文艺会演。

四、广场文化

在老县城归州时，县人民广场是城区户外活动的中心场地，场内设有灯光球场、门球场，大型文体活动都在此举行。工人俱乐部篮球场是老县城仅次于人民广场的又一户外活动场所。县城东迁后，城区人居环境得到很大改善，建有长宁、橘苑、茅坪3个大型广场，各居民小区也建有小型活动场所，配置有体育健身器材，为人们休闲娱乐、体育健身提供方便。

2000年，长阳土家族自治县《巴山舞》传入秭归，成为城镇居民早晚在广场健身娱乐的主要项目。

2001—2002年，组织专班对县城民间文艺资源进行挖掘整理，创编出地方特色浓郁的广场舞蹈《秭归花鼓舞》《峡江船工舞》在全县推广，成为广场文化的新亮点。

图 19-1-1：广场表演秭归花鼓舞

《秭归花鼓舞》集茅坪建东花鼓、三闾花鼓子、归州跳花鼓、新滩琵琶丝弦之所长，以花鼓的“大锣腔”为基调，以“小锣腔”“端阳腔”“信阳腔”等曲牌和锣鼓点子为主体音乐，以“蹶子绕花步”“一路顺风”“单凤朝阳”“双凤朝阳”“龙灯步”等花鼓的特色动作为主体舞蹈语汇，右手持扇，左手握绢，双人对跳。2001年11月开始组织人员培训，之后又多方听取有关人士意见，并请省、市有关专家进行修改，使之更加完整、科学，音乐更加委婉动听，舞姿更加优美流畅，且简单易学。从2001年年底开始，《秭归花鼓舞》以极快的速度在全县推广，成为城镇居民常跳的热舞。（图19–1–1）

（附《秭归花鼓舞》词）

花鼓跳得圆又圆，屈乡儿女爱屈原。
一片丹心报祖国，一腔热血化诗篇。
花鼓跳得欢又欢，屈原精神世代传。
一颗明星天上挂，光耀中华两千年。
五月端午赛龙舟，屈乡儿女显身手。
锣鼓镗镗鼓声催，声声呼唤“我哥回”。
蛟龙出水风雷动，糯米粽子投江中。
人民诗人人民爱，一花报春百花开。

五、民间文艺

民歌　1985年2月，县文化馆在历年收集1 241首民歌资料的基础上进行整理，筛选出401首编辑成《秭归民间歌曲集》。根据该集收集的内容，秭归民歌大体有8大类，30个歌种。其中，收集号子类18首，山歌类95首，田歌类96首，灯歌类79首，小调类64首，风俗歌类40首，儿歌类3首，生活音调6首。

器乐　1989年10月，县文化馆在全县通过普查，采集整理，共收集各种民间器乐曲的点子和牌子，还有250多首音响资料，通过筛选，将169首整理编辑成一本《秭归民间器乐曲集》。秭归民间器乐共分为吹奏乐、吹打乐、锣鼓乐3大类。按实际演奏作用大致可分为婚嫁调、路调、笛调、丧调、祭祀调、菜调、客调、通用调8种。秭归民间器乐曲主要是唢呐曲和锣鼓经，也有少量的笛子曲（吹打乐中的细乐）和京胡、二胡曲（戏曲、皮影伴奏曲）。锣鼓乐主要有鼓、锣、钹、勾锣、马锣5种乐器互相配合而成，编成若干种鼓点（俗称点子），各种打法由点子缀成。如水田坝的“拗板”，是由“虎豹头—流水，虎豹头—凤凰展翅，虎豹头—拗板，幺二三—拗板”等点子组成，先按顺序打一遍，再返转打一遍结束。茅坪的锣鼓除5种乐器外，还有一边鼓在前面指挥，打边鼓者根据不同的点子，用鼓槌在鼓面上示意，指挥乐器转板。全县比较流行的点子有流水、幺二三、风点头、凤凰展翅、虎豹头、公鹞子、母鹞子、双撩子、狗撵羊、牛擦痒、鬼推磨等，民间称32个点子。茅坪陈家则有另一套点子：围鱼、网鱼、穿鼻眼、挑担子、老蛇皮、青蛇尾、野鸡扑、金线钓鱼、朝天一炷香等，也称32个点子。唢呐牌子丰富，比较流行的有大开门、小开门、喜调、彩调、求亲调、姐送妹、节节高、翻天印、将军令、状元游街等，民间称72个牌子。笛子和箫多为办婚事时吹奏，但吹笛子和箫就不能吹唢呐。锣鼓乐和吹奏乐虽然各有点子和牌子，均能单独演奏，多为二者合奏，形成吹打乐。演奏方法有：打一阵点子和吹一曲牌子；将点子拆散，夹在牌子中演奏，俗称拆点子；边吹边打，即不按点子敲打，跟着牌子的节奏敲打。民间器乐中较有影响的是“杨林堂鼓”，是红白喜事设置在正房客厅（俗称堂屋）迎接客人的一种吹打乐，因此称“堂鼓”。凡遇客人到来，即行吹打，以示欢迎。开席上菜时也行吹打，每上一盘菜便击鼓吹唢呐，俗称“迎菜”。“堂鼓”本为一种宫廷音乐，后流传到民间，仅喜调就有36曲牌72小调，由6～8人吹打，9种乐器演奏，主要代表作有《朝班》《上马曲》《下马曲》《东宫》《西宫》等。

舞蹈　1988年4月，县文化馆编辑成《秭归民间舞蹈集成》，收集花鼓舞、莲湘舞、推车舞等舞蹈类型，并整理出《三间花鼓子》《茅坪建东花鼓》《秭归跳花鼓》和《新滩琵琶丝弦》等四种花鼓舞的详细资料。

三间花鼓舞主要以屈原诞生地乐平里（三间）为代表。一般由两名成年男子表演，分旦角与丑角，通常是扮演夫妻身份表演生活和爱情，其主要特点是风趣、诙谐、妩媚、含蓄，又有飘逸之姿态。旦角头戴黑色绣花勒帽，花环拥簇，身穿大红色绲边绸衣，腰系紫红色绣花长罗裙，脚穿绣花鞋，右手拿花折扇，左手拿红绸帕。丑角头戴毡帽或草帽，身穿对襟镶边绸大褂，腰系彩带，手持蒲扇，下穿“向左转”的灯笼裤。三间花鼓舞的主要动作有：走步绕花、踏步半蹲辗转、弓箭步绕扇、横五步、弓背小跑步、三步转身、单凤朝阳。表演中，最基本的特征是丑角倾于“下沉弓背”，旦角倾于“扭腰前仰”。三间花鼓舞的唱腔为大锣腔和扭鼓子腔两种：大锣腔的曲式结构为上下腔，羽调式，音域从高音“5̇”到低音“2̣”12度下行关系；扭鼓子腔的曲式结构为“数板”，宫调式，音域从中音“1”到高音“1̇”8度关系。演出有乐队伴奏，3人击乐，大锣、钹、马锣，击乐有“流水”“长板”和“短板”3种。

图 19-1-2：建东花鼓戏

茅坪建东花鼓又称信阳花鼓，以茅坪镇建东村为代表。由两名成年男子表演，通常扮演夫妻身份，男丑角女旦角。丑角头系红长帕，腰系红绸带，身着绿绸绲边对襟上衣，蓝色长裤，脚穿有孔的古式布鞋，手持花折扇；旦角头扎长辫绕花环，身着大红绸上衣，腰系花罗裙，脚穿绣花鞋，右手持折扇，左手拿镶有须边的大红绸帕。乐队伴奏是3人击乐，有“长板”“课子”“双撩子”“紧急风”等5种。唱腔大体分为正腔和小调两部分。正腔从皮影戏中借用过来，小调则来源于地花鼓。正腔分为梁山调、北路、南路3类，小调唱腔分为课子（说白）、端阳腔（出场）、大锣腔、小锣腔、双撩子5类40多个曲调，具有浓郁的地方色彩。表演时，男角手持扇子，女角拿手帕，均举手胸前，屈臂与肩相齐，随打击乐节奏而动作，成三步半的“绞子步”（两脚交叉）向前行进或后退，并随打击乐过场（过门），双方呈倒八字穿插。随着情节的发展，动作形式变化多样。建东花鼓1981年被载入《中国戏曲·曲艺辞典》，1988年由湖北省舞蹈家协会编入《湖北省民间舞蹈集成》。（图19-1-2）（附建东花鼓《十劝姐》词、曲）

十　劝　姐（词）

一劝姐儿会当家，五谷杂粮莫抛洒。
五谷杂粮莫抛洒，一年辛苦只为它。
二劝姐儿要勤快，莫等天亮就起来。
不等天亮就起来，早起三日做双鞋。
三劝姐儿要洁净，灶上灶下要宁馨（干净）。
灶上灶下要宁馨，富水缸里个穷灶门。
四劝姐儿莫装大，你会装大哪个怕，
你会装大哪个怕，人不求人一般大。
五劝姐儿莫诀（骂）人，人人都是父母生。
人人父母一般大，扁担挑水平肩人。
六劝姐儿走人家，娘家莫说婆家话。
是非只为多开口，莫把亲戚说恶哒。

七劝姐儿莫吃烟，长杆子烟袋讨人嫌。
涎水挎起不要紧，脑壳子伸（chī）到人面前。
八劝姐儿莫喝酒，你今喝酒要出丑。
母女出门一路走，惹得爹妈把气怄。
九劝姐儿要学好，堂屋里来客莫乱跑。
贵客来临把茶端，大是大来小是小。
十劝姐儿守闺门，莫要贪玩胡乱行。
丈夫他若出门去，谨防家中来外人。

十劝姐（选曲）

（大锣腔）

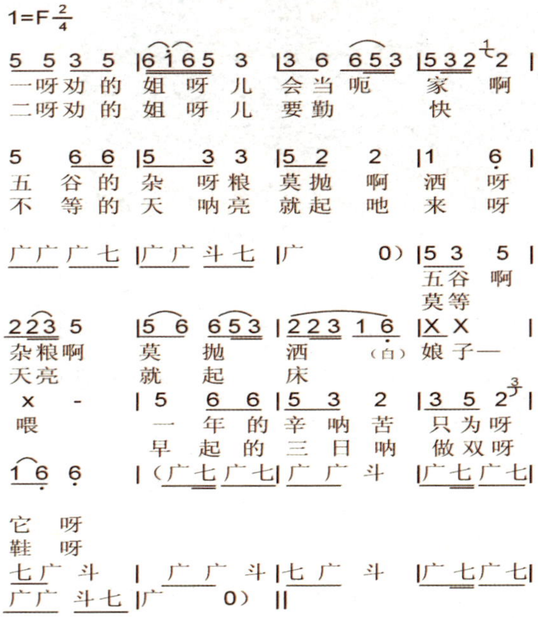

跳花鼓流传于归州、水田坝、两河口等地，是在地花鼓的基础上演变而成的。它冲破一般地花鼓男扮女装的禁锢，男扮男，女扮女，男女成双，对数不限。表演时，男子头系白或粉红头帕，脚穿麻草鞋，身着白色或黄色便服，下着棕色或蓝色长裤，腰系红长帕，右手持花折扇；女子头顶红帕缀的大红花，顺头而缠，帕尾过背，身着艳红绸衣，绿绸裤，腰系黑衣短花衣兜，脚穿彩色绣花鞋，双手拿红绸帕。跳花鼓的基本动作有："绞子步""小靠腿绕花""内八后踢步""弓箭跳颤步""绞腿小摆手""踏步按掌""三步半""散花""跳涉""牛擦背"。主要特点是基本动作均倾"颤"和"下沉"。跳花鼓的唱腔是"大锣腔"、羽调式、a小调，音域从低音"$\underset{\cdot}{6}$"到高音"$\dot{1}$"10度。跳花鼓3人击乐，大锣、钹、马锣，由击乐者演唱。击乐分为"流水""长板"和"短板"3种。跳花鼓热闹跳跃，纯舞不白，新颖别致，气氛热烈，表演的青年男女不扮演任何身份，也无情节贯穿，一个曲调可长可短，动作单一，简单易跳，很受群众欢迎。

以新滩（今屈原镇）为代表的琵琶丝弦，又名太极图、杨柳子青。表演形式与花鼓、戏曲近似，又带有江湖一带"三棒鼓"的韵味，具有独特的曲牌和曲艺风格。其道具有折扇、绸巾、琵琶丝弦、鼓槌。音乐悠扬悦耳，主要有竹笛、唢呐、二胡、三弦和鼓、锣、钹、镲、勾锣、小镲等管乐、弦乐、打击乐伴奏。表演时分丑旦两角，既可男扮女装，也可男扮男、女扮女，扮演专门从艺求生的夫妻身份。丑角头戴瓜皮帽，身穿黑色长衫，腰系白长帕，前面长衫角塞于腰间，下着绿裤，脚穿山袜套布鞋，手拿马锣和马锣槌；旦角丫鬟头饰，身着浅蓝色上衣，枣红色长裤，腰系短黑色花兜，掖红绸手帕，脚穿绣花鞋，身背琵琶丝弦，两手各持一支鼓棒。有3人奏打击乐，还有2～4人奏管弦乐。唱腔有“丝弦调”“雪花飘”“螃蟹歌”等。演唱时以演员自唱为主，演出前半部以表情、做戏为主，后半部以歌舞为主。

图 19-1-3：《峡江船工号子》在浙江宁波参加第十三届全国群星奖决赛

峡江号子　又名船工号子、楚帮号子，是劳动号子的一种，属三峡船歌船谣范畴。县文化部门搜集整理的峡江号子共有126首。其中，船工号子94首，包括拖杠、搬艄、推桡、拉纤、收纤、撑帆、摇橹、唤风、慢板等9种；搬运号子有32首，包括起舱、出舱、发签、踩花包、抬大件、扯铅丝、平路、上坡、下坡、摇车和数数等12种。峡江号子有领呼和群呼，也有配有歌词的领唱和齐合。号子领唱应合、激昂、高亢、豪迈、哀怨、缠绵交替出现，是峡江船工在劳动中创造出的具有地方特色的生命乐章。秭归峡江号子典型传人，是被人称为“峡江号子王”的胡振浩，胡搜集整理船工号子40多首。由其演唱的《峡江船工号子》先后6次在中央电视台播放，8次获国家、省、市级大奖。（图19–1–3）（附峡江船工号子词、曲选段）

《峡江船工号子·词》

（一）

哟……吙吙（吙）（括号内为合唱，下同），哟吙……哦吙（吙）

（二）

吆儿连手儿走起来哟哦……（嘿），哦……（嘿），哟哦，嘿哟，嘿哟，嘿哟，嘿哟，哦嘿，哟哟哟嘿哟嘿哟哦，扎起，哦吙……

（三）

吔喂吆，吆哦吆哦，连手儿啰（嘿）。呃，我们搂一吙（嘿），吆吙吔吆吙（锐），吆吙吔吆吙（锐），吔吆吙吔吆吙（锐），吆哦吆，再搂一吙，吙吙（嘿），吆哟，喂起（喂起），喂起（喂起），喂起作（喂起），喂起作（喂起），喂起作，（喂起），喂起（喂起），喂起（喂起），喂起作（喂起），喂起（喂起），喂起（喂起），喂起（喂起），喂起（喂起）。

（四）

西陵啰峡上（哟吙嘿呃）滩连的滩啰（嘿呀嘿），青滩那个泄滩（哟吙嘿呃）崆岭滩啰（嘿呀嘿），一声的号子（哟吙嘿呃）一声的汗啰（嘿呀嘿），三声的号子（哟吙嘿呃）又一滩啰（嘿呀嘿）。嘿不郎当嘿咗啊（嘿呀嘿），扎起，（哦……）。

（五～十略）

《峡江船工号子》曲

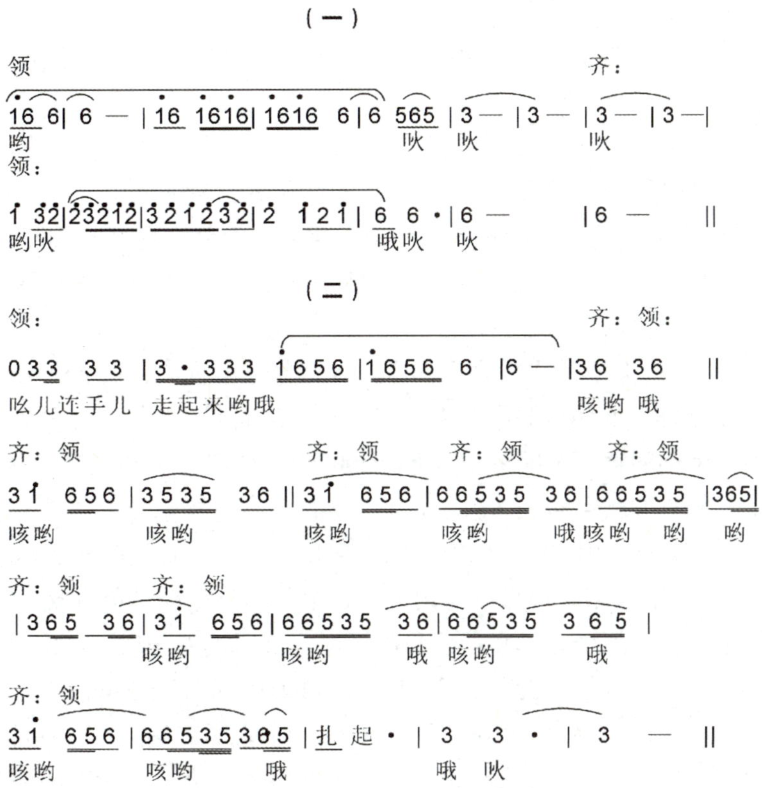

（三～十略）

第三节 图 书

一、图书馆（室）

馆藏图书 1979年7月，将县文化馆图书室改建为县图书馆，1980年3月7日正式开馆。1999年12月25日，迁建于新县城茅坪镇平湖大道19号的县图书馆落成，总建筑面积2.57万平方米。馆内拥有座椅216座（其中成人138座），图书报刊架单层总长3 768米。电子计算机28台，投影仪1部。2005年，在全国第3次公共图书馆评估定级中，县图书馆被评为一级馆。

1980年县图书馆开馆时，有藏书1.21万册，各种期刊191种，报纸26种。经过不断添置和社会各界捐赠，至2005年，县图书馆馆藏图书达7.62万册。其中，政治类4 091册，社会科学类4.28万册，自然科学类1.92万册，儿童读物类4 670册，综合类5 350册。当年新购书籍2 312册。

随着地方财力的增强，县图书馆购书经费逐年增加。购书经费分为报纸期刊和图书两部分，1998年后又增加电子出版物定购。1980年购书经费为5 000元，其中订购报纸期刊3 000元。2000年增加到2万元，其中订购报纸期刊8 000元。2004年达4万元，其中报纸期刊1.97万元。2005年，县图书馆图书购置费增至6万元。

为增加县图书馆书刊藏量，县图书馆广泛开展书刊捐赠活动。1987年3月，原上海凯歌电视机厂退休工人望西炎（茅坪镇人）为县图书馆捐赠古籍线装书200余册。1993年6月23日—7月23日，在书刊捐赠月活动中，县图书馆收到社会各界捐书825册和捐款4 096元。2003—2005年，县图书馆共接受“文化部、财政部送书下乡工程”赠送图书2 515种、5 000册。

1985年，县图书馆建立屈原文献专架。2002年筹建屈原文化暨地方特色文献资源专架。至2005年，县图书馆共收集屈原文化暨地方特色文献125种、210册。

县图书馆建立后，建立1套读者分类目录、1套活页式公务目录，1套读者书名笔顺目录（后改为书名汉语拼音目录）。1988年后，增加到2套读者目录，2套公务目录。2001年，采用计算机引入ILAS（S）中小型图书室自动化集成系统，计算机自动生成分类号、著者、题名、国际标准书号（ISBN）、财产登记号等书刊相关信息检索点，有1台计算机专供读者进行馆藏书目检索查询。在馆藏图书回溯建库工作完成以前，原卡片式目录与机读目录并存使用。

借阅　县图书馆建立之初，根据服务性质和对象，将业务分为采编、辅导和外借、阅览两个部分。业务岗位分为采编室、图书外借处和报刊阅览室3个部分。1991年设置少年儿童阅览室，平时与报刊阅览室合并管理，寒、暑假期间将两个阅览室分开。2002年，增建电子阅览室和多媒体影视厅。

图书外借对象是全县所有的城乡居民，采取办证借阅的方法。借书证分集体和个人两种，集体借书主要面对县直单位、学校、乡镇文化站、村图书室以及文化科技中心户。集体借书证可一次借阅100～200册书刊资料，定期调换。个人借书证最初需读者所在单位出具证明才能办理，1988年后实行敞开办证，读者只需交付一定数量的押金和工本费后即可办理。普通读者一次可借图书（含书刊合订本）2册，借期10天，科技读者一次可借3册图书，借期30天。2001年年底，县图书馆引入ILAS（S）系统后，普通读者和科技读者一次均可借2册书刊，借期20天，到期后可续借。2000年前，借书证和阅览证两证合一使用。2000年后，两证分开使用，借书证仅限在图书外借处将所需图书借出，而阅览证仅限在报刊阅览室就地查阅而不能借出。

县图书馆以读者到馆查阅资料的阵地式服务为主，同时开展送科技图书下乡、馆际互借、邮寄、为残疾人送书上门等服务。经统计，县图书馆从1980年开馆至2005年，累计发放借书证3.8万个次，读者借阅达137.19万人次，年均57万人次，其中外借64.54万人次，年均2.48万人次。

图书室　1985年，全县有工厂、农村、机关、学校等基层图书室58个，其中农村图书室22个。

企业改制后，厂矿企业图书室不断减少，1998年县城东迁后，全县厂矿企业图书室基本无保留。

2000年，全县乡镇机构改革后，除杨林桥镇外，其余11个乡镇均建有图书室。县城橘颂社区、滨湖社区、县武警中队等建有图书室。全县有7个文化科技中心户建有图书室。

1990年前，全县仅有县第一中学、第二中学、师范（广播电视大学）、实验中学、实验小学等少数学校图书室稍有规模，大部分学校图书室藏书不多。2000年，在湖北省“普九”达标验收活动中，全县学校图书室快速发展。截至2005年年底，全县共有58所学校建有图书室。其中，高中3个，初中15个，小学40个。共有藏书64.7万册。

县图书馆建立后，先后派出业务骨干对基层图书室进行业务指导。1991年后，每年对一半的乡镇文化站图书室建设进行业务辅导，两年对基层图书室工作人员进行一次轮训。

二、图书发行

县新华书店负责学生教材、辅导资料及一般图书的发行销售工作。

1984年前，县新华书店图书销售活动主要实行计划经济销售模式。1984年4月，县新华书店开始试行“两包（包销售任务和费用定额）、三定（定人员、定点、定出勤）、五保证（保证图书发行方针、政策落实；保证发行质量和社会效果、服务质量、服务态度；保证品种丰富对路、数量恰当和合理储蓄；保证宣传推荐、开架售书；保证农村发行和积极发展多种形式的网点）、一奖（根据定额指标及各项要求完成情况计分，按分奖惩）”经营责任制，调动职工积极性、创造性，经济效益明显提高，全年完成销售额49.2万元，超计划11.8%。

1985年，县新华书店与镇（区）供销社合作销售图书的农村网点发展到85个。随着供销社体制改革，1993年8月，县新华书店与县供销合作社联合社解除几十年的合作关系，全县图书农村发行网点大幅下降。1993年8月1日起，县新华书店将课本连同一般图书交给各乡镇教育组经销。

从1983年起，县新华书店围绕图书发行方式进行探索和改革。变过去孤军奋战的封闭式管理为依靠社会力量的开放式管理，采取突出重点图书发行，加大宣传力度，争取读者上门，改变进货渠道，增加专业销售渠道等一系列措施，使经济效益和社会效益都明显上升。1985年、1988年，县新华书店分别在香溪、茅坪建立门市部。1995年、1996年，分别在茅坪九里、新县城茅坪小区建立门市部。1998年11月，县图书发行大楼在新县城落成开业。至此，迁建后的县新华书店拥有3个门市部，营业面积700平方米，书架、书柜达到1.4万册（张）。

20世纪80年代后期，县新华书店开始培育和支持个体书摊的发展，合理布局。对从县新华书店进货的摊主在经济利益上适当给予优惠，使个体图书经营户逐年增多。至2005年，全县共有个体图书经营户78家。

县新华书店各门市部除坚持正常阵地营业外，还经常派人上山下乡，走村串户，进行农村流动图书发行。全县图书发行工作者的榜样李昌文，在农村流动发行组工作28年，被群众称为“铁脚板”“贴心人”，多次获得国家、省、市、县表彰。1997年荣获国家新闻出版署颁发的首届中国书刊发行奖。1979—2005年，县新华书店共销售发行图书4 208.1万册，年均155.86万册。销售收入9 026.1万元，年均334.3万元。（见表19–1–3）

1979—2005年县新华书店图书发行情况表

表19-1-3　　单位：万册、万元、次

年份	销售数量	销售金额	图书周转度	年份	销售数量	销售金额	图书周转度
1979	105.2	25.7	6.43	1993	184.7	263.7	85
1980	115.9	29.1	8.16	1994	324	317.9	12.37
1981	137.8	36.4	6.88	1995	165.1	455.3	15.21
1982	145.5	38.6	5.58	1996	158.3	619.4	9.84
1983	150.1	42.5	4.49	1997	162.9	740.8	9.62
1984	156	49.2	3.98	1998	74.3	783	4.57
1985	180.6	64.9	5.69	1999	177.7	864.7	8.89
1986	152.3	73.2	35	2000	144.1	809.5	7.92
1987	200.2	89.6	3.49	2001	158	938.9	11.12
1988	233.9	126.4	4.4	2002	97.8	480.6	6.71
1989	205.7	155.1	4.17	2003	96.1	555.5	12.9
1990	181.5	156.2	4.5	2004	67.1	446	6.57
1991	188.2	189.2	5.8	2005	65	476	65
1992	180.1	198.7	3.99	合计	4 208.1	9 026.1	—

第四节　电　影

一、电影院

20世纪80年代前，全县除县城在县大礼堂放映电影外，其余均在露天放映。

1981年10月，金沙公社投资6.5万元，在陕西营修建两层砖混结构的金沙电影院。该电影院占地500平方米，建筑面积450平方米，有胶合板翻板座位812个，配有解放103型35毫米、16毫米放映机，FD75型发动发电机。于1982年8月20日竣工。1983年，茅坪公社由社队企业集资7万元，修建拥有812座的集体所有制茅坪电影院。

1983年11月，县电影发行放映公司在老县城建设街投资45万元修建城关电影院。位于县人民广场南侧，面临人民广场。一楼有20×8米的观众休息厅，两侧耳房是宣传室、办公房；二楼是放映室；三楼是电影公司办公室。观众厅21×17.5米，吸音吊顶，墙壁是吸音板材，框架结构钢屋架，坡面屋顶，地面坡度1.8米，有铸铁钙塑翻板椅850个。观众厅内有换气扇8台、吊扇12台，前面舞台台口高1.68米，两侧有4米附台。舞台是17×9.1米的水泥台面，舞台上有11×6米金属银幕，可放映宽、遮、普3种幕式的影片。城关电影院总占地面积1 267.72平方米。配有FL35型提包机、松花江5502座机、F16放映机和“1101”发动发电机。1984年9月30日竣工交付使用。1983—1984年，兴建郭家坝头道河电影院，580个座位；香溪电影院，800个座位。

1997年12月2日，县影剧院在新县城茅坪动工兴建，1998年9月10日竣工。影剧院位于丹阳路西侧与平湖大道北端交汇处，占地面积2 350平方米，建筑面积2 800平方米。该院前厅14步台阶，预制结构门厅3层。1楼前厅是观众通道交汇处，2楼楼座安全通道双上双下，3楼为放映室及办公室，屋顶是霓虹灯铜字“秭归影剧院”。观众厅共两层，1层框架结构，600座，楼座380座，均为沙发座椅，坡度为1.8米。屋顶为网架坡屋顶，用吸音材料吊顶装饰，厅内用吸音板材装饰，配有立体环绕声音响喇叭24只，美的空调柜机14台。舞台台口宽25米，双侧附5.5米附台，台口高4米，乐池13×3米。金属银幕12×6.8米，可放映宽、遮、普3种幕式的影片。厅内有演员化妆室和调音、电视终端室。影剧院可供大型会议、文艺演出等使用，是集电影放映、文艺演出、会议等多功能于一体的现代化影剧院。至2005年全县仅有县影剧院一家电影院。

二、影片发行

20世纪80年代初，由于农村放映队伍不断壮大，所需影片增多，宜昌地区电影公司对35毫米、16毫米及8.75毫米的影片都实行计划调度。1984年，全县有94个放映队，35毫米放映机5台（含座机1台），16毫米放映机56台，8.75毫米放映机46台。5家电影院当年分别上映新片150～180部，89个农村放映队各放映40～50部新片，年放映电影1.79万场，观众531万人次。

20世纪90年代后，电影发行业务由计划经济模式逐步转型为市场经济模式。1993年起，16毫米影片实行现金交易；1997年，35毫米影片实行现金交易。各县可在省电影公司自由采购影片。1993—2005年，县电影发行放映公司自购故事片51部、科教片40部在全县发行，农村放映队在县电影发行放映公司现金租片。

三、放　映

1979年，全县有19个放映队，全年放映6 075场，观众303.75万人次。1980—1981年，随着放映政策的改革、放开，各公社自购设备，发展电影放映队。至1981年，全县电影放映队发展到47个。1982

年12月，县电影发行放映公司在周坪乡建立周坪电影管理站，全县电影放映队发展到78个。

1983年，县电影发行放映公司先后在两河口、水田坝公社分别建立电影管理站。当年全县新发展电影放映队11个。1984年2月，县电影发行放映公司在茅坪区设立茅坪电影管理站。随着金沙电影院、头道河电影院、香溪电影院竣工营业，相应建立站（电影管理站）、院（电影院）结合的管理体制，担负起分片管理、影片调度发行、放映宣传、财务报表、技术辅导和普及放映工作。至1985年年底，县电影发行放映公司辖香溪、金沙、两河口、水田坝、头道河、周坪、茅坪等7个电影管理站，全县有107个电影放映单位，年放映电影1.41万场，观众374万人次。

1991年，国家调控8.75毫米片源。全县将39台8.75毫米放映机逐步换成16毫米放映机。1991—1995年，各乡镇先后开通有线电视。全县虽有104个放映队，年均放映只有3 896场。1984年后，电影产业受到电视、录像以及互联网等信息媒体的严重冲击，电影事业一度陷入困境。1995年，县电影发行放映公司将城关电影院改造为农贸市场，二楼改建成激光放映厅，租用县大礼堂进行影片放映直至1998年10月整体搬迁到新县城。1993年起，全县电影放映放开门票价格和租片包场标准。1995年年底，全县农村还有15个放映队开展活动。至2004年年底，仅剩7个放映队在无规律地开展放映活动。当年4月28日，县电影公司在县影剧院举行加入湖北银兴院线启动仪式，从此结束秭归不能及时观看国内外大片的历史。

2004年年底，国家广播电影电视部开展的“2131”工程在秭归实施，即在21世纪，国家在全国广大农村实现“一村一月放一场电影”，称“三个一”的目标。每放一场电影，国家都要给补贴，称“政府买单，农民看戏”。2005年，全县共放映电影1 986场，观众13.5万人次，放映收入38.5万元。2005年年底，全县有电影发行放映公司1个，下辖11个农村电影放映队。1979—2005年，全县共放映电影累计17.76万场，观众累计4 992.45万人次，年均184.91万人次；放映收入521.41万元，年均19.31万元。2004年，县电影公司经理向平被文化部表彰为全国农村电影优秀放映员。2005年8月，县电影公司被国家广播电视总局表彰为全国农村电影工作先进集体。

第五节 屈原文化研究

一、机 构

1996年6月30日，县屈原文化研究会成立。共有个人会员110人，团体会员38人。名誉会长汪元良、王万修、李广钦、王祖谟；会长向京；副会长韩永彪、韩永明、梅德明、杜寿允、熊辉纯、宁发新、王健强、张新明，杜寿允任秘书长，聘请刘不朽、林永仁、夏灵魁、齐克为顾问。2004年，郑之问任会长；郑礼昌、周凌云、马尚朝、周立斌任副会长；秦晓梅任秘书长。2005年，研究会会员共有71人。全县有中国屈原学会会员6人，分别为：龙飞、马学林、黄丹、周凌云、秦晓梅、谭家斌。

2005年，县委人才工作领导小组确定，将屈原文化研究会成员中的周凌云、秦晓梅、何静秋、黄丹、黄琼、郑承志、颜复敏、李万辉、向元茂、周志德、梅云来等11名列为屈原文化研究重点人才，纳入县委组织部优秀人才管理范围。

二、活 动

1982年6月24日—7月1日端午节期间，省社会科学院、社会科学联合会、文联、文化局等单位联合发起并邀请全国著名屈学专家在秭归县举行屈原学术研讨会。来自全国18个省、市和省内各地共120

名学者出席会议。这次研讨会共收集论文80多篇，编辑《屈原研究论文集》，由长江文艺出版社出版发行。1999年端午节期间，中国屈原学会在秭归新县城茅坪举办屈原学术研讨会。将收集的论文编辑《屈原研究论文集》，由湖北美术出版社出版发行。2005年端午节，县内举办端午诗会、“端午风”文学笔会。来自北京及省、市、县内的诗人、作家聚集屈原诞生地乐平里，聆听屈原庙义务守庙人、骚坛诗社名誉社长徐正端讲授屈原文化课，开展诗会、笔会活动。《宜昌日报》专版刊发16位诗人的诗作25首、“端午风”笔会文章6篇及大量图片。

2001—2005年，以党校及中、小学校为阵地，以机关干部和中、小学生为主要对象，开展屈原文化知识普及活动。县委党校每次举办党政干部培训班，将屈原文化知识作为必修课，先后聘请王健强、颜复敏、李万辉、秦晓梅、郑承志等人授课，听课人数2 000多人。最先将屈原文化知识纳入学校教育课程的是屈原诞生地乐平里小学，该学校每周专讲一节屈原文化课。随后，屈原镇新滩中学聘请6名对屈原文化有一定研究的教师，搜集50多个屈原故事及传说，每周上3节屈原文化知识课，使学生充分了解屈原，人人会讲屈原故事。2004年，县教育局举办中、小学校屈原文化培训班，由秦晓梅授课。当年，县教育局组织编写中、小学《屈原文化》教材，正式将屈原文化列入全县中、小学教育课程。2005年，教育系统实施以弘扬屈原文化为核心的校园文化工程。县第二中学成立《屈原文化校园普及读本》编写小组，由22名教师组成。全书分屈原生平、屈乡传说、骚楚流韵、追思屈公4个部分，成为中、小学屈原文化知识教育的最佳教材。

三、成　果

1983年，全县即有屈原文化研究性文章发表。1985年，由宁发新独自编撰的全县第一部关于屈原书籍《屈原的传说》出版发行。至2005年，全县共编撰出版关于屈原书籍8部；发表论文20篇，散文、杂文类文章27篇。

1985年，县文化馆王敏与宜昌地区群艺馆袁在平、县委统战部王洪柳合撰的《屈原·端午·龙舟》一书由《江河文学》杂志社内部出版。同年，宁发新编写的故事集《屈原的传说》由中国少年儿童出版社出版发行。1988年3月，郑和昌介绍性读物《屈原·秭归》，由湖北人民出版社出版发行。1993年5月，宁发新的长篇小说《屈原》，由长江文艺出版社出版发行。当年6月，县旅游局和旅游总公司联合编辑繁体字版本的《屈原故里》（1994—1996年）日历本，由香港新世纪出版社出版。7月，由梅云来、余波、张新明合编的《吟屈原诗集》印刷出版。2001年6月，王健强编著的《世界文化名人屈原》由湖北辞书出版社出版。这些著作，为普及屈原文化知识，进一步研究屈原文化奠定基础。

1990—2005年，很多有价值的研究屈原论文类文章相继发表。1990年，王健强《“屈原故里江陵”辩》及张新明《“屈原故里江陵说”质疑》，分别由《广东社会科学》1990年第3期、《襄阳师专学报》第15期登载。1999年，湖北美术出版社出版《屈原研究论集》，收集有县内韩永彪的《志洁行廉 刚正不阿》、王健强的《屈原式改革与改革家的科学观念》、宋发武的《浅论弘扬屈原文化对建设有中国特色社会主义文化的作用》、郑邦清的《不断求索 不断进取》等论文。2000年，熊辉纯的《屈原与端午·龙舟》在《三峡文学》当年第2期登载。2001年，谭家斌论文《毛泽东与屈原——浅述屈原对毛泽东的影响》在《三峡文学》当年第3期登载。2003年，谭永来的《屈原诞生传说》在《三峡文学》当年第2期登载。2004年，黄丹的《屈原死因的新传说》载入《中国楚辞学》第四辑，并载入《2004年湖北省群众文化获奖论文汇编》。2005年，谭家斌的《秭归招魂与屈原招魂》发表于《江汉论坛》当年第11期，其论文《毛泽东与屈原》载入《中国楚辞学》第八辑。秦晓梅的《一个人的行吟》《端午这棵树》等文章在《湖北文化》发表。

县文联自办期刊《屈乡文苑》开辟“屈原文化”专栏，为县内屈原文化研究者提供交流平台，大量散文、杂文、诗歌等作品在该刊登载。2001—2005年，先后有20位作者在《屈乡文苑》发表屈原文化研究论文23篇。

第六节 文 物

一、文物发掘

朝天嘴遗址 该遗址属新石器、夏商时代遗址。位于长江南岸茅坪镇徐家冲村4组，遗址长100米，宽20米，文化层厚5米。1985年10月，由宜昌地区博物馆负责，北京大学历史系教授俞伟超主持，国家文物局、中国历史博物馆和湖南、四川、江苏、新疆的考古工作者10多人，对朝天嘴遗址进行发掘，开探方8个、面积200平方米。确认朝天嘴遗址是距今约7 000多年的新石器时代早期文化遗存，是当时在长江中游地区发现最早的原始文化。遗址发掘出的生产工具以打制石器为主，陶器制作原始，器类简单，主要有釜、罐、支座等。遗址中还发现中国南方最早的彩陶艺术，如泥质红陶片、夹砂粗红陶片，多为绳纹。制造陶器的泥片贴筑方法在中国制陶史上还是首次发现。1986年布方34个，分A、B两区，A区以新石器时代遗存为主，主要为大溪文化遗物，骨器有锥、镞，陶器有壶、罐、釜、钵等；B区为夏商时期文化遗址，石器有斧、锛、凿，陶器以釜罐类为主，有小平底罐、钵、缸、盆、釜、樽、豆、灯形器、角形杯等。这些发现为探索长江中游文化渊源提供出重要的实物资料，说明至少在7 000年前，长江中游地区的人们已经开始定居生活，证明长江流域同样是中华民族的文化摇篮。

柳林碛遗址 遗址位于长江北岸茅坪镇庙河村境内，北靠罗礁林，遗址东西长约60米，南北宽约40米，现存面积5 000平方米，文化层厚2米，为新石器早期、夏、商、周、六朝遗址。1981年4月，省博物馆考古队对柳林碛进行试掘，出土遗物有泥质灰陶、夹砂红陶、夹砂黑陶片，以泥质红陶和夹砂红陶为主。石器有经过磨制的石斧、石锛，陶器有鬲、鼎、豆、罐等，纹饰多为绳纹，次为素面和交错绳纹，为新石器早期至战国时期遗物。同年，湖北三峡考古小组对柳林碛遗址进行发掘。发掘面积110平方米，出土的石器有斧、小斧、小锛凿、刮削器和石球等，陶器有泥质灰陶、夹砂红陶、夹砂黑陶片1 913片。商周时期的遗迹有灰坑、水沟，文化遗物分陶器、石器、铜器、铁器和动物遗骸类。陶器最多，有鬲、鼎、豆、罐等共1 549件（片）。1998年10月，国家文物局三峡湖北工作站、厦门大学考古队26人，对柳林碛遗址再次进行发掘。开探方53个，发掘面积1 325平方米，文化堆积共有10个层位，探方深处达6.6米，出土大量的石器、陶器、骨器遗物。清理出大溪、东周、六朝时期墓葬6座，东周时期房址1处，建筑遗迹占地200平方米。在大溪文化地层中发现1件黑色石头雕刻的人像和1件石佩饰，出土大溪文化时期70多个不同形状的刻画符号，对研究原始文字的产生和演变发展关系具有重要历史意义。此次发掘确定柳林碛遗址的绝对年代为距今7 000—6 000年，属新石器时代中期偏早。2000年5—6月，三峡湖北工作站又对柳林碛遗址进行发掘，发掘面积1 700平方米，此次出土新石器及东周堆积层和遗物外，还重点清理墓葬12座。其中，土坑6座、石室墓4座、瓮棺2座，还出土大量陶器、瓷器。

龚家大沟遗址 遗址位于长江南岸郭家坝镇东门头村3组境内，距江边约70米。长170米，宽60米，文化层厚1.3～2.3米，最深处达5米以上。1981年4月，省博物馆考古队试掘该遗址，发掘文化层分新石器、东周、两汉、六朝、唐宋至明清时期。出土一批石器、陶器、骨器及大量鱼骨、兽骨。石器有长条形和长方形石斧、长条形石凿。陶器中以夹炭红衣磨光陶最有特色，以线纹为主。彩陶纹饰有横带纹、锯齿状纹、菱形格子纹、近S形纹和三角形纹等。器物有支座、折沿斜肩瓮、平底钵、直口小圈足簋和彩陶钵。

官庄坪遗址　遗址位于长江北岸香溪河西岸官庄坪村9组，坐落在香溪河一级台地上，南北线长100米，文化层为6层，厚0.32～2.2米，为新石器、西周、汉唐文化遗址。1981年3月，省博物馆试掘该遗址，开挖沟4条，揭露面积106平方米，发现灰坑4个，出土石器中有石斧8件、石凿2件、石锛2件、石刀1件、石范1件；陶器有陶纺轮5件、陶拍1件、陶坠1件、陶网坠1件；青铜器有铜斧1件、铜削3件。生活用具以陶器为主，陶片以夹砂红陶和夹砂褐陶为主，纹饰以粗绳纹为多见，器形有鼎、釜、鬲、罐、瓮、缸、盆、盂、豆、器盖。在4层、5层、6层中出土陶系2 340件。1996年10月—1997年7月，省考古研究所对官庄坪遗址再次进行发掘，揭露面积2 000平方米，发现灰坑、沟、房屋基址、墓葬等遗迹，属新石器晚期文化层。商代遗存出土遗物有陶器腹片，周代遗存有灰坑、沟、墓葬、房址等。2000年10—12月，三峡湖北工作站对该遗址进行发掘，发掘面积1 300平方米，发现灰坑27个，灰沟3条，墓葬6座，房基4座。其中，属新石器屈家岭文化时期的灰坑5个，房基1座；属二里头时期的墓葬2座，宋、明时期的灰坑2个，灰沟1条，房基2座。新石器时期遗物以泥质灰陶碗、盘、豆及夹砂黑陶罐、鼎为主。发现相当夏代二里头文化原生堆积层在鄂西地区是第一次。东周遗物发现夹砂红陶釜、泥质缶、敦。发掘清理大型明代石墙基建筑，有“大明制造”款式的瓷碗等纪年实物。2001年，官庄坪遗址再次发掘，发掘面积5 880平方米，出土的二里头遗物有夹砂褐陶、泥质灰陶，纹饰有绳纹、方格纹、篮纹和附加堆纹。器形有深腹罐、瓶、擂钵、碗、杯、圈足盘、豆、纺轮、陶人、陶鸟。东周遗物中陶器制作粗糙，纹饰有粗绳索纹、绳纹、弦纹、“S”纹，器形有鼎、鬲、罐、盂、盒、壶、长颈壶、豆、器盖、纺轮、骨簪。首次发现土井、带墓道与台阶墓。汉代至六朝灶排列有序，为手工业作坊用灶。2002年，对官庄坪遗址再次进行发掘，发掘面积4 050平方米，发现房基1座，灶17座，窖穴1座，水沟4条，墓葬21座等51处遗迹。出土遗物主要为陶、石器。新发现东周时期的夹细砂褐陶敛口罐。

王家坝遗址　遗址位于长江北岸归州镇向家店村7组，香溪河东岸一级台地上，东西长80米，南北宽30米，文化层厚1~2米，为新石器时代文化遗址。1979年后，宜昌地区考古队文物普查小组、三峡库区文物普查队等单位先后多次调查。暴露遗物有罐、豆、樽等，以陶器为主。采集遗物陶片有褐陶、灰陶、黄褐陶，纹饰有凹弦纹、绳纹、篮纹、抹弦纹，陶质多为夹砂、泥质。出土器物有大口樽1件、罐8件、豆圈足1件、砍砸器1件、器腹残片5块，属龙山文化或更晚时期遗物。

何家湾遗址　遗址位于长江北岸归州镇望江村境内，面积约250平方米，文化层厚0.6米，新石器时代文化遗址。1979年后，湖北考古队驻葛洲坝小组、宜昌地区考古队文物普查小组、省考古队、三峡库区文物普查队多次调查，出土器物以石器、陶器为主，有石斧、釜、豆、罐、瓦等。

茅坪遗址　遗址位于长江南岸茅坪镇南，长约150米，宽约60米，新石器时代文化遗址。1979年后，长江流域规划办公室考古队三峡组曾调查采样，暴露器物以陶器为主，有鬲、豆、盂等。

银街遗址　遗址位于长江南岸茅坪镇徐家冲村境内二级台地上，东西长50米，南北宽25米，文化层厚2.5米。1986年秋，国家文物局三峡考古队对该遗址试掘，1994年9月发掘，开探方3个，面积75平方米。发现灰坑1个，遗物有豆、釜、缸、纺轮。陶器有夹沙、泥质灰褐陶。采集有石斧、石镰、陶缸、杯、樽，为龙山文化及商周时代遗物。

乔家坝遗址　遗址位于长江北岸香溪河西岸向家店村5组一级台地上，长200米，宽1至数米，文化层厚1米，西周、东周、汉代文化遗址。1978—1984年，曾出土鬲足2件、鬲口沿9件、罐2件、盂1件、豆盘3件，遗址以粗绳纹红陶为主，器物较少，鬲为主要炊具。2001年勘探面积6万平方米，发掘面积2 400平方米，发现灰坑4个，陶窑3座以及铜镞、鬲、豆、釜、罐残片等。

庙坪遗址　遗址位于郭家坝镇楚王井村11组的长江南岸二级台地上，文化层厚0.5～2.1米。1995年11月，三峡考古队试掘，布探方3个，清理墓葬3座，灰坑3个，出土一批新石器时代至汉代遗物。清理新石器时代灰坑3个，夹杂有木骨、稻壳痕迹、鱼骨和被烧烤的猪骨、陶片，器物有长颈罐、大口罐、盆、钵、豆、杯缸、石器斧、锛、刀、釜、罐、鼎、缸、盆、豆盘、碗、钵、杯器盖、纺轮等，动物骨骼有鱼骨、猪骨、猪牙。清理商周时期墓葬两座，出土铜器剑、矛、镞共4件，陶器有鬲、罐、瓮、盆及1件漆器。庙坪新石器时代遗存填补屈家岭文化和白庙类型之间的空白。1996年5月—1997年7月，省文物考古研究所揭露庙坪遗址面积2 000平方米，遗迹主要有灰坑、沟、墓葬，器物有石器、陶器、铜器、铁器、玉器、银器、金器、漆器及动物遗骸。商周遗迹有灰坑、灰沟、房址等。发现东周墓12座、两汉墓15座、宋代墓7座。

东门头遗址　遗址位于郭家坝镇卜庄河居委会2组，长江南岸一山坡地上，1994年6月发现，属新石器时代早期、商、周、唐、宋、明、清遗址。1998—1999年，省文物考古研究所发掘，揭露遗址面积1 000平方米。遗迹包括城墙、古建筑，道路、桥梁。城址面积21万平方米，残存房址14座、桥梁2座、水井1口。出土各类石器、陶器、铜器、瓷器、玉器等文物400件。发现一块“太阳人”石刻，长105厘米、宽20厘米、厚12厘米，据专家考证，是国内发现最早的人类祖先顶礼膜拜太阳的图腾，是新石器时代早期人类遗迹。在该遗址还发现一条用150块河卵石排放的长10.88米的巨龙形象，年代为宋代。该遗址是多时期使用的同一城址，出土大量各历史时期的遗物。1999年4月、10—12月，湖北文物考古研究所进行第三次发掘，面积650平方米，清理不同时期墓葬4座，灰坑8个，瓮棺1座，陶窑3座，房基2座，灶坑1处，出土石器、陶器、瓷器等共200件。此次发掘找到早期新石器时代城背溪文化，明确商代文化层分布，发现汉代古城墙遗址，发掘一座宋代土洞墓，出土一批精美瓷器。

其他古遗址　县内发掘的其他古遗址还有29处，有大量文物出土。分别是：玉种地遗址（归州镇望江村1组）、苍坪遗址（沙镇溪镇田家坡村1组）、旧州河遗址（郭家坝镇旧州河居委会）、黄土嘴遗址（茅坪镇银杏沱村1组）、李家街遗址（郭家坝镇卜庄河居委会3组）、沙罐岭遗址（归州镇望江村1组）、王家湾遗址（茅坪镇银杏沱村1组）、下尾子遗址（茅坪镇）、鲢鱼山遗址（长江北岸归州镇袁家坡村临江阶地上）、李家坟遗址（归州镇境内）、土地湾遗址（归州镇官庄坪村1组）、沙湾遗址（茅坪镇松树坳村1组）、曲溪口遗址（茅坪镇典溪村3组）、长埠沱遗址（茅坪镇徐家冲村4组）、窑湾遗址（归州镇望江村2组）、渡口遗址（茅坪镇松树坳村2组）、埂子上遗址（归州镇刘家坝）、石门嘴遗址（郭家坝居委会）、台子湾遗址（沙镇溪镇台子湾村1组）、何家嘴遗址（郭家坝镇东门头村4组）、大梁尾遗址（归州镇望江村2组）、坟茔窝遗址（泄滩乡八斗柑橘场）、范家坪遗址（沙镇溪镇范家坪村2组）、大沙坝遗址（茅坪镇银杏沱村1组）、台丘遗址（茅坪镇银杏沱村以北）、大么姑沱遗址（泄滩乡陈家湾村2组）、小么姑沱遗址（泄滩乡陈家湾村2组）、何家坪遗址（郭家坝镇楚王井村何家坪）、何家大沟遗址（郭家坝镇邓家坡村3组）。

下尾子古墓　位于茅坪镇。1997年3月，市博物馆发掘下尾子遗址，清理土坑战国墓1座，出土铜长剑1把、楚式陶敦1件；东汉砖室墓1座，早年被盗，出土小瓷碗残片和东汉五铢铜钱；宋代夫妇合葬砖室墓1座，方砖上刻有铭文“宋丹阳总居士张氏之墓”10字，出土铜器、陶器10件。

钟家岭墓群　望江古墓群之一，全县第一批重点文物保护单位，位于归州镇望江村2组钟家岭。1998年11月1日，市博物馆发掘唐代墓4座、宋代墓2座。唐代墓出土遗物有青瓷壶、双耳罐、盘口壶、瓷灯、白瓷杯、黑瓷罐、砚台、四方八卦铭文铜镜和1件墓志铭。出土的4件青瓷器为唐代长沙窑彩釉瓷器，墓志铭尚存213字，阴刻楷书，墓主为“晋州神衙覃君夫人南昌熊氏”，卒于“唐开成四年（839）”。

旧州河古墓　位于郭家坝镇旧州河居委会一山坡上，全县第一批重点文物保护单位。1999年3月

31日，市博物馆发掘原始社会墓葬2座。1号墓坑长2米，宽0.78米，人骨架保存较好，骨架长1.64米，葬式为仰身屈肢，不见任何随葬品。2号墓人骨架1.65米，葬式为仰身直肢，随葬器物有陶罐、陶钵、石锛等5件随葬品。两墓距今4 000多年，属新石器时代石家河文化。

卜庄河古墓群　位于郭家坝镇卜庄河居委会4组、5组间。1991年4月，郭家坝页岩砖厂开山取土时发现一批古墓。6月3—13日，宜昌地区博物馆主持，县屈原纪念馆协作，对这批古墓进行抢救性发掘。在150平方米山坡上，发掘墓葬5座，为战国、西汉、东汉时期墓葬。战国时期墓1座，出土随葬器物敦、壶、豆3件；西汉墓3座，有少数鬲足等周代绳纹陶片，出土器物26件，其中铜器鼎4件、纺壶4件、洗2件、甑1件、勺1件、铁器锄1件、斧1件、削刀1件、棺钉1件、陶器盆1件、壶1件、盒1件、杯6件、熏炉1个；东汉墓1座，出土器物6件，钱币1 200枚，在出土的器物中，铜带钩2件、陶罐1件、陶灶1件、陶仓1件、玉饼1件，出土五铢钱1 143枚、货泉56枚、大泉51枚，属王莽时所铸钱币。一件底部铸有“唐是千金”铭文的铜纺壶和一件虎形青铜带钩具有较高价值。2001年，市博物馆发掘面积3 010平方米，出土铜鍪、铜带钩、银镯、铁插、陶鼎、陶钫、陶仓、瓷罐、玻璃坠饰等器物18种110件，出土青铜钱币“五铢”“半两”等数百枚，并发现人殉，这对研究中国古代史具有十分重要的价值。

兵书宝剑峡悬（岩）棺　位于香溪河口东3公里处的兵书宝剑峡，崖壁上有一条状突兀的岩石，远望像一把宝剑插在岩石中，在下游海拔约135米高的峭岩间有一天然洞穴，穴中有一匣状之物，为放置在洞穴中的棺木（远望像重叠的兵书）。2003年5月31日，三峡大坝工程下闸蓄水后，水位上升距洞穴10米，县屈原纪念馆文物工作者对兵书宝剑峡悬（岩）棺葬进行抢救性发掘。6月1日，县港监站协助，将发掘专船停泊于岩洞下，考古人员在船顶对悬（岩）棺和洞穴环境进行考察记录、绘图、录像。6月2日，发掘清理洞穴。棺体为整木挖掘，棺葬由3组叠压，每组由内外棺椁套叠而葬。发掘人员对悬（岩）棺编号定位，然后将棺整体取出。第2组的内棺用红色漆、黑色漆彩绘，有回纹、云纹、几何棱形图案，棺中遗物有被絮残片，残片上的图案以红色为主，用黑色彩绘的线条纹饰清晰可见。内外棺椁内摆放有青铜戈、矛。上面铸有形态各异的虎面、奔跑虎、咧嘴龇牙的立体虎和螳螂、蛇等图形。第三组的内棺遗物有木剑鞘、骨剑饰、青铜巴式剑、青铜凿、铜刻刀、玉等。外套棺内有弓、箭杆、箭镞、菔、洗等。该悬（岩）棺为战国时期巴人遗存，发掘清理遗物属青铜器类有戈2件、矛9件、剑1件、洗1件、刻刀1件、凿1件、箭镞9件；玉器类2件；木器类弓1件、鞘1件；骨器类骨饰2件；竹器类有箭、箭杆、竹席。

其他墓葬　发掘的其他墓葬5处，出土部分文物。黄家坟园墓（茅坪镇中坝子村狮子包）、文中兵夫妻墓（郭家坝镇卜庄河）、天登堡墓群（归州镇西）、八字门墓群（归州镇八字门）、老坟园墓群（泄滩乡）。

二、名胜古迹

屈原祠　始建于唐元和十五年（820），地址在归州城东5里之屈原沱。长江葛洲坝水利工程兴建后，1976年，省、县两级投资将屈原祠迁建到老县城东2.5公里向家坪处，1982年建成。1999年10月8日，国务院三峡工程建设委员会将屈原祠列入三峡工程地面文物保护项目，实行搬迁保护，新址确定在新县城茅坪凤凰山。

乐平里　是屈原诞生地，与屈原相关的遗迹有香炉坪、屈原宅基、降钟伏虎、读书洞、照面井、玉米三丘、响鼓岩、擂鼓台、帘滴珍珠、回龙锁水、屈原庙、乐平里牌坊等。

新滩古民居　三峡大坝蓄水后淹没。新滩古民居于2000年搬迁复建于新县城茅坪凤凰山，共10处：

郑万瞻老屋、彭树元老屋、郑万琅老屋、郑韶年老屋、郑书祥老屋、刘正林老屋、三老爷书屋、郑启光老屋、游县长老屋、邓永清老屋。

江渎庙　位于长江南岸新滩镇桂林村，为清代重修，有“大清同治四年寅丑秋月重修”题记，属三峡工程搬迁保护文物。1999年实施搬迁，由河南省古代建筑保护研究所、河北省古代建筑保护研究所制定修复设计方案。2001年下半年在新县城茅坪凤凰山开工复建，整体占地650平方米，建筑面积850平方米，依山坡走向而建，2002年6月19日竣工。

磨坪悬棺群　位于磨坪乡青干河支流处一长120米、高100米的崖壁上一排山洞和石缝中，放置数十具棺木，是三峡地区发现的最大的悬棺群。

九畹溪悬（岩）棺葬　位于长江南岸周坪乡九畹溪棺木岩处，距长江25公里，为周代至汉代岩棺葬。该处主峰高700米，占地3平方公里，红褐色崖壁间有一条横向的大裂缝，距地面137.5米，裂缝中一字排开放置着7具棺木，故名棺木岩。民间诗云：“自古流传棺木岩，鸟鸣猿啼动人怀。雪飘草木山戴孝，风吹松杉树举哀。春到百花呈奠礼，夜来明月照灵台。不知亡者哪朝辈，棺木七副洞穴埋。”（图19–1–4）

图 19-1-4：九畹溪棺木岩

古桃园宝善塔　位于长江南岸茅坪镇河口，塔高约20米，六棱七级，青砖三合泥结构，用青石凿成拱形门壁，门楣上方横刻“古桃园”3个大字，竖刻有落款“陈姓、黎姓修建于清同治三年”。门内有阶梯可上至第六层，最上一层的六角轮上，悬挂着4只青铜铃。塔尖若笔。

屈原故里牌坊　原位于老县城归州镇民主路中段，为清代牌楼建筑，上有郭沫若先生于1965年10月题字：“屈原故里”。牌坊左边立“楚大夫屈原故里”和“汉昭君王嫱故里”石碑2块。2003年5月搬迁复建于新县城茅坪凤凰山。

古城遗址　位于长江南岸郭家坝镇境内楚台山下的楚王城，其地名锁龙坪，又名所堂坪，海拔380米。城墙南北长980米，东西宽210米，总面积约0.2平方公里。西南端城垣残存高度2.7米、宽2米，城垣外侧用石块堆砌而成，内侧用泥土填实夯打。城外西北角为北门，西城垣偏南处有西门。经考证该城为汉、晋至明代所筑。城垣上部有明代隆庆元年纪年砖；中部夯筑的城垣包含物有汉代绳纹陶片、板瓦、筒瓦等；下部夯筑城垣包含物有新石器时代的石斧、夹砂红陶、黑陶片。

位于长江北岸卧牛山麓的归州城，海拔高程110米，占地面积1 932平方米，据《水经注》称该城为刘备征吴所筑，所存城墙约1 000米，为清嘉庆九年（1804）所建。县城东迁茅坪前保存完好的城门有“迎和”“景贤”二门，2002年6月三峡大坝下闸蓄水前拆除。

位于郭家坝镇东门头村1组的宋城，海拔高程80 ~ 140米。宋端平三年（1236），归州治迁往江南而筑此城。因归州6次徙治，故名宋城以示区别。现存石城残垣300米，约1平方公里。城址东西长500米，南北宽200米，城墙为夯土所成，外垒砌石块。文物复查时称此城为“东门头明城”。

蒲兰田君纪念碑　原位于新滩镇寺大岭，海拔高程120米，占地面积25平方米，为花岗岩石方尖碑。碑身高15米，底座宽、长各4.88米。清光绪二十六年（1900），英国人蒲兰田第一次架汽轮“肇通”

号航行于长江上段经秭归抵达重庆。蒲兰田卒后，民国11年（1922），由英国驻宜昌领事出面，在秭归新滩镇寺大岭为蒲兰田立巨型花岗岩碑。2003年，因三峡工程兴建将该碑复建于屈原镇集镇。

三、文物保护

1981年12月31日，秭归“屈原祠及屈原大夫墓”被省政府公布为全省第二批文物保护单位。1993年2月，归州镇、香溪镇境内明清时期的“治理西陵峡航道摩崖题刻”，香溪镇刘家坝清代“万寿桥水文碑刻”和郭家坝镇“秭归楚王城遗址”被省政府公布为全省第三批文物保护单位；2002年，秭归县“凤凰山古建筑群”被省政府公布为全省第四批文物保护单位。1994年12月，新滩镇桂林村“江渎庙及其碑刻”被市政府公布为市级文物保护单位。1985年4月10日，县政府公布秭归县第一批文物保护单位20处。其中，历史纪念建筑物3处：屈原祠及屈原大夫墓，屈原故里牌坊及碑刻，屈原庙、读书洞、照面井、乐平里牌坊。古文化遗址10处：柳林碛遗址、银街遗址、朝天嘴遗址、徐家冲遗址、茅坪遗址、官庄坪遗址、乔家坝遗址、王家坝遗址、龚家大沟遗址、何家湾遗址。古墓葬4处：树坪古墓群、望江古墓群、旧州河古墓群，九畹溪岩棺葬群。石刻2处：龙江岩崩碑刻、万寿桥水文碑刻。古城垣1处：楚王城残城垣。1994年5月25日，县政府公布第二批秭归县文物保护单位61处。其中，古民居建筑房屋类35处，古井1处，古城门2处，古桥梁8处，石刻碑刻14处，纪念建筑物1处。

1993年，省文物考古研究所受国家文物局三峡工程文物保护领导小组办公室委托，承担秭归县三峡水库淹没区地面文物保护规划工作。1994年，以省文物考古研究所为主组成的三峡地面文物调查队，开始对境内三峡水库淹没区地面文物进行调查。调查在原已掌握材料的基础上进行，对淹没区内所有地面文物开展全面复查和重点补查，确定地面文物名称、位置、标高、类别、时代、占地面积、建筑面积、文物特征及保存状况。通过调查，共认定淹没区78处文物。其中，寺祠类10处，民居类42处，城址3处，牌坊1处，桥梁10处，石刻9处，纪念建筑2处，古井类1处。全县地面文物拆迁和复建工程全部由省文物局负责。1997年7月，省文物考古研究所在新滩结合民居群的搬迁举办“三峡文物建筑培训班”，培训地面文物保护的专业人才，并开始地面文物拆迁。全县地面文物搬迁保护计祠堂庙宇6处，民居10处，石桥4座，城门2处，牌坊1处，古井1口，搬迁建筑总面积9 705.6平方米，占地面积21万平方米。根据三峡工程库区秭归县文物搬迁保护规划，县境内24处库区重要文物集中搬迁复建于新县城茅坪凤凰山。分别是：郑万瞻老屋、郑书祥老屋、郑启光老屋、郑韶年老屋、刘正林老屋、郑万琅老屋、三老爷老屋、游县长老屋、彭树元老屋、邓永清老屋、屈原祠、江渎庙、水府庙、紫光阁、杜氏宗祠、王氏宗祠、屈子桥、惠济桥、江渎桥、千善桥、迎和门、景贤门、“屈原故里”牌坊和古井。复建以“修旧如旧，还原其文物原有面貌”为原则，最大限度的保存原状与历史信息。复建工程采取竖向规划，依山就势，避免大挖大填，控制高程在185米以上。根据地形和文物建筑朝向、自然坡度、建筑群高差，考虑从江面观察的景观要求，将文物搬迁用地划分为入口广场区、祠庙区、民居区、屈原纪念区、自然山林区。2001年下半年，复建第一个项目江渎庙开工，至2005年年底，文物搬迁项目完成21个，在建2个。

第七节　文化市场

一、市场经营

县内歌舞厅始于1992年，开始只有县招待所在“小招”4楼设有一个卡拉OK歌舞厅，门票一般是每人1元。随后县总工会开办舞厅，门票逐步由1元涨到2元。随后县粮食局舞厅、县直机关幼儿园烛光歌舞厅、县邮电局鸿雁歌舞厅等6家歌舞厅和1个音乐茶座陆续开业。1993年，县公安局、县文化馆等单位和部分乡镇相继办起歌舞厅和音乐茶座，到年底，全县共有10家歌舞厅、4家音乐茶座。1998年达到28家。其中，歌舞厅16家、舞厅11家、卡拉OK厅1家。2005年，全县歌舞厅减少到10家。

1989年，全县打台球活动迅猛发展，老县城归州城区共有经营性台球桌80多张，其中人民广场47张，经营者40多人。多为待业青年和无业居民，每天有近百人参加此项活动，多数为年轻人。进入21世纪后，台球市场逐步萎缩，至2005年基本无人经营，只剩几张自娱自乐的台球桌。

全县从20世纪90年代初期开始有电子游戏机室，至2000年达50余家。由于许多学生沉迷电子游戏机影响学习，2000年后，对游戏机室实行限制发展政策。对原有的游戏机室进行整顿，县文化部门不再审批新的游戏机室。2005年，全县电子游戏机室仅剩13家。

县内网吧始于21世纪初。2001年，县城有20家网吧，共有314台电脑。2005年全县发展到29家。其中，县城19家，乡镇10家。随着科学技术的发展，人们消费水平的提高、行业管理的加强，网吧业主不断对电脑提档升级，更新换代，经营环境也不断改善，没有发生重大安全事故。

二、市场管理

文化娱乐场所　1981年，县内一些地方出现少数男女青年在公路上、饭厅里、会议室自发举行舞会，影响社会治安，尤其是跳摇摆舞，有伤风化，影响青少年身心健康。针对这一问题，县公安局、文化局联合向各公社（场）、派出所、文化站和县直各单位转发公安部、文化部《关于取缔营业性舞会和公共场所自发舞会的通知》，加以控制。1992年8月，县公安局、工商行政管理局、文化局联合下发《秭归县营业性歌舞厅管理暂行规定》。2000年12月，县文化局对全县25家歌舞厅进行专项治理整顿，要求歌舞厅的通道、消防器材、装饰材料和电路安装要达到消防标准，要求录像放映场所的面积和消防也要达标。2005年，县文化旅游局配合公安部门严厉打击娱乐场所黄、赌、毒行为，在禁毒宣传月活动期间，对城区6家歌舞厅进行不定期明察暗访，严禁黄、赌、毒现象发生。对全县歌舞厅发放禁毒宣传牌，提出禁毒工作的明确要求。2005年年底，全县10家歌舞厅未发生大的刑事案件和治安案件。

20世纪90年代初，老县城台球桌发展到40多家。由于老县城面积小，出现堵塞交通、影响附近居民休息、不卫生、秩序乱等问题。县政府组织公安、工商、文化等部门责令将广场台球桌搬出，虽然花很大气力，但未能解决问题，出现五出五进的僵持局面。1992年7月15日，县文化局、工商行政管理局、公安局、城乡建设环境保护局等有关文化市场管理单位在台球市场整顿过程中，通过调查，听取台球经营者和广场周围各单位及住户的意见和要求，制定《秭归县营业性台球娱乐活动管理的暂行规定》。1993年2月3日，县文化市场管理委员会召开台球市场自治领导小组筹备会。7月6日，县文化局、县体育委员会联合对广场台球市场进行整顿。8月30日，县文化局牵头，召开工商行政管理局、税务局、体育委员会参加的广场台球市场整顿会议，制定《关于加强广场台球市场管理实施办法》，成立台球经营自治领导小组，成员由台球经营者推举和县文化局、县体育委员会提名产生。其职能是对台球经营者进行管理和监督。规定经营时间为夏秋23点止，冬春20时30分止，不准利用台球赌博或变相赌博，不得影响交通、行车和行人通过。至此，台球市场走上由经营者自己管理的道路。1994年后，全县台球市场逐步萎缩，县文化部门未再出台新的管理规定。

2000年，针对越来越多的青少年因迷恋网络游戏影响学习的社会现象，全县开展“电子海洛因”专项整治行动。成立由分管文化工作的县委副书记任组长，县政法委书记及县政府分管文化工作的副县长为副组长，县社会治安综合治理办公室、文化局、公安局等7个单位负责人为成员的领导小组。6—11月，县文化局、公安局、工商行政管理局联合进行拉网式反复清查。经核实，全县共有电子游戏机室和电脑网吧41家。其中，证照（文化经营许可证、营业执照）齐全的12家，证照不全的22家，无证照的7家。清查中，对无证照和证照不全的全部取缔和吊销执照，仅保留5家游戏机室，且实行强化管理；对在非节假日接纳未成年人和超时经营者下发整改通知书限期整改；共收缴赌博机电路板55块，查封赌博机22台，收缴经营电脑游戏的计算机21台、电脑键盘27套、电脑光盘53张；对学校周围200米范围内的游戏经营场所全部撤除，对违规经营的3户业主给予警告，并予以罚款共计2 500元。11月份抓游戏机室硬件达标建设，要求每户经营场所必须达到50平方米，游戏机必须达到25台以上，在游戏机室外必须悬挂“非节假日禁止未成年人入内”和营业时间的警示牌灯箱，游戏机的机型、机种、电路板必须由文化部门审验并加贴审验标牌。2000年后，县文化管理部门对网吧实行控制发展政策，至2005年全县只有29家网吧，比2001年增加9家。2004年2—8月，全国范围开展网吧专项整治行动。县文化旅游局与县公安局、工商行政管理局组成专班日夜巡查，未发现大的问题。2005年，县文化旅游局创新管理方式，变“打、堵、压”为“引、疏、导”，标本兼治，综合治理。与县教育部门联合开展未成年人“远离网吧”签名宣誓活动；在县电视台“今日视点”栏目制作网吧宣传教育专题节目；县图书馆延长“绿色网吧”——电子阅览室开放时间；出台网吧违规行为处罚细则，组织网吧业主重学法规，并与其签订规范守法经营责任状。同时严查严打网吧违规经营行为。当年4月至年底开展集中整治行动，累计出动执法人员600余人次，对违规网吧处以罚款1.5万元，其中2家停业整顿达一个月。使网吧接纳未成年人等违规经营行为得到遏制。为加强管理，县政府印发《秭归县互联网上网服务营业场所管理办法》，并于2005年8月1日起施行。

1983年，县文化局针对农村剧团和民间艺人中所表演的剧目不健康问题，开展思想教育、业务考核和登记换证整顿工作，制定严禁演出反动、淫秽、恐怖、荒诞节目的规定，提倡、鼓励、支持编演现代戏，努力做到现代戏、新编历史戏和优秀传统戏“三并举”。对符合条件的，由县文化局发给省文化厅统一印制的演出证，对不合格的注销演出证。1984年9月，县文化局加强对小城镇和农村中由艺人组成的职业剧团、演唱小组和零散艺人演出活动的管理，对上演节目实行严格审查制度。由专业剧团的演职员自行组织剧团也按此办法办理。1994—2005年，县文化部门按照省文化厅《关于加强演出市场管理有关问题的通知》精神，对全县演出市场进行整顿。

1989年，县政府成立整顿、清理书籍报刊和音像市场领导小组。至2000年，全县已办证的音像制品零售、放映、出租经营户58家。当年12月，县文化局对7家录像放映厅进行专项治理整顿，要求其经营场所面积和安全消防设施必须达标。为防止播放盗版或色情光碟，实行送审盖章后才能播出的制度。2005年，全县共有音像出租经营户70家，均能守法经营。

出版市场 1987年，县文化局开始核发内部图书准印证。1989年，县文化局内设文化市场新闻出版股，负责管理县内内部出版物审批及文化市场的管理工作。1999年7月，根据规定，县文化（新闻出版）局不再核发内部图书准印证，只协助用户向市新闻出版局提出内部出版物申请。2000年年底，县新闻出版局成立，与县文化旅游局合署办公，其职责是对县城范围内印刷企业、书报摊位进行检查，处罚印制、出售非法出版及含有反党反社会主义、色情、暴力等反动和不健康内容刊物的单位和个人。2005年，全县出版物发行单位总数83家，均属零售业务。其中，国有15家，私营2家，个体64家，有限责任公司2家。一些经营业主贪图进货便宜、迎合一部分追求低级趣味的消费者心理，大量购进盗版、色情等非法出版物。县文化旅游局加强以打击盗版和非法出版物为重点的新闻出版市场管理。对出版物市场进行全面清理，对政治性非法出版物、“法轮功”等邪教组织的宣传品、淫秽图书（杂志、光碟）进行重点查缴；对印刷、征订、使用各类盗版教材、教辅读物的单位及相关责任人进行查处，共收缴50余本（盘）非法出版物和音像制品。1979—2005年，县内经批准出版发行的内部刊物有：县委办公室主办的《情况反映》（1979—2005年），县委宣传部主办的《学习与宣传》（1981—2005年）、县科学技术委员会主办的《科技信息》（1979—2005年）、县文联主办的《屈乡文苑》（1980—2005年）等。

印刷业 1979年，县内有新华印刷厂及茅坪高中校办小型印刷厂两家印刷企业。1984年，茅坪高中小型印刷厂停办。1985年后，复印机、计算机、激光照排等打印设备逐步取代以往油印和敲打式打字机等设备，印刷包装业迅速发展。到2001年，全县有专业印刷厂11家，打字复印门市部等从事印刷行业42家。县新华印刷厂是全县唯一授权出版物印刷厂。2005年年底，全县有印刷厂12家，打字复印经营部70家。1990年，在整顿全县书刊市场活动中，县文化局对5家印刷厂和2家对外经营复印业务的个体户进行检查，会同县工商行政管理局对一家违反管理规定的印刷厂进行严肃处理。2000年4—8月，县文化局对印刷行业进行专项治理。对全县11家专业印刷厂进行检查，有3家违规印刷图书被查处。即县新华印刷厂无任何手续印刷《秭归县矸石发电厂运行规程》等出版物360册；县职业教育中心印刷厂违规印刷《农村实用技术》等书5 500册；县第一中学印刷厂违规印刷《学生教育管理手册》450册。对这3家印刷厂分别给予1 000元、1 500元、500元的经济处罚，并责令写出书面检查。2005年1—5月，全国开展印刷行业专项整治活动，县文化旅游局会同工商、公安、质量监督等部门，对全县11家印刷企业进行清理整顿。共出动执法人员30余人次，收缴50余本非法出版物。

三、文化部门创收

1986年11月7日，县政府办公室批转县文化局《关于农村文化站问题的请示》，要求全县农村文化站充分利用智力优势开展多种经营，实行无偿服务与有偿服务相结合，合理组织经济收入，弥补文化经费不足。这种文化系统发挥自身优势创收弥补文化经费不足的措施称之为"以文补文"。1986年全县文化系统"以文补文"只有录像放映、照相两个项目，收入6 450元。1987年2月2日，文化部、财政部、工商总局联合颁发《文化事业单位开展有偿服务和经营活动的暂行办法》，规定"对文化单位开展'以文补文'实行鼓励政策"。1987年，全县"以文补文"项目增加电影、工艺美术、复印、电器修理等，纯收入达2.55万元。1988年，县文化馆、图书馆、屈原纪念馆3个单位的总收入达25万多元，各乡镇文化站"以文补文"活动也获得较好效益。"以文补文"收入除还贷款外，主要用于发展文化事业。

屈原艺术团2001年赴山东、湖南、河南、江西、江苏、安徽6省巡回演出62场；2002年开辟四溪风景区演出市场；2004年进入宜昌市城区市场，与一些大型商场签约，每月演出1～2场，每演出一场收入3 000元以上；2005年，以大型水上舞台剧《礼魂》开辟九畹溪风景区演出市场，旅游旺季每天演出2～3场，每月演出收入2万～3万元。2005年，屈原艺术团全年演出收入达30万元。

屈原纪念馆除接待游客的门票收入外，1985年又开办文物小卖部，经营纪念品、金银首饰、茶水、饮料、小食品及照相，当年获利484元。1992年，屈原纪念馆实现总收入21.92万元。其中，门票收入18万元，小卖部收入1.98万元，照相收入5 000元，房屋出租收入1.44万元。1994年，屈原纪念馆被市文化局、财政局表彰为"以文补文"先进单位。1995年，屈原纪念馆总收入达22.9万元。此后县城东迁，旅游接待人数逐年下降。2005年，屈原纪念馆收入为20.4万元。

1986年8月，县文化馆利用原县文工团闲置的彩色投影设备，开展录像放映，当年收入8 047元。1987年3月，县文化馆成立工艺美术服务部，除录像放映外，增加工艺美术摄影、电器维修等服务项目，当年收入1万元。此后，县文化馆又开展铝合金制品、工艺美术制品、房屋装潢、玻璃制品等业务。1995年后，受县城东迁及财税政策影响，县文化馆“以文补文”项目逐年减少。2005年仅有培训和房屋出租两个项目。2005年县文化馆创收5万多元。

县图书馆从1988年开始经营文印业务，当年获纯收入7 896元。1989年4月增设出租图书馆项目，当年图书馆“以文补文”纯收入1.36万元。1994—2005年，县图书馆纯收入累计达39.6万元，其中1996—1999年，因县城东迁，没有创收。

第二章　广播电视

1979年，全县各公社广播通达率100%，大队通广播率达93.8%，生产队通广播率95.3%。全县广播线路3 721公里/杆程，拥有广播喇叭6.2万只。1983年，架通县城归州至两河口卡子调频广播台专线42公里/杆程，使县广播站信号与沙镇溪、两河口联通，同时通过卡子调频台发射广播信号覆盖磨坪、梅家河等地。1984年9月，县广播事业局与县文化局合并，成立县文化广播局。1985年7月，广播与文化分设，成立县广播电视局。1986年8月，架通老坟园至泄滩的广播专线，使泄滩苏区直接接收县广播站信号。1989年后，实行有线与无线相结合，县级已建成卡子、将军堡、大金坪、姚家堡等调频广播发射台，乡镇同时建立小调频网。随着县、乡镇调频广播网的建立，改变农村广播传输和接收方式，由喇叭改变为可开关的调频广播。至2005年，县级有调频广播发射台4座，设备8台套，功率930瓦；乡镇有调频广播转播站28座，设备28台套，功率1 500瓦。广播信号覆盖35.5万人，综合覆盖率为90%。

1975年12月，建立大金坪电视差转站，电视开始进入百姓家庭。随后，县内电视差转站迅速发展。至1985年，全县已建立电视差转站17座。1986年12月，县内第一座卫星电视地面收转站在县城归州镇建设街建成。此后，全县16个乡镇相继建立卫星电视地面收转站。1990年12月，成立县人民广播电台。1991年，县广播电视局开办有线电视。1992年10月，成立县有线电视台。从1992—1996年，全县乡镇（除茅坪外）均建立有线电视站。至2005年12月，广播电视县乡联网已贯通12个乡镇，全县有线电视用户达4万余户，能收看30套电视节目。电视综合覆盖率达94%，综合覆盖人口37.5万人。

第一节　广　播

一、广播网络

1976—1978年，架设县城城关镇至公社广播专线91.5公里，连通香溪、郭家坝、周坪、杨林等7个公社的广播专线；同时有两河、杨林、芝兰、周坪、文化等公社实现“队队通”广播专线，全县基本形成“以县站为中心，社站为基础，专杆专线传输为主”的农村有线广播网络。1979年，全县在巩固发展有线广播的同时，发展无线调频广播。1983年始，先后建成将军堡、卡子、大金坪、姚家堡、税家包、茅坪等调频广播发射台。1983年春，县广播事业局组织专线工程队架通归州至两河口卡子调频台42公里/杆程的广播专线，联通沙镇溪至两河口的广播专线。1984年年初，对县城归州至杨林区的广播专线进行更新改造。共更换木杆200余根，水泥杆300余根，钢线20余吨，改造线路45公里/杆程，使7个乡镇广播信号恢复正常传输。1985年，全县大力发展村级广播室和标准网络村。1986年8月，架通老坟园至泄滩区6公里/杆程的广播专线，用水泥杆100余根。自此，县至镇（区）广播专线共架设139.5公里/杆程，用水泥杆2 300余根，铁担3 000余匹，瓷瓶3万余只，钢线50余吨。1990年12月1日，县人民广播电台成立后，全县12个乡镇相继建立乡镇调频广播转播站。随着三峡工程兴建，1996—1998年，县通乡镇的广播线路逐步改为微波传送和无线发射，全县已建成有线和无线相结合、传输可靠、独立的农村广播网。至2005年，广播信号可覆盖35.5万人，广播综合覆盖率达90%。

二、广播设施

1987年，兴建姚家堡县级调频广播发射台1座，安装50瓦发射机1台，接收大金坪信号。1992年，大金坪调频台更换1台300瓦的调频广播发射机，增大功率，扩大覆盖面。1996年，县广播电台新置4.5米卫星广播天线和收转设备，提高广播信号质量。1996—1998年，随着三峡工程兴建，县至乡镇的广播线路逐步改建为微波传送和无线发射。1998年，县人民广播电台迁建新县城茅坪后，新购置调音台、数字音频工作站，县广播电视中心采用微波发送信号。县级广播形成以县广播电台—税家包微波站—大金坪微波站—卡子微波站为骨干的广播信号台、站。至2005年，县级骨干台、站有微波机4台套；调频接收机8台；发射功率1.5千瓦。

1979年，全县18个公社、460个大队，通广播率97.8%，安装小广播喇叭6.2万只，入户率69.7%；能正常发出音响的4.8万只，音响率77%。全县安装高音喇叭350只。1987年，村通广播率80%，户安装喇叭63万只，入户率61%，安装高音喇叭207只，扩音机107台，功率22.7千瓦，覆盖率75%。1997年，村通广播率83.9%，户安装喇叭下降1.58万只，入户率14.8%，音响率只有6%。高音喇叭780只，扩音机221台，覆盖率10%。1984年10月，县广播电视局在县城归州后山将军堡建起调频广播发射台，安装50瓦发射机1台，用90兆赫频率发射县广播站信号。同时在大金坪微波站安装1台50瓦发射机，接收将军堡信号，用88.6兆赫频率转播发射县广播站信号。当年全县广播覆盖5万人，覆盖率12.5%，逐步替代有线广播。1987年4月，新建姚家包广播调频发射台1座，安装50瓦发射机1台，接收大金坪信号，使远离县城归州的茅坪、龙江两区能接收县广播站信号，结束县办广播30多年来依靠邮电线路载波信号的历史。1990年12月，县人民广播电台成立。先后建立茅坪、前山坡、云雾垭、将军堡、陶家坡、上坝、严坪、辛家坪、黄家山、大岭、凤凰寺、薛家坪、鲁家湾、磨坪、荒口坪、梨子树坪、石头坪、文化、狮子包、周坪、界垭、芝兰、长岭、三岩口等24个调频转播站，有调频接收机、调频发射机各28台，发射功率1.5千瓦。1992年后，随着库区乡镇移民迁建，淹没水位以下广播线路也随之拆除。至2005年，乡镇有线广播被微波传送和无线发射广播所取代。

1979年，全县建有村级广播室21个，1985年发展到36个，1990年发展到88个，1995年发展到201个。村广播室是农村有线广播的基础，每村广播室配有250瓦扩音机、话筒、收录机、电源配电和输出等设施，使用方便，效果较好。1984年10月，结合山区特点，有线无线相结合，建立农村广播网。1985年起，全县大力发展村级广播室，提高通播率、入户率、音响率。当年发展动圈喇叭（音箱）250只，提高音响效果。1989年12月，省广播电视厅一行3人抽查周坪乡峡口村，挨家收听，音响效果较好，对秭归农村有线广播网络建设充分肯定。1990年后，调频和无线广播逐步取代有线广播。

三、广播宣传

1990年前，县人民广播站每天早、晚播音。1990年12月，县广播电台成立后，每天早、中、晚各播音一次。自2002年1月后，恢复早、晚播音。1979—2005年，共收到广播宣传稿件24.14万件，采用播出16.23万件，占67.23%。广播宣传稿件获国家级奖3件；省级奖69件；市级奖211件。

1979年后，广播宣传通过举办“广播讲话”“广播讲座”“政策讲座”等专题节目，大力宣传中共十一届三中全会后改革开放的成果和巨大变化。1987年广播宣传在“说说屈乡这八年”的专题节目中，通过有奖征稿，共征稿件100多篇，播出50多篇，其中影响力较大的稿件有：《屈乡处处有真情》《“老大男”招亲》《彭家坡的变迁》《黄土坡巨变》等。1991—1998年，围绕党和国家领导人视察访问秭归宣传。先后以《香溪柑农吴元清牢记李瑞环的关怀科学种柑丰收》《共和国总理心系移民》等为题在电台进行报道。围绕秭归有史以来的大事移民迁建及时宣传报道。1992年12月26日，新闻特写《历史性的时刻》报道秭归新县城建设在茅坪剪刀峪破土动工的场面；1998年9月28日，特别报道《庆祝新县城东迁》，让秭归人民对那难忘的时刻打下深刻的烙印。1995年4月，《省长蒋祝平走访秭归城区第一个移民搬迁户韩永振》《秭归首批移民外迁》等消息，赞扬秭归移民舍小家为国家的无私奉献精神，为移民搬迁工作起到促进作用。2002年二期移民清库，老县城归州实施群楼大爆破。3月24日，广播新闻以《清库在归州》为题报道爆破盛况，惊心动魄，真实感人。许多干部群众说：“大家是流着眼泪听完这组新闻的。”

1979年后，在广播节目中先后开办“农家顾问”“屈乡科技”“农业科技”“科技讲座”“气象与服务”“信息与广告”“农民之友”“绿色村庄”等栏目，围绕农业、农村、农民进行服务。1979—2005年，广播记者采编播出服务“三农”的稿件达2万多篇，其中影响较大的有《香溪河畔种柑人》《西陵峡畔储柑人》《金秋时节话柑橘》《柑橘专家谈“傻瓜”技术》《摇钱树搬家》《人工防雷记》《靠田吃田还得养田》《挥金如土不如挥金入土》《龙潭坪村农民学用“洋技术”》《云台荒药材场菜贱伤农原因何在》《“定心丸”里有隐忧》《谈减轻农民负担问题》《省长深山访农家》达1 000余篇。在“农民之友”专题节目里，适时对农作物的栽培技术进行讲座，如对柑橘的保花、保果、采摘、储藏以及防虫治病等科技知识进行系列播讲。通过对农村广播，为农民增产增收起到促进作用，深受农民群众好评。

1996年，县广播电台记者采写的《用生命托起希望的太阳》，报道辽宁省大连市农行凌水子营业所离休干部李范懿夫妇倾平生积蓄10万元，捐助秭归希望工程建设的事迹。通过宣传报道，在全县掀起“学习李范懿，爱心献教育”活动，仅磨坪乡白家坪村建“甫懿希望小学”就收到捐赠14万多元，推动全县希望工程建设。1992—1994年，广播记者采写《李青春事迹系列报道》《峡江活雷锋》，分别报道李青春、刘厚明事迹。1996年以《英雄壮歌撼峡江》《学习徐委员》等为题报道茅坪镇宣传委员徐耀德舍身救人的英勇壮举。1994—2003年，题为《五龙深山一条龙》《三峡铁汉》的通讯，宣传报道郭家坝镇庙垭村党支部书记佘西龙艰苦创业，带领群众致富的感人事迹。《一切为了农民患者》，报道县第二人民医院院长、五一劳动奖章获得者郑家宝的先进事迹。通过典型宣传树立楷模，弘扬正气，促进全县“三个文明”建设。

1979—2005年，广播文艺宣传节目先后开办“屈乡文苑”“每周一歌”“歌海乐潮”“曲艺与小品”“长书连播”“轻歌一曲醒屈乡”“空中乐园”“乡音乡情”等多个栏目，播放大量健康传统民歌和深受人民群众喜爱的现代歌曲。1994年，电台记者挖掘、整理、编辑最具地方传统特色的民间文艺，从峡江号子王胡振浩的40多首劳动号子中选用《船工号子》《纤夫谣》和新编《三峡移民号子》等多支号子在电台反复播放，弘扬民间传统文化。1998年10月15日，县广播电台创作的《乡音乡情·胡振浩和他的船工号子》获第五届中国广播文艺音乐节目三等奖，并由中国广播电视学会颁发荣誉证书。

第二节　电　视

一、电视网络

1979—1985年，贯彻中央关于“四级办广播、四级办电视、四级混合覆盖”和“各级负担”方针，采取县办、区（镇）办、村办、厂办、民办等各种形式，先后建电视差转站14座。其中，县级骨干转播站3座，区（镇）差转站11座。1986—1988年，先后又建成乡镇级电视差转站6座，使全县电视差转站达20座，电视信号覆盖人口28万人，覆盖率70%。1984—1990年，全县组建电视录像放映点135个，丰富城乡文化生活。1986年12月，全县第一座卫星电视地面接收站在归州镇建成，转播发射2套电视节目。1986—1992年，全县16个乡镇相继建立卫星电视地面收转站，电视转播质量普遍提高。1988—1992年，县直单位及部分厂矿开通闭路电视20家，安装用户300多户。1992年10月，县有线电视台成立，在老县城归州建网安装5 000多个用户，开通12套电视节目。1992—1996年，全县13个乡镇（除茅坪镇外），先后建立有线电视站。1996年6月，新县城茅坪有线电视工程启动，1997年7月20日正式开通，传输15套电视节目。至2005年，新县城有线电视网络已建成主干线200千米，（其中光缆80千米，电缆120千米），安装终端用户1.8万户，采用750兆赫传输系统，发展有线电视用户2.3万户。1992—2002年，建成“1线2台3网4点8站”有线无线相结合的广播电视传输网络。“1线”即一条41千米微波线；“2台”即广播电台、有线电视台；“3网”即调频广播网、有线电视网、无线电视网；“4点”即夔龙山、税家包、大金坪、卡子4个骨干转播点；“8站”即茅坪、屈原、归州、水田坝、泄滩、沙镇溪、郭家坝、周坪8个乡镇广播电视站。县、乡镇两级有线电视用户达4万余户，边远地区农户尚有家用卫星电视接收设施6 500余套。全县电视采用有线无线混合覆盖方式，电视信号覆盖37.5万人，覆盖率94%。

1992—1996年，建立村级卫星电视地面收转站37座，分别是：香溪镇向家湾、贾家店、贯垭站；郭家坝镇柏杨坪、柿子树坪站；文化乡庙垭、金溪站；周坪乡长岭、桂垭站；芝兰乡石柱、尚水坪、牛家坳站；杨林桥镇偏岩、熊庄河站；沙镇溪镇罗家岭、土地岭、流来观、乐兴站；泄滩乡蒿子坪、黄家山站；两河口镇高桥河、二甲、云盘、月明山、牌楼站；磨坪乡天井坪站；屈原镇铺坪、竹瓦头、五指山站；水田坝乡马营、朝东观、吴家坡、柏树垭、三溪河站；茅坪镇望江观、陈家坎站；九岭头林场双龙站。

二、电视设备

1978年前，县电视台只有40瓦黑白电视差转机1台，至1983年有10瓦彩色电视差转机2台。1996年前，县广播电视台有进口日本摄像机3台；河北、武汉、成都字幕机3台；进口日本录像机6台；进口日本编辑机3台，（其中非线性编辑机1台），50瓦、100瓦彩色电视发射机各1台；电视调制器5台。2000年前，新增进口美国调音设备2台；西安微波机4套；进口日本DP800型、GY-X2、SONW637-3P摄像机各1台；河北DP500字幕机1台；进口美国调制器10台；进口美国PBI

图 19-2-1：县电视台机房控制室

接收机1台；进口日本编辑机5台；深圳奥维迅98LE非线性编辑机1台。2005年前，新增进口日本松下、佳能摄像机5台；韩国三星VP-391摄像机1台；湖南硬盘播出系统1套。（图19-2-1）

1996年前，县级电视网络设施有—12、—9型电缆分别为12千米、15千米；放大器80台；进口日本东芝卫星接收机15台，天津14英寸监视器18台。2000年前新增深圳、浙江光发射机12台，25千米、50千米电缆各1套，迈威双向干线放大器30台，干线放大器80台，浙江SKD-A6-60供电器15台，四川绵阳长虹B2117监视器40台。2005年新增进口美国哈雷公司HRM3811光工作站4个，武汉光发射机8台，杭州CA730BL光接收机38台，进口美国哈雷PWL4910光接收机32台，通达公司光缆（GWXTA）80千米，杭州万隆KA5134T放大器160台，西安迈克公司MIC-902-10A供电器80台，汉胜—9型电缆120千米。

1986—1992年，先后建立香溪、新滩、茅坪、水田坝、杨林桥等15个乡镇卫星电视地面接收站，有收转设施15台套，发射功率150瓦。1992—1996年，各乡镇粮食、供销、烟草等单位建有卫星电视地面接收站52个，设施52套。1994年，全县建乡镇有线电视站6个，配套功率170瓦。1995—2005年，茅坪、屈原、归州、水田坝等乡镇8个广播电视站共配置各种设施902台套。茅坪镇广播电视站配置设施40台套。主要设施有前端机柜、光发射机、光接收机、电视发射机、电子稳压器、自动击穿空气开关。周坪乡广播电视站配套设备133台套，主要设备有前端设备，发射、监视、供电设备及有线电视设备。屈原镇广播电视站配置124台套，主要有摄像机、录像机、影碟机等。郭家坝镇广播电视站配置74台套，主要有卫星电视接收机、电视调制器、字幕机等。归州镇广播电视站配置201台套，主要设施有HIC-2000卫星电视接收机、CA98S电视调制器、DW-6DW-S卫星电视接收天线、HTTS010电视发射机、PTT2101光发射机、PTRT201光接收机等。水田坝乡广播电视站配置83台套，主要有数字卫星电视接收机、卫通调制器、混合器、FNTT04光发射机、FNTR-2002光接收机等。泄滩乡广播电视站配置61台套，主要有KT-D8855G卫星电视接收机、调制器、电视监视器、电视发射机等。沙镇溪镇广播电视站配置75台套，主要有摄像机、编辑机、调制器、光接收机、光发射机、电视发射机、稳压器等。

三、电视宣传

县电视台新闻宣传以报道发生在县境内大事为主，如党和国家领导人视察考查、县城搬迁、重大灾害等。1992—2003年，先后对江泽民、李鹏、朱镕基、胡锦涛、温家宝等10多位党和国家重要领导人到秭归视察情况进行报道。如新闻作品《李鹏视察移民柑橘园》《回忆难忘的时刻——记江总书记视察秭归》《朱镕基与移民话安置》《李总理的牵挂》《胡锦涛来到彭家坡》《移民提建议总理来解决——记温家宝视察秭归》等。1992年12月26日，秭归新县城在茅坪镇破土动工，记者在现场拍摄，将盛况于当日在“秭归新闻”中播出。1998年9月28日，在新县城长宁广场举行县城搬迁庆典仪式，县广播电视台对庆典实况进行现场直播。2002年3月24日，对老县城归州135米水位线下的群楼实施爆破，县广播电视台组成20多人采访队伍进驻归州全方位报道。爆破后仅3个半小时，消息就在当晚“秭归新闻”中播出。2003年6月10日，三峡大坝蓄水至135米，电视台记者郭俊拍摄的电视消息《三峡蓄水——兵书宝剑千古之谜被揭开》在中央电视台一套“新闻联播”中播出，此消息被评为当年湖北新闻奖二等奖。1996年7月，全县遭受罕见的洪灾和坍山滑坡灾害。电视记者深入灾区第一线，报道人民抗灾救灾动人事迹。特别是灾后推出系列新闻分析《灾后反思》，从水、房、林、人4方面紧扣防灾主题，用大量事实说明保护环境、保护生态平衡的重要性。2003年7月13日，沙镇溪镇千将坪村发生重大滑坡灾害，电视记者立即赴险区，拍摄现场，及时报道灾情。同时，还报道中共中央政治局委员、国务院副总理曾培炎和中央政治局委员、省委书记俞正声以及各级党政领导赴灾区慰问灾民，指挥抢险救灾的情况以及灾区党员干部带领群众抢险救灾的事迹。其新闻消息在中央电视台一套“新闻联播”中播出，央视一套“东方时空”栏目还播出专题片《秭归突遇山体滑坡》。

围绕全县经济建设大局，以服务“三农”为主题是电视宣传的重点。1994—2005年，在秭归新闻节目中，先后开办“春之声”“科技兴县”“农业、农村、农民”“农村税费改革”“一号文件进农村”“搞好柑橘销售”等专题，推出《学苏沪谈发展》《闹春耕》《科技进行曲》《扶贫攻坚》《走出库区看发展》等系列报道。在这些报道中，播发大量农村经济、农民生活、农业科技等方面稿件。其代表作有：1995年播出《县烟草局把技术送到田间地头》《县委县政府将农业综合开发会开到农家地里》。1996年播出的新闻调查《云台荒药材场菜贱伤农原因何在》引起相关部门重视。1997年播出评论《亮出脐橙之乡的优质品牌》。1999年播出新闻调查《秭归脐橙为何俏》，对秭归柑橘发展起到一定推动作用。2000年播出《半高山地区到底种什么》；2003年播出系列报道《走出库区看发展》；2004年播出系列报道《一号文件进农村》等电视新闻作品，促进全县农村经济发展。

1998年后，电视宣传围绕全县实施“精品工业强县”战略，将工业生产报道纳入新闻报道重要内容。1999年推出大型系列报道《奋进之路》，将报道重点放在全县骨干企业的改革发展上。2000年推出系列报道《希望之路》，充分展示“九五”时期全县发展乡镇企业的成功经验。2001年播出评论《“十五”开局良好 经济步入快车道》，对全县工业经济结构现状进行科学分析，对未来工业经济大提速提出展望。2002—2005年，先后以《经济前哨》《劳动者风采》《三金硅业 打造华中硅都》《当代工人》《秭归民营之星》《建好重点项目 打造工业强县》《东部县市看崛起》等为题进行系列报道，为秭归建设精品工业强县营造良好的舆论氛围。

三峡工程移民是秭归的热点和焦点，县电视台开辟“三峡工程热线”专栏，摄制大量专题片宣传报道移民搬迁工作。1994—1995年，开办“城建之光”，全方位报道新县城和库区乡镇集镇建设情况，共播出62期。1997年摄制9集专题片《奉献大三峡》，讲述秭归移民为三峡工程无私奉献的真实感人故事。专题片《秭归县一线水位移民搬迁纪实》，成为向上级汇报的真实资料片。同年夏天，配合中央电视台摄制大型纪录片《大三峡》，片中反映秭归移民的有两集。该片以纪实手法再现秭归移民离开故土、告别祖坟的悠悠情思，举家迁徙的壮观场面，清理库岸的隆隆硝烟，重建家园的声声号子，使观众为之动容。1998年摄制专题片《县城东迁特别报道》。1999年拍摄《回望移民路》3集专题片。2002年，与中央电视台联合拍摄专题片《清库在归州》等，从不同侧面全方位反映秭归移民工作，记录震撼人心的动人场面。2002年11月，与中央电视台联合拍摄《郑之德——移民先移心》，在中央电视台“东方时空——东方之子”栏目中播出。2002—2003年，开设“移民备忘录”专题节目，播出《群星耀峡江》《清理库底 造福子孙》《漫漫移民路 殷殷报国情》《世纪丰碑》《蓄水139》等系列节目。2005年在“今日视点”中播出的《移民精神礼赞》等专题片真实反映秭归人民为三峡工程舍小家、为国家的感人事迹。

电视文艺节目以健康向上为主旋律，以寓教于乐为宗旨，先后开办“送您一首歌”“点歌台”“七彩桥”“电视剧场”等栏目。1989年后，秭归电视台试播期间，播放《辽沈战役》《淮海战役》《平津战役》《开国大典》《毛泽东和他的儿子》《周恩来》《地道战》《地雷战》《平原游击队》《铁道游击队》《英雄儿女》《闪闪的红星》等100多部战争影片，同时还播放大量健康娱乐性影片，不仅使广大观众受到爱国主义和革命传统教育，而且也起到休闲娱乐作用，从而提高秭归电视台自办节目收视率。

第三节　多媒体网络

一、网络建设

2003年6月，县广播电视局建起以娱乐、视频为主的网站，称为“秭归广电视频网”。2004年11月更名为秭归广电宽带网。为秭归广电宽带用户提供视频服务，包括《秭归新闻》专题节目、天气预报和电影、电视剧等视频节目。至2005年12月，网站点击率超过30万次。

2004年10月，先后建立以电子政务公开和网上交易为主的政务网站和商务网站，即秭归电子政务公开网和三峡网上交易信息平台。2005年年底，电子政务公开网点击率超过8万次。

2004年6月，县广播电视局与县林业局签订专网接入业务合同，为其提供与市林业系统联网服务。8月，县广播电视局与县国家税务局签订专网接入业务合同，成为全市“金税工程”的一个子项目。2005年4月，县广播电视局与县地方税务局签订专网接入业务合同，成为全市“金税工程”第二个子项目。至2005年年底，秭归县广电宽带网接入上网计算机1 200多台。

二、设施建设

2003年4月底，茅坪城区有线电视传输网络完成HFC光纤电缆混合网改造，具备数据传输功能，适合发展互联网宽带接入业务。县广播电视局投资30万元，建立数据传输前端系统。主要设施包括瑞通四层核心交换机（瑞通RS-3000）、阿姆瑞特F300防火墙、路由器（CISCO2611）及光纤收发头端设备等。互联网出口使用的是市广播电视网络中心8兆赫出口，因其稳定性及网速欠佳，2003年6月，租用联通公司2兆赫出口。2003年10月，升级至8兆赫出口。2004年8月，租用移动公司8兆赫出口。2005年3月，移动互联网出口增至16兆赫，秭归广电宽带网出口达24兆赫。

第四节　广　告

一、广播广告

1984年举办广播“空中贺卡”点歌节目，点播1首歌曲收费10元。同时与一些厂矿企业联办“企业之声”和“经济之声”等专题节目，还与银行、交通等单位联办“金融之声”“交通法规”“红绿灯”等专题节目，通过办专题节目收取一定费用。1984年开办广播广告服务节目时，年创收5 000元。此后年创收5万～7万元。1990年成立县广播电台，当年广告创收18.26万元。1984—1999年，广播广告累计创收131.21万元，年均8.74万元。1999年后广播广告由电视广告所取代。

二、电视广告

1999年，县广播电视局（台）成立广告部，由4人负责广告承接登记、收费和编排播出等业务。广告形式分为图像广告和文字广告，年创收60万元。2002年，在原广告部基础上，重新组建广告专题部，共8人负责广告专题登记、组织策划、拍摄撰稿、播制创作、编辑审查。广告栏目分为电视剧场和专题广告栏目。广告内容主要有农资、医疗和其他商业广告。专题栏目设有“热点聚焦”“农家顾问”“风韵秭归”“生活导航站”等栏目，年均播出80余期，年创收120万元。1999—2005年，电视广告累计创收660万元，年均创收94万元。

第二十篇　史志·档案

1986年5月，县组织史编撰领导小组成立，下设编辑组。同年6月开始，按照“广征、核准、精编、严审”的方针，查阅档案3200多卷（册）。先后到北京、武汉等地专访曾在秭归工作过的百余名老干部，征集近100万字史料，历经3年，四易其稿，于1991年12月，公开出版1927—1987年《中共湖北省秭归县组织史资料》首卷本。1992年10月，县志党史办公室成立，先后与县委组织部联合编撰1987—1995年《中共湖北省秭归县组织史资料》第二卷及1996—2003年第三卷。同时，先后编辑出版《秭归县革命斗争史》《红色土地》《岁月回响》《伟大的关怀》等党史资料。地方志编撰工作取得成果。1979年后，先后编撰出版首部《秭归县志（1901—1985）》，启动第二轮《秭归县志（1979—2005）》编撰工作。同时，大部分单位和部门编修专业志。首届县志编撰时全县共编撰41部专业志，8部专史，计496万字。第二轮修志开始后，先后编撰10多部专业志。充分发挥志书资政、存史、教化作用，为经济建设和社会发展服务。1981年8月，县政协成立文史资料工作组，后更名为文史资料委员会，负责全县文史资料收集整理工作。至2005年，先后编辑出版文史资料专辑17辑，计252万字，印发2.2万册。

县档案馆成立于1959年，历经40多年的发展。至2005年，共收藏各类档案8.09万卷（册），馆藏图书资料2.01万册。同时，加强档案编研利用。1979—2005年，县档案馆共接待查阅档案人员5.76万人次，满足社会各方需求，为全县经济建设和社会发展服务。

第一章　中共党史

1981—1986年，县党史办公室在大量征集资料的基础上，对1949年前中共秭归县的党史资料进行系统整理编辑，四易其稿，编成《秭归县革命斗争史》，成为全县最早的党史资料。1949年后的党史资料征集，以查阅文件资料为主。先后由县委组织部、县党史（地方志）办公室、县档案馆等单位，编辑出版《中国共产党湖北省秭归县组织史资料》第一卷、第二卷、第三卷。收编范围以党的组织机构沿革为主，包括政权系统、地方军事系统、政协系统、群众团体系统组织机构沿革等。同时，还编辑出版《红色土地》《岁月回响》《伟大的关怀》等党史资料书籍。

第一节　资料征集

一、党　史

《秭归县革命斗争史》资料的征集，以查阅档案资料和调查专访当事人为主。1981年3月，县委遵照省委、中共宜昌地委文件精神，成立县委党史办公室，组织党史资料征集专班。对大革命、土地革命、抗日战争、解放战争等四个时期中国共产党在秭归县的革命活动，进行全面、细致、认真的调查、研究。先后到北京、武汉、成都、恩施、荆州、洪湖、宜昌等市和巴东、兴山等县档案馆查阅档案资料，并专访曾在秭归战斗和工作过的百余名老同志，征集近百万字的史料。大革命时期老党员张庆炎撰写的《秭归县革命活动回忆》、中共归兴巴宜工委书记李世荪撰写的《在归兴巴宜工委工作片断》、解放战争时期任中国人民解放军湖北独立一师政治处主任蔡德清撰写的《解放秭归战斗简况》等为其提供珍贵的党史资料。1983年12月，基本完成1924—1949年秭归县党史资料征集任务。1986年进行为期半年的补充、考证工作，同年12月，完成《秭归县革命斗争史》编撰任务。《岁月回响》资料的征集主要是动员部分离休干部和县（处）级退休干部撰写回忆录，在此基础上整理编辑。《伟大的关怀》采取参与接待中央领导人或受到接见的县级领导及工作人员撰写回忆录，查阅档案资料等方法收集资料，包括照片、领导题词、书信等。

二、组织史

《中国共产党湖北省秭归县组织史资料》第一卷的资料征集工作自1981年始，由县委组织部、县委党史办公室、县档案馆共同负责。先后查阅1949—1987年党组织系统、政权系统、地方军事系统、统一战线及群团系统组织人事等方面档案资料，共查阅档案3 200多卷（册），重点查阅组织机构和领导成员方面的档案。1995年11月开始，由县委组织部和县志党史办公室联合征集《中共秭归县组织史资料》第二卷资料。先后查阅1987—1995年县委、县人大、县政府、县政协和县人民武装部、总工会、共青团、妇联及县委组织部、人事局、编办、档案局、劳动局等单位档案。为确保史料真实准确，对机构设立、撤并和人员职务任免及离、退休时间，均严格按文件进行查对，做到准确无误。统计数据以统计局提供的法定数为准。资料征集实行分工负责制，按党组织、政权组织、军事组织、统一战线组织、群众团体组织5个部分实行分工收集资料并进行分编，然后总编。2001年12月开始《中国共产党湖北省秭归县组织史资料》第三卷的资料征集工作，由县志党史办公室人员按照单位进行分工负责，共分5大块收集。乡镇资料收集首先在茅坪镇举办试点，将茅坪镇收编的初稿作为统一模式印发到各乡镇，指导乡镇的资料收集工作。各单位均落实资料收集人员，在查阅档案的基础上整理编写成初稿，上报县志党史办公室分工负责人员进行修改核准，形成分撰稿，然后进行统稿。统稿时发现资料遗漏，不准确等问题时，仍由分工负责人到各单位和组织人事等部门再次核对。第三卷共收集资料50多万字，于2003年10月完成。

第二节　编撰出版

一、党　史

1983年，《秭归县革命斗争史》由县党史办公室主任刘光新担任主编，历时3年，四易其稿，于1986年11月内部出版。由县委副书记、县党史编研委员会主任王革题写书名，县委书记罗世德作序，成书11.5万字。《红色土地》由县委宣传部、县老区建设促进会主编，县志党史办公室副主任胡开寸统稿。以马营、桂花苏区在一、二次国内革命战争时期党组织建立和开展革命斗争为题材，再现中共陈家坡党支部的诞生、开设香溪“利安”客栈及龙会观、五龙观斗争等史实。全书3.6万字，于2001年7月内部出版。《岁月回响》属回忆录，由县志党史办公室主任郝光芹、县委老干部局局长谭永黄主编。入选110名离休干部和县（处）级退休干部撰写的回忆录，共收录文章118篇。其中，抗日战争时期7篇，解放战争时期30篇，中华人民共和国成立后81篇。记述100多名老干部在中国共产党领导下的革命斗争和党的建设事业的亲身经历。全书32万字，于2001年7月内部出版发行。《伟大的关怀——党和国家领导人视察秭归纪实》，由县志党史办公室副主任胡开寸主编。该书记述1982—2000年间，党和国家领导人江泽民、李鹏、朱镕基、李瑞环、胡锦涛等38位中共中央领导人先后视察秭归的经过，并简要记录中央各部委、省委、省政府领导1 200多人到秭归的情况。全书有38位中央领导人视察秭归的纪实，有参与接待或受到接见的县级领导或工作人员撰写的回忆录，有特写、领导题诗题词、大事记等，图文并茂，真实感人。全书20.6万字，2003年8月由方志出版社公开出版。该书得到中央党史研究室副主任石仲泉及第一研究部主任黄修荣的高度评价，称该书：“选题新颖，内容切实，是一部难得的好书。”

二、组织史

1986—2004年，先后编撰《中国共产党湖北省秭归县组织史资料》第一、二、三卷。1986年6月，编撰第一卷，由县委组织部、县委党史办公室、县档案馆联合编写，上限自1927年4月，下限至1987年11月，是断限时间最长的一卷组织史。于1986年成立县委组织史编撰领导小组，6月资料征集，1990年3月完成送审稿。7月送县委终审。成书39.5万字，于1991年12月由湖北人民出版社出版发行。第二卷上限自1987年12月，下限至1995年12月，由县委组织部、县志党史办公室编写。于1995年11月成立编撰领导小组，12月开始资料征集，1999年1月完成终审稿，12月由中国县镇年鉴出版社出版发行，全书25万字。第三卷上限为1996年1月，下限至2003年12月，由县委组织部、县志党史办公室编写。于2002年11月成立编撰领导小组，2003年1月资料征集，2004年7月完成初稿，10月完成二审稿，12月送县委终审，并经市党史办公室审核修改批复，于2005年8月内部出版发行，成书42.5万字。

第二章　地方志

1981年2月，县地方志编纂委员会办公室成立，为非常设机构。1986年3月，县志办公室确定为正科级常设事业单位，专司地方志编纂之职。1992年10月，县志办公室与县委党史办公室合并，成立县志党史办公室，负责全县地方志与党史编研工作。1984—1988年，负责编纂首部《秭归县志（1901—1985）》，于1990年10月付印，成书94万字，由中国大百科全书出版社出版发行。2003年6月，启动第二轮《秭归县志（1979—2005）》编纂工作。成立县地方志编纂委员会及编辑小组。编写培训资料，组织业务培训，拟订篇目，由各单位收集报送资料。至2005年，先后征集93个单位的政治、经济、文化、军事和社会发展等方面内容地情资料约1 000余万字，部分单位和部门编纂出版部门志、行业志、专业志21部，约900万字。2005年，第二轮县志资料征集工作基本结束，开始编纂工作。

第一节　县志编纂

一、资料征集

1981年2月20日，县地方志编纂委员会成立。1983年8月成立编纂委员会办公室。首部《秭归县志（1901—1985）》资料征集采取一手抓部门修志，一手抓资料征集。至1988年，县直各部门共收集资料2 000余万字，编纂41部专业志、8部专史，为编修《秭归县志（1901—1985）》奠定基础。资料征集采取先县内，后县外的办法。县内资料收集共组织15人，查阅历史档案2 640余卷，历时半年，共收集各类资料850余万字。县外收集历时3年，先后到北京、南京、上海、宁波、武汉、昆明、成都、重庆等10多个大中城市、180多个地、市、州、县和部分大专院校的档案馆、图书馆、文史馆等，共查阅清朝末期、中华民国初期和中华人民共和国成立后的档案9 829卷，图书2 169种（册），报纸430种（合订本），共收集资料2 000多万字，其中县志办公室单独收集资料871.6万字。珍贵史料有明嘉靖万历本《归州志》3部，清康熙、乾隆本《归州志》2部，民国10年本《秭归县行政统计报告书》及民国37年本《秭归县抗战史料》等。将散落各地的明、清两代共9部《归州志》全部收齐。还收集《峡江图考》《三峡险滩志》等数十种珍贵历史资料书籍。

2003年6月，召开第二轮《秭归县志（1979—2005）》编纂工作专题办公会议，县志党史办公室向各乡镇及县直各单位印发《秭归县志（1979—2005）》资料征集篇目（草案）及分工的通知。按篇、章、节所需资料内容，分解到县直及乡镇93个单位。2006年9月，县交通局、公安局、民政局、建设局、国土资源局、农业局、水务局、气象局、统计局等75个单位报送县志资料稿约1 000余万字，成为编纂第二轮县志的主体资料。

因各单位上报资料时间不一，编写质量有高有低，分纂县志时不可避免的出现部分资料缺乏现象，需要补充资料。分纂时，由分纂人员各负其责按各章节内容各自到单位补充征集资料。对尚未上报资料的空白单位，由县政府办公室先后两次下发补充资料督办通知，由分纂人员负责督办落实。个别因机构撤销、合并难于落实的单位，由县志党史办公室抽调专人到有关单位直接查阅档案，编写初稿。至2005年年底，补充征集资料近50万字，第二轮县志资料征集率达到80%以上。

二、编纂出版

1984—1986年，首部县志在完成资料征集的基础上，于1986年7月进行总纂，历时两年3个月，于1988年完成初稿。在编纂程序上，采用“专志—分纂—总纂”的方法。即先修部门志，在部门志陆续完成的基础上，抽调一批专志主笔与县志办公室编纂人员组成总纂班子，实行总纂负责制，以部类为单位进行分纂、总纂。初稿由县志办公室主任兼编审阅示后打印装订成册，分送编委审阅，征求有关部门意见，召开小型评稿会，收集各方意见。1988年12月，省地方志学会组织专家、学者以及部分理事和地、市、州、县修志同仁30多人，对《秭归县志（1901—1985）》总纂稿进行系统评审。评审后，编纂人员认真研究、吸收各方意见，经8个月修改，于1989年10月完成送审稿，经中国地方志指导小组成员、著名方志学家朱士嘉和省地方志学会推荐，由中国大百科全书出版社审定出版。于1990年2月在北京召开《秭归县志（1901—1985）》审稿讨论会，会后又历经7个月的修改、加工，后经湖北省宜昌地区行署和中国大百科全书出版社最终审定，于1990年10月印刷出版。

2003年4月，在第二轮县志启动之前，县政府召开县长办公会议，对第二轮县志编纂组织领导及启动工作进行专题研究。县志党史办公室全体人员均参加湖北省、市地方志办公室组织的两次业务培训。2003年6月，县志党史办公室组织编写《县志编纂工作手册》，10余万字，载有文件选编、领导讲话、方志常识、《秭归县志（1979—2005）》收集资料篇目及行文规范等具体内容，操作性、指导性强。

2003年6月25日，县委、县政府组织召开全县第二轮《秭归县志（1979—2005）》编纂工作专题办公会议，参加会议的有各乡镇党政办公室主任和县直机关负责人共50余人。县长罗平烺要求各单位按照全县总体部署和分工，切实做到“一纳入五到位”，即纳入工作议事日程，领导、机构、经费、队伍、条件五到位，圆满完成县志资料收集任务。

2004年4月1日，县志党史办公室在县委党校举办为期两天的全县第二轮县志编纂人员培训班，参加培训100余人。县委常委、常务副县长熊相军作动员。县志党史办公室人员先后讲授《如何把握地方志的时代特征和地方特色》《志书资料收集的基本方法》《编纂专业志的基本要求》和《浅谈地方志的语言问题》等辅导课。在培训班上下发由县志党史办公室编写的《县志编纂工作手册》。下发第二轮《秭归县志（1979—2005）》篇目（草案），按篇、章、节、目4个层次设置，共设30篇，162章，初稿计划150余万字。

2005年开始，各单位进入县志资料收集编写过程，有10多个单位编写专业志。县志党史办公室全体人员分单位实行包干责任制，每人负责15～17个单位，100多个单位全部落实到人，实行包指导、包资料补充、包按时上缴的“三包”责任制，至年底已有70%的单位上报县志资料，约千余万字，其中专业志10多部。

第二节　专业志编纂

一、编纂出版

1982—1988年首届修志时共编纂41部专业志、8部专史，共计496万字，其中内部出版7部、116.3万字。《秭归县地名志》于1982年9月内部出版，成书34.7万字；《秭归县土壤志》1985年5月内部出版，成书25.8万字；《秭归县金融志》1988年12月内部出版，19.2万字；《秭归县粮食志》1986年3月内部出版，10万字；《秭归县民政志》1986年6月内部出版，11.6万字；《秭归县教育志》1990年6月内部出版，9.2万字；《秭归县邮电志》1986年8月内部出版，5.8万字。《秭归县气象志》《秭归县广播电视志》《秭归县军事志》等34部专志共332.1万字及《秭归县交通史运输篇》《秭归县工会工作史》《秭归县第一中学校史》等8部专史共47.6万字，均为打印稿存档及送县志办公室作为首部《秭归县志（1901—1985）》编纂的基本资料。

首部《秭归县志（1901—1985）》出版后，县内先后编纂出版《秭归县劳动人事志》《秭归县迁城志》《秭归县交通志》等专业志书。2003—2005年，县志党史办公室先后编纂出版《秭归县国土资源志》《秭归县人口志》。至2005年，正在进行资料收集准备编纂的还有《秭归县城乡建设志》《秭归县交通志（续）》《秭归县林业志》《秭归县民政志（续）》。2005年年底，县志党史办公室承编的《秭归县城乡建设志》《秭归县民政志（续）》进行初稿撰写工作。《秭归县交通志（续）》《秭归县林业志》完成资料征集工作，开始初稿撰写。同时，县志党史办公室还指导有关单位自行编纂出版部分专业志。至2005年出版或即将出版的有《秭归县移民志（续）》《秭归县水土保持志》《秭归县烟草志》《秭归县房地志》《秭归县法院志》《秭归县工商行政管理志》《秭归县军事志》《秭归县电力工业志》等15部部门志、专业志。

二、质量管理

第二轮县志编纂启动后，为加强志书质量管理，县志党史办公室建立志书质量管理制度，确立志书质量评审标准。规定志书必须遵循实事求是、秉笔直书；观点正确，特点突出；客观记述，不加褒贬；逾时不记，越境不书；以事系人，生不立传等原则。要做到观点正确、体例完备、资料翔实、脉络清晰、特点突出、文风端正、语句通畅、文字简约、严守志体、文约事丰。同时建立篇目送审、质量评审和出版审批制度。即编纂单位自审、专家评审（要求人数不少于25人）、主管部门（县志党史办公室）终审。至2005年，县志党史办公室先后参加9部专业志的评审，并对11部专业志进行审批，审批率100%。

第三章　文史资料

1981年8月，县政协文史资料工作组成立，配备专职工作人员。各乡镇成立3～5人的文史研究小组。1984—2005年，县政协文史工作组先后更名为文史资料工作委员会、学习和文史委员会。至2005年，共编辑出版秭归文史资料17辑，252万字，印发2.2万余册。史料集中反映1927—1949年中华人民共和国成立前和1949—2005年中华人民共和国成立后发生的重要历史事件、著名人物、自然景观、文物古迹以及经济社会发展的史料。作者以亲闻、亲见、亲历，介绍和讲述第一、二次国内革命战争、抗日战争、解放战争、剿匪斗争以及进行社会主义经济建设的历史事实，对加强广大人民群众，尤其是青少年的爱国主义教育、革命传统教育和社会主义思想教育起到积极作用，充分发挥“存史、资政、团结、育人”的作用。

第一节　资料征集

一、约稿征集

1984年后，县政协在全县建立资料征集网络，随时向县政协文史资料委员会提供资料。14个乡镇先后建立文史研究小组，聘请102名阅历丰富、熟悉情况和有一定文字功底的人员担任文史资料研究员。县政协文史资料委员会协助乡镇政协联络组每年开展活动2～3次。据统计，各文史研究小组共向县政协文史资料委员会报送稿件500多篇，300余万字。其中，茅坪、沙镇溪、屈原、香溪、泄滩、两河口等8个乡镇编辑出版乡镇文史资料专辑，屈原镇至2005年已出版3个文史资料专辑，印发2 600册。

二、有奖征集

1993年1—8月，县政协文史资料委员会、社会劳动保险局、县委老干部局及县教育工会联合举办秭归县首届文史资料征文大奖赛。重点征集1949年后经济文化建设方面的史料，包括工农商各业经验和发展过程以及科技教育、文化事业的发展及各条战线优秀代表人物重要成就和献身精神等史料。在短时间内征稿127篇，38万余字。1994年，县政协以“征文选登”为主要内容出版《秭归文史资料》第十辑。1995年上半年，以纪念抗日战争胜利50周年为契机，县政协会同县屈原轮船总公司，在全县小学生范围内联合举办“屈原杯”秭归抗战历史演讲比赛。各乡镇成立代表队，教师引导学生专访数十位有抗战经历的“三亲”（亲闻、亲见、亲历）老人，查阅大量抗战史料，并结合作文教学指导撰稿，然后参加班级学校、学片演讲。县文史资料委员会将优秀文章整理成专辑。此次活动，共征集秭归抗战记实文稿64篇，10万余字。

三、专题征集

1995年后，县政协文史资料委员会先后与县水土保持局、人民武装部、农业局等单位围绕水土保持、解放初期剿匪斗争和全县柑橘生产史等专题进行资料征集，出版《矗立在西陵峡的丰碑》《秭归剿匪纪实》和《橘颂新篇》等文史资料书籍，重点反映地方特色和经济建设成就。

2003年4月，县政协学习和文史委员会编辑《屈原故里名胜》一书，动员县直部、办、委、局有文字功底的专家、学者100多人撰稿。如王健强的《屈原诞生地乐平里》，宁发新的《读书洞》《照面井》《玉虚洞》，刘光愚的《回龙锁水》，郑邦清的《巨鱼坊》《水府庙》，魏启扬的《屈原祠》《芝兰九畹》等文章为该书提供大量有价值的史料。在编写专题书籍过程中，除在县内广泛征集外，还进行大量的外出调研。1996年3月，《秭归剿匪纪实》编辑组在水田坝、两河口、磨坪等乡镇调查研究的基础上，组织专班到北京、武汉、黄冈、宜昌等地调查，先后走访原宜昌地区卫生局局长张传尧、原任秭归剿匪指挥部指挥长（后任黄冈军分区司令员）魏晓珊、当年任县公安局第一任侦察科科长张作文以及侦察员王楚驹、马协德等，通过这些人的讲述，丰富《秭归剿匪纪实》内容。

第二节　文史编辑

一、资料专辑编写

1988—1994年，县政协文史资料委员会共编辑《秭归县文史资料》第一辑至第十辑（第八集除外），共63.1万字。主要内容是：第一、二次国内革命战争后，中国共产党在秭归的革命斗争情况；抗日战争时期全民抗战情况；解放战争时期解放秭归及建立巩固新生红色政权的斗争情况及其有关重要人物和历史事件。1981年县政协文史资料工作组成立后，根据上级部门安排，以抢救、保护、挖掘历史资料为主，对1927年后中国共产党早期党员张庆炎等在秭归革命斗争情况进行收集整理，收集回忆文章4篇，编写《秭归县文史资料》第一辑，于1982年12月内部出版发行。1984—1994年，相继编辑出版第二辑至第十辑。第二辑编辑《秭归民生工厂始末》《屈原故里第一个农民诗社——骚坛》《日寇侵华罪行之一斑——敌机轰炸秭归县情况》等10篇文史资料。第三辑编辑《同仇敌忾 共赴国难——为抗日战争做出贡献的秭归人民》《长江县境内石刻》《崆岭史话》《香溪正大煤矿公司》《周挖匠造反始末》《清末民初为秭归教育作过贡献的吴汝霖》《1943年春忠孝乡中心小学学生大闹乡公所的回忆》《民国时期秭归医药卫生状况》等9篇文章，共3.7万字，印发200册。第四辑编辑《解放秭归战斗简况》《对解放秭归县城的回忆》《天主教堂概况》等共15篇，4.5万字。第五辑编辑《茅坪七七纺织厂兴衰始末》《民国时期的秭归田赋》《民熙轮翻船事件始末》《第二次国内革命战争时期归兴巴苏区马营地区革命斗争概况》等历史回忆文章28篇，共5.8万字，印发500册。第六辑编辑《屈乡风俗》《杨干轶事》《民国时期桡工的悲惨生活》《戊辰年沙镇溪一带神兵活动简况》等32篇，共6.9万字，印发500册。第七辑收集《古镇新滩》《冯玉祥视察杨家沱和蟒蛇寨》《峡江自卫团始末》等36篇文史资料，共10万字，印发700册。1992年10月编辑第九辑，编辑《平息西庄坪暴乱》《秭归县农村土地改革运动》等文史资料

46篇，12.5万字，印发1 000册。1994年1月编辑第十辑。共收集1949年以后秭归经济社会发展等方面的文史资料52篇，共15万字，印发1 200册。

二、文史书籍编写

1993—2005年，县政协文史资料委员会先后编辑8部专著。1993年3月，作为《秭归县文史资料第八辑》编辑出版《忆念杜镇远》一书。由原铁道部部长吕正操作序，全国政协副主席、中国佛教协会会长赵朴初题写书名。共收集杜镇远同学、同事等回忆文章90篇，全面展示秭归籍筑路专家杜镇远为修筑杭江、浙赣、湘桂、滇缅铁路及西祥公路所作出的贡献。全书24万字，由中国文史出版社出版，印发5 000册。1994年，县政协同县水土保持局合作，征集资料68万字，作为《秭归县文史资料第十一辑》编辑出版《矗立在西陵峡的丰碑》一书，全面真实地记录秭归水土保持工作所取得的成就，成书55万字。该书由中国科学院院士、水利部水土保持顾问黄秉维等专家题词，1995年2月正式出版，印发1 200册。1996年10月，县政协与县人民武装部联合编辑出版文史资料第十二辑《秭归剿匪纪实》专辑。3月，两单位编辑人员先后到水田坝、泄滩、两河口、磨坪和梅家河等乡镇调查、核实资料，共征集史料30余万字，图片20余幅，全面系统地反映中华人民共和国成立初期国民党反动残余分子勾结地方“神兵大道会”“黄香会”反动组织发动反革命暴乱以及中国人民解放军县大队平息暴乱，用鲜血和生命捍卫新生红色政权的历史史实。该书定稿22万字，由时任省军区政治委员徐师樵少将作序，曾任中国人民解放军秭归军事指挥部指挥长及前黄冈军分区司令员魏晓珊题词，共印发3 000册。1998—1999年，编辑《红杏出墙》《秭归政协27年》两部专题书籍，作为文史资料第十三、十四辑，共43万字，各印1 000册。2000年10月，编辑出版文史资料第十五辑《橘颂新篇》。全国政协副主席钱正英题写书名，原县委书记张志义、耿天弼及县委原副书记田太炳等撰写文章。原华中农业大学、中国柑橘专家章文才和中国柑橘学会理事长、华中农业大学教授邓秀新及原省农科院果茶所副研究员陈昭明等柑橘专家系统总结中华人民共和国成立50年来秭归柑橘栽培经验，展示秭归柑橘生产巨大成就，讴歌为秭归柑橘生产作出贡献的众多领导、科技工作者及勇于实践的广大柑农。2003年4月，县政协学习和文史委员会编辑出版文史资料第十六辑《屈原故里名胜》，作为文化旅游专辑，展现秭归旅游资源。重点突出“坝上明珠”“香溪孕秀”“屈原遗迹”“九畹溪探险”“四溪寻幽”“名景点击”“民风民俗”“特色佳品”等8大主题。征集县内著名景点、山水风光等名胜资料106篇，图文并茂，成书20万字，印发1 500册。2005年8月，县政协学习和文史委员会编辑《秭归文史资料》第十七辑《秭归县房地志》，全书38.8万字，照片180幅，印发560册。

第四章　档　案

1979年4月，恢复县档案馆。1980年10月，恢复成立县档案局，与县档案馆合署办公，对外实行一个单位，两块牌子。1999年，县直机构改革，县档案馆与县档案局合署办公，为县政府直属事业单位。

全县档案工作经历起步、发展、恢复和提高几个阶段。1987年9月，《中华人民共和国档案法》（简称《档案法》，下同）颁布实施，使全县档案工作进入法制管理轨道。1988年，县政府依法将档案工作纳入全县国民经济计划，经费列入财政预算，为档案事业的发展壮大奠定基础。通过加强档案馆室建设和库房建设，征集、整理、收藏全县各类档案资料、图书资料，开展档案编研利用、人员培训和档案达标升级活动，发挥档案资政、存史、育人作用，为全县经济建设和社会发展服务。至2005年，县档案馆馆藏各类档案资料8.09万卷（册）。其中，文书档案5.04万卷（册），科技及专门档案2.86万卷（册），声像、实物档案1 875卷（盘、件）。图书资料2.01万册。

第一节　馆室建设

一、档案馆

库房建设　1981年，县政府在原县档案馆地基上兴建一栋预制结构综合办公大楼，1982年竣工后，将新办公大楼第一层400平方米分配给县档案馆使用。1984年，县直机构改革，一批保管期满和撤销机关的档案要向县档案馆移交，而一楼不宜继续作档案库房，新建档案馆舍迫在眉睫。1987年，新档案馆纳入全县基建计划，1988年8月在县政府大院破土动工，1989年9月竣工。新馆占地240平方米，建筑面积1 297平方米，在有效使用面积中档案库房面积384.76平方米，占46.12%。1998年9月，县档案馆东迁新县城茅坪，原馆藏档案全部存放于县政府综合大楼10层约150平方米的辅助办公用房内。因面积狭小，档案实行密集存放。2002年2月，县政府决定将已完成土建工程的县政府会务中心第一、二层楼房分配给县档案馆，使用面积达1 130平方米。县档案馆组织专班外出考察，按设计规范进行改造设计，对新馆库房防潮、隔热、灯具、通风、防尘等进行全面改造，使档案馆办公、接待、整理、编研、检索等均达到国家和省定标准，温湿度控制在标准范围内，办公及其他专用房基本满足需要。2003年3月，县档案馆正式由县政府大楼10层搬迁到新库房，新库房总建筑面积1 300平方米，其中档案库房343平方米。至2005年，先后投资13.1万元，购置电脑9台，复印机1台，空调10部，去湿机3台等硬件设施，基本适应现代档案管理的要求。

档案收藏　1978年12月，县档案馆接收区社机关文书档案1万余卷。1979年馆藏档案1.37万卷。1983年4月，国家档案局发布《档案馆工作通则》，县档案馆按规定修改完善档案接收范围和接收标准，编制档案馆全宗名册，并进行统一编号，使档案接收工作逐步走向经常化、制度化、程序化。至1985年，馆藏档案资料4.38万卷（册）。其中，档案3.64万卷，资料7 356卷（册）。1987年，《档案法》颁布时，馆藏档案资料达5.65万卷（册）。其中，各类档案4.96万卷，各种资料6 896册，成为当年全省馆藏档案最多的县级馆之一。《档案法》实施后，档案接收工作由原来的行政手段为主逐步转入法制化轨道。根据《档案法》规定，各机关档案均要依法定期接收进馆。至1996年，县馆藏档案5.01万卷（册）。其中，档案3.97万卷，资料1.04万卷（册）。1992年10月，县政府批转《秭归县档案馆接收档案暂行办法》，对接收档案的范围、质量、程序与手续作出具体规定，使档案接收有章可循。1998年2月，三峡库区淹没线以下单位移民迁建任务繁重，为减轻各单位负担，县政府办公室批转《县档案局关于接收全县党政机关档案资料的意见》，集中接收一批县直机关档案进馆。1998年9月—2002年年底，县档案馆迁至新县城县政府综合大楼10层，档案密集存放，4年停止档案接收。2003年3月，档案馆搬迁至县会务中心后，恢复正常接收工作，当年馆藏档案5.57万卷（册），资料9 336卷（册）。至2005年，县档案馆

档案全宗149个，馆藏各类档案8.09万卷（册）。其中，文书档案5.04万卷，科技及专门档案2.86万卷（册），声像档案953张（盘），实物档案922卷（件）。另有图书资料2.01万册。

档案抢救　1981年，县档案馆与县教育委员会联合印发《关于做好档案资料征集工作的通知》，动员教育工作者协助做好资料征集。经过努力，征集到一批有价值的档案资料进馆。其中，有4种不同版本的《归州志》，清道光庚子年（1840）编撰的《长江平滩纪略》《吴氏族谱》，民国时期《大公报》《秭归商业统计》等珍贵档案资料。1985年，县档案馆组织专人对1949—1985年的组织、人事档案进行保护性抢救。因原组织、人事档案大部分用圆珠笔书写，均已褪色，字迹模糊，若不及时抢救和重新书写整理，时间一久无法辨认。全年抢救组织人事档案32卷，1 138页，37.8万字。1987年9月，《档案法》颁布实施后，为抢救社会散存历史档案资料，县档案馆在屈原诞生地乐平里聘请两名农民征集员，走村串户，历时1个多月，共征集抢救各种历史资料1 170册。其中，宗教类65册，教育类320册，语言文字类198册，文学类85册，历史地理类112册，医学类215册，综合性图书175册。1986—1997年，县档案局组织县、乡镇档案专业技术人员，对县委组织部、人事局、县委的文书档案进行抢救性整理归档，共整理文书档案5 600余卷。

二、档案室

机关档案室　1979年后，逐步恢复和建立机关文书档案室，到1982年，全县应建机关文书档案室44个，已建立33个，占75%。此后，不仅机关档案室数量增加，而且出现包括文书档案室在内的科技档案室、专门档案室等多种类型的档案室。1988年后，根据《档案法》和全国机关档案工作座谈会精神，机关档案室发展为文书、科技、专门档案集中统一管理的综合档案室。2002年，全县共建机关综合档案室120多个，专兼职档案员达400余人。因机构改革逐渐减少。至2005年，全县共有机关综合档案室82个，专兼职档案员82人，档案室工作已纳入各机关日常工作的重要内容。

村档案室　1997年5月，召开全县农业和农村档案工作会议，要求各乡镇进行村级建档试点。1998年3月，县档案局（馆）组织人员到全县档案试点村郭家坝镇桐树湾村指导，收集整理1975年后各类档案资料，共整理各类档案280卷，在村委会办公楼设档案库房1间，集中管理全村档案，成为全县第一个村级档案室。在试点基础上，1999年2月，由县委办公室、县政府办公室印发《关于加强全县农业和农村档案工作的意见》，启动全县村级档案工作。同年12月，全县已建立村级档案室71个，其中达湖北省二级标准2个。2002年12月，全县有95%的村建立档案室，有80%的村达到“四有一集中”（有领导分管、有工作制度、有专兼职档案员、有档案室、档案集中管理存放）。2005年，县档案局（馆）集中力量帮助各乡镇进一步理顺档案管理体制，规范档案业务，加强村级档案管理。

第二节　业务管理

一、检　查

1980年10月，恢复建立县档案局后，组建8个档案业务协作组，进行档案工作检查，加强全县档案业务指导工作。随后坚持一年一度档案工作检查制度，开展各个门类的档案管理业务指导。在例行档案检查中，查各机关档案工作制度是否纳入主要负责人岗位责任制或机关工作制度；查是否专室、专人、专柜集中统一保管；查是否有立卷、归档实施方案；查档案案卷质量，看分类是否准确、案卷题名是否精炼、文件材料是否齐全、卷内目录与归档材料是否一致；查借阅是否登记等。通过检查，指出不足，按质评分，达到加强档案管理，重视档案工作的目的。

二、培　训

1979年后，全县档案工作得到逐步恢复和加强。针对全县档案人员新手多，兼职多，流动性大，缺乏档案专业知识的实际，县档案局（馆）加强文书档案与科技档案基本知识的培训，普及档案业务知识。1980—1987年，几乎每年举行一期或数期档案基本知识培训或讲座，从而逐步提高档案管理人员的业务水平。20世纪80年代中期，随着学历教育的兴起，1985年始，开展档案人员专业学历培训教育工作。县广播电视大学工作站招收档案自学视听生21人，学制3年，开设档案专业课20门。其中，必修课15门，选修课5门。实行学分制，总学分达150分者，由省广播电视大学发给毕业文凭，国家承认学历。经3年学习，1988年6月，有17名学员通过毕业考试，取得广播电视大学颁发的档案专业大专文凭。1989年4月，湖北大学开办档案短线专业班，全县13人报名参加学习，经3年学习，全省统一考试，13名学员全部合格，取得湖北大学颁发的档案专科毕业证书，为全县机关单位培养出一批有一定专业知识的档案管理人才。1999年6月，县档案局（馆）与县人事局举办一期全县档案管理人员岗位培训班，经过考试，有近100名档案管理人员获得省人事厅、档案局联合颁发的《档案人员岗位培训合格证书》。至2005年，县档案局（馆）共举办各类档案业务培训班近100余期，培训档案管理人员4 590人次。

三、达标升级

1989年9月，省档案局印发《湖北省机关档案管理升级试行办法》。县档案局（馆）相应下发《关于开展机关档案管理升级试点工作的意见》。选择县人民武装部、县工商银行为机关档案升级的试点。1990年4月，县人民武装部、县工商银行相继通过宜昌地区档案局组织的考评，认定达省二级标准。在试点基础上，1991年开始在全县推开。在指导机关档案管理升二级的同时，指导有条件的单位积极争创省一级。1991年12月，人民银行秭归县支行机关档案管理首家通过湖北省机关档案管理省一级考评。至2000年，全县有108个机关单位档案管理相继通过湖北省机关档案管理工作省一、二级考评。其中，达省一级35个，省二级73个。1999年1月，省档案局重新制定下发《湖北省机关档案工作目标管理考评办法》。规定机关单位档案工作在升一级的基础上，有条件的单位可创升省特级。县档案局又以县人行、县法院为试点，专人指导，认真整改，补充完善档案基础工作。2002年12月，由省档案局会同市档案局联合组成的档案管理省特级考评组，对县人行、县法院档案管理全面考核。通过考评、认定并报省档案局批准，县人行、县法院机关档案工作获省特级单位。在争创省特级工作中，为作出突出贡献的分管领导及档案工作人员颁发荣誉证书。至2005年，全县共有149个机关单位的档案管理工作相继通过湖北省机关档案管理省特级、省一级、省二级考核评定。其中，特级6个，一级55个，二级88个。至此，全县大多数机关档案管理上等级，机关档案管理水平大幅提高。

县档案馆在抓好县直各单位档案达标升级的同时，也加强自身馆室硬件和软件建设，加强档案专业知识自修自学，全面提高档案管理水平。1994年1月，经市档案局考评批复，确定县档案馆为湖北省三级馆。2004年12月，省档案局批准县档案馆为省一级馆。

第三节 编研利用

一、编 研

图 20-4-1：工作人员录入档案目录

1986年前，县档案馆未设置编研机构，只根据档案利用工作需要适时开展档案编研。采取由简到繁、循序渐进的方法，从编写大事记、组织沿革、基础数据汇集、专题概要等参考材料入手，对馆藏档案资料进行专题研究，汇编成册，为党政机关、企事业单位主动提供有价值的资料，发挥档案工作的服务功能。1988年4月，在县档案馆内设档案编研股，配备专人常年从事档案编研工作。档案编研采取自编、与其他单位合编等形式进行，有计划、有重点地开展。至2005年，县档案馆相继自编印发《秭归县新滩滑坡资料选编》《秭归县地震 山崩资料》《秭归县解放前后自然灾害简介》《秭归县建国31年农业生产发展概况》《秭归县柑橘生产专题文件汇编》《秭归县部分厂矿企业简介》《秭归县档案利用效果500例》《秭归县档案志》等档案编研资料；与有关单位合作编研出版《秭归县革命斗争史》《中共秭归县组织史资料（第一卷）》《基层单位档案工作人员手册》《农村文书与档案工作手册》《归档文件整理工作指南》等档案及业务资料。参与编研出版《秭归县志（1901—1985）》《秭归县移民志》《秭归县政治志》《秭归县交通志》等史志资料。此外，县档案馆先后在全国50余家党报党刊上发表档案业务研究文章近200篇，其编研成果得到省、市档案部门领导及有关专家的好评。（图20–4–1）

二、利 用

1979年后，随着党的工作重点转移到经济建设上来，档案利用范围不断扩大。特别是“文化大革命”结束后，拨乱反正、落实政策、知青返城、机构改革、编史修志，都要大量利用档案资料。一个时期县档案馆门庭若市，应接不暇，形成档案利用高峰。此后档案利用逐步转移到经济建设，提供一些经济发展成果和经验，为领导决策服务。据统计，1979—2005年，县档案馆共接待查阅利用档案人员5.76万人次，提供利用档案达13.24万卷次，充分发挥档案在全县经济建设和社会发展中的作用。（见表20–4–1）

1979—2005年县档案馆档案利用情况表

表20-4-1　　　　单位：人次、卷（册）次

年份	接待	利用	年份	接待	利用
1979—1983	1 928	20 858	1995	168	452
1984	6 931	23 880	1996	147	537
1985	5 969	16 192	1997	263	4 312
1986	8 060	12 586	1998	110	222
1987	6 058	6 969	1999	112	179
1988	2 756	2 654	2000	313	530
1989	6 494	2 846	2001	332	711
1990	6 527	6 994	2002	301	951
1991	2 868	4 178	2003	469	5 343
1992	4 930	4 930	2004	974	8 782
1993	349	1 466	2005	1 430	6 574
1994	132	303	合计	57 621	132 449

说明：1992年前统计口径档案利用人次、卷次均按天计算。1993年后，统计口径改为按实际利用人次、卷次统计

第二十一篇　民政·扶贫

县民政局是全县民政工作的管理机构。全县民政工作本着上为政府分忧，下为百姓解愁的原则，围绕全县经济发展，社会稳定，营造和谐社会环境发挥重要作用。基层民主政治建设以加强村民自治为主要内容，自 1990 年依法进行村民委员会换届选举开始，先后经过 6 次换届选举，经历由上级组织指派村干部到村民直接“海选”村干部的转变，逐步实现村民自治。优抚安置工作逐步制度化，探索出实行安置就业、经济补偿和自谋职业相结合的办法，其经验在全省、全国推行。抗灾救灾工作是灾害频发的秭归一项重要工作，组织抢险救灾，开展生产自救，妥善安置灾民，使全县抗灾救灾工作取得显著成绩，维护社会稳定。社会救济工作以实施“依靠基层、生产自救、群众互助、辅之于政府必要的救济”的社会救济政策为主，建立城镇居民最低生活保障制度和农村居民最低生活补偿制度，社会救济面覆盖全社会。社会福利事业不断发展，福利院建设以县社会福利（光荣）院建设为中心，加大农村社会福利院建设。全县农村社会福利院由 1979 年的 4 所发展到 2005 年的 21 所，农村“五保户”老有所养问题得到妥善解决。社会福利生产、福利彩票、社会事务管理等民政工作均取得一定成就，全县民政工作多次受到省、市表彰。随着民政管理工作范围的扩大，除婚姻登记工作外，新增加社团登记、收养登记、地名管理、地域勘界、殡葬管理等社会事务工作。1985—2005 年，婚姻登记 6.88 万对。2005 年登记社团组织 50 个。殡葬管理实施改革，在新县城茅坪镇建“南山陵园”公墓区，乱埋乱葬陋习逐步得到改变。

1987 年前，全县扶贫与救济工作结合一起，由县民政局、农业局等部门负责。1987 年 11 月，将临时机构县扶持贫困乡工作领导小组办公室和县扶持革命老区根据地建设领导小组办公室合并，组建县政府贫困地区经济开发领导小组办公室，并定为科局级常设机构。1989 年 4 月，更名为县老革命根据地贫困地区经济开发领导小组办公室；1990 年 7 月，又更名为县政府扶持老区贫困地区经济开发办公室；1997 年 8 月，更名为县政府扶贫开发办公室（简称县扶贫办）。全县扶贫工作实施救济式扶贫，区域性扶贫，开发式扶贫等政策，充分整合扶贫资源，层层落实扶贫责任，加大资金投入力度，仅 1990—2000 年 10 年间就投入扶贫资金 1.1 亿元，使全县农村贫困面貌得到根本改变，人民生活水平显著提高，扶贫工作取得阶段性成果。

第一章　基层政权建设

加强基层民主政治建设，推进村民自治进程成为改革开放时期民政工作的重要内容。村级组织逐步实现由上级组织提名、村民代表选举到村民全额推荐、差额竞争选举的转变。开展“村民自治示范村”和“村民自治模范户”创建活动，创新村级组织管理模式，以杨林桥镇试点探索“村委会+社区理事会+互助组+基本农户”的新型农村社区模式，2005年11月，该镇荣获全国第三届中国地方政府创新奖入围奖。

第一节 换届选举

1988年前，村民委员会组成人员以中共上级组织考核任命为主。1988年6月1日，《中华人民共和国村民委员会组织法〈试行〉》在全国试行。1990年在杨林桥、两河口、梅家河、芝兰、周坪、磨坪6个乡镇进行村委会选举试点，参选率68.83%，选出村民委员会委员705人，其中正副主任175人，原任村干部75人落选。1991年，全县正式举行第一届村民委员会换届选举工作，参选率达到89.12%。466个村选出村民委员会委员1979人，其中主任466人，原任干部中409人落选。选出的村民委员会干部平均年龄35.4岁。随后，分别于1994年、1997年举行第二届、第三届村民委员会换届选举工作。

1999年，第四届村民委员会换届选举采取“海选”方式进行。即由村民直接推选成立村选举委员会，直接推选村民代表，直接提名村委会成员候选人，召开村民大会直接投票选举。经过选举，一次选举成功的村454个，占总村数99.3%，产生新的村民委员会成员1 529人，其中选举产生新村主任416人。有39个村补选，2个村重选。

2002年和2005年，分别进行第五届、第六届村民委员会换届选举工作。2005年9—11月，进行第六届村民委员会换届选举。全县一次选举成功182个村，另行组织选举的4个村，职数不足3人补选村民委员会成员的5个村。第六届选举产生村民委员会成员693人，其中村主任184人，连任154人。

第二节 村民自治

1990年，在全县村级组织中开展村民自治示范村建设活动。1993年，全县466个村，有450个建立村民代表议事会制度，458个村制定《村规民约》等制度。1994年，把村民自治示范村活动与加强村级组织建设和农村小康村建设结合起来。建立村干部述职、群众测评村干部制度。年底，全县有54个村达到村民自治示范村标准。1997年，梅家河乡被宜昌市评为村民自治示范乡。1998年，全县评出村民自治示范村79个。2000—2004年，县民政局先后命名92个村为村民自治模范村。

2002年，县委、县政府在杨林桥镇进行农村社区建设试点，创建适应山区农村特点的“村委会+社区理事会+互助组+基本农户”的农村社区组织模式，采取撤销村民小组建社区、保留原村民小组建社区、完善村级体制合村建社区3种方式，按照“地域相近、产业趋同、利益共享、群众自愿”原则划分社区和互助组，村民在党员和产业大户中海选社区理事会成员。理事会设理事长1人、副理事长1人、理事1～2人，负责传达党的方针政策、工作部署，帮助解决社区成员生产生活中的实际问题，运用先进科技知识，推动农业生产实现标准化、规范化、产业化，理事会成员任职期间不计报酬。理事会下设若干互助组，一个互助组由5～7户农户组成，为社区理事会的基本单位。2003年上半年，在杨林桥镇白鹤洞村进行农村社区试点，下半年在全镇14个村推广，其中12个村建立农村社区。2004年，农村社区建设在全县推广。至2005年，全县12个乡镇有67个村建农村社区779个，选举社区理事2 575人，设立互助组2 180个，覆盖4.24万户13.87万人。2005年，杨林桥镇获全国第三届中国地方政府创新奖入围奖。

第二章　优抚安置

县民政局严格按照国务院《军人抚恤优待条例》《退伍义务兵安置条例》及各级优抚安置政策和法规，落实国家、社会、群众三结合的优待抚恤制度，使优抚安置工作逐步走向制度化、法制化轨道。1985—2005年，全县累计发放抚恤费2 283万元。这一时期，接受复员退伍军人2 832人，累计完成832名退役士兵、转业志愿兵安置任务。1999年后，实行安置就业经济补偿和自谋职业相结合的办法。至2005年，共发放经济补偿安置费362.7万元，其经验得以在全省、全国推广。经常性开展各种形式的“拥军优属、拥政爱民”（简称“双拥”，下同）活动，2000年被省委、省政府表彰为创建“双拥”模范县。

第一节　优待抚恤

一、优抚对象

优抚对象主要有中国人民解放军现役军人、革命伤残军人（含革命伤残工作人员）、“三属”（革命烈士家属、因公牺牲军人家属、病故军人家属）、现役军人家属、复员退伍军人。1979年，全县对优抚对象进行普查，当年共有优抚对象1.54万人。其中，烈属422人，病故军人家属83人，失踪军人家属49人，军属1.02万人，残疾军人170人，复员军人1 602人，退伍军人2 868人，退休工作人员59人。1987年，县民政局在全县统一建立优抚对象统计台账。全县共有优抚对象1.19万人。其中，革命伤残人员193人（在乡145人，在职48人），烈属647人，牺牲、病故家属195人，现役军人家属4 763人，在乡复员军人1 219人，在乡退伍军人4 858人。2000年年初，县民政局开展优抚对象普查，当年全县共有优抚对象9 461人。其中，革命伤残人员193人（在乡135人，在职58人），烈属116人，牺牲、病故家属268人，现役军人家属2 118人，在乡复员军人1 075人，在乡退伍军人5 691人。2003年3月，县民政局、财政局对全县重点优抚对象再次进行全面普查，全县有优抚对象总人数2 366人。其中，革命伤残人员187人，“三属”对象136人，在乡复员军人925人，带病回乡退伍军人1 118人。2005年，全县有优抚对象8 700人。其中，革命伤残军人179人，烈军属1 397人，在乡复员军人876人，在乡退伍军人6 248人。

二、优待补助

1979—1985年，重点优抚对象定期定量补助标准是：农村每人每月6～10元，城镇每人每月10～15元。1985年，对困难“三属”实行定期抚恤金制度，革命烈士家属、因公牺牲军人家属，居住农村的每人每月20元，居住小城镇的每人每月30元；病故军人家属居住农村的每人每月15元，居住小城镇每人每月25元。2003年1月起，建立优抚对象补助标准自然增长机制，即按上年度全县职工平均工资水平和农民人均纯收入的增长比例，测算和确定当年优抚对象补助标准自然增长比例。

1986年前，对农村义务兵家属优待全县标准不统一。1986年，磨坪区率先将义务兵家属优待纳入全区统筹，户均优待金300元。从1988年起，全县对农村义务兵家属优待一律纳入乡镇统筹，优待数额按当地年劳均纯收入50%标准确定，自此全县标准统一。城镇入伍义务兵优待费在国家干部、企事业单位职工中进行统筹，按干部职工每人每年0.3～0.5元标准统一在工资中扣除。1994年，全县统一规定乡镇按农民人均纯收入的0.2%提取军属优待费，县直机关按干部职工每年人均1元提取。当年，全县军属优待金标准人均达到455元。2002年，全县实行税费改革后，城镇义务兵家属优待纳入财政预算，农村义务兵家属优待由财政转移支付。2004年，农村义务兵家属优待每人每年提高到1 200元，城镇义务兵家属优待每人每年增加到500元。

1986年4月，扩大复员军人定期补助范围，当年全县有在乡复员军人1 443人，定期补助由398人增加到609人。1989年，全县在乡复员军人定期补助面达100%。同时提高补助标准，抗日战争期间入伍的每人每月30元，解放战争和抗美援朝期间入伍的每人每月25元，其中孤寡老人每人每月30元。从1994年7月1日起，对在乡复员军人定期定量补助标准在原有基础上每人每月增加10元。1999年1月1日，在乡复员军人定补标准每人每月增加15元，7月1日起增加20元。2001年，全县享受定补的复员军人945人，全年发放补助95.73万元。2002年1月1日再次提高补助标准，每人每月提高到90元。2004年年底，在乡复员军人每人每月补助标准不足120元的调到120元。2005年1月1日起，对抗日战争时期入伍的在乡复员军人每人每月增加85元，达到每月不低于205元；解放战争后入伍的在乡复员军人每人每月增加45元，达到每月不低于165元标准。

1986—2005年，全县累计纳入优待对象的烈军属共1.31万户次，优待补助金789.78万元，其中军属优待费756.67万元。（见表21-2-1）

1986—2005年秭归县烈军属优待补助情况表

表21-2-1　　单位：户、万元

年份	优待户数	其中固定军属	优待金额	其中固定军属
1986	1 048	989	21.7	20
1987	790	762	17.9	17.5
1988	652	624	22.7	22.3
1989	593	565	19.1	18.7
1990	773	597	23.7	20.7
1991	622	601	22.5	22.2
1992	636	617	23.5	23.2
1993	636	617	23	22
1994	604	571	27	26
1995	609	557	35	34
1996	586	534	47	45
1997	586	545	51	46
1998	627	574	68	65
1999	964	510	87.3	73.6
2000	515	515	51	51
2001	490	490	65.7	65.7
2002	450	450	60	60
2003	795	795	50.1	50.1
2004	755	755	38.1	38.1
2005	326	326	35.5	35.5

三、国家抚恤

1986年7月1日起，军队干部、志愿兵、机关工作人员因公牺牲的一次性抚恤金，按其牺牲时月工资标准20个月计发，病故的一次性抚恤金，按10个月工资计发，义务兵、参战民兵、民工和工资低于所在部队23级正排职干部的军队院校学员、志愿兵因公牺牲的一次性抚恤金均按所在部队23级正排职干部的20个月工资计发，病故的一次性抚恤金按10个月工资计发。1989年，国家民政部规定，军人死亡时发给其家属一次性抚恤金，标准为：革命烈士发放40个月工资；因公牺牲军人发放20个月工资；病故军人发放10个月工资。2004年8月，国家提高对现役军人死亡后遗属一次性抚恤金标准，其标准为：烈士计发80个月工资；因公牺牲的计发40个月工资；病故的计发20个月工资。月工资或津贴低于排职少尉军官工资标准的，按照排职少尉军官工资标准计发。

1985年，“三属”定期补助改为定期抚恤。1986年，全县享受定期抚恤的烈属112人，牺牲病故家属38人。2005年，全县“三属”享受定期抚恤对象97人。其中，烈属40人，牺牲病故家属57人。1985—2005年，国家对“三属”定期抚恤标准进行13次调整。1985年，居住在农村的烈属、因公牺牲的军人家属每月20~25元；城镇的30~35元。居住农村的病故军人家属15~20元；城镇的25~30元。至2005年，居住在城镇的烈属每人每月增加到350元，因公牺牲军人家属增加到325元，病故军人家属增加到300元；居住在农村的烈属每人每月增加到220元，因公牺牲军人家属增加到210元，病故军人家属增加到195元。

1986年，全县有革命伤残人员192人。2005年，全县有179名享受抚恤的伤残人员。其中，革命伤残军人163人，伤残国家机关工作人员12人，伤残人民警察3人，伤残民兵、民工1人。2004年10月1日前，在乡革命伤残人员享受伤残抚恤金，在职革命伤残人员享受在职保健金，具体标准进行过多次调整。至2003年7月1日，在职革命伤残人员1年享受保健金标准为：特等2 110~2 140元；一等1 670~1 720元；二等甲级770~810元，二等乙级660~680元；三等甲级430~510元，三等乙级420~430元。2004年10月1日起，革命伤残人员依据套改对应级别，不分“在乡”和“在职”，执行新的残疾抚恤金标准，一级年抚恤金1.04~1.12万元；二级0.92~1.008万元；三级7 800~8 960元；四级6 000~7 280元；五级4 560~5 600元；六级3 600~4 480元；七级3 000~3 360元；八级1 920~2 240元；九级1 440~1 680元；十级960~1 120元。特、一等伤残军人享受护理费。2005年，全县享受伤残护理费的革命伤残人员共3人，均为分散供养。其中，一级1人，三级2人。

四、烈士褒扬

1985年后，县政府组织工作专班，深入革命老区、苏区泄滩乡、水田坝乡和巴东县、兴山县等地进行详细调查落实，对全县在第二次国内革命战争时期牺牲的人员进行追认烈士申报工作。1986年7月29日，省政府批准追认郝发万、吴述均、吴益昌、郝正兴、卢永植、陈永太、董远槐、李文龙、余从殿、王惠礼、吴承忠等11人为革命烈士。同年9月3日，省政府批准追认曹秋选、汪永科、汪永海、王昌海、王克记、汪永俊、曹秋禄、汪书兴、汪永元、王山祖、王昌杨、李国相、王克诗等13人为革命烈士。1987年7月3日，省政府追认批准王功奎为革命烈士。1990年11月16日，省政府批准杜远富为革命烈士。1991年4月22日，省政府批准李青春为革命烈士。1996年11月1日，省政府批准徐耀德为革命烈士。1979—2005年，全县共批准革命烈士28人。

1991年4月，县委、县政府、中共宜昌地委、宜昌地区行署、宜昌军分区相继作出向李青春学习的决定。1996年11月，县委、县政府、市委、市政府、省委、省政府相继作出向徐耀德学习的决定。1996年6月16日，中共中央宣传部把徐耀德列为重大典型，在全国广泛宣传。

1986年后，全县先后共投资10多万元，修建烈士纪念碑和维修、新修革命烈士纪念塔或纪念墓。1987年12月，县民政局组织对全县解放战争时期牺牲的烈士分散建造于各地的40座墓碑进行维修。1988年5月，县政府下拨专款，在革命老区泄滩乡水田湾为第二次国内革命战争中牺牲的革命烈士修建纪念塔。1991年5月1日，县政府在李青春牺牲地点新滩镇岗家坪村为李青春建立纪念碑。1997年1月，茅坪镇人民政府在南山陵园修建徐耀德烈士纪念碑。2000年清明节，梅家河乡三掌坪中心小学600多名师生自发捐款在龟坪河村方田垭处，为归（州）巴（东）战役牺牲的谢永先修建纪念碑。2001年，县政府对老县城归州杨家堡烈士塔进行维修；2005年8月，泄滩乡人民政府和水田坝乡人民政府对分布在两乡内土地革命时期牺牲的17位烈士分别兴建烈士墓碑。

第二节　退伍安置

一、安置政策

1999年前，对退伍城镇义务兵坚持“按系统分配任务，包干安置，先安排后结算指标”办法，每年县政府对有关单位下达城镇退伍军人指令性安置计划，民政、劳动、公安、粮食等部门密切配合，对符合安置政策的退伍军人妥善安置。1986年后，对回乡军地两用人才，本着离土不离乡，进城不转非原则，鼓励两用人才创办经济实体，扶持发展专业户，并向有关单位积极推荐。乡镇企业用工优先选用，对外输出劳力优先安排，国家招工提干优先报考，同等条件下优先录取。2000年后，全县对城镇退伍士兵实行一次性经济补偿安置政策。符合城镇退伍士兵安置条件自谋职业的，由县政府向其发放一次性自谋职业补助费，转业士官增发安家补助费，不再为其安排工作。自谋职业补助标准为：城镇退伍士兵按上年度全县城镇职工平均工资3倍发放，转业士官按上年度全县城镇职工平均工资5倍发放。二、三等伤残军人，除领取一次性经济补助外，另按规定发给伤残抚恤金。安置对象在部队荣立一、二、三等功的分别增发补助金额的50%、30%、10%。退伍军人在待安置期间，按最低生活保障线标准发给生活费。

二、接收安置

1986—1999年，全县共接收退伍军人1989人。其中，农村1 677人，城镇312人。符合政策应安置的476人全部得到安置。1986—2005年，全县共接收军地两用人才758人，推荐使用612人。2000—2005年，全县共接收退伍士兵840人，符合国家安置政策的185人全部得到安置，其中给予经济补偿自谋职业安置174人，补偿金额362.7万元（见表21-2-2）

1986—2005 年全县安置退伍军人情况表

表21-2-2　　单位：人、万元

年份	接收总数	落实安置人数	安置资金	年份	接收总数	落实安置人数	安置资金
1986	320	42	—	1990	56	13	—
1987	223	29	—	1991	66	22	—
1988	90	29	—	1992	101	22	—
1989	143	22	—	1993	121	41	—

续表21-2-2

年份	接收总数	落实安置人数	安置资金	年份	接收总数	落实安置人数	安置资金
1994	150	32	—	2000	148	56	120
1995	157	35	—	2001	128	32	58.8
1996	110	35	—	2002	117	20	38
1997	104	45	—	2003	145	27	52.9
1998	128	46	—	2004	159	25	47.2
1999	220	63	—	2005	143	25	45.8

第三节　拥军优属·拥政爱民

一、拥军优属

1992年，县“双拥”工作领导小组成立，县委副书记王祖谟任组长，县委宣传部、县计划委员会、教育委员会、公安局、民政局、财政局等22个单位负责人为成员。在县民政局设立办公室。各乡镇也相应成立5～7人组成的“双拥”工作领导小组。各村（居）民委员会成立3～5人组成的优抚委员会。全县“双拥”工作多次荣获各级表彰。1988年2月，全县武警中队被民政部、解放军总政治部表彰为全国“双拥”工作先进单位。2000年，秭归县被省委、省政府表彰为创建“双拥”模范县先进单位。

1979年后，县委、县政府每年春节前夕均组织慰问团到农村慰问优抚对象。1986年八一建军节，县委、县政府主持召开县直机关优抚对象座谈会，县委、县人大、县政府、县政协领导走访慰问当地驻军县武警中队，并举行军民联欢晚会。1987年，在建军60周年纪念日前夕，县委、县政府给秭归籍32名前线战士发去慰问信，为驻军赠送“保持荣誉，再立新功”锦旗，为武警战士购买毛巾被、修缮营房等。1996年八一建军节，县委、县政府领导率县直60多个单位及部分个体户走访慰问县武警中队和县人民武装部，送去慰问金2万多元。1998年、1999年，县“双拥”工作领导小组组织为县人民武装部、县武警中队和消防中队送慰问金4.8万元。1999年春节期间，为全县所有烈属、革命伤残军人每人送去优质大米25公斤、慰问金50元。2000年，县委、县人大、县政府、县政协领导及有关部门为驻秭归部队和光荣院等送去慰问金1万多元。2003年，按人均50元标准，为全县340名享受国家抚恤的烈属、伤残军人送去慰问费1.7万元。2004年、2005年，对全县优抚对象进行慰问联欢和系列服务活动。

1986年，全县采取社会、集体互帮的办法，为当年回乡无住房的68名退伍军人解决房屋70间。县民政局为14名带病回乡的退伍战士解决医疗费9 500元。1999年，全县开展“爱心献功臣，人均捐赠一元钱”活动，共捐款41万元。结合全县实施茅草屋改造工程，对70多户住房困难的老烈属、老伤残军人、老复员军人（简称“三老”，下同）的住房进行改造和新建。10户草房换成瓦房，8户塌房重建新房，翻修危房13户，维修漏房41户，共新建、翻修和维修房屋132间。在八一期间，以乡镇为单位对“三老”身体进行全面检查，为经济困难的96人解决医药费5.8万元，卫生部门减免8 600元，将其中18名长期患病者送到宜昌市进行免费治疗。2000年，国家拨款5.5万元，各地自筹资金17万元，群众义务帮工500多个，为5户特困复员军人和7户伤残军人修建房屋1 374平方米，并为85名家庭困难的优抚对象解决治疗费4万元。2003年12月，县委办公室、县政府办公室印发《关于开展特困优抚对象“关爱行动”的实施意见》，县直80个单位与全县331名（户）特困优抚对象建立结对帮扶关系。2005年7月，31个县直单位结对帮扶61户特困优抚对象，当年帮扶资金3.71万元，衣物201件，农用肥料2.5吨，大米600公斤，经济苗木100株，科技书籍20册（套）。

二、拥政爱民

县内驻军有：县人民武装部、武警中队、消防中队、宜昌武警二支队教导大队、国防光缆维护站（“75709”部队）。1993年，县武警中队、消防中队与部分单位开展军民共建活动，先后与归州镇小学共建文明校，与归州粮店共建文明店，与归州镇建设街共建文明街，与归州镇龙王庙村共建文明村，与县汽车客运站共建文明站，与县福利院共建文明院。

1999年，县人民武装部与团县委一道，争取外援资金90万元，援建中国人民解放军驻港部队希望小学1所。2000年，县“双拥”办和国防教育办命名验收已建立的“双拥”示范基地17个。其中，国防教育基地5个，军民共建示范点7个，拥军示范工程2个，爱民示范工程3个。2004年，县直多所学校先后与县消防中队、人民武装部、武警中队、交警中队建立学军基地。县人民武装部组织周坪乡民兵在九畹溪旅游景点协助管理，维护秩序等。

第三章　救灾救济

秭归地处三峡暴雨区，各种自然灾害相互交织，干旱、洪涝、冰雹灾害频发，岩崩、滑坡地质灾害年年发生。1979年后，全县遭受10多次重大旱灾和10多次特大暴雨洪涝灾害，先后发生鸡米寺、千将坪等多次重大坍山滑坡灾害。每当灾害发生后，县委、县政府组织人员深入灾区抢险救灾、查灾核灾，紧急转移安置灾民，组织灾区群众开展生产自救，恢复生产，重建家园。1986—2005年，全县累计遭受各种自然灾害群众达148.41万户次、489.62万人次，成灾累计44.33万公顷。全县共落实灾害救济金累计2 952.64万元。

图 21-3-1：运送救灾物资

农村贫、特困户、五保户等弱势群体为民政救济的主要对象，重点围绕“三有”（有饭吃、有衣穿、有房住）开展救济。实施“依靠基层、生产自救、群众互助、辅之以政府必要救济”的社会救济政策。除适时提高定期定量救济、临时救济标准和扩大救济面外，开展贫困扶持，变“输血”为“造血”，开展包村扶贫、苏区扶持等系列帮扶工作，扶持贫困户发展生产，改善生产生活环境，走脱贫致富奔小康之路，使很大一部分贫困户从根本上摆脱贫困。全面启动城镇居民最低生活保障和农村特困救助工作。至2005年，纳入城镇低保的共3 215户6 457人，年发放低保金453.2万元。2004年对农村特困户实行特困救助，全县纳入救助的2 280户5 806人。2005年每人月均发放10元，全年发放67.15万元。基本建立全员覆盖的城乡最低生活保障制度。（图21–3–1）

第一节 抗灾救灾

一、抢险救灾

1979年5月22日，泄滩公社发生5.1级地震，造成6人受伤，1 004间房屋损坏。灾害发生后，省地震局、长江流域规划办公室505地震队和宜昌地区科学技术委员会等单位领导和专家赶赴灾区，进行实地监测。地、县领导深入灾区慰问，省、地当年下拨救灾款57.8万元，其中地震救灾专款7万元，受灾户都得到妥善安置。

1980年，连续遭遇夏、秋洪涝灾害，造成12人死亡、16人受伤，465间房屋倒塌，3 373间房屋受损，农作物受灾面积7 866.67公顷，堰塘、公路损坏严重。灾害出现后，省、地、县领导赴灾区检查和指导救灾，省、县财政部门共拿出84.5万元资金，救济灾民购买粮食75万多公斤，帮助建房3 794间。

1981年，春、夏、秋旱连绵。7月，长江沿岸又遭遇特大洪灾。旱、涝灾共造成经济损失1 300多万元。在严重灾害面前，县、公社两级3次共组织1 067名党政干部，分别到352个大队、1 624个生产队帮助抗旱。全县挑水15万多吨抗旱，安装抽水机250台、2 302千瓦，引、挑水插秧289.2公顷，灌溉中稻1 104公顷，保柑橘12.3万株，保红薯苗244.27公顷，抗旱插播红薯564公顷。县下拨抗旱经费10万元、抗旱柴油250吨支援灾区。

1983年4月25日下午5时5—12分，全县遭受一场飑线天气（突然发作的强风现象）袭击，使全县1镇、17个公社、2个农（林）场普遍受灾，受灾人数达18.1万多人，死亡6人，重伤32人，轻伤108人；死亡牲畜39头（其中耕牛3头）；受灾房屋7.07万间。其中，倒塌364间，屋顶全部被揭走5 720间。刮倒的用材林木38.6万余株，经济林（柑橘树、桐树）7.5万余株；夏粮损失379.5万公斤，油料损失296.5万公斤，97所学校因房屋受损被迫停课。灾后，各级领导组织生产自救，重建家园。民政部门下拨救灾款60万元，赈济灾民。

1985年6月12日凌晨，新滩镇江家坡至广家岩1 300万立方米的滑坡体整体移动，约400万立方米堆积物，从800米高处直冲新滩镇，新滩古镇顷刻被毁。由于预报准确，县新滩滑坡抢险救灾指挥部在整体滑坡前一天将险区内1 371人转移到安全地带，还抢出457户居民的大量财物，滑坡时滑坡体内无一人伤亡，创造奇迹。灾后，省委书记关广富等领导深入灾区，看望慰问灾民，民政部门拨给灾区救灾专款37万元，解决灾民吃、穿、住等方面困难，并帮助灾民恢复生产，重建家园。

1986年7月，全县暴雨成灾，出现62处坍山滑坡。16日，沙镇溪镇土地岭村发生大型坍山滑坡，滑体2 882.4立方米，涉及6个村、15个组、361户1 503人，1 075间房屋受损，倒塌房屋557间，压死耕牛10头，生猪352头，鸡120只，埋没粮食5.43万公斤，毁农田126.87公顷、毁公路8.1公里、桥梁7座、输电线铁塔4座、高低压电线7.2公里，7家企业和1所学校被毁，直接经济损失499.2万元。灾害发生后，县委、县政府在县直单位抽调296名干部，组成66个救灾工作组，实行分片包干，到全县各灾区险段抢险救灾。区、乡、村干部2 193人，组成198个救灾小组，到农户、田块、企业、公路坍方现场，组织群众抢险救灾。共组织险区内219户924人安全撤出，为105户灾民重建新房，将湖北省直机关捐献的10万件救灾物资发放到290个村的1.55万户6.66万人手中。

1987年，全县遭遇洪涝、大风、冰雹、坍山滑坡等灾害袭击，有5.62万人受灾，受灾面积2.64万公顷，倒塌房屋2 491间，死亡11人。县成立“四防”（防旱灾、风雹灾、坍山滑坡及岩崩、地陷地震）指挥部和救灾办公室，县长梅峰任指挥长。当年对受灾严重的16处滑坡进行4次检查，及时向省、地汇报灾情，争取救灾资金，向灾民发放救灾物资34万元。

1988年，全县发生冬、春、伏旱连绵的特大旱灾。县、乡镇、村相继成立救灾专班，县、乡两级共700名干部投入抗旱第一线组织群众抗旱保苗和保人畜饮水。共抢插水稻2 333.33公顷，修水渠877条、6.7万米，架设水管13.7万米，抗旱保粮食作物5 800公顷，保烤烟1 520公顷，保柑橘树350万株。动用汽车、拖拉机80辆运水保苗和解决人畜饮水。

1990年，全县发生百年未遇的特大旱灾和风雹等灾害。受灾人口38万人，受灾面积2.96万公顷，倒塌房屋550间，因灾死亡6人。县委、县政府组织干部3 780人、分为161个工作组组织救灾。9月7日，副省长张怀念、宜昌地区行署专员刘克毅到秭归检查旱情，实地察看郭家坝、泄滩等8个重灾乡镇。民政部、省民政厅、宜昌地区行署、地区民政局等有关领导先后5次到秭归视察灾情，指挥抗灾救灾。

1991年，全县遭遇秋、冬连旱及暴雨、冰雹、坍山滑坡等多种自然灾害。受灾人口20.1万人，受灾面积1.93万公顷，倒塌房屋2 095间，因灾死亡9人。县、乡镇党政一把手亲自抓生产救灾，县委书记王少愚、县长汪元良到救灾第一线现场指挥。6月下旬，郭家坝镇鸡米寺发生特大滑坡险情，县委、县政府组成30人的现场抢险指挥部，副县长宋发升任指挥长驻现场指挥。在滑坡体设13个观察点，24小时进行监测。同时，对2个村、16个企事业单位、2 504人组织撤离，调动公安干警和武警官兵35人、民兵51人进行警戒巡逻，挨家挨户清理，确保60万立方米特大滑坡无一人死亡。6月29日滑坡后，灾区内1 126人丧失基本生活条件，指挥部动员灾民投亲靠友或安排到附近工厂等单位暂住，进行临时安置。当年全县共组织投入救灾劳力14.2万个，资金280万元，修复公路115条、243.23公里，修补农田684.8公顷，清沙除淤5.14万立方米，修补堰塘57口，水渠620条、119千米，扶苗培土4 740公顷，扩种粮食作物1 000公顷，改种其他作物587公顷，组织群众外出务工2.95万人，组织小秋收收入350万元。全县下拨灾民建房款18.1万元，免收土地补偿费3.47万元，免收管理费8 893元，共新建和修复灾民住房612户1 123间。

1992年，旱灾、暴雨、风灾、坍山滑坡等灾害并发。有25万人次受灾，受灾面积20.71万公顷，因灾倒塌房屋1 178间，死亡7人。5月11日，磨坪乡杜家湾村发生滑坡，造成直接经济损失350万元。7月10日，杨林桥、郭家坝等10个乡镇遭暴风、冰雹灾，直接经济损失387万多元。全县抽调500名干部组织救灾，共投入17万个劳力抗旱，采取挑、提、引、挖、运水等方法保苗保树。添置抽水机310台，塑料水管30万米，动用汽车、拖拉机110台，维修沟渠310条，保粮田666.67公顷、柑橘110万株。恢复灾民住房476户、982间，2 068人迁进新居。当年，县保险公司兑现烤烟因冰雹损失理赔款42万元，县民政局下拨救灾款11万元，县农行发放救灾贷款365万元，县农业委员会解决平价化肥指标400吨、柴油250吨。

1993年，全县遭受暴风、冰雹、滑坡、泥石流等灾害袭击，27.98万人受灾，受灾面积3.33万公顷，因灾倒塌房屋1 169间，死亡1人。县民政局下拨灾民建房款8万元，帮助421户1 470名灾民恢复建房632间；下拨灾民生活款20万元，购粮23万公斤。

1994年6月，全县持续高温干旱，98条溪河断流，16.4万人和15.87万头牲畜饮水困难。县直机关抽调216名干部分赴各乡镇指挥抗旱，发放抗旱贷款100万元，组织1 291台抽水机，购引水管170万米，动用汽车、拖拉机260台运水抗旱。组织群众生产自救，共播种农作物3 740公顷，蔬菜2 000公顷，劳务输出3.1万人，收入1 150万元，小秋收收入150万元。

1998年，洪涝灾害引发坍山滑坡68处，倒房2 416间。各乡镇成立救灾小组，由1名副书记或副乡镇长为责任人，专门负责灾民房屋重建，年底，灾民共建房1 823间。全县8.2万人开展灾后生产自救，共恢复冲毁农田154.3公顷，水渠60千米，播种蔬菜、晚马铃薯1 666.67公顷，小秋收收入1 200万元。

2002年，全县发生90处坍山滑坡。县救灾办公室坚持24小时值班，随时统计、报告灾情。5月21日，水田坝乡上坝村发生大型滑坡，县委书记王万修等领导赶赴现场指挥救灾，帮助109户327人脱离险区。

2003年，全县发生坍山滑坡80处，涉及10个乡镇6 579人。7月13日，沙镇溪镇千将坪村发生特大滑坡。16人在滑坡中遇难，8人失踪，31人受伤，174户1 328人受灾。滑体内的金属硅厂、页岩砖厂、装卸运输公司4家企业被毁。灾害发生后，县委书记王万修、县长罗平烺带领民政、公安、交通、财政等10多个部门负责人赶赴灾区，现场指挥抢险救灾。县财政局调度50万元资金用于安置灾民生活，每户灾民发放300元过渡临时安置费、200元衣物费、50公斤大米、2.5公斤食油、1套棉被和必要的日常生活用品。7月17日，中共中央政治局委员、国务院副总理曾培炎，中共中央政治局委员、省委书记俞正声及民政部副部长杨衍银等领导到千将坪滑坡灾区察看灾情，慰问灾民。县政府成立灾民安置专班，共安置农村灾民171户590人。其中，外迁安置103户354人，县内投亲靠友、搬迁安置67户235人，镇福利院安置1户1人。当年，磨坪乡发生严重冰雹灾害，县拨款4万元解决灾民生活。全年共发放救灾资金212万元。

2004年，全县多次出现暴风雨灾害，12个乡镇70个村受灾。1—9月，全县发生33处坍山滑坡地质灾害，总规模3.16亿立方米，涉及813户3 427人和3所中小学。县成立由县委书记王万修任政委，县长罗平烺任指挥长，各单位负责人为成员的防汛抗旱救灾指挥部，下设办公室。从3月29日起，实行24小时值班制度。2月9日，沙镇溪镇树坪村出现滑坡险情，县成立由县人大常委会常务副主任郑之德任指挥长的抢险救灾指挥部，现场指挥救灾。国务院副总理曾培炎、省委书记俞正声、省长罗清泉到现场察看险情。市政府两次召开紧急会议，协调安置灾民。当年紧急撤离灾民1 700人，投入转移资金30万元，对1.86万人发放救灾款109万元，拨付救灾款176.4万元为倒房灾民重建房屋1 928间。对沙镇溪镇树坪村、屈原镇砚包、归州镇彭家坡村卡子湾、沙镇溪镇乐丰村白水河等滑坡体的313户1 006人全部实施搬迁安置。

2005年，全县发生雪灾和多处坍山滑坡地质灾害，县委、县政府及时派出干部分赴灾区进行灾情调查和抢险救灾工作。当年投入资金60万元，撤离灾民1 800人，安置、转移灾民183人，发放救灾生活费62.8万元，为倒房户补助资金80万元重建家园。

1986—2005年，全县共有148.41万户次、489.62万人次，遭受各类自然灾害袭击，受灾面积70.76万公顷，成灾面积44.33万公顷，因灾倒塌房屋2.95万间，死亡人口94人，下拨灾害救济款2 952.64万元。（见表21–3–1）

1986—2005 年秭归县各类自然灾害情况表

表21-3-1　　单位：万户次、万人次、万公顷、间、人、万元

年 份	受灾户	受灾人口	受灾面积	成灾面积	倒 房	死 人	灾害救济
1986	6.98	25.25	3.53	1.53	1 978	6	57
1987	1.37	5.62	2.64	1.16	2 491	11	34
1988	5.81	22.83	4.13	2.97	237	1	129
1989	1.2	4.76	3.27	2.07	1 520	13	170
1990	10.5	38	2.96	2.46	550	6	31
1991	8.31	20.1	1.93	1.35	2 095	9	245
1992	8.07	25	20.71	14.71	1 178	7	57
1993	8. 04	27.98	3.33	2.27	1 169	1	75
1994	10.12	32.88	3.62	2.5	546	1	132
1995	5.06	15.14	2.81	2.11	578	2	96
1996	7.8	22	1.47	0.87	2 867	—	226
1997	7.9	26	3	—	517	—	265
1998	6.9	31.2	2.4	1.53	2 416	4	206.5
1999	5.85	19.16	1.84	1.35	641	—	168.74
2000	9.4	30.1	2.47	1.91	1 287	5	178
2001	9.7	32	2.73	1.69	1 191	2	20
2002	9.8	33	2.02	1.35	2 578	2	159
2003	9.4	29	2.73	2	2 532	24	212
2004	8.9	27.8	1.78	0.28	1 989	—	315.4
2005	7.3	21.8	1.39	0.22	1 097	—	176
合计	148.41	489.62	70.76	44.33	29 457	94	2 952.64

二、社会捐助

每当灾害发生后，除政府组织救灾救济外，社会各界也都伸出援助之手。1986年，沙镇溪镇土地岭坍山滑坡后，县内99个单位捐献现金2.73万元以及大米等物资；省直机关捐献救灾物资10万件。1988年特大旱灾，宜昌地直机关捐赠现金3 000元和各类物资。1991年，全县接收7个省市和某部队共300个单位、4万人捐赠的现金7.51万元、粮食38.49万公斤以及化肥、药品、药械等物资。台湾“红十字会”3次捐赠大米11.9万公斤。1992年杜家湾滑坡，磨坪乡32个单位和14个村捐款5 208.53元、粮食1.23万公斤；台胞皮建华捐赠1 000美元。1994年接收台湾“红十字会”捐赠大米8 000公斤。1996年7月洪涝灾害后，接受全国79个单位捐赠现金40.5万元及有关物资。2001年，全县117个单位的3 000名职工捐赠衣物8 000件、现金5万元、彩电3台。2002年，县直机关干部职工两次共向灾民捐款13.59万元。

2003年千将坪特大滑坡发生后，先后收到省内外单位和个人捐款224.95万元（其中县内捐款53万元）、物资2 500件、大米5 000公斤。

第二节　社会救济

一、农村社会救济

困难救济　1979—1985年，全县共发放春荒口粮救济款471.07万元，特困救济款18万元，棉衣5.6万件，单衣1.6万件，棉被1.1万床。1986年，县民政局下拨春荒救济款13万元，用于农村贫、特困户购粮15.35万公斤。1987年县民政局下拨春荒救济款25万元，救济困难户3 627户1.39万人。其中，用于购粮18万元（购粮40万公斤），建房4 000元，发展生产5.5万元，解决其他困难1.1万元。1988年，春荒救济实行县乡结合，联审到户。共救济3 912户1.41万人，发放春荒救济款15.5万元，救济粮32.74万公斤。1989年发放救济粮273万公斤、救济款125.55万元，救济1.2万户4.76万人。1990年分春、夏两季发放救济款物。春荒发放救济款22.75万元，救济5 598户2.84万人；夏荒发放救济款9万元，救济2 122户7 950人。1991年发放救济款59.62万元，救济9 484户3.36万人，并为3 164个特困户、6 045个贫困户购住房保险11.3万元。1992—2003年，县民政局共下拨救济款1 402.2万元，用于解决农村特困户、贫困户生活困难。

2001年，全县启动农村最低生活保障制度，对农村人均年收入在500元以下和人均粮食在180公斤以下的特困户实行按月发放最低生活保障金，通过逐级审核确认，县政府批准，全县12个乡镇、696户2 076人享受最低生活保障。保障金按4：2：4的比例分担。即县级40%，乡镇20%，村级40%。2003年，全县农村共为696户发放最低生活保障金16万元。2004年1月起，农村最低生活保障金转为农村特困救助，每人每月8元，共2 280户5 806人，资金实行社会化发放。当年全县共发放55.4万元。其中，省补34万元，县补21.4万元。2005年全县享受特困救助的共3 284户8410人，从当年10月起，救助标准提高到每人每月10元，全年累计发放救助资金67.15万元。

1986—2005年，县民政部门还将县内外社会各界捐赠的衣物、棉被、毛毯等共41.6万件（床）以及民政部门订做的救济衣物、棉被等3万多件（床）发放给贫、特困户。

2005年7月，全县启动城乡贫困群众大病医疗救助工作。至年底，共为贫困群众实施大病医疗救助1 103人次。其中，五保户1 045人次，农村特困户35人次。发放救助资金21万元。

五保供养　1979年后，农村五保供养方式有集中供养和分散供养两种。集中供养即集中办农村社会福利院，集中收养五保老人。分散供养分半供养和全供养两种形式。1981年，全县农村够五保条件的有1 018户1 277人。其中，全供养992人，半供养285人。分散供养标准根据各公社经济收入水平及生活消费标准不同而各异，各个时期也不相同。1986年全县最高的茅坪镇（区）人年均720元，最低的磨坪区人年均只有60元。2003年，全县统一分散供养标准，一律为人年均800元，由各乡镇财政所支付。1986年，全县有五保供养对象1 241人，其中分散供养1 104人，年人均供养金199元。1987年，全县应保955户1 124人，实保861户999人，年人均供养金282.87元。1988年，全县共有五保供养对象738户865人，其中分散供养716人，共支付五保金25万元，年人均供养金289元。1989年，全县五保对象804户926人，实保653户757人，其中分散供养612人，年支付供养金17.87万元，年人均292元。1990年，全县推行五保金乡镇统筹。1991年全县实保684户785人，年人均五保金332元。当年对分散供养户签订《农村五保户赡养承包合同书》，护理责任到人。1992年，全县16个乡镇五保统筹资金共33.35

万元，其中分散供养705人，年人均供养金322元。1997年，有五保户1 031户1 132人，供养率100%。当年五保统筹金92万元，年人均900元。1999年，全县五保户增加到1 074户，供养率100%，其中分散供养金年人均757元，且全部实现专人护理。2003年全县五保供养1 457人，五保供养金从乡镇财政支付，共支付139.2万元，其中分散供养891人，年供养金71.18万元。2005年，农村五保对象严格按政策申报、核实，应保尽保，全县共纳入五保对象1 569人，其中分散供养289人，年人均800元。

二、城镇社会救济

1981年，县民政局对城镇居民作全面调查，将全县城镇居民中的困难户70户276人纳入集体照顾，照顾金额5 860元；138户373人由国家救济。其中，定期定量救济58户95人，救济金1.08万元；临时救济80户278人，救济金2 955元。1986年，全县对城镇中无依无靠、无生活来源的孤、老、残、幼和无固定收入有困难的居民定期定量救济61户89人，发放救济款1.59万元。1988年，提高定量救济标准，从当年5月1日起，每人每月执行24元，全县救济54户67人，年发放救济金1.79万元。1990年发放救济费3万元，其中孤、老、残、幼救济1.7万元，贫困救济1.3万元。1995年，定期定量救济标准提高到每人每月53元，当年定量救济145户165人，发放救济费9.9万元。2000年，定期定量救济标准调整到每人每月90元，当年发放救济费15.8万元。此后，县民政局将城镇定期定量救济转为城市最低生活保障（简称低保，下同）。

1999年4月，全县对家庭人均月收入低于100元的城镇居民纳入低保范围，首次享受低保的对象65户168人。当年，全县共审定城市低保对象176户380人，发放生活保障金19万元。2001年11月，城市低保对象进行调整，家庭人均月收入低于120元的纳入低保范围。2002年，对低保对象进行全面普查，多次扩面调标，逐户摸底，三榜公布，共审定城市低保对象2 096户5 077人，确定月低保金23.4万元，当年共发放低保金143万元。2003年上半年，县民政局对城市低保对象进行复查，再次调整为2 523户5 416人，月低保金24.67万元。其中，新增147户315人，1.8万元；取消336户781人，3.18万元；保障金调增31户68人，780元；调减708户1 652人，2.19万元。当年实际发放最低生活保障金2 574户5 388人，340万元。2004年12月，城市低保对象将家庭人均月收入低于128元的纳入低保范围。2005年7月，城市低保对象为家庭人均月收入低于135元的户，人均补助标准按照135元/月的低保线进行差额补助。当年纳入低保对象3 215户6 457人，共发放低保金453.2万元。（见表21-3-2）

1999—2005年全县城市低保发放情况表

表21-3-2　　单位：%、万元、元

年份	发放户数	发放人数	占非农业人口比例	年发放低保金总额	人均月金额
1999	176	380	0.7	19	35.29
2000	524	1 184	2.1	37	44.37
2001	1692	4 130	6.9	82	27.76
2002	2096	5 077	8.6	143	46.17
2003	2574	5 388	8.8	340	46
2004	2885	5 979	9.6	379	52
2005	3215	6 457	9.7	453.2	60

第四章　社会福利

1979年后，全县加大对福利事业的投入，改建、扩建和新建福利院，扩大规模，提升档次，增加容量，扩大福利院社会覆盖面。县福利（光荣）院固定资产由1985年21万元增加到2005年490万元，年供养金由1985年410万元增加到2005年3 340万元。县福利（光荣）院先后3次达到省二级福利院标准。农村福利院由1979年4所发展到1986年34所，床位由1985年的550张发展到2005年1 587张，收养人数由345人发展到1 584人，集体供养金由9.2万元增加到190万元。至2005年，全县共有社会福利院21所。社会福利企业从1988年起步，形成县民政局、乡镇民政办共同兴办福利企业的发展格局，高峰时期全县达10多家福利企业，为残疾人就业提供场所。随着经济体制改革的深入，社会福利企业逐步进行改制改革，以适应市场化管理需求。至2005年，全县有4家注册为福利企业的民营企业，无民政部门直接经营管理的福利企业。福利彩票销售从传统的即开型销售向电脑彩票销售转变。1992—2005年，全县累计发行福利彩票3 323.84万元，其中销售即开型彩票600.72万元。

第一节　福利院

一、县福利（光荣）院

原址位于老县城归州东北方向2.5公里的杨家堡，1984年动工兴建房屋，1985年竣工开办。全院有砖预结构房屋2栋2层，建筑面积1 913.7平方米。1985年共有职工10人。其中，管理员3人，护理员6人，医务人员1人。收养院民30人。其中，优抚对象3人，“三无”（无生活来源、无劳动能力、无法定义务赡养人）对象26人，自费1人。

图 21-4-1：县福利院服务员精心为老人服务

县社会福利（光荣）院规模逐年扩大，至1999年年底，总占地面积达到7 827平方米，房屋建筑面积2 250平方米，固定资产51万元，床位60张，收养院民38人。其中，优抚对象3人，“三无”对象32人，自费3人。1995年被省民政厅命名为二级福利院。

1998年县城东迁，县社会福利（光荣）院于2000年12月从原址迁到新县城茅坪九里迎宾路“青龙大厦”（原宾馆）。至2005年年底，县社会福利（光荣）院固定资产490多万元，占地面积1.43万平方米，房屋建筑面积5 300 平方米，床位80张，供养对象79人。福利（光荣）院内分为生活、住宿、生产、医疗、康复、娱乐6大功能区，基本实现“住宿宾馆化、饮食营养化、服务规范化、管理科学化、娱乐多样化”（简称“五化”，下同）目标。2003年，县社会福利院第三次达到省二级福利院标准，成为宜昌市两个达省二级标准的福利院之一。（图21–4–1）

自建院后，不断加强硬件建设，改善院民生活条件。1987年投资6.4万元，扩修1.8公里进院公路，铺设水泥路面。1989年投资8.5万元，在原房顶增加1层10间共300多平方米的住房，同时修建猪圈等附属设施。1998年迁到新县城茅坪九里后，加大投入，改善设施。2000—2005年，投资70多万元维修房屋。先后投资60万元，将院民居住的房内设施按宾馆要求全部更新，室内统一设有空调、彩电、席梦思床、电视柜、床头柜、鞋柜等；投资2.1万元，在楼道、卫生间全部安装方便老年、残疾人生活的木质扶手；投资3万多元安装8台太阳能热水器；投资5万多元，添置锅炉、消毒柜、冰箱等大型厨房设施及烘干机等服务设施；先后争取省民政厅慈善总会和县体育局各扶助一套价值7万多元和10万元的室外健身器材，建起室外活动场。争取市慈善协会支持室内健身器材一套，建起室内健身室。投资4万多元建起娱乐室、阅览室、医疗保健室、书法等才艺陈列室。娱乐室可供100多人观看电视和进行娱乐活动，阅览室共有藏书500多册，陈列室面积200多平方米，陈列展出院民的书法、绘画、根雕、剪纸等作品。2002年投资90万元，征地0.28公顷，于2004年建成一个集假山、水榭亭台、鱼池于一体的公园式户外活动场所。

坚持开辟生产门路，确保蔬菜、猪肉等能够自给。未搬迁之前，有菜地0.27公顷，每年养猪20头左右。1985—1988年，创总收入13.6万元，纯收入6.9万元。2000年搬迁到新院后，投资4万多元修建150平方米的猪圈，购置农用机械，菜地达到0.54公顷，自种蔬菜品种10多个，生猪年出栏40多头，猪肉和蔬菜完全自给。2003年创总收入10万元，纯收入6万元。2005年，创总收入12万元，纯收入7万元。院内还开办有康复诊所1所，既创收，又为院民服务。

无依靠的院民生活费用由财政拨付。1985年财政供给人均360元/年，2005年提高到人均1 800元/年。院民每年做新衣服1～2套，零花钱从1985年的4元/月提高到2005年的15元/月。院民过生日以及重阳节等节日，院里必送慰问品。院民生活由办院之初的每周2次肉食提高到1天1餐肉食，每餐保证有4个以上熟菜。院护理等服务人员由1985年的10人增加到2005年的15人。院民的衣被由院内统一浆洗，服务人员每天为有病和年龄偏大的院民端茶送饭、洗头洗澡、剪指甲，像照顾亲生父母一样周到。（见表21–4–1）

1985—2005 年县社会福利（光荣）院基本情况表

表21-4-1

年份	职工数（人）				固定资产（万元）	床位（张）	年末收养人数（人）				年均供养金（元）	院内自创总收入（万元）
	合计	管理人员	医务人员	护理人员			合计	优抚对象	三无对象	自费人员		
1985	10	3	1	6	21	50	30	3	26	1	410	0.6
1986	10	3	—	7	24	50	30	3	26	1	410	0.6
1987	13	3	—	10	25.1	50	27	5	19	3	410	0.8
1988	13	3	—	10	35.6	61	28	5	19	4	410	0.8
1989	13	2	1	10	36.6	64	35	6	20	9	530	0.8
1990	13	3	1	9	37	64	36	6	20	10	530	1
1991	14	3	2	9	42.5	65	35	5	25	5	530	1
1992	13	3	1	9	51	64	33	4	23	6	530	1

续表21-4-1

年份	职工数（人）				固定资产（万元）	床位（张）	年末收养人数（人）				年均供养金（元）	院内自创总收入（万元）
	合计	管理人员	医务人员	护理人员			合计	优抚对象	三无对象	自费人员		
1993	13	3	1	9	51	64	33	4	25	4	895	1
1994	13	3	1	9	51	50	48	4	40	4	895	1
1995	13	3	1	9	51	50	48	4	40	4	1 015	1
1996	13	3	—	10	51	50	48	4	40	4	1 015	1
1997	13	3	—	10	51	50	48	5	40	3	1 570	2
1998	13	3	1	9	51	60	48	6	37	5	1 570	2
1999	10	2	1	7	51	60	38	3	32	3	200	2
2000	13	2	1	10	234	80	48	15	30	3	2 460	3
2001	13	2	1	10	183	80	62	20	30	12	2 605	8
2002	13	2	1	10	380	80	64	20	29	15	2 610	8
2003	14	2	1	11	400	80	83	20	36	27	2 750	10
2004	15	2	1	12	400	80	81	28	40	10	2 970	10
2005	15	2	1	12	490	80	79	28	40	11	3 340	12

二、农村福利院

1979年，全县有周坪、龙江、泄滩、城关4所农村社会福利院。1981年增办两河口、磨坪、梅家河、香溪、三间5所农村社会福利院。至1985年，全县共有26个区、乡、村共办31所农村社会福利院，共有床位550张，收养“三无”人员350人。其中，孤寡老人320人，残疾人25人，孤儿5人。1986年福利院达34所，收养人数下降到178人。1987年后逐步采取合并，扩大规模，重点扶持，集中办院等措施。至1989年，全县11个单位办农村社会福利院18所，收养145人。20世纪90年代，全县农村社会福利院始终保持在19所左右，床位在340～500张之间，收养人员在250～350人之间。至1999年，全县19所农村社会福利院中，有13所实现“五化”标准，有5所农村社会福利院跨入市级先进行列。

图 21-4-2：归州镇福利院

2000年，农村社会福利院随着乡镇体制合并减少到15所，进一步壮大规模，规范管理，有10所达市级以上先进福利院标准。茅坪镇投资100多万元，将原县面粉集团公司厂房购买后改建成第二福利院，当年达市级先进福利院标准。茅坪镇第一福利院被省民政厅命名为百强福利院。至2003年，先后对郭家坝、屈原、杨林桥、水田坝、茅坪等6所乡镇福利院进行搬迁新建，搬迁后房屋总建筑面积达3 700平方米，同时对沙镇溪、归州、屈原、磨坪4个乡镇福利院进行改建和扩修，增加房屋建筑面积1 450平方米，已有11所福利院达到市级先进标准。当年，全县集中供养人员达566人。2004年，县民政局组织实施“福星工程”建设，全县增加投资365万元，新建农村社会福利院1所，改扩建10所，总数达20所，收养人数1 064人，床位增至1 259张。2005年，全县继续组织实施“福星工程”，各乡镇政府无偿划拨闲置资产，解决配套生产基地，共利用学校等闲置资产12处，改扩建福利院1.71万平方米，划拨生产生活基地25.8公顷，全县投入资金140多万元，进一步改善乡镇农村福利院硬件设施。当年床位达1 587张，收养人数1 584人，全县农村五保户集中供养率达81%，肉食、蔬菜等全部实现自给，年创院办经济收入120万元，集中供养标准年人均1 200元。（图21–4–2）

农村社会福利院坚持“入院自愿，出院自由”原则。2003年前生活费用来源以乡镇五保统筹经费为主，2003年起由乡镇财政支付。同时，各福利院大力发展生产，增加院办经济收入，解决供养人员衣物、零花钱等费用，提高院民生活标准。2005年，财政共支付集中供养金190万元。（见表21–4–2）

1985—2005 年全县农村社会福利院情况表

表21-4-2　　　　单位：个、人、张、万元

年份	单位数	院数	职工人数	床位数	收养人数	其中老人	集中供养金额
1985	26	31	93	550	345	320	9.2
1986	29	34	54	220	178	145	6.4
1987	11	32	37	340	156	135	4
1988	12	19	39	340	148	130	6
1989	11	18	39	340	145	112	5.6
1990	11	18	39	340	156	125	6
1991	18	25	71	375	269	237	10.4
1992	16	21	53	420	245	225	10.67
1993	16	20	55	440	250	224	11
1994	16	19	53	460	255	173	13
1995	14	19	49	460	261	182	54
1996	14	19	53	460	267	213	22
1997	14	19	53	500	356	305	35
1998	14	19	53	500	356	305	35
1999	14	19	53	518	358	308	38
2000	14	15	54	471	388	367	35
2001	12	15	54	521	395	395	35
2002	12	12	43	521	262	262	35
2003	12	14	43	521	566	566	67
2004	12	20	93	1259	1 064	1 064	152
2005	12	20	93	1587	1 584	1 584	190

第二节　福利企业

一、县内企业

三峡皮件厂　1987年8月，茅坪镇镇办皮件厂转为由县民政局主管的福利企业。当年县民政局扶持资金25万元，其中省下拨周转金10万元。有职工35人，其中“四残”（盲、聋、哑、肢残）人员5人。1989年，职工45人，“四残”人员7人。1994年，职工35人，“四残”人员14人，固定资产50万元，流动资产46万元，总产值59.3万元，年工资额7.9万元，人均2 256元，上缴税金3.63万元，减免税金7万元，盈利300元。随着市场变化，1996年，该厂亏损26.7万元，难于维持生产，当年下半年关闭停产。

县服装厂　该厂始建于1985年，1996年注册为民政福利企业，有固定资产80万元，职工80人，其中残疾职工41人，年销售收入46万元。该厂自主经营，享受福利企业有关优惠政策。由于市场等原因，至2000年亏损24.8万元。搬迁到新县城后，该厂由县属集体企业改制为民营企业。

恒康长龄服务公司　该公司是县残联扶助兴办的残疾人事业服务企业，同时又是在民政部门注册的社会福利生产企业，1993年正式投产，总投资45万元，有职工15人，其中残疾职工6人。从事木材加工和家具制作。1994年该公司职工增至21人，其中残疾职工8人。年销售收入30万元，缴纳税金2万元，减免税金9万元，盈利1万元。2005年，该公司职工增至26人，安置残疾职工13人，完成企业总产值81.5万元，实现产品销售收入36.6万元，交纳税金15万元，实现利润总额3万元，弥补历年亏损6.2万元。

县大力纸品有限公司　该公司位于新县城九里工业园区，主要以纸品加工、生产静电复印纸和其他规格文化用纸以及纸品包装等为主，注册资金50万元。2004年8月被批准为民政部门管理的社会福利企业，有职工13人，其中残疾职工10人。2005年有职工27人，其中残疾职工14人。当年实现销售收入231.6万元，实现利润21.9万元，上缴税金27.5万元，减免税金20万元。

乡镇办福利企业　正式注册登记3家，分别是1989年由茅坪镇民政办主管的茅坪镇曲溪纸厂、两河口镇民政办投资兴办的两河口镇油料加工厂和两河口镇云盘粮油加工厂。1996年，3个乡镇福利生产企业共有职工34人，其中残疾职工15人。缴纳税金3 000元，减免税金1.2万元。1996年，两河口镇云盘粮油加工厂关闭停产；1997年，茅坪镇曲溪纸厂转为镇办企业。1998年，两河口镇油料加工厂不符合福利生产企业条件，不再登记为福利企业。1998年后，全县乡镇以下无福利生产企业。

二、外来企业

县内外来福利生产企业仅有宁波洛兹集团三峡服饰有限公司1家，属县对口支援三峡工程办公室引进的对口支援项目。2001年5月注册为社会福利生产企业，2001年10月投产，注册资金500万元，厂址位于新县城天问路，主要经营服装、服饰、针织品等制造与销售，该公司属独立核算的民营企业。2005年，该公司有职工192人，其中残疾职工87人。拥有厂房建筑面积3 055平方米，年生产衬衫38.7万件，实现产值6 220万元，主营业务收入2 114.2万元，税金231万元，减免税金214万元。

第三节 福利彩票

一、销 售

1992年6月28日—7月2日，县民政局在老县城归州组织全县第一次福利彩票销售活动，领取彩券2万元，销售收入2 627元，提取福利基金630.48元。

1993年12月30日—1994年1月5日，县民政局在老县城归州举行即开型福利彩票销售活动，计划销售10万元，实销售6.83万元，提取福利基金2.3万元。至2001年，先后组织9次即开型福利彩票销售活动，销售收入共计600.72万元，筹集福利基金135.71万元。（见表21–4–3）

1992—2001 年全县即开型福利彩票销售情况表

表21-4-3 单位：万元

年份	领券	销售收入	筹集基金	销售地点	基金支出	基金扶持项目
1992	2	0.26	0.06	归州县城	—	—
1993	10	6.83	2.3	归州县城	—	—
1994	40	23.97	6.9	茅坪镇	0.8	资助县福利院
1995	120	84.43	23	香溪镇、茅坪镇	1.9	—
1996	240	237.4	48.3	沙镇溪镇、归州县城	53.24	三峡皮件厂、社区服务中心等项目建设
1998	200	74	11.08	茅坪县城	24	沙镇溪镇福利院等
1999	200	100	26.5	茅坪县城	15	赈灾
2000	200	54.66	12.57	茅坪县城	12	社区服务中心建设
2001	100	19.17	5	杨林桥镇	10.15	杨林桥镇福利院、社区服务中心建设
合计	1 112	600.72	135.71	—	117.1	—

2000年，开始销售电脑福利彩票，当年下岗女职工吴萍在新县城国贸大厦门前设立全县第一个电脑福利彩票销售点，当年销售25.77万元。至2005年年底，全县共有电脑福利彩票销售机11部，累计销售福利彩票2 723.12万元。

二、管 理

1991年，成立县福利基金有奖募捐委员会并下设办公室（简称募办，下同）。募办按照规定实施彩票发行过程的全程管理，对资金实行专账、专户、专人管理，资金使用严格按要求和程序办事，先后多次对县福利院、乡镇福利院、灾区灾民、福利生产企业等进行援助，部分福利基金用于县社区服务中心建设。1996年，县民政局成立县社会福利资金使用项目评审委员会，凡资金使用需经过评审委员会评审，严格福利基金的使用管理。1996年7月，市福利基金有奖募捐委员会组织检查组对全县1992—1996年福利彩票销售情况、福利基金管理使用情况进行审查，审计结论为：财务账目管理清楚，无挤占、挪用、借贷等现象。福利资金资助项目准确，申报、审批、拨款手续齐全，无超范围使用情况。1996年后，每2～3年由审计部门对福利彩票资金收支情况进行审计，县审计局先后对1997—1999年和2000—2001年福利彩票资金进行两次审计。2004年6月20日—7月6日，县审计局对县民政局2002—2003年福利彩票及福利彩票公益金和“福星工程”“星光计划”项目管理和资金使用情况进行审计，审计后评价为：资金、财务收支合理，手续完备，基金使用合理。

电脑福利彩票由市福利基金有奖募捐委员会直接管理，销售收入直接汇入指定银行。福利基金2001年前按12%、2002年按12.5%、2003年后按11%返还到县民政局，用于社会福利事业。2002—2004年，市民政局、财政局拨入秭归县福利彩票公益金27.29万元，省民政厅拨入秭归县福利彩票公益金“福星工程”“星光计划”资助项目款51万元，县民政局下拨县福利院34万元、乡镇福利院22万元、县殡葬管理所10万元，用于新建、扩建、维修房屋及其他硬件建设。

第五章　社会事务

随着民政管理工作范围的扩大，除婚姻登记工作外，新增加社团登记、收养登记、地名管理、地域勘界、殡葬管理等社会事务工作。1985—2005年，婚姻登记6.88万对。2005年登记社团组织50个。殡葬管理实施改革，在新县城茅坪建“南山陵园”公墓区，乱埋乱葬陋习逐步得到改变。

第一节　婚姻登记

1979年，全县18个人民公社共配备民政助理32人，每公社有一人专管婚姻登记工作。1986年，全县13个区配备15名民政助理，由区公所下辖乡镇人民政府负责婚姻登记管理工作。61个乡镇共配备69名民政员兼婚姻登记员。1987年撤区建乡，16个乡镇均配备民政助理员兼管婚姻登记管理工作。1989年5月，县民政局设婚姻管理股，配备婚姻管理干部2人。1994年2月，国务院颁发《婚姻登记管理条例》，全县印发宣传资料5 000份，在各交通要道书写固定标语1 150幅，重点宣传“四个一”，即婚龄上不差一天，证件上不差一件，程序上不漏一点，执法上不差一线。2001年，全县12个乡镇设婚姻登记员12人。2003年10月，根据国务院发布的新《婚姻登记管理条例》，婚姻登记机关简化婚姻登记手续程序，结婚登记只需申请人户口簿、身份证及申请登记人无配偶以及双方当事人没有直系血亲和三代以内旁系血亲关系的签字证明，再不需要单位证明，离婚登记也取消单位证明。1985—2005年，全县共办理结婚登记6.62万对。其中，初婚6.25万对，再婚3 710对。办理离婚手续2 567对。（见表21-5-1）

1985—2005年秭归县婚姻登记情况表

表21-5-1　　　　单位：对

年份	结婚			离婚
	合计	其中		
		初婚	再婚	
1985	3 742	3 660	82	80
1986	4 110	4 000	110	57
1987	4 287	4 185	102	60
1988	4 003	3 947	56	47
1989	4 109	3 902	207	61
1990	3 640	3 411	229	62
1991	4 039	3 825	214	56
1992	4 058	3 920	138	53
1993	4 063	3 968	95	39
1994	3 939	3 716	223	78
1995	3 270	3 038	232	63
1996	2 586	2 365	221	84
1997	2 678	2 442	236	218
1998	2 598	2 388	210	194
1999	2 169	2 055	114	111
2000	3 085	2 806	279	108
2001	2 442	2 202	240	104
2002	1 561	1 400	161	159
2003	1 972	1 780	192	322
2004	1 832	1 632	200	308
2005	2 009	1 840	169	303
合计	66 192	62 482	3 710	2 567

1997年7月，县民政局对全县婚姻证件管理与收费情况进行检查。1999年，全县组织专班开展大规模的婚姻登记收费情况整治，查出结婚登记超收费143对，超收费143元；离婚登记超收费320元。对多收取的费用全部退给当事人。2002年前，婚姻档案由各乡镇管理。2002年，全县婚姻档案全部交县民政局统一管理。2005年，县民政局将全县1985—2005年的2 926卷婚姻登记档案全部移交给县档案馆保存。

1986年5月，全县对不经依法登记就以夫妻关系同居，不足法定婚龄的早婚及近亲结婚、包办婚姻、买卖婚姻、重婚等违法婚姻进行查处。1987—1996年，县民政局共检查清理出违法婚姻773对。其中，事实婚姻99对，不依法登记非法姘居的158对，未达法定婚龄的早婚128对，其他违法婚姻388对。对违法婚姻采取边清理边处理。其中，有351对依法补办婚姻登记手续，204对解除非法婚姻关系，14对提交司法部门处理，13对给予行政处分。同时，对负责婚姻登记的工作人员违规违纪问题也进行查处，分别给予党纪、政纪处分。

第二节　收养登记

1999年5月，根据国务院颁发的《中华人民共和国收养登记办法》，由县民政局社会事务股负责收养登记工作，配有1名专职工作人员。1999—2005年，全县共办理收养登记90人。（见表21-5-2）

1999—2005年秭归县办理收养登记情况表

表21-5-2　　单位：人

年份	合计	其中		单亲收养	年份	合计	其中		单亲收养
		男	女				男	女	
1999	11	2	9	1	2003	13	7	6	1
2000	21	8	13	—	2004	4	2	2	2
2001	19	7	12	1	2005	5	1	4	—
2002	17	5	12	—	合计	90	32	58	5

第三节　社团登记

1990年11月，根据国务院《社会团体登记管理条例》规定，成立县清理整顿社会团体领导小组及办公室，对全县社会团体（简称社团，下同）进行清理整顿和调查登记。1992年后，逐年对全县社团、行业协会、基金会、学会等组织依法进行清理整顿和年度审核，重点解决社团无账号、无账户、无资金、全年无活动的“四无”问题。根据申请，对社团进行法人、业务主管、名称变更登记，或依法给予注销登记。1999年，全县共登记社会团体53个，变更登记2个。2003年，对全县民间组织特别是“四无”社团组织和行业协会进行清理整顿，17个单位被依法注销和撤销，10家行业协会依法变更法人。2004年4月，县监察局、民政局整顿规范行业协会、学会和中介机构。7月，县民政局在全县开展农村专业经济协会复查登记工作。复查后，全县共有社团组织47个。其中，专业协会25个，行业协会10个，学术协会8个，联合协会3个，基金会1个。2005年，全县共有社团组织50个。其中，学术性社团8个，行业性社团10个，专业性社团26个，联合性社团4个，其他社团2个。

2001年3月，县民办非企业单位复查登记工作领导小组成立，在全县开展民办非企业单位复查登记工作。2005年5月，在全县乡镇综合配套改革中，对乡镇部分事业单位实行转制，将乡镇56个事业单位转制为民办非企业单位组织，转制单位注销事业单位法人登记，由县民政局进行民办非企业单位登记。2005年年底，全县共有75个民办非企业单位。其中，幼儿园5所，学校2所，职业介绍所

2所，家政服务中心1个，乡镇建设环境保护服务中心12个，乡镇水务服务中心12个，乡镇文化体育广播服务中心12个，乡镇农业技术服务中心12个，乡镇计划生育服务中心8个，乡镇畜牧兽医技术服务中心9个。

第四节　殡葬管理

1991年，全县进行殡葬制度改革宣传，共印发各种宣传资料2万份，办墙报400余期，张贴标语1 000多条，举办各种培训班200多次。1997年6月，县殡葬管理所成立。11月，隶属县殡葬管理所的新县城公墓区——南山陵园开始土建工程。1999年6月，凡新县城城区死亡人员一律进入公墓安葬，彻底改变过去乱葬乱埋、乱占耕地的陋习。2001年，县殡葬管理所自筹资金先后兴建办公室、值班接待室、丧葬用品门市部、棺木储藏室、厨房、厕所及4个悼念大厅，基本满足丧户需求。1999—2005年，南山陵园共建成6个小区，墓穴1 573个，每个墓穴含挡土墙面积5.46平方米，安葬深度2.5米。已出售墓穴1 366个，安葬遗体1 070具，营业收入579.3万元。在墓区栽植柏树2 000多株、樟树300多株，植草皮5 000多平方米，已成为环境幽静、布局合理的花园式陵园。

第五节　地名勘界

1992年9月，县地名管理委员会成立，下设办公室。1998年3月，县政府对新县城茅坪城区32条主干道命名。1999年7月，县政府对茅坪城区20条支道命名。2004年12月，县民政局组织对新县城9条主干道安装80个双立柱地名标志设置。

1996年11月，县勘界工作领导小组成立，制定《秭归县勘定县级行政区域界线实施方案》。全面核定全县行政区域法定线、勘定习惯线、解决争议线，实地树立界桩。用现代技术手段形成准确反映边界走向的文件、资料和地形图，用法律形式将县级界线固定下来。勘界总体规划从1996年12月开始到1999年完成。

秭（归）宜（昌）边界勘定　1998年1月，县政府和宜昌县人民政府签订《联合勘定行政区域界线协议书》，按设计对宜昌、秭归线进行勘界测绘。秭（归）宜（昌）边界线北起宜昌、兴山、秭归三县交会点，南至宜昌、秭归、长阳三县交会点，全线总长度为78.1公里，呈南北走向。沿界线共设立三面型界桩2座，双面型界桩2座。相交界线经过乡镇为：宜昌县邓村乡、太平溪镇、三斗坪镇等，秭归县屈原镇、茅坪镇等。界线经过地带大部为山区地形，平均海拔900米左右。界线经过地老太平溪镇和老茅坪镇附近，以长江江面中心为两县区划分界线。

秭（归）长（阳）边界勘定　1998年2月，县政府和长阳土家族自治县人民政府签订《联合勘定行政区域界线协议书》，按设计对秭（归）长（阳）边界线进行勘界测绘。边界线西从秭归县、长阳土家族自治县、巴东县三县交会点起，东至宜昌县、秭归县、长阳土家族自治县三县交会点止，全线长度约95.8公里。两县边界共涉及双方7个乡镇：秭归县茅坪镇、芝兰乡、杨林桥镇、两河口镇 、磨坪乡，长阳土家族自治县的榔坪镇、贺家坪镇。全线共设立三面型界桩2座，双面型界桩1座。

秭（归）兴（山）边界勘定　1998年1月，县政府和兴山县人民政府签订《联合勘定行政区域界线协议书》；按照设计对秭（归）兴（山）边界线进行勘界测绘。秭（归）兴（山）边界线西从兴山、秭归、巴东三县交会点起，东至宜昌、兴山、秭归三县交会点止，全线长度73.3公里。两县边界线共涉及双方7个乡镇：秭归县泄滩乡、水田坝乡、屈原镇、香溪镇，兴山县高桥乡、峡口镇、建阳坪乡。沿线共设立三面型界桩2座，双面型界桩2座。界线经过地带均为山区地形，平均海拔在1 200多米。

秭（归）巴（东）边界勘定　1999年12月，县政府和巴东县人民政府签订《联合勘定行政区域界线协议书》，按照设计书对秭（归）巴（东）边界线进行勘界测绘。秭（归）巴（东）边界线北从秭归、兴山、巴东三县边界线交会点起，向西南沿山脊下行500米经一小路在山垭相交后，继续沿山向西南行700米到达张家坪与铜匠坪小路相交的大垭处，最后至秭归县、长阳土家族自治县、巴东县三县边界线交会点止，全长88.45公里。两县边界线共涉及9个乡镇，69个村，1个居委会。边界线两侧属山地地形，地势险要，交通不便。沿线共设计1个号桩、1个界桩，实地埋设两面型界桩1个。

第六章　扶贫开发

1984—2005年，扶贫工作从解决贫困地区群众温饱问题入手，坚持开发扶贫方针，逐步提高贫困人口经济收入，改善生产、生活条件，扶助贫困地区脱贫致富奔小康。县委、县政府制定一系列开发扶贫政策，投入大量人力、财力资源，大力发展革命老区和贫困地区经济，加强水、电、路等基础设施建设，扶持贫困地区农村教育、医疗卫生、广播电视等社会事业发展。1991—1996年，县委、县政府连续5年从县直单位中选派工作队员到贫困村驻村帮扶。1997年，全县开展万名党团员、干部包扶万个贫困户活动。在扶贫开发中，国家、省、市、县和社会各界人士纷纷伸出援助之手，或慷慨捐钱捐物，或引进建设项目，或疏通销售渠道，或进行技术帮扶，使全县贫穷面貌有明显改变。在国家“八七”扶贫攻坚计划到期的2000年，全县农民人均纯收入1 647元，比1985年279元增长4.9倍；绝对贫困线（人均纯收入625元）以上的人口已占农村总人口的98%（民政救济对象和因灾返贫人口除外），比1993年人均纯收入350元以上人口增长44%；稳产、高产基本农田达1.26万公顷，比1985年0.97万公顷增长29.9%；全县农村人均占有粮食424公斤，比1985年的401公斤增长5.7%；林果园和经济作物总面积2.31万公顷，户均0.22公顷；85%以上农民解决饮水困难，92%的村通公路，100%的村通电，全县农村已整体解决温饱。2004年9月，全县对贫困户进行评选登记，共登记贫困户1.71万户5.53万人。2003年开始，全县对60个重点贫困村实行分期分批扶贫开发，整村推进，至2005年，已在41个重点贫困村得到实施。

第一节　扶持政策

一、扶贫开发政策

1988年3月，县政府下发《关于进一步加强贫困地区经济开发和老区建设的通知》，实行“战线到乡，单位到村，包点扶贫，三年不变，一年一评，奖优罚劣”的扶贫措施。1989年4月，县政府下发《关于加强扶贫开发和老区建设工作的意见》，提出到1990年要解决64个村、664个村民小组、2.31万户9.31万人的温饱目标。全县划分罗家、马营、黄家、屈原、九岭头五大贫困片（简称五大贫困片，下同）。县委、县人大、县政府、县政协16名主要领导包扶贫困片，县直单位包扶贫困村，一定3年不变。

1991年1月，县委、县政府制定特困村、贫困户重点倾斜政策。具体规定对1989年人均纯收入在250元以下的贫困村新办村级企业（含联办）5年内征税给予优惠，每年安排200吨优质化肥、10万元扶贫贴息贷款。各部门每年筹集一定资金或物资，扶持解决交通难、通信难、上学难、就医难等问题，并对所有开发项目优先安排平价原材料供应；对全县1989年人均纯收入在200元以下的贫困户，5年内继续减免农业税、农业特产税、生猪屠宰税（每户1头）、小学在校学生学杂费以及免提公积金和乡镇统筹，免购国库券和其他债券。

二、扶贫攻坚政策

1994年3月，国务院扶贫开发办公室将秭归县列入全国“八七”扶贫攻坚592个重点贫困县之一。8月，秭归县被纳入全省“八七”扶贫攻坚25个重点县之一。自此，秭归县可享受国家扶贫专项贴息贷款和国家新增10亿元以工代赈的政策待遇。1994年8月，县委办公室、县政府办公室下发《关于五大贫困片1994—1996年扶贫攻坚的意见》。制定7条优惠政策。即县财政局每年给五大贫困片的村安排科技培训费1 000元；县扶贫办、农发行每年从扶贫贴息贷款中安排资金150万元，用于五大贫困片“一村一品”支柱产业建设。县政府每年安排50万元资金，用于五大贫困片中心小学建设；县水保办每年安排30万元资金，用于基本农田建设；县计划委员会每年从以工代赈资金中安排20万元，用于五大贫困片农田灌溉和人畜饮水工程；县计划委员会每年安排40万元、县交通局每年安排5万元资金，用于五大贫困片的公路建设；将省财政厅、省广播电视厅在3年内下拨到县的扶持资金，全部用于五大贫困片的广播、电视及卫生事业建设。另外还规定，由县劳动局负责，每年为各村有组织、稳定地向外输出劳动力10人以上。

1994年10月，县政府制定《秭归县扶贫攻坚计划》（1994—2000年）。明确规定：贫困户和扶持经济实体使用扶贫信贷资金，承贷1 000元以下的，免去经济担保；对于有效益和还贷能力的扶贫企业，承贷扶贫信贷资金免去担保；贫困乡镇办工业企业、扶贫龙头企业，承贷扶贫贷款的自有资金比例可在10%以下。财税优惠规定，兴办企业其所得税3年内可减征或免征；对5个重点贫困乡镇（屈原乡、泄滩乡、周坪乡、梅家河乡、郭家坝镇）、3个重点老区乡镇（泄滩乡、水田坝乡、香溪镇）、五大贫困片及50个重点贫困村减半征收贫困户农业税，减免30%的农业特产税，免收扶贫企业固定资产投资方向调节税，项目开发和资金投入的重点放到贫困乡镇、村及五大贫困片，其投入必须占总投入的60%以上，省、市 、县确定的贫困乡镇、村范围内的个体工商户、私营企业，开业登记注册一切证照费、工商及各类管理费全部减半征收。

1996年6月30日，秭归县被列入“九五”时期全省特困县。11月，县委、县政府决定对尚未解决温饱的特困户免除3年粮食定购任务、农业税和农业特产税；将香溪镇上马场等50个特困村作为全县重点帮扶对象。对50个特困村制定12条优惠政策：扶持特困村建设当家田，经验收达到质量标准的每亩补助250元；半高山以上农户要确保人均0.5亩地膜苞谷，年终按实种面积每亩补助5元；抓好1人1亩经济林建设，由县扶贫办、农行每年从国家专项贴息贷款中安排资金；县计划委员会每年从“以工代赈”资金中安排一定数量资金，用3年时间解决好特困村的人畜饮水问题；县水电局每年从电力建设基金中安排20万元，3年共60万元，用于不通电和需要线路改造的特困村电力建设；由县计划委员会、烟草局、财政局、移民局负责特困村公路建设；“希望工程”款和贫困地区九年义务教育款优先安排给特困村；各乡镇农技部门负责贫困村农民技术培训，为每村培训科技示范户30%，农业技术普及率90%，使农民掌握1～2项实用技术；民政部门确定的特困户，除年内免除粮食定购任务外，农业税由减六征四调整为减七征三，并减免农业特产税，县财政局按每年每村1 000元标准，连续3年对特困村主要干部实行工资待遇补贴；每年给包扶特困村的县直单位增补1 000元帮扶经费，从县直71个单位抽调82名党员干部驻村帮扶50个特困村。

1997年8月，县委、县政府作出规定：1997—2000年，开征专控商品扶贫基金，所征资金主要用于贫困村基础设施建设，县财政局每年投入扶贫周转金100万元，主要用于多经基地建设，支持贫困户发展养殖业和兴办村集体企业；鼓励实行搬迁式脱贫，对居住边远高寒山区的贫困人口，鼓励其分散搬迁或集体搬迁。

1999年3月，县政府制定搬迁扶贫的具体政策。规定纳入搬迁扶贫的户其户口迁移时不得收取手续工本费以外的其他费用；建房用地在规定范围和标准内的，免收一切税费；安置地应保证搬迁贫困户人均1亩以上耕地，在本村搬迁安置的，两年内可实行承包地和经济林两地经营，在本乡镇搬迁安置的，自留地和庭园经济可继续经营2年；搬迁贫困户所调整的耕地和多种经济林，从调整到户之日起，1年内免征农业税。多种经济作物，从有收益起2年内免征农业特产税，搬迁用工可抵该户劳动力当年统调工，从事个体经营的免征2年税费；搬迁建房户由乡镇城环所负责免费提供标准设计图并规划放线，生产生活用电免收电贴费、搭火费、增容费，搬迁户所需办理的各种手续只收手续工本费且要从速办理；按动迁人口人均发给1 000元搬迁补助费。10月，县委组织部、县扶贫办、县农行联合在全县开展建设科技扶贫攻坚示范村活动，14个乡镇中的15个特困村被确定为科技扶贫示范村，由县财政局、扶贫办对每个科技扶贫示范村安排培训费3 000元。

三、21 世纪扶贫政策

2001年是新阶段扶贫开发工作的起步年。9月，经县委、县政府讨论同意，县扶贫办制定《秭归县扶贫开发“十五”规划纲要》，其中提出全县每年扶贫投入按10%的比例与国家和省分配的扶贫资金配套，列入财政预算，落实好各项扶贫优惠政策。

2002年2月，国务院将秭归县确定为新阶段湖北省扶贫开发工作重点县，并安排国家电力公司对秭归县实行定点扶贫。省委、省政府安排省委统战部等7家省直单位定点扶持秭归县，市委、市政府安排市三峡工委等20家单位对口帮扶水田坝乡马营村等20个贫困村。4月，县政府确定水田坝乡、泄滩乡、屈原镇、梅家河乡、周坪乡、两河口镇为全县新阶段扶贫开发工作重点乡镇，泄滩乡万家村等60个贫困村为扶贫开发工作重点村。6月，县委办公室、县政府办公室印发《关于继续开展帮扶贫困村、贫困户工作的通知》，安排县直80个单位帮扶60个重点贫困村。

2003年5月，省扶贫办将秭归县60个重点贫困村纳入整村推进范围，屈原镇仙女坪村等9个村被列入首批村。2004年4月，县扶贫办在周坪乡槐树坪村开展贫困户识别登记试点，采取抽样调查、测算比例、群众评选、公开公示、分类登记办法评选贫困户。在试点基础上，县政府于8月制定下发《贫困户登记方案》。青华职校被国务院扶贫办确定为全国贫困地区劳动力转移培训示范基地。对全县贫困农民转移培训所需费用，国家每年安排100万元财政扶贫资金给予补助。同年，秭归县被省扶贫办确定为全省扶贫到户贷款贴息方式改革试点县，每年安排40万元资金支援贫困农户发展生产。

第二节　开发实施

一、经济开发

1985年开始，全县普遍推广“两杂一膜”（杂交水稻、杂交玉米、地膜覆盖）新技术，当年投入扶贫资金3万元，种植地膜玉米9 333.33公顷。“七五”期间累计推广“两杂”6.33万公顷。粮食产量由“六五”期间年均6 800万公斤增加到“七五”期间年均7 300万公斤，到1990年，全县农民吃饭问题基本解决。

1988年3月，扶贫投入2.9万元，在泄滩乡开发建设夏橙基地6.36公顷，投工1.49万个，砌石培298道，打大窝1 500个，建成八斗夏橙场。1992年，八斗夏橙场产夏橙6万公斤，收入14.4万元。2005年，泄滩乡已发展夏橙340公顷，收入400多万元，成为泄滩老区人民经济收入的主要来源。从1988年开始，按照“一村一品”“一户一门”“一片一个主项，一年一个重点”的工作思路，累计扶贫投入9 700多万元，在全县有关贫困村建成柑橘、烟叶、板栗、茶叶、黄姜等基地2万公顷。其中，沙镇溪、两河口、水田坝、郭家坝等乡镇建设柑橘基地3 333.33公顷，周坪、郭家坝等乡镇建设茶叶基地800公顷，茅坪、两河口、梅家河等乡镇建设板栗基地2 733.33公顷。

2003年，对贫困村实行集中资金、分批扶持、整村推进的扶贫开发。当年在全县60个重点贫困村中筛选出沙镇溪镇乐兴等5个村实施200公顷柑橘大树移栽项目（移栽三峡水库139米以下的柑橘树），使280户贫困户1 020人稳定解决温饱，走上富裕之路。

1983年，县扶贫办向省老区办为县橙汁厂争取100万元扶贫贷款。随后，为县水泥厂、龙江水泥厂争取扶持资金140万元。其中，扶贫贷款120万元，无偿资金20万元。“六五”期间，共争取扶持资金1 285万元，其中扶贫贷款810万元。重点扶持发展县内果品加工、煤炭开采、水泥建材等工业。到2000年，先后为县织布厂、升坪电站、棋盘岭电站、矸石电厂、七星水泥、恒康公司等县、乡镇企业争取扶持资金3 700多万元。2003年，为三峡洛兹服饰有限公司、三峡森达鞋业有限公司、金山实业有限公司落实扶贫信贷资金1 950万元。2004年，为三峡洛兹服饰有限公司、三峡森达鞋业有限公司、县医疗中心落实扶贫信贷资金750万元。

二、基础设施建设

人畜饮水　1985—1988年共投资277万元用于人畜饮水工程建设。其中，国家“以工代赈”扶持粮、棉、布折款202万元，群众自筹75万元，投工73万个。使用炸药39吨，水泥3 147吨，藻膜2吨。架设引水管136万米，修建引水渠3.3万米，建蓄水池1 455口，蓄水量79万立方米。共解决16个乡镇、455个村的3.97万户17.01万人饮水困难。2000—2005年，全县投入各类扶贫资金971万元用于人畜饮水工程建设，共解决6.47万人7.05万头牲畜饮水困难。仅2000年起实施的“天河水窖”工程，投入扶贫资金就达240万元。到2005年，全县基本解决人畜饮水困难。

扶贫公路　1985年，采取以工代赈、民办公助等办法大兴乡村公路建设。到1988年，共投入499.3万元，修建扶贫公路22条、243公里。“八七”扶贫攻坚期间，扶贫公路建设被纳入扶贫攻坚重点范围。1998年，县政府决定打一场扶贫公路的攻坚战，当年修建30条村级扶贫公路，使全县不通公路的村由121个下降到91个。从1998年开始，采取“先易后难，先通后畅，先特困村后一般村”的扶持办法，投入扶贫资金1 200多万元，修建、改造乡村公路552公里，使全县92.2%的村通公路。2000—2005年，全县紧密结合国家新阶段扶贫开发政策，充分利用国家以工代赈、财政扶贫等各类扶贫资金投入3 257万元用于公路建设，兴修或改造农村公路887公里，改善农村交通落后面貌。

电力设施　先后为青干河、良斗河、棋盘岭、升坪等水电站建设投入扶贫资金800万元，其中扶贫贷款400多万元。1988年投资5万元，架设泄滩乡至牛口15.14千米的输电线路，解决革命老区牛口、陈家坡等6个村、4 900多人的生产生活用电。1992—1996年，投入扶贫资金95.17万元，为五大贫困片架设、改造输电线路，使五大贫困片实现村村组组通电，农户通电率95.8%。

农田改造　1990年始，全县按照“一冬一春，一户一分”的要求，实行国家扶持改田、集体劳务改田、个人间隙改田。动员贫困农户改造“低产田”，建设“当家田”。到2000年，全县完成低产田改造、建设当家田总面积1.93万公顷，扶贫总投入2 172万元，使农村人均当家田达0.6亩（0.04公顷）。2001—2005年，全县投入以工代赈资金为主的扶贫资金1 287万元，用于河堤治理和抗旱设施建设，巩固基本农田建设成果。

三、发展社会事业

教育　1987年始，全县采取治贫与治愚相结合的扶贫措施，大力扶持贫困地区农村教育。当年扶持2万元，修建马营中心小学。1988年扶持5万元，兴建和翻修泄滩中学学生宿舍460平方米。1991—1996年，对五大贫困片投入扶贫资金159.58万元，翻修、扩建中心小学10所，兴建校舍7 745平方米，使五大贫困片的“普六”验收合格，学生入学率，巩固率均达100%。“八七”扶贫攻坚期间，投入扶贫资金1 200余万元，新建和维修58所中小学，2001年全县通过国家级“普九”验收。

2003年始，按照“培训一人，就业一人，脱贫一家，带动一片”和“企校联合，定向培训，确保安置”思路，以县青华职业技术学校为阵地，对贫困农村劳动力进行培训，并补贴培训费用。至2005年，共培训1 750人，减免学费15万元。2005年，争取市老促会投入资金80万元，用于贫困学员贷款培训担保，以解决学员培训期间生活费用不足问题，学员就业后再归还贷款。这一“贷款参训、就业还贷”培训模式得到中共中央政治局委员、省委书记俞正声批示，要求在全省推广。

卫生　1988年，扶持资金5万元，建成马营卫生院，解决革命老区4 980多人就医难问题。为五大贫困片投资47万元，兴建、维修22个村卫生室。还投资54万元维修沙镇溪、泄滩、归州、磨坪等乡镇卫生院，改善贫困地区农村医疗卫生条件。2003—2005年，每年安排项目资金用于磨坪等乡镇艾滋病患者家庭生产自救。

广播电视　1994—1996年，投入扶贫资金64万元，在五大贫困片兴建6个地面卫星接收站，使85%以上的农户较好地收看电视节目。同时，还为25个村建立村广播室。2005年8月，争取专项扶贫资金35万元，用于电话“村村通”工程建设。

四、改善居住环境

1999年5月，全县在周坪乡峡口村实施改房、改厕、改灶、改水、改栏，推广沼气（简称“五改一推”，下同）试点，当年在该村实施5户，第二年全县推广。2001年年底，在全县实施“五改”和建池、建家、建园（简称“三建”，下同）的“五改三建”工程。至2002年年底，共投入扶贫资金172万元，有1 672个贫困户实施“五改一推”和“五改三建”工程。2003—2005年，全县完成“五改三建”1 660户。

1997年6月，在周坪乡青山村、泄滩乡棋盘岭村进行搬迁扶贫试点。在青山村的青树包修建居民点，建筑房屋2 100平方米，集中安置扶贫户18户84人。当年共实施搬迁扶贫33户154人。1998年在全县14个乡镇的半高山全面推开。到2005年，全县共搬迁贫困户2 743户9 136人。其中，建居民点集中安置202户788人，搬迁县外安置148户512人。用于搬迁的扶贫总投资986万元。

1999年，经普查，全县还有1 618个农户居住在茅草屋内。2000年6月，全县在杨林桥镇王二荒村进行茅草屋改造工程试点，当年改造茅草屋49户，每户扶持资金1 000元。2001年，县政府将茅草屋改造任务分解到县直各包扶单位和乡镇政府，到2002年年底，累计投入资金730万元。其中，财政扶贫资金155万元，帮扶单位捐款84万元，农户自筹491万元。共改造茅草房1 554户3 837间，除孤寡老人单居户外，全县基本消灭茅草屋。

第三节　社会扶贫

一、县内帮扶

1988年4月，县委、县政府选派县直单位100名干部帮扶70个贫困村和30个企业，实行定点扶贫。1991年10月，县委、县政府从县直61个单位中选派第一届扶贫工作队员进驻五大贫困片的32个村，驻村帮扶。从当年始，每年选派一届工作队员，连续5年选派186名工作队员驻村蹲点扶贫。按照“一年做好规划，两年发展多经基地，三年解决水电路，四年办好文教卫，五年脱贫致富奔小康”目标，全方位实施扶贫。5年中，各部门对五大贫困片总投入1 122.4万元，贫困地区群众人均受益570元。总投入中，有735.69万元是无偿资金。为五大贫困片兴修公路17条53.5公里，维修扩建公路54.2公里；修建蓄水池497处1.69万立方米；架设民用低压线路387千米；兴建校舍10所7 811平方米；建成茶叶基地3个96.67公顷，板栗基地2个48.67公顷，杜仲基地2个62.67公顷。到1996年，五大贫困片人均纯收入从1991年的252元增长到720元，增长2倍。

1996年11月，县委、县政府选派县直71个单位的82名党员干部帮扶全县50个重点贫困村。1997年，县委、县政府号召有帮扶能力的党团员、干部结对包扶贫困户。县委、县人大、县政府、县政协33名领导带头定点、定户实施帮扶，全县党团员、干部共包扶贫困户1.06万户。1998年6月，县委办公室对全县243名正科级领导干部的帮扶情况进行检查通报，一年多时间为帮扶户支援资金1.73万元，物资折款3.09万元，扶助243个贫困户发展种植项目156个，养殖项目70个，小型加工项目6个，兴办个体经营项目7个，转移贫困劳动力33人，资助贫困学生14人。据统计，1997年，全县万名党团员、干部向1.06万户贫困户捐赠钱物65.82万元。

2002年6月，县委、县政府安排县直80个单位帮扶全县60个重点贫困村。2005年，县直82个单位帮扶60个贫困村，县直机关1 021名党员干部帮扶贫困户944户，救助贫困学生375人，单位扶持资金97.53万元，扶持物资折款32.49万元。1997—2005年，共有93个县直单位帮扶60个贫困村，1万多名党团员、干部帮扶万户以上贫困户，共投入资金800多万元，捐赠物资折款400多万元，救助贫困学生4 000多名（含中小学生），引进资金1 500多万元，引进技术100多项，办技术培训班500多场次、参训人员累计达6万多人次；帮助贫困村、贫困户发展多经林项目4 666.67公顷，扶持发展生猪50多万头、耕牛2万多头、山羊4 000多只；帮助兴修村、组公路3 000多公里，整修堰塘500多口，兴修、维修水渠10万多米。60个贫困村的面貌明显改观。

二、县外帮扶

1997年，电力部等4个国家级单位、省贸易厅等10个省直单位、市国家税务局等11个市直单位对口扶贫秭归县，共投入扶贫资金367.69万元，物资折款54.2万元。2002年，各级对口帮扶单位进行调整。国家航天工业公司、国家电网公司2个国家级单位，省国土资源厅、省委统战部、省移民局、省地矿局、省城市规划设计院、三峡总公司、中南民族学院等7个省直单位，市委统战部、市总工会等20个市直单位对口帮扶秭归县。当年、中央、省、市帮扶单位共为县内贫困村投入社会扶贫资金1 000多万元。

2003年，国家电力总公司在秭归召开电力定点扶贫工作协调会议，国家电网公司投入帮扶资金100多万元，支持秭归发展电力事业和帮扶县第二中学、泄滩乡希望小学。省委统战部派1名处级干部在周坪乡挂职蹲点帮扶，投入资金15万元，帮助新上一个项目。省国土资源厅领导先后3次到泄滩乡指导扶贫工作，帮助新上250万元的土地整治项目。省移民局扶持资金20万元，扩修泄滩乡主线公路。省地矿局为屈原镇千亩柑橘园投入帮扶资金10万元。在柑橘销售难情况下，省包扶单位积极寻找销售门路，当年帮助销售柑橘50吨。市直包扶单位共落实帮扶资金近90万元，捐赠物资折款10万多元。

2004 年，市以上帮扶单位共捐资金 177.1 万元。其中，国家电网公司帮扶 103.8 万元，省直单位帮扶 27 万元，市直单位帮扶 46.3 万元。2005 年 3 月，全县组织召开省、市对口帮扶工作联谊会。当年市以上帮扶单位累计筹措社会帮扶资金 400 万元。其中，国家电网公司帮扶 100 万元，三峡总公司帮扶 150 万元，省、市对口帮扶单位帮扶 150 万元。

第二十二篇　文明创建

1987年，县委、县政府将县“五讲四美三热爱”（讲文明、讲礼貌、讲卫生、讲秩序、讲道德，心灵美、语言美、行为美、环境美，热爱祖国、热爱人民、热爱社会主义）活动委员会更名为精神文明建设委员会，并下设办公室。县直各单位、各乡镇、厂矿、学校、武警部队等单位分别成立精神文明建设领导机构，有专人负责精神文明创建工作。1979—1980年，精神文明建设以开展“五热爱”（热爱中国共产党、热爱祖国、热爱人民、热爱社会主义、热爱劳动）为主要内容的思想政治教育活动。1981—1986年，贯彻中共中央关于《深入持久地开展“五讲四美”活动 争取社会主义精神文明建设新胜利的通知》及中共中央宣传部、教育部、文化部、卫生部、公安部《关于开展文明礼貌活动的通知》，在全县范围内开展以“五讲四美”为主要内容的文明礼貌活动。1986年12月，中共十二届六中全会通过的《中共中央关于社会主义精神文明建设指导方针的决议》实施后，县委宣传部下发一系列文件，制订中长期规划，提出明确的指导方针、目标任务、基本原则及方法步骤等，使精神文明建设活动走向规范有序的轨道。1979—2005年，开展文明县城、文明单位、文明村、“十星级”（道德、勤劳致富、遵纪守法、计划生育、热爱科技、文明新风、文化教育、团结和睦、信用、环境卫生等十颗星）农户等创建活动，涌现一大批先进典型，使全县精神文明建设整体推进，确保全县“三个文明”建设平衡发展。

第一章　思想道德建设

思想道德建设以开展爱国主义教育和文明风尚教育为重点。县委制定并下发《秭归县爱国主义教育办法》，在社会和学校开展爱国主义教育，弘扬屈原爱国主义精神。从1984年开始，在全县开展“学雷锋、树新风”活动，掀起“学英雄、见行动”，做好人好事热潮。1981年后，在全县开展“五讲四美”活动，倡导文明之风。大力开展典型教育，先后推出李青春、刘厚明、徐耀德、佘西龙、郑家宝等先进典型，通过典型引路，弘扬正气，加强思想道德建设。

第一节　爱国主义教育

一、全社会教育

1979年后，宣传部门与文化教育部门积极引导，在全县广泛进行一系列爱国主义教育。各部门有计划、有组织地开展一些丰富多彩的活动。1995年，县委制定并下发《秭归县爱国主义教育办法》。1996年，县委宣传部印发《国徽 国旗 国歌》手册1万多册发到全县各单位，发送国旗300多面，要求各单位办公室桌上必须摆放国旗。县举行大型活动都要举行升旗仪式，县实验小学等学校和单位长期坚持每日升旗仪式。把国庆节作为弘扬爱国主义的宣传日，每年都要举行不同形式的国庆活动。1999年举办国庆50周年成就图片展、书法展和“祖国颂”广场文艺晚会，举行爱国主义知识竞赛和“庆国庆”环城长跑等活动。在香港、澳门回归之时，组织全县干部群众收看电视。1997年，三峡工程大江截流之时组织5万多人在新县城观看截流壮观场面。1990年起，每年都举办国防教育宣传周活动。1996年成功举行第一次国防法规知识竞赛。1998年6月，全县1 500名师生和干部群众参加省委宣传部、国防教育委员会组织的国防知识竞赛，秭归县获得一等奖和市先进单位称号。1999年，组织全县人民声讨以美国为首的北约轰炸中国大使馆的暴行，激发全县人民“爱我中华，强我中华”的斗志。为把爱祖国与爱家乡融为一体，县委办公室、县政府办公室、县委宣传部联合举办“服务大三峡、建设新秭归”有奖征文活动，征稿100多篇，有20多篇获奖。文化部门每年都要组织干部职工及中小学生观看爱国主义影片。1979—2005年，观看爱国影片100多部，受教育人数达200多万人次。发行爱国主义教育图书8万余册，县艺术团编排弘扬爱国主义精神的歌舞剧《屈原》《招魂》在各地巡回演出100多场次，受教育面达10万多人。县文联还先后创作出《屈原》《屈原传》《王昭君》等以弘扬爱国主义精神为题材的小说，使阅读者从中受到教育。

二、学校教育

1990年后，各学校都开设爱国主义教育课，订购专门教材，贯彻执行《国旗法》，严格遵守升挂国旗制度。1991年，全县学校开展“中国近现代和国情教育”活动，结合“庚子赔款”90周年、“辛亥革命”80周年、 “九・一八”事变60周年等重大纪念日，开展 “不忘国耻”“社会主义好”等系列活动，撰写征文1万多篇，开展专题讲座300场次，举行知识竞赛百余次，举行报告会、演讲会120多场次。1992年，全县中小学生开展“读屈原诗词，讲屈原故事，学屈原精神，做屈原新人”的教育活动和“国旗下讲话”征稿活动，全县征稿500多篇，共评选出优秀文稿20多篇，县教育委员会将优秀文稿编印成册，下发到各校学习和交流。1994年，各中小学组织参加全市第二届中小学生“爱祖国”歌唱大赛，县实验中学和县实验小学均获二等奖，县第一中学获三等奖。1995年，中小学生普遍开展“读10本爱国主义书刊，讲10个爱国主义故事”活动。1997年，全县有200所学校通过各种形式开展香港回归知识竞赛和庆三峡工程大江截流活动。2001年，组织中小学生开展观看百部爱国主义影视片，形成“观看—讨论—写感—教育”系列活动。开展“百年中国”读书教育活动，组织人人写读后感，有10名学生的征文在全市大赛中获奖，所组织的学生代表队在宜昌市中小学“百年中国”知识大赛中荣获第四名。县城乡建设环境保护局组织学生开展“支持北京申办奥运，百万青少年齐行动”环保公益广告设计比赛活动，有34幅作品获奖。2005年，由县教育教学研究室编写《屈原文化名人》一书，下发各中小学共5 000多册，组织学生学习屈原的爱国主义精神。

第二节 学雷锋活动

1984年，全县开展“学雷锋、树新风”活动。共建立学雷锋活动小组487个，参加人数达1.13万人，做好事1.8万多件。在雷锋精神感召下，全县累计1 000多万人次义务开展治理脏、乱、差活动，共清理阴沟2 590多条、下水道165条、垃圾5.37万吨，积肥3.27万吨，植树8 800公顷。各集镇改造猪栏、厕所204处，改变饮水条件、修建公共厕所、整治下水道等基本卫生设施82处，消灭集镇卫生死角102处。同年，把学雷锋活动与学朱伯儒、学赖宁活动结合起来，对广大干部群众进行全心全意为人民服务道德教育。

1990年，全县广泛开展学雷锋、学“两兰”（潘星兰、杨大兰）（简称“双学”，下同）活动。县委常委先后4次召开专门会议研究部署全县“双学”活动，县委成立“双学”活动领导小组，各乡镇和县直各单位确定专人负责抓“双学”活动。在“双学”活动中，县广播电（视）台举办“双学”活动专题。文化部门组织文艺宣传队深入到厂矿企业和乡镇演出；各学校分别举办各种形式的演讲会，办黑板报、专栏；县委宣传部专门录制“双学”事迹录像带在全县播放，组织“双学”报告团到各地巡回报告，听众2万多人。发行“双学”书籍近万册，“双学”宣传标语遍及全县城乡。行政机关把“双学”活动与改进工作作风结合起来，扭转“脸难看、门难进、事难办”的不良作风；服务部门把礼貌用语、优质服务与“双学”活动结合起来，服务态度明显好转；学校把“双学”活动与乐于助人、见义勇为等活动结合起来，形成良好的校风。当年，归州镇小学、归州镇粮店、县客运公司被评为“双学”活动先进单位，县归州镇小学的经验在宜昌地区“双学”活动经验交流会上进行交流。

1995年，为有效开展学雷锋活动，全县大力开展“学习峡江活雷锋，立足岗位作贡献”活动。县委、县政府下发《向“峡江活雷锋”刘厚明学习的决定》，宜昌电视台拍摄学习刘厚明事迹专题片《生命之航》；组织人员编写刘厚明故事专辑；编排一台反映刘厚明英勇事迹的文艺节目等。刘厚明的事迹引起全社会普遍关注，《经济日报》《湖北日报》《宜昌日报》都作专题报道。全县各行各业在活动中立足本职，开展比工作效益、比工作质量、比对社会贡献的“三比”竞赛活动，人们精神面貌大为改观，好人好事层出不穷。

1998年县城东迁茅坪，全县把学雷锋活动与创建文明城活动结合起来，开展“讲文明、讲卫生、改陋习、树新风”和“创文明城、做文明人”等活动。各级各类学校开展 “告别不文明行为”百米长卷签字活动和“我为县城洗把脸”“小手拉大手、文明一起走”等活动，县实验小学、希望小学组织上百名小学生志愿者上街捡拾垃圾、擦洗“牛皮癣”、拔除草坪杂草。小志愿者还佩戴红袖章充当交警和环保员，对横穿马路、随地吐痰、乱丢烟头、说脏话等不文明行为进行教育和劝告。团县委组织千名青年志愿者上街打扫卫生死角，清除城市垃圾。洪水季节组织上百名青年志愿者到码头参加翻坝转运工作，搀扶老弱病残旅客下船上车，安全转运。2004年，共青团省委、市委、县委分别授予团县委为学习雷锋志愿服务先进集体。

2004年，县实验小学开展“我奉献、我快乐、走近雷锋”红领巾小志愿者行动，号召全校学生读雷锋故事、唱雷锋歌曲、点雷锋网站、做小小志愿者。举办“雷锋在我心中”主题会，引导学生学雷锋事迹、走雷锋道路、做雷锋传人。该校100名红领巾小志愿者利用周末和节假日帮助30多名老弱病残者，为他们唱歌跳舞，洗衣叠被，打扫卫生等。

2005年，团县委开展“爱心助成长”学雷锋志愿服务活动，全县上千名共青团员帮助300名中小学生克服迷恋网吧等不良习惯，走上正常学习轨道。县实验中学师生在学雷锋活动中向身患白血病的茅坪镇九里中学学生唐建平捐款4 535元。

第三节　“五讲四美”活动

1981—1986年，全县行政机关、团体、学校、企事业单位广泛开展“五讲四美”教育活动。县成立“五讲四美”活动委员会，县委下发《关于开展“五讲四美”活动的通知》和《关于开展文明礼貌活动的通知》。1982年2月下旬，县委、县政府联合召开“五讲四美”文明礼貌活动动员大会。活动重点抓3个方面的工作，即搞好环境卫生、整顿公共秩序、提高服务质量。在文明礼貌活动中，县委书记肖云轩、县人大常委会主任廖宗武、县政协主席余从哲等主要县级领导走上街头，同群众一起打扫环境卫生。在领导的带动下广大群众积极打扫环境卫生，清理阴阳沟、下水道，清除垃圾，拆除乱建房屋、货棚，搬迁和改造影响镇容或村貌的猪栏、厕所，整修城镇街道等。通过连续几年的努力，城乡脏、乱、差现象得到有效治理，卫生状况有很大好转。

1983年，“五讲四美”活动与“严打”斗争结合，号召广大群众遵纪守法，积极同社会上的歪风邪气作斗争，积极配合公安机关揭发检举各种刑事犯罪活动，动员犯罪分子投案自首。同时，各机关、团体、学校、企事业单位也广泛开展“整风”活动。在活动中，为提高服务质量，县委在商业、服务、交通、邮电、医疗卫生、计划生育等和群众生活接触紧密的部门和行业广泛开展转变作风、改善服务态度、提高服务质量活动，形成礼貌待客、送货下乡、上门服务之风。交通部门开展创文明车、船、港、站、路段、班组竞赛活动，服务质量明显提高，受到省、市交通部门表彰。

1984年后，“五讲四美”活动与热爱国家、热爱集体、热爱家乡以及争做有理想、有道德、有文化、有纪律的“四有”新人活动结合起来，县委领导7次作“四有”教育广播讲座，在郭家坝、香溪、沙镇溪、茅坪、归州等区（区镇、乡镇）播放全国英模报告团录像报告20多次，在县直单位先后4次组织坍山滑坡抢险救灾的英雄模范人物作事迹报告，广泛进行共产主义和全心全意为人民服务思想教育。全县涌现出一大批“五讲四美三热爱”活动先进单位。县委在城镇重点推广归州镇解放街、迎宾旅社、县人民医院3个典型，在农村推广西陵区大岭村、两河口区福利院、郭家坝区郭家坝村、杨林区尚水坪村、水田坝区供销合作社5个典型。

第四节　典型教育

1984年，推出县船舶公司屈原2号轮先进事迹，被省委、省政府授予“文明单位”称号。交通部授予“文明船”光荣称号。

1991年，总结推广新滩镇岗家坪村村主任、民兵连长李青春忠心向党、献身为民，不畏艰难、勇斗穷山恶水，无私奉献、甘当人民公仆，毫不利己、专门利人的事迹。李在带领村民修建公路中，为保护他人生命安全光荣牺牲。县委根据其生前的入党申请书，追认李为中共正式党员，省政府追认其为烈士。时任中央顾问委员会委员、曾任中央组织部部长的陈野苹1991年5月28日到秭归考察，在听取县委、县政府关于李青春事迹的汇报后很受感动，欣然挥笔题词：“学习李青春同志无私奉献的共产主义精神。”李青春事迹被新华社播出，各新闻媒体相继报道，《三峡文学》杂志刊登关于李青春事迹的长篇报告文学；县文联创办的文学期刊《子规》出版李青春事迹专辑。为弘扬李青春精神，中共宜昌地委、宜昌地区行署、宜昌军分区作出《关于向李青春同志学习的决定》，县委、县政府发出号召，要求全县广大干部做李青春式干部。1992年，全县评选出李青春式干部30人，县委、县政府予以表彰。以后，每隔几年均要开展一次李青春式干部评选活动，作为对干部的一种激励机制纳入常态化。

1992年，推出县汽车客运站司机杨道年“学雷锋，做‘四有’新人”的典型。杨先后出席湖北省、宜昌地区“双文明”代表大会，并在大会作典型发言，被表彰为“双文明”先进个人。

1993年，推出县船舶总公司屈原1号轮客运部主任刘厚明的先进事迹。刘舍己救人，奋不顾身，先后10多次跃入滔滔长江救起10位旅客；无私奉献，全心全意为旅客提供优质服务。刘先后被省、地、县授予“峡江活雷锋”称号，先后荣获“省劳动模范”“中国海员工会第三届金锚奖”“全国最佳客运主任”等荣誉称号。

1996年，茅坪镇党委宣传委员、风（吹垭）茅（坪）公路工程指挥部副指挥长徐耀德，为抢救18名民工生命而光荣牺牲。县委、县政府发出《向徐耀德同志学习的决定》，在全县巡回组织徐耀德事迹报告会，掀起“学英雄，见行动”活动热潮。《湖北日报》《宜昌日报》、湖北电台、湖北电视台、三峡电视台等多家媒体先后报道徐耀德英雄事迹。市委、市政府于1996年12月5日作出《向徐耀德同志学习的决定》。省政府追认徐为烈士。1997年，中共中央宣传部决定，追认徐为全国6名优秀共产党员之一，在全国号召学习。

1997年后，陆续推出全国劳模佘西龙、郑家宝以及全国青年志愿者金质奖章获得者陈春晓、因公殉职的杨林桥镇板桥村党支部书记谭本成等先进典型。县委、县政府组成先进典型事迹报告团，在全县范围巡回作事迹报告。李青春、徐耀德、佘西龙、郑家宝等事迹报告团在全县报告60多场次，听众10万多人次。文化部门还将李青春事迹编成话剧《青春颂》搬上舞台，在全县乡镇巡回演出30多场次，观众达2万多人次。县文联还编印《李青春事迹》书籍，印发1 700多册。县委宣传部编印《德耀峡江》（徐耀德事迹）书籍，发至全县基层单位学习。

第二章　文明风尚

1979年后，全县涌现出舍己救人的革命烈士杜远富以及临危不惧、勇斗歹徒的傅开礼等见义勇为楷模，县委、县政府及时进行表彰并报省、市表彰，弘扬正气，抵制歪风。贯彻实施《中华人民共和国老年人权益保障法》（简称《保障法》，下同），每年以共青团、妇联、教育等部门为主，号召全社会向贫困失学儿童、残疾儿童捐赠，倡导尊老爱幼之风。倡导婚嫁丧葬从俭，树文明新风。

第一节　见义勇为

1980年夏季，龙江公社天门垭村溪水暴涨，有两名学生被洪水卷走，该村村民杜远富奋不顾身，先后两次跳入滔滔洪水中，救起两名学生，却牺牲自己的生命。县委、县政府通报表彰，《湖北日报》《宜昌日报》刊登其事迹。省政府追认其为烈士。

1993年7月13日，沙镇溪镇人民武装部部长傅开礼与手持匕首行凶歹徒谭某搏斗30多分钟，最后将其制服。县委、县政府授予傅“擒敌英雄”称号，当年被市委表彰为优秀共产党员，市政府表彰其为社会治安综合治理积极分子，并记大功一次。

1996年，一巴东县人在水田坝乡原茶园村5组王会京家持刀杀人，同组村民李全军奋力将其制服。年底，李全军等被省见义勇为基金会授予“湖北省见义勇为先进个人”荣誉称号。

1996年6月8—13日，居住在屈原镇的王锋、郑宇、熊青山等11名犯罪分子，窜至周坪乡九畹溪村，肆无忌惮地进行流氓犯罪活动，先后殴打无辜村民20余人次。面对歹徒，周坪乡九畹溪村党支部书记屈代才率领24名村民，就地拾石块、木棍等作为自卫武器，同持砍刀的凶犯搏斗，终将其制服。县委作出决定，授予屈代才、杜有三等24人“见义勇为先进群体”称号，并每人发给奖金500元，在全县通报表彰。

1996年9月6日，县安达客运公司从归州发往梅家河乡途中的客车上有两名歹徒对乘客进行搜身抢劫，乘客梅海兵（县开发办服务公司职工）和向传荣（香溪镇中学教师）临危不惧，挺身而出，合力将一名歹徒扭送到梅家河乡派出所。1996年12月31日，市委、市政府将2人表彰为见义勇为先进个人。

1997年1月15日，县委办公室、县政府办公室行文表彰傅先伦、何生阶、杜成新、孙士城为见义勇为英雄群体，向勇、李全军、梅海兵、向传荣为见义勇为先进个人。向勇等人为保护国家财产，临危不惧，与深夜潜入财政所的盗贼英勇搏斗，共同抓获盗贼，为公安机关破获盗窃集团案件立下功劳。

1999年5月16日，归州镇出租车司机陈布燕发现2名男青年与公安机关通缉的犯罪嫌疑人相似，用计将其制服并扭送到派出所，使逃犯伏法。当年7月2日，陈布燕被省见义勇为基金会授予“湖北省见义勇为先进个人”荣誉称号，并发给奖金2 000元。

2000年8月，县公安局干警周静奋不顾身跳入长江救起落水乘客王敏。周当年被评为市级劳动模范并出席北京劳模招待会，市公安局发给奖金5 000元。

第二节　尊老爱幼

《中华人民共和国老年人权益保障法》(以下简称《保障法》)及《湖北省实施〈保障法〉办法》等法律法规颁布实施后，县委、县政府高度重视宣传贯彻落实工作，召开会议全面布置，层层落实责任制进行广泛宣传。各级通过召开各类会议，利用宣传媒体，采取发宣传单、办宣传栏、办黑板报、张贴标语、应用宣传车巡回宣讲等形式进行宣传，同时，注重在宣传中抓典型，抓落实。在宣传落实《保障法》方面，采取利用正反方面典型，现身说法抓教育，先后推出一些好的典型。如敬老、爱老的好典型：磨坪乡升坪村的梅云香，几十年如一日，既要细心侍奉年老的公婆，又要照顾残废瘫痪的丈夫，还要赡养2位孤寡老人，其事迹在《当代老年》杂志上登载，被人们誉为“有一颗金子般的心”。2004年，杨林桥镇白岩村二组女青年王贵武荣获“全国孝亲敬老之星”称号。在反面典型方面，加强对虐待老人、不赡养老人案件查处的力度，对典型案例进行公开宣判，在各地都选择相应的典型，公安、司法、法院等执法部门紧密配合，打击不敬老、爱老的违法行为，树立尊老敬老的良好社会风气。

1986年后，县妇联以开展六一儿童节活动为契机，联合相关部门连续开展“伸出一双手，奉献一颗爱心”活动，为少年儿童办好事，办实事，动员社会各界捐款50.6万元，捐物折款2.37万件。1995年，成立县妇女儿童工作委员会，实施一系列关爱行动。2000年，为少儿捐款28.4万元，资助失学儿童357人，资助资金3万多元。2001年，县妇联与团县委、教育局联合发出倡议，为白血病患者邓正术捐款，为贫困学生组织文艺义演，捐款达10万元。2002年，县妇联与县扶贫办联合在沙镇溪镇开办第一个春蕾女童班，出资2万多元帮助30名贫困学生完成九年义务教育。在全国第十二个助残日到来之际，县残联筹办以“奉献一片爱，帮助残疾人”为主题的募捐活动，共募集善款4万多元。为残疾儿童解决生活困难。2005年，县妇联与县港航局联合在水田坝乡开办第二个春蕾女童班，出资1.7万多元帮助30名学生完成九年义务教育。之后，经过多方协调，长江海事局捐款4.8万元，又办两个春蕾女童班，帮助60名学生完成阶段性学业。自2001年后，县妇联还与武汉《幸福》杂志社联系，开辟“幸福计划”专栏，通过在《幸福》杂志上刊登贫困学生照片和基本情况，使之能让更多人理解、知晓，并得到关怀和帮助。至2005年，有来自西藏、河南、辽宁、四川等25个省市的军人、干部、私营企业主等社会各界人士共58人捐款，救助全县贫困学生62人。

第三节　婚嫁丧葬新办

1986年后，县委、县政府多次发出婚嫁、丧事勤俭办理的倡议，反对大操大办、铺张浪费等陈规陋习。1987年，郭家坝镇牛岭村制定《关于简办红白事制度》，村民按制度勤俭办婚嫁、丧事，遏制铺张浪费之风。牛岭村的经验在全县推广后，不少村也相应制定红白事制度并写进《村规民约》，不少青年男女婚姻登记后就结婚，不收礼金，不摆宴席，不讲排场，喜事新办。1989年5月，郭家坝镇有15对青年男女举行集体婚礼。2002年6月，县委宣传部、县人口与计划生育局联合发出《关于开展婚育新风进万家活动的通知》，广泛开展教育宣传活动，群众受教育面达90%以上，结婚从俭被越来越多的青年男女认同。2002年5月，县人口与计划生育局、茅坪镇人民政府及县直11家单位，联合在茅坪镇银杏沱村举办婚育新风进万家活动现场会，会上有6对青年男女举行集体婚礼，参加会议人员达1 600多人。当年，全县举行集体婚礼的共有5场次。

1991年，全县制定殡葬改革“八五”规划，总体目标：“埋入荒山瘠地、公墓率达90%，乡乡组组有公墓和坟场，乡乡村村有红白理事会，封建迷信活动得到控制，破千年陋习，树一代新风。”全县16个乡镇有328个村制定殡葬改革“八五”规划。1998年9月，县城整体搬迁至新县城茅坪后，县城城区死亡人员一律进入公墓安葬，彻底改变过去乱埋乱葬、乱占耕地的陋习，大操大办之风有所遏制。

第三章　文明创建活动

全县开展城镇、单位、农村等全方位的文明创建活动，覆盖社会各领域。县城通过创建，先后获全国城市环境综合整治优秀县城、中国人居环境范例奖、全国创建文明村镇工作先进单位等国家级奖励和表彰。乡镇集镇经过创建，先后有归州镇获“湖北省文明乡镇”称号，沙镇溪镇获湖北省第二届城镇规划建设管理“楚天杯”奖。1995—2005年，全县共获省级命名先进单位25个次，市级命名的85个次，县级命名的485个次。这度时期，市级命名的文明村9个次，县级命名的91个次。农村开展以创“十星级”农户活动为重点的文明创建活动，1995年全县有7.5万农户挂牌。

第一节　文明城镇创建

一、县城文明创建

1998年8月，县委、县政府发出“全党动员，全民动手，全社会参与，创建文明县城，争做文明市民”号召。11日，县委办、县政府办印发《秭归县1998年下半年创建文明城工作方案》，提出“把新县城建设成为社会秩序安定，社会风尚文明，环境整洁优美，群众生活方便，文化活动丰富，管理制度完善，基础设施完备的坝区库首明星城”。17日，成立创建文明县城领导小组，县委书记汪元良、县长王万修任组长。县城管监察队、城区环卫所、交警大队、文化市场稽查队、市容监察员等专业队伍各自履行职责，各职能部门及县直各单位相互配合，齐抓共管，共建文明城。年底，市爱国卫生运动委员会授予秭归新县城“宜昌市卫生县城”称号。

1999年4月9日，县长王万修代表县政府与各单位签订《秭归县创建省级文明城目标责任书》。4月29日，县城乡建设环境保护局制定《秭归县城乡建设环境保护局创建省级文明城实施方案》，成立创建省级文明城领导小组。实施方案按照省级文明城镇各项指标要求，制定机关各股室和二级单位的工作任务。按照分工，各股室和二级单位各负其责，各司其职。当年投资2 500万元，完成新县城道路硬化、铺设排水管、架设路灯等33个配套工程项目，进行大规模、大手笔的城区绿化工作，启动夔龙山森林公园建设，大力开展专项治理，县城管理工作走上规范有序的轨道。当年，荣获“湖北省卫生县城”称号，并获得第三次（1999年）“全国城市环境综合整治优秀县城”称号。

2000年3月8日，县委、县政府召开创建园林城动员大会，确定2001年创建省级园林城、2003年创建国家级园林城目标。全年完成建设投资1 020万元。开展大规模春季义务植树和大树进城活动，大力开展城市环境综合整治，强制推行“门前三包”制度，形成整体联动、区域共建格局。

2001年2月6日，县城乡建设环境保护局报经县政府同意，向市建设委员会申报新县城和沙镇溪镇参加湖北省第二届城镇规划建设管理“楚天杯”创建活动。并成立由县委常委、副县长郑之德任组长的县城创建“楚天杯”领导小组。2月23日，县委、县政府组织召开动员大会。按照谁主管、谁负责的原则，各自进行广泛的争做文明市民宣传教育活动，在宣传教育的基础上，按照“门前三包”责任区，加大检查督办力度，一月检查一次，对检查出来的问题及时发出整改通知书，限期整改。县“楚天杯”创建领导小组每月召开一次会议，通报检查结果，落实奖惩措施。从城建、公安、工商、卫生、文化等具备执法资格主体的部门抽调人员组成综合执法队，加大综合执法力度。当年，共投资300万元，高标准进行公共绿化、街道绿化、庭院绿化和城区边坡治理，新增绿化面积2公顷。投入275.3万元，开展大规模的市政设施建设维护工作。同时，统一要求城区主街道54个临街单位安装射灯、霓虹灯。投资20多万元在广场安装远程激光射灯、玫瑰灯和礼花灯。综合执法队大力开展专项整治，规范出租车营运市场，归集夜市摊点50多家，清除乱耕乱种面积5 000平方米。年底，经省建设厅组织考核，经省政府同意，于12月25日行文通报，秭归新县城获湖北省第二届城市规划建设管理“楚天杯”奖。同时，副县长郑之德被表彰为“楚天杯”创建优秀县长，王功平为先进城乡建设局局长。

2002年3月1日，县长罗平烺主持召开办公会议，提出创建“省级文明城”和省级“园林城”目标。4日，县文明城镇创建办公室将省级文明县城考评细则各项责任划分到有关单位，要求各责任单位按照考评细则各司其职，狠抓落实，并及时搞好自查和资料档案收集，以实际行动迎接4月省级检查验收。同时成立中国人居环境范例奖申报工作专班，完成光碟、图片拍摄制作以及文字工作，10月报送建设部。年底，秭归新县城荣获“湖北省文明城市”称号。当年，秭归县被中央文明委表彰为全国创建文明村镇工作先进单位。2003年11月，荣获建设部颁发的2002年度中国人居环境范例奖。

二、集镇文明创建

20世纪90年代后期，全县开始创建文明集镇活动。各乡镇均成立由党委书记任组长的文明集镇创建领导小组，并在乡镇城建办公室设立文明集镇创建办公室，负责日常工作。先后制定一系列集镇管理规章制度，对居民加强教育，提高居民的文明素质。在道路硬化、集镇绿化、街道亮化、环卫净化上投入大量资金，集镇面貌大为改观。2003年4月，县精神文明建设委员会办公室、县建设局联合发出《关于在全县开展文明乡镇集镇创建活动的通知》，成立由县委常委、县委宣传部部长韩永彪任组长的文明乡镇集镇创建考核领导小组，制定创建活动方案，按规划、建设、管理三大部分制定评分细则。各乡镇全面开展镇容镇貌、环境卫生、交通秩序等综合整治，扎实开展创建活动。2004年，县文明乡镇集镇创建考核领导小组对乡镇创建活动进行检查。先后有杨林桥、屈原、归州等乡镇获县级“文明集镇”称号。归州镇获“湖北省文明乡镇”称号，沙镇溪镇获湖北省第二届城镇规划建设管理“楚天杯”奖。

2003年，归州镇先后印发《园林绿化管理细则》《镇容和环境卫生管理办法》等文件。对市民按一户一份印发《居民守则》。与各单位、各居民户签订《“门前三包”责任书》。在全镇广泛开展对市民的文明素质教育。2004年，归州镇中学开展“告别陋习，把文明带向社会；告别网吧，把理想带进校园；告别粗俗，把孝敬带给父母”的系列活动。镇党成校常年对农民群众进行文明行为规范教育，印发《市民基本道德规范》宣传资料8 000多份，并组建民间文艺表演队深入到街道、学校和农村巡回演出，大力倡导健康、文明的生活方式，从而形成良好的行为习惯。2003年以前，在集镇实行“七禁止”：禁止乱贴广告、乱挂招牌；禁止建围墙，不建单门独院；禁止燃煤锅炉；禁止乱丢乱放、乱堆乱摆；禁止兴办污染性工业项目；禁止燃放烟花爆竹；禁止车辆乱停乱放。2004年，以整顿交通秩序为突破口，开展创“平安归州”活动。新建5个临时停车场，安装25块交通安全指示牌和《严管街警示牌》《交警管段责任牌》以及8幅固定标语。在交通整治活动中，共发放宣传册和宣传单2 000份。2004年，归州镇被县精神文明建设委员会办公室授予“文明集镇”称号，并被列为省级重点中心镇；并获“湖北省文明乡镇”称号。

1999年，沙镇溪镇先后制定《沙镇溪镇创建文明集镇工作方案》《沙镇溪镇创建文明集镇工作职责》《文明公约》和《居民守则》。自2001年起，镇党委确定每年的4月4日为“以德治镇”日，全面宣传实施《公民道德建设实施纲要》。1999—2002年，集镇基础设施建设总投资达1.4亿多元。先后对三星大道、大岭路等6条集镇主干道进行路基配套建设，共完成混凝土路面硬化5公里，居民点支路路面硬化1.8公里。投资120多万元修建占地3 400平方米的三星文化广场。筹资600多万元建成长达2公里的私营经济园区。2001—2002年，投资100多万元建成长岭路精品景区；投资500多万元定植行道树1 800多株，定植草坪1.05公顷。至2002年，镇规划区拥有绿地面积8.5公顷，人均绿地超过15平方米，绿地覆盖率达35%以上。在5条街道安装路灯165盏。示范街的灯箱广告各具特色，并全部装上霓虹灯。1999—2001年，投资100多万元，建成水冲式公厕5座，兴建垃圾集并房7个，购置垃圾果皮箱80个，建成垃圾填埋场1个。供水、排水设施配套，有线电视站、影剧院等文化娱乐设施齐全。在集镇开展巴山舞、花鼓舞等群众文娱活动。2001年，沙镇溪镇被评为宜昌市第一批文化先进乡镇，并被确定为省级重点中心镇。同年12月，荣获湖北省第二届城镇规划建设管理“楚天杯”奖。

第二节　单位文明创建

一、文明社区·小区创建

2001年，茅坪镇文明集镇创建领导小组成立后，将社区文明创建纳入规划，下发《创建文明社区工作方案》，对创建文明社区标准、考核办法等都作出明确规定，并确定纪委书记秦移山主抓社区文明创建工作，将橘颂社区作为试点。文明社区创建以开展“六个一”活动为载体，即举办一个学习读书班、开设一个捐款中心、建一个党员联络中心、扩建一个劳动保障中心、成立一支文艺宣传队、组建一支夜间联防巡逻队。学习读书班成员以老党员、老干部为主，每月集中学习2次。社会劳动保障服务中心建立后，培训下岗人员78人次，协助安排“4050”人员、“单亲”人员、“双下岗”人员，就业累计达137人，鼓励自主创业、自谋职业31人。捐助中心成立后，先后为114户提供不同程度的扶持。其中，为8名中小学生捐助2万元，捐赠衣物50件（套），有3名学生在学习期间由县物价局、审计局、公安局进行长期扶助。文艺宣传队成立后，举办各种文艺活动和知识竞赛，编排的《唱唱屈乡好风光》《秭归茅坪我的家》等节目获市级一、二等奖。由7名下岗职工组成的夜间巡逻队自组建后，每天从晚上8时到次日凌晨不间断巡逻，减少各类案件发生率，维护社区安全和稳定。同时，社区还建起老年之家活动室，该室集图书室、健身房、棋牌室为一体，为老人娱乐活动提供场所。还对部分通道、巷道进行硬化、绿化，美化社区环境。2003—2004年，茅坪橘颂社区被评为市级文明社区、市级社区建设示范区。茅坪镇橘苑小区位于县城中心，有居民2 344户9 548人。小区文明创建开始以后，每年2次向社区居民发放精神文明建设资料1 380余份，每年组织文艺宣传活动达5次以上。每年与辖区内100余家单位签订“门前三包”责任书并狠抓检查督办。采用培训等多种形式提高市民的文明素质，小区每年培训2次，达130人次。每年开展整治“三乱”（乱搭、乱建、乱摆摊点）5次以上。经过创建，茅坪橘苑小区先后于1998—1999年被评为省级文明小区；2000—2002年被评为市级文明小区。县政府机关住宅小区居住有37家县直单位机关干部666户1 998人。地处新县城长宁大道与迎和路之间，有住宅楼26栋。小区开展文明创建后，基本实现“净化、绿化、美化和亮化”目标，社会秩序良好。基本做到无盗窃、无吸毒、无刑事案件发生。小区经常开展巴山舞、秧歌舞、门球赛、篮球赛等文体活动。2000—2002年被被评为市级文明小区。1995—2005年，新县城茅坪先后有10个小区被宜昌市命名为文明小区。

二、文明单位创建

1986年，县委宣传部重点对国家机关干部、职工开展职业道德、社会公德、传统美德等方面的教育，开展单位文明创建活动；在企事业单位结合行业特点，广泛开展文明岗位、文明车间、文明商店创建活动；在学校对学生进行理想教育、先进人物教育、人生观和文明礼貌教育，开展年级、班级创先竞赛活动。通过创建，全县涌现出县水电公司、船舶总公司、水泥厂等一大批文明单位。1995年后，文明单位创建每两年命名表彰一次，县委制定下发文明单位创建标准、考核办法、申报评选程序及监管办法等，文明单位创建工作步入规范化、程序化、制度化轨道。1995年，县第一中学、茅坪镇财政所、县审计局被评为省级文明单位；1996—1998年，县国家税务局、地方税务局、财政局、公路段、橘苑小区被评为省级文明单位。1999—2001年，县国家税务局被评为全省最佳文明单位，县气象局、交通局、地方税务局、财政局、人事局被评为省级文明单位。2002—2004年，县卫生局、公路段、第二中学、财政局、气象局、交通局被评为省级文明单位，县国家税务局被评为省级最佳文明单位，县审计局被评为省级创建文明行业先进单位。2005年，县卫生局被评为全省最佳文明单位，县移民局、审计局、人口与计划生育局、行政服务中心等单位被评为省级文明单位。1995—2005年，有85个次单位被评为市级文明单位，485个次单位被评为县级文明单位。（见表22-3-1、22-3-2）

1995—2005 年秭归县获省级以上文明单位一览表

表22-3-1

年　份	单　　　　　位
1995	县第一中学　茅坪镇财政所　县审计局
1996—1998	县国家税务局　地方税务局　财政局　公路段　橘苑小区
1999—2001	县国家税务局（省最佳文明单位）　气象局　交通局　地方税务局　财政局　人事局
2002—2004	县卫生局　公路段　第二中学　财政局　气象局　交通局
2005	县卫生局（最佳文明单位）　移民局　审计局　人口与计划生育局　行政服务中心

1995—2005年秭归县获县级以上文明单位情况表

表22-3-2　　单位：个

年　份	省级命名	市县级命名		
		年份	市级	县级
1995	3	1995—1996	15	89
1996—1998	5	1997—1998	—	60
1999—2001	6	1999—2000	24	76
2002—2004	6	2001—2002	24	73
2005	5	2003—2004	22	99
—	—	2005	—	88

三、文明窗口创建

2003年11月28日，成立县行政服务中心，汇集18个单位的服务窗口，自此开展“标准化服务窗口”创建活动。开展双月评选“服务明星”和“红旗窗口”活动。中心通过自查改进、自评申报、验收命名、复查整改等阶段从窗口展开标准化、窗口服务标准化、窗口管理标准化、窗口环境标准化等方面开展“标准化服务窗口”创建活动。各工作窗口围绕提供一流服务、打造一流队伍、创造一流业绩和建设一流中心的目标开展创建。为转变窗口工作人员作风，中心推出“五个一”：一张笑脸相迎、一腔热情服务、一次全面告知、一身正气行政、一声祝福道别；“五个办”：急办件即办、承诺件快办、上报件稳办、补办件尽力办、违背程序的拒办的服务标准；对工作人员要求做到“五要”：着装要大方、整洁；坐姿要端正、挺立；言语要温和、热情；服务要规范、周到；说话要文明、礼貌；在接待群众提供服务时要做到：目视对方以示尊重，面带微笑以示友好，颔首点头以示肯定。同时，工作中大力提倡使用普通话，方便外来投资者，树立良好的服务形象。真正实行挂牌上岗，承诺服务，接受群众监督。中心自建立以后至2005年共办理行政审批服务事项24.2万件，为外来企业代办产权、施工等手续，为农民代理审批服务事项3 054项，协调处理重大联合审批事项15项；开展招标投标业务159项；组织开展经济发展环境民主测评13次，受理并查处43件影响全县经济发展环境的投诉案件。2003—2005年，先后评出红旗窗口80个次，服务明星127人次。县行政服务中心2004年、2005年连续两年被评为县级文明机关；2003—2005年被评为县级文明单位。

四、文明集市创建

1983年，全省工商系统开展以“文明管理、文明交易、文明服务”为主要内容的创建文明集市活动。1986年9月，省工商行政管理局统一制定以“执行政策好、市场秩序好、食品和环境卫生好、公平交易好、服务工作好、依靠群众监督好”等“六好”文明集市评比条件。按照评比条件，全县健全集贸市场规范化管理规章制度，加强集市整顿，积极开展创建活动。1987—1993年，归州农贸市场连续6次被地、市工商行政管理局评为文明市场；1988—1993年，香溪农贸市场连续3次被地、市工商行政管理局评为文明市场；1994—1995年，归州综合集贸市场2次被市工商行政管理局评为文明市场。被县工商行政管理局评为文明市场的先后有：1990年度归州、香溪、茅坪3个农贸市场；1992年度归州、香溪、茅坪、杨林桥4个农贸市场和陕西营综合集贸市场、归州工业品市场；1994年归州综合集贸市场、香溪农贸市场、茅坪集贸市场、杨林桥集贸市场、陕西营综合市场；1995年度在1994年基础上增加茅坪二圣寺商业文化城。茅坪小区农贸市场从2000—2005年连续6年被评为市级文明市场。

第三节　农村文明创建

一、文明村创建

1984—1993年，全县农村文明创建工作主要以狠刹封建迷信、赌博打牌、婚嫁丧葬大操大办3股歪风为突破口，广泛开展移风易俗树文明新风活动，涌现出西陵区大岭村等一批先进典型。

1992年，县精神文明建设委员会制定下发《秭归县文明村建设实施办法》，确定文明村的7条标准，按标准评选，层层申报。1993—1994年，郭家坝镇牛岭村、香溪镇周家湾村、茅坪镇月亮包村被评为市级文明村；1995—1996年，茅坪镇二圣寺村、郭家坝镇桐树湾村、杨林桥镇王二荒村被评为市级文明村；2001—2002年，杨林桥镇白鹤洞村、茅坪镇银杏沱村被评为市级文明村；2003—2004年，茅坪镇建东村、梅家河乡郑家岭村、周坪乡桂垭村、杨林桥镇三台寺村被评为市级文明村；1995—2005年，有91个村先后被评为县级文明村。（见表22-3-3）

1995—2005 年秭归县文明村创建情况表

表22-3-3　　单位：个

年　份	市级命名	县级命名	年　份	市级命名	县级命名
1995—1996	3	14	2003—2004	4	19
1997—1998	—	18	2005	—	12
1999—2000	—	14	合　计	9	91
2001—2002	2	14			

二、“十星级”农户创建

1993—1998 年，全县在农村广泛开展创“十星级”农户活动，作为农村精神文明建设的主题活动。全县 95%以上的农户参与创“十星级”农户活动，438 个村的 10.08 万户挂牌，占总农户的 90%，其中“十星级”1.4 万户，占挂牌户的 13%。出现“家家争星星、户户创文明”的可喜局面，有效促进农村“两个文明”建设。各乡镇成立创“十星级”农户活动领导小组，由分管党委副书记任组长，宣传委员任副组长，共青团、妇联等相关部门负责人为成员。各村也相应成立领导小组和创建专班。在方法上，对创星活动坚持做到“三同时三纳入”：在制定和部署经济工作的同时，把创星工作纳入一起安排；县对乡镇、乡镇对村在实行年度目标考核的同时，把创星工作纳入考核内容；在总结表彰评选先进的同时，把创星活动纳入总结表彰之中。评选先进采取相应的配套措施，实行创星活动“一票否决”，没有开展创“十星级”农户活动的村不能评为文明单位；不是“十星级”户的党员不能评为优秀党员、干部不能评为优秀干部、村民不能当劳模。同时，各乡镇还制定“十星级”农户奖励办法。两河口镇制定争创“十星级”文明户奖励政策，规定凡是达到“十颗星”的农户，其子女小学升初中一律加奖 5 分。在创建活动中，党员干部带头创星，落实帮带措施，各乡镇实行“包联”责任制。即乡镇干部包村，村干部包组，党员联户，农户缺哪颗星，就帮忙创哪颗星，分别落实到干部岗位责任制中，形成党员干部和群众同创“十星级”的机制。“十星级”农户评选活动程序有：在村党支部领导下，建立有党员、干部、群众代表参加的评选班子，制定实施方案；会议动员和培训骨干相结合；广播、黑板报、标语、橱窗等宣传手段相结合；组织农户学习条件，掌握标准，搞好自评、互评、审评工作和评星授牌活动；建档立制，实现规范化管理。挂牌后采取动态管理办法。季度小评，半年初评，年终总评，按评定的结果加星、摘星，授星不搞终身制，让村民始终有荣誉感和紧迫感。1994年年初，县委在梅家河乡王家坡村创办创“十星级”农户活动试点，活动中，全村挂牌 398 户，占总户数的 97%，其中“十星级”农户 66 户。县委在探索总结经验的同时，组织各乡镇分管领导和宣传委员到该村观摩学习。各乡镇也相继办创星试点村。1994 年，全县共办 60 个创星试点村，同时召开不同层次的创星典型经验交流会 120 次。从 1995 年起，全县农村创星活动普遍推广，当年有 375 个村 7.5 万个农户挂牌。

第二十三篇　社会生活

1979 年中共十一届三中全会后，改革开放政策使社会经济快速发展，人民生活水平逐步提高，城乡居民居住条件、饮食结构、生活习惯均发生较大变化。农民人均纯收入由 1978 年的 65 元增加到 2005 年的 1 999 元。城镇居民人均可支配收入由 1997 年的 4 532 元增加到 2005 年的 7 173 元。农村人均消费支出由 1980 年的 130.14 元增加到 2005 年的 2 586.03 元。衣着打扮、住房、通信、旅游、教育、娱乐等费用上升，家用电器在农村基本普及，汽车、电脑等高档消费品进入寻常百姓家庭。但贫富差距在逐步拉大，低收入人群基本生活仍存在困难。

秭归属巴、楚文化交汇地，其习俗属巴蜀风俗楚域分风俗，堪称民风淳朴。秭归方言有明显的西南次方言特点。随着三峡工程移民，县城、集镇搬迁，政治、文化交流日趋频繁，县城语言渐趋一致。

第一章　居民生活

1979年后，全县经济不断发展，社会事业不断进步，人民生活水平不断提高。1982年，全县实行以家庭承包经营为主的包产到户、包干到户责任制，长期徘徊不前的农业生产突破性发展，农民收入大幅增加。

20世纪80年代后，国家多次调整职工工资，恢复奖励制度，同时，城镇居民收入渠道不断拓宽，收入来源趋向多元化，收入水平逐步提高。职工年人均工资由1980年的577元增加到2005年的7 568元，增长12倍。城镇居民年人均可支配收入由1997年的4 532元增加到2005年的7 172.5元，增长58.27%。

随着城乡居民收入的增加，消费支出稳定增长，消费结构明显变化，生活质量明显提高。1980年，据农村住户抽样调查，全县农民年人均消费130.14元。2005年，全县农民年人均消费支出2 586.03元，整体解决温饱问题。洗衣机、电冰箱、空调、电脑等高档电器已进入农民家庭，电话、手机、彩电在农村已基本普及。城镇居民生活整体已达到小康水平。2005年，城镇居民年人均生活消费性支出6 123.22元。城乡居民居住环境明显改善，2005年，农村居民人均居住面积达到38.56平方米，城镇居民人均居住面积达25.54平方米，且厨房、厕所、客厅配套率达100%。

第一节　收　入

一、农村居民收入

1979年，全县农民年人均纯收入仅73元。1982年，全县实行以家庭承包经营为主的责任制，农业结束长期徘徊局面，农民收入大幅增加。1983年，农民人均纯收入194元，比1982年的92元增长一倍多。1994—1997年，农民人均纯收入增长较快，1996年首次突破千元大关，达到1 148元，比上年净增160元；1997年达1 343元，比上年净增195元。这段时间农民收入增长较快的主要原因有农产品价格上涨和农民在乡镇企业的务工收入增加。1998年后，受农业结构性矛盾影响，加上农产品价格全面回落，农民增收速度趋缓。2000年人均纯收入为1 647元，仅比1997年净增304元，年均增加101.33元。2000—2005年，农民收入增幅进一步减缓，2005年农民人均纯收入1999元，比2000年净增352元，年均增加70.4元。虽然农民收入增幅减缓，但收入结构发生较大变化，产业结构调整初见成效，工资性收入所占比重上升，家庭经营收入所占比重下降，第二产业收入所占比重虽然不大，但逐年上升；第三产业收入比重逐年增多，商品收入比重也呈逐年上升趋势。（见表23–1–1）

1979—2005 年秭归县农民年人均纯收入情况表

表23-1-1　　单位：元

年份	人均纯收入	年份	人均纯收入	年份	人均纯收入	年份	人均纯收入
1979	73	1986	301	1993	480	2000	1 647
1980	70	1987	340	1994	627	2001	1 679
1981	63	1988	319	1995	988	2002	1 705
1982	92	1989	352	1996	1 148	2003	1 795
1983	194	1990	274	1997	1 343	2004	1 950
1984	234	1991	348	1998	1 497	2005	1 999
1985	279	1992	404	1999	1 625		

二、城镇居民收入

1979年后，城镇居民收入迅速增加。职工工资性收入大幅度提高是其主要因素。国家多次对行政、事业、企业单位职工工资进行调整，增加各种津贴和奖金，职工年均工资由1980年的577元增加到2005年的7 568元，增长12倍；非工资性收入渠道拓宽，收入来源多元化，是居民收入增加的重要因素。其他劳动收入（第二职业收入等）、财产性收入（利息、股息、房屋出租、投资收入等）、转移性收入（养老金、赔偿、补偿、捐赠等）、出售财物收入等使城镇居民收入逐年增加。

1997年对城镇居民收支抽样调查表明，当年人均可支配收入4 532元，其收入主要来源：工薪收入3 910元，占86.28%；经营净收入115元，占2.54%；其他劳动收入33元，占0.73%；财产收入17元，占0.37%；转移性收入457元，占10.08%。2005年，调查全县城镇居民人均年总收入达7 783元，其收入构成：工薪收入6 357元，占81.68%；经营净收入440元，占5.7%；财产性收入58元，占0.7%；转移性收入928元，占11.92%。扣除交纳的所得税、社会保障金等支出后，人均可支配收入为7 172.5元，比1999年增长58.27%。1997—2005年，城镇居民可支配性收入年均330.13元。（见表23–1–2）

1997—2005 年秭归县城镇居民人均可支配收入情况表

表23-1-2　　单位：元

年份	可支配收入	年份	可支配收入	年份	可支配收入
1997	4 532	2000	5 820	2003	6 300.17
1998	5 270	2001	5 857.81	2004	6 718.37
1999	5 398	2002	5 928.1	2005	7 172.5

三、城乡储蓄

随着全县经济的发展和富民政策的落实，人们由过去的“寅吃卯粮”变成银行有存款。城乡居民储蓄存款余额大幅增加。1979年，全县人均存款余额只有2.82元，1997年突破千元大关，为1 096.07元，比1979年增长387倍多。全县城乡居民储蓄存款总额1979年为109.54万元，2005年达11.78亿元，比1979年增长1 074倍。（见表23-1-3）

1979—2005 年秭归县城乡居民存款情况表

表23-1-3　　单位：万元、元

年份	余额	人均	年份	余额	人均	年份	余额	人均
1979	109.54	2.82	1988	4 335	103.78	1997	44 487	1 096.07
1980	290	7.4	1989	5 735	136	1998	40 904	1 012.88
1981	444	11.27	1990	7 023	166.02	1999	44 878	1 121.07
1982	754	18.97	1991	8 964	212.01	2000	55 863	1 403.2
1983	797	19.99	1992	10 902	258.4	2001	69 088	1 748.63
1984	1284	32.1	1993	13 629	323.98	2002	81 210	2 059.78
1985	1535	38.36	1994	22 221	529.44	2003	89 760	2 282.84
1986	2272	56.04	1995	30 144	721.64	2004	103 509	2 643.41
1987	3450	83.71	1996	39 897	971.62	2005	117 808	3 020.9

第二节　消　费

一、农村居民消费

1980年，对30户农民抽样调查表明，农村居民人均生活消费支出130.14元。其中，食品支出93.81元，衣着16.09元，住房5.3元，家庭设备、用品及服务6.9元，医药费用2元，文教娱乐用品及服务5.51元，其他0.53元，恩格尔系数为72.08%。每百户农民主要耐用物品仅有3台缝纫机、3只闹钟、3只手表、6台收录机，其余如电话、电视机、洗衣机、大型家具均为零。1985年对100户农民抽样调查，农村居民生活消费年人均320.4元。其中，食品支出190.42元，衣着43.31元，住房19.3元，家庭设备、用品及服务35.7元，医疗保健6.35元，交通和通信1.61元，文教娱乐用品及服务16.51元，其他7.2元，恩格尔系数为59.43%。当年每百户农民主要耐用消费品有自行车11辆、缝纫机12台、钟21只、手表133只、黑白电视机13台、收录机29台、电风扇5台、洗衣机2台、大型家具207件（沙发、大衣柜等）。

1995年，对100户农民抽样调查，年人均生活消费支出为1 726.04元。其中，食品支出1 205.65元，衣着104.52元，住房76.33元，家庭设备用品95.49元，医疗医药费52.56元，文教娱乐用品及服务160.08元，交通通信16.39元，其他15.02元，恩格尔系数为69.85%。当年每百户农民主要耐用消费品有缝纫机23台、黑白电视机56台、电风扇25台、大型家具1 063件。

2000年，对100户农民抽样调查，年人均生活消费支出1 354.29元。其中，食品支出752.68元，衣着60.1元，住房161.71元，家庭设备、用品54.66元，交通和通信54.7元，文化教育、娱乐消费176.8元，医药保健41.34元，其他52.3元，恩格尔系数55.57%。每百户农民主要耐用消费品有大型家具365件、洗衣机5台、电风扇92台、电冰箱1台、摩托车3辆、电话机9部、彩色电视机16台、黑白电视机79台、影碟机8台、组合音响4套。

2005年，对100户农民抽样调查，年人均生活消费支出2 586.03元。其中，食品消费支出1 309.63元，衣着120.12元，居住250.84元，家庭设备、用品97.89元，交通和通信228.53元，文化教育、娱乐支出343.87元，医疗保健189.81元，其他45.34元，恩格尔系数50.64%。每百户农民主要耐用消费品有大型家具318件、洗衣机27台、电风扇100台、电冰箱15台、空调机1台、抽油烟机6台、微波炉2台、热水器5台、摩托车13辆、固定电话机45部、移动电话41部、彩色电视机85台、黑白电视机17台、影碟机40台、组合音响25套、照相机3架、家用电脑4台（接入互联网的2台）、中高档乐器2件。2005年，全县农村居民消费支出比1980年的130.14元增长18.87倍；恩格尔系数比1980年的72.08%下降21.44%（见表23-1-4）

1980—2005年秭归县农村居民生活消费情况表

表23-1-4　　　　单位：元、%

年份	年生活消费支出	其中								恩格尔系数
		食品	衣着	住房	家庭设备用品	医疗保健	交通通信	教育娱乐	其他	
1980	130.14	93.81	16.09	5.3	6.9	2	—	5.51	0.53	72.08
1985	320.4	190.42	43.31	19.3	35.7	6.35	1.61	16.51	7.2	59.43
1990	449.94	277.27	39.47	21.57	57.21	14.54	3.96	28.13	7.79	61.62
1991	453.18	303.76	29.73	40.07	21.5	15.05	3.76	27.29	12.02	67.03
1992	433.49	280.25	29.47	32.68	20.18	18.44	4.67	34.65	13.15	64.65
1993	591.22	394.58	35.14	60.17	33.97	13.91	8.19	41.82	3.44	66.74
1994	968.78	745.09	37.75	45.9	45.84	14.59	11.21	65.38	3.02	76.91
1995	1 726.04	1 205.65	104.52	76.33	95.49	52.56	16.39	160.08	15.02	69.85
1996	1 721.1	1 142.95	104.22	135.73	95.22	52.41	16.34	159.62	14.61	66.41
1997	1 571.7	934.31	99.32	82.92	103.99	82.99	46.33	199	22.84	59.45
1998	1 219.45	780.41	87.54	79.62	62.03	37.36	37.16	114.79	20.54	64
1999	946	585	72	74	66	28	22	89	10	61.87
2000	1 354.29	752.68	60.1	161.71	54.66	41.34	54.7	176.8	52.3	55.57
2001	1 445.16	809.27	66.98	213.84	82.55	47.85	59.26	140.53	24.88	56
2002	1 652.06	858.54	78.7	281.51	85.67	52.49	99.72	175.14	20.29	52
2003	1 892.12	1 027.07	81.67	296.3	68.9	79.5	101.47	211.97	25.24	54.28
2004	1 808.52	1 103.84	64.89	113.85	63.82	92.33	104.15	236.15	29.49	61.04
2005	2 586.03	1 309.63	120.12	250.84	97.89	189.81	228.53	343.87	45.34	50.64

二、城镇居民消费

1997年，对100户城镇居民抽样调查，城镇居民人均消费3 255元。其中，食品支出1 551元，衣着676元，设备用品及服务123元，医疗保健190元，交通通信95元，娱乐、文教300元，居住133元，杂项商品和服务187元，恩格尔系数47.65%。每百户城镇居民家庭拥有组合家具82套、摩托车4辆、洗衣机78台、电冰箱82台、彩色电视机94台、录放像机8台、照相机18架、空调器2台、淋浴热水器22台、健身器材4件。

2000年，城镇居民人均消费性支出4 655元。其中，食品支出1 567元，衣着662元，设备用品及服务592元，医疗保健283元，交通与通信410元，娱乐、文教597元，居住270元，杂项商品及服务274元，恩格尔系数33.7%。每100户家庭拥有彩电132台、电冰箱100台、洗衣机98台、摩托车22辆。

2005年，城镇居民人均消费性支出6 123.22元，比1997年的3 255元增88.12%。其中，食品支出2 082.75元，衣着892.18元，设备用品及服务366.77元，医疗保健491.85元，交通和通信703.31元，教育文化娱乐947.41元，居住431.3元，杂项商品和服务207.65元，恩格尔系数34.01%，比1997年的47.65%下降13.64个百分点。每百户家庭拥有成套家具106套、摩托车36辆、洗衣机96台、电冰箱94台、彩色电视机136台、影碟机74台、录放像机8台、家用电脑42台，照相机34架，微波炉32台、空调器82台、淋浴热水器82台、饮水机36台、座机电话78部、移动电话172部。2005年，城镇居民人均食品消费支出比1997年增长34.28%。（见表23-1-5）

1997—2005年秭归县城镇居民生活消费情况表

表23-1-5　　单位：元、%

年份	生活消费支出合计	其中								恩格尔系数
		食品	衣着	设备用品	医疗保健	交通通信	文教娱乐	居住	杂项商品和服务	
1997	3 255	1 551	676	123	190	95	300	133	187	47.65
1998	4 297	1 566	560	803	157	192	668	124	227	36.44
1999	4 002	1 518	569	464	217	301	572	194	167	37.9
2000	4 655	1 567	662	592	283	410	597	270	274	33.7
2001	4 697	1 619	699	438	297	375	704	279	286	34.45
2002	5 251.31	1 737.38	777.99	487.36	282.09	612.12	812.61	379.75	162.01	33.08
2003	5 401.48	1 809.55	783.48	487.4	337.35	618.12	743.22	467.61	154.75	33.5
2004	5 756.48	1 951.46	813.86	364.18	403.25	685.99	863.84	503.74	170.16	33.9
2005	6 123.22	2 082.75	892.18	366.77	491.85	703.31	947.41	431.3	207.65	34.01

三、消费变化特点

饮食讲究营养　农村居民饮食消费已从追求数量逐步转变为追求食品质量。大米、食用油、肉、蛋、酒、饮料、食糖等高质量食品的消费量逐年上升。1998年，农村居民年人均消费植物油9.1公斤，是1980年的3倍多；猪肉年人均消费28.32公斤，是1980年的1.67倍；鱼虾年人均消费1.11公斤，是1985年的3.7倍。城镇居民食品消费向追求营养方面转变。2005年，城镇居民人均糕点奶制品支出130元，比1997年的26元增加104元，增长4倍。各种保健食品、营养食品、绿色食品更受城镇居民青睐。部分居民走出家门，与亲朋好友在餐馆酒楼聚餐已成为时尚。仅2005年，城镇居民人均年在餐馆饭店进餐支出就达197元，约占食品消费支出总额的10%。（见表23–1–6、23–1–7）

1980—2000 年秭归县农村家庭年人均主要食物消费情况表

表23-1-6　　　　单位：公斤/人

年份	粮食	豆类及制品	蔬菜	食油	猪肉	牛羊肉	家禽	蛋类	鱼虾	食糖	酒	糖果糕点
1980	252	—	154	3	17	0.6	0.1	0.5	—	0.7	1	—
1985	229	—	182	7	27	0.2	0.5	3	0.3	1	6	2
1990	257	—	188	7	24.2	0.02	0.28	2.04	0.27	0.78	5.8	0.34
1991	230	—	210	6	23	—	0.4	0.4	1.9	0.7	4.8	0.4
1992	194	—	168	6	26.3	—	0.2	2.12	0.09	0.92	6.4	0.73
1993	230	3.09	100	10.2	14.27	—	0.4	2.22	0.24	1.08	6.64	0.63
1994	206	3.8	151	9.8	15.9	—	0.4	2.40	0.3	1	6.2	0.77
1995	268	6.47	267	12.3	20.12	—	0.43	2.68	0.48	1.38	9.22	1.15
1996	383	4.11	210	10.4	14.31	0.09	0.51	2.8	0.62	1	10.52	0.41
1997	331	4.33	118	10.7	21.86	0.09	0.36	3.14	0.86	0.86	10.57	0.32
1998	286	3.67	97	9.1	28.32	0.13	0.44	2.46	1.11	0.79	8.99	0.29
1999	200.5	3.11	48.64	6.29	20.35	0.06	0.26	1.78	0.82	1.05	9.46	0.18
2000	237.2	3.29	75.09	3.87	20.01	0.07	0.34	1.06	0.89	0.73	12.45	0.14

1997—2005 年秭归县城镇居民年人均食品消费支出情况表

表23-1-7　　　　单位：元/人

年份	食品消费支出总额	其中								
		粮油类	肉禽蛋水产品类	蔬菜类	调味品类	烟酒饮料类	干鲜瓜果类	糕点奶及奶制品	其他食品	饮食服务
1997	1 551	227	461	171	—	203	67	26	176	220
1998	1 566	253	399	170	—	232	61	19	211	221
1999	1 518	264	384	144	—	173	72	25	219	237
2000	1 567	194	401	161	—	187	88	32	239	265
2001	1 619	307	431	177	20	178	91	33	32	350
2002	1 738	422	435	198	25	195	132	98	27	206
2003	1 810	473	496	197	32	208	125	112	17	150
2004	1 951	577	532	214	32	201	126	125	15	129
2005	2 083	552	584	187	28	244	137	130	19	202

穿着讲究时尚　1979年前，人们在衣着上主要是追求穿暖，少数农村居民衣着则是“新三年，旧三年，缝缝补补又三年”。1979年改革开放以后，城乡居民服装消费逐渐从传统保暖型向漂亮时尚型转变。1979年前，布匹凭票供应，品种以棉布为主，花色以蓝、白、黑为主，款式以中山装、国防装为主。1979年后，布料品种繁多，花色齐全，成衣款式不断翻新。人们由购买原布自行加工逐步转向购买成衣，服装销售业成为热门行业。进入21世纪后，人们的服装消费观念最为明显的变化是向个性化方向发展，“女性讲漂亮，男性讲高档”，靓丽、时尚、高档成为人们的主要消费观念。2005年，农

村居民年人均衣着消费120.12元，比1997年增长20.94%；城镇居民人均消费892.18元，比1997年增长31.98%。

高档家用品进入普通百姓家庭　1979年，全县城乡居民家中很难见到诸如电视机、洗衣机、电冰箱、电风扇之类的家用电器，20多年后，彩电、冰箱、空调、电脑、大型家具等高档家用品进入百姓家庭，基本普及。2005年，农村居民户均有洗衣机0.27台，电冰箱0.15台，彩色电视机0.85台，空调0.01台，影碟机0.4台；城镇居民户均有洗衣机0.96台，电冰箱0.94台，彩色电视机1.36台，影碟机0.74台，电脑0.42台，空调0.82台，淋浴热水器0.82台。

交通通信工具迅猛发展　1979年后，随着交通、通信事业快速发展，现代交通、通信工具逐步普及，摩托车已成为城乡居民家庭的主要代步工具。1979年，农村居民无一辆自行车；到1985年每百户拥有自行车也只有11辆；到1999年每百户已拥有摩托车3辆；至2005年，农村居民每百户已拥有摩托车13辆，比1999年增长3倍多。1997年每百户城镇居民拥有摩托车4辆，至2005年每百户已拥有36辆，增长8倍。部分城乡居民已拥有大卡车、面包车和小轿车。20世纪90年代以前，电话是奢侈之物，“楼上楼下，电灯电话”是人们对共产主义的构想。进入21世纪，程控电话、移动电话快速进入千家万户，成为人们基本生活用品。有的户每人一部手机。至2005年，农村居民户均有固定电话0.45部、移动电话0.41部；城镇居民户均有固定电话0.78部，移动电话1.72部。

旅游消费成热点　1998年以前，全县城乡居民很少有自费出县、出国旅游观光消费的。1999年后，部分城乡居民开始自费旅游，利用节假日外出旅游已成为城镇居民消费热点。2005年，城镇居民人均旅游消费277.43元，其中到中国香港、澳门地区及新加坡、美国等国旅游的人数达763人。

教育娱乐支出上升　1979年后，特别是20世纪90年代后期，由于经济体制和教育体制改革的不断推进，就业机制发生较大变化，广大城乡居民为提高自身和子女的综合素质，增强就业能力，不断加大教育投入。同时，文化娱乐用品支出快速增长，互联网的发展，使居民的文化娱乐方式更加多样化，从而带动居民在此方面的消费支出。2005年，农村居民人均教育娱乐费用支出343.87元，是1980年的61.4倍；城镇居民人均教育娱乐消费支出947.41元，是1997年的2.16倍。

城乡消费差距拉大　1997年，城镇人均消费支出3 255元，是农村居民消费支出的1.07倍。2005年，城镇居民人均消费支出为6 123.22元，是农村居民人均消费支出的1.37倍，8年扩大0.3倍。2005年农村恩格尔系数为50.64%，刚解决温饱；城镇为34.01%，已达到小康水平。城乡间的消费水平不仅没有缩小，而且在逐年拉大。同时，户与户、行业与行业、不同阶层及职业之间，消费差距也比较突出。2005年，城镇居民户中最低人均月消费仅142元，最高收入家庭人均月消费支出达1 153元，高低相差7倍。农村居民有最高人均月消费千元的户，但还有不少户靠最低生活保障金维持生活。

第三节　住　房

一、农村居民住房

1985年，农村居民家庭户均生活用房面积118.14平方米。2005年达到143.82平方米，比1985年增长21.74%。1980年农村家庭人均居住消费支出为5.3元，1990年21.57元，1995年76.33元，2000年162元，2005年达250.84元。住房质量明显提高，在三峡库区移民迁建和新农村建设的推动下，城镇化建设步伐加快，一处处统一规划设计的现代化村庄拔地而起，砖预结构房屋面积比例逐年增多，各项配套建设完善，农村居民居住环境极大改善。2005年，农村户均生活用房面积143.82平方米，人均38.56平方米。（见表23-1-8）

1985—2005年秭归县农村居民生活用房面积统计表

表23-1-8　　单位：平方米

年份	户均生活用房面积	年份	户均生活用房面积	年份	户均生活用房面积
1985	118.14	1995	97.62	2001	149.33
1990	121.12	1996	88.95	2002	107.16
1991	121.23	1997	91.28	2003	149.79
1992	115.82	1998	94.50	2004	149.81
1993	102.02	1999	113.52	2005	143.82
1994	95.62	2000	126.54		

二、城镇居民住房

1993年，全县机关、事、企业单位进行住房制度改革，干部、职工对原租住单位的住房购买70%的产权，全县多数城镇居民有部分产权属于自己的住房。1998年后，职工陆续买断住房的全部产权。随着县城东迁茅坪、库区集镇搬迁，全县城镇居民的住房质量，居住环境显著改善，人们用于居住消费的支出不断增加。

1997年，城镇居民人均居住面积15.6平方米，人均用于居住消费支出费用133元，86%居民户对住房拥有部分产权，90%住房有配套厕所，96%住房有配套厨房。

1999年，城镇居民人均居住面积30.8平方米，人均用于居住支出194元，98%居民户对住房拥有全部产权，100%住户有配套厕所、厨房。

2005年，全县城镇居民人均居住面积25.54平方米，人均用于居住消费支出431.3元，32%住户对房屋进行装修。住房中，4%为单栋住宅，2%有4居室，56%有3居室，38%有2居室。（见表23–1–9）

1997—2005年秭归县城镇居民住房情况表

表23-1-9

年份	人均居住面积（平方米）	房屋产权%				卫生设备%		厨房%		建筑式样%				装修%	
		租赁公房	租赁私房	拥有部分产权的私房	拥有全部产权的私房	有厕所无浴室	有厕所浴室	无厨房	独用厨房	四居室及以上	三居室	二居室	平房及其他	已装修	未装修
1997	15.6	10	4	86	—	90	—	4	96	—	—	—	—	—	—
1998	29.2	—	—	42	58	96	4	—	100	—	—	—	—	—	—
1999	30.8	2	—	—	98	68	32	—	100	—	64	34	—	—	—
2000	24.6	—	2	—	98	26	74	—	100	—	70	28	—	—	—
2001	25.67	—	2	—	98	18.84	81.16	—	100	—	67.53	30.5	—	—	—
2002	23.88	—	2	—	98	34	66	—	100	6	64	28	2	30	70
2003	23.89	—	4	—	96	52	48	—	100	6	58	34	2	6	94
2004	24.03	—	4	—	96	54	46	—	100	6	56	36	2	8	92
2005	25.54	—	2	—	98	16	84	—	100	2	56	38	—	32	68

第二章　婚姻家庭

随着时代的发展，人们的婚育观念不断变化。结婚年龄选择由早婚向晚婚变化，生育子女由“多子多福”向“一对夫妇只要一个孩子”转变。晚婚率由1985年的28.81%提高到2005年的49.31%。2005年一孩比重比1979年上升30.1%，二孩比重比1979年下降14.34%，多孩比重下降15.76%。家庭规模随着计划生育政策的实施发生变化，传统的四代、五代同堂家庭越来越少，二代3人小家庭已成为现代家庭结构的主要发展趋势。1979年全县家庭户户均人数为4.37人，2005年户均只有2.93人，比1979年减少1.44人，下降32.95%。

第一节　婚育意愿

一、婚姻意愿

《中华人民共和国婚姻法》颁布实施后，提倡婚姻自由，男女平等，自由恋爱便逐步成为择偶的主要方式。青年男女可以按照各自的标准，在社会活动中相互接触，经过一段时间的了解，在建立感情的基础上确定恋爱关系，这类自由恋爱方式已占据新时期择偶方式的主导地位，但也有少数山大人稀的边远地区仍然要靠媒人介绍才能确定恋爱关系。1982年以前，法定婚龄是男20岁，女18岁。2001年以后，提高到男22周岁，女20周岁。随着法定婚龄推迟及社会进步，人们对初婚年龄选择逐步由早婚向晚婚变化。据县人口与计划生育部门统计，1979年后，女性初婚年龄均控制在法定婚龄以内，而且晚婚率较高。（见表23–2–1）

1979—2005 年秭归县女性初婚情况表

表23-2-1　　单位：人、%

年　份	初婚人数	其中19岁以下人数	早婚率	23岁以上人数	晚婚率
1979	3 793	—	—	3 251	85.7
1980	4 754	—	—	4 516	95
1981	6 975	—	—	4 800	68.82
1982	5 558	—	—	2 667	47.98
1983	4 472	—	—	2 025	45.28
1984	4 553	—	—	1 373	30.16
1985	4 266	—	—	1 229	28.81
1986	4 183	—	—	1 315	31.44

续表23-2-1

年 份	初婚人数	其中19岁以下人数	早婚率	23岁以上人数	晚婚率
1987	4 083	—	—	860	21.06
1988	3 752	—	—	879	23.43
1989	3 731	17	0.46	1 322	35.43
1990	3 089	—	—	1 196	38.72
1991	3 437	—	—	1 217	35.51
1992	2 847	5	0.18	949	33.33
1993	2 614	1	0.04	856	32.75
1994	2 450	—	—	856	34.94
1995	2 292	—	—	873	38.09
1996	2 038	—	—	666	32.68
1997	2 024	—	—	685	33.84
1998	1 838	3	0.16	442	24.05
1999	1 683	8	0.48	479	28.46
2000	2 038	—	—	633	31.06
2001	1 898	4	0.21	651	34.3
2002	1 663	—	—	579	34.82
2003	1 779	1	0.06	690	38.79
2004	1 408	1	0.07	528	37.5
2005	1 231	—	—	607	49.31

据县民政部门统计：1985—2005年办理离婚登记的2 567对，占结婚6.25万对的4%，年均离婚对数为122对。随着社会经济不断发展，人们思想观念的变化，离婚率呈逐年上升趋势。1996年前离婚夫妇年均在100对以下，从1997年开始突破200对，至2005年上升到303对。

二、生育意愿

20世纪70年代全面推行计划生育之后，生育子女的无政府状态逐步得到改变，自愿终身只要一个孩子的人越来越多。由于几千年来的传统生育观念难以改变，大多数人期望生育2个以上子女，特别是“养儿防老”“重男轻女”旧的生育观念在一部分人中仍难于根除。但随着新的婚育观念的宣传教育，人们生育观念在逐渐改变。据县计划生育管理部门统计：1979年，一孩出生占出生人数比例为50.32%；二孩出生比例为32.82%；三孩及以上出生的比例为16.86%。终身只要一个孩子的夫妇比例大幅上升，生育二孩及以上的比例逐步下降。至2005年，生育一孩的比例为80.42%，比1979年上升30.1%；生育二孩的比例为18.48%，比1979年下降14.34%；生育多孩的比例为1.1%，比1979年下降15.76%。（见表23–2–2）

1979—2005年秭归县出生人数分孩次比例表

表23-2-2　　单位：人、%

年份	出生人数	一孩		二孩		三孩及以上	
		人数	比例	人数	比例	人数	比例
1979	8 456	4 255	50.32	2 775	32.82	1 426	16.86
1980	5 567	3 455	62.06	1 652	29.67	460	8.27
1981	6 202	4 672	75.33	1 155	18.62	375	6.05
1982	6 884	5 293	76.89	1 230	17.87	361	5.24
1983	6 082	4 509	74.14	1 305	21.46	268	4.4
1984	5 884	4 708	80.01	999	16.97	177	3.02
1985	6 173	4 439	71.91	1 643	26.62	91	1.47
1986	9 279	4 936	53.2	4 146	44.68	197	2.12
1987	11 165	4 926	44.12	5 942	53.22	297	2.66
1988	10 429	4 686	44.93	5 386	51.64	357	3.43
1989	8 784	5 067	57.69	3 569	40.63	148	1.68
1990	6 310	4 295	68.07	1 953	30.95	62	0.98
1991	4 744	3 739	78.82	992	20.92	13	0.26
1992	4 552	3 552	78.04	992	21.8	8	0.16
1993	4 245	3 284	77.35	951	22.4	10	0.25
1994	3 960	3 108	78.49	845	21.33	7	0.18
1995	3 861	2 874	74.43	973	25.21	14	0.36
1996	3 296	2 456	74.5	834	25.3	6	0.2
1997	3 116	2 321	74.48	786	25.24	9	0.28
1998	3 000	2 228	74.25	762	25.38	10	0.37
1999	2 640	2 025	76.69	608	23.02	7	0.29
2000	2 694	2 129	79.02	554	20.56	11	0.42
2001	2 454	1 934	78.81	515	20.99	5	0.2
2002	2 486	1 969	79.22	505	20.31	12	0.47
2003	2 448	1 881	76.85	546	22.29	21	0.86
2004	2 695	2 064	76.57	601	22.3	30	1.13
2005	2 359	1 897	80.42	436	18.48	26	1.1

第二节　家庭规模与结构

一、家庭规模

随着社会经济的发展和计划生育的开展，家庭规模发生较大变化。1979—1984年，户均人数在4人以上；1985—1990年户均3.5人以上；1991年以后逐年下降，至2002年户均只有3.05人。2003年以后

户均下降到3人以下。至2005年，户均只有2.93人，比1979年减少1.44人，下降33%。（见表23-2-3）

1979—2005 年秭归县家庭规模情况表

表23-2-3　　　　单位：　户、人

年份	总户	总人口	户均人	年份	总户	总人口	户均人
1979	89 185	390 234	4.37	1993	122 015	420 678	3.44
1980	90 203	391 809	4.34	1994	122 312	419 708	3.33
1981	94 318	393 937	4.17	1995	122 041	417 716	3.42
1982	97 251	397 427	4.08	1996	122 188	410 520	3.35
1983	99 835	398 778	3.99	1997	122 281	405 876	3.31
1984	99 828	399 958	4	1998	123 186	403 838	3.27
1985	102 885	400 125	3.88	1999	125 931	400 315	3.17
1986	105 754	405 445	3.83	2000	127 529	398 111	3.12
1987	110 335	412 135	3.73	2001	127 914	395 099	3.08
1988	116 085	417 721	3.59	2002	128 931	394 265	3.05
1989	118 861	421 704	3.54	2003	131 228	393 195	2.99
1990	118 577	423 032	3.56	2004	132 593	391 574	2.95
1991	121 123	422 803	3.49	2005	133 315	389 977	2.93
1992	121 523	421 905	3.47				

二、家庭构成

1990年第四次人口普查时，全县有11.48万户，其中家庭户11.38万户，家庭户人口41.13万人，家庭户均3.61人。在家庭户中，1人户6 426户，占5.64%；2人户1.47万户，占12.93%；3人户3万户，占26.31%；4人户3.8万户，占33.41%；5人户1.73万户，占15.19%；6人户5 470户，占4.80%；7人户1 500户，占1.32%；8人户344户，占0.3%；9人及以上户102户，占0.09%。家庭户规模特点：在沿江经济发达地区偏小，边远乡镇规模相对较大。如归州镇家庭户共有7 256户，4人及以下的户6 346户，占总户数的87.46%；4人以上的户只有910户，只占总户数的12.54%。而磨坪乡4人及以下户数为2 799户，占总户数的74.74%，比归州镇低12.72个百分点，4人以上的户946户，占总户数的25.26%，比归州镇高12.72个百分点。2000年人口普查时，全县总户数12.58万户，其中家庭户12.42万户，家庭户人口38.97万人，家庭户均3.14人。全县2000年家庭户规模与1990年相比，发生显著变化，家庭户规模向小型化趋势发展。2000年1人户占10.38%，比1990年上升4.74个百分点；2人户占18.23%，比1990年上升5.3个百分点；3人户占34.27%，比1990年上升7.96个百分点；4人户占24.79%，比1990年下降8.62个百分点；5人户占9.54%，比1990年下降5.65个百分点；6人户占2.3%，比1990年下降2.5个百分点；7人户占0.37%，比1990年下降0.95个百分点；8人户占0.09%，比1990年下降0.21个百分点；9人及以上户占0.03%，比1990年下降0.06个百分点。以上两次普查相比，4人以上户均呈下降趋势，1人户至3人户均呈上升趋势。

1990年第四次人口普查11.38万家庭户中，一对夫妻8 418户；二代同堂7.78万户，占总数68%；三代同堂1.69万户，占15%；四代同堂只有428户，只占0.38%。另外一代与其他亲属和非亲属居住的543

户；二代与其他亲属和非亲属居住的2 158户；三代与其他亲属和非亲属居住1 052户；四代与其他亲属和非亲属居住的51户；单身户5 484户，占总户数5%。其他类型942户。2000年第五次人口普查12.41万户家庭户中，一代同堂的2.9万户，占总户数的23%；二代同堂7.32万户，占59%，比第四次普查下降9个百分点；三代同堂2.14万户，占17%，比第四次普查时上升2个百分点；四代同堂576户，占0.46%，比第四次上升0.08个百分点。两次人口普查表明：几代同堂的大家庭已日益被小型家庭户所取代。一对夫妻和未婚子女构成核心家庭，由第二代以上，每代只有一对夫妻组成的主干家庭成为全县家庭结构的基本类型，家庭户代数结构以二代户居多，一对夫妇与一个孩子组成的3口之家已占居家庭户的主导地位。

第三章　民　俗

秭归地处渝鄂交界，为楚文化发源地之一，巴、楚文化交汇地，屈原诞生地。秭归民俗形成久远，相沿成习。涵劳动生产、岁时节令、日常生活、礼仪规范、禁忌信仰诸多内容。因山川阻隔和楚风盛行，故民俗受外界影响远小于他地，其民风淳朴，至今仍带有浓郁的楚文化特色。其信仰以古楚巫风为最，饮食习惯以川江口味为主，生养死葬及禁忌深受屈原文化影响，代代相传。

第一节　生产习俗

一、烧火土

烧火土的习俗由来已久，是一种古老的积肥方式，其方法较简单，原材料只需柴火和土。首先要在挖好的田地里选好粪场子，将场子周围的土块翻晒，烧粪时将场子稍加平整，然后在场子上铺一层易燃的干草作引火之用，接着将较细小的树枝铺上，中间放比较粗大的“硬楂子”，顶部放草皮之类以免“漏土”，四周务必整齐，以减少燃不完的“烟头子”。依次上大土块、小土块、细土，直至以耙推土堆能微微摇动即止。土太多楂子燃不完，土烧不好；太少则燃得太快，土会被烧红，失去肥力且浪费。一般烧3～7天即可。火土含磷、钾，有利改良土壤，减少虫害和杂草，可就地取材，减少背负之工。但大量烧火土对植被破坏较大，自化肥大量使用后被逐步淘汰。

二、锣鼓催耕

打锣鼓催耕主要用于玉米锄草等农活，俗称“薅草锣鼓”，全县各地均有此活动，以杨林桥、周坪等乡镇为甚。一般是田多劳力少的大户人家，为抢季节，借助锣鼓催耕，具有娱乐和催工双重作用，以催工为主要目的。1949年后，大办集体，几十乃至百人以上一起劳动，仍沿袭锣鼓催耕习俗，尤以“人民公社化”时期为甚。锣鼓形式分生产人数而定，20人以下者打“单锣鼓”，即一鼓一锣；20人以上者打“夹锣鼓”，一鼓两锣；30人以上者打“双锣鼓”，双鼓双锣；50人以上者，双鼓四锣；百人以上者，随人数增加鼓锣数量，比较少见。打锣鼓者边打边唱，俗称“喊歌”（山歌调），鼓师主唱，锣师帮腔，生产者也参与“喊牌子”，合唱。唱法有“鼓里藏声”“住鼓听音”等多种。打锣鼓重在催促后进者，有戏称“锣鼓一响，累死莽撞（憨实之意）”，年老体弱者参与会吃不消。锣鼓队专挑薄弱环节，哪边场低（落后）了，就到那边敲上一阵“急鼓连子”，那边的人不由得努力奋进，两边的人挤往场低处，一会儿就把场挤平了，如有人闲话、偷懒，一经鼓锣队发现，跑到跟前敲上一阵，且编成调侃歌词唱上一段，偷懒者脸上无光。有时中间偷懒的多了，且自己不知奋进，两边的便会不顾场平，在他们面前留下场头，加速上前，将其甩在后面。场上不封口，为“装口袋”，封口为“包包面”，被“封”过或“包”过的人会被讥笑。锣鼓催耕在大办集体时不失为一种激励生产的良好办法，随着农业生产责任制的施行，“薅草锣鼓”只能作为戏曲在舞台上出现了。

三、打　场

在没有脱粒机以前，水稻、小麦、大豆等农作物脱粒靠人工，俗称“打场”。打场的工具，主要有连枷和石磙。打场前，先整平扫净稻场。晴天的早晨，将待脱粒的作物薄铺于场上曝晒。午后，有牛户便套牛挂石磙，一人挥鞭驱牛，使之拉石磙在场中打转，碾压晒干的作物。从边向内，均匀碾完。另有一人持扬叉扬场，将碾过压紧的禾秆挑松翻转，使之再晒。约晒一个时辰，再碾压二遍。无牛户则用连枷。人多便分成两组，双向站立，按节奏将连枷举上拍下，两组交替进行。几家共一稻场者，为抢晴天，防暴雨，多有持连枷自发前来赶场的。常有初打仅两、三人，后越打越多，至十多人一齐打场的场面，“啪—啪”之声山响，尤为壮观。一遍打完，接着用扬叉翻杈抖松铺梗，晒约一个时辰，再打二遍。滚碾或拍打两遍之后，脱粒已尽，进入整净工序。这时拿扬叉的将禾秆叉成一堆一堆的，粗梗杈尽后再将细碎短梗用器物拢到一处，剩下的粮食则用木板和竹扫帚将其集中，用粗筛去大楂，再上风斗，风去碎叶、粒壳、糠秕等杂物，晒干后入柜收藏。

四、剥玉米

种苞谷（玉米）为主的地方到收获季节，剥苞谷（除去外壳苞叶）一般成为晚上的活儿。集体生产时，掰得多，往往要剥至半夜，有时甚至剥至天亮。剥苞谷也似赶场，集体生产时统一安排，按所剥苞谷重量记工分。实行农业生产责任制后，团结互助精神便得到体现。苞谷收获季节，要赶在雨天前将苞谷全部掰回家，堆在自家堂屋（客厅）里，量多者数吨以上。或雨天，或晚上便开始剥，左右邻舍不请自到加入其中，开始二三人，最后十多人，也有知道较晚要散场时才到。主人家自然要茶饭招待，相互间礼尚往来，形成习惯。扭苞谷（苞谷脱粒）也兴赶场，左邻右舍聚集一家围坐火垄旁，一人或几人共一筐，用火钳或其他硬物作工具扭苞谷，烤火、劳动、唱歌、说笑，其乐融融。

五、捕　鱼

捞鱼　拿着特制的网，在一定季节里，沿溪边，边走边舀，是最常见的捞鱼之法。用鸡笼或背筐作工具也可捞鱼。鸡笼，是用粗篾作经，细篾为纬作成的半球形竹器，用作鸡舍。半球中下无底，顶部有直径18厘米圆孔，是鸡门，供鸡出入。渔者拿上，站在浅水中，另由几个人从四面拍手踏水围扰。将鱼惊至一处后，渔者即以笼瞬间筐下，从圆孔中伸手入罩中捞摸，摸着鱼儿，即抓出丢在腰间所系的笆篓里。用背筐筐鱼办法相同，筐住鱼后，向下一侧往前猛推，然后平端起来，沥干再捉。还有用撮箕撮鱼的，在撮箕里装上牛粪，等鱼进撮箕觅食猛然提起，有逃之不及的便可捉得，所获甚微。用篆子捞鱼具有一定专业性，篆子是一种用竹篾做成的口小腹粗圆柱有底，长尺余壶状器物，内壁留有很多向下的篾头。使用时，先要在沟、溪中垒堰、扒汊（将水流归至一束），使水面上部平缓，而至此却突然成瀑布式下跌。篆子便支在跌水口上，鱼被水流冲下，便成瓮中之鳖。篆子一般夜晚支放，早晨收取。鱼下行季节，一夜可得大半篆。有极少人会摸鱼，水清时，潜水至潭底，在石头中掏摸休憩之鱼。

砸鱼　晴天水暖，鱼儿闹游。人到溪边，影动鱼窜，游鱼往往扎于石下缝穴中。砸者举起5～10公斤重石块或铁锤，猛砸向鱼儿所隐石上。石下之鱼受到大的声波震动，会一时晕头转向，翻白浮起，成为渔者猎物。

炸鱼　用生石灰炸鱼由来已久。系用一陶壶或玻璃瓶，装满填实生石灰，中间插支竹筷，河水清时携到水平而深的潭边，抽出竹筷，底向下投入潭中。鱼儿初见惊散，但很快就被瓶中冒出的气泡吸引，纷纷聚拢。约一分钟，生石灰吸透水，膨胀爆炸。鱼儿既受震，又被石灰水呛，翻白浮出水面，便成渔者篓中之物。

钓鱼　渔者垂钓坐于江边、溪边石上，双眼盯住浮子，待鱼儿上钩，这是一种普通钓法。另有一种俗称“钓硬杆子”的钓法，短杆长线，线头多股，每股一钩，挂饵。渔者握杆，在溪里急水中缓流下行，杆头伸向溪面。边走边将杆戳前扯后，使钓线一松一紧。下游鱼儿因流急水响，既听不出异音，也看不清人影，不知危险，只贪食物，误吞诱饵，自愿上钩。放吊钩钓法须在江水倒灌溪床，形成一段溪面平水时使用，视这时所上鱼类大小而用钩大小不同，用船载钩施放，钩上挂饵，钢绳上每隔一段距离拴一块泡筒（浮标），将钩吊起。施放路线可直可曲，但不能两家相叉。得鱼否，可视泡筒浮沉而定。拦溪放钩法是根据各种鱼上游季节不同，拦溪放钩，纲绳横拉于溪中流水与瀼水交接处，拴紧于两岸，视溪面宽窄定钢绳长短及钩的大小与口数。昼收夜放，不挂饵。所钩者多系5～25公斤的大鱼——鲩鱼、鳙鱼、青鱼、鲇鱼等。这些鱼江中涨浑水时，从江中游向溪中清水，从平水到急水处觅食，到水边软草丛（如马叶兰等）里产卵。撞到任何一口钩上，即可被挂住；一疼痛挣扎摆动，邻近的钩便合拢攒集鱼上，则为吊绳钢绳缠绕，难于脱身。也有守株待兔者在溪岸边立一杆，拴住钓绳一头，上设铜、铁铃，鱼一上钩，牵动绳索，渔者被铃声惊醒，即沿绳收鱼，坐享其成。

叉鱼　又称“杀鱼”，使用一种特殊的鱼叉——钢或铁制，前端双股叉，呈“U”字形，叉下有套箍，紧箍在硬杂木柄上，柄尾端有孔或环，穿长麻绳。用来叉捕5公斤以上大鱼。麦黄水至，大鱼洄游。追食小鱼的鲇鱼、鳄嘎子、横插子，体型较大，异常凶猛。叉鱼者从隐蔽处见其脊时，便瞄准猛投鱼叉。扎上了，随它逃窜，放开叉上麻绳，待其疲劳停窜时，缓缓收绳捕捉。有一种拦坝叉鱼法，较为先进。渔者在急流以上溪面较宽、水流较缓处，垒起40～70厘米高水坝，挨坝上横挖深水槽，宽1.5～3米，水槽上用宽篾织成篱笆，篾端露出向下游，称为“杀鱼坊”。鱼游过急口，来到缓处，突遇急水如瀑，欢跳，蹦进坝上水槽，落于坊中。这时向上游，则触在篱笆尖端上，被刺疼痛，只好转身，但坝高水浅，且向下流，鱼儿不愿回转，便只好回旋于水槽中。渔坊拥有者于夜晚前往杀鱼，一人持叉，一人携鱼绳，腰左右各悬一竹筒：一为煤火筒子，装硫黄粉，紧紧插一根带暗火的干青蒿烟篙子；一为明火筒子，内装土硝粉。夜深之时，从篱笆外或坊坎上轻步走到中段，悬筒者先从明火筒子里抖少许土硝在一手心，再从煤火筒子里拔出烟篙子，速即将土硝洒在暗火上，燃起极亮的明火，持者高举，照到坊中。鱼突见光，惊伏不动，持叉者瞄准猛刺，刺住一条，举起抛向岸边，再换一叉，往往三四叉后，鱼才惊窜。

六、背　脚

1949年前，交通不便，肩挑背扛是主要的运输方式。以背东西谋生的人俗称“背脚子”，常年与背架子作伴。一般为商店所雇请，多数从码头仓库背货到商店，有远有近。远的如茅坪，从江边仓库背货到罗家脚迹坪商店，来回 35 公里路程。晴天一天回程，雨天、雪天则难以预定。上山货物以生产资料和百货为主，下山则背商店所收购的山货到集镇收购站。屈原诞生地乐平里一带，过去也有铺子，货物集散中心在贾家店，往返 25 公里。尤其是七里峡段，两岸系悬崖峭壁，无路可通，道路全在溪边。溪随山势，迂回曲折，且滩潭相间，砂石相杂，多数路程要在水中涉行，故有“七里峡水湾连湾，二十四道脚不干”之说。在这样的路上负重行走，“背脚子”之苦可想而知。

背脚的工具很多，常见的有背架、打杵等。背架是一种竹或木制成的负重工具，竹制的名“脚背笼”，木制的名“木背架”，背脚人一般用“脚背笼”，木背架主要用于背柴火等用。打杵是一个“T”字形的木制工具，下端箍铁圈，圈中钉一枚粗大铁钉，称之为“钻”。凡须背 50 公斤以上重物时，背架打杵必分不开，打杵用于放在背架下面支撑方便歇息。

第二节 生活习俗

一、居 住

土墙瓦屋 3间正房尺寸一般为开间包山墙四丈四尺。即堂屋内空一丈三尺八，两侧室空一丈二尺八分，进深二丈一尺或二丈四尺。前檐墙高一丈五尺，后檐高一丈二尺。旧时堂屋楼前檐楼高于大门两尺，楼板搭三步枋，谓燕子楼；后檐楼较前檐楼矮两尺，楼板也仅两步枋，上设祖先牌位，称“香火楼”。香火楼下为楼梯间，俗称“转（zhuán）堂子”。香火神位后，是楼上向两侧室的走廊。两侧室为满楼，楼上可作卧室及针线楼。楼下一般有隔墙，一明一暗，暗室进深八、九尺。一侧明室可作厨房，暗室可作卧房；一侧明室和暗室可作卧房或火垄。这种屋都是坡顶屋，上盖用黄土烧制而成的小青瓦。前后左右都有飞檐——山尖两侧各二尺五，前檐伸出三尺遮走廊，后檐飞出一尺护墙脚。

偏水司烟吊脚楼 限于资金，连3间大瓦屋一次无法建起，可分次建造。即第一次建1间两层正屋，再加1间1层偏水，称“一正一偏”。所谓“偏水”，即在正屋侧面偏出，半边屋顶，檩前后平行安放，檐墙与楼枋高矮相等。资金稍宽裕后，则可将山尖及前后檐升起与正屋平齐，就成了两正。也有先起“两正一偏”的，待条件成熟后即可升成3间正屋。司烟屋，又叫拖檐，是在正屋后面加盖的附属屋。其前檐接正屋后檐，因其小、潮湿，很少用作卧室。人们多有利用稻场坎外建附属房的习俗，即建一间吊脚楼做畜栏、厕所。吊脚楼前檐墙在稻场坎上，后檐墙及山墙的墙脚在坎下，分楼上楼下两层，楼上与正房平行。

二、服 饰

明清以前，男人帽子、头饰因人而异，比较简单。商贸者春、夏、秋多戴黑绸瓜皮小帽；深秋、冬、早春也有戴绒、呢或皮帽、窄沿毡礼帽的。其他居民如码头工人、水运工人、街道杂役，多包白布帕子。女子头饰较复杂，按财产多寡及个人好恶而不同。有戴绣花绸、缎帽勒子的；有戴金丝银线缀珠贴翠头巾的；有包锦丝绸绢头帕的，不一而足。一般乡村已婚妇女多用黑丝包头，缠在头上呈环形，上露顶，下垂攒（头发挽成的扁圆结）。老年妇女发稀而白，则一端蒙顶，缠头，不垂端梢。年事较高，子女富有者，也有戴夹、棉帽勒子的。帽勒子以青（黑）色丝绸或缎子为底，滚金、赤或粉、翠边，绣“福”“寿”字或牡丹、红梅等象征富贵、长寿的图案。家境差者以蓝布、绛布或印花布为头巾，或包头一圈，或折成双层搭盖头顶。少女发式多丫髻、独辫或散垂，及笄后始用钗簪夹梳髻。其钗、簪、夹多以骨、烧料、镀金、镀银、铁制上漆制成，价廉色艳；也有以雕漆木梳代钗簪的。已婚妇女“上头”时即挽“攒”：把头发拢至脑后，头绳束扎后，盘成一圈一圈的扁平攒。攒中横贯一根扁簪，直插一至数根管簪。扁簪有翡翠、白玉、红玉、金、银、铜、镀金银、烧料不等，贫寒者也有以竹、木、骨等制成的。服装则因居地和行业不同而异。商绅市民穿丝绸或细布，男礼服为满大襟长衫，夏单冬棉。夏季休闲服短衣、对襟、长袖或短袖；多以夏布、仿绸、府绸、湘云纱等料制成，俗称“汗褂子”。有时也穿无领、无袖细白布短对襟上装，俗称“背褂子”。深秋、冬、初春，市民多有夹衫、棉长袍、皮袄等；绅、士、商、医，长袍马褂。女性多穿满大襟短衣。质料有绸、缎、锦、布；颜色多赤、朱、绯、浅蓝等。少女细腰、半宽袖；成年女子直腰宽袖，袖宽大至可搂上肩。老年妇女衣色多深蓝、赭石及灰色。少年、青年女子多以对比色贴边，成年和老年妇女衣服贴边的不多，即有，也多用稍深或者稍浅的近似色，且多绣近似色“福”“寿”“富”“贵”及“万”字等图案，夏单冬棉，形制变化不大。清末民初时兴起旗袍，成为青少年女子的礼服。1949年后，最初中山装、国防服等“干部服”盛行，颜色以蓝、黑、绿为主，鞋以平头布鞋、解放鞋、草鞋等为主。随着经济的发展和时代的进步，人们服饰变化丰富多彩，样式繁多，颜色多样。西服、夹克、休闲装、T恤、皮鞋等以前只有公务人员穿的服饰也逐渐走进农民家庭。

三、农家饮食

秭归农家，主食以农产品为主。临近集镇和河谷有水田的地方，以稻米、麦面为主，辅以粟米、玉米、豌胡豆等杂粮，高山半高山则以玉米面为主，辅以荞麦、土豆、红苕等杂粮。而最富特色的是苞谷（玉米）面饭、懒豆腐。

秭归多鱼，吃鱼之法多样。普通人吃法是煎、烧、煮。炸鱼多拖面粉浆，有炸大鱼和小鱼等。江边人爱在鱼划子上吃江水煮活鱼。还有一种少见的吃法——吃涎。一种是吃青鱼的涎。青鱼涎多，从口中出，将它倒吊，下用盛器，口中涎滴盛器中，待到一定分量，倒入佐料的汤中煮食。一种是吃鲇鱼的涎。鲇鱼无鳞，外皮多涎，勾住嘴吊起，下用盛器，旁置盛香油、盐、辣椒粉、胡椒粉等调料的碗、盘。取涎人将调料涂到双掌上，一手拉尾（防扭摆）一手从上到下摸刮，双手轮换。鲇鱼皮肤受刺激，分泌涎液极多。摸刮至鱼死为止，涎即取尽。搅和均匀，下清汤中煮开，状如鸡蛋清汤，其味美无比。

低山及半高山，冬春青菜、白菜、萝卜为主要菜食。晚春季节有一两个月缺菜期。夏、秋之季，瓜、豆、椒、茄蔬菜丰富。人们为渡过菜荒，形成“储菜备荒”习俗。储菜有干储法和湿储法，淡储法和咸储法多种。干菜淡储，可分生、熟。如白菜、萝卜菜、青菜、芋叶、豆角等，可储熟干菜。萝卜、芋头、冬瓜、南瓜、茄子等，可切片生晒，或阴晾吊干，以备缺菜。最常见的是咸储法，一年四季均可食用。如腌盐菜，系将白菜、青菜、羊角菜等洗净，晾去水分，待稍蔫萎后，加盐揉搓至汁液外流，压实腌透，然后装坛。坛可用洑水坛，盖上盖钵后，上洑水储存。鲊广椒是秭归较有特色的鲊菜。其主要原料为广椒，其次是苕、洋芋、芋头、冬瓜、柑子皮、柚子皮、玉米面（大米、小麦面粉）等。将鲜红广椒剁末，苕、洋芋、芋头刨丝，一天晒至半干；冬瓜切片晒半干后切成条，至外干内湿；鲜柑子皮、柚子皮连外层切条。以上备料加盐，腌一天。盐化净后拌进面粉，姜、蒜末、花椒，酌量拌些白酒，装坛压紧，经月后取出炒食，香、辣、麻、咸、酸、醇，诸味俱全，可几年不坏。若加肥肠、猪肉、鱼类，风味迥异。

农家凡逢岁时节令、春播秋收、婚丧嫁娶、做生祝寿、亲朋聚会等，都必操办宴席。少则几桌，多则几十桌。做饭菜的有专门的“菊匠师傅”（掌勺大师傅）。农家宴席多用自己生产的鱼、肉、鸡、鸭及其他蔬菜。有“八大碗”“三蒸九扣”“九大碗”“月月红”（十二碗）等传统标准。酒桌上的烟酒档次因家庭条件而异。宴席一般安排在中午或晚上，有时则为一天，甚至连续数日。座席极为讲究，或按年岁长幼、或以辈分高低，首席为地位最尊或辈分最高者，末席为最低者或主人。

第三节　婚育习俗

一、旧式婚俗

放话　父母为儿子求婚，一般是“问名”或请他人“作引”后，备礼物登门请女方家亲友为媒。红媒第一次登门讨女方父母的口气，二次登门看人才，直至女方同意。有少数指腹为婚或养童养媳者则不需红媒。

合八字　媒人第二次至女方征得同意后，男方备礼物，择双日或黄道吉日到女方，俗称“过门”，又叫填庚过路，由媒人主持仪式，将男女双方出生的年、月、日、时按干支合成八个字，写在红纸“庚帖”上，俗称“合八字”。若男女双方八字相合，便互相交换两家庚帖，作订婚凭证。

过门　定亲后，男方携带礼品到女家以示敬重，同时携礼登门拜访女方姑、舅、姨等亲属，俗称“传茶”。

求肯　男方备礼品请红媒向女方择定结婚日期，俗称“求肯”。女方父母同时吩咐男方为女儿缝多少衣，过多少彩礼，怎样接、送等有关事宜，男方尽量满足女方要求，有“低头娶媳妇，抬头嫁姑娘”之说。

请期　吉日良辰择定后，男方备喜盘一把，与红媒同到女方预报迎亲日期，俗称“送期单子”。青年男女有了天成佳期，双方便积极准备，女方父母忙为姑娘做嫁妆，男方准备彩礼、婚宴等。

过礼　娶亲前一个月，男方择期将衣物、饰件、彩礼等送到女家，务使新娘穿着全新。合卺日的头两天，男方向红媒发“启媒帖”，拜请媒人。

升号匾　正期（即迎亲日）头一天晚上，亲朋好友送“号会”到男家，号匾上写“小登科”（新郎）号名，举行升号仪式，请一名有学问的人挂号匾，并高声朗诵“升号词”，号匾随着“升号词”的节奏徐徐登梯挂上正堂。

陪十兄弟　升号当晚，男方邀9名未婚有文化的小青年与新郎配齐10人，由知客安排酒席一桌，10人入席，称“十兄弟”。选一人为主考，在小登科之右，一人为宗师，在小登科之左，再选一人为门官，一人为报子，其余为学士。行酒令时，学士中以一人为壶令官，一人为望令官，一人为纠令官。先由主考出令，以小登科正名为题，4字冠首，吟出律绝。其余学士照令，口令不上来或口令不合规矩者吃罚酒3杯，由壶令官、纠令官执行。行令过程中，门官开门迎报子入内，报子带乐队绕席3匝，如此循环3次，主考宣告结束。

陪十姊妹　在男方坐“十兄弟”当晚，女方也要举行陪“十姊妹”仪式。即请9位才貌出众的未婚女子陪新娘，行女子于归之礼。由知客摆果盘行令散花，依次行令唱散花曲，一直唱到十散，大姐宣布散席。

开脸　按旧式风俗，妇女除非结婚，绝对不可剃掉脸上的汗毛。唯独在结婚前夕，才能开始人生第一次的“开脸”。方法是由一名有身份的妇女，手拿一条坚韧细线，用两手使线呈两角交叉状，紧贴在出嫁女子的脸部，来回用手指一弛一张捻动，就可以拔掉脸部的茸毛，使脸部光彩明净。

迎亲　正期之日（婚庆日），男方除请原媒人外，还需请一媒人，原媒人称“大红叶”，新请的称“二红叶”，“二红叶”要能说会道，能承受女方的百般刁难，有“受气筒”之称，民间有“大红叶的腿，二红叶的嘴”之说。迎亲礼由“二红叶”主持，“二红叶”对迎亲人员明确分工，对礼品进行清点，对新郎、伴郎仪表细加审视，并负责排列迎亲人员顺序。迎亲队伍一般由新郎、红叶、接亲、轿夫、力夫、器乐队等人组成，接亲人数视女方送亲人数而定，一般2～4人对等，选貌美如花未婚女子。迎亲队伍到女家时，首先由“二红叶”向女家知客投俗帖后，礼酒盘、人情盘、肘子盘、斗米斗面盘、糖果盘、喜饼盘等依次背进大门。接着由“二红叶”引新郎请叫岳父、岳母，“大红叶”“二红叶”请教知客、女方亲族，并行贺礼。女方备酒席款待迎亲来客。餐毕女方知客安排新郎、新娘行家祖礼、孝礼，向来宾行谢礼，发亲乐声起，身着大红袍、挂着青铜镜的新娘登轿，新娘由新郎抱上花轿。由新娘的亲兄嫂或堂兄嫂送亲。“二红叶”引新郎向岳父母、知客及亲友告辞，奏乐启程，一路上，吹吹打打，热热闹闹迎到男家。迎亲路上常有力夫放下花轿、嫁妆“怠工”，向新娘讨要喜糖或“利市钱”，女方送亲一一打发后方可重新启程。迎亲花轿临近男家，男方知客摆香案、供果于大门前等候。花轿抬至桌前停下，秀才先生点燃香烛，口中念念有词，向花轿作揖，撒一把五谷于轿上，俗叫“回车马”。花轿抬进大门，喜娘（又称接纳）打开轿门，新娘牵进堂中。

拜堂　由知客师主持，新郎新娘分男左女右站立，男方父母高座堂上，由知客师大喊：“一拜天地、二拜高堂（拜父母）、夫妻对拜。”三拜礼毕，由“圆亲婆婆”（由儿女双全的年长妇女担任）搀扶新娘入洞房。

圆房　入洞房之前，由“圆亲婆婆”负责铺床，铺床时口占吉言：“铺床铺床，金玉满堂，先生贵子，再生姑娘”。在床4只角上放上芝麻饼，口中念道：“四个角上放饼子，养的儿子戴顶子（官帽）。”入洞房后，新娘新郎各座床头。紧接着新人喝交杯酒，吃喜饼、花生、红枣、桂圆之类果品，以示早生贵子之意。

敬大小　新郎、新娘走出洞房，至中堂站立桌前，先行“开拜”之礼。晚上行“敬大小”之礼，新娘要先拜公公、婆婆，后及三亲六眷，一般要送上亲手做的布鞋之类的“见面礼”，凡请教到的内亲外戚均要送给新人“打发”（喜钱或礼物）。

闹房　新郎、新娘再次回到洞房，亲友客人特别是年轻人竞相涌入洞房，要喜糖、喜烟、果品，有恶作剧者戏要新娘，玩笑嬉戏，尽兴而散。

回门　一般婚后次日或第3日新人“回门”，即由新郎陪新娘回娘家，新郎要给岳父母家及主要亲戚带四样礼品：糖、饼、面条、粉丝等。途中，去时新娘走在前面，新郎跟在后面；归时，新郎走在前面，新娘跟在后面。新郎回门时对岳父母要改口称“爹”“妈”。回门这日新郎是贵客，岳父母家大摆宴席，请亲朋好友陪“姑爷”。女儿、女婿回去作客，一般当天往返，不在岳父母家过夜（指近处）。“回门”一般不能走娶亲时走过的路，有“新人不走旧路”之说。

二、新式婚俗

1949年后，随着《中华人民共和国婚姻法》颁布实施，政府提倡婚事简办，移风易俗，沿袭旧婚俗中合理部分，废除“合八字”“拜堂”等旧习俗，逐步在实践中形成简捷又不失热闹的新型婚礼习俗。

择期　青年男女自由恋爱并在婚姻登记机关取得结婚证书后，经男女双方父母同意选择结婚日期。一般选择五一、十一、元旦、春节等重大节日举行婚礼。婚期择定后便给亲朋好友发送请帖、筹备婚宴等。

典礼　即举行结婚典礼。包括新娘化妆、穿婚纱、拍婚纱照、做发型、接新娘（路途较远者可用汽车、拖拉机等交通工具）、请伴郎或伴娘。城镇结婚典礼一般有主婚人、证婚人、新郎新娘双方父母、亲朋好友及来宾等讲话，互赠礼品（纪念物），新郎、新娘喝交杯酒、讲述恋爱经过等程序，最后以鸣炮奏乐、播放喜曲而结束，整个婚礼在半小时之内，典礼一般设在酒宴上，婚礼结束便可开席。

酒宴 即结婚宴请。为表达新郎、新娘对亲朋好友的谢意，一般在举行结婚典礼结束后，即刻宴请亲友。新郎、新娘在伴郎、伴娘陪同下，给客人发喜糖、喜烟，向客人敬酒，同时放音乐或表演文艺节目以助兴。

进洞房 即圆房。选择一位已婚已有孩子的妇女负责铺床，将花生、柚子（幼子的谐音）、枣子（意早得子）、糖果（甜甜蜜蜜）放于床边，让亲朋好友以及伴郎、伴娘抢着吃，象征早生贵子。新郎新娘双双进入洞房，亲朋好友"闹房"，有以水果悬挂令两人共同咬食，而手提悬索者随机将水果提升令夫妻两口相碰从而达到喜剧效果等，尽欢而散。

除上述择期举行婚礼的习俗外，有不少青年男女采取"办证结婚"：领取结婚证后就结婚，不举行任何仪式；"旅游结婚"：办理结婚登记手续后小两口外出旅游结婚，另有一番情趣。

三、生育习俗

跨门喜 婚后即孕称"跨门喜"。女有孕则夫妻被称为"四眼人"。

放生 婴儿出生后其父亲见到的第一人并与其说话的人称为"放生人"，传说"放生人"关系到婴儿的前途命运，俗称"人逢随生转，狗眼捉亲人"。所以婴儿父亲借口与意中人搭话。

报喜 孩子出生，孩子父亲须备对子面、喜饼或红蛋之类吉祥之物速去岳父母家"报喜"，并改口随婴儿喊"家公""家家"，同时请示整"祝米酒"的日期及接客范围和规模等，根据岳父母的吩咐备礼品接女方姑、舅、姨等亲属吃"祝米酒"。

洗三 婴儿出生后第3天（也有7天或9天的）要给婴儿洗澡洗头，并整祝米酒称为"洗三"，打发送子娘娘。"洗三"一般是由祖母或外祖母，也可是接生婆婆主持，主持人先吃一碗鸡蛋茶，然后用煎好的热香汤为婴儿洗浴。香汤为艾叶、菖蒲、蒜梗熬成，里面还煮有2～4个"石磙蛋"（带壳的鸡蛋），洗浴完后，用温热的"石磙蛋"在婴儿脸、臀、胸、四肢来回滚动，口中念念有词："滚坛子，滚坛子，滚出一个金坛子；滚坛子，滚坛子，滚出一个银坛子。""洗三"当天，婴儿的外婆率女家亲友"送祝米"，凡吃红蛋者皆要送礼，礼物多者称"出大汗"。祝米酒不在3天之内，第10天请客的称"整十粥"，也有待婴儿满一月时整"满月酒"的。

出窝 孩子满月，夫妻背婴儿回娘家称为"出窝"或"出月子"。产妇坐月子期满当晚煮"石磙蛋"，敬给"月公子"（丈夫）以示恩爱。

抓周 孩子满周岁时请客摆酒宴俗称"抓周"。"抓周"程序即置众多物件（如笔、钱、玩具等）于孩子面前，让其自择以观其成人志趣。

孕妇禁忌 妇女怀孕后，忌负、抱过重物体，不能推手磨、大磨，不能从高坎上跳下。不在门槛上坐，坐船时上船应走跳板，不能跨步过档。也不能摘花椒，否则花椒树会枯死；也不能摘树上的果子，来年会不结果。不能在墙上钉钉，生的小孩会出现缺陷。丈夫不能打蛇，小孩会腰疼。不能走夜路，不到死人家送葬，不能去坟茔多的地带游玩，说是怕胎儿受了惊吓，出生以后会多灾多病等等。

1949年以后，无论是城镇还是乡村，其生育习俗发生较大变化，对孕后夫妻的禁忌淡化了，但仍然继承和沿袭旧生育习俗中一些合理的部分，如"报喜""洗三""送祝米"或整"满月酒"等风俗习惯。

第四节　丧葬习俗

一、送终报丧

老人病危，长子主事，负责通知同家族各房主要人：弟、侄、姊、妹。老人弟兄儿孙到后，确认无治，男性移床至正堂，女性不移，所到的人轮流值班陪伴病人。老人落气前，大家共聚床前，听临终嘱咐，送灵魂仙逝。气绝，烧3张“落气纸”。在场女眷可泣，但不诉。此仪程俗谓“送终”。烧落气纸时，由一人提起事先备好的大锣，从堂屋中敲击出门，轻敲慢击，为“断气锣”；敲到四周各制高点，将所携一小把死者铺床稻草点燃，将锣紧敲一阵，稍停，慢节奏一击一闷，重槌3声，为“报丧锣”，又称“三棒”。人们听见，会纷纷相告，一时无论亲疏、男女，平时感情如何，都会前往探听、询问，俗语：“生不记死仇”。送行人稍聚，孝子先要礼请都管先生。都管是一场丧事的总指挥，为孝家代理一切内外礼仪。都管一到场先要安排人向远方亲属报丧并预告下葬之期，亦谓“报丧”或“把信”。接着与主孝子协商丧事规模、停丧时间长短、下葬日期并开具各职事名单，安排勤杂人员。病人落气后，先要在灵堂里设饮“长行酒”。时由童男或童女用净碗到常满的“龙泉井”中取大半碗净水，捧放亡者面前，由德高望重长者用右手食、中指蘸水涂亡者唇。然后沐浴净身：用10厘米宽、23厘米长白布1条，一端夹食、中指间，大部握掌心内，沾井水拭面；以手指沾水弹洒胸、腹；随之由理发师“开光”——为亡者理发修面。将男性亡者扶座椅上，不用水闷，干刮，剃时用蒲扇接落发。理罢，由一子捧扇，儿、女、孙（除主孝子）持香、帛“送行”；将扇、发送至长流水中，焚香化帛，叩头礼拜。“送行”结束，从灵堂取出沐浴用具放于僻静处，待“入棺”后再用。女性亡者则梳理头发。

二、盛殓戴孝

盛殓即将亡者沐浴净身后穿衣放入棺材。给死人穿衣名“装老”。亡者为男，头用“冠巾”，系黑绸折摺而成的方巾；女用黑纱巾包头。随之穿老衣，一般提前做好，衣服不用扣子，以窄布带为绊，件数为单。女亡者上衣中必有一件红衣。男亡者著裤，老年女亡者系裙。袜子用细布缝制。老鞋布面软底，男黑面白底，女用红帮白底软鞋。装罢，仰身停放在棺盖内，称为“落榻”。落榻前，盖内先放两根宽带为“宝带”，以备抬尸上材；带上垫褥子，亡者置褥子上，身上盖衾被，面遮黄钱纸；左手挽一串纸剪的“铜钱”，俗称“买路钱”；右手男持手帕，女持折扇；腰搭多束白线（根数以岁数为据），象征要出远门。若为少年亡，尚有亲生长辈在世，则冠巾、包头、手帕、折扇、鞋袜均为白色。“装老”的同时，有人垫材：用细筛筛干草木灰或石灰于棺内，约1.6厘米至3.3厘米厚。铺好，用陶瓷酒杯在灰面扣压印痕。印数为亡者寿岁整岁数的1/10，如65岁以下扣压6印，65岁以上压7印。这大约如古人材内垫砯砂一般用意——防腐吸湿。

孝子要“着装”戴孝。主孝子有孝衫——粗白布缝制而成，无领，无扣，用绊，袖口、脚边不折摺，任其毛边。头上戴“花”，即将1.5米白布撕成对开，上端用麻束系两角，包在头上，任其下披至背后。腰束麻或稻草腰带。白袜，白鞋或草鞋，持“哭丧杖”。也有无孝衫，仅披花的。女子戴“花”，把白布一端系头上，不披，折摺顶在头上。

主孝子着装毕，“升柩”送行。亡者长子或幺儿，在身上脱条裤子，置棺材小头，为亡者垫脚，俗语谓：“要得富，脚蹬裤。”随之4人各提“宝带”一端，捧亡者升棺进材，头向棺材大头放入，并将老人收藏的落发、落牙、指甲等，收入囊中，置于头侧，取“全尸入土”之意。安放完毕，用棉线、麻束将双脚并拢拴束。尸身与材壁间有空隙，可用松、柏叶塞紧，也可以用亡者生前穿过的衣物去塞，但要把纽扣摘下。塞好后，挨右手放一小碗口大煎饼，俗称“打狗粑粑”，于棺四角垫4刀火纸，加上棺盖。有的再覆盖棺罩、铭旌。棺盖不紧闭的原因，据说是因有可能灵魂回归、亡者复苏。盛殓上材罢，灵前设牌位，俗称“灵牌子”。牌上书亡者姓氏名讳及与孝子的关系。旁插法幡（即引魂幡），用素绢或皮纸做成。材前桌上放升子（粮食量具），升中盛杂粮或沙子，插灵牌、引魂幡、香，置长明灯于香前，燃点稍出于升子外沿。材下两桌间放一木盆，盆里倒入亡者沐浴过的水，内点一灯，俗谓“沐浴莲（音‘麻’）花灯”。

孝家为亡者送行，饮“送行酒”。每人酌酒少许，奠天地亡人，自己略沾唇，即将余酒倾化钱炉中。饮“送行酒”时，众泣而不号。

送行罢，“开花”——发戴孝物。视孝家经济条件情况，安排开花数额。有只开主孝子一人的；若开到主孝子之妻，则亡者子、女均应戴孝，谓“开一辈人花”。有开至长孙的，则媳、婿及堂子、媳、女、婿均戴花，为本家两辈花。若至长重孙戴花，则堂孙辈、执事、勤杂都要戴孝，则所谓“开满山白”。多数只开一辈人花，其余亲属穿自制白鞋，女子扎白头绳；孝堂内由礼生将在亡人腹上搭过的白棉线（裤带线）剪成10厘米长1截，每人3根线，拴于胸前扣子上为戴孝标志。戴孝标志须100天才除。

三、丧　鼓

秭归的丧鼓，是一大群人围着灵柩敲锣打鼓，转着唱，有别于长阳土家族的“跳”、巴东的“坐”。新滩以上一般闹 3 夜，新滩以下一般闹 1 夜。丧鼓由打击乐器锣、钹、马锣、鼓组成，鼓是主要乐器。近时期还有以唢呐、洞箫入乐的。另有歌师若干人，按一定程式奏乐歌唱。其主要唱本有：开歌路、古诗、正本（四游八传三国封神等）、随口便答（也叫“乱本头儿”）、全十字、幺娘子（又叫摇亮子）、煞鼓等。其唱腔基本属慢节奏、哭腔。开歌路时锣鼓师及歌师站孝堂灵前，一阵锣鼓后，歌师拉长节奏在锣鼓伴奏下唱开丧鼓序曲：“天地开张啊——日吉时良哦——”且有多人跟着和号子，场面悲哀而宏壮。开完歌路，接长声，唱诗，以屈原诗及歌颂屈原的诗为主。后转入短声，唱歌颂亡者生平事迹的颂歌，或咏唱古诗。古诗的内容多与歌师学识有关，有唱《秭归大八景》的；有唱《三闾小八景》的；有从唐宋诗集上读来的；也有从民间歌谣中借来的。一般是先打号子唱谦词：“哦咳咳咳——歌师唱了这半天，我换歌师吃袋烟。我词不熟来腔不正，唱得不好莫见劲。你也有来我也有，来为亡者咏诗首。上面‘诗曰’两个字，下边却把诗来题。诗呀曰万象归州八景城……”这样就引入歌师要唱的诗歌上去了。其腔一般为每句 7 字 8 拍，上下句相对，两句有鼓点敲出 4 拍短间奏，4 句一段 8 拍长间奏。唱正本按一定歌本唱，主要唱民间传说中的历史人物和事件。转丧鼓的最高潮是全十字，凡乐器都参与演奏，会唱的都参与合唱。其句式为“三三四”结构 10 字一句，如“正月里什么花满园子开，什么人手挽手同下山来”。“全十字”里还可穿号子，穿“幺娘子”，穿“栀子花”在正词里面作衬词。水田坝乡一带还有用“三句子”穿“郎在荆州府，姐在归州城，羡（qiàn）哒心里疼”一类唱法。也还有“七字句”里穿“烟袋黑杆子，荷包四要须，烟在荷苞里”的唱法，则更加活泼。有的歌师唱随口便答，即兴创作也很有情致。还有人与孝家不和，妄图在孝家办丧事时寻衅闹事，打架斗殴，故意请人唱什么《背捶记》去讨打。孝家大量，力劝吊祭者忍让。骂者无趣，口干唇燥后悻悻而去，被众人不齿。“全十字”唱完，即行封殓——将棺材盖严，用桐油调好的石灰浆挂梓口。此前要开棺，让孝家看亡者最后一眼，但规矩是不得号哭，以免泪水滴到亡者脸上不得超生。封殓后由人打火把引路，将棺材捧出灵堂、请上大车（用粗木杠扎成的井字形架子），粗麻绳绑牢，16 人抬着，多人牵引晃绳（防摇晃及上坡时添力），送至坟茔。孝家围金井哭，撒八卦钱，下市，拢坟，此时孝家飞奔归灵堂（说是跑得越快后人发得越早）。至此丧鼓结束。

四、红漆棺材

秭归人安葬的棺木型制及颜色有两大类：江南一带棺盖的大头顶呈锐角，高高翘起，小头低矮，脊弧形上弯，为“美人尖”型；刷黑漆，描金图案及“福”“寿”字样。江北一带，棺盖大头顶呈钝角，大于120°，尾较高，自尾至头，脊呈直线斜升，为“一块瓦”型，刷红漆。红漆棺材传说与屈原有关。屈原投江而死，乡里父老怜惜其一生赤胆忠心，决定按对待国王一样用红漆棺材安葬。秦王得知，派人查询。众乡亲得知后，连夜赶做红漆棺材。查询的人到了，乡亲们纷纷抬出100多口红棺材，并对查询者说“我们这里的亡者都睡这样的红棺材”。查询者无法辨认哪口是屈原红棺，只好尊重乡俗而去。此后，乡民去世，遂用红棺。

第五节　节日习俗

一、传统节日

春节　农历正月初一为一春之始，俗称“过年”，旧俗于头年尾腊月三十吃团圆饭，为除夕。农家过年要煮猪头，敬神明。“团年”一般在正中午，在门外燃放鞭炮，上香、烧纸钱，敬祖先，然后一家人按序就座，一起吃年饭。当夜通宵“守岁”。子时，新年到来，鞭炮齐鸣，礼花漫天，俗称“出天幸”。清晨出门拜年，一般“正月初一拜父母，正月初二拜丈母（岳父母）”。正月初一为一年之始，有很多禁忌，暗示一年吉凶，如不能动剪刀、不做新鲜饭菜、不扫地、不外倒垃圾、不说不吉利的话等等，此乃旧时迷信。

元宵　农历正月十五元宵节，又名“上元”“灯节”，俗称“过十五”。当天家家户户用糯米做成带馅儿的“元宵”，也称“汤圆”，没糯米的也要用面粉包点水饺以充“元宵”。傍晚，挂彩灯，在黑暗处点上蜡烛，俗语“三十的火，十五的灯”。有些地方结伴赶“毛狗”（即狐狸），因“毛狗”喜欢偷鸡，乡民相约离一定距离燃起一堆堆篝火，齐声吆喝，“毛狗”闻声而逃，一年将不受其侵害。梅家河乡等地有“摸青”习俗，当天深夜时，悄悄摸进他人菜园，偷一两蔸青菜回来。洗净切碎，掺在当天的剩饭、剩菜中，煮成稀饭，擂成绒绒的饭浆，加入果子、云片、馓子、米花等制作油炸松脆的小吃。一家人热烫烫香喷喷地喝一大碗。有人称为“填（甜）浆饭”，也有人称为“暮（没）糊粥”。摸青不打灯笼，须是摸到青菜，取一年生产生活“清吉平安，有甜浆，没糊粥，进菜（财）”之意。若不慎摸来的是白菜，则不祥，有“白忙财喜”之意。而摸了菠菜，则会一年“波波砸砸”，极为晦气。至于摸了韭菜则好，有“年尝（长）月韭（久）”之意。摸了分葱，也不吉，是“分家”“分财”“葱（冲）撞”之意。而大蒜更坏了，“蒜苗”谐“算了”音。

清明　一般在节前扫墓祭祖，插清明吊，上香、烧纸钱，清理坟墓周围杂草。清明吊种类繁多，现今不少人用鲜花、仿制花取代。学校则组织学生清明节给革命烈士扫墓，缅怀先烈，进行革命传统教育。今时的清明节已成为家人集春游、踏青、扫墓为一体的节日。

端午　农历五月初五，又称“重五”“端阳”节。初五为“头端阳”，十五为“大端阳”，二十五为“末端阳”。“头端阳”之日，人们要在门框上左右悬挂艾束、菖蒲，并砺磨雄黄调酒饮用和洒泼、点额。在江边祭祀屈原是端午节最隆重的仪式。临江祭屈公，形式各异。小型的一村一社，五月一到，即要准备赛龙舟。龙舟下水，安龙头时，要杀猪宰鸡，临水边以毛血祭屈公在水之灵；开赛前要游江招魂，抛粽子于江中以慰屈公，此乃民祭。大型的，是官民一道公祭。官方出面，百姓参与，往往气氛肃穆，祭坛神圣，祭品丰盛，场面壮观。祭祀有礼生二人，中一兼主祭，诵读祭文；一兼歌童，领唱歌赞。孝龙全体队员需携龙头于台前肃穆站立，待祭祀结束即将龙头抬至江边安装再行游江招魂仪式。向江中抛洒粽子是祭祀的重要环节。粽子是将糯米、红枣用簝叶包裹，外用5色丝线缚扎呈菱角状，然后水煮、蒸制而成。有《粽子歌》："有棱有角，有心有肝，一身洁白，半世熬煎"，象征屈原的一生。"头端阳"或"大端阳"，人们身穿节日盛装，佩戴各式香袋，向江中抛洒粽子，口唱"簝叶尖尖，糯米黏黏，蒸煮粽子，奠祭屈原。屈原未死，乡亲惦念。快回故里，哥妹团圆"。为屈原招魂。祭祀结束，龙舟开始，鼓锣齐鸣，桨桡翻动，划手奋力夺标。当天，在屈原故里乐平里或屈原祠等地诗人云集，"骚坛诗社"举行诗会，缅怀屈原。

月半　农历七月十三或十五日为"月半"，又称"中元""鬼节"。有"年小月半大，神鬼也歇三天驾（休息三天）"之说，是祭祀祖先的节日。各家各户要接出嫁女回娘家"过月半"，宴席摆上，先化纸钱，祭祖先，叫亡人（在桌上摆碗筷请亡故的祖先"过月半"），然后全家人入席就餐。多数地方月半节过3天，即七月十三、十四及十五。主要内容是祭鬼，有三大项：十三祭祖先，十四祭新亡人，十五祭无主孤魂野鬼。杨林桥镇一带则过十五天，即七月初一至十五天天可以过，初一为新亡人进门，初七出门；初七老亡人进门，十五出门。

中秋　农历八月十五为中秋节。当晚，皓月当空，亲人团聚，围坐吃月饼赏月，谓之"圆月"，以求团圆，圆圆满满，深夜方散。

重阳　农历九月初九为重阳节，俗称"九九重阳"。1988年，国家将此日定为老人节。这天，城乡机关，企事业单位，开展各种形式的尊老敬老活动。

小年　过小年，时间因人而异：俗语云："君三民四王八二十五"。说是帝王的小年腊月二十三过，老百姓腊月二十四过小年。"君""民"的另一解释是当地土著居民为"君"，外地迁来或暂时旅居者为"民"。至于被人视为最下贱的行业——开妓院的"王八"应该腊月二十五过小年。过小年的主要仪程是送"灶神"上天。灶神又称"九天司命"，是管一家衣食的神。

二、现代节日

元旦　公历1月1日为元旦。公职人员放假1天，机关团体聚会就餐，谓过"阳历年"。亲友间寄贺卡、发电子邮件或手机短信互相祝福。

国际劳动妇女节　公历3月8日为国际劳动妇女节，机关单位为妇女放假半天，组织丰富多彩的文体活动。

国际劳动节　公历5月1日为国际劳动节，召开劳模表彰会，组织文体活动等。1999年前，机关单位放假1天，自2000年开始，放假3天，实行"黄金周"，公职人员多结伴外出旅游。

青年节　公历5月4日为青年节。各级团组织开展新团员宣誓、表彰团员和青年、组织文体活动、开展义务植树等。

护士节　公历5月12日为护士节。医疗卫生单位组织文体、演讲、表彰等庆祝活动。

国际儿童节　公历6月1日为国际儿童节。学校组织儿童加入少先队，组织丰富多彩的文体活动。共青团、妇联等部门组织慰问中小学、幼儿园等。

中国共产党诞生纪念日　公历7月1日为中国共产党成立纪念日。各级党组织举行新党员入党仪式、表彰先进、上党课、召开民主生活会、民主评议党员、举办文娱活动等进行庆祝。

建军节　公历8月1日为中国人民解放军成立纪念日。各级地方武装部门组织如打靶类的军事活动、文体活动等开展庆祝。党政机关、民政部门组织慰问，开展拥军优属活动。

教师节　公历9月10日为教师节。召开优秀教师表彰大会，组织慰问教师，开展尊师重教活动。

国庆节　公历10月1日为国庆节。国家机关、企事业单位都要升国旗、插彩旗、挂彩灯、放氢气球、摆放鲜花等，组织各种隆重的庆祝活动。1999年开始，机关单位放假3天，确定为“黄金周”，外出旅游增多。

其他　随着时代的变化，许多国外的洋节日流入国内，逐步兴起的有“圣诞节”“情人节”“父亲节”“母亲节”，另有“残疾人日”“盲人节”等体现时代变迁之节日，多以送礼物、鲜花、贺卡、短信祝福等方式纪念。

第四章　方　言

秭归方言属汉语官话方言的西南官话，内部一致性较高，大体可细分为四个片区。即归州方言区：包括屈原、归州、水田坝、泄滩、沙镇溪、郭家坝等乡镇一带；磨坪方言区：包括两河口、磨坪、梅家河等乡镇一带；杨林桥方言区：包括周坪、杨林桥等乡镇一带；茅坪方言区：包括茅坪镇及周边部分村落。各片区在语音上有一定区别，杨林桥和茅坪方言区与归州、磨坪方言区区别较大。归州方言区分布在秭归中部且范围较广，属秭归方言的代表。磨坪方言区的语音与归州方言区大体一致，但靠近巴东县方向的村落在声母上有f、h不分现象。杨林桥方言区其语音尾音与其他片区有明显的区别，如i、ü不分，或没有ü韵。茅坪方言区在声母和韵母上与前三个片区有明显的不同，主要表现为声母无舌尖后音zh、ch、sh。本章方言记录的语音以县域中部归州地区为代表。其特征是：在音节结构上，单韵母“o”能与多数声母相拼；舌根音“g、k、h”与韵母“uo”相拼，“u”脱落，多换成“o”。在声母方面，舌尖中音“n、l”普遍混淆；除茅坪方言区外，均有舌尖前音“z、c、s”和舌尖后音“zh、ch、sh”这两组声母。与普通话相比，秭归方言有前鼻韵母“an、en、in”，后鼻韵母除有“ang、ong”外，没有“eng、ing”，“eng”被“ong”替代，“üe”韵普遍变成“io”韵。凡儿化韵的韵腹均带上卷舌色彩。在声调上，四声俱全，调类与普通话大致一致。词汇方面，有不少同形异义和同义异形情况，并保留有少量古语；语法方面，构词方法略有不同，句法规则大体一致。

第一节　语　音

一、声　母

秭归方言声母与普通话声母一样有21个，零声母也与普通话一致。（见表23-4-1）

秭归方言声母表

表 23-4-1

方法 / 声母 / 部位	清塞音		清塞擦音		浊鼻音	清擦音	浊擦音	浊边音
	不送气	送气	不送气	送气				
双唇音	b	p	—	—	m	—	—	—
唇齿音	—	—	—	—	—	f	（v）	—
舌尖前音	—	—	z	c	—	s	—	—
舌尖中音	d	t	—	—	n	—	—	l
舌尖后音	—	—	zh	ch	—	sh	r	—
舌面音	—	—	j	q	—	x	—	—
舌根音	g	k	—	—	（ng）	h	—	—

声母比较分析：茅坪方言区比普通话少zh、ch、sh三个声母。茅坪方言区的z、c、s分别对应于普通话的z/zh、c/ch、s/sh，但有少数字例外。普通话的z、c、s不跟ua、uai、uang相拼，茅坪方言区z、c、s跟ua、uai、uang相拼的字，普通话声母均读zh、ch、sh。

秭归方言中，普通话念j、q、x的字，有一部分在秭归方言里念g、k、h，其变化关系为：j→g、q→k、x→h，另有j念为（j→z）的个别现象。（见表23-4-2）

秭归方言变读声母对照表

表 23-4-2

读音		举例	读音		举例
普通话	秭归方言		普通话	秭归方言	
jia	ga	夹、家	qian	kan	纤、嵌
jian	gan	间、涧	qiao	kao	敲
jiao	gao	教、窖	xia	ha	下
jiang	gang	豇、犟	xian	han	闲、咸
jie	gai	街、解	xiang	hang	巷、项
jiu	zou	就	xie	hai	鞋、懈
qia	ka	掐、卡	xing	hen	杏

秭归方言零声母字包括普通话零声母字的全部。普通话中少数读 r 声母的字，秭归方言声母变成零声母 y。如荣、容、融，普通话读 rong，秭归方言读 yong。

二、韵　母

秭归方言韵母有 37 个。与普通话一致，分单韵母、复韵母、鼻韵母 3 类。

单韵母

有 ɑ、o、e、ê、i、u、ü、er、-i[前]、-i[后]10 个。

普通话 b/e、p/e、m/e 不相拼，秭归方言 b/e、p/e、m/e、f/e 相拼。如掰、拍、麦、啡。

普通话k/i 不相拼，秭归方言 k/i 相拼。如“去”字普通话拼为 qu，秭归方言拼为 ki。

复韵母

有 ɑi、ei、ɑo、ou、iɑ、io、ie、uɑ、uo、üe、iɑo、iou、uɑi、uei 14 个。

普通话除得（děi）、忒（tēi，）二例外，其他地方 d/ei、t/ei 不相拼，秭归方言 d/ei、t/ei 相拼。普通话 d/ui、t/ui 相拼，秭归方言 d/ui、t/ui 不相拼，这类字的韵母 ui 一律变成 ei。

普通话 g/ei、k/ei、h/ei 相拼，秭归方言 g/ei、k/ei、h/ei 不相拼，此类字的韵母 ei 变成 e 了。

普通话 p/ou 相拼，秭归方言没有。

普通话 b/iɑ、p/iɑ 不相拼，秭归方言 b/iɑ、p/iɑ 相拼，秭归方言读 biɑ、piɑ 音的，普通话一般为 bɑ、pɑ。

普通话 n/üe、l/üe、j/ue、q/ue、x/ue 相拼，秭归方言 n/üe、l/üe、j/ue、q/ue、x/ue 不相拼，üe 变成 io。

普通话 n/ier 不相拼，秭归方言 n/ier 相拼。

鼻韵母

秭归方言有前鼻韵母 ɑn、en、in、ün、iɑn、uɑn、üɑn、uen 8 个，后鼻韵母 ɑng、ong、iɑng、iong、uɑng 5 个；相比普通话少 eng、ing、ueng 3 个后鼻韵母。

普通话 d/en 只有极个别字相拼，多不相拼，秭归方言 d/en、t/en 相拼。

普通话 l/uɑn 相拼，秭归方言不相拼。

普通话 z/un、c/un、s/un、d/un、t/un、l/un 相拼，秭归方言 z/un、c/un、s/un、d/un、t/un、l/un 不相拼，此类字的韵母一律变为 en。

普通话 b/ong、p/ong、m/ong、f/ong 不相拼，秭归方言 b/ong、p/ong、m/ong、f/ong 相拼，普通话 b/eng、p/eng、m/eng、f/eng 相拼，秭归方言不相拼，而这一类字的韵母在秭归方言中，多数字的韵母变成 ong，极个别字的读音变为 en。

普通话 sh/ong 不相拼，秭归方言 sh/ong 相拼，如“甚子”，读成 shòngzi。

普通话中 w/ong 不相拼，没有此音节，秭归方言 w/ong 相拼，此处是零声母。

普通话 b/iɑng、p/iɑng、d/iɑng、t/iɑng 不相拼，秭归方言 b/iɑng、p/iɑng、d/iɑng、t/iɑng 相拼，如模拟声音的词。（见表 23-4-3、23-4-4）

普通话声母与韵母不相拼而秭归方言相拼的拼合规律表

表 23-4-3

声母 \ 韵母音节	e	i	ei	ia	io	en	ong	iang
b	be	—	—	bia	—	—	bong	biang
p	pe	—	—	pia	—	—	pong	piang
m	me	—	—	—	—	—	mong	—
f	fe	—	—	—	—	—	fong	—
s	—	—	—	—	—	—	shong	—
d	—	—	dei	—	—	—	—	diang
t	—	—	tei	—	—	ten	—	tiang
j	—	—	—	—	jio	—	—	—
q	we	—	—	—	qio	—	—	—
x	—	—	—	—	xio	—	—	—
k	—	Ki	—	—	—	—	—	—
0	—	—	—	—	—	—	wong	—

秭归方言韵母表

表 23-4-4

开口呼		齐齿呼		合口呼		撮口呼	
韵母	例字	韵母	例字	韵母	例字	韵母	例字
—	—	i	衣	u	乌	ü	迂
a	啊	ia	呀	ua	蛙	—	—
o	哦	io	哟	uo	窝	—	—
e	呃	ie	耶	—	—	üe	月
ai	哀	—	—	uai	歪	—	—
ei	欸	—	—	uei	威	—	—
ao	熬	iao	腰	—	—	—	—
ou	欧	iuo	忧	—	—	—	—
an	安	ian	烟	uan	弯	üan	冤
en	恩	in	因	uen	温	ün	晕
ang	昂	iang	央	uang	汪	—	—
ong	轰的韵母	iong	雍	—	—	—	—

说明：①秭归方言韵母表与汉语拼音方案韵母表基本相同，加上 er、ê、-i〔前〕、-i〔后〕4 韵共 37 韵

②秭归方言比汉语拼音方案韵母多出 io 韵，少 ing、eng、ueng3 韵

韵母比较

秭归方言比普通话普遍少 ing、eng、ueng 3 个韵母，而杨林桥方言区比普通话少 ü、üan、ün、ing、eng5 个韵母，秭归方言比普通话多出 io 韵。有 11 个韵母 er、ia、ua、iao、iou、uai、uei、uan、uen、iang、uang 与普通话基本相同；有 15 个韵母，在普通话里都分别为几个韵母。杨林桥方言区无 ü 韵母，凡与 ü、üe、üan、ün 韵相拼的，ü 韵一律读成了 i 韵。（见表 23-4-5）

秭归方言与普通话韵母比较表

表 23-4-5

语音		例字	语音		例字
秭归方言	普通话		秭归方言	普通话	
-i	-i[前] -i[后]	兹、次、思 只、持、诗	ou	ou ao u	斗、头、沟 茂、贸、亩 租
a	a ia	巴、嗒、杂 家、夹、掐	an	an uan ian	办、满、翻 端、团、卵 间、嵌、闲
o	o uo e	波、坡、摸 多、撮、索 哥、课、鹅	en	en uen eng ing	奔、分、根 顿、吞、尊 登、腾、更 杏、樱、硬
e	e o ai ei	得、测、者 伯、魄、默 白、麦、窄 北、给、黑	in	in ing	宾、贫、巾 冰、平、明
io	iao üe	角、药、钥 觉、确、学	ang	ang iang	浜、茫、放 豇、项、巷
ai	ai ie	摆、带、塞 街、解、鞋	ong	ong eng	冬、同、农 绷、怦、风
ei	ei uei i	杯、陪、飞 堆、对、腿 避、批、披	u	u ü ou o iu	粗、都、夫 绿、续、肉 熟、粥、佛 没、六
ao	ao iao	包、毛、高、咬	—	—	—

秭归方言的 o 韵字与普通话的 o、uo、e 相对应，能和 j、q、x 以外的所有声母相拼，而普通话的 o 仅跟 b、p、m、f 相拼，因而只有当声母是 b、p、m、f 时，秭归方言和普通话的韵母才都是 o。普通话“uo”与 g、k、h 以及零声母相拼的字，秭归方言里，其韵母 uo 有一部分变为 e 的字限于声母

是 g、k、h 的字和零声母字，如搁、壳、和、饿。

秭归方言的 e 韵字在普通话中多数读 e，少数读 o、ai、ei。秭归方言读 e 普通话读 o、ai、ei 的字都是古入声字，如墨、默|百、白、麦|北、黑。

秭归方言的 ei 韵字在普通话中也读 ei。秭归方言里的 dei、tei，在普通话中多为 dui、tui，如对、推、堆等字，秭归方言都丢失韵头 u。还有少数声母是 b、p、m、f 的字，秭归方言的韵母是 ei，普通话是 i，如避、批、谜。

秭归方言的 an 韵字在普通话中多数读 an。但有少数读 uan，限于跟 d、t、n、l 四个声母相拼的字，如端、团、暖等，秭归方言丢失韵头 u。还有少数秭归的 an 韵字，普通话读 ian，声母由 j、p、x 变为 g、k、h，零声母不变，如间、嵌、咸、淹。

秭归方言无 eng、ing、weng 3 韵，多数读 en 和 in。ing 读为 en 的只有个别字，如杏、硬（白读）。分辨秭归的 en、in，哪些在普通话里读 en 和 in，哪些读 eng、ing，有一条规律可循：普通话的 d、t 不跟 en、in 相拼（“扽”字例外），因而秭归方言读 den、din、ten、tin 的，普通话都相应读为 deng、ding、teng、ting。例如：

den→deng　等 灯 登　　din→ding　丁 定 订

ten→teng　疼 滕 腾　　tin→ting　听 厅 亭

秭归方言的 ong 跟 b、p、m、f 相拼的字，普通话一般读为 eng，如崩、朋、蒙、风。普通话 ong 不能自成音节，因此秭归方言 ong 为零声母时普通话一般读 weng，如翁。

秭归方言的韵母多有儿化形式。如 ar（a　ai　an　ang）、or（o　ong）、aor（ao）、er（i　ei　en）、our（ou）、ier（i　ian）、ior（io　long）、ier（i　in）、ur（u）、uar（ua　uai　uan　uang）、uer（uei　uen）、iaor（iao）、iour（iou）。

三、声　调

秭归方言有 4 个声调（不含轻声）：第一声阴平，调值为 55；第二声阳平，调值为 31；第三声上声，调值为 213；第四声去声，调值为 53。例如：阴平——巴、妈、拉、沙；阳平——笔、皮、密、习；上声——币、记、气、忆；去声——等、肯、狠、冷。

秭归方言的调类与普通话相同，平分阴阳，浊上变去，但各调除阴平外均有不同差别。阴平调值与普通话阴平相同，阳平调值有差别，上声和去声大多相反，且可互换。除少数方言读音外，大多数方言变为普通话读音其四声变化规律为：一是一、二是二（调值略有调整）、三变四、四变三。

秭归方言和普通话都是 4 个声调，基本一致。不同的是中古入声字的归派情形：秭归方言和普通话都不自成调类，但普通话分别归入阴平、阳平、上声、去声，而秭归方言则大都归入阳平，只有少数例外。

第二节　词　汇

一、词汇特点

词尾丰富

【家伙】(jiā·ho)　加在单音形容词之后，大体相当于普通话“的”，使原词名词化，并带上厌恶的感情色彩。如重家伙我背不动；桌子是个脏家伙。

【佬】(lǎo)和【包】(bāo)　“佬”和“包”均用于指人，大多可以儿化(分别念 lǎor 和 bāor)，“佬”用于指工匠的居多，“包”用于指小孩的居多。“佬”用于指工匠的，如杀猪佬(儿)、渡船佬(儿)。“佬”用于指非工匠的，带有贬损意，如哭鼻佬；乡巴佬。“包”用于指小孩的，如撒尿包；鼻洟包。“包”用于指其他人的，带有明显的贬义的，如怄气包。

【溜】(liū /liú)　加在某些名词之后，读 liū，表示物体表面黏附物极多，如地上灰溜、身上垢痂溜。加在某些形容词之后，并在“溜”后加“哒”(·dɑ)，念 liú，有强调程度深的作用。如快活溜达；喜欢溜达。

【头】(tóu)和【长】(chàng)　“头”和“长”常用于“没得”“有”等动词之后，读轻声，表示对事物的肯定或否定，如这事没得搞头(事情不值得一搞)；衣服没得换长(不需要换衣服)。“长”和“头”还可互换，后面有时可加“得”。

【子】(zi)　名词性标志，读轻声。秭归方言的“子”尾，有的普通话能带，多数却不能带。加在名词后的如门帘子；板凳子。加在动词后的如挑子；卡子。加在形容词后的如沬沬子；憨子。

形象生动

秭归方言的构词形象生动。如裹连(哆嗦)；格子(蒸笼)；解交(劝架)；滚子(轮子)；爬爬子(小虫子)；团鱼(鳖)；驼子(驼背)；窑裤子(短裤)。

秭归方言中众多的熟语，运用比兴之法，深刻、形象、生动。如“火要空心，人要忠心”；“岩上跶(摔)死的溜巴(灵活)人”；“砍倒树儿捉八哥”；“满罐子不荡半罐子荡”；“一个巴掌拍不响”。

表义精细

秭归方言的近义词丰富，能根据需要，准确而严密的表情达意。比如：“扎实”“作活”“牢实”“牢靠”都有表示“结实”的意思，但又有细微差别。“扎实”多指绳索结实；“作活”泛指物体坚固结实，也指事情办的到位；“牢实”泛指结实；“牢靠”专指人可信可靠。再如表示“破损”义的：披(pī，破损。杯子打～哒)、奓(zhā，开裂。裤子～线哒)、色(sē，开裂、张开。～了缝)、垮(kuā，指损坏。桌子～哒)。

古语遗留

秭归方言中有不少的古语遗留，单音节多音节都有。

单音节词举例：

【抱】(bào)　禽孵卵。母鸡醒～了。

【跶】(dá)　跌跤。小孩～地下哒。

【格】(gē)　进入、钻入。狗子～到屋里去了；你这孩子～进～出做么事嘛。

【蹇】(jiàn)　手脚好动，不安分。听话，莫瞎～嘛。

【搿】(kē)　用手握住。～到一尺，不松一寸；一把～到。

【撩】(liáo)　挑逗。他这人经不起～。

【潽】(pū)　汤水沸腾溢出。汤～哒地上哒。

【披】(pī)　破损。碗打～哒。

【趴】(pā)　普通话和秭归方言都读 pā，义为“烂熟、散软”。吃柿子拣～的捏(形容欺软怕硬)。

【抈】(yuē)　折断。帮我～根细木棒来。

多音节词(多为双音节)举例：

沿用古意的如：

【活泛】(hófán)　灵活。

【散诞】(sàntán)　悠闲自由，无拘无束。

【顺溜】(shùnliū)　顺利。

词义有细微变化的如：

【服侍】(fúsì)　伺候，照料。古义为侍奉，臣服，听命。

【何须臾】(hó xūyú)　不必要。古语中，“何须臾”是两个词：“何”表疑问，“须臾”为“片刻”义。

【撇脱】(piétó)　于事简单，容易；于人洒脱，干脆。

【如法】(rúfá)　适合。“如法”的基本义是“依照成法”，古义为美好，妥善。

词形相同，而词义殊异的如：

【就事】(jiǔsí)　正好适合事情特定的情势。古义指从事某件事情、职业。“就”取“趋、从”义。秭归方言的“就事”取“因、随”义，如因势就形，就近入学。

【三不知】(sānbúzhī)　古语的“三不知”指事情“始、中、终”三不知。秭归方言中，“三不知”为“偶尔”义，也可说成“三不知一”。

二、秭归方言词形与普通话比较

同形异义

同样一个词形，在秭归方言和普通话中，有时表示不同的意义，如果都是多义词，则可能部分意义重合。如过细，秭归方言为“待人客气仔细之意”，普通话为“仔细”之意；房屋，秭归方言为“卧室” 之意，普通话为“房子”之意。

同义异形

同样的意思，不同的词形。如不见哒，秭归方言为“遗失”之意，而普通话此意的词形却不相同。秭归方言的经使、经管均为“耐用”之意，普通话“耐用”的词形与秭归方言不相同。

有的词义丰富，在普通话中，要用几个词表示。如秭归方言的撇脱表示“事情简单、容易”，普通话则用“人洒脱、随和”几个词来表达同样的词意。

秭归方言中还有些词，词形词义独特，普通话中尚难找到相应的词形来传达其意义。例如：

【出挺】(chútìn)　隐私败露而下不了台。

【敢怕儿】(gǎn·par)　表心理活动的动词。内心的愿望，表示某种动作、行为、事情将要发生或情理需要发生，而客观状况又与之相矛盾，因而内心只有存有一种希望。如明天 ~ 下天雨，好歇一天驾（玩一天）。

【卯】(mǎo)　持续不断地进行。如那事儿他 ~ 搞得。

【批头】 (pēitóu)　金属或木制器物经长期敲打其顶端开裂、卷缩，这一现象称为“批头”。其引申意，人遇到困难或遭受打击而心灰意冷，一蹶不振也称“批头”。

【像模像样儿】(qiàngmo qiàngyàngr)　指待人、办事说得过去或使人满意。

倒序构词

有的词，词素完全一样，意义也完全相同，但顺序正好颠倒。如（前为秭归方言，后为普通话）：常经/经常、齐整/整齐、欢喜/喜欢。

三、多音多义词

秭归方言里的多音多义词十分丰富，而以古入声字居多。

【割】(gó/gè)　两读都有"截断"之义，但有细微差异。读 gó 时，限于用刀具收获植物类，如　"～麦子""　～韭菜"　（特例："割肉"，专指买肉）；读 gè 时，用刀、锯等锋利器具截断除"植物"以外的东西。如　"～树""　～绳子"。读 gó 或 gè 有时依截断对象物而定，用刀截断草类读 gó，用锯截断树木类就读 gè。

【刻】(ké/kě/kè)　读 ké 时，为雕刻义。如　"～字"；读 kě 时 ，为限制、阻隔义。如大家都同意哒，就是他一个人～起在；读 kè 时，其义一为条状印痕。如用刀把树砍个～。二为用绳索或金属丝勒。如橡筋短了，好～人咯。其三为刻薄、古板、尖刻。如那老头儿真～头（"头"读轻声）。

【撒】(sā/sá/sà)　其义与普通话相同。读 sā 时，为张开义。如"把膀子～起"；读 sá 时，为散落、洒落义。如把碗端好，莫把饭～哒；读 sà 时，为粒状物分散扔出义。如～谷种。

【抓】(zhuā/zhuá/chuà)　读 zhuā 时，义为用手取物、捉拿、捕获；读 zhuā 时，义为遇见、碰上。如上班别玩游戏，小心被老板～到哒；读 chuá 时，其义为意外地碰上、遇着，如他～哒个一等奖；读 chuà 时，意为手或指残的人，如～子。

四、常用词汇

气象、时令用语

背阴 bèiyīn　阳光照不到的地方。

斗风 dǒufōng　逆风。

凌冰 lìnbīn　冰。

跑暴 pǎobào　夏天的短时暴雨。

沁水 qìnshuǐ　泉水；渗水。

晒杠 shǎigàng　天上出现彩虹。

天道 tiāndao　天气。

天上 tiānshàng　空中。

须须子雨 xūxūziyǔ　小雨。

雪子 xuézi　下雪前或下雪时天空降落的霰。

晏 ǎn　晚。

中界 zhōnggǎi　中午。

大天白日 dàtiān béér　白天，大白天。

黑哒 héda　近夜晚。

刚刚儿 jiāngjiāngr　恰好。

昨儿 zór　昨天。

今儿 jīnr（zēr）　今天。

明儿 mín r　明天。

后儿 hòur　后天。

清晨八早 qīnshénbázǎo　大清早。

时候儿 shíhōur　时间；时节。

一车身 yíchēshēn　一转身，形容时间短。

一向时 yíxiàngshí　好长时间。

小中界 xiǎozhōnggai　近中午的时间。

一天到黑 yítiāndǎohé　整天。

动物、植物用语

脚猪 jiózhū　种公猪。

牙猪仔 yá zhūzi　小公猪儿。

抱鸡母 bàojīmǔ　正在孵小鸡的母鸡。

赶仗狗 gǎnzhàng gǒu　猎狗。

克蚂子 kémá·zi　青蛙。

鸟雀子 niǎoqió·zi　飞禽的通称。

糖蜂子 tángfōng·zi　蜜蜂。

团鱼 tányú　鳖。

鸦鹊子 yāqió·zi　喜鹊。

灶马子 zàomǎ·zi　蟑螂。

高粱 gāoliang　玉米。

广椒 guǎngjiāo　辣椒。

胡豆 húdòu　蚕豆。

木豌儿 múwānr　豌豆。

苕 sháo　红薯。

房屋、器具用语

房屋 fángwú　卧室。

薄刀 bódāo　菜刀。

堂屋 tángwú　正厅。

烟筒 yāntōng　烟囱。

礓礤子 jiāngchuà zi　台阶。

拖檐 tōyán　正厅后的房子。

背架子 bèijiàzi　竹木制背物工具。

棒头 bǎngtóu　洗衣服用的木槌。

顶顶儿 dǐndinr　顶针。

打杵子 dǎchúzi　山区人用背架背东西时途中顶住背架作短暂休息的木制“T”形用具。

家业 jiāye　日用器物。

兰叶儿 lányér 形似兰草叶子的铁制小挖锄。又名栽锄子、点锄儿。

连枷 liángái　一种用木条编成用于豆、麦脱粒的农具。

抿子 mǐnzi　泥墙用具。

麻篮簸儿 mánánbór　柳条编成的器具。如脸盆大，妇女用来盛针线活儿用具。

耥耙子 tàngpázi　水稻中耕农具。

遮盖 zhēgài　雨具的总称。

人品与行为用语

鼻洟包 bítiǎn bāo　喜欢流鼻涕的人。

撒尿包 sá'niàobāo　晚上尿床的人。

出趟 chútàng　大方。

扯皮拉筋 chěpílājīn　闹纠纷。

吹脬 chuīpāo　说大话。

硬札 ènzhá　指老年人身体硬朗。

搞架子 gǎojià zi　有能力，形容某人很能干。

夹生 gásēn　指我行我素，不愿与人方便不变通行事的人。

鸡眉小眼 jīméi xiǎoyǎn　目光短浅，不大方，斤斤计较眼前利益。

罗松 luòsǒng　指人不爱干净整洁，邋遢。

脬皮 pāopí　指大手大脚的人。

日白撩谎 ríbé liáohuǎng　撒谎。

苕包 sháobāo　憨厚老实。

接代 jiédǎi　继承上辈人的某些特点

省事 xìngsǐ　识趣，懂事。

有担待 yǒudāndài　有胆量，敢承担、承受。

张事 zhāngsì　注意关注身边的事情。

自本 zǐběn　形容小孩不乱动手脚，引申为守本分。

张巴 zhāngbā　大惊小怪。

称谓用语

太公 tàigōng　曾祖父。

太太 tàitai　曾祖母。

爷爷 yéye　祖父。

婆婆 pópo　祖母。

家公爷爷 gāgōng yéye　外祖父。

家家 gāga　外祖母。

公公老头儿 gōnggōng làotóur　夫父。

婆子 pózi　夫母；婆家。

丈人佬儿 zhàngrén nǎor　岳父。

丈母娘儿 zhàngmǔ'niángr　岳母。

爹 diē　父亲，当面、背后都用。“爹”前可加排行用以称呼父亲的弟兄。

大爷家 dǎyégā　男人；丈夫。

姑娘婆婆儿 gū'niáng pópor　已婚女子；妻子。

媳妇儿 xífúr　儿子媳妇。

舅爷 jiùyé　舅舅。

舅佬官儿 jiùlǎoguānr　妻兄弟。

亲家 qīnjiā　媳父母；婿父母。

亲家母儿 qīnjiāmǔr　媳母；婿母。

亲爷 qīnyé　嫂（弟媳）父；姐（妹）公爹。

亲妈 qīnmā　嫂（弟媳）母；姐（妹）公婆。

外孙 wàisēn　对女儿的子女的称呼。

两爷子 liǎngyé·zi　父子俩、父女俩。

两公孙 liǎnggōngsēn　祖父（母）与孙子俩。

两口子 liǎngkǒu·zi　夫妻。

娘儿母子 niángérmǔ·zi　母子（女）俩。

姨佬儿　yi'nǎor　连襟。

兄弟 xiōngdiē 弟弟。

姊妹 zǐměi　姐妹；兄弟姐妹合称。

姊儿妹子 zǐérmèi·zi　同胞兄弟姐妹。

姑娘伢儿 gū'niangár　女孩，未婚女子。

身体、疾病用语

嘴脸皮子 zuǐliàn pí·zi　嘴唇。

鼻拱 bígǒng　鼻子。

膀子 bǎng·zi　臂。

倒拐子 dàoguǎi·zi　胳膊肘。

耳洞 ěrdòng　耳朵。

夹肢窝儿 gázhīwōr　胳肢窝。

后跟包 hòugēnbāo　脚后跟。

颈项 jǐnkǎng　脖子。

磕膝包儿 kéqíbāor　膝盖。

胯子 kuǎ·zi　腿。

连肚巴子 liándǔbā·zi　小腿肚。

妈子 mā·zi　乳房；乳汁。

脑壳 nǎokó　头。

脸巴子 liǎnbā·zi　脸。

砣子 tó·zi　拳头。

牙巴骨 á（yá） bāgú　颌骨。

眼睑 yǎnjiàn　眼睛。

正手 zhènshǒu　右手。

指甲儿壳儿　zhígár kuór　指甲。

不好 búhǎo　生病。

抱耳风 bàoér fōng　腮腺炎。

抱腰 bàoyāo　接生帮手。

败火 bàihuǒ　泄火。

抽筋 chōujīn　抽风。

打摆子 dǎbǎi·zi　疟疾。

灌脓 guànnóng　化脓。

害伢儿 hài ár　妊娠反应。

害病 hàibìng　生病

齁病 hōubìng　哮喘病。

结壳壳儿 jié kókór　结痂。

拉稀 lāxī　腹泻。

母猪风 mǔzhūfōng　癫痫。

生肌　sēngjī　伤口愈合；比喻填补东西刚好合适。

体气 tǐqì　狐臭。

衣服、穿戴用语

背褂子 bèiguà·zi　无袖棉衣或夹衣。

布衫子 bùshān·zi　罩在棉袄外的上衣。

汗褂子　hàn guà·zi　贴身穿的上单衣；泛指上衣。

荷包 hóbāo　衣服的口袋。

胎褂子 tāi guà·zi　内衣。

水袜子 shuǐwá·zi　袜子。

山袜　shānwá　旧时用粗布缝成的一种套草鞋穿的袜子。

翁鞋 wōnghái　棉鞋。

围腰子 wéiyāo·zi　围在腰上的围裙。

涎兜子 xiándōu·zi　小孩围的涎布。

窑裤　yáokù　短裤。旧时挖煤工人下矿井皆穿此裤，故名。

食品用语

板油 bǎnyóu　猪油。

粑粑 bābā　面粉蒸制或锅烙的饼、馍状食物。

包面 bāomiàn　水饺。

菜薹子 cǎihóng·zì　菜苔

袱子酒 fúzi jiǔ　米酒。

疙瘩儿 gēdār　面粉做的团状食物。

荷包蛋　huóbāodǎn　打在将沸的水里，待煮沸蛋清呈白色后起锅加糖食用的鸡蛋。

灰面 huīmián　麦面粉。

糊粥　hūzhú　玉米等加工成粉，放入沸水中搅拌成的糊状食物。

臊子　sào·zi　在烹调好的食物中加的肉末或肉丁。

石磙蛋　shígǔndàn　未腌制的带壳儿水煮的鸡蛋。

现饭 xiànfàn　上顿或上几顿剩下的饭。

日常生活用语

摆 bǎi　两臂平伸的长度为一摆。

百十百遍 béshí bébiàn　重复了无数遍。

刁嘴 diāozuǐ　只想吃好的，挑食。

打杂 dàzá　吃零食；做杂活，打下手。

打花眨 dàhuāzhǎ 做事时精力不集中。

打张 dàzhāng　受惊吓的样子。

掉底子 diàodǐ·zi　出洋相，丢面子。

不经管 bújīngguǎn　不留心（重音在经）。

不惯相 búguànxiàng　不习惯。

不囊饮食 bú'nǎngyǐnshí　饭量小，吃不下饭。

不得闲 bú déhán　没空。

过早 gòzǎo　吃早点。

过中 gòzhōng　吃午饭。

哈菜 hācài　夹菜吃或就着酒饭吃菜。

呼烟 hūyān　吸烟。

波波杂杂 bōbōzázá　苦难、磨难。

人情科派 réqín kuōpài　送人情的花费。

伤人 shāngrén　食用过于油腻食物给人的感

受，腻人。

条桌摆凳 tiáozhuó bǎidèn　百姓过红白喜事时由专人摆放桌凳准备吃饭。

消夜 xiāoyè　晚饭后夜间再吃东西。

洗澡 xǐzǎo　游泳。

运脚 yùnjió　时运。

交际娱乐用语

挨嚷 áirǎng　受到批评、训斥。

挨噘 áijué　挨骂。

噘人 juérén　骂人。

藏蒙蒙儿 qiáng mǒngmǒngr　捉迷藏。

巴不得 bābúdé　求之不得，正合心意。

不要紧 búyǎojǐn　没关系。

出拐 chúguǎi　出了事故或麻烦。

出河子 chúhuōzi　纰漏暴露，出了事故或麻烦。

岔 chà　邀约。

吵闹 chǎonào　叨扰。

打岔 dàchà　插嘴。

打伙儿 dǎ hǒr　合伙。

得宜 déyí　意气相投的人。

赶嘴 gǎnzuǐ　在别人吃饭的时候不邀而至。

狢业 góyé　人与人之间结怨。

解交 gǎijiāo　劝架，解和。

俏伙儿 qiāohuǒr　几个人在一起合作，也称绞伙儿。

科费 kuōfèi　花费，破费。

礼性 lǐxìng　礼节、礼貌。

勤便 qínbiān　亲友间来往密切；次数多。

折人 shérén　丢人。

神嬉 shénxī　开玩笑。

上情 shàngqíng　在亲朋好友红白喜事时应邀作客，送去的钱物称上情，也称上人情。

使错 shǐcuò　无意，不小心。

抬杠 táigàng　说横话。

无脸无性 wúliǎnwúxìng　没志气，不吸取教训。

望头儿 wàngtóur　指望，盼头儿。

想方儿 xiǎngfāngr　打主意。

由头 yóutóu　缘由，理由。

走动 zǒudòng　亲友间的往来。

照闲 zhàoxián　照顾，照看。

沾亲带故 zhānqīndàigù　指有亲属或故交关系。

占香因 zhànxiāngyīn　占便宜。

争嘴 zēnzuǐ　争吃喝。

动作用语

挨 ái　拖延。

安置 ānzhī　准备，打算；照顾。

揞到 ándáo　攒起来、不轻易动用。

承抓 chénzhuá　认可、承担、答应。

跶倒哒 dádǎo·da　跌（摔）倒了。

尬到 gǎdáo　放着。

尬式 gàshì　开始。

搁 gó　放。

搞不清白 gǎobúqīnbé　不知道，不清楚。

搞不彻 gǎobúché　忙不过来；拼不过。

估谱儿 gǔpǔr　估计，大概。

起板 qǐbǎn　正式着手，起头。

裹二连三 guǒèr liánsān　不停地反复唠叨或纠缠不清。

狡嘴 jiǎozuǐ　顶嘴。

抛撒 pāosá　浪费。

披 pī　破；剖开。

起心 qǐxīn　有计划，预谋。

怂起 sǒngqǐ　怂恿。

统 tǒng　把东西放进衣袋、口袋中。

歇驾 xiéjià　休息。

晓得 xiǎo·de　知道。

札咐 zháfú　叮嘱，特别强调。

指望 zhǐwàng　希望、期望；料想。

啄嘴 zhuázuǐ　打小报告。

招呼 zhāohú　接待；照顾；防备。

争错 zēncuó　相差。

位置用语

岸下 ánhá　指山边、墙边。

巴到 bādào　粘贴；挨着。

跟前 gēnqián　面前；附近。

跟前块头 gēnqiánkuǎitóu　当地的，居住地附近的。

胡面 húmiǎn　物体表面、上面。

胡皮 húpí　表面。

顺到 shùndào　沿着。

照到 zhàodao　依照。

周围团转 zhōuwéituánzhuàn　四周。

其他用语

把信 bǎxìn　送信，多用于向亲友告之家人死亡信息。

背时 bèishí　倒霉。

抻展 chēnzhǎu　衣物、纸张等平滑无皱折。

带兴 dàixīn　连带，连累。

得不得得 débúdédé　疑问词，相当于有没有、会不会，用于对事情的推测。

得亏 dékuī　幸亏。

得喜 déxǐ　幸亏。

二不愣吞 èrbúléntēn　模棱两可。

过喜事 guòxǐsì　结婚。

过世 gòshì　去世。

过撩 guòliáo　严厉并有些过分。

过余 guòyú　过分。

过细 guòxì　认真细致；主人客气，对客人招待很好。

惯使 guànshǐ　纵容、娇惯。

光溜 guānglīu　物体表面光滑。

横直 húnzhí　反正，表示虽然情况不同而结果一致。

和共 huógòng　总共。

急忙急促 jímángjícǔ　忙乱，急迫。

就事 jiùsì　就便。

将就 jiāngjiǔ 差不多，勉强凑合。

宽伸 kuānchēn　宽敞。

嫩生 nènsēn　鲜嫩。

奈不何 nàibúhuó　无法做到；身体不舒服，不能干活。

撩人嫌 liáorénxián　讨人嫌。

了事 liǎosì　把事情办妥，办了结。

伶干 lín'gān　干净。

溜刷 liǔshuá　干事麻利迅速，也称“溜巴”。

摸疲 mōpí　拖拉。

毛焦火辣 máojiāohuǒliáo　形容很着急的样子，火烧眉毛似的。

满到处儿 mǎndǎochùr　到处。

卯　mǎo　持续不停地做某事或某种动作行为。

卯起　mǎoqǐ　宁愿，豁出去。

蛮 mán　很，表程度。

难为 nánwèi　为难，多用于答谢别人。

坡拉 pōlā　多，充裕。

泡乎 pāohū　物体松软。

撇脱 piétuó　简单、容易；不讲客气、不请自到。

全款 quánkuǎn　齐全。

轻省 qīnsèn　负担不重，不费事。

如法 rúfá　合适，妥帖。

送祝米 sòngzhúmi　娘家带着礼物去出嫁女儿家，祝贺新生婴儿。

散弹 sǎntán　清闲自在，无拘无束。

神气 shénqì　索性。

纯善 shúnshàn　单纯；乖巧。

土条 tǔtiáo　土气，不时兴的。

消缓 xiāohuǎn　空闲，不忙。

消停 xiāotín　空闲，不忙。

圆款 yuánkuǎn　周到，周密。

抈别 yuēbiē　场地窄小施展不开手脚，比喻手头不宽馀，日子过得艰难。

遭孽 zāoyé　可怜；遭罪。

作活 zuóho　牢实；很到位。

周正 zhōuzhèn　周到，得体，合适。

直巴 zhíbā　直爽。

直巴事 zhíbāsì　简单轻松的工作。

只怕是 zhípàshì　表推测，可能是，也许是，大概是，好像是。

以做 yǐzuò　副词，反正。

准 zhǔn （jǐn）　被、让。

第三节 语 法

一、重 叠

单音节名词重叠，第二个音节儿化或重叠后带“子”构成小称。同一个名词，带“儿”和带“子”表示的意味存在差别。“ɑɑ 儿”往往带有喜爱的感情色彩，“ɑɑ 子”往往带有厌恶的感情色彩。例如：由单音名词重叠儿化或重叠后带子尾构成的小称：

钵 bó→钵钵儿，钵钵子　　罐 guàn→罐罐儿，罐罐子

箍 kū→箍箍儿，箍箍子　　面 miàn→面面儿，面面子

皮 pí→皮皮儿，皮皮子　　桶 tǒng→桶桶儿，桶桶子

由带“子”尾的双音名词的词干重叠儿化或重叠后带“子”尾构成的小称：

本子 běn·zi→本本儿，本本子　　袋子 dài·zi→袋袋儿，袋袋子

格子 gé·zi→格格儿，格格子　　盆子 pén·zi→盆盆儿，盆盆子

圈子 quān·zi→圈圈儿，圈圈子　　印子 yìn·zi→印印儿，印印子

二、前缀和后缀

单音节形容词加前缀

单音节形容词加前缀后构成新词，表示程度加深。若前缀重叠，表示程度更深。例如：

梆 bāng→梆硬，梆梆硬　　鼓 gǔ→鼓胀，鼓鼓胀

稀 xī→稀烂，稀稀烂　　崭 zhǎn→崭新，崭崭新

单音节形容词加叠音后缀

冰 bīng→冷冰冰　　滚 gǔn→圆滚滚

晃 huǎng→白晃晃　　唧 jī→酸唧唧

溜 liū→灰溜溜　　彤 tōng→红彤彤

形容词加叠音后缀以后，表达的语意加强了。如“冷冰冰”表示很冷，“酸唧唧”表示很酸。

单音节形容词和动词后加后缀“不过”“完哒”和“死哒”

秭归方言中，“不过”“完哒”和“死哒”可以与它们前面的形容词或动词构成补语句，有表示程度的作用，大体相当于普通话的“很”“极了”。

“不过”：“不过”（bú·go），“不”读本调（阳平），“过”读轻声。用在某些形容词和动词之后，表示程度之甚。例如：性子急不过 xìnzijíbú·go ；这人客气不过 zhèrénkèqìbú·go 。

形容词后加“不过”，语义相当于程度副词“很”“非常”。有的“不过”也可转换为“很”“非常”，还可转换成在本词后加“极了”。如怕不过 pàbúguò→很怕（非常怕）/ 怕极了；欢喜不过 huānxǐbúguò→很欢喜（非常欢喜）/ 欢喜极了。

“完哒”（“死哒”）：“完哒（死哒）”多用于形容词、动词之后，构成“形+完哒（死哒）”和“动+完哒（死哒）”的形式，起表示程度的作用，大体与普通话的“极了”相当。如他哭得伤心完哒/他哭得伤心死哒 ；衣服穿的脏完哒/衣服穿的脏死哒。

单音节动词、形容词的重叠形式和双音节象声词后加后缀“神”

加后缀“神”的用“ɑɑ 神”表示。加“神”后用以表示事物的某种状态或动作的情态。带上“神”

以后，才能用来造句。在“ɑɑ 神”中，第一字读本调，后两字都读轻声。如啪啪神 pā·pɑ·shen；咚咚神 dōng·dong·shen；呼呼神 hū·hu·shen ；轰轰神 hōng·hong·shen。

单音动词能构成“ɑɑ 神”的是少数。能重叠的动词，它们所表示的动作必须是可以连续反复的。能重叠的动词如摆、蹦、荡、翻、吼、晃、麻、蓬、喷、闪、汪、摇等。

秭归方言没有表示短时少量的动词重叠，表示动作的短时少量的办法是在动词的后面加“下儿”（hɑr）。如我们来商量下儿。要表示尝试意义，就用“动+下儿+看”的格式。

单音节动词或形容词后加后缀“人”

加后缀“人”的用“ɑ·人”表示。单音节动词和形容词加上后缀“人”后，构成形容词性的词语，表示事物状态或程度。如打赤脚走路蛮挺人 dǎchíjiózǒulùmántǐnren；他那天做的事情真笑人 tā'nàtiānzòudisìqǐnzhēnxiàoren。例句中强调的是“打赤脚走路”感到很“挺”，让人感觉不舒服。“他做的事情”“使人感到可笑”。类似的词语还有：冰人、烦人、吓人、烤人、磨人、怄人等。

动词后加后缀“到”“起”“在”

“到”和“起”的用法。“起”的用法常常包含在“到”的用法之中，有时“到”和“起”可以通用，有时只能用“到”不能用“起”。“到”和“起”都有两种用法。

充当动词后缀，表示动作的状态，相当于普通话里的“着”（·zhe）。如把书包背到（起） bǎ shūbāo bēi·dɑo（·qi）；穿到（起）衣服睡 chuān·dɑo（·qi）yī·fu shùi。

“到”和“起”对于出现在它们前面的动词是有选择的。一般地，能带“到”和“起”的词，它们所表示的动作要能留下一个状态。如以下动词后头均可带“到”，也可带“起”。背、绑、补、藏、戴、堆、端、挡、抵、吊、顶、放、缝、盖、搁、挂、跪、关、接、开、箍、捆、埋、蒙、拿、捏、捧、抢、牵、睡、抬、躺、提、贴、挑、填、罩、站、遮、装。

如果一个动词表示的动作在动作结束后状态随之消失，这个动词一般不能带“到”和“起”。但在句尾加“着”（·zo）时，这类动词可以带“到”和“起”，表 “权且”“暂且”之意。如你先看到着 nǐxiān kàn·dao·zho；你先拿起着 nǐxiān náqi·zho。

充当动补结构的第二个成分，表示动作有了结果。“到”或“起”的后面必须带表示完成的“哒”（·dɑ）或表示经验的“过”（·go）。如听到哒（过）tīng·dɑo·dɑ（·go）；碰到哒（过）pòng·dɑo·dɑ（·go）；坐到（起）zuò·dɑo（·qi）·dɑ；躺到（起）tǎng·dɑo（·qi）·dɑ。

另有一些动词表示的动作是一个连贯过程，这样的动词可以带“到”，但不能带“起”。如陪、撞、守、看、烤等。

“在”的用法。“在”有两种基本用法：一是作表时间、方位、处所的介词，与普通话用法大致相当；二是作表状态持续的助词，相当于普通话的“呢”（·ne）。“在”常同“到”“起”搭配使用。动词只带“到”或“起”的时候，表动作的状态；加上“在”，表状态持续。如被子在楼上晒到（起）在 bèizi zài lóushàng shàidáo（·qi）zɑi（被子在楼上晒着呢）；笔他拿到（起）在 bí tā ná·dɑo（·qi）·zɑi（笔他拿着呢）。

动词不带“到”或“起”的时候，也可以用“在”，但动词后一定要有表处所的词。例如：麦子堆的田里在 mé·zi dēi·di tián·li·zɑi；帽子挎的墙上在 mào·zi kuà·di qiángshàng·zɑi；

动词、形容词加后缀“哒”“吵”

“哒”：一般用于“动+哒+补”“动词+哒+宾”句式和疑问句中。用于动词、形容词之后，表示动作行为的完成或发展变化，大体相当于普通话的“了”。“哒”具有三个表义作用。用于动词、形容词后，表示动作、变化已经完成。如昨天下哒一场大雨 zótiān xià·dɑ yícháng dàyǔ。用于动词、形容词后面，表示事态变化。如麦子要割哒 mé·zi yǎo gó·dɑ。用在祈使句末，表示催促或劝阻。如我们不等他哒 wǒ·men bú děntā·dɑ。“吵”：用于句末表示语气或情态。用于陈述句末，表示确定的语气。如他开会去哒吵 tā kāihuǐ kì·dɑ·shɑ。用于疑问句末，表示疑问语气。如哪么搞起的吵 nǎng·mo gǎoqǐ·di·shɑ。用于祈使句末，表示催促、劝阻。如不说哒吵，就咧么定哒 bú shuó·dɑ·shɑ，jiù liěmō dìn·dɑ。根据说话环境，“吵”可表示亲切友好或厌烦、责备的情态等义。

三、疑问句

秭归方言的疑问句，常用的是选择问、正反问和特指问 3 种。

选择问

普通话的选择问一般有两个分句，用“是……还是”关联，并常用语气词“呢、啊、咧”。如你是待家咧，还是一起出去玩儿？ni shìdāijiā·lie，háishíyíqǐchúqùwánr?

正反问

秭归方言正反问与普通话一样，把可能有的事情的肯定面和否定面并列说出，供选择作答。单音节动词和形容词的提问格式与普通话相同，都是“ɑ 不 ɑ 式”。如白不白 bébúbé、好不好 hǎobúhǎo、讲不讲 jiǎngbújiǎng 等。

双音节动词和双音节形容词的提问格式与普通话略有差别。如普通话“学习不学习”秭归方言说成“学不学习”；“干净不干净”说成“干不干净”。

特指问

普通话中特指问句常用的疑问代词是“谁、什么、哪里、几时、啥时候、怎么、怎样”等；秭归方言中的特指问句常用哪个、什（shòng）子、哪底、哪儿、几多、好多、哪样儿等。例如：

问人：咧是哪个吵？ lièshì′nǎgò·shɑ?

问事：你在搞什子？ nǐzàigàoshòngzi?

问处所：你家住在哪底？ nǐjiāzhùzài′nǎdī?

问数量：你手里有好多粮食？ nǐshǒulǐyǒuhǎodōliángshí?

问时间：他是啥时候回家的？ tāshìshàshíhòuhúijiā·di?

问原因：咧件事情是哪么搞起在？ lièjiànsìqínshìnǎmōgǎoqǐzài?

四、双宾语

秭归方言与普通话一样也有双宾语。普通话的双宾语一般比较固定：表人的宾语在前，表物的宾语在后；而秭归方言中双宾语的位置要根据动词谓语的意义来确定。当谓语的动词表示“给予”时，指人的宾语可以在前也可在后。如把本书我→把我本书。

但通常情况下，在动词含有“给予”意义的双宾语句中，表物的宾语多在前面，表人的宾语多在后面。如果谓语是表示“获取、称呼”等意义的动词时，指人的宾语就只能放在前面而不能放在后面。如他收到哥哥一箱书（对）→他收到一箱书哥哥（错）。

上面的例句中，指人和指事的宾语的位置是不能互换的。

第四节　熟　语

秭归方言熟语丰富，特色鲜明，是词汇的重要组成部分。按其构成，选用俗语、谚语和歇后语以作代表。

俗语按其构成排列，谚语按意义归类，歇后语依音序排列。俗语与谚语难以区分的，按照使用情况，近俗者则归“俗”，近谚者则入“谚”。

一、俗　语

矮子里面拔将军
白日里发梦天（梦话）
长疼不如短疼
槽里无食猪拱猪
吃柿子拣汃（pā）的捏
吃咸萝卜操淡心
秤平斗满不亏人
踮起脚做长子
打肿脸充胖子
打死儿子招女婿
吊起猪肉吃寡饭
肥水不流外人田
好酒不怕巷子深
好汉不吃眼前亏
好马不吃回头草
河里淹死会水人
看戏不怕台高
慢工出细活
闷头鸡儿啄白米
眉毛胡子一把抓
强盗走哒抵后门
水涨船高
水过三垢
生米做成熟饭
艄公多哒翻船
死猪不怕开水烫
生姜还是老的辣
兔子不吃窝边草
县官不如现管
擤（xǐng）哒鼻洟（tiǎn）脑壳轻
先上船的后上坡
一步三拐棍
有钱能使鬼推磨
一个巴掌拍不响
占到茅厕不屙屎

二、谚　语

天气类

春寒有雨夏寒晴
日晕三庚雨，月晕午时风
河罩起，不是太阳就是雨
冷在三九，热在三伏
立夏不下，犁耙高挂
亮一亮，下一丈，一黑一亮下三趟
能经三日晴，莫经三日淋
清明要晴，谷雨要淋
十五十六，你落我出
塘里泥鳅跳，雷雨就来到
太阳披蓑衣，明天雨凄凄
云跑西，骑马披蓑衣
云跑北，下不彻
有雨四方亮，无雨顶上光
雨夹雪，半个月
有雨山戴帽，无雨山系腰
猪欢晴，狗欢阴，猫子发欢下连阴
早上日头辣，午后有雨下

习俗类

催工不催食
吃不言，睡不语
叫花子发欢，必有灾难

脚大江山稳，手大挣乾坤
雷公不打吃饭人
男不做（祝寿）三，女不做四
男做进，女做满
七不炒，八不闹，二十九的炸蛇蚤
三十的火，十五的灯

生产类

百艺好学，一窍难得
春争一日，夏争一时
八月豌，豌上豌；九月豌，单身汉
大风吹不倒犁尾巴
灰里芝麻泥里豆
立夏三日连枷响
力气是奴才，去哒又回来
麦倒光糠，谷倒满仓
能种三日迟，不种一日湿
千个师傅万个法儿
穷汉莫听富汉哄，桐子开花正试种
霜降种麦，不消问得
水田服脚迹，旱田服铁器
天下饿不死手艺人

生活类

不听老人言，吃亏在眼前
出门不弓腰，进门没柴烧
寒从脚下起
酒是人的福，可少不可无
蚂蟥听水响，夜蚊子听巴掌
盆大好刮稀饭
穷人子不害病，抵（就）如走大运
人是铁，饭是钢，一餐不吃饿得慌
笑破不笑补
孝顺儿女，赶不上忤逆夫妻
辛苦讨得快活吃
一脉不活，周身不遂
一夜不眠，十夜不全
有钱不买腊月货

社交类

除哒栎柴无好火，除哒郎舅无好亲
大弯人家转，小弯自己转
会说媒的两头瞒，不会说的两头传
叫人不折本，只要舌头打个滚
能在外头磨，不在屋里坐
能穿朋友衣，不占朋友妻
亲戚不共财，共财两不来
欺老不欺少，三年就赶到
人无千日好，花无百日红
人情到处赶，下雨好借伞
人怕伤心，树怕剐皮
人有脸，树有皮
忍得一日之气，免得百日之忧
人恋殷勤狗恋食
三岁看小，七岁看老
新官上任三把火
心里无冷病，哪怕吃西瓜
一个鸡蛋吃不饱，一个名誉背到老
嘴上无毛，办事不牢

事理类

娇狗儿上灶，娇儿不孝
麻雀虽小，肝胆俱全
穷不丢书，富不丢猪
人在屋檐下，哪个不低头
人穷志短，马瘦毛长
舍不得大网，打不到大鱼
先人栽树，后人乘凉
养儿防老，积谷防饥

三、歇后语

半夜的玩龙灯——玩转去哒
茶壶里煮饺子——有货倒不出来
草里的冬瓜——白大的
吃稀饭淘茶——各有各的相信
碓窝子里舂荞麦——舂梭（充能）
顶起碓窝子唱戏——人吃哒亏，戏不好看
狗子坐篼子——不服人抬举
猴子扳苞谷——扳一个甩一个
叫花子向火——往怀里刨
叫花子晒太阳——享天福
鸡蛋掉到碓窝子里——稳妥妥的

看戏流眼泪——替古人担忧

老鸹子笑猪黑——自己不觉得

老鼠子拖棒头——大头子在后头

老鼠子钻风箱——两头受气

老鼠子爬秤钩子——别人不秤（称）自己秤（称）

聋子的耳朵——摆设儿

癞子跟到月亮走——沾光

懒婆娘的裹脚——又臭又长

麻子打呵欠——全体动员

棉条打鼓——不咚（懂）

裙子里赶蛇蚤——一褶褶儿地来

肉包子打狗——有去无回

三爷子当家——七扯八拉

三十的借甑子——不就事

杀猪杀屁股——各有各的搞法

脱哒裤子打屁——多此一举

屋山尖子上挂粪桶——臭名在外

哑巴吃黄连——有苦说不出

扬杈打兔子——下下打在喀喀（kākā）里

第二十四篇　乡镇概况

1979—2005 年，全县乡镇行政体制经过多次调整。1979 年全县设 16 个人民公社。1984 年撤销人民公社，设区建乡，全县设 2 个镇 11 个区，下辖 55 个乡、5 个乡级镇。1985 年设 1 个镇、3 个区、8 个镇（区）。1987 年撤区建乡镇，撤销区下辖小乡，全县设 8 镇 8 乡；1995—2001 年，部分乡镇进行合并，先后撤销香溪镇、新滩镇、屈原乡、文化乡、芝兰乡，由 8 镇 8 乡减少到 7 镇 5 乡。2005 年，全县仍为 7 镇 5 乡，分别是茅坪、屈原、归州、沙镇溪、两河口、郭家坝、杨林桥 7 镇和水田坝、泄滩、梅家河、磨坪、周坪 5 乡。

第一章　镇

2005 年，全县设有 7 镇，分别为茅坪、屈原、归州、沙镇溪、两河口、郭家坝、杨林桥镇。人口最多的镇属茅坪镇，有 8.05 万人。面积最大的属郭家坝镇，299 平方公里；最小的是归州镇，只有 128 平方公里。

第一节　茅坪镇

该镇位于秭归县东部。东至夷陵区三斗坪镇，西接周坪乡、屈原镇，南抵长阳土家族自治县贺家坪镇，北临长江与夷陵区太平溪镇相望，距三峡大坝1公里，系三峡大坝库首第一镇。1998年后，为新县城所在地。版图面积206平方公里，2005年调查实有土地总面积193平方公里。最高海拔1 557米，最低海拔40米。2005年辖18个村民委员会、3个居民委员会、110个村民小组、3 1622户80 511人。实现农村经济总收入4.49亿元，财政地方一般性预算收入879万元，农村人均纯收入2 586元。（图24-1-1）

茅坪镇历史悠久，1 700多年前为三国吴置建平郡所在地。隋唐名太清镇，宋朝更名白沙市，明朝分南茅坪和东茅坪，清康熙年间名建东乡，民国年间称茅坪镇至今。1985年，北京大学考古学家在镇境内发掘的朝天嘴新石器遗址证明秭归在7 000年前就有人类活动。1990年南京生物研究专家在境内又发现6亿年前的古生物化石群。

图 24-1-1：新县城茅坪小区

境内矿藏资源较丰富，主

要有金矿石、白云石、大理石、花岗石、石灰石、石英石、磷矿石等。县金矿在该镇境内，1999年探明有黄金储量3 570.59千克。其大理石产品“墨玉”等曾远销美国和中东地区以及中国香港地区。境内有茅坪河水系，发源于长阳土家族自治县大青溪，大小支流6条，流域面积110平方公里，流长21.4公里，平均坡降42‰，年均径流量0.78亿立方米，水能理论蕴藏量0.46万千瓦。共建水电站11座，装机1 835千瓦。有大小水库7座，库容294.3万立方米，其中百万立方米水库1座。3 000米以上水渠28条，总长7.9万米。境内有四溪生态风景区、美座峡、宝善塔、罗家山、新县城等景点，与三峡大坝紧紧相连，具有旅游开发潜力。农产品有浅刺大板栗、双山云雾茶、花生等特色产品，享誉省内外。

该镇属移民大镇，集三峡坝区、库区、新县城城区于一体，“三区”移民1.2万人，生产安置1.17万人。至2005年，共搬迁安置移民7 063人。三峡工程的兴建，给茅坪镇带来发展良机。在稳定粮油生产的基础上，利用移民搬迁补偿机遇，大力发展乡镇企业和调整农村产业结构，致力发展柑橘、茶叶、板栗、蔬菜和生猪养殖5大支柱产业。至2005年，建成以陈家冲、银杏沱等村为主的柑橘基地，面积1 137公顷；以双山茶场、长岭、陈家冲、月亮包、溪口坪等村为主的茶叶基地，面积803公顷；以中坝子、兰陵、庙河、松树坳等村为主的板栗基地，面积301.67公顷；以陈家坝、建东等村为主的蔬菜基地，面积70.53公顷，其中建成GRC蔬菜大棚8.4公顷，竹架大棚4.93公顷；以规模化养猪（20头以上）大户带动生猪发展。至2005年，全镇柑橘产量4 022吨，茶叶产量521吨，板栗产量155吨，蔬菜产量1.33万吨，烤烟产量82吨，生猪出栏4.2万头。6大产业产值合计5 697.81万元，占全镇农业总产值8 395万元的67.89%。

全镇林地面积1.37万公顷，占全县林地面积8.5%，森林覆盖率64.7%。1993年消灭荒山2 085.9公顷，经省、市、县人民政府验收绿化达标。1989—1998年，建长江防护林3 312.73公顷。天然林管护9 578.8公顷。

2005年，全镇共有乡镇企业3 938家，从业人员1.08万人。建材企业以平湖水泥有限公司、大理石厂、灰砂砖厂为龙头；加工企业以鸿程包装厂、惠农食品有限责任公司为骨干；旅游业以四溪风景区为亮点。企业年总收入达8.77亿元，创税2 279万元。

“334”省级公路通过茅坪镇境34公里。镇道公路7条，村组公路50条，公路总长325.8公里，其中硬化道路75公里，实现村村通公路。全镇广播电视综合覆盖率100%。

全镇有幼儿园1所，小学8所，初中2所，中小学教师409人。2005年在校中小学生4 698人。1993年12月，通过“普六”验收。1999年，“普九”通过验收。九年义务教育实现率90.87%，适龄儿童入学率100%，初中巩固率99.17%。茅坪镇卫生院逐步发展壮大，县政府行文命名为县第二人民医院。1996年8月，该院率先完成移民搬迁。是城镇医保及人寿、泰康、太平洋等保险公司定点医院。全镇有村卫生室18个，在全县率先推行农村医疗机构一体化管理模式。

建东花鼓戏是茅坪镇具有地方特色的传统民间文艺，以建东村一带最为流行而得名。20世纪70年代，建东花鼓戏被宜昌地区列为“七鼓一曲”特色艺种。1981年被载入《中国戏曲·曲艺辞典》。1988年，由省舞蹈家协会编入《湖北省民间舞蹈集成》；1983年，建东花鼓戏《糊涂县官》获宜昌市创作一等奖、演出二等奖；2003年全县民间文艺调演中，建东花鼓戏《望富考古》获创作一等奖；2004年宜昌市民间文艺大赛，茅坪镇选送的文艺节目《秭归茅坪我的家》获银奖。

1996年9月28日，茅坪镇政府搬迁至新县城茅坪小区办公，并举行庆典，是三峡库区率先搬迁的集镇。

第二节　屈原镇

图 24-1-2：屈原新集镇

该镇位于秭归县东北部。地处长江西陵峡之牛肝马肺峡与兵书宝剑峡之间，北靠兴山县，东邻夷陵区，西连归州镇，南临长江南岸与周坪乡交界。是世界文化名人屈原的诞生地，距新县城茅坪陆路46公里。版图面积215平方公里，2005年调查，实有总面积218平方公里。最高海拔2 024米，最低海拔60米。2005年辖12个村民委员会、1个居民委员会、68个村民小组，7 433户20 902人。农村经济总收入1.05亿元，财政地方一般性预算收入63万元，农村人均纯收入2 092元。(图24–1–2)

境内已探明的有煤、铁、锰、石煤、白云石、石灰石、硅石、花岗石、页岩等多种矿藏。以“屈原红”花岗石、优质白云石、石灰石、硅石、页岩为优，储量均在千万吨以上。境内自然景观、人文景观繁多。有雄伟壮丽的西陵峡、兵书宝剑峡和牛肝马肺峡；有伟大爱国诗人屈原诞生地乐平里的读书洞、照面井、玉米三丘、帘滴珍珠、响鼓岩、擂鼓台、回龙锁水、伏虎降钟地上“小八景”，灵牛洞、女媭洞等地下八洞景也具很大开发价值。境内有龙马溪、屈坪河两大水系，已建成鲁家河、香日河、凤凰溪等水电站4座，装机容量2 870千瓦，年发电量1 090万千瓦时。全镇盛产柑橘、板栗、核桃、梨子、杜仲、香菌、木耳等林特产品，其中龙马溪桃叶橙于1995年荣获第二届中国农业博览会金奖。

全镇以农业为主，多种经营全面发展。耕地面积1 100公顷，占总面积的5.11%。1979年后，大力发展柑橘、板栗、梨子、苹果、核桃、李子等林果业。全镇初步形成7个柑橘、2个板栗、2个梨子和1个核桃专业村。1994年，多种经营收入达289万元。2005年，全镇农业总产值3 488万元；农村经济总收入1.05亿元；农村人均纯收入2 092元。

乡镇企业以煤炭、加工、建材、水电为重点。至2005年，全镇乡镇企业554家，从业人员3 065人，企业总产值实现2.21亿元，占全县的7.55%，其中工业总产值9 449万元，占全县的7.07%

镇内交通主要有龙江至三间、寺大岭至前山坡等公路和长江水运航道。至2005年，公路总长152公里，实现村村通公路。水上运输有各种船舶38艘（只），建新滩综合码头1个，新滩轮渡1日4班，形成水陆交通运输网络。1998年10月，开通程控电话256门；2000年新建夷陵通基站8个；2003年5月，移动公司在乐平里建微波站1个。8月，电信支局开通宽带网络业务。2005年，全镇固定电话用户730户，夷陵通用户300多户，移动通信用户达300多户。

全镇有小学6所，初中1所，共有教师173人，在校中小学生3 201人，小学入学率、巩固率100%，初中巩固率98%，九年义务教育实现率94.21%。全镇有医疗机构12家。其中，1个卫生院，1个分院，1个诊所，7个村卫生室和2个个体诊所。

该镇文化底蕴深厚，民间文艺丰富多彩。民间口头文学、民歌及民间乐器、戏曲、舞蹈、美术等具有一定地方特色。1982年，乐平里农民自发成立以纪念屈原、宣传屈原为主的农民诗社“三闾骚坛诗社”，已发表诗集10余册，诗歌2 000余首。

三峡工程兴建后，屈原老集镇淹没，新集镇迁至龙马溪左岸前山坡。2000年5月，集镇整体搬迁结束，新集镇建成区面积36公顷。

第三节 归州镇

该镇位于长江西陵峡香溪宽谷地带北岸。东邻屈原镇，西接泄滩乡，南与郭家坝镇隔江相望，北靠水田坝乡与兴山县接壤，为老县城所在地。镇政府驻地距新县城茅坪陆路79.1公里。版图面积128平方公里，2005年调查实有总面积101平方公里。最高海拔920米，最低海拔56米。2005年辖11个村民委员会、1个居民委员会、72个村民小组、10 219户28 946人，农村经济总收入1.73亿元，农村人均纯收入2 522元，财政地方一般预算性收入68.45万元。（图24–1–3）

镇内旅游资源丰富。有水府庙、烈士纪念塔、万古寺、王氏祠堂等人文景观和“香溪孕秀”“路别云泥”“雷鸣洞”等摩崖石刻；有著名的香溪河、人间“仙宫”玉虚洞、兵书宝剑峡等自然景观。“九龙奔江”“野渡横舟”“牛角朝云”等秭归八景和被列为国家“AAA级”风景名胜区的屈原祠均在境内。三峡大坝蓄水后，很多人文和自然景观被淹，但归州新集镇的石板街、吊脚楼、马头墙、粉墙黛瓦、亭台楼阁等成为新的人文景观。

归州优质脐橙名扬天下，是全县最早的脐橙出口外销基地，远销俄罗斯等国家和地区。1996年，被宜昌市命名为柑橘大镇。归州优质脐橙“纽荷尔”“朋娜”“罗脐35号”获1995年第二届中国农业博览会金奖。2005年，全镇11个村有10个村种植柑橘，柑橘面积1 410.4公顷，占总面积1.28万公顷的11.02%。柑橘园灌溉面积达70%以上。2005年，全镇柑橘产量3.01万吨，建有柑橘打蜡厂11家，柑橘打蜡包装销售占90%，柑橘收入成为农民增收的主要来源。

归州曾是秭归县城所在地，香溪古镇是西陵峡水陆交通重要港口，境内商贸繁荣。1998年后，县属企业搬迁至新县城茅坪，27家镇属企业破产重组。2005年，全镇共有企业1 068家，从业人员2 816人。其中，工业240家，建筑业46家，交通运输仓储业242家，批发零售业403家，餐饮住宿业62家，

图 24-1-3：归州新集镇

社会服务业75家。年营业收入2.51亿元，企业总产值2.7亿元，占全县乡镇企业总产值的9.21%。

归州水陆交通便捷，镇内建有香溪轮渡码头、归州港客运和贾家店宜港汇通深水港货运3大码头以及屈原祠旅游码头和香溪河7个小型货运码头，成为兴山县、神农架林区水上交通枢纽。陆路有复建的省道28公里，复建与新建县道26公里，新建的卡子湾大桥成为连接水田坝、泄滩和归州3乡镇的通道。全镇乡村道路32条、224公里，可通90%的自然村，已硬化64公里。1994年8月，镇内开通程控电话。2001年3月，开通移动通信。2002年，开通联通网络。至2005年，全镇共安装程控电话2 018户，无线程控电话832户，移动手机5 800部，联通手机818部。1989年12月实现广播“村村通”工程，1990年实现广播线路标准化。2005年，全镇有线电视用户4561户，转播35套电视节目。

全镇有幼儿园1所，小学4所，初中1所。2005年在校中小学生3 201人，中小学教师280人。1997年，经市政府验收“普九”合格，适龄儿童入学率100%，中小学生巩固率100%，九年义务教育实现率98.85%。全镇有中心卫生院1所，村卫生室11个，个体诊所6家。农民参加新型农村合作医疗比例占93.2%。

归州镇先后经历葛洲坝和三峡大坝水利工程建设两次移民搬迁。1995年3月28日，向家店村7组村民李自淑一家率先拆房搬迁到安置区，被誉为“三峡库区外迁移民第一户”。1995年5月2日，向家店村一次整体搬迁107户373人到宜昌市伍家区南湾村和灵宝村，为三峡库区移民外迁第一村。至2005年年底，共移民搬迁安置1.91万人，其中外迁移民7 668人。

县城东迁茅坪后，归州镇在离旧址东3公里的陶家坡新建集镇。2002年6月15日，集镇整体搬迁结束，新集镇建成区面积85公顷。2005年获湖北省小城镇规划建设管理“楚天杯”奖。

第四节　沙镇溪镇

该镇位于秭归县西南部。东与郭家坝镇接壤，南与两河口镇交界，西与梅家河乡、巴东县毗邻，北临长江与泄滩乡隔江相望。镇政府驻地距新县城陆路115公里。版图面积188平方公里，2005年调查实有总面积176平方公里。最高海拔1 228米，最低海拔60米。2005年辖15个村民委员会、157个村民小组，11 505户37 777人。实现农村经济总收入2.71亿元，财政地方一般性预算收入197万元，农村人均纯收入2 361元。（图24-1-4）

境内主要矿产资源有煤和硅石，是全县无烟煤生产区，煤炭储量达3 000万吨以上，属全县产煤大镇。硅石储量大，矿床紧靠长江，采运方便。有青干河和锣鼓洞河两大水系，水能资源丰富。青干河在境内流长25公里，平均坡降10.5‰，年均径流量6.01亿立方米。1972年，建成青干河电站，装机1 260千瓦，年发电量540万千瓦时，2003年6月，三峡工程蓄水135米时被淹。已建成光明（原大岭）、香龙、小河子沟3座电站，装机2 010千瓦，年发电量655万千瓦时。有王堰沟、楼子坪、锣鼓峪、八山4座小Ⅱ型水库，容量98.3万立方米。

图 24-1-4：沙镇溪新集镇夜景

建镇、村提水站2处，供集镇3 000余人饮水。全镇共建大型水池180口、堰塘120口、天河水窖900口，全镇3万余人的饮水问题得以解决。全镇有林地面积1.02万公顷，森林覆盖率57%。

2005年，全镇乡镇企业870家，从业人员3 480人。以煤炭、冶炼、建筑等企业为骨干。1989年建成金属硅厂，1995年组建三峡金属硅工贸集团公司，形成以金属硅冶炼为主，集采掘、冶炼、商贸于一体的企业集团。2000年11月成立股份制民营企业——秭归三金硅业有限公司，固定资产5 500万元，年生产能力1.2万吨，产值过亿元，成为全省最大的金属硅生产基地。全镇煤炭储量达3 000万吨以上。1988年全镇煤矿发展到128家。随着国家对煤炭行业的严格管理，淘汰小煤矿，1993年办证煤矿减少到82家，1999年下降为42家，2001年降为34家，2002年6月全国开展专项整治后降为22家，2003—2005年保留17家。虽然煤矿个数减少，但效益上升，煤炭产量由年产15万吨上升到50万吨，上缴税金由20万元上升到400万元，年利润由20万元上升到1 000万元以上。

有特色的农业产品主要有柑橘、茶叶、板栗等。至2000年合村前，全镇建成22个专业村，面积592.67公顷。其中，柑橘12个，面积352公顷；茶叶4个，面积44公顷；板栗6个，面积196.67公顷。至2005年，柑橘总产量1.35万吨，茶叶42吨，板栗480吨，蔬菜1.85万吨，生猪出栏3.5万头。5大产业合计产值5 980万元，占农业总产值1亿元的59.53%。1995年，“白沙优绿”茶叶获第二届中国农业博览会银奖。

境内长江岸线全长30公里。1997—2005年，先后在新集镇大岭、双院、金江兴建水上客、货运码头3处，年客运量30万人次，年货运量300万吨。由大岭港发航上至巴东县，下至秭归新县城茅坪，每天上下船只（含快艇）5艘以上，成为沙镇溪、两河口、梅家河、磨坪4乡镇水上交通枢纽。拥有公路27条，全长380公里。其中，县道40公里，镇道100公里，村、组道240公里，实现村村通公路。2005年，开通程控电话2 000余部，无线程控电话1 350部，夷陵通680多部，宽带用户150余户，有移动、联通手机2.4万余部。建有3座卫星电视地面接收站，家用卫星电视地面设施500个，电视综合覆盖率98%。有线电视通村率100%。

全镇有幼儿园1所，小学7所，初中1所。中小学教师294人，在校中小学生3 365人。1995年12月，全镇“普六”工作获县验收合格。1999年3月，“普九”工作通过湖北省验收合格。2005年，学生入学率100%，九年义务教育实现率93.96%。2002年，沙镇溪中学获市委、市政府“安全文明校园”称号；2003—2004年，被县政府表彰为文明单位。全镇有中心卫生院1所，下设卫生所（室）15个。

沙镇溪老集镇属三峡库区淹没区，新集镇迁建于境内大岭村三星店。1998年9月集镇整体搬迁结束，集镇建成区面积61公顷。2001年，新集镇获湖北省小城镇规划建设管理“楚天杯”奖。

第五节　两河口镇

该镇位于秭归县西南部。东与郭家坝镇交界，西与巴东县毗邻，南与长阳土家族自治县接壤，北连沙镇溪镇。距新县城茅坪陆路 86 公里。版图面积 269 平方公里，2005 年调查实有总面积 234 平方公里。最高海拔 2 056 米，最低海拔 200 米。2005 年，全镇有 19 个村民委员会、111 个村民小组，10 302 户 31 399 人。农村经济总收入 8 912 万元，农村人均纯收入 2 161 元，地方财政一般性预算收入 340 万元。（图 24–1–5）

镇内矿藏资源有铁、煤、石灰石等。已探明樊家湾赤铁矿储量 1 500 余万吨，为中型矿床；白庙岭赤铁矿长 4 000 米，平均厚 1.25 米，平均含铁 35.86%，储量 600 余万吨，为小型矿床。已探明煤炭储量 2 000 万吨，已开采牌楼岩屋沟、两面山、锣鼓洞等 15 个煤炭矿井。石灰石分布于黄岩河、偏岩河两岸，储量较大。此外，高岭土、河砂资源也较丰富。境内有3条溪河：石坪河、谭家河汇入青干河；纸溪沟汇入童庄河；太坪河境内流长53.9公里，流域面积532.34平方公里，平均坡降10.9‰。水能可开发量在5 000千瓦以上，已开发王子沟、凤凰等7座水电站，装机2 390千瓦，年发电量915万千瓦时。有老龙洞万米水渠1条，建老龙洞梯级水电站2个，装机1 140千瓦，年发电量400万千瓦时。

图24-1-5：建设中的两河口新集镇

农业通过产业结构调整，全镇已初步建成以烤烟、柑橘、板栗、蔬菜、畜牧为主的农业产业化生产基地。2005年，全镇烤烟面积667.2公顷，产量1 430吨，产值1 202万元；柑橘面积628公顷，产量5 340吨，产值502万元；板栗面积336.33公顷，产量39吨，产值7万元；蔬菜面积688公顷，产量1.24万吨，产值1 297万元；生猪出栏2.92万头，山羊出栏1814只，畜牧产值2 228.2万元。5大产业产值合计5 236.2万元，占农业总产值8 700万元的60.19%。

2005年，全镇乡镇企业821个，企业职工2 060人。乡镇企业总产值1.21亿元，其中工业总产值4 830万元。企业营业收入1.09亿元，年利润总额664万元，上缴税金337万元。全镇企业中，有“海泉”“万蕾”“天润”等有限责任公司5个，私营企业816个。乡镇企业总数中采掘业3个，制造业176个，建筑业6个，交通运输及仓储业244个、批发零售业289个，住宿餐饮业29个，其他74个。以硅、钙、水电、煤炭等为龙头的骨干产业逐步形成。

境内交通以“334”省道和沙（镇溪）磨（坪）公路为骨干，连接长江三峡库区沙镇溪、卜庄河、坝区等3个大中型水运客货码头。乡村公路连接成网，实现村村通公路。2002年，移动、联通两家公司在镇内建站，共建基站12个，通信网络畅通。全镇共安装程控电话3 000余部，拥有手机5 000余部。

全镇有小学6所，初中1所，在校中小学生2 615人，共有中小学教师210人。中小学学生入学率、巩固率100%。1997年3月完成“普六”验收；1999年11月“普九”验收合格，九年义务教育实现率97.06%。境内共有医疗机构37个。其中，镇卫生院1个，卫生分院1个，卫生所4个，村卫生室19个，个体诊所12个。

两河口集镇因滑坡搬迁至新集镇太坪，于2002年12月搬迁结束，建成面积34公顷。

第六节　郭家坝镇

该镇位于秭归县中东部。东接屈原镇、周坪乡，西连沙镇溪、两河口镇，南与杨林桥镇接壤，北临长江与归州镇隔江相望。镇政府驻地距新县城茅坪陆路44公里。版图面积313平方公里，2005年调查实有国土总面积299平方公里。最高海拔1 912米，最低海拔79米。2005年辖20个村民委员会、1个居民委员会、127个村民小组、17 454户53 116人。实现农村经济总收入2.52亿元，财政地方一般性预算收入210万元，农村人均纯收入2 306元。（图24–1–6）

境内有风景秀丽的佛照山、白云山、仙女山、大王山；有富有传奇色彩的鸡米寺、擂鼓台、和尚包和秭归八景中的“牛角朝云”“桐树连枝”等景观；有楚王城、宋城等古县城遗址。镇内有集中连片的脐橙园绵延15公里，橘花飘香，景色宜人，旅游资源开发潜力较大。水资源丰富，有童庄河、苏溪沟两大水系，流长36.6公里，流域面积248平方公里，平均坡降22‰，年均径流量2.08亿立方米，水能理论蕴藏量1.75万千瓦。矿产资源有煤、铁、硅、石灰石等，其中煤炭和石灰石储量较大，仅白云山煤矿就年产煤3万吨。全镇森林覆盖率55.8%，有林地面积1.91万公顷。水域面积450公顷，水产养殖面积2.25公顷。

图 24-1-6：郭家坝新集镇.

该镇属农业大镇，耕地面积2 858公顷，占总面积的9.13%。2005年粮油产量1.4万吨，居全县前列。1980年后，加速农业产业结构调整，海拔500米以下低山地区改粮油种植为柑橘种植，建成666.7公顷无公害脐橙基地；海拔500～1 000米半高山地区以茶叶、板栗等为主；海拔1 000米以上高山地区以反季节蔬菜、烤烟等多种经济作物为主。1996年全镇柑橘总产量1.2万吨，同年2月，获“宜昌市柑橘大镇”称号。至2000年合村前，柑橘专业村达26个，茶叶专业村6个，烤烟专业村3个。2005年，全镇柑橘面积2 160公顷，总产量3.69万吨。镇内成立有童庄河脐橙生产营销合作社，拥有社员148人，其中脐橙生产大户58户，脐橙销售大户90人。社内拥有柑橘打蜡、包装生产线，形成营销企业+基地+农户的柑橘产业化格局。茶叶总产量140吨。1995年，王家岭优质绿茶获第二届中国农业博览会银奖。板栗产量25吨，生猪出栏3.44万头，蔬菜总产量1.05万吨，烤烟总产量80吨。2005年，柑橘、茶叶、烤烟、板栗、蔬菜、生猪6项产值（现价）8 282万元，占全镇农业总产值1.02亿元的81.55%。

全镇林地面积2.02万公顷，占总面积的64.4%。1981—1985年，在大金坪飞播造林7 880公顷。2000年起，退耕还林1 600公顷，共造林1 906.7公顷。至2005年，天然林管护面积1.33万公顷，其中禁伐面积1.24万公顷。

境内水资源丰富。至2005年，先后兴建庙垭、响水洞、桐树湾、八角庙、五龙等水电站12座，装机8 695千瓦，年发电量3 140万千瓦时。兴建蓄水池1 750口，扩建堰塘512口，兴修水渠1.86万米，架设引水管道16.25万米。兴建提水设备344台、423千瓦，解决2.64万人的饮水困难。

全镇有乡镇企业1 394家，从业人员2 659人，乡镇企业总产值3.52亿元。1997年后，通过企业改革，形成规模企业4家。建材业以楚城水泥有限责任公司为主，年产硅酸盐水泥8.8万吨，年创利税100万元；运输业以卜庄河装卸公司为主，年产值275万元，利税30万元；电力业以郭家坝水电有限责任公司为主，辖5个小电站和1个自来水站，年发电量1 350万千瓦时，供水量35万立方米，年产值520万元，创利税125万元；化工以三合化工有限责任公司为主，年产轻质碳酸钙1.09万吨，年创利税34万元。

黄金水道长江通过镇境15公里，水上交通便利。建有卜庄河、莲花两个码头和卜庄河、香溪两个汽车轮渡码头。卜庄河港于2002年兴建，客运码头设狮子堡，岸线长1 200米，有趸船2只，年均客流量20万人次。客运码头同时设汽车轮渡，泊位1个，有4车位汽渡船一艘。货运码头设牛岭坡，岸线长

1 800米，货运泊位4个，其中千吨级泊位1个，趸船4艘，浮吊1台，年均货运吞吐量30万吨。陆路以“334”和“225”两条省道为主干道。村级公路总长237公里，实现村村通公路。2002年，移动、联通公司在镇内建站，邮电通信形成网络。2005年有程控电话2 875部，移动电话基本普及。

全镇有小学6所，初中2所，中小学教师422人，在校中小学生5 088人。1994年12月，全镇“普六”工作获县验收合格。1999年11月，“普九”工作通过湖北省验收合格。2005年，学生入学率100%，九年义务教育实现率93.13%，小学升初中比例99.08%。镇内有中心卫生院1所。

郭家坝老集镇属三峡库区淹没区，新集镇迁建于境内崔家湾。2000年6月，集镇基本搬迁结束，新集镇建成区面积52公顷。

第七节　杨林桥镇

该镇位于秭归县南部。东接周坪乡，西、南与长阳土家族自治县接壤，北邻郭家坝镇、两河口镇。镇政府所在地距新县城茅坪62公里。版图面积235平方公里，2005年调查实有国土总面积235平方公里。最高海拔1 863米，最低海拔310米。2005年辖14个村民委员会、87个村民小组、9 080户27 853人。农村经济总收入3.36亿元，财政地方一般性预算收入180万元，农村人均纯收入2 282元。（图24–1–7）

境内矿藏和水资源较丰富，已探明矿产资源有煤、铁、硫、硅石等20多种，其中煤炭储量达1 700万吨。三渡河、板桥河两条小溪河是九畹溪流域发源地和干流，流域长度46公里，年径流量3.6亿立方米，平均坡降21.4‰，水能理论蕴藏量1.2万千瓦以上。

该镇属农业大镇，耕地面积3 016.73公顷，占总面积的12.86%。1979—1998年，粮食年均产量1.8万吨，油料年均产量1 000吨，居全县前列。1998年，人均占有粮食651公斤，人均占有油料29公斤。1998年后，加大产业结构调整力度，以反季节蔬菜为主的蔬菜产业迅速发展，由全县的粮油大镇转变为蔬菜大镇。至2005年，全镇调减粮油面积2 000余公顷，在高山地区种植白菜、青椒、萝卜、甘蓝、四季豆、西兰花等反季节蔬菜，在低山地区种植魔芋、朝天椒等。同时引进建立“正富丰”“花蕾”“蔓兰”3家年产精粉2 600吨的魔芋制品公司和金绿峰等9家蔬菜储藏加工企业，蔬菜生产基本形成龙头企业＋基地＋农户的产业化格局。2005年共种植反季节蔬菜1 067.33公顷，出售2.77万吨。其中，朝天椒314.53公顷，产量5 146吨；魔芋723.67公顷，产量1.51万吨。蔬菜总产量4.47万吨，出口4 640吨。形成以魔芋、反季节蔬菜为主导的支柱产业。

图 24-1-7：杨林桥集镇

全镇有林地面积6 000公顷，占全县的10%，森林覆盖率65%以上，林木蓄积量200万立方米。林业总产值5 000万元，占全县11.5%，是全县林业生产大镇之一。1993年，全镇荒山绿化3 922.93公顷。2000年，原熊庄河、白泉垴、西阳坪3村首批停耕还林172.77公顷。至2005年12月，全镇共停耕还林778.67公顷。

镇内有云台荒、朱棋荒、赵家山三大天然草场，总面积4 500余公顷，发展草食畜牧业有一定优势。2000年，被列入宜昌市建设3个波尔山羊良种繁育场、20个山羊品改示范乡镇、年出栏优质肉羊60万只的“326”工程示范乡镇之一。先后引进波尔种公羊15只，南江黄羊525只。2005年，全镇出栏山羊1.13万只，是全县唯一年出栏万只羊的大镇。

镇内水利资源开发利用率较高。1979—2005年，先后在三渡河、板桥河流域兴建板桥一、二、三、四级，三渡河二、三级等小型水电站20座，总装机2.62万千瓦，年发电量1.03亿千瓦时。2000年后，兴建解决人畜饮水的天河水窖3 000口，整修河堤3公里，兴修排涝水渠1.2万米。2004年8月，杨林桥镇板桥河水库在响水洞村动工兴建，总库容350万立方米，有效库容300万立方米，集防洪、发电、灌溉于一体。

全镇共有乡镇企业569家，从业人员2 031人。其中，煤炭企业5家，年产煤18万吨；水电企业12家，年发电量1.03亿千瓦时；农副加工企业9家；砂石料企业2家；建筑企业6家；其他个体工商企业535家。2005年，乡镇企业总产值3.01亿元，占全县的10.3%，其中完成工业总产值1.47亿元，占全县的11%。

香（溪）堡（镇）“255”省级公路通过镇境内14公里。镇内3条乡道公路，全长50.4公里，其中油路8公里。村级公路有山岭重丘四级路4条，总长240公里。14个村通车率100%，95%的农户通公路。1994年12月，全镇开通程控电话。2004年后，开始实施村村通电话工程，全镇共安装程控电话2 200部，宽带开通103户。电信、移动、联通公司共建通信基站10座，实现通信网络全地域覆盖。农村通电话户4 494户，约占全镇总户数的一半。2003—2005年，农村新增程控电话1 152部，新增手机4 051部。

全镇有幼儿园1所，小学7所，初中1所。2005年共有教师220人，在校中小学生2 252人。1994年，全镇“普六”工作获县验收合格；1998年5月，“普九”通过宜昌市验收合格。2005年，学生入学率达100%，九年义务教育实现率94.75%，初中升高中比例71%。有中心卫生院1所，下设卫生所（室）18个。

具有地方特色的民间文艺有“杨林堂鼓”“杨林高腔”“五句子歌”等，均属湖北省民间文化抢救保护项目。“杨林堂鼓”是古代音乐与民间吹打乐相结合的产物，共有36调72曲牌。2004年9月，“杨林堂鼓”应邀在第40届世界人口与发展论坛会上演出。“杨林高腔”应邀参加宜昌市民间会演，被中央电视台音乐频道《民歌·中国》专题报道，《人民日报》等报刊跟踪报道。

第二章　乡

2005年，全县设有5个乡，分别为：水田坝、泄滩、梅家河、磨坪、周坪乡。人口最多的属水田坝乡，近3.6万人；最少的是磨坪乡，只有1.26万人。面积最大的是周坪乡，共有275平方公里；最小的是梅家河乡，只有88平方公里。

第一节　水田坝乡

该乡位于秭归县西北部。东、北与兴山县交界，南接归州镇，西邻泄滩乡。乡政府驻地距新县城茅坪陆路93公里，版图面积224平方公里，2005年调查实有总面积210平方公里。最高海拔1 704米，最低海拔139米。2005年，辖25个村民委员会、154个村民小组、11 782户35 977人。实现农村经济总收入1.2亿元，财政地方一般性预算收入60万元，农村人均纯收入2 153元。（图24-2-1）

图 24-2-1：水田坝新集镇

全乡有耕地1 401.8公顷，林地1.57万公顷，木材蓄积量45.4万立方米。凉台河由北向南纵贯全境，在归州镇注入长江，流长101.4公里，流域面积426平方公里，平均坡降13.5‰，年均径流量2.63亿立方米，水能理论蕴藏量2.54万千瓦。凉台河水系已开发良斗河一、二、三级等8个水电站，装机6 070千瓦，年发电量2 000万千瓦时。境内青蒿峪、草池坪水库总库容分别为287万立方米、163万立方米，为县内小Ⅰ型水库。盛产柑橘、茶叶、板栗等林特产品。全乡22个村种植柑橘，是县内三大脐橙产区之一。茶叶面积261.13公顷，产量62吨。"三峡宝剑""屈乡毛尖"等17种名茶获部、省、市名优产品奖。板栗面积339.13公顷，产量83吨。蔬菜种植面积573公顷，产量9 622吨。2005年，全乡柑橘、茶叶、板栗、蔬菜、生猪出栏5项产值5 894万元，占农业总产值8 576万元的68.73%。全乡农村经济总收入2005年比1978年增长32.9倍、农民人均纯收入增长34.3倍、乡镇企业总产值增长250.3倍。

全乡基本形成低山柑橘，半山茶叶、板栗，高山小水果、反季节蔬菜的农业产业带。2005年，低山柑橘面积达1 525公顷，产量2.05万吨。半山发展黄姜566.7公顷，核桃640公顷。高山发展反季节蔬菜333.3公顷。全乡经济作物总面积达2 400公顷。

乡镇企业以建材、加工、水电、化工四大行业为重点，经过改革重组，企业后劲明显增强。1994年，发挥现有设施作用，利用民间资本和移民补偿资金，盘活复混肥厂；1996年，盘活正存茶场；引进3条柑橘打蜡生产线兴办农副产品加工企业；建成农副产品交易批发市场和私营经济园。2004年，动工兴建3座水电站，装机净增3 000千瓦。2005年，全乡共有企业802家，从业人员2 253人，总产值1.18亿元。

2005年，全乡公路总长334.8公里，其中县道公路6.7公里。兴建桥梁41座。实现"乡道通油路，村村通公路"目标。开通程控电话2 000门。

全乡基本解决人畜饮水困难及照明用电。累计实施扶贫搬迁172户537人，总体实现3 000余人农村贫困人口脱贫。全乡有初中、小学11所，中小学在校学生3 750人，教职员工221人。适龄儿童入学率、巩固率100%，小学升初中比例达100%。2000年，全乡"普九"达标验收合格。2005年，有卫生院（室）26个。乡内有卫星电视地面接收站5个，集镇可收看30套有线电视节目，广播电视覆盖率达85%。

2000年6月，基本完成新集镇建设，建成区面积26公顷。2001年3月整体搬迁至新集镇土地岭。

第二节 泄滩乡

图 24-2-2：泄滩新集镇

该乡位于秭归县西北部。东接水田坝乡和归州镇，南临长江与沙镇溪镇隔江相望，西与巴东县接壤，北与兴山县毗邻。距新县城茅坪陆路94公里。版图面积145平方公里，2005年调查实有总面积139平方公里。最高海拔1 749米，最低海拔63米。2005年辖13个村民委员会、78个村民小组、5 090户15 622人。农村经济总收入4 566万元，财政地方一般性预算收入27万元，农村人均纯收入1 929元。（图24-2-2）

该乡是湖北省30个重点革命老区之一，有曹秋选等13人被追认为革命烈士。1988年10月，县政府在泄滩乡牛口镇建立高达18米的革命烈士纪念碑，供后人瞻仰。

境内老坟园至牛口沿长江一带，有硅石和煤炭资源，三峡大坝蓄水后，大部淹没于水下，少量硅石出露于坊家山石门和老坟园等地。

“泄滩夏橙”独具特色。1994年开始，投资100多万元，在海拔700米以下的沿江河谷地带发展夏橙200公顷，建立夏橙生产基地。至2005年，全乡夏橙面积发展到492.3公顷，年产夏橙5 537吨。以反季节晚熟上市的优势畅销国内外，成为闻名全国的夏橙之乡。2005年全乡发展烤烟面积66公顷，产量107吨，产值73万元，是高山农民增收重要来源。全乡有板栗面积160.8公顷，产量44吨；茶叶面积98.7公顷，产量77吨；蔬菜产量5 265吨；生猪出栏1.25万头。6大产业产值合计2 223万元，占农业总产值3 362万元的66.12%。

全乡有林地面积3 306.77公顷，森林覆盖率64.83%。至2004年，全乡退耕还林249.27公顷，绿化荒山220公顷。划入长江防护林保护区面积8 992.31公顷。其中，国家级生态林6 666.7公顷，省级生态林666.7公顷，县级生态林1 133.33公顷。

境内有以龙会观为主的天然草场666.67公顷以上。2003年引进波尔山羊、南江黄羊62只进行繁育养殖，当年山羊出栏2 476只。2005年有养羊大户58户，全乡山羊出栏2 882只。

境内有泄滩河水系支流10余条，全长17.6公里，流域面积88平方公里，平均坡降63.6‰，年均径流量0.61亿立方米，水能理论蕴藏量0.25万千瓦。至2005年，已兴建棋盘岭、张家河、黄家山、白岩头、牛口小型水电站5座，装机2 245千瓦，年发电量780万千瓦时。全乡有堰塘92口，蓄水53万立方米。大小水渠156条，19.8万米。新建水池168口，建天河水窖471口，7 813人饮用水问题得以解决。

全乡有40公里长江水上航道，水上交通十分便利。至2005年，分别在新集镇、老坟园、柳树湾、牛口设立码头，在泄滩小河口专设渡江船只。兴修乡村两级公路170余公里，其中村级公路85公里，实现村村通公路。2003年开通程控电话。同年，开通中国移动、联通和夷陵通无线通信业务。2005年，全乡拥有程控电话830余部，无线座机电话470余部，夷陵通30余部，移动电话2 000多部。电视覆盖率100%。

全乡有小学4所，初中1所。2005年共有教师130人，中小学生1 197人。1997年12月，全乡"普六"工作获县验收合格；1999年，"普九"工作通过湖北省验收合格。2005年，适龄儿童入学率100%，九年义务教育实现率100%。全乡有卫生院1所，卫生室13个。

三峡工程兴建后，泄滩老集镇淹没，1999年9月18日整体搬迁到新集镇杨家坪，集镇建成区面积15公顷。

第三节　梅家河乡

图 24-2-3：梅家河集镇

该乡位于秭归县西南部。东与两河口镇接壤，南与磨坪乡相邻，西与巴东县交界，北与沙镇溪镇相接。距新县城茅坪陆路125公里，版图面积88平方公里，2005年调查实有国土总面积102平方公里。最高海拔1 640米，最低海拔153米。2005年辖13个村民委员会、78个村民小组、6 122户19 630人。实现农村经济总收入6 714万元，财政地方一般性预算收入72万元，农村人均纯收入2 087元。（图24–2–3）

该乡土地肥沃，雨量充沛，日照时间长，无霜期302天，适宜多种作物生长。全乡已发展优质板栗基地800公顷，在全县率先建成连片板栗基地667公顷，2005年板栗产量607吨。烤烟是该乡主要经济作物之一，年种植150公顷以上，年产量271吨。受山地河谷地带小气候影响，柑橘、茶叶质量较好。2005年，柑橘、茶叶、板栗、烤烟、蔬菜、生猪出栏等6项产值（现价）2 192.5万元，占农业总产值4 853万元的45.18%。有林地面积6 311.8公顷，森林覆盖率62%。境内有龟坪河、梅家河两大水系。龟坪河水系已梯级开发黄岩、观音堂两座水电站，装机2.69万千瓦。梅家河水系梯级开发3座小型水电站，装机0.2万千瓦。煤炭资源丰富，发热量5 000大卡以上，已开办4处小型煤矿，年产原煤10万吨。

境内有省道公路18公里，村村通公路。2004年，乡政府集镇至两河口镇太坪公路铺设油路。已开通程控电话900门，夷陵通用户200户，移动电话1 800部，联通电话1 000部。有线电视可转播35套节目，电视覆盖率达100%。

全乡有中小学4所，在校学生1 588人。其中，初中1所，小学3所，中小学教职工151人。2005年中学生巩固率99.24%，九年义务教育实现率97.36%。有中心卫生院1所，卫生所3个，村级卫生室13个。

第四节　磨坪乡

该乡位于秭归县西南部。东与两河口镇交界，西、南与巴东县绿葱坡、野三关毗邻，北与梅家河乡接壤。乡政府驻地距长江44.5公里，距新县城茅坪130公里。版图面积141平方公里，2005年调查实有国土总面积128平方公里。最高海拔1 750米，最低海拔432米。2005年辖12个村民委员会、44个村民小组、4 047户12 556人。农村经济总收入7 904万元，财政地方一般性预算收入182万元，农村人均纯收入2 091元。（图24-2-4）

图 24-2-4：磨坪集镇

境内主要矿藏有煤、铁、锰、硅、磷、冰洲石等，其中煤、硅石资源丰富，煤炭储藏量达3 000万吨，硅石储量达3亿立方米以上。拥有森林面积6 703公顷，活立木蓄积量13.5万立方米，多种经济林866.67公顷。水资源充足，河流水系发达。境内有升坪河、万家河、地狱河、阴河等20多条河流汇入长江，流域面积55平方公里。共有水电站5座，装机1.99万千瓦。有蓄水池2 430口，水渠27条、3.5万米。境内旅游景点甚多，天生桥、犀牛洞、三龙潭、黄岩屋、娃娃寨、棺木岩、灵观殿、洗马潭、歇马台、穿心洞等景点具有较高的开发价值。

乡内经济作物以烤烟、魔芋为主，省烟草专卖局将该乡定为优质烟叶示范基地，烟叶质量可与云贵烟媲美。烤烟自1975年三墩岩村引进试种成功后，全乡10个村均种植。面积由1975年的4.67公顷上升到1992年的765公顷，增长162.8倍，为历史最高点。1999—2005年烤烟面积稳定在400公顷左右。2005年种烟402.27公顷、收入693.6万元，首次实现烤烟亩均收入过千元。

全乡林地面积9 333.33公顷，森林覆盖率达74%。2005年，磨坪乡林业站被市林业局命名为天然林资源保护标准站。2000年启动退耕还林工程后，全乡造林833.33公顷。其中，荒山造林333.33公顷，退耕还林500.89公顷。2005年，天然林管护面积8 626.67公顷。其中，禁伐面积8 053.33公顷，限伐面积573.33公顷。

1979年后，先后兴建酒厂、粮油加工厂、煤矿、电站、汽车修配厂等乡镇企业。1993年10月将原乡办企业合并组建信诚实业开发总公司，2002年该公司改革为民营企业。至2005年，全乡个体户、民营企业发展到400家，从业人员908人，乡镇企业总产值7 100万元，营业收入7 090万元，上缴税金153万元。

2005年，磨坪乡至红土岭公路铺成油路，全乡实现村村通公路。境内宽带网用户3户，夷陵通用户150户，无线程控电话用户662户，程控电话216部。建移动基站3个，联通基站1个，拥有移动电话1 012部，联通电话200部。1982年，建电视差转站1座。1997年后，开通有线电视，用户650户，广播电视覆盖率100%。

全乡有小学2所，初中1所，在校中小学生1 159人，中小学教师89人。适龄儿童入学率、巩固率100%。九年义务教育实现率95.18%。全乡有卫生院1所。1987年，该乡纳入三峡地区煤烟污染型氟中毒防治试点乡镇之一，至2005年建降氟灶4 000口，合格率100%。

第五节 周坪乡

该乡位于秭归县东南部。东邻茅坪镇，西连杨林桥镇，南与长阳土家族自治县贺家坪镇接壤，北靠郭家坝镇。乡政府驻地距新县城45公里。2005年辖14个村民委员会、66个村民小组、8 659户25 688人，版图面积275平方公里，2005年调查实有国土总面积239平方公里。境内最高海拔1 720米，最低海拔139米。农村经济总收入1.05亿元，农村人均纯收入2 180元，财政地方一般性预算收入172万元。（图24-2-5）

图 24-2-5：周坪集镇

境内有煤炭、石灰石、重晶石、硅石、页岩、硫铁矿、锰矿等矿藏资源。全乡地处九畹溪中下游，水资源丰富。有乡办电站5座（东沟河、花桥河、纸坊河、黑龙潭一级、黑龙潭二级），装机4 650千瓦；村办电站11座。旅游资源独具特色，九畹溪漂流凭借奇、秀、美、峻、险、神的自然风光吸引游客，在全国4 000多个同类旅游产品中实现全年接待量、单日接待量和年门票收入3项全国第一，被誉为“中华第一漂”。

该乡属农业型乡镇。自1990年后，大力调整农业内部结构，由单纯粮食生产转向重点发展多种经济，形成低山柑橘、半山茶叶、高山烟叶的经济发展格局。1995年后，加快农业产业化进程，实施一村一品，连片发展战略，已形成柑橘、茶叶、烟叶、蔬菜和生猪5大产业。全乡柑橘专业村8个，柑橘面积900公顷，年产量1 306吨；茶叶专业村3个，茶园面积196公顷，产量80吨。九畹丝绵茶于2001年正式投产，当年产名优茶7吨，优质绿茶56吨，收入150万元。烤烟基地村2个，烤烟面积167公顷，产量620吨；蔬菜面积557.8公顷，产量1.33万吨；生猪出栏3.31万头。5大产业总产值达4 671.1万元，占农业总产值7 755万元的60.23%。同时，探索土地集约化经营模式，由农业部投资，县农业局承办，在九畹塘、砚窝台两村兴建县柑橘良种示范场66.67公顷。由国家三峡工程建设委员会投资，周坪乡承办，在周坪村、仙女村建周坪乡柑橘示范园133.33公顷。

2001年，全乡企业发展到57家，从业人员1 681人，企业总产值1.26亿元，企业增加值2 899万元，占全乡经济总收入的27.54%。九畹溪旅游景区于1997年筹建，2001年4月正式营业。2005年12月，被评为国家“AAAA级”景区，被湖北省列入重点旅游风景区。2005年，全乡企业发展到480家，从业人员1 985人，企业总产值1.83亿元。

长江黄金水道通过境内，有岸线近10公里，并建有水陆联运码头。出口公路距新县城茅坪28公里。陆路以风（吹垭）茅（坪）公路和卜（庄河）杨（林桥）公路为干线形成运输网络。2005年，共有乡村公路48条，全长458.7公里。实现村村通公路。全乡于1999年开通程控电话，2001年夷陵通网站落户周坪乡，2002年第一座移动电话网站正式开通，2004年开通全乡移动、联通网络。至2005年，共建移动、联通基站8个，安装程控电话2 700余部，拥有手机5 500余部。

全乡有幼儿园 2 所，小学 5 所，初中 2 所，在校中小学生 2 152 人，教职员工 229 人。1993 年 12 月，“普六”验收合格。1999 年 11 月，“普九”验收合格。小学生入学率 100%，中学生巩固率 99.91%，九年义务教育实现率 96.62%。有乡卫生院 1 所，卫生分院 1 所，村卫生室 14 个。

人　物

人物设人物传、人物录、人物表3个部分。人物传收录烈士27人。其中，收录断限内烈士2人，断限内追认的革命烈士24人，补上届县志遗漏烈士1人。并收录断限内去世的15名有较大影响、作出一定贡献或担任过县委书记、县长（补上届遗漏3人）的人物，顺序按亡故时间排列；人物录收录湖北省管理专家2人、省（部）级以上劳动模范（享受退休劳模津贴者）20人。其中，国家级劳模4人，省（部）级劳模16人，按获国家、省（部）级劳模表彰时间顺序排列；人物表收录受省（部）级以上表彰或获得荣誉称号者201人、229次，按获奖顺序排列；副高级以上专业技术职称人员510人，分单位按获得职称时间顺序排列；已故离休干部125人，按亡故时间顺序排列。

一、人物传

夏明翰（1900—1928）　男，字桂根，汉族，祖籍湖南省衡阳县，革命烈士。

清光绪二十六年（1900）农历八月初一，夏出生于湖北省宜昌府归州（今秭归县归州镇），其父亲时任归州州署知州。夏出身于封建官僚家庭，自幼聪明好学，其祖父夏时济希望明翰继承“书香门第”，亲自课以诗书。然而，夏在思想开明的母亲陈之凤的教导下，受屈原精神的熏陶，向往革命，萌生对封建家庭的叛逆之心，与祖父想法格格不入。1917年春，夏毅然考入湖南省立第三甲种工业学校机械科第一班，该校是在辛亥革命前后“废科举、兴学堂”、追求“新民主主义”的呼声中创办的。在校期间，夏追求进步，怀着“工业救国”的理想刻苦学习。积极参加反对北洋军阀的斗争，常常用诗歌和绘画抨击反动军阀。一次，夏画了一幅眼如铜铃，尖牙利齿怪物模样的漫画并配讽刺诗“眼大善观风察色，嘴阔会拍马吹牛，手长能多捞名利，身矮好屈膝磕头”，淋漓尽致地刻画出军阀政客们的丑态。五四运动时夏投入衡阳学生爱国运动。1920年夏天，夏组织学生运动，一些官僚、奸商、绅士对夏的行为恨之入骨，纷纷上门告状，夏时济将明翰关在屋里闭门思过。一天晚上，其弟明震用斧子砍开窗户，帮明翰逃走，从此与封建家庭彻底决裂。1921年8月，夏成为湖南自修大学第一批学员，该校是毛泽东创办的共产党培养党团骨干的学校，夏受到系统的马克思主义教育，思想走向成熟。

1921年12月，经毛泽东、何叔衡介绍，夏加入中国共产党。入党后，在长沙从事工人运动，参与领导人力车工人罢工斗争。夏领导的人力车工会，加入到以毛泽东为总干事的湖南省工团联合会，成为湖南工人运动的一支重要力量。

1923年10月—1924年11月，夏先后担任社会主义青年团长沙地委委员，团湘区执委一、二届委员，国民党湘南临时省党部委员。1924年12月，夏担任中共湖南区委执行委员后，即被派到浏阳农村从事建党工作。1925年5月，在安源工人周克明等人的配合下，在浏阳北乡毛公桥刘家庵建立浏阳农村第一个党支部。先后发展党员12人。在此期间，夏曾担任中共湘区农业委员会书记，保送一批革命青年到广州农民运动讲习所学习，培养成千上万名农运骨干和积极分子。在沸腾的农民运动中，夏立场坚定，坚决站在农民群众一边。一次，刽子手李佑文被判处死刑，其弟弟利用与夏同学关系为其求情，又请夏的大哥出面求情，均遭夏严词拒绝。

1927年1月，夏根据毛泽东的安排，两次到湖南各县考察，并以中共湖南区委的名义主持写出《1927年1月份农民运动报告》。2月，夏到毛泽东主持的武昌中央农民运动讲习所，担任全国农民协会秘书长，兼任毛泽东的秘书。当年4月12日，蒋介石发动反革命政变，血腥镇压共产党人和革命人民。夏闻此消息，气愤至极，当即在一张登载有革命同志被杀害消息的《民间日报》上愤然写道："越杀越胆大，杀绝也不怕。不斩蒋贼头，何以谢天下！"当年6月，夏回湖南任省委委员兼组织部部长。7月，参与发动秋收起义。10月，兼任平（江）浏（阳）特委书记，成功组织平江农民暴动、浏阳抗租、智取北圣仓团防局枪支等武装斗争。1928年年初，夏被党组织派到湖北工作，任省委常委。同年3月18日，由于叛徒出卖，夏不幸在武汉被捕。3月20日清晨，夏被国民党押往汉口余记里刑场。一路上，夏昂首挺胸，从容镇定，高唱《国际歌》。到达刑场后，敌人仍不死心，找来几个反动记者，想迫使夏讲几句悔过自新的话。夏用尽全身力气，大声高呼"打倒国民党反动派！""中国共产党万岁！"的革命口号。当敌人最后问夏还有什么话要说时，他大声说："有，给我拿纸笔来！"夏当即用带着铁铐的手写下"砍头不要紧，只要主义真；杀了夏明翰，还有后来人！"这首大义凛然、气壮山河的就义诗。为中国人民的革命事业，夏壮烈牺牲，年仅28岁。夏牺牲后，谢觉哉组织工人把夏的遗体从敌人眼皮底下偷运出来，安葬在汉阳城外长江边的鹦鹉洲。

汪书兴（1910—1930） 男，汉族，秭归县牛口乡陈家坡村人，农民，初小文化程度。革命烈士。

汪1928年参加革命，同年7月加入中国共产党。历任桂花区赤卫队长，中共陈家坡党支部委员、党支部书记等职。汪参加革命后，同曹秋选等人率领苏区群众，打击土豪劣绅，镇压恶霸地主，先后处决恶霸王贺祖、余发俊等人，并带领赤卫队配合中国工农革命军鄂西游击大队反击国民党的"围剿"。在战斗中，汪不怕牺牲，英勇杀敌。1930年11月，国民党地方团防反动武装对桂花苏区大"围剿"时，因敌强我弱，战斗失利，汪在山上隐蔽，被敌人搜山发现，汪不想被敌人抓住，拼命奔跑，遇沟就跨，见坎就跳，腿被跌断，不幸被捕。被捕时，汪拼命从敌人手中夺刀反抗，终因寡不敌众，被敌人砍断双手，惨遭杀害于牛口青包，牺牲时年仅20岁。1986年9月，省政府追认汪为革命烈士。

王昌海（1899—1930） 男，汉族，秭归县牛口乡陈家坡村人，农民，高小文化程度。革命烈士。

王1928年夏参加革命，同年加入中国共产党。历任陈家坡乡农民协会主席，中共陈家坡党支部委员、党支部书记。王在党组织的领导下，积极开展革命活动，带领农会会员和赤卫队员打土豪，斗恶霸，为游击队提供给养，配合中国工农革命军鄂西赤卫大队反击国民党"围剿"。1930年11月，国民党地方团防联合"围剿"桂花苏区，王不幸被捕，被杀害于桂花区柳池子，牺牲时年仅31岁。1986年9月，省政府追认王为革命烈士。

王山祖（1884—1930） 男，汉族，秭归县牛口乡陈家坡村人，农民，革命烈士。

王1928年夏参加革命，同年加入中国共产党，历任中共蒿子坪党支部书记、陈家坡中心党支部委员等职。王参加革命后，在党的领导下，发动群众，组织农民协会。带领赤卫队，打击土豪劣绅，开展"抗租罢稞"斗争，配合中国工农革命军鄂西游击大队反击国民党及地方武装的"清乡""围剿"。1930年9月，县保安团开始"围剿"桂花苏区，搜捕共产党员和革命群众。王被叛徒告密，与其子王功奎同时被捕，受尽酷刑，敌人先将王山祖的耳朵割掉，又剁掉双手，最后挖去双眼，残酷杀害于桂花区柳池子，时年46岁。1986年9月，省政府追认王为革命烈士。

王克记（1900—1930） 又名王克继，男，汉族，秭归县牛口乡陈家坡村人，农民。革命烈士。

王1928年夏参加革命，同年加入中国共产党，历任桂花区赤卫大队队长、中共陈家坡党支部委员等职。王参加革命后，积极发动群众，扩大党群组织，带领赤卫队员反“清乡”、反“围剿”。在对敌斗争中，身先士卒，英勇杀敌，不怕牺牲。1930年11月，王带领赤卫队在蔡家垭与地方反动武装作战中不幸被捕，受尽酷刑，宁死不屈，被杀于巴东县城陈家码头，尸体被抛入江中。牺牲时年仅30岁。1986年9月，省政府追认王为革命烈士。

汪永海（1901—1930） 男，汉族，秭归县牛口乡陈家坡村人，初中文化程度，农民。革命烈士。

汪1928年参加革命，同年加入中国共产党，任中共陈家坡党支部委员。1930年6月，汪受党组织委派到秭归县西陵范家坪进行党的地下活动，汪利用亲戚关系串联发展农协会组织。当年被当地恶霸发觉告密，不幸被捕，英勇牺牲，年仅29岁。1986年9月，省政府追认汪为革命烈士。

曹秋禄（1873—1930） 男，汉族，曹秋选（《秭归县志（1901—1985）》已立传人物）之兄，秭归县牛口乡陈家坡村人，初小文化程度，农民。革命烈士。

曹1928年参加革命，同年加入中国共产党。曹配合其弟曹秋选进行党的地下工作，发展党员，建立农民协会，组织赤卫队，打击反动势力，镇压土豪劣绅。1930年冬，国民党勾结地方反动武装对桂花苏区进行“围剿”“清乡”，曹在秭归泄滩不幸被捕，惨遭杀害，殒年57岁。1986年9月，省政府追认曹为革命烈士。

汪永俊（1909—1930） 男，汉族，秭归县牛口乡陈家坡村人，农民。革命烈士。

汪1928年参加革命，同年加入中国共产党。入党后，汪深入敌占区了解敌情，传递情报，参与斗地主、打土豪、反围剿等工作。1930年9月被捕，被国民党县保安团杀害于西陵苍坪，年仅21岁。1986年9月，省政府追认汪为革命烈士。

汪永科（1906—1930） 男，汉族，秭归县牛口乡陈家坡村人，农民。革命烈士。

汪1928年参加革命，同年加入中国共产党，历任中共陈家坡党支部委员、党小组长、桂花区赤卫队副队长等职。汪参加革命后，组织带领赤卫队打击土豪劣绅，斗地主，配合游击大队反击敌人“围剿”“清乡”，态度坚决，斗争勇敢。国民党县保安团曾将汪家的财产抢劫一空，房屋焚烧殆尽。1930年11月，汪不幸被捕，被杀害于桂花区柳池子，年仅24岁。1986年9月，省政府追认汪为革命烈士。

王功奎（1909—1930） 男，汉族，秭归县牛口乡陈家坡村人，农民。革命烈士。

王是王山祖之子。1928年参加革命，为赤卫队员，负责宣传工作。王在革命斗争中表现英勇。1930年9月，在反对敌人“清乡”斗争中，与父亲王山祖同时被捕，同时被敌人杀害于桂花区柳池子，年仅21岁。1987年7月，省政府追认王为革命烈士。

汪永元（1902—1930） 男，汉族，秭归县牛口乡陈家坡村人，初小文化程度，农民。革命烈士。

汪1928年参加革命，同年加入中国共产党。与其弟汪永科一道参加革命活动，打土豪、斗地主，反击敌人“围剿”，斗争勇敢。1930年11月，在反击县地方武装对桂花苏区“围剿”时，不幸被捕，被敌人杀害于桂花区柳池子，年仅28岁。1986年9月，省政府追认汪为革命烈士。

吴述均（1907—1930） 男，汉族，秭归县水田坝区马营乡龙潭湾村人，家庭出身地主，初小文化程度。革命烈士。

吴1928年夏参加革命，1929年加入中国共产党。历任中共马营党支部委员、马营区赤卫大队大队长、马营区农民协会委员等职务。吴参加革命后，在马营地区发展党的组织，壮大革命队伍。经常召开秘密会议，并将自己家作为马营区党组织活动的联络点，地下交通员经常到吴家传达上级指示和通报情况。1930年，吴带领赤卫大队，打击土豪劣绅，镇压恶霸地主，没收地主财产，率领赤卫大队反击敌人的“围剿”。1930年7月，地方反动武装“围剿”马营时，吴不幸被捕，被杀害于草坪，年仅23

岁。1986年7月，省政府追认吴为革命烈士。

吴益昌（1889—1930） 男，汉族，秭归县马营乡马营村人，农民。革命烈士。

吴1928年参加革命，1929年加入中国共产党，历任中共马营党支部委员、水田坝区农协会委员等职。吴在前马营、后马营、龙潭湾一带发动群众，成立乡农民协会，打击土豪，参与没收大地主周明善财产等革命活动，在镇压当地4个土豪劣绅的斗争中积极勇敢。1930年7月，在反击“围剿”马营苏区战斗中，吴不幸被捕，敌人严刑逼供要其交出共产党员名册，吴宁死不屈，拒不交出，惨遭杀害于后马营的姜家河，时年41岁。1986年7月，省政府追认吴为革命烈士。

郝正兴（1902—1930） 男，汉族，秭归县水田坝区马营乡后马营村人，农民。革命烈士。

郝1929年参加革命，同年加入中国共产党，历任水田坝区农协会委员、赤卫队侦察员等职。郝参加革命后，经常深入敌占区了解敌情，给赤卫队提供情报。1930年7月，在反击“围剿”马营苏区战斗中，郝受组织派遣到水田坝区侦察敌情，被敌人发觉而被捕，被杀害于马营三斗坪，年仅28岁。1986年7月，省政府追认郝为革命烈士。

吴承忠（1908—1930） 男，汉族，秭归县水田坝区马营乡后马营村人，初小文化程度，农民。革命烈士。

吴1929年参加革命，1930年加入中国共产党。吴参加革命后积极投入马营地区革命活动，参加没收地主财产，镇压土豪劣绅的斗争。1930年7月，在反击“围剿”马营苏区战斗中，吴勇敢作战，在寡不敌众的情况下被迫撤退，吴被反动武装团练追击而被捕，被害于后马营的姜家河，年仅22岁。1986年7月，省政府追认吴为革命烈士。

余从殿（1902—1930） 又名余宗殿，男，汉族，秭归县水田坝区马营乡后马营村人，农民。革命烈士。

余1929年参加革命，同年加入中国共产党，为马营区赤卫队侦察员。1930年7月，“巴归兴”三县联防“剿共”指挥部头目邓维楚带兵“围剿”马营地区，余受组织派遣到水田坝区侦察敌情，不幸被敌人发觉而被捕，牺牲于水田坝区野桑坪石板子，年仅28岁。1986年7月，省政府追认余为革命烈士。

陈永太（1887—1930） 男，汉族，秭归县水田坝区马营乡后马营村人，初小文化程度，农民。革命烈士。

陈1929年参加革命，同年加入中国共产党，任赤卫队小队长。陈参加工作后，积极参与斗地主、打土豪等革命活动。1930年7月，参与马营苏区反“围剿”斗争，陈隐蔽在兴山县宋家垭，不幸被兴山县保安团发现被捕，在受尽各种酷刑后被杀害于凉风垭桥沟，时年43岁。1986年7月，省政府追认陈为革命烈士。

郝发万（1894—1930） 男，汉族，秭归县水田坝区马营乡龙潭湾村人，初小文化程度，农民。革命烈士。

郝1929年参加革命，同年加入中国共产党。郝参加革命后，参与打土豪、斗恶霸等革命活动。1930年7月，在参加反国民党保安团“围剿”马营地区战斗中被捕。被杀害于马营甄家河口子，年仅36岁。1986年7月，省政府追认郝为革命烈士。

卢永植（1901—1930） 男，汉族，秭归县水田坝区马营乡前马营村人，农民。革命烈士。

卢1929年参加革命，同年加入中国共产党，历任马营乡农民协会主席、乡赤卫队分队长等职。卢在前马营、后马营、龙潭湾等地开展革命活动，宣传发动群众，筹建农民协会，建立赤卫队等组织，扩大人民武装，打土豪，斗恶霸。1930年7月，“巴归兴”联合“剿共”指挥部副总指挥邓维楚率重兵“围剿”龚家桥、马营、桂花苏区。卢率乡赤卫分队投入反“围剿”战斗，在保卫五龙观战斗中不幸被捕，遭受严刑吊打和背火背架的酷刑，卢拒不妥协。后被敌人用刀砍下头颅，牺牲于马营乡天坑岭，年仅29岁。1986年7月，省政府追认卢为革命烈士。

王惠礼（1904—1931） 又名王让三，男，汉族，秭归县水田坝区马营乡后马营村人，农民。革命烈士。

王1928年参加革命，1929年3月加入中国共产党。历任中共马营党支部书记、马营区农协会主席等职。王先后在前马营、后马营、龙潭湾、教场坝等地进行党的地下活动，成立农民协会、妇女协会，建立赤卫队，发动群众，开展打击土豪劣绅、没收地主财产、镇压恶霸地主的革命斗争。先后处决与人民为敌的姜金兰、寇必元、张世聘等恶霸。1930年6月，王惠礼、吴益昌等人，在五龙观集中马营地区全部赤卫队员和农会会员，公开打出旗号，此举惊动秭归县保安团。7月，反击“围剿”马营战斗中，王率领赤卫队在五龙观等地英勇作战。因力量悬殊，赤卫队且战且退，至长岭后分散活动。之后，王到高桥进行地下工作，发动群众筹建革命武装。1931年5月，因叛徒告密，王不幸被捕，受尽酷刑，王坚贞不屈，视死如归，牺牲于马营乡鸡公岭，年仅27岁。1986年7月，省政府追认王为革命烈士。

董远槐（1897—1931） 男，汉族，秭归县水田坝区马营乡后马营村人，农民。革命烈士。

董1929年参加革命，同年加入中国共产党，任马营区农民协会委员。董先后在前马营、后马营、龙潭湾、教场坝等地从事地下工作，成立乡农民协会，组织乡赤卫中队、分队。同王惠礼、吴述均等人率领广大农民打土豪，分地主财产，打击反动势力，扩大革命影响。1931年5月，在“巴归兴”三县联防“剿共”指挥部“围剿”高桥苏区时，董不幸被捕，被害于巴东县北湾五谷庙，年仅34岁。1986年7月，省政府追认董为革命烈士。

王克诗（1910—1931） 男，汉族，秭归县水田坝区马营乡龙潭湾村人，农民。革命烈士。

王1929年参加革命，当年加入中国共产党，任水田坝区农民协会委员。1930年9月，王参加红四十九师第二次攻打兴山县城的战斗，打死兴山县团练长郑立三。尔后，敌人组织反扑，大肆“围剿”苏区，搜捕共产党员、赤卫队员。王转移到龚家桥一带从事党的地下活动。1931年5月，在兴山高桥反“围剿”斗争中，王不幸被捕，被杀害于巴东县北湾五谷庙，年仅21岁。1986年9月，省政府追认王为革命烈士。

王昌扬（1886—1931） 男，汉族，秭归县水田坝区牛口乡桂花坪村人，初小文化程度，农民。革命烈士。

王1928年参加革命，同年加入中国共产党。王多次参加中国工农革命军鄂西游击大队反“围剿”战斗，在战斗中，他冲锋陷阵，英勇杀敌。1931年5月，敌人对桂花苏区“清乡”时，王不幸被捕。面对敌人的酷刑，王宁死不屈，被敌人杀害于桂花坪沙窝子，时年45岁。1986年9月，省政府追认王为革命烈士。

李国相（1909—1931） 男，汉族，秭归县水田坝区马营乡龙潭湾村人，农民。革命烈士。

李1929年参加革命，1930年加入中国共产党。赤卫队员。李参加革命后，参加教唱革命歌曲，张贴革命标语，斗争恶霸地主，镇压土豪劣绅等革命活动。1931年5月，在兴山县高桥反“围剿”战斗中，李不幸被捕，被敌人杀害于马营乡观天岭，年仅22岁。1986年9月，省政府追认李为革命烈士。

李文龙（？—1931） 男，汉族，水田坝区马营乡龙潭湾村人，农民。革命烈士。

李1929年参加革命，同年加入中国共产党。任中共马营党支部委员、马营区赤卫队侦察员。李参加革命后，协同王惠礼在马营地区发展党的组织，壮大革命队伍，打土豪、斗恶霸，没收地主财产，工作积极，斗争勇敢。1930年7月，秭归、兴山两县保安团相互勾结，“围剿”马营苏区，李积极参加反击，因力量悬殊而失利。尔后，随同王惠礼在龚家桥一带继续从事革命活动。1931年5月，秭归、兴山两县保安团“围剿”，大肆搜捕屠杀，李在山上隐蔽时被敌人追捕，被杀害于马营乡天坑岭。1986年7月，省政府追认李为革命烈士。

张晓光（1909—1964） 原名张怡青，男，汉族，高中文化程度，曾任县政府县长，革命烈士。

1909年11月8日，张晓光出生于河北省衡水县北苏札人民公社一个农民家庭，1939年1月参加革命工作，同年11月加入中国共产党。参加工作后，历任河北省水县抗日政府工作队宣传组长、衡水县五区助理员、衡水县武装科科员等职。1941年4月，任衡水县二区、三区、一区区长等职；1943年6月，在北京被日军抓捕入狱；1945年9月出狱，在河北省张家口市七、八区任教育股长等职；1947年9月，随军南下，参加解放战争。1947年12月后，历任省江汉区党委秘书，洪山县双河区及中山口区、当阳县官垱区和河容区等区区长，宜都县税务局局长等职；1952年12月，任县政府县长；1953年6月离任，7月担任宜昌师范学校校长；1958年10月任宜昌地区文教局局长；1962年10月离休。1964年1月15日下午8时在西安市人民医院因患食道癌医治无效病逝，享年55岁。1964年4月，省民政厅批复，追认张为革命烈士。

张在秭归县工作时间不长，但给人们印象较深刻，在政治上旗帜鲜明，立场坚定，在工作上勤勤恳恳，为人民服务全心全意，始终保持党的优良传统和作风，艰苦朴素，工作深入扎实。张一生从事教育工作近10年，勤学苦研，积极工作，培养出不少有用人才。张在病重期间，仍坚持学习，坚持看书读报，自己不能阅读了，就让别人念给他听，被周围群众称之为“硬骨头”。

刘继泰（1910—1974） 男，汉族，初中文化程度，曾任县政府县长。

1910年7月，刘继泰出生于山西省屯留县许村一农民家庭，1939年1月参加革命工作，8月加入中国共产党。刘参加工作前曾在国民党部队当过兵。1939年1月，年近30岁的刘继泰参加八路军115师教导队当战士，自此参加革命工作，当年调到山东省鲁西区委任交通员；1940年2月，任山东省鲁西支队骑兵连连长、参谋等职；1941年1月随军南下；1950年1月，任兴山县指挥部指挥长；5月，任县公安局局长；1953年6月，由中共宜昌地委、宜昌地区行署任命为秭归县政府县长；1954年8月，调省检察院宜昌分院任副检察长；1959年1月，任宜昌地区民政局局长；1961年2月，任宜昌地区中级人民法院院长。1970年7月退休，1974年1月因病去世，享年64岁。

1950年5月—1954年8月，刘在秭归县工作4年多时间。1950年5月—1953年6月，刘担任县公安局第一任局长，正值新中国成立初期，各方敌对势力活动猖獗，刘率领公安战线干警投身平息暴乱、镇压反革命、取缔反动组织等斗争。先后镇压土匪、恶霸、特务、反动组织骨干分子近5 000人，取缔各种反动组织7个，为稳定社会，保卫新生人民政权作出积极的贡献。1953年6月，刘担任县政府县长，至1954年8月，在1年零2个月时间里，为巩固土地改革成果，率领人民走互助合作道路、发展经济、稳定社会积极工作，在过渡时期作出应有的贡献。

赵　岩（1909—1977） 又名赵玉磬，字越岩，男，汉族。河北省枣强县人，曾任县委书记。

1909年8月，赵岩出生于河北省枣强县刘家庄村一农民家庭。初中文化，1939年7月参加工作，同年10月加入中国共产党。1918年2月，赵在本村初小读书；1922年8月在枣强县县立高小读书；1925年8月在枣强县县立师范讲习所读书；1927年2月在枣强县马郎村任教员。1939年7月参加革命工作，任枣强县流常区民运工作队队员；当年10月，任流常区农会主任；1940年7月，调任枣北

县农会秘书；当年12月任枣北县委会民运部部长。1941年8月，组织安排在冀南区党委党校培训学习，12月结束。1942年1月，任枣北县委敌占区群工会书记；1942年8月，任枣北县救国会主任；1945年8月，任枣强县工农妇联合会主任；1946年7月，任冀南区地委民运部农运科科长；1948年3月，任冀南区地委民运部研究室主任；1948年，任枣强县县长；1949年2月，随军南下；当年8月，任秭归县委书记，1952年8月，调宜昌地委组织部任副部长；1953年7月，调省委农村工作部任副处长；1955年7月任省农村工作部处长；1961年8月任省农村工作部秘书长；1973年3月，任华中农学院革委会、临时党委副主任、副书记直至1976年4月病休。

1949年8月7日秭归县城解放，同月中旬，中共宜昌地委调即将赴任五峰县县长的赵岩任秭归县委书记，筹建县委。赵系中华人民共和国成立后第一任县委书记。中华人民共和国成立初期，全县土匪、会道门头子和残余国民党分子的反革命活动十分猖獗，社会秩序混乱，人心浮动，生产停滞。加之严重的自然灾害，人民生活极端困苦，百废待兴。赵任书记后，迅速组建县委，率领一班人开展清匪反霸，镇压反革命运动。同年11月3日，“黄香会佛堂”指挥长向聘三等人聚数百人袭击工作队员和入川解放军，县委及时组织群众，协助解放军平息，将反动头子镇压。1950年4月25日，反动会首郑家轩等人煽动“大道会”会徒300余人进行武装暴乱。同月27日，反共自卫行动总头目邓协臣在磨坪纠集“大道会”会徒300余人暴乱。县委迅速出动，率160名解放军战士连夜奔赴两处暴乱地点予以平息，打死匪徒110余人，生擒10余人。武装暴乱迅速平息，全县局势逐步稳定，并在此基础上加大对反动势力打击力度。1950年10月，在全县范围内大张旗鼓地开展镇压反革命运动，对罪大恶极分子坚决镇压，对反动会道门予以取缔，在赵调离秭归时，全县基本消灭残存的反革命势力。赵在任期内，领导全县开展土地改革运动，1949年11月成立秭归县土地改革委员会，由赵任主任。在全县抽调干部484人，对168个乡进行土地改革，至1952年年底改革结束。在农村进行土改的同时，在城镇开展“三反”“五反”运动，与整党整风、机关建设、精简机构相结合，对少数党员、干部进行查处。在“一反”中，全县共查处1950—1951年间私营工商业者偷漏税金2.5万元。以赵为首的县委把恢复和发展生产作为解放初期的工作中心，采取得力措施，调动人民群众生产积极性，使国民经济得以恢复和发展。1949—1952年恢复时期，全县工农业总产值以年均6.3%的速度递增。1952年工农业总产值达到4 170万元，比1949年增长20.14%；国民收入达到2 897万元，比1949年增长9.56%，人民生活得到明显改善。赵1952年8月调离秭归，在秭归工作近3年时间里，正值新旧社会制度交替时期，情况复杂，条件艰苦，工作任务繁重，赵以身作则，率先垂范，领导有方，较出色完成这一时期党的各项任务，为秭归经济和社会发展打下良好的基础，给秭归人民留下较深刻的印象。赵调离秭归后，先后在中共宜昌地委组织部、省委农村工作部、华中农学院工作。赵因长期患高血压、心脏病等疾病，于1976年4月回家休养。1977年6月25日突发心肌梗死去世，享年68岁。

亓元祯（1921—1986） 男，汉族，初中文化程度，曾任县政府县长。

1921年12月，亓出生于山东省莱芜县鲁家村一农民家庭。1940年10月加入中国共产党，1944年5月参加革命工作，任山东省莱芜县沧南区文书、文教助理；1946年9月，任莱芜县香山区副区长；1948年2月随军南下，10月任远安县第六区副区长；1949年6月，任远安县第四区区长；1950年2月，任远安县荷花区区长；1951年9月，任兴山县古夫区区委书记；1952年9月，任兴山县副县长；1953年5月，任中共宜昌地委党校组织科科长；1954年8月，任兴山县委副书记；1957年4月，任省地质勘探公司601队党委书记、勘探公司干校校长；1963年5月，任长阳土家族自治县县委副书记；1965年7月，任县人民委员会县长；1966年6月，任宜昌地区行署办公室副主任；1973年3月，任宜昌地区财贸干校党总支书记；1975年2月，因病离职休养。1986年因病去世，享年65岁。

1965年7月至1966年6月，亓担任县长虽只1年时间，但却跨第五、第六两届县人民委员会，正值纠正“大跃进”过程中出现的一些错误做法，全面实施中央“调整、巩固、充实、提高”改革时期。亓工作作风扎实，深入基层办实事。正当实施第六届县人民委员会所作出的第三个五年计划之时，一场史无前例的“无产阶级文化大革命”爆发，党政机关受到冲击，陷入瘫痪状态。6月，亓调离秭归任宜昌地区行署办公室副主任。

郑存梓（1893—1987） 男，汉族，字豫轩，福建闽县人。县内闻名医生，曾任县人民医院院长。

1893年5月25日，郑存梓出生于福建省闽县一个医学世家。其祖父是晚清太医，父亲是当地闻名中医。1899—1914年，郑存梓就读于当地私塾、福建省福州市高等小学、福建陆军小学、武汉南昌第二预备学校等学校。1914年考入天津陆军军医学校。1918—1946年，先后任国民党长江上游总司令部及湖北第五混成旅十团军医、海军陆战队一旅二团军医、“逸仙”军舰及“咸宁”军舰军医。1946年6月，郑脱离国民党，落户秭归县沙镇溪杨家沱务农兼行医，在泄滩街开设当时秭归唯一的西医诊所，从上海、南京购进西药，为当地百姓看病，条件好的给点粮食，条件差的免费，诊所入不敷出。1950年2月，县政府发给郑“医师临时开业执照”，于当年10月召录为国家医生，并任命为泄滩乡卫生所所长。1951年1月，调郑到县人民政府卫生院任医生、副院长。1953年经考试获中央人民政府卫生部颁发的“医师证书”，全宜昌地区仅此一人。1956—1963年任县卫生院、县人民医院院长，直至退休。在担任县人民医院院长期间，郑带领全院职工艰苦奋斗，修建病房，不断增设病床，不断开拓新业务，选送骨干进修，提高医疗技术水平。1956年，郑率宜昌地区山区县之先开展阑尾切除手术。同时开展下乡预防注射和新法接生工作，为农村培训卫生员、接生员。在郑带领下，经过10多年努力，将一个只有6名医疗技术人员的小型卫生院发展至1963年郑退休时的80多人的中型综合性县级医院，为全县卫生事业发展奠定良好基础。1963年，已年满70岁的郑存梓才告老退休。1987年11月病逝，享年95岁。

李怀远（1912—1988） 男，汉族，秭归县两河区（今两河口镇）人。县内闻名中医。

1912年，李怀远出生于秭归县两河太坪一个医药世家。1916年开始读私塾；1926年随祖父学医；1930年到县城拜何朴臣为师，并在何朴臣诊所实习医术兼司药。1933年9月自设“信义药号”卖药兼行医。抗日战争时期，秭归缺医少药，李广采草药，搜集民间草、验、秘方，自治膏、丹、丸、散，为百姓解除病痛。李擅长中医、外科、妇科，对烧、烫伤的治疗更有独到之处。中华人民共和国建立初期，曾任邮电工会特约医师。1954年年初当选为县医疗卫生协会主任。当年3月，李在老县城归州镇率先组建集体联合诊所，随即将其私人诊所（房屋、药品、药具等）交于集体，为推动全县医疗卫生事业走集体化道路作出一定贡献。李医术精湛，医德高尚，深受人民群众爱戴，是县内闻名的老中医之一。1954—1966年，连续6届当选为县人民委员会委员。1978年当选为县革命委员会委员。1973年2月出席“文化大革命”开始后第一次县劳模大会。1980年6月，已68岁高龄的李怀远加入中国共产党。1981年当选为秭归县第一届政协委员。1988年7月14日病逝，享年76岁。

李青春（1961—1991） 男，汉族，秭归县新滩镇人，革命烈士。

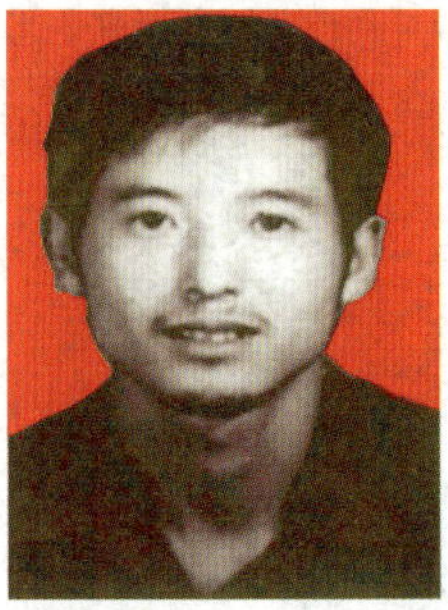

1961年，李青春出生于秭归县新滩镇岗家坪村（今屈原镇龙马溪村），1975年年初中毕业后回乡务农。1988年当选村民委员会主任。当选主任后李致力改变家乡面貌，为村民办实事，使全村先后通广播、电话、电灯。1990年，李号召全村集资修建岗家坪至龙马溪公路。为跑资金，李不分日夜，跑县交通局、商业银行、开发办公室等单位，筹集资金2万元，购回炸药、雷管。12月19日，岗家坪村至镇政府公路工程正式开工。李是工地上最忙最累的人，组织施工、发放炸药、检查安全，常常顾不上吃饭，脸庞日渐消瘦。1991年3月23日，工地最险恶地段鹰嘴窝开炸。鹰嘴窝上是高约200米的峻岭，下是深约700米的悬崖峭壁。12时后，当鹰嘴窝的炮声响过之后，李抓住树蔸攀爬到放炮处察看，发现段面上立着炸下来的一块几十吨重的巨石，如不迅速炸掉，就会影响下午施工，威胁群众安全。李与同村村民杜国才挪到巨石旁，操起钢钎打炮眼。12时15分，放炮后的乱石从2人头顶飞溅而下，一块乱石击中杜国才腹部，并卷着杜国才滚向悬崖，刹那间，李奋力去抓杜国才，被飞下的石块击中头部，李当场牺牲，殁年29岁。1991年4月15日，中共宜昌地委、宜昌地区行署、宜昌军分区决定，授予李青春"雷锋式青年""优秀农村干部""模范民兵连长"等荣誉称号。4月22日，省政府批准李青春为革命烈士。

谭光沛（1919—1991） 男，汉族，秭归县屈原镇人，农民诗人，县第一届"骚坛"诗社社长。

1919年，谭光沛出生在屈原诞生地乐平里（今屈原镇屈原村）。读私塾9年，15岁开始务农，兼做篾匠活，当地称之为"竹背篼土专家"。他农忙耕作田间，农闲以篾匠手艺串户于村寨。自幼跟随哥哥谭光旭学习吟诗作对，所作诗词弥漫乡土气息，被誉为"农民诗人"。谭曾任县第二届政协委员、省诗词学会会员、省屈原研究会会员、湖北楹联学会理事、黄冈东坡赤壁诗社社员、屈原诗词学会名誉理事、县屈原诗社名誉社长。1982年，谭和杜青山、徐正端倡导恢复"三闾骚坛诗社"，被推举为社长。当年五月端阳，谭光沛应邀出席全国在秭归举行的首届"屈原学术研讨会"和"端午诗会"，他登台吟诵他的诗作《八声甘州·端阳观龙舟竞渡唁哀屈公》。吟诵结束，著名诗人严辰紧紧握住谭的手称赞："韵味十足啊"。经《新观察》报道后，谭自此声名远扬。谭不仅诗、词、楹联较佳，且书法也有一定修为，其大楷苍劲有力，草书别具一格，被誉为三闾大楷、草书之秀。谭一生所作骚体诗词近千首，楹联数百对，诗词在国内报刊发表出版100多首。《文汇报》《瞭望》《新观察》《湖北日报》等国内大型新闻媒体对其事迹均作过大量报道。1991年12月11日，谭病逝，享年72岁。去世第二天，诗友徐正端（后接任社长）赋诗哀悼："句不成兮韵不聪，沛翁撒手赴幽宫。长庚星坠毁诗铎，点卯阎罗作锦童。五指云披抛冷露，三闾鹤唳动悲风。骚坛墨迹谁能继，后启新声在眼中。"

卢克田（1922—1992） 男，汉族，初中文化程度，曾任县委书记。

1922 年 6 月，卢出生于河北省涞水县一个农民家庭。1941 年 5 月加入中国共产党，1943 年 11 月参加革命工作。历任河北省易县第一区公所副政治委员、第一区委敌工委员，河北省涞水县七区区委敌工委员、涞水县委敌工部干事以及涞水县五区、七区区委宣传委员、副书记等职。1948 年 4 月随军南下，任带队班长，当年 10 月至 1953 年 4 月任远安县第四区区委书记、远安县供销合作总社主任；1953 年 12 月调任五峰县委书记；1954 年 8 月，调秭归县任县委书记；1956 年 6 月，卢在中共秭归县第一次代表大会上当选为县委书记；1957 年 9 月，成立县委书记处，卢担任书记处第一书记；1958 年 9 月，调宜昌地区财贸部任副部长，随后任宜昌地区民政局局长、中共宜昌地委农村工作部副部长等职；1961 年 10 月调兴山县任县委书记；1970 年 5 月后，先后任鸦官铁路指挥部政工组长、中共宜昌地委驻当阳陈场工作队队长、当阳县委副书记等职。1975 年 1 月，任宜昌医学专科学校党委书记；1984 年 8 月离休。

1954 年 8 月—1958 年 9 月，卢在秭归县担任县委书记 4 年多时间里，正值中华人民共和国成立之初完成社会主义改造和全面建设社会主义时期，也是国民经济非常困难时期，卢率领县委一班人，顺利完成农业、手工业和私营商业的社会主义改造。至 1954 年年底，全县试办 19 个初级农业生产合作社，常年互助组 541 个，季节性互助组 4 855 个。1956 年年初，又试办 9 个高级农业合作社，至 1957 年 6 月，全县有 91.36%的农户组织起 560 个高、初级社，基本实现农业生产合作化。至 1956 年 6 月，全县国营、合作工商业已占 81.89%，私营工商业仅占 0.49%。在此期间，领导全县开展“肃反”运动、社会主义教育和整风运动。1958 年年初，传达中央、省、地精神，在全县掀起“大跃进”高潮。卢工作作风深入，密切联系群众，率先垂范，特别是敢于正视困难和问题，在 1956 年 6 月 5 日中共秭归县委员会第一次代表大会上由卢作的工作报告中，有长达近 2 000 字的《县委工作作风检查》，从 5 个方面剖析县委存在的不足和问题，虽然是代表县委集体所作的报告，但也从侧面反映作为县委书记的卢克田无私无畏、光明磊落的品德，给秭归县人民留下较深刻印象。1992 年 12 月 1 日 10 时零 5 分，卢克田在市中心医院因患高血压性脑出血医治无效去世，享年 71 岁。

王永萱（1908—1994）　女，汉族，秭归县人，早期中共党员，离休干部。

1908年2月11日，王永萱出生于秭归县旧州河熊家岭一小康人家。其父王宗祈是远近闻名的医生。王虽是女子，其父仍视若掌上明珠，当男儿一样培养，让其读私塾11年。1935年，王考入宜昌乡村师范学校读书。抗日战争爆发后，王受进步思想影响，参加抗日救亡运动。1938年4月，在宜昌乡村师范学校参加党的外围组织——中国青年救国团，同年7月加入中国共产党。

1938年9月，中共宜昌中心县委派王回秭归从事革命活动。王到城关中心国民小学任教，以教师职业为掩护，建立国民中心小学党小组，设立城关联络站，积极从事地下革命活动。1939年年初，受党组织安排，王考入施南（恩施）省农学院读书。由于在校积极开展革命活动，引起校方怀疑，同年暑期被学校勒令退学。1940年春，王到宜昌分乡小学任教。6月，宜昌沦陷，宜昌县委撤销，所属党员分别转移、调走。分乡小学停课。党组织通知王转移到秭归。当时秭归地下党组织已停止活动，无法与组织接上关系。从此，王与党组织失去联系。1940年7月，王西上重庆寻找党组织，但没接上关系。此后多次奔波，寻找党组织，但始终没有接上关系。1942年年初，王被当作“共党嫌疑”被国民党当局抓住审讯，后又多次被拘审。在审讯中，王没有承认地下党员身份，没有供出敌人想知道的地下党员的信息和住址，严守党的秘密。1950年2月，王到秭归县熊家乡任教。1951年在郭家坝杨东坪小学任教，并任该校校长。1956年秋调县第一中学教书。1958年调沙镇溪（原西陵）中小学任校长。1959年秋调沙镇溪（原西陵）梅坪小学任教。1961年秋调泄滩牛口小学任教，直至1964年10月退休。

1950年2月，王正式参加工作后，多次申诉要求党组织将自己的问题查清楚，恢复党籍。1985—1986年，县委组织部对王的党籍遗留问题进行审查，认为王永萱一直信仰中国共产党，并成立调查组写出调查报告上报中共宜昌地委组织部。1986年10月，经中共宜昌地委处理“两个历史遗留问题”领导小组研究，同意恢复王党籍，入党时间和参加革命工作时间均从1938年7月算起，自批准之日起作为离休安置。1994年1月11日，王在归州镇家中去世，享年86岁。

牛达兴（1934—1996） 男，汉族，河南省新野县人，曾任县委书记。

1934年5月12日，牛出生于河南省新野县施奄乡大营村一个贫苦农民家庭。1940年在家乡小学读书，由于家境贫寒，只就读一年。1941年便给地主种地。之后，随父母逃荒，四处流浪，曾帮人种菜园、卖面粉等。1942年，流浪至湖北省，定居襄樊市。1947年3月，重新进入学堂，在湖北省襄樊市汉岘小学读书。1949年8月，在襄樊市立中学读书。在校期间，牛积极要求进步，于1950年7月加入新民主主义青年团。

牛于1951年2月参加革命工作，并被组织安排到省人民革命大学三期四部三班学习，担任爱执会副主席。同年11月，被派往湖北省崇阳县参加土地改革工作，并担任土改队小组长。1951年11月—1957年12月，连续6年在省保险公司工作。其间，于1952年12月，经刘惠、张庆介绍加入中国共产党。在公司先后担任主任科员、副科长等职。由于工作出色，曾被省直机关党委授予社会主义建设积极分子奖章。1957年12月，调任湖北省洪湖县大同湖第六机械化农场任总支副书记。1959年1月，调中共宜昌地委财贸部、财贸政治部任秘书。

1966年6月，牛被任命为秭归县县长。1975年1月—1978年5月，任县革命委员会主任。“文化大革命”期间，县党政机关基本处于瘫痪状态。牛也遭到“造反派”攻击，被打成“黑县委”“保皇派”。但作为全县行政“一把手”，在“抓革命、促生产”，稳定社会和生产局势方面牛仍作出一些有益的工作。1975年1月，牛被任命为县委书记。正值全面贯彻执行邓小平提出的“整顿”方针时期，各项工作秩序得到好转，工农业生产出现转机。1976年10月，牛当选为秭归县第三届县委书记。至1978年5月，在担任县委书记3年多时间里，是粉碎江青反革命集团后，全面拨乱反正、恢复发展时期。牛率领县委与全县人民极力投入工农业生产，恢复被“文化大革命”所破坏的国民经济和各项事业。开展路线教育、整党整风、“两打”（打击阶级敌人的破坏活动，打击资本主义势力的猖狂进攻）活动。同时，严厉打击各种刑事犯罪分子，进一步稳定全县局势。恢复发展经济的重大举措是大力发展柑橘产业。“文化大革命”时期，由于“左”的影响，片面强调“以粮为纲”，出现大规模毁柑种粮事件，仅1970年，全县毁柑达20万株，当年柑橘产量仅2 010吨。在牛任县委书记期间，高度重视柑橘生产发展，出台鼓励政策，调动各方面力量投入柑橘生产，先后建起橙汁厂龙头企业，建成外贸脐橙基地，选育优良品种，使全县柑橘面积、产量、收入大幅增长。至1979年，全县柑橘产量达到5 165吨，比1970年增1.57倍。这一时期的柑橘生产发展，为后来建成全国“脐橙大县”奠定一定基础。

1978年6月，牛调任省土产果品公司任党委书记兼经理。1988年8月，调任省茶麻进出口公司任党组织书记兼经理。1994年7月退休。1996年5月6日因病去世，享年62岁。

徐耀德（1959—1996） 男，汉族，秭归县茅坪镇人，革命烈士。

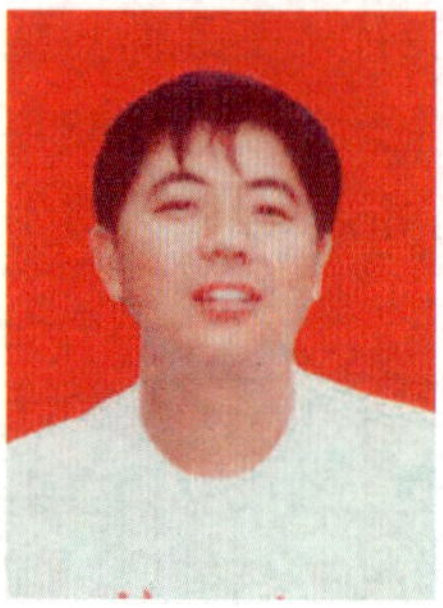

1959年5月14日，徐耀德出生于秭归县茅坪镇乔家坪村一个农民家庭，大专文化程度。1976年参加工作，1990年7月加入中国共产党，历任县委办公室通信员、茅坪镇农村经营管理站站长、茅坪镇党政办公室副主任、中共茅坪镇党委宣传统战委员等职。1995年2月，秭归县三峡库区复建公路风（吹垭）茅（坪）公路开工，时任茅坪镇党委宣传统战委员的徐担任公路建设指挥部副指挥长。徐身先士卒，不畏艰难险阻。在修建兰陵段近9个月的时间里，每天吃住在工地，劳动在工地，夜以继日，忘我工作，9个月穿破7双鞋，多次肾结石发作晕倒在工地。1996年9月21日下午1时，徐到最险最艰难的地段——横墩岩施工现场检查安全和组织施工。当来到一道长15米的半隧洞时，突然眼前掉下几粒石子，徐抬头一望，发现上面前一天放炮被震松的巨石即将坍塌，下面有18名民工正在清除石渣。在这危急关头，徐当机立断，迅速冲上前去指挥民工撤离险区。等民工全部撤完，徐才转身撤离，此时上面10多立方米碎石轰然坍塌，强大惯性将徐推入100多米深的悬崖下，因伤势过重，抢救无效，以身殉职，殁年37岁。1996年11月1日，省政府授予徐革命烈士称号。1997年6月16日，中共中央宣传部把徐列为重大典型向全国广泛宣传。6月22日，省委、省政府作出向徐耀德学习的决定。11月9日，国务院三峡工程建设委员会追认徐为三峡库区优秀移民工作者。

杜绰强（1907—1997）　女，汉族，又名杜作祥，早期留苏共产党人，离休干部。

1907年，杜绰强出生于秭归新滩（今秭归县屈原镇）。家境富裕，其父先后任长沙都督府科员和武汉高等师范庶务主任等职。杜自幼聪颖好学，在父亲任地就读小学和中学。1925年，杜以优异成绩考入省立女子师范学校，受大革命进步思想影响，逐步成长为一名有理想的进步青年。1927年春，还是学生的杜绰强正式加入中国共产党。同年，受党组织委派，杜进入苏联中山大学学习，与张闻天、王稼祥、杨尚昆等同学3年。1928年6月18日—7月11日，中国共产党第六次全国代表大会在莫斯科郊外“银色别墅”举行，杜与同在莫斯科中山大学学习的王明、潘问友、沈泽民等作为“指定参加及旁听代表”参加大会秘书处工作。1928年春，杜与陈昌浩（后曾任中国工农红军第四军政治委员、西路军军政委员会主席等职）在莫斯科结婚。1930年冬，夫妻俩先后回国。1931年4月，陈昌浩被派往鄂豫皖苏区，杜留在上海工作，任中共上海中央局妇女部部长兼中华全国总工会女工部部长。在大革命时期，面对严酷的白色恐怖，杜在中国共产党的领导下，采取各种方法进行地下革命活动。为完成党交给的任务多次面临被捕危险，杜机智摆脱特务追踪，化险为夷。1933年，以博古为首的临时党中央离开上海，迁往江西，杜仍留上海并转入绝密机构，做上海驻地苏联派出的军事专家指挥中央苏区作战的来往密电翻译工作。自此，杜面临更加严峻形势。1934年6月，中共中央上海中央局遭到严重破坏，16名共产党人被捕。1934年9月，杜在上海法租界被捕。先被关押在法租界监狱，后移到国民党上海警察局监狱，随后被押解到江苏南京“反省院”。杜在两年的监狱生活中，虽屡受酷刑，但没有出卖同志，没有写自首书，也没有写反共宣言。

1936年9月，杜被释放后，没有找到党的组织，就在浙江省电话局做雇员。之后又在汉口量才图书馆工作，并参加党的外围组织所进行的抗日救亡活动。1938年春夏，杜几次到汉口八路军办事处汇报自己的情况并要求工作，但未得到明确的答复和安排。武汉沦陷后，杜被迫回到秭归，在香溪小学任教员。暑假期间，杜积极参加当地共产党组织领导的秭归县中小学教师抗日宣传团，到各地宣传抗日，引起国民党县党部的不安，被勒令离开秭归，限期出境。此后，辗转重庆、南京、杭州等地谋生，直至1949年全国解放。中华人民共和国成立后，杜曾在杭州公路工程处、浙江医药公司、浙江省税务局等单位工作过，后被调入杭州工业学校、商业纺织学校教授俄文。1965年，杜在杭州化工学校（现浙江工学院）退休。1967年，“四人帮”的爪牙为让杜“揭发”曾留苏的某中央首长的“罪行”，将其押解至北京近郊监狱，受尽凌辱和非人折磨。1982年11月，中共杭州商学院对杜的政治历史问题作出复查结论，决定撤销1957年对杜所作的“叛党分子”的错误结论，恢复其党籍。1985年6月，经批准，由退休改为离休。1997年2月11日，杜病逝于浙江杭州，享年90岁。遵照其遗愿，将骨灰撒于钱塘江。

谭本成（1954—2001）　男，汉族，秭归县杨林桥镇人，因公殉职的村党支部书记。

1954年12月，谭本成出生于秭归县杨林桥镇板桥村一个农民家庭。高中文化程度。1974年12月加入中国共产党，1974年6月—2001年5月，先后任板桥大队民兵连长及板桥村村委会主任、村党支部书记，合并后的响水洞村党支部书记等职。1997年，谭担任板桥村村委会主任，可谓是受命于危难之时，当时该村是全镇的落后村，因村办企业等遗留问题较多，负债累累，治安混乱，无人愿当村干部。谭

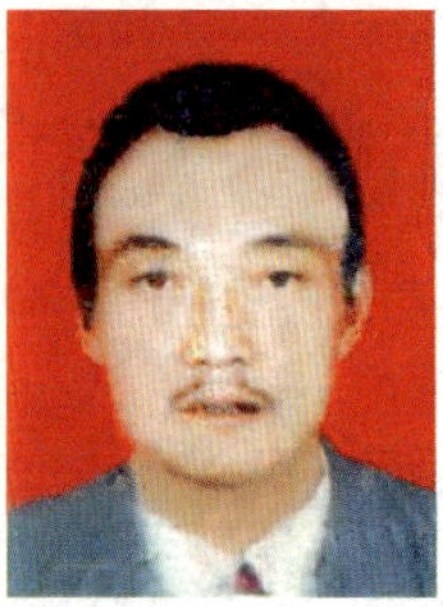

上任第一件事就是争取到板桥小学“贫九”工程项目。建校期间，谭起早贪黑，筹集资金、检查施工质量，解决具体问题。四处借钱，连自己卖猪的1 700多元钱也凑进去。村民们被他的精神所感动，自发捐款2.8万多元，义务投工1 600多个。1998年8月，板桥小学新教学楼落成，这是谭任村主职干部后在一个“乱摊子村”办的第一件实事，村民信心大增，一切工作逐步理顺。在此基础上，把大力发展商品经济，提高村民经济收入作为主要工作目标。到2000年年底，只有1 000多人的板桥村种植魔芋、柑橘、朝天椒及油菜制种等经济作物70公顷，产业结构调整率80%以上。村民年纯收入由1996年的798元上升到2000年的1 584元。同时，谭率领全村人民大力改善生活环境，先后新修公路5公里，维修公路30公里，实现全村90%的农户通公路；90%的农户用上自来水；村里开通有线电视，架通程控电话。谭心系群众，公而忘私，从不计较个人得失。因村里穷，负债多，谭几乎没有在村里领取过工资。1997—2000年，谭2年没拿过村里一分钱，且为村垫资、借资1.2万多元。谭因公殉职后，村里账上还记着：应付谭本成工资2 614元，暂付及借款1.26万元，共计应付1.52万元。2001年3月，板桥、响水洞、石鼓池3村合并为响水洞村，谭担任合并后的村党支部书记。初合并的大村，矛盾众多，工作压力大，特别是农网改造工作纠纷重重，谭常常工作至深夜。5月10日，谭在村里开会零点后才回家，因腰椎病发作翻来覆去一夜未眠，凌晨5时起床，喝了盅中药，吃了碗剩菜剩饭混合煮成的汤饭后就到该村6组处理农网改造纠纷。谭与村主任到农户家中还只凌晨7时，通过耐心细致说服工作后终于化解矛盾。可在谭回转途中，由于疲劳过度，自己驾驶的摩托车翻跌，不幸以身殉职，殒年47岁。2001年7月，县委、县政府作出开展向谭本成学习的决定，在全县号召向谭本成学习。

陈天赐（1928—2002） 男，汉族，初中文化程度，曾任县革命委员会主任、县政府县长等职。

1928年，陈天赐出生于宜昌县晓峰乡晓丰村一个贫苦农民家庭。1949年宜昌县解放后，陈参加民兵组织，并当上村民兵队长、乡武装委员，积极参加清匪反霸和减租减息运动，年底被评为先进工作者。1950年3月加入中国共产党。1951年4月出席湖北省首届民兵模范表彰大会。当年6月，正式参加革命工作，任宜昌县第十三区武装部武装干事。先后担任宜昌县第十二区区委组织干事、区委组织委员、区长、区委第二书记等职；1955年2月任宜昌县第六区委书记，先后担任宜昌县第二区区委书记、宜昌县太平溪公社党委书记、宜昌县太平溪区委书记等职；1965年7月任宜昌县县委副书记，后任宜昌县革委会副主任、县委副书记等职；1979年2月，调秭归县任县委副书记、县革命委员会主任；1981年1月当选为县长。1982年10月，调任宜昌地区交通局党委书记、局长；1989年1月退出领导岗位；1990年2月退休。退休后，曾担任离、退休干部党支部书记、市老年体育协会常委等职。

陈在1979年调到秭归县工作时，曾写下“年过五十余，工作新转移，组织调动我，屈原故里去，四个现代化，不能没粮吃（当时秭归是缺粮县），工作要顺利，实践加学习”的顺口溜，把解决秭归缺粮问题作为其工作重点。1979年3月，陈担任县革委会主任。陈密切联系群众，深入调查研究，工作作风扎实，赢得群众好评和上级领导充分肯定。1981年换届，陈当选为县长，任期至1982年10月。在担任秭归县行政主要领导近3年时间里，全县改革开放从起步到稳步推进，农村推行家庭联产承包责任制，全县经济形势发生较大变化，粮食产量大幅上升，基本解决缺粮问题。1982年，陈调入宜昌地区交通局一直到退休后，工作仍然出色，对自己严格要求，受到人们的尊重。2002年1月28日凌晨2时因患急性非淋巴性白血病等疾病医治无效去世，享年73岁。

王兰池（1917—2004） 男，汉族，河北省武邑县人，曾任县政府县长。

1917年6月2日，王兰池出生于河北省武邑县五里屯村，初中文化程度。1947年加入中国共产党，同年7月在河北省武邑县城关区参加革命工作。先后任建设助理、保卫干事、副区长等职。1949年2月作为“南下干部”分派到湖北省，先后担任宜昌专署财政科副科长、科长。1954年9月调秭归县任命为代理县长。1955年2月任命为正式县长。在1955年7月召开的县第一届人民代表大会第二次会议上当选为县长。随后，至1965年，连续数届当选为县长。王在担任县长近11年里，正值新中国成立初期，国民经济从最困难到恢复发展时期，王在率领全县人民战胜自然灾害，加快经济发展，稳定全县局势等方面起到重要作用。1954—1956年，全县实施国民经济第一个五年计划，实行农业生产合作化，完成生产资料私有制的社会主义改造。全县91.36%的农户加入农业生产合作社。至1956年，全县工农业生产总产值达6 040万元，比1949年增长74%；财政收入123.15万元，比1949年增长17.1倍。1958年开始，全县掀起“大跃进”群众运动。1959—1961年，连续3年受“高指标、瞎指挥、浮夸风”和“共产风”及严重自然灾害等影响，全县工农业总产值和粮食总产量连年下降。1960年工农业总产值比1957年下降33.8%，粮食总产下降30.3%。国民经济遭受严重破坏，人民生活异常困苦，出现饿死人事件。在此期间，患有肺结核等疾病的王兰池与人民群众同甘共苦，经常扎根基层，帮助群众解决实际困难，与农民群众同吃、同住、同劳动。一次，王在农民家吃红薯，同行干部将红薯皮剥下后再吃，王伸手将红薯皮捡起来放进嘴里，并说：“红薯皮也是分给社员的口粮算了重量的，不能浪费。”王的身体力行，全县人民战胜自然灾害的勇气大大提高，农业生产逐步得以恢复发展。从1963年开始，进行全面调整、巩固、充实、提高，国民经济恢复发展，人民生活得到改善。至1965年，全县工农业总产值达7 297万元，比1962年增长41.9%；粮食总产8.28万吨，比1962年增长38.7%；财政收入201.7万元，比1962年增长15%。1965年7月，王担任县委副书记。1968年1月担任县革命委员会副主任，兼任生产指挥组组长。“文化大革命”期间，王被当作“保皇派”“黑县委”受批斗。1971年4月，担任县委副书记。在担任副职期间，王保持务实的工作作风，勤政爱民、无私奉献，为全县稳定、发展作出积极努力。1974年2月，王调离秭归，先后担任宜昌地区商业局局长、宜昌地区财办副主任、顾问等职。在新的工作岗位上保持晚节，发挥余热。1983年5月离职休养，享受副厅级待遇。2004年11月20日，病逝于宜昌市，享年87岁。

罗世德（1941—2005） 男，汉族，湖北省黄陂县人，曾任县委书记。

1941年7月1日，罗世德出生于湖北省黄陂县五岭镇罗家寨村。1948年9月—1953年8月在该村小学读书；1955年9月—1958年7月在黄陂县第二中学读书；1958年9月—1961年7月，在武汉电力专科学校读书，获得中专毕业证书。

1961年7月，罗中专毕业后分配到宜昌地区水电局工程团任技术员。1964年6月，调五峰县农业局工作期间，五峰县委抽调罗到该县渔洋关区星光8队蹲点，在其蹲点期间，该队获省、地、县先进单位，罗本人被评为学习毛主席著作积极分子和先进工作者，并于1965年5月加入中国共产党。1966年“文化大革命”开始，年仅25岁的罗被造反派打成“县委红人”“保皇派”受到批斗，并派到香培坪药材场接受劳动改造。1968年3月，五峰县革命委员会成立后，罗被调回抓革命促生产领导小组任秘书。1969年9月，五峰县委成立后，罗调到县水电局任副局长，又被县委抽调到傅家堰区红旗大队当工作组组长。连续4年，该大队先后被评为省、地、县先进单位，罗本人连年被五峰县委表彰为模范共产党员和先进工作者。1974年4月，五峰县委从县直抽调50名青年干部到基层，罗被调到渔洋关区任区委副书记，并先后担任渔洋关公社党委书记、渔洋关镇党委书记，直至1981年1月。所在单位多次被中共宜昌地委、五峰县委评为红旗单位。罗本人被提拔选进五峰县级领导班子；1981年当选为副县长；1982年8月，当选为县长。1983年2月—1985年1月，由中共宜昌地委推荐离职学习，先后在华中农学院干部专修班学习半年，后又到南京农业大学干部管理专业学校学习一年半。1985年3月，罗调任秭归县县委书记，任期至1990年6月。5年多时间里，正值改革开放，进入社会主义现代化建设的新时期。罗带领县委一班人，坚持改革，扩大开放，拨乱反正，平反冤假错案，致力发展经济。战胜干旱、滑坡等特大自然灾害，促使"两个文明"建设全面发展。在罗任职期间的1985年6月12日，发生震惊中外的新滩大滑坡，罗亲临一线指挥抢险救灾，确保险区内1371人安全转移，创造巨型滑坡无一人伤亡的奇迹，受到国务院和省、地表彰。1990年6月，罗调任武汉市洪山区副区长，后任区委副书记。2001年7月，罗世德年满60岁正式退休。2005年10月5日，因病去世，享年65岁。

二、人物录

段广泽　男，汉族，1937 年 2 月出生于枝江县。1960 年毕业于宜昌农校园艺班；1966 年函授肄业于华中农学院。中共党员，高级农艺师，曾任县特产局技术员、对外经济贸易局技术员、副局长等职。1994 年批准为省管理专家。

秭归虽种柑历史悠久，但 20 世纪 70 年代前品种单一，以普通甜橙为主，其品质低劣。1972 年，段带领茅坪、香溪、西陵区的 3 名柑橘技术员，从重庆市公安县"五七"干校引回 1 万枝美国罗伯逊脐橙（简称"罗脐"，下同）接穗，在郭家坝公社邓家坡村和香溪镇八字门村进行高接换种，并取得成功，从此罗脐在秭归扎下根，为建成秭归脐橙大县奠定基础。1978 年，外贸部批准在秭归建 1 333.33 公顷脐橙出口基地，段专门从事脐橙基地建设，为其选育良种提供条件。1979—1981 年，段精心培育的罗脐 33 号、36 号相继在全国优质水果鉴评会上获奖。1985 年，罗脐 35 号以 91.6 分的高分获农牧渔业部全国优质水果鉴评会第一名。农牧渔业部为此决定于 1986 年投资 300 万元在秭归县建脐橙内贸基地 333.33 公顷。1982—1987 年，段主持"脐橙高接换种丰产栽培试验"项目，于 1989 年 3 月被对外经济贸易部评为三等奖。1988—1990 年，由段主持的"千亩脐橙计划密植丰产栽培技术研究"于 1992 年 2 月获对外经济贸易部三等奖，同年 3 月获省政府"星火计划"三等奖。1981 年，段参与的"引进无病毒朋娜、纽荷尔脐橙栽培推广"项目于 1994 年获农业部三等奖。段个人先后于 1991 年 5 月获国家对外经济贸易部全国"对外经济贸易优秀科技工作者"称号；1994 年 2 月，被省委、省政府批准为有突出贡献的中青年专家。1997 年 3 月，段从对外经济贸易局退休。7 月，县科学技术委员会聘段为脐橙生产科技顾问，段选育出长果型纽荷尔作为科技攻关对象，段将其命名为"长红"。1998 年，在第四届农业博览会上"长红脐橙"被评为优质水果。科技部决定在秭归县投资 30 万元，建 3 333.33 公顷长红脐橙基地。至 2005 年，长红脐橙成为全县优良、优势品种，其价格比普通脐橙高出 2～4 倍，已被大规模推广改换。

何怀富 男，汉族，1948 年 10 月 19 日出生于郭家坝镇擂鼓台村，中专文化程度，高级农艺师。

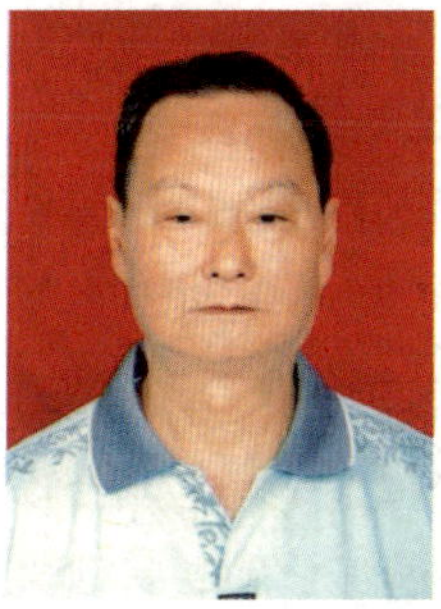

1971 年 1 月参加工作，先后任新华书店发行员、郭家坝公社主任、县农技推广中心主任等职。连续列为县第三至第五届专业技术拔尖人才，1999 年 4 月批准为宜昌市管理优秀专家。1997 年 12 月批准为省管理有突出贡献的中青年专家。

何在农技部门工作期间，潜心钻研并推广农业技术，屡创佳绩，多次获奖，为全县粮油生产增产增收作出一定贡献。1989 年，全县实施温饱工程，何深入开展调查研究，积极参与制定全县实施规划，并在杨林桥镇白鹤洞村蹲点 3 年多时间，指导举办千亩地膜玉米样板，使地膜玉米亩产达到 500 公斤以上。何总结的“杂交种、超微膜、配方肥、膜套钵、多熟套”玉米高产高效栽培模式在全县推广。1990 年何被农业部授予“贫困地区实施温饱工程先进工作者”称号，并多次获省、市表彰。1990 年，何主持在海拔 1 200 米的杨林桥镇白鹤洞村王佐成家进行高山油菜高产栽培试验获得成功，亩产达到 236.3 公斤，其论文在 1990 年第 10 期《湖北农业科学》登载。攻克高山地区种植油菜技术难题，使油菜自此走向高山，该项目 1993 年获宜昌市科技进步三等奖。1993 年，在华中农业大学指导下，何承担在县内进行杂交油菜制种试验项目。获成功后，1994 年开始大面积油菜制种，至 2001 年，全县制种面积突破万亩（合 666.67 公顷），产良种 50 万公斤，创产值 500 多万元，为农民增收找到新门路。自 1989—2002 年间，何参与实施重大农技科研项目和引进推广农业技术项目数十项，均获不同层次的奖励和表彰。1989—1991 年，实施农业部下达的鄂西山区百万亩（合 6.67 万公顷）杂交玉米综合增产技术，1989 年获农业部丰收计划三等奖，1991 年获二等奖；1992—1997 年，实施农业部下达的油菜高产高效技术等项目，先后获农业部 2 个丰收计划一等奖，3 个二等奖，1 个三等奖。1989—1996 年，何总结推广粮油生产新技术，推出粮油高产栽培模式，为提高全县粮油产量探索新路子。先后于 1995 年获“湖北省先进农业科技工作者”、1996 年获省农业厅“八五”期间“粮油生产作出突出贡献先进个人”称号。1995 年试验推广杂交玉米膜套钵高产栽培技术，获宜昌市技术创新二等奖；1996 年开展杂交水稻旱育稀植高产栽培技术示范获宜昌市技术创新二等奖；1997 年开展杂交水稻塑盘旱育抛秧技术获宜昌市技术创新三等奖。

刘厚明 男，汉族，1949年4月出生于归州镇，初中文化，1965年8月参加工作，1992年12月加入

中国共产党。1984年调县屈原轮船总公司工作，先后任水手长、驳船驾长、客运部主任、屈原轮船总公司党支部书记。刘在担任屈原1号轮客运部主任期间，诚心为旅客服务，经常帮助上下船旅客，有时还背老弱病残旅客上下船，被称之为“旅客的勤务员”。刘所在的屈原1号轮1984年被命名为“文明客船”。刘置个人安危于不顾，自10岁开始，先后10次跳入长江救起落水者10人，成为县内救人最多的人。早在1959年夏天，刘便在香溪河口救起游泳溺水的同学胡立生。参加工作后，两次跳入长江救起2名落水者。自1989年秋至1994年2月，在秭归工作期间，先后7次跳入江中救起7人生命，被誉为“生命的守护神”。其中，2次在深秋，2次在寒冬。1994年2月21日，刘见人落江，正患感冒的刘毫不犹豫跳入冰冷的江中救起落水者。1984年后，刘先后数次获国家、省、市表彰和奖励。1992年，获全国海员工会授予“最佳客运部主任”称号，获全国第三届“金锚奖”，被交通部、人事部授予“全国交通系统劳动模范”称号。1995年5月，被国务院授予“全国劳动模范”称号。

汪元良 男，汉族，1953年10月出生于泄滩乡，大专文化。1970年1月参加工作，1975年12月加

入中国共产党。历任中共杨林桥镇党委书记、香溪镇党委书记、县委副书记、县政府县长、县委书记等职。2001年1月调任省移民局局长。汪在任秭归县主要领导职务期间，适逢三峡工程兴建，县城东迁茅坪，库区移民搬迁，任务繁重而艰巨。汪率领县委、县政府一班人，不畏艰辛，克难奋进。对城镇建设坚持科学决策，高起点规划，高标准建设，高质量管理，建起一流的新县城和库区新集镇。同时，科学制定移民搬迁规划和政策，强化组织领导，探索出五种安置模式，创建出具有特色的“五为主”“双包干”责任制管理模式。在任期内，圆满完成库区移民搬迁安置7万多人，城镇房屋竣工面积249万多平方米，复建公路238公里。于1998年完成县城整体东迁茅坪，库区集镇相继搬迁，圆满完成清库工作，确保三峡工程按时蓄水发电。为支援三峡工程，1998年和1999年，汪亲自指挥汛期翻坝应急转运工作，80多天时间，数十万旅客及货物安全转运，实现人未破皮、车未掉漆、船未走锚的目标。1997年11月，汪被国家三峡工程建设委员会授予“三峡工程移民先进工作者”称号。2000年4月30日，被国务院授予“全国先进工作者”称号，获五一劳动奖章。

佘西龙 男，汉族，1952年9月出生于郭家坝镇庙垭村，小学文化程度，1983年7月加入中国共产党。1983—2005年一直担任郭家坝镇及原文化乡庙垭村党支部书记、党总支书记、村委会主任等职务。任职期间，带领村民投资800多万元建起响水洞电站；投资20万元建起村委会办公楼；投资150万元建成新型村庄，实施42户扶贫搬迁至新建村庄。投资60多万元架通5座石拱桥；投资修筑1 500米河堤、1 500米“U”型渠和500口天河水窖，解决1 300多户饮水困难。修通8条村级主线公路，总长39公里，户通车率85%。村集体投资250万元创办占地7 700平方米的万头养猪场，在全村培植50头以上养猪大户50户。大力发展柑橘等产业，仅2002年，完成柑橘大树移栽7万株，面积69公顷。至2005年，发展柑橘266.67公顷，发展核桃46.67公顷，茶叶20公顷。全村农民人均纯收入达到1 879元，比1983年的80元增长22倍多。有300多户农户建起砖预结构楼房、买有摩托车，电视普及率90%以上。村民走向致富道路，村风文明，社会和谐。该村党组织连续15年被镇、县、市、省表彰为先进基层党组织。佘个人多次获省、市、县“十佳基层党组织书记”“十佳拔尖人才”“十佳党员标兵”等称号。2000年4月30日，佘被国务院授予“全国劳动模范”称号。

郑家宝 男，汉族，1944年4月出生于沙镇溪镇，大学文化，主任医师。1970年7月大学毕业后分配至茅坪公社卫生院（今县第二人民医院）工作，先后任该院党支部副书记、书记，党总支书记，副院长、院长等职。郑扎根基层医院，放弃担任县卫生部门领导职务和调入城市大医院的机会，先后放弃60多次外出旅游和出国观光的机会，一心扑在工作上，节假日很少休息，平均每天工作达12小时。经几十年奋斗，将一个仅有听诊器、体温表、血压计的茅坪公社卫生院办成具有县级医疗水平和规模的县第二人民医院。郑先后为医院引进技术骨干36人，选送到北京等大医院深造技术人员30多人。医院占地面积由4 000多平方米增加到1.4万平方米；房屋由1 000平方米增加到3.5万平方米；病床由20张增加到300张；固定资产由20万元增加到3 200多万元。1993年10月，郑被批准为享受国务院“特殊津贴”的专家。2004年4月，被省政府授予“全省劳动模范”称号。2005年4月，被国务院授予“全国先进工作者”称号。同时，郑还是秭归县第一至第六届专业技术拔尖人才，宜昌市第二、三届优秀专家。1991年当选为省党代表。

田才祚 男，汉族，1929年6月出生于归州镇，中共党员，1958年参加工作。1964年以前，田才祚在大乐油脂加工厂当榨油工，工作吃苦，为提高出油率作出一定成绩。1966年调香溪粮管所任保管员，1975年任副所长。为搞好粮食保管工作，实现“四无”（无虫、无霉、无鼠雀、无事故）粮仓取得一定成绩，被人们誉为“好管家”。自1964—1982年曾4次出席省财贸战线先进工作者代表大会，两次被授予省财贸战线“劳动模范”称号。1982年获省政府授予的“全省劳动模范”称号。

周函授 男，汉族，1956 年 7 月出生于两河区（今两河口镇），中共党员，大专文化程度，1978 年参加石油公司工作。周先后担任过县石油公司油库主任、安全办公室主任、办公室主任、副经理等职。在担任主要领导期间，所在单位年年被评为先进单位。周爱学习、刻苦钻研技术，常常提出很好的建议使公司获益。1979 年，周建议石油公司将油品整装购进改为散装购进，销售由磅秤发油改为流量计发油。仅 1979—1981 年 3 年间为单位节约费用达 100 多万元。1980 年，周研发油水分离器，提高油品质量，销售量大幅上升，效益提高，得到石化系统认可。1982 年，在石油码头接卸石油时，船厂的电线突然掉落在输油管上，电流顺钢管输入长江中。当时，周和其他 2 名同事正在水中安装管道，均被电流击倒。但周以顽强的毅力爬起，凭着所学电力知识，减小跨步电压，碎步从水下移动上岸，及时断开电源，又回身跳入水中救起已昏迷的 2 名同事。1982 年，周被授予湖北省商业系统表彰为先进积极分子；1983 年 4 月，被省政府授予湖北省“劳动模范”称号。2001 年下岗离职，自谋职业。

姜毓琪 女，汉族，1935 年 3 月出生于湖北省黄陂县。中专文化，中共党员。1953 年 7 月毕业于湖北省孝感市卫生学校，同年分配至县卫生院工作，1974—1989 年，任县妇幼保健站（所）长。自参加工作以后，姜一直在妇幼保健岗位上工作，热爱本职，苦练本领，技术过硬。无论节假日，也无论严冬酷暑，只要病人需求，便及时赶赴患者身边，足迹踏遍全县山山岭岭。在县医院工作 20 多年里，亲手成功抢救 300 余名垂危的幼小生命。调任县妇幼保健站（所）任领导后，依然忘我工作，所在单位先后被评为全国三八红旗集体、全省卫生系统先进单位。姜个人多次被评为省、市、县先进工作者。1983 年被卫生部、卫生部工会授予“全国卫生先进工作者”称号。1986 年，当选为县委候补委员。1990 年退休。

甘德华 男，汉族，1930 年 2 月出生于茅坪镇。1952 年 5 月参加工作，1956 年 2 月加入中国共产党。1976 年任县计划委员会副主任兼劳动科科长；1978 年 11 月任县纪委副书记；1986 年 12 月—1988 年 12 月任县纪委书记；1990 年 2 月退休。甘从事纪检工作 20 多年，坚持原则，铁面无私，秉公办事。在任职期间，先后查办 4 起领导干部、100 多名党员和干部违纪案件，没有出现一件错案。甘年近八旬的老母和长年患病的妻子生活在农村一个交通不便的地方，女儿在外地读书，甘很少照顾家庭，每年只有春节才回家一次。一家 4 口人，仅靠甘一人工资维持生活，生活十分清贫，组织上提出给点困难补助，甘婉言谢绝。在纪检工作岗位上，先后多次荣获市、省（部）级以上表彰。1985 年 9 月，获省委授予的“模范纪检干部”称号，省纪委号召全省党员、纪检干部向甘德华学习；1986 年 1 月，被省委表彰为优秀共产党员；1986 年 5 月 1 日，获全国总工会授予的“优秀政治工作者”称号，获五一劳动奖章；1987 年 3 月，获省委授予的“党风建设先进工作者”称号；

1987 年 9 月，被省政府授予“全省劳动模范”称号。

姜崇官 男，汉族， 1930 年 9 月出生于秭归县，初中文化。1953 年 3 月加入中国共产党。1952 年 1 月参加工作，先后任土改工作队队员、县银行营业所副主任、第二区委组织干事、西陵区（公社）党委副书记、县公安局治安股股长、公安局教导员等职。1973—1989 年 2 月，任县法院院长。姜参加工作后，努力工作，在不同的工作岗位上均作出不同成绩。在担任县法院院长的 16 年间，身先士卒，刚直不阿，工作取得显著成绩。1986 年，县公安局一名干部过失致死人命，干警感到棘手，姜主动承担此案，后依法判处被告人有期徒刑 4 年。院内一名干警与人发生纠纷，纵火烧毁公私财物，姜毫不姑息，严格依法办事，按程序判处其有期徒刑。姜始终保持清正廉洁。1980 年工资调整，姜符合调级却让给了其他干警。姜家在农村，老伴多病，女儿双目接近失明，还有年幼的小儿子需人照顾，全家仅靠姜每月几十元工资维持，家境十分困难，但姜从不要照顾，不要补助，克服困难，节假日回家种田以弥补生活之不足。1981 年姜被省高级人民法院荣记二等功一次，并奖励晋升一级工资。1988 年 4 月，获省政府授予“全省劳动模范”称号。

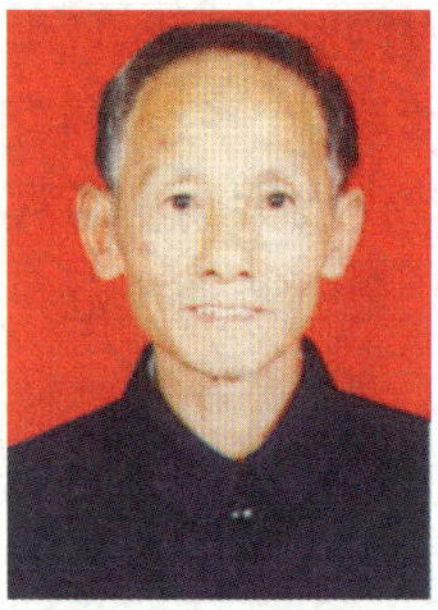

牟来甸 男，土家族， 1949 年 8 月出生于湖北省利川市。1980 年 12 月参加工作。1985 年 12 月加入中国共产党。初中文化程度。助理农艺师。1980 年 12 月，牟被秭归县从利川市聘请到县土产公司任烟叶生产技术员。1984 年 5 月调县烟草公司，任烟叶生产技术员。1989 年后，任杨林桥镇烟叶技术中心推广站站长、杨林桥镇科技副镇长等职。1993 年 3 月调任县烟草专卖局副局长、烟草公司副经理、党支部委员，兼任公司烟叶复烤厂厂长。2001 年 7 月，任县烟草专卖局副局级调研员，不再担任领导职务。1980 年，秭归至利川县聘请技术员时，牟被当地推荐。牟当时家庭负担较重，上有父母、下有 3 个未成年子女及依靠其供养的 2 个侄女。但牟克服困难，只身来到秭归。在其担任技术员近十年里，常年工作生活在贫困山区，吃千家饭，睡百家铺，走村串户，指导农民种植烤烟，即使身体患病高烧 40 度也不休息；牟自编自印大量技术资料，举办烟叶技术培训班，培训大量本地技术员。通过努力，烟叶技术得到普及，种烟水平提高，大量烟农摆脱贫困，逐步富裕，烟叶生产得到快速发展，成为全县支柱产业之一。1987 年 4 月—1991 年 6 月，牟连续 5 次被省烟草专卖局、省烟草公司评为全省烟草系统先进个人。1988 年 4 月被中国轻工业工会总会、国家烟草专卖局、中国烟草总公司授予“全国烟草系统劳动模范”称号。

谭本益 男，汉族，1944 年 2 月 18 日出生于磨坪乡白家坪村。农民出身，初中文化。1984 年，谭承包耕地 0.73 公顷，种烤烟 0.4 公顷。谭自费订阅《烟草科技》等 6 种报刊，从中摸索出一套科学种烟技术，成为全县科学种烟带头人。1987 年，谭一户产烤烟 1 128 公斤，亩均单产 188 公斤，上、中等烟 88%，烤烟收入 4 302 元，为地方创税 1 635 元。1988 年 2 月 23 日，县政府召开烟叶生产工作会议，铅印《谭本益科学种烟 12 条》1 万份发给种烟户。县烟草公司邀请谭去产烟乡镇巡回传授经验 20 多场次。谭积多年科学种烟经验，总结整理《烤烟烘烤技术口诀》144 句，连同《科学种烟 12 条》，成为秭归农民的“种烟经”。1993 年 1 月，县烟草公司聘请谭担任杨林桥镇烟叶收购站站长。1989 年 9 月，省政府授予谭“湖北省劳动模范”称号。12 月，省科学技术协会授予谭“湖北省农村科技致富能手”称号。1990 年 1 月，省烟草公司授予谭“湖北省种烟能手”称号。1991 年 6 月，省科学技术协会授予谭 1987—1990 年“湖北省科技兴农燎原工程活动先进个人”称号。

谢永生 男，汉族，1953年3月出生于香溪镇周家湾村。1992年8月参加工作，1978年7月加入中国共产党，高中文化程度。1974年12月，谢应征入伍服兵役；1980年2月退伍回乡；1985年担任周家湾村党支部书记等职。1992年8月，谢招聘为国家干部，先后任郭家坝镇农业委员会主任、郭家坝镇党委副书记、县交通局副局长等职。1985年谢退伍回乡后，走马上任所居住的周家湾村党支部书记。之前，该村在全镇属落后村，全村13名党员、干部，有9人有经济问题，教育、计划生育工作在全镇倒数第一，社会治安混乱。谢上任后，开展治理整顿，查处党员干部违纪问题，修建两间教室，兑现历年拖欠的教师、村组干部50多人工资。在此基础上大办实事，发展经济。先后修复水渠3 800米，新修公路2公里，修人行道6 000米，改田40公顷，全村发展柑橘66.67公顷，绿化荒地66.67公顷。发展村集体经济改田4公顷，建成柑橘园。在其带领下，经过6年奋斗，人均收入、计划生育工作、教育质量均名列全镇前列，社会治安稳定。在谢任书记的6年多时间里，该村连年被县、镇评为先进村、红旗村、“双文明”村、带头致富村等，并被湖北省、宜昌市评为十面红旗党支部、先进党支部等。谢个人也多次获得省、市、县表彰。1990年4月获省政府“全省劳动模范”称号；1991年6月获中共宜昌地委授予的“劳动模范”称号。由于工作出色，1992年8月，谢被破格招聘为国家干部。

胡兴灿 男，汉族，1934年出生于沙镇溪镇，个体手工业者。小学文化程度。自幼跟随父亲从事面粉加工工作。1955年，担任陕西营联合社会计；1961年担任西陵区农机厂事务长；1971年担任县锅厂采购员；1980—1990年担任县花炮厂面粉车间主任。10年间，胡艰苦奋斗，苦心经营，将一个只有3名职工、2万元资金、100多平方米简陋房屋的面粉车间，发展到拥有职工19人、固定资产15万元、年加工粮油千余吨、年实现利税23万余元的中型加工厂。创业之初，46岁的胡兴灿，与职工一道睡工棚，用3个石头垒起的灶台做饭，率领职工自装自卸粮油、面粉，节约经费3.2万多元。胡把自己应得的2万多元奖金全部用于发展生产，妻子常年生病无暇照顾，一心扑在工作上，使企业逐年壮大。胡先后多次被县委、县政府授予“劳动模范”“先进工作者”等荣誉称号；1990年获省政府授予的“全省劳动模范”称号。1991年后，回家从事个体加工业。2003年2月因病去世。

姜 宁 男，汉族，1933年9月出生于城关镇。1948年初中毕业，1951年4月参加工作，1954年加入中国共产党。先后任县委宣传部干事、团县委副书记、县文教局副局长兼文工团团长、县文化广播局局长、旅游局局长，县人民政府外事办公室及侨务办公室主任、县旅游总公司总经理等职。在文化部门工作期间，组织创作的歌舞剧《神鱼》获全省创作演出二等奖、《泪洒青山》获宜昌地区演出二等奖。1985年，50岁的姜宁担任新成立的县旅游局局长兼旅游总公司总经理。白手起家。首先成立一支54人的旅游建筑队，半年创利润4万元，为滚动发展打下基础。姜在任旅游部门负责人的11年间，贷款修建旅游码头，购置安装大型趸船，结束秭归不能停泊大型客轮的历史。先后接待70多个国家和地区共3万多外宾、6万多内宾到秭归旅游。姜把文化与旅游结合一起，走具有地方特色的旅游之路。1988年组建一支10人的旅游演出队，先后编排《船工号子》《招魂》以及地花鼓等一组既有峡江特色又有一定艺术水准的歌舞，赢得海内外游客赞誉，曾获法国游客邀请到国外演出。在姜的率领下，秭归旅游业逐步壮大，至1996年姜退休前，县旅游总公司还清所有贷款，并拥有固定资产和流动资金300多万元，先后为国家创利税400多万元。县旅

游局、旅游总公司多次被省、市表彰为先进单位。姜本人于1991年和1992年被聘为省旅游学会、旅游协会理事。1991年2月，获国家旅游局、中国财贸工会授予的“全国旅游行业先进工作者”称号；1993年获被湖北省表彰为优秀共产党员。

胡　才　男，汉族，1957年10月13日出生于郭家坝镇窑湾溪村。初中文化程度，1990年7月加入中国共产党。自1988年1月以后连任第三至第五届县政协委员。先后担任卜庄河砖瓦厂副厂长、厂长，茅坪镇经济委员会副主任；兼任江城公司总经理、华夏商贸公司总经理、华城公司董事长、四溪风景区总经理、宜昌九畹溪旅游公司副总经理等。胡长期从事企业经营管理工作，不断创新管理办法，在所任职的企业创造出良好的经济效益和社会效益，先后获得“优秀农民企业家”等称号。1984年担任县卜庄河砖厂副厂长后，胡坚持大胆改革创新，先后研发棒式煤炭粉碎机、机械化砖坯转运、机械化切砖、用轮窑余热烧水等技术革新项目，大大提高工作效率，减轻工人劳动强度，成为全省砖瓦加工企业技术革新先进单位。胡率先为职工购买养老保险，成为全省第一家为职工建立养老金的乡镇企业。在产品质量上，通过改进生产工艺，使生产出的产品被评为湖北省优质产品，生产的页岩砖供不应求。在生产管理上，实行计件工资加全面质量管理考核加奖励工资，提高职工生产积极性，企业效益逐年提高，使砖厂成为全县乡镇企业中的纳税大户，多次受省、市、县表彰。胡个人于1991年3月获省政府“全省劳动模范”称号；1992年获省政协“模范政协委员”称号；1993年获共青团中央、农业部等单位“全国青年农民企业家”称号；1995年5月获省委、省政府“全省优秀乡镇企业家”称号。

杨道年　男，汉族，1960年3月出生，周坪乡梨树垭村人，初中文化，1978年2月参加工作，1989年为县客运公司汽车驾驶员。杨在平凡的岗位上以雷锋为榜样，创造不平凡的业绩。1989年腊月23日，70多岁的台胞王源茂乘坐杨驾驶的客车回到阔别40年的家乡两河口镇月明山探亲，车到两河口车站后，当杨听到王源茂还要走15公里山路才能到月明山时，当即掏出20元钱，请两个向导专程送老人到月明山村。王源茂回到台湾后，给县客运公司寄来一封感谢信，写道：“新去归故里，处处逢亲人，家乡的山亲水亲人更亲。”1992年8月，县安达运输总公司开辟由秭归至武汉的长途客运班车后，杨第一个报名接受长途客运班次任务，为预防旅客乘坐长途客车头痛、晕车和感冒等常见病的发生，从跑第一趟班车起，便自费800多元在客车上为旅客配备“车上旅客药箱”，添置2个热水器，为乘客免费服务。实行单车承包核算后，杨先后为40多名烈军属、残疾军人、老弱病人、孤寡老人提供免费乘车。杨热心教育事业。1992年10月，为芝兰乡梨树垭村小学一次捐资5 000元。1993年春，归州镇小学开学缺课本，杨开车跑遍武汉各书店，在几家书店凑齐课本送到学校。9月，归州镇小学在武汉购买乐器等物，杨免费将其送到学校。几十年如一日的为民做好事，办实事，被人们誉为“峡江活雷锋”。1991年4月，杨被省政府授予“全省劳动模范”称号。1992年1月3日，中国公路运输工会全国委员会、交通部安全监督局、公安部交通管理局联合评定：县汽车客运站驾驶员杨道年驾驶的“50-90421”客车为全国红旗车。同年1月13日，杨被省委表彰为优秀共产党员。同年7月9日，获“全国红旗手”称号。

蔡大梅　女，汉族，1956年出生于茅坪镇乔家坪村，县建设银行干部。高中文化程度，1975年加入中国共产党，1980年参加工作。1992年2月，任县建设银行茅坪办事处主任，至1997年调入县建设银行任行长助理，2002年内部退养。

1992年蔡任建行茅坪办事处主任后，勤奋刻苦，一切从零开始，至1993年，使办事处存款达到400多万元。为方便移民，蔡带领员工每天提着20多斤重的钱箱，挨家挨户把移民补偿款送到移民手中。1993—1994年，累计为6个村、21个组、300户1 300多名移民上门兑付补偿费1 000多万元。茅坪镇三溪村一名颜姓移民，取款时将1 000元现金遗忘在柜台上，蔡反复打听其住址，反复核实后亲自将钱送还该移民手中。至1994年年底，该办事处存款总额达到1 414万元，一年新增1 000万元。1993年，蔡被省建设银行评为三八红旗手，被市建设银行评为十大标兵，被县委表彰为模范共产党员。1994年10月，获省政府"全省劳动模范"称号。

宋兴森 男，汉族，1949年3月出生于茅坪镇，县邮政局职工，初中文化程度。1968年应征入伍在部队服兵役；1971年退伍后在宜昌长航船厂当铸造工人；1981年调入秭归县担任茅坪邮电支局投递员。至1994年，12年如一日，在平凡的乡邮员岗位上作出不平凡的贡献。宋的投递点从43个增加到321个，12年累计步行达22.4万公里，累计投递报刊124.74万份、杂志18.07万份、信函40.39万封，均未出现任何差错和用户投诉。报刊订阅流转额由最初的7 000元，增加到1994年的6.5万元，在全县乡邮员中首屈一指。这度时期，宋所负责的茅坪坝区，正值三峡工程兴建之时，外来人口猛增，投递难度增大。宋不怕麻烦，不惜多跑路，坚持寻找收件人。仅1992—1993年一年多时间里就询投疑难信件98封。由于服务周到，投递可靠，三峡工地的天津水电工程五处、八处及葛洲坝水利工程局等施工单位主动订阅报刊一次达到7 000元。1987年，宋获宜昌地区邮电局"优质服务先进个人"称号；1989年，获省邮电管理局"最佳投递员"称号；1990年，获宜昌地区邮电局"最佳投递员"称号；同时多次获县邮电局、县委、县政府表彰。1994年10月，获省政府"全省劳动模范"称号。

杜国东 男，汉族，1943年1月出生于屈原镇，大学学历，中共党员，副高级工程师。1970年3月参加工作。1980年5月—1983年10月赴埃塞俄比亚援建沃雷塔—瓦尔迪亚公路，1983年10月获埃塞俄比亚运输工程局授予的"优秀工作者"称号。1984年2月任县交通局副局长。在全县交通建设中，主持并参与多条公路和20多座大中型桥梁建设。1995年开始，连续被确认为全县第三至第五届专业技术拔尖人才。1995年，杜担任县交通复建总指挥部总工程师。在工作中强化现场管理，坚持到现场办公、认真审查、研究方案，参加每一个关键工序施工。至2000年，杜参与建成风（吹垭）茅（坪）路等6条复建公路，总里程达160多公里，5座隧道、3 137米，81座大、中、小桥梁，工程验收合格率达100%，优良率达20%以上。在5年的库区复建公路建设中，经杜优化方案节约总投资1 000多万元。1998年5月，杜被省人事厅、移民局评为移民先进工作者；1997年12月，被市委、市政府评为移民先进工作者；2000年4月，被省政府授予"全省劳动模范"称号。

王启宝 男，汉族，1961年12月2日出生于水田坝乡石垭村，高中文化程度，1996年加入中国共产党。1977年高中毕业后，回到海拔1 000多米的石垭村，带领全村人民共奔富路。王将承包的0.53公顷荒山自费改造成水平梯田，在试种天麻、元胡等药材失败后，不气馁，继续发展落叶果。1988年，先后从辽宁等地引进20个苹果品种、20个梨子品种、11个葡萄品种进行试种，获得成功。1990年，将开垦的梯田及承包的耕地共1公顷全部栽种引进的优质水果，在果树间套种蔬菜。1991年，再次举债7 000元，改田达到3.6公顷，种上水果、蔬菜。至1994年，全家水果、蔬菜收入达到1.2万元，人均纯收入1 500多元。在其带动下，石垭村兴起改田、

栽果树、发展蔬菜热。至 2005 年，全村改田新增土地面积 20 公顷。至 1994 年年底，全村发展梨树、苹果树 7 000 多株，新增蔬菜收入 18 万多元。王翻山越岭为村民指导果树、蔬菜栽培技术，使很多贫困户因此致富。2001 年，王的果园出售梨子 3.5 万公斤，蔬菜 2.3 万公斤，总收入达 8 万多元，人均纯收入 5.2 万多元。至 2005 年，全家收入达 10 多万元，人均纯收入 2 万多元。1989 年，王被省科学技术协会授予“湖北省农村科技致富能手”称号；1990—1991 年连续两年被国家科学技术委员会、共青团中央授予“全国农村青年星火带头人”称号；1991 年 5 月被中共宜昌地委等授予“十佳青年”称号。1995—1996 年，先后被市委、市政府授予“劳动模范”“山区经济发展十面红旗”等称号。多次被县委、县政府表彰为优秀共产党员、劳动模范等，连续数届被评为省、市、县管乡土拔尖人才。2002 年 4 月，被省政府授予“全省劳动模范”称号。

三、人物表

一、省（部）级以上劳动模范

收录1979—2005年获省（部）级以上劳动模范（先进工作者）20人、21次。其中，国家级劳动模范4人次，省级劳动模范17人次。只限于退休后可享受省（部）级以上劳模津贴的综合性劳模。按获奖时间为序。（见表1）

1979—2005 年秭归县获省（部）级以上劳动模范名录

表1

姓　名	性别	籍　贯	工作单位	授予单位	授予时间	授予名称	退休后待遇
刘厚明	男	湖北秭归	屈原轮船公司	国务院	1995-04	全国劳动模范	国家级劳模待遇
汪元良	男	湖北秭归	县委	国务院	2000-04	全国先进工作者	国家级劳模待遇
佘西龙	男	湖北秭归	文化乡庙垭村	国务院	2000-04	全国劳动模范	国家级劳模待遇
郑家宝	男	湖北秭归	县第二人民医院	国务院	2005-04	全国先进工作者	国家级劳模待遇
				省政府	2004-04	全省劳动模范	省级劳模待遇
田才祚	男	湖北秭归	香溪粮管所	省政府	1980	全省劳动模范	省级劳模待遇
周函授	男	湖北秭归	县石油公司	省政府	1983-04	全省劳动模范	省级劳模待遇
姜毓琪	女	湖北黄陂	县妇幼保健所	卫生部	1983-07	全国卫生先进工作者	省级劳模待遇
甘德华	男	湖北秭归	县纪委	省政府	1987-09	全省劳动模范	省级劳模待遇
姜崇官	男	湖北秭归	县法院	省政府	1987-04	全省劳动模范	省级劳模待遇
牟来甸	男	湖北利川	县烟草专卖局	国家烟草专卖局、烟草总公司、中国轻工业工会全国委员会	1988-04	全国烟草系统劳动模范	省级劳模待遇
谭本益	男	湖北秭归	磨坪乡白家坪村	省政府	1989-09	全省劳动模范	省级劳模待遇

续表

姓　名	性别	籍　贯	工作单位	授予单位	授予时间	授予名称	退休后待遇
谢永生	男	湖北秭归	县交通局	省政府	1990-04	全省劳动模范	省级劳模待遇
胡兴灿	男	湖北秭归	沙镇溪花炮厂	省政府	1990	全省劳动模范	省级劳模待遇
姜　宁	男	湖北秭归	县旅游局	国家旅游局、中国财贸工会	1991-02	全国旅游行业先进工作者	省级劳模待遇
胡　才	男	湖北秭归	卜庄河页岩砖厂	省政府	1991-03	全省劳动模范	省级劳模待遇
杨道年	男	湖北秭归	县安达运输公司	省政府	1991-04	全省劳动模范	省级劳模待遇
蔡大梅	女	湖北秭归	建行秭归县支行	省政府	1994-10	全省劳动模范	省级劳模待遇
宋兴森	男	湖北秭归	县邮政局	省政府	1994-10	全省劳动模范	省级劳模待遇
杜国东	男	湖北秭归	县交通局	省政府	2000-04	全省劳动模范	省级劳模待遇
王启宝	男	湖北秭归	水田坝乡石垭村	省政府	2002-04	全省劳动模范	省级劳模待遇

二、获省（部）级以上表彰或获荣誉称号者

收录1979—2005年获省部级以上表彰及获荣誉称号者201人、229次。其中，省级72人次，国家（部）级157人次。按获奖时间为序。（见表2）

1979—2005年秭归县受省（部）级以上表彰或获荣誉称号者名录

表2

姓　名	性别	工作单位	授予单位	授予时间	授予名称
陈振华	男	县师范学校	省委、省政府	1979-04	模范教师
王家圣	女	县教育科研信息中心	省委	1979-04	模范教师
			全国妇女联合会	1979-09	三八红旗手
向方春	女	县新华印刷厂	全国妇女联合会	1979-09	三八红旗手
谭志秀	女	两河公社妇联	全国妇女联合会	1979-09	三八红旗手
陶友秀	女	茅坪公社胜利大队	全国妇女联合会	1980	三八红旗手
姜崇锐	男	县法院	省委	1982	先进工作者
江正熙	女	县农业银行	中国农业银行总行	1982	职工教育先进工作者
张旭芳	女	茅坪陈家卫生院	省政府	1982-04	计划生育先进工作者
赵宗喜	女	归州镇卫生院	省政府	1982-04	计划生育先进工作者
向世久	女	杨林公社	省政府	1982-04	计划生育先进工作者
向祖清	女	香溪镇居委会	省政府	1982-04	计划生育先进工作者
张安前	男	两河口公社	省政府	1982-04	计划生育先进工作者
刘光群	女	水田坝公社	省政府	1982-04	计划生育先进工作者
王珍祖	女	西陵公社杨家沱大队	省政府	1982-04	计划生育先进工作者
			省委、省政府	1982-04	三八红旗手
钱　强	男	县气象局	国家气象局	1982-12	质量优秀测报员

续表一

姓 名	性别	工作单位	授予单位	授予时间	授予名称
李明志	男	县商业局	商业部	1983	优秀职工教育工作者
唐晓春	男	县邮电局	全国总工会	1983	优秀工会工作积极分子
谭贤茂	男	磨坪公社	省委、省政府	1983-03	农业劳动模范
张世圣	男	芝兰公社	省委、省政府	1983-03	农业劳动模范
王必森	男	文化公社	省委、省政府	1983-03	农业劳动模范
谭光照	男	郭家坝公社	省委、省政府	1983-03	农业劳动模范
周慧兰	女	郭家坝公社	省委、省政府	1983-03	农业劳动模范
杨先威	男	杨林公社	省委、省政府	1983-03	农业劳动模范
傅昌远	男	泄滩公社	省委、省政府	1983-03	农业劳动模范
黄海清	男	周坪公社	省委、省政府	1983-03	农业劳动模范
向培俊	男	周坪公社	省委、省政府	1983-03	农业劳动模范
李昌文	男	县新华书店	全国新华书店先代会	1983-03	全国新华书店先进工作者
			省委、省政府	1988-08	拥政爱民先进工作者
			新闻出版署、人事部	1992-12	新闻出版系统先进工作者
			新闻出版署	1997-04	书刊发行奖
			省委	1997-06	优秀共产党员
			新闻出版署、人事部	1992-12	先进工作者
郑之典	男	梅家河卫生院	省政府	1983-06	计划生育技术指导先进个人
王永芝	女	两河口公社月明卫生所	省政府	1983-06	计划生育技术指导先进个人
王怀秀	女	县人民医院	省政府	1983-06	计划生育技术指导先进个人
杜生云	女	县妇幼保健站	省政府	1983-06	计划生育技术指导先进个人
文宗成	男	杨林公社卫生院	省政府	1983-06	计划生育技术指导先进个人
高厚光	男	周坪公社卫生院	省政府	1983-06	计划生育技术指导先进个人
龚发英	女	文化公社卫生院	省政府	1983-06	计划生育技术指导先进个人
刘启坤	男	郭家坝公社卫生院	省政府	1983-06	计划生育技术指导先进个人
温庠之	男	水田坝公社卫生院	省政府	1983-06	计划生育技术指导先进个人
宋发枝	女	梅家河公社王家坡大队	全国妇女联合会	1983-09	三八红旗手
谢克枝	女	杨林公社赵家山大队	中华全国妇女联合会	1983-09	五好家庭
田恒珍	女	磨坪公社六家包大队	中华全国妇女联合会	1983-09	五好家庭
鲁永隆	男	县劳动人事局	中华全国妇女联合会	1983-09	五好家庭
杜国东	男	县交通局	埃塞俄比亚运输工程局	1983-10	优秀工作者
吴兰芬	女	归州镇小学	教育部	1983-11	优秀班主任

续表二

姓　名	性别	工作单位	授予单位	授予时间	授予名称
张家春	男	县农牧局	农牧渔业部	1983-12	农业科学技术推广工作者
郑卫东	男	县农牧局	农牧渔业部	1983-12	农业科学技术推广工作者
贺德英	男	县农牧局	农牧渔业部	1983-12	农业科学技术推广工作者
何光荣	男	县农牧局	农牧渔业部	1983-12	农业科学技术推广工作者
周祖波	男	县农牧局	农牧渔业部	1983-12	农业科学技术推广工作者
熊心汉	男	县种子公司	农牧渔业部	1983-12	农业科学技术推广工作者
姚永煌	男	县种子公司	农牧渔业部	1983-12	农业科学技术推广工作者
宋光武	男	县种子公司	农牧渔业部	1983-12	农业科学技术推广工作者
王承顺	男	县兽医站	农牧渔业部	1983-12	农业科学技术推广工作者
宋汉清	男	县良种场	农牧渔业部	1983-12	农业科学技术推广工作者
张原达	男	归州农技站	农牧渔业部	1983-12	农业科学技术推广工作者
戈必唐	男	茅坪农技站	农牧渔业部	1983-12	农业科学技术推广工作者
郑振富	男	茅坪农技站	农牧渔业部	1983-12	农业科学技术推广工作者
谭文珍	男	周坪农技站	农牧渔业部	1983-12	农业科学技术推广工作者
董大翠	男	两河口农技站	农牧渔业部	1983-12	农业科学技术推广工作者
张永年	男	县特产局	农牧渔业部	1983-12	农业科学技术推广工作者
宋鸿虎	男	县特产局	农牧渔业部	1983-12	农业科学技术推广工作者
黄绍新	男	县特产局	农牧渔业部	1983-12	农业科学技术推广工作者
范直程	男	县特产局	农牧渔业部	1983-12	农业科学技术推广工作者
袁时煜	男	县特产局	农牧渔业部	1983-12	农业科学技术推广工作者
乔丁贤	男	县特产局	农牧渔业部	1983-12	农业科学技术推广工作者
周传华	男	县特产局	农牧渔业部	1983-12	农业科学技术推广工作者
傅承奎	男	县特产局	农牧渔业部	1983-12	农业科学技术推广工作者
巩心照	男	县特产局	农牧渔业部	1983-12	农业科学技术推广工作者
韩启茂	男	县特产局	农牧渔业部	1983-12	农业科学技术推广工作者
王新德	男	县科学技术协会	农牧渔业部	1983-12	农业科学技术推广工作者
徐绍权	男	县微生物研究所	国家科学技术委员会、经济委员会、农牧渔业部	1984-01	全国农村科技推广先进工作者
王绍俊	男	县林业局	林业部	1984-07	林业技术推广工作者
王健群	男	县林业局	林业部	1984-07	林业技术推广工作者
吴怀亮	男	县林业局	林业部	1984-07	林业技术推广工作者
黄汉翘	男	县林业局	林业部	1984-07	林业技术推广工作者
陈志鹏	男	县林业局	林业部	1984-07	林业技术推广工作者

续表三

姓　名	性别	工作单位	授予单位	授予时间	授予名称
陈万元	男	县林业局	林业部	1984-09	优秀林业工作者
何同三	男	归州镇小学	共青团中央	1984-09	红领巾读书、读报活动先进指导者
余从英	女	县档案局	省委、省政府	1984-12	档案管理先进工作者
			全国妇女联合会	1991-03	全国三八红旗手
			人事部、档案局	1991-08	全国档案系统劳模
李支鹏	男	县体育委员会	国家体育委员会	1985	新中国体育开拓者
王元柳	男	杨林区石鼓池村	共青团中央绿化委员会	1985-06	绿化祖国突击手
甘德华	男	县纪委	省委	1985-09	模范纪检干部
			全国总工会	1986-05	优秀政治工作者（五一劳动奖章）
			省委	1987-03	党风建设先进工作者
毛　杰	男	县粮食局	省委、省政府	1985-12	湖北省山区先进工作者
曾一民	男	县第一中学	省委、省政府	1985-12	山区工作突出贡献奖
汪世才	男	县人民医院	省委、省政府	1985-12	山区优秀知识分子
崔治龙	男	县特产局	农牧渔业部	1985-12	农业科学技术推广工作者
黄家琪	男	县特产局	农牧渔业部	1985-12	农业科学技术推广工作者
杜国才	男	茅坪镇铲子岩小学	国家教育委员会、全国教育工会	1986	全国教育系统劳动模范
李发春	女	郭家坝区	国家计划生育委员会	1986-11	计划生育先进工作者
			国务院人口普查领导小组	1991-03	全国第四次人口普查先进个人
谢宗良	男	县公安局	国防部	1987-10	全国征兵政审体检20年纪念章
王大虎	男	沙镇溪镇倒座铺村5组	省政府	1987-05	新长征突击手
			中国人民解放军三总部	1987-08	优秀民兵
柳祖德	男	县船舶公司	省委	1987-07	优秀共产党员
郑之元	男	县林业局	林业部	1987-08	先进工作者
			林业部	1995-02	长防工程先进工作者
尹安英	女	县人民医院	卫生部	1988	优秀护士
易念德	男	县卫生局	卫生部	1988-04	卫生文明建设先进工作者
杨启轩	男	县航运公司	交通部	1988-05	中国内河安全明星船长
				1991-05	中国内河安全明星船长
卢元明	男	县人大常委会	省政府	1988-11	计划生育先进工作者
			国务院人口普查领导小组	1991-03	全国第四次人口普查先进个人
			省委、省政府	1995-10	抗灾救灾先进工作者
周宗签	男	水田坝中学	国家教育委员会、人事部、教育工会	1989	优秀教师
向清德	男	县第一中学	国家教育委员会、人事部、教育工会	1989	优秀教师
王玉华	女	郭家坝中学	国家教育委员会、人事部、教育工会	1989	优秀教师

续表四

姓　名	性别	工作单位	授予单位	授予时间	授予名称
梅敬威	男	县第一中学	国家教育委员会、人事部、教育工会	1989	优秀教师
周功应	男	屈原乡贾家店小学	国家教育委员会、人事部、教育工会	1989	优秀教师
严有成	男	县计划生育委员会	国家计划生育委员会	1989-03	计划生育先进工作者
胡兴沛	男	归州镇	国家计划生育委员会	1989-03	计划生育先进工作者
周宗和	男	县计划生育委员会	国家计划生育委员会	1989-12	优秀调查指导员
甘家法	女	茅坪镇政府	国家计划生育委员会	1989-12	优秀调查员
余先香	女	香溪镇政府	国家计划生育委员会	1989-12	优秀调查员
韩庆菊	女	香溪镇政府	国家计划生育委员会	1989-12	优秀调查员
王启宝	男	水田坝乡石垭村	科技部	1990	全国农村青-星火计划带头人
			共青团中央	1991	全国农村青-星火计划带头人
王福清	男	县气象局	省政府	1990-03	科技进步二等奖
郑光顶	男	县气象局	省政府	1990-03	科技进步二等奖
			国家气象局	1990-07	质量优秀测报员
杜九三	男	县气象局	省政府	1990-03	科技进步二等奖
			国家气象局	1990-07	质量优秀测报员
			中国气象局	1993-06	质量优秀测报员
袁子信	男	县扶贫办	省委、省政府	1990-11	全省山区建设先进工作者
王大生	男	县政协	省委、省政府	1990-11	全省山区建设先进工作者
刘国强	男	县卫生局	卫生部	1990-12	改灶降氟先进个人
罗　容	男	县卫生局	卫生部	1990-12	改灶降氟先进个人
郭圣兰	女	县防疫站	卫生部	1990-12	改灶降氟先进个人
郑之英	男	文化乡卫生院	卫生部	1990-12	改灶降氟先进个人
樊哲银	男	两河口白庙岭小学	国家教育委员会、人事部	1991	劳动模范
刘德三	男	茅坪中学	国家教育委员会	1991	优秀教师
周祖明	男	县统计局	国务院人口普查领导小组	1991-03	全国第四次人口普查先进个人
张　诚	男	县计划生育委员会	国务院人口普查领导小组	1991-03	全国第四次人口普查先进个人
彭恢珩	男	县卫生局	国务院人口普查领导小组	1991-03	全国第四次人口普查先进个人
张作琼	男	香溪镇政府	国务院人口普查领导小组	1991-03	全国第四次人口普查先进个人
郑之权	男	新滩镇政府	国务院人口普查领导小组	1991-03	全国第四次人口普查先进个人
				2003-02	第五次全国人口普查先进个人
税元忠	男	杨林桥镇政府	国务院人口普查领导小组	1991-03	全国第四次人口普查先进个人
向培森	男	屈原乡政府	国务院人口普查领导小组	1991-03	全国第四次人口普查先进个人
胡学知	男	水田坝乡政府	国务院人口普查领导小组	1991-03	全国第四次人口普查先进个人

续表五

姓　名	性别	工作单位	授予单位	授予时间	授予名称
余从孜	男	县直机关幼儿园	国家教育委员会	1991-09	优秀教师
郑家宝	男	茅坪卫生院	卫生部、人事部	1992-01	卫生系统模范工作者
杜森祥	男	新滩镇政府	省委、省政府	1992	民兵预备役工作先进个人
向　华	男	县第一中学	国家教育委员会、人事部	1993	优秀教师
马学桂	女	县国家税务局	国家税务总局	1993-02	优秀政治思想工作干部
刘华英	女	县人民政府	省政府	1993-04	计划生育先进工作者
谭　明	男	郭家坝镇	省政府	1993-04	计划生育先进工作者
马学清	男	周坪中学	国家教育委员会	1993-09	优秀教师
杨德菊	女	县人民政府	国务院三峡工程建设委员会移民局	1993-12	先进工作者
吴志国	男	县移民局	国务院三峡工程建设委员会移民局	1993-12	先进工作者
刘明强	男	新滩镇龙马溪村	国务院三峡工程建设委员会移民局	1993-12	先进工作者
徐宗文	男	县公安局	公安部	1994	全国优秀人民警察
高秉国	男	县农业委员会	国务院全国第三产业普查协调小组	1994-03	国家级第三产业普查先进工作者
黄大国	男	县人民武装部	省委	1994-06	人武标兵
				1996-04	优秀人武干部
彭会银	男	县水泥厂	国家科学技术委员会、团中央	1994-08	全国农村青年星火带头人
周志龙	男	县第一中学	国家教育委员会、人事部	1995	优秀教师
李祖元	男	郭家坝镇移民站	省政府	1995-03	先进工作者
王功平	男	县城环委	建设部	1995-10	城市规划先进工作者
周宗平	男	县残联	省委、省政府、军区	1995-10	抢险救灾一等功
姜从权	男	县民政局	省政府	1995-12	农村五保先进工作者
			民政部	1997-10	农村社会养老保险先进个人
姜华庭	男	县水电局	水利部、计划委员会、中国水电工委	1996-05	全国第二批农村水电初级电气化县建设先进工作者
谭复顺	男	屈原镇	农业部、全国农业普查办	1996-07	农业普查先进个人
田　兵	男	县移民局	国务院三峡工程建设委员会	1996-10	先进工作者
吴述信	男	水田坝乡计生办	省政府	1996-11	计划生育先进工作者

续表六

姓　名	性别	工作单位	授予单位	授予时间	授予名称
胡勇娥	女	县防保中心	卫生部	1996-12	全国妇幼卫生先进工作者
谭　钧	男	县国家税务局	国家税务总局	1996-12	全国税务系统征管能手
卢游清	男	县残联	中国残联、人事部	1997-05	全国残联系统先进工作者
熊作林	男	县人民武装部	省委	1997-06	献身国防后备力量建设之星
			广州军区政治部、纪委	1998-04	廉洁自律优秀干部
熊佳仁	男	县人民武装部	广州军区司令部、政治部、后勤部	1997-08	红管家
谭远森	男	沙镇溪镇政府	国务院三峡工程建设委员会	1997-11	移民工作先进个人
汪元良	男	县委	国务院三峡工程建设委员会	1997-11	先进工作者
张可儒	男	文化乡长坑小学	教育部、人事部	1998	全国教育系统模范教师
王　晓	男	县公安局	省委、省政府	1998	全省综合治理先进个人
谭远焕	男	县计划生育委员会	省政府	1998-04	计划生育先进工作者
韩庆运	男	县金山实业有限公司	省政府	1998-12	省科技进步三等奖
王功桂	女	县林业局	科技部	1999-05	振华科技扶贫先进个人
王耀群	男	县农技推广中心	省委、省政府	1999-06	推进农业产业化经营先进个人
郑光平	男	县农村经营管理局	农业部、财政部	1999-12	全国农村集体资产清产核资先进工作者
黄在文	男	县气象局	国家档案局	1999-12	档案管理突出贡献
程品运	男	县气象局	国家档案局	1999-12	档案管理突出贡献
佘西龙	男	郭家坝庙垭村	省委	2000、2004	全省十佳党支部书记
郑之德	男	县人民政府	建设部	2000-01	全国城市环境整治优秀县长
殷发春	男	沙镇溪镇计生办	国家计划生育委员会	2000-09	优秀计划生育工作者
贺必笑	男	县广播电视局	中国电视艺术家协会、中国亚洲电视艺术中心	2000-10	当代中国电视人
谭家政	男	县教育局	教育部、人事部	2001	教育先进工作者
陈春晓	女	县学生资助管理中心	共青团中央中国青年志愿者协会	2001-03	中国十大杰出青年志愿者暨中国青年志愿服务金奖
			中宣部、中央文明办、团中央等	2003-02	学习雷锋志愿服务先进个人
			团中央、全国青联	2005-05	中国青年五四奖章
杜支明	男	县金山实业有限公司	国家黄金总局党委	2001-06	优秀思想政治工作者
向伦昌	男	县移民局	国务院三峡工程建设委员会	2001-07	先进工作者
冀学枝	女	县移民局	国务院三峡工程建设委员会	2001-07	先进工作者
刘昌军	男	县移民局	国务院三峡工程建设委员会办公室	2002-05	优秀统计员
周立斌	男	县广播电视局	中国电视艺术家协会、中国亚洲电视艺术中心	2002-05	全国由佳杯千县工程贡献奖
				2004-07	第三届全国千县工程先进工作者

续表七

姓　名	性别	工作单位	授予单位	授予时间	授予名称
宋兴建	男	屈原镇政府	农业部	2002-09	全国农牧渔业丰收计划奖
乔平贤	男	县移民局	国务院三峡工程建设委员会办公室	2003-02	优秀统计工作者
王建民	男	县统计局	国务院人口普查领导小组	2003-02	第五次全国人口普查先进个人
吴家森	男	茅坪镇政府	国务院人口普查领导小组	2003-02	第五次全国人口普查先进个人
余祖湛	男	县国土资源局	国土资源部	2003-02	全国地质灾害防治先进个人
罗利波	男	县国土资源局	国土资源部	2003-02	全国地质灾害成功预报特别奖
韩裕玖	男	县民政局	省委、省政府、省军区	2003-03	拥军优属先进个人
王道安	男	县计生服务中心	国家计划生育委员会	2003-08	计划生育科技工作先进个人
王光明	男	周坪乡	省政府	2003	人民满意民政助理员
余先舜	男	县第一中学	省政府	2004	农村优秀教师
王　芳	女	郭家坝文化中学	省政府	2004	全省农村优秀教师
秦考学	男	县人口计生局	省政府	2004-09	国际人口发展论坛筹备和服务工作先进个人
向　平	男	县电影公司	文化部	2004-11	“送电影下乡”活动优秀农村电影放映员
向光华	女	县直机关幼儿园	国家计划生育委员会、卫生部	2004-12	“计划生育万例手术无事故”先进个人
王贵武	女	杨林桥镇白岩村	民政部	2004-12	孝亲敬老之星
许克翠	女	县水土保持局	水利部	2005	水土保持先进个人
秦菊花	女	县移民局	国务院三峡工程建设委员会办公室	2005-03	先进工作者
郝　心	男	县移民局	国务院三峡工程建设委员会	2005-03	先进工作者
任　荣	女	县财政局	省委、省政府	2005-06	农村税费改革试点工作先进个人
张其波	男	沙镇溪镇财经所	省委、省政府	2005-06	农村税费改革试点工作先进个人
卢贵平	男	泄滩乡财经所	省委、省政府	2005-06	农村税费改革试点工作先进个人
姜学龙	男	县法院	最高人民法院	2005-11	法院审判监督工作先进个人
王功高	男	县扶贫办	教育部、农业部、扶贫办、人事部	2005-11	全国职业教育先进个人
王太周	男	杨林桥镇响水洞村卫生室	卫生部	2005-12	全国优秀乡村医生

三、副高级以上专业技术人员

收录1979—2005年全县获得副高级以上专业技术职称人员510人。其中，高级职称7人，分别为：李祖玉、程琼璧、梅长青、乔国民、郑家宝、谭国钿、王耀群；副高级职称503人，附表中自郑祥明以下均为副高级职称。按照高级、副高级分单位按取得资格时间等顺序排列。（见表3）

1979—2005年秭归县副高级以上专业技术人员名录

表3

姓　名	性别	出生年月	籍　　贯	工　作　单　位	职称	取得资格年　份
李祖玉	男	1937-06	湖北宜都	县医疗中心	主任医师	1994
程琼璧	女	1945-02	湖北浠水	县医疗中心	主任医师	1999
梅长青	男	1959-11	湖北秭归	县医疗中心	主任医师	2000
乔国民	男	1953-12	湖北秭归	县医疗中心	主任医师	2002
郑家宝	男	1944-04	湖北秭归	县第二人民医院	主任医师	2000
谭国钿	男	1944-07	湖北秭归	县农业局	正高职农艺师	2000
王耀群	男	1966-06	湖北秭归	县农业局	正高职农艺师	2002
郑祥明	男	1969-04	湖北秭归	县卫生监督局	副主任医师	2003
郭海仙	男	1935-08	湖北秭归	县医疗中心	副主任技师	1988
姚文辉	男	1933-11	湖北武汉	县医疗中心	副主任医师	1988
颜道隆	男	1940-02	湖北秭归	县医疗中心	副主任医师	1993
王相鑫	男	1938-01	湖北宜昌	县医疗中心	副主任医师	1994
汪发强	男	1945-09	湖北兴山	县医疗中心	副主任医师	1994
张高祥	男	1943-01	湖北枝江	县医疗中心	副主任医师	1994
喻可慧	女	1939-02	湖北宜昌	县医疗中心	副主任医师	1995
胡桂英	女	1939-06	上　海　市	县医疗中心	副主任医师	1995
乔士湖	男	1946-03	湖北秭归	县医疗中心	副主任医师	1995
郑之典	男	1947-05	湖北秭归	县医疗中心	副主任医师	1995
王大知	女	1944-05	四川资阳	县医疗中心	副主任护师	1996
韩思茹	女	1941-09	山东黄县	县医疗中心	副主任护师	1996
唐天发	女	1941-04	湖北枝江	县医疗中心	副主任护师	1996
文宗成	男	1944-09	湖北当阳	县医疗中心	副主任医师	1996
余先福	男	1938-04	湖北秭归	县医疗中心	副主任医师	1996
向毓芳	女	1942-11	湖北秭归	县医疗中心	副主任护师	1996
徐宗忠	男	1943-12	湖北秭归	县医疗中心	副主任医师	1996
丁祥成	男	1953-01	湖北兴山	县医疗中心	副主任医师	1997
谭文兰	女	1950-07	湖北秭归	县医疗中心	副主任医师	1997
何宝新	男	1947-05	湖北秭归	县医疗中心	副主任医师	1997
鲁永新	男	1954-12	湖北秭归	县医疗中心	副主任医师	1998
谭士善	男	1954-07	湖北秭归	县医疗中心	副主任医师	1998
王昌兰	女	1958-01	湖北秭归	县医疗中心	副主任医师	1998
彭先佑	男	1935-12	湖北武汉	县医疗中心	副主任技师	1998
张三友	女	1942-11	湖北秭归	县医疗中心	副主任医师	1998
易俊发	女	1949-07	湖北秭归	县医疗中心	副主任医师	1998
颜克炳	男	1946-04	湖北秭归	县医疗中心	副主任医师	1998

续表一

姓　名	性别	出生年月	籍　贯	工　作　单　位	职称	取得资格年　份
黄继川	男	1953-07	湖北巴东	县医疗中心	副主任医师	1999
王明星	男	1952-09	湖北秭归	县医疗中心	副主任医师	1999
王亦农	男	1963-03	湖北秭归	县医疗中心	副主任医师	1999
包　宁	女	1965-11	湖北秭归	县医疗中心	副主任医师	2000
郑之玺	女	1954-12	湖北秭归	县医疗中心	副主任医师	2000
熊仁慈	男	1954-01	湖北秭归	县医疗中心	副主任医师	2000
张登福	男	1949-09	湖北秭归	县医疗中心	副主任医师	2000
王宗柱	男	1945-09	湖北秭归	县医疗中心	副主任医师	2000
李　鸣	男	1951-02	湖北秭归	县医疗中心	副主任医师	2000
曾凡荣	男	1963-06	湖北宜都	县医疗中心	副主任医师	2001
韩永梅	女	1954-12	湖北秭归	县医疗中心	副主任医师	2001
李金堂	女	1955-05	湖北秭归	县医疗中心	副主任医师	2001
鲁永州	男	1953-12	湖北秭归	县医疗中心	副主任医师	2001
谭本玉	男	1954-03	湖北秭归	县医疗中心	副主任医师	2001
胡兆明	男	1956-06	湖北秭归	县医疗中心	副主任医师	2001
陈川明	男	1969-01	四川昌平	县医疗中心	副主任医师	2002
韩永界	男	1967-02	湖北秭归	县医疗中心	副主任医师	2002
熊翠华	女	1966-09	湖北秭归	县医疗中心	副主任医师	2002
吴吉阳	男	1952-05	湖北秭归	县医疗中心	副主任医师	2002
郑学友	男	1952-07	湖北秭归	县医疗中心	副主任医师	2002
寇晓凤	女	1954-01	新疆柯坪	县医疗中心	副主任护师	2003
向方槐	男	1954-01	湖北秭归	县医疗中心	副主任技师	2003
李　琼	女	1974-12	湖北襄樊	县医疗中心	副主任医师	2003
王洪成	男	1950-07	湖北秭归	县医疗中心	副主任药师	2003
姜从良	男	1966-11	湖北秭归	县医疗中心	副主任药师	2003
向维玉	女	1953-01	湖北秭归	县医疗中心	副主任护师	2003
余将焰	男	1969-01	湖北秭归	县医疗中心	副主任医师	2004
万成彬	男	1953-03	湖北秭归	县医疗中心	副主任医师	2004
芦双兰	女	1957-05	湖北秭归	县医疗中心	副主任技师	2004
姜从国	女	1955-09	湖北秭归	县医疗中心	副主任护师	2004
邹树荣	男	1969-07	湖北秭归	县医疗中心	副主任医师	2004
姜仕柱	男	1965-06	湖北秭归	县医疗中心	副主任医师	2005

续表二

姓　名	性别	出生年月	籍　　贯	工　作　单　位	职称	取得资格年　份
王克琼	男	1965-12	湖北秭归	县医疗中心	副主任医师	2005
宋　斌	男	1970-03	湖北秭归	县医疗中心	副主任医师	2005
柳远春	男	1970-03	湖北秭归	县医疗中心	副主任医师	2005
章松盛	男	1940-09	湖北秭归	县第二人民医院	副主任医师	1995
王合元	男	1949-07	湖北秭归	县第二人民医院	副主任医师	1998
吴远华	男	1948-05	湖北秭归	县第二人民医院	副主任医师	2001
刘安珍	女	1955-01	湖北秭归	县第二人民医院	副主任医师	2002
李晓耘	男	1965-01	湖北秭归	县第二人民医院	副主任医师	2003
向桂华	男	1967-04	湖北秭归	县第二人民医院	副主任医师	2005
杨传明	男	1966-03	湖北秭归	县第二人民医院	副主任医师	2005
胡兴良	男	1965-11	湖北秭归	县第二人民医院	副主任医师	2005
黄光清	男	1966-07	湖北秭归	县第二人民医院	副主任医师	2005
姜毓琪	女	1935-12	湖北黄陂	县防保中心	副主任妇幼医师	1987
郭圣兰	女	1949-12	湖北武汉	县防保中心	副主任检验技师	1987
蔡先榜	男	1945-07	湖北秭归	县防保中心	副主任防疫医师	1993
韩玉福	男	1951-04	湖北秭归	县防保中心	副主任防疫医师	1996
熊秀芳	女	1949-04	湖北秭归	县防保中心	副主任妇幼医师	1997
吴茂英	男	1952-02	湖北秭归	县防保中心	副主任防疫医师	1998
谭凤英	女	1945-07	湖北秭归	县防保中心	副主任妇幼医师	1999
杜生云	女	1945-11	湖北秭归	县防保中心	副主任妇幼医师	1999
蔡怀灿	男	1940-12	湖北秭归	县防保中心	副主任摄影技师	1999
杨德新	男	1956-03	湖北秭归	县防保中心	副主任防疫医师	2002
梅云艾	女	1953-06	湖北秭归	县防保中心	副主任妇幼医师	2002
洪晓军	男	1963-02	湖北秭归	县防保中心	副主任防疫医师	2004
刘庆华	男	1963-06	湖北秭归	县防保中心	副主任防疫医师	2004
向长虹	女	1964-08	湖北秭归	县防保中心	副主任检验技师	2005
郑　玲	女	1956-12	湖北秭归	县防保中心	副主任妇幼医师	2005
乔士会	女	1948-09	湖北秭归	归州镇卫生院	副主任医师	1995
周立明	男	1946-03	湖北秭归	归州镇卫生院	副主任医师	1998
李祖芳	男	1954-07	湖北秭归	归州镇卫生院	副主任医师	2003
徐国恩	女	1952-07	湖北秭归	归州镇卫生院	副主任医师	2004
胡兴容	女	1954-07	湖北秭归	归州镇卫生院	副主任医师	2005

续表三

姓　名	性别	出生年月	籍　贯	工　作　单　位	职称	取得资格年　份
王明社	男	1955-01	湖北秭归	水田坝乡卫生院	副主任技师	2005
谢克华	男	1943-01	湖北秭归	郭家坝镇卫生院	副主任医师	1995
郭道开	女	1947-08	湖北秭归	沙镇溪镇卫生院	副主任医师	1998
刘世禄	男	1946-01	湖北秭归	沙镇溪镇卫生院	副主任医师	2003
王光成	男	1945-03	湖北秭归	周坪乡卫生院	副主任医师	2002
宋秀龙	男	1948-06	湖北秭归	磨坪乡卫生院	副主任药师	2002
丁开菊	女	1970-09	湖北远安	县合作医疗管理办公室	副主任医师	2005
王昌松	男	1930-01	湖北秭归	县教育科研信息中心	中学高级教师	1988
胡世文	男	1935-01	湖北长阳	县教育科研信息中心	中学高级教师	1988
龙　墀	男	1935-09	湖北秭归	县教育科研信息中心	中学高级教师	1988
何启贤	男	1942-09	湖北秭归	县教育科研信息中心	中学高级教师	1994
秦立雄	男	1946-05	湖北秭归	县教育科研信息中心	中学高级教师	1995
王国安	男	1953-02	湖北秭归	县教育科研信息中心	中学高级教师	1996
韩春香	女	1963-04	湖北秭归	县教育科研信息中心	中学高级教师	1997
谭国锋	男	1962-08	湖北秭归	县教育科研信息中心	中学高级教师	1998
刘传林	男	1963-01	湖北钟祥	县教育科研信息中心	中学高级教师	1998
何训光	男	1964-02	湖北秭归	县教育科研信息中心	中学高级教师	2000
王国龙	男	1956-01	湖北秭归	县教育科研信息中心	中学高级教师	2000
何同三	男	1952-11	湖北秭归	县教育科研信息中心	中学高级教师	2002
向元茂	男	1968-05	湖北秭归	县教育科研信息中心	中学高级教师	2002
邓　梅	女	1966-04	湖北秭归	县教育科研信息中心	中学高级教师	2002
梅　宇	男	1968-03	湖北秭归	县教育科研信息中心	中学高级教师	2002
姜　军	男	1969-04	湖北秭归	县教育科研信息中心	中学高级教师	2004
向方北	男	1961-09	湖北秭归	县第一中学	中学高级教师	1988
宋俊清	男	1945-12	河南平舆	县第一中学	中学高级教师	1988
夏更九	男	1940-04	湖北武汉	县第一中学	中学高级教师	1988
杨宗元	男	1940-01	湖北宜都	县第一中学	中学高级教师	1988
梅敬威	男	1939-10	湖北黄梅	县第一中学	中学高级教师	1988
王昌植	男	1939-11	湖北秭归	县第一中学	中学高级教师	1988
黄景福	男	1937-10	江西石城	县第一中学	中学高级教师	1988
曾一民	男	1937-11	湖南新化	县第一中学	中学高级教师	1988
黄达茂	男	1933-10	广东普宁	县第一中学	中学高级教师	1988

续表四

姓　名	性别	出生年月	籍　　贯	工　作　单　位	职称	取得资格年　份
彭家键	男	1925-10	湖北秭归	县第一中学	中学高级教师	1988
向昌铨	男	1933-03	湖北枝江	县第一中学	中学高级教师	1988
向清德	男	1953-04	湖北秭归	县第一中学	中学高级教师	1994
崔一夫	男	1947-10	湖北秭归	县第一中学	中学高级教师	1994
杨元顺	男	1950-02	湖北秭归	县第一中学	中学高级教师	1996
韩启勇	男	1949-08	湖北秭归	县第一中学	中学高级教师	1996
韩双庆	女	1951-08	湖北秭归	县第一中学	中学高级教师	1997
韩永杰	男	1954-02	湖北秭归	县第一中学	中学高级教师	1997
向　阳	男	1954-12	湖北秭归	县第一中学	中学高级教师	1997
向　华	男	1963-04	湖北秭归	县第一中学	中学高级教师	1997
马尚永	男	1962-04	湖北秭归	县第一中学	中学高级教师	1997
何树清	男	1937-03	湖南江永	县第一中学	中学高级教师	1998
魏明理	男	1936-05	湖北丹江口	县第一中学	中学高级教师	1998
彭洪开	男	1962-09	湖北秭归	县第一中学	中学高级教师	1998
刘　鸣	男	1962-05	湖北秭归	县第一中学	中学高级教师	1998
杨先雄	男	1962-05	湖北秭归	县第一中学	中学高级教师	1998
韩永益	男	1956-08	湖北秭归	县第一中学	中学高级教师	1998
周春华	女	1953-10	湖北秭归	县第一中学	中学高级教师	1999
周宗圣	男	1964-10	湖北秭归	县第一中学	中学高级教师	2000
熊　海	男	1964-07	湖北秭归	县第一中学	中学高级教师	2000
赵成平	男	1965-02	湖北秭归	县第一中学	中学高级教师	2001
刘明茂	男	1964-11	湖北秭归	县第一中学	中学高级教师	2001
向　阳	女	1963-07	湖北秭归	县第一中学	中学高级教师	2001
颜复敏	男	1965-02	湖北秭归	县第一中学	中学高级教师	2001
谭旭林	男	1966-03	湖北秭归	县第一中学	中学高级教师	2002
韩少华	男	1965-06	湖北秭归	县第一中学	中学高级教师	2002
熊永立	男	1960-05	湖北秭归	县第一中学	中学高级教师	2002
王国宝	男	1966-07	湖北秭归	县第一中学	中学高级教师	2002
许　红	男	1968-08	湖北秭归	县第一中学	中学高级教师	2003
余先魁	男	1956-08	湖北秭归	县第一中学	中学高级教师	2003
颜复合	男	1965-09	湖北秭归	县第一中学	中学高级教师	2003
谢晓霞	女	1968-01	湖北秭归	县第一中学	中学高级教师	2003

续表五

姓 名	性别	出生年月	籍 贯	工 作 单 位	职称	取得资格年 份
谢 军	男	1964-07	湖北秭归	县第一中学	中学高级教师	2003
李 勇	男	1965-12	湖北秭归	县第一中学	中学高级教师	2003
杜海泉	男	1964-09	湖北秭归	县第一中学	中学高级教师	2003
王 旭	男	1967-01	湖北秭归	县第一中学	中学高级教师	2004
张 俊	女	1968-04	湖北秭归	县第一中学	中学高级教师	2004
张 萍	女	1963-09	湖北秭归	县第一中学	中学高级教师	2004
苟 中	男	1969-03	湖北秭归	县第一中学	中学高级教师	2004
寇有值	男	1966-03	湖北秭归	县第一中学	中学高级教师	2004
邓松柏	男	1964-12	湖北秭归	县第一中学	中学高级教师	2004
汪元兵	男	1969-01	湖北秭归	县第一中学	中学高级教师	2004
余先舜	男	1966-12	湖北秭归	县第一中学	中学高级教师	2004
袁 军	男	1970-06	湖北秭归	县第一中学	中学高级教师	2004
王 聂	男	1970-04	湖北秭归	县第一中学	中学高级教师	2004
陈 波	男	1970-12	湖北秭归	县第一中学	中学高级教师	2004
周宗菊	女	1968-09	湖北秭归	县第一中学	中学高级教师	2004
胡开军	男	1969-05	湖北秭归	县第一中学	中学高级教师	2004
向 冰	男	1967-03	湖北秭归	县第一中学	中学高级教师	2004
周卫红	男	1967-03	湖北秭归	县第一中学	中学高级教师	2005
刘元德	男	1965-08	湖北郧西	县第一中学	中学高级教师	2005
简家红	男	1967-01	湖北秭归	县第一中学	中学高级教师	2005
全兴武	男	1967-07	湖北秭归	县第一中学	中学高级教师	2005
王 英	女	1969-01	湖北秭归	县第一中学	中学高级教师	2005
何泽平	男	1969-12	湖北郧西	县第一中学	中学高级教师	2005
秦 玲	女	1970-08	湖北秭归	县第一中学	中学高级教师	2005
朱 超	男	1968-06	湖北利川	县第一中学	中学高级教师	2005
向邦龙	男	1971-01	湖北秭归	县第一中学	中学高级教师	2005
王 敏	男	1963-09	湖北秭归	县第一中学	中学高级教师	2005
何 亮	男	1970-12	湖北秭归	县第一中学	中学高级教师	2005
王学勇	男	1969-04	湖北秭归	县第一中学	中学高级教师	2005
王光军	男	1965-05	湖北秭归	县第一中学	中学高级教师	2005
王小玲	女	1971-06	湖北秭归	县第一中学	中学高级教师	2005
宋秀琼	男	1968-10	湖北秭归	县第一中学	中学高级教师	2005

续表六

姓　名	性别	出生年月	籍　　贯	工　作　单　位	职称	取得资格年　份
邹维民	男	1968-09	湖北秭归	县第一中学	中学高级教师	2005
王光斌	男	1936-01	湖北秭归	县第二中学	中学高级教师	1988
蔡光汉	男	1936-12	湖北秭归	县第二中学	中学高级教师	1988
杨德新	男	1935-11	湖北秭归	县第二中学	中学高级教师	1988
邓其红	男	1936-04	湖北秭归	县第二中学	中学高级教师	1988
李明权	男	1936-01	湖北枝江	县第二中学	中学高级教师	1988
杜开秀	女	1939-05	湖北秭归	县第二中学	中学高级教师	1993
周宗爱	男	1942-10	湖北秭归	县第二中学	中学高级教师	1994
周祖元	男	1944-05	湖北秭归	县第二中学	中学高级教师	1994
王祖元	男	1946-01	湖北秭归	县第二中学	中学高级教师	1995
徐启胜	男	1933-01	湖北秭归	县第二中学	中学高级教师	1995
王大洋	男	1942-12	湖北秭归	县第二中学	中学高级教师	1996
袁学梓	男	1950-10	湖北秭归	县第二中学	中学高级教师	1996
邓忠直	男	1950-05	湖北秭归	县第二中学	中学高级教师	1997
郑学斌	男	1966-03	湖北秭归	县第二中学	中学高级教师	1999
邓光贵	男	1964-06	湖北秭归	县第二中学	中学高级教师	2000
熊作万	男	1966-08	湖北秭归	县第二中学	中学高级教师	2002
王大义	男	1965-05	湖北秭归	县第二中学	中学高级教师	2002
王晓月	女	1966-01	湖北秭归	县第二中学	中学高级教师	2002
袁本才	男	1964-07	湖北秭归	县第二中学	中学高级教师	2003
黄文平	男	1963-09	湖北秭归	县第二中学	中学高级教师	2003
谭明洲	男	1948-10	湖北秭归	县第二中学	中学高级教师	2004
靳芳秀	女	1963-07	湖北秭归	县第二中学	中学高级教师	2004
张晓飞	男	1970-01	湖北秭归	县第二中学	中学高级教师	2004
袁　勇	男	1962-08	湖北秭归	县第二中学	中学高级教师	2004
高秉华	男	1958-07	湖北秭归	县第二中学	中学高级教师	2004
彭爱国	男	1968-03	湖北秭归	县第二中学	中学高级教师	2004
马桂林	女	1970-07	湖北秭归	县第二中学	中学高级教师	2005
王宇红	女	1966-12	湖北秭归	县第二中学	中学高级教师	2005
徐　琼	女	1971-04	湖北秭归	县第二中学	中学高级教师	2005
谭海峰	女	1962-01	湖北秭归	县第二中学	中学高级教师	2005
李德成	男	1970-08	湖北秭归	县第二中学	中学高级教师	2005

续表七

姓　名	性别	出生年月	籍　　贯	工　作　单　位	职称	取得资格年　份
邓　忠	男	1971-11	湖北秭归	县第二中学	中学高级教师	2005
陈绪英	女	1968-02	湖北宜都	县第二中学	中学高级教师	2005
文士龙	男	1968-07	湖北秭归	县第二中学	中学高级教师	2005
杜海柱	男	1964-09	湖北秭归	县第二中学	中学高级教师	2005
秦亮成	男	1964-08	湖北秭归	县第二中学	中学高级教师	2005
郑之宝	男	1965-09	湖北秭归	县第二中学	中学高级教师	2005
郑之敬	男	1957-09	湖北秭归	县第二中学	中学高级教师	2005
陈　洪	男	1968-01	湖北秭归	县第二中学	中学高级教师	2005
王　龙	男	1969-11	湖北秭归	县第二中学	中学高级教师	2005
唐世齐	男	1931-03	湖北秭归	县职业教育中心	中学高级教师	1988
苏成全	男	1934-11	广东湛江	县职业教育中心	中学高级教师	1988
周宗文	男	1928-02	湖北秭归	县职业教育中心	中学高级教师	1988
袁学鼎	男	1938-08	湖北秭归	县职业教育中心	中学高级讲师	1988
韩启鑫	男	1938-09	湖北秭归	县职业教育中心	中学高级讲师	1988
屈克森	男	1938-11	湖北秭归	县职业教育中心	高级讲师	1988
梅昌伦	男	1945-02	湖北秭归	县职业教育中心	中学高级教师	1989
李元铸	男	1938-04	湖北秭归	县职业教育中心	高级讲师	1993
王全仁	男	1938-08	湖北秭归	县职业教育中心	中学高级教师	1993
丁光寅	男	1937-11	湖南长沙	县职业教育中心	高级讲师	1993
胡兴定	男	1930-01	湖北秭归	县职业教育中心	中学高级教师	1993
徐新建	男	1947-03	湖北黄石	县职业教育中心	中学高级教师	1993
向立志	男	1936-02	湖北秭归	县职业教育中心	中学高级教师	1994
梅大宇	男	1938-11	湖北秭归	县职业教育中心	高级讲师	1994
黄平柏	男	1945-04	湖北秭归	县职业教育中心	中学高级教师	1994
梅大敏	男	1938-06	湖北秭归	县职业教育中心	中学高级教师	1994
宋秀辅	男	1936-02	湖北秭归	县职业教育中心	中学高级教师	1994
向昌文	男	1936-07	湖北秭归	县职业教育中心	中学高级教师	1994
郭宏业	男	1938-10	湖北秭归	县职业教育中心	高级讲师	1994
郑家训	男	1934-03	湖北秭归	县职业教育中心	中学高级教师	1995
张厚东	男	1934-06	湖北秭归	县职业教育中心	中学高级教师	1995
冀学刚	男	1945-10	湖北秭归	县职业教育中心	中学高级教师	1995
郑振贵	男	1938-10	湖北秭归	县职业教育中心	中学高级教师	1995

续表八

姓　名	性别	出生年月	籍　　贯	工　作　单　位	职称	取得资格年　份
陈宏登	男	1948-09	湖北秭归	县职业教育中心	中学高级教师	1995
梅大坤	男	1953-09	湖北秭归	县职业教育中心	中学高级教师	1995
张作秀	男	1949-07	湖北秭归	县职业教育中心	中学高级教师	1996
傅先成	男	1950-10	湖北秭归	县职业教育中心	中学高级教师	1996
黄大德	男	1945-06	湖北秭归	县职业教育中心	中学高级教师	1997
胡学海	男	1952-09	湖北秭归	县职业教育中心	中学高级教师	1998
郑家让	男	1950-06	湖北秭归	县职业教育中心	高级讲师	1998
袁淑华	女	1963-10	湖北秭归	县职业教育中心	高级讲师	2000
卢发翠	女	1960-07	湖北秭归	县职业教育中心	高级讲师	2000
梅昌坤	男	1957-04	湖北秭归	县职业教育中心	中学高级教师	2000
马　洲	男	1965-11	湖北秭归	县职业教育中心	中学高级教师	2001
郑学智	男	1967-10	湖北秭归	县职业教育中心	中学高级教师	2002
万成海	男	1962-05	湖北秭归	县职业教育中心	中学高级教师	2002
庹章意	男	1958-07	湖北郧西	县职业教育中心	中学高级教师	2002
秦学政	男	1962-10	湖北秭归	县职业教育中心	中学高级教师	2002
许阳春	男	1964-10	湖北仙桃	县职业教育中心	中学高级教师	2002
林兆申	男	1965-09	湖北秭归	县职业教育中心	中学高级教师	2002
谭平安	男	1964-11	湖北秭归	县职业教育中心	中学高级教师	2002
黄文汉	男	1958-09	湖北秭归	县职业教育中心	中学高级教师	2003
宋正海	男	1962-05	湖北秭归	县职业教育中心	中学高级教师	2003
陈友华	女	1961-04	湖北郧西	县职业教育中心	中学高级教师	2003
梅昌秀	女	1965-06	湖北秭归	县职业教育中心	中学高级教师	2003
张爱民	男	1962-03	湖北秭归	县职业教育中心	中学高级教师	2003
周志德	男	1966-05	湖北秭归	县职业教育中心	中学高级教师	2004
吴照前	男	1947-10	湖北秭归	县职业教育中心	中学高级教师	2004
周功庭	男	1963-04	湖北郧西	县职业教育中心	中学高级教师	2004
李先金	男	1966-07	湖北秭归	县职业教育中心	中学高级教师	2004
郑光安	男	1964-04	湖北秭归	县职业教育中心	中学高级教师	2004
柳文才	男	1960-10	湖北竹山	县职业教育中心	中学高级教师	2004
蔡玉平	男	1968-07	湖北秭归	县职业教育中心	中学高级教师	2004
龚万池	男	1962-02	湖北秭归	县职业教育中心	中学高级教师	2004
张登萍	女	1968-11	湖北秭归	县职业教育中心	中学高级教师	2004

续表九

姓　名	性别	出生年月	籍　贯	工　作　单　位	职称	取得资格年　份
谭明富	男	1964-02	湖北秭归	县职业教育中心	中学高级教师	2004
邹维绪	男	1966-04	湖北秭归	县职业教育中心	中学高级教师	2004
张作韧	男	1965-06	湖北秭归	县职业教育中心	中学高级教师	2005
向长新	男	1966-02	湖北秭归	县职业教育中心	中学高级教师	2005
刘　俊	女	1966-03	湖北秭归	县职业教育中心	中学高级教师	2005
李淑菊	女	1970-09	湖北秭归	县职业教育中心	中学高级教师	2005
袁　杰	男	1968-01	湖北秭归	县职业教育中心	中学高级教师	2005
陈再国	男	1965-03	湖北秭归	县职业教育中心	中学高级教师	2005
谭本略	男	1928-03	湖北秭归	县实验中学	中学高级教师	1988
吴绩杰	男	1929-07	湖北秭归	县实验中学	中学高级教师	1988
李琼国	男	1933-06	湖北秭归	县实验中学	中学高级教师	1988
黄克政	男	1942-04	湖北秭归	县实验中学	中学高级教师	1994
王炎钧	男	1938-09	湖北秭归	县实验中学	中学高级教师	1994
梅云清	女	1938-05	湖北秭归	县实验中学	中学高级教师	1994
危德海	男	1939-12	湖北秭归	县实验中学	中学高级教师	1994
晏本厚	男	1938-12	湖北兴山	县实验中学	中学高级教师	1994
黄云芳	女	1938-03	四川省	县实验中学	中学高级教师	1994
马承桃	女	1967-09	湖北秭归	县实验中学	中学高级教师	1995
胡振元	男	1938-04	湖北秭归	县实验中学	中学高级教师	1995
黄大英	女	1942-12	湖北秭归	县实验中学	中学高级教师	1996
宋发兰	女	1947-11	湖北秭归	县实验中学	中学高级教师	1998
徐　荣	男	1953-01	湖北秭归	县实验中学	中学高级教师	1999
高秉虎	男	1959-11	湖北宜昌	县实验中学	中学高级教师	2000
杜　萍	女	1951-09	湖北秭归	县实验中学	中学高级教师	2000
郝翠英	女	1957-12	湖北秭归	县实验中学	中学高级教师	2000
周志菊	女	1954-10	湖北秭归	县实验中学	中学高级教师	2000
刘安凤	女	1952-07	湖北秭归	县实验中学	中学高级教师	2000
李志叁	男	1956-01	湖北秭归	县实验中学	中学高级教师	2001
乔　玉	女	1955-10	湖北秭归	县实验中学	中学高级教师	2001
韩庆江	男	1957-11	湖北秭归	县实验中学	中学高级教师	2002
宋朝明	男	1962-06	湖北秭归	县实验中学	中学高级教师	2002
谭志平	女	1967-07	湖北秭归	县实验中学	中学高级教师	2002

续表十

姓　名	性别	出生年月	籍　　贯	工　作　单　位	职称	取得资格年　份
郑家全	男	1958-02	湖北秭归	县实验中学	中学高级教师	2002
李喜远	男	1960-07	湖北秭归	县实验中学	中学高级教师	2003
梅昌恒	男	1962-09	湖北秭归	县实验中学	中学高级教师	2003
李发斌	男	1963-03	湖北兴山	县实验中学	中学高级教师	2003
秦晓武	男	1964-10	湖北秭归	县实验中学	中学高级教师	2003
杜德斌	男	1964-11	湖北秭归	县实验中学	中学高级教师	2004
谭复兴	男	1963-12	湖北秭归	县实验中学	中学高级教师	2004
王洪英	女	1966-08	湖北秭归	县实验中学	中学高级教师	2004
王　俊	女	1964-09	湖北秭归	县实验中学	中学高级教师	2004
王学成	男	1957-09	湖北秭归	县实验中学	中学高级教师	2004
王敬忠	男	1968-09	湖北秭归	县实验中学	中学高级教师	2004
彭洪奎	男	1967-10	湖北秭归	县实验中学	中学高级教师	2004
万玉莲	女	1966-09	湖北兴山	县实验中学	中学高级教师	2004
李　萍	女	1968-02	湖北秭归	县实验中学	中学高级教师	2004
史桂永	女	1968-12	湖北秭归	县实验中学	中学高级教师	2004
王　雄	男	1965-08	湖北秭归	县实验中学	中学高级教师	2004
梅云革	男	1966-07	湖北秭归	县实验中学	中学高级教师	2005
梅　艳	女	1965-05	湖北秭归	县实验中学	中学高级教师	2005
王建国	男	1969-02	湖北秭归	县实验中学	中学高级教师	2005
余菊芬	女	1958-07	湖北秭归	县实验中学	中学高级教师	2005
王宇珍	女	1963-04	湖北秭归	县实验中学	中学高级教师	2005
谭文忠	男	1940-04	湖北秭归	县实验小学	中学高级教师	1994
李维新	男	1963-09	湖北枝江	县实验小学	中学高级教师	1997
熊　萍	女	1964-02	湖北秭归	县实验小学	中学高级教师	2004
周少刚	男	1966-10	湖北秭归	县希望小学	中学高级教师	2005
周功金	男	1954-09	湖北秭归	县希望小学	中学高级教师	2005
陈义树	男	1942-06	湖北秭归	茅坪中学	中学高级教师	1993
彭淑珍	女	1940-12	湖北秭归	茅坪中学	中学高级教师	1996
王国政	男	1935-08	湖北当阳	茅坪中学	中学高级教师	1996
向秀玉	女	1952-11	湖北秭归	茅坪中学	中学高级教师	1998
龚永兰	女	1951-12	湖北秭归	茅坪中学	中学高级教师	1999
郑信昌	女	1970-08	湖北秭归	茅坪中学	中学高级教师	2000

续表十一

姓 名	性别	出生年月	籍 贯	工 作 单 位	职称	取得资格年 份
傅先维	男	1955-12	湖北秭归	茅坪中学	中学高级教师	2002
韩会琼	女	1961-02	湖北秭归	茅坪中学	中学高级教师	2003
陈馥玲	女	1966-12	湖北秭归	茅坪中学	中学高级教师	2004
谭昌俊	女	1962-08	湖北秭归	茅坪中学	中学高级教师	2005
韩庆华	男	1970-08	湖北秭归	茅坪中学	中学高级教师	2005
傅先国	男	1958-03	湖北秭归	茅坪中学	中学高级教师	2005
熊作魁	男	1963-05	湖北秭归	茅坪九里中学	中学高级教师	2002
颜道森	男	1963-12	湖北秭归	茅坪九里中学	中学高级教师	2004
刘海泉	男	1958-02	湖北秭归	茅坪九里中学	中学高级教师	2005
向长春	男	1966-02	湖北秭归	茅坪小学	中学高级教师	2005
宋大顺	男	1939-02	湖北秭归	屈原镇新滩中学	中学高级教师	1994
郑 群	男	1969-05	湖北秭归	屈原镇新滩中学	中学高级教师	2004
熊映高	男	1957-01	湖北秭归	屈原镇新滩中学	中学高级教师	2004
王学政	男	1940-11	湖北秭归	归州镇中学	中学高级教师	1997
宋国德	男	1945-02	湖北秭归	归州镇中学	中学高级教师	1998
熊作楷	男	1946-10	湖北秭归	归州镇中学	中学高级教师	2001
向 健	男	1957-08	湖北秭归	归州镇中学	中学高级教师	2002
向立华	男	1956-12	湖北秭归	归州镇中学	中学高级教师	2002
马 洲	男	1965-11	湖北秭归	归州镇中学	中学高级教师	2002
吴光胜	男	1966-04	湖北秭归	归州镇中学	中学高级教师	2003
乔海富	男	1966-10	湖北秭归	归州镇中学	中学高级教师	2005
周会中	男	1962-08	湖北郧西	归州镇中学	中学高级教师	2005
周宗签	男	1938-03	湖北秭归	水田坝中学	中学高级教师	1988
卢德琛	男	1964-09	湖北秭归	水田坝中学	中学高级教师	2003
龚成汉	男	1964-01	湖北秭归	水田坝中学	中学高级教师	2005
崔邦新	男	1958-12	湖北秭归	郭家坝中学	中学高级教师	2001
谭爱雄	男	1968-10	湖北秭归	郭家坝中学	中学高级教师	2003
马晓华	男	1968-06	湖北秭归	郭家坝中学	中学高级教师	2004
柳秀振	男	1968-01	湖北秭归	郭家坝中学	中学高级教师	2005
颜士同	男	1945-08	湖北秭归	周坪中学	中学高级教师	2000
郭启全	男	1956-03	湖北秭归	周坪中学	中学高级教师	2003
郑荣归	女	1965-01	湖北长阳	周坪中学	中学高级教师	2005

续表十二

姓　名	性别	出生年月	籍　贯	工　作　单　位	职称	取得资格年　份
杜开喜	男	1956-01	湖北秭归	周坪小学	中学高级教师	2004
向方凯	男	1962-11	湖北秭归	周坪小学	中学高级教师	2005
向世孔	男	1957-02	湖北秭归	周坪乡峡口小学	中学高级教师	2003
秦士龙	男	1947-05	湖北秭归	杨林中学	中学高级教师	1988
秦学洲	男	1937-07	湖北秭归	杨林中学	中学高级教师	1996
谭启高	男	1942-06	湖北秭归	杨林中学	中学高级教师	1998
熊庆龙	男	1950-10	湖北秭归	杨林中学	中学高级教师	2003
谭爱雄	男	1968-01	湖北秭归	杨林中学	中学高级教师	2003
周立雄	男	1965-03	湖北秭归	杨林中学	中学高级教师	2005
向雍德	男	1938-08	湖北秭归	沙镇溪中学	中学高级教师	1995
张作栋	男	1939-12	湖北秭归	沙镇溪中学	中学高级教师	1996
王昌銮	男	1943-04	湖北秭归	沙镇溪中学	中学高级教师	1999
张作柱	男	1943-10	湖北秭归	沙镇溪中学	中学高级教师	2000
梅大厚	男	1965-08	湖北秭归	沙镇溪中学	中学高级教师	2001
马　军	男	1970-08	湖北秭归	沙镇溪中学	中学高级教师	2005
王必佳	男	1961-03	湖北秭归	沙镇溪中学	中学高级教师	2005
汪洪建	男	1948-07	湖北秭归	泄滩中学	中学高级教师	2002
谭家明	男	1963-06	湖北秭归	泄滩中学	中学高级教师	2005
宋玉梅	女	1965-12	湖北秭归	泄滩中学	中学高级教师	2005
樊哲银	男	1949-06	湖北秭归	两河口白庙岭小学	中学高级教师	1995
梅祖远	男	1943-01	湖北秭归	两河口一支笔中学	中学高级教师	1998
颜绍杰	男	1942-06	湖北秭归	两河口一支笔中学	中学高级教师	1998
邓　军	男	1966-12	湖北秭归	两河口一支笔中学	中学高级教师	2004
吴吉迅	男	1933-04	湖北秭归	磨坪中学	中学高级教师	1988
周卫红	男	1967-03	湖北秭归	磨坪中学	中学高级教师	2002
田宗树	男	1952-09	湖北秭归	磨坪中学	中学高级教师	2003
谭支龙	男	1964-09	湖北秭归	磨坪中学	中学高级教师	2005
谭支伦	男	1968-02	湖北秭归	磨坪中学	中学高级教师	2005
郑　琚	男	1935-10	湖北秭归	梅家河中学	中学高级教师	1995
向祖汉	男	1950-12	湖北秭归	梅家河中学	中学高级教师	1997
尤云山	男	1951-03	湖北秭归	梅家河中学	中学高级教师	1998
郑光圣	男	1963-07	湖北秭归	梅家河中学	中学高级教师	2005

续表十三

姓 名	性别	出生年月	籍 贯	工 作 单 位	职称	取得资格年 份
鲁邦照	男	1952-01	湖北秭归	梅家河中学	中学高级教师	2005
张作甫	男	1938-8	湖北秭归	县农技推广中心	高级农艺师	1989
黄家琪	男	1939-10	湖北枝江	县农技推广中心	高级农艺师	1992
谭光鑑	男	1939-05	湖北秭归	县农技推广中心	高级农艺师	1994
张选科	男	1944-06	湖北秭归	县农技推广中心	高级农艺师	1994
何怀富	男	1948-10	湖北秭归	县农技推广中心	高级农艺师	1995
徐 燕	男	1935-03	湖北秭归	县农技推广中心	高级农艺师	1996
韩宗荣	男	1952-01	湖北秭归	县农技推广中心	高级农艺师	2001
崔治龙	男	1935-05	湖北宜昌	县特产中心	高级农艺师	1993
郑 忠	男	1954-01	湖北秭归	县特产中心	高级农艺师	1997
刘四毛	男	1943-08	湖北孝感	县种子公司	高级农艺师	1994
宋光武	男	1938-02	湖北秭归	县种子公司	高级农艺师	1994
刘铁金	男	1943-01	湖北黄陂	县茅坪良种场	高级农艺师	1994
陶天冬	男	1935-01	湖北洪湖	县植保植检站	高级农艺师	1992
聂家云	男	1953-11	湖北秭归	县植保质检站	高级农艺师	1998
谭复顺	男	1949-09	湖北秭归	县马铃薯研究所	高级农艺师	1996
朱德根	男	1944-10	湖北宜昌	县畜牧兽医局	高级畜牧兽医师	1994
蔡先强	男	1950-11	湖北秭归	县畜牧兽医局	高级农艺师	1996
吴宜恩	男	1940-05	湖北应城	县畜牧兽医局	高级畜牧兽医师	1997
张原圣	男	1936-05	湖北宜都	县畜牧兽医局	高级畜牧兽医师	1997
胡开明	男	1952-08	湖北秭归	县畜牧兽医局	高级畜牧兽医师	1999
谭 勇	男	1956-02	湖北秭归	县柑橘繁育中心	高级农艺师	2000
王昌德	男	1948-03	湖北秭归	县水土保持局	高级工程师	1998
刘淑华	女	1955-01	湖北秭归	县水土保持局	高级会计师	1998
张邦成	男	1946-11	湖北秭归	归州农技站	高级农艺师	1995
向 培	男	1936-06	湖北秭归	郭家坝镇农技服务中心	高级农艺师	1992
李昌柱	男	1951-12	湖北秭归	郭家坝镇农技服务中心	高级农艺师	1998
林永成	男	1947-03	湖北秭归	杨林桥镇农技服务中心	高级农艺师	1998
杜国义	男	1966-02	湖北秭归	县建设局	高级工程师	2004
王德新	男	1958-02	湖北秭归	县市政管理所	高级工程师	2002
柳 林	男	1963-05	湖北秭归	县质量监督检测站	高级工程师	2003
崔 卫	男	1960-05	湖北秭归	县质量监督检测站	高级工程师	2004

续表十四

姓　名	性别	出生年月	籍　贯	工　作　单　位	职称	取得资格年　份
王晓临	男	1963-01	湖北秭归	县房管局	高级工程师	2004
胡兴忠	男	1933-12	湖北秭归	县社会保险局	高级经济师	1994
颜道海	男	1952-08	湖北秭归	县劳动就业局	高级经济师	1998
黄昌炎	男	1947-08	湖北宜昌	县水电设计院	高级工程师	1994
黄光柱	男	1948-09	湖北秭归	县水电设计院	高级工程师	1996
万业志	男	1943-08	湖北武汉	县经济商务局	高级工程师	1993
陈方腾	男	1945-01	四川昌平	县经济商务局	高级工程师	1994
王国璋	男	1950-12	湖北秭归	县经济商务局	高级工程师	1994
傅喧喜	男	1954-05	湖北秭归	县经济商务局	高级工程师	1996
向立贵	女	1965-10	湖北秭归	县经济商务局	高级工程师	2002
刘运新	男	1964-09	湖北宜昌	县电力公司	高级工程师	1999
裴志勇	男	1962-07	湖北蕲春	县电力公司	高级工程师	2004
韩启发	男	1938-01	湖北秭归	县广播电视局	主任编辑	1998
冀士清	男	1957-12	湖北秭归	县广播电视局	主任编辑	2001
杨名红	女	1958-08	湖北秭归	县广播电视局	主任编辑	2003
韩庆德	男	1957-06	湖北秭归	县审计局	高级审计师	1993
周明山	男	1963-03	湖北秭归	县审计局	高级审计师	2003
杜国东	男	1943-01	湖北秭归	县交通局	高级工程师	1993
彭书林	男	1958-04	湖北秭归	县交通局	高级工程师	2005
张光国	男	1964-04	湖北秭归	县交通局	高级工程师	2005
彭宏军	男	1945-02	湖北秭归	县公路管理段	高级经济师	1998
田宗兵	男	1954-02	湖北秭归	县公路管理段	高级工程师	2001
刘宏顺	男	1953-10	湖北秭归	县公路管理段	高级工程师	2001
马尚钦	男	1966-03	湖北秭归	县道路运输管理所	高级经济师	2004
苏华清	女	1966-08	湖北秭归	县道路运输管理所	副研究馆员	2005
王功桂	女	1958-08	湖北秭归	县森林病虫防治检疫站	高级工程师	1999
向玉春	男	1948-12	湖北秭归	县野生动物保护站	高级工程师	2000
邓中美	男	1958-01	湖北秭归	县林业科技推广站	高级工程师	2002
周水山	男	1935-10	湖北武汉	县农经管理局	高级经济师	1987
帅伯阶	男	1945-02	湖南汉寿	县农经管理局	高级经济师	1992
郑邦贤	男	1939-01	湖北秭归	县财政局	高级会计师	1992
牛学俭	男	1945-11	河南省	县财政局	高级经济师	1993

续表十五

姓　名	性别	出生年月	籍　贯	工 作 单 位	职称	取得资格年　份
傅祥德	男	1941-06	湖北秭归	县财政局	高级经济师	1993
郑光平	男	1968-05	湖北秭归	县财政监督局	高级经济师	2005
何宝俊	女	1969-02	湖北秭归	县非税收入管理局	高级经济师	2005
王道安	男	1960-03	湖北秭归	县计划生育服务中心	副主任医师	2000
黄世好	男	1957-11	湖北秭归	县三峡库区移民培训中心	高级农艺师	2000
何怀强	男	1939-03	湖北秭归	县文艺创作室	副研究馆员	1993
蔡正清	男	1938-02	湖北秭归	县文艺创作室	副研究馆员	1996
王　敏	男	1936-09	湖北秭归	县文艺创作室	副研究馆员	1997
郑　坤	男	1965-03	湖北秭归	县文艺创作室	副研究馆员	2003
许心珍	男	1935-10	湖北枝城	县文化馆	副研究馆员	1994
赵永成	男	1938-02	湖北兴山	县发改局	高级农艺师	1993
程诗才	男	1946-01	湖北天门	县发改局	高级工程师	1993
姜从虎	男	1946-11	湖北秭归	县发改局	高级经济师	1993
余习楚	男	1945-01	湖北秭归	县石油分公司	高级经营师	1994
姜廷明	男	1956-12	湖北秭归	县石油分公司	高级经营师	1998
吴述弟	男	1937-10	湖北秭归	县委党校	高级讲师	1994
龚承高	男	1945-02	湖北秭归	县委党校	高级讲师	1994
向传凤	男	1946-11	湖北秭归	县委党校	高级讲师	1996
刘志远	男	1948-06	湖北秭归	县委党校	高级讲师	1997
颜道虎	男	1947-01	湖北秭归	县委党校	高级讲师	2000
韩永智	男	1954-02	湖北秭归	县委党校	高级讲师	2001
彭言江	男	1937-08	湖北建始	县志党史办公室	副编审	1993
舒德玉	男	1938-12	湖北兴山	县志党史办公室	副编审	1993
宋文昭	男	1954-10	湖北秭归	县三金硅业公司	高级经济师	1997
宁发新	男	1938-02	四川黔江	县文联	副研究馆员	1988
赵桂田	男	1937-10	湖北秭归	县经济技术开发区	高级工程师	1993
周宗华	男	1965-12	湖北秭归	县国土规划测绘所	高级工程师	2003

四、已故离休干部

1983年，实行干部离休制度后，至2005年，已故离休干部125人，按去世时间顺序排列。（见表4）

1983—2005年秭归县已故离休干部名录

表4

姓　名	性别	民族	出生年月	籍贯	参加工作时间	政治面貌	原工作单位及职务	离休时间	享受待遇	去世时间
郑开荣	男	汉族	1925-03	湖北枝江	1949-02	—	郭家坝区供销社干部	1983-04	—	1983-06
李次渊	男	汉族	1932-03	湖北秭归	1949-08	—	西陵区统计干部	1983-06	—	1983-10
黎忠仁	男	汉族	1927-08	湖北荆门	1949-02	中共党员	水田坝食品所副主任	1983-01	副县级	1984-02
李文俊	男	汉族	1920-02	山东博兴	1944-05	中共党员	香溪供销社副主任	1982-04	—	1984-03
邹伯全	男	汉族	1906-11	湖南隆回	1947-05	中共党员	县纺织公司干部	1983-05	—	1984-12
魏连生	男	汉族	1930-01	山西武乡	1947-03	中共党员	县农机公司干部	1983-08	—	1985-07
吴书贤	男	汉族	1926-02	河南栾川	1946-08	中共党员	县民政局局长	1986-08	副县级	1985-11
徐崇材	男	汉族	1929-01	湖北远安	1949-01	中共党员	县水电局副局长	1984-02	副县级	1985-12
徐崇善	男	汉族	1930-12	湖北远安	1949-08	—	县矿山公司干部	1985-11	—	1985-12
丁启信	男	汉族	1924-08	湖北监利	1944-05	中共党员	县人行行长	1982-11	副县级	1986-01
徐保恒	男	汉族	1925-12	江苏东海	1941-10	中共党员	县交通局副局长	1986-10	—	1986-11
李书琴	男	汉族	1919-08	河北饶阳	1938-10	中共党员	县磷肥厂党支部书记	1981-03	副县级	1987-04
黄克俊	男	汉族	1912-03	湖北公安	1943-03	—	县生活资料公司干部	1986-01	—	1987-08
肖忠堂	男	汉族	1920-02	河北涉县	1938-08	中共党员	县商业局副局长	1982-11	副县级	1988-01
刘秉华	男	汉族	1927-07	湖北远安	1948-11	中共党员	县燃料公司经理	1982-07	—	1988-06
胡泽汉	男	汉族	1933-02	湖北武汉	1949-05	中共党员	县物价局干部	1988-05	—	1988-09
黄世骧	男	汉族	1925-05	湖北秭归	1949-08	—	屈原乡屈原小学教师	1988-09	—	1988-10
李彩堂	男	汉族	1926-08	湖北秭归	1949-08	中共党员	水田坝三溪河粮站站长	1984-10	—	1989-02
陈文礼	男	汉族	1933-02	湖北枝江	1949-08	中共党员	县副食品公司干部	1984-06	—	1989-06
张锁玲	男	汉族	1924-11	河南洛宁	1947-06	中共党员	县粮食局工会主席	1983-01	副县级	1989-09
姜　堤	男	汉族	1928-12	湖北天门	1949-02	中共党员	县政府副县长	1988-10	副县级	1989-10
梅笃成	男	汉族	1930-01	湖北宜昌	1949-08	中共党员	县农机公司干部	1989-12	—	1990-04
孟宪伶	男	汉族	1924-06	河北遵化	1942-02	中共党员	县石油公司经理	1983-12	副县级	1990-05
郑家清	男	汉族	1925-05	湖北秭归	1949-03	中共党员	梅家河卫生院副书记	1984-04	—	1990-08
陈怀本	男	汉族	1929-02	湖北秭归	1949-09	中共党员	县农行工会主席	1990-07	—	1990-10
余先尧	男	汉族	1934-01	湖北秭归	1949-08	—	县粮食局干部	1987-04	副县级	1991-01
曾广泉	男	汉族	1926-05	湖北荆门	1948-11	中共党员	县人大办公室主任	1987-04	副县级	1991-04
陈风泉	男	汉族	1925-11	山东陵县	1942-03	中共党员	县人行副行长	1980-08	副县级	1991-05
马成才	男	汉族	1930-09	湖北监利	1948-03	中共党员	县检察院副检察长	1982-02	副县级	1992-01
向方洋	男	汉族	1930-12	湖北秭归	1949-09	中共党员	芝兰公社农会主席	1987-07	—	1992-02

续表一

姓　名	性别	民族	出生年月	籍贯	参加工作时间	政治面貌	原工作单位及职务	离休时间	享受待遇	去世时间
王永胜	男	汉族	1925-09	湖北秭归	1949-04	中共党员	两河口区林业站干部	1983-01	—	1992-07
望授柏	男	汉族	1925-10	湖北秭归	1949-08	—	梅家河粮管所干部	1984-06	—	1992-07
王天明	男	汉族	1919-12	湖南慈利	1949-02	中共党员	归州卫生院副院长	1983-02	—	1992-08
谭进德	男	汉族	1917-03	北京市	1939-07	中共党员	县工业局副局长	1982-12	副县级	1992-09
王昌尧	男	汉族	1931-01	湖北秭归	1949-09	—	水田坝税务所干部	1984-08	—	1992-11
何玉山	男	汉族	1932-12	湖北当阳	1949-08	中共党员	县粮食局干部	1992-03	—	1993-04
余自培	男	汉族	1928-08	湖北当阳	1949-06	中共党员	杨林区卫生院党支书	1986-04	—	1993-04
刘长海	男	汉族	1917-06	河南邓县	1948-01	—	郭家坝食品所干部	1984-10	—	1993-04
王永萱	女	汉族	1908-03	湖北秭归	1938-07	中共党员	泄滩牛口小学教师	1986-10	—	1994-01
罗守良	男	汉族	1917-11	湖北秭归	1947-02	中共党员	归州镇向家公社副书记	1983-01	—	1994-06
蒋志远	男	汉族	1914-10	河北阜城	1940-07	中共党员	县委组织部部长	1982-09	副县级	1994-09
王　健	男	汉族	1924-02	山东微山	1943-02	中共党员	归州镇副镇长	1984-06	副县级	1994-12
边　震	男	汉族	1922-01	河北任丘	1947-12	中共党员	县水泥厂党支部副书记	1982-06	—	1995-01
董永旺	男	汉族	1928-06	山西武乡	1947-03	中共党员	茅坪电站站长	1986-02	副县级	1995-03
李振山	男	汉族	1926-11	河北武邑	1945-08	中共党员	香溪盐业公司干部	1988-01	—	1995-03
张光耀	男	汉族	1923-02	安徽南陵	1948-10	中共党员	周坪粮站站长	1983-01	—	1995-09
吴振荣	男	汉族	1916-09	湖北天门	1945-07	中共党员	县爱卫办副主任	1983-03	副县级	1995-10
刘三堂	男	汉族	1923-07	河北任县	1945-02	中共党员	县燃化局干部	1982-12	—	1995-11
唐　超	男	汉族	1920-05	湖北秭归	1947-07	中共党员	归州镇干部	1983-01	—	1995-12
姜祖秀	女	汉族	1924-10	湖北枝江	1949-03	—	县财政局干部	1983-01	—	1996-02
贾春山	男	汉族	1915-08	山西应县	1948-06	—	县人行干部	1982-07	—	1996-03
梅大宪	男	汉族	1925-11	湖北秭归	1948-11	中共党员	三间食品所副主任	1983-01	—	1996-03
雷传明	男	汉族	1925-10	湖北宜城	1948-06	中共党员	郭家坝区卫生院党支书	1983-07	副县级	1996-03
杨　畏	男	汉族	1919-12	湖北五峰	1949-01	—	郭家坝莲花小学教师	1983-03	—	1996-03
夏发源	男	汉族	1926-09	湖北天门	1944-10	中共党员	西陵食品所主任	1984-10	—	1996-04
向传昌	男	汉族	1929-10	湖北秭归	1949-07	—	县商业局干部	1980-11	—	1996-08
郑之茂	男	汉族	1929-01	湖北秭归	1948-04	中共党员	磨坪区卫生院干部	1983-05	—	1996-10
张天培	男	汉族	1924-06	湖北武汉	1949-07	—	郭家坝镇移民干部	1988-11	—	1996-12
杨中庸	女	汉族	1932-03	湖北枝江	1949-08	—	新滩镇政府干部	1989-09	—	1997-05
谭复干	男	汉族	1930-02	湖北秭归	1949-08	中共党员	县水电局干部	1988-10	—	1997-08
王　晖	男	汉族	1927-12	湖北秭归	1949-09	—	水田坝王家桥小学教师	1988-05	—	1997-08
谭桂林	男	汉族	1928-05	湖北秭归	1949-06	中共党员	县对外经济贸易局干部	1983-05	副县级	1997-10

续表二

姓　名	性别	民族	出生年月	籍贯	参加工作时间	政治面貌	原工作单位及职务	离休时间	享受待遇	去世时间
鲁传旺	男	汉族	1924-04	湖北安陆	1948-01	中共党员	县粮食局工会主席	1984-04	副县级	1998-01
谭鸿党	男	汉族	1928-02	河南汝南	1945-02	中共党员	县商业局党总支副书记	1984-06	副县级	1998-02
刘　祥	男	汉族	1926-06	河北涞水	1945-11	中共党员	县人民政府顾问	1987-05	副县级	1998-03
王昌全	男	汉族	1926-02	湖北秭归	1949-05	中共党员	两河口区林业站干部	1983-08	—	1998-05
周大礼	男	汉族	1934-04	湖北当阳	1949-08	中共党员	县农行干部	1994-06	—	1998-05
魏大秀	女	汉族	1932-11	湖北枝江	1949-08	中共党员	县审计局副局长	1989-09	—	1998-06
杨克月	男	汉族	1928-10	湖北襄樊	1948-03	中共党员	县农行干部	1983-07	—	1998-12
谭复性	男	汉族	1925-02	湖北秭归	1949-09	—	水田坝三合初中教师	1988-05	—	1999-01
杜开新	男	汉族	1928-06	湖北秭归	1949-09	中共党员	茅坪供销社副主任	1983-08	副县级	1999-03
王凤岐	男	汉族	1922-12	河北武邑	1948-05	中共党员	香溪食品所干部	1983-09	—	1999-03
张　凡	男	汉族	1930-03	湖北宜昌	1949-07	—	县科学技术协会干部	1990-04	副县级	1999-06
乔河贤	男	汉族	1930-07	湖北秭归	1949-08	中共党员	县二车队队长	1989-01	—	1999-09
周　杰	男	汉族	1918-08	重庆云阳	1943-05	中共党员	县移民局干部	1982-06	副县级	1999-11
傅明许	男	汉族	1925-12	湖北秭归	1946-03	中共党员	归州粮管所干部	1988-03	—	2000-01
余　云	男	汉族	1917-05	湖北当阳	1949-02	—	县人行干部	1985-08	—	2000-01
李国靖	男	汉族	1925-05	湖北秭归	1949-08	—	水田坝乡经管干部	1988-11	—	2000-01
邱建忠	男	汉族	1929-07	湖北蕲春	1949-03	—	茅坪税务所干部	1989-09	—	2000-01
吴元顺	男	汉族	1932-02	湖北秭归	1949-08	中共党员	县工商行政管理局局长	1984-03	副县级	2000-03
吴均一	男	汉族	1923-10	湖北宜昌	1949-08	—	桑坪公社干部	1984-06	—	2000-03
佟章文	男	汉族	1923-11	湖北当阳	1949-06	中共党员	县大湾煤矿副矿长	1983-09	—	2000-06
杨立芹	男	汉族	1930-10	湖北秭归	1949-08	中共党员	县纸厂厂长	1988-07	副县级	2000-08
钟厚元	男	汉族	1927-02	湖北荆门	1949-02	—	西陵粮站站长	1984-03	—	2000-08
田　涛	男	汉族	1928-09	湖北枣阳	1949-02	—	水田坝区农机干部	1984-12	—	2000-10
谭复班	男	汉族	1927-09	湖北秭归	1949-08	—	水田坝三合初中教师	1987-05	—	2000-10
陈志鹏	男	汉族	1926-02	湖北武汉	1949-06	中共党员	杨林桥林业站站长	1987-06	—	2000-11
崔永畔	男	汉族	1927-07	湖北秭归	1949-08	中共党员	县食品厂工会主席	1987-04	—	2001-01
周峻峰	男	汉族	1923-08	湖北当阳	1949-08	—	两河口财贸干部	1984-06	—	2001-02
郑帮固	男	汉族	1931-02	湖北宜昌	1949-09	中共党员	县文化局副局长	1991-04	副县级	2001-03
宋杰三	男	汉族	1925-07	湖北秭归	1949-01	中共党员	金沙粮管所干部	1987-10	—	2001-03
崔　龙	男	汉族	1930-01	湖北秭归	1949-05	中共党员	香溪镇卫生院副院长	1983-05	—	2001-03
陈光文	男	汉族	1926-09	湖北宜昌	1949-08	—	西陵供销社干部	1988-01	—	2001-06
张海南	男	汉族	1918-08	湖北松滋	1947-12	中共党员	县林业局副局长	1983-02	副县级	2001-08

续表三

姓 名	性别	民族	出生年月	籍贯	参加工作时间	政治面貌	原工作单位及职务	离休时间	享受待遇	去世时间
徐建中	男	汉族	1929-10	重庆巫山	1947-08	中共党员	沙镇溪卫生院主治医师	1989-09	—	2001-08
李凤山	男	汉族	1918-12	湖北秭归	1949-08	中共党员	县特产局干部	1983-01	—	2001-12
苏德宏	男	汉族	1924-02	湖北洪湖	1945-01	中共党员	杨林税务所专管员	1983-01	—	2001-12
童继科	男	汉族	1925-02	湖北当阳	1942-03	中共党员	县交通局工会主席	1983-01	副县级	2002-01
陶尚存	男	汉族	1928-02	湖北南漳	1948-02	中共党员	三间食品所主任	1983-01	—	2002-02
许哲荣	男	汉族	1921-12	湖北荆门	1941-05	中共党员	西陵财政所干部	1984-06	—	2002-03
汪永良	男	汉族	1927-11	湖北秭归	1947-08	中共党员	县林业局工会主席	1988-01	副县级	2002-04
梁德崇	男	汉族	1929-01	湖北宜都	1949-09	—	县民政局干部	1987-06	—	2002-04
向祖慈	男	汉族	1929-03	湖北秭归	1949-09	中共党员	沙镇溪粮油公司党支书	1991-01	—	2002-05
谭复玉	男	汉族	1926-08	湖北秭归	1949-08	中共党员	县直机关党委书记	1987-06	副县级	2002-11
胡维国	男	汉族	1929-09	湖北南漳	1948-04	中共党员	县轻纺工业局工会副主席	1988-01	副县级	2002-11
刘子云	男	汉族	1921-01	湖南宁乡	1948-09	—	茅坪九里中学教师	1983-03	副县级	2003-03
黎仁浩	男	汉族	1930-06	湖北汉川	1948-12	—	郭家坝财政所干部	1986-12	—	2003-04
李志荣	男	汉族	1930-08	湖北秭归	1949-08	—	屈原小学教师	1983-09	—	2003-05
王志贤	男	汉族	1931-12	河南鲁山	1948-01	中共党员	县政协常委	1983-07	副县级	2003-06
王新德	男	汉族	1929-03	湖北新洲	1949-06	中共党员	县科委副主任	1989-09	副县级	2003-08
郑宝智	男	汉族	1920-12	河北永年	1947-01	中共党员	县农业局副局长	1983-03	副县级	2003-12
柏德厚	男	汉族	1925-10	湖北远安	1948-10	—	县纸厂厂长	1983-06	—	2003-12
秦朝彦	男	汉族	1930-10	秭归杨林	1948-06	中共党员	杨林桥卫生院医生	1991-04	—	2003-12
陶云生	男	汉族	1930-01	湖北京山	1949-01	—	茅坪粮油公司干部	1985-12	—	2003-12
谭复志	男	汉族	1928-01	湖北秭归	1949-07	—	县医院药剂科主任	1983-06	—	2004-02
刘金波	男	汉族	1919-10	河北枣强	1943-03	—	县手工业联社干部	1983-01	—	2004-02
张国蓉	女	汉族	1926-08	湖北安陆	1949-08	—	县直幼儿园干部	1984-12	—	2004-03
龚天友	男	汉族	1924-05	河南确山	1948-06	中共党员	县港航管理站站长	1983-01	副县级	2004-05
齐启茂	男	汉族	1929-08	湖北黄陂	1949-07	中共党员	县农业银行干部	1989-09	—	2004-06
张选林	男	汉族	1930-11	湖北秭归	1949-01	—	泄滩食品所干部	1988-05	—	2004-12
雷中行	男	汉族	1932-01	湖北远安	1948-07	中共党员	县微生物研究所所长	1992-02	—	2005-01
牛秉章	男	汉族	1925-10	河南偃师	1948-06	中共党员	郭家坝供销社干部	1983-01	—	2005-03
王 梦	男	汉族	1932-07	湖北枝江	1949-07	中共党员	县司法局副局长	1984-02	副县级	2005-04
田福俊	男	汉族	1925-11	河南新野	1948-10	中共党员	两河口林业站站长	1986-01	副县级	2005-05
曾少林	男	汉族	1925-12	重庆涪陵	1949-07	中共党员	县石油公司油库主任	1983-12	—	2005-10

专　记

党和国家领导人视察秭归纪实

姚依林视察秭归

1982年11月10日，中共中央政治局候补委员、中央书记处书记、国务院副总理姚依林，在湖北省代省长黄知真、副省长王汉章，宜昌地区行署专员邱文礼等省、市领导陪同下到秭归视察。

上午，姚依林一行乘坐专船抵达秭归县香溪镇长航码头，停靠在长航趸船。姚依林及其随行人员下船后，乘坐秭归县安排迎接的面包车，在县委副书记廖宗武等人陪同下，沿香（溪）归（州）公路前往县城归州镇。一路上，廖宗武在车上向姚依林汇报秭归的行政建置、土地面积、人口及经济建设等基本情况。姚依林听得很认真，并不时地点头。当车队行驶来到县医院下面公路时，姚依林下车步行，边走边看边问："你们县城会淹没到什么地方?"廖宗武回答："这要看淹没高程是多少。按185米高程，135米就要淹到县招待所和县公安局门口。"

参与接待的县党政领导还有张安前，陪同姚依林一行，从县医院前的街巷到屈原牌坊，沿民主路，经棉织厂上南门，过解放街、十字街察看。姚依林对县领导说："那你们县城基本上要淹完了，县城要搬家，要建新城。"

姚依林一行当天离开秭归。

刘澜涛视察秭归

1985年11月2日，全国政协副主席刘澜涛，在国家对外友好协会方林、中共宜昌地委书记马杰、宜昌地区行署副专员冯运汉等有关领导陪同下到秭归视察。县委书记罗世德、县长王祖万、副县长刘华英、县政协主席余从哲等领导接待并陪同视察。上午，刘澜涛一行认真听取罗世德、王祖万、余从哲等领导关于全县政治、经济、文化教育及政协工作汇报。下午，参观屈原祠。

刘澜涛怀着对屈原无比敬重与仰慕的心情，认真参观屈原祠的每一个大小建筑，详细观看纪念馆的每一张图片和每一件陈列品。在屈原诗作碑刻前，还不时地诵读其中的章节。

参观结束时，刘澜涛对陪同参观的县领导语重心长地说，两千多年前秭归就出了个伟大的诗人、文化名人屈原。2 000多年后的今天，秭归县的经济和文化教育还比较落后。历史的反差多大啊！要好好地反思，抓好秭归的经济和文化教育，多出人才，快出人才，力争再出像屈原一样伟大的文化巨匠，无愧于秭归这片神奇的沃土。

在观赏屈原祠茂密的柑橘林后，刘澜涛笑着说，秭归正在谱写《橘颂》新篇。在屈原祠参观拜谒后，结束对秭归的视察活动。

王任重视察秭归

王任重先后两次到秭归视察。1986年2月25日，全国人大常委会副委员长王任重，在省人大常委会主任韩宁夫、三峡省筹备组组长李伯宁等省、市领导陪同下，一行50人乘“轻舟”号客轮到秭归视察新滩滑坡现场。县委书记罗世德、县人大常委会副主任吴承钧汇报新滩滑坡情况及抗灾救灾工作。参与接待的县领导向京、刘华英陪同考察。副县长贾庆生和原新滩岩崩调查处工程师王尚庆等领导和有关技术人员陪同考察团一行，乘专船前往新滩镇（区）实地考察。船停靠在江心，年岁已高的王任重站在船头，仔细观察滑坡现场，详细询问滑坡体形成原因、过程和今后趋势以及灾民安置等有关情况。王任重十分关心灾民的生产生活安置情况，当听到秭归县领导汇报已组织灾区人民改田种植柑橘，发扬自力更生、艰苦奋斗精神，恢复生产重建家园时，露出满意的笑容。王任重还高度评价秭归对新滩滑坡预报准确、抢险及时的科学决策态度和对人民高度负责的精神。王任重说：“预报准确，无一人伤亡是个奇迹。要注意南北两岸滑坡和岩崩的情况，做好危险区内居民的搬迁安置工作。”

1986年4月22日，王任重一行24人第二次到秭归视察。省委书记关广富、代省长郭振乾、中共宜昌地委书记马杰和县委书记罗世德、县人大常委会主任向京、县长王祖万、县政协主席余从哲和周宗龙、吴承钧、贾庆生、张安前等省、市、县领导陪同考察。

王任重及考察团一行听取县委书记罗世德关于秭归县工作情况的汇报，并再次关心新滩滑坡后灾民的精神状态、生产恢复和滑坡体治理情况。针对生产资料缺乏和价格高的市场状况，王任重说：“化肥降价，农民高兴，但不能买不到肥料啊!”

考察团一行还参观屈原纪念馆，瞻仰屈原铜像，观看碑廊石刻、秭归出土文物和屈原衣冠墓。在此期间，王任重为《秭归县志》和县文化馆主办的《子规》刊物题写书名、为屈原纪念馆题写“中华诗魂”匾额。23日上午离开秭归。

程子华视察秭归

1986年9月10日，全国政协副主席、国务院三峡工程筹备领导小组副组长程子华，在国务院三峡地区经济开发办公室主任李伯宁的陪同下，一行27人到秭归考察三峡工程及库区移民建设情况。县委书记罗世德，副书记周宗龙，县长王祖万，政协主席余从哲，副县长陈振华、向政清、宋发升等领导陪同考察。

下午，程子华副主席一行抵达秭归，下榻秭归宾馆。县长王祖万具体汇报全县关于三峡工程上马和库区移民建设情况。

11日上午9时，程子华一行驱车到水田坝区，详细察看水田坝移民后靠安置改田试点。在听取水田坝区区长许全寿关于水田坝区移民开发工作试点情况的汇报后，程子华说：“三峡工程现在正处于论证阶段，有人赞同也有人反对，我是持赞同意见的，如果三峡的整个地方都像你们这样，那么三峡工程的难题——移民问题就很好解决了。”

在听取县委、县政府关于秭归的社会经济和文化状况的汇报后，程子华表示支持秭归列入全国贫困扶持县，支持在北京创办秭归屈原大学，以振兴秭归的经济、文化。

乔石视察秭归

乔石曾两次视察秭归。

1988年11月26日，中共中央政治局常委、中央纪律检查委员会书记乔石，在省委书记关广富和中共宜昌地委书记艾光忠的陪同下，首次到秭归视察。

26日上午，乔石从兴山县驱车到秭归，县委书记罗世德，县人大常委会主任向京，县长梅峰，县政协主席余从哲，县委副书记周宗龙、李德炳、王祖谟、汪元良，副县长陈振华、吴述军、刘华英等领导接待并陪同参观屈原祠、县橙汁厂。罗世德代表县委、县政府汇报秭归县基本情况、经济发展情况和经济发展问题。罗世德在汇报中代表全县人民请求国家应对贫困山区县给予扶持照顾，建议对三峡工程应从早定论。乔石表示，回去后向中央认真反映秭归的实际情况，积极建议全国人大常委会尽早定论三峡工程上马问题。

2000年9月14日，原中共中央政治局常委、全国人大常委会委员长乔石，在省委书记贾志杰，省长蒋祝平和市委书记孙志刚，市委副书记、市长王振有，市人大常委会主任赵复武，市委常委、市委秘书长李亚隆的陪同下，第二次到秭归视察。上午9时，乔石在省、市领导和县委书记汪元良、县长王万修、县人大常委会主任王祖谟、县政协主席宋发升和周功彪、卢元明、郑礼昌、王家树等10多位县领导陪同下，视察新县城长宁广场和茅坪镇银杏沱村移民安置小区。在长宁广场，县委书记汪元良介绍新县城的建设和县委、县政府机关综合办公大楼的建设情况。在银杏沱移民新村，乔石详细了解移民搬迁后的生产生活情况，并到移民户龚连军家中亲切交谈。当乔石走进龚连军家的厨房，观看新使用的沼气灶后，乔石握着主人的手说：“看到你们现在生活得很好，我很高兴，希望你们以后的日子过得更好。”

李先念视察秭归

1989年4月21日，中共中央政治局常委、全国政协主席李先念视察秭归。在省委书记关广富、中共宜昌地委书记艾光忠等陪同下，乘“平湖一号”轮抵达归州港。县委、县人大、县政府、县政协负责人罗世德、李德炳、梅峰、向京、王祖谟、汪元良、刘华英、蔡世瑾、张安前、黄达茂、倪岳生等到码头迎接。李先念听取长江三峡水利枢纽工程论证情况的汇报，听取县委书记罗世德关于秭归县的基本情况和经济、社会发展情况汇报。现场视察和询问位于秭归西陵峡中段的链子崖滑坡险情情况。李先念站在船上观看链子崖，艾光忠告诉说：历史上这里多次发生岩崩，曾堵塞长江，最大的一次封航达82年，现在最宽的一条裂缝已达5米。李先念强调一定要有备无患，做好防止塌方和处理险情，保证长江通航。在听取县委、县政府负责人汇报后，李先念说：要把农业搞好，就要管好用好土地；要为农作物增施肥料，特别是要发动群众多积多施农家肥。并询问农业升温、山区小水电和香菌生产情况。要求发扬艰苦奋斗精神，切实搞好农田水利基本建设，提高抗旱排渍能力，争取做到旱涝保收；要大力发展多种经济和植树造林，使农民增收，又防止水土流失。

李先念夫人林佳楣参观屈原祠，听取秭归妇幼保健站负责人姜毓琪关于秭归妇幼保健工作的汇报。

李先念一行22日清晨离开秭归。

马万祺视察秭归

1990年10月23日，全国人大常委会委员、澳门工商联主席、全国政协副主席马万祺一行40人，由省外事办陪同到秭归视察。下午，马万祺一行驱车从神农架到达秭归。县委、县人大、县政府领导周宗龙、王祖谟、胡启兴接待并陪同考察。考察中，马万祺参观屈原祠、屈原纪念馆。在听取讲解员对屈原铜像讲解后，马万祺无比赞叹地说：“屈原真了不起!”参观东碑廊屈原作品《离骚》时，马万祺一句一句地咏诵《离骚》诗篇中的有关章节。在参观屈原生平事迹展厅时，马万祺不时地提出问题，如《天问》到底有多少个问题等等，讲解员都一一回答。马万祺说：“屈原既是诗人，又是名人，真伟大啊!”并题下“爱国忠孤魂，丹心浩气存，至今逢端午，竞渡吊屈原”的诗句。参观结束后，马万祺为屈原纪念馆捐赠港币1万元。

李瑞环视察秭归

李瑞环曾两次视察秭归。

1990年11月12日下午，中共中央政治局常委、中央书记处书记李瑞环，在省、市和县领导梅峰、王祖谟、向京、卢元明、刘华英的陪同下视察秭归。实地考察香溪镇盐关村9组，了解村经济发展及农户致富情况。到村民吴元清家中，与其家人亲切交谈。询问对党的十一届三中全会以后政策有什么看法，有什么要求。吴元清说，党的政策好得很!要求政策稳定30年、50年不变。李瑞环说：“你安心把生产发展下去吧!你讲得好，有机会请你们到北京给我们上课”。

1996年5月15日，中共中央政治局常委、全国政协主席李瑞环，在省委书记贾志杰、市委书记田震亚、市长郭远璋等领导的陪同下，第二次视察秭归。在新县城工地，李瑞环详细参观秭归新县城规划设计模型和地貌模型。秭归县党政领导汪元良、王万修、李广钦、谭平就有关情况进行汇报。随后在县委书记汪元良和宋秀钿、宋发升、卢元明、李正菊等县领导陪同下，察看整个建设工地。李瑞环对秭归县坚持“优质、高效、开拓、创新”的建设方针建设新县城，坚持“五为主”的移民思路表示满意，并希望把秭归新县城建设成为集三峡大坝雄姿、高峡平湖风光、屈原文化胜迹为一体的现代化、花园式的城市。李瑞环让县委书记汪元良代他向秭归人民问好，感谢秭归人民为国家建设作出巨大贡献。

陈俊生视察秭归

1991年4月22日，国务委员、国务院贫困地区经济开发领导小组组长陈俊生，带领国务院三峡工程库区考察团一行20人，在水电部原部长李伯宁、副省长张怀念、省人大常委会副主任王汉章、省计划委员会副主任焦俊贤、省民政厅副厅长刘俊生和宜昌地区行署副专员张子仪、调研员冯运汉等领导的陪同下，实地考察秭归。县委副书记李德炳、县长汪元良、副县长宋发升和向京、刘华英等领导及有关单位负责人陪同考察。陈俊生一行察看水田坝乡李家坡村移民开发柑橘园试点和县橙汁厂利乐包装饮料生产线。陈俊生在听取县委副书记、县长汪元良关于秭归县基本情况的汇报后，深有感触地说：“秭归给我的印象有两点，一是秭归确实很穷，这我在北京就知道了。穷有很多原因，但一个重要的原因就是三峡工程欲上又还没上造成的影响。所以说秭归穷在三峡，将来秭归也富在三峡。要想秭归富，就得上三峡。这是秭归人民的愿望，也是我个人的看法。第二个印象是秭归的移民开发很有成绩，是搞得比较好的，群众确实有一种愚公移山的精神。秭归的移民开发已经开始进行，但还得抓紧，移民经费可以同其他扶贫款捆起来使用，搞大农业开发。”陈俊生还就三峡工程和秭归县城搬迁问题发表重要意见。陈俊生说：县城不定，五心不定；五心不定，输得干干净净。并叮嘱：秭归县委、县政府派专人到北京找民政部报批。

视察中，陈俊生一行参观屈原纪念馆，并题诗颂屈原。

钱伟长视察秭归

钱伟长曾两次视察秭归。

1991年5月22日，全国政协副主席钱伟长，在省政协副主席韩文卿、武汉市副市长郭有忠、宜昌地区行署副专员刘木添、政协联络组副组长马淮水等有关方面负责人陪同下，到秭归考察三峡工程。县委副书记陈振华，副县长吴述军、刘华英，政协主席余从哲、副主席张安前、王鉴春等领导参与接待。

上午，钱伟长在县委、县政府、县政协领导的陪同下，参观屈原纪念馆和县橙汁厂利乐包装饮料生产线。县委副书记陈振华、副县长吴述军向钱伟长侧重汇报三峡库区与坝区移民准备工作情况以及三峡工程欲上而没上给秭归带来的一些困难，表达秭归人民盼望修建三峡大坝的强烈愿望。政协主席余从哲、副主席王鉴春参加汇报。听完汇报后，钱伟长仔细询问移民、迁城、搬工厂分别要花多少钱？县领导都一一作出回答。对三峡工程何时动工和秭归面临的困难，钱伟长说：“三峡建设要等待国家决策。三峡工程上马还是不上马，你们的规划不好作，这是个问题。你们定计划要定两个（指三峡工程上的计划和不上的计划）。要立足自力更生和注重人才培养。”并告诫，要使老百姓富起来。

1993年10月2日，时已81岁高龄的政协副主席钱伟长，率领全国政协三峡文物考察团第二次到秭归视察。当天下午，钱伟长一行37人，乘江渝“116号”轮顺江而下抵达秭归港。在市政协常务副主席刘木添、副主席张万英和县委副书记王祖谟、宋秀钿，政协主席余从哲，副县长卢元明，副主席张安前等领导的陪同下，参观屈原祠，并就地与县领导一起座谈，听取县文化局局长骆万清关于秭归县三峡库区文物保护情况的汇报。钱伟长说：“秭归是屈原的故乡，历史悠久，是楚文化的重要组成部分，是湖北省的文物重点县之一。仅在180米淹没线以下的文物就有100多处，希望专家和学者对秭归县考古工作给予指导。”在屈原祠门前的草坪上，钱伟长接受记者采访时说：全国政协三峡文物调查团对三峡地区9个县进行调查，发现这里文物丰富，远远超过原来的预计。我们这次考察也是进一步宣传《文物保护法》，使各方面懂得在建设和保护文物的过程中，要按法律办事，而不要用主观的意图保护文物。10月3日，钱伟长一行离开秭归。

邹家华视察秭归

邹家华曾四次视察秭归。

1991年6月2日，国务院副总理邹家华率领国务院三峡工程审查委员会考察团一行80人，在省长郭树言、省人大常委会副主任王汉章、中共宜昌地委书记艾光忠、宜昌地区行署专员刘克毅的陪同下，到秭归县考察三峡库区移民工作情况。随同邹家华考察的领导有水利部部长杨振怀、农业部部长刘中

一、交通部部长黄镇东、建设部部长侯捷、国务院副秘书长刘仲藜、国务院三峡地区经济开发办公室主任李伯宁、国家计划委员会主任刘江、财政部副部长迟海滨、水利部副部长张春园和国务院有关单位负责人。邹家华一行在省、地、县领导陪同下，前往水田坝乡实地察看该乡开发性移民工作试点，并认真听取水田坝乡党委书记李国兴的汇报。邹家华对水田坝乡开发性移民试点及决策表示赞赏。视察中，县委书记王少愚代表县委、县政府汇报全县经济建设和三峡移民工作情况。邹家华就三峡工程建设、库区移民安置、开发性生产和秭归新县城选址等问题作重要讲话。李德炳、向京、宋发升、刘华英等领导参加接待并陪同考察。

1994年9月7日，邹家华一行在副省长陈水文，市委书记艾光忠、市长罗清泉陪同下，第二次视察秭归，重点察看新县城建设情况。县委、县人大、县政府、县政协领导宋秀铀、魏启扬、向京、刘华英参加接待。邹家华对秭归县“开发性移民和发展经济安置移民与环境保护相结合的建设方针”给予充分肯定。县委书记王少愚、县长汪元良接待并陪同考察。

1996年10月18日。邹家华带领出席在宜昌召开的三峡工程移民暨对口支援工作会议的代表第三次视察秭归。邹家华一行在省长蒋祝平、副省长张洪祥，市委书记田震亚、代市长孙志刚等陪同下视察秭归新县城。县委书记汪元良汇报秭归新县城建设、移民迁建、对口支援工作情况。邹家华详细询问新县城建设资金和农村移民工作情况，参观新县城建设和移民工作图片展，对秭归县服务三峡工程，加速移民迁建所取得的成绩表示满意。并再三叮嘱：在移民迁建中，一定要管好、用好土地，做好移民安置工作。对秭归县新县城依山就势，梯级平整场地和县直行政单位集中建办公楼的做法给予充分肯定。县委副书记、县长王万修，县委副书记李广钦，副县长郑之德、谭平、郑礼昌等领导参加接待。

1997年11月2日，邹家华第四次到秭归视察。在省委书记贾志杰、省长蒋祝平，市委书记田震亚、市长孙志刚及县委、县政府领导杨万贵、王祖谟、魏启扬、谭平等陪同下，考察建设中的秭归新县城。实地察看茅坪镇滨湖路岩子湾移民小区、三峡果品中心批发市场和三峡维维食品饮料有限责任公司。深入到移民户黎祥源、崔邦炎家中问长问短。县委书记汪元良、县长王万修陪同考察并汇报全县情况。

王光英视察秭归

1991年10月27日，全国政协副主席王光英率政协全国委员会三峡工程视察团一行85人，由副省长张怀念、省人大常委会副主任王汉章、省政协副主席胡恒山、宜昌地区行署副专员刘木添和冯运汉陪同，到秭归视察三峡大坝库区移民工作。县委书记王少愚、县长汪元良、县政协主席余从哲、县委副书记李德炳、副县长杨德菊、政协副主席黄达茂等领导参加接待并陪同视察。王光英一行视察水田坝乡李家坡村开发性移民试点，实地察看为安置移民而开发的脐橙果园。询问乡村干部和农民，1亩柑橘园能收多少脐橙，卖多少钱，人均1亩经济林在秭归今后能不能达到等问题。王光英肯定秭归李家坡移民开发试点的成功经验，认为是坚持移民开发方针的结果。强调一定要通过开发性移民，让移民搬得出，稳得住，能致富，一定要好好地总结、宣传、推广这些典型。考察团听取县长汪元良《关于三峡大坝库区内开发性移民工作情况》的汇报。王光英说：要坚持开发性移民方针。根据库区大都适宜种植柑橘的特点，发挥优势，采取多种形式，利用荒山荒坡，开垦耕地建果园，养殖牛羊，使试点单位的移民生活水平高于搬迁以前。

下午，王光英一行参观考察屈原祠，与县委书记、县长交谈，并说：秭归不仅要把现在的移民安置好，还要把世界的屈原这个老移民安置好。并叮嘱要高度重视库区内文物、古迹、自然景观的利用。还说：我们视察团来自各个方面，是带着不同的观点，视察研究同一个问题。我们一定把你们的愿望和呼声汇报给党中央、国务院，促使三峡工程及早开工。早上早受益，越拖越被动。王光英及考察团一行，当天离开秭归。

陈慕华视察秭归

1991年11月18日，全国人大常委会副委员长陈慕华率全国人大常委会三峡工程考察团一行83人，在副省长张怀念的陪同下，到秭归县进行三峡工程移民试点工作考察。陈慕华率领的考察团乘坐“白帝”号专轮，当晚7时抵达秭归，宜昌地区行署领导和秭归县领导李德炳、向京、刘华英前往码头迎接。

19日，陈慕华及考察团听取宜昌地区行署专员刘克毅、秭归县县长汪元良关于宜昌地区和秭归县三峡库区移民前期准备工作的情况汇报。在省、地、县领导的陪同下，考察团一行前往水田坝乡考察，实地察看李家坡村柑橘园。陈慕华详细询问移民后靠投资开发情况。听取县、乡陪同领导的介绍后说：李家坡这样，不仅不会影响生态环境，而且还有利于生态平衡。陈慕华叫随行人员将情况记录、拍照下来带回北京去。并对陪同考察的专员刘克毅和县长汪元良说，脐橙园要解决水利灌溉问题，兴修水池，搞好喷灌，增加有机肥。秭归的脐橙质量好、果形很漂亮，很有发展前途。特别强调：移民安置工作要坚持贯彻开发性移民的方针，加强领导，因地制宜地统筹规划、合理安排。考察中，陈慕华参观屈原祠，察看三峡水库淹没线，并与县委、县人大、县政府、县政协和妇联有关领导合影留念。19日中午离开秭归。

王丙乾视察秭归

王丙乾曾两次视察秭归。

1992年1月20日，国务委员、财政部长王丙乾，率财政部各司、局负责人和周文智、吴坤龙、魏炳才等三峡工程考察团一行60人到秭归考察。副省长李大强，中共宜昌地委副书记应代明、宜昌地区行署专员刘克毅，秭归县党政领导王少愚、汪元良、王祖谟、向京、张安前陪同考察。考察团一行实地察看屈原祠淹没线，听取县委书记王少愚、县长汪元良关于全县经济工作和库区移民准备工作的汇报。考察团对秭归县三峡工程库区移民试点工作表示满意，并决定支持450万元，用于秭归县船舶公司建造新船。

1997年11月7日，三峡工程大江截流前夕，全国人大常委会副委员长王丙乾、全国政协副主席钱正英和全国各民主党派、全国工商联、无党派负责人及中国科学院院士一行30人视察秭归新县城。在视察茅坪滨湖路移民示范安置小区时，王丙乾、钱正英看到一排排整齐漂亮的移民住宅小楼，分别深入到移民家仔细询问从一线水位搬迁到新居后的生活安置和生产情况。听取县委副书记李广钦关于移民安置的汇报后，称赞秭归移民搬迁、安置工作做得好，今后要向致富道路发展。视察团在察看三峡果品批发市场后，对秭归抓住机遇，发展大旅游、大农业，建设大市场的思路给予充分肯定。副县长谭平对新县城建设及政府机关大楼建设情况进行介绍，王丙乾对新县城建设所取得的成绩非常满意。在县长王万修陪同下，察看维维集团三峡饮料公司，到车间观看生产流水线。县委、县人大、县政府、县政协领导杨万贵、王祖谟、郑之德、谭平、郑礼昌、邓应和陪同考察。

李铁映视察秭归

李铁映曾两次视察秭归。

1992年2月13日，中共中央政治局委员、国务委员、国家教育委员会主任李铁映率领全国教育、科学、文化、卫生、体育系统三峡工程考察团到秭归考察。县委、县政府领导李德炳、王祖谟、贾庆生、宋发升、刘华英陪同考察。上午，李铁映一行到水田坝乡李家坡村实地考察，在脐橙园中，县、乡两级负责人回答李铁映提出的柑橘定植、管理及出口、柑农收入等具体问题。李铁映还对控制人口增长、三峡大坝建成后中小学的安排、移民中如何开发适当规模的多种经营等问题，作深入细致地了解。下午，考察团听取县委、县政府领导关于三峡工程移民准备工作的有关情况汇报。当晚，李铁映和考察团140多位专家、教授、学者、名流在县大礼堂与出席秭归县委召开的三级干部会、劳模会的代表们一起联欢，共同欢庆猴年新春。

1999年6月25日，中共中央政治局委员、中国社会科学院院长李铁映再次到秭归考察三峡库区文物保护。李铁映乘坐的“神州”号客轮下午3时抵达秭归老县城归州港。在省委副书记王生铁、市委副书记应代明和县领导杨万贵、魏启扬、郑之德、卢元明、王家树、谭平的陪同下考察屈原祠的搬迁情况。在屈原祠，李铁映察看竖立在两侧的数10座屈原诗词碑。李铁映说，屈原是世界文化名人，不仅给中国，也给世界留下宝贵的文化遗产。而且是一位爱国主义者，在他的诗作中，充满对祖国的热爱，这也是留给我们的宝贵精神财富。李铁映指示随行的国家文物局副局长董保华，要和省里的同志一起专题研究，搞好屈原祠迁建设计。除保持原来的风格外，还要结合现代建筑风格，展示现代的建筑水平。李铁映一行当天离开秭归。

田纪云视察秭归

1992年3月7日，中共中央政治局委员、国务院副总理田纪云在水利部部长杨振怀、省长郭树言、中共宜昌地委书记艾光忠、宜昌地区行署专员刘克毅等领导陪同下，到秭归县实地考察三峡工程前期移民开发试点工作。县委书记王少愚，县委副书记李德炳、李广钦，县长汪元良和向京、王祖谟、吴承钧、宋发升、刘华英等领导热情接待，并陪同考察。

田纪云率考察团一行到水田坝乡李家坡村，详细察看该村利用移民资金建设的柑橘场。向水田坝乡党委书记董远德和正在劳动的柑农们询问柑橘园建设的成本、生产周期和效益，关心农民的生产、生活和移民安置情况。听取县委、县政府主要领导关于全县经济发展和移民工作的情况汇报，充分肯定秭归县前段移民开发工作的成绩，并对三峡库区建设提出重要意见。田纪云说：“三峡工程无论什么时候上马，移民工作首当其冲，库区开发性移民宜早不宜迟，宜前不宜后，宜快不宜慢，越早越快越主动。现在库区群众不仅对三峡工程上马有思想准备，而且认真地进行移民试点，摸索很好的经验，要总结、要完善、要发展。”田纪云根据考察情况指出，三峡移民工作要坚持两条方针：一是实行开发性移民方针，二是实行以农为本、农工商结合的方针。并反复强调，安置移民必须坚持国家扶持、政策优惠、对口支援和自力更生的原则，充分利用三峡的资源优势，从实际出发、多渠道、多产业、多形式、多方法安置移民。并特别强调要依靠政策促进库区移民。田纪云说，库区移民，钱是要花的，但是从一定意义上说，制定有利于促进开发性移民的政策比给钱物更重要。要通过实行优惠政策，使移民经费发挥更大的作用，不仅为移民提供生活出路，而且提供致富门路，使三峡库区人民加快步伐奔小康。田纪云在考察中为秭归题词：“抓住机遇，振兴秭归”。

李贵鲜视察秭归

1992年4月11日，国务委员兼中国人民银行行长李贵鲜率全国金融系统三峡工程考察团至秭归考察。在省、市、县党政领导的陪同下，实地考察水田坝乡李家坡村移民试点基地，深入田间，仔细察看定植的柑橘苗，并向在场的乡干部详细询问基地开发、柑橘品种和防旱、防冻等方面的情况。考察中，李贵鲜反复强调要从当地的实际情况出发搞好移民安置工作。要把移民工作同经济发展结合起来，把集中试点与分散开发结合起来，要通过移民使三峡库区的经济得到相应的发展，群众的生活水平也要相应地提高。要充分利用三峡移民的机遇发展经济，但同时又不能躺在移民费上面过日子。移民开发不能搞“单打一”，要多业并举，多种经营，促使库区协调发展。移民工作还要有法律作保障，应建议立法。随同视察的中国工商银行行长张肖决定下达1 000万元专款，专项用于县橙汁厂建设，支持发展地方工业。副省长韩宏树，市委书记艾光忠，市政府筹备组负责人罗清泉、刘克毅和县委书记王少愚、县长汪元良陪同考察。考察团一行当日离开秭归。

阿沛·阿旺晋美视察秭归

1992年10月22日，全国人大常委会副委员长阿沛·阿旺晋美在省、市领导肖全涛、艾光忠、罗清泉等领导陪同下，参加在屈原故里秭归举行的首届中国长江三峡国际龙舟拉力赛始发仪式。上午8时30分，阿沛·阿旺晋美来到龙舟拉力赛始发式现场，聚集在龙舟赛开幕式会场的人群齐声高呼：热烈欢迎副委员长!县委书记王少愚迎上前去，按藏族人民的崇高礼仪，向阿沛·阿旺晋美献上洁白的哈达。副委员长紧握王少愚的手说：“谢谢!谢谢!”

始发式开始，中国龙舟协会副主席、国家体育委员会群体司司长邱玉才一声令下，来自欧洲、马来西亚等国家和中国香港、台湾地区的15支龙舟像离弦之箭飞向江心，在长江上进行全长76公里的龙舟赛。

下午，阿沛·阿旺晋美乘坐“葛洲坝”号游轮离开秭归。

李鹏视察秭归

李鹏曾5次视察秭归。

1992年11月15日，中共中央政治局常委、国务院总理李鹏在国务院秘书长罗干、省委书记关广富、省长郭树言等陪同下，到秭归县视察。上午11时，李鹏乘坐“巴山”轮顺江而下，停靠在秭归县城归州镇码头，县委、县人大、县政府、县政协领导李德炳、王祖谟、杜安贵、向京、宋发升、胡启兴、刘华英、胡兴潮、黄达茂等前往迎接。李鹏不顾长途劳累，键步上岸，乘车前往水田坝乡李家坡村，实地察看为三峡移民开发的试点橘园，眼望满园葱绿的橘树，李鹏仔细地询问：“建这样的橘园亩均投入是多少，这些橘园能拿出多少安置移民。村里进行开发性移民试点，农民收入有没有增长?”陪同考察的市委书记艾光忠说：“这个村在国家的扶持下，已开发橘园159亩（合10.6公顷），不包括灌溉等配套设施，亩均投入1 636元。”市长罗清泉说：“这个村去年农民人均纯收入是480元，比移民试点开始的1985年增长43%。”李鹏听到这里，脸上露出欣慰的笑容。当县委书记王少愚汇报说秭归新县城迁建定在12月奠基时，李鹏再三叮嘱：“茅坪溪一定要好好保护啊!”

1996年10月，李鹏出席在宜昌举行的国务院三峡工程移民暨对口支援工作会议。20日上午，李鹏与参会人员兴致勃勃的视察秭归新县城。李鹏向前来欢迎的干部、移民群众亲切地招呼，并认真听取县委书记汪元良的汇报。在一片宽阔的场地上，观看介绍秭归新县城建设情况的展牌，李鹏一边看一边询问新县城的规模、面积、人口，移民小区等方面的情况，汪元良一一作答。当获知移民情绪稳定，搬迁进展顺利时，李鹏十分欣慰。县领导宋秀钿、杨万贵、周功彪、王祖谟、宋发升、魏启扬、郑之德、谭平、李正菊、郑礼昌、倪岳生等参加接待。

1997年11月2日，李鹏第三次亲临秭归库区考察移民工作。在省委书记贾志杰、省长蒋祝平及市委、市政府领导的陪同下，李鹏、邹家华考察建设中的秭归新县城、茅坪滨湖路移民小区、三峡果品中心批发市场和秭归橙汁厂与江苏维维集团合作项目。深入到移民户家中了解情况。县委书记汪元良、县长王万修汇报新县城建设和移民搬迁进程。当得知县委、县政府及所属56个单位和部门统建办公楼，即将在新城办公，结束“一县两城”的历史时，李鹏高兴地说：“这样好，这样好。”李鹏兴致勃勃地来到秭归橙汁厂与江苏维维集团合作项目建设现场。李鹏对江苏维维集团实打实地对口支援秭归库区移民办企业的举动，给予充分肯定。在利乐包橙汁饮料生产线旁，李鹏亲切慰问正在作业的工人，并察看纸包装饮料生产情况。考察结束时，李鹏强调指出：随着三峡大江截流的完成，三峡工程建设将进入一个新阶段，库区移民的任务将更为繁重，要下大力气认真细致地做好移民工作。县委、县人大、县政府、县政协领导杨万贵、宋秀钿、马学军、魏启扬、郑之德、谭平、宋发升、李正菊、郑礼昌、邓应和参加接待并陪同考察。

1998年10月8日，中央政治局常委、全国人大常委会委员长李鹏第四次视察秭归县。当日，李鹏和全国人大常委会副委员长布赫一道在省、市、县领导陪同下，考察秭归新县城的银杏沱移民小区。在小区规划图前，县委书记汪元良详细汇报小区对山、水、林、田、路、果、气、房、景、貌进行综合开发的思路与措施，“通过3年的艰苦创业，把这个小区建成集生态农业、观光旅游、移民安置为一体的示范区，达到安置移民600人，亩均收入5 000元的目标。”李鹏听到这里笑着说：“秭归这个思路好，特别是把开发建设与环境保护相结合的想法，值得推广。”随后，李鹏、布赫一行视察提前5年搬迁结束的秭归新县城。李鹏边听、边走、边看，连连点头。新建的秭归县直机关综合楼，是县直56个单位集中办公的场所。李鹏登上9楼，眺望依山而建的充满生机的新县城，赞叹道：“真美啊!整个县城像大连那样美!”李鹏说：我们过去确定开发性移民的方针，这是正确的，已经见到初步成效。秭归一个完整的新县城拔地而起，这给我们带来信心。移民要真正做到“搬得出，稳得住，能致富。”要通过移民搬迁，把库区经济带动起来，让移民致富。李鹏告诫大家：这次大洪灾也给我们带来两个值得重视的问题。一是要更加重视环境保护，包括抓好水土保持、封山育林等工作，实施可持续发展战略。二是大水之后，山区滑坡多，这就要处理好地质与搬迁的关系。并强调，要发展有市场潜力的经济作物，库区发展经济作物要因地制宜。县委、县人大、县政府、县政协领导杨万贵、马学军、魏启扬、卢元明、郑之德、郑礼昌、谭平、李正菊、王祖谟、刘华英、宋发升、王家树等参加接待。李鹏一行当日离开秭归。

2003 年 10 月 2 日，全国人大常委会原委员长李鹏第五次视察秭归。当天，李鹏在中共中央政治局委员、省委书记俞正声，省长罗清泉，省人大常委会主任杨永良，省委常委、省委秘书长孙志刚，省委常委、省公安厅厅长郑少三，市委书记李佑才、市长郭有明等领导陪同下视察秭归。上午 9 时许，李鹏携夫人朱琳察看新县城凤凰山青滩古民居复建区。在江渎庙前，李鹏听取县文物部门关于三峡库区文物抢救搬迁的情况汇报。随后，李鹏一行从迎和门进入归州街，县委书记王万修、县长罗平烺沿途介绍归州街建设及旅游开发情况。李鹏对古朴典雅的仿古建筑很感兴趣，并跟夫人在归州街留影。从归州街瞻夔门出来后乘车到长宁广场，在长宁广场观看题为《奔向富裕文明》的移民成果图片展并合影留念。上午 10 时，李鹏一行离开秭归前往三峡坝区。县委书记王万修，县委副书记、县长罗平烺，县委副书记周功彪，县委常委、县委办公室主任魏启扬等领导参与接待。

杨尚昆视察秭归

1993年10月13日，中共中央政治局原常委、原国家主席杨尚昆到秭归视察。上午9时，杨尚昆乘坐的“昆仑”号旅游船从重庆顺江而下到达秭归。省委书记关广富、副书记回良玉，市委书记艾光忠、副书记李泉，秭归县委书记王少愚、副书记李德炳、县长汪元良和王祖谟、向京、宋发升、卢元明、郑之德、刘华英等领导到码头迎接，并陪同考察。县委书记王少愚汇报秭归县工农业生产和社会发展的基本情况及移民工作情况。在汇报中，省委书记关广富向杨尚昆说：“我们省委提出中游以武汉为龙头，抓好武汉，带动整个长江经济带的发展。”“好，湖北是中国的腹心之地。”杨尚昆称赞说。最后杨尚昆强调：“经济发展上去了，就是胜利，这是最重要的。要搞好经济，党内一定要团结，用你们湖北人的话说，就是不要扯筋，不要内耗。”杨尚昆一行参观屈原纪念馆。当天下午离开秭归。

廖汉生视察秭归

1994年5月2日，全国人大常委会副委员长廖汉生及夫人，在原中共宜昌地委书记马杰的陪同下，从宜昌乘船到秭归县城视察。专船停靠在归州港码头。廖汉生年事已高，行走不方便，没有下船。县委书记王少愚，县委常委、副县长马学军和县委常委、县委办公室主任魏启扬在船上向廖汉生夫妇汇报秭归县的有关情况、县城搬迁的构思、设计。马杰向廖汉生夫妇介绍秭归新县城定址经过、秭归县将来的发展以及三峡工程对秭归的积极作用。廖汉生对秭归的工作表示满意，在听取汇报的过程中，不时地连连点头。汇报中，廖汉生与市、县领导进行交谈，讲述长阳、五峰县批准成立土家族自治县的经过，并问汉族与土家族有哪些不同?马杰和王少愚等谈自己的看法。廖汉生说，没有什么不同，只不过是以“土”争取政策就是。在谈到三峡工程建成后对旅游景点的影响时，廖汉生说，近20年我是第三次到三峡，每一次都有不同的感受。譬如有的讲三峡蓄水后，不少景点都淹没了，其实不然，千岛湖就是蓄水后形成的风景区。廖汉生还谈道，由于三峡工程的作用，库区产业结构、经济结构将有大的调整，旅游会成为一个主导产业。廖汉生夫妇在秭归的视察活动时间不长，参加汇报的秭归县党政领导下船后，专轮就起航返回宜昌。

钱其琛视察秭归

1994年5月21日，中共中央政治局委员、国务院副总理兼外交部部长钱其琛，在国家旅游局局长何光暐、副省长苏晓云、市长罗清泉陪同下到秭归县视察。钱其琛偕夫人周寒琼一行乘坐“神女”号轮船于下午4时停靠秭归旅游码头。县委副书记、县长汪元良，县委副书记李广钦、宋秀钿、杨万贵，县委常委、县委办公室主任魏启扬及县人大、县政府、县政协领导王祖谟、张安前、胡兴三、刘华英、胡兴潮等，陪同前往屈原祠参观考察。县委书记汪元良对秭归新县城规划和移民情况进行汇报。当晚7时，钱其琛一行观看富有峡江民俗特色的歌舞表演。艺人姜祚正的“指书”表演得到钱其琛的好评，姜祚正用“指书”当场献上一首藏头诗：“钱塘江上好观潮，其士才高举国豪。琛宝今朝移屈里，颂歌一曲慰辛劳。”此诗句写出钱其琛具有政治家的眼光和博大宽阔的胸怀；写出秭归人民对其光临屈乡的感激与欢迎。钱其琛一行翌日清晨离开秭归。

吴学谦视察秭归

1994年9月7日，全国政协副主席吴学谦由国家旅游局局长刘毅陪同，一行50人到秭归县视察移民工作情况。下午4时，吴学谦乘坐“招商”号旅游船，由四川重庆顺江而下停靠在秭归码头。市政协副主席刘木添和秭归县宋秀钿、王祖谟、马学军、向京、魏启扬、胡兴潮、李正菊等市县领导在旅游趸船上迎候。吴学谦副主席一行走下趸船和前来欢迎的领导一一握手，然后驱车前往屈原祠参观考察。晚上，吴学谦一行在市、县领导的陪同下，观看具有秭归地方民俗特色的歌舞表演。县委副书记宋秀钿代表县委、县政府汇报秭归的移民安置工作和旅游发展情况。汇报结束后，吴学谦说：三峡工程是世界级工程，千秋大业，一定要做好移民工作和环境保护工作啊！ 8日清晨，吴学谦及考察团一行离开秭归。

江泽民视察秭归

1994年10月16日，中共中央总书记、中央军委主席、国家主席江泽民，在中央政治局候补委员、书记处书记温家宝，中国人民解放军总参谋长徐惠滋，广州军区司令员李希林，交通部部长黄镇东，农业部部长刘江，国家计划委员会副主任、三峡工程建设委员会副主任郭树言，中央办公厅副主任胡光宝，中央政策研究室副主任滕文生陪同下到秭归视察。

上午8时，江泽民实地察看香溪镇官庄坪村二组的脐橙园。县委书记王少愚边走边介绍香溪镇及官庄坪村的基本情况，介绍脐橙的生长特点及其栽培技术。江泽民说：农民要致富，就要大力发展多种经济。在移民屈平家中，江泽民问寒问暖，微笑着与屈平拉起家常，详细询问屈平家庭的基本情况，柑橘栽培的品种、技术、用肥和收入。在听取县委书记王少愚、县长汪元良的汇报后，江泽民指出：像秭归这样的山区要注意水土保持，不要大面积开荒种田，以免造成水土流失；要尽可能发展多种经济，发展水果；要多种树，适宜种粮和水果的地方，也要尽可能改为梯田。强调农业是国民经济基础，全党要重视农业，重视粮食生产。随后，江泽民视察屈原祠，嘱咐要做好三峡库区文物保护工作，并为纪念馆题名留念。县委、县人大、县政府、县政协领导吴述军、杨万贵、宋秀钿、王祖谟、魏启扬、郑之德、李正菊、卢元明、刘华英、邓应和、黄达茂、倪岳生参加接待。江泽民一行当日离开秭归。

朱镕基视察秭归

朱镕基曾两次视察秭归。

1994年11月1日，中共中央政治局常委、国务院副总理朱镕基考察三峡时视察秭归。下午4时，朱镕基乘坐“白帝”号游轮抵达秭归归州码头。下船后，在趸船上迎候的省、市领导和县委书记王少愚、县长汪元良及向京、王祖谟、吴述军、魏启扬、李正菊、胡兴潮、刘华英、邓应和、倪岳生等领导陪同下，乘车前往移民试点水田坝乡李家坡村视察。在李家坡村，朱镕基详细询问移民开发建设、移民安置、移民生活、收入等情况，县委书记王少愚，副县长李国兴、卢元明等县、乡领导作出汇报。当朱镕基听说李家坡村移民试点把移民开发与农民致富结合起来时，频频点头。向当地农民了解柑橘生产的投入、市场销售、价格等情况。考察中，朱镕基一行来到屈原纪念馆，参观屈原祠。观看秭归县旅游局演出队演出的文艺节目。2日清晨离开秭归。

1998年12月30日，中共中央政治局常委、国务院总理朱镕基率国务院各部委领导曾培炎、黄镇东、周永康、解振华、阎海旺、陈邦柱等领导，在省委书记贾志杰、省长蒋祝平，市委书记田震亚、市长孙志刚陪同下，考察秭归新县城和移民新村，察看橘苑小区、茅坪镇银杏沱移民安置区，看望移民崔邦萍一家，详细询问其生产生活情况。县委书记汪元良、县长王万修和杨万贵、王祖谟、宋发升、魏启扬、卢元明、刘华英、谭平、李正菊、郑礼昌、王家树等领导参加接待，陪同考察并作工作汇报。谈到移民工作，朱镕基说：要坚定信心，加强领导，拓宽思路，完善措施，确保移民目标的实现。要坚持多种方式安置移民方针，因地制宜，把本地安置与异地安置结合起来。要制定政策，鼓励外迁安置。库区企业迁建，要调整企业结构，下决心淘汰那些产品落后、设备陈旧、污染环境、破坏资源、资不抵债的企业，决不能原样搬迁，形成新的亏损源、污染源，除名、特、优产品和确有竞争的产品外，一般不再搬迁重建。要妥善处理移民建设与环境保护的关系，保护山林，保持水土，防止乱占耕地。要加强移民资金监督管理，提高资金使用效益，管好用好每一分钱，发现问题要及时严肃处理。

丁光训视察秭归

1995年10月12日，以全国政协副主席丁光训为团长的全国政协民族宗教委员会赴长江三峡地区考察团一行50人，到秭归县进行为期两天的考察。

12日下午，丁光训一行乘坐“三峡”轮，由重庆抵达老县城归州镇码头。在船上，丁光训接见前去迎接的省政协副主席张怀念、秘书长王正强，市政协副主席刘木添、秘书长刘兴惠和县委副书记宋秀钿、县政协副主席张安前、鲍开国、傅祥德。县委副书记宋秀钿代表县委、县政府向丁光训汇报秭归的移民迁建及库区安置情况，并呈送《秭归县情况汇报》《秭归县政协工作情况汇报》等汇报材料。当晚，丁光训一行在省、市、县领导陪同下，观看由县旅游局文艺宣传队表演的地方歌舞。

13日，丁光训一行参观屈原祠，并欣然为该馆题字签名，盛赞伟大爱国诗人屈原的忠贞与亮节。11时，丁光训率考察团圆满结束在秭归的考察活动，乘“三峡”轮离开秭归。

姜春云视察秭归

1995年月11月1日，中共中央政治局委员、中央书记处书记，国务院副总理姜春云一行12人，到秭归县视察库区移民和农业发展工作。县委书记王少愚，县长汪元良，县委副书记宋秀钿，县委常委、县委办公室主任魏启扬，副县长郑之德接待并汇报工作。姜春云在听取王少愚《关于秭归县库区移民工作情况的汇报》后说：你们新县城离三峡工程很近，位居大坝库首，交通便捷，不要上很多工业项目，特别是不要上污染严重的工业。要发展第三产业，特别是旅游业，国外有很多先例，在大坝的周围搞旅游很有前途。在听取关于农业发展情况的汇报后，姜春云强调：农村、农业和农民问题，一直是党中央、国务院重视的工作，它涉及党群关系，事关改革和稳定的大局。一是农业结构要调整；二是扶贫帮困要落实；三是科学技术要下乡；四是农民负担要减轻。你们南方气候好， 要走农业发展之路。姜春云一行次日上午离开秭归。

杨汝岱视察秭归

杨汝岱曾两次视察秭归。

1996年3月30日至31日，全国政协副主席杨汝岱在省政协副主席王启刚，市委书记田震亚，市委副书记、市政协主席李泉，市政协副主席孙大法，县委书记汪元良，县委副书记、县政协主席李广钦，县人大常委会主任王祖谟，县委常委、县委办公室主任魏启扬，县政协副主席张安前、倪岳生等领导陪同下，视察秭归县移民后靠试点郭家坝镇桐树湾村。30日下午，杨汝岱实地察看郭家坝镇桐树湾村移民后靠安置区现场。听取郭家坝镇党委书记向祚林关于桐树湾村移民后靠安置工作情况介绍。31日，杨汝岱参观屈原祠，瞻仰屈原铜像。县委书记汪元良就秭归移民工作情况和面临的困难作汇报。杨汝岱在听取汇报后说：三峡工程兴建，秭归首当其冲，最先受到淹没，遇到一些困难和问题是在所难免的。秭归充分发挥全县人民的主动性和创造性，不仅解决一些实际困难，取得工作的主动权，而且也为全库区移民工作积累不少好的经验。移民工作要搞好跟踪服务，既要搬得出，稳得住，更要能致富，三者缺一不可。只有这样，移民才能真正安居乐业。就国家政策和资金难落实的问题，杨汝岱说：在国家严格控制资金和项目的情况下，国家对三峡库区的特殊情况给予特殊的对待，希望秭归县积极向上争取，确保移民工作的正常进行。秭归县尽管目前有很多困难，但前景是十分美好的，同志们对此要充满信心。只要你们抓住三峡移民工作的机遇，加快发展地方经济，今后就有希望走在三峡库区的前头。31日，杨汝岱离开秭归。

1997年12月9日，全国政协副主席杨汝岱一行80人，第二次到秭归县视察，考察建设中的秭归新县城。对秭归移民迁建、新县城建设和对口支援项目建设给予很高的评价，并强调指出：秭归新县城建设一定要为将来的发展打好基础，要后来居上，不要将就从事。县委副书记、县政协主席李广钦，副县长谭平，县政协副主席张安前等县领导接待并汇报新县城建设情况。县委、县人大、县政府、县政协领导杨万贵、宋秀钿、王祖谟、宋发升、郑之德、邓应和、刘华英、郑礼昌参加接待并陪同视察。

钱正英视察秭归

钱正英多次到秭归视察工作。在任全国政协副主席后，曾3次视察秭归。

1996年11月1日，全国政协副主席钱正英在省政协副主席沈克昌、三峡开发总公司总经理陆佑楣、副市长李宗柏等领导陪同下，视察秭归新县城建设。上午9点30分，钱正英在新县城中心区听取县委书记汪元良关于新县城总体规划、“三通一平”和县城搬迁准备情况的汇报。对秭归县移民迁建工作采取的五种管理办法、五种安置模式和已经取得的成功经验，钱正英表示满意，并对秭归县的移民迁建工作提出殷切希望。要求秭归努力做好移民迁建工作，把新县城规划好、建设好。尤其是在地面建筑上，要树立质量第一的思想，百年大计，质量为本，在质量上千万不要出问题。要防止新的污染，把环境保护规划好，为建成一座美丽的县城奠定基础。县委副书记宋秀钿、周功彪、县人大副主任刘华英，副县长郑之德、谭平，县政协副主席张安前参加接待并介绍情况。

1997年11月7日，三峡工程大江截流前夕，钱正英率全国各民主党派、全国工商联、无党派负责人及中科院院士一行30人，第二次视察秭归。察看茅坪银杏沱移民安置示范小区、三峡果品批发市场、长宁广场和江苏维维集团三峡饮料公司。对秭归抓住机遇，发展大旅游、大农业，建设大市场和对口支援工作给予充分肯定。县领导王祖谟、宋发升、邓应和、谭平陪同视察。

1999年3月29日，钱正英率全国政协视察团的学者、专家、工程技术人员一行第三次视察秭归，考察秭归县库区移民、水土保持工作和生态环境建设。湖北省副省长张洪祥、省政协副主席杨斌庆，市委副书记、市政协主席李泉，副市长张为民，县委副书记、县长王万修，副书记周功彪，县政协主席宋发升，县委常委、副县长郑之德，副县长郑礼昌、谭平、王华品，县政协副主席胡兴潮等陪同考察。钱正英先后视察秭归县茅坪河流域宝塔河重点治理区、新县城橘苑移民安置小区、茅坪河水污染治理、茅坪港过渡期码头、新县城水厂护坡治理和西陵峡生态环境保护区等地。每到一处，钱正英都详细了解情况，认真查看实情。在考察结束时钱正英说：三峡论证时，专家们就三峡库区移民安置容量和生态环境意见不一，后又有不少人反映这方面的情况，很担心，现在实地看才放下心。这次视察自己感到满意，库区移民在十分困难的情况下实现任务过半，而且平稳，这很不容易。环境保护是人们十分关注的问题，也是有关方面反应比较强烈的问题，在这方面，秭归的工作有很大的进步，已采取一些有效措施，有些经验如塑料网护坡方法很值得推广。特别是对农村后靠移民，到目前没有造成环境破坏。在谈到今后的任务时，钱正英说，艰巨的移民工作还在后面，农村移民要做到稳得住，关键是能致富。今后库区移民要以农为主，以土为本。由于库区安置容量有限，可以鼓励移民外迁，而外迁中又以投亲靠友和成建制外迁比较好，各级政府要制定优惠政策，吸引移民外迁。并强调，库区城镇建设和公路建设，要尽量防止水土流失，尽量不破坏生态环境，已破坏的要采取得力措施尽早补救。西陵峡开山采石要坚决制止。钱正英一行在秭归进行为期3天的考察，31日离开秭归。

胡锦涛视察秭归

1997年10月31日，中共中央政治局常委、书记处书记胡锦涛，到秭归县考察库区移民工作。实地察看香溪镇彭家坡村脐橙园基地、彭家坡小学、屈原祠、新县城建设、茅坪银杏沱移民安置示范区岩子湾、龙湾居民点和三峡果品批发市场、三峡维维食品饮料有限公司。上午10时，胡锦涛在省委书记贾志杰，省长蒋祝平，省委副书记钱运录、杨永良、邓国政，副省长张洪祥，市委书记田震亚，市长孙志刚，县委书记汪元良、县长王万修等领导陪同下，视察归州镇彭家坡村脐橙基地。县委副书记杨万贵介绍秭归县发展柑橘、安置移民的情况。当听说秭归是柑橘之乡，中国唯一的脐橙大县，年产量有一个亿时。胡锦涛问秭归的柑橘主要是哪些品种，杨万贵介绍说，主要是罗脐35号、朋娜和纽荷尔3个品种。

胡锦涛3次深入到移民家中，详细询问移民的住房和生产生活情况，在彭家坡一组后靠移民向恒新家中，与向恒新夫妇亲切交谈，鼓励他们勤劳致富。在彭家坡村新建的移民小学，归州镇党委书记郑之问、彭家坡村小学校长屈定福分别向胡锦涛介绍新建移民学校的情况、教学条件和教学质量。胡锦涛走进正在上课的一年级教室，察看教学情况，鼓励同学们“从小好好学习，长大报效祖国” 。

下午，胡锦涛一行乘船顺江而下，到秭归新县城滨湖路移民安置点，先后在银杏沱村四组移民黎祥源和曲溪村韩启金的家中，仔细了解移民的生产生活情况。当他看到一排排漂亮的小洋楼，听到移民们开怀的笑声时，心里十分高兴。胡锦涛深情地说：“移民们为国家做出巨大贡献和牺牲，祝移民们早日奔小康。”在三峡果品批发市场、新县城长宁广场和县委、县政府综合办公大楼施工现场，胡锦涛听取县委书记汪元良关于秭归新县城建设情况的汇报，听取县委常委、副县长马学军关于秭归柑橘销售及深加工情况的汇报。胡锦涛十分满意，称赞秭归在抓三峡工程建设机遇方面做得很好。要求县委、县政府领导抓紧把新县城建设好。在视察维维集团与秭归橙汁厂的合资项目，察看纯净水生产线和利乐包生产线后，胡锦涛高兴地说：“秭归的发展很快，很有希望。”

视察中，胡锦涛听取县委书记汪元良关于秭归县经济建设和移民情况的汇报。胡锦涛指出：妥善安置移民，不仅关系到三峡工程建设的成败，而且关系到三峡地区的经济发展和社会稳定。要充分认识移民工作的重要性、艰巨性和复杂性，切实把这方面的事情办好。库区各级党委、政府要加强对移民工作的领导，坚决贯彻开发性移民方针，抓好移民规划实施和移民资金使用管理。胡锦涛强调：搞好库区移民开发，必须有国家投入和全国支援，但最重要的是靠库区各级党组织带领群众团结奋斗，自力更生，艰苦创业。三峡建设和移民开发既是一项艰巨任务也是振兴库区的大好机遇。要抓住机遇，开拓进取，实现移民安置和振兴库区经济的双重目标。县领导周功彪、向京、魏启扬、郑之德、卢元明、刘华英、谭平、郑礼昌参加接待并陪同视察。

布赫视察秭归

1998年10月8日，全国人大常委会副委员长布赫在省委书记贾志杰、省长蒋祝平、省人大常委会主任关广富、副省长张洪祥、市委书记田震亚、市长孙志刚、市人大常委会主任赵复武等领导陪同下，视察秭归县。上午9时，布赫一行到茅坪镇银杏沱移民安置小区参观考察。县委书记汪元良汇报移民安置小区的规划及建设情况。布赫听后十分满意，对秭归坚持开发性移民方针评价很高。视察中布赫还详细了解该年度汛期秭归翻坝运输工作情况。布赫走进秭归县直机关综合办公大楼，乘坐电梯登上9楼，俯瞰新县城，鳞次栉比的高楼，宽阔明净的马路再次受到布赫高度赞赏。县党政领导李广钦、杨万贵、王祖谟、宋发升、马学军、韩永彪、李传明、魏启扬、吴爱军、谭平、郑礼昌等陪同视察。

吴邦国视察秭归

1998年11月9日，中共中央政治局委员、国务院副总理吴邦国在国务院副秘书长马凯、国务院三峡工程建设委员会副主任郭树言、省委书记贾志杰、省长蒋祝平、市委书记田震亚、市长孙志刚、县委书记汪元良、县长王万修等领导陪同下，视察秭归县移民安置和企业迁建情况。吴邦国实地考察秭归县茅坪镇银杏沱移民安置小区。在听取县委书记汪元良的汇报中，不时地询问移民新区建设和移民的生活情况。在银杏沱村二组移民望开梅家里，向主人详细了解搬迁后的生产生活。当听说这里的移民户大部分都以沼气代替煤柴作燃料时，高兴地称赞这是一件有益于千家万户的大好事。吴邦国一行察看秭归新县城县直机关综合办公大楼及长宁广场。在图片展牌前，吴邦国一边观看图片，一边听取县委、县政府领导关于新县城建设的汇报，并向县委书记汪元良了解新县城建设的投资情况。询问新县城规划情况。看到拔地而起的层层高楼，吴邦国说：县城建的不错，但我还要看看你们管得怎么样。并说，城市建设要有点文化内涵。

9时50分，吴邦国出席江苏省对口支援秭归的重点工业项目森达集团三峡鞋业有限公司奠基仪式。

吴邦国站在三峡鞋业公司规划图前听取森达集团副总经理郑华关于三峡公司建设与发展规划和设想的汇报后，对森达集团用实际行动对口支援三峡库区经济建设的行为予以高度赞赏。陪同吴邦国副总理视察秭归的还有国家计划委员会、财政部、交通部、中国人民银行、四川省、广东省、北京市、上海市的负责人。省委常委、省委秘书长赵文源，副省长张洪祥、周坚卫，市委、市政府领导李德炳、朱常渭、张为民，县委、县人大、县政府、县政协领导杨万贵、王祖谟、魏启扬、刘华英、卢元明、郑之德、郑礼昌、谭平、宋发升、胡兴潮参加接待并陪同视察。

宋平视察秭归

1999年10月20日，中共中央政治局原常委宋平在国务院三峡工程建设委员会副主任郭树言、中国三峡总公司总经理陆佑楣、省委书记贾志杰、省长蒋祝平、市委书记孙志刚的陪同下考察三峡工程和秭归县茅坪新县城。县委书记汪元良、副书记周功彪、县长王万修、副县长郑之德和魏启扬、王华品参加接待并陪同考察。上午11时，宋平一行深入到茅坪镇银杏沱移民小区移民家中，实地察看移民搬迁后的生活情况。当看到移民们住的是宽敞的小楼房，用的是沼气时，对他们的生活表示满意。宋平关心地询问："山上坡改梯后，田里的土从哪里来，有多厚?沼气用的草料从哪里来，够不够用?"县委书记汪元良一一做出回答。宋平听取银杏沱村实施山、水、林、田、路、沼气等生态环境、农业综合治理的情况后，对移民村这一生态农业模式给予充分肯定，并详细询问移民建房资金筹集和移民改田的情况。

周铁农视察秭归

1999年11月23日，全国政协副主席周铁农带领移民工作考察团一行40人到秭归县考察移民工作情况。23日上午，周铁农率考察团一行在省政协副主席杨斌庆，市委副书记、政协主席李泉，副市长张为民和县长王万修，政协主席宋发升、副主席胡兴潮、张安前等领导陪同下，参观森达三峡鞋业有限公司、橘苑小区、银杏沱移民新村、秭归航天中学、凤凰山、长宁广场。周铁农察看秭归移民新村、对口支援企业及县城建设后，感到非常高兴。当了解到三峡库区移民在搬得出、稳得住的前提下逐步致富的情况，甚感欣慰地说；通过走、看、听，更增加做好移民工作的信心。三峡库区人多地少，安置容量十分有限，要从人口、资源、环境和可持续发展等方面来考虑调整移民安置规划，鼓励和扩大移民外迁。此外，还要抓紧做好已搬迁企业的结构调整工作，扶优壮大。破产、关闭企业要妥善安置好职工的生活。24日，周铁农及考察团在听取县长王万修关于移民工作情况的汇报后，高度评价和肯定秭归县移民工作所取得的成绩。周铁农说，秭归县把移民工作作为政府的一个业绩来创，如果整个库区县各级政府都这样抓移民工作的话，我们的移民工作就会大有希望。

陈锦华视察秭归

2000年5月14日，全国政协副主席陈锦华在副省长周坚卫，市政协主席李泉，副市长朱常渭等领导陪同下视察秭归新县城。陈锦华一行乘车到茅坪镇银杏沱移民新村。下车后，亲切地与等候在移民新村的县委书记汪元良，县长王万修，县政协主席宋发升，县委常委、副县长郑之德等领导一一握手。

陈锦华走进搬迁的移民户龚连军家中，详细询问搬迁后的住宅条件、耕地面积和家庭收入等情况。当看到龚家住着180多平方米的小楼房，屋里收拾得整洁明亮时，脸上露出满意的笑容。在对口支援企业江苏森达集团三峡鞋业有限公司视察时，察看制鞋的各个车间，详细询问工人们的工资收入、生产生活和产品质量等情况。陈锦华边看边听取县委书记汪元良、县长王万修的汇报。当得知全县引进多家外来名牌企业在秭归落户时，他高兴地说：你们这种引进名牌企业的做法好，这样既搞活工业，又安置移民。宋发升、郑之全等领导陪同视察。下午5时，陈锦华一行驱车前往宜昌。

温家宝视察秭归

2003 年 10 月 25 日，中共中央政治局常委、国务院总理温家宝，在中共中央政治局委员、省委书记俞正声，省长罗清泉，中央有关部委负责人，省委常委、省委秘书长孙志刚，省委常委、省公安厅厅长郑少三，副省长韩忠学，市委书记李佑才等领导陪同下，自重庆乘船于傍晚抵达秭归。船停靠秭归港后，温家宝便风尘仆仆地视察银杏沱移民新村，与移民亲切交谈达 40 分钟。随后又到对口支援企业森达三峡鞋业公司视察，在车间与工人亲切交谈，了解企业生产经营情况。在视察中，温家宝对移民工作作出重要指示。温家宝指出，移民工作是三峡工程建设的重点和难点。经过多方面的共同努力，一、二期移民安置任务按计划顺利完成。今后，在继续做好移民安置的同时，要把工作重点放在发展库区经济，解决移民长远生计问题上。要充分发挥库区的自然资源和劳动力丰富的优势，积极调整产业结构，大力发展特色经济和优势产业，包括农产品加工业、畜牧业和旅游业。要广开就业门路，创造就业机会，增加移民收入，真正实现移民“搬得出、稳得住、逐步能致富”的目标，实现库区社会稳定，确保长治久安。当晚，温家宝离开秭归前往三峡坝区视察。

县委书记王万修，县委副书记、县长罗平烺，县委常委、常务副县长郑之德，县委常委、县委办公室主任魏启扬，副县长陈华等领导参与接待。

曾培炎视察秭归

2003 年 7 月 16 日至 17 日，中共中央政治局委员、国务院副总理曾培炎率国务院有关部门负责人，在省委书记俞正声，省长罗清泉等陪同下实地察看秭归县沙镇溪镇千将坪特大滑坡现场。17 日上午，曾培炎一行实地察看滑坡现场，详细了解群众受灾情况和灾区地质、水文、气象等情况。曾培炎代表党中央、国务院亲切慰问受灾群众，看望日夜战斗在抢险一线的干部群众、解放军和武警官兵以及民兵预备役人员。随后，曾培炎到沙镇溪镇中学看望受灾群众，当看到灾民全部安全转移并得到妥善安置，救灾物资发放到位，干部群众情绪稳定，各项抢险救灾工作均在有条不紊地进行时，曾培炎勉励干部群众和官兵再接再厉，全力以赴抢险救灾，确保不出现新的人员伤亡，将人民生命财产损失降到最低限度。

曾培炎说，党中央、国务院对千将坪特大山体滑坡灾害非常关心。胡锦涛总书记、温家宝总理非常重视地质灾害防治工作。我来之前，温家宝总理要我转达对灾区群众的慰问，要求各地要进一步加大对雨情、水情的预报，强化对地质灾害的监测和预警工作，对隐患和险情要及时组织专家进行会商和研究，制定出科学稳妥的应对方案，做好警戒和防治工作；要关心灾区群众生活，对疏散和转移的群众要做好妥善安置，采取切实措施帮助灾区群众重建家园。曾培炎强调，要统一思想，加强对地质灾害防治工作的领导。最近地质灾害频发，各地对地质灾害的危害性要有清醒的认识，思想上要高度戒备，切不可掉以轻心，要按照国务院办公厅通知要求，加强领导，明确责任，措施到位；要把搞好灾害防治提高到实践“三个代表”重要思想的高度，把人民群众的生命安全放在首位，把损失减到最低限度；要采取有力措施，加强救灾工作，妥善安置受灾群众；要在安置好灾区群众生活的同时，千方百计、集中力量组织恢复生产，帮助群众重建家园；明确责任，加强协作，把防治地质灾害各项措施落到实处；要加强宣传教育，大力宣传和普及地质灾害防治的基本知识，提高群众的灾害防范意识和自我防护能力，减少不必要的人员伤亡。当日，曾培炎离开秭归。

县委书记王万修，县委副书记、县长罗平焜，县委副书记周功彪，县委常委、县委办公室主任魏启扬等领导参与接待。

附　录

一、文件辑存

中华人民共和国民政部
关于湖北省秭归县人民政府驻地迁移的批复

民行批〔1991〕18号

省政府：

你省一九九一年五月二十一日《关于秭归县城由归州镇迁至剪刀峪的请示》收悉。经国务院批准，同意秭归县人民政府驻地由归州镇迁至剪刀峪。搬迁经费由省自行联系落实，不增加机构和编制。

民政部

一九九一年六月十五日

宜昌市人民政府
关于同意建立秭归茅坪经济技术开发区的批复

宜府文〔1992〕137号

秭归县人民政府：

你们《关于建立秭归茅坪经济技术开发区的请示》（秭政文〔1992〕28号）收悉。经研究，现批复如下：

一、同意你县在茅坪镇青龙嘴一带2平方公里范围内建立秭归茅坪经济技术开发区。该开发区为市级开发区，由你县直接领导，归口市开放开发办指导，开发区的优惠政策可比照猇亭开发区的有关规定执行。

二、要立即组织编制茅坪开发区规划，开发区规划要和秭归新城建设规划相一致，茅坪副坝保护范围内的地方不得纳入开发区的开发规划，规划要报送市开放开发领导小组办公室；由市开放开发领导小组办公室负责组织有关部门进行科学论证，经市政府批准后实施。

三、关于秭归茅坪开发区征用100亩（合6.67公顷）土地用于滚动开发的问题，市政府同意向上申报。由市土管部门按规定办理。

四、同意秭归茅坪开发区享有市级项目审批权限。

一九九二年九月三十日

省人民政府办公厅关于秭归新县城总体规划的批复

鄂政办函〔1993〕5 号

宜昌市并秭归县人民政府：

宜府文〔1993〕2 号文收悉。经研究，省人民政府原则同意《秭归县新县城总体规划》。现就有关问题批复如下：

秭归新县城剪刀峪，位于三峡大坝库首，区位优越，地质、地貌等条件较好，适宜建设新县城。要利用三峡工程建设的机遇，按照统一规划，合理布局，综合开发，配套建设的原则进行建设。到 2010 年，城镇人口发展到五至六万人。城市规划区范围包括剪刀峪、曲溪、银杏沱、井水垭、金缸城、向家坝等 24 个村，面积 12.56 平方公里。

秭归新县城要积极贯彻开发性移民的方针，抓紧制定近期建设地段的详细规划和各项专业规划，搞好城镇基础设施的建设，为移民搬迁创造条件。

秭归县人民政府要加强对城市规划工作的领导，城市规划区内的各项建设，应由县城市规划行政主管部门统一管理，严格按照规划执行。城市总体规划如有原则性变更，须报经省人民政府批准。

一九九三年二月六日

国务院关于三峡工程库区进一步对外开放问题的批复

国函〔1994〕92 号

湖北、四川省人民政府：

省政府《关于将宜昌市辟为经济特区的请示》（鄂政发〔1993〕23 号）和四川省人民政府《关于三峡工程四川库区列为对外经济开放区的请示》（川府发〔1993〕91 号）收悉。现批复如下：

一、同意将湖北、四川两省所辖长江三峡工程库区下列各市县列为长江三峡经济开放区，实行沿海经济开放区的政策：

湖北省宜昌市所辖的宜昌、秭归、兴山县；恩施土家族苗族自治州所辖的巴东县。

四川省万县市所辖的巫山、巫溪、奉节、云阳县和开县、忠县；黔江地区所辖的石柱县；涪陵地区所辖的丰都、武隆县；重庆市所辖的长寿、江北县和巴县、江津市。

二、宜昌市、万县市、涪陵市列为沿江开放城市，实行沿海开放城市的政策。

一九九四年八月二十五日

湖北省开发区管理办公室
关于将秭归茅坪经济开发区列为省管开发区的通知

鄂开文〔1995〕33号

宜昌市开放开发办公室：

根据《关于省管开发区认定有关问题的通知》精神，同意将秭归茅坪经济开发区列为省管开发区。现将有关事项通知如下：

一、秭归茅坪经济开发区位于三峡工程坝区库首，东起二圣寺村，西至徐家冲村；南起陈家冲村，北抵三峡工程大坝坝址。面积10平方公里、起步区面积2.5平方公里。

二、将秭归茅坪经济开发区列为省管开发区，是扩大改革开放的需要，是加速长江经济开放区发展的需要，是服务三峡工程建设的需要，也是我省开发区发展中“优升差降劣汰”机制的体现。宜昌市政府、秭归县政府要把开发区建设当作经济发展的大事来抓，大力支持开发区建设，经常研究、解决开发区发展中的困难和问题；要支持和完善开发区封闭管理；开发区管委会要发扬艰苦创业精神，自费开发，滚动发展；要加大改革力度，注重用改革的方式和途径搞开发；要坚持“三高、三外”方针，积极发展外向型经济，大力引进高科技项目，开发高新技术产业，尤其是要发挥临近坝区的优势，发展旅游业；要提高办事效率，简化办事程序，优化服务，加强管理，努力把开发区办出特色。

一九九五年十二月二十八日

省人民政府关于全省保留开发区名单的通报

鄂政函〔2004〕126号

各市、州、县人民政府，省政府各部门：

根据国务院《关于清理整顿各类开发区加强建设用地管理的通知》（国办发〔2003〕70号）和国家发改委等四部委《关于清理整顿各类开发区的具体标准和政策界限的通知》（发改外资〔2003〕2343号）精神，对全省开发区进行清理整顿。在国务院五部委检查验收合格和媒体公告、接受社会监督的基础上，省政府决定，全省保留140家开发区（具体名单附后）。

确认保留的开发区要坚持“布局科学、用地集约、产业集聚”的原则，坚持内资和外资并重，一般加工业和现代制造业并重，先进适用技术和高新技术并重，以科学的发展观为指导，全面推进开发区环境创新、体制创新、科技创新，尽快发展成为我省现代制造业的密集区、新经济示范区和区域经济增长区。

各级政府要切实加强对全省各类开发区的统一领导，充分发挥开发区在全省对外开放方面的重要作用。省发改委、省开发区工作领导小组办公室要加强对各类开发区的归口管理，建立开发区动态管理机制，不断提高开发区发展水平和质量。省直相关部门要大力支持开发区的发展，认真帮助解决开发区发展中的困难和问题，努力为开发区的快速发展创造良好的条件。

二〇〇四年七月三十日

附全省各类开发区认定保留名单（140 家）

一～四略

五、宜昌市（14 家）

1～6 略

7.宜昌秭归茅坪经济开发区（省管开发区）

六至十七略

中共秭归县委转发
《关于加强和完善农业生产责任制的实施办法》的通知

秭发〔1981〕41 号

各公社（场）党委，归州镇党委，县人民武装部党委，县直各部、办、委局党委（党组）或党的总支、支部，各人民团体党支部：

根据中共中央〔1980〕75 号文件和中共宜昌地委〔1981〕32 号文件精神，将《关于加强和完善农业生产责任制的实施办法》（试行稿）发给你们试行。试行中有什么情况和意见，请及时报告县委。

中共秭归县委

一九八一年八月十二日

关于加强和完善农业生产责任制的实施办法

（试行稿）

党的十一届三中全会以后，全县各地认真贯彻执行《中共中央关于加快农业发展若干问题的决定》和《六十条》以及中央〔1980〕75 号文件，本着稳定完善的方针，积极推行多种形式的生产责任制，受到广大干部和群众的欢迎，收到一定的效果。

为进一步贯彻落实好中央〔1980〕75 号文件，加强和完善农业生产责任制，促进农业生产的发展，根据中共宜昌地委《关于加强和完善农业生产责任制的实施办法》，结合我县实际情况，为加强和完善农业生产责任制，制定本实施办法。

第一章　总则

第一条，加强和完善农业生产责任制要根据中央〔1980〕75 号文件精神，坚持四项基本原则，坚持生产资料公有制和按劳分配原则，继续清除左的影响，解放思想，实事求是，落实政策，搞活经济。

第二条，加强和完善农业生产责任制要在坚持社会主义方向的前提下，使生产关系适合目前生产力的水平，调动劳动者的生产积极性，加快农业生产的全面发展，巩固壮大集体经济。不论实行哪种责任制形式，都必须坚持生产资料集体所有制，实行生产统一领导，统一核算分配，并不是改变所有制。

第三条，无论实行哪种责任制，都要在国家计划的指导下，从作物种植到产品分配，正确处理国家、集体和个人三者关系，充分体现出劳动者劳动的直接社会性和个人物质利益，不可只强调一个方面，而否认其他方面。

第四条，无论实行哪种生产责任制，都要尊重生产队的自主权，尊重干部群众的意见，由群众讨论决定。各级党组织要加强领导，但不要一律化、一刀切。要把它当作巩固集体经济，发展农业生产的中心环节切实抓好，使各种生产责任制不断完善、提高。

第二章　生产责任制形式

第五条，专业承包、联产计酬。这种责任制的基本特点是：生产队统一经营，按照擅长进行专业分工，根据宜统则统、宜分则分的原则，将农、林、牧、副、渔各业按照劳动者能力的大小分别承包到组、到劳、到户，超奖减赔。这种责任形式，目前全县为数不多，但它已经显示出强大的生命力，具有很大的优越性，应大力提倡和推广。

第六条，统一经营，联产到劳。他的基本特点是：在生产队统一经营的前提下，按照劳动力底分承包生产任务，实行全奖全赔或者比例奖赔。实践证明这种责任制适合于中间社队的生产水平，应当积极推广。

第七条，小段包工，定额计酬。少数队要求实行这种办法，应当允许，并要完善、提高。

第八条，“三靠队”的群众要求包产到户。解决温饱问题，应当支持。这种生产责任制的基本特点是：在坚持生产资料公有制和按劳分配的前提下，将集体土地分包到户经营，实行包工、包产、包投资，收获以后，包产户交足定产部分，由队统一分配，实行全奖全赔。

第九条，要坚持纠正“拖大班”“记大概工分”，不准分田单干。

第十条，柑橘、油桐、茶叶等多种经济集中产区和其他工副业生产，应当积极推行“四专五定一奖”，联系产量（产值）计酬。

第三章　专业分工

第十一条，无论实行哪种生产责任制，都应有不同程度的专业分工。根据全县各地实际情况，基本可以分为粮油专业，柑橘、桐、木、漆、茶、蔬菜、林业、畜牧业、渔业、工、商等多种经营专业，农业基本建设专业。

第十二条，落实生产规划。在“决不放松粮食生产，积极开展多种经营”的方针指导下，生产队因地制宜，广开门路，扬长避短，发挥优势，落实生产方针，制定当年和长远规划。

第十三条，搞好劳动力投放。要根据生产规划，经营项目和土劳负担情况，从事粮油、多种经营和农业基本建设的劳力投放比例可以为七三、六四开。

第十四条，根据本地经营项目的特点，建立健全各种不同形式的专业队、专业组、专业户、专业工，并做到相对稳定。

专业队。大队或联队经营的大片柑橘等果木林，油桐经济林，用材林，渔业，工交企业生产，一般适宜建立专业队。

专业组。生产队经营的大田粮油作物，成片的用材林、果木林、经济林和适宜集体经营的当年收益的种养业、工副业生产等，一般应建立专业组。

专业户。适宜一家一户分散作业的小宗生产，需要配用一、二个主要劳动力和少量辅助劳动力，如养猪等，一般适宜建立专业户。

专业工。需要一定的专业技术又适宜一个人干的，如少量蔬菜、药材、养鱼、管理零星果树以及个体手工业等，适宜专业工生产。

第十五条，搞好劳力分工。根据社员的劳力强弱和技术专长，擅长农业的劳力，按能力大小分包耕地；擅长林、牧、副、渔、工、商等各业的劳力，按能力大小分包各业，一户有几个劳力的，可以有搞农业的；也有搞多种经营的；也可以从事一个专业，成为专业户。

对各业的承包，提倡实行投标揭榜的办法，使具有相当生产技术和生产能力的社员，在承包田块、林、牧、副、渔、工、商各业时，能在同等条件下开展竞赛。

第四章　专业承包　联产计酬

第十六条，专业承包、联产计酬，是在生产队统一经营，专业分工的前提下，实行生产责任到组、到劳（户），联系产量（产值）计算劳动报酬的一种责任制。实行这种责任制，可以把发挥集体经济统一经营的优越性和调动社员生产积极性有机结合起来，把发挥自然资源的优势和劳力资源的优势有机结合起来，把社员的物质利益和最终劳动成果有机结合起来，更好地提高劳动利用率、资源利用率、劳动生产率和商品率，进一步巩固集体经济，全面发展农业生产，活跃农村经济，不断改善社员生活，向专业化协作方向发展，为农业现代化作出贡献。

第十七条，专业承包单位可以到组、到劳、到户。要按屋场、水系或地域统一划分作业组。作业组不宜过大，不能“小而全”。

第十八条，专业承包、联产到组的办法是生产队对作业组实行劳力、土地、耕牛、农具“四固定”。包产、包工、包投资。超奖欠赔。

包产量（产值）。一般按前三年均产量或常年产量为基数，使其有产可超，超产潜力大的，包产指标可略高一点，也可以投标定产。产量、收入不稳定的，包产指标可以灵活一些。

包工分。要以土地为基础，定额为基础，参照常年用工量计算需工量，按照产量定出工分报酬。

包投资。应根据勤俭办社和发展生产的需要，经济能力和成本核算的要求，实行费用定额，折算现金结账。对各种作物承包所需要的种子、肥料、农机具（折旧）定出投资指标，一般按费用定额标准计算，可以参照历年实际生产费用水平承包，也可以按照群众认为经济、合理的其他办法承包，不要单纯按产量和田亩计算投资，也不要只算一笔现金总投资，要分项目、分作物计算物资数量投资。所包投资，除大的自然灾害以外，一律实行费用包干，超过不补，节余自得。提倡多用农家肥，以不断降低成本，增加产量和收入。

超奖欠赔。可以比例奖赔，也可以全奖全赔。可以按照国家超购价奖励。提倡奖赔工分。

第十九条，专业承包到组以后，作业组有权安排劳力、安排农活、修改农活定额和采取各种增产措施，但种植计划、财务开支、现金和实物分配、调配非包工等，都由生产队统一进行。

第二十条，专业承包到组，要注意解决组内的平均主义问题，可以实行田间管理责任到劳，联产奖赔，也可以连续操作，定额计酬。

第二十一条，专业承包、联产计酬，有的可以一年一包，有的可以一包多年。要注意上年与下年、作物与作物、项目与项目之间的连接，防止出现责任间歇期，影响生产的连续性和稳定性。

第五章 统一经营 联产到劳

第二十二条，统一经营，联产到劳，是在生产队统一种植计划、统一投资、统一调剂使用劳力、畜力和大中型农机具、统一核算分配和专业分工的前提下，按劳动力底分承包各项生产任务，联产计酬的一种责任制形式。

第二十三条，联产到劳要搞好“五定一奖”。

定劳力。生产队根据粮、油生产任务的需要，安排承包耕地的劳力以后，再安排从事林、牧、副、渔、工、商等各业的劳力。因公长年外出劳力，民办教师、赤脚医生等不承包农田生产任务。对于烈、军属，要根据劳动能力，可以划给一定数量的土地，实行拥军代耕，可以用优待劳动日、优待粮食等办法，从集体提留中给予照顾。对于职工家属，凡有劳动能力的，同社员一样按劳力底分承包土地。对于没有完全丧失劳动能力的“五保户”，可商得本人同意，划给一定数量的土地，或者由生产队组织帮助耕种。对于没有承包能力的老弱病残社员和“五保户”，可以不承包任务，照顾他们吃平均口粮。对于不会种田的社员，由干部负责，组织以工换工，帮助他们种好责任田。

定田块。对承包农田的劳动力，要有利生产，方便管理，尽量不打破田块和水系，到劳的田块等级不宜太细，但要大体平衡。可以一定一年，也可以一定几年。生产队留用一定数量的机动田，由队耕种或者承包给劳动力多的户。每年根据劳力增减情况作个别调整。

定产量。一般可采取按土质好坏定等级，参照各种作物历史最高水平或前几年常年均产量为基数，使其有产可超。规划产量作为奋斗目标，让社员增添措施，努力实现。

定投资。按作物面积、产量的实际需要，本着注重经济核算。讲究经济效果的要求，定出所需要的化肥、农药、种子等，按费用成本定额，实行费用包干，由劳力购买实物，凭据报销，年终结账，超过不补，节余自得。也可以由生产队年初将实物投资指标落实到劳，统一购买，由劳领用，年终结账，超过不补，节余给奖。农家肥，可按承包分配积肥任务，自积自用，按定额记工，也可以加在产量工分一起，不再记肥料工分。

定工分。以定额为依据，按耕作难易，分作物计算出各等农田达到定产每亩所需用工量，按承包田亩，分劳计算工分报酬。也可用定额换算出每斤产量应记工分，承认地差，按产计酬。

奖赔办法。可以比例奖赔，也可以百奖百赔，可以用工分奖赔，也可以现金、实物奖赔。一般提倡比例奖赔和用工分奖赔，在那些口粮比较困难、每户都承包粮食任务的队，可以实行工分、实物两结合奖赔。

第二十四条，搞好各业之间的大体平衡。联产到劳以后，对于从事粮油生产和其他各业生产的劳动力，要根据各业增产潜力大小，受益多少、收获年限等不同情况，分别定出产量（产值）和工分报酬，与同等劳力大体平衡，超产（产量、产值）部分承认差别，也可以实行比例奖赔。

第二十五条，对于零星小宗的、单项的当年能收益的作物，可以承包到劳、到户，联系产量计酬；当年不能受益的，可以管理责任到劳、到户，给适当的工分报酬。对于大田中的零星经济林、果木林，可以采取树随地走的办法，当年能受益，按产量（产值）计酬；当年不能受益，管理责任到劳；新发展的，给适当报酬。

第二十六条，联产到劳以后，生产过程的各项作业，要因队制宜，宜统则统，宜分则分，不便于个人操作或操作有困难的农活，由生产队统一操作，一般可以统一种植计划，统一推行大的可行的技术措施，统一管水，统一抗御大的自然灾害。适宜于个人操作的农活，都应分给社员操作。

第二十七条，联产到劳以后，对于生产队所需要的非包工和农业基本建设用工，生产队应概算出全年的用工计划，再按社员基本劳动日确定一定比例，计算分配到劳，统一调用，平时记工，分期检查，年终结账。

第二十八条，联产到劳以后，耕牛可实行分主户喂养，养用结合；可以集中喂养，统一使用；可以建立耕田组，按耕牛底分负担农田，联户使用；耕牛多的地方，可以分户喂养，分户使用。提倡社员私人养牛，由生产队付给一定的耕田报酬。大型农机具，责任到人，统一管理。

第六章　小段包工　定额计酬

第二十九条，实行小段包工、定额计酬的生产队，要改进劳动组织形式，建立临时或固定作业组，坚决克服“拖大班”现象，要扩大定额范围，都应按定额记工。要搞好小段包工，根据作业组或社员个人分包的每段农活所包括的作业项目，在单项定额的基础上，制定综合定额，使定额便于执行。要认真执行检查验收制度，坚持分段结账，验质记分，确保农活质量。要男女同工同酬，尽量减少“靠工”，要注意农活之间的定额平衡。

第七章　包产到户

第三十条，在那些长期“吃粮靠供应，生产靠贷款，生活靠救济”的生产队，群众要求包产到户，解决温饱问题，要支持群众的要求。

第三十一条，实行包产到户，要按人均包田或者人劳结合包田，要注意土地和产量结合。划分土地等级不宜过多，地块要尽量连片，搞好土地分等排队，按地定产，包工包产包投资，包产部分统一分配，超欠部分全奖全赔。耕牛农具随田走，从种到收，全部农活包到户，以户为单位生产。对社员所承包的土地，要固定几年不变。对大田中少量经济作物，可以连同土地一起承包。

第三十二条，包产到户以后，要将集体牲畜折价，造册登记，联户使役，选户喂养，繁殖分成，草料由使役户负担，肥料作为饲养员报酬。牲畜多的地方，可以固定到户，自养自用，无畜或弱畜户的耕作困难，可以人工换畜工或其他付酬办法，农田随牛走，每年提取折旧费，分户或联户使用，也可以采用群众同意的其他有效办法。

第三十三条，包产到户以后，对于农业基本建设，要统一规划，任务到户，留出土地，集中治理。对于规模较大的农业基本建设，可以按照需工量的多少，确定每户投工任务，由队调配使用，年终结账。

第三十四条，特别贫困落后地区，群众要求大包干到户，也应当允许。但要注意加强领导，能用包产到户解决的就不要大包干到户，要坚持中央〔1980〕75号文件规定的“六个做到”，逐步引向专业承包、联产计酬的责任制。

第八章　多种经营

第三十五条，生产队对承包林、牧、副、渔、工、商各业的多种经营，应建立四专（专业队、专业组、专业户、专业工）一联（联系产量或产值）责任制。

第三十六条，柑橘、茶叶、桐、木、漆等多种经济集中产区，实行专业承包、联产计酬，搞好“五定一奖”。

定劳力。根据柑橘培育管理和新发展的任务大小，按劳动力底分定劳力。

定产量。参照常年产量，近几年大、小年和增产潜力，计算出平均株产水平，确定产量。

定投资。本着注重经济效果，讲究经济核算的原则，按照作物生长的需要，根据生产队的投资能力，概算出肥料、农药、农械（折旧）的投资总额，由队垫支，超过不补，节余归承包者，年终分配结账。

定工分。参照常年用工量，和培管的技术要求（如柑橘五全管理）联系产量，扣除投资，按纯收入水平，定出工分报酬。

定奖惩。超奖欠赔，提倡比例奖赔，按工分计算到承包者，一般不奖现金和实物。

继续完善定粮柑面积、定粮柑产量、定柑橘贡献、定粮食供应，超产奖励的“四定一奖”办法。

第三十七条，大田中的零星经济作物，提倡随田走，同农田一起承包。对新发展的几年内不能受益的经济作物，如柑橘、茶叶、蚕桑、桐、木、漆等，可以对承包者一定几年，未受益前，记发展、管理工分，适当奖赔；提前受益的，可以比例分成；受益以后实行“五定一奖”。

第三十八条，畜牧业、副业、渔业等多种经营生产，都应分别实行定人员、定任务、定收入、定报酬、定奖惩的“五定”责任制。

第三十九条，允许各类手工业者、小商小贩和各种有技术专长的人员与生产队签订合同持证外出劳动和经营，可以交三大费用，记虚工分分配实物，也可以交钱记分；允许通过签订合同和其他形式，鼓励和支持社员个人或合伙经营服务业、手工业、养殖业、运销业等；允许承包农田的劳动力在完成承包任务和非包工任务的前提下，从事正当的副业。

第四十条，要努力办好社队企业。

社队企业要因地制宜实行联产计酬责任制。工、交、建设及服务性行业，可实行“五定一奖”（定人员、定任务、定消耗、定质量、定利润、定超奖欠赔）责任制。

社队企业内部实行“定、包、奖”岗位责任制。分配方法可以实行基本工资加奖励，可以实行计件工资，也可以实行按净值分成的浮动工资。

要执行利润返还政策。社队企业提留后的纯利润，杜绝瞎支乱补，要以大部分返还生产队，列入生产队的当年分配。

第九章 林业生产

第四十一条，要努力办好国营、集体林场。场里单独核算，实行定人员、定任务、定收入、定工分、定费用、定奖惩的“六定”责任制。

第四十二条，集体山林中的成材林和幼林，实行封山育林，提倡专业承包到组、到劳、到户。联系营林成果合理计酬，超奖减赔，或收益比例分成。对集体的光秃山，实行统一规划，分户造林，成活记分，收益按队七户三，或队六户四比例分成。集体四旁树木可划给就近社员管理，队里给适当报酬。

第四十三条，根据各地不同情况，划给社员自留山，由县政府发给自留山使用证。自留山面积可占山林总面积的12%～15%，鼓励社员在自留山造林，谁造谁有。

第十章　农业基本建设

第四十四条，要本着生产发展的需要和生态平衡，订出切实可行的近期和长远的综合治理规划，大队、生产队抽出 5%～10%的劳力组成专业队、专业组。脐橙基地建设专班应占总劳力的 30%。联产到劳以后，要规定必须的农业基建用工和非包工，农闲组织突击，开展小型水利、整地改田、多种经济基地、沼气、饮水池、水泥晒场、修路、建房等基本建设。

第四十五条，组织常年或季节性的专业组，要坚持自愿互利原则，互相协作，可以大队为单位进行，也可以生产队为单位进行。农业基建专业组内，要实行定任务、定质量、定时间、定投资、定工分报酬，超额奖励的"五定一奖"责任制。

第四十六条，提倡社员在承包的耕地内进行小型农田建设。工程量较大的，由生产队检查验收，付给报酬；工程量不大的，可以不另付报酬，但在来年包产时不要增加包产基数，使社员从改田增产中得到实惠。

第十一章　合同制

第四十七条，合同制是一种经济契约，是用经济手段管理经济的好办法。生产队与各业的专业队、组、户、劳之间，大田专业作业组与田管承包者之间，都要分别签订合同，以保证农、林、牧、副、渔、工、商各业各种责任制的落实和兑现。

订合同的双方和监督单位（大队），都要签名盖章，一式三份各执一份，应坚决履行合同，不经双方同意，任何一方都不得更改或撕毁合同。违背合同造成损失者，应追究经济责任。

第四十八条，要结合夏收预分、年终决算，按合同结账，坚持兑现。如遇不可抗拒的自然灾害，大部分承包者不能完成合同任务，可以根据受灾程度、抗灾情况，经群众讨论，合理调整承包产量（产值）；也可以按同类作物、同类型土地的平均实产为水平线，进行奖赔兑现，线上得奖，线下赔偿。

第十二章　干　部

第四十九条，实行各种生产责任制，党支部应加强具体领导。大队、生产队干部要带头贯彻执行党的路线、方针和政策，抓好思想政治工作，检查计划执行情况，管好生产队的土地、牲畜、农机具、房屋等集体财产和仍属集体统一经营的生产事项，统一规划、落实农业基本建设，推广运用先进科学技术，做好粮、油、猪和其他农副产品的交售任务，抓好财务整顿和财务管理，搞好公共积累的提留、管理和使用。安排好烈、军、工、干家属户、"五保户"、困难户的生产、生活，组织社员发展家庭副业，抓好计划生育、文教、卫生和其他各项工作，不断研究新情况，解决新问题，完善、提高各种生产责任制。

第五十条，大队、生产队干部要坚持在集体领导的前提下，分工负责，按照专业分工，实行分线领导，专业专责，分管什么专业，就参加什么专业的劳动。要按规模大小、承包生产任务，大队三职主要干部可按本人劳力底分的 60%～70%承包生产任务。对干部承包的部分，同社员一样履行合同。

第五十一条，干部报酬和奖赔。

大队三职主要干部每年定工补贴 120～150 个工日，生产队长和会计每月定工补贴 3～5 个工日。其他干部误工记工。大队、生产队干部的奖励，按照"七增一降"及计划生育指标，实行净增比例计奖或者综合百分制计奖，一般奖励工分，不奖实物和现金。因工作失职造成经济损失者，应适当减少工分报酬。年终分配结算时，大队评定干部待遇和奖励以后，要经管理区审查，公社批复。

县人民政府关于印发《秭归新县城规划建设管理规定》的通知

秭政发〔1994〕46号

各乡镇人民政府、县政府各部门：

《新县城规划建设管理规定》已经县人民政府讨论通过，现印发给你们，请遵照执行。

一九九四年七月四日

县人民政府关于新县城规划建设管理规定

第一章略

第二章　八个统一

第五条：“八个统一”即统一规划、统一征地、统一划分功能区、统一控制竖向标高、统一审查设计、统一基础设施建设、统一风景园林绿化管理、统一市容街景管理。

第六条：统一规划

（一）城镇的总体规划，详细规划统一由县建设委员会负责组织编制，经依法批准后，由县建设委员会负责实施。新县城所有工程建设必须严格按城镇规划进行。单项工程的规划设计，也必须按县建设委员会提供的规划要点进行，并经报建批准，方能实施。

（二）在城镇规划区内进行建设，必须持计划部门批准立项的有关文件，向县建设委员会申请定点和规划用地，办理建设用地许可证，土管部门管理用地手续。

（三）建设单位必须严格按县建设委员会核发的“选址意见书”“建设用地规划许可证”和“建设工程规划许可证”的规定使用土地，进行设计和建设。

（四）新县城的建设，要严格控制人口容量，每平方公里控制在一万人以内。

（五）城镇各项规划一经批准确定，未经原批准机关同意，任何单位或个人不得擅自改变。

第七条：统一征地

（一）新县城规划区内的土地由县土地管理局统征或预征，由县建设委员会按城镇规划和建设需要统筹安排，分期使用。

（二）所有征用土地，统一由县政府委托有关部门按城镇规划要求进行开发，由县土地管理局统一有偿出让或有偿划拨。

（三）任何单位和个人不得在新县城总体规划区范围内擅自征用土地、占有土地和变相征地。

第八条：统一划分功能区

县建设委员会应根据“有利生产、方便生活、近远结合、全面安排、讲究综合效益”的原则将新县城总体规划的大功能区进一步划定为不同性质、不同层次、不同类型的小功能区；所有小功能区的建设，必须严格按规划的布局进行，避免功能混杂；所有建设项目必须服从功能分区安排。

第九条：统一控制竖向标高

由县建设委员会统一负责编制城镇竖向规划，做好竖向规划设计，确定所有控制点和原有的自然地面标高，任何单位和个人不得擅自改变。

第十条：统一审查设计

（一）所有建设项目的总图（含设计方案）和施工图由县建设委员会进行审批或组织有关部门进行审批。

（二）下列建设项目，一律要做初步设计，并统一由县建设委员会组织有关单位进行审查，报县政府主管领导同意。

1. 投资在 100 万元以上的公共建筑。

2. 高度在 18 米以上或 6 层以上的住宅建筑。

3. 总投资在 200 万元以上的工业项目（含乡镇企业）。

4. 有历史意义和特殊功能的建筑。

5. 属国家拨款 100 万元以上的建设项目。

（三）须做初步设计的建设项目，未经建设委员会批准不能出施工图；初步设计和施工图设计深度，按国务院各部委规定的勘察设计文件进行设计。

（四）所有项目初步设计或设计方案（含施工图）一经批准，不得擅自修改，如需修改，须经原审定单位批准。

（五）严禁无证单位承担建设项目的勘察设计工作；持证单位必须到城建部门验证，接受监督，不准出卖图章或为无证单位盖章，不准越级承担勘察设计任务。

第十一条：统一基础设施建设

（一）新县城基础设施工程建设，必须遵循“先地下、后地上”的原则，统一规划，严格按基建程序进行。

（二）城区内的道路、桥梁、隧道、供水、排水、防洪、绿化、路灯、供电、通信、公共交通等基础设施建设都要按 50 年发展的需要一次性精心设计，精心施工、配套建设。城区内交通主干道交叉口人行横道附近的位置，均需预留穿越道路的地沟，备作各类管线穿越道路所用。避免发生污水乱流、挖路不止等脏乱现象。

（三）基础设施工程统一由县政府负责委托有关部门招标投标。

（四）施工单位进行施工，必须遵循市政、供水、供电、邮电、公安、消防、园林、环境卫生、环境保护、劳动保护、公共交通、历史文物等有关部门规定，办理相关手续，采取相应措施，做好施工现场文明施工和安全施工的各项工作。

（五）基础设施建筑工程施工必须按下列程序进行。

1. 工程开工实行施工许可证制度。建设单位按批准的建设项目向县建设委员会办理施工许可证，未取得施工许可证的建设单位不得擅自组织开工。

2. 工程开工实行严格质量监督。建设单位必须按规定委托建设工程质量监督管理站对建设项目的工程质量进行监督。

3. 工程竣工实行竣工验收制度。工程竣工后，建设单位组织设计、施工单位共同编制工程竣工图，进行工程质量评议，整理各种技术资料，及时完成工程初验，并向县建设委员会提交竣工技术资料和验收报告。在项目工程初验后，由县建设委员会组织有关单位进行验收，经质监部门出示合格证后，施工单位才能将该项工程移交建设单位或管理单位，并将竣工图和技术资料移交城建档案室保存；验收为不合格工程的不得移交，不得交付使用。

第十二条：统一风景园林绿化管理

（一）城镇园林绿化的管理，统一由县建设委员会园林绿化管理所负责。

（二）城镇园林绿化面积按总体规划和详细规划的标准审定，绿化覆盖率必须达到下列标准。

1. 城区总面积内绿化率不低于 30%；

2. 居住、机关、学校、卫生用地中绿化面积不低于 25%；

3. 工业、仓库用地中绿地不低于 20%；

4. 郊区宜林山地全部育林，绿化覆盖率达 75%以上。

（三）园林绿地系统规划和园林风景区详细规划，由县园林绿化管理所负责编制，报县建设委员会批准后，由园林绿化管理所组织实施。

（四）凡规划确定的绿地和风景区，不得改作他用；如确需要改变用途的，须报园林绿化管理所审查同意，县建设委员会批准。

（五）新县城绿化建设经费必须纳入年度基建计划，在各项建设投资中，要包括绿化建设经费，其经费占各项建设总投资的 2%，由县建设委员会收取绿化保证金，对按规划要求绿化后的单位退还保证金，对没有按规划要求绿化的单位，保证金不退还，由园林绿化管理所统一绿化。绿化保证金由县建行和县建设委员会监督使用。

（六）各单位和各住户要充分利用庭院、空地种花种草，美化环境。

第十三条：统一市容街景管理

（一）风景园林区内除规划规定以外，不得建与风景建设无关的建筑物和构筑物。

（二）城区内沿江岸绿化带和城镇道路绿化带，应纳入城镇景观风貌规划，统筹安排，任何单位和个人不得擅自使用。

（三）城镇干道的沿街建筑，各路段的景观效果，建筑轮廓，均由县建设委员会严格把关：街景设计要体现时代气息和地方特色，讲究立面造型及色彩变化，立面装饰材料力求色泽清新、耐久美观、易于清刷。

（四）建筑物的外廊和阳台装修应整齐大方，未经报建批准的，不得擅自改建或增建其他附属设施，面向阳台外廊的门或窗需设置防盗网的，可紧贴门窗安装外形美观的铁闸或铁栏。

（五）路牌、广告、招牌、橱窗、公共建筑物的装修应统一布局，并应与周围的环境相协调，设计方案须经县建设委员会统一审查，未经报建批准的，一律不得施工。

（六）各项建筑设计均应包括屋面处理方面。建筑物屋面的装饰应实用、美观。坡屋顶隔热层的表面应按花园设计，进行绿化处理，铺草皮或设水池，有条件的应铺砌一种有颜色的面砖。设置在屋顶的电视电线，应统一规划，统一安装。

（七）城镇干道的公共建筑入口、广场、停车场、街心绿地、小游园的建筑小品、雕塑、儿童游戏场等设施，应精心设计，造成街景点缀，体现花园城镇特色。

第三、四章略

中共秭归县委员会　秭归县人民政府
关于做好秭归县三峡工程库区移民工作的意见

（1995 年 8 月 9 日）

为做好秭归县库区移民工作，确保三峡工程建设的顺利进行，促进秭归县经济社会科技的持续、快速发展，根据中央、省、市对移民工作的部署和要求，结合本县实际，特提出如下意见：

充分认识做好库区移民工作的重要意义

三峡工程，功在当代，利及千秋。库区移民是三峡工程建设的重要组成部分。做好库区移民工作是服务工程建设的需要，是发展库区经济的需要，是保持库区社会稳定的需要。秭归县地处三峡工程大坝库首，移民涉及面广，搬迁任务重，时间要求紧，安置难度大。因此，全县各级各部门要充分认识本县库区移民工作的艰巨性、紧迫性、复杂性，进一步增强做好移民工作的使命感、责任感和紧迫感。要教育和引导广大库区人民群众顾全大局，自觉做到以服务三峡工程建设为己任，承担起移民工作的重任，以实际行动支援三峡工程建设。要动员和组织全县人民紧紧抓住三峡工程给秭归县带来的大好机遇，充分利用国家对库区的一系列优惠政策，举改革旗，打“三峡”牌，迎开放潮，促进本县经济迈上一个新的台阶。要本着对党、对国家、对人民、对历史高度负责的精神做好移民工作，确保库区的社会稳定和长久治安。

秭归县库区移民工作的指导思想及基本原则

指导思想：认真贯彻执行《长江三峡工程建设移民条例》，坚持开发性移民的方针，以支援服务三峡工程为出发点，以发展秭归经济为落脚点，按“分期蓄水、连续移民”的要求，优先农村移民安置，优先基础设施建设，优先库区企业迁建，坚持服务工程、发展经济与移民安置有机结合，努力实现“服务大三峡，建设新秭归”的奋斗目标。

基本原则：（1）坚持“五统一”的工作原则。全县移民工作坚持“统一领导，统一规划，统一政策，统一实施，统一调控”，保持移民工作的连续性、稳定性。（2）坚持“五为主”负责制的原则。即：农村移民以乡镇为主，城镇迁建以所在政府为主，专业项目复建以行业主管部门为主，工矿企业迁建以企业为主，单位搬迁以单位为主。（3）坚持移民经费包干使用和责权利相统一的原则。根据“五为主”负责制，将全县移民经费按权属和属地切块包干到各乡镇、各部门（单位、企业）。按照全县移民工作的统一部署和要求，各乡镇、各部门（单位、企业）认真负责地做好包干范围内的移民工作，做到任务包干，投资包干，不留遗留。移民经费只包到乡镇，不准乡镇再包到村。（4）坚持“实事求是、量力而行”的建设原则。要在移民资金包干的前提下，充分依靠各级政府和库区干部群众的积极性、主动性、创造性，发扬自力更生、艰苦奋斗的创业精神，坚持从实际出发，因地制宜，突出重点，用好包干资金，提高移民资金的使用效益。

同时，移民工作还应做到与人口控制、土地利用、水土保持和环境保护相结合，讲求实效，提高移民安置质量。

精心规划，突出重点，严格管理，切实做好移民工作

1.认真做好库区移民安置规划。

各乡镇、县直有关部门要在水利部长江水利委员会编制的《长江三峡工程秭归县淹没处理及移民安置规划报告》的基础上，紧密结合本乡镇、本部门的实际，尽快制定农村移民安置和城镇迁建、工矿企业迁建、专业项目复建的实施规划，并做好修订补充完善工作。

农村移民安置实施规划应本着以农业为安置基础和就地就近安置为主，立足本地安置，鼓励投亲靠友，积极稳妥外迁。城镇迁建规划应体现因地制宜、规模适度、近期为主、留有余地。工矿企业迁建规划要把企业技术改造、优化结构、移民安置结合起来。专业项目复建规划要合理布局、恢复功能、适应发展。

2.突出重点，分类指导。

农村移民安置是秭归县移民工作的重点和难点，要切实做好，要坚持以土为本，实行农业后靠安置为主，继续抓好土地资源的开发、农产品的系列开发以及农业项目的科技开发，优化农业内部结构，完善配套设施，提高安置效益。有条件的还可以采用购买、分成、转让土地使用权等形式，安置农村移民。在移民安置区范围内可以对承包的耕地、山林进行适当调整，保证移民拥有一定的生产资料。与此同时，还可以采取企业安置、外迁安置、投亲靠友安置、自谋职业安置、社会福利安置等多种渠道，安置好农村移民。

新县城建设和库区集镇迁建是移民搬迁的龙头，是库区经济发展的基础。要采取得力措施加快新县城和库区集镇迁建的步伐，尽快形成完备的功能体系，为全县的移民搬迁安置和扩大开放、加快发展创造良好的条件。

工矿、商贸企业的迁建，要根据资源条件和市场情况，通过技改、转产、合并等形式，使企业上规模、上档次，并优先安排库区农村移民和二次占地移民。企业迁建应充分利用城镇的基础设施和功能配套，减少非生产项目的投资。

库区交通、水电、邮电通信、广播电视等专业项目复建，按权属和属地由各行业主管部门和各乡镇抓紧规划实施，确保功能的恢复。教育、文化、卫生等社会公益设施也应加快复建步伐，尽快恢复社会服务功能，促进移民搬迁安置。

3.严格管理，用好移民资金。

严格移民计划管理。秭归县库区移民工作以中长期计划为指导，实行年度计划管理。各地、各部门严格按照计划组织实施，不得擅自调整年度计划。

严格移民项目管理。为确保移民工作的全面完成，在实施计划管理的同时实行项目管理。建设项目列入年度计划后，项目建设单位严格按规定的程序组织项目实施。

严格移民经费管理。全县移民经费实行县乡分级管理，由移民主管部门具体负责。移民主管部门要严格执行国家有关规定，建立健全财务机构和财务制度，认真做好财务管理工作。

各级移民主管部门和各移民项目建设单位，要严格执行国家有关政策、法规和财经纪律，加强对移民资金的使用管理，严禁以包代管，严禁乡镇、村、组层层转包，严禁将生产性资金转化为消费性支出。要建立健全约束机制，县审计、移民、财政、建行等部门要加强对移民资金的审计和监督，经常检查，发现问题及时处理。

制定优惠政策，抓好对口支援工作

三峡工程库区移民工作涉及广大人民群众的切身利益，政策性强。因此，全县各级各部门一定要加强对移民政策的宣传，严格执行移民政策，促进全县移民工作的顺利开展。一是要认真落实优惠政策。国务院、省、市政府对三峡库区移民工作出台一系列优惠政策，县直有关部门要认真研究，用活用足。二是要积极争取扶持政策。有关部门要根据本单位、本部门的实际，积极向上级主管部门争取对库区的倾斜政策，增加科技、人才、资金等方面的投入，促进秭归县移民工作的健康开展。三是要制定本县移民安置的优惠政策。县委办、政府办、移民局等部门要根据上级有关文件规定，结合本县实际，研究本县移民安置的具体政策。四是对教育、文化、卫生等社会公益事业的搬迁实行倾斜政策。五是积极搞好对口支援的受授工作。要进一步完善对口支援方式，把发展骨干项目、提高技术含量以及企业技术改造与受授工作结合起来，培植经济发展后劲。要进一步明确对口支援的任务，县三峡办及各部门要根据优势互补、互利互惠的原则，积极探索与对口支援单位共同发展的结合点，加大工作力度，在合作兴办项目、技术支援、信息交流、市场拓展、经营管理、人才培训、产品开发等方面下功夫，努力提高对口支援的效益。

加强领导，确保秭归县移民工作顺利进行

全县各级党委、政府要切实加强对库区移民工作的领导，把移民工作纳入党委、政府的重要议事日程。库区乡镇要建立健全党委统一领导、政府全面负责、分管领导具体抓的工作制度，成立移民工作领导小组，经常研究移民工作的重大问题，协调各方面力量做好移民工作。各级干部尤其是领导干部要进一步转变工作作风，经常深入基层调查研究，认真解决移民工作存在的具体问题，及时总结，推广典型，确保移民工作的深入、持久、健康地发展。

县直各部门要从全县的大局出发，在移民工作中进一步发扬团结协作的精神，想为移民之所想，急为移民之所急，在抓好本部门搬迁的同时，进一步转变工作方式，积极为移民服务，打好移民工作的总体战。要分工一名负责人专抓这项工作，并建立健全工作责任制，实行工作业绩考核。要进一步严肃纪律，在移民项目实施中不准乱收费、乱摊派、乱罚款，彻底清理并减轻移民项目非直接费用的负担。

县移民局是县政府主管移民工作的职能部门，要认真抓好自身建设，切实加强对移民工作的管理指导，为县委、县政府正确决策当好参谋。各级党委、县政府要重视移民队伍建设，支持他们的工作。

全县共产党员、共青团员以及广大干部职工，在移民工作中要积极响应国家号召，带头执行国家政策，积极主动搬迁。要以身作则，率先垂范，为库区人民群众做表率。对在秭归县移民工作中作出显著成绩的单位和个人，各级党委、政府应给予奖励。对借移民工作之机，违法乱纪的，纪检、监察、政法等部门要严肃查处，对造成重大损失的，要依法追究责任。

中共秭归县委员会
秭归县人民政府

二、诗文选录

现代诗人题吟秭归新诗选

香　溪

任洪渊

我从月亮里流来
我从星星上流来
流自白雪，绿叶，长青的山色
流自山花山鸟自开自谢的芳菲
无人领会的啼啭

我怎么会只流成泪滴
打湿远方坟上青青的草
我怎么会只是琵琶上的流响
流着一根不断的哀弦
我怎么会只流有争吵的历史里
谴责，怜惜，惋叹
甚至长过我的漪涟
爱我的人们，再不要
用我去洗塞上的风沙
去洗你们的干戈搅起的尘烟
就让我这样清清地流吧
我再也不会流进
你们那有时是浑浊的回忆里面
我从哪里流来
我就流向哪里
我流成月光，流成星光
流成青山，蓝天，花瓣的缤纷
和鸟翅的飞旋
流成一双双弯弯的眉
连着云中，雨中
远远近近、隐隐约约的峰峦
流成两岸一对对清澈的少女的眼睛
闪烁着明天

秭归端午

严　辰

一个美丽的不屈的诗魂。
千百年来依然闪耀着烨烨的青春。
有谁赢得亿万人的爱戴，
像他那样广泛、久远、热烈而又真诚。
让我们每一次脉搏的跳动，
有如他同祖国人民的节拍相呼应。
让我们每一次吟唱，每一韵律，
有如他歌颂的橘柚般丰满、纯净。
愿我们的笔锋像利剑一样锐利，
始终指向丑恶，指向不义，指向奸佞。
愿所有的沉冤和泪珠不再如大江奔流，
山山水水散发出兰芝幽远的清芬。

过兵书宝剑峡

李　瑛

多少夜曾梦见英雄远祖，
召唤我秉烛看宝剑兵书。

不需问是谁，那是谁，
将它深藏在这万山峡谷。

听江风簌簌，似掀动千帙万册
看团团云雾，要拭净剑锋的血污。

我相信，书卷的文字并未冷却，
宝剑的霜刃仍长啸荒谷。

这里，像有无数威武的精魂，
日夜凝视着江水东流去。
敢问你尊敬的老人，
对今日的子孙有何告诫和叮嘱？

我知道，两千年遍地兵燹虽早已沉寂
这多风多雨的人间却仍有狼虎。

因此才将它们储进这深山，
并让江涛召唤你：警惕，不屈的民族。

西陵峡三滩

沙　鸥

四百年前
岩崩
长江倒流

巨石的暴雨，把我
掩回了古代

绿绣的江面
一群大雁
哀鸣成一个人字
那竹叶上
有我滢滢的脚印
我是一滴水
无心审视自己
成了分子的虚点

那竹叶上，有我
被唤醒的晨霞

从我干涸的心中
走出一个我来
俯伏于峡谷之底

写在秭归屈原祠里

熊召政

踩着时烈时缓的滩声
橘园的翠色已在我心头凝聚
转过渐陡渐紫的山坡
幽兰怎不染香我的步履？

在神州众多的先贤祠中
应以此祠为最，为最应是此祠
因为人民对屈原百世不衰的悼念
正是它稳固的基石

宁可与波苔荇草为伍
也决不同奸佞共一夜欢愉
去看他光耀日月的诗章吧
哪里有一句媚词？

侠骨数根，越老越硬
同野老共歌哭，与祖国同生死
哪里是他拊鼓射天狼的地方？
那鼓声尚响在这座小祠

那鼓声亦响在我的心底
击起我心中的天风海雨
响在人们每一缕纯洁的思念中
纯洁的思念，生生世世

文　献

屈原列传

［汉］司马迁

屈原者，名平，楚之同姓也。为楚怀王左徒。博闻强志，明于治乱，娴于辞令。入则与王图议国事，以出号令；出则接遇宾客，应对诸侯。王甚任之。

上官大夫与之同列，争宠而心害其能。怀王使屈原造为宪令，屈平属草稿未定，上官大夫见而欲夺之，屈平不与，因谗之曰："王使屈平为令，众莫不知。每一令出，平伐其功，曰以为'非我莫能为'也。"王怒而疏屈平。

屈平疾王听之不聪也，谗谄之蔽明也，邪曲之害公也，方正之不容也，故忧愁幽思而作《离骚》。"离骚"者，犹离忧也。夫天者，人之始也；父母者，人之本也。人穷则返本，故劳苦倦极，未尝不呼天也；疾痛惨怛，未尝不呼父母也。屈平正道直行，竭忠尽智以事其君，谗人间之，可谓穷矣。信而见疑，忠而被谤，能无怨乎？屈平之作《离骚》，盖自怨生也。《国风》好色而不淫，《小雅》怨诽而不乱。若《离骚》者，可谓兼之矣。上称帝喾，下道齐桓，中述汤、武，以刺世事。明道德之广崇，治乱之条贯，靡不毕见。其文约，其辞微，其志洁，其行廉，其称文小而其指极大，举类迩而见义远。其志洁，故其称物芳；其行廉，故死而不容。自疏濯淖污泥之中，蝉蜕于浊秽，以浮游尘埃之外，不获世之滋垢，皭然泥而不滓者也。推此志也，虽与日月争光可也。

屈原既绌。其后秦欲伐齐，齐与楚从亲，惠王患之。乃令张仪佯去秦，厚币委质事楚，曰："秦甚憎齐，齐与楚从亲，楚诚能绝齐，秦愿献商、於之地六百里。"楚怀王贪而信张仪，遂绝齐，使使如秦受地。张仪诈之曰："仪与王约六里，不闻六百里。"楚使怒去，归告怀王。怀王怒，大兴师伐秦。秦发兵击之，大破楚师于丹、淅，斩首八万，虏楚将屈匄，遂取楚之汉中地。怀王乃悉发国中兵，以深入击秦，战于蓝田。魏闻之，袭楚至邓。楚兵惧，自秦归。而齐竟怒，不救楚，楚大困。

明年，秦割汉中地与楚以和。楚王曰："不愿得地，愿得张仪而甘心焉。"张仪闻，乃曰："以一仪而当汉中地，臣请往如楚。"如楚，又因厚币用事者臣靳尚，而设诡辩于怀王之宠姬郑袖。怀王竟听郑袖，复释去张仪。是时屈原既疏，不复在位，使于齐，顾反，谏怀王曰："何不杀张仪？"怀王悔，追张仪不及。

其后，诸侯共击楚，大破之，杀其将唐眛。

时秦昭王与楚婚，欲与怀王会。怀王欲行，屈平曰："秦，虎狼之国，不可信，不如毋行。"怀王稚子子兰劝王行："奈何绝秦欢！"怀王卒行。入武关，秦伏兵绝其后，因留怀王，以求割地。怀王怒，不听。亡走赵，赵不内。复之秦，竟死于秦而归葬。

长子顷襄王立，以其弟子兰为令尹。楚人既咎子兰以劝怀王入秦而不反也。

屈平既嫉之，虽放流，眷顾楚国，系心怀王，不忘欲反。冀幸君之一悟，俗之一改也。其存君兴国而欲反复之，一篇之中，三致志焉。然终无可奈何，故不可以反。卒以此见怀王之终不悟也。人君无愚智贤不肖，莫不欲求忠以自为，举贤以自佐。然亡国破家相随属，而圣君治国累世而不见者，其所谓忠者不忠，而所谓贤者不贤也。怀王以不知忠臣之分，故内惑于郑袖，外欺于张仪，疏屈平而信上官大夫、令尹子兰。兵挫地削，亡其六郡，身客死于秦，为天下笑。此不知人之祸也。《易》曰："井渫不食，为我心恻，可以汲。王明，并受其福。"王之不明，岂足福哉！

令尹子兰闻之，大怒。卒使上官大夫短屈原于顷襄王，顷襄王怒而迁之。

屈原至于江滨，被发行吟泽畔。颜色憔悴，形容枯槁。渔父见而问之曰："子非三闾大夫欤？何故而至此？"屈原曰："举世混浊而我独清，众人皆醉而我独醒，是以见放。"渔父曰："夫圣人者，不凝滞于物，而能与世推移。举世混浊，何不随其流而扬其波？众人皆醉，何不哺其糟而啜其醨？何故怀瑾握瑜，而自令见放为？"屈原曰："吾闻之，新沐者必弹冠，新浴者必振衣。人又谁能以身之察察，受物之汶汶者乎！宁赴常流而葬乎江鱼腹中耳，又安能以皓皓之白而蒙世之温蠖乎！"

乃作《怀沙》之赋。（《怀沙》略）

于是怀石遂自（投）汨罗以死。

屈原既死之后，楚有宋玉、唐勒、景差之徒者，皆好辞而以赋见称。然皆祖屈原之从容辞令，终莫敢直谏。其后楚日以削，数十年竟为秦所灭。

自屈原沉汨罗后百有馀年，汉有贾生，为长沙王太傅。过湘水，投书以吊屈原。

太史公曰："余读《离骚》《天问》《招魂》《哀郢》，悲其志。适长沙，观屈原所自沉渊，未尝不垂涕，想见其为人。及见贾生吊之，又怪屈原以彼其材，游诸侯，何国不容，而自令若是。读《鹏鸟赋》，同死生，轻去就，又爽然自失矣。"

（选自 中华书局标点本《史记》）

屈原外传

［唐］沈亚之

昔汉武爱骚，令淮南作传，大概屈原已尽于此。故太史公因之以入《史记》。外有二三逸事，见之杂记方志者尤详。

屈原瘦细美髯，丰神朗秀，长九尺，好奇服，冠切云之冠，性洁，一日三濯缨。事怀襄间，蒙谗负讥，遂放而耕，吟《离骚》，倚耒号泣于天。时楚大荒，原坠泪处独产白米如玉。《江陵志》有玉米田，即其地也。

尝游沅湘，俗好祀，必作乐歌以乐神，辞甚俚。原因栖玉笥山作《九歌》，托以讽谏。至《山鬼》篇成，四山忽啾啾若啼啸，声闻十里外，草木莫不萎死。又见楚先王庙及公卿祠堂，图画天地山川神灵，琦玮谲诡，与古圣贤怪物行事。因书其壁，呵而问之，时天惨地愁，白昼如夜者三日。晚益愤懑，披蓁茹草，混同鸟兽，不交世务，采柏实，和桂膏，歌《远游》之章，托游仙以自适。王逼逐之，于五月五日，遂赴清冷之水，其神游于天河，精灵时降湘浦，楚人思慕，谓为水仙。每值原死日，必以筒储米，投水祭之。

至汉建武中，长沙区回，白日忽见一人，自称三闾大夫。谓曰："闻君尝见祭，甚善。但所遗并蛟龙所窃，今有惠，可以楝树叶塞上，以五色丝转缚之，此物蛟龙所惮。"回依其言。世俗作粽并带丝叶，皆其遗风。

晋咸安中，有吴人颜珏者，泊汨罗，夜深月明，闻有人行吟曰："曾不知夏之为丘兮，孰两东门之可芜。"珏异之，前曰："汝三闾大夫耶？"忽不见其所之。《江陵志》又载，原故宅在秭归乡，北有女媭庙，至今捣衣石尚存。时当秋风夜雨之际，砧声隐隐可听也。

嘻，异哉！原以忠死，直古龙比者流，何以没后多不经事，特千古骚魂郁而未散，故鬻熊虽久不祀，三闾之迹犹时仿佛占断于江潭泽畔、蒹葭白露中耳。

（选自县图书馆《屈骚指掌》）

“屈原故里江陵”辨

王健强

1989 年 9 月 25 日，上海《文汇报》发表一条消息：《屈子故里何处，新论云是江陵》。10 月 12 日，《中国新闻》以《湖北揭开屈原生于江陵的千古之谜》为题，将上述消息发往海外，称这一“研究成果”已“经湖北省地方志办公室审查确认”。笔者认为，消息用语似乎太武断了些，几乎没有了讨论的余地。屈原诞生在什么地方，虽然从古至今的屈原研究者们一般认为在秭归，仍可以进一步研究。现就个人见闻所及，略陈己见，看“新论”创立者们揭开的是个什么样的“千古之谜”。

一、“屈原故里江陵说”并非新论

消息称“屈原故里江陵说”为“新论”，创立这一“新论”的前提是：有一个以一名副编审为首的 3 人研究小组，经过 4 年考证，查阅了《楚辞》等 30 余部文献，参考了 20 多位近、现代权威楚文化研究专家的 300 余万字论著，吸收了多人的研究成果，因而得出上述结论，重要依据有三条：

一是屈原生卒时间及屈氏家族与楚王伴随关系。屈氏家族为楚国世袭贵族、王室权臣，随楚王居于国都。屈原诞生于楚宣王二十七年（公元前 342）左右，诞生前后郢都（江陵纪南城）并无战乱，他不可能生于远离京城的秭归。二是屈原的自述。屈原《哀郢》诗中有句“发郢都而去闾兮”。江陵纪南城考古证明，城南一片，即今纪南乡松柏村范围，就是当年楚三大贵族的住处“闾”。三是后人对屈原的记载。西汉文学家东方朔在追悼屈原的《七谏》中说：“平（屈原）生于国兮”，“国”，即京城国都。这是史籍中最早关于屈原出生地的记载。另外，屈原在《离骚》中涉及的巫风、俚语均与江陵地区吻合。特别是其中描述他儿时常用菱、荷叶做衣裳穿戴，至今仍是江陵平原湖区儿童的玩耍方式[①]。

“新论”已经写进新编《江陵县志·屈原传》，成为“我国唯一记载屈原出生江陵的志书”，因而使“该志尽善尽美，不留遗漏给后人”[②]。对于这项“研究成果”和这种治学态度，笔者姑且不论，只想引述浦江清先生的一段话，借以唤起人们对过去了的事情的回忆：

屈原的出生地点是楚国的都城，郢。西汉的楚辞家东方朔曾说：“平生于国兮，长于原野。”(《七谏》)“国”指国都，就是郢。屈原也把郢作为故乡，他在被放逐离郢的时候说，“去故乡而就远兮”，“发郢都而去闾兮”，“去终古之所居兮”，在那首《哀郢》诗里有三个地方指明了这事实。所以许多人认为他是湖北秭归县人，那是不可靠的，是后来的附会（始于北魏时人所作的《水经注》）。我们知道当时公族以屈、景、昭三姓为盛，称为“三闾”，既称为闾，必有闾里，他们的居处应该在郢都，或在城里，或在郊外。以屈原的文学成就来说，他不生长在文化中心的郢都是难以想象的。屈氏始祖屈瑕的封地屈，不知在什么地方，不过自从武王、文王经营郢都以后，用情理来推测，那些王族的分支都搬到都城来居住了[③]。

这是浦江清先生 1952 年在其《屈原》一文中的论述，原文先收入清华大学中文系编《祖国十二诗人》一书，浦先生去世后，人民文学出版社于 1958 年又将此文收入《浦江清文录》出版。细心的读者只要稍加对照，会发现江陵“新论”从论题到论据，同浦江清先生的论述有惊人的相似之处，只是叙述次序不同。浦江清先生是国内知名学者。关于屈原的生年，现代屈学专家公认他的推算最精细，

①上海《文汇报》1989 年 9 月 25 日第 3 版。

②湖北《荆州报》1989 年 9 月 11 日第 4 版。

③浦江清：《屈原》，引自《祖国十二诗人》，上海中华书局 1953 年出版。

通用的则是郭沫若的推算。浦先生的“屈原故里郢都说”为什么在学术界没有引起争论，可能有几种情形：一是屈原研究者们认为屈原生在什么地方已有比较一致的看法，没有讨论的必要。二是屈学研究者们注重屈原作品的训诂、名物、注疏诸方面，至于屈原生于何地，对他们来说并不重要，只介绍作者是楚国诗人即可。三则认为浦先生主要是根据“情理推测”，证据并不充分，没有令人信服的说服力。因此，在浦先生的新说提出以后 30 多年里，学者们在自己的著述中，依然认为屈原故里在秭归。

詹安泰先生说：

屈原究竟是哪里人?也有多种的说法：一说在秭归县北的乐平里；一说在巴陵县（今湖南岳阳县）东太平寺；一说在湘阴县北玉笥山；一说在归州（今湖北秭归县）三闾乡；一说在归州东屈沱；一说在夔州（今四川奉节县）。郭沫若、游国恩两先生均从秭归之说。浦江清先生另有新的意见，认为屈原的出生地点是楚国的都城——郢。我觉得上面几种说法虽不同，如果从屈原曾住过的地方说，可能都是有根据的，但说到他原来的老家，还是秭归一说比较可靠[①]。

游国恩先生说：

屈原的故乡是在秭归大概是没有疑问的。因为秭归本是楚国最初建国的地方，楚国的先公先王和一切姓芈的公族都可以算是秭归人。现在看来，现今湖北省的秭归县就是屈原的老家[②]。

二、析“屈原故里江陵说”的几条依据

“屈原故里江陵说”的三条依据，是从浦江清先生“屈原故里郢都说”移植过来的。浦先生的意见，50 年代是新论，现在已成为旧说。江陵县志编研人员的“新论”，从提出之日起便是旧说。因为，将三条依据还给浦江清先生之后，可以作为证据的材料已经不多，凭几根“菱蔓”、几片“荷叶”和“儿童的玩耍方式”支撑“新论”，显得多么的脆弱。

但对三条依据加以研究，仍可以从中获得新的认识，尽可能使今天的认识合乎历史的本来面貌。三条依据的核心是“屈氏家族与楚王伴随关系”。《江陵县志》编研人员认为：“屈氏家族为楚国世袭贵族、王室权臣，随楚王居于国都。”实际的情形是这样吗?屈氏始祖屈瑕，是楚武王熊通（一作熊达）的儿子，食采于屈，因以为氏。后来，屈瑕回王室做了“莫敖”（官名），为楚武王南征北战，“君（屈瑕）次于郊郢，以御四邑。”嗣后，屈瑕率师伐罗，遭罗、卢两军夹击，兵败“缢于荒谷”[③]。屈瑕之后，屈氏人物中的屈重、屈到、屈建、屈荡、屈生都曾作过莫敖，这都是春秋时代的事。到了战国时代，屈氏人物在楚国的政治地位不那么显赫了，见诸史册的有屈宜臼以楚大夫身份居于魏，后至韩[④]，屈盖以楚大夫身份出相于秦[⑤]，屈匄为楚大将军，与秦军作战于丹、淅之地，兵败被秦兵掳去[⑥]，屈原与屈匄为同时代人。从屈瑕食采于屈至屈原生活的时代，相隔大约 400 年，一说历 9 代，一说历 13 代。屈原的始祖虽然与楚王是同姓王族，但到屈原这一代，同楚王早已没有了血缘关系，成为“五服”之外的疏族。

屈原是在战国末期社会急剧变革的时代登上楚国政治舞台的。我们稍微回溯一下，便可以知道，中国自进入春秋战国时代，周王朝已经控制不了全国局势，诸侯各霸一方，战火连年不熄，人力、物

① 詹安泰：《屈原》，上海人民出版社 1957 年出版。
② 游国恩：《屈原》，中华书局 1980 年 5 月第 2 版。
③ 《左传·桓公十一年》《左传·桓公十三年》。
④ 《史记·韩世家》。
⑤ 《战国策·秦策二》。
⑥ 《史记·屈原列传》。

力、时间都消耗在战乱之中。百姓是战争的最大牺牲者，对战争早已厌恶了。具有远见卓识的政治家们在思索：怎样才能摆脱无休止的战争，找到一条推动社会前进的途径?约公元前382年，楚悼王用吴起变法，时间虽然很短，成果也未能保住，却开创了用改革推动社会前进的先例。此后，魏文侯用李悝变法，韩昭侯用申不害变法。特别值得一提的是，约公元前359年，秦孝公用商鞅变法，实施了20年，成效十分显著，为后来的秦始皇统一中国奠定了思想、物质基础。

吴起变法的指导思想非常明确，他要楚悼王“明法审令，捐不急之官，废公族疏远者以抚养战斗之士[①]“。他对楚悼王说：“大臣太重，封君太众，若此则上逼主而下虐民，此贫国弱兵之道也。不如使封君之子孙三世而收爵禄。[②]“这些话的中心意思是：吴起要楚悼王彰明法度，研究制定富国强兵的政策；强迫贵族到边远地区去开荒种地，功臣和贵族的封地或食邑，从第二代或第三代起都要收走；整饬统治机构，裁减无所事事的官僚贵族。这些法令一经实施，立刻收到很好的效果，他“南平百越，北并陈蔡，却三晋，西伐秦，诸侯患楚之强。”[③]但是，吴起的变法却遭到贵族势力的反对。楚悼王死后，吴起即被乱箭射死。

屈原从政的时代距吴起相楚大约70年。他博学多才，对前人的改革定会加以研究，否则不会向楚怀王提出改革方案（宪令)。楚怀王并非十足的庸君，他曾作过六国纵约长，有一定的政治抱负。屈原的政治主张触到贵族势力的痛处，因而遭到贵族势力和外来势力的诬陷和围攻。他为什么孤立无援，因为他的品格、立场同贵族集团格格不入。他已经没有特权，也不要特权。他是凭着自己的才干登上楚国政治舞台的，并非依仗与楚王同姓的裙带关系。直到今天，我们并不知道屈原的父亲伯庸（一说远祖，一说曾祖）在楚国做什么官。因此，说“屈氏家族是楚国世袭贵族”，凡贵族必“随楚王居于国都”，同楚国的法度不尽相合。“楚邦之法，禄臣再世而收地”[④]，“楚功臣封二世而收”[⑤]。由此可见，虽为楚国王族，如果不在朝廷做官，是不会长期居于国都的。公子瑕不是楚武王的亲生儿子吗?他居然“食采于屈”，其他王族成员还有什么可说的呢?楚国那么大，王族成员那么多，都住在郢都行吗?况且，古代的分封制度，早期是朝廷的统治手段。只是到了后来，各封君在自己的封地里建立邦国，扩大政治势力，攻城略地，弄得四分五裂，才形成群雄割据的局面。从现存史料中，没有发现楚国废除“收地”“收爵禄”制度，王族成员没有必居于国都的特权。

“屈原故里江陵说”的第一条依据既然不是那么回事，后两条依据便失去了依托。“发郢都而去闾兮”，“平生于国兮”，是采自《楚辞》中的两个不完整句子。《楚辞》是文学作品，可以和史料放在一起加以研究，互相印证。如果将史料弃置一边，把文学作品的史料性强调到不适当程度，以文学作品为主要材料去关门“考证”，用这样的方法获得的“研究成果”是靠不住的。

东方朔《七谏·初放》:“平生于国兮，长于原野。”王逸《楚辞章句》注：“高平曰原，坰外曰野。言屈原少生于楚国，与君同朝；长大见远，弃于山野。伤有始而无终也。”关于这句诗及其注释，我们认为：第一，不能将句子割裂；第二，要理解东方朔的创作意图；第三，要多方面理解“国”与“长”的含义。汉人东方朔“好古传书，爱经术” “初入长安，至公车上书”[⑥]，政治上不得志，故模仿屈原《九章》作《七谏》，借以发泄胸中的愤懑之情。故王逸说：“东方朔追悯屈原，故作此辞以述其志，所以昭忠信、矫曲朝也。”平生于国之“国”，可以释为国家，国都，也可以释为封地、食邑，还可以

① 《史记·吴起列传》。
② 《韩非子·和氏》。
③ 《史记·吴起列传》。
④ 《韩非子·喻老》。
⑤ 《吕氏春秋·孟冬纪》。
⑥ 《史记·滑稽列传》。

泛指一片地域，如南国、北国等。关于“长”，王逸读作（zhǎng），释为“长大”。笔者不敢苟同，似应读作长（cháng），释为“长期”为宜。因为，一个人从小生于楚国，与君同朝，或从小生于国都，伴随国王居住，长大却将其放逐到外地去，以年龄的增长作为被放逐的依据，于情于理都说不过去。应该说，屈原之被放逐，是由当时楚国的政治形势决定的。他被卷进一个急剧变化的社会矛盾的漩涡，作为矛盾的一面，同王室（楚怀王、顷襄王、南后郑袖、公子子兰等），贵族势力（上官大夫靳尚等），外来势力（秦使张仪等）形成对立面。《七谏·初放》正是从文学的角度，用朝野对比揭开矛盾，借“悲悯屈原”表露东方朔对西汉王朝的不满，反衬他的怀才不遇。《江陵县志》编研人员认为“平生于国”“是史籍中最早关于屈原出生地的记载”，沿着“平生于国——国即国都——国都名郢——郢即今之江陵——因而屈原生于江陵”这样一条线，用形式逻辑推理的方法，推出一个新的屈原故里来。

人们大约对《史记》不会产生疑问吧。司马迁与东方朔是同时代人，又同在长安。《史记》成书于公元前91年，东方朔卒于公元前93年。司马迁对东方朔其人不会不了解。他撰《史记》博采群书，对《七谏》不会不知道。他作的许多列传记了传主的籍贯，但在作《屈原列传》时，没有根据“平生于国”将屈原写作“郢人”。

也许有人会说，屈原是王族，随楚王居于郢都，其籍贯已明。如果这样推论，对公子瑕“食采于屈”便不可理解。我们不能过高估价《七谏》的史料价值，若作过高估价，东方朔笔下的那个屈原形象，同司马迁笔下的屈原形象，就判若两人了。司马迁对东方朔其人并不欣赏。《史记》成书，东方朔已去世两年，但司马迁在《滑稽列传》里没有收录他，现存东方朔小传是褚少孙补进去的。

至于《哀郢》中的那句诗，我不想多说了。诗中提到的“闾”，是在王室做官的昭、屈、景三姓王族，建在郢都的官邸。但居于郢都官邸，并不等于生于郢都官邸。这是常识。

三、“屈原故里秭归”是传说吗？

《江陵县志》编研人员说：“写志是件严肃的事，神话和传说不能作为史志的依据。”言下之意，秭归只是一个传说中的屈原故里，《水经注》引晋人袁山松《宜都山川记》是“转手”材料，而且较晚，只有他们列举的那几条依据，才是关于“屈原故里”的最早、最可靠、最有价值的“新证”。史料固然有早晚之分，但不能以早晚为标准确定其可靠程度，关键看其是否符合历史的本来面貌。如果一味以早为标准，我们今天提出的问题不是更晚吗？

历史给屈原的籍贯问题留下一块空白，也给屈原研究者和史志工作者提供了一片活动天地。有鉴于此，我想先说说秭归这个地方。

据长江三峡考古发掘资料，在距今7 000年以前，人们便在秭归朝天嘴一带开始了定居生活，证明长江流域同样是中华民族文化摇篮。“在朝天嘴遗址，考古工作者发掘出的生产工具以打制石器为主，陶器制作原始，器类简单，以釜、罐、支座等为代表。这些发现对探索大溪文化渊源提供了重要实物资料。”[①]

殷商时代，秭归为归国所在地。从古代的殷墟，今河南安阳小屯南地出土的“𠂤组卜甲”中，发现了商王要征伐归国，祈求上帝保佑的内容[②]。“归”约在公元前13世纪末至前12世纪初的武丁时代和约前12世纪末至前11世纪初的武乙、文丁时代的卜辞中都有了记载。关于“归”的地理位置，郭沫若认为“当即蜀鄂交界处之夔国”[③]，“其故地即今湖北的秭归县”[④]。西周时期，周成王封楚子熊

① 《人民日报（海外版）》1987年1月22日第4版。
② 《安阳小屯南地发现的“𠂤组卜甲”》，《考古》1976年第4期。
③ 《郭沫若全集·考古篇·殷契粹编》。
④ 《郭沫若全集·考古篇·两周金文辞大系图录考释》。

绎以子男之田，居丹阳，秭归为熊绎始封丹阳所在地之一说。西周晚期至春秋中期为夔子国，楚之附庸，先治巫山，后治秭归。今秭归香溪镇古名夔城，即夔子从巫山迁到秭归的驻地。周襄王十八年（公元前634）秋，楚令尹子玉（成得臣）、司马子西（斗宜申）以夔子不祀楚的始祖祝融、鬻熊为借口，“帅师灭夔，以夔子归”[①]，将夔子国的封地并于楚。战国后期称归乡。汉置秭归县，秭归之名自此见诸史册。

史实表明，秭归是一片开化很早的土地，是楚文化发源地之一。也许有人感到不可思议，但只要冷静地思索一下，会发现祖先的选择是正确的。当人类处于原始群，或刚脱离原始群开始定居生活的时候，依然以渔猎生活为主，而地跨长江南北的西陵峡河谷和香溪宽谷地带，吴淞高程40~60米，气候温和，冷暖适度，打猎有山，捕鱼有水，栖身有溶洞，比之一片草莽和一片沼泽的平原湖区，赖以生存的条件兴许好得多。

屈原生于秭归并非传说。传说是秭归县名的由来，二者不能混同。关于屈原诞生地的记载也不单是《水经注》，《艺文类聚·居处部》引晋人庾仲雍《荆州记》：

秭归县有屈原田宅，女须庙、捣衣石犹存。

县北一百里，有屈平故宅，方七顷，累石为屋基。今其地名乐平，宅东北六十里有女须庙。

《水经注》引东晋袁山松《宜都山川记》：

秭归，盖楚子熊绎之始国，而屈原之乡里也。原田宅于今具存。

县东北数十里有屈原旧田宅，虽畦堰縻漫，犹保“屈田”之称也。

沈亚之《屈原外传》引《江陵志》：

屈原故宅在秭归乡，北有女须庙，至今捣衣石尚存。

这些史料不能误认为是传说，也不能因为时间稍晚便否认其真实性。为鉴别这些史料的可靠程度，我想介绍一下袁山松和沈亚之。据《晋书·袁瑰传》：袁山松少有才名，博学能文，著《后汉书》百篇。其祖袁乔随辅国将军桓温在荆州任职多年，并随桓温伐蜀。袁山松随祖出征，后任宜都郡守。他在《宜都山川记》中关于西陵峡的描述，同郦道元在《水经注》中关于巫峡的描述有异曲同工之妙。作者熟悉荆州，熟悉秭归，知道荆州和秭归之间有个屈原诞生地。他毅然选择秭归。他是陈郡阳夏（今河南太康）人，大约没有什么偏见。

沈亚之，浙江吴兴人，唐文学家，元和进士，“官终郢州掾”。他不会虚构一部《江陵志》，而唐代《江陵志》的编修者们，却认为屈原故里是秭归。

问题的关键是历史上的“屈”在什么地方?最近从一部著作中读到：

屈姓，出自春秋时期。楚武王的儿子瑕，受封于屈。他的后世子孙以其受封地名作为姓氏。历史上的屈在今湖北秭归县东一带[②]。

我们虽然不知道作者所据何项史料，但可喜的是，一个新的见解提出来了。公元前740年，楚武王僭号称王，楚国的疆域并不大，军事实力并不强。《左传·桓公十一年》在记述屈瑕事迹时，把楚国当时的轮廓勾画了出来：

楚屈瑕将盟贰、轸（二国名，在今湖北应城县西）。郧（国名，今湖北安陆县）人军于蒲骚（今湖北应城县西北），将与随（今湖北随州）、绞（今湖北郧县西北）、州（今湖北监利县东）、蓼（今河南唐河县南）伐楚师，莫敖（屈瑕）患之。

---

① 《左传·僖公二十六年》。

② 赵家树、舒雁：《千家姓查源·字贴》，吉林人民出版社1988年第1版第112页。

十三年春，楚屈瑕伐罗（今湖北宜城县西）。及罗，罗与卢（今湖北南漳县西北）戎两军之。大败之，莫敖缢于荒谷，群帅囚于冶父（今湖北江陵县东南）以听刑。

两项史料雄辩地说明，公子瑕受封于屈的时候，楚国的疆域东不过今之湖北应城、安陆，南不过监利，北不过随州、宜城、南漳，西没有说，因为楚都是从西北往东南方向迁移的，南郢以西是当时楚国的大后方，公子瑕的食邑“屈”在秭归境内，不是没有可能。当时秭归虽有个夔子国，按周制公侯封地百里，伯七十里，子男五十里，地盘很小。况夔子国为楚之附庸，另封个食邑不会发生领地之争。史实也证明，公子瑕是先到了他的食邑，再回朝廷做莫敖，为楚武王扩大疆土，于楚武王四十年兵败自杀。楚国疆域的扩大是从楚成王以后开始的，史称“楚地千里”，是楚国的兴盛时期，同楚武王僭号称王时不可比拟。

既然公子瑕的食邑有可能在秭归，他的后代屈原诞生在秭归便不会没有可能。屈原也会有自己的后人。郭沫若同志说：

屈原的后人大约是有的。据《长沙府志》，称屈原有子。虽不知其何所据，但他的故乡还有屈姓存在，至少螟蛉也是应该有的[①]。

这话是千真万确的事实。今天，秭归境内聚居着一个庞大的屈氏家族。据秭归《第三次全国人口普查表（底表）》和《秭归县地名志》，1982 年，秭归居住着屈氏家族近 1 000 户，4 000 人，占全县人口的 1%。有以屈命名的地名 18 处，7 户以上屈姓聚居点 38 处，计 794 户，3 165 人（含屈姓娶妇，不含嫁女）。这些村点中的屈氏家族，以香溪镇黄阳畔村为最。1982 年，这个村有 342 户，其中屈姓 229 户，占 67%；有 1 335 人，其中屈姓 911 人，占 68%。1982 年，秭归居住着熊氏家族近 1 200 户，4 800 人，占全县人口的 1.2%。有以熊命名的地名 13 处，7 户以上的熊姓聚居点 34 处，计 926 户，3 864 人（含熊姓娶妇，不含嫁女）。

这些村点以屈或熊命名，并非毫无根据，那里曾经居住过屈氏或熊氏祖先。如轰动中外的国宝失窃案，那只精美的战国铜敦，于 1974 年 10 月 30 日在秭归江南沙镇溪镇树坪村的屈家坪出土。树坪村有古墓群，为周代至汉代墓葬。《水经注》曾说，秭归有“楚子先王陵墓在其间”，看来并非虚话。再如越王州勾剑，1980 年在古夔城遗址香溪镇出土，1984 年 8 月调京参加“全国重大考古新发现珍品展览”。越王剑怎么会流传到秭归，颇费考古学家们思索。约公元前 323 年，楚灭越[②]。越王剑会不会是楚国的战利品?会不会有屈氏将领参加了这次战争?楚怀王为了奖励其战功，将剑赐给屈氏，由屈氏带回自己的家乡光宗耀祖呢?

1981 年 4 月，秭归县屈原纪念馆在江南屈姓聚居点文家店村，获得一部民国 12 年手抄本《屈氏宗谱》，虽然成书时间较晚，仍具有一定参考价值。族谱从明代记起，一世祖为屈轸。谱序注明：“大夫（指屈原）至此五十六代。”所据为《轸公碑志》。明嘉靖四十三年（1564）本《归州志·人物》载：“屈轸，秭归龙城乡人。正统三年（1433）任河南开乡（开乡待考，拟为开封、祥符或南乡、内乡之误，河南无开乡）县主簿。”晚年寓居故里文家店，逝后葬于三尖角屈氏祖茔。屈氏家族在秭归有江北、江南两支，但是一个祖宗，屈氏宗祠在江北黄阳畔。明朝时候，江南屈家岭立分祠。因为屈氏家族发展了，每年清明节祭祖，江北江南聚到一起很不方便。江南屈氏是屈轸之后裔。秭归民俗：“熊屈二姓不开亲（通婚）。”这话有点依据，但不尽然。经查阅《屈氏族谱》，从屈轸至民国 12 年，历 16 代，族谱记了江南屈氏 1 000 多对夫妻，只有 9 世孙屈世刚、10 世孙屈士炽、12 世孙屈志道、13

---

① 郭沫若：《屈原研究》，引自《历史人物》，人民文学出版社 1979 年北京第 1 版。

② 《史记·越王勾践世家》。

世孙屈家昌、屈家荣5人与熊姓通婚。

熊屈二姓在秭归伴随聚居，不是偶然现象，有着深刻的历史渊源。熊姓的起源与楚国的起源有密切关系。屈姓的起源眼下难以断言，如果公子瑕的食邑确在秭归境内，那么，屈氏家族在2 700年前就在秭归扎下了根。屈瑕走了，屈姓却留在秭归，世世代代，繁衍生息。《汉书·和帝纪》说："安土重迁，黎民之性；骨肉相附，人情所愿也。"显而易见，同姓聚居是中国老百姓的历史习惯，是一种很值得研究的文化现象。只是到了现代，社会进步了，经济、文化发展了，人口的机械流动（如参军、升学、务工经商、干部调动、婚姻、社会主义建设带来的移民等）成为经常发生的社会现象，同姓聚居（主要是农村）状况开始分化，异姓杂居（主要是城镇）状况愈来愈多，并逐步影响到农村。但同姓聚居作为一种历史现象，受社会经济、政治所制约，不会在一个地方很快地消失，屈氏家族和熊氏家族的聚居情况便是很好的证明。几千年来，屈氏、熊氏家族和其他家族一样，受战乱、灾荒、瘟疫的影响，人口时增时减，至20世纪80年代，仍有2 000多户，近1万人居住在秭归。国内其他地方，有类似秭归这样的情况吗?

（原载《广东社会科学》1990年第3期）

"乐平里"探考

谭家斌

伟大爱国诗人屈原的诞生地秭归乐平里，享誉中外。屈原诞生地为何称谓乐平里？有何寓意？其称谓又始于何时？凡到乐平里观光旅游或瞻仰屈原的中外文人游客，时常提出此类问题，但迄今尚未释然。中国屈原学会首任会长汤炳正认为"乐平里""是后人根据《哀郢》里'哀州土之平乐兮，悲江介之遗风'等句附会而成"。实则并非如此，《哀郢》中为"平乐"，为什么不附会成"平乐里"？笔者经过几载探考，试陈己见，以飨诸君。

乐平里取意与屈原密不可分，其含义浪漫独特，源远流长。

首先，解读"乐"字。"乐"有五读：一为yuè（读月）。主要指音乐。《广韵·觉韵》："乐，音乐。"二为lè（读勒）。有喜悦、安乐等意。《广韵·铎韵》："乐，喜乐。"三为yào（读耀）。有喜好、爱好等意。《广韵·效韵》："乐，好也。"《集韵·效韵》："乐，欲也。"四为luò（读洛）。专指暴乐，也作"爆烁"，犹剥落，即稀疏之意，指树枝稀疏之貌；五为liáo（读聊）。通"疗"（疗），治疗之意。清代朱骏声《说文通训定声·小部》曰："乐，假借为疗。"那么，乐平里之"乐"到底怎样解读呢？正确的读音应为第一种，即yuè（读月）。《说文》："乐，五声八音总名。"此"乐"除主旨音乐外，尚含"生"之意。西汉刘安《淮南子·本经训》："天覆以德，地载以乐。"东汉高诱《淮南子注》释此"乐"云："乐，生也。"认为土地是生长万物之源，"生"乃地之德。此"乐"为"生"，包含生长、诞生之意。

其次，解读"平"字。"平"有四读：一为píng（读坪）。有宁静、平坦、公正等意；二为pián（读便宜之便）。通"辨"（biàn），为辨治之意；三为bìng（读病）。专指平定物价，《集韵·映韵》："平，平物价也。汉谓之月平。"四为bēng（读抨）。通"抨"，含"使"之意。那么，乐平里之"平"又怎样解读呢？其读音应为第一种，即píng（读坪）。寓平正之意。三国时吴人韦昭注《国语·郑语》"正七体以役心，平八索以成人"时说："平，正也。"《玉篇·亏部》载："平，均也。"乐平里之"平"

实指屈原，为屈原之名。《史记·屈原列传》载："屈原者，名平，楚之同姓也。""平"为屈原之名，"原"为屈原之字。《离骚》曰："名余曰正则兮，字余曰灵均。"屈原又自称名正则、字灵均。东汉王逸《楚辞章句》释："正，平也；则，法也；灵，神也；均，调也。言正平可法则者，莫过于天；养物均调者，莫过于地。高平曰原，故父伯庸名我平以法天，字我为原以法地。"由此而论，如同宋代洪兴祖《楚辞补注》所言："正则以释名平之义，灵均以释字原之义。"《尔雅·释地》说："大野曰平。"王逸《楚辞章句》说："高平曰原。"由此可见，"平"与"原"的意义也是相互关联的。同时，韦昭与《玉篇》所释之"平"，也符合"屈原名平"之涵义，而且此"平"又与"正则""灵均"意义相连。

最后，解读"里"字。"里"之读音为lǐ（理），古今惟此一读。其涵义主要有两个方面：其一，指居住之地。《说文》："里，居也。"《尔雅·释言》："里，邑也。"里、邑均包含居地之意；其二，指故乡。如《史记·汲郑列传》："(汲)黯耻为令，病归田里。"此"里"即指故乡。乐平里之"里"应指居地、故乡。

综上所述，"乐平里"可直释为"诞生屈原的地方"。其本意是为了纪念屈原而名曰"乐平里"。在中国历史上，类似事例已屡见不鲜，而且在屈原之前已有先例。春秋时代晋臣介子推居功不愿得赏的品行感动了国君晋文公，将介子推隐居并自焚身亡的绵上山（今山西介休东南）封为"介山"，《史记·晋世家》载："文公环锦上山中而封之，以为介推田，号曰'介山'，'以记吾过，且旌善人'。"古代人们将屈原与其生地联系起来命名为"乐平里"，亦是"旌善人"、昭后人之举。乐平里尚有"落脚坪""三闾""屈坪"之称。该地早期设有小型客栈，来往之人在此憩宿，故曰落脚坪。三闾之称源于屈原曾任"三闾大夫"之职。屈坪之称源于屈原之姓。

乐平里之称谓始于何时呢？现存古籍文献最早可查的是晋代庾仲雍的《荆州记》，载曰："(秭归)县北一百里，有屈原故宅，方七顷，累石为屋基，今其地名乐平。"南北朝刘昭注释《后汉书·郡国志》时引有此记载。北魏郦道元《水经注·江水》也说："(秭归)县北……有屈原故宅，累石为屋基，名其地曰乐平里。"宋代王象之《舆地纪胜》、乐史《太平寰宇记》等，均载有乐平里之称。晋代以前的史籍是否记载有乐平里之名称呢？笔者推测应该是有的。在历史进程中，经过秦火及战乱，晋代以前的很多古籍早已亡佚，只是很难查寻而已。按常习，乐平里之名应始于屈原身亡之后，最迟至汉末，因为屈原的事迹及其作品在汉代史籍里已广为记载，如西汉司马迁《史记·屈原列传》、刘向《新序·节士》、贾谊《吊屈原赋》、东方朔《七谏》及东汉王逸《楚辞章句》等等。再者，东汉应劭的《风俗通》载："五月五日，以五彩丝系臂者，辟兵及鬼，令人不病瘟。亦因屈原。"据此可以说明，屈原在东汉时期已被视为重要民俗节日中祭祀和纪念的主要对象。因此，为纪念屈原而将其故乡地名与屈原联系起来更名为乐平里也就不足为奇了。这些汉代古籍对于屈原的生地或是正处于更名初始简略未记，或是有记载之古籍久已亡佚，所以在汉代文献中尚难查寻。落脚坪也许就是最原始的名称，不言而喻，乐平里、三闾、屈坪之称谓应在屈原卒后而得名。

（原载2007年6月17日《三峡晚报》）

秭归迁城小考

王健强

一、三峡工程引出个新问题

1991 年 6 月 15 日，民政部民行批〔1991〕18 号文件批复省政府：“经国务院批准，同意秭归县人民政府驻地由归州镇迁至剪刀峪。”1992 年 4 月 3 日，第七届全国人民代表大会第五次会议审议通过了国务院关于兴建长江三峡工程的议案。同年 12 月 26 日，秭归县人民政府在茅坪镇的剪刀峪举行新城建设奠基仪式，说明作为三峡库区第一县的秭归，其县城东迁已经迫在眉睫了。如果把这次迁城也算上，秭归（归州）自置县（州）以后，已是第七次迁城（徙治）了。一个小小的县城，反复搬迁达 7 次之多，这在中国历史上确属少见。

秭归是一片古老神奇的土地：据长江三峡考古发掘资料，早在 7 000 年前，秭归东部的朝天嘴一带，人类便逐步脱离原始群，开始了定居生活，证明长江中、上游同样是中华民族文化摇篮。新近从秭归香溪玉虚洞发现的古人类遗物，相当于“长阳人”生活的更新世晚期，将古人类在秭归生活的年代又提前了约一万年。殷商时代，秭归为归国所在地。西周前期为楚子国。西周晚期至春秋中期为夔子国，楚之附庸。战国后期称归乡。西汉置秭归县，以《汉书·地理志》载汉平帝元始二年（2）的行政区划“南郡，领县十八”，秭归为其中之一为据，有与公历纪年同样悠久的置县史。此后或升为秭归郡、归州、归州路、归州直隶州；或降为秭归县；或设归州同时设秭归县；或改为巴东郡、长宁县，县（州）治均设在长江北岸的卧牛山麓，即香溪宽谷的将军堡下。

南宋端平三年（1236），归州治迁往江南，从此开始了长达数百年间的几次搬迁，延续到 20 世纪 90 年代。

二、秭归最早的县城

北魏郦道元《水经注·江水》载：秭归“县城东北依山即坂，周回二里，高一丈五尺，南临大江。古老相传，谓之刘备城，盖备征吴所筑也。”这大约是秭归最早的县城。据《三国志·蜀书·先主传》：蜀汉章武元年（221）秋七月，蜀主刘备为报东吴孙权杀弟之仇，亲率大军伐吴。蜀将吴班、冯习攻破吴将李异、刘阿，军次秭归。第二年夏六月，吴都督陆逊大破刘备于猇亭。刘备自猇亭还秭归，收合离散兵，遂弃船舫，于秋八月返回巫山。蜀军在秭归活动了一年多。刘备亲自东征，在秭归筑城是完全可能的。

史籍没有说明此城的确切位置，但从《水经注》的那段文字及其下文分析，城的方位在江北，位置在丹阳城（今秭归县香溪镇鲢鱼山遗址）和夔城（又称夔子城、夔子国城，遗址在今香溪镇）上游。据此推测：此城极有可能筑在西汉秭归县治原址，即唐朝以后的归州治，今天的秭归县治所在地归州镇。唐杜佑《通典·巴东郡·归州》说：“古夔子国城在郡东二十里。”从另一侧面说明归州治在夔子国城西 10 公里。南宋陆游《入蜀记·第六》生动地写道：十月“十六日，到归州。……归之为州，才三四百家，负卧牛山，临江。州前即人鲊瓮，城中无尺寸平土，滩声常如暴风雨。至隔江有楚王城，亦山谷间，然地比归州差平。”卧牛山又名将军堡，即归州城北的制高点；人鲊瓮又名黄魔滩、吒滩，俗称九龙奔江，是归州城西南的一座险滩。周围的山水、城池位置已明，中间那座隐而不露的刘备城，便撩开了神秘的面纱。

三、首迁州治江南曲沱

《宋史·地理四·归州》载：“端平三年，徙治于南浦。” 《元史·地理六·归州》将“南浦”

改为“江南曲沱”。明代三部《归州志》又将“江南曲沱”改为“江南夔沱”，莫衷一是。三部州志以明万历三十七年本《归州志·古迹》记述最详：“夔子城在州东南五里夔沱之上。春秋夔子之国，熊挚所治也。”这段文字指明了夔沱的位置，是对的；但将夔沱之上，《水经注》所述那座不知其名的城误为夔子城，却不对。关于夔子国遗址，《水经注》作过令人信服的记述，本文不再援引。

《元史》的记述其实是正确的。关于江南曲沱，明嘉靖二十八年本《归州志·古迹》已说明：“今州人称屈沱。”这与江北屈沱隔江相望。江北屈沱又名曲沱、归乡沱，俗称屈原沱。屈与曲义同，即弯曲的意思。《玉篇·出部》解释：“屈，曲也。”北宋邵博《闻见后录》说：“归州屈沱，屈原故居也。”旧志的编纂者们也发觉了记述上的矛盾，故清光绪二十七年本《归州志·营缮》集纳众说，引述三种史料，作了结论性记述：

《读史方舆纪要》说：南宋端平三年，首迁州治于江南曲沱；归州旧志说：宋端平三年，元兵至江北，遂迁州治于江南屈沱；明湖北巡按曹忭《重修州志记》说：宋端平三年，始迁州治于江南夔沱。三说其实是一个地方的异名，曲沱以地形命名，屈沱以屈原命名，夔沱以夔子国命名。

至于“南浦”，笔者以为意指江南的水边，不是一个具体的地点，归州境内无南浦地名。

首迁州治于江南曲沱（今秭归县郭家坝镇旧州河居民委员会驻地），但州城却建在东距曲沱约 3 公里的擂鼓台下（今郭家坝镇东门头村境内），这要结合当时急剧的社会变革去寻找原因。

端平元年（1234），蒙古军灭掉金国，继续挥师南下，严重威胁着南宋王朝。归州的官老爷们预感到长江以北的大片土地难保，奉命于端平三年（1236）匆匆将州治迁到江南。借长江天堑之利，图一时之苟安。

嘉熙三年（1239），南宋名将孟珙任京湖安抚置制使，屯兵襄阳、松滋、峡州（今宜昌市）、归州、施州（今恩施自治州）等地。“江防上自秭归，下至寿昌（今武汉市武昌区境内），亘二千里。”时蒙古军将领塔海、秃雪率师入川，号称 80 万，以锐不可当之势向荆楚大地包抄而来。孟珙调兵遣将，派部将于德兴增兵归州隘口万户谷（今西陵峡南岸秭归、巴东交界处），遣刘义驻巴东，令其兄孟璟调部将金锋一军迎据归州大垭岩（今秭归县泄滩乡大垭河一带），借地形之利，同蒙古军打了一场遭遇战。大捷于巴东，收复了夔州。蒙古军暂时回撤。次年，孟珙出任四川安抚使兼夔州知州，统帅归、峡、鼎（今湖南常德市）、澧（今湖南澧县）四州军旅。淳祐元年（1241），塔海率大军再次入川，其势更盛。孟珙终因寡不敌众，节节败退至江陵，于淳祐六年（1246）病死。

按《元史》，归州治南迁的原因是“元兵至江北”。这与当时的政治、军事形势是吻合的。江南曲沱岸沿狭窄、山势陡峭。由于迁到江南的不过是州署的少数官僚，慌不择地，可以暂时赖以蜗居。当孟珙率部与蒙古军形成对峙局面时，形势稍缓和。归州的官老爷们便选择城址，在擂鼓台下筑了一座新城。这便是今天仍留有城址遗迹和 300 多米石砌残垣的擂鼓台宋城。

四、东迁新滩、白沙南浦

孟珙败退归州，归州治随之东迁新滩。南宋范成大《吴船录》说：“新滩，旧名豪三峡。汉、晋时山再崩塞，故名新滩。”北宋设新安驿于此，西为白狗峡和铁棺峡（后统称兵书宝剑峡）；东为牛肝马肺峡和空舲峡，南为险峭壁立的大王山和链子崖，北为多次崩坍的沙子岭、广家岩。崖畔橘林成荫，井中泉水清甜。太平盛世倒是个避暑消夏的天然佳境。在硝烟弥漫的战争年代，有个风吹草动便处于进退维谷的境地。万历本《归州志》和明清之际学者顾炎武《天下郡国利病书》都认为“峡中地无平旷”“新滩绝不可城”。州署立足未稳，便继续东迁至白沙南浦。

白沙是座背负丘陵、面临江水的古镇，地理位置十分重要。三国吴景帝永安三年（260）“分宜都置建平郡”。《读史方舆纪要》说：“建平郡，故秭归地。吴置建平郡在州东南八十五里。筑城置戍于此，以备蜀。”吴末帝凤凰元年（272），吴西陵督步阐降晋。陆逊之子陆抗觉察到吴国的日子不会太久了，于凤凰三年（274）病中上疏末帝孙皓说：“西陵、建平，国之蕃表。……虽云易守，亦复易失。若有不守，非但失一郡，则荆州非吴有也。”隋开皇七年（587）置太清镇，有镇将驻守。唐因袭隋制。《通典·归州》说：“太清镇在秭归县东南八十五里，吴置建平郡在此。”宋更名白沙市，又名城下。《入蜀记·第六》绘声绘色地记述：“过鹿角、虎头、使君诸滩……泊城下，归州秭归县界也。与儿曹步沙上……因至白沙市慈济院，见主僧志坚问地名城下之由，云院后有楚故城，今尚在。因相与访之。城在一冈阜上，甚小，南北有门，前临江水，对黄牛峡。”据多项史料印证，此城应为三国吴筑建平城，“楚故城”乃慈济院主僧误说。

归州治从新滩迁到白沙，大约是淳祐二年（1242）。《元史·地理志·归州》有两句非常重要的话：“白沙南浦，今州治是也。德祐初归附。”今州治无疑指元朝的州治。归附是投降的意思。德祐是宋恭宗的年号，共两年，初应当是元年，也就是元世祖至元十二年（1275）。这年夏四月，元将“阿里海牙入江陵，分道遣使诏谕未下州郡。知峡州赵真、知归州赵仔、权澧州安抚毛浚、常德府新城总制鲁希文、旧城权知府事周公明等，悉以城降。”这段文字清楚地说明，归州是在州治迁到江南的第40个年头，即元朝建立后的第五年，在第三个地点白沙投降了元朝。

现存史料从历史变迁、地理位置和实地见闻诸方面，说明白沙即今天的茅坪镇，这大约没有什么怀疑了。明嘉靖四十三年本《归州志·山川》载：“茅坪，在建东；三斗坪，州东一百里。”这项记载有两点新奇之处：第一，首次出现茅坪、三斗坪地名。第二，茅坪、三斗坪当时同属归州。明万历三十七年本《归州志·津要》记述归州10镇：香溪镇、南茅坪镇、东茅坪镇……从一个侧面说明当时的茅坪比较繁华，能分为东、南二镇，或三、茅两坪合称一镇，三斗坪称东茅坪镇，茅坪称南茅坪镇。

五、西迁江南丹阳、长宁

明朝建立以后，归州治开始回迁。《明史》和明代三部《归州志》都说：洪武初（1368）徙丹阳，四年（1371）徙长宁。

又一个丹阳?秭归境内究竟有几个丹阳?必须加以说明，否则会使读者如坠五里云雾。据《史记·楚世家》：“熊绎当周成王之时，举文、武勤劳之后嗣，而封熊绎于楚蛮，封以子男之田，姓芈氏，居丹阳。”关于古丹阳遗址，从古至今就有多种说法。郭璞《山海经注》说：“今建平郡丹阳城，秭归县东七里。”裴骃《史记集解》引徐广说：“在南郡枝江县。”当代学者张正明《楚文化史》则认为熊绎始封丹阳“在睢山与荆山之间，今蛮河中游近上游之处，即今南漳县城附近。”诸说虽然相距甚远，但并不妨碍我们研究秭归迁城的历史。

《水经注》记述秭归城东七里的时候说：“江水又东径一城北，其城凭岭作固，二百一十步，夹溪临谷，据山枕江，北对丹阳城。城据山跨阜，周八里二百八十步，东北两面，悉临绝涧，西带亭下溪，南枕大江，险峭壁立，信天固也。楚子熊绎始封丹阳之所都也。”这段文字叙述的是两座城。江北大城遗址在今秭归县东3．5公里，香溪镇境内之鲢鱼山，即郭璞和郦道元所述古丹阳遗址。江南小城遗址在今秭归城南，郭家坝镇境内的楚台山下，《水经注》没有说明此城建于何时及其名称。多种史书和地方志对这座城的名称说法不一：丹阳城、夔子国城、楚王城、长宁千户所城、老秭归城（对明嘉靖四十一年江北新城而言），今通称楚王城。

新中国建立后，经考古工作者多次勘察，获悉此城址名锁龙坪，背负楚台山，城垣南北长约900米；东西宽约210米，总面积约0.2平方公里，显然比《水经注》所述大得多。西部南端城垣保存较好。长约60米，高5.5米，厚5米。经探查为三次筑成。上部两边为条石砌成，中夹碎石、泥土，为汉、晋以后至明代所筑，城垣上有明“隆庆元年”（1567）纪年砖；中部为夯筑的城垣，时代不明，包含物有汉代绳纹陶片、板瓦、筒瓦等；下部也为时代不明的夯筑城垣，包含物有新石器时代的石斧、夹砂红陶、黑陶片。要准确地判断此城的年代及名称，需要作进一步的发掘和研究工作。可喜的是，此城的位置非常明确，为后人研究秭归迁城提供了方便。

这里必须说明，史籍所载明朝“洪武初徙治丹阳”，其实是夏主明升迁的；“四年徙长宁”，才是明朝攻克归州以后迁的。

元朝末年是个烽烟四起的时代，爆发红巾军农民大起义。湖北随州人明玉珍投奔罗田徐寿辉部，后又从中拉出，于至正十七年（1357）率部经归州、巫峡入川，至正二十二年（1362）在重庆称帝，国号夏。归州从此属于夏的辖区。

至正二十六年（1366），夏主明玉珍死，年仅10岁的幼子明升继位，其母彭氏夫人参与政事。这年九月，明升派人去南京拜见吴王朱元璋。朱派参政知事蔡哲回访。蔡秘密带上画师，悄悄将蜀地“山川险易”画成地图献给朱元璋。朱大喜，计划“取道伐蜀”。

《明史记事本末·太祖平夏》生动地记述了这段时间的紧张局势。元至正二十八年（1368），朱元璋推翻元朝，在南京称帝，改年号为洪武。当年腊月遣使下书告谕夏主明升。次年八月，明升遣使去南京进贡，朱元璋要他“奉国入觐”。明升不从。洪武三年（1370），朱元璋派兵攻打夏的北部边城兴元府（今陕西南郑）。四年春正月，朱元璋“亲祀上下神祇，告伐明升。命中山侯汤和为征西将军，江夏侯周德兴为左副将军，德庆侯廖永忠为右副将军”，还部署一路水师由瞿塘峡趋重庆，一路骑兵由秦、陇边境趋成都。三面夹攻，水陆并进，以锐不可当之势，誓将明升一举歼灭。

明升当然也有所防备。一面将地处东线前沿的归州治从白沙西迁至“丹阳”（秭归境内只有一个丹阳，即江北鲢鱼山遗址。此“丹阳”与前述“楚王城丹阳”均为误传，也不是一个地方。按正史和地方志所载位置以及明、夏交战实况，应为宋城，即南宋端平三年首迁之归州治），与大明军队脱离接触；一面派大将龚兴赴归州镇守，加强东线防御，以西陵峡为屏障，遏止大明军队入川。

二月，汤和兵临归州，与龚兴大战于“丹阳”（宋城）之东门头。龚兴败退夔州。六月，汤和从归州发兵，同副将廖永忠一道攻下夔州，俘龚兴。七月，三路大军合围重庆，明升宣布投降。活生生的事实说明，当朱元璋步步紧逼明升的时候，明升西迁归州治是理所当然的。

洪武四年（1371）对归州来说是具有历史意义的一年：第一，征西将军汤和攻克归州，继续率师西上，留部将张铨镇守，归州从此进入明代的历史。第二，设两个巡检司。上关设牛口巡检司，官1员，弓兵21人；下关设南逻口（今童庄河口）巡检司，官1员，弓兵18人。第三，设军事机关长宁守御千户所，驻江南楚王城。下设10个百户所，共有正、副军官24人，统兵1 120人。第四，将刚从夏手中夺过来的归州治迁到楚王城，与长宁千户所同城。千户所驻重要州、府。洪武二十六年（1393）定天下都司、卫、所，长宁千户所保留，属湖广都司，足见归州在军事上的地位。为什么叫长宁，除南北朝北周建德六年（577）秭归县曾改为长宁县的历史原因外，可能含有维护一方长治久安的意思。

六、迁回江北归州旧址

归州治什么时候从江南迁回江北，《明史》说：“嘉靖四十年。”（1561）嘉靖四十三年本《归州志》说：“嘉靖壬戌。”即嘉靖四十一年（1562）。州志所述时间无疑是正确的。这部州志为知州郑乔修，序曰：“嘉靖辛酉腊月既望，乔叨受命承乏归事。既视篆，适州治沉陷，方图改迁。越明年正月卜吉定基，于江北之秭归董工兴复，不遑宁处。未逾年，聿告厥成。”新筑土城周长三里，高一丈九尺，有五座城门：东名迎合，南名景贤，西名瞻夔，北名拱极，西南名鼎新。隆庆元年（1567），知州王良用改土城为砖城。前述江南楚王城上部城垣有“隆庆元年”纪年砖，可能是改修归州砖城之际，同时维修、加固长宁千户所城。归州治迁回江北，长宁千户所仍在原处，至明代中叶撤销。

清嘉庆二年（1797）和四年（1799），川楚农民起义军女首领王聪儿两度攻克归州，纵横峡、川。嘉庆六年（公元 1801 年），归州知州甘立朝申请宜昌府库拨银，于嘉庆九年（公元 1804 年）建成归州石城。周长扩展为五百四十二丈七尺，高一丈九尺。城墙高大坚实，状如葫芦，故又名“葫芦城”。吒溪河从城西蜿蜒流过，故又有“金线吊葫芦”之称。同治年间（1862—1874 年间），鼎新门被关闭。光绪二年（1876），宜昌辟为通商口岸。光绪五年（1879），州城绅商联名申请复开，以利商民往来，并将此门改为景新门。石城至今大部完好，为长江上游现存较完好的一座古城，装点峡江二百年。

七、再度东迁茅坪

物换星移，大地生辉。历尽沧桑的秭归古城，进入了社会主义新时期。三峡工程的兴建，县城又面临第七次搬迁。同历史上的逃跑式搬迁相反，这次搬迁则是社会主义经济建设时期的有计划、有组织、有补偿的战略性转移，是先选址，再建城，后搬迁。从 1992 年起，至 1998 年夏，历时六年，秭归新城主体工程已基本建成，县城将再度东迁茅坪，并定于 9 月 28 日举行新城落成盛典和中共秭归县委、秭归县人民政府挂牌办公仪式。新城拥有国土面积 3.23 平方公里，近期人口规模 3.5 万人，开工项目总投资达 3 亿元。已建成平湖大道、长宁大道、屈原路、丹阳路、西楚路等十几条街道，橘苑、茅坪、工业、商业、文教、旅游等几个小区，完成机关、学校、厂房、商店等楼房建筑面积 80 万平方米，路面硬化 15 公里，绿化面积 24.67 公顷，植行道树近 8 000 株。城区 11 万伏变电站和供电线路运行正常，一期 1 万吨水厂已建成供水，雨污排放体系已基本形成并发挥作用，5 000 门程控电话已经开通，调频广播和无线、有线电视已开始运作，一个布局合理、设施配套齐全、环境优美的现代化花园式旅游型新城已在三峡库区崛起，为三峡新添一道风景，为大坝缀上一颗明珠，也再造了一个秭归。新城将择址修建迁城纪念碑一座，记下秭归人民这段特殊的历史。

八、关于秭归迁城的思考

为了使读者获得明晰的印象，有必要根据今天的认识将秭归（归州）迁城（徙治）的情况综述一下。

第一，秭归（归州）迁城（徙治）从南宋端平三年（1236）至今，有文字记载共迁了七次。依次为：江南曲沱（旧州河）及后筑之宋城（东门头村擂鼓台下），从端平三年首迁至孟珙兵败夔州，大约 5 年（1236—1241）；新滩，约 1 年（1241—1242）；白沙南浦（茅坪），从孟珙败退归州至归州降元，并伴随着元朝的兴亡，结束了在白沙南浦设治的历史，约 126 年（1242—1368）；“丹阳”（宋城），约 3 年（1368—1371）；长宁（楚王城），191 年（1371—1562）；秭归城（从迁回江北之后算起），436 年（1562—1998）；茅坪（以县党、政领导机关东迁时间为准，（1998），可能从此结束了迁城的历史。

第二，频繁迁城的原因，古代主要是两条；一为躲避战争，东迁避元，西迁避明；二为城址选择不当，“根基不固，地陷城圮”。迁回江北刘备城原址，又过去了这么长时间。但随着时代的发展，愈来愈看到今天的秭归县治归州镇，依然是个很不理想的县城。城区地势狭小，面积不足 1 平方公里。在册城镇人口却有 1.4 万人，房若插箸，人若蜂拥，人口密度超过许多大城市。城址北部山峦重叠，物产不丰；南沿乱石横江，商旅不利；西侧被吒溪河切断通道；东部让水陆交通便利的香溪镇率先敞开了大门，给县城的发展带来许多限制因素。迁城虽然势在必行，如果没有社会主义新时代和三峡工程的兴建，县城再度东迁是可望而不可及的。

第三，古代秭归（归州）迁城（徙治），虽然也曾筑过一座宋城，但主要是徙治，即归州署的搬迁，几个官老爷的跑来跑去，并不完全包括老百姓。有钱有势的豪门大户可以跟着官老爷跑，对贫苦百姓来说，迁或不迁都将是一场灾难。今天，秭归迁城则是建设有中国特色社会主义给全县人民带来的大事、新事、喜事，是三峡工程给秭归人民带来的福音。李鹏总理 1992 年 11 月 15 日题词“服务大三峡，建设新秭归”，田纪云副总理 1992 年 3 月 7 日题词 “抓住机遇，振兴秭归”，为秭归指明了发展方向。

研究秭归迁城的历史，我们仿佛听见时代前进的脚步声。

（原载《湖北方志》1998 年第 5 期 ）

秭归桥

周凌云

秭归，有三张名片，一张是屈原，一张是美人昭君，一张则是脐橙，这三张耀眼的名片闻名遐迩，在世人的心中闪烁。殊不知，秭归还有一张名片，这就是桥，只是它们藏在深闺人不识。其实，秭归是桥梁的博物馆。

古桥为人行桥，长则丈余，短则数尺，多为木桥和石桥。木桥有独木桥、木板桥、木廊桥、浮桥。石桥则有石板桥、石拱桥、石梁桥。这些桥经历史的磨砺，有的仍耸立着，有的已在风雨中飘摇，有的则随着时间的锈蚀消失了。

有溪有河有沟有壑，就有桥；有人烟的地方，就有桥，木桥无处不有，无所不在。但是木桥是最经不起风雨的桥，官方修，百姓修，一座又一座，岁月延漫，水冲雨洗，木朽桥断。木桥肩负的只是短暂的使命，甚至连桥名也很难留下。木桥极易腐朽，也不能造成宏大的气势，所以历史上它们是渺小的。但有一座桥却很有名：归州恋爱桥。恋爱桥用杉木做成，长 5 米，高 2 米，两边是走廊和扶手，桥上搭篷，覆盖树皮，桥下有木头支撑。小桥结构精致，典雅疏朗，又处于归州城郊，因此城中男女常常在此幽会，借助小桥流水倾吐衷情，小桥就成了著名的恋爱桥了。这道桥是值得记载的，它沟通的是心灵与心灵，连接的是人生幸福。可是这桥却没有记载，只在归州人们口中传诵，在心中铭刻。石桥能经风冒雨，但是他们并不是不朽和永恒的。只能说他们历经沧桑能够残留下来，已经不易了。石桥，人在上面走，太阳在上面走，历史在上面走，它们承受的是世界的重量啊。

秭归现有的石桥尚有 28 座，留下名字的有：三善桥、营兵桥、八斗桥、鸳鸯桥、万寿桥、万福桥、通济桥、张公桥、乐善桥、联喜桥、江渎桥、屈子桥、拐拐桥、安乐桥……这些桥梁至今仍为行人所步，连接山与山，村与村，人与人，连接乡俗和风情，连接古今和未来。张公桥距今 300 多年历史，位于归州城东门一小溪之上，旁立有大清光绪十二年（1886）镌刻“屈原”和“昭君”字样的石碑，屈原故里牌坊也高竖于此。这座桥因是明万历年间知州张尚儒所建，所以叫张公桥，又因桥下小溪是城里人洗马的地方，所以也叫洗马桥。此桥是秭归境内最早的石桥，古往今来，也一直是归州居民的人行通道。如今，因三峡工程建设，古城归州已人去楼空了，发生了沧桑巨变，小桥也已沉没水底，它的使命也已完结。鸳鸯桥，名字很美妙，颇具浪漫色彩，是不是有一对鸳鸯曾在这儿滋生爱情并筑巢生儿育女？或者在此殉情？其实，它们得名，并不是这样罗曼蒂克，是因用半石半砖两种不同的建筑材料砌筑而得名，此桥在明代修建是砖拱桥，后来一边坍塌了，就用石头重新砌筑起来，一座桥一边是砖，一边是石，从而便诞生了“鸳鸯桥”这一美名。万寿桥位于归州城东门外一里的山溪之上，桥型为“美人尖”桃型拱桥，美观大方，别具一格，它是用石灰糯米黏结石材砌筑而成。屈子桥、江渎桥，是为纪念屈原和纪念江渎神而建造。这些古代桥多为民间乡人捐募资助而建，体现了劳动人民行善办公益事业的美德。永安桥高 23 米，是今存最高的一座石桥，站立桥面，两腿颤颤，头晕目眩，可见在当时受到时代局限的情况下，修筑这样的桥梁是多么的艰难啊。

早期桥梁的修建，对于当时政治、军事、文化诸方面都是有较大促进的，是山区文化、经济发展的标志。

新中国成立以后，秭归进入石拱桥大建设时期，到 20 世纪 90 年代，境内已建成永久性石拱桥 123 座、曲拱桥 6 座、悬索桥 10 余座。这些石拱桥已不仅仅是人行道了，而是公路与公路的关节，是运输的枢纽。悬索桥是人行桥，它像一道巨大的弯弓横跨大溪大河之上，人行其上，像醉酒般飘飘然，东摇西摆，左晃右动，别有情趣。建造悬索桥主要材料是钢丝绳和木板。木板需在沥青和桐油、煤油中浸泡，浸透的木板可经风雨 10 个春秋。悬索桥跨度最大，造价最低，适合建造于峻岭之间，沟壑之上，也便于山民往来。

三峡工程上马以后，秭归的桥梁建设得到了飞速发展，不到 10 年间，共建桥梁 120 多座。其中特大桥就有近十座，这些架于蓝天之上的名桥是：青干河桥、九畹溪桥、龙潭河桥、杉木溪桥、三叉沟桥、火炉子沟桥、锣鼓洞桥等。这些特大桥，是浸透着汗水和生命的丰碑。1996 年建造的青干河大桥，是全国最大的中承式钢管混凝土桥。跨径 256 米。它像一个巨人的跨步，横空出世。建杉木溪转体特大桥时，还发生了这样一件有趣的事儿，修这种桥主要是利用两山山体做支架，两侧拼装好后，再用千斤顶转体，然后拼接而成。建这种桥，山里人都未见过，有一位抗美援朝的老战士，天天蹲在山包上看，看着看着，心里纳闷了，修桥是把两座山峦连接起来，这些人怎么把桥挨着山修？把桥修成这个样子不是犯罪吗？老战士义愤填膺，于是向县里、市里写了信。最后桥梁转体时，老战士恍然大悟，自言自语地说："这才是科学，让我长了见识。"九畹溪大桥跨径 160 米，高 160 米，属上承式钢管混凝土大桥，它施工的难度在全国也少见，仅一节钢管就是 20 吨，几十节钢管要在 200 米的高空连接，这需要什么样的胆识呢？它横跨两山绝壁之间，下夹深渊，有溪潺潺流过，前临大江，涛声滚滚而去。九畹溪大桥，这道永恒的彩虹也成为风景，成为象征，它从一座大山向另一座大山跨去，是空中飞跃，是历史的跨越，是秭归人民的步伐。

（原载《三峡文学》2002 年第 6 期，曾被选为 2006 年宜昌市中考语文试卷）

三、淹没三峡库底的摩崖石刻

县境内记述有关长江水位、山崩、山川形胜、风土人情、重大事件等摩崖石刻多达 10 余处。2003 年 6 月，三峡大坝下闸蓄水 135 米后，多数被淹没。以下摘选有一定影响的石刻 10 幅，为县委办公室原主任魏启扬、县文联退休干部何怀强拍摄。

（一）明万历三十五年抚治都御史黄公纪贤檄治州张尚儒题刻（图 1、图 2）

归州镇九龙奔江犹如九条巨龙横卧在古城归州前的江中，著称叱滩。每遇春夏，"水涨盈满，鼓浪翻波，漩如鼎沸，过往客商船只，即轻舟快楫，误落江心，十无一全，逐年船坏，死者不可胜数"（《归州志》）。到明万历三十五年（1607），始由"抚治都御史黄公纪贤檄治州张尚儒，开凿雷鸣洞下口，以杀其势。凿去大横石梁前阔七丈，后阔五丈三尺，高深二丈六尺，横厚七丈五尺。凿去二珠石梁高深二丈五尺，横厚三丈。”入瓮之险至此稍有缓和。在雷鸣洞的右壁，刻有开凿雷鸣洞的记载和张尚儒的题诗。

图 1：张尚儒在归州镇江中漕口石壁上题刻：“江挟山兮两水潆，波声激磕若雷鸣，千层怒浪莲花漩，万斛行舟鸟羽轻，洞口石开消急湍，瓮头人过得余生，孤城更喜天门辟，举首常瞻叔度名。”

图 2：明万历三十五年（1607），抚治都御史黄公纪贤檄治州张尚儒在归州镇江中石梁上题书石刻“治浣黄公新开雷鸣洞”，并记述开凿雷鸣洞的过程

（二）巴东郡首毛铎题刻（图 3）

图 3：香溪东岸玉虚洞内南宋巴东郡首毛铎题书石刻“玉虚洞天”

（三）清乾隆年间西蜀李拔题刻（图 4、图 5、图 6、图 7、图 8、图 9）

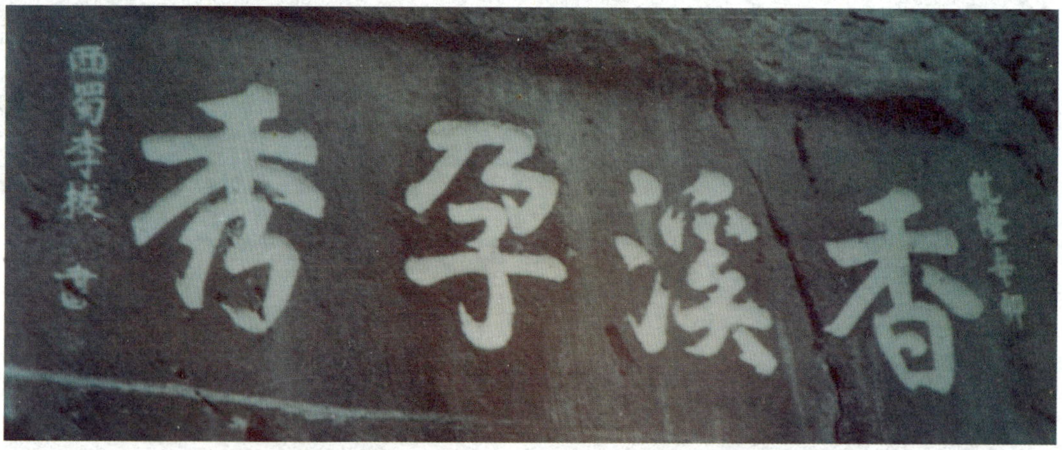

图 4：香溪河原水府庙旁石刻“香溪孕秀”

图 5：归州镇江南江边石刻“路别云泥”

图 6：崆岭峡黄岩石壁题刻“安怀楚甸”

图 7：清乾隆三十五年（1770）在新滩江边石板上题刻：“危矶激濑浪排空，咫尺樯帆路不通。鞭石好随流水去，平成应许后先同。”

图 8：泄滩小河口岩石上石刻“宏开利济”

右石刻文字：

万石艅艎一线牵，
同报欸乃韵悠然。
溯流直上三千尺，
箫鼓冬冬尽日填。

图 9：泄滩小河口岩石上题诗石刻

（四）清代诗人长安田登在归州镇西烟袋沟礁石题诗《巴风》（图 10）

图 10 文字：
山腰刚咫尺，
楼阁每重加。
物色常看树，
生涯广种茶。
山行晴附蚁，
泉落远惊蛇。
记得登临日，
春风桃李花。

四、续修《秭归县志》提供资料人员名录

《秭归县志（1979—2005）》资料提供者名录

（按篇目顺序排列）

单　　位	篇　目	主笔或撰稿人	资料类型
气象局	气候、气象服务	刘持菊	上报资料
人口计生局	人口	秦考学　郑光富　熊德红	编写《人口志》
建设局	城建环保	谭子松　熊德红	编写《城乡建设志》
城管局	园林绿化、城镇管理	史思梦	上报资料
房管局	房地产业	邓　红　程春明　黄　平	编写《房地产志》
交通局	交通	向祚林　胡开寸	编写《交通志》（续）
邮政局	邮政	余志强	上报资料
电信局	电信	向方录	上报资料
移动通信公司	移动通信	向小莉	上报资料
联通公司	联通通信	金开亮	上报资料
农业局	农业	杜海琦　李祥龙	上报资料
烟草专卖局	烟草（种植、贸易）	王健强	编写《烟草志》
林业局	林业	周祖钦　梅大英	编写《林业志》
水务局	水利	高秉国	上报资料
水保局	水土保持	王昌红	上报资料
经管局	农村经济管理	王明军	上报资料

续表一

单　位	篇　目	主笔或撰稿人	资料类型
经济商务局	工业、乡镇企业	何怀新　李昌模　高秉义	上报资料
开发区管委会	工业园区	熊明汝	上报资料
粮食局	粮油贸易	宋　军	上报资料
物资公司	物资供销	李祥虎	上报资料
石油公司	石油	李祖国	上报资料
盐业公司	盐业	郑　雄	上报资料
文化旅游局	旅游　文化	沈传厚　王祖恩　黄丹　向文强	上报资料
移民局	三峡工程移民	田　兵　舒德玉	编写《移民志》(续)
招商局	接受对口支援	向立菊	上报资料
财政局	财政	任　荣　舒德玉	编写《财政志》
国家税务局	税务	苏中元	上报资料
地方税务局	税务	王　莉	上报资料
人行	金融	向森林　柳祥龙	上报资料
银监会	金融	孙卫国	上报资料
农行	金融	袁本海	上报资料
建行	金融	傅　尧	上报资料
中行	金融	毛　界	上报资料
农发行	金融	宋秀荣	上报资料
信用联社	金融	艾　国	上报资料
人寿保险公司	保险	宋发连	上报资料
财保公司	保险	周晟川	上报资料
发展改革局	计划管理	田恒新	上报资料
统计局	统计	姚　平	上报资料
物价局	物价	韩永春　房永佳	上报资料
县工商行政管理局	工商行政管理	王荣祖　林学渊	编写《工商行政管理志》
质监局	质量技术监督	赵建平	上报资料
审计局	审计	胡炼成	上报资料
国土资源局	国土资源管理	谭之山　郝光芹	编写《国土资源志》
县委办	政党	彭栋良	上报资料
纪委	纪检监察	余志秀	上报资料
组织部	组织建设	刘　妨	上报资料
党校	干部培训	颜复勇	上报资料
宣传部	宣传、文明创建	熊辉纯　林　鹏	上报资料
统战部	统一战线	曾正鑫	上报资料
信访办	来信来访	谢克潮	上报资料
老干部局	老干部管理	卢长勇	上报资料
总工会	总工会	余先军	上报资料
团县委	共青团	鲁　武	上报资料
妇联	妇联	韩未玮	上报资料

续表二

单　　位	篇　目	主笔或撰稿人	资料类型
工商联	工商联	王正华	上报资料
文联	文联	秦晓梅	上报资料
科学技术协会	科学技术协会	张少华	上报资料
残联	残联	王文轩	上报资料
人大办	人民代表大会	周志国	上报资料
政府办	人民政府	屈　玲	上报资料
政协办	人民政协	房洪楠　程春明	上报资料
人事局	人事	徐宏义	上报资料
劳动社保局	劳动	宋文章	上报资料
安全局	安全生产监督	王晓岚	上报资料
政法委	社会治安综合治理	颜道红	上报资料
综治委	社会治安综合治理	邓　斌	上报资料
公安局	公安	秦学满　向世军	编写《公安志》
检察院	检察	徐德双	上报资料
法院	审判	宋发柳　杜云宏	编写《法院志》
司法局	司法	王　岚	上报资料
人民武装部	军事	杜　胜　张　斌	编写《军事志》
教育局	教育	向　鹏　马尚昆	编写《教育志》
科技局	科技	王大伦	上报资料
卫生局	卫生	易念德　林文清	编写《卫生志》
体育局	体育	范　军	上报资料
广播电视局	广播　电视	周立斌　廖登华	上报资料
档案局	档案	向德才	上报资料
民政局	民政	潘线平　郑之秀	编写《民政志》
扶贫开发办	扶贫	谭家斌　杜国军	上报资料
茅坪镇	乡镇概况	陈　雨	上报资料
屈原镇	乡镇概况	鲁承新	上报资料
归州镇	乡镇概况	谭家荣	上报资料
水田坝乡	乡镇概况	姜　华	上报资料
泄滩乡	乡镇概况	汪元唐	上报资料
沙镇溪镇	乡镇概况	向风华　崔爱林　王克芳　梅云辉	上报资料
两河口镇	乡镇概况	秦愚汉　邓大孝	上报资料
梅家河乡	乡镇概况	宋俊波	上报资料
磨坪乡	乡镇概况	杜竹林	上报资料
郭家坝镇	乡镇概况	杜　江	上报资料
周坪乡	乡镇概况	文士臣	上报资料
杨林桥镇	乡镇概况	雷平华	上报资料

五、《秭归县志（1979—2005）》评审情况

（一）终审意见

2009年11月24日，市地方志办公室主持在秭归县豪庭酒店召开《秭归县志（1979—2005）》终审会，到会评委15人。经评审后，提出以下评审意见：

1.志稿坚持了正确的编纂指导思想，观点表述正确，政治质量合格。

2.志稿资料翔实、全面、系统、客观地记述了秭归县1979—2005年的发展历史与现状。

3.志稿坚持了志书体例和志书编纂规范，归类科学、统属得当、逻辑严谨、层次清楚。

4.志稿语言文字简约流畅，朴实庄重，符合国家出版物和志书对语言文字的要求。

5.需要补充完善的几个方面：

⑴进一步补充、核实部分史料，《大事记》要尽可能补充基本信息。

⑵部分篇、章、节、目结构需要适当调整。

⑶部分史料的定性要准确，表述要规范，数据要核准。

⑷方言篇要作重点修改。

⑸语言文字要进一步精雕细琢，同时要加强校对工作。

（二）三次评审人员名单

1.初审人员

魏启扬　县人大常委会副主任
周祖钦　县志党史办公室主任
姚　平　县统计局副局长
谭之林　县志党史办公室副主任
胡开寸　县志党史办公室副主任科员
王健强　县志办原主任、首轮县志总纂
刘光愚　县教育局原局长
熊德红　县志党史办公室副主任
郝光芹　县志党史办公室主任科员

2.二审人员

罗联峰　县人民政府代县长
郑之问　县委常委、县委宣传部部长
魏启扬　县人大常委会副主任
王健强　原县志办主任、首轮县志总纂
王　进　县志党史办公室主任
余先志　县政协文史资料委员会主任
胡晓红　县卫生局副局长
鲁邦寿　县统计局局长
马尚朝　县文化旅游局局长
郑之彪　县委常委、县委办公室主任
张志毅　县人民政府副县长
尤庆虎　县人民政府办公室主任
周祖钦　县政法委员会常务副书记
余龙江　县委办公室副主任
郑　琼　县交通局副局长
向　钢　县教育局局长
向伦昌　县移民局党组书记
郑学新　县农业局副局长

宋发早 县档案局局长

王恩凤 县国土资源局局长

朱建华 县地方税务局局长

贺 芹 人民银行秭归县支行行长

向方平 县志党史办公室副主任

秦晓梅 县文联副主席

穆小平 县国家税务局干部

钟 建 县工商行政管理局局长

熊德红 县志党史办公室副主任

胡开寸 县志党史办公室副主任科员

3.终审人员

评委

文坤斗 省地方志办公室主任

陈朝银 市政府副秘书长

罗联峰 县人民政府代县长

朱复胜 市地方志办公室调研员

刘业林 市地方志办公室副主任

黄泽江 市地方志办公室副主任

王健强 原县志办主任、首轮县志总纂

文正宜 市地方志办公室方志科副科长

陈章华 省地方志办公室县志处处长

曹水兵 市地方志办公室主任

熊文斌 市社科联主席

王作栋 原市文联副主席

秦兴友 市地方志办公室副主任

魏启扬 县人大常委会副主任

周慧群 市地方志办公室方志科科长

列席人员

胡 蓉	卢申涛	郑之彪	郑 宜	赵 强	夏友生	唐 皓
段传法	袁红星	张国振	叶厚全	郝明路	万能尧	王 进
熊德红	谭之林	向方平	胡开寸			

索　　引

1.本索引采用条目分析索引方法，按所标引词或词组首字的汉语拼音声母顺序排列；声母相同的按韵母首字母顺序排列，依次类推.

2.大事记未作索引；人名仅限于人物传、人物录、党和国家领导人视察秭归纪实等篇目。

3.词题后面数字表示所标内容所在的页码。

A

B

C

D

E

F

G

H

J

K

L

M

N

P

Q

R

S

T

W

X

Y

Z

后　记

回顾《秭归县志(1979—2005)》编纂经过，从2003年5月第一个县政府专题办公会开始，至2010年12月第一次印刷出版，历经7年之久，大致经历筹备、资料征集、编纂、评审修改、印刷出版5个阶段。2015年10月，县志党史办公室开始向县财政局争取再版经费。经过努力，2018年年初，县政府批准再版，经方志出版社三审后于7月第二次印刷出版。

2003年5月6日，县长罗平烺主持召开县政府专题办公会，对第二轮修志工作进行专题研究，对秭归县地方志编纂委员会进行调整，研究制定续修县志编纂工作实施方案，落实启动经费。会后，县委办公室、县政府办公室联合发出《关于调整秭归县地方志编纂委员会的通知》《关于编纂秭归县第二轮地方志书的通知》等文件。6月25日，召开编纂委员会成员及各单位负责人共50多人参加的办公会，对县志资料收集和编纂工作进行研究部署。随后，开展篇目拟定、报批等一系列筹备工作。

2004年4月1日，县政府主持在县委党校召开续修县志编纂动员暨编纂人员培训会，90多个单位、105人参加为期2天的培训，县委常委、常务副县长熊相军作动员报告，正式启动县志资料收集工作。县志党史办公室下发资料征集篇目，将任务按篇、章所需资料内容分解到93个承编单位，县志党史办公室全体人员分单位落实包业务指导、包资料补充、包按时督促上报的“三包”责任制。在资料收集阶段，县移民局、人口与计划生育局、国土资源局、民政局、林业局、交通局等10多个单位编纂出版15部专业志，为县志编纂提供翔实的资料。至2006年9月，有75个单位报送县志编纂资料上报稿，约1 000余万字。此后，边编写初稿，边补充完善资料。

2006年9月，成立编纂专班。除县志党史办公室4人外，另聘请有一定文字功底、对某一方面情况比较熟悉的退休或在职老同志7人，组成11人的编纂办公室。20日召开办公会，正式启动分纂工作。在分纂过程中，确定一人统稿，实行边审核、边修改、边补充资料，力求初稿不缺资料和资料准确无误。各篇、章分纂具体分工为：周祖钦负责大事记、工业篇；熊德红负责城建环保、政权政协、人物、附录篇；谭之林负责建置区划篇；胡开寸负责政党社团篇和交通部分；郑光富负责自然环境、人口、经济综合管理、卫生篇和社会生活中的婚姻家庭等章节；高秉国负责农业、财税金融、史志档案、乡镇概况篇和军事、三峡工程移民中的接受对口支援、工业中的工业园区等章节；李志孝负责旅游、劳动人事、三峡工程移民、民政扶贫篇和文化、社会生活中的居民生活、人物中的人物表等章节；马学照负责政法、科技部分；程春明负责体育、文明创建部分；陈义树负责教育篇；房永佳负责贸易篇。社会生活中的民俗邀请郑承志撰写；方言邀请余先志撰写。谭必培、郑治报参与校对。图片由魏启扬、郑坤、何怀强、王敏、郑家裕、尤庆孝、王洪柳及部分单位提供。2007年年底，完成分纂稿。2008年1—4月，将分纂稿返回各承编单位修改、补充完善，单位负责人签字后加盖单位公章，再上交县志编纂办公室。在此基础上进行总纂，8月底完成总纂稿。

2008年9月，聘请文字功底深厚、熟悉全县情况、懂得志书编纂业务的人员，组成11人的初审班子，其中有原县委办公室主任魏启扬、首轮县志总纂王健强、原任教育局局长刘光愚等人。经两个多月的内审，共提出几百条修改意见。总纂按照所提意见进行修改，于 2009 年 6 月完成二审稿。7 月，县地方志编纂委员会主持召开由县内各方面专家、学者、领导共 28 人参加的第二次评审会。在此基础上进行修改，完成终审稿。于 2009 年 11 月 24 日，由市地方志办公室组织的 15 人组成的评审委员会参加终审会。终审后，总纂再次进行修改、补充、完善。2010 年 6 月，进入出版印刷程序。《秭归县志（1979—2005）》共设 24 篇、117 章、396 节、851 目，成书 185 万余字，首次印刷 1 500 册。

在整个县志编纂过程中，我们得到各级领导的重视和支持，得到社会各界的关心和帮助。县委、县政府主要领导经常过问，多次主持召开专题办公会研究部署。分管领导经常现场解难，解决资金、人员、办公场地等实际问题，真正做到"一纳入，五到位"，即把修志工作纳入各级经济社会发展计划和各级政府的任务中，确保领导、机构、经费、队伍、条件五到位。县直各单位和乡镇党委、政府均高度重视，纳入"一把手"工程，全面系统地提供资料，不厌其烦地反复修改，为提高志书质量打下坚实的基础。同时得到省、市地方志业务主管部门的大力支持，主管业务的领导几次为其审稿，及时提出修改意见，使我们少走了很多弯路，确保了质量。县志编纂人员甘于清苦和寂寞，克服重重困难，不计报酬多少，不分上班和休息，付出艰辛劳动，使县志得以如期出版。在此成书之际，谨向关心和支持县志编纂的各级领导、社会各界人士深表敬意和感谢。

《秭归县志（1979—2005）》的编纂人员殚精竭虑、广搜博访、沙里淘金，力求资料准确，内容充实。但由于受编纂者水平和资料、时间等限制，疏漏、谬误之处在所难免，敬请方志界同仁和各界人士指正。

编 者

2010 年 12 月第一次印刷

2018 年 7 月第二次印刷

图书在版编目（CIP）数据

秭归县志：1979-2005 / 秭归县地方志编纂委员会编 . --北京：方志出版社，2018.7
ISBN 978-7-5144-3182-7

Ⅰ. ①秭… Ⅱ. ①秭… Ⅲ. ①秭归县—地方志—1979-2005 Ⅳ. ①K296.34

中国版本图书馆CIP数据核字（2018）第178276号

秭归县志（1979-2005）

编　　者：秭归县地方志编纂委员会
责任编辑：李志瑜

出 版 人：冀祥德
出 版 者：方志出版社
地址 北京市朝阳区潘家园东里9号（国家方志馆4层）
邮编 100021
网址 http://www.fzph.org
发　　行：方志出版社图书经销中心
电话（010）67110500
经　　销：各地新华书店
印　　刷：宜昌市广鹏印业有限公司

开　　本：889 × 1194　　1/16
印　　张：61.5
字　　数：1644千字
版　　次：2018年7月第1版　　2018年7月第1次印刷
印　　数：0001~1000册

ISBN 978-7-5144-3182-7　　定价：598.00元